Ruth Conrad

Lexikonpolitik

Arbeiten zur Kirchengeschichte

Begründet von

Karl Holl† und Hans Lietzmann†

herausgegeben von

Christian Albrecht und Christoph Markschies

Band 97

Walter de Gruyter · Berlin · New York

Ruth Conrad

Lexikonpolitik

Die erste Auflage der RGG im Horizont protestantischer Lexikographie

Walter de Gruyter · Berlin · New York

♾ Gedruckt auf säurefreiem Papier,
das die US-ANSI-Norm über Haltbarkeit erfüllt.

ISSN 1861-5996

ISBN-13: 978-3-11-018914-8
ISBN-10: 3-11-018914-3

Bibliografische Information Der Deutschen Bibliothek

Die Deutsche Bibliothek verzeichnet diese Publikation in der Deutschen Nationalbibliografie; detaillierte bibliografische Daten sind im Internet über http://dnb.ddb.de abrufbar.

Printed in Germany
Umschlaggestaltung: Christopher Schneider, Berlin

Vorwort

Die vorliegende Untersuchung wurde im Wintersemester 2004/05 von der Evangelisch-theologischen Fakultät der Eberhard-Karls-Universität Tübingen als Dissertation angenommen. Für die Veröffentlichung wurde die Arbeit teilweise überarbeitet. Da die vierte Auflage der RGG im Entstehenszeitraum vorliegender Untersuchung erst im Erscheinen begriffen war, bleibt sie weitgehend unberücksichtigt.

Am Ende eines nun doch recht langen Weges gilt es vielfältig Dank zu sagen: Herr Prof. Dr. Volker Drehsen, dem ich mittlerweile als Landeskirchliche Assistentin verbunden bin, hat meinen Blick auf eine Beschäftigung mit Fragen der Lexikonpolitik gelenkt und das Erstgutachten erstellt. Ohne seine Unterstützung und sein Interesse wäre diese Arbeit nicht entstanden! Herr Prof. Dr. Dr. Dietrich Rössler danke ich für das freundliche Zweitgutachten.

Die Arbeit hätte in vorliegender Form nicht geschrieben werden können, wenn mir Herr Verleger Dr. Georg Siebeck nicht großzügig die Archivbestände des Mohr Siebeck Verlages in Tübingen zugängig gemacht hätte und mir über Monate hinweg in seinem Verlag eine Arbeitsmöglichkeit geschaffen hätte. Dafür habe ich ihm besonders zu danken.

Herr Prof. Dr. Christian Albrecht (Erfurt) und Herr Prof. Dr. Christoph Markschies (Berlin) haben sich zur Aufnahme der Arbeit in die Reihe „Arbeiten zur Kirchengeschichte" entschlossen. Herr Dr. Albrecht Döhnert vom Verlag Walter de Gruyter war mir in allen Fragen ein verläßlicher Ansprechpartner. Die Georg-Strecker-Stiftung und die Evangelische Landeskirche in Württemberg haben großzügige Druckkostenzuschüsse gewährt. Herr Pfr. Dr. Martin Weeber (Rottenburg-Eckenweiler) hat das Manuskript einer kritisch-konstruktiven Lektüre unterzogen und Pfr. Klaus Kimmerle (Stuttgart) nahm die Mühe der Zitatkorrektur auf sich. Pfr. Martin Pohl (Bonfeld) war mir in technischen Fragen eine unersetzliche Stütze. Ihnen allen gilt mein herzlicher Dank.

Mein besonderer Dank gilt meinen Eltern, Walter und Beate Conrad (Ilsfeld), die früh und mit Nachdruck mein Interesse auf Fragen des Buchhandels lenkten und das Entstehen dieser Arbeit großzügig unterstützten.

Stuttgart, am 3. Dezember 2005
Ruth Conrad

Inhaltsverzeichnis

Abkürzungsverzeichnis

Die Abkürzungen folgen SIEGFRIED M. SCHWERTNER, Internationales Abkürzungsverzeichnis für Theologie und Grenzgebiete. Zeitschriften, Serien, Lexika, Quellenwerke mit bibliographischen Angaben. Zweite, überarbeitete u. erweiterte Auflage, Berlin et al 1992. Darüber hinaus beziehungsweise abweichend werden folgende Abkürzungen verwendet:

aaO.	am angegebenen Ort
Bbl	Börsenblatt für den Deutschen Buchhandel
DDP	Deutsche Demokratische Partei
FAZ	Frankfurter Allgemeine Zeitung
IASL	Internationales Archiv für Sozialgeschichte der Literatur
Hervorh. i. Orig.	Hervorhebung im Original
Hervorh. R.C.	Hervorhebung [von] Ruth Conrad
Jun.	Junior
MWG	Max-Weber-Gesamtausgabe
NF	Neue Folge
NL	Nachlaß
NL Gunkel	Nachlaß Hermann Gunkel, Universitätsbibliothek Halle/Saale
NL Rade	Nachlaß Martin Rade, Universitätsbibliothek Marburg
NZZ	Neue Zürcher Zeitung
ThLZ.F	Forum Theologische Literaturzeitung
UB	Universitätsbibliothek
VA	Verlagsarchiv Mohr Siebeck Verlag, Tübingen
VA BIFAB	Verlagsarchiv Bibliographisches Institut und Verlag Friedrich Arnold Brockhaus, Mannheim
VA V&R	Verlagsarchiv Vandenhoeck & Ruprecht, Göttingen

Die Abkürzungen beziehungsweise Kurztitel der Lexika finden sich im Quellenregister. Bei heute noch in Neuauflagen vorliegenden Lexika bezeichnen hochgestellte Ziffern die jeweilige Auflage. Bei älteren Lexika wird die Auflagenbezeichnung ausgeschrieben.

Einleitung

Georg Picht hat 1971 formuliert: „Wer glaubt, was in einem Lexikon steht, hat noch nicht gelernt, es zu benutzen"[1]. Damit ist das Thema dieser Arbeit präzise zusammengefaßt. Lexika sind der Interpretation bedürftig. Sie müssen verstanden werden. Das Ideal der hermeneutischen Objektivität von Lexika erweist sich bei genauerem Hinsehen als Fiktion. Lexika sind weder neutral noch objektiv, sondern ihre Produktion ist durch wissenschafts-, bildungs- und benutzerpolitische Motive bestimmt. Durch die Anvisierung bestimmter Benutzergruppen sind Lexika im Horizont milieu- und bildungspolitischer Themenkomplexe zu verorten. Durch die Beheimatung von Lexika in bestimmten Verlagsunternehmen sind Lexika Bestandteil von Unternehmenspolitik und durch die gezielte Gestaltung eines bestimmten Fachbereiches betreiben Verlage, Herausgeber und Autoren Wissenschaftspolitik. Im Hinblick auf die Wissenschaften besitzen Enzyklopädien, Lexika und Wörterbücher eine doppelte Funktion. Sie sind einerseits „Repräsentanten des Wissens, das in einer Epoche als ‚Wahrheit' kanonisiert worden ist". Andererseits aber sind sie – und das ist für vorliegenden Arbeit entscheidend – „selbst Institutionen, die zu einer solchen Kanonisierung wesentlich beitragen, indem durch sie der jeweilige Wissensstand fixiert, verbreitet und überliefert wird". Lexika bilden daher „eine herausragende Quelle, die Semantik einer Epoche, zugleich jedoch auch deren Verschiebung zu erforschen"[2]. Ihre Entwicklungsgeschichte sowie die Auflagengeschichte einzelner Lexika lassen ebenso kulturgeschichtliche Verwerfungen erkennen wie Differenz und Wandel von Bildungskonzeptionen, von Wissenschaftshermeneutik und von anvisierten Benutzergruppen.

---

1 Georg Picht, Enzyklopädie und Bildung, in: Die wissenschaftliche Redaktion H.6 (1971), S.119-125, hier S.119.

2 Carsten Zelle, Aus der Arbeit der Deutschen Gesellschaft. Zu diesem Heft, in: Enzyklopädien, Lexika und Wörterbücher im 18. Jahrhundert. Zeitschrift der Deutschen Gesellschaft für die Erforschung des achtzehnten Jahrhunderts 22 (1998), S.7f., hier S.7. Weiter heißt es dort: „Trotz seiner eminenten Funktion wird dieses Quellenmaterial historischer Semantik bzw. Begriffsgeschichte gleichwohl notorisch unterbewertet".

Was im allgemeinen gilt, gilt auch im besonderen. Im Falle theologischer Lexika ist Lexikonpolitik Theologiepolitik, gegebenenfalls Kirchenpolitik. Theologisch-kirchliche Lexika sind komplexe Systeme zur Tradierung und Reproduktion von kirchlich-theologischem Wissen. Sie erfüllen eine wichtige Funktion bei der Vermittlung zwischen wissenschaftlicher Theologie und kirchlich-literarischer Öffentlichkeit. Sie dienen somit sowohl der internen als auch externen Kommunikation von Theologie und Kirche. Sie befördern die Wissensaneignung und die Wissensvermittlung. Sie dokumentieren die Entwicklung und Organisation der theologischen Subdisziplinen und deren jeweiliges Selbstverständnis. Theologische Lexika sind also ebenso Bestandteil der Theologiegeschichtsschreibung wie sie theologiegeschichtliche Verwerfungen und Umstrukturierungs- und Wandlungsprozesse akademischer Theologie widerspiegeln und auf diese einwirken.

Was im Besonderen gilt, gilt auch im speziellen Einzelfall – dem protestantischen Lexikon *Die Religion in Geschichte und Gegenwart*[3] aus dem Tübinger Wissenschaftsverlag J.C.B. Mohr (Paul Siebeck)[4]. Wie kein anderes Lexikon innerhalb der Theologie hat die RGG, zumal in ihrer ersten Auflage, theologiegeschichtliche Bedeutung erlangt. Einerseits hat sie einer herrschenden Strömung der Theologie Ausdruck verliehen. Andererseits hat sie der Theologie ihrer Zeit Impulse und Positionen vermittelt, die in den theologischen Debatten seither immer wieder eine Rolle spielten. In ihren mittlerweile vier abgeschlossenen Auflagen bietet die RGG in jeder Auflage eine tatsächliche Neubearbeitung. Jede Auflage unternimmt den Versuch, dem Lexikon ein bestimmtes theologisches Profil zu geben, so daß die RGG in ihren Auflagen ein Panorama der theologischen Entwicklungen des 20. Jahrhunderts bietet wie sonst kaum ein theologisches Lexikon. In seiner Auflagengeschichte gleicht das Lexikon einem „theologische[n] Leitfossil des deutschen Protestantismus“[5] im 20. Jahrhundert und ist eine „zentrale Anlaufstelle für die protestantische Kultur der Neuzeit“[6]. Die Einsicht in diese theologiegeschichtliche und theologiepolitische Relevanz des Werkes war immer da. Mittlerweile ist sie gar in das Lexikon

---

3 Künftig: RGG^{1-3}.

4 Mittlerweile firmiert der Verlag als Mohr Siebeck Verlag. Im folgenden wird der Übersichtlichkeit halber i.d.R. diese Verlagsbezeichnung verwendet, auch für den weitaus längeren Zeitraum der Verlagsgeschichte, in welchem der Verlag unter der Bezeichnung J.C.B. Mohr (Paul Siebeck) in die Buchhandelsgeschichte einging.

5 Rez.: Das Alte, Schöne behaltet! Über die Neuauflage des Lexikons „Religion in Geschichte und Gegenwart“, von Robert Leicht, in: Die Zeit Nr.31 (1999), S.42.

6 Gangolf Hübinger, Protestantische Kultur im wilhelminischen Deutschland, in: IASL 16,1 (1991), S.174-199, hier S.180.

selbst eingewandert. Die vierte Auflage führt einen selbstreferentiellen Artikel[7].

Und auch in Rezensionen zur aktuellen vierten Auflage wird diese theologiegeschichtliche Relevanz betont[8].

Vorliegende Untersuchung will lexikonpolitische Fragestellungen schwerpunktmäßig am Beispiel der ersten Auflage von RGG untersuchen. Dies legt sich aus Gründen nahe, die im Folgenden noch näher auszuführen sind. So sind einleitend die Fragestellung sowie die gewählte Untersuchungsperspektive und die Methodik zu erläutern. Dazu ist zunächst die grundsätzliche Bedeutung von Lexika für kulturwissenschaftliche Fragestellungen in Blick zu nehmen.

1. Thematik und Forschungssituation

Auf die Bedeutung von Lexika „für die Disziplingeschichte vieler Wissenschaften" hat bereits 1959 Hans Joachim Schoeps verwiesen und „die Konstituierung einer geistesgeschichtlichen Hilfswissenschaft *Lexikographie*" angeregt, denn: „Die besten Quellen der Geistesgeschichte liegen unbeachtet am Wegesrand und warten darauf, daß jemand kommt und sie aufhebt"[9].

---

7 Vgl. Georg Siebeck, Art. Religion in Geschichte und Gegenwart, in: RGG[4], 7 (2004), Sp.304f. – Verwendete Lexikonartikel werden immer bibliographisch vollständig zitiert. Stammen die Artikel aus Lexika, die im Rahmen der Arbeit als Primärquellen dienen, so finden sich im Quellen- und Literaturverzeichnis die jeweiligen Lexika, nicht jedoch die Einzelartikel. Die Verfasser der Lexikonartikel werden ebenso wie die Verfasser von Rezensionen in der Form angegeben, die sich bei dem jeweiligen Beitrag findet. So erklärt sich, warum in einigen Fällen Vor- und Zuname angegeben sind, in anderen Fällen dagegen nur der Nachname oder ein Kürzel.

8 So z.B. Rez.: Aufklärung, nicht nur theologisch. Die „Religion in Geschichte und Gegenwart" in vierter Auflage, von: Harm Klueting, in: NZZ Nr.6 (8./9.01.2000), S.51f. Bereits in Rezensionen der dritten Auflage wird die RGG als ein theologiegeschichtliches Quellenkompendium ersten Ranges gewürdigt. Zusammenfassend sei an dieser Stelle verwiesen auf den Vortrag von Hans-Reiner Lepthin, Gibt es einen Fortschritt in der Theologie? Beobachtungen und Erwägungen zur Neuauflage des Handwörterbuches „Die Religion in Geschichte und Gegenwart", MS datiert auf März 1963 (VA Umschlag RGG V [1962]). Joachim Günther verwies bereits 1962 darauf, daß es „eine dankbare wissenschaftsgeschichtliche Thematik" wäre, „den Forschungszuwachs und die Auffassungsdifferenzen zwischen den einzelnen Ausgaben dieses Lexikons näher zu untersuchen" (Rez.: Der Bau vollendet sich, von: Joachim Günther, in: FAZ Nr.85 [10.04.1962], o.S. Ähnlich auch Rez.: Zwei Lexika, von: Hutten, in: DtPfrBl 58 [1958], S.56f. und Rez.: Die neue RGG, von: K.G. Steck, in: EvTh 17 [1957], S.423-426).

9 Hans Joachim Schoeps, Was ist und was will die Geistesgeschichte. Über Theorie und Praxis der Zeitgeistforschung, Göttingen et al 1959, S.66 (Hervorh. i. Orig.); jetzt

Kulturgeschichtliche und kulturwissenschaftliche Untersuchungen haben diese Anregung einer geistesgeschichtlichen Rezeption der diversen lexikalischen Traditionen aufgegriffen. Aus naheliegenden Gründen wird dabei häufig auf die großen Konversationslexika des 19. und 20. Jahrhunderts rekurriert. Überblickt man die einschlägige Literatur, so läßt sich eine außerordentliche Vielfalt des methodischen und thematischen Zugriffs feststellen. Ein skizzenhafter Überblick soll hier genügen. Unmittelbar auf die Anregung von Schoeps hin und bei ihm selbst verfaßt ist die Dissertation von Gudrun Mackh über den Wandel der Stellung der Frau im Spiegel der Lexika[10]. Rudolf Fietz untersucht die Darstellung des deutschen Bibliothekswesens in deutschsprachigen Enzyklopädien[11]. Barbara Suchy legt eine problemgeschichtliche Aufarbeitung der Frage vor, „inwieweit sich die Situation der jüdischen Minderheit in den jeweiligen Ländern" in entsprechenden europäischen Lexika- und Enzyklopädieartikeln niederschlug[12]. Ulrike Paul führt einen Stichwortvergleich des Begriffs ‚Europa' zur Rekonstruktion des europäischen Bewußtseins in den bildungsbürgerlichen Schichten des 18. und frühen 19. Jahrhunderts[13] durch. Dieter Langewiesche analysiert die Kritik des aufstrebenden Bürgertums an der ständischen Adelsgesellschaft, wie sie sich in den einschlägigen Lexika der bildungsbürgerlichen Eliten findet[14]. In jüngerer Zeit ist auf die Studie von Ute Frevert zu verweisen, die die Begriffe ‚Geschlecht – Geschlechter', ‚Mann – männlich' und ‚Frau/Weib – weiblich' einer an den neuzeitlichen Konversationslexika orientierten begriffsgeschichtlichen Un-

---

in: ders., Gesammelte Schriften. Zweite Abteilung. Geistesgeschichte. Bd.6, Hildesheim et al 2000, S.66.

10 Gudrun Mackh, Wandlungen in der gesellschaftlichen Stellung der Frau, abgelesen am Auflagenvergleich der Brockhaus Enzyklopädie und anderer Lexika, Diss. Nürnberg 1970.

11 Rudolf Fietz, Die Darstellung des Bibliothekswesens in deutschen Enzyklopädien und Universallexika vom 18. Jahrhundert bis zur Gegenwart (Kölner Arbeiten zum Bibliotheks- und Dokumentationswesen 14), Köln 1991.

12 Barbara Suchy, Lexikographie und Juden im 18. Jahrhundert. Die Darstellung von Juden und Judentum in den englischen, französischen und deutschen Lexika und Enzyklopädien im Zeitalter der Aufklärung (Neue Wirtschaftsgeschichte 14), Köln et al 1979, hier S.11.

13 Ina Ulrike Paul, Stichwort „Europa". Enzyklopädien und Konversationslexika beschreiben den Kontinent (1700-1850), in: Europa im Umbruch. 1750-1850. Hg. v. Dieter Albrecht, Karl Otmar Freiherr von Aretin und Winfried Schulze, München 1995, S.29-50.

14 Dieter Langewiesche, Bürgerliche Adelskritik zwischen Aufklärung und Reichsgründung in Enzyklopädien und Lexika, in: Adel und Bürgertum in Deutschland 1770-1848. Hg. v. Elisabeth Fehrenbach unter Mitarbeit von Elisabeth Müller-Luckner (Schriften des Historischen Kollegs: Kolloquien 31), München 1994, S.11-28.

tersuchung unterzieht[15]. Für den Bereich der Geschichtswissenschaft läßt sich also zusammenfassend festhalten: „Historians have often used encyclopedias primariliy as evidence of what was happening in a bygone age – as an index to the state of culture, for example, or a measure of changing directions of thought"[16].

In staats- und politikwissenschaftlichen Untersuchungen, insbesondere im Bereich der Liberalismusforschung, wird neben den einschlägigen Enzyklopädien und Konversationslexika zusätzlich in umfangreichem Maße auf das Staatslexikon von Karl von Rotteck und Karl Welcker zurückgegriffen[17]. Es gilt als Paradigma lexikonpolitischer Ambitionalität und steht für den Versuch, in der Mitte des 19. Jahrhunderts „über die Gattung des Lexikons politische Bildung im liberalen Sinne möglichst breiten Bevölkerungsschichten zu vermitteln"[18]. Es kann

> „als ausgesprochen pragmatisches Lehrbuch zur allgemeinen Verbreitung und ausführlichen Formulierung liberaler Anschauungen in dieser Epoche bezeichnet werden. [...] Sein Stellenwert als herausragende repräsentative Quelle ist in der Forschung unumstritten"[19].

Blickt man in die Theologie, finden sich dort vereinzelt Arbeiten, welche Lexika systematisch zur Rekonstruktion des theologischen Wissens- und Bildungskanons heranziehen. So bietet Friedrich Wilhelm Graf in seiner Arbeit zum Theonomiebegriff einleitend eine begriffsge-

---

15 Ute Frevert, „Mann und Weib, und Weib und Mann". Geschlechter-Differenzen in der Moderne, München 1995, bes. S.13-60, hier S.17. Den Nutzen der Konversationslexika der Neuzeit, die „ihrer Bestimmung gemäß, das Wissen der Epoche sammelten", für die historische Forschung beschreibt Frevert in zweierlei Hinsicht: „Zum einen erteilen sie Auskunft darüber, wie sich eine bestimmte Zeit über einen bestimmten Gegenstand verständigt hat; sie repräsentieren gleichsam das allgemeine Kenntnis- und Erfahrungsniveau einer Gesellschaft, den in ihren ‚gebildeten Kreisen' anzutreffenden Argumentationshaushalt. Andererseits vermitteln sie Einblicke, wie diese Argumentationen strukturiert waren, in welchem Mischungsverhältnis spezielle Wissensbestände [...] in verbindliche Begriffsbestimmungen einflossen, wie ein bestimmtes Wissen [...] legitimiert und verbreitet wurde" (ebd.).

16 Herbert Butterfield, The History of Encyclopedias, in: TLS 73 (1974), p.531-533, hier p.532.

17 *Karl von Rotteck und Karl Welcker, Das Staats-Lexikon. Encyklopädie der Staatswissenschaften, in Verbindung mit vielen der angesehensten Publicisten Deutschlands. 15 Bde., ein Registerbd. und vier Supplementbde., Altona 1834-1848.*

18 Utz Haltern, Politische Bildung und bürgerlicher Liberalismus. Zur Rolle der Konversationslexika in Deutschland, in: HZ Bd.223 (1976), S.61-97, hier S.75.

19 Thomas Zunhammer, Zwischen Adel und Pöbel. Bürgertum und Mittelstandsideal im Staatslexikon von Karl v. Rotteck und Karl Theodor Welcker. Ein Beitrag zur Theorie des Liberalismus im Vormärz, Baden-Baden 1995, S.9f.

schichtliche Untersuchung[20]. Der Historiker Lucian Hölscher übernimmt in einem theologischen Sammelband den begriffsgeschichtlichen Teil und widmet sich dem Wandel religiöser Begriffe im Spiegel führender Enzyklopädien und Lexika[21]. Peter C. Bloth trägt für die Praktische Theologie Ansätze einer disziplingeschichtlichen Rekonstruktion im Spiegel einschlägiger Artikel führender protestantischer Lexika vor[22]. John E. Magerus untersucht „the treatment of Biblical themes" in französischen Enzyklopädien[23]. Für deutschsprachige Enzyklopädien und Konversationslexika fehlt allerdings eine vergleichbare Studie.

Freilich sind solche Untersuchungen, die von dem hohen theologiegeschichtlichen Quellen- und Erkenntniswert von Lexika ausgehen, innerhalb der Theologie vergleichsweise spärlich vertreten. Und gänzlich fehlen Untersuchungen, welche die theologisch-kirchlichen Lexika nicht nur als ein Arsenal erstklassiger Quellentexte benutzen, sondern sie als ein Medium wahrnehmen, welchem im Spannungsfeld von theologischer Wissenschaft und literarisch-kirchlicher Öffentlichkeit eine sowohl wissenschaftspopularisierende als auch theologiepolitische Funktion zuwächst. Untersuchungen also, welche die wissenschaftspolitischen Motive theologischer Lexika erkennen und diese entsprechend kritisch zu lesen vermögen. Ebenso aber auch Untersuchungen, welche die hinter jedem Lexikon stehende Bildungskonzeption, die damit verbundene Benutzerhermeneutik sowie die im engeren Sinne theologiepolitische Ambitionen deuten.

> „Die Ordnung christl[ich]-theol[ogischen] Wissens in Lexika, Wörterbüchern und sonstigen Nachschlagewerken ist noch kein Gegenstand wissenschaftshist[orischer] Selbstthematisierung akademischer Theol[ologie]. Doch lassen sich im Fokus dieser für die Theologien aller Konfessionen seit 1770 zentralen lit[erarischen] Gattungen tiefgreifende Wandlungsprozesse in akademischem Betrieb, in Forschungspraxis und soziokultureller Selbstverortung der Universitätstheol[ogie] beobachten. Stärker als die Werke einzelner Gelehrter oder Fachzeitschriften spiegeln Lexika normatives Selbstverständnis, Forschungsstand, Erkenntnisinteresse und ‚hidden agendas' eines Faches oder die ideenpolit[ischen] Ambitionen von Wissen-

---

20 Friedrich Wilhelm Graf, Theonomie. Fallstudien zum Integrationsanspruch neuzeitlicher Theologie, Gütersloh 1987, bes. S.39ff.

21 Lucian Hölscher, Religion im Wandel. Von Begriffen des religiösen Wandels zum Wandel religiöser Begriffe, in: Religion als Thema der Theologie: Geschichte, Standpunkte und Perspektiven theologischer Religionskritik und Religionsbegründung. Hg. v. Wilhelm Gräb, Gütersloh 1999, S.45-62.

22 Peter C. Bloth, Praktische Theologie (GKT 8), Stuttgart et al 1994, bes. S.17ff.

23 John E. Magerus, The Bible as Theme in Four Eighteenth-century French Dictionaries, Univ. of Kansas, Ph. D., 1979, hier S.1.

schaftlern, die ihre Sicht von Gesch[ichte] und Aufgabe ihrer Disziplin auch durch eine umfassende lexikalische Präsentation durchsetzen wollen".[24]

Theologisch-lexikographische Fragen und dahingehende medienpolitische Untersuchungskonzepte sind im Bereich der Theologie bislang weder systematisch entwickelt noch buchgeschichtlich überprüft worden. Eine bibliographisch-historische Erforschung theologischer Lexika, die den Einfluß theologischer Lexika und deren theologiepolitischer Richtungsentscheidungen auf die Präsentation theologischer Wissenschaft im Spannungsgeld von Wissenschaft und Öffentlichkeit darzustellen vermag, existiert bislang nicht. Es fehlen Werkbiographien der bedeutendsten Lexika, aber auch verlagsgeschichtliche Untersuchungen der entsprechenden theologischen Verlage oder Arbeiten über die herausragenden Mitarbeiter[25]. Auf die Relevanz der Buchhandels- und Verlagsgeschichte in kultur- und theologiepolitischen Fragestellungen hat schon länger Gangolf Hübinger hingewiesen:

> „Verlags- und Verlegergeschichte stellen einen höchst aufschlußreichen aber wenig benutzten Quellentypus der Kulturgeschichtsschreibung dar. Sozialgeschichtlich läßt sich eine wichtige Schnittstelle von Besitz- und Bildungsbürgertum erschließen, von kaufmännischem Kalkül und kulturellen Zwecksetzungen. Die Wahl, Zusammensetzung und Betreuung von Hausautoren erzeugt und stabilisiert ein literarisches Netzwerk mit eigenem in-

---

24 Friedrich Wilhelm Graf, Art. Lexikographie, theologische, in: RGG^4, 5 (2002), Sp.299-301, hier Sp.299. Bereits früher äußerte Graf: „Die theologische Lexikalik ist bisher noch unerforscht" (ders., Theonomie, S.41, Anm.9).

25 Für das kirchliche Pressewesen liegen vergleichbare, wenn auch schon ältere Studien vor. Zuerst ist zu nennen Gottfried Mehnert, Evangelische Presse. Geschichte und Erscheinungsbild von der Reformation bis zur Gegenwart (EPF 4), Bielefeld 1983 und eine fallstudienartige Programmanalyse: Ernst-Albrecht Ortmann, Motive einer kirchlichen Publizistik. Dargestellt an den Gründungsaktionen des Evangelischen Bundes, der „Christlichen Welt" und des evangelisch-sozialen Preßverbandes für die Provinz Sachsen (1886-1891), Diss. Hamburg 1966. Mehnerts theologiegeschichtliche Perspektive mit Ortmanns werkspezifischer Analyse zu verbinden, erwies sich für vorliegende Arbeit als adäquate Methode. Für das kirchliche Fachzeitschriftenwesen ist zu verweisen auf Volker Drehsen, Fachzeitschriftentheologie. Programm und Profil eines Gattungstyps moderner Praktischer Theologie, am Beispiel der „Monatsschrift für die kirchliche Praxis" (1901-1920), in: Der deutsche Protestantismus um 1900. Hg. v. Friedrich Wilhelm Graf und Hans Martin Müller (Veröffentlichungen der Wissenschaftlichen Gesellschaft für Theologie 9), Gütersloh 1996, S.67-100. Für weitere theologiepolitisch relevante Buchunternehmungen wie beispielsweise wissenschaftlich-exegetische Kommentare oder Monographienreihen sowie popular-theologische Schriften wie Traktate, religiöse Romane oder Textkalender fehlen solche buchgeschichtlichen und theologiepolitischen Untersuchungen, dabei war auch die populäre Literaturproduktion mentalitäts- und theologiegeschichtlich derart einflußreich, daß diese Gattungen einer ausführlichen Aufarbeitung bedürften.

tellektuellem Profil. Und das kontinuierliche Aufgreifen spezifischer Themenfelder macht Verlage zu Indikatoren markanter Strömungen der politischen Kultur einer Epoche"[26].

In diesem Kontext lenkte Hübinger erstmals den Blick auf den Verlag Mohr Siebeck und die erste Auflage der RGG[27]. Hier knüpft die vorliegende Arbeit an, indem sie die erste Auflage ins Zentrum der Untersuchung stellt und die verlagspolitische Perspektive neben weiteren Untersuchungsperspektiven in den Horizont lexikonpolitischer Fragestellungen einordnet, denn die Untersuchung solcher Fragestellungen muß notwendigerweise interdisziplinär arbeiten[28]. Neben der von Hübinger angeregten verlagsgeschichtlichen und verlagspolitischen Perspektive sind allgemeine buchhandelsgeschichtliche Entwicklungen ebenso zu berücksichtigen wie Anregungen aus kulturwissenschaftlichen Debatten.

2. Entfaltung des Themas und methodische Überlegungen

Anläßlich des Erscheinens der dritten Auflage von RGG konstatiert Karl Gerhard Steck im Jahr 1957:

> „Unser Zeitalter trägt die etwas problematischen Züge des Enzyklopädischen: auf allen Wissensgebieten werden wir von Nachschlagewerken umstellt und finden uns trotzdem immer weniger zurecht. Das gilt auch für die Sachgebiete von Religion und Theologie".

Die Neuauflage von RGG freilich, so Steck, ließe sich nicht ausschließlich aus dem

> „enzyklopädischen Charakter unseres Zeitalters erklären. Vielmehr haben wir es hier mit einem längst fest fundierten Unternehmen zu tun, in der er-

26 Gangolf Hübinger, Kulturprotestantismus und Politik. Zum Verhältnis von Liberalismus und Protestantismus im wilhelminischen Deutschland, Tübingen 1994, S.190.

27 AaO., bes. S.198ff.

28 Zur notwendigen interdisziplinären Struktur lexikographischer Untersuchungen vgl. Ute Schneider, Buchwissenschaft und Wissenschaftsgeschichte. Interdisziplinäre Forschungsprobleme in der Buchgeschichte, in: Im Zentrum: das Buch. 50 Jahre Buchwissenschaft in Mainz. Hg. v. Stephan Füssel (Kleiner Druck der Gutenberg-Gesellschaft 112), Mainz 1997, S.50-61. Für den Bereich der historischen Lexikonforschung vgl. die Einschätzung von Andreas Dörner: „Interdisziplinäre Kontakte zwischen Lexikographie und anderen (Kultur-) Wissenschaften sind nach wie vor Orchideen im universitären Vorgarten" (ders., Politische Lexik in deutschen und englischen Wörterbüchern. Metalexikographische Überlegungen und Analysen in kulturwissenschaftlicher Absicht, in: Worte, Wörter, Wörterbücher. Lexikographische Beiträge zum Essener Linguistischen Kolloquium. Hg. v. Gregor Meder und Andreas Dörner [Lexikographica. Series Maior 42], Tübingen 1992, S.123-145, hier S.123).

sten Auflage von Friedrich Michael Schiele, dem Organisator der Religionsgeschichtlichen Volksbücher, betreut und der klassische Ausdruck der kritisch-liberalen Theologie: Ernst Troeltsch hat damals viele Beiträge beigesteuert; und man könnte sagen, dass die alte RGG einen Höhepunkt darstellte, zu dem man nur hinaus- und zurückblicken kann – eben wegen der strengen Geschlossenheit der Religions- und Geschichtsbetrachtung. Es wäre gerade heute der Mühe wert, die Theologie jener Zeit vor 1914 an Hand der ersten RGG einer sorgfältigen Analyse zu unterziehen"[29].

Die erste Auflage verdankt ihre nachhaltige Bedeutung der Geschlossenheit ihres theologischen Programms und der konsequenten Umsetzung lexikonpolitischer Entscheidungen und Ambitionen. Die „erste RGG war von der ‚Religionsgeschichtlichen Schule' dominiert [...]. Daneben kam der traditionelle Kulturprotestantismus zu Wort"[30]. Aufgrund dieser Geschlossenheit und der damit verbundenen theologiegeschichtlichen Bedeutung ist die erste Auflage von RGG herausragend geeignet, um lexikonpolitische Fragestellungen konsequent zu untersuchen und einer Einordnung zu zuführen. Daß die RGG[1] „als letztes universales Kompendium des Historismus wie auch als Normenkatalog eines religiös imprägnierten Kulturliberalismus"[31] in Erscheinung tritt, ihr also sowohl eine veritable theologisch-positionelle Vorgeschichte vorausgeht als sie auch nur ein zusammenfassender Höhepunkt eines weit verzweigten Netzwerkes theologischer Vereins- und Verlagspolitik darstellt, diese Aspekte sollen in vorliegender Arbeit in ihrer Auswirkung auf die Lexikonpolitik zur Sprache kommen. Eine darüber hinausgehende Untersuchung theologiegeschichtlicher Hintergründe und theologiepolitischer Zusammenhänge hätte dagegen die Arbeit ins Unübersichtliche anwachsen lassen.

Lexikonpolitische Fragen freilich lassen sich am präzisesten durch eine Rekonstruktion des Planungs- und Erscheinungsverlaufes erschließen, also aus der projektorientierten Binnenperspektive. Im Zentrum der Untersuchung stehen also diejenigen Fragen, die sich mit dem Prozeß des Planens, Erarbeitens und Redigierens eines alphabetisch geordneten Nachschlagewerkes beschäftigen, sowie deren „Status und Funktion, Rezeption und Wirkung in Geschichte und Gegenwart"[32],

29 Rez.: Die neue RGG, von: K.G. Steck, in: EvTh 17 (1957), S.423-426, hier S.423f.

30 Rez.: Vielleicht ist er entzückt, vielleicht ist er bedrückt. Der Glaubende hat viele Gründe, zumal der Protestant: Zum vierten Mal erscheint das Nachschlagewerk „Religion in Geschichte und Gegenwart", von: Roland Kany, in: FAZ Nr.2 (03.01.1999), S.53.

31 Hübinger, Kulturprotestantismus, S.17.

32 Burkhard Schaeder, Zu einer Theorie der Fachlexikographie, in: Fachlexikographie. Fachwissen und Repräsentation in Wörterbüchern. Hg. v. Burkhard Schaeder und Henning Bergenholtz (Forum für Fachsprachen-Forschung 23), Tübingen 1994,

also die durch benutzerhermeneutische Erwägungen vorgegebenen geistigen und organisatorischen Produktionsprozesse des Lexikons als einem Medium der Bildungsgeschichte.

Dieses methodische Verfahren wird durch eine überaus glückliche und bislang für die skizzierten Fragen kaum genutzte Quellenlage begünstigt. Im Archiv des Verlags Mohr Siebeck blieb die Verlagskorrespondenz nahezu vollständig erhalten[33]. Anhand dieser Korrespondenz

---

S.11-42, hier S.14. – Vorliegende Untersuchung schließt hier an die Arbeiten von Alf Özen und Gangolf Hübinger an. Alf Özen hat zwei Aufsätze zur Entstehungsgeschichte von RGG[1] und RGG[2] vorgelegt, die ebenfalls auf Bestände des Tübinger Verlagsarchivs zurückgreifen. Diese Arbeiten beschränken sich jedoch auf die Chronologie der Entstehungsgeschichte und entwickeln keine theologie- und lexikonpolitischen Fragestellungen. Die Arbeit über die zweite Auflage beschränkt sich zudem fast vollständig auf die Edition einschlägiger Korrespondenz. Vgl. ders., „Die Religion in Geschichte und Gegenwart" als Beispiel für Hoch-Zeit und Niedergang der „Religionsgeschichtlichen Schule" im Wandel der deutschen protestantischen Theologie des ersten Viertels des 20. Jahrhunderts, in: Die „Religionsgeschichtliche Schule". Facetten eines theologischen Umbruchs. Hg. v. Gerd Lüdemann (Studien und Texte zur religionsgeschichtlichen Schule 1), Franfurt et al 1996. I. Teil: RGG[1], S.149-206; II. Teil: RGG[2], S. 242-298. – Gangolf Hübinger hat in seiner Arbeit (ders., Kulturprotestantismus) ein eigenständiges Kapitel der theologiepolitischen Rolle des Mohr Siebeck Verlages unter der Leitung von Paul und Oskar Siebeck gewidmet (a-aO., S.190ff.). Auch dort wird keine speziell lexikonpolitische Fragestellung entwickelt. Vielmehr geht es um die gesellschaftspolitische Funktion eines theologischen Verlagsunternehmens.

33 Zu Verlagsarchiven im allgemeinen und dem des Tübinger Verlags im besonderen vgl. Werner Volke, „Viel gerettet, viel verloren ...". Vom Schicksal deutscher Verlagsarchive, in: Buchhandelsgeschichte Nr.3 (1984), B 81-90, bes. B 82. Den Aufbau und die Bestände des Tübinger Verlagsarchivs (künftig VA) ausführlich beschrieben und gewürdigt hat Silke Knappenberger, Das Archiv des J.C.B. Mohr Verlages (Paul Siebeck) und der H. Laupp'schen Buchhandlung in Tübingen, in: Archiv und Wirtschaft. Zeitschrift für das Archivwesen der Wirtschaft 3 (1992), S.104-109. Die Bestände des VA bilden den Hauptfundus vorliegender Arbeit. Auf Nachlässe von Einzelpersonen wird nur in wenigen Fällen zurückgegriffen. Diese Einschränkung legt sich nahe, da im Zentrum der Untersuchung die Perspektive des Verlags und der verantwortlichen Herausgeber stehen soll, welche sich anhand der Bestände des VA hinreichend rekonstruieren läßt. Die Hinzuziehung von Mitarbeiternachlässen hätte den Rahmen der Arbeit gesprengt. Zwei Ausnahmen erwiesen sich jedoch als sinnvoll: Martin Rade gilt gemeinhin als der Initiator der ersten Auflage. Deshalb wurde sein Nachlaß in der Marburger Universitätsbibliothek konsultiert (künftig: NL Rade). Hermann Gunkel kommt innerhalb der beiden ersten Auflagen die Rolle einer theologischen Leit- und Integrationsfigur zu. Sein Nachlaß in Halle (künftig: NL Gunkel) enthält erhebliche Bestände zu vorliegendem Thema. Vereinzelte Fundstücke aus diversen Nachlässen werden an entsprechender Stelle nachgewiesen. Zitiert wird nach folgendem Muster: Fundort, soweit vorhanden Signaturnummer, Art des Schriftstücks, Absender, Ort des Absenders, an Empfänger, Ort des Empfängers, Datum. Das Datum wird vereinheitlicht nach der Form 00.00.0000 angegeben. Die Angabe „Schreiben" bezieht sich gleichermaßen auf Briefe und Postkarten. Da die Archivbestände im Verlag Mohr Siebeck nicht signiert sind, wird hier der Fundort durch die Kartonbezeichnung präzisiert. Werden mehrere Briefe glei-

läßt sich die Geschichte von RGG$^{1-3}$ sowohl unter chronologischen, theologisch-lexikographischen als auch buchherstellerischen Aspekten rekonstruieren. So bietet die ausgedehnte Korrespondenz Erkenntnisse, die über den Textbestand der Artikel hinausreichen und diesem erklärend zur Seite treten. Die Korrespondenz läßt ein Netzwerk an Autoren erkennen, zeigt Hierarchien, Abhängigkeiten, macht Entscheidungen plausibel und lenkt den Blick auf diejenigen Themen und Personen, die im fertigen Buchprodukt nicht mehr vorkommen. Im Spiegel der Korrespondenz lässt sich rekonstruieren, welche lexikonpolitischen Parameter bei der Konzeption der ersten Auflage entscheidend waren, also wie es zu jener Geschlossenheit von Programm und Profil kam, welche dem Werk zu seinem theologiegeschichtlichen Rang verhalf.

Im Spiegel der Korrespondenz erschließen sich eine Fülle lexikonpolitischer Fragen. Da ist zunächst die Frage nach den anvisierten *Benutzergruppen*. Die erste Auflage hat den programmatischen Untertitel „Handwörterbuch in gemeinverständlicher Darstellung". Für welche Benutzergruppen wurde das Nachschlagewerk angesichts dieses Gemeinverständlichkeitsanspruches konzipiert? Inwiefern flossen deren theologisch-kirchliche Interessen und kulturelle Leitbilder in die Konzeption mit ein, sowohl hinsichtlich der Stichwortauswahl als auch hinsichtlich der Präsentation des Stoffes? Hatte also der Gemeinverständlichkeitsanspruch neben den formalen auch inhaltliche Momente? Zwischen Entstehungsgründen, Funktion und Intention eines Lexikons und dem jeweils anvisierten Rezipientenkreis besteht ein enger Zusammenhang. Zur präzisen Erörterung dieser Fragestellung wird im Rahmen dieser Arbeit der Begriff der „Benutzerhermeneutik" einge-

chen Fundorts zitiert, so wird dieser der Übersichtlichkeit halber in jedem Fall mit angegeben. Als Absender wird bei Verlagskorrespondenz stets der Unterzeichner des Briefes genannt. *Bei der Zitation aus archivalischen Quellen werden zeitbedingte und verfasserspezifische orthographische Eigentümlichkeiten ebenso beibehalten wie vermutliche Schreibfehler.* Bei der Schreibung von Namen wie Greßman oder Gießen orientiere ich mich in Zitaten an der jeweils dort gewählten Form. Im Haupttext und in den Nachweisen lege ich die heute übliche Schreibweise zugrunde. Dazu gehören auch Abkürzungen und Eigentümlichkeiten der Groß- und Kleinschreibung. All dies wird innerhalb der Zitate nicht ausdrücklich gekennzeichnet. Alle Hervorhebungen innerhalb der Korrespondenz werden übernommen und als solche nicht gekennzeichnet. D.h. der Hinweis „Hervorh. i. Orig." entfällt bei Zitaten aus Archivbeständen, wird aber bei allen übrigen Zitaten beibehalten. Aus darstellerischen Gründen werden Hervorhebungen wie Großbuchstaben oder Unterstreichungen in Überschriften von Protokollen o.ä. ebenso wenig übernommen wie Einzüge, Absätze und fehlende Leerstellen. Von diesem Zitationssystem wird nur in uneindeutigen Fällen abgewichen. Da der überwiegende Teil der verwendeten Quellen nicht paginiert ist, wird bei Zitaten aus Archivbeständen grundsätzlich auf die Angabe der Blattzahl verzichtet. Anmerkungen innerhalb von Zitaten stammen von mir und dienen dem besseren Verständnis.

führt. Damit ist nicht diejenige Hermeneutik bezeichnet, welche der Benutzer hinsichtlich des Lexikons entfaltet. Vielmehr wird damit die Hermeneutik des Zugriffs und der Präsentation des Wissens- und Bildungsstoffes, welche die Lexikographen unter Berücksichtigung der anvisierten Benutzergruppen entfalten, bezeichnet. Die Frage der Benutzerhermeneutik berührt also die Bildungskonzeption, die hinter einem Lexikon steht und sie läßt erkennen, in welchem Milieu sich ein Lexikon selbst verortet. Sie erweist das Lexikon als ein Medium der Bildungsgeschichte. Die Benutzerhermeneutik von RGG[1], so viel lässt der selbstkennzeichnende Allgemeinverständlichkeitsanspruch vorab erkennen, war von einem wissenschaftspopularisierenden Interesse geleitet. Der Begriff der Wissenschaftspopularisierung wird daher im folgenden nicht pejorativ, sondern vielmehr wertfrei benutzt. Mit dem Programm der Wissenschaftspopularisierung ist nicht die Trivialisierung von Ergebnissen wissenschaftlicher Arbeit bezeichnet. Vielmehr sind, so Paul Röhrig, bei der Reflexion des Popularisierungsbegriffes drei Fragestellungen erkenntnisleitend – nämlich was „an Wissen und Wissenschaft nützlicherweise an das Volk weitergegeben werden solle, wie die Vermittlung zu geschehen habe, und ob möglicherweise nicht auch schon die Wissenschaft selbst im Hinblick auf die Belange des Volkes hervorgebracht werden müsse"[34].

Zu den lexikonpolitischen Parametern, die sich im Spiegel der Korrespondenz erschließen, gehören neben den benutzerhermeneutischen Fragen aber auch *verlags- und buchhandelsinterne* Aspekte wie die Geschichte des Mohr Siebeck Verlages, die Frage, wie der theologische Buch- und Lexikonmarkt im Erscheinungszeitraum strukturiert war, der Planungs- und Herstellungsprozeß des Werkes sowie die Herausgeber- und Autorenbetreuung des Verlages. Also: Wie wurde ein Projekt wie die erste Auflage der RGG finanziert? Wie sah die kommerzielle Herstellung und Verbreitung im Detail aus – von den ersten Planungsgesprächen bis hin zur Preisgestaltung und Marketingstrate-

34 Paul Röhrig, Erwachsenenbildung, in: Handbuch der deutschen Bildungsgeschichte. Bd.III. 1800-1870. Von der Neuordnung Deutschlands bis zur Gründung des Deutschen Reiches. Hg. v. Karl-Ernst Jeismann und Peter Lundgreen, München 1987, S.333-361, hier S.349. Der Begriff der Wissenschaftspopularisierung wird von Constantin Goschler differenziert in ein „diffusionistisches Verständnis, bei dem das Verhältnis von Wissenschaft und Öffentlichkeit als Einbahnstraße angesehen" wird, also „wissenschaftliche Erkenntnisse [...] in irgendwie vereinfachter Form an ein Laienpublikum weitergereicht" wird. Daneben gibt es die Deutung im Sinne eines „zweiseitigen Aushandlungsprozesses [...]. Die Popularisierung von Wissenschaft ist demnach kein linearer Diffusionsprozess, sondern vielmehr ein integraler Bestandteil des wissenschaftlichen Erkenntnisprozesses selbst" (ders., Wissenschaft und Öffentlichkeit in Berlin [1870-1930]. Einleitung, in: Wissenschaft und Öffentlichkeit in Berlin, 1870-1930. Hg. v. Constantin Goschler, Stuttgart 2000, S.7-29, hier S.9f.).

gie? Und wie haben sich diese Produktionsbedingungen auf das programmatische Selbstverständnis von Verlag und Herausgeber ausgewirkt? Wie lassen sich die ökonomischen und organisatorischen Bedingungen der Buchproduktion mit den theologiepolitischen Ambitionen sowohl des Verlages als auch der führenden Mitarbeiter verbinden? In der Korrespondenz zwischen Verlag und Autoren geht es nicht nur um theologiepolitische Weichenstellungen und um theologisch-enzyklopädische Ordnungsvorstellungen oder sprachlich-stilistische Verbesserungen, sondern auch, und oft zentral, um Geld, Honorare, um Abgabe- und Erscheinungstermine, Auflagenhöhe, Herstellungsfragen und um verlagsrechtliche Themen. Dies alles ist im Blick auf lexikonpolitische Fragen von Relevanz. Freilich kann aufgrund der unterschiedlichen Dichte des Materials nicht jeder der skizzierten Gesichtpunkte an jeder Stelle gleichermaßen behandelt werden. So wird die Untersuchung an einzelnen Punkten die strukturelle Analyse fallstudienartig verdichten und exemplifizieren[35].

Im Blick auf Herausgeber und Autoren ist zu fragen: Nach welchen Kriterien wurden diese vom Verlag gewählt? Wie gestaltete sich der Kommunikationsprozeß zwischen Verlag und den als Herausgeber und Autoren fungierenden akademischen Wissenschaftlern? Wie wurde die Autorenakquisition organisiert? Welche Vorgaben wurden den Autoren hinsichtlich der Artikelgestaltung gemacht und wie wurden diese umgesetzt?[36] Kurzum: Es gilt, das Spannungsfeld zwischen theologisch-pädagogischem Anspruch und theologisch-wissenschaftlicher Objektivität einerseits, „verlegerischen Marktinteressen und akademischem Anspruchsdenken"[37] andererseits in der Fülle seiner Facetten zu untersuchen.

35 Ein Vergleich der drei Auflagen in diesen materialen Herstellungs- und Finanzierungsfragen erweist sich als nicht sinnvoll, denn die Veränderungen der gesellschaftlich-politischen und wirtschaftlich-buchhandelstechnischen Rahmenbedingungen im Erscheinungszeitraum waren derart gravierend, daß ein Vergleich notwendig zu vereinfachenden Lösungen kommen müßte. Beispielsweise läßt sich die Auflagenhöhe und Absatzentwicklung der einzelnen Ausgaben nur schwer vergleichen, da den Auflagen eine völlig unterschiedliche Zeit der Marktpräsenz beschieden war.

36 Vgl. hierzu Friedrich Wilhelm Graf, Art. Lexikographie, theologische, in: RGG[4], 5 (2002), Sp.299-301, hier Sp.301: Auch bei der RGG seien „interne Hierarchisierungen (Fächer-, Lemmata- und Autorenauswahl, Artikellänge usw.) krit[isch] zu lesen".

37 Helen Müller, Idealismus und Markt. Der literarische Beirat Artur Buchenau und die Popularisierung idealistischer Weltbilder im frühen 20. Jahrhundert, in: Wissenschaft und Öffentlichkeit in Berlin, 1870-1930. Hg. v. Constantin Goschler, Stuttgart 2000, S.155-183, hier S.156.

Neben die Frage nach den Benutzern und der Bedeutung des Allgemeinverständlichkeitsanspruches sowie der Frage nach der Organisation des Werkes und den damit verbundenen Kommunikationsprozessen tritt zum dritten die Frage nach der *Zugriffshermeneutik* auf den zu präsentierenden Stoff. Wie kein anderes theologisches Lexikon sucht die erste Auflage der RGG Anschluß an die wissenschaftlichen Nachbardisziplinen der Theologie und die Kultur ihrer Zeit. So ist zu untersuchen: Welches Verhältnis zur kirchlich-theologischen Öffentlichkeit läßt sich im Spiegel der Korrespondenz ausmachen? Und ebenso: An welcher Stelle im wissenschaftlich-akademischen Diskurs verortet sich das Lexikon – durch die Wahl der Autoren, aber gegebenenfalls auch durch die Festlegung einer bestimmten Hermeneutik des Zugriffs? Indem der Verlag und die Herausgeber die Themen jeweils einer theologischen Generation aufgreifen und durch ein Netzwerk entsprechender Autoren pflegen, andere Themen und Autoren dagegen unberücksichtigt lassen, wird ein Lexikon zum Indikator theologiegeschichtlicher, aber auch kulturell-gesellschaftlicher Strömungen.

> „Schon die Wahl bestimmter Themen und die Aufnahme von Fragen, die ein Theologe für besonders wichtig erachtet, sind vielfältig bestimmt durch Zeitumstände, gesellschaftlich-politische Herausforderungen und schichtenspezifische Bindungen des einzelnen Theologen. Auch die Rezeption einer Theologie oder ihre gezielte Marginalisierung in der Öffentlichkeit von Theologie und Kirche sind nicht nur Folge der inneren Stringenz des theologischen Gedankens, sondern in hohem Maße bestimmt vom Grad der Übereinstimmung theologischer Lehre mit bestimmten Strömungen des Zeitgeistes"[38].

Wie sah die Gestaltung der gewählten Lexikonprogrammatik hinsichtlich eines nicht-theologischen und außerkirchlichen Benutzerkreises aus? Um die Wirkung eines theologischen Lexikons in eben diesen Benutzerkreisen einschätzen zu können, ist es notwendig, seine theologische Hermeneutik in den Kontext der theologisch-kirchlichen Strömungen des Entstehungszeitraums einzuordnen. Im Fall der ersten Auflage bedeutet dies eine Kontextdualisierung des Werkes in Theologie und Kirche der sogenannten Wilhelminischen Ära. Hier schließt die Arbeit an eine rege Forschungssituation an und kann sich daher beschränken. Ergänzend werden Rezensionen als eigenständiges Quellenmaterial zur Erhellung theologiepolitischer Zusammenhänge heran-

---

38 Friedrich Wilhelm Graf, Protestantische Theologie und die Formierung der bürgerlichen Gesellschaft, in: Profile des neuzeitlichen Protestantismus. Bd.1. Aufklärung, Idealismus, Vormärz. Hg. v. Friedrich Wilhelm Graf, Gütersloh 1990, S.11-54, hier S.12.

gezogen[39]. All diese Fragen werden im Mittelteil der Arbeit erörtert (Kap.II).

Für alle drei Auflagen der RGG – auf je spezifische Weise – gilt, daß das Nachschlagewerk sich bemüht zeigte, sich einen Benutzerkreis außerhalb von Theologie und Kirche zu erschließen und den Stichwortbestand zu diesem Zweck programmatisch weit gefasst hat. Deshalb ist die RGG kein bloßes Fachwörterbuch, denn wer

> „kein anderes großes Lexikon besitzt, könnte zur Not fast auch mit diesem Religionslexikon für die Mehrzahl seiner Nachschlagebedürfnisse auskommen. Die Zahl der Schlagwörter und Namen, die beim ersten Anblick wenig oder gar nichts mit Religion zu tun haben, ist fast so groß wie die der religiösen Termini"[40].

Der weitgefaßte Stichwortbestand sowie der oben erwähnte Allgemeinverständlichkeitsanspruch haben der ersten Auflage der RGG die Bezeichnung eines ‚theologischen Konversationslexikons' eingebracht hat. So spricht beispielsweise die Rezension in *Christentum und Gegenwart* von einem „Konversationslexikon für den religiös interessierten Laien, wie ein ähnliches bisher in Deutschland und vielleicht auch sonst überhaupt nicht existiert hat" [41].

Es ist die dieser Arbeit zugrunde gelegte These, daß sich in der Bezeichnung ‚theologisches Konversationslexikon' sämtliche lexikonpolitische Parameter, wie sie für RGG[1] erhoben werden können, zusammenfassen lassen. Damit ist die erste Auflage in die Schnittstelle zwischen theologischen Fachlexika einerseits und Konversationslexika andererseits einzuordnen. So hat die erste Auflage der RGG buchgeschichtlich zwei Wurzeln und steht im Schnittpunkt zweier Entwicklungen – der der theologischen Fachlexikographie und der des Konversationslexikons. Sie partizipiert an den lexikographischen Spezifika beider geschichtlich gewachsenen Größen. Vorwegnehmen läßt sich, dass die erste Auflage der RGG aus der Tradition der Konversationslexika den Allgemeinverständlichkeitsanspruch übernahm, vor allem in formaler Hinsicht, d.h. bei der Gestaltung der Artikellänge und des

---

39 Die Rezeption des Lexikons wurde ausgehend von der Rezensionssammlung im VA erschlossen. Bis auf wenige Ausnahmen beruht die bibliographische Angabe auf Autopsie des Originals. War dieses jedoch nicht zugänglich, so wird nach dem im VA vorhandenen Exemplar zitiert. Die genaue bibliographische Angabe findet sich im Text der Arbeit. Im Quellenverzeichnis sind deshalb nur die verwendeten Rezensionsorgane aufgeführt. Soweit bekannt, wird der Verfasser der Rezension mitaufgeführt. Bei anonymen Rezensionen wird dieser Sachverhalt nicht ausdrücklich nachgewiesen.

40 Rez.: Der Bau vollendet sich, von: Joachim Günther, in: FAZ Nr.85 (10.04.1962), o.S.

41 Rez.: Die Religion in Geschichte und Gegenwart, in: Christentum und Gegenwart 9 (1913), S.105.

Sprachstiles sowie die thematische Weite des Stichwortbestandes und den ausdrücklichen Willen, das Lexikon über den theologischen Benutzerkreis hinaus einem weiteren, in religiös-kulturellen Fragen interessierten Kreis zu öffnen, sich also an dem Informations- und Orientierungsbedürfnis des anvisierten Leser- und Benutzerkreises auszurichten. Aus der Tradition der Fachlexikographie läßt sich der wissenschaftliche Anspruch erklären, mithin der Sachverhalt, daß die Gestalter der ersten Auflage programmatisch den aktuellen theologisch-akademischen Diskurs aufgreifen wollten – freilich unter einer festgelegten Zugriffshermeneutik[42] – und dazuhin die theologischen Fakultäten und akademischen Lehrer als Referenzgrößen sahen. Der herausragende theologiegeschichtliche Rang der ersten Auflage hängt ursächlich mit dieser Tatsache zusammen – daß sie „ein fabelhaftes Zwitterwesen aus dem Reiche der schönen Lau"[43] ist, will sagen, daß sie die Schnittstelle zwischen zwei lexikographischen und buchgeschichtlichen Entwicklungen kompetent besetzt und damit sowohl in lexikographischer als auch in lexikonpolitischer Hinsicht etwas Neues darstellt.

Um diesen Sachverhalt angemessen würdigen zu können und um die lexikonpolitischen Parameter, die sich hieraus ergeben, detailliert in Blick zu bekommen, ist es notwendig, die buch- und theologiegeschichtliche Entwicklung sowohl der Konversationslexika (Kap.I.A.) als auch der theologischen Fachlexika (Kap.I.B.) zu untersuchen. Das erste Kapitel ist von dem Interesse motiviert, die Vorgeschichte von RGG[1] zu rekonstruieren – exemplarisch und stets im Hinblick auf die für RGG[1] relevanten Fragestellungen. Exemplarisch also werden Programm und Profil, Entstehungsgründe und theologische Ambitionen theologischer Fachlexika erörtert, um detaillierte Parameter im Blick auf das Verständnis von RGG[1] als eines ‚theologischen Konversationslexikons' zu gewinnen und den historischen Ort der RGG deutlich werden zu lassen[44]. Die Arbeit will keine erschöpfende Geschichte der theologischen

42 Dies läßt sich im Spiegel der Korrespondenz besonders für die exegetischen Fächer nachweisen. Vgl. hierzu unten Kap.II.3.2.2.

43 Rez.: Vielleicht ist er entzückt, vielleicht ist er bedrückt. Der Glaubende hat viele Gründe, zumal der Protestant: Zum vierten Mal erscheint das Nachschlagewerk „Religion in Geschichte und Gegenwart", von: Roland Kany, in: FAZ Nr.2 (03.01.1999), S.53.

44 Diese historische Perspektive lexikographischer Forschung hat u.a. Herbert Ernst Wiegand angemahnt (ders., Ansätze zu einer allgemeinen Theorie der Lexikographie, in: Die Lexikographie von heute und das Wörterbuch von morgen. Analysen – Probleme – Vorschläge. Hg. v. Joachim Schildt und Dieter Viehweger [Linguistische Studien, Reihe A, Arbeitsberichte 109]. Akademie der Wissenschaften der DDR, Zentralinstitut für Sprachwissenschaft 1983, S.92-127, bes. S.94). – Mechthild Bierbach hat die lexikographische Terminologie angesichts dieser erweiterten historischen Perspektive präzisiert: „Wenn die Forschungen Wörterbücher aus früheren Epochen

Lexikographie bieten[45]. Es geht vielmehr darum, lexikonpolitische Fragestellungen unter historischer Perspektivierung und im sachinteressierten Hinblick auf RGG[1] zu erschließen.

Um eine Rekonstruktionsperspektive zu gewinnen, die im Hinblick auf die erste Auflage der RGG sinnvoll ist, mußten im Rahmen der hier vorgelegten exemplarischen Untersuchung Beschränkungen vorgenommen werden: Zum ersten beschränke ich mich auf *deutschsprachige* Werke, denn auch RGG[1] war in erster Linie am deutschen Buch- und Wissenschaftsmarkt orientiert. Erst von der dritten Auflage an und endgültig in der vierten Auflage geraten ökumenische beziehungsweise internationale Theologie innerhalb der Konzeption in Blick. Eine internationale Vergleichsperspektive hätte den Rahmen der Untersuchung, die sich in erster Linie lexikonpolitischen Fragestellungen verpflichtet sieht, gesprengt[46]. Die Arbeit begrenzt sich auf theologische Nachschlagewerke, die ihren Stichwortbestand anhand der deutschen Sprache organisieren und die sich entweder auf die Gesamtheit des theologischen Bildungs- und Wissenskanons beziehen oder auf ein klar umrissenes Teilgebiet desselben[47]. Die Geschichte der deutschsprachigen theologischen Fachlexika setzt ein in der zweiten Hälfte des 18.

---

oder die Entwicklungsgeschichte der Gattung zum Gegenstand haben, ist es angemessen, ausdrücklich von historischer Metalexikographie zu sprechen" (dies., Grundzüge humanistischer Lexikographie in Frankreich. Ideengeschichtliche und rhetorische Rezeption der Antike als Didaktik [Kultur und Erkenntnis 18], Tübingen et al 1997, S.4, Anm.3, Hervorh. i. Orig.). Diese Terminologie wird im folgenden aus Gründen der sprachlichen Übersichtlichkeit nicht aufgegriffen. Vielmehr ist unter dem Stichwort „Lexikographie" die historische Perspektivierung immer schon mitgedacht. Zum Problem einer Historiographie der Lexikographie vgl. Burkhard Schaeder, Probleme einer Darstellung der Geschichte der deutschen Lexikographie. Oder: Ein ordenliche erzellung und erklärung waarhaffter, grundtlicher und geschächner dingen (Maaler), in: Worte, Wörter, Wörterbücher. Lexikographische Beiträge zum Essener Linguistischen Kolloquium. Hg. v. Gregor Meder und Andreas Dörner (Lexicographica, Series Maior 42), Tübingen 1992, S.7-24.

45 Es ist überhaupt anzuzweifeln, ob eine solche in Gestalt einer einzigen monographischen Untersuchung zu leisten ist, da eine solche Untersuchung beispielsweise weder mittelalterliche noch frühneuzeitliche Enzyklopädien, die sich lange Zeit nach theologisch-philosophischen Kriterien organisierten, unberücksichtigt lassen könnte.

46 Es ist mir bewußt, daß damit insbesondere die angelsächsischen Einflüsse auf die Lexikographie sowohl der christlichen Aufklärungstheologie als auch der sog. liberalen Theologie ausgeblendet bleiben.

47 Damit grenzt sich vorliegende Untersuchung ab von der amerikanischen Dissertation von John Edward Gates, An Analysis of the Lexicographic Resources used by American Biblical Scholars Today (SBL.DS 8), Missoula, Mont. 1972. Gates erhebt ausdrücklich den „scope of language materials" biblischer Wörterbücher zum Forschungsgegenstand (aaO., p.4; dort auch die für Gates verbindliche Definition der von ihm herangezogenen lexikalischen Medien: „A lexicon undertakes to describe the vocabulary of a definable range of language idioms, historical periods, subject fields, or texts"). P.11ff. listet Gates die von ihm untersuchten Wörterbücher auf.

Jahrhunderts, in der Zeit der sogenannten Spätaufklärung. Einige deutschsprachige Vorläufer aus der ersten Hälfte des 18. Jahrhunderts werden zum Zwecke der Präzisierung herangezogen. Die exemplarische Rekonstruktion der Gattungsgeschichte ist unterteilt in die Geschichte der Bibellexika und die Geschichte theologisch-kirchlicher Lexika, Lexika also, die ihren Stichwortbestand aus dem Gesamtgebiet der Theologie- und Christentumsgeschichte sowie allgemeiner Religionsgeschichte erheben[48]. Fragenkomplexe aus dem Bereich der Lexikologie und linguistischen Wörterbuchforschung bleiben gänzlich unberücksichtigt[49]. Dementsprechend werden auch diejenigen theologischen Wörterbücher, die sich ausschließlich der Sprachforschung und Klärung sprachlich-exegetischer Probleme widmen und die folglich in der Regel mindestens zweisprachig sind, nicht Gegenstand der Untersuchung.

---

48 Diese Einteilung findet sich auch in RGG[1], denn neben dem Artikel zu den biblischen Wörterbüchern (vgl. Bertholet, Art. Bibellexika, in: RGG[1], 1 [1907], Sp.1153-1155) findet sich in der ersten Auflage auch der instruktive Artikel von Christlieb, Art. Nachschlagewerke, kirchliche und theologische, in: RGG[1], 4 (1913), Sp.647-656. Während der Artikel Bibellexika in den drei abgeschlossenen Auflagen erhalten blieb (Bertholet, Art. Bibellexika, in: RGG[2], 1 [1927], Sp.1037f. und F. Hesse, Art. Bibellexika, in: RGG[3], 1 [1957], Sp.1191f.) und erst in der vierten Auflage entfiel, entfiel ein Pendant zu Christliebs Artikel in RGG[2] und RGG[3] und findet sich dagegen in der vierten Auflage wieder, verfaßt von Friedrich Wilhelm Graf, Art. Lexikographie, theologische, in: RGG[4], 5 (2002), Sp.299-301. – Die Orientierung an dieser in RGG[1] selbst eingegangene lexikographische Untergliederung macht plausibel, dass für die Aufklärungszeit sowie für das erste Drittel des 19. Jahrhunderts die philosophischen bzw. ästhetischen Wörterbücher nicht stärker einbezogen wurden, auch wenn die lexikographischen Interferenzen zwischen Theologie und Philosophie beträchtlich sind und nicht wenige Theologen philosophisch-ästhetische Nachschlagewerke verfaßt haben Dies im Detail zu untersuchen, wäre Gegenstand einer eigenständigen Arbeit. Das erste Kapitel vorliegender Untersuchung arbeitet dagegen exemplarisch im Blick auf die RGG[1].

49 Zur kritischen Auseinandersetzung mit der lexikalischen Methodik innerhalb der Exegese vgl. James Barr, Bibelexegese und moderne Semantik. Theologische und linguistische Methode in der Bibelwissenschaft. Mit einem Geleitwort v. Hans Conzelmann, München 1965. Vgl. zur Auseinandersetzung mit der von Barr vorgetragenen Kritik dann Gerhard Friedrich, Semasiologie und Lexikologie, in: ThLZ 94 (1969), Sp.801-816. Zur lexikologischen Semantik innerhalb der Theologie s. ferner Manfred Kaempfert, Lexikologie der religiösen Sprache, in: Helmut Fischer (Hg.), Sprachwissen für Theologen, Hamburg 1974, S.62-81. Es ist mir bewußt, daß sich die in Kap.I.B.3. vorgelegte Untersuchung der Funktionen exegetischer Wörterbücher mit systematisch-theologischem Anspruch in mancherlei Hinsicht im Grenzbereich zwischen den beiden hier getrennten Gattungen bewegt. Gleichwohl erwies sich die grundlegende Unterscheidung für vorliegende Arbeit als sinnvoll. Zur grundsätzlichen Begriffsklärung der verschiedenen lexikalischen Gattungen vgl. Kirsten Hjort, Lexikon, Wörterbuch, Enzyklopädie, Konversationslexikon. Versuch einer Begriffserklärung, in: Muttersprache. Zeitschrift zur Pflege und Erforschung der deutschen Sprache. 77. Jg. (1967), S.353-365.

Zum zweiten beschränke ich mich auf *protestantische* Lexika. Diese Einschränkung ist keine willkürliche, denn die Arbeit wird nachweisen, daß der fortschreitenden Fragmentierung des Protestantismus von der Spätaufklärung bis hinein in die Zeit der sogenannten Wilhelminischen Ära eine Fragmentierung des protestantischen Buchmarkts, in Sonderheit des protestantischen Lexikonmarkts, korrespondiert[50]. Zum dritten beschränke ich mich auf die *Darstellung der Lexika nach ihren theologisch-kirchlichen und lexikonpolitischen Ambitionen und Funktionen.* Eine buchgeschichtlich vollständige bibliographische Chronologie zu erstellen, ist nicht Absicht der vorliegenden Untersuchung. Eine diachrone, nach Sachaspekten gegliederte Darstellung erwies sich im Hinblick auf die Gewinnung schlüssiger Parameter zur präzisen theologie- und lexikonpolitischen Einordnung der ersten Auflage von RGG als sinnvoll. Der Darstellungszeitraum im ersten Teil beschränkt sich, bis auf wenige und jeweils begründete Ausnahmen, auf die Zeit von der Spätaufklärung bis um 1900.

Geht es im ersten Kapitel um Darstellung der Vorgeschichte von RGG[1] als einem ‚theologischen Konversationslexikon', so geht es im dritten Kapitel um die Nachgeschichte desselben. Das dritte Kapitel blickt auf die Auflagengeschichte der RGG[51]. Auch hier ist die Darstellung vom Sachinteresse an lexikonpolitischen Fragestellungen gelenkt. Die Chronologie der Planung und des Erscheinens tritt in der Darstellung in den Hintergrund gegenüber der exemplarischen Untersuchung markanter Verschiebungen im Vergleich zur ersten Auflage. Auch hier ist die Darstellung orientiert an der Interpretation der ersten Auflage als einem ‚theologischen Konversationslexikon'. Als ein in der Tradition theologischer Fachlexika stehendes Nachschlagewerk ist die RGG selbst Teil theologiegeschichtlicher Veränderungen. Wie haben diese theologiegeschichtlichen Verschiebungen die Lexikonproduktion beeinflußt? Wie wirkt sich der theologiepolitische Wandel zwischen den einzelnen Auflagen auf die Profilierung des enzyklopädischen Programms aus? Die Auflagengeschichte bietet Aufschluß über das wechselhafte Zusammenspiel von theologischer Wissenschaft und theologischer Verlagsbranche einerseits und theologischer Wissenschaft und kirchlichem Rezeptionsmilieu andererseits. Dies läßt sich exemplarisch an der zweiten

---

50 Eine Ausnahme von dieser Beschränkung auf den protestantischen Buchmarkt ist im Hinblick auf die Nachschlagewerke aus dem Verlag Herder in Freiburg notwendig, da dieser Verlag sowohl auf dem Gebiet der Konversationslexika als auch der theologischen Fachlexika maßgebliche Innovationen tätigte, also in der identischen Schnittstelle wie RGG[1] tätig war und da das konfessionelle Konversationslexikon, wie sich zeigen wird, in den Anfängen eine katholische Gründung ist.

51 Die vierte Auflage war zur Zeit der Abfassung vorliegender Arbeit erst im Erscheinen begriffen und bleibt daher weitgehend unberücksichtigt.

Auflage und dem Streit um die programmatische Umgestaltung der theologisch-lexikographischen Hermeneutik nachzeichnen (Kap.III.1.3)[52]. Als in der Tradition der Konversationslexika stehendes Nachschlagewerk verstand sich die erste Auflage einem Allgemeinverständlichkeitsanspruch verpflichtet. Doch die zweite Auflage änderte programmatisch den Untertitel: „Handwörterbuch für Theologie und Religionswissenschaft". Die dritte und vierte Auflage behielten diesen veränderten Untertitel bei. Diese Veränderung der Benutzerhermeneutik und des lexikonpolitischen Selbstverständnisses gilt es im Kontext der Auflagengeschichte zu untersuchen (Kap.III.2). Aus einem theologischen Konversationslexikon wurde ein Fachlexikon – hauptsächlich für Theologen. Im Hinblick auf die Mitarbeiterauswahl sollte daher nicht die Richtungsneigung derselben leitorientierend sein, sondern deren theologisch-wissenschaftliche Reputation.

Die drei Auflagen der RGG bieten Einblicke in eine je spezifische protestantische Gesellschafts- und Kulturdeutung, in den Wandel des Verhältnisses der theologischen Lexikographie zur literarischen Öffentlichkeit und in die Veränderung der Struktur der anvisierten Benutzergruppen. Dieser Wandel der Deutungsvorgänge und Deutungsperspektiven ist eine der wesentlichen Pointen der abschließenden Perspektivierung auf die Auflagengeschichte.

Dieser doppelte Ansatz – Gattungsgeschichte im Sinne von Vorgeschichte sowie Werkbiographie einschließlich Auflagengeschichte – bietet die Möglichkeit, sonst disparat bleibende Perspektiven wie die Biographie wichtiger theologischer Lexikographen, die theologische Motivation führender Mitarbeiter, verlags- und buchhandelsgeschichtliche Aspekte, wissenschaftshistorische Ansätze, theologiepolitische Ambitionen und Fragen nach anvisierten Benutzergruppen und nach Artikelgestaltung innerhalb *einer* Untersuchung zusammenschauen zu können, um so die Gattung des theologischen Lexikons nicht nur im historischen Entstehungsprozeß, sondern auch unter sozial-, mentalitäts-, buchhandels- und theologiegeschichtlicher Perspektivierung in den Blick zu bekommen und einen detaillierten Blick auf lexikonpolitische Entscheidungs- und Kommunikationsprozesse zu gewinnen.

In all dem bislang zur Methodik der Arbeit Gesagten wird schon ein weiterer methodischer Grundzug der Untersuchung deutlich. Sie beschränkt sich programmatisch auf die Erschließung und Präsentation

52 Diese theologiegeschichtliche Kontextualisierung und wirkungsgeschichtliche Einordnung wird für die zweite und dritte Auflage nur exemplarisch und unter in lexikonpolitischen Fragestellungen relevanten Aspekten durchgeführt. Auch die zur Verfügung stehende Sekundärliteratur wird nur an einzelnen Stellen zu Rate gezogen. Weiterführende Aspekte finden in Andeutungen und Verweisen Erwähnung.

bislang wenig benutzter und teilweise nur schwer zugänglicher Quellen und archivarischen Materials. Aufgrund der Tatsache, daß ein großer Teil des untersuchten Materials nur archivarisch zugänglich ist, wird an entscheidenden Stellen ausführlich zitiert. Auch angesichts der bislang nur dürftig aufgearbeiteten Quellenlage zum theologischen Buchmarkt erscheint es sinnvoll, die Texte im Originallaut zur Geltung zu bringen. Die Untersuchung ist also einer historisch-systematischen Zugriffsweise verpflichtet, arbeitet folglich unter der doppelten Voraussetzung,

> „daß es das systematisch Eigenständige nur im Gewand historischer Rekonstruktion, die Einsicht in das gegenwärtig Gebotene nur in der verfremdenden Reflexion des historisch Möglichen geben kann – und daß es in der historischen Rekonstruktion keine Objektivitäten gibt, die sich von selbst verstünden, sondern nur Wahrscheinlichkeitsurteile, Analogien und Erforschungen von Wechselwirkungen, über deren Verständnis debattiert werden muß"[53].

Daher pflegt die Arbeit programmatisch eine gewisse Deutungsaskese. Sie sieht sich ganz im Dienst der Quellen.

Zusammenfassend kann man sagen, daß die Arbeit den Versuch unternimmt, der Tendenz entgegenzuwirken,

> „die Erforschung der historischen Medienkultur denjenigen wissenschaftlichen Disziplinen zu überlassen, die sich traditionell mit ihr beschäftigen: der Bibliothekswissenschaft, der Buchhandelsgeschichte, der Theaterwissenschaft, der Publizistik, der Museumswissenschaft, nicht zuletzt auch der Literaturwissenschaft und den Kunst- und Kulturwissenschaften"[54].

Die Arbeit möchte dazu beitragen, die Untersuchung bestimmter literarisch-publizistischer Gattungen in denjenigen Wissenschaftsdisziplinen zu beheimaten, in die sie jeweils intentional gehören – im vorliegenden Fall in die Theologie, spezieller der Praktischen Theologie. Denn ein Lexikon wie die RGG[1], das sich bei der Vermittlung theologischer Themen einem Allgemeinverständlichkeitsanspruch verpflichtete, ist bereits aufgrund dieses Sachverhaltes ein Thema der Praktischen Theo-

---

53 Christian Albrecht, Historische Kulturwissenschaft neuzeitlicher Christentumspraxis. Klassische Protestantismustheorien in ihrer Bedeutung für das Selbstverständnis der Praktischen Theologie (BTH 114), Tübingen 2000, S.14.

54 Wolfgang von Ungern-Sternberg, Medien, in: Handbuch der deutschen Bildungsgeschichte. Bd.III. 1800-1870. Von der Neuordnung Deutschlands bis zur Gründung des Deutschen Reiches. Hg. v. Karl-Ernst Jeismann und Peter Lundgreen, München 1987, S.379-416, hier S.380. Zur Buchforschung allgemein vgl. Paul Raabe, Was ist Geschichte des Buchwesens? Überlegungen zu einem Forschungsbereich und einer Bildungsaufgabe, in: Buchhandelsgeschichte Nr.8 (1976), B 319-330 und Burkard Hornung, Buchforschung – ein Privileg der Kulturgeschichte? Das Medium Buch als Objekt der Wissenschaften, in: Buchhandelsgeschichte Nr.3 (1982), B 114-118.

logie. Und gerade unter dem Aspekt, daß dieses Lexikon wie alle anderen theologischen Werke auch Ausdruck kirchlichen oder akademischen Lebens sowie eines bestimmten religiösen Milieus ist, muß einem solchen Werk das Interesse der Praktischen Theologie sicher sein.

Kapitel I

Die Entwicklung des Konversationslexikons und der theologischen Fachlexikographie als lexikongeschichtliche Voraussetzung von RGG[1]

A.
Die Entwicklung des Konversationslexikons als eines Mediums bürgerlicher Öffentlichkeit

1872 erschien in der *Gartenlaube* ein Beitrag von Hermann Francke, welcher die in Deutschland am meisten verbreiteten Bücher in hierarchischer Folge aufzählt. Der Artikel geht davon aus, daß die Bibel, das Gesangbuch, der Kalender und das „unvermeidliche Kochbuch" Grundbestandteile jeder privaten Bibliothek seien. Jedes sich darüber hinaus findende Buch sei bereits ein aktiver Beitrag zur Hebung des Bildungsniveaus desjenigen, der Bücher sammle. Neben dem Fremdwörterbuch

> „ist das Bedürfnis für Jeden, der nach Weiterbildung und Belehrung strebt, das Conversationslexikon, diese Encyclopädie des gesammten menschlichen Wissens, die ihm über alles Fremde, was bei der Lectüre oder bei der Unterhaltung vorkommt, Auskunft und Belehrung schaffen soll"[1].

Im 19. Jahrhundert war die Entwicklung der deutschsprachigen Enzyklopädie ganz von der Idee und den Prinzipien des Konversationslexikons bestimmt[2]. Die Konversationslexika lösten die gelehrte Universal-

---

1 Hermann Francke, Das Conversationslexikon und seine Gründer. Eine literarhistorische Skizze, in: Die Gartenlaube H.11 Nr.43 (1872), S.706-708, hier S.706.

2 Zur Geschichte der Enzyklopädien und Lexika allgemein vgl. (in chronologischer Folge) Bernhard Wendt, Idee und Entwicklungsgeschichte der enzyklopädischen Literatur. Eine literarisch-bibliographische Studie (Das Buch im Kulturleben der Völker 2), Würzburg 1941; Gert A. Zischka, Index Lexicorum. Bibliographie der lexikalischen Nachschlagewerke, Wien 1959. Dort gibt die umfangreiche Einleitung auf S.XI-XLIV ausführliche Hinweise auf ältere Literatur. Robert Collison, Encyclopedias: Their History throughout the Ages. A Bibliographical Guide with Extensive Historical Notes to the General Encyclopedias issued throughout the World from 350 b.c. to the Present Day, New York et al 1964; Werner Lenz, Kleine Geschichte großer Lexika, Gütersloh 1972; Kenneth F. Kister, Best Encyclopedias: A Guide to

enzyklopädie des 17. und 18. Jahrhunderts ab. Neben die Konversationslexika trat die Summe der Fachlexika der diversen Wissenschaftsdisziplinen, welche die Mehrzahl der lexikalischen Neuerscheinungen des 18. und 19. Jahrhunderts darstellt. Vom 19. Jahrhundert an wurde „für die Wissenschaft [...] das Lexikonsystem wichtig, das aus dem allgemeinen Lexikon und der Summe der Fachenzyklopädien besteht"[3].

Für den Erfolg der Konversationslexika und der Fachlexika gleichermaßen relevant waren die Wandlungen, die sich in der zweiten Hälfte des 18. Jahrhunderts auf gesellschaftlich-politischer und soziokultureller Ebene vollzogen. Das „wachsende Interesse der Öffentlichkeit an den Ergebnissen der Wissenschaft und damit ein schnell wachsendes Publikationswesen"[4] indizieren das Ende der sogenannten Gelehrtenrepublik. Da hier die maßgeblichen Faktoren liegen für den großen Einfluß, welchen lexikalische Nachschlagewerke im 19. und 20. Jahrhundert auf das Bildungsbewußtsein bürgerlicher Benutzergruppen ausüben konnten, seien diese Veränderungen zunächst in gebotener Kürze skizziert.

General and Specialized Encyclopedias, Phoenix 1986 sowie Otmar Seemann, Index lexicorum ineditorum. Versuch einer ‚Bibliographie' nicht erschienener oder fiktiver Lexika, Enzyklopädien oder Wörterbücher, in: Buchhandelsgeschichte Nr.2 (1994), B 73-84 und: Bibliotheca Lexicorum. Kommentiertes Verzeichnis der Sammlung Otmar Seemann. Bearbeitet v. Martin Peche. Eine Bibliographie der enzyklopädischen Literatur von den Anfängen bis zur Gegenwart, unter besonderer Berücksichtigung der im deutschen Sprachraum ab dem Jahr 1500 gedruckten Werke. Hg. v. Hugo Wetscherek, Wien 2001 (bietet Beschreibungen der aufgenommenen Lexika und auf S.553-685 eine umfangreiche Bibliographie der Sekundärliteratur). Einen Überblick über die Forschungsliteratur bietet auch: Enzyklopädien der Frühen Neuzeit. Beiträge zu ihrer Erforschung. Hg. v. Franz M. Eybl, Wolfgang Harms, Hans-Henrik Krummacher und Werner Welzig, Tübingen 1995, S.318-334. Spezialliteratur wird im folgenden an entsprechender Stelle eingeführt.

3 Günter Gurst, Zur Geschichte des Konversationslexikons in Deutschland, in: Lexika gestern und heute. Hg. v. Hans-Joachim Diesner und Günter Gurst, Leipzig 1976, S.137-190, hier S.148.

4 Rudolf Vierhaus, Kulturelles Leben im Zeitalter des Absolutismus, in: „Die Bildung des Bürgers". Die Formierung der bürgerlichen Gesellschaft und die Gebildeten im 18. Jahrhundert. Hg. v. Ulrich Herrmann, Weinheim et al 1982, S.11-37, hier S.22. Zu diesem insgesamt ausführlich erforschten Themenkomplex vgl. u.a. Helmuth Kiesel/ Paul Münch, Gesellschaft und Literatur im 18. Jahrhundert. Voraussetzungen und Entstehung des literarischen Markts in Deutschland, München 1977; Werner Krauss, Über den Anteil der Buchgeschichte an der literarischen Entfaltung der Aufklärung, in: Sinn und Form 12.1 (1960), S.32-88 und 12.2 (1960), S.270-315 und Paul Raabe, Bücherlust und Lesefreuden. Beiträge zur Geschichte des Buchwesens im 18. und frühen 19. Jahrhundert, Stuttgart 1984.

1. Die Etablierung eines bürgerlichen Lesepublikums in der zweiten Hälfte des 18. Jahrhunderts und das Ende der gelehrten Universalenzyklopädie als literar- und buchhistorische Voraussetzung der Konversationslexika

„Das Zeitalter der Aufklärung ist ein schreibendes und lesendes, räsonnierendes, rezensierendes und ein kritisierendes gewesen", resümiert Rudolf Vierhaus[5]. Im Rahmen einer solchen bildungssoziologischen und literarhistorischen Perspektive zur Erfassung des Wesens der deutschen Aufklärung läßt sich die erhebliche Popularität erklären, welche enzyklopädische, zunehmend alphabetisch geordnete Nachschlagewerke im 18. Jahrhundert gewannen. Das 18. Jahrhundert gilt als „das Jahrhundert der großen Enzyklopädien"[6], mithin als „das Jahrhundert des enzyklopädischen Bildungsideals"[7]. So heißt es am Beginn des 18. Jahrhunderts, 1714, in einer Zeitschrift: „Die Lexica sind nun dermassen en vogue, daß man sie künftig / wie den Schnuptoback kauffen und verkauffen wird"[8]. Und am Ausgang des 18. Jahrhunderts, 1791, zählte der Erfurter Bibliothekar Christian Heinrich Schmid (1746-1800) in seinem *Verzeichniß der in deutscher Sprache verfaßten Real=Wörterbücher über Wissenschaften und Künste* für den Zeitraum vom Ende des 17. Jahrhunderts an bereits 220 lexikalische Neuerscheinungen, die er – gegliedert nach den diversen Wissenschaftsdisziplinen – bibliographisch zu erfassen sucht[9]. Schmid unterscheidet zwei Epochen des Erscheinens lexikalischer Nachschlagewerke: Die erste datiert er von 1710-1750, die zweite, welche „unendlich fruchtbarer an dergleichen Wörterbücher als die erste", von 1770-1792[10]. Diese zweite von Schmid fixierte Epoche, das letzte Drittel des 18. Jahrhunderts, gemein-

---

5 Vierhaus, Kulturelles Leben, S.29.

6 Harald Weinrich, Die Wahrheit der Wörterbücher, in: Probleme der Lexikologie und Lexikographie. 10. Jahrbuch 1975 des Instituts für deutsche Sprache. Hg. v. Hugo Moser (Sprache der Gegenwart XXXIX), Düsseldorf 1976, S.347-368, hier S.350.

7 Carl Graf von Klinckowstroem, Enzyklopädien. Bibliographie der ersten deutschsprachigen enzyklopädischen Werke, in: Philobiblon 1 (1957), S.323-327, hier S.323.

8 Neue Bibliothec oder Nachricht und Urtheile von neuen Büchern Und allerhand zur Gelehrsamkeit dienenden Sachen, 31.St., Franckfurt et al 1714, S.41. Vgl. auch Johann Goldfriedrich, Geschichte des Deutschen Buchhandels vom Beginn der klassischen Litteraturperiode bis zum Beginn der Fremdherrschaft. 1740-1804 (Geschichte des Deutschen Buchhandels Bd.III), Leipzig 1909. Goldfriedrich bezeichnet das Phänomen des stetigen Anwachsens enzyklopädischer Literatur eher abfällig als „Tummelplatz" der „Verleger-Industrie" (aaO., S.308).

9 Christian Heinrich Schmid, Verzeichniß der in deutscher Sprache verfaßten Real-Wörterbücher über Wissenschaften und Künste, in: Journal von und für Deutschland, 12. St. (1791), S. 1049-1061.

10 AaO., S.1060.

hin als die Zeit der Spätaufklärung bezeichnet, ist für die „Entfaltung" einer „verselbständigten, nationalen und bürgerlichen Kultur [...] von besonderer Bedeutung"[11].

Für die Frage nach den Funktionen und Eigenheiten des sich in dieser Epoche etablierenden lexikalischen Marktes sind die Besonderheiten und der Wandel der allgemeinen Buchproduktion dieser Zeit von besonderem Interesse[12]. Neben dem Aufkommen nationalsprachiger Literatur, durch die das Lateinische als Büchersprache abgelöst wurde[13], und neben der enormen Ausweitung des Titelangebotes sind in vorliegendem Fragekontext zwei Entwicklungen von Bedeutung:

Erstens: Im letzten Drittel des 18. Jahrhunderts etablierten sich am Buchmarkt neue publizistisch-literarische Formen, welche „die sich langsam abzeichnende Popularisierung des Wissens"[14] indizieren. Buchkäufer und Leser gehörten verstärkt dem aufstrebenden Bürgertum und nicht länger ausschließlich dem ‚gelehrten Stand' an[15]. Die

11 Volker Drehsen, Theologia Popularis. Notizen zur Geschichte und Bedeutung einer praktisch-theologischen Gattung, in: PTh 77 (1988), S.2-20, hier S.7. Zur Abgrenzung der verschiedenen Phasen der Aufklärung vgl. Franklin Kopitzsch, Einleitung: Die Sozialgeschichte der deutschen Aufklärung als Forschungsaufgabe, in: Aufklärung, Absolutismus und Bürgertum in Deutschland. Zwölf Aufsätze. Hg. v. Franklin Kopitzsch, München 1976, S.11-169, dort bes. S.60: „Erst im letzten Drittel des Jahrhunderts erfaßte die Aufklärung den größeren Teil der Intelligenz [...] und damit Teile der Universitäten, Gymnasien, Lateinschulen wie der Bürokratie und der Geistlichkeit".

12 Vgl. zum folgenden Johann Goldfriedrich, Geschichte des Deutschen Buchhandels vom Westfälischen Frieden bis zum Beginn der klassischen Litteraturperiode. 1648-1740 (Geschichte des Deutschen Buchhandels Bd.II), Leipzig 1908, S.13-86, bes. S.73ff. und für die zweite Hälfte des 18. Jahrhunderts ders., Geschichte des Deutschen Buchhandels III, S.247-342 und Reinhard Wittmann, Geschichte des deutschen Buchhandels. Ein Überblick. Durchgesehene u. erweiterte Auflage, München 1999, bes. S.186ff.

13 Vgl. hierzu Rudolf Jentzsch, Der deutsch-lateinische Büchermarkt nach den Leipziger Ostermeßkatalogen von 1740, 1770 und 1800 in seiner Gliederung und Wandlung (Beiträge zur Kultur- und Universalgeschichte 22), Leipzig 1912, S.10 und v.a. die Statistiken S.333ff. Für das 19. Jahrhundert ist die Arbeit von Jentzsch fortgeführt bei Isolde Rarisch, Industrialisierung und Literatur. Buchproduktion, Verlagswesen und Buchhandel in Deutschland im 19. Jahrhundert in ihrem statistischen Zusammenhang (Historische und Pädagogische Studien 6), Berlin 1976. Zur Etablierung der deutschen Sprache auf dem Gebiet theologischer Lexikographie vgl. unten Kap.I.B.2.

14 Paul Raabe, Gelehrte Nachschlagewerke im 18. Jahrhundert in Deutschland, in: Gelehrte Bücher vom Humanismus bis zur Gegenwart. Referate des 5. Jahrestreffens des Wolfenbütteler Arbeitskreises für Geschichte des Buchwesens vom 6. bis 9. Mai 1981 in der Herzog August Bibliothek. Hg. v. Paul Raabe und Bernhard Fabian (Wolfenbütteler Schriften zur Geschichte des Buchwesens 9), Wiesbaden 1983, S.97-117, hier S.98.

15 Zum Typus des ‚gelehrten Lesers' vgl. eindrücklich Bernhard Fabian, Der Gelehrte als Leser, in: ders., Der Gelehrte als Leser. Über Bücher und Bibliotheken, Hildes-

,Fachbildung' begann die universelle Gelehrsamkeit abzulösen. „Damit gibt sich als Kontrastfigur zum Gelehrten auf der einen Seite der Gebildete, auf der anderen der Experte zu erkennen, in dem sich der heutige Fachwissenschaftler präfiguriert"[16].

Rolf Engelsing hat für diese literarsoziologischen Verschiebungen summarisch den Begriff der „Leserevolution"[17] geprägt, womit nicht

---

heim et al 1998, S.3-32 und ders., ,Im Mittelpunkt der Bücherwelt'. Über Gelehrsamkeit und gelehrtes Schrifttum um 1750, in: ders., Der Gelehrte als Leser. Über Bücher und Bibliotheken, Hildesheim et al 1998, S.205-230.

16 Fabian, ,Im Mittelpunkt der Bücherwelt', S.215.

17 Rolf Engelsing, Die Perioden der Lesergeschichte in der Neuzeit, in: ders., Zur Sozialgeschichte deutscher Mittel- und Unterschichten (KSGW 4), Göttingen 1973, S.112-154, hier S.139. Vgl. auch ders., Analphabetentum und Lektüre. Zur Sozialgeschichte des Lesens in Deutschland zwischen feudaler und industrieller Gesellschaft, Stuttgart 1973 und ders., Der Bürger als Leser. Lesergeschichte in Deutschland 1500-1800, Stuttgart 1974. Später hat Langenbucher die Terminologie Engelsings dahingehend weitergeführt, daß er für die Zeit von 1760-1830 im Kontext der ersten industriellen Revolution von der „Ersten Leserevolution" spricht, die sich freilich nur innerhalb einer relativ kleinen Bevölkerungsschicht abgespielt habe. Die „zweite Leserevolution" verbindet er mit der „zweiten industriellen Revolution [...], die von Automatisierung und der Atomenergie bestimmt ist". Erst diese „zweite Leserevolution" habe zu einer allgemeinen Demokratisierung des Lesens sowohl unter qualitativen als auch quantitativen Gesichtspunkten geführt (Wolfgang R. Langenbucher, Die Demokratisierung des Lesens in der zweiten Leserevolution. Dokumentation und Analyse, in: Lesen und Leben. Eine Publikation des Börsenvereins des Deutschen Buchhandels in Frankfurt am Main zum 150. Jahrestag der Gründung des Börsenvereins der Deutschen Buchhändler am 30. April 1825 in Leipzig. Hg. v. Herbert G. Göpfert, Ruth Meyer, Ludwig Muth und Walter Rüegg, Frankfurt/Main 1975, S.12-35, hier S.13). Rudolf Schendas literarsoziologischen Untersuchungen kommt das Verdienst zu, in diesem Zusammenhang den Mythos von den ,lesenden Massen' im 19. Jahrhundert widerlegt zu haben: „Nimmt man eine kontinuierliche Entwicklung des Bildungswesens an, [...] so darf man sagen, daß in Mitteleuropa um 1770: 15%, um 1800: 25%, um 1830: 40%, um 1870: 75% und um 1900: 90% der Bevölkerung über sechs Jahre als potentielle Leser in Frage kommen", so in: ders., Volk ohne Buch. Studien zur Sozialgeschichte der populären Lesestoffe 1770-1910 (SPLNJ 5), Frankfurt/Main 1970, hier S.444f. Ferner ders., Die Lesestoffe der kleinen Leute. Studien zur populären Literatur im 19. und 20. Jahrhundert, München 1976. Die vielfältigen kultur- und mentalitätsgeschichtlichen Aspekte der Veränderung des Leseverhaltens untersucht hat Erich Schön, Der Verlust der Sinnlichkeit oder Die Verwandlungen des Lesers. Mentalitätswandel um 1800 (Sprache und Geschichte 12), Stuttgart 1987. Das Werk bietet S.393-423 eine ausführliche Bibliographie der zu diesem Thema relevanten Sekundärliteratur. Vgl. auch ders., Geschichte des Lesens, in: Handbuch Lesen. Im Auftrag der Stiftung Lesen und der Deutschen Literaturkonferenz hg. v. Bodo Franzmann, Klaus Hasemann, Dietrich Löffler und Erich Schön unter Mitarbeit v. Georg Jäger, Wolfgang R. Langenbucher und Ferdinand Melichar, München 1999, S.1-85. Schön spricht hier in Abweichung von Engelsing anstatt von ,intensiver und extensiver Lektüre' von „Wiederholungslektüre" und „einmaliger Lektüre" (aaO., S.23). Eine kritische Auseinandersetzungen mit diesen Hauptrichtungen literarsoziologischer Erforschung der Aufklärungsepoche findet sich bei Manfred Nagl, Wandlungen des Lesens in der Aufklärung. Plädoyer für ei-

nur die mit dieser Entwicklung einhergehende quantitative Zunahme der Lektüre und die soziale Ausweitung derselben bezeichnet wird, sondern auch die qualitative Veränderung des Leseverhaltens selbst – von Engelsing festgemacht an dem Übergang von einer bislang „intensiven" zu einer jetzt verstärkt „extensiven" Lektüre, die „zahlreiche Bücher las und [sich] ein einzelnes selten oder überhaupt nicht wieder vornahm"[18]. Lesen wurde zusehends zu einem Akt des Sich-Informierens. Lesegesellschaften[19] und Leihbibliotheken[20] schufen für dieses sich verändernde Leseverhalten bürgerlicher Benutzergruppen den institutionellen Rahmen. Und so läßt sich

> „der soziale und regionale Erweiterungsprozeß der deutschen Aufklärung wie die Konstituierung der deutschen Aufklärungsgesellschaft in der zweiten Hälfte des 18. Jahrhunderts [...] kulturgeschichtlich als Veränderung des Leseverhaltens [...] und als Genese der bürgerlichen Öffentlichkeit mit ihren spezifischen Kommunikationsstrukturen beschreiben [...]. In sozialgeschichtlicher Perspektive wird dieser Prozeß greifbar in der Entstehung

---

nige Differenzierungen, in: Bibliotheken und Aufklärung. Hg. v. Werner Arnold und Peter Vodosek (Wolfenbütteler Schriften zur Geschichte des Buchwesens 14), Wiesbaden 1988, S.21-40.

18 Engelsing, Perioden, S.122.

19 Zur Rolle der Lesegesellschaften für den literarischen Markt der Aufklärung vgl. grundlegend die Untersuchung von Marlies Prüsener, Lesegesellschaften im 18. Jahrhundert. Ein Beitrag zur Lesergeschichte, in: AGB 13 (1972), Sp.369-594. Prüsener betont mehrfach den ausgesprochen bürgerlichen Charakter der Lesegesellschaften, in denen „sich nur Angehörige des gehobenen und mittleren Bürgertums [...] zusammenschlossen" (aaO., Sp.416, Anm.161). Das bedeute in literarsoziologischem Kontext, daß „eine gleichmäßige Überschwemmung aller Volksschichten mit allen Arten von Literatur [...] nicht stattgefunden [habe]. Es lassen sich differenziertere Haltungen verschiedener Gesellschaftsschichten zu bestimmten Literatursparten feststellen" (aaO., Sp.379). Von Interesse ist ferner der Sammelband: Lesegesellschaften und bürgerliche Emanzipation. Ein europäischer Vergleich. Hg. v. Otto Dann, München 1981 sowie Otto Dann, Die Lesegesellschaften des 18. Jahrhunderts und der gesellschaftliche Aufbruch des Bürgertums, in: „Die Bildung des Bürgers". Die Formierung der bürgerlichen Gesellschaft und die Gebildeten im 18. Jahrhundert. Hg. v. Ulrich Herrmann, Weinheim et al 1982, S.100-118. Zur Bedeutung diskursiver Geselligkeit für die deutsche Aufklärung vgl. Richard van Dülmen, Die Gesellschaft der Aufklärer. Zur bürgerlichen Emanzipation und aufklärerischen Kultur in Deutschland, Frankfurt/Main 1986.

20 Vgl. hierzu u.a. Georg Jäger, Leihbibliotheken, Lesegesellschaften und Buchmarkt im 18. und 19. Jahrhundert, in: Aus dem Antiquariat H.6 (1986), A 245-255; Die Leihbibliothek als Institution des literarischen Lebens im 18. und 19. Jahrhundert. Organisationsformen, Bestände und Publikum. Arbeitsgespräch in der Herzog August Bibliothek Wolfenbüttel 30. September bis 1. Oktober 1977. Hg. v. Georg Jäger und Jörg Schön (Wolfenbütteler Schriften zur Geschichte des Buchwesens 3), Hamburg 1980 und den instruktiven Sammelband: Bibliotheken und Aufklärung. Hg. v. Werner Arnold und Peter Vodosek (Wolfenbütteler Schriften zur Geschichte des Buchwesens 14), Wiesbaden 1988, welcher einen Überblick über verschiedene Bibliotheksformen gibt.

eines literarischen Marktes und in den vielfältigen Selbstorganisationsformen des aufklärerischen Assoziationswesens"[21].

Enzyklopädische Nachschlagewerke gehörten neben den Tageszeitungen, Almanachen, Vademeca, historisch-politischen Journalen und den Moralischen Wochenschriften[22] zu den publizistisch-literarischen Kommunikationsformen, in denen sich das „öffentliche Bewußtsein der aufkommenden bürgerlichen Gesellschaft heranbildet und artikuliert"[23]. Sie reflektieren in der Themenauswahl neben den schönen

---

21 Hans Erich Bödeker, Zeitschriften und politische Öffentlichkeit. Zur Politisierung der deutschen Aufklärung in der zweiten Hälfte des 18. Jahrhunderts, in: Aufklärung/Lumières und Politik. Zur politischen Kultur der deutschen und französischen Aufklärung. Hg. v. Hans Erich Bödeker und Etienne François (Deutsch-Französische Kulturbibliothek 5), Leipzig 1996, S.209-231, hier S.209f.

22 Zur Rolle der Presse für die deutsche Aufklärungsbewegung vgl. noch immer Joachim Kirchner, Die Grundlagen des deutschen Zeitschriftenwesens. Mit einer Gesamtbibliographie der deutschen Zeitschriften bis zum Jahr 1790. Zwei Bde., Leipzig 1928-1931; Irene Jentsch, Zur Geschichte des Zeitungslesens in Deutschland am Ende des 18. Jahrhunderts. Mit besonderer Berücksichtigung der gesellschaftlichen Formen des Zeitungslesens. Phil. Diss., Leipzig 1937 und Margot Lindemann, Deutsche Presse bis 1815. Geschichte der deutschen Presse. Teil I, Berlin 1969. Zur kritischen Aufarbeitung dieser älteren Werke beachte u.a. Paul Raabe, Die Zeitschrift als Medium der Aufklärung, in: ders., Bücherlust und Lesefreuden. Beiträge zur Geschichte des Buchwesens im 18. und frühen 19. Jahrhundert, Stuttgart 1984, S.106-116 und Martin Welke, Zeitung und Öffentlichkeit im 18. Jahrhundert. Betrachtungen zur Reichweite und Funktion der periodischen deutschen Tagespublizistik, in: Presse und Geschichte. Beiträge zur historischen Kommunikationsforschung. Referate einer internationalen Fachkonferenz der Deutschen Forschungsgemeinschaft und der Deutschen Presseforschung/Universität Bremen 5.-8. Oktober 1976 in Bremen (Studien zur Publizistik 23), München 1977, S.71-99. Die grundlegende Studie zu den Moralischen Wochenschriften stammt von Wolfgang Martens, Die Botschaft der Tugend. Die Aufklärung im Spiegel der deutschen Moralischen Wochenschriften, Stuttgart 1968.

23 Utz Haltern, Politische Bildung, S.64f. Vgl. auch Uwe Puschner, ‚Mobil gemachte Feldbibliotheken'. Deutsche Enzyklopädien und Konversationslexika im 18. und 19. Jahrhundert, in: Literatur, Politik und soziale Prozesse. Studien zur deutschen Literatur von der Aufklärung bis zur Weimarer Republik, in: IASL, 8. Sonderheft (1997), S.62-77, hier S.68f. Zur Genese einer bürgerlichen Öffentlichkeit vgl. noch immer Jürgen Habermas, Strukturwandel der Öffentlichkeit. Untersuchungen zu einer Kategorie der bürgerlichen Gesellschaft. Mit einem Vorwort zur Neuauflage 1990, Frankfurt/Main [5]1996. Vgl. ferner die kommunikationssoziologische Studie von Ernst Manheim, Aufklärung und öffentliche Meinung. Studien zur Soziologie der Öffentlichkeit im 18. Jahrhundert. Hg. u. eingeleitet v. Norbert Schindler (Kultur und Gesellschaft 4), Stuttgart 1979 (Erstausgabe: Die Träger der öffentlichen Meinung. Studien zur Soziologie der Öffentlichkeit, Brünn et al 1933). Dann auch die wissenssoziologische Untersuchung von Hans H. Gerth, Bürgerliche Intelligenz um 1800. Zur Soziologie des deutschen Frühliberalismus. Mit einem Vorwort und einer ergänzenden Bibliographie. Hg. v. Ulrich Herrmann (KSGW 19), Göttingen 1976 (Erstausgabe: Die sozialgeschichtliche Lage der bürgerlichen Intelligenz um die Wende des 18. Jahrhunderts. Ein Beitrag zur Soziologie des deutschen Frühliberalismus. Phil. Diss., Frankfurt/Main 1935). Zum sozial- und bildungsgeschichtlich re-

Künsten und Wissenschaften auf die praktische Lebenswelt eben dieses bürgerlichen Lesepublikums: Familie, Haushaltsführung, Erziehung, Lektüre, Religion, Gewerbe und gesellschaftliches Betragen.

Zweitens: Die soziologische Ausweitung der Leserschichten und die Entstehung neuer medialer Kommunikationsformen führten zu einer Veränderung der materialen Gestalt des Buchmarkts. Dies ist der zweite Aspekt, der an dieser Stelle zu berücksichtigen ist. Der deutschsprachige Literaturmarkt erfuhr in der Epoche der Spätaufklärung eine deutliche Säkularisierung, erkennbar am Rückgang des Anteils theologischer Titel am Gesamtvolumen der Buchproduktion.

Im Jahr 1740 erschienen insgesamt 755 Titel. Davon waren 291 theologischen Inhalts – dies entspricht einem prozentualen Anteil von 38,54%[24]. Davon waren bereits 246 Titel in deutscher Sprache verfaßt und gerade noch 45 (entspricht 15,46% der theologischen Produktion) in lateinischer Sprache. Jentzsch unterteilt die theologischen Neuerscheinungen

> „in zwei große Hauptgruppen: in die eine, die der fachmäßigen theologischen Gelehrsamkeit intra parietes oder dem Theologen überhaupt dienen will, und in die andere, die sich auf die christlich-religiösen Bedürfnisse der größeren Laienwelt einstellt. Und diese letztere Richtung nimmt mit 152 Schriften die größere Hälfte der gesamten theologischen Produktion: 52,23% in Anspruch"[25].

Betrachtet man zum Vergleich den Buchmarkt, wie er sich 1770 präsentierte, so wird der Rückgang an theologischer Literatur evident. Die Gesamtsumme der Buchproduktion ist von ehemals 755 Schriften auf mittlerweile 1.144 Neuerscheinungen angewachsen, wovon 280 Titel der Theologie zuzuweisen sind. Überträgt man diesen Rückgang in den Kontext der Gesamtproduktion, dann zeigt sich, daß der Anteil der Theologie am Gesamtvolumen des Buchmarkts gerade noch 24,47% betrug. Der Anteil der lateinischen Schriften war mit 36 Titeln (entspricht 12,86%) ebenfalls weiter rückgängig. Das Verhältnis zwischen populärer Predigt-, Erbauungs- und Andachtsliteratur (145 Titel) einerseits und gelehrter theologischer Literatur andererseits (135 Titel) hat sich freilich zugunsten letzterer verschoben.

Wie aber präsentierte sich der Buchmarkt um 1800? Die Gesamtproduktion ist auf 2.569 Titel gestiegen. Gegenüber 1770 ist also ein

---

levanten Zusammenhang von expandierendem Buchmarkt und sich etablierender bürgerlicher Öffentlichkeit vgl. dort bes. S.61ff. und auch Lucian Hölscher, Öffentlichkeit und Geheimnis. Eine begriffsgeschichtliche Untersuchung zur Entstehung der Öffentlichkeit in der frühen Neuzeit (Sprache und Geschichte 4), Stuttgart 1979.

24 Zahlenangaben im folgenden nach Jentzsch, Der deutsch-lateinische Büchermarkt, hier S.15.

25 Ebd.

Zuwachs von 124,56% zu verzeichnen. Die Theologie hatte zwar in absoluten Zahlen mit 348 Titeln, welche jetzt wieder überwiegend in den Bereich der populären Literatur gehören, eine gesteigerte Produktion zu verzeichnen. Aber ihr Anteil am Gesamtvolumen der Buchproduktion ist mittlerweile auf 13,55% gesunken. Der Anteil lateinischsprachiger Werke beträgt gerade noch 2,59% – „so liegt der bedeutendere Abfall des Lateins zwischen 1770 und 1800"[26]. In der Rangfolge der einzelnen literarischen Gebiete nach ihrem prozentualen Anteil am Gesamtvolumen des Buchmarktes wurde die Theologie 1800 von den Veröffentlichungen im Bereich „Schöne Künste und Wissenschaften" (21,45% gegenüber 5,83% im Jahre 1740 und 16,43% im Jahr 1780) abgelöst[27]. Die Theologie gehörte neben den Gebieten der Jurisprudenz und der Allgemeinen Gelehrsamkeit zu den sich rückläufig entwickelnden Buchmarktsegmenten[28].

Der Buchmarkt von 1740 war überwiegend auf ein gelehrtes Publikum hin ausgerichtet. Der danach einsetzende Rückgang des Anteils theologischer Literatur am Gesamtvolumen des Buchmarktes zeigt deutlich die oben skizzierte Umstrukturierung des Lesepublikums: Der gelehrte, auch theologisch versierte Leser wird von einem bürgerlichen, hinsichtlich der Theologie allenfalls interessierten Lesepublikum abgelöst. Konfessionell betrachtet ging der Rückgang hauptsächlich zu Lasten der katholischen Buchproduktion, die tendenziell im süddeutschen Raum beheimatet war. „Das mit dem unleugbaren starken absoluten Rückgange der süd- und westdeutschen Stätten namentlich altzeitlich gelehrt-lateinisch-katholischer Produktion verbundene Sichzurückziehen Süddeutschlands, und besonders des katholischen, wie es sich in der Geschichte gerade des Buchhandels so deutlich zeigt, ist eine Art Selbstausschluß von dem Strom des deutschen Gesamtfortschritts". Dieser Sachverhalt hatte unmittelbare Auswirkungen für die Lexikonproduktion, denn „die Centren des litterarischen Lebens Norddeutschlands waren die Stätten der Entstehung und der Hauptpflege der Lexika"[29].

Das Aufkommen und die relativ große Verbreitung populärer, allgemeinverständlicher Nachschlagewerke wären ohne die skizzierten

26 AaO., S.165.

27 AaO., S.314f.

28 AaO., S.316: „Die gewaltige Vorherrschaft des theologischen Geistes, dem 1740 über ein Drittel des gesamten Büchermarktes zugehörte, ferner die Befriedigung von solch rein fachgelehrten oder allgemein-buchgelehrten Interessen, wie die der Jurisprudenz und der Allgemeinen Gelehrsamkeit es sind, sehen wir immer mehr zurückweichen: von den 56,68%, die 1740 diese drei Gebiete beanspruchen, auf 34,26% von 1770 und schließlich auf 20,01% von 1800".

29 Goldfriedrich, Geschichte des Deutschen Buchhandels II, S.85f.

Entwicklungen nicht möglich gewesen[30]. Solche Lexika versuchten den unterschiedlichen Motiven und Ansprüchen bürgerlichen Bildungsstrebens gerecht zu werden und lösten die wissenschaftlich ausgerichteten Universalenzyklopädien ab.

Die Gattungsbezeichnung ‚Enzyklopädie' hat ihre Wurzel in der Idee einer systematischen Erfassung der Wissensbestände. Der Begriff bezeichnet „die systematische Erfassung, Anordnung und Lehre des Wissens; er steht ursprünglich für die Klassifikation der Wissenschaften und deren theoretische Grundlegung"[31]. Aufgrund des darin implizierten Anspruches eines klassifikatorischen Programms, das sich auf die Gesamtheit des Wissens und deren vollständige Präsentation bezieht, wurde der Begriff auf systematische, dann auch auf alphabetisch geordnete Nachschlagewerke angewandt, um so für diese Werke wissenschaftliche Vollständigkeit anzuzeigen. Erstmals tauchte die heute geläufige Form des Begriffes nach derzeitigem Forschungsstand in einem Werk von Paulus Scaligius (auch Scalichius oder Scalich; um 1577 gestorben in Danzig) auf: *Encyclopaedia seu orbis disciplinarum, tam sacrum quam profanum epistemon* (Basel 1559). Heute können Enzyklopädien – im Anschluß an Jürgen Mittelstraß – verstanden werden als „Nachschlagewerke, die in Form von detaillierten Auskünften einen vollständigen Überblick über den zeitgenössischen Stand des Wissens einer, mehrerer oder aller Disziplinen zu geben suchen"[32]. Obwohl diese Definition den ursprünglichen Bedeutungsgehalt des Begriffes der

30 So auch Wendt, Idee und Entwicklungsgeschichte, S. 24.

31 Ulrich Dierse, Art. Enzyklopädie, in: Enzyklopädie Philosophie. Bd.1. Hg. v. Hans Jörg Sandkühler, Hamburg 1990, S.339-342, hier S.339. Zur Begriffsgeschichte und -bedeutung sei hier neben den entsprechenden Artikeln in den einschlägigen Lexika zusammenfassend verwiesen auf ders., Enzyklopädie. Zur Geschichte eines philosophischen und wissenschaftstheoretischen Begriffs (ABG Supp/H 2). Bonn 1977. Dierse bemüht sich zu Recht um eine Abgrenzung zwischen ‚Enzyklopädie' als einem wissenschaftstheoretischen Terminus einerseits und dem Bezug des Begriffes auf Lexika und Wörterbücher andererseits. Zum wissenschaftsklassifikatorischen Anspruch der Enzyklopädien vgl. Leonhard Hell, Entstehung und Entfaltung der theologischen Enzyklopädie (Veröffentlichungen des Instituts für Europäische Geschichte Mainz; Bd.176: Abteilung abendländische Religionsgeschichte), Mainz 1999 sowie auch Peter Burke, Papier und Marktgeschrei. Die Geburt der Wissensgesellschaft, Berlin 2001, S.101ff.

32 Jürgen Mittelstraß, Bildung und Wissenschaft. Enzyklopädien in historischer und wissenssoziologischer Betrachtung, in: Die wissenschaftliche Redaktion H.4 (1967), S.81-104, hier S.86 (i. Orig. teilweise hervorgehoben). Zu Fragen der gattungsspezifischen Abgrenzung vgl. Elisabeth Schult, Lexikon, Enzyklopädie, Wörterbuch in Buchtiteln der Gegenwart, in: Die wissenschaftliche Redaktion H.2 (1966), S.7-12; Hjort, Lexikon und Jürgen Henningsen, ‚Enzyklopädie'. Zur Sprach- und Bedeutungsgeschichte eines pädagogischen Begriffs, in: ABG 10 (1966), S.271-362 und ders., Orbis Doctrinae: Encyclopaedia, in: ABG 11 (1967), S.241-245.

,Enzyklopädie' einschränkt, wird sie im folgenden, sofern nicht ausdrücklich anders vermerkt, zugrunde gelegt. Dabei sind die im Fortgang der Arbeit porträtierten Nachschlagewerke stets vor dem Hintergrund des enzyklopädischen Anspruches der Gliederung und Ordnung von Wissen zu sehen. Hinter der alphabetischen Ordnung, welche ein Hilfsinstrumentarium zur besseren Benutzbarkeit darstellt, steht ein enzyklopädischer Anspruch, der die vermeintliche Aneinanderreihung selbständiger Artikel zu einem System von Erkenntnissen erhebt. Die alle Wissenschaften umfassende Universalenzyklopädie vertrat den Anspruch, „alle Gegenstände menschlichen Wissens" zu beinhalten[33] und verfolgte eine doppelte Intention: Neben die Idee der Wissensvermittlung trat der Anspruch des „Zusammenhaltes aller einzelnen Wissensgebiete zu einem überschaubaren Ganzen"[34]. Im enzyklopädisch-lexikalischen Kontext geht es deshalb stets um zweierlei: Zum einen um die einsichtige Aufschlüsselung umfangreicher Wissensgebiete in Einzelartikel und zugleich um die inhaltlich verantwortete Vereinheitlichung derselben zu einem einheitlichen enzyklopädischen Unternehmen.

Die bahnbrechenden enzyklopädischen Nachschlagewerke des 18. Jahrhunderts stammen aus Frankreich[35]. So gehört zu den bedeutendsten Enzyklopädien des 18. Jahrhunderts das von Louis Moréri (1643-1680) herausgegebene *Le Grand Dictionnaire Historique*, erstmals 1674 in Lyon in zwei Bänden erschienen. Das Werk erlebte bis 1759 zwanzig Auflagen und umfaßte schließlich zehn Bände[36]. Es war das erste europäische Le-

---

33 Bernhard Kossmann, Deutsche Universallexika des 18. Jahrhunderts. Ihr Wesen und ihr Informationswert, dargestellt am Beispiel der Werke von Jablonski und Zedler, in: AGB 9 (1968), Sp.1553-1596, hier Sp.1572. Die lexikalische Einteilung in Universal- und Realenzyklopädie nimmt die wissenschaftstheoretische Aufteilung in allgemeine und spezielle Enzyklopädie auf.

34 AaO., Sp. 1556.

35 Zum folgenden vgl. Jürgen Voss, Deutsche und französische Enzyklopädien des 18. Jahrhunderts, in: Aufklärung als Mission. Akzeptanzprobleme und Kommunikationsdefizite. Hg. v. Werner Schneiders (Das Achtzehnte Jahrhundert Suppl. 1), Marburg 1993, S.238-247. Zum Vergleich der führenden europäischen Enzyklopädien beachte die beiden instruktiven Sammelbände: Notable Encyclopedias of the Seventeenth and Eighteenth Centuries: Nine Predecessors of the *Encyclopédie*. Hg. v. Frank A. Kafker (Studies on Voltaire and the Eighteenth Century 194), Oxford 1981 und Notable Encyclopedias of the Late Eighteenth Century: Eleven Successors of the *Encyclopédie*. Ed. by Frank A. Kafker (Studies on Voltaire and the Eighteenth Century 315), Oxford 1994.

36 Der vollständige Titel des Werkes lautet: *Le Grand Dictionnaire Historique, ou Le Mélange Curieux De L'Histoire Sacrée Et Profane, Qui Contient En Abregé Les Vies Et Les Actions Remarquables Des Patriarches, des Juges, des Rois des Juifs, des Papes, des saints Peres & anciens Docteurs Orthodoxes; des Evêques, des Cardinaux, & autres Prélats célebres; des Héresiarques & des Schismatiques, avec leurs principaux Dogmes: Des Empereurs, des Rois,*

xikon, welches in einer lebenden Sprache verfaßt war und setzte Standards für künftige Lexika historischen Inhalts. Eine deutschsprachige Bearbeitung erschien 1709 bei dem Leipziger Buchhändler Thomas Fritsch (1666-1726) als *Allgemeines Historisches Lexicon*[37]. Thomas Fritsch war der Stiefsohn von Johann Friedrich Gleditsch, dem wohl bekanntesten Verleger der Barockzeit, der ebenfalls als Lexikonverleger hervortrat. Das *Allgemeine Historische Lexikon* wurde herausgegeben von dem Jenaer Theologieprofessor Johann Franz Buddeus (1667-1729). Das Werk erlebte in Leipzig drei Auflagen (sog. Leipziger Ausgabe; zuletzt 1730-1732). Aufgrund unklarer Urheberrechte wurde Moréris Nachschlagewerk in den Jahren 1726-1727 in einer weiteren deutschsprachigen Bearbeitung in Basel bei Johann Brandmüller verlegt, mit Erweiterungen herausgebracht von dem Basler Professor für Kirchengeschichte und dem Direktor der Universitätsbibliothek daselbst Jakob Christoph Iselin (1681-1737) als *Neu-vermehrtes Historisch- und Geographisches Allgemeines Lexicon*[38]. Die Erweiterungen betrafen in erster Linie

des Princes illustres, & des grands Capitaines: Des Auteurs anciens & modernes, des Philosophes, des Inventeurs des Arts, & de ceux qui se sont rendus recommandables, en toutes sortes de Professions, par leur Science, par leurs Ouvrages, ou par quelque action éclatante. L'Etablissement Et Le Progrès Des Ordres Religieux & Militaires, & LA VIE de leurs Fondateurs. Les Genealogies De plusieurs Familles illustres de France & d'autres Pais. L'Histoire Fabuleuse Des Dieux, & des Héros de l'Antiquité Paienne. La Description Des Empires, Royaumes, Républiques, Provinces, Villes, Isles, Montagnes, Fleuves, & autres lieux considerables de l'ancienne & nouvelle Géographie, où l'on remarque la situation, l'étendue & la qualité du Pais, la Religion, le Gouvernement, les mœurs & les coûtumes des Peuples. Où l'on voit les Dignitez: Les Magistratures ou Titres d'Honneur: Les Religions & Sectes des Chrétiens, des Juifs & des Paiens: Les Principaux Noms des Arts & des Sciences: Les Actions publiques & solemnelles: Les Jeux: Les Fêtes, &c. Les Edits & les Loix, dont l'Histoire est curieuse; Et autres Choses, & Actions remarquables. Avec L'Histoire des Conciles Géneraux & Particuliers, sous le nom des lieux où ils ont été tenus. Le tout enrichi de Remarques & de Recherches curieuses, pour l'éclaircissement des difficultez de l'Histoire, de la Chronologie, & de la Géographie. Par Mre. Louis Moreri, Prêtre, Docteur en Théologie, Lyon 1674.

37 *Allgemeines Historisches Lexicon / in welchem das Leben und die Thaten derer Patriarchen / Propheten / Apostel / Väter der ersten Kirchen / Päbste / Cardinäle / Bischöffe / Prälaten / vornehmer Gottes-Gelahrten / nebst denen Ketzern / wie nicht weniger derer Kayser / Könige / Chur- und Fürsten / grosser Herren und Ministern / ingleichen derer berühmten Gelahrten / Scribenten und Künstler / ferner ausführliche Nachrichten von den ansehnlichsten Gräflichen / Adelichen und andern Familien / von Conciliis, Münchs- und Ritter-Orden / Heydnischen Göttern / etc. und endlich die Beschreibungen derer Kayserthümer / Königreiche / Fürstenthuemer / freyer Staaten / Landschafften / Inseln / Städte / Schlösser / Klöster / Gebürge, Flüsse und so fort / in Alphabetischer Ordnung mit bewehrten Zeugnissen vorgestellet werden. Vier Bde., Leipzig / verlegts Thomas Fritsch / 1709.*

38 *Neu-vermehrtes Historisch- und Geographisches Allgemeines Lexicon, in welchem das Leben / die Thaten / und andere Merckwürdigkeiten deren Patriarchen / Propheten / Apostel / Vätter der ersten Kirchen / Päbsten / Cardinälen / Bischöffen / Prälaten / vornehmer Gelehrten / und anderer sonst in denen Geschichten berühmter Männern und Künstler / nebst denen so genannten Ketzern; wie nicht weniger derer Käyser / Königen / Chur - und Fürsten / Grafen*

süddeutsche und schweizerische Belange und sollten das Werk an den anvisisierten Absatzmarkt akkommodieren. Auch dieses sog. Basler Lexikon erlebte drei Auflagen. Das Lexikon von Moréri erfuhr so insgesamt sechs deutsche Übersetzungen beziehungsweise Bearbeitungen. „Das macht die große Nachfrage sichtbar, die nach solchen Lexika in Deutschland bestand“[39]. Beide deutschsprachige Ausgaben sind eigenständige Bearbeitungen, die auf der Grundlage von Moréris Werk geschaffen wurden. Ergänzend wurden zur Bearbeitung die englischen und holländischen Übersetzungen sowie das *Dictionnaire historique et critique* von Pierre Bayle konsultiert.

Mit den beiden deutschsprachigen Ausgaben von Moréris *Le Grand Dictionnaire Historique* etablierte sich das Genre des ‚Historischen Lexikons‘ auf dem deutschsprachigen Buchmarkt, denn – so die Einschätzung Iselins:

> „Die begierde / welche durchgehends in Europa / wo nur einiger geschmack der edlen wissenschafften sich findet / nach dergleichen Werck bezeuget wird / so wol als die viele außgaaben von dieser art schrifften / in allerhand sprachen / legen genugsam an den tag / daß alle verständige schon längstens vollkommlich davon müssen versichert seyn“,

welcher ungeheure Nutzen solchen Werken zukomme[40]. Die Vorrede Iselins deutet zwei lexikographische Aspekte an, die auch im Kontext der Ausbildung der vielfältigen theologischen Lexika von Relevanz sind. Ein gutes Lexikon strebe, so Iselin, zum einen Vollständigkeit des Stichwortbestands, Fehlerfreiheit des Informationsgehaltes und Gründ-

---

/ grosser Herren / berühmter Krieges- Helden und Ministern; Ingleichem ausführliche Nachrichten von denen ansehnlichsten Gräflichen / Adelichen und andern sonderlichen Andenckens-würdigen Familien / von Concilien / Mönchs- und Ritter-Orden / Heydnischen Göttern / auch allerhand wichtigen / und zu vollkommenem Verständnus deren vornehmsten Historien zu wissen nöthigen Antiquitäten / etc. etc. Und endlichen Die Beschreibung derer Käyserthümern / Königreichen / Fürstenthümern / freyer Ständen / Landschafften / Insulen / Städten / Schlösser / Stifften / Clöster / Gebürgen / Meeren / Seen / Flüssen / und so fortan / Aus allen vorhin ausgegebenen und von gleichen Materien handlenden Lexicis, auch andern bewährten Historisch- und Geographischen Schrifften zusammen gezogen / Dißmahlen von neuem mit Fleiß gantz übersehen / von einer grossen Anzahl Fehlern / die noch immer in denen alten Ausgaben geblieben waren / gereiniget / und sonderlich was die Schweitzerische und angräntzender Orten und Ländern Sachen betrifft / gantz umgegossen / und um ein grosses vermehret. Mehr Bericht von allem ist zu finden in der Vorrede / von Jacob Christoff Iselin / S. S. Theol. Doct. und Prof. in Basel / Mitglied der Königlichen Frantzösischen / zu Erläuterung der Historien / alten Müntzen und übriger Antiquitäten / angestellten Academie. Vier Bde. Mit Löbl. Evangel. Eydgnoss. Orten Privilegiis. Basel / Gedruckt und verlegt bey Johann Brandmüller / 1726.

39 Raabe, Gelehrte Nachschlagewerke, S.103.

40 Iselin, Vorrede, in: ders.: Neu-vermehrtes Historisch- und Geographisches Allgemeines Lexicon 1 (1726), S.)°(- S.)32(, hier S.)°(.

lichkeit der weiterführenden Literaturhinweise an[41]. Die Vorrede gerät denn auch über weite Strecken zu einer kritischen Auseinandersetzung mit den von vielen Seiten beklagten Fehlern von Moréris *Le Grand Dictionnaire Historique*, die eine sorgfältige Überarbeitung desselben nötig machten, da „jederman über des buchs allzuviele fehlere klag führete"[42]. Zum zweiten paßte Iselin den Stichwortbestand an das lokale Schweizer Milieu an und gab dem Lexikon so ein gegenüber der Leipziger Ausgabe eigenes Profil. Die Erstellung der Lexika erweist sich von ihren landessprachlichen Anfängen her als eine kultur- und mentalitätspolitische Abgrenzungsmaßnahme. Der Vorgang der Akkommodation an die Lokalverhältnisse macht deutlich, daß die Hermeneutik des Zugriffs auf den zu präsentierenden Stoff nicht unabhängig vom je individuell-biographischen und kulturell-politischen Standpunkt des Lexikographen eruiert werden kann.

Auch das epochemachende *Dictionnaire historique et critique* von Pierre Bayle (1647-1706), welches erstmals 1695-1697 in zwei Foliobänden in Rotterdam erschien, in späteren Auflagen, abgesehen von der neugesetzten elften Auflage von 1820-1824, in vier Bänden, ging methodisch von einer lexikographischen Abgrenzung gegenüber Moréris *Le Grand Dictionnaire Historique* aus. Bayles *Dictionnaire* versammelte Artikel zu Namen, historischen Fakten und Personen der Menschheits- und Kulturgeschichte seit den Zeiten der Bibel bis in die Gegenwart des 17. Jahrhunderts und wollte in erster Linie diejenigen geschichtsentstellenden Lücken der Darstellung schließen, welche sich in Moréris Nachschlagewerk fanden. Die theologische Idee einer vernünftigen Religion, Vernunft und Offenbarung in je eigene, voneinander getrennte Zuständigkeitsbereiche einweisend, prägten das Lexikon[43].

41 Ebd.

42 AaO., S.)4(.

43 Auf die herausragende Bedeutung des Bayleschen Dictionnaire als einem aufklärerischen „Arsenal [...], aus dem das kommende Jahrhundert seine Waffen bezog" (so Reinhart Koselleck, Kritik und Krise. Eine Studie zur Pathogenese der bürgerlichen Welt, Frankfurt/Main [8]1997, hier S.89) kann hier nur im Sinne eines weiterführenden Aspektes hingewiesen werden. Ernst Troeltsch, Art. Aufklärung, in: RE[3], 2 (1897), S.225-241, hier S.234 sieht in Bayles Dictionnaire neben anderen das „Vorbild der Wörterbücher, Enzyklopädien [...] der Aufklärung gegeben". Vgl. ferner u.a. Philipp August Becker, Gottsched, Bayle und die Enzyklopädie, in: Beiträge zur Deutschen Bildungsgeschichte. FS zur Zweihundertjahrfeier der Deutschen Gesellschaft in Leipzig 1727-1927 (Mitteilungen der Deutschen Gesellschaft zur Erforschung Vaterländischer Sprache und Altertümer in Leipzig 12), Leipzig 1927, S.94-108 und Sebastian Neumeister, Pierre Bayle oder die Lust der Aufklärung, in: Welt der Information. Wissen und Wissensvermittlung in Geschichte und Gegenwart. Hg. v. Hans-Albrecht Koch in Verbindung mit Agnes Krup-Ebert, Stuttgart 1990, S.62-78; ders., Unordnung als Methode: Pierre Bayles Platz in der Geschichte der Enzyklopädie, in: Enzyklopädien der Frühen Neuzeit. Beiträge zu ihrer Erfoschung. Hg. v.

In einer deutschen Bearbeitung erschien Bayles Werk 1741-1744 in vier Bänden in Leipzig bei Bernhard Johann Breitkopf. Verantwortlicher Herausgeber war Johann Christoph Gottsched (1700-1766)[44]. Gottsched konnte und wollte bei der Herausgabe des Werkes „nicht verschweigen, daß er im Grunde eine völlig andere Position in entscheidenden philosophisch-theologischen Fragen einnahm, in denen er Bayle nicht nur nicht folgen, sondern widersprechen mußte"[45], so daß die deutsche Ausgabe eine stark verändernde Bearbeitung des Bayleschen Originals darstellt. Einen Teil der Anmerkungen, die der Übertragung beigefügt wurden, um anstößige Passagen im Baylschen Text theologisch zurecht zu rücken, verfaßte Gottfried Wilhelm Leibniz (1646-1716). Leibniz hatte an Bayles lexikographischer Vorgehensweise, nämlich sich von Moréris *Le Grand Dictionnaire Historique* abzusetzen, bereits deutliche Kritik geübt, denn die meisten Benutzer seien weniger an den Fehlern Moréris interessiert als an gesicherten Fakten:

> „La pluspart de lecteurs ne se soucient pas de sçavoir combien souvent Moreri a failli, ils ne s'interessent que rarement dans les disputes entre les sçavans, mais ils seront ravis de sçavoir qúon ne leur donne jamais que des choses bien seures, ou munies du moins de bons garants"[46].

In deutscher Sprache erschienen später aufgrund des geisteswissenschaftlichen Ranges des Bayleschen Werkes zusätzlich zwei thematische Teilausgaben des *Dictionnaire.* Zum einen brachte Christian Gottfried Donatus 1779 in Lübeck *Peter Bayles historisch-kritisches Wörterbuch für Theologen* heraus. Donatus zeigte sich bemüht, Bayles theologisch stark

---

Franz M. Eybl, Wolfgang Harms, Hans-Henrik Krummacher und Werner Welzig, Tübingen 1995, S.188-199.

44 *Pierre Bayle, Historisches und Critisches Wörterbuch. Nach der neuesten Auflage von 1740 ins Teutsche übersetzt; auch mit einer Vorrede und verschiedenen Anmerkungen sonderlich bei anstößigen Stellen versehen von Johann Christoph Gottsched. Vier Bde., Leipzig bei Bernhard Christoph Breitkopf 1741-1744* (Reprint Hildesheim et al 1974). Vgl. hierzu knapp, aber instruktiv: Bibliotheca Lexicorum, S.26f.

45 Erich Beyreuther, Vorwort, in: Bayle, Historisches und Critisches Wörterbuch 1, S.1-11, hier S.5. Beyreuther gibt in seiner Vorrede weiterführende Hinweise zum Verhältnis der deutschen Bearbeitung zum französischen Original.

46 Gottfried Wilhelm Leibniz, Die philosophischen Schriften. Bd.6. Hg. v. Carl Immanuel Gerhard, Berlin 1885. Ein bis dato unedierter Manuskripttext von Leibniz über Idee und Gestaltung des Bayleschen Dictionnaire wurde von Gerhard seiner Einleitung beigefügt, aaO., S.16-20, hier S.16. Weitere kritische Auseinandersetzungen mit Bayles Dictionnaire bieten folgende Texte von Leibniz: Eclaircissement des difficultés que Monsieur Bayle a trouvées dans le système nouveau de l'union de l'âme et du corps (in: Leibniz, Die philosophischen Schriften. Bd.4. Hg. v. Carl Immanuel Gerhard, Berlin 1880, S.517-524); Extrait du Dictionnaire de M. Bayle article Rorarius p.2599 sqq. de l'Edition de l'an 1702 avec mes remarques (aaO., S.524-554) und Reponse aux réflexions contenues dans la seconde Edition du Dictionnaire Critique de M. Bayle, article Rorarius, sur le systéme de l'Harmonie prèétablie (aaO., S.554-571).

umstrittenes Werk in seiner Bedeutung für die theologische Wissenschaft zu rehabilitieren, denn Bayle habe

> „nicht christliche Religion untergraben, rauben oder heimlich aus den Köpfen und Herzen winden [wollen], er wollte nur die Gebiete des Vermuthens, Wissens und Glaubens unterscheiden, nicht die Grenzen in einander fliessen lassen, Linien, Gräben ziehen, Grenzsteine setzen, so daß jeder sein Gebiet kennen, sich darinn mit desto grösserer Bequemlichkeit und Sicherheit erhalten könnte"[47].

1797 folgte in zwei Bänden *Peter Baylens Philosophisches Wörterbuch oder die philosophischen Artikel von Baylens Historisch-kritischem Wörterbuch in Deutscher Sprache. Abgekürzt und Herausgegeben zur Beförderung des Studiums der Geschichte der Philosophie und des menschlichen Geistes.* Die Auswahl besorgte der Hallenser Philosophieprofessor Ludwig Heinrich Jakob (1759-1827).

Zuletzt ist die alles überragende *Encyclopédie ou Dictionnaire raisonné des sciences, des arts et des métiers* zu nennen, von 1751-1772 in zunächst 28 Foliobänden (17 Text- und elf Tafelbände) herausgebracht von Denis Diderot (1713-1784) und Jean-Baptiste Le Rond d'Alembert (1717-1783)[48]. Mit sämtlichen Supplement- und Registerteilen umfaßte dieses Werk schlußendlich 35 Foliobände (Pariser Folio-Ausgabe). Für diese Ausgabe fanden sich bei einem Subskriptionspreis von 980 Livres schließlich 4.255 Subskribenten. Zwischen 1777 und 1782 erschienen kleinformatige Quart- und Oktavausgaben, welche die eigentlich große Menge der *Encyclopédies* im vorrevolutionären Europa ausmachten und die breitenwirksame Präsenz dieses Werkes am Buchmarkt erst ermöglichten.

Zu den Mitarbeitern Diderots zählten unter anderem Jean Jacques Rousseau (1712-1778), Voltaire (eigentlich François Marie Arouet, 1694-1778), Paul Heinrich Dietrich v. Holbach (etwa 1723-1789), für die Theologie ist hier – da im Hinblick auf lexikonpolitische Fragestellung interessant – Nicolas-Sylvestre Bergier (1718-1790) zu nennen. Denn Bergier distanzierte sich 1789 von der *Encyclopédie* mit einem eigenen

---

47 Donatus, Vorrede, in: Peter Bayles historisch-kritisches Wörterbuch für Theologen. Hg. v. Christian Gottfried Donatus. Zwei Teile, Lübeck 1779, S.III-XIV, hier S.VI.

48 *Encyclopédie ou dictionnaire raisonné des sciences, des arts et des métier par une société de gens de lettres. Mis en ordre et publié par M. Diderot et quant à la partie mathématique, par M. d'Alembert.* Die Literatur zu diesem verlegerischen Projekt ist mittlerweile unüberschaubar. Zusammenfassend soll hier verwiesen werden auf die buchhandelsgeschichtlich aufschlußreiche Studie von Robert Darnton, The Business of Enlightment: A Publishing History of the ‚Encyclopedie' 1775-1800, Cambridge et al 1979. Die deutsche Ausgabe unter dem Titel: ders., Glänzende Geschäfte. Die Verbreitung von Diderots ‚Encyclopedie' oder: Wie verkauft man Wissen mit Gewinn?, Frankfurt/Main 1998 bietet eine gekürzte Version. Dort finden sich weiterführende Literaturhinweise.

Dictionnaire théologique, der sich theologisch der kirchlichen Lehre verpflichtete[49]. Diderots *Encyclopédie* verfolgt die „Idee einer Aufklärung durch Gesamtdarstellung des Wissens in einem alphabetisch geordneten Werk"[50]. Aufgrund des aufklärerischen Impetus des Werkes gelangt Jürgen Mittelstraß zu dem Urteil, daß mit der Diderotschen *Encyclopédie* „zum ersten Mal in der Geschichte des Denkens eine Enzyklopädie die intellektuelle Führungsrolle in der Gesellschaft"[51] übernommen habe.

Diese „weltanschauliche Dynamik [...], die Diderots Encyclopédie auszeichnet" und die durch „die Verbreitung neuer Ideen und Interpretationen"[52] verändernd wirken wollte, fehlte der bedeutendsten deutschsprachigen Universalenzyklopädie des 18. Jahrhunderts: Das von Johann Heinrich Zedler (1706-1751) verlegte *Grosse vollständige Universal Lexicon Aller Wissenschaften und Künste*[53] erschien von 1732 bis

49 Neue Ausgabe von 1850f.: *Dictionnaire De Théologie Dogmatique, Liturgique, Canonique Et Disciplinaire, Par Bergier. Nouvelle Édition Mise En Rapport Avec Les Progrès Des Sciences Actuelles; Renfermant Tout Ce Qui Se Trouve Dans Les Éditions Précédentes, Tant Anciennes Que Modernes, Notamment Celles De D'Alembert Et De Liége Sans Contred Les Plus Complètes, Mais De Plus Enrichie D'Annotations Considérables Et D'Un Grand Nomre D'Articles Nouveaux Sur Les Doctrines Ou Les Erreurs Qui Se Sont Produites Depuis Quatre-Vingts Ans; Annotations Et Articles Qui Redent La Présente Édition D'Un Tiers Plus Étendue Que Toutes Celles Du Célèbre, Apologiste, Connues Jusqu'a Ce Jour, Sans Aucune Exception; Par M. Pierrot, Ancien Professur De Philosophie Et De Théologie Au Grand Séminaire De Verdun, Aucteur Du Dictionnaire de Théologie morale; Publié Par M. L'Abbé Migne, Éditeur De La Bibliothèque Universelle Du Clergé, Ou Des Cours Complets Sur Chaque Branche De La Science Ecclésiastique. Vier Bde., Paris 1850f.*

50 Günther Hadding, Aus der Praxis moderner Lexikographie, in: Welt der Information. Wissen und Wissensvermittlung in Geschichte und Gegenwart. Hg. v. Hans-Albrecht Koch in Verbindung mit Agnes Krup-Ebert, Stuttgart 1990, S.109-121, hier S.109. Zum Verhältnis des enzyklopädisch-wissenschaftstheoretischen Anspruchs der Encyclopédie und der notwendigen alphabetischen Ordnung vgl. ausführlich Dierse, Enzyklopädie, S.52ff.

51 Jürgen Mittelstraß, Vom Nutzen der Enzyklopädie, in: Die wissenschaftliche Redaktion H.6 (1971), S.102-110, hier S.102. Zum Einfluß der Encyclopédie auf die deutsche Aufklärung vgl. Fritz Schalk, Die Wirkung der Diderot'schen Enzyklopädie in Deutschland, in: ders., Studien zur französischen Aufklärung (Das Abendland NF 8). Zweite verbesserte u. erweiterte Auflage, Frankfurt/Main 1977, S.221-229 und Jürgen Voss, Verbreitung, Rezeption und Nachwirkung der Encyclopédie in Deutschland, in: Aufklärungen. Frankreich und Deutschland im 18. Jahrhundert. Bd.1 (AUSa 19). Hg. v. Gerhard Sauder und Jochen Schlobach, Heidelberg 1986, S.183-192.

52 Voss, Deutsche und französische Enzyklopädien, S.240.

53 Der vollständige Titel des Werkes lautet: *Grosses vollständiges Universal Lexicon Aller Wissenschafften und Künste, Welche bißhero durch menschlichen Verstand und Witz erfunden und verbessert worden, Darinnen so wohl die Geographisch-Politische Beschreibung des Erd-Creyses, nach allen Monarchien, Kayserthümern, Königreichen, Fürstenthümern, Republiquen, freyen Herr-schafften, Ländern, Städten, See-Häfen, Vestungen, Schlössern, Flecken, Ämtern, Klöstern, Gebürgen, Pässen, Wäldern, Meeren, Seen, Inseln, Flüssen, und*

1750 in Halle und Leipzig und stellt eine „Summe des bisherigen Wissens" dar[54]. Der nach seinem Verleger benannte ‚Zedler' umfaßt einschließlich der nach 1750 erschienenen Supplementa 68 Bände. Verfaßt wurde das Werk von einem Kreis sächsischer Gelehrter, vom Verleger im Vorwort als neun Musen verschlüsselt, welche die diversen Wissenschaften präsentieren sollten. Zu den herausragenden Mitarbeitern, die ermittelt werden konnten, gehört Carl Günther Ludovici (1707-1778), Philosophieprofessor in Leipzig und Vertreter des Wolffianismus. Und so ist es nicht weiter verwunderlich, daß der längste Artikel im ‚Zedler' der Wolffschen Philosophie (349 Spalten) gewidmet ist. Der ‚Zedler' war „aufklärerisch im Ansatz, blieb aber hier wie die Aufklärung in Deutschland wesentlich im geistigen Bereich"[55]. Der ‚Zedler' gilt als der „in Umfang und Aufbau, Reichhaltigkeit und Gründlichkeit [...]

Canälen; samt der natürlichen Abhandlung von dem Reich der Natur, nach allen himmlischen, lufftigen, feurigen, wässerigen und irrdischen Cörpern, und allen hierinnen befindlichen Gestirnen, Planeten, Thieren, Pflantzen, Metallen, Mineralien, Saltzen und Steinen etc. Als auch eine ausführliche Historisch-Genealogische Nachricht von den Durchlauchten und berühmtesten Geschlechtern in der Welt, Dem Leben und Thaten der Käyser, Könige, Churfürsten und Fürsten, grosser Helden, Staats-Minister, Kriegs-Obersten zu Wasser und zu Lande, den vornehmsten geist- und weltlichen Ritter-Orden etc. Ingleichen von allen Staats-Kriegs-Rechts-Policey und Haußhaltungs-Geschäfften des Adelichen und bürgerlichen Standes, der Kauffmannschafft, Handthierungen, Künste und Gewerbe, ihren Innungen, Zünfften und Gebräuchen, Schiffahrten, Jagden, Fischereyen, Berg-Wein-Acker-Bau und Viehzucht etc. Wie nicht weniger die völlige Vorstellung aller in den Kirchen-Geschichten berühmten Alt-Väter, Propheten, Apostel, Päbste, Cardinäle, Bischöffe, Prälaten und Gottes-Gelehrten, wie auch Concilien, Synoden, Orden, Wallfahrten, Verfolgungen der Kirchen, Märtyrer, Heiligen, Sectirer und Ketzer aller Zeiten und Länder, Endlich auch ein vollkommener Inbegriff der allergelehrtesten Männer, berühmter Universitäten, Academien, Societäten und der von ihnen gemachten Entdeckungen, ferner der Mythologie, Alterthümer, Müntz-Wissenschafft, Philosophie, Mathematic, Theologie, Jurisprudentz und Medicin, wie auch aller freyen und mechanischen Künste, samt der Erklärung aller darinnen vorkommenden Kunst-Wörter u. s. f. enthalten ist. Nebst einer Vorrede, von der Einrichtung dieses mühsamen und grossen Wercks Joh. Pet. von Ludewig, JCti, Königl. Preußischen geheimden und Magdeburg. Regierungs- und Consistorial Raths, Cantzlers bey der Universität, und der Juristen-Facultät Præsidis Ordinarii, Erb- und Gerichts-Herrn auf Bendorff, Pretz und Gatterstätt. Mit Hoher Potentaten allergnädigsten Privilegiis, Halle und Leipzig 1732 [recte: 1731]-1750 (zweiter vollständiger photomechanischer Nachdruck, Graz 1993). Zur wechselvollen Geschichte dieses Projektes und dem schwierigen Erscheinungsverlauf vgl. u.a. Herbert G. Göpfert, Zedlers „Universal-Lexikon", in: ders., Vom Autor zum Leser. Beiträge zur Geschichte des Buchwesens, München et al 1977, S.63-75; Gerd Quedenbaum, Der Verleger und Buchhändler Johann Heinrich Zedler 1706-1751. Ein Buchunternehmer in den Zwängen seiner Zeit. Ein Beitrag zur Geschichte des deutschen Buchhandels im 18. Jahrhundert, Hildesheim et al 1977 sowie den bereits erwähnten Aufsatz von Kossmann, Deutsche Universallexika.

54 Göpfert, Zedlers „Universal-Lexicon", S.75.

55 Voss, Deutsche und französische Enzyklopädien, S.240.

bedeutendste deutsche Beitrag zur Lexikographie des 18. Jahrhunderts"[56].

Im Verlauf des 19. Jahrhunderts hielt die gelehrte Universalenzyklopädie der Expansion und stetigen Ausdifferenzierung der Wissenschaften und Lebenswelten freilich nicht stand. Die von Johann Samuel Ersch (1766-1828) und Johann Gottfried Gruber (1774-1851) in Angriff genommene *Allgemeine Encyklopädie der Wissenschaften und Künste in alphabetischer Folge von genannten Schriftstellern bearbeitet* blieb nach schleppendem Erscheinungsverlauf gigantisches Fragment.

Durchgesetzt hat sich vielmehr das eingangs skizzierte Lexikonsystem, welches aus dem allgemeinen Konversationslexikon im Sinne einer populären Enzyklopädie einerseits und der fachspezifischen Realenzyklopädie andererseits besteht[57]. In einem zweiten Schritt sind daher nun die konzeptionellen Besonderheiten des deutschsprachigen Konversationslexikons herauszuarbeiten. Das Konversationslexikon des 19. Jahrhunderts ist die verlegerische Antwort auf die geschilderte Etablierung eines bürgerlichen Lesepublikums, das nach neuen medialen Kommunikationsformen verlangte und das mit zum Ende der gelehrten Universalenzyklopädie führte.

2. Der Erfolg und die konzeptionellen Besonderheiten des Konversationslexikons (populäre Enzyklopädie) im 19. Jahrhundert

Unterhalb und neben der gelehrten Universalenzyklopädie etablierten sich bereits im 18. Jahrhundert populäre, auf Allgemeinverständlichkeit angelegte Nachschlagewerke. Sie waren in Stichwortbestand und Stichwortgestaltung an den Interessen eines bürgerlichen Lesepubli-

56 Raabe, Gelehrte Nachschlagewerke, S.109f.

57 Vgl. Friedrich Schultheiss, Bibliographische Anmerkungen zu einer Enzyklopädie und vier Lexika des 19. und 20. Jahrhunderts (Ersch-Gruber, Brockhaus, Pierer, Meyer, Herder), in: Die wissenschaftliche Redaktion H.6 (1971), S.33-48, hier S.33. Jürgen Mittelstraß, Art. Enzyklopädie, Enzyklopädisten in: Enzyklopädie Philosophie und Wissenschaftstheorie. Bd.1. Hg. v. Jürgen Mittelstraß, Mannheim et al 1980, S.557-562 beurteilt diese Entwicklung eher skeptisch: „Die Zukunft gehört nicht der wissenschaftlichen E[nzyklopädie, R.C.] im engeren Sinne, sondern dem ‚Konversationslexikon', das unter Preisgabe der aufklärerischen Fiktion einer allgemeinen Harmonie des wissenschaftlichen und gebildeten Interesses, gestützt auf die soziologische Konstruktion des gebildeten Laien, das wissenschaftssystematische Programm der E[nzyklopädie, R.C.] der Vorstellung einer unsystematischen, nur noch alphabetischen Anordnung des (weiterhin unter den Gesichtspunkt seiner vollständigen Repräsentation gestellten) Wissens opfert" (aaO., S.559f., Hervorh. i. Orig.).

kums orientiert und zielten zum einen auf die Vermittlung von naturwissenschaftlichen Forschungsergebnissen als dann auch auf die Vermittlung von Sprachkenntnissen für die Zeitungslektüre und von allgemeiner Bildung für den gesellschaftlichen Umgang. Diese Lexika sollten „dem breiten Publikum den Zugang zur zunehmend differenzierteren Terminologie der einzelnen Wissenschaften erleichtern"[58].

Zu einem „Bestseller im 18. Jahrhundert"[59] innerhalb dieser Kategorie avancierte das *Reale Staats-Zeitungs-Lexicon*[60] Das Werk erschien

---

58 Graf, Theonomie, S.46. Graf weist auf eine weitere Funktion der Lexika im 18. Jahrhundert hin, nämlich die der „Sprachbereicherung bzw. Sprachbereinigung, d.h. vor allem der Zurückdrängung des Französischen aus der Bildungssprache" und spricht deshalb in diesem Zusammenhang von „Fremdwörter- bzw. Kunstwörterlexika" (ebd.). Vgl. zu diesem im folgenden nicht weiter verfolgten Aspekt auch Hölscher, Öffentlichkeit, S.83: „Die Schaffung einer nationalen Hochsprache war das erklärte Ziel der deutschen Lexikographie in der zweiten Hälfte des 18. Jahrhunderts". Zu verweisen wäre in diesem Zusammenhang beispielsweise auf *Joachim Heinrich Campe, Wörterbuch der Deutschen Sprache. Fünf Bde., Braunschweig 1807-1811; ders., Wörterbuch zur Erklärung und Verdeutschung der unserer Sprache aufgedrungenen fremden Ausdrücke. Ein Ergänzungsband zu Adelungs Wörterbuche. Zwei Bde., Braunschweig 1801. Neue starkvermehrte und durchgängig verbesserte Ausgabe, Braunschweig 1813* sowie auf die Werke von Johann Christoph Adelung (1732-1806). Diese sind bibliographisch erfasst und unter lexikographischen Gesichtspunkten ausgewertet bei Margrit Strohbach, Johann Christoph Adelung. Ein Beitrag zu seinem germanistischen Schaffen mit einer Bibliographie seines Gesamtwerkes (Studia Linguistica Germanica 21), Berlin et al 1984, dort bes. S.211ff. Und nicht zuletzt das Wörterbuch von Jacob (1785-1863) und Wilhelm (1786-1859) Grimm. Hierzu vgl. Alan Kirkness, Geschichte des deutschen Wörterbuchs. 1838-1863. Dokumente zu den Lexikographen Grimm. Mit einem Beitrag von Ludwig Denecke, Stuttgart 1980.

59 Raabe, Gelehrte Nachschlagewerke, S.104. Anja zum Hingst, Die Geschichte des Großen Brockhaus. Vom Conversationslexikon zur Enzyklopädie (Buchwissenschaftliche Beiträge aus dem Deutschen Bucharchiv München 53), Wiesbaden 1995, S.21ff. zählt ebenfalls die ‚Zeitungslexika' des 18. Jahrhunderts zu den Vorläufern der Konversationslexika des 19. Jahrhundert, wie auch Johannes Kunsemüller, Dauer und Wandel. Das Lexikon und seine Stichwörter gestern und heute, in: Die wissenschaftliche Redaktion H.1 (1965), S.53-76, hier S.54f.

60 *Reales Staats-Zeitungs-Lexicon, Worinnen sowohl Die Religionen und Orden, die Reiche und Staaten, Meere, Seen, Flüsse, Städte, Vestungen, Schlösser, Häfen, Berge, Vorgebürge, Pässe, Wälder und Unterschiede der Meilen, die Linien deutscher hoher Häuser, die in verschiedenen Ländern übliche Ritter-Orden, Reichs-Täge, Gerichte, Civil- und Militair-Chargen zu Wasser und Lande, Müntzen, Maß und Gewichte, die zu der Kriegs-Bau-Kunst, Artillerie, Feld-Lägern, Schlacht-Ordnungen, Schiffarthen, Unterscheid der Schiffe, und deren darzu gehörigen Sachen gebräuchliche Benennungen, als auch Andere in Zeitungen und täglicher Conversation aus allerhand Sprachen bestehende Termini Artis, denen Gelehrten und Ungelehrten zu sonderbarem Nutzen klar und deutlich beschrieben werden. Nebst einem zweyfachen Register und Vorrede Herrn Johann Hübners, Rectoris des Fürstl. Gymnasii zu Merseburg. Verlegts Johann Friedrich Gleditsch, Buchhändl. In Leipzig, Anno 1704. Mit allergnädigsten Freyheiten.*

erstmals 1704 in Leipzig bei Johann Friedrich Gleditsch (1653-1716)[61] und erlebte mehr als 30 Auflagen. Es ging als *Hübner's Lexicon* in die Buchhandelsgeschichte ein, obwohl Johannes Hübner (1668-1731), der Bearbeiter der späteren Auflagen, das Werk ursprünglich nur mit einer Vorrede begleitet hatte. Der eigentliche Herausgeber der ersten Auflage war Philipp Balthasar Sinold von Schütz (1657-1742). Hübner selbst war zunächst Rektor der Merseburger Schule und von 1711 an in der gleichen Funktion am Hamburger Johanneum. Mit genealogischen, historischen und geographischen Schriften war er ein erfolgreicher Autor des Verlages Gleditsch, so daß es als eine überaus geglückte Strategie seitens des Verlegers gelten kann, den Namen Hübners mit dem Lexikon in Verbindung zu setzen.

Von der vierten Auflage (1709) an wurde die Bezeichnung „Conversationslexikon" in den Titel integriert. Hübner hat selbst dargelegt, wie es zur Titulatur *Staats-, Zeitungs- und Conversations-Lexicon* kam:

> „Es ist nehmlich dieses Werck eigentlich curieusen Leuten zu gefallen angeleget worden, welche die so genannten Zeitungen oder Nouvellen mit Verstande lesen wollen; und dessentwegen heist es ein Zeitungs-LEXICON. [...] Weil nun in solchen Zeitungen nichts anders enthalten ist, als eine brüh-warme Nachricht von dem allerneuesten Zustande der vornehmsten Staaten oder Republiqen in der Welt: So ist es zugleich ein Staats- und Zeitungs-LEXICON tituliret worden. [...] Weil ferner in diesem Buche keine Cathedralische Erudition, sondern nur allerhand zum täglichen Politischen Umgange mit gescheiden Leuten, unentbehrliche Stücke der galanten Gelehrsamkeit enthalten sind: So kan mans wohl mit allem Rechte, ein Staats- Zeitungs-und Conversations-LEXICON nennen. [...] Und weil endlich die Wörter in diesem Lexico nicht VERBALITER oder GRAMMATICE, sondern vielmehr REALITER sind erkläret worden: So ist endlich der vierfache Titul eines Realen Staats- Zeitungs- und Conversations-LEXICI daraus entstanden"[62].

Der Vorteil des Werkes lag nach Hübner in der populären Darstellung und Aufbereitung des Stoffes. Der systematische Zugriff auf den enzyklopädischen Stoff hatte sich angesichts der Fülle desselben als nicht länger praktikabel erwiesen, daher hatte man das alphabetische Ord-

---

61 Die Vorrede zur sechsten Auflage von 1713 gibt instruktive Hinweise zu Konzeption und Selbstverständnis des Werkes. Sie wurde in zahlreichen späteren Auflagen wieder abgedruckt, so auch in der hier benutzten von 1827 [Vorrede Herrn Johann Hübners, Rectoris zu S. Johannis in Hamburg, in: Hübner, Reales Staats- Zeitungs- und Conversations-Lexicon, Bl.)(2^r - Bl.)(6^r]. Zur Bedeutung von Johann Friedrich Gleditsch als einem der herausragenden Lexikonverleger des 18. Jahrhunderts vgl. Goldfriedrich, Geschichte des Deutschen Buchhandels II, S.75; Raabe, Gelehrte Nachschlagewerke, S.104ff. und Walther Killy, Große deutsche Lexika und ihre Lexikographen 1711-1835, München 1993, zu Johann Hübner vgl. aaO., S.13ff.

62 Vorrede Herrn Johann Hübners, in: Hübner, Reales Staats- Zeitungs- und Conversations-Lexicon, Bl.)(2^{r-v} (Herv. i. Orig.).

nungssystem bevorzugt. Das Werk nahm zwei Zielgruppen zugleich ins Visier – „die Ungelehrten und die Gelehrten: gerade ihnen sollte das Konversationslexikon Auskunft über jene Fachgebiete und Begriffe geben, die jenseits des eigenen Wissensgebiets liegen"[63].

Im 19. Jahrhundert setzte sich dieser auf die populäre Darstellung wissenschaftlicher Erkenntnisse gerichtete Umschwung in der enzyklopädischen Literatur endgültig durch. Wollte die gelehrte Enzyklopädie „in der Hauptsache der wissenschaftlichen Welt dienen"[64], so zielte das Konversationslexikon neben der Information des fachfremden Gelehrten auf die Bildung der ‚Laien'. Die Welt des Wißbaren erwies sich als wandelbar und stetig fortschreitend und mit „dieser Fortschrittstendenz ging eine Tendenz wo nicht zur Demokratisierung, so doch zur Popularisierung einher"[65]. Dabei geriet das Konversationslexikon, wie sich im folgenden zeigen wird, in die Spannung zwischen dem Anspruch, den Stoff einerseits wissenschaftlich korrekt aufzubereiten und ihn andererseits zugleich populär zu präsentieren.

Es sind in erster Linie zwei Namen der deutschen Buchhandels- und Verlagsgeschichte, die mit der Idee eines allgemeinverständlichen und zugleich alle Wissensgebiete erschöpfend behandelnden Nachschlagewerkes verbunden sind: Friedrich Arnold Brockhaus und der gleichnamige Verlag (Abschnitt 2.1.1.) sowie Joseph Meyer mit dem Verlag des Bibliographischen Institutes (Abschnitt 2.1.2.). Daneben entwickelte sich von der zweiten Hälfte des 19. Jahrhunderts an der Typus des konfessionell-weltanschaulich gebundenen und damit in seiner Hermeneutik festgelegten Konversationslexikons. Dieser Typus ist in erster Linie mit dem Namen und Verlag Herder verbunden (Abschnitt 2.2.). Die Bedeutung des enzyklopädischen Programms dieser drei Verlage zeigt sich schon allein darin, daß in allen drei Fällen der Verlegername zum Synonym des jeweiligen Werkes wurde[66]. Zugleich präfiguriert sich hier der für RGG[1] relevante Sachverhalt, daß die Verlegerpersönlichkeit aus den konzeptionellen und in lexikonpolitischer Hinsicht relevanten Fragen nicht ausgeblendet werden kann. Lexikonpolitik ist Verlegerpolitik.

---

63 Raabe, Gelehrte Nachschlagewerke, S.105.

64 Wendt, Idee und Entwicklungsgeschichte, S.54.

65 Walther Killy, Der Brockhaus von 1827, in: ders., Von Berlin bis Wandsbeck. Zwölf Kapitel deutscher Bürgerkultur um 1800, München 1996, S.198-235, hier S.202.

66 Schultheiss, Bibliographische Anmerkungen bietet eine ausführliche Bibliographie zu den Lexika von Brockhaus, Meyer und Herder. Zur Geschichte der Konversationslexika allgemein vgl. Ernst Herbert Lehmann, Geschichte des Konversationslexikons, Leipzig 1934; Georg Meyer, Das Konversations-Lexikon, eine Sonderform der Enzyklopädie. Ein Beitrag zur Geschichte der Bildungsverbreitung in Deutschland, Diss. Göttingen 1965 sowie jetzt auch Spree, Streben nach Wissen.

2.1. Das allgemeine Konversationslexikon

2.1.1. Das Konversationslexikon aus dem Verlag F.A. Brockhaus

Heinrich Brockhaus (1804-1874) räsonierte anläßlich des fünfzigjährigen Verlagsjubiläums des Verlages F.A. Brockhaus:

> „Die Geschichte des Conversations-Lexikons ist merkwürdig genug, nicht nur in Beziehung auf unser Geschäft, sondern auch unter allgemeinen literarischen und culturgeschichtlichen Gesichtspunkten. Der Erfolg desselben ist oft ein in der Geschichte des Buchhandels beispielloser genannt worden, aber ebenso beispiellos ist wohl auch der Einfluß, den dieses Werk für wahre Belehrung und Aufklärung des großen Publicums gehabt hat"[67].

Friedrich Arnold Brockhaus (1772-1823), „der eigentliche Begründer"[68] des Konversationslexikons, erwarb 1808 auf der Leipziger Michaelis-Messe für gerade 1800 Taler die Rechte und Bestände des 1796 mit großem Idealismus gestarteten *Conversationslexikon mit vorzüglicher Rücksicht auf die gegenwärtigen Zeiten*, ein Projekt des Leipziger Privatgelehrten Renatus Gotthelf Löbel (1767-1799) und des ebenfalls aus Leipzig stammenden Rechtsanwaltes Christian Wilhelm Franke (1765-1831)[69]. Dieses Werk war ursprünglich auf vier Bände konzipiert, denn nur eine niedrige Bandzahl konnte einen Absatz des Werks in einer möglichst breiten Benutzergruppe sichern. Löbel hatte klare Vorstellungen davon, wie sich das *Conversationslexicon* von seinen Vorgängern, den zahlreichen Zeitungslexika, unterscheiden sollte. Er versicherte den Benutzern im Vorwort, bei der Bearbeitung der Stichworte „aus den besten Quellen zu schöpfen, und zu gleicher Zeit nicht ohne eigene

---

67 Zit. nach Arthur Hübscher, Hundertfünfzig Jahre F.A. Brockhaus. 1805-1955, Wiesbaden 1955, S.136. Zur Biographie von F.A. Brockhaus sowie dem Profil des von ihm gegründeten Verlages und der Geschichte seines Konversationslexikons vgl. noch immer grundlegend Heinrich Eduard Brockhaus, Friedrich Arnold Brockhaus. Sein Leben und Wirken nach Briefen und andern Aufzeichnungen geschildert. Drei Theile, Leipzig 1872-1881; ders., Die Firma F.A. Brockhaus von der Begründung bis zum hundertjährigen Jubiläum. 1805-1905, Leipzig 1905; Berühmte Autoren des Verlags F.A. Brockhaus, Leipzig 1914; Ein Jubiläum des Wissens. 175 Jahre F.A. Brockhaus. Mit Beiträgen v. Walther Killy, Thilo Koch und Richard Toellner, Wiesbaden 1980; Hans Brockhaus, Aus der Werkstatt eines großen Lexikons. Ein Vortrag, Wiesbaden 1953. Weiterführende Literaturhinweise finden sich bei Hingst, Geschichte des Großen Brockhaus.

68 H.E. Brockhaus, Die Firma F.A. Brockhaus, S.25.

69 Vgl. Francke, Das Conversationslexikon. Hermann Francke war der Sohn Christian W. Frankes (sic!). Zur Problematik der Datierung des Ankaufes der Rechte an Löbels Conversationslexikon durch F.A. Brockhaus vgl. Hingst, Geschichte des Großen Brockhaus, S.84, Anm.141. Vgl. auch Roland Schäfer, Die Frühgeschichte des Großen Brockhaus, in: Leipziger Jahrbuch zur Buchgeschichte 3 (1993), S.69-84.

Beurtheilung zu verfahren"[70]. Das *Conversationslexicon* intendierte also eine Hermeneutik der Subjektivität sowohl hinsichtlich Artikelauswahl als auch hinsichtlich Artikelgestaltung. Das Werk zielte auf eine allgemeine Bildung. Für die Herausgeber erwies sich das *Conversationslexicon* freilich als finanzielles Fiasko, war auch durch diverse Verlegerwechsel nicht zu retten und überschritt rasch die geplante Bandzahl.

Im Jahr 1809 brachte F.A. Brockhaus das bis dato wenig erfolgreiche Werk in seinem eigenen, damals in Amsterdam ansässigen Verlag unter verändertem Titel und in sechs Bänden heraus: *Conversations-Lexicon oder kurzgefaßtes Handwörterbuch für die in der gesellschaftlichen Unterhaltung aus den Wissenschaften und Künsten vorkommenden Gegenständen mit beständiger Rücksicht auf die Ereignisse der älteren und neueren Zeit*. Versehen mit zwei von Franke selbst bearbeiteten Nachtragsbänden (1809/1810 und 1811) wurde das Werk entgegen allen Erwartungen ein so großer Erfolg, daß bereits von 1812 an eine zweite Auflage erschien, vollständig neu bearbeitet unter der redaktionellen Leitung von F.A. Brockhaus selbst[71].

Der selbstgesetzte Anspruch des Lexikon bestand – gemäß dem abermals veränderten Titel der zweiten Auflage – in der Information der

> „gebildeten Stände über die in der gesellschaftlichen Unterhaltung und bei der Lectüre vorkommenden Gegenstände, Namen und Begriffe, in Beziehung auf Völker- und Menschengeschichte; Politik und Diplomatik; Mythologie und Archäologie; Erd-, Natur-, Gewerb- und Handlungs-Kunde; die schönen Künste und Wissenschaften; mit Einschluß der in die Umgangssprache übergegangenen ausländischen Wörter und mit besonderer Rücksicht auf die älteren und neuesten merkwürdigen Zeitereignisse".

Das bürgerliche Bildungsinteresse steht im Vordergrund. In seinen Anfängen zielt der ‚Brockhaus' auf die gesellschaftliche Konversation der gebildeten Stände, denn

> „wo man diesen Zweck nicht scharff auffaßt, oder wo übersehen wird, was in den Kreis einer solchen encyclopädischen Bildung für die gebildeten Stände unserer Zeit gehört (denn für diese und nicht für die gelehrten Stände ist das Conversations-Lexicon da), und wo derselbe nicht mit Tact und mit Consequenz durchgeführt wird, da wird man leicht in arge Irrthümer verfallen, die der Vollendung in jeder Art sehr nachtheilig werden müssen, oder diese gar nur im Laufe mehrerer Generationen möglich machen"[72].

---

70 Vorrede von Löbel, in: ders., Conversationslexicon 1, S.III-X, hier S.X; zit. nach Hingst, Geschichte des Großen Brockhaus, S.33.

71 Seit 1810 befand sich der Verlagssitz in Altenburg in Thüringen, von 1818 an in Leipzig.

72 F.A. Brockhaus, „Ein paar Worte über die materielle Anlage und Ausführungen des ‚Encyklopädischen Wörterbuchs der Wissenschaften, Künste und Gewerbe' [...]", in:

Bürgerlicher Bildungsanspruch und Ausrichtung auf die in der gesellschaftlichen Konversation notwendigen Gegenstände kennzeichnen also – im Gegensatz zur enzyklopädischen Vollständigkeit und zur wissenschaftlich-objektiven Präsentation des Stoffes – die ersten Auflagen des ‚Brockhaus'. „Den Maßstab dessen, was als wissens- und lexikonwürdig galt, setzte nicht ein wissenschaftlicher Kanon, sondern das ‚gemeine Leben'. [...] Die Konversation gebildeter Menschen setzte den Rahmen dessen, was es zu vermitteln galt"[73].

Dabei verfolgte der ‚Brockhaus' die „spätaufklärerische Doppelabsicht, durch Wissensvermittlung individuelle Bildung zu heben und zugleich auf alle Bereiche gesellschaftlichen Lebens von den Wissenschaften bis zu den Künsten zurückzuwirken, um es zu verbessern, zu vervollkommnen und gegebenenfalls zu verschönern"[74]. F.A. Brockhaus redigierte das *Conversationslexikon* bewußt im Geist einer liberalen Auffassung: „Objektivität und der Verzicht auf Urteil waren keineswegs oberster Grundsatz seiner Lexikonarbeit"[75].

Literarischer Anzeiger 36 vom 22.11.1822, hier benutzt: Zweiter vermehrter Abdruck am 12.01.1823 in „Extrabeilage zum Literarischen Conversationsblatt", Februar 1823; zit. nach Meyer, Das Konversations-Lexikon, S.14.

73 Hingst, Geschichte des Großen Brockhaus, S.32. Zu diesem für die frühen Auflagen des Konversationslexikons typischen lebenspragmatischen Bildungsbegriff vgl. ausführlich Jürgen Henningsen, Das Konversationslexikon – pädagogisch gesehen. I.II., in: Berliner Arbeitsblätter für die Deutsche Volkshochschule XVIII (1962), S.18-71 (I: S.18-45; II: S.45-71), hier bes. S.19-26: „Wichtig ist jedoch, daß der Maßstab dessen, was es zu vermitteln gilt, nicht durch die Wissenschaft, sondern durch das ‚gemeine Leben' gesetzt ist" (aaO., S.24; Hervorh. i. Orig.).

74 Wolfgang Albrecht, Aufklärerische Selbstreflexion in deutschen Enzyklopädien und Lexika zur Zeit der Spätaufklärung, in: Enzyklopädien der Frühen Neuzeit. Beiträge zu ihrer Erforschung. Hg. v. Franz M. Eybl, Wolfgang Harms, Hans-Henrik Krummacher und Werner Welzig, Tübingen 1995, S.232-254, hier S.241.

75 Hingst, Geschichte des Großen Brockhaus, S.85. Killy, Der Brockhaus von 1827, S.211 kommt zu dem Schluß: „Man hatte Vertrauen in die Möglichkeiten einer synthetischen Darstellung und begriff unter Objektivität keineswegs den Verzicht auf Urteile". F.A. Brockhaus ist in das national-liberale Milieu der napoleonischen Befreiungskriege einzuordnen, in denen sich die Hoffnung auf nationale Befreiung verband mit dem Willen zu einer inneren Erneuerung Preußens, dem Ende des Obrigkeitsstaates und verfassungsmäßig garantierten Bürgerrechten. Zu den Auseinandersetzungen mit der Zensur vgl. H.E. Brockhaus, Friedrich Arnold Brockhaus 2, insb. S.53-76 und in H.E. Brockhaus, Friedrich Arnold Brockhaus 3, S.159-360 (Preußen betreffend) und S.351-386 (Österreich betreffend).

Durch die Anvisierung der Gebildeten des bürgerlichen Mittelstandes und der oberen Schichten als Benutzergruppe[76] geriet das Konversationslexikon im Verlauf des 19. Jahrhunderts in das Spannungsfeld von „Konversation als geselliger Fertigkeit und dem Streben nach Bildung für den sozialen Aufstieg"[77], denn mit der sozialen und wirtschaftlichen Entwicklung des 19. Jahrhunderts änderte sichdie gesellschaftliche Funktion der Konversation. Die bisherigen Charakteristika der Konversation – Raisonnement, Assoziation und sprachlicher Witz – traten in den Hintergrund. Im Fortgang der Auflagen wurde daher „das zu vermittelnde Wissen immer weniger als Funktion der geselligen Konversation"[78], sondern zunehmend als eine Funktion der allgemeinen Bildung begriffen. Das Konversationslexikon als Bildungsmedium partizipierte am Wandel des Bildungsverständnisses. Verstärkt rückte deshalb der Anspruch der vollständigen Berücksichtigung aller Wissensgebiete und deren sowohl wissenschaftsgerechte als auch allgemeinverständliche Präsentation in den Blick. Diese Tendenz läßt sich bereits bei der fünften Auflage des ‚Grossen Brockhaus' nachweisen. Diese wurde nach einer wissenschaftlichen Systematik bearbeitet und jedes wichtige Fach von einem sogenannten ‚Spezialrevisor' betreut. „Die unglaublich erfolgreiche fünfte Auflage des *Brockhaus* gilt

---

76 Vgl. Albrecht, Aufklärerische Selbstreflexion, S.236. Eine sozial-empirische Rekonstruktion der Benutzergruppen ist kaum möglich. Auch das der zweiten Auflage des Brockhaus vorangestellte Pränumerantenverzeichnis kann nur bedingt herangezogen werden, da Abnehmer und Benutzer nicht zwangsläufig identisch sind, bei den weiteren Auflagen solche Listen fehlen, wodurch ein Vergleich hinfällig wird und regionale und soziale Besonderheiten in derartigen Listen unberücksichtigt bleiben. Vgl. hierzu Hingst, Geschichte des Großen Brockhaus, S.110. – Zum grundsätzlichen Problem der historischen Erforschung des empirischen Lesepublikums vgl. Georg Jäger, Historische Lese(r)forschung, in: Die Erforschung der Buch- und Bibliotheksgeschichte in Deutschland. FS für Paul Raabe zum 60. Geburtstag. Hg. v. Werner Arnold, Wolfgang Dittrich und Bernhard Zeller, Wiesbaden 1987, S.485-507. Zur Problematik solcher Benutzerverzeichnisse vgl. Reinhard Wittmann, Subskribenten- und Pränumerantenverzeichnisse als Quellen zur Lesergeschichte, in: ders., Buchmarkt und Lektüre im 18. und 19. Jahrhundert. Beiträge zum literarischen Leben 1750-1880 (Studien und Texte zur Sozialgeschichte der Literatur 6), Tübingen 1982, S.46-68.

77 Monika Estermann, Lexika als biblio-kulturelle Indikatoren. Der Markt für Lexika in der ersten Jahrhunderthälfte, in: AGB 31 (1988), S.247-258, hier S.250. Killy, Der Brockhaus von 1827, S.204f. kommt in diesem Kontext zu dem Schluß, daß „die Schicksale der beiden Artikel ‚Conversation' und ‚Bildung' in den verschiedenen Auflagen des Brockhaus [...] ein bedeutendes Kapitel deutscher Geschichte sichtbar" machen und vergleicht die Artikel deshalb über mehrere Auflagen hinweg unter sozial- und kulturgeschichtlichen Gesichtspunkten (aaO., S.205ff.). Vgl. auch ders., Von älteren Lexika, in: Ein Jubiläum des Wissens. 175 Jahre F.A. Brockhaus. Mit Beiträgen v. Walther Killy, Thilo Koch und Richard Toellner, Wiesbaden 1980, S.41-51, hier bes. S.47ff.

78 Fietz, Darstellung des Bibliothekswesens, S.44.

als der eigentliche Prototyp der modernen Enzyklopädie"[79], denn hier gelang es, „dem Werke einen bestimmt ausgeprägten Charakter zu verleihen und es zu einer populären Encyclopädie im eigentlichen Sinne des Worts zu gestalten"[80]. Die Hermeneutik der Subjektivität wurde in der Folge der Auflagen von dem hermeneutischen Anspruch der Objektivität und Wissenschaftlichkeit zurückgedrängt.

Der Begriff der ‚Enzyklopädie' erlebte im Kontext der Verwissenschaftlichung des Konversationslexikons eine Renaissance und wurde im Fortgang wechselnd mit dem Begriff des ‚Konversationslexikons' verwendet[81]. Versuche, zwischen beiden Gattungen auf der Begriffsebene prinzipiell zu unterscheiden, müssen daher scheitern. Das Konversationslexikon gilt in der lexikalischen Forschung deshalb als *populäre* Sonderform der Enzyklopädie im 19. Jahrhundert, welche in ihrer Eigenart nur aus der Geschichte der Universalenzyklopädie zu verstehen ist[82]. Der ‚Große Brockhaus' selbst versteht sich im Fortgang seiner Auflagen als *„populäre Enzyklopädie"*[83]. Unter den Begriff der ‚populären Enzyklopädien' werden alle diejenigen Nachschlagewerke gefaßt, „welche die überwältigende Fülle der einzelnen Dinge für den allgemeinen Bildungszweck encyklopädisch, das heißt in planmäßiger Verkürzung, nach bestimmten Gesichtspunkten und in fester Ordnung zusammenfassen". Die populäre Enzyklopädie tritt deshalb nicht an

> „zur Lösung eines wissenschaftlichen Problems oder zur Uebung einer Kunstfertigkeit, sondern um den Menschen als solchen mit der Welt, die über seinen alltäglichen Horizont hinausliegt, bekannt zu machen, indem ihm die Einsicht in den Begriff und den organischen Zusammenhang der Dinge sowie die Uebersicht über das Ganze, wenn nicht erschlossen, so doch erleichtert wird"[84].

---

79 Hingst, Geschichte des Großen Brockhaus, S.118 (Herv. i. Orig.). Vgl. beispielsweise auch den Art. Konversations-Lexikon, in: Der Große Brockhaus. Handbuch des Wissens in zwanzig Bänden. 15. völlig neubearbeitete Auflage von Brockhaus Konversations-Lexikon, Leipzig 1928-1935, hier Bd.10, S.439. Zur fünften Auflage des ‚Brockhaus' s. auch Henningsen, Das Konversationslexikon I, bes. S.35ff.

80 Vollständiges Verzeichnis der von der Firma F.A. Brockhaus in Leipzig seit ihrer Gründung durch Friedrich Arnold Brockhaus im Jahre 1805 bis zu dessen hundertjährigem Geburtstage im Jahre 1872 verlegten Werke. In chronologischer Folge mit biographischen und literarhistorischen Notizen, Leipzig 1872-1875, S. XXIV.

81 Vgl. Hingst, Geschichte des Großen Brockhaus, S.150ff. und Henningsen, Das Konversationslexikon II, bes. S.45-49 („Die Geschichte des Titels").

82 „Das Konversationslexikon hat stets versucht, sich aus der Geschichte der Enzyklopädien heraus zu verstehen", so Henningsen, ‚Enzyklopädie', S.312.

83 Nachwort: „Zur Charakteristik und Geschichte des Conversations-Lexikon. Aufgabe, Inhalt und Form des Werkes", in: Conversations-Lexikon. Allgemeine deutsche Real-Encyklopädie. Zwölfte umgearbeitete, verbesserte und vermehrte Auflage, Leipzig 1875-1879, 15 Bde., hier Bd.15, S.III-XXV, dort S.VI. (Hervorh. i. Orig.).

84 Ebd.

Der Begriff der ‚populären Enzyklopädie' gewährt somit die Abgrenzung sowohl zur wissenschaftlich orientierten Universalenzyklopädie einerseits als auch zu populär-enzyklopädischen Kleingattungen andererseits. Utz Haltern sieht in der parallelen Verwendung der Begriffe ‚Konversationslexikon' und ‚Enzyklopädie' und der damit einhergehenden Identifikation des Begriffes ‚Konversationslexikon' mit dem der (populären) ‚Enzyklopädie' „die besondere Bedürfnisstruktur des bürgerlichen Lesers [...], für den der Zweck intersubjektiver Kommunikation und Selbstaufklärung von Anfang an mit einem auf umfassendem Wissen gegründeten Anspruch auf politische Mitsprache und Mitbestimmung verbunden war"[85]. Wenn im folgenden von ‚Konversationslexikon' die Rede ist, dann ist dies stets im Sinne des hier eingeführten Bedeutungsgehaltes von ‚populäre Enzyklopädie' zu verstehen.

Das Verhältnis der sozial und kulturell verfestigten Bildungseliten zum Konversationslexikon blieb widersprüchlich und häufig von pauschaler Ablehnung bestimmt[86]. Jürgen Henningsen verweist mit Recht auf die größtenteils pädagogisch motivierte Verachtung, die den Konversationslexika entgegengebracht wurde:

> „Man glaubt die ‚Bildung' vor dem Lexikon in Schutz nehmen zu sollen. Positive Bewertungen sind dadurch notgedrungen in die Form der Apologie gezwungen"[87]. Die Vorwürfe gegen die Lexika gingen davon aus, diese erzeugten „eo ipso geistige Oberflächlichkeit oder Halbbildung"[88].

Im Zuge der Verwissenschaftlichung der Konversationslexika setzte auch ein Wandel der Darstellungsweise ein – die pointierte Darstellung eigener, im Falle des ‚Brockhaus' liberaler Positionen wurde durch eine

85 Haltern, Politische Bildung, S.67. Vgl. auch Hingst, Geschichte des Großen Brockhaus, S.7f.

86 Im Jahr 1818 beispielsweise schrieb Arthur Schopenhauer (1788-1860) an F.A. Brockhaus, welcher dessen Werk *Die Welt als Wille und Vorstellung* herausbrachte, dieser solle ihn nicht behandeln wie seine „Konversations-Lexikons-Autoren und ähnliche schlechte Skribler". Mit ihnen habe er gar nichts gemein „als den zufälligen Gebrauch von Tinte und Feder" (Das Buch als Wille und Vorstellung. Arthur Schopenhauers Briefwechsel mit Friedrich Arnold Brockhaus. Hg. v. Ludger Lütkehaus, München 1996, S.36). Heinrich von Treitschke (1834-1896) sah in den lexikalischen Bemühungen von F.A. Brockhaus den „Anfang jener massenhaften Eselsbrücken-Literatur, welche das neunzehnte Jahrhundert nicht zu seinem Vorteil auszeichnet" und fährt fort: „Das Unternehmen, so undeutsch wie sein Name, fand doch Anklang in weiten Kreisen und bald zahlreiche Nachahmer; ganz ohne solche Krücken konnte sich dies mit der Erbschaft so vieler Jahrhunderte belastete Geschlecht nicht mehr behelfen" (ders., Deutsche Geschichte im Neunzehnten Jahrhundert. Zweiter Teil. Bis zu den Karlsbader Beschlüssen, Leipzig 1882, S.24).

87 Jürgen Henningsen, Das Konversationslexikon – pädagogisch gesehen. III, in: Berliner Arbeitsblätter für die deutsche Volkshochschule XIX (1962), S.57-81, hier S.57.

88 AaO., S.63.

betonte Versachlichung des Darstellungsstils abgelöst[89]. Darüber hinaus mußte der enzyklopädische Stoff unterschieden werden in denjenigen, welcher „das *Bleibende* und *Feststehende* in der Masse des in das Leben eingedrungenen Wissens" präsentierte und in den, der das enthielt, „was die neueste Zeit *Bewegliches* gestaltete und ausbildete"[90]. Es entstand die Notwendigkeit, zwischen historischem Wissen und geforderter Aktualität innerhalb des Lexikons selbst zu vermitteln und historisches und aktuelles Wissen in Beziehung zueinander zu setzen.

Laut Hingst gelang es erstmals der 15. Auflage des ‚Großen Brockhaus', „sowohl als ein Nachschlagewerk für den interessierten Laien als auch als ein Handwerkszeug für den Wissenschaftler anerkannt" zu werden[91]. Anerkennung als wissenschaftliches Instrumentarium fand der ‚Brockhaus' hauptsächlich aufgrund seiner Grundlageninformationen über sämtliche Wissenschaftsgebiete, da die stetig fortschreitende Wissenschaftsspezialisierung die Gelehrten ihrerseits zu Laien in den jeweils anderen Wissenschaftsdisziplinen machte.

So kommt es, daß sich die Konversationslexika an der Wende zum 20. Jahrhundert – in der Zeit der Konzeption von RGG[1] – als Mischformen präsentierten, die von den ehemals wissenschaftlichen Enzyklopädien die Idee der vollständigen und wissenschaftlichen Präsentation des Wissensstoffes übernommen hatten und von den Anfängen des Konversationslexikons am Beginn des 19. Jahrhunderts den Anspruch der Allgemeinverständlichkeit fortführten. Und „diese eigentümliche Verbindung eines zugleich sachlich-wissenschaftlichen mit einem popularisierenden-pädagogischen Anspruch" gewann „als das eigentliche Charakteristikum des Typus Konversationslexikon immer mehr an Kontur"[92].

Der ‚Große Brockhaus' weist in seinen verschiedenen Auflagen jeweils ein eigenständiges zeit- und kulturgeschichtliches Profil auf. So

89 Vgl. Kunsemüller, Dauer und Wandel, S.65. – Allerdings erweist sich der Anspruch der hermeneutischen Objektivität als Fiktion. In – freilich polemischer Weise – wird dieser Sachverhalt nachgewiesen bei Otto Köhler, Der Brockhaus und sein Weltbild, in: Frankfurter Hefte 9 (1975), S.39-50, und zwar vermittels eines Vergleichs der politisch-sozialen Positionen der 17. Auflage des ‚Großen Brockhaus', erschienen von 1967-1974, mit den Positionen früherer Auflagen.

90 Vorrede, in: Allgemeine deutsche Real-Encyclopädie für die gebildeten Stände. (Conversations-Lexicon). In zehn Bänden. Sechste Original-Auflage, Leipzig 1824, hier Bd.1, S.I-XXXIV, hier S.VII (Hervorh. i. Orig.).

91 Hingst, Geschichte des Großen Brockhaus, S.160. Vgl. hierzu auch Johannes Jahn, Die Bedeutung des „Großen Brockhaus" für den Wissenschaftler, in: F.A. Brockhaus 1805-1940. Aus der Arbeit von fünf Generationen. Zum Gutenbergjahr 1940, Leipzig 1940, S.61-66.

92 Fietz, Darstellung des Bibliothekswesens, S.137. Vgl. Hingst, Geschichte des Großen Brockhaus, S.3 und Mittelstraß, Bildung und Wissenschaft, S.83.

gilt die siebte Auflage von 1827 als eine „Zusammenfassung des Denkens der deutschen Klassik"[93]. Die neunte Auflage hingegen, welche von 1843 an erschien, ging als „das Biedermeier-Lexikon par excellence" in die Buchhandelsgeschichte ein[94].

Angeregt durch den Erfolg, den der F.A. Brockhaus Verlag mit seinem Konversationslexikon hatte, initiierten zahlreiche Verlage Konkurrenzunternehmen[95]. Als eines der erfolgreichsten Konkurrenzunternehmen gilt das Konversationslexikon, das Carl Joseph Meyer (1796-1856) in seinem Verlag des Bibliographischen Instituts, damals im thüringischen Hildburghausen gelegen, auf den Weg brachte. Die bei ‚Brockhaus' konstatierten Phänomene der allmählichen Verwissenschaftlichung des lexikographischen Anspruchs bei gleichbleibendem Popularisierungsanspruch und die Ausrichtung auf das gebildete Bürgertum als Benutzerkreis lassen sich auch hier feststellen.

2.1.2. Das Konversationslexikon aus dem Bibliographischen Institut

Von 1840 an bis 1855 erschien *Das große Conversations-Lexicon für die gebildeten Stände,* herausgegeben von Joseph Meyer[96]. Zu diesem Zeit-

---

93 Hingst, Geschichte des Großen Brockhaus, S.126. Zur siebten Auflage des ‚Großen Brockhaus' bes. Killy, Der Brockhaus von 1827.

94 Hingst, Geschichte des Großen Brockhaus, S.131.

95 Zu den Auseinandersetzungen um unerlaubte Nachdrucke des Brockhausschen Konversationslexikons, insbesondere durch die Stuttgarter Verlagsbuchhandlung A.F. Macklot, vgl. H.E. Brockhaus, Friedrich Arnold Brockhaus 3, S.3-45. Das von Heinrich August Pierer (1794-1850) herausgegebene *Universal-Lexikon der Gegenwart und Vergangenheit, oder neuestes encyclopädisches Wörterbuch der Wissenschaften, Künste und Gewerbe,* von 1824 an in 26 Bänden nebst sechs Supplementa erschienen, gewann erhebliche Popularität, erlebte freilich keine über das 19. Jahrhundert hinausgehenden Auflagen und bleibt deshalb im folgenden unberücksichtigt. Vgl. die knappe und zugleich instruktive Darstellung bei Hingst, Geschichte des Großen Brockhaus, S.36-38. Das Verhältnis des Lexikons von Pierer zu der damals aktuellen siebten Auflage des ‚Großen Brockhaus' kommentiert Killy, Große deutsche Lexika, S.24f. folgendermaßen: „Der Unterschied zwischen den beiden Enzyklopädien ist – bei geringem zeitlichen Abstand – sehr groß. Wollte man ihn auf eine pointierte Formel bringen, so ist der Brockhaus jedenfalls in seinen größeren Artikeln ein darstellendes, auf Lesbarkeit gerichtetes Werk; der Pierer hingegen ein Buch zum gezielten Nachschlagen. [...] Man könnte auch sagen: Brockhaus war damals essayistisch, geschrieben im noblen Gelehrtendeutsch der klassischen Zeit, Pierer lexikalisch, knapp und sachlich, quantitativ und inhaltlich unvergleichlich umfassender. [...] Pierer, obgleich von konservativer Gesinnung, gehört gleichsam in den Vormärz, Brockhaus nach Weimar, wo die 7. Auflage [...] in Goethe's Regalen stand. Brockhaus vermittelt eine Übersicht über die Gegenstände, Pierer gibt Auskunft" (Hervorh. i. Orig.).

96 *Das große Conversations-Lexicon für die gebildeten Stände. In Verbindung mit Staatsmännern, Gelehrten, Künstlern und Technikern herausgegeben von J. Meyer. Dieser Encyklopädie des menschlichen Wissens sind beigegeben: die Bildnisse der bedeutendsten Menschen aller Zeiten, die Ansichten der merkwürdigsten Orte, die Pläne der größten Städte, einhundert*

punkt lag der ‚Große Brockhaus' in achter Auflage vor. Carl Joseph Meyer bot im Vorwort zum ersten Band dieser sogenannten ‚Auflage null'[97] eine sorgfältige Analyse des Lexikonmarkts und dokumentierte seine Absicht, sich mittels einer neuen Konzeption vom ‚Großen Brockhaus', welcher bislang den Markt dominierte, abzugrenzen:

> „Das *Brockhaus'sche Lexikon* [...] ist von vorn herein nur für *eine* Fraktion des Publikums, für die eigentliche gebildete Gesellschaft, *nicht* aber für die Gelehrten und noch *weniger* für Geschäftsmänner und Techniker berechnet gewesen. Es behandelt, seinem Titel und Plane getreu, ausschließlich Gegenstände der gebildeten Conversation, und diese in meist anziehender, schmuckreicher Darstellung. Was es gibt, läßt weniger zu wünschen übrig, als was es nicht gibt. [...] Bei willig anerkannter Vortrefflichkeit kann das *Brockhaus'sche Lexicon* eine allgemeine Encyklopädie *niemals* ersetzen, sonst müßte es vierzigmal reicher seyn an Zahl der Artikel, und um Vieles specieller in der Ausführung des Einzelnen"[98].

Carl Joseph Meyer plante deshalb ein im Vergleich zum ‚Großen Brockhaus' umfangreicheres Lexikon, das nicht allein für die Gebildeten nützlich sein sollte, sondern gerade auch „für die Gelehrten vom Fach brauchbar und ein zuverlässiges, bequemes Handbuch zum Nachschlagen seyn soll," zugleich aber

> „doch hauptsächlich *für das große Publikum* bestimmt ist, welchem es eine Fundgrube werden soll *aller* Kenntnisse, die positiven und wesentlichen Werth haben und unsern socialen Bedürfnissen angemessen sind. Auf den

---

für alte und neue Erdbeschreibung, für Statistik, Geschichte und Religion etc., und viele tausend Abbildungen naturgeschichtlicher und gewerblicher Gegenstände. 46 Bde. und sechs Ergänzungsbde., Hildburghausen et al 1840ff. – Zu Joseph Meyer und der Geschichte des Bibliographischen Instituts vgl. in chronologischer Folge: Das Bibliographische Institut in Leipzig. Den Besuchern der Kunstgewerbe-Ausstellung zu Leipzig 1879 gewidmet, Leipzig 1879; Armin Human, Carl Joseph Meyer und das Bibliographische Institut von Hildburghausen-Leipzig. Eine kulturhistorische Studie (Sonderdruck aus den ‚Schriften des Vereins für Meiningische Geschichte und Landeskunde' 23 [1896]), Hildburghausen 1896; Johannes Hohlfeld, Das Bibliographische Institut. FS zu seiner Jahrhundertfeier, Leipzig 1926; Gerhard Menz, Hundert Jahre Meyers Lexikon. FS anläßlich des Hundertjährigen Jubiläums von Meyers Lexikon am 25. August 1939, Leipzig 1939; Karl-Heinz Kalhöfer, 125 Jahre Meyers Lexikon, Leipzig 1964 und Heinz Sarkowski, Das Bibliographische Institut. Verlagsgeschichte und Bibliographie. 1826-1976, Mannheim et al 1976. Sarkowskis Darstellung kann aufgrund des Verlustes des Verlagsarchivs im Zweiten Weltkrieg freilich nur auf die Vorgängerwerke und die Verlagsproduktion rekurrieren. Zum Verhältnis von ‚Brockhaus' und ‚Meyer' aus Gelehrtenperspektive vgl. Alfred Dove, „Brockhaus und Meyer" (1896), in: ders., Ausgewählte Schriftchen vornehmlich historischen Inhalts, Leipzig 1898, S.548-554.

97 Vgl. Bibliotheca Lexicorum, S.362ff.

98 Zit. nach Menz, Hundert Jahre, S.27f. (Hervorh. i. Orig.).

breitesten, vor allem aber auf vernünftigen Grundlagen werden wir unsern Bau aufführen"[99].

Neben den Gelehrten und Gebildeten nahm das Lexikon als dritte Zielgruppe den „*Praktiker*" ins Visier, „der dem Staate als Civil- und Militärbeamter dient, oder seinem eigenen Geschäfte als Handels- und Fabrikherr, als Oekonom und Techniker vorsteht"[100].

Diese gegenüber dem Brockhaus deutlich erweiterte Zielgruppe bestimmte Carl Joseph Meyer in einem *Reglement für die Herren Mitarbeiter am Großen Meyer'schen Conversations-Lexikon* noch genauer:

> „Das Con.Lex. wird zunächst für das gebildete Publikum, nicht für den Fachmann geschrieben; letzterem soll es mehr zu einer Übersicht über das in seinem Fache Vorhandene, als zu wissenschaftlicher Fortbildung darin dienen: ihm soll es mehr eine Aushülfe für ein momentanes Bedürfnis und Notizen beim Nachschlagen geben, als den Gebrauch eines systematischen Lehrbuchs oder einer ausführlichen Monographie ersetzen. Der Dilettant dagegen und überhaupt der Mann von allgemeinerem Interesse für Wissenschaft, Kunst, Politik, Industrie etc. etc. soll hier die Dinge, über welche er Auskunft sucht, auf eine anschauliche, anregende und instruktive Weise und überall so behandelt finden, daß er daraus eine kleine, lebendige und bis zu einem gewissen Punkte vollständige Einsicht in die Sache gewinnt"[101].

Was aber verstand Carl Joseph Meyer unter „gebildet"? Blicken wir noch einmal auf das Vorwort des ersten Bandes der ‚Auflage null', wie in zahlreichen Nachschlagewerken Ort lexikographischer und verlegerischer Selbstidentifikation. Dort heißt es:

> „Die gebildete Welt der Gegenwart trägt einen anderen Stempel, als die des vergangenen Jahrhunderts. War sonst neben Gewandtheit in der Unterhaltung, Feinheit im Umgange, Zartheit der gegenseitigen Berührung das Hauptmerkmal des Weltmannes, und das ausschließliche der gebildeten Dame; so wird jetzt die Bildung mehr nach dem Grade bestimmt, in welchem einer das wissenschaftliche, künstlerische, schöngeistige und politische Leben der Gegenwart in sich aufgenommen hat, und fähig ist, es zum Gegenstand der allgemeinen Conversation zu machen. [...] Ein Vergleich der besten heutigen Cirkel mit denen, die noch in der Mitte des vorigen Jahrhunderts Muster des geselligen Tones waren, führt den Beweis, daß die sonstige Bildung eine mehr *moralische* war, die jetzige hingegen vorzugsweise eine *intellectuelle* genannt zu werden verdient. Der Gebildete unserer Tage muß mit allen Haupterscheinungen der Philosophie, Theologie und Literatur, den riesenhaften Fortschritten in der Industrie, mit den Entdeckungen der Natur- und Völkerkunde, der Politik, dem großen Schatze der Geschichte und mit hundert anderen Dingen wohl bekannt,

---

99 Zit. nach aaO., S.29 (Hervorh. i. Orig.).

100 Zit. nach aaO., S.31f. (Hervorh. i. Orig.).

101 Zit. nach Hohlfeld, Das Bibliographische Institut, S.103f.

oder doch im Stande seyn, sich das Wissenswertheste in jedem Augenblick zu vergegenwärtigen, sonst versteht er nicht einmal die für ihn hauptsächlich berechneten Journale und Zeitungen"[102].

Dieser Bildungsbegriff wirkte sich unmittelbar auf den Anspruch an die Redaktionsarbeit aus:

„Hinsichtlich der *Darstellungsweise* ist unser Streben auf Einfachheit, Deutlichkeit und Popularität immer zuerst gerichtet. Zugleich suchen wir jeden Gegenstand in angemessener Sprache zu behandeln. Wissenschaftliche Terminologie darf nicht ganz ausgeschlossen sein, weil für den geübtern Leser nichts ermüdender ist, als übertriebene Wortbreite, für den ungeübtern nichts weniger belehrend, und für den Mann vom Fach nichts abstoßender, als die Umschreibung und Vermeidung der bezeichnendsten und geläufigsten Ausdrücke"[103].

Das von Carl Josepf Meyer initiierte universale Nachschlagewerk umfaßte allerdings schlußendlich 46 Bände nebst sechs Supplementa und „ist damit das größte allgemeine deutschsprachige Lexikon des 19. Jahrhunderts"[104] und wird auch als „Wundermeyer"[105] bezeichnet. Die im bibliographischen Sinn erste Auflage wurde programmatisch auf 15 Bände gekürzt: *Neues Conversations-Lexikon für alle Stände. In Verbindung mit Staatsmännern, Gelehrten, Künstlern und Technikern und unter der Redaktion der Herren Dr. L.Köhler und Dr.Krause herausgegeben von H.J. Meyer*. Hermann Julius Meyer (1826-1909) initiierte nicht nur die Kürzung des Werkes, sondern veranlaßte eine vollständige Neubearbeitung, nahm indes die gleiche Zielgruppe wie sein Vater ins Visier:

„Allein, nicht bloß der Gelehrte vom Fach und der Praktiker – auch der Mann von Bildung überhaupt und Jeder, der nach diesem Ziel strebt, kann eines Konversations-Lexikons nicht mehr entbehren – ja, hier ist letzterem der umfassendste Wirkungskreis eröffnet"[106].

Freilich war Hermann Meyer weniger vom Bildungsidealismus seines Vaters geleitet als vielmehr von dem verlegerischen Willen, sachlich korrekt und zuverlässig Wissen zu transportieren. Im Zentrum seiner Interessen stand „die praktische Verwendbarkeit einer Encyklopädie, das materielle Bedürfnis des Publikums, die ausführliche Behandlung der realen Wissenschaften, die Ausscheidung des obsolet Gewordenen

---

102 Zit. nach Menz, Hundert Jahre, S.31f. (Hervorh. i. Orig.).

103 Zit. nach aaO., S.30 (Hervorh. i. Orig.).

104 Hingst, Geschichte des Großen Brockhaus, S.40.

105 Bibliotheca Lexicorum, S.362 und S.364: „Der Wunder-Meyer umfaßt 65.455 S[eiten] redaktionellen Text (inkl. einem mehr als 1000 S[eiten] umfassenden Generalregister). Zum Vergleich: Die 9. Auflage des Brockhaus-Lexikons (mit etwas weniger als 12.000 S[eiten]) oder dessen 10. Auflage (mit etwas mehr als 12.000 S[eiten]) umfassen nur etwa ein Sechstel des Seitenumfanges" (Hervorh. i. Orig.).

106 Zit. nach Menz, Hundert Jahre, S.45.

und Veralteten"[107]. Daneben sollte der stark subjektive Charakter der „Auflage Null" vermieden werden. War das erste Lexikonprojekt durch die republikanisch-demokratische Ansichten Joseph Meyers geprägt[108], so gab Hermann Meyer eine sich davon behutsam distanzierende Devise aus:

> „Eine Parteifarbe soll und wird unser Lexikon nicht tragen, es sei denn die der Wahrheit, der Aufklärung, der Bildung, des Fortschritts in Wissenschaft, Kunst und Leben; die Fahne, die es trägt, ist die von allem, echt wissenschaftlichem Streben unzertrennliche Fahne der Humanität, des Rechts und des Lichtes, unabhängig von religiösen und politischen Bekenntnissen"[109].

Die sogenannte ‚breite Volksmasse' konnte und wollte auch das Konversationslexikon aus dem Bibliographischen Institut nicht erreichen – trotz des überaus erfolgreichen und bis dato branchenunüblichen Kolportagevertriebs seitens des Verlags[110]. Zwar verfolgte Joseph Meyer ursprünglich „das polit[ische] Ziel der intellektuellen Emanzipation breiter Volksschichten"[111], dennoch waren die tatsächlichen

> „Interessenten und Abnehmer die führenden Gesellschaftsschichten. [...] Zum Teil überschneiden sie sich mit den Gelehrten. Es sind alle diejenigen, die sich berufen und berechtigt fühlen, über die öffentlichen Angelegenheiten mitzureden und dafür ausreichendes Wissen mitbringen müssen, soll ihr Gespräch nicht zu nichtigem Geschwätz entarten"[112].

Betrachtet man diejenigen Berufgruppen, aus denen die Abnehmer der fünften Auflage des Meyerschen Konversationslexikons (1893-1897) stammten, so waren von je 100 Käufern 20 Verkehrsbeamte, 17 Kaufleute, 15 Militärs, 13 Lehrer, neun Baubeamte und Techniker, sechs Verwaltungsbeamte, fünf Gutsbesitzer, drei Justizbeamte, drei Künst-

---

107 Zit. nach Hohlfeld, Das Bibliographische Institut, S.206.

108 Vgl. aaO., S.201: „Überall schaute seine originelle Persönlichkeit, seine eigenste Anschauung zwischen den Zeilen hindurch".

109 Zit. nach ebd. Vgl. hierzu auch: Zur Einführung, in: Meyer's Großes Konversations-Lexikon. Ein Nachschlagewerk des allgemeinen Wissens. Sechste gründlich neubearbeitete und vermehrte Auflage. 20 Bde sowie vier Jahres- und drei Kriegssupplemente, Leipzig et al 1902-1908 sowie 1914, hier Bd.1, S.V-VIII, hier S.Vf: Die geforderte Objektivität müsse „sich besonders dem schwierigsten aller in den Bereich des Konversations-Lexions fallenden Wissensgebiete, der Politik, gegenüber bewähren". Das Konversationslexikon habe sich hier „jeder politischen Parteinahme zu entschlagen und als obersten Gesichtspunkt nur das nationale Interesse im Auge zu behalten" (Hervorh. i. Orig.).

110 Mit seinen unkonventionellen Vertriebs- und Marketingstrategien repräsentiert Carl Joseph Meyer einen damals neuartigen Verlegertypus. Vgl. Wittmann, Geschichte, S.230.

111 Art. „Enzyklopädie", in: Meyers Neues Lexikon. In Zehn Bänden, Mannheim 1994, hier Bd.3, S.174-175, hier S.175.

112 Menz, Hundert Jahre, S.32.

ler, drei Privatiers, zwei Wirte, eineinhalb Ärzte, eineinhalb Studenten und ein Rechtsanwalt[113].

Auch für das Meyersche Lexikon läßt sich für den Fortgang der Auflagen das zunehmende Bemühen um eine Verbindung von Wissenschaftlichkeit und Popularisierung feststellen. So heißt es im Vorwort zur sechsten Auflage:

> „Ohne jemals die Bedürfnisse und die Aufnahmefähigkeit dieses Publikums (gemeint ist das Laienpublikum, R.C.), das immer die erste und letzte Voraussetzung eines so umfangreichen Unternehmens bleiben wird, aus den Augen zu verlieren, sind Herausgeber und Redaktion unablässig bemüht gewesen, den Inhalt des Konversations-Lexikons auch gegen die schärfsten Waffen der wissenschaftlichen Kritik hieb- und stichfest zu machen. Diese unablässige Arbeit hat uns die Genugtuung verschafft, daß selbst die streng abgeschlossenen Kreise der Gelehrten, die sonst mit vornehmer Geringschätzung auf die Popularisierung der Wissenschaften herabsahen, sich dem Konversationslexikon geöffnet haben. [...] Dieses Ziel ist freilich nur dadurch erreicht worden, daß es uns gelungen ist, für alle Abteilungen unseres Werkes Mitarbeiter heranzuziehen, die selbst wissenschaftliche Autoritäten genug sind, um von vornherein das Vertrauen ihrer Fachgenossen zu besitzen, zugleich aber auch die Fähigkeit haben, die Ergebnisse ihrer und anderer Forschungen in allgemein verständlicher und anziehender Form dem Auffassungsvermögen des Laien anzupassen"[114].

Neben die allgemeinen Konversationslexika, welche den Anspruch, Wissenschaftlichkeit und populäre Darstellung zu verbinden, umzusetzen suchten, traten buchhandelsgeschichtlich im 19. Jahrhundert diejenigen Nachschlagewerke, die – im Rahmen eines an der allgemeinen Bildung orientierten Stichwortbestandes – einen dezidiert konfessionellen Standpunkt einnahmen. Dieser Typus soll nun betrachtet werden. Dieser Lexikontypus ist in seinen Anfängen aufs engste mit dem Verlag Herder in Freiburg im Breisgau verbunden.

2.2. Das konfessionelle Konversationslexikon

Der Verlag Herder wurde 1801 in Meersburg im theologischen Umfeld des Fürstbischof Carl Theodor Anton Maria von Dalberg (1744-1817) und des Generalvikars Ignaz Heinrich Karl Joseph Thaddäus Fidel Dismas von Wessenberg (1774-1860) von Bartholomä Herder (1774-1839) gegründet. Bereits 1808 siedelte der Verlag aufgrund der Säkularisation

113 Sarkowski, Das Bibliographische Institut, S.118.

114 Zur Einführung, in: Meyer's Großes Konversations-Lexikon. Sechste Auflage, aaO., S.V.

des Bistums Konstanz nach Freiburg i. Br. über, wo der Verlag bis heute seinen Sitz hat[115].

Als Bartholomä Herder als ‚Fürstbischöflicher Hofbuchhändler und Hofbuchdrucker' seinen Verlag gründete, verfolgte er in erster Linie das Ziel, die Reformpläne von Dalberg und Wessenberg zur Weiterbildung des Klerus verlegerisch zu unterstützen[116]. Daneben enthielt das frühe Verlagsprogramm Schulbücher und religiöse Volksschriften. Als sich Bartholomä Herder in Freiburg als ‚Akademischer Buchhändler' niederließ, wurde die Universität zu einem seiner wichtigsten Partner[117]. Nach einem längeren Aufenthalt in Wien 1814/15 integrierte

115 Zur Geschichte des Verlages und seinem theologischen Profil vgl. in chronologischer Folge: Philipp Dorneich, Vor fünfzig Jahren. 1879-1885. Rückblicke eines Herderschen Zöglings. Als Manuskript gedruckt, Freiburg i. Br. 1929; Ludwig Klaiber, Buchdruck und Buchhandel in Freiburg im Breisgau. Ein geschichtlicher Überblick, Freiburg i. Br. 1949; Albert M. Weiß OP/Engelbert Krebs, Im Dienst am Buch. Bartholomä Herder. Benjamin Herder. Hermann Herder, Freiburg i. Br. 1951; Der Katholizismus in Deutschland und der Verlag Herder. 1801-1951, Freiburg i. Br. 1951; Das Haus Herder, Freiburg i. Br. 1958; 175 Jahre Herder. Kleines Alphabet einer Verlagsarbeit, Freiburg i. Br. 1976; Gwendolin Herder, Entwicklungslinien volksbildnerischer Verlagsarbeit zwischen Kölner Ereignis und Märzrevolution (1837-1848). Der christliche Buchhandel am Beispiel des Verlages Herder in Freiburg im Breisgau, Diss. Bonn 1989; Hanns Bücker, Bartholomä Herder 1774-1839. Verleger – Drucker – Buchhändler. Neuausgabe, durchgesehen v. Martina Kathöfer und Burkhard Zimmermann, Freiburg i. Br. 2001 und: Der Verlag Herder. 1801-2001. Chronologischer Abriss seiner Geschichte mit Synchronopse zum Geistes- und Weltgeschehen. Hg. v. Verlag Herder zum 200-jährigen Bestehen des Verlages am 27.11.2001, Freiburg i. Br. 2001 sowie folgende Zeitschriftenartikel: Zum hundertjährigen Jubiläum der Herder'schen Verlagshandlung in Freiburg i/B., in: Bbl 68 (1901), S.5827-5830; Gelehrter Buchhändler, Feldbuchdrucker und Kartenverleger, in: Bbl 106 (1939), S.203f.; Joseph Antz, 150 Jahre Verlag Herder, in: Bbl Frankfurter Ausgabe Nr.82 (12.10.1951), S.370f.; Julius Dorneich, Bartholomä Herder. Zum 190. Geburtstag und 125. Todestag, in: Bbl Frankfurter Ausgabe Nr.42 (26.05.1964), S.1047-1053; Bartholomä Herder zum 200. Geburtstag, in: Bbl Frankfurter Ausgabe Nr.66 (20.08.1974), S.1314 und Eckart Baier, Gestärkt ins dritte Jahrhundert. Verlagshaus Herder, in: Bbl 65 (17.08.1999), S.13-15. Da das Verlagsarchiv am 27.11.1944 einem Bombenangriff zum Opfer fiel, kann die Verlagsgeschichte heute nur noch anhand obiger, z.T. leider recht volkstümlichen Darstellungen rekonstruiert werden, die freilich keine Erschließungsinstrumentarien für verloren gegangene Originaldokumente darstellen, wie beispielsweise die Jubiläumsschriften des Bibliographischen Institutes.

116 Vgl. z.B. die Zeitschrift *Archiv für die Pastoralkonferenzen in den Landkapiteln des Bistums Konstanz*, 1804-1827. Vgl. auch Bücker, Bartholomä Herder, S.26f.: „An Wessenbergs Reformplänen begeisterte ihn der pädagogische, der bildungsfördernde Aspekt, nicht der kirchenpolitische, der letzten Endes auf eine deutsche Nationalkirche abzielte und den Reformer in Schwierigkeiten mit Rom brachte". Zu Theodor von Dalberg und Ignaz Heinrich von Wessenberg vgl. Kurt Nowak, Geschichte des Christentums in Deutschland. Religion, Politik und Gesellschaft vom Ende der Aufklärung bis zur Mitte des 20. Jahrhunderts, München 1995, S.48ff.

117 Vgl. hierzu: Der Verlag Herder und die Universität Freiburg im Breisgau. Anläßlich der 500-Jahr-Feier der Universität Freiburg als Manuskript und Beiheft unserer Werkzeitung „Wir unter uns" gedruckt für die Mitarbeiter, Freiburg i. Br. 1957. Die

Bartholomä Herder in seinen Verlag ein Kunstinstitut[118] und ein kartographisches Institut. Nach seinem Tod im Jahre 1839 erbten die Söhne Raphael (1816-1865) und Benjamin Herder (1818-1888) den Verlag. Von 1855 an übernahm Benjamin Herder die alleinige Leitung des Verlags, da der ältere Bruder sich dem Ausbau des Jodbades Tölz/Oberbayern widmete.

Benjamin Herder war kirchlich-religiös stark durch die sogenannten ‚Kölner Wirren' (1837-1841) geprägt, in deren Verlauf der Kölner Erzbischof Clemens August von Droste zu Vischering (1773-1845) vom preußischen Staat nach heftigen Auseinandersetzungen hinsichtlich der Regelung der Mischehenfrage in Schutzhaft genommen wurde[119]. Unter Benjamin Herder kam es zur „kirchlichen Wendung des Verlages Herder"[120]. Der Verlag wurde zum repräsentativen Sprachrohr des seine Identität suchenden deutschen Katholizismus.

Umsiedlung des Verlages nach Freiburg markiert nach Klaiber, Buchdruck, S.39 „einen Wendepunkt in der Geschichte des Freiburger Buchhandels, war doch damit der Grundstein zu dem erfolgreichsten Verlagsinstitut gelegt, das Freiburg beherbergen sollte".

118 Mit der *Systematischen Bilder-Gallerie zur allgemeinen deutschen Real-Enyclopädie (Conversations-Lexicon) in lithographischen Blättern* (1827) leitete Bartholomä Herder die Illustrierung der bis dahin unbebilderten Konversationslexika ein.

119 Zur epochalen Bedeutung des Jahres 1837 für die Ausbildung einer eigenständigen katholischen Publizistik vgl. v.a. Oskar Köhler, Bücher als Wegmarken des deutschen Katholizismus, in: Der katholische Buchhandel Deutschlands. Seine Geschichte bis zum Jahre 1967. Hg. v. der Vereinigung des katholischen Buchhandels e.V., Frankfurt/Main 1967, S.9-90. Ein eindrückliches Beispiel für diesen Sachverhalt bietet der überdimensionierte Artikel „Kölner Wirren" in der Allgemeine[n] Realencyclopädie oder Conversationslexikon für das katholische Deutschland. Bearbeitet von einem Vereine katholischer Gelehrten und herausgegeben von Dr. Wilhelm Binder. Zehn Bde., zwei Supplementbde. und ein alphabetisches Universal-Register, Regensburg 1846-1850, hier: Bd.6, S.301-324. In diesem Kontext ist auch zu verweisen auf die Schrift *Athanasius* von Joseph von Görres (1776-1848) oder unter buchhandelsgeschichtlichen Aspekten auf die Gründung des Borromäusvereines (1845). Vgl. hierzu die freilich stark konfessionspolemische Jubiläumsschrift von Wilhelm Spael, Das Buch im Geisteskampf. 100 Jahre Borromäusverein, Bonn 1950. Spael spricht vom 20.11.1837 gar als einem „geheiligte[m] Datum in der neuern Geschichte des deutschen Katholizismus" (aaO., S.9). Zum gesamten Themenkomplex vgl. Michael Schmolke, Katholisches Verlags-, Bücherei- und Zeitschriftenwesen, in: Katholizismus, Bildung und Wissenschaft im 19. und 20. Jahrhundert. Hg. v. Anton Rauscher (BKathF/Reihe B. Abhandlungen), Paderborn 1987, S.93-117.

120 Oskar Köhler, Der katholische Eigenweg seit dem 19. Jahrhundert. Die 150jährige Geschichte des Verlages Herder im Katholizismus, in: Der Katholizismus in Deutschland und der Verlag Herder. 1801-1951, Freiburg i. Br. 1951, S.1-17, hier S.11. Vgl. auch Robert Scherer, 150 Jahre Geschichte des theologischen Denkens im Verlag Herder, in: Der Katholizismus in Deutschland und der Verlag Herder. 1801-1951, Freiburg i. Br. 1951, S. 18-56, hier bes. S.36; Weiß/Krebs, Im Dienst am Buch, S.51; Klaiber, Buchdruck S.40ff. und Wittmann, Geschichte, S.267. Symptomatisch für diese Verkirchlichung des Verlagsprogrammes ist der 1840 erfolgte Verkauf des libera-

„Benjamin machte sich mit seinem Verlag zum Sprecher der katholischen Bewegung in Deutschland, die um die Gleichberechtigung der Katholiken im Staate kämpfte, und trug damit wesentlich zur Bildung des Selbstbewußtseins des deutschen Katholizismus im 19. Jahrhundert bei"[121].

Er begann mit dem Aufbau eines profiliert katholisch-theologischen Verlagsprogramms in der Tradition der älteren, katholischen ‚Tübinger Schule' um Johann Adam Möhler (1796-1838). Dabei versuchte er von Anfang an, zwischen theologisch-wissenschaftlicher Literatur einerseits und andererseits allem, „was zur Förderung des katholischen Wissens und Lebens ersprießlich war", zu vermitteln[122]. Seine Intention war es, „die Zäune zwischen getrennten Sektoren der Bildungsprovinzen einzureißen". Die „Vorstellung einer Lesekultur, die das Volk einbezieht und die Kanzelredner nicht ausschließt" [123] motivierte die Gestaltung eines sowohl durch Popularisierungsbemühungen als auch durch die Orientierung an wissenschaftlich-konfessionellen Standards geprägten Verlagsprogramms.

Daneben begann Benjamin Herder, das enzyklopädische Gebiet in den Verlag zu integrieren. Aus theologiepolitischen Gründen galt sein besonderes Interesse dem Konversationslexikon.

„Im Bereich des Konversationslexikons regierte Ende des 19. Jahrhunderts fast unbeschränkt der Liberalismus, der Brockhaus, der Meyer u.a. [...] Ein zeitgemäßes katholisches Konversationslexikon war der Wunsch vieler. [...] Es sollte die Katholiken in Deutschland von dem Zwange lösen, sich lexikaler Hilfsmittel zu bedienen, deren Ausführungen und Urteile über alles,

---

len Geschichtswerkes *Allgemeine Geschichte vom Anfang der historischen Kenntniß bis auf unsere Zeiten, für denkende Geschichtsfreunde bearbeitet von Karl von Rotteck* an den Westermann Verlag. Vgl. hierzu Oskar Köhler, Die Wahrheit in der Geschichte, in: Der Katholizismus in Deutschland und der Verlag Herder. 1801-1951, Freiburg i. Br. 1951, S.129-172, bes. S.133ff. Zu Benjamin Herder vgl. bes.: Benjamin Herder, in: Bbl 55 (1888) S.6194f.; Albert M. Weiß OP, Benjamin Herder. Fünfzig Jahre eines geistigen Befreiungskampfes, Freiburg i. Br. 1889 sowie Benjamin Herder, in: Deutsche Buchhändler-Akademie. Organ für die geistigen Interessen des Buchhandels. Bd.7. Hg. v. Curt Weißbach, Weimar 1880/92, S.481-497. Die Bedeutung Benjamin Herders für die katholische Publizistik unterstreicht auch Fritz Pustet vom gleichnamigen Verlag in einem Schreiben im Umfeld der Planungen zu RGG[2], in welchem er einen eigenständigen biographischen Artikel Benjamin Herder anregt, da dieser „das zielbewusste katholische Unternehmertum des 19. Jahrhunderts verkörpert wie kein anderer katholischer Verleger" (VA Korrespondenz RGG[2] 1927 „Gi-Z": Schreiben von Fritz Pustet, Regensburg an Oskar Siebeck, Tübingen, 11.05.1927; vgl. auch Pustet, Art. Buchhandel: I. Katholischer B., in: RGG[2], 1 [1927], Sp.1300-1304).

121 Bücker, Bartholomä Herder, S.54.

122 Weiß/Krebs, Im Dienst am Buch, S.214.

123 175 Jahre Herder, S.18f.

was dem Katholiken wichtig ist, teils ungenau, teils falsch waren, oder solche Dinge überhaupt verschwiegen"[124].

Die Orientierung an den anzuvisierenden Benutzergruppen wird zur entscheidenden theologiepolitischen und lexikonpolitischen Motivation.

Das erste speziell katholische Nachschlagewerk im deutsprachigen Raum war die *Allgemeine Realencyclopädie oder Conversationslexikon für das katholische Deutschland. Bearbeitet von einem Vereine katholischer Gelehrten und herausgegeben von Dr. Wilhelm Binder*, erschienen im Verlag von Georg Joseph Manz in Regensburg. Das von Binder und Manz unterzeichnete Vorwort wendet sich polemisch gegen die gängigen Enzyklopädien und Konversationslexika der Zeit, da diese „theils in direct feindlicher, ultraprotestantischer und die Geschichte entstellender, Weise abgefaßt sind, theils eine gewisse Indifferenz, jedoch immer mit protestantischen Voraussetzungen, an der Stirne tragen"[125]. Die Kritik läuft in ihrer Pointe darauf hinaus, daß die protestantische Dominanz auf dem lexikalischen Buchmarkt[126] zu einer verzerrten Geschichtsschreibung in den Lexika selbst geführt habe, mit dem Ergebnis, daß „Wissenschaft, Verdienst, Wahrheitsliebe, Förderung des humanen Fortschrittes [...] fast einzig den Abtrünnigen, oder Indifferenten zugeschrieben" werden[127], wohingegen

„das christliche Element, welches doch seit beinahe zwei Jahrtausenden unserer ganzen Weltcivilisation zu Grunde liegt, das bewegende Princip aller christlichen Völker war, als Stamm alle Aeste und Zweige des socialen Lebens hervorgetrieben, alle Wissenschaften, Künste und Erfahrungen mit seiner Milch gesäugt und groß gezogen hat: dieses Element ist, mehr oder

124 Hermann Sacher, Die Lexika, in: Der Katholizismus in Deutschland und der Verlag Herder. 1801-1951, Freiburg i. Br. 1951, S.242-273, hier S.251f. Vgl. auch ders., Freiburg einst die Wiege, heute ein Mittelpunkt Deutscher Lexikographie, in: Der Verlag Herder und die Universität Freiburg im Breisgau. Anläßlich der 500-Jahrfeier der Universität Freiburg als Manuskript und Beiheft unserer Werkzeitung „Wir unter uns" gedruckt für die Mitarbeiter, Freiburg i. Br. 1957, S.46-51 und Herder, Entwicklungslinien, S.111ff. Zur kultur- und mentalitätsgeschichtlichen Einordnung des Herderschen Konversationslexikons vgl. auch Lehmann, Geschichte des Konversationslexikons, S.49; Collison, Encyclopedias, S.187 und Meyer, Konversations-Lexikon, S.79f. Zum Typus des katholischen Konversationslexikons vgl. Köhler, Bücher als Wegmarken, darin das Kapitel „Der Wandel des katholischen Konversationslexikons, S.73-76; Weiß/Krebs, Im Dienst am Buch, S.82ff. und Puschner, ‚Mobil gemachte Feldbibliotheken', S.75.

125 Vorwort, in: Binder, Allgemeine Realencyclopädie 1, S.III-VIII, hier S.III. Zu Binders Kritik an den marktbeherrschenden Konversationslexika vgl. auch den Art. Lexicon (Wörterbuch, Dictionnaire) in: aaO., Bd.6, S.736f.

126 Zur marktführenden Stellung des norddeutschen, protestantischen Buchmarktes vgl. oben S.25.

127 Vorwort, in: Binder, Allgemeine Realencyclopädie 1, S.V.

> weniger, in allen vorhandenen Encyclopädien [...] für den Zweck des Schisma alterirt und in ein schiefes historisches Licht gestellt worden"[128].

Neben der kirchlich-theologischen Einseitigkeit wird die politische Position der marktführenden Lexika kritisiert, da sich in ihnen

> „deutliche Spuren jener auflösenden, liberalen Propaganda, der nichts Altes heilig ist, die, wenigstens dem Principe nach revolutionär, fremdes Eigenthum an sich zu reißen, Bestehendes anzutasten und zu untergraben strebt"[129],

fänden. Diese politische Tendenz der führenden Konversationslexika rechtfertige auch die Durchführung einer Zensur gegen dieselben seitens des Staates: „Kein Wunder, daß *Oesterreich*, dieser solide, historische Rechtsstaat, eine scharfe Aufsicht über dergleichen verlockende Erscheinungen führt"[130].

So lag es für Herausgeber und Verlag aus theologisch-kirchlichen, politischen und buchhandelsinternen Gründen nahe, „daß endlich einmal auch von Katholiken für Herstellung eines gediegenen encyclopädischen Werkes, worin der Lehrbegriff ihrer Kirche nicht verunstaltet erscheint, Sorge getragen werde"[131]. Das vorgelegte Lexikon wolle sich bemühen, „die Gegenstände und Materien nicht nach unserer *subjectiven* Zeitanschauung, sondern nach ihrer *Objectivität*, als Resultate einer langen Reihe von Ursachen" darzustellen, wobei Objektivität definiert wird durch „kirchengeschichtliche Wahrheit" und ein „historisch-begründetes Urtheil"[132]. Die eigene Hermeneutik des Zugriffs, nämlich die eines katholisch-theologisch bestimmten Zugriffs auf den zu präsentierenden Wissensstoff wird als hermeneutisch objektiv suggeriert, um so eine lexikalische Überlegenheit gegenüber den Marktführern ‚Brockhaus' und ‚Meyer' behaupten.

Mit ähnlich konfessionell-dominiertem Marktinteresse erschien von 1853-1857 *Herders Conversations-Lexikon*[133]. Als Herausgeber verantwortlich zeichnete der Historiker und Altphilologe Johannes Bumüller (1811-1890). Das Lexikon war von Benjamin Herder konzipiert als katholisches Gegenstück zur ersten Auflage des ‚Kleinen Brockhaus'[134],

128 AaO., S.IV.

129 AaO., S.V.

130 Ebd. (Hervorh. i. Orig.).

131 AaO., S.IV.

132 AaO., S.VI (Hervorh. i. Orig.).

133 *Herders Conversations-Lexikon. Kurze aber deutliche Erklärung von allem Wissenswerthen aus dem Gebiete der Religion, Philosophie, Geschichte, Geographie, Sprache, Literatur, Kunst, Natur- und Gewerbekunde, Handel, der Fremdwörter und ihrer Aussprache. Fünf Bde., Freiburg i. Br. 1854-1857.* Vgl. Bibliotheca Lexicorum, S.227ff.

134 „Dieses Lexikon war von Anbeginn an überaus erfolgreich und stellte einen wesentlichen Beitrag zur enormen Popularität des Hauses Brockhaus dar. [...] Fast gleich-

daher bestimmt für den Hausgebrauch und „auf eine weniger begüterte katholische Leserschaft orientiert"[135]. Die Lemmatagestaltung dieses Lexikons gibt zuverlässige Auskunft darüber, wie der Vorgang der Stichwortauswahl als kultur- und theologiepolitischer Vorgang begriffen und selbstverständlich inszeniert wurde. Das Stichwort „Katholizismus" fehlt. Es wird einzig verwiesen auf den Artikel „Kirche". Unter diesem Stichwort wird die katholische Kirche hinsichtlich ihres Selbstverständnisses und des ihr zugrunde gelegten Lehrbegriffes dargestellt[136]. Die protestantischen Kirchen gelten nicht als Kirchen, sondern als „christliche Religionsparteien [...], welche sich von der kath. abgesondert haben". Herausragendes Kennzeichen protestantischer Lehrbildung sei ihr Protest „gegen die Autorität der Kirche", ihre Berufung „allein auf die Bibel, die aus ihr selbst ausgelegt werden soll, und weil diese Auslegung sehr verschieden ausgefallen ist, so haben sich eine Menge Sekten gebildet u. bilden sich fortwährend"[137]. Neben der Tendenz des Protestantismus zur Ausbildung differenter Milieus und Gruppen wird dessen enge Verbindung zum Staat kritisiert, benötigten die Protestanten doch häufig „die weltliche Hilfe" zur Durchsetzung ihrer Dogmatik[138]. Dabei richtet sich die Kritik aus naheliegenden Gründen in erster Linie gegen das preußisch-protestantische Staatssystem, denn dort werde

> „die Hegel'sche Philosophie [...] gewissermaßen zur Staatsphilosophie erhoben und durch dieselbe dem preuß. Kirchen- und Staatswesen die Weihe vom Katheder herab gegeben; nur das Bestreben der Regierung, auch die kathol. Kirche, in den Umkreis des herrschenden Systems einzugränzen, fand unerwarteten Widerstand"[139].

Deshalb werde fortan Droste-Vischering „immer als der erste Held in dem neuen Kampfe für die Freiheit der Kirche genannt werden"[140]. Das explizit katholische Profil des Herder'schen Konversationslexikons blieb auch in späteren Auflagen erhalten[141]. Die konfessionell bestimm-

zeitig [...] erschien ein (fünfbändiges) katholisches Konkurrenzwerk, die erste Auflage des Herderschen Konversationslexikons" (aaO., S.124; Hervorh. i. Orig.).

135 175 Jahre Herder, S.32.

136 Art. Kirche, in: Herders Conversations-Lexikon 3, S.592-594.

137 Art. Protestanten, in: Herders Conversations-Lexikon 4, S.626f., hier S.627.

138 Art. Lutheraner, in: aaO., S.49.

139 Art. Preußen, in: aaO., S.608-613, hier S.612.

140 Art. Droste, in: Herders Conversations-Lexikon 2, S.452-454, hier S.454.

141 Neben dem konfessionell gebundenen Konversationslexikon etablierte Benjamin Herder mit dem *Kirchen-Lexikon (KL)*, dem späteren *Lexikon für Theologie und Kirche (LThK)* ein zweites lexikalisches Großprojekt am konfessionellen Buchmarkt. Da dieses Lexikon für die Frage nach den Funktionen theologischer Fachlexikographie von Interesse ist vgl. hierzu unten Kap.I.B.4.3.

te Hermeneutik des Zugriffs auf den zu präsentierenden Stoff war entscheidendes Identitätsmerkmal. Eine derart fixierte Hermeneutik, mithin also ein eindeutiges theologiepolitisches Profil des Lexikons, garantierte seine innere Einheit.

Diese theologie- und lexikonpolitische Motivation läßt sich auch im Bereich des Protestantismus finden – das von Hermann Wagener (1815-1889) von 1859-1867 in 23 Bänden bei F. Heinicke in Berlin herausgegebene *Neue Conversations-Lexikon. Staats- und Gesellschafts-Lexikon* gilt als Lexikon der protestantisch-konservativen Klientel der zweiten Hälfte des 19. Jahrhunderts[142]. Hermann Wagener war bis 1854 Schriftleiter der konservativen *Neuen Preußischen Zeitung* (Kreuzzeitung).

Staats- und gesellschaftspolitisch stellte sich dieses Nachschlagewerk in die Tradition von Benedikt Franz Xaver Baader (1765-1841) und Friedrich Julius Stahl (1802-1861) und setzte damit eindeutige lexikographisch-hermeneutische Signale:

> „Wir wollen weder Humboldt noch Kant, weder Fichte noch Schelling, weder Schleiermacher noch Hegel, weder Schiller noch Goethe, noch irgend eine andere deutsche Celebrität ihres literarischen Ruhmes berauben. Freilich aber verstehen wir diese Anerkennung nicht so, daß wir [...] unsere selbständige Prüfung und unser eigenes Urtheil unter den Ruhm jener Männer gefangen nähmen und damit den ‚Cultus des Genius' an die Stelle der Heiligen-Verehrung setzten"[143].

Das Lexikon will demgegenüber diejenigen geistes- und kulturgeschichtlichen Traditionen stärken, die „die Principien der *christlichen* Religion und Kirche in Staat und Gesellschaft, in Wissenschaft und Kunst, in Philosophie und Natur [...] zur Anerkennung und Geltung" bringen[144]. Die hermeneutische Leitidee einer objektiven Präsentation des Stoffes vertrat das Lexikon demnach gerade nicht, sondern trat mit dem Anspruch an, der „erste Versuch *conservativer* Publicistik und Wissenschaft"[145] auf lexikalischem Gebiet zu sein.

> „Das Werk [...] soll natürlich eine ‚Tendenzschrift' werden, eine Tendenzschrift nicht in dem Sinne, daß wir Theorie und Praxis, Wahrheit und Geschichte nach unseren Zwecken zuschneiden und modeln, sondern [...] daß wir darauf ausgehen, die Grundsätze, Richtungen und Interessen unseres Systems offen ohne Rück- und Vorbehalt auszusprechen, das, was unsere Partei will und fordert, wollen und fordern muß, im Zusammenhange darzustellen und dadurch gesunden politischen Ansichten und Richtungen,

142 Vgl. auch Bibliotheca Lexicorum, S.503f.

143 Vorwort, in: Hermann Wagener, Neues Conversations-Lexikon. Staats- und Gesellschafts-Lexikon. 23 Bde., Berlin 1859 [recte 1858]-1867, hier Bd.1, S.1-11, dort S.1f.

144 AaO., S.2 (Hervorh. i. Orig.).

145 AaO., S.1 (Hervorh. R.C.).

als welche wir die unseren betrachten, unter allen Klassen der Gesellschaft eine möglichst große Verbreitung und Anerkennung zu verschaffen"[146].

Zu den „gesunden politischen Ansichten und Richtungen"[147], die das Lexikon forcieren wollte, gehörte zum ersten die Ablehnung der politisch-gesellschaftlichen Forderungen der französischen Revolution, wie sie sich in Deutschland ansatzweise 1848 Gehör zu verschaffen suchten, weil „die consequente Durchführung der französischen Principien die höchste Steigerung des Despotismus unabweislich fordert und im Gefolge hat, daß die Realisation der Postulate der von dort überkommenen Staatskunst die Freiheit des Volkes für immer unmöglich macht"[148]. Daneben trat die Bestreitung der politischen Legitimität einer parlamentarischen Gewaltenteilung[149], die publizistische Unterstützung der preußischen Monarchie vom reaktionär-romantischen Zuschnitt Friedrich Wilhelm IV. (1795-1861) und die Vertretung der Ideale eines sozial fürsorglichen, politisch patriarchalisch strukturierten Ständestaates[150].

---

146 AaO., S.6f. Aufgrund dieser eindeutigen politischen Positionierung erlebte Wageners Conversations-Lexicon auch im katholisch-monarchischen Milieu eine wohlwollende Rezeption. Vgl. dazu Rez.: „Das Wagner'sche Staats- und Gesellschafts-Lexikon. (Von einem conservativen Katholiken Preußens.), in: Historisch-politische Blätter für das katholische Deutschland. Erster Band (1862), S.572-583. Der Verfasser stellt das Werk in den Kontext enzyklopädischer Auseinandersetzungen „gegen das moderne Heidenthum und die Revolution für die Ordnungen und Offenbarungen Gottes, für geschichtliches Recht und von den Vätern ererbte Sitte auf allen Gebieten, in der Religion und Politik wie in der Kunst und Wissenschaft" (aaO., S.572). Das Staats- und Gesellschaftslexikon stelle das längst überfällige „Gegengift" (aaO., S.573) zu den liberalen Enzyklopädien der französischen Enzyklopädisten und des Rotteck-Welcker'schen Staatslexikons dar. „Um auf diese Weise der festgeschlossenen Phalanx der Liberalen eine eben so festgeschlossene Phalanx der Conservativen gegenüberzustellen" (aaO., S.573), kann der Rezensent auch von den konfessionellen Differenzen absehen, denn „die religiösen Fragen, welche den gläubigen Katholiken von dem gläubigen Protestanten trennen, sollen durch das Staats-Lexikon weder ausgeglichen, noch auch überhaupt erörtert werden, dagegen sollen durch dasselbe die Feinde jeder positiven christlichen Lehre sowie jeder Autorität, die Hofschranzen und Schmarotzer des souveränen Volkes, die Götzendiener der Tagesmeinung und der Majoritäts-Wirthschaft, die Verächter alles geschichtlichen Rechtes und von den Vätern ererbter Sitte bekämpft werden und an diesem Kampfe hat jeder gute Katholik dasselbe Interesse, wie jeder gute und gläubige Protestant" (aaO., S.581).

147 Vorwort, in: Wagener, Conversations-Lexicon 1, S.6.

148 AaO., S.7.

149 Vgl. auch aaO., S.8: „Wir suchen die Freiheit nicht in der Theilung der Souverainetät, jenem Hirngespinnste ideologischer Staatsrechts-Philosophen, jenem anatomischen Präparate der englischen Verfassung, sondern vielmehr in der angemessenen Ordnung und Organisation der Regierungs-Organe und der richtigen Vertheilung der Regierungs-Gewalt".

150 Sacher, Die Lexika, S.259 urteilt freilich, daß das Lexikon gerade „wegen seiner sozial-reformerischen Haltung in konservativen Kreisen keinen stärkeren Widerhall" finden konnte.

Um diese politisch-gesellschaftlichen Ideale eines kirchlich-konservativen Protestantismus lexikalisch wirksam präsentieren zu können[151], traten neben die explizit intendierte hermeneutische Subjektivität drei weitere lexikographische Grundsätze.

Wageners Conversations-Lexicon arbeitete erstens hinsichtlich der Stichwortauswahl nicht nach dem Prinzip der möglichst vollständigen Präsentation des Stoffs. Vielmehr wurden nur solche Stichworte aufgenommen, die zur Gegenwart „und deren geistiger Arbeit, sei es auf dem materiellen und socialen, sei es auf dem politischen, kirchlichen und religiösen Gebiete, in einem näheren oder entfernteren Causal-Zusammenhang stehen"[152]. Aktualität und der damit verbundene Anspruch der Orientierung in Gegenwartsfragen werden Bestandteil der lexikographischen Hermeneutik.

Um das Lexikon nicht nur „der großen conservativen Partei [...] Preußens allein, sondern des gesammten Deutschlands, ja dem ganzen deutschen Volke, so weit es mit seinem Namen auch seinen Charakter bewahrt, darbieten und widmen"[153] zu können, sollte – dies war der zweite lexikographische Grundsatz – in der Darstellungsweise kein „Doctrinarismus sogenannter wissenschaftlicher Formeln und Theorien"[154] dominieren. Vielmehr sollte sich die Darstellungsweise orientieren am Verständnisvermögen „aller Klassen", insbesondere des gebildeten Laien. Also „auch dort, wo es sich um die Beleuchtung und Verbreitung der neueren und neuesten Resultate der Wissenschaft handelt", ist „von der specifisch wissenschaftlichen Form abzusehen und eine Darstellungsweise zu wählen, welche, ohne der Gründlichkeit und dem Ernst der Forschung Eintrag zu thun, doch auch geeignet ist, das Interesse und Verständnis aller Klassen des Volkes wach zu rufen

151 Vgl. z.B. die im Vorwort leitmotivisch zusammengefaßte Begründung des Staates: „Was uns den Staat zu einer göttlichen Institution und jede Obrigkeit [...] zu einer Obrigkeit von Gottes Gnaden macht, das ist die Thatsache, daß Staat und Obrigkeit das, was sie sind, in ihrer Bestimmtheit und Besonderheit, in ihrer Verfassung und in den persönlichen Trägern ihres Regiments nicht ohne Gottes Fügung und durch sein Walten in der Geschichte geworden sind". Das bedeutet, „in den durch Geschichte und territoriale Gestaltungen gegebenen räumlichen und zeitlichen Voraussetzungen und Bedingungen, und in den durch das helle Licht des Christenthums verklärten idealen Grundlagen und Endzielen der Staaten bewegt sich der Inhalt jeder wahren Staatskunst, jene concret-ideale Gestalt, der wir insbesondere in der Anwendung auf unser Vaterland trotz Hohn und Spott der Gegner in dem Postulat des christlich-germanischen Staates das Bürgerrecht zu gewinnen gedenken" (Vorwort, in: Wagener, Conversations-Lexicon 1, S.4f.).

152 Einleitung, in: Wagener, Conversations-Lexicon 1, S.12-16, hier S.12.

153 Vorwort, in: Wagener, Conversations-Lexicon 1, S.1.

154 Einleitung, in: Wagener, Conversations-Lexicon 1, S.12.

und zu fördern"[155]. Wie die herkömmlichen allgemeinen Konversationslexika wollte das Wagener'sche Nachschlagewerk zwischen Wissenschaft einerseits und deren popularisierender Darstellung andererseits vermitteln, um sich so eine möglichst breite Benutzergruppe zu erschließen.

Das implizierte zum dritten, daß die Erfassung des Stoffes nicht primär von wissenschaftstheoretischen Prämissen geleitet wurde, sondern sich an der „Betrachtung des wirklichen Lebens"[156] orientieren sollte.

> „Nicht daß wir die Kunst und Wissenschaft an sich gering achteten oder verwürfen und etwa mit dem Gedanken umgingen, den Kalifen Omar zum preußischen Ober-Bibliothekar zu ernennen, – doch kennen wir auch die Gränze, welche zu überschreiten dem Verstande und der Phantasie des Menschen nicht gegeben oder gestattet ist"[157].

Die Position wissenschaftlicher Theologie wurde innerhalb des Lexikons geschwächt zugunsten von Argumentationsmustern, die auf kirchlich-lebenspraktische Erfahrungszusammenhänge rekurrierten. Dabei gingen Herausgeber und Verlag davon aus, daß durch den Bezug auf solche auch für den Laien zugängliche Erfahrungszusammenhänge diese Benutzergruppe stärker angesprochen würde.

Durch diese explizite Abgrenzung von der Idee einer hermeneutischen Objektivität ist *Wageners Conversations-Lexicon* ein gewichtiger Spiegel binnenprotestantischer Milieubildungen von der Mitte des 19. Jahrhunderts an. Die kirchlich-gesellschaftlichen Positionen schufen je und je die Voraussetzungen für ein ‚mediales Wir-Gefühl' zwischen Verlag, Herausgeber und Benutzer. Es wird deutlich: Lexikonpolitik ist Milieupolitik[158].

3. Zwischenüberlegung
Lexikonpolitik als Bildungs-, Milieu- und Theologiepolitik

Überblickt man noch einmal die bislang erarbeiteten lexikonpolitischen Kategorien, so fällt zum ersten der enge Konnex zwischen lexikonpolitischen und bildungspolitischen, bildungssoziologischen und bildungsgeschichtlichen Fragestellungen auf. Zugespitzt läßt sich sagen: Lexikonpolitik ist Bildungspolitik.

---

155 Ebd.

156 Ebd.

157 Vorwort, in: Wagener, Conversations-Lexicon 1, S.2f.

158 Zur starken theologiepolitischen Fraktionierung des Protestantismus in der zweiten Hälfte des 19. Jahrhunderts und in der ‚Wilhelminischen Ära' vgl. unten Kap.II.2.

Das Konversationslexikon, wie es sich im 19. Jahrhundert entwickelte, hat sich lexikographisch als populäre Sonderform der gelehrt-wissenschaftlichen Enzyklopädie erwiesen. Die verlegerische Intention bestand anfangs darin, allgemeine Bildung über die engen Grenzen der Fachgelehrsamkeit hinaus in den bürgerlichen Kreisen zu etablieren. Dabei war der Bildungsbegriff in den Anfängen der Konversationslexika eindeutig lebenspragmatisch konnotiert. Zusehends jedoch geriet das Konversationslexikon in das Spannungsfeld von Popularisierung und wissenschaftlichem Anspruch. An der Wende zum 20. Jahrhundert präsentierten sich dann die Konversationslexika als ‚Mischformen', angesiedelt in der spannungsvollen Mitte zwischen dem Ideal der wissenschaftlichen Präsentation des Stoffes sowie dessen allgemeinverständlicher Aufbereitung. Genau in dieser Mitte wird sich die erste Auflage der RGG verorten.

Die anfänglich als spezielles Signum des Konversationslexikons gepflegte Subjektivität wich im Fortgang der Auflagen einer zunehmenden Verwissenschaftlichung der Darstellungsweise, wodurch das Konversationslexikon wieder Anschluß an die gelehrt-wissenschaftliche Enzyklopädie des 18. Jahrhunderts zu knüpfen suchte. Dadurch entstand das Problem, hinsichtlich der Präsentation des Wissensstoffes zwischen historiographischer Profilierung einerseits und notwendiger Aktualität andererseits zu vermitteln.

Die Bildungsfunktion der Konversationslexika reichte indes stets über die bloße Information im Stile eines mechanischen Hilfsinstrumentariums hinaus. Da sie nicht nur bildungsindifferente Informationen bieten wollten, sondern in Stichwortauswahl und Lemmatagestaltung auf die Integration und Verknüpfung von Wissen innerhalb größerer Bildungskonzeptionen zielten, verstanden sie sich als Anreiz zur Weiterbildung. So präsentieren sie den durchschnittlichen Bildungs- und Wissensstand ihrer Epoche. Aufgrund ihres pädagogischen Impetus spiegeln die Konversationslexika die Bedingungen der Möglichkeit gesellschaftlicher Vermittelbarkeit eben dieses Bildungs- und Wissenskanons. Sie eröffnen damit Perspektiven für historisch-bildungssoziologische Fragestellungen, denn was ein Lexikon sein will, ist nur zu erörtern im Hinblick auf „die gesellschaftliche und geistige Struktur der Form der Bildung"[159], auf die es zielt.

Zum zweiten fällt daher – an das Gesagte anknüpfend – der enge Konnex der lexikonpolitischen Frage mit der Frage nach den anvisierten Benutzern und deren hermeneutischen Voraussetzungen auf. Zu-

159 Picht, Enzyklopädie und Bildung, S.119. Vgl. auch Peter Lundgreen, Historische Bildungsforschung, in: Historische Sozialwissenschaft. Beiträge zur Einführung in die Forschungspraxis. Hg. v. Reinhard Rürup, Göttingen 1977, S.96-125.

gespitzt läßt sich hier sagen: Lexikonpolitik ist Milieupolitik. Besonders deutlich zeigten dies die konfessionellen Konversationslexika.

Zunächst ist freilich die von den Konversationslexika generell anvisierte Benutzergruppe einzugrenzen. Es zeigt sich, daß Arbeiter-, Wirtschafts- und Kleinbürgerkreise als Benutzer von Lexika vor dem Aufkommen lexikalischer Volksausgaben nahezu vollständig ausschieden. Für die Lexika gilt, was generell für die Verlagsproduktion und den Buchhandel des 18. und bis weit ins 19. Jahrhundert auszusagen ist, nämlich daß sie

> „die meiste Zeit hindurch vor allem auf einen mittel- und großstädtischen Bedarf hin" ausgerichtet waren. Sie erfaßten „über diesen Bereich hinaus oft nur eine kleine Schicht von Gebildeten und Begüterten, die in Kleinstädten und auf dem Lande lebten (Pfarrer, Beamte, Adlige u.a.). [...] Nicht nur die mangelhafte Beherrschung der Kulturtechniken Lesen und Schreiben, sondern vor allem die schlechten sozialen und ökonomischen Verhältnisse schufen für den größeren Teil der deutschen Bevölkerung schwer überwindbare Barrieren für die Teilhabe am literarischen Leben und seinen Kommunikationsformen und -inhalten"[160].

Es waren in erster Linie die bildungsbürgerlichen Eliten, welche in den Konversationslexika den Ton angaben und deren Wert- und Wertungssysteme transportiert wurden[161]. Der potentielle Adressatenkreis, von dem bei der Erstellung der Lexika ausgegangen wurde, ist die „soziologische Konstruktion des gebildeten Laien"[162]. Man kann mit Recht annehmen, daß auch die Konversationslexika die durch Bildung und soziale Herkunft bedingten Schranken zwischen den verschiedenen Schichten nicht überwinden konnten. Die Konversationslexika wurden hauptsächlich im gebildet-bürgerlichen Milieu rezipiert. Dort leisteten sie allerdings einen nicht unerheblichen Beitrag zur Popularisierung wissenschaftlicher Fragestellungen. Und so liefern die Konversationslexika für die Frage, wie „sich die enge Fachgelehrsamkeit allmählich

---

160 Ungern-Sternberg, Medien, S.384.387.

161 Zur Entwicklung des (Bildungs-) Bürgertums vgl. Jürgen Kocka, Bürgertum und Bürgerlichkeit als Probleme der deutschen Geschichte vom späten 18. zum frühen 20. Jahrhundert, in: Bürger und Bürgerlichkeit im 19. Jahrhundert. Hg. v. Jürgen Kocka, Göttingen 1987, S.21-63; Ulrich Engelhardt, Bildungsbürgertum. Begriffs- und Dogmengeschichte eines Etiketts (Industrielle Welt 43), Stuttgart 1986 sowie die Sammelbände: Bildungsbürgertum im 19. Jahrhundert. Teil I. Bildungssystem und Professionalisierung in internationalen Vergleichen. Hg. v. Werner Conze und Jürgen Kocka (Industrielle Welt 38), Stuttgart ²1992; Teil II. Bildungsgüter und Bildungswissen. Hg. v. Reinhart Koselleck (Industrielle Welt 41), Stuttgart 1990; Teil III. Lebensführung und ständische Vergesellschaftung. Hg. v. M. Rainer Lepsius (Industrielle Welt 47), Stuttgart 1992 und Teil IV. Politischer Einfluß und gesellschaftliche Formation (Industrielle Welt 48). Hg. v. Jürgen Kocka, Stuttgart 1989.

162 Mittelstraß, Vom Nutzen der Enzyklopädie, S.104. Vgl. Picht, Enzyklopädie und Bildung, S.123.

zu einem Bildungsbewußtsein erweiterte, wie gelehrte Kenntnis in weiteren bürgerlichen Schichten zur Bildung wurde"[163], reichlich Material und Erschließungsperspektiven, denn „mit dem Konversationslexikon hatte der Prozeß der Erweiterung der bürgerlichen Öffentlichkeit einen für die Bildungswirklichkeit des 19. Jahrhunderts kennzeichnenden Höhepunkt erreicht". Es fungierte „in erster Linie als Ausdruck einer Gesellschaft, in der Erwerb und Besitz höherer Bildung zu einem entscheidenden sozialen Qualifikationsmerkmal geworden war"[164]. Für die unteren Volksschichten begannen die Verlage von der Mitte des 19. Jahrhunderts an, ihre lexikalische Substanz in sogenannten ‚Volksausgaben' zu verwerten[165].

Die konfessionell gebundenen Konversationslexika, die von der Mitte des 18. Jahrhunderts an aufkamen, erschlossen sich ihren Rezipientenkreis vermittels einer polemischen Abgrenzungsstrategie gegenüber den Marktführern aus dem F.A. Brockhaus Verlag und dem Bibliographischen Institut. Sie gingen davon aus, daß das Medium des Konversationslexikons in starkem Maße dazu geeignet sei, Weltanschauung zu transportieren und unter dem Anspruch der Objektivität zu verbreiten. Die konfessionellen Konversationslexika eröffnen dabei den Blick für abgegrenzte, in sich weitgehend homogene gesellschaftlich-kirchliche Milieus und deren Haltung zu anderen sozio-kulturellen Verbänden. Sie eröffnen Einsichten in die zunehmende Fragmentierung von Gesellschaft und Kirche. An ihnen wird „der konfessionell-weltanschauliche Politisierungsprozeß" deutlich, dem Staat und Gesellschaft ausgesetzt waren[166]. Das konfessionelle Lexikon wird, wie die Beispiele der Binderschen *Allgemeinen Realencyclopädie* und des Wagenerschen *Conversations-Lexicons* zeigen, zu einem Medium theologisch-kultureller Auseinandersetzungen. Der hinter jedem Lexikon stehende Anspruch, einen enzyklopädischen Gesamtentwurf zur Erfassung von Wirklichkeit und Wissen zu bieten, ermöglicht den hermeneutisch-konfessionell festgelegten Konversationslexika, innerhalb ihres jeweiligen Benutzermilieus Werteeinheit und -stabilität zu suggerieren und eben diese Milieus am Buchmarkt als geschlossene, zum gesellschaftlichen Diskurs nur bedingt motivierte Größen zu präsentieren.

---

163 Raabe, Gelehrte Nachschlagewerke, S.111. Haltern, Politische Bildung, S.94 spricht geradezu von einer „lexikalischen Bildungsbewegung".

164 AaO., S.69f.

165 Zur Verwendung der Konversationslexika im Bereich der Volksbildung vgl. u.a. C[arl] Broglie, Ein moderner „Orbis pictus". Ein Beitrag zur „Lexikonpädagogik", in: Archiv für Volksschullehrer. Die neuzeitliche pädagogische Monatsschrift für die Lehrer an katholischen Volksschulen 38 (1934), S.225-232.

166 Puschner, ‚Mobil gemachte Feldbibliotheken', S.75.

Die allgemeinen Konversationslexika ‚Brockhaus' und ‚Meyer' standen solchen konfessionell dominierten Nachschlagewerken skeptisch gegenüber.

> „Man denke sich eine Encyklopädie, [die] an die Dinge dieser Welt den Maßstab eines religiösen Dogmas und specifisch-kirchlicher Bestrebungen legt, und man wird gewiß zugeben, daß in einen so verengten Horizont nicht alles fällt, was die humane Bildung interessieren kann; ebenso auch, daß das, was darein fällt, für alle, die nicht zur Partei gehören, mehr oder weniger als ein verschobenes Bild erscheinen muß"[167].

Übersehen wird bei dieser kritischen Replik freilich, daß der Anspruch, der ‚humanen Bildung' zu dienen, selbst schon über die intendierte hermeneutische Objektivität hinausgreift, indem die mögliche Benutzergruppe bildungssoziologisch eingegrenzt wird. Die angestrebte Objektivität der Lexika erweist sich bei näherem Hinsehen als hermeneutische Fiktion, denn „der Anspruch der Objektivität wird durch die Übereinstimmung mit den Meinungen und Erwartungen des jeweiligen Zielpublikums und damit der Käuferschicht erreicht. Schon aus Marktinteressen werden Vorstellungen aus differenten Schichtenzugehörigkeiten vermieden"[168].

Die Vorstellung einer Objektivität des im Lexikon präsentierten Stoffs muß von dieser Einsicht her transformiert werden in die Anerkennung der hochgradigen theologie- und kulturpolitischen Positionalität derselben. „In sensiblen Bereichen wie der Bewertung historischer Ereignisse, sozialer Fragen oder der literarischen Kanonbildung sind die Lexika beste Barometer für die geltenden Wertvorstellungen", sie sind „Berichterstatter des Meinungsfindungsprozesses und der sich veränderten Geschmackskriterien", d.h. „biblio-kulturelle Indikatoren, da sie nicht nur über den Buchmarkt, sondern auch über den kulturel-

---

167 Nachwort: „Zur Charakteristik und Geschichte des Conversations-Lexikon. Aufgabe, Inhalt und Form des Werkes", in: Conversations-Lexikon. Allgemeine deutsche Real-Encyclopädie. Zwölfte umgearbeitete, verbesserte und vermehrte Auflage. In fünfzehn Bänden, Leipzig 1875-1879, hier Bd.15, S.III-XXV, dort S.X.

168 Estermann, Lexika als biblio-kulturelle Indikatoren, S.249. Kritisch zum (Schein-) Ideal hermeneutischer Objektivität auch Otto Köhler, Muß das Lexikon neutral sein? „Das Objektive ist nicht tot zu kriegen" – Vom Konkurrenzkampf der Lexikonmacher, in: Die Welt Nr.265 (12.11.1966), S.III. Köhler wendet sich gegen den im Rahmen von Werbekampagnen von den Lexikaverlagen selbsterhobenen Anspruch der Objektivität: „Dies nun ist das Zauberwort, von dem sich die Werbeabteilungen die größte Wirkung beim Publikum erwarten: ‚Neutralität oder Objektivität'". Freilich sei es – dem selbstgewählten Anspruch zum Trotz – bislang um die Konversationslexika so schlecht „gar nicht bestellt, die zumeist bei ihrem pflichtgemäßen Streben nach Sachlichkeit von einem Hauch lebendiger Subjektivität beseelt und deshalb besser sind, als es die Werbetexter verheißen" (ebd.).

len und gesellschaftlichen Zustand einer Epoche Auskunft geben"[169]. Über die je gewählte Hermeneutik der Präsentation von Wissen wirkten die Lexika nicht nur regulierend hinsichtlich des von ihnen vertretenen Bildungskanons, sondern entwickelten ein eigenständiges kulturgeschichtliches Profil. Die Lexika wurden so selbst ein Beitrag zur Geschichtsschreibung.

Daß Gottsched das Baylesche *Dictionnaire* dem deutschen Buchmarkt nur in einer kritischen Bearbeitung zugänglich machen wollte, macht diesen Sachverhalt nachdrücklich evident.

Diese Auseinandersetzungen sind der Ort, an dem sich neben den konfessionellen Konversationslexika die positionell festgelegten, theologischen Fachlexika etablierten. Durch eine Untersuchung der funktionalen Eigenheiten theologischer Fachlexika läßt sich dieser bislang nur skizzenhaft angedeutete Konnex zwischen lexikonpolitischen und theologiepolitischen, mithin auch theologiegeschichtlichen Fragen näher beleuchten. Vorausnehmend läßt sich – ebenfalls zugespitzt – formulieren: Lexikonpoltik ist Theologiepolitik. Mitgesetzt ist dabei die These: Lexikonpolitik ist einerseits sowohl Wissenschaftspolitik als andererseits auch Kirchenpolitik.

Im Hinblick auf *Die Religion in Geschichte und Gegenwart* gilt dies für alle drei Auflagen. Freilich hat dieses Phänomen geschichtliche Ursachen. Diese gilt es nun darzustellen, indem die Entwicklung und die Besonderheiten der theologischen Fachlexikographie exemplarisch nachgezeichnet werden. Von der zweiten Hälfte des 18. Jahrhunderts an nahm dieses Genre im Kontext der Bemühungen um die Erschließung eines bürgerlichen, sachliterarisch versierten Publikums einen gewaltigen Aufschwung.

---

169 Estermann, Lexika als biblio-kulturelle Indikatoren, S.255.257.

B.
Die Entwicklung der theologischen Fachlexikographie im 18. und 19. Jahrhundert

1. Die medial-institutionelle Konsolidierung der Fachwissenschaften in der zweiten Hälfte des 18. Jahrhunderts als Ort sich etablierender Fachlexikographie

Da Lexika, wie im vorausgegangenen Kapitel dargestellt, Auskunft über den Bildungskanon einer Epoche und die sozial-kulturelle Trägerschicht eben dieser Bildung geben, sind sie von besonderem Interesse für die Rekonstruktion der Wissenschaftsgeschichte, speziell für die Geschichte einzelner Disziplinen. Lexikonpolitik ist Wissenschaftspolitik, denn die Lexika organisieren und präsentieren in je spezifischer Weise Wissenschaft und wissenschaftliche Diskurse. Insbesondere die *Fachlexika* geben das Selbstverständnis einer Disziplin, ihre Aufgliederung in Subdisziplinen und ihre Beziehungen zu angrenzenden Fächern sowie ihren Ort im allgemeinen System der Wissenschaften wieder. Sie legen Gegenstandskonstitutionen, Denkformen, Theoriebildung und wissenschaftliche Methodik offen und lassen Formen der Strukturierung, Darstellung und Vermittlung von Fachwissen erkennen. Sie erschließen die Traditionen einer Disziplin und indizieren so in ganz besonderem Maße „den Wandel der Wissensinhalte *und* den Wandel der Gewichtung, Einschätzung und Bewertung dieser Inhalte"[170]. Und so spiegeln Lexika die beiden Kommunikationsebenen wider, in denen wissenschaftliche Kommunikation sowohl in informeller als auch in medialer Form abläuft. Die synchrone Kommunikation, die sich im Medium des Fachlexikons erschließt, verbindet fachinteressierte Zeitgenossen mit einem sich eines internen Verständigungscodes bedienenden Wissenschaftsverband. Die diachrone Kommunikation dagegen „überträgt Wissen entlang der Zeitachse und stellt so den wissenschaftlichen Generationenvertrag her"[171].

---

170 Fietz, Darstellung des Bibliothekswesens, S.2 (Hervorh. i. Orig.).

171 Die Terminologie wurde übernommen aus Christoph Meinel, Die wissenschaftliche Fachzeitschrift: Struktur- und Funktionswandel eines Kommunikationsmediums, in: Fachschrifttum, Bibliothek und Naturwissenschaft im 19. und 20. Jahrhundert. Hg. v. Christoph Meinel (Wolfenbütteler Schriften zur Geschichte des Buchwesens 27), Wiesbaden 1997, S.137-155, hier S.137.

Solche fachspezifischen Realwörterbücher in deutscher Sprache sind ein Phänomen der Aufklärungsepoche:

> „Das Gebiet der Wissenschaften vergrößerte sich in dieser Periode unter den Augen des Beobachters. Die schon vorhandenen Wissenschaften wurden erweitert, neue blüheten neben ihnen auf, wuchsen empor und gelangten zur Reife. Des allgemein Wissenswerthen wurde, für den Gelehrten soviel, dass der Wunsch entstehen musste, 1) das Wichtige von dem Minderwichtigen zu trennen und besonders vorzutragen; und, da die detaillirte Behandlungsart der Wissenschaften die Uebersicht über dieselben erschwerte, 2) den Zusammenhang der einzelnen Theile der Wissenschaften besonders zu zeigen. Das erstere gab zu der *materiellen*, und das letztere, zu der *formellen* Encyclopaedie Veranlassung. [...] Die allgemeine, materielle Encyclopaedie bearbeitete man vorzüglich in Wörterbüchern"[172].

Die bereits erwähnte Bibliographie des Erfurter Bibliothekars Christian Heinrich Schmid[173] erschließt neben den theologischen, philosophischen und mathematischen Lexika genealogische, historische und ökonomische Nachschlagewerke, Lexika über Naturgeschichte, Botanik, Chemie und dergleichen mehr. „Die Fülle von neuen Speziallexika und Fachenzyklopädien an der Wende zum 18. Jahrhundert [...] ist das Signal für das Ende der Universaltopik als Organisationsform der Wissenschaften, für die Ablösung der Enzyklopädien des alten frühneuzeitlichen Typs durch die Polymathie"[174]. Solche Wörterbücher sollten „dem

172 Johann Georg Meusel, Leitfaden zur Geschichte der Gelehrsamkeit. Dritte und letzte Abtheilung, Leipzig 1800, S.1338f. (Hervorh. i. Orig.). Vgl. hierzu auch Rudolf Vierhaus, Einleitung, in: Wissenschaften im Zeitalter der Aufklärung. Aus Anlaß des 250jährigen Bestehens des Verlages Vandenhoeck & Ruprecht. Hg. v. Rudolf Vierhaus, Göttingen 1985, S.7-17, hier S.8: Verändert habe sich, so Vierhaus, „das wissenschaftliche Publikationswesen – ein Vorgang, der sowohl die Expansion und Differenzierung des Systems der Wissenschaften als auch das sich verändernde Leserbedürfnis widerspiegelte".

173 Schmid, Verzeichniß, S.1049-1061.

174 Franz M. Eybl, Bibelenzyklopädien im Spannungsfeld von Konfession, Topik und Buchwesen, in: Enzyklopädien der Frühen Neuzeit. Beiträge zu ihrer Erforschung. Hg. v. Franz M. Eybl, Wolfgang Harms, Hans-Henrik Krummacher und Werner Welzig, Tübingen 1995, S.120-140, hier S.120. Es sei ausdrücklich noch einmal darauf verwiesen, daß Schmid, Verzeichniß, S.1060 den Zeitraum von 1770-1792 unter lexikographischen Gesichtspunkten als den gegenüber der ersten Hälfte des 18. Jahrhunderts bedeutenderen einstuft. Johann Christoph Gottsched konstatierte 1760 ebenfalls eine quantitative Vermehrung fachlexikographischer Neuerscheinungen. Vgl. Gottsched, Vorrede „Verständiger Leser", in: Handlexikon oder Kurzgefaßtes Wörterbuch der schönen Wissenschaften und freyen Künste. Zum Gebrauche der Liebhaber derselben herausgegeben, von Johann Christoph Gottscheden, der Weltweish. ordentl. Lehrern in Leipzig, der Univ. Decemvir, der königl Stipend. Ephorus, und verschiedener Akademien der Wissensch. Mitgliede, Leipzig, in der Caspár Fritschischen Handlung, Leipzig 1760 (Reprint Hildesheim et al 1970), Bl.* 5^r-Bl.* 8^v, hier Bl.* 5^r: „Ein jeder aber sieht [...], daß man sich im Deutschen, fast eine ganze Bibliothek von Realwörterbüchern anzuschaffen, im Stande sey". Zur Universaltopik

wachsenden Klassifikationsbedürfnis der aufblühenden Wissenschaften Genüge leisten"[175].

Diese Entwicklung im Bereich der Fachlexikographie lässt sich historisch in die medial-institutionelle Konsolidierung der Fachwissenschaften in der zweiten Hälfte des 18. Jahrhunderts einordnen. Damit einher ging die Diversifikation der Buchproduktion. So kommt beispielsweise innerhalb des Genres der Bibliographien, die „das Wissen, die Bücherkenntnis eines Zeitalters"[176] dokumentieren, den Fachbibliographien vom letzten Drittel des 18. Jahrhunderts an eine immer ausdifferenziertere Bedeutung zu. Die Blütezeit der Universalbibliographie dagegen war, vergleichbar der der Universalenzyklopädie, „die frühe Neuzeit, in der die Universalgeschichte und die Universalgelehrsamkeit noch möglich war"[177]. Fachzeitschriften[178] und Bibliotheken, die sich nach bestimmten Disziplinen gliedern[179], daneben Fachlesegesellschaften, die sich fachspezifisch organisieren[180], spiegeln die Spezialisierung der Wissenschaften durch Neuorganisation älterer Disziplinen, Neugründung von Disziplinen und die Entfaltung eines erweiterten Themenhorizontes und einer ebenso erweiterten Methodik wider. Besonders den aufstrebenden Naturwissenschaften und technischen Fächern kam in diesem Prozeß eine führende Rolle zu[181]. Es entstanden mediale Formen, die eine beschleunigte wissenschaftliche Kommunikation ermöglichten – Abhandlungen, Aufsätze und ein ausgedehntes

---

als wissenschaftsstrukturierendem Denkmodell vgl. Wilhelm Schmidt-Biggemann, Topica Universalis. Eine Modellgeschichte humanistischer und barocker Wissenschaft (Paradeigmata 1), Hamburg 1983.

175 Weinrich, Wahrheit der Wörterbücher, S.351.

176 Paul Raabe, Formen und Wandlungen der Bibliographie, in: Welt der Information. Wissen und Wissensvermittlung in Geschichte und Gegenwart. Hg. v. Hans-Albrecht Koch in Verbindung mit Agnes Krup-Ebert, Stuttgart 1990, S.79-96, hier S.91.

177 AaO., S.84. Weiterführende Literaturhinweise zur wissenschaftshistorischen Relevanz der Bibliographien finden sich bei Wilhelm Totok, Geschichte der älteren Fachbibliographie am Beispiel der Philosophie, in: Die Erforschung der Buch- und Bibliotheksgeschichte in Deutschland. Hg. v. Werner Arnold, Wolfgang Dittrich und Bernhard Zeller, Wiesbaden 1987, S.3-19.

178 Vgl. hierzu Bödeker, Zeitschriften und politische Öffentlichkeit, S.214ff.

179 Auch Zischka, Index Lexicorum, S.XLI betont, daß die Entwicklung in der Lexikographie „immer gewisse Parallelen zur Bibliotheksentwicklung zeigt", daß also die Ausbildung von „fachlich ausgerichteten, methodisch und systematisch begrenzten Bibliotheken" sich „in einer vermehrten Aufsplitterung in das Fachlexikon" spiegelt.

180 Vgl. hierzu Prüsener, Lesegesellschaften, Sp.420f.

181 Vgl. hierzu insgesamt den instruktiven Sammelband: Fachschrifttum, Bibliothek und Naturwissenschaft im 19. und 20. Jahrhundert. Hg. v. Christoph Meinel (Wolfenbütteler Schriften zur Geschichte des Buchwesens 27), Wiesbaden 1997 sowie den bereits zitierten Aufsatz von Fabian, ‚Im Mittelpunkt der Bücherwelt'. Zur Entwicklung fachwissenschaftlicher Verlage vgl. Wittmann, Geschichte, S.265.

Rezensionswesen. Die Fachlexika verfolgten im Kontext dieser Wissenschaftsausdifferenzierung „die Intention strikter Systematisierung“[182].

Wie aber sind die von Verlegern und Herausgebern anvisierten Benutzerkreise dieser jetzt aufkommenden Fachlexika einzustufen? Christian Heinrich Schmid sah in erster Linie in den Gelehrten die potentiellen Benutzer, speziell diejenigen, die sich außerhalb ihres Fachbereiches informieren wollten,

> „zwar nicht, um, wie in Frankreich, mit Damen über alles plaudern zu können, aber doch, weil heutzutage derjenige für Pedant oder Schwachkopf angesehen wird, der sich so in seine besondere Sphäre einzäunt, daß er keinen Schritt über dieselbe hinaus zu thun wagt“[183].

Die Möglichkeit, dem ungelehrten Leser vermittels eines Realwörterbuches in den Bereich gelehrter Bildung einzuführen, stufte Schmid als relativ niedrig ein, aber die Wörterbücher hielten

> „doch immer eine gewisse Masse von Kenntnissen unter dem großen Haufen der Nichtdenker im Umlauf. Dem Selbstdenker, dem gründlichen Gelehrten können sie doch zuweilen als Erinnerungsmittel, als Antrieb und Wink zu weiteren Untersuchungen dienen“[184].

So sind die Benutzerschichten dieser Fachlexika von Anfang an differenziert zu beurteilen. Die Fachlexika sollten einerseits den Gelehrten eine Hilfestellung in ihnen fremden Fachgebieten geben und so die verschiedenen Wissenschaften miteinander in Beziehung setzen (synchrone Funktion)[185]. Daneben trat als Benutzer „der an der Umsetzung der Wissenschaft in die individuelle und gesellschaftliche Praxis interessierte ‚aktive‘ Leser“[186], der ‚gebildete‘ und sachliterarisch versierte Laie.

> „Was schadet es denn, wenn außer den wahren Gelehrten, die ein rechtes Handwerk aus den Wissenschaften machen, auch eine gute Anzahl der so genannten Unstudierten, nicht vollkommen unwissend sind? Ist es im gemeinen Leben nicht allemal angenehmer, auch mit Leuten, die etwas, als die gar nichts wissen, umzugehen? Nicht die Handvoll wahrer und gründlicher Gelehrten, die unsre Universitäten bewohnen, machen die Welt ge-

---

182 Vierhaus, Einleitung, S.12.

183 Schmid, Verzeichniß, S.1060.

184 AaO., S.1061.

185 Vgl. hierzu die Argumentation von Gottsched, der die Realwörterbücher gegen Kritik aus dem gelehrten Milieu verteidigt: „Wer kann nämlich alles aus dem Grunde studiret haben; davon hier und da etwas wissenswürdiges vorkömmt? Hat man denn allezeit lebendige Meister so vieler Wissenschaften bey der Hand, die man befragen kann? Und wie bequem ist es nicht, einen gedruckten Lehrer in der Nähe zu haben, der einem vorfallende Schwierigkeiten erläutert?“ (Gottsched, Vorrede „Verständiger Leser“, in: ders., Handlexikon, Bl.* 6[r]). Zu den Benutzern der Fachlexika vgl. ferner Puschner, ‚Mobil gemachte Feldbibliotheken‘, S.65f.

186 Vierhaus, Einleitung, S.14.

> scheid, und die ganze Nation gewitzt, und wohlgesittet: sondern größtentheils die so genannten Ungelehrten, die aber von den freyen Künsten und Wissenschaften, etwas wissen; welches zu ihrer Lebensart, in Weltgeschäften, und zu einem artigen und aufgeweckten Umgang nöthig ist. Welch ein elendes Leben würde selbst ein Gelehrter führen, wenn er mit lauter vollkommenen Idioten umgehen müßte?"[187].

Wenden wir uns also der Entwicklung der Fachlexikographie für den Bereich der Theologie im 18. und 19. Jahrhundert zu. Wie bereits erwähnt, hat die folgende Rekonstruktion exemplarischen Charakter. Es geht um die Gewinnung von in lexikonpolitischer Hinsicht und vor allem im Hinblick auf RGG[1] relevanten Parametern. Diese werden anhand der den Lexika beigegebenen Vorworte erörtert[188]. Die Vorworte sind Textcorpora lexikographisch-hermeneutischer Selbstidentifikation und geben in vielfältiger Weise Einblick in das jeweils gewählte Programm, die theologiepolitische Abgrenzungsstrategie gegenüber lexikalischen Konkurrenzwerken sowie die theologiegeschichtliche Selbsteinordnung des oder der Lexikographen. Sie stellen somit eine buch- und theologiegeschichtliche Quelle ersten Ranges dar, die in der Theologie bislang noch nicht zu einer eigenständigen Geltung gelangte. Es geht also nicht um die Darstellung der Veränderung bestimmter Inhalte im Medium der Lexika, vielmehr geht es um die exemplarische Aufarbeitung einer bislang vernachlässigten Gattungsgeschichte. Dadurch soll der historische Ort der ersten Auflage der RGG und ihre lexikonpolitischen Ambitionen deutlich werden. Im Detail werden sich Desiderate und offenbleibende Fragenkomplexe finden, die an anderer Stelle zu bearbeiten sind.

---

187 Gottsched, Vorrede „Verständiger Leser", in: ders., Handlexicon, Bl.* 6[r-v].

188 Dieser methodische Ansatz findet sich auch bei Ulrike Spree, Das Streben nach Wissen. Eine vergleichende Gattungsgeschichte der populären Enzyklopädie in Deutschland und Großbritannien im 19. Jahrhundert (Communicatio 24), Tübingen 2000. Auch Spree organisiert die von ihr vorgelegte „ideengeschichtliche Untersuchung der Programmatik der Lexika" in erster Linie anhand der entsprechenden Vor- und Nachworte. Denn: „Durch das Brennglas der Vorworte werden Wandlungen und Kontinuitäten der Bildungskonzepte [...] innerhalb des langen 19. Jahrhunderts sichtbar. Indem die Vorworte sich mit der Frage auseinandersetzen, was für wen zu welchem Zweck wissenswert ist, geben sie einen Einblick in das schwer faßbare, sich wandelnde Konzept von Bildung, ob sie den Begriff verwenden oder nicht" (aaO., S.19f.). Im Quellenverzeichnis vorliegender Arbeit werden die verwendeten Vorworte nicht separat aufgeführt, sondern nur die entsprechenden Lexika. Soweit zugänglich, wird aus den Originalausgaben zitiert. Nur in Ausnahmefällen wird auf Reprintausgaben zurückgegriffen. Als Schrifttype benutzen die Lexika häufig für deutschsprachige Teile Fraktur, für lateinische Begrifflichkeiten Antiqua. Diese typographische Unterscheidung wird innerhalb der Zitate nicht wiedergegeben. Im Quellenverzeichnis werden nur die in vorliegender Arbeit benutzten Auflagen und Ausgaben der Lexika aufgeführt.

Die exemplarische Rekonstruktion der Entwicklungsgeschichte soll eröffnet werden mit dem Werk eines einzelnen theologischen Lexikographen. Die bewundernswerte ‚Ein-Mann-Leistung'[189] des Adam Erdmann Mirus eröffnet bereits in der ersten Hälfte des 18. Jahrhunderts die Perspektiven dafür, wie sich der theologische Lexikonmarkt im Kontext der durch Aufklärung und Pietismus hervorgerufenen theologiegeschichtlichen und theologiepolitischen Verschiebungen wandelt und wie er sich dann um 1900 präsentieren wird.

2. Die ersten deutschsprachigen theologischen Lexika als Paradigma der theologisch-lexikographischen Ausdifferenzierung in Bibelwörterbücher und kirchlich-theologische Lexika

Rudolf Vierhaus hält neben den bislang skizzierten Entwicklungen als einen weiteren „Trend der Entwicklung der Wissenschaften im 18. Jahrhundert [...] die Historisierung ihrer Gegenstände und ihrer Fragestellungen" fest, denn

> „nicht mehr in erster Linie polyhistorisches Interesse lenkte die Aufmerksamkeit der Gelehrten, sondern das Bestreben, zu verläßlichen historischen Informationen zu gelangen, deren chronologische und sachliche Verknüpfung den tatsächlichen Prozeß der Geschichte erklärbar machen konnte"[190].

Für die Theologie bedeutet dieser Sachverhalt, daß sich die historische Forschung von der Dogmatik zu emanzipieren begann. Es kam zu einem „Aufschwung der philologischen und historischen Arbeit an den biblischen und kirchengeschichtlichen Quellen"[191], welche die sich anbahnende Unterscheidung in historische Erforschung des theologischen Stoffes und dessen dogmatische Klassifikation zu ermöglichen begann. Lexikalisch faßbar wird diese Entwicklung in der Aufspaltung in biblisch-theologische Wörterbücher einerseits, kirchlich-theologische und kirchengeschichtliche Lexika andererseits.

---

189 Für das 18. Jahrhundert stellen Lexikographen, die ein umfassendes Œuvre verschiedenster Lexika hinterließen, keine Seltenheit dar. Vgl. hierzu den bereits hervorgehobenen Band von Killy, Große deutsche Lexika, in welchem Leben und Werk von Benjamin Hederich (1675-1748), Johann Hübner, Johann Georg Walch (1693-1775) und Heinrich August Pierer porträtiert werden.

190 Vierhaus, Einleitung, S.12.

191 Walter Sparn, Vernünftiges Christentum. Über die geschichtliche Aufgabe der theologischen Aufklärung im 18. Jahrhundert in Deutschland, in: Wissenschaften im Zeitalter der Aufklärung. Aus Anlaß des 250jährigen Bestehens des Verlages Vandenhoeck & Ruprecht. Hg. v. Rudolf Vierhaus, Göttingen 1985, S.18-57, hier S.28.

Als frühester Beleg eines theologischen Lexikographen, der in beiden Bereichen theologischer Lexikographie im *deutschsprachigen* Bereich tätig war, ist derzeit Adam Erdmann Mirus (1656-1727) zu nennen. Mirus war nach Studien in Wittenberg und Leipzig von 1684 an Konrektor am Gymnasium in Zittau. Mirus hat die Unterscheidung in Bibelwörterbücher einerseits und kirchlich-theologische Nachschlagewerke andererseits selbst schriftlich fixiert: „Lexicon Sacrum, ist entweder Antiquitatum Biblicarum oder Ecclesiasticarum. Beydes ist entweder ein Verbale oder Reale"[192].

Betrachten wir zunächst das von Mirus verfaßte Bibelwörterbuch: 1714 veröffentlichte Mirus in Leipzig bei Johann Friedrich Braun ein *Biblisches Antiquitäten Lexicon*[193]. Die wissenschaftstheoretisch angelegte Vorrede bietet einen Überblick über den Stand der Entwicklung der lateinischen und deutschsprachigen Fachlexikographie am Beginn des 18. Jahrhunderts. Mirus' eigene lexikographische Innovationsbemühungen treten hierbei deutlich hervor. Er erschloß den zeitgenössischen Lexikonmarkt mittels der erwähnten Unterscheidung der Lexika in Verbal- und Reallexika. Unter die „Lexica Verbalia" seien alle diejenigen zu fassen, die „nach unterschiedenen Sprachen unterschieden" werden[194], wohingegen sich die Reallexika auf die diversen Realdisziplinen beziehen, welche wiederum nach „Superiores" und „Inferiores" zu unterscheiden seien. „Zu denen Superioribus gehöret die Theologia Jurisprudentia und Medicina. Alle diese drey Disciplinen haben heutiges Tages die schönsten Lexica"[195]. Die „Disciplinae Inferiores" werden unterteilt in philosophische (Philosophie, mathematische Fächer und

192 Mirus, Art. Lexicon, in: ders., Lexicon Antiquitatum Ecclesiasticarum, S.552.

193 *Biblisches Antiquitäten Lexicon, Worinnen Die in der Heil. Schrifft vorkommende Nahmen / Eigenschafften und Verrichtungen derer Personen, die Sachen und ihre Benennungen / der Gottesdienst, die Opffer, zugleich die Heydnischen Götter, das Jüdische Policey-Wesen / die Oeconomie, allerhand Ceremonien und Gebräuche, Länder / Städte / Dörffer / Gebäude / merckwürdige Oerter / Flüsse / Brunnen / Seen / Berge / Thäler / Bäume / Menschen / Thiere / Mineralien / Gestirne / Wunder-Zeichen am Himmel / allerhand Zeit-Rechnungen / Maaß / Gewicht / Geschlechts-Register / sonderbare Begebenheiten / Wunderwercke / Künste / Handthierungen u. d. m. In Summa Was so wohl vor und unter dem Levitischen Gottesdienste, der Israelitischen Republique und Hauß-Stand aus dem alten und neuen Testament zu verstehen und zu wissen / entweder nothwendig oder nützlich ist / als auch zur Geographie, Chronologie, Genealogie und Historie dienen und zur Erklärung vieler Schrifft-Stellen was beytragen kan / alles gründlich untersuchet und entworffen Von M. Adam Erdmann Miro, Gymnas. Zittau Con.-Rect. Mit Königl. Polnischen und Churfürstl. Sächsischen allergnädigsten Privilegio.*

194 Mirus, Vorrede, in: ders., Biblisches Antiquitäten Lexicon, Bl.)(5^r-Bl.)(7^v, hier Bl.)(5^r.

195 AaO., Bl.)(5^v. Die Vorrede nennt neben den damals marktführenden theologischen Nachschlagewerken auch entsprechende aus dem Gebiet der Jurisprudenz und der Medizin.

Geographie) und philologische (sämtliche historischen Teilgebiete) Disziplinen – und wie die Disziplinen, „so variiren auch die Lexica“[196].

Mirus ordnete die biblischen Realwörterbücher in die Tradition reformatorischer Bibelhermeneutik ein, um das Prinzip einer enzyklopädisch-lexikalischen Schrifterschließung theologisch abzusichern. Als Beispiel einer biblischen Hermeneutik, an die Mirus sein Lexikon angeschlossen sehen möchte, verweist er auf Matthias Flacius (1520-1575): *Clavis Scripturae Sacrae, seu De sermone sacrarum literarum, in duas partes divisae; quarum prior singularum vocum atque locutionum S. Scripturae usum & rationem explicat; posterior de sermone sacrarum literarum plurimas generales regulas tradit* (Zwei Bände, Basel 1567), da dieser „in dem ersten Theile die meisten Biblischen Wörter klar und deutlich untersuchet“[197]. Im Rahmen eines solchen hermeneutischen Ansatzes ist der Schrifttext nicht länger nur „Begründungsquelle wissenschaftlichen Tuns“, sondern wird zum „philologischen Anwendungsbereich“ selbst[198]. Der Stichwortbestand bei Mirus rekurriert ausschließlich auf die biblischen Realia, wobei die Aufführung von Schriftstellen innerhalb eines Stichwortes im Unterschied zu den damals schon bekannten Verbalkonkordanzen nicht auf konkordante Vollständigkeit zielt[199].

Ursprünglich plante Mirus, sein biblisches Lexikon im Stil der Zeit in lateinischer Sprache abzufassen, ließ sich dann jedoch überreden, „die Mühwaltung auf mich [zu] nehmen / und solches Werck in die deutsche Sprache [zu] versetzen / damit es jederman bey Lesung der Bibel zur Hand haben / und allerhand schwere Terminos aufschlagen könte“[200]. Mühwaltung deshalb, weil das lateinische Werk schon fertig erstellt war und „in Lateinischer Sprache alles füglicher vorgetragen war / als ich in der Deutschen ausrichten könte“[201]. Das Werk richtet sich in seiner Konzeption an den Laien als Bibelleser. Es versteht sich als Erschließungsinstrument für die Bibellektüre des Nichtgelehrten. Durch die Verwendung von hebräischen und griechischen Begriffen innerhalb der Stichworterklärungen setzt Mirus freilich die komplementäre Gebrauchskompetenz einer philologischen Bildung voraus.

Adam Erdmann Mirus verfaßte neben diesem *Biblischen Antiquitäten-Lexicon* weitere theologische Lexika. Zwei sind derzeit bekannt und zugänglich. 1717 erschien ein kirchengeschichtliches Lexikon – *Lexicon*

196 AaO., Bl.)(6^r^.

197 AaO., Bl.)(5^v^. Dabei versteht Mirus das Werk des Flacius lexikalisch als „Verbale Biblicum“ (Mirus, Art. Lexicon, in: ders., Lexicon Antiquitatum Ecclesiasticarum, S.552).

198 Eybl, Bibelenzyklopädien, S.139.

199 Zum Typus der Verbalkonkordanz vgl. unten Kap. I.B.3.1.

200 Mirus, Vorrede, in: ders., Biblisches Antiquitäten Lexicon, Bl.)(6^v^.

201 AaO., Bl.)(7^r^.

Antiquitatum Ecclesiasticarum[202]. Die Vorrede setzt ein mit der summarischen Bilanz, fachspezifische Reallexika seien mittlerweile so populär, „daß fast keine Kunst und Wissenschafft mehr anzutreffen / welche nicht in eine solche Forme verfasset worden"[203]. Der Vorteil dieser Fachlexika bestehe in ihrer Fähigkeit zur systematisch-enzyklopädischen Erschließung des theologischen Stoffes, da sie „gantze Disciplinen und Wissenschafften unter richtige Titul bringen / und in einer angenehmen Kürtze allerhand Haupt-Lehren vor Augen legen / welche man sonsten nicht ohne grosse Mühe zusammen suchen müssen"[204]. Erneut verfaßte Mirus sein Lexikon in deutscher Sprache und ging expressis verbis davon aus, damit das erste original deutschsprachige Kirchengeschichtslexikon auf den theologisch-literarischen Markt zu bringen[205]. Der Stichwortbestand dieses kirchengeschichtlichen Wör-

---

202 *Lexicon Antiquitatum Ecclesiasticarum, In welchem Die vorkommende Namen / Antiquitäten / Ceremonien / Kirchen-Gebräuche und Feste: Ingleichen die Concilia, Kirchen-Lehrer, Päbste, geistliche Würden und Orden: Ferner die Ketzer und Ketzereyen / auch Spaltungen: nichts minder die Sitten derer Christen; In Summa: Was nur merckwürdiges in den alten / mittlern und neuen Kirchen-Geschichten, sowohl der Orientalischen als Occidentalischen Kirchen, vorkommt, und die Geographiam, Genealogiam und Historiam Sacram, sonderlich die Theologie einiger maaßen erläutern kan, Gründlich untersuchet, und in einer annehmlichen Ordnung vorgestellet wird, Budissin verlegts David Richter, Buch-Händler 1717.*

203 Mirus, Vorrede, in: ders., Lexicon Antiquitatum Ecclesiasticarum, Bl.)(3^{r}-Bl.)(7^{v}, hier Bl.)(3^{r}. Das Werk gehört in den lexikographischen Kontext der deutschen Ausgabe von Moréri, Le grand dictionnaire historique, nämlich Buddeus, Allgemeines Historisches Lexikon (vgl. oben Kap.I.A.1.). Auch Buddeus geht aus von der Unterteilung in „Lexica biblica", deren Traditionslinie er gleichfalls auf das Werk des Flacius, Clavis Scripturae, zurücklaufen läßt, und „Lexica Ecclesiastica" [Buddeus, Vorrede, in: aaO., Bl.)(^{r}-Bl.)()(2^{v}, hier Bl.)(^{r}]. Darüberhinaus begründet Buddeus dezidiert den Nutzen der Lexika für die historische Forschung: „Jedoch ist kein zweiffel / daß man hauptsächlich in der historia, und denen verknüpfften wissenschafften / als Geographie, Genealogie, beschreibung berühmter leute / etc. sich der Lexicorum mit ungemeinen vortheil bedienen können. Denn hierinn ist die varietät der sachen so mannigfaltig / die menge so groß / daß sie die ordentlichen kräffte des gedächtnisses / weit überschreiten: gleichwohl die erkänntniß und wissenschafft so nöthig / daß auch viel die sonst von studiis keine profession machen / derselben unmöglich entbehren können: im übrigen die nach dem alphabet eingerichtete ordnung so bequem / daß nichts leichters kan erfunden werden / die verlangte nachricht von einer iedweden sache alsobald zu finden" [aaO., Bl.)(2^{v}]. Die Vorstellung eines über den Gelehrtenstand hinausgehenden Rezipientenkreises und die Abfassung in deutscher Sprache aus Gründen der pragmatischen Anwendung bei gleichzeitiger Verwendung der alphabetischen Ordnung sind Topoi, die sich so dann auch bei Mirus finden. Damit werden die zentralen Motive lexikographischer Debatten am Beginn des 18. Jahrhunderts faßbar. Für die historisch orientierten Lexika ist in dieser Frühphase noch von einer theologischen Imprägnierung der lexikalischen Erschließung des Wissensstoffes auszugehen. Vgl. auch unten Kap.I.B.4.2.

204 Mirus, Vorrede, in: ders., Lexicon Antiquitatum Ecclesiasticarum, Bl.)(3^{v}.

205 Als Vorläufer der kirchengeschichtlichen Lexika sind die summarischen Kirchengeschichten des Mittelalters und der Reformationszeit zu nennen. Aus dem unmittel-

terbuches setzt sich zusammen aus Personen der Kirchengeschichte, kirchenrechtlichen Termini, traditionellen Kirchenbräuchen und religiösen Sitten, daneben aber auch biblischen Personen und Stätten. Themen, die traditionell im Bereich der ‚Polemischen Theologie' ihre Behandlung gefunden hatten, wurden jetzt durch ihre Kontextualisierung im Bereich der historisch orientierten Lexikographie offen für eine historische Aufarbeitung. Bei Mirus freilich noch nicht ohne den konstitutiven Gegensatz von Orthodoxie und Häresie, formuliert vom Standpunkt lutherischer Orthodoxie aus. Lutheraner, so Mirus, seien

> „der Römischen Kirchen immerfort ein Stachel in den Augen / weil sie das Licht der Evangelischen Wahrheit nicht vertragen können / und ihren Glaubens-Genossen verbieten / die Evangelischen Schrifften zu lesen. [...] Sie scheuen sich nicht / die protestirende Religion zu lästern / und bey denen Ihrigen stinckend zu machen. Sie behalten durch diesen Grieff in grosser Herren Höfe allein Platz / und wollen also verhüten/ daß sie nicht bes-

---

baren zeitlichen Umfeld von Mirus ist z.B. zu verweisen auf Adam Rechenberg (1642-1721). Dessen *Summarium Historiae Ecclesiasticae in usum Studiosae juventutis adornatum, cum privilegio s. regiae majest. & elector. saxoniae. Lipsiae, apud Johan. Herebord Klosium, Bibliopolam* erschien in erster Auflage 1709 und bietet eine lateinische Kirchengeschichte, welche ihren nach Jahrhunderten gegliederten Stoff dem Benutzer mittels eines alphabetischen Personenregisters dann auch lexikalisch erschließt. 1714, also drei Jahre vor Mirus, brachte Adam Rechenberg ein noch in lateinischer Sprache abgefaßtes kirchengeschichtliches Lexikon heraus: *Hierolexicon reale, hoc est biblico-theologicum & historico-ecclesiasticum, e sacris philologorum probatis lexicis et adversariis, nec non antiquorum ac recentiorum theologorum locis communibus, variisque eorum commentariis et observationibus, in usus studiosae juventutis collectum, moderante D. Adamo Rechenbergio, in Academia Lipsiensi Profess. Primario. Lipsiae et Francofurti, Sumptib. Jo. Herebordi Klosii, Bibliop. Lipsiensis Anno MDCCXIV.* Auch Rechenberg konstatiert in seiner Vorrede „Benevolo et candido lectori" (aaO., Bl.^{*r}-^{***v}, hier bes. Bl.^{*r}) das starke Anwachsen fachspezifischer Lexika. Dabei sei es auffällig, so Rechenberg, daß die Theologie hinter diesem Trend zurückgeblieben sei: „Nulla ars fere aut scientia rerum humanarum est, cujus hodie non aliquod prostet Lexicon, quo vocabula seu termini, vel notiones artificibus propriae, addita aliqua rerum descriptione explicantur. [...] Solius vero S. Theologiae, quae omnium scientiarum regina est, Lexicon reale juxta ordinem alphabeticum digestum ab eruditis adhuc desideratum fuit". Als medienspezifische Kennzeichen der Lexika gelten auch hier der explizite Bezug auf die Realia (im Gegensatz zu den Verbalia), womit solche Nachschlagewerke qualitativ über die Konkordanzen und Onomastica hinausgeführt werden sowie der Gebrauch der alphabetischen Ordnung. Auch Mirus, Art. Lexicon, in: ders., Lexicon Antiquitatum Ecclesiasticarum, S.552 stuft Rechenbergs *Hierolexicon* als „Antiquitates reales Ecclesiasticas" ein. Rechenbergs lexikographisches Werk war nicht unumstritten. So urteilt Nösselt, es handle sich bei dem *Hierolexicon reale* um ein Kompendium „fast ohne allen Plan und bloße Compilationen [...], kaum des Anführens werth" (Johann August Nösselt, Anweisung zur Kenntniß der besten allgemeinern Bücher in allen Theilen der Theologie. Vierte verbesserte u. sehr vermehrte Auflage, Leipzig 1800, S.25).

ser Information gelangen. [...] Dem gemeinen Mann lassen sie die Bibel nicht lesen / und rücken ihnen alle Bücher aus denen Hände"[206].

Buch- und theologiegeschichtlich aufschlußreich ist der Konnex, den Mirus zwischen Protestantismus und Buchkultur, beziehungsweise zwischen Protestantismus und medial vermittelter Bildung herstellt. Es zeigen sich hier Spuren dessen, was Dietrich Kerlen die „Auratisierung der Gutenberg-Erfindung" und die „kulturelle Aufladung des Mediums Buch" genannt hat, welche ein Signum des deutschen Protestantismus und so „in anderen Ländern Europas nicht feststellbar" sei[207]. Es bleibe, so Mirus, „doch dieses gewiß / daß die Buchdruckerey einen unbeschreiblichen Nutzen in der Kirche Gottes geschaffet / und dergestalt allerhand schöne Bücher divulgiret, daß jedermann mit wenig Unkosten die gelehrtesten Sachen sich verschaffen kan"[208].

Mit einem dritten, 1721 erschienenen Lexikon – *Onomasticum Biblicum*[209] – knüpft Adam Erdmann Mirus an die traditionelle Form der Namenslexika an. Denn da die Namen „gleichsam der Sachen Vehicula" seien „und machen in unserm Gedächtnüß den ersten Grund-Riß von allen Dingen / die wir aus einem sonderbahren Trieb der Natur begreiffen wollen"[210], stellt Mirus neben sein *Biblisches Antiquitäten Lexicon* dieses knappe Nachschlagewerk, von ihm selbst unter die „Lexica reale" gerechnet, „weil es die meisten Titul mit einem kurtzen Entwurff der Biblischen Historien erkläret"[211].

206 Mirus, Art. Lutheraner, in: ders., Lexicon Antiquitatum Ecclesiasticarum, S.569f. Zur Konfessionspolemik trat auch die Abgrenzung gegenüber innerprotestantische Sonderlehren. So heißt es von Calvin, er habe „denselben Irrthum fortgepflantzet nach dem Todt des Ulrici Zwingli, welchen dieser von der Würckung der Sacramenten aufgebracht" (Mirus, Art. Calvinische Lehre, in: aaO., S.166f., hier S.166).

207 Dietrich Kerlen, Protestantismus und Buchverehrung in Deutschland, in: Jahrbuch für Kommunikationsgeschichte 1. Hg. v. Holger Böning, Arnulf Kutsch und Rudolf Stöber, Leipzig 1999, S.1-22, hier S.1 (i. Orig. hervorgehoben).

208 Mirus, Art. Buchdruckerey, in: ders., Lexicon Antiquitatum Ecclesiasticarum, S.161f., hier S.162. Vgl. zum Sachverhalt insgesamt Holger Flachmann, Martin Luther und das Buch. Eine historische Studie zur Bedeutung des Buches im Handeln und Denken des Reformators (SuR N.R. 8), Tübingen 1996 (mit zahlreichen weiterführenden Literaturhinweisen) und Michael Giesecke, Der Buchdruck in der frühen Neuzeit. Eine historische Fallstudie über die Durchsetzung neuer Informations- und Kommunikationstechnologien. Mit einem Nachwort zur Taschenbuchausgabe 1998, Frankfurt/Main 1998.

209 *Onomasticum Biblicum, Oder Lexicon Aller Nominum Propriorum, Derer Menschen / Länder / Städte / Flecken / Dörffer, Flüsse, Seen, Meere, Berge, Thäler und andere Sachen, Welche in der Heiligen Schrifft, sowohl Altes / als Neuen Testamentes vorkommen, Darinnen in einer Alphabetischen Ordnung nicht allein deroselben Ursprung und eigentliche Bedeutung, gründlich untersuchet / sondern auch mit einem Summarischen Entwurff der gantzen Historie erläutert werden, Leipzig Verlegts Johann Friedrich Braun 1721.*

210 Mirus, Zueignung, in: ders., Onomasticum Biblicum, Bl.):(2^v^-Bl.):(4^v^, hier Bl.):(3^r.v.^

211 Mirus, Vorrede, in: ders., Onomasticum Biblicum, Bl.):(5^r^-Bl.):(7^v^, hier Bl.):(6^r^.

Betrachtet man die drei Lexika des Adam Erdmann Mirus im Überblick, so zeigen sie in eindrücklicher Weise die Neuerungen, welche sich auf dem literarisch-lexikalischen Markt am Beginn des 18. Jahrhunderts durchzusetzen begannen. Die deutsche Sprache verdrängte zunehmend das Latein, dessen nur Gelehrte mächtig waren. Dadurch konnte ein erweiterter Rezipientenkreis ins Visier genommen werden, der sich durch kirchlich-theologische Bildung und Sachinteresse qualifizierte. In Anbetracht der Tatsache, daß der theologische Buchmarkt sich endgültig erst in der Zeit zwischen 1770 und 1800 der deutschen Sprache öffnete, ist die lexikographische Leistung von Mirus auf diesem Gebiet außerordentlich innovativ. Bei der Präsentation des Stoffes ersetzte die alphabetische Ordnung zunehmend die systematische, da man, so Mirus, durch jene näher zu dem Zwecke gelangen könne, „dem geneigten Leser alles in einen angenehmen Entwurff darstellen [zu] können / was man sonst in weitläufftigen Systematibus hin und wieder zerstreuet siehet“[212]. Diese Veränderung der lexikalischen Organisation der Wissenspräsentation hat Eybl treffend interpretiert:

> „Der Zwiespalt zwischen den Erfordernissen der Disponibilität und der wissenschaftlichen Evidenz durch methodische Ordnung kennzeichnet die Enzyklopädik des 17. Jahrhunderts und führt zur Ablösung topischer Systeme durch das Alphabet, das seinerseits topisch geordnete Lemmata zusammenhält. [...] Die Verschiebung der topischen Organisationsform von der Gesamtdisposition in die einzelnen Artikel hinein bewahrt die biblischen Handbücher davor, zu bloßen Konkordanzen zu werden“[213].

Das Aufkommen historischer Bibellexika zeigt den Beginn eines historisch perspektivierten Umganges mit dem Schrifttext. Daneben spiegelt das lexikalische Werk von Mirus die sich im Verlauf des 18. Jahrhunderts durchsetzende intradisziplinäre Spezialisierung theologischer Fachlexika in einerseits biblische und andererseits kirchlich-theologische Wörterbücher. Die biblisch-exegetischen und die historischen Fragestellungen begannen sich von ihrer dogmatischen Bewertung zu emanzipieren. Fehlende Hinweise in späteren Lexika auf Adam Erdmann Mirus und seine frühe deutschsprachige lexikographische Arbeit geben freilich Anlaß zu dem Verdacht, daß sein Werk eine innerhalb der Theologie vergessene Tradition darstellt.

Diese Aufgliederung in biblische Lexika einerseits und kirchlich-theologische andererseits wird im folgenden aufgegriffen. Sie erweist sich nicht nur im Hinblick auf die methodische Strukturierung der Entwicklungsgeschichte protestantischer Lexikographie als hilfreich, sondern ist auch hinsichtlich der Profilerschließung von RGG[1] nützlich.

---

212 AaO., Bl.):(5[r].

213 Eybl, Bibelenzyklopädien, S.134.136.

Denn die erste Auflage der RGG wollte programmatisch sowohl über die Lage der Kirche und des gegenwärtigen Christentums orientieren als auch die Methodik der modernen Religionswissenschaft und Religionsgeschichte lexikalisch etablieren. In der Pointe vereint RGG[1] die beiden Gattungstypen Bibelwörterbuch und kirchlich-theologisches Lexikon in einem Werk. Deshalb sollen nun die Spezifika beider Typen gesondert in Blick genommen werden, um weitere Parameter zur lexikonpolitischen Beurteilung von RGG[1] zu gewinnen.

Zunächst werden ausgewählte biblisch-exegetische Wörterbücher nach ihrer theologischen und lexikographischen Intention untersucht (Kap.I.B.3.). Im Anschluß daran werden kirchlich-theologische Wörterbücher porträtiert (Kap.I.B.4.), jeweils zusammengefaßt in Gruppen, die sich aufgrund der internen Sachintention der Lexika ergeben. Im Verlauf des 19. Jahrhunderts, insbesondere von der zweiten Hälfte des 19. Jahrhunderts an, wird sodann das Phänomen begegnen, daß solche theologische Lexika den Markt zu beherrschen beginnen, welche in ihren Stichwortbestand sowohl exegetische als auch dogmatische, kirchengeschichtliche und praktisch-theologische Begriffe integrieren und somit unter jeweils bestimmten hermeneutischen Voraussetzungen versuchen, Theologie und Kirche in ihrer Gesamtheit zu präsentieren (Kap.I.B.4.4.). In diese Tradition stellt sich RGG[1].

Wenden wir uns zunächst dem Phänomen der Bibelenzyklopädik zu. Folgende drei in lexikonpolitischer Hinsicht entscheidenden Aspekte sollen die Untersuchung leiten: Zum ersten die Frage, wie dem lexikalisch erhellten Schriftsinn eine unmittelbare Zweckbindung im Rahmen kirchlich-pastoraler Praxis zuwuchs, die Bibelwörterbücher also auf dem Gebiet der pastoralen Aus- und Fortbildung funktionalisiert wurden. Diese Frage nach dem Zweck schließt die Frage nach den anvisierten Benutzergruppen und der gewählten Benutzerhermeneutik in sich ein (Kap.I.B.3.1.). Zum zweiten geht es um die Funktion, welche die Bibelwörterbücher im Kontext der Ausbildung einer historisch-kritisch orientierten Methodologie erfüllten, womit ihre wissenschaftlichen Ambitionen zu klären sind (Kap.I.B.3.2). Und zum dritten geht es darum, die theologiepolitische Relevanz biblischer Nachschlagewerke zu erhellen, indem die exegetisch-positionellen Prämissen lexikographischer Hermeneutik analysiert werden (Kap.I.B.3.3). Benutzergruppen, Wissenschaftsbegriff und lexikographische Hermeneutik sind also die zu untersuchenden Parameter.

3. Bibellexika und biblische Wörterbücher

3.1. Bibellexika zwischen Erschließung des Schriftsinnes und pragmatischer Zweckbindung

Harald Weinrich verweist in einer Aufzählung der ältesten erhaltenen Wörterbücher neben den Glossaren und Indices auch auf Konkordanzen hin, auf „Wörterbücher also, die dem Verständnis ganz bestimmter Texte im Hinblick auf ganz bestimmte Interpretationszwecke dienen"[214]. In diesem Kontext nennt er Bibelkonkordanzen als eine der frühesten Formen theologischer Nachschlagewerke. Bibelkonkordanzen stehen neben den frühen Kommentarwerken am Beginn der Bemühungen um die Erschließung des Schrifttextes. Im engeren Sinn ist eine Bibelkonkordanz im Anschluß an Alfred Bertholet zu verstehen als ein

> „biblisches Wortregister [...], d.h. ein Werk, in welchem in alphabetischer Reihenfolge die in der Bibel enthaltenen Worte mit Angabe sämtlicher Stellen, an denen sie vorkommen, zusammengestellt sind. [...] Genauer nennt man ein solches Werk biblische ‚Verbalkonkordanz' zum Unterschiede von der ‚Realkonkordanz', in welcher der sachliche Gehalt der Bibel unter alphabetisch geordneten Stichwörter mit entsprechender Stellenangabe untergebracht ist"[215].

214 Weinrich, Wahrheit der Wörterbücher, S.349. Burkhard Schaeder, Lexikographie als Praxis und Theorie (Reihe germanistische Linguistik 34), Tübingen 1981, S.128 definiert Konkordanzen als „Wortlisten, die die alphabetisch sortierten Wortformen eines Textes oder mehrerer Texte innerhalb des Kontextes aufführen, in dem sie jeweils vorkommen". Deshalb eignen sie sich „nicht allein zur Disambiguierung mehrdeutiger Wortformen, sondern liefern vor allem Material zur Beschreibung und Demonstration des Wortgebrauchs".

215 Bertholet, Art. Bibelkonkordanz, in: RGG[1], 1 (1909), Sp.1151-1153, hier Sp.1151. Eine systematische Rekonstruktion der Geschichte und Funktion sowohl der Verbal- als auch der Realkonkordanzen (hebräische, griechische und lateinische Werke eingeschlossen) im Kontext exegetischer Entwicklungen stellt ein historisch-exegetisches Forschungsdesiderat dar. Zum folgenden vgl. noch immer H.E. Windseil, Ueber die Konkordanzen, in: ThStKr H.4 (1870), S.673-720 und Caspar René Gregory, Art. Konkordanz, in: RE[3], X (1901) S.695-703 sowie die einschlägigen Lexikonartikel: Bertholet, Art. Bibelkonkordanz, in: RGG[2], 1 (1927) Sp.1028-1029; Hesse, Art. Bibelkonkordanz, in: RGG[3], 1 (1957), Sp.1184; Hiecke, Art. Konkordanz, in: RGG[4], 4 (2001), Sp.1599. Für den Bereich der katholischen Lexikographie sei verwiesen auf Klaus Scholtissek, Art. Bibelwissenschaftliche Hilfsmittel, in: LThK[3], 2 (1994), Sp.409-413 (dort besonders Abschnitt III. Bibelkonkordanz, in: aaO., Sp.410f.). Von hohem historisch-exegetischem Erkenntniswert sind auch die Vorreden bei Daniel Schneider, Allgemeines Biblisches Lexicon 1 und bei August Calmet, Biblisches Wörterbuch 1. Zu den beiden zuletzt genannten Nachschlagewerken vgl. ausführlich Kap.I.B.3.2.

Stellt man neben diese Definition Bertholets zur Präzisierung die Klassifikation von H.E. Windseil, so wird der Unterschied zwischen Real- und Verbalkonkordanzen im Hinblick auf die Frage nach den lexikalischen Erschließungsmöglichkeiten des Schrifttextes evident. Windseil faßt unter Verbalkonkordanzen diejenigen Nachschlagewerke, die den Zweck verfolgen,

> „mehr oder weniger alle Wörter (meistens freilich mit Ausschluß aller oder vieler Partikeln) nach ihrer alphabetischen Reihenfolge anzuführen und bei jedem möglichst alle Bibelstellen, in welchen dasselbe vorkommt, zu verzeichnen, wobei auch in einzelnen, namentlich den hebräischen, die Bedeutung der als Ueberschriften aufgestellten Wörter kurz angegeben werden".

Vollständigkeit der angeführten Begriffe und Belegstellen kann als oberstes Interesse der Verbalkonkordanz gelten. Die Realkonkordanzen „dagegen bezwecken besonders die Darlegung der verschiedenen Bedeutungen und Gebrauchsweisen der wichtigeren Wörter: der Substantiva, Adjectiva und Verba, vorzüglich solcher, welche Begriffe der Dogmatik und Moral bezeichnen"[216]. Hier überwiegt ein zu klärendes Sachinteresse gegenüber dem Formalinteresse der Verbalkonkordanz.

Die Realkonkordanzen sind im Hinblick auf die buchgeschichtliche Entwicklung der Bibelenzyklopädik als die eigentlichen Vorläufer der Bibellexika zu betrachten, da sie mit einem weiterführenden enzyklopädischen Anspruch operierten als die Verbalkonkordanzen. Im Fortgang lösten die biblischen Wörterbücher die Realkonkordanzen ab, so daß Franz Hesse 1957 zu dem Ergebnis kam: „Realkonkordanzen sind – abgesehen von neueren Auflagen der Büchnerschen – in neuerer Zeit nicht mehr verfaßt worden"[217]. Bevor wir uns dieser hier erwähnten Real- und Verbalkonkordanz von Gottfried Büchner (1701-1780) als einem der erfolgreichsten biblisch-theologischen Nachschlagewerke des 18. und 19. Jahrhunderts en détail zuwenden, um an ihr exemplarisch die Verbindung von exegetisch-lexikographischem Anspruch und anvisierter pragmatischer Zweckbindung biblisch-theologischer Nachschlagewerke zu analysieren, ist ein kurzer Blick auf die Konzeption und die hermeneutischen Voraussetzungen der Konkordanzen in ihren deutschsprachigen Anfängen zu werfen. Eine ausführliche Geschichte der Konkordanz soll und kann hier nicht geboten werden. Dennoch sind an dieser Stelle die Fragen nach der anvisierten Benutzergruppe und dem Verwendungszweck der Realkonkordanzen relevant, da sie Erkenntnisperspektiven für die lexikographische Funktion der Bibelwörterbücher eröffnen.

---

216 Windseil, Ueber die Concordanzen, S.711f.

217 Hesse, Art. Bibelkonkordanz, in: RGG^{3}, 1 (1957), Sp.1184.

> „Der Anspruch, die Bibel auf der Basis der bis dahin entwickelten philologischen Zuverlässigkeit des Textes und der neuen Genauigkeitsstandards im Verweissystem enzyklopädisch aufzuschließen, wird historisch zu jenem Zeitpunkt in der zweiten Hälfte des 16. Jahrhunderts greifbar, da die Konfessionen ihre Lehrgebäude ausdifferenziert haben. [...] Mit der Konfessionalisierung verliert die mittelalterliche vierfache Zuordnung von Sinn zwischen den sprachlichen Zeichen der Schrift *(verba)* und den bezeichneten Sachverhalten *(res)* ihre umfassende Gültigkeit"[218].

Zum herausragenden Problem, mit dem sich die deutschsprachigen Realkonkordanzen konfrontiert sahen, wurde die Frage nach dem Schriftsinn im Sinne des sensus literalis. Die reformatorische Hermeneutik rückte das sola scriptura gegen „die transindividuelle Tradition als gewachsene Erfahrung" und gegen „die überindividuelle kirchliche Hierarchie als personelle Vernetzung und damit auch Einschränkung auf die individuelle Endlichkeit"[219] ins Zentrum. Betrachtet man die Vorrede in der *Concordantz und zeyger der sprüch und historien / aller Biblischen bücher alts un news Testaments teutsch registers weiß verfaßt un zusamen bracht,* so wird dies deutlich[220]. Das Werk wurde in erster Auflage 1530 von dem Wormser Pfarrer Leonhart Brunner (?) bei Wolff Köpphl in Straßburg herausgebracht. Dieses Werk wird von Windseil als erste deutschsprachige Realkonkordanz geführt und verdient deshalb besondere Beachtung. Wahre Gotteserkenntnis erschließe sich, so Brunner, „allein auß der offenbarung des vatters / und nit von blut und fleysch / [...] Dan der glaub ist ein gab gottes"[221]. Die Schrift ist die Bestätigung dieser Gabe, sie „macht weyß zur seligkeit / aber durch den glauben in Christo Jhesu / Von ir selbs aber ist sie unnütz / zur waren leer und besserung"[222]. Brunner verbindet die anthropologische Unterscheidung von ‚altem' und ‚neuem' Adam mit der schrifthermeneutischen Differenzierung in ‚Geist' und ‚Buchstabe'. Dadurch gelangt er zur Bestimmung des funktionalen Nutzens solcher Konkordanzen. Denn

> „der fleyschlich läser bleibt im buchstaben und außwendigem wasser hangen / un[n] richt drüber rottung un[n] zanck an [...]. Dan[n] einer nimpt dissen / der ander ein andern spruch / so ersts ansehens widerwertig sein / und will jeder das sein beharren / als ein bestendig offenbarung Gottes"[223].

Um für derartige Auseinandersetzungen eine Klärungsinstanz zu schaffen, verfaßte Brunner seine sowohl Altes als auch Neues Testament umfassende Konkordanz,

---

218 Eybl, Bibelenzyklopädien, S.124 (Hervorh. i. Orig.).

219 Kerlen, Protestantismus und Buchverehrung, S.7.

220 Brunner, „Vorred", in: ders.: Concordantz und zeyger, Bl.ii^{r}-Bl.iii^{v}.

221 AaO., Bl.ii^{r}.

222 Ebd.

223 AaO., Bl.ii^{r-v}.

„auff das ein eyfriger mensch / so bißher ein wörtlin oder sprüchlin stuckweyß und eintzlichen auffklaubt / und drüber schwären zanck und zertrennung an gericht hat / fürter gelegenheit und mittel habe andere wörter / sprüch und historien / so auff sein fürnemen dienen / auch zu besichtigen / und auß solcher gegenhaltung ander ort und schrifften / des unbestands und irrung seiner opinion / sich selbs dester baß berichten möge"[224].

Sind die theologisch-konfessionellen Streitigkeiten der funktionale Ort, den die frühe deutschsprachige Realkonkordanz besetzte, so war die Vorstellung des um den Schriftsinn bemühten „leyen"[225] die benutzerhermeneutische Leitidee. Die „leyen", auch als „gemeingklich volget"[226] bezeichnet, sind die, welche „auff ein ort der geschrifft / und ein stuck Christi fallen / und beharren darin trutzlichen / alß ob der gantz Christus fiele / wo etwas von solchen iren gedancken fallen solt"[227]. Die konkordante Präsentation des Schrifttextes soll den Blick für die Tiefendimension der Schrift eröffnen und zu einem Schriftverständnis führen, das hinter dem Schrifttext den Schriftsinn zu verstehen vermag.

Die Topoi, die bei Brunner im Hinblick auf die Benutzerhermeneutik im Ansatz ausgeführt sind, setzen sich in den Vorreden der Realkonkordanzen und frühen Bibelwörterbücher durch das 17. Jahrhundert bis ins 18. Jahrhundert hinein fort. Die Realkonkordanzen sahen sich im Dienst der individuellen und privaten Bibellektüre religiös interessierter Laien. An einer ausgewählten Konkordanz aus der Mitte des 17. Jahrhunderts kann dies schlaglichtartig verdeutlicht werden. 1674 erschien die *Concordantiae Bibliorum Emendatae ac ferè novae* – ein Werk, dessen Volltitel sowohl in Formulier- als auch Typographiekunst barocke Gelehrsamkeit ausstrahlt[228].

---

224 AaO., Bl.ii^{v}.

225 Ebd.

226 Ebd.

227 Ebd.

228 *Concordantiae Bibliorum Emendatae ac ferè novae, Das ist: Biblische Concordantz / Oder Verzeichnus der fürnehmsten Wörter / wie auch aller Nahmen / Sprüche und Geschichten / so offt derselben in Heil. Schrifft / Altes und Neues Testaments / gedacht wird / dem Alphabet nach zusammen getragen; Vorhin gestellet und verfasset durch Conradum Agricolam, Typographum zu Nürnberg / mit Hülffe und Beystand fürnehmer / gelehrter / und in Heiliger Schrifft wolerfahrner Männer: Hernach aber Auff Rath und gutachten Fürnehmer Evangelischer Lutherischer Theologen / mit höchstem Fleisse allenthalben durchsehen / wo etwas unrecht allegirt gewesen / corrigiret / die Wörter in weit bessere Ordnung gesetzet / auch noch über das mit Hinzusetzung unzehlich vieler / in vorigen Editionibus und Appendice, so wol außgelassenen Sprüchen / als neuen Wörtern / vermehret: Wie dann solches alles so wol nach der Deutschen als Ebraeischen Bibel (sie beyde nebeneinander zu gebrauchen) dermassen eingerichtet / daß es nunmehro nicht allein weit vollkom[m]ener / sondern auch fast zu einem gantz Neuen Wercke worden: Besonders / da anjetzo darzu kommen Ein kurtzverfaßter Wegweiser / Oder Erklärung und Außlegung aller und jeglicher Wörter / was vor Bedeutungen dieselben haben / da sattsame Nachricht gegeben wird / jeglichen Wortes*

Die ursprüngliche Konkordanz hatte Conrad Bawr, ein Nürnberger Buchdrucker, 1610 herausgegeben. Auf dieses Werk baute der Pfarrer Christian Zeisius obige Konkordanz. Die von Zeisius verbesserte und ergänzte Ausgabe kam auf den Markt, als die Bawrsche Konkordanz auch in der vierten Auflage vergriffen war. Die Vorreden von Christian Zeisius[229] präzisieren die schon bei Brunner in den Blick genommene Frage nach der anzuvisierenden Zielgruppe. Die Konkordanz war als Hilfsmittel zunächst zugedacht „allen Christenmenschen (so Lust und Lieb zu Gottes Wort haben)"[230] und stellte sich somit ganz in die Tradition reformatorischen Hermeneutik. Das theologisch-biblische Interesse war das entscheidende Benutzerkriterium. Damit wurde die Realkonkordanz als lexikalisches Hilfsmittel von der Ebene der rein fachwissenschaftlichen Gelehrsamkeit in den Bereich eines pragmatischen Benutzerinteresses verlagert. Seitens der gelehrten Welt stieß dieses Verfahren auf Widerstand:

> „Ob nun wol die Nothwendigkeit und der Nutz offtbesagter Teutscher Biblischen Concordantien bekandt ist / so findet man doch bey der heutigen überklugen Welt / ihrer gar viel / welche / gleichwie sie sonsten von andern guten und nützlichen Büchern schimpflich reden / und selbiger Publicirung vor unnöthig halte / also auch von denen Teutschen Biblischen Concordantien / übelgefaßte Urtheil zu fällen pflegen"[231].

Der Hauptvorwurf, der gegen deutschsprachige Realkonkordanzen erhoben wurde, unterstellte, „daß Prediger und Studiosi Theologiae die Bibel nicht so fleissig lesen / als sie sonsten thun müsten / wenn es ohne die Teutschen Concordantie wäre"[232], daß also die Konkordanzen die intendierte Hilfestellung zu einem selbständigen Schriftstudium gerade verfehlten, da die eigenständige exegetische Leistung durch lexikalisch geförderte Stupidität verdrängt werde. Diesem Vorwurf seitens der gelehrten Exegeten versucht Zeisius entgegen zu wirken, indem er der Konkordanz – neben dem Nutzen für interessierte Laien – einen ein-

---

Verstand zu finden / die darzu gehörigen loca herauß zu suchen / auch so denn mit Exempeln zu bewähren / daher er fast nicht unbillich ein kleiner Commentarius aller Biblischen Bücher seyn und heissen kan. An den Tag gegeben durch Christianum Zeisium, Weida-Variscum, Pfarrern bey der Kirchen Gottes zu Oeltzschaw / in der Inspection Leipzig. Was in diesem Wercke allenthalben gethan / und was die bey denen Concordantien befindlichen Signa bedeuten / wird dem Christl. Leser in der neuen Praefation umbständiglich und weitläuffrig vermeldet / welche er vor allen Dingen durchlesen / das Werck gebrauchen / und so denn darvon urtheilen wollte. Franckfurt am Mayn / In Verlegung Johannis Friderici, Gedruckt bey Johann Niclas Humm / und Johann Görlin. Im Jahr Christi MDCLXXIV.

229 Zeisius, „An den Christlichen Leser" und „An den Christlichen und wolgeneigten Leser", in: ders., Concordantiae Bibliorum, Bl.)°(ii^v^ff.

230 AaO., Bl.)°(iii^r^.

231 AaO., Bl.)°(iiii^r^.

232 Ebd.

deutigen pragmatischen Nutzungsbereich zuweist. Hier tritt neben den Bereich der theologischen Ausbildung[233] der Bereich der pastoralen Fortbildung – „weil viel Predigen den Leib müde machet", so daß die Prediger

> „nicht allein an Leibeskräfften sich sehr abgemattet und ermüdet / sondern auch ihre herrliche stattliche Gedächtnüsse / darinnen sie solchen hochtrabenden Köpfen bey weitem fürgegangen / dermassen vermindert / daß sie endlich fast kein einziges dictum Biblicum zu finden / noch richtig zu allegiren gewust / daher dann die Teutschen Biblischen Concordantien bey solchen Predigern das beste thun müssen / und sind von ihnen als ihre nötigsten Bücher / so sie / zu ihrer Amptsverrichtung bedurfft / hoch gehalten worden"[234].

Es ist das Interesse an einer anhaltenden Bildung des Pfarrstandes, das die Verbreitung exegetisch-lexikalischer Hilfsmittel rechtfertigt. Die Vorbereitung von Predigt und Katechese erweist sich in der Praxis als primärer Anwendungsbereich der Konkordanzen[235]. Sie setzen also „eine komplementäre Lese- und Gebrauchskompetenz"[236] des Benutzers voraus.

Diese pastoral-pragmatische Zweckbindung lexikalischer Hilfsmittel ist, verbunden mit dem Interesse, auch dem Laien den hinter dem Schrifttext (verba) stehenden Sinngehalt (res) der Schrift zu erschließen, ein herausragendes Kennzeichnen der Bibelenzyklopädik und läßt sich

---

233 „Gleichwol aber sind die Teutschen [Konkordanzen, R.C.] ebener massen in ihrem Werth und hohen Ehren zu halten / als durch welche [...] denen Studiosis Theologiae [...] über alle massen grosse Hülffe und Vorschub geleistet wird" (ebd.).

234 Ebd.

235 Daß Konkordanzen ihren primären Anwendungsbereich in der Predigtvorbereitung fanden, läßt sich außerhalb der einschlägigen Vorreden auch – um den Blick auf ein anderes literarisches Genre zu lenken – in dem mentalitäts- und theologiegeschichtlich aufschlußreichen Roman von Friedrich Nicolai, Das Leben und die Meinungen des Herrn Magister Sebaldus Nothanker. Drei Bde. Berlin et al [2]1774-1776 belegen. Als es Magister Tuffelius, dem orthodoxen Amtsnachfolger des seines Amtes verwiesenen Romanhelden und Landgeistlichen Sebaldus Nothanker fürs erste nicht gelingt, Sebaldus samt Frau und Kindern des Pfarrhauses zu verweisen, ließ er „sich endlich mit Mühe bereden, damit zufrieden zu seyn, daß ihm vor der Hand eine Stube eingeräumet wurde, begab sich in dieselbe, [...] legte Lankischens Concordanz, die er im Koffer mitgebracht hatte, auf den Tisch, und fing an den Faden, seiner Anzugspredigt zu spinnen" (aaO., 1, S.46). Auf die griechisch-hebräisch-deutschen Konkordanzen des Leipziger Buchhändlers Friedrich Lanckisch (1618-1669), denen über einen langen Zeitraum hinweg ein hoher Wirkungsgrad beschieden war, kann hier nur im Sinne eines weiterführenden bibliographischen Hinweises verwiesen werden. Vgl. Bertholet, Art. Bibelkonkordanz, in: RGG[1], 1 (1909), Sp.1151-1153, hier Sp.1152 und ders., Art. Lanckisch, Friedrich, in: RGG[1], 3 (1912), Sp.1952. In den späteren Auflagen der RGG wird ein Personartikel zu Friedrich Lanckisch nicht mehr geführt.

236 Eybl, Bibelenzyklopädien, S.125.

präzisieren am Beispiel derjenigen Real- und Verbalkonkordanz, welche aufs Ganze gesehen die „größte Zahl der Auflagen erreichte"[237] und erstmals Mitte des 18. Jahrhunderts erschien. Die Rede ist von der Büchnerschen *Biblische[n] Real und Verbal Hand-Concordanz*[238]. Gottfried Büchner (1701-1780) war nach Studium und akademischer Dozentur Rektor in Querfurt. Die erste Auflage dieser Konkordanz erschien 1740 bei Peter Fickelscherrn in Jena, die zweite folgte 1746, die dritte, verbesserte und vermehrte Auflage 1756 und die vierte 1765. 1776 legte August Wichmann eine abermals verbesserte, jetzt fünfte Auflage vor, gedruckt und verlegt bei Felix Fickelscherrn, ebenfalls in Jena. Danach wechselte das Werk in die Verlagshandlung von C.A. Schwetschke und Sohn (M. Bruhn) in Braunschweig, da

> „nach dieser Zeit [...] die ursprüngliche Jenaische Verlagshandlung in Verfall [kam], und damit *Büchner's* Buch in Vergessenheit, bis im Jahre 1780 der derzeitige Verweser der gegenwärtigen Verlagshandlung in der Meinung, ein gutes Geschäft zu machen, die ganze fast noch unberührte Auflage käuflich erwarb. Aber sei es nun, daß dieser Verlagswechsel oder die nachher erschienene Wichmann'sche Concordanz dem Buche Schaden brachte, oder daß überhaupt das Werk mit der theologischen Richtung, welche die damalige Zeit zu nehmen begann, nicht übereinstimmte: *Büchner's* Concordanz wurde gänzlich in den Hintergrund gedrängt"[239].

Erst 1837 erschien eine von Heinrich Leonhard Heubner (1780-1853) in Wittenberg überarbeitete sechste Auflage, welche über einen langen Zeitraum hinweg verbindlich war. 1922 erschien die 28. Auflage. In ihren diversen Auflagen entfaltet die Konkordanz eine bewegte Absatzgeschichte, welche ein Spiegelbild theologiegeschichtlicher Entwicklungen und Verschiebungen ist. Sie gilt als ein ausgesprochen

---

237 Bertholet, Art. Bibelkonkordanz, in: RGG¹, 1 (1909), Sp.1151-1153, hier Sp. 1152.

238 *Biblische Real und Verbal Hand-Concordanz oder Exegetisch-Homiletisches Lexicon Darinne Die verschiedene Bedeutungen derer Wörter und Redensarten angezeigt Die Sprüche der gantzen heiligen Schrift so wohl den nominibus als auch verbis und adjectivis nach, ohne weiter Nachschlagen, gantz gelesen Ingleichen Die eigene Namen, als Länder, Städte, Patriarchen, Richter, Könige, Propheten, Apostel und andere angeführet, Die Artickel der Christlichen Religion abgehandelt, Ein sattsamer Vorrath zur Geistlichen Rede-Kunst dargereichet Und, was zur Erklärung dunckler und schwerer Schriftstellen nützlich und nöthig, erörtert wird, Herausgegeben von M. Gottfried Büchnern von Rüdersdorf im Eisenbergischen, Jena 1740. Gedruckt und verlegt bey Peter Fickelscherrn.* Die Titelei wird hier nach der dritten Auflage von 1756 zitiert.

239 C.A. Schwetschke und Sohn (Appelhans & Pfenningstorff), Vorrede zur elften Auflage, wiederabgedruckt in: Büchner, Real- und Verbalhandkonkordanz, 23. Auflage, S.XIV-XV, hier S.XIV (Hervorh. i. Orig.). Die 23. Auflage gibt unverändert die von Heinrich Leonhard Heubner bearbeitete sechste Ausgabe von 1837 wieder und bietet einen Wiederabdruck sämtlicher für die Rekonstruktion der Auflagenentwicklung der Konkordanz relevanten Vorreden. Zur *Biblischen Hand-Concordanz von Gottfried Joachim Wichmann*, erstmals 1782 erschienen, vgl. unten S.87ff.

„praktisches Handbuch"[240], denn Büchners Intention bestand ausdrücklich darin, eine Konkordanz für den homiletischen Bedarf zu schaffen. Dies zeigt bereits der Untertitel an: *Exegetisch-Homiletisches Lexicon.* Diese pragmatische Zweckbindung dominiert das Interesse, denn Büchner beabsichtigt nicht, „für Geister, die mächtig in der Schrift sind und einen hohen Grad der Salbung besitzen, zu schreiben; sondern ich suche nur denen, welche sich der heiligen Gottesgelahrtheit befleißigen, und etwa den angehenden Predigern eine Gelegenheit zu mehrerem Nachdenken an die Hand zu geben"[241].

Die Plausibilität einer solchen pragmatischen Zweckbindung will Büchner durch eine dem Lexikon vorangestellte Homiletik erweisen – denn nichts Geringeres bietet die Vorrede in nuce. Rechtschaffene Prediger, so Büchner, „suchen den Glauben anzuzünden und das Leben zu bessern"[242]. Die Predigt ist „Erbauung" mit dem Ziel der Bekehrung und Heiligung, und „was nicht zur Erbauung dient, gehört nicht auf die Kanzel"[243]. Erbauen freilich bezeichnet „ in heil. Schrift nichts Anderes, als belehren, und durch Belehrung des Verstandes das Herz bessern"[244].

Büchner führt sechs Punkte an, durch welche sich eine derartige Predigt auszeichne. Die Predigt müsse zum ersten „lauter" sein, das meint, „der Glaubenslehre, wie solche in anderen Schriftstellen völliger vorgetragen wird, ähnlich"[245] sein. Da die Schrift in sich selbst „lauter" ist, muß die Predigt zum zweiten „deutlich" sein. „Deutlich" steht bei Büchner für „einfältig", d.h. das Wort soll nicht „mit ausbündig geschmückten Worten und mit hoher Vernunftsweisheit" vorgetragen werden, denn „Wahrheit der christlichen Religion" muß nicht „mit vielen philosophischen Beweisen" erst erwiesen werden[246]. Neben diese auf den Umgang mit der Schrift abzielenden Predigtanweisungen treten homiletische Begriffe, die den Predigthörer in den Blick nehmen. Damit eine „lautere" und „deutliche" Schriftexegese in der Predigt den

240 C.A. Schwetschke und Sohn (Appelhans & Pfenningstorff), Vorrede zur 20. Auflage von 1890, wiederabgedruckt in Büchner, Real- und Verbalhandkonkordanz, 23. Auflage, S.XVI.

241 Büchner, Vorrede zur ersten Auflage, wiederabgedruckt in: Büchner, Biblische Real- und Verbalhandkonkordanz, 23. Auflage, S.III-X, hier S.VIII.

242 AaO., S.IV (i. Orig. hervorgehoben).

243 Ebd. (i. Orig. hervorgehoben).

244 Wichmann, Vorrede zur fünften Auflage, wiederabgedruckt in: Büchner, Biblische Real- und Verbalhandkonkordanz, 23. Auflage, S.X-XII, hier S.XII.

245 Büchner, Vorrede zur ersten Auflage, wiederabgedruckt in: Büchner, Biblische Real- und Verbalhandkonkordanz, 23. Auflage, S.III-X, hier S.IV.

246 AaO., S.V.

Hörer erreicht, muß die Predigt drittens rhetorisch „ordentlich" verfaßt sein, sodann sollte sie „klüglich" sein, was soviel bedeutet wie

> „ordentlich vorgetragen und richtig auf die Personen angewendet [...]: so viel nämlich mit gutem Gewissen und ohne Nachtheil der Gottseligkeit geschehen kann, muß ein Prediger sich nach eines Jeden Thun und Weise richten, wenn er Christo Seelen zuführen will"[247].

Zum fünften muß die Predigt „gründlich" sein, was nach Büchner nicht im analytischen Sinn zu fassen ist, denn es sei „wohl nicht nöthig, daß man auf der Kanzel immer mit einem *Folglich* angestochen komme"[248]. Denn solche „Ergo-Prediger", welche dem „Demonstrations-Pedanterei-Gold, so schön es auch zu glänzen scheint"[249], huldigen, seien dem Glauben nicht förderlich. Vielmehr habe die Predigt eine christologisch begründete Rechenschaft über die Grundlagen des christlichen Glaubens zu geben. Eine Predigt solle – das ist der sechste homiletische Begriff, den Büchner anführt – „nachdrücklich" sein, d.h. sie „muß ins Herz dringen"[250]. Dies kann sie freilich nur aufgrund des Wirkens des Heiligen Geistes – denn

> „wie kann einer, der mit gestohlnen Federn prangt, wie kann ein Sclave seines Concepts, der die ganze Predigt so herliest, mit einer ungezwungenen Freimüthigkeit und Ueberzeugung des heiligen Geistes aus seinem Herzen reden; oder nur einige Gemüthsbewegung erregen?"[251].

Grundlage solcher Predigten ist einzig die Heilige Schrift und nicht „die natürliche Erkenntniß"[252]. Da aber die Fülle der Schrift für den Einzelnen nicht zu fassen und zu behalten ist, „hat man durch die Concordanzen dem Gedächtniß zu *Hülfe* zu kommen gesucht, und dadurch eine gute *Anweisung* gegeben, wie man in der Kürze das, was man zu seinem vorhabenden Zweck nöthig hat, in der Bibel suchen und finden könne"[253]. An diesem Punkt treffen sich die Argumentationen von Büchner und die bereits vorgestellte von Zeisius. Die Realkonkordanz, hier präziser das exegetisch-homiletische Nachschlagewerk, wird verstanden als ein Hilfsinstrument im Kontext einer komplexer werdenden pastoralen Praxis und als Fortbildungsinstrument im Kontext eines als unbefriedigend empfundenen pastoralen Bildungsstandes.

Ein historischer Abriß der Entwicklung der Konkordanzen dient Büchner zur Verortung und Legitimation seines eigenen Werkes, denn

---

247 Ebd.

248 AaO., S.VI (Hervorh. i. Orig.).

249 Ebd.

250 Ebd.

251 Ebd.

252 AaO., S.VII.

253 Ebd. (Hervorh. R.C.).

die Vorgängerwerke waren „theils zu weitläufig, theils zu kostbar"[254]. Sein Werk dagegen soll dem wörtlich zu verstehenden ‚Hand-Gebrauch' dienen, daher kurze, prägnante Auskünfte bieten und zugleich den Gesamtzusammenhang des christlichen Glaubens ersichtlich werden lassen. Die von Gott „festgestellte Heilsordnung der Glaubens- und Lebenspflichten [, die] einzig und allein aus der Bibel"[255] zu erkennen ist, ist die enzyklopädische Leitidee hinter Büchners Werk. Erneut erweist sich die rechte Zuordnung von Schrifttext (verba) und Schriftsinn (res) als das hermeneutische Grundanliegen des lexikalischen Umganges mit der Schrift. Die pastorale Praxis ist der Ort, an dem sich die Evidenz einer derartigen Schrifterschließung zu erweisen hat. Büchners Real- und Verbalkonkordanz gehört in den Kontext der für das 18. Jahrhundert typischen pastoraltheologischen Anleitungsliteratur[256].

Diesem Zweck dienten auch die 1777 in Jena – ebenfalls bei Felix Fickelscherr – erschienenen *Beyträge zu der Biblischen Real- und Verbal-Hand-Concordanz*[257] Die Vorrede von Gottfried Büchner zu diesem Werk ist datiert auf den 20. März 1764. Gottfried Joachim Wichmann machte die *Beyträge* dem pastoraltheologischen Buchmarkt zum Zeitpunkt der fünften Auflage von Büchners Real- und Verbalkonkordanz zugänglich. Das Werk enthält eine „Kurze Anweisung zur geistlichen Beredsamkeit" (S.1-60), also erneut einen homiletischen Entwurf, welcher die Fragen nach den Eigenschaften eines geistlichen Redners (S.7-13), nach Textgrundlage (S.14-19), Anlage und Disposition (S.19-31) und erbaulicher Anwendung einer Predigt (S.31-37), ferner Ausarbeitungshinweise (S.38-45) und rhetorische Probleme (S.45-49) erörtert. Daneben treten Hinweise zur Kasualpredigt (S.50-57) und Bemerkungen über die Probleme kleinerer religiöser Reden (S.57-60). Im Anschluß an diese Homiletik bietet Büchner eine „Anweisung zum Catechisieren" (S.61-85) sowie Dispositionen über die Sonn- und Festtagsevangelien (S.86-300), die in mehreren Schritten in der Abfolge des Kirchenjahres, ausgehend von einem den Evangelientext zusammenfassenden Hauptsatz, den

254 AaO., S.VIII.

255 AaO., S.VII.

256 Zu dieser Literaturgruppe vgl. unten Kap.I.B.4.1.

257 *M. Gottfried Büchners, Rektors der Querfurtischen Schule, Beyträge zu der Biblischen Real- und Verbal-Hand-Concordanz welche enthalten: Eine kurze Anweisung zur geistlichen Beredtsamkeit, eine kurze Anweisung zum Catechisiren, Dispositiones über alle Sonn- und Festtags-Evangelien, zum Gebrauch angehender Prediger ehemals aufgesetzet, nun aufs neue durchgängig verbessert und vermehrt, auch mit einem neuen Anhange, enthaltend Dispositionen über die Sonn- und Festtags-Episteln, deßgleichen etliche Casual- und Buß-Predigten, versehen von M. Gottfried Joachim Wichmann Pfarrern in Zwäzen und Löbstädt, Jena 1777. Gedruckt und verlegt von Felix Fickelscherr.*

Text des jeweiligen Sonntags erläutern. Zwei Anhänge enthalten Dispositionen über die Sonn- und Festtagsepisteln (S.301-488) sowie über einige Bußpredigten (S.489-504). Das Werk soll die pragmatische Funktion der Realkonkordanz im Hinblick auf die Predigtvorbereitung unterstützen. Es werde ihm, so Büchner, „auch für diesmal genug seyn, wenn meine Gedanken angehenden Predigern theils zur Wiederholung, theils zum weitern Nachdenken einigen Vorschub thun können"[258]. Büchners Arbeiten zielen nicht auf ein gelehrtes Publikum, denn den eigenen „Schriften so einen grosen Werth beyzulegen, daß Männer, welche Einsicht und Erfahrung erhaben gemacht hat, bey deren Durchlesung einigen Vortheil gewinnen sollten, wäre in der That eine Vermessenheit"[259].

Um die dargelegte pragmatische Zweckbindung biblischer Wörterbücher mit realkonkordantem Charakter im Rahmen von Katechese und Predigt zu präzisieren, ist neben den Werken Büchners ein Lexikon aus der zweiten Hälfte des 18. Jahrhunderts aufschlußreich. Gottfried Joachim Wichmann (1736-1790), der Gottfried Büchners *Beyträge zu der Biblischen Real- und Verbal-Hand-Concordanz* herausbrachte, veröffentlichte 1782 die *Biblische Hand-Concordanz zu Beförderung eines fruchtbaren Vortrags beym öffentlichen Religions-Unterricht*[260]. Verfasser der Vorrede

258 Büchner, Vorrede, datiert auf den 20. März 1764, in: ders, Beyträge, Bl.a2v-Bl.a2r, hier Bl.a2r.

259 Ebd.

260 *Biblische Hand-Concordanz zu Beförderung eines fruchtbaren Vortrags beym öffentlichen Religions-Unterricht ausgefertigt von M. Gottfried Joachim Wichmann Pfarrer in Zwäzen und Löbstädt. Nebst einer Vorrede von Sr. Hochwürden Herrn D. Christian Willhelm Franz Walch ersten Professor der Theologie und Königlichen Grosbritannischen Consistorial-Rath in Göttingen, Dessau und Leipzig, in der Buchhandlung der Gelehrten und Künstler* 1782. Zur „Buchhandlung der Gelehrten" vgl. Nachricht und Fundations-Gesetze von der Buchhandlung der Gelehrten, die in der Fürstl. Anhalt. Residenzstadt Dessau errichtet ist, Dessau, in der Buchhandlung der Gelehrten, 1781 und Jürgen Hespe, „Müssen also nicht sehr viele Schriftsteller ungekauft und ungelesen bleiben?" Die Dessauer Buchhandlung der Gelehrten und ihr Gesamtverzeichnis von 1784, in: Buchhandelsgeschichte H.3 (1998), B 152-160 sowie Stephan Füssel, Georg Joachim Göschen. Ein Verleger der Spätaufklärung und der deutschen Klassik. Bd. 1. Studien zur Verlagsgeschichte und zur Verlegertypologie der Goethe-Zeit. Berlin et al 1999, S.46ff. (Hespe und Füssel bieten weiterführende Literatur). Anlaß der Verlagsgründung im Jahr 1781 war das Ärgernis seitens der Gelehrten, daß der Buchhandel ihre Bücher zu teuer vertreibe, so daß sie an ihren eigenen Erzeugnissen nichts mehr verdienten und „der größeste Gelehrte [...] nur ein Knecht [sey], der Buchhändler aber der Herr desselben, und den Gelehrten gehe es vergleichsweise wie den Pferde, die den Hafer bauen und verdienen, von demselben aber wenig und fast nichts bekommen" (Nachricht und Fundations-Gesetze, S.7). Und deshalb „denken wir, muß die Aufrichtung dieser gelehrten Buchhandlung den Gelehrten und Künstlern um so mehr willkommen seyn, je mehr es bey derselben allein in ihrer Macht nun stehet, dem Buchhandel eine andere Richtung zu geben [...]. Denn, wenn nun die berühmten oder beliebten Schriftsteller den Anfang machen, ihre Werke, dieser Buchhand-

war Christian Wilhelm Franz Walch (1726-1784)[261]. Auch diese Vorrede geht methodisch von einer Verortung der lexikalischen Nachschlagewerke im Kontext der Predigthilfeliteratur aus. Die *Biblische Hand-Concordanz* hat formal den Charakter einer Realkonkordanz und ist praktisch-theologisch – analog der Büchnerschen Konkordanz – für den öffentlichen religiösen Vortrag motiviert.

> „Daß hier nicht die Rede sey vom Vortrag der gelehrten, scharfsinnigen und systematischen Theologie (obgleich auch ihre Lehrer von einem solchen Buch einen nützlichen Gebrauch machen können); sondern vom *populären Vortrag* der Religionslehren, um von ihnen eine heilsame Erkäntnis in allen Christen, ohne Unterschied des Alters, der Fähigkeiten, des Standes, anzurichten, zu erweitern, zu befestigen, ist vor sich klar"[262].

Populärer Religionsunterricht finde, so Walch, in Katechese und Predigt statt und umfasse sowohl Glaubens- als auch Sittenlehre. Die Funktion einer Realkonkordanz liege, so Walch weiter, in der Sicherung der „Schriftmäßigkeit"[263] dieses öffentlichen Religionsunterrichts. ‚Schriftmäßig' ist eine öffentliche religiöse Unterweisung dann, wenn aus der Perspektive des Lehrenden das, „was er saget, mit dem übereinstimmet, was Gott in seinem Wort wirklich saget, und [er] seine Zuhörer in Stand sezet, diese Uebereinstimmung seines Vortrags mit der heiligen Schrift richtig und mit Gewisheit einzusehen"[264]. Hieraus folgt zum einen, daß die eigene Überzeugung dessen, der den Religionsunterricht erteilt, mit der biblischen Lehre übereinstimmen muß, zum andern, „daß die Erkäntnis und Ueberzeugung von der Uebereinstimmung der vorgetragenen Religionslehren mit den wirklich biblischen

---

lung der Gelehrten in Verlag zu geben; so müssen die Buchhändler, sie mögen wollen, oder nicht wollen, diese Werke kaufen, und mit dieser Buchhandlnng (sic!) in Verbindung treten" (aaO., S.25). Die Hand-Concordanz wurde von Wichmann selbst vorab angekündigt in: Berichte der allgemeinen Buchhandlung der Gelehrten vom Jahre 1782. Erstes Stück, Dessau und Leipzig, in der Buchhandlung der Gelehrten, S.69-73. Laut dieser Vorankündigung solle das Werk den Pfarrern „zu Erleichterung ihrer Ausarbeitungen und anderen Amtsverrichtungen, ja so gar zu richtigerm Verständniß der heiligen Schrift [...] einen wesentlichen Dienst" tun (aaO., S.69f.). Wichmann wollte ausdrücklich eine gegenüber dem Werk Büchners aktuellere Konkordanz vorlegen, „die der gegenwärtigen Lage der theologischen Wissenschaften und dem verbesserten Geschmack in Predigten, so wie den itzigen Bedürfnissen angemessen seyn soll" (aaO., S.72).

261 Christian Wilhelm Franz Walch ist der Sohn des bereits erwähnte Lexikographen Johann Georg Walch. Vgl. Zscharnack, Art. Walch, 2. Johann Georg, in: RGG^{1}, 5 (1913), Sp.1824f.

262 Walch, Vorrede, in: Wichmann, Biblische Hand-Concordanz, Bl.)(2^{r}-Bl.)()(^{v}, hier Bl.)(2^{r} [Hervorh. i. Orig.].

263 AaO., Bl.)(4^{v}.

264 AaO., Bl.)(3^{r}.

Vorstellungen und Säzen, in dem Zuhörer angerichtet werde"[265]. Das Lexikon wird für den Laien zu einem Kontrollinstrumentarium gegenüber den öffentlich vorgetragenen Religionslehren. Walch unterbreitet dem Benutzer diverse methodische Vorschläge, wie in den Zuhörern eine solche „Uebereinstimmung" hervorgerufen werden könne: Orientierung der Exegese am jeweiligen Urtext, kritisch-philologische Textuntersuchung, Kontextualisierung der einzelnen Schriftstellen und die Rückführung der Dogmatik in den Status einer exegetisch-homiletischen Hilfswissenschaft[266]. Bei der Anwendung dieser methodischen Instrumentarien zur Sicherung der Schriftmäßigkeit der religiösen Unterweisung

> „kann eine *Realconcordanz* allerdings ein brauchbares Hülfsmittel seyn. Ein solches Buch hat mit allen der Schrifterklärung gewidmeten Schriften den gemeinschaftlichen Zwek, andern die Uebereinstimmung ihrer Vorstellungen mit dem wahren Sinn der göttlichen Schriftsteller zu erleichtern"[267].

Kennzeichen einer so verstandenen Konkordanz sind nach Walch die vollständige Sammlung der zu einem Wort gehörigen Schriftbelege, die alphabetische Ordnung und die populäre Erläuterung dogmatisch gefüllter Stichworte. Dabei sei es gerade die gelungene Popularisierung theologischer Fachtermini, welche der von Wichmann vorgelegten Konkordanz den Vorzug gegenüber anderen gebe:

> „Eben diese beliebte Kürze und die Einschränkung bey dogmatischen und moralischen Materien auf populäre Theologie, giebt ihr in aller Absicht vor andern, zumal der *Büchnerschen* [...] Condordanzen den grosen Vorzug einer mehr gemeinnützigen Brauchbarkeit"[268].

Diese ausgesprochen „populäre Theologie"[269] prädestiniere Wichmanns Konkordanz nicht nur für den Gebrauch durch den „öffentlichen Religionslehrer", also für den theologisch vorgebildeten Pfarrer, sondern eigne sich daneben auch für „Schullehrer [...], besonders wenn sie ihre Lehrlinge die Bibel lesen laßen", und es mache zum dritten auch Sinn

> „unsern ungelehrten Brüdern anstatt groser gloßirten Foliobiblen eine solche Concordanz bey ihrem Privatbibellesen zu empfehlen. [...] Selbst die

---

265 AaO., Bl.)(4[r].

266 „Der Lehrer wird sie (die Lehrbücher der Dogmatik, R.C.) nicht als Erkäntnisquelle der Religionslehren, sondern als *Hülfsmittel* ansehen, die in der heiligen Schrift vorgetragenen Lehren gesamlet und in eine, ihren erweislichen Zusammenhang zu übersehen natürliche Ordnung zusammengestellet zu betrachten und nichts ohne selbst geprüften und mit Ueberzeugung anerkanten biblischen Beweis für wahr halten, und alsdenn einen nach seiner Einsicht sehr schriftmäßigen Vortrag thun" (ebd., Hervorh. R.C.).

267 AaO., Bl.)(4[v] [Hervorh. i. Orig.].

268 AaO., Bl.)()([v] [Hervorh. i. Orig.].

269 Ebd.

historischen, antiquarischen, geographischen u. d. g. Artikel müßen bey den beyden zulezt bemerkten Arten von Lesern sehr gute Dienste thun"[270].

Die Stichworterklärungen bieten aufgrund dieser populärtheologischen und zugleich pragmatischen Ausrichtung zum Zwecke der Glaubensvergewisserung der Benutzer auch eine Auseinandersetzung mit der zeitgenössischen frühaufklärerischen Philosophie[271]. Hinweise, wie einzelne Themen in der Predigt so darzustellen seien, daß sie rechtmäßiger Lehre entsprechen[272], einführende Vorschläge in weiterführende Literatur oder auch Vergleiche mit anderen Wörterbüchern[273] unterstreichen die praktisch-theologische Funktion des Wörterbuches. Dabei zielt die Konkordanz auf die eigenständige Lese- und Anwendungskompetenz des Benutzers. Indes hat Walch durchaus einen Blick für mögliche Abusi solcher Nachschlagewerke. Es bestehe zum einen die Gefahr, daß der Benutzer der vorgetragenen Schriftauslegung ohne eigenständiges Schriftstudium „blinden Beyfall schenket"[274], zum zweiten, daß die Belegstellen aus ihrem Kontext gezogen den Gesamtzusammenhang der Schrift verschleierten und zum dritten, daß die Predigt selbst zu einem konkordanten Vortrag verkomme, der Schriftmäßigkeit suggeriere, wo der Prediger in Wahrheit nur „vieles aus der Bibel hersagen, oder herlesen" könne[275]. Walch dagegen will mittels der Realkonkordanz die je eigene Urteilskompetenz des Benutzers hinsichtlich der Ausdifferenzierung zwischen Wort Gottes einerseits und Heiliger Schrift andererseits befördert sehen[276].

Im Jahre 1796 erschien in Leipzig bei Friedrich Gotthold Jacobäer die zweite Auflage der *Biblischen Hand-Concordanz* von Wichmann[277]. Diese von einer „Gesellschaft von Gelehrten" umgearbeitete Ausgabe spiegelt im ergänzten Untertitel („zur Erleichterung des zweckmäßigen Bibellesens") die Erweiterung des anvisierten Rezipientenkreises wider. Man wollte, neben dem Pfarrer, verstärkt den theologisch nicht

---

270 Ebd.

271 Vgl hierzu z.B. Art. Aberglaube, in: Wichmann, Biblische Hand-Concordanz, S.9f.

272 Vgl. z.B. Art. Glaube, in: aaO., S.528-531.

273 So z.B. Art. Abraham, in: aaO., S.17-19.

274 Walch, Vorrede, in: aaO., Bl.)(2^{r}-Bl.)()(^{v}, hier Bl.)()(^{r}.

275 Ebd.

276 „Ich wünsche nur, daß jeder gottesdienstliche Lehrer mit eignen Augen sehe und die nützlichen philologischen und kritischen Arbeiten anderer erst verstehe und denn nach richtigen Gründen beurtheile" [AaO., Bl.)(2^{v}].

277 *M. G. J. Wichmanns zuletzt Ober-Pfarrer und Superintendenten zu Grimma biblische Hand-Concordanz und Wörterbuch zur Beförderung eines schriftmäßigen und nützlichen Vortrags beym Religions-Unterrichte und zur Erleichterung des zweckmäßigen Bibellesens. Zweyte durchaus verbesserte, vermehrte und ganz umgearbeitete Ausgabe nebst einem sehr vollständigen biblischen Spruchregister, Leipzig bey Friedrich Gotthold Jacobäer 1796.*

gebildeten, indes fachinteressierten Schriftbenutzer erreichen. Mittels der biblischen Wörterbücher bemühte sich die theologische Wissenschaft, sich und ihren Themen einen über den engen Fachgelehrtenkreis und den theologisch vorgebildeten Pfarrstand hinausgehenden Interessentenkreis zu erschließen.

Im Jahre 1806 erschien in Leipzig, ebenfalls bei Friedrich Gotthold Jacobäer, eine Neuausgabe, herausgegeben und mit einer Vorrede versehen von Christian Victor Kindervater: *Neueste biblische Hand-Concordanz*[278]. Christian Victor Kindervater (1758-1806) weist in seiner Vorrede den konkordanten Nachschlagewerken eine doppelte Funktion zu: Zum einen seien sie Stellenregister im klassischen Sinn (also im Sinne von Verbalkonkordanzen), zum andern aber „zugleich Handbücher [...], die Erläuterungen ganzer schwerer Stellen und einzelner Ausdrücke enthalten"[279]. Ein in diesem zweiten Sinn zu verstehendes Nachschlagewerk finde seinen Anwendungsbereich in der vorbereitenden Predigtexegese.

> „Ich weiß wohl, daß es Prediger giebt, die, weil sie gründliche Gelehrsamkeit besitzen, ältere und neuere Commentatoren gelesen und sich selbst welche angeschafft haben, ein exegetisches Hülfsmittel dieser Art entbehren können. Allein die Mehrheit der Prediger befindet sich bekanntermaaßen nicht auf dieser Stufe gelehrter Cultur, und die goldenen Zeiten scheinen so nahe nicht zu seyn, wo die meisten unsrer so genannten Geistlichen gelehrte Exegeten wären"[280].

Für Kindervater galt Bücherbesitz noch als Indiz gelehrter Kultur. Unterhalb der gelehrten theologischen Fachliteratur hatten sich indes längst exegetisch-homiletische Hilfsmittel etabliert, welche sich primär der Pfarrerfortbildung verschrieben. Die Bibellexika wurden, neben den sich etablierenden theologischen Fachzeitschriften, als geeignete Medien verstanden, um die sich eröffnende Bildungslücke zwischen gelehrter Fachtheologie einerseits und der praktisch-theologisch und handlungsorientierten Bildung des Pfarrstandes zu schließen. Der primäre hermeneutische Anspruch der konkordanten Bibelenzyklopädik bestand in der bereits erwähnten Zuordnung von Schrifttext (verba)

---

278 *Neueste biblische Hand-Concordanz und Wörterbuch zur Beförderung eines schriftmäßigen und nützlichen Vortrags beym Religions-Unterrichte und zur Erleichterung des zweckmäßigen Bibellesens. Zuerst verfaßt von M. Gottfried Joachim Wichmann, ehemaligem Superintendenten zu Grimma; nachher von einer Gesellschaft Gelehrter ganz umgearbeitet und vermehrt, auch mit einem sehr vollständigen biblischen Spruchregister versehen, und anjetzt mit einer Vorrede begleitet von M. Christian Victor Kindervater, Generalsuperintendenten zu Eisenach. Neue unveränderte Ausgabe, Leipzig, bey Friedrich Gotthold Jacobäer 1806.*

279 Kindervater, Vorrede, in: Wichmann, Neueste biblische Hand-Concordanz, S.III-VI, hier S.III.

280 AaO., S.V.

und Schriftsinn (res). Daneben trat eine pragmatische Zweckbindung der Nachschlagewerke. Hinter der Verknüpfung dieser beiden Vorstellungen steht die reformatorische Schrifthermeneutik. Das reformatorische „sola scriptura" zielte auf eine individualisierte, aber dennoch kompetente Schriftlektüre, welche unabhängig sein sollte von kirchlichen Vermittlungsinstitutionen. Diese Aspekte sind im nächsten Abschnitt in den Kontext einer sich etablierenden historischen Arbeit am Schrifttext zu verorten, denn die frühe deutschsprachige Bibelenzyklopädik stand vor der „wissenschaftstheoretischen Notwendigkeit, auch den biblischen Stoff im Kategoriensystem der Wissenschaft"[281] aufzubereiten. Der biblische Wissensstoff mußte in den Rahmen eines enzyklopädischen, zunehmend historisch orientierten Wissenschaftsparadigmas, eingeordnet werden. Die Bibellexika gehörten daher zu den Hilfsinstrumenten, deren sich die beginnende Bibelkritik bediente[282].

3.2. Bibellexika als Hilfsinstrumentarien sich etablierender Bibelkritik

Von 1728 bis 1731 erschien, verfaßt von Daniel Schneider, das *Allgemeine Biblische Lexicon* in drei Teilbänden, je Band bei zweispaltigem Druck über 1.000 Seiten stark.[283]. Die Vorrede von Johann Georgius Pritius (ei-

---

281 Eybl, Bibelenzyklopädien, S.125.

282 Der Begriff der ‚Bibelkritik' wird im folgenden in der von Rudolf Smend vorgelegten Definition verwendet, wonach Bibelkritik nicht sei „Kritik am Christentum überhaupt, an Glauben oder Kirche, sondern, begrenzter, Kritik an dem für das Christentum grundlegenden Dokument, der Bibel Alten und Neuen Testaments" (Rudolf Smend, Über die Epochen der Bibelkritik, in: ders., Epochen der Bibelkritik. Gesammelte Studien Bd.3 [BEvTh 109], München 1991, S.11-32, hier S.11). Zur Erforschung der Genealogie der Bibelkritik vgl. den Bericht bei Kurt Nowak, Vernünftiges Christentum? Über die Erforschung der Aufklärung in der evangelischen Theologie Deutschlands seit 1945 (ThLZ.F 2), Leipzig 1999, bes. S.26ff.

283 *Allgemeines Biblisches Lexicon, In welchem nebst denen Namen, das Wesen derer Sachen, das ist, so weit davon in heiliger Schrifft Erwehnung geschiehet, Die Titul und Orden der Engel, das Leben / die Thaten / Zufälle / Umstände der Patriarchen / Richter / Könige, Hohen-Priester, Propheten, Evangelisten, Apostel, Bischöffe, Aeltesten, Kirchen-Diener und Dienerinnen, Lehrer, Künstler, vornehmer Gottseligen Frauens-Personen, falscher Propheten, Verführer und boßhaffter Leute, alles mit Bemerckung eigentlicher Zeit; Wie nicht weniger die dahin gehörige Geschlechts-Register: Desgleichen So gebilligte / als verworffene Geist-und Weltliche Gebräuche / auch Arten / Einrichtungen, Aemter, Würden und Ordnungen des Politischen- und Kirchen-Staats, wie auch Regiments, und des Gottesdiensts, und Hauß-Stands, und allerley Handthierungen oder Kunste, nebst denen Bürgerlichen Spaltungen, und Kirchlichen oder Philosophischen Secten; auch falschen Göttern und mancherley Götzen. Ferner Die Oerter / Länder / Städte / Flecken / Dörffer / Meere / Seen / Flüsse / Brunnen / c. Uber dieses und endlich Die natürlichen Dinge am Himmel / unter dem Himmel / auf der Erden / unter der Erden, im Meer und andern Wässern, an Thieren, Mine-*

gentlich Johann Georg Pritz, 1662-1732) bietet eine ebenso knappe wie instruktive Geschichte des Selbstverständnisses biblischer Exegese von ihrem Beginn, also von der Zeit der Kanonisierung des biblischen Textes an, um so dem Benutzer vor Augen zu führen, „was zu Erlangung einer gründlichen und deutlichen Wissenschafft in Göttlichen Dingen von allerhand Art gelehrten Männern ist verrichtet worden"[284]. Der Prozeß der Kanonisierung erhob die „von den heiligen Männern durch Eingebung des Geistes GOttes aufgesetzte, und durch eine sonderbahre Vorsehung unverfälscht bewährte, und biß auf uns fortgepflantzte Schrift"[285] für künftige Zeiten zum „metaphysischen Ausgangspunkt"[286] aller exegetischen Bemühungen. Als erster Schritt aller dieser exegetischen Arbeiten gelten bei Pritius die Übersetzungen des Schrifttextes in die jeweiligen Landessprachen und die sich daran anschließenden Kommentare der Kirchenväter. Darauf folgte, so Pritius, eine Zeit exegetischen Stillstandes.

> „Als aber nach den Zeiten, in welchen eine dicke Finsternüß das Erdreich bedecket hatte, das Licht guter Wissenschafften wieder hervorzubrechen angefangen, so haben so viel gelehrte und mit geistlicher Weißheit begabte

---

ralien, Gewächsen, so nach ihrem Buchstäblichen, als Vorbildlichen Gleichnüß-Verstand, In Alphabethischer Ordnung Aus denen berühmtesten Scribenten unserer und alter Zeiten / und aus ihren in mancherley Sprachen gefertigten Büchern beschrieben, und in unserer Teutschen Sprache zu besserem Verstand der Heil. Schrifft, mit Anziehung der Oerter, woraus man jedes genommen, sorgfältig dermassen vorgestellet, und mit schönen hierzu dienlichen Kupffern gezieret. Daß es theils die Stelle einer Zahl-reichen Bibliotheck vertretten / theils als ein Schlüssel zu dergleichen dienen kan. Mit einer Vorrede IO. Georgii Pritii, Der heiligen Schrifft Doctoris, und des Ministerii in Franckfurt am Mayn Senioris, zusammen getragen und ausgefertiget Von Daniel Schneider, Hoch-Gräflich-Erbachischen Kirchen Superintendenten / deßgleichen gemeinschafftlichen Consistoriali und Ober-Pfarrern in Michelstadt. Mit Königl. Polnisch- und Churfürstl. Sächs. Allergnädigstem Privilegio. Franckfurt am Mayn, In Verlag von Friederich Daniel Knoch, Gedruckt bey Christian Friederich Waldow. Der dritte Teil bietet ergänzend ein dreifaches Register: ein Stichwort- und ein Stellenregister und ein Register aller zitierten theologischer Autoren.

284 IO. Georgii Pritii, Der heiligen Schrifft Doctorn und des Ministerii in Franckfurt am Mayn Seniorn Vorrede An den wohlmeinenden Leser, in: Schneider, Allgemeines Biblisches Lexicon 1, Bl.)()(r-Bl.)( )( )( )(v, hier Bl.)°(r. Pritius gehört in das Umfeld pietistischer Reformbewegungen zur Erneuerung der Predigt und war nach beruflichen Stationen in Zerbst, Schleiz sowie Greifswald von 1710 an für 21 Jahre in Frankfurt am Main als zweiter Nachfolger Speners als Senior an der Barfüßerkirche tätig. Er tat sich als Herausgeber von Spener-Schriften hervor. Vgl. hierzu u.a. Martin Schian, Orthodoxie und Pietismus im Kampf um die Predigt. Ein Beitrag zur Geschichte des endenden 17. und des beginnenen 18. Jahrhunderts (SGNP 7), Gießen 1912, S.45f.

285 Pritius, Vorrede, in: Schneider, Allgemeines Biblisches Lexicon 1, Bl.)°(r.

286 Eybl, Bibelenzyklopädien, S.139. Pritius spricht in diesem Zusammenhang von der Schrift als der „*Quelle*, aus welcher alle geistliche Gelehrsamkeit muß geschöpffet, und de[m] *Grund*, auf welchem das gantze Gebäude der himmlischen Weißheit muß aufgerichtet werden" [Pritius, Vorrede, in: Schneider, Allgemeines Biblisches Lexicon 1, Bl.)°(r, Hervorh. R.C.].

Männer sich in grosser Menge an die heilige Schrifft gemacht, und daraus die himmlische Wahrheit der Kirchen vorzulegen sich mit grossem Eifer beflissen"[287].

Die Reformation wird verstanden als historisch-exegetischer Kristallisationspunkt. Aufgrund der Popularisierung der Schrift dank ihrer fortschreitenden medialen Verbreitung ergab sich in dieser Zeit ein wachsender Klärungs- und Erschließungsbedarf des Schrifttextes. Vor allem infolge konfessioneller Streitigkeiten begann sich der Schriftsinn in genau dem Maße zu verdunkeln, in welchem die Reformation die allgemeine Verbreitung des Schrifttextes vorangetrieben hatte. Die Bemühungen der Reformatoren um die Erhellung des Schrifttextes gelten als Ausgangs- und Bezugspunkt aller sich daran anschließenden exegetischen Arbeiten[288].

Neben die Kommentare stellte Pritius die Wörterbücher als adäquate Texterschließungsinstrumente. Die Tradition der Wörterbücher, durch welche „die Mühe, die heilge Schrifft zu verstehen und zu erklären einem jedweden desto leichter möchte gemachet werden"[289], unterteilt auch er gattungstypologisch in Verbalkonkordanzen einerseits und in biblische Wörterbücher, hervorgehend aus den Realkonkordanzen, andererseits. Auf eine werkbiographisch aufgebaute Historie der Verbalkonkordanzen folgt eine exegetisch-hermeneutische Begründung der vom Zeitpunkt der Reformation an zusätzlich aufkommenden Real-Wörterbücher. Diese seien notwendig, weil es schließlich nicht genug sei, „nur einen guten Verstand von den Wörtern zu haben; sondern man muß auch wissen, was sie in den zusammen gesetzten Re-

---

287 AaO., Bl.)°(v.

288 Pritius verortete, wie bereits Adam Erdmann Mirus, die biblischen Wörterbücher in der Tradition der im 16. Jahrhundert entstandenen biblisch-hermeneutischen Entwürfe (z.B. Flacius, Clavis Scripturae Sacrae; vgl. oben Kap.I.B.2.). Daneben verweist das Vorwort auf die exegetisch-philologischen Arbeiten von Johannes Buxtorf (1564-1629), Samuel Bochart (1599-1667), John Lightfoot (1602-1675), John Selden (1584-1654) oder auch Campegius Vitringa (1659-1722). Johannes Buxtorf ist vor allem als Lexikograph für den hebräischen Schrifttext bedeutend. Dies ist ausführlich dargestellt bei Stephen G. Burnett, From Christian Hebraism to Jewish Studies. Johannes Buxtorf (1564-1629) and Hebrew Learning in the Seventeenth Century (SHCT 68), Leiden et al 1996. Burnett bietet auf S.103-133 eine Einführung in die Entwicklung der am hebräischen Text orientierten Lexikographie und in einem ausführlichen Anhang eine Bibliographie der lexikalischen Werke von Buxtorf. Zur Geschichte der hebräischen respektive alttestamentlichen Lexikographie (inklusive Konkordanzen) vgl. auch Ludwig Diestel, Geschichte des Alten Testamentes in der christlichen Kirche, Jena 1869, bes. S.254f. (für die Reformationsepoche), S.452ff. (für die Phase der Orthodoxie bis 1750) und S.571ff (für den Zeitraum nach 1750).

289 Pritius, Vorrede, in: Schneider, Allgemeines Biblisches Lexicon 1, Bl.)°(v.

dens-Arten bedeuten, so war es nöthig, daß der Christlichen Kirche auch mit dergleichen Wörter-Bücher gedienet würde"[290].

Die bahnbrechenden biblischen Wörterbücher stammen nach dem Urteil von Pritius aus Frankreich, denn die Franzosen hätten seit geraumer Zeit sich „nicht wenig Mühe gemacht, in ihrer Sprache durch unterschiedliche Wörter-Bücher denen, die derselben kundig seyn, so viel in ihrem Vermögen, an die Hand zu gehen"[291]. Es ist in erster Linie das lexikalisch-exegetische Werk von Augustin Calmet (1672-1757), welches aufgrund seiner Wirkungsgeschichte, seiner Bedeutung für die Entstehung einer historisch-kritischen Bibelwissenschaft, seines lexikographischen Erkenntnisgehaltes und aufgrund seines Erscheinens auch in deutscher Sprache bei Pritius hervorgehoben wird.

Augustin Calmet veröffentlichte 1719-1722 folgendes Nachschlagewerk: *Dictionnaire historique, critique, chronologique, geographique & litteral de la Bible*. Das Werk erschien zunächst in zwei Bänden, von der zweiten Auflage 1730 an in vier Bänden. Von 1751 bis 1754 erschien, ebenfalls in vier Bänden, die deutsche Ausgabe dieses Werkes[292]. Calmet hatte vor seinem Nachschlagewerk bereits ein ausführliches Kommentarwerk verfaßt: *Commentaire litteral sur tous les livres de l'ancien & du nouveau Testament*, erschienen von 1707-1716 in Paris in 23

---

290 AaO., Bl.)()()(v.

291 Ebd. Klaus Scholder, Ursprünge und Probleme der Bibelkritik im 17. Jahrhundert. Ein Beitrag zur Entstehung der historisch-kritischen Theologie (FGLP Zehnte Reihe XXXIII), München 1966 hat hinsichtlich der Bedeutung der deutschsprachigen Exegese dieser Epoche – ganz dem Diktum des Pritius entsprechend – herausgearbeitet, daß der „Beitrag Deutschlands zur Ausbildung der historisch-kritischen Theologie" bis in die zweite Hälfte des 18. Jahrhunderts hinein „jedenfalls nicht deren kritische Komponente" betrifft (aaO., S.11). Scholder hebt ferner hervor, daß sich die Geschichte historisch-kritischer Kritik nicht allein über die Werke einzelner Theologen erschließen läßt – „sie sind Symptom, nicht Ursache", – sondern daß es darum gehen muß, diese Werke in „jenen geistigen Prozeß" einzuordnen, „an dessen Ende die Entthronung der Bibel als der autoritativen Quelle aller menschlichen Kenntnis und Erkenntnis steht" (aaO., S.14). Dieser Prozeß sei dadurch gekennzeichnet, daß er „grundsätzlich und methodisch mit dem Wirklichkeitsverständnis der Moderne rechnet" (aaO., S.9). Scholder rezipiert hier Gerhard Ebeling, Die Bedeutung der historisch-kritischen Methode für die protestantische Theologie und Kirche, in: ders: Wort und Glaube. Bd.1, Tübingen 1960, S.1-49. Dieser größere Horizont sei hier wenigstens angedeutet, auch wenn sich vorliegende Untersuchung am Werke einzelner theologischer Lexikographen dieser Zeit orientiert.

292 *Augustin Calmets, Abts von Senones, und Präsidentes der vannischen und hydulphischen Benedictiner zu Nancy, Biblisches Wörterbuch, worinnen, was zur Geschichte, Critik, Chronologie, Geographie, und zum buchstäblichen Verstande der heiligen Schrift gehöret, abgehandelt wird. Aus dem Französischen übersetzt, mit verschiedenen Anmerkungen begleitet, und unter der Aufsicht, auch mit der Vorrede Herrn Christian Gottlieb Jöchers, der H. Schrift Doctoris, und öffentlichen Lehrers der Geschichte auf der Universität zu Leipzig, nebst den nöthigen Kupfern herausgegeben von M. Hieronymus George Glöckner. Liegnitz, Verlegts David Siegert, 1751-1754.*

Bänden. Zu diesem Kommentarwerk setzte er das biblische Wörterbuch in Relation. In der dem *Dictionnaire historique* beigefügten Vorrede gibt er ausführlich Rechenschaft über den von ihm anvisierten Ort, welchen ein biblisches Wörterbuch neben derartigen Kommentarwerken besetzen sollte: In seinem speziellen Fall hatte das Wörterbuch zum ersten Nachtrags- und Ergänzungsfunktion, zum zweiten und grundsätzlicher bieten Wörterbücher einen Auszug aus den Kommentaren, und diese Exzerpierfunktion der Wörterbücher gewährleistet zum dritten eine gegenüber den Kommentaren durch die notwendige Kürze bedingte höhere Präzision:

> „In einem Wörterbuche muß man überhaupt klare und deutliche Begriffe der Wörter und Sachen geben, wovon man redet; ihre Etymologie, Erklärungen, Beschreibungen und Eintheilungen anführen; die Verwirrung so wohl, als die allzugroße Weitläufigkeit und Kürze vermeiden; dasjenige, was man vorbringt, mit guten, aber kurzgefaßten Beweisen unterstützen; und weil es sich nicht schicket, die Sachen in ihrem ganzen Umfange abzuhandeln, so müssen wenigstens die Quellen angezeiget werden, und die Schriftsteller, die am besten über die abgehandelten Materien geschrieben haben. Endlich, ob man gleich darinnen unzählige Beschreibungen und Begebenheiten, die sehr von einander unterschieden sind, zusammenhäufet, so muß man doch allezeit durchgängig einerley chronologisches, geographisches, theologisches und philosophisches System herrschen lassen, und sonderlich darauf sehen, daß man niemals etwas für gewiß ausgebe, was nur eine bloße Muthmaßung ist; weil der erste Begriff, den man von einem Wörterbuche hat, dieser ist, daß es eine Regel für die Sprache und für die gewissesten und gemeinesten Begriffe sey“[293].

Aufgrund des Exzerpiervorganges, dessen Ergebnis ein Wörterbuch präsentiert, ersetze es gerade kein selbständiges Studium, intendiere also nicht, daß „ein Lehrling gedachte Wissenschaften aus Wörterbüchern erlernen“ solle, sondern wer „bereits einen guten Grund seiner Erkenntniß geleget, dem werden Bücher dieser Art zum Wiederhohlen, zum Nachschlagen, zur Anleitung, weiter zu gehen, ungemein brauchbar“ sein[294]. Das Wörterbuch zielt also auf eine eigenständige Memorier- und Exzerpiertätigkeit und eine selbständige Exegese des Benutzers und habe so seinen funktionalen Ort neben und nicht anstelle der Kommentare, es vertrete „als eine Bibliothek die Stelle einer unzähligen Menge Bücher“. Deshalb können Gelehrte „darinnen gleichsam mit einem Blicke alles dasjenige übersehen, was sie in unterschiedenen Schriftstellern gelesen haben; und diejenigen, die nicht viel Bücher be-

293 Vorrede des Herrn Abt Calmet zu der neuesten Pariser Ausgabe des biblischen Wörterbuchs, abgedruckt in deutscher Übersetzung in: Calmet, Biblisches Wörterbuch 1, S.1-16, hier S.5.

294 Christian Gottlieb Jöcher, Vorrede, in: Calmet, Biblisches Wörterbuch 1, Bl.**3ʳ-Bl.***4ᵛ, hier Bl.***ʳ.

sitzen, werden das alles in einem kurzen Auszuge beysammen finden, was man ordentlicher Weise von einer Sache zu sagen pflegt"[295].

Dasjenige biblische Wörterbuch, auf welches Calmet sich im Sinne eines unmittelbaren Vorgängers in kritischer Abgrenzung bezog, verfaßte Simon, „ein Priester und Doctor der Gottesgelahrheit zu Lion, der ehedem Prediger zu St. Uze, einem Kirchensprengel von Vienne im Delphinate, war": *Grand Dictionnaire de la Bible*[296]. Trotz der Fehler, die das Simonsche Wörterbuch enthielt, fand dieses Werk so guten Absatz, daß Calmet zu der Einsicht gelangte:

> „Da wir aus diesem Werke sahen, daß das Publicum für ein biblisches Wörterbuch sich so geneigt erklärete, und jedermann so viel Verlangen bezeigte, ein gutes zu sehen, so entschlossen wir uns um desto eher, das gegenwärtige zu verfertigen"[297].

Die Absatzchancen am Buchmarkt bestimmten, so zeigt sich bereits hier, Interesse und Intention biblischer Lexikographie in entscheidendem Maße mit. Deshalb wurde Calmets *Biblisches Wörterbuch*, um es dem deutschsprachigen Buchmarkt zugänglich zu machen, vom Herausgeber theologisch überarbeitet, denn Calmet hatte „sein biblisches Wörterbuch mehr auf die Vulgatam eingeschränkt, als er billig" hätte tun sollen[298], weshalb die deutsche Ausgabe die an der Vulgata orientierte alphabetische Ordnung zugunsten einer an der deutschen

---

295 Vorrede des Herrn Abt Calmet, in: Calmet, Biblisches Wörterbuch 1, S.11.

296 AaO., S.10. Die Identität des Lexikographen Simon ist umstritten. Sowohl Calmet (ebd.) als auch Pritius, Vorrede, in: Schneider, Allgemeines Biblisches Wörterbuch, Bl.)()()(ʳ, heben hervor, daß derjenige Simon, welcher der Verfasser des Wörterbuches sei, nicht identisch sei mit dem von Johann Salomo Semler (1725-1791) in den Anfängen deutschsprachiger Bibelkritik wiederentdeckten Richard Simon (1638-1712), dem Verfasser von *Histoire Critique du Vieux Testament* (1678) und *Histoire critique du texte du Nouveau Testament* (1689). Pritius schreibt: „Wobey aber zu wissen, daß dieses nicht der seiner Schrifften wegen berühmte Pater Richard Simon sey, ein Priester der Oratorii, welcher durch seine critische Historie über das alte und neue Testament, wie auch andere dergleichen Schrifften, welche zur Criticke und Historie gehören, sich einen grossen Nahmen gemacht; sondern dieser Simon war ein Priester und Doctor zu Lion. Und derselbe hat ein Biblisches Wörter-Buch heraus gegeben" (ebd.). Dagegen Eybl, Bibelenzyklopädien, S.137, Anm.62 schreibt das *Grand Dictionnaire de la Bible* selbigem Richard Simon zu und bescheinigt diesem, „das erste biblische Reallexikon" geschaffen zu haben, „gefolgt von Calmet". Zur Bedeutung von Richard Simon für die Geschichte der Textkritik und die Ausbildung eines grundsätzlich kritischen Bewußtseins vgl. Koselleck, Kritik und Krise, S.87ff. Bertholet, Art. Simon, Richard, in: RGG¹, 5 (1913), Sp.638f. weist Simon das bleibende Verdienst zu, der „Bahnbrecher für die historisch-kritische biblische Einleitungswissenschaft" zu sein und „das Recht der historischen Kritik für die Betrachtung der Bibel geltend gemacht und durchzuführen versucht" zu haben (aaO., Sp.639). Bertholet erwähnt freilich unter den Werken Richard Simons kein biblisches Wörterbuch.

297 Vorrede des Herrn Abt Calmet, in: Calmet, Biblisches Wörterbuch 1, S.11.

298 Jöcher, Vorrede, in: Calmet, Biblisches Wörterbuch 1, Bl.***3ʳ.

Schriftübersetzung orientierten alphabetischen Ordnung überarbeitete, da der Vulgata in den anvisierten Abnehmerkreisen des deutschsprachigen Vertriebsraumes Ansehen und Verbreitung fehlten.

Daniel Schneider, der auf diese bibellexikalische Tradition aufbaut, will „dem Teutschen Leser ein Biblisches Wörter-Buch in unserer Mutter-Sprache" vorlegen, „dergleichen unser Teutsches Vaterland und insonderheit unsre Kirche noch nicht gesehen hat"[299].

Beim Prinzip der Stichwortauswahl stellte Schneider neben diejenigen Stichworte, welche unmittelbar dem biblischen Textbestand entnommen sind, solche Stichworte, „welche nicht allein zu wissen gar nothwendig und nützlich seyn; sondern auch von weiten auf die heilige Schrifft zielen, und die darinnen vorkommenden Umstände Etwas erläutern können"[300]. Neben die Funktion der Worterklärung tritt hier eine dogmatische Funktion des Wörterbuches[301]. Als Zielgruppe werden Gelehrte anvisiert, „die mit einem Bücher-Vorrath versehen sind, und daraus ihren Hunger und Durst völlig stillen können, auch sonsten von vielen Dingen schon eine Wissenschaft haben", daneben aber auch solche Personen,

> „welchen es an beyden Stücken fehlet, die aber gleichwohl Etwas ausführliches von einer Person oder einer Sache zu wissen verlangen; und denselben wird es ohne Zweiffel lieb seyn, daß sie allhier in einem Auszug beysammen finden, was hin und wieder zerstreuet angetroffen wird"[302].

Theologisches Interesse wird neben theologischer Fachbildung als gleichwertiges Benutzerkriterium anerkannt. Schneider selbst profiliert den Unterschied zwischen Gelehrten und Ungelehrten über das Kriterium des Bücherbesitzes hinaus durch das Kriterium der lateinischen Sprachkenntnisse, so daß unter „Ungelehrte" diejenigen zu verstehen seien, „die eben der Lateinischen Sprache nicht erfahren, doch mit einem schönen und Wissens-begierigen Verstand begabet" seien, „dergleichen es noch viele, unter Adel und Burgerschafft, und was die Letz-

---

299 Pritius, Vorrede, in: Schneider, Allgemeines Biblisches Lexicon 1, Bl.)()()([v]. Dieser Hinweis bestätigt den oben geäußerten Verdacht, daß das lexikalische Werk des Adam Erdmann Mirus eine innerhalb der Theologie nahezu vergessene Tradition darstellt.

300 AaO., Bl.)()()([r].

301 Vgl. z.B. die Erörterung dogmatischer Abendmahlsstreitigkeiten im Art. Abend-Essen, Abend-Mahl, in: Schneider, Allgemeines Biblisches Wörterbuch 1, S.19-34 oder den Art. Falsche Christi, in: aaO., S.1005-1010 oder Art. Inquisition, in: Schneider, Allgemeines Biblisches Wörterbuch 2, S.320-327 oder Art. Natur, in: Allgemeines Biblisches Wörterbuch 3, S.904-906 und auch den Art. Vernunfft und Verstand, in: aaO., S.481-483.

302 Pritius, Vorrede, in: Schneider, Allgemeines Biblisches Lexicon 1, Bl.)()()([r-v].

tern anbelangt, gar manche treffliche Männer in gesegneten und berühmten Reichs- auch Handels-Städten giebet"[303].

Die bislang vorgestellten Bibelwörterbücher erhellen – so die vorläufige Zwischenbilanz – drei Aspekte: Die deutschsprachige Bibelenzyklopädik ist in ihren Anfängen darauf ausgerichtet, den sich im historischen Kontext konfessioneller Streitigkeiten verdunkelnden Schriftsinn erhellen zu helfen. Dabei bedient sie sich zusehends eines philologisch-historischen Wissenschaftsparadigmas. Hinsichtlich der Benutzer lassen sich die Lexikographen verstärkt von einem pragmatischen Interesse leiten und konzipieren biblische Wörterbücher für die Praxis der Predigtexegese. Daneben sind sie bemüht, ihre Werke auch einem nicht-gelehrten Publikum zugänglich zu machen.

Die durch die Reformation einsetzende Individualisierung der Schriftlektüre führte darüber hinaus dazu, daß der Schrifttext Gegenstand innerprotestantischer Streitigkeiten wurde, die genau in dem Maße zunahmen, in welchem sich der Protestantismus in theologische Schulen und soziale Milieus auseinander differenzierte. Diese innere Ausdifferenzierung protestantischer Frömmigkeitskultur beschleunigte sich von der zweiten Hälfte des 18. Jahrhunderts an deutlich. Auf dem lexikalischen Markt machte sich diese Entwicklung in dem Umstand bemerkbar, daß die Bibelwörterbücher im Kontext exegetischer Streitigkeiten zunehmend theologiepolitisch motiviert waren. Der positionelle Charakter der Lexika verfestigte sich. In einem sich zusehends fragmentierenden Protestantismus wurde die theologisch-lexikographische Hermeneutik zum herausragenden Identifikations- und Unterscheidungskriterium biblischer Wörterbücher. Differente Einstellungen zur Wissenschaftlichkeit der theologischen Disziplin motivierten ebenso verschiedene lexikalische Konzeptionen wie unterschiedliche Auffassungen von Wesen und Erscheinung des Christentums respektive der Kirche. Freilich ist im folgenden nicht nur darauf zu achten, wie sich die theologiepolitischen Prägungen der Bibellexika verfestigte, sondern es ist auch hier zu untersuchen, inwiefern die anvisierten Benutzergruppen in diese Auseinandersetzungen involviert wurden. Mit welcher Bildungsidee wurde konzeptionell gearbeitet?

In einem ersten Schritt soll dieser Fragekomplex für die Epoche der Spätaufklärung an dem Nachschlagewerk von Wilhelm Abraham Teller und an den von diesem Werk ausgelösten literarischen Reaktionen sowie an einem Lexikon von Carl Friedrich Bahrdt verdeutlicht werden (Kap.I.B.3.3.1). Danach werden exemplarische Bibelwörterbü-

303 Schneider, Vorrede des Auctoris, in: ders., Allgemeines Biblisches Wörterbuch 2 Bl.)°([r-v], hier Bl.)°([r].

cher des 19. Jahrhunderts unter diesem im Hinblick auf die theologiepolitischen Ambitionen von RGG[1] relevanten Frageperspektiven untersucht (Kap.I.B.3.3.2).

3.3. Bibellexika als theologiepolitisch motivierte Medien

3.3.1. Bibellexikalische Kontroversen der Spätaufklärung

Wilhelm Abraham Teller (1734-1804), von 1767 an Propst und Oberkonsistorialrat in Berlin, gilt als einer der führenden Vertreter der Neologie. Er wurde durch Johann August Ernesti (1707-1781) für „ein von der Dogmatik unabhängiges Verständnis der Bibel gewonnen"[304]. 1772 erschien *Wilhelm Abraham Tellers Wörterbuch des Neuen Testaments zur Erklärung der christlichen Lehre.* In der Ausgabe der zweiten Auflage (1773) folgen auf den unveränderten Wiederabdruck der ersten Auflage, mit separater Seitenzählung angebunden, *Wilhelm Abraham Tellers Zusätze zu seinem Wörterbuch des Neuen Testaments.* Sie enthalten Berichtigungen, hauptsächlich der Stellenangaben, und Ergänzungen zur ersten Auflage[305]. 1785 erschien das *Wörterbuch des Neuen Testaments zur Erklärung der christlichen Lehre von D. Wilhelm Abraham Teller Königl. Oberconsistorialrath, Probst und Inspector auch Oberprediger zu Cölln an der Spree* als *Vierte mit Zusätzen und einem Register vermehrte Auflage.* Die bis dahin mit separater Zählung angehängten Zusätze sind in der vierten Auflage in den allgemeinen Lexikonteil integriert. Zudem bietet diese Auflage einen Wiederabdruck sämtlicher bisheriger Vorreden, in welchen Teller seine theologischen Interessen bei der Abfassung des Wörterbuchs dargelegt hatte. Angesichts der heftigen Proteste, die das Lexikon ausgelöst hatte, kommt den Vorreden von der zweiten Auflage an apologetischer Charakter zu.

Die Intention Tellers bei der Abfassung seines Wörterbuchs bestand darin, „die Ausdrücke und Redarten unsrer christlichen Religionsbücher in Einem Verzeichniße zu erklären, von denen die richtige Einsicht in das ganze Christenthum abhängt, und aus welchen man den Kern der Religion herausnehmen muß"[306]. In der materialen Durchführung ging Teller unter einer dreifachen Perspektivierung vor. Zum ersten zielte er auf „die richtige vollständige Sammlung und Erkenntniß der

---

304 Hoffmann, Art. Teller, Wilhelm Abraham, in: RGG[1], 5 (1913), Sp.1125f., hier Sp.1125.

305 Vgl. W.A. Teller, Vorrede zu den Zusätzen der zweyten Auflage, wiederabgedruckt in: ders., Wörterbuch, vierte Auflage, S.14-29.

306 W.A. Teller, Vorrede zur ersten Auflage, wiederabgedruckt in: ders., Wörterbuch, vierte Auflage, S.1-13, hier S.2.

Lehren des allgemeinen Christenthums", sodann auf „die genaue Erklärung der Schrift, die dabey zum Grunde liegen muß" und zum dritten auf „die Deutlichkeit der Uebersetzungen"[307]. Das impliziert, daß Teller „keine eigentliche Concordanz, kein vollständiges Spruch- Namen- und Wortregister"[308] bieten wollte. Er wählte seine Stichworte vielmehr unter dem Kriterium aus, wie „weit ein jeder des Originals unkundiger Leser geführt werden muß, um es aus eigner deutlichen Einsicht zu erkennen, was er als ein Christ zu glauben und zu thun hat"[309]. Die theologische Mündigkeit des Benutzers ist ausdrückliches benutzerhermeneutisches Ziel des Wörterbuches von Teller. Zugleich wird eine derartig motivierte Stichwortauswahl zu einem theologiepolitischen Signal[310].

Hermeneutisch geht Teller vom Grundsatz ‚Schrift aus Schrift erklären' aus. Diesen Grundsatz expliziert er in dreifacher Hinsicht: Erstens bezeichnet er damit das Prinzip der schriftinternen Begriffserschließung, zweitens die Erklärungen, welche sich aus der jüdischen Umwelt ergeben und drittens diejenigen Auslegungen, bei denen man durch Textvergleiche zu einem allgemeinen Begriff kommt[311]. Klaus Scholder kommt von dieser Argumentation Tellers her zu der Einschätzung, es sei

> „nicht weniger als eine grundsätzliche Reform der Auslegung, die Teller hier im Auge hat, mit den Mitteln und auf der Basis, die allein eine solche Reform sinnvoll und fruchtbar erscheinen lassen: der historischen und philologischen Analyse der Texte und Begriffe. Entscheidend aber ist, daß nun auch diese Reform ganz im Dienst der praktisch-theologischen Interessen der Zeit steht"[312].

Die darüber hinaus von Teller eingeforderte „Deutlichkeit der Uebersetzungen"[313] befördert eine theologische Unabhängigkeit von Luthers Übersetzung. Die Vertreter des Lehramtes seien „berufene Dollmet-

307 AaO., S.7.

308 AaO., S.3.

309 Ebd.

310 Vgl. z.B. Art. Glaube, in: W.A. Teller, Wörterbuch, zweite Auflage, S.206-217. Der Artikel gliedert den Begriff in zwei Bedeutungsgruppen: I. „Bedeutungen aus dem gemeinen griechischen Sprachgebrauch" (S.206-209) und II. „Das Christenthum selbst, seinem Inhalt und Erkenntniß nach, die christliche Religion, ohne und mit dem Zusatz Jesu Christi" (S.209-217).

311 W.A. Teller, Vorrede zur ersten Auflage, wiederabgedruckt in: ders., Wörterbuch, vierte Auflage, S.10f.

312 Klaus Scholder, Grundzüge der theologischen Aufklärung in Deutschland, in: Aufklärung, Absolutismus und Bürgertum in Deutschland. Zwölf Aufsätze. Hg. v. Franklin Kopitzsch, München 1976, S.294-318, hier S.304.

313 W.A. Teller, Vorrede zur ersten Auflage, wiederabgedruckt in: ders., Wörterbuch, vierte Auflage, S.7.

scher der Reden Christi und der Vorträge seiner Apostel [...], die in dem zu jeder Zeit gültigen Deutsch ihren Zuhörern sagen sollen, was der damaligen Welt in ihrer Sprache zuerst verkündiget worden, und darauf sie aufmerksam machen"[314]. Aktualität des Sprachduktus sowie Orientierung am Sprach- und Verständnisvermögen der Leser werden zu benutzerhermeneutischen Leitideen. Die gegenwärtig gebräuchliche Sprache ist vorrangiger Zugang zum Schriftsinn, denn auch Jesus und die Apostel hätten sich in ihrer Verkündigung an den religiösen Vorstellungen und der bildhaften Denkweise der jüdischen und heidnischen Zuhörer orientiert (Akkomodationstheorie). Im Hinblick auf diese Übersetzungshermeneutik sieht sich Wilhelm Abraham Teller in der Tradition Luthers, welcher forderte, man müsse

> „nicht die buchstaben inn der lateinischen sprachen fragen, wie man sol Deutsch reden, wie diese esel thun, sondern, man mus die mutter ihm hause, die kinder auff der gassen, den gemeinen man auff dem marckt drumb fragen, und den selbigen auff das maul sehen, wie sie reden, und darnach dolmetschen, so verstehen sie es den und mercken, das man Deutsch mit in redet"[315].

Das von Scholder konstatierte „praktisch-theologische Interesse der Zeit"[316] wird bei Teller faßbar in der Verknüpfung exegetischer Fragestellungen mit einem Religionsbegriff, welcher den Schriftgehalt und die Funktion biblischer Wörterbücher über den Bereich der historischen Philologie hinauszuführen sucht. Während die Konkordanzen ausschließlich „den Mängeln des Gedächtnisses durch Sammlung aller Schriftstellen, in denen ein Wort vorkömmt, abhelfen" wollten, seien Wörterbücher dahingehend abgefaßt, „Urtheile über den Inhalt der Religion selbst" zu veranlassen[317]. Das Lexikon zielte auf eine selbständige Urteilskompetenz der Benutzer. Religionstheoretisch setzte Teller voraus, „daß Religion und Theologie, das Christenthum nach der Schrift und das Christenthum nach dem System unendlich weit voneinander

---

314 AaO, S.6. Teller argumentierte, Luther selbst habe „seine Uebersetzung nie für unverbesserlich ausgegeben; er hat gewarnet und gebeten, sie stets nach den Grundtexten zu prüfen" (aaO., S.8). Tellers Übersetzungen blieben freilich umstritten. So urteilt etwa Hoffmann, daß Teller mit seinen Neuübersetzungen „zu recht trivialen Umdeutungen" gelange (Hoffmann, Art. Teller, Wilhelm Abraham, in: RGG[1], 5 [1913], Sp.1125-1126, hier Sp.1126).

315 Martin Luther, Sendbrief vom Dolmetschen, in: WA 30.2, 627-646, hier 637,17ff.

316 Scholder, Grundzüge, S.304.

317 W.A. Teller, Vorrede zur ersten Auflage, wiederabgedruckt in: ders., Wörterbuch, vierte Auflage, S.2.

unterschieden sind"[318]. Dieser Sachverhalt wurde im Blick auf mögliche Benutzer evident. Denn als Benutzerkreis visierte Teller diejenigen an,

> „die noch für kein System eingenommen sind, wie es billig am wenigsten Anfänger in der Erlernung theologischer Wissenschaften seyn sollten [...]. Sie stehen noch am Scheidewege; bey ihnen steht es noch, sich der Hülfsmittel aus der Kirchengeschichte und einer philosophischen Kenntniß der alten Sprachen zu bemächtigen, durch welche man in den Stand gesetzt wird, das reine Metall des Christenthums von den Schlacken einer sectirischen Philosophie oder abergläubischen Schwärmerey zu scheiden"[319].

Das Wörterbuch wollte ein Hilfsmittel zu einem von jedem System unabhängigen und selbständigen Schriftstudium sein, da nur ein solches den Weg zu einer eigenständigen, von gelehrter Dogmatik unabhängigen Religion des Einzelnen und der Gemeinde eröffne. Dabei ging die zusätzliche Empfehlung des Wörterbuchs auch für Studienanfänger einher mit Ratschlägen für das theologische Studium. Grundlegend mahnte Teller bei den Studenten ein historisches Bewußtsein für die exegetischen Bemühungen früherer Zeiten an. Ein solches historisches Bewußtsein ersetze indes keine „durch eigne Versuche gewirkte Ueberzeugung"[320], und so folgt eine Einführung in die Grundregeln eigenständiger Exegese, innerhalb derer dann das Lexikon seinen Ort zugewiesen bekommt.

Theologisch wolle Tellers Lexikon, so die Interpretation späterer Zeiten, unter „Preisgabe der Versöhnungslehre das Orientalisch-Jüdische vom allgemeinen Christentum trennen, um dieses dadurch den Gebildeten annehmbar zu machen"[321]. Diese – hier interpretatorisch wiedergegebene – Intention und die dogmenkritische Unterscheidung Tellers zwischen Wort Gottes und historisch gewachsenem Schrifttext, also die kritische Auflösung der hermeneutischen Trinität von Offenbarung, Schrifttext und Dogma, löste nach Erscheinen des Wörterbuches erheblichen Widerspruch aus und evozierte Gegenschriften, sogar ‚Gegen-Lexika'. Einige der gegen das Nachschlagewerk erschienenen Schriften seien an dieser Stelle im Überblick vorgestellt, da sie Einblick geben in das Wesen einer theologiepolitisch motivierten Produktion und Rezeption von Lexika.

Im Jahre 1773 erschien in Leipzig ein *Schreiben an den Herrn Probst und Oberconsistorialrath D. Wilh. Abrah. Teller, in Berlin, wegen Seines*

---

318 AaO., S.15. Vgl. zu dieser theologischen Funktion des Tellerschen Wörterbuches Sparn, Vernünftiges Christentum, S.48f.

319 Teller, Vorrede zu den Zusätzen der zweyten Auflage, wiederabgedruckt in: ders., Wörterbuch, vierte Auflage, S.16f.

320 AaO., S.18.

321 Hohlwein, Art. Teller, Wilhelm Abraham, in: RGG[3], 6 (1962), Sp.678.

Wörterbuchs des Neuen Testaments zur Erklärung der christlichen Lehre, von einem öffentlichen Lehrer der heiligen Schrift. Der unbekannt bleiben wollende Verfasser[322] hatte Teller mehrmals in privaten Schreiben seine Kritik am Wörterbuch zukommen lassen. Nachdem er keine Antwort erhalten hatte, entschloß er sich, seine Kritik zu veröffentlichen. Dabei ging er zum einen gegen die Verbreitung von „socinianischen und andern von der reinen christlichen Lehre abweichenden Lehrsätzen" in dem Lexikon vor sowie gegen „so viele befremdende, neue, erzwungene, und oft ganz unleidliche Erklärungen der biblischen Worte und Redensarten", mit welchen Teller „verschiedene in der heiligen Schrift fest gegründete und von der ganzen Evangelischlutherischen Kirche allezeit bekannte Lehren wo möglich zu vertreiben, oder doch ungewiß zu machen" versuche[323]. Die Kritik richtete sich gegen die exegetisch-theologische Position, welche Teller bezogen hatte, nahm also den theologiepolitischen Anspruch des Bibelwörterbuches kritisch auf. Zum andern wurde der Vorwurf der Unvollständigkeit laut, verbunden mit dem Verdacht der willkürlichen Auswahl von Stichworten, welche dann auch noch so erklärt seien, „daß mit wenigem nicht viel, oft gar nichts, und das wenige meistentheils so gesagt ist, wie es Anfänger zur Erklärung der christlichen Lehre fast gar nicht brauchen können"[324]. Die von Wilhelm Abraham Teller anvisierten Benutzergruppen seien, so der Vorwurf, aufgrund des gewählten Sprachduktus und der formalen Aufbereitung des Stoffes, gerade nicht in der Lage, das Nachschlagewerk adäquat zu benutzen. Auf dem Hintergrund dieser theologiepolitischen und benutzerhermeneutischen Anfragen widerlegt der Verfasser das Tellersche Wörterbuch vom konfessionell-lutherischen Standpunkt aus Stichwort um Stichwort.

Wilhelm Abraham Teller verfaßte noch im selben Jahr – 1773 – ein Antwortschreiben an den ungenannten Verfasser obiger Kritikschrift: *Wilhelm Abraham Tellers Antwort die für den ungenannten Verfasser des nun über Sein Wörterbuch an Ihn abgedruckten Schreibens bestimmt war*

---

322 Bei dem anonymen Verfasser handelt es sich um Johann Friedrich Burscher (1732-1805), von 1764 an Professor für Philosophie in Leipzig, später in Jena und von 1775 an Domherr in Meißen. Vgl. dazu D. Johann Friedrich Burscher, des hohen und freyen Stifts Meißen Prälat und Domherr, der Theologie erster öffentlicher ordentlicher Professor auf der Universität Leipzig, der Kurfürstl. Sächs. Stipendiaten erster Ephorus, der theologischen Fakultät und der polnischen Nation Senior, der Universität ältester Decemvir, der Philosophie außerordentlicher Professor, des großen Fürstencollegii Collegiat, der wendischen Predigergesellschaft Präses, verschiedener gelehrten Gesellschaften Mitglied, in einer kurzen Biographie dargestellt, aus Beyers Magazin für Prediger, Leipzig 1794, dort S.8 (Seitenzählung v. R.C.).

323 Schreiben an W.A. Teller, S.3f. (Seitenzählung bei diesem Werk generell v. R.C.).

324 AaO., S.5.

nebst einer vorläufigen Erzählung, Berlin, geschrieben am 25sten März, 1773. Grundsätzlich gesteht Teller jedem Benutzer des Wörterbuches zu, sich in kritischer Distanz zu seinem Werk zu verhalten und diese Haltung auch öffentlich zu machen. Er selbst sei jedoch zu einer publizistischen Auseinandersetzung über sein Werk eher unmotiviert, denn er traue sich „nicht Stärke genug zu, solche Arten von Streitschriften mit immer gleicher Gelassenheit zu beantworten, und so ists ja wohl christlicher zu schweigen, als sich auf evangelischlutherischen Grund und Boden mit dem Nachbarn über das Mein und Dein des Christenthums tapfer zu schlagen"[325]. Im Falle des unbekannten Verfassers sehe er sich aber auf Grund von dessen Behauptung, Teller habe ihm auf mehrere private Schreiben nicht geantwortet, zu einer Antwort genötigt. Dieser Satz sei „ein solches Gewebe von großen und meiner Persönlichkeit nachtheiligen Unwahrheiten, daß ich mich deswegen habe entschließen müssen, die Geschichte des ungedruckten Schreibens, nebst meiner längstfertigen Antwort darauf hiermit bekannt zu machen"[326]. Ein erstes anonymes Schreiben habe ihn bereits am 04.12.1772 erreicht. Bereits diese erste Stellungnahme war

> „voll Ungezogenheiten in Ausdrücken und Wendungen [...]. Doch war das alles noch nichts gegen den Inhalt der Nachschrift [dem Schreiben beigegeben, R.C.]. Darin wurde mir nemlich angedeutet, mein Wörterbuch öffentlich zurückzunehmen, dazu bis auf Ostern Frist gegeben, im Weigerungsfall aber mit einer unter Gottes Beystande auszustudirenden öffentlichen Demüthigung gedroht"[327].

Teller befand ein derartiges Schreiben nicht einer zügigen Antwort für würdig, vor allem da der anonyme Schreiber kein persönliches Antwortschreiben, sondern eine öffentliche Distanzierung von dem Wörterbuch gefordert hatte. Anfang Februar 1773, nachdem er die „völlige Austilgung des ersten unangenehmen Eindrucks dieses Schreibens" abgewartet hatte[328], ging Teller an die Abfassung eines Antwortschreibens. Der Verfasser des Schreibens war ihm mittlerweile bekannt. Dessen Namen mache er aber nicht publik, „um auf keine Weise etwas gegen seinen Willen zu thun"[329], forderte ihn aber auf, dies unverzüglich selbst zu tun. In seinem Antwortschreiben signalisierte Teller, daß er durch die ausgesprochenen Drohungen menschlich zwar irritiert, theologisch jedoch nicht angefochten sei. Denn es gereiche der Wahrheit „nicht zur Ehre, daß ihre Vertheidiger einen so im Dunkeln anfallen,

325 Teller, Antwort, S.4.

326 AaO., S.5.

327 AaO., S.5f.

328 AaO., S.7.

329 AaO., S.9.

und mit einem: ‚wiederrufe, oder es ist um dich geschehen!' einen bey der Gurgel kriegen: Das reine Evangelium, wie ichs ohne alle Wörterbücher lese, erhält auch gewis keine solche Verhaltungsbefehle"[330]. Eine öffentliche Distanzierung Tellers fand daher nie statt.

Sein Wörterbuch wurde jedoch nicht nur Gegenstand anonym-öffentlicher Kritikschreiben. Vielmehr wurden auch diverse lexikalische Gegenentwürfe verfaßt. So veröffentlichte Friedrich Christoph Oetinger (1702-1782), württembergischer, der spekulativen Richtung zuzuordnender Pietist, im Jahre 1776 ein *Biblisches und Emblematisches Wörterbuch dem Tellerischen Wörterbuch und Anderer falschen Schriftauslegung entgegen gesetzt*[331]. „Ein Wörterbuch über die heilige Schrift machen ist ein Geschäft wie Petri Netz flicken", so die Einschätzung Oetingers, – „es ist mühsam für Lehrer und Zuhörer". Das kürzeste aller biblischen Wörterbücher sei das „Gebet Jesu" gewesen. Nun aber würde jedes Wörterbuch „ein langes Werk wegen der Spitzfindigkeiten der Parteien"[332]. In diesen Parteienstreit, der den ursprünglich einfachen Schriftsinn verdunkle, sei auch Wilhelm Abraham Tellers Wörterbuch einzuordnen. Oetinger unterstellt Wilhelm Abraham Teller keine ketzerischen Absichten, sondern fehlendes Verständnis für den wörtlichen Schriftsinn.

> „Teller meint es gut: er will [...] das Evangelium leicht und practicabel machen, er will die Geheimnisse, die man nicht erklären kann, weglassen, er will [...] die Prediger dahin bringen, von dem Glück eines aufrichtigen Christenthums zu reden, und will dieß zu Stand bringen, indem er die falschen Vergnügungen der Einbildungskraft in bloß sinnlichen Vorstellungen der Religion wegräumen will; aber er geräth dadurch in eine falsche

330 AaO., S.15.

331 Zitiert wird im Fortgang nicht nach der Originalausgabe, welche anonym und ohne Orts- und Verlagsangabe erschien, sondern nach folgender Ausgabe: *Des Württembergischen Prälaten Friedrich Christoph Oetinger Biblisches Wörterbuch. Neu herausgegeben und mit den nothwendigen Erläuterungen, sowie mit einem Register über die wichtigsten Materien versehen von Dr. Julius Hamberger. Mit einem Vorwort von Dr. Gotthilf Heinrich v. Schubert, Stuttgart 1849*. Die Neuausgabe bietet einen Wiederabdruck von Oetingers Vorrede (Oetinger, Vorrede, wiederabgedruckt in: ders., Wörterbuch, Neuausgabe, S.XXV-XXXII). Da Wilhelm Abraham Teller in seinem Wörterbuch die Versöhnungslehre bestritten hatte, war der Originalausgabe von 1776 eine *Kurze Apologie für die Schriftlehre von der Genugthuung und Versöhnung Jesu Christi* beigebunden. Zum Vergleich zwischen Wilhelm Abraham Tellers und Oetingers Wörterbuch vgl. ausführlich Gottfried Hornig, Wilhelm Abraham Tellers *Wörterbuch des Neuen Testaments* und Friedrich Christoph Oetingers *Emblematik*, in: Das Achtzehnte Jahrhundert. Zeitschrift der Deutschen Gesellschaft für die Erforschung des achtzehnten Jahrhunderts 22 (1998), S.76-86.

332 Oetinger, Vorrede, wiederabgedruckt in: ders., Wörterbuch, Neuausgabe, S.XXV.

Uebersinnlichkeit. Die ganze Schrift ist voll sinnlicher Vorstellungen, und diese machen das Meiste im neuen Testament aus"[333].

Oetinger dagegen will mit seinem Wörterbuch aufweisen, „daß die Sinnlichkeit der Schrift die Hauptabsicht Gottes ist"[334], daß also Leiblichkeit das Signum vollkommenen Lebens ist.

Von theologiegeschichtlich und theologiepolitisch weitaus größerer Brisanz ist freilich ein Lexikon, das von Johann Friedrich Teller (1736-1816), dem Bruder Wilhelm Abraham Tellers, vorgelegt wurde[335]. 1775 erschien in Leipzig *D. Johann Friedrich Tellers Wörterbuch des Neuen Testaments. Erster Theil, von A-L. Leipzig 1775. Zweyter Theil, M-Z, Leipzig, Verlegts Gotth. Theop. Georgii 1775.* Johann Friedrich Teller ließ keinen Zweifel daran, daß er sich theologisch dem lutherisch-orthodoxen Lehrbegriff verpflichtet sah und er sich der „autoritätskritische[n] Infragestellung der dogmatischen Tradition"[336] entgegenzustellen beabsichtigte, um diese Tradition, den überkommenen Kirchenglauben und die konfessionelle Identität der Kirche zu verteidigen – auch gegen den eigenen Bruder:

> „Mich hat weder die Toleranz des starren Indifferentismus verwegen gemacht, noch auch die leicht möglichen Vorwürfe des Separatismus, wegen der zu geradelinigen Rechtgläubigkeit schüchtern, und endlich eben so wenig der gefällige, und unsystematische Syncretismus, unstet, und wie es bey der geraden Contradiction, so bald man es beyden recht machen will, nicht anders seyn kann, unbeständig"[337].

Vielmehr verfaßte er sein Wörterbuch „ohne Kränkung der Orthodoxie, die von mir nichts zu befürchten hat, da ich unter Neuigkeit und Neuerung unterscheiden gelernt, und die Bauart im Reiche Gottes für die einzige schickliche halte, die nicht ein neues Gebäude aufzuführen gedenkt, sondern nur fort bauet"[338].

Die exegetischen Grundsätze seiner Erklärungen sind zum ersten ‚Schrift aus Schrift', zum zweiten „die Reinigkeit und Lauterkeit des Glaubens" und zum dritten die Gemeinverständlichkeit[339]. Die Erläuterung des Grundsatzes ‚Schrift aus Schrift' bei Johann Friedrich Teller zeigt deutlich die dogmatisch-exegetische Differenz zwischen den Brüdern. Johann Friedrich Teller versteht das hermeneutische Prinzip

---

333 AaO., S.XXX.

334 AaO., S.XXXI. Vgl. auch Johannes Wallmann, Der Pietismus (KiG, Lfg. 0, 1: 4), Göttingen 1990, S.143.

335 Vgl. Karl Aner, Die Theologie der Lessingzeit, Halle 1929, S.88

336 Graf, Protestantische Theologie und die Formierung der bürgerlichen Gesellschaft, S.20.

337 J.F. Teller, Vorrede, in: ders.: Wörterbuch 1, S.1-8, hier S.2.

338 AaO., S.3.

339 AaO., S.7.

„Schrift aus Schrift" als eine Kombination von philologischer Arbeit[340] einerseits und dem Vertrauen auf die Verbalinspiration andererseits.

> „Da der Geist Gottes bey Eingebung der Wahrheiten die Schreibart der Freyheit jedes Schriftstellers, in so weit dieselbe zur Sache schicklich war, überließ, so will auch jeder aus sich selbst erkläret, und sein Eigenes bemerkt seyn. [...] Sich nun nach dieser Verschiedenheit bey seinen Worterklärungen bequemen, und nach den verschiedenen Gegenden, in denen man sich befindet, jedesmal die gehörige Gestalt und Denkungsart anzunehmen wissen, das nenne ich unter andern Schrift aus Schrift erklären"[341].

In der Vorrede zum zweiten Teil bietet Johann Friedrich Teller ergänzend zu seiner eigenen theologisch-lexikographischen Position eine kurze Theorie theologischer Wörterbücher. Er unterteilt die Wörterbücher in zwei Gruppen, nämlich in solche „für das Gedächtniß" und solche „für den ganzen Verstand"[342]. Erstere werden auch die „gemeinartigen" genannt und zielen laut Johann Friedrich Teller ausschließlich auf die Bestimmung der Wortbedeutung. Daneben treten solche Wörterbücher, denen „die Auflösung des Wortbegriffs besonders angelegen" ist und die folglich „dem Verstande vielmehr zu denken, als zu merken" geben.

> „Dieses ist der Unterscheidungspunkt des Wörterbuchs für den Jüngling, und für den Gelehrten, dem es vielmehr wird um die Sache, und um die Wahrheit zu thun seyn, und der Gesichtspunkt, aus welchem man das Meinige ansehen muß. Es sollte zu Erklärung der christlichen Lehre dienen"[343].

Die Bibellexika sollen den Fortbestand und Erhalt der überkommenen lutherischen Lehr- und Kirchentradition sichern und nicht der Ausbildung eines individuellen Religionsverständnisses dienen Die Vorstellung einer von selbständigem Schriftstudium geprägten Religion fehlt bei Johann Friedrich Teller. So war zwar für beide Tellers die Idee bestimmend, auf exegetisch-lexikalischem Wege in die Lehren des Christentums einzuführen. Dabei wird der Exegese jedoch eine differente Funktion zugewiesen. Wilhelm Abraham Teller versteht die Exegese als selbständiges Schriftstudium, welches zu einem von der Lehrdogmatik unabhängigen religiösen System führen sollte. Johann Friedrich Teller hingegen sieht in der Exegese das reduktive Erschließungsin-

---

340 J.F. Teller, Vorrede, in: ders., Wörterbuch 2, S.1-14, hier S.5 (Seitennumerierung von R.C.): „Ich wünschte vielmehr herzlich daß, [...] der Gottesgelehrte allemal auch gehörig Sprachgelehrter seyn möchte; dann würde es auch mit der so sehr in Verfall gerathenen Gottesgelahrtheit eine ungleich bessere Bewandniß haben" (Seitennumerierung von R.C.).

341 AaO., S.9.

342 AaO., S.1.

343 AaO., S.1f.

strument evangelisch-lutherischer Bekenntnisse[344]. Und in diesem Kontext gewannen die Bibelwörterbücher eine je eigene Relevanz: Entweder als Hilfsmittel zu einem eigenständigen Studium oder als exegetisch-dogmatische Exzerpte philologischer Erkenntnisse, welche die Einsicht in die Gültigkeit und Rechtmäßigkeit der lutherischen Lehrbildung erleichtern sollten.

Daß ein Bruder ein Lexikon als Gegenentwurf zu dem Werk des eigenen Bruders verfaßte – dieser Sachverhalt stieß bereits zu Lebzeiten der Brüder auf Befremden. Georg Heinrich Lang (1740-1806) legte eine Schrift *Zur Beförderung des nützlichen Gebrauches des Wilhelm Abraham Tellerischen Wörterbuchs des neuen Testaments*[345] vor. Lang zeigte für den Gegenentwurf von Johann Friedrich Teller und „diese Gegenfüßlerey, die unter Brüdern weder fein noch lieblich ist, noch mit der Liebe zur Wahrheit gefirnißt werden kann", wenig Verständnis[346]. Er geht aus von der bis dato laut gewordenen Kritik an Wilhelm Abraham Teller. Diese hatte Wilhelm Abraham Teller an der Seite Johann Salomo Semlers in die Reihe der Religionsleugner eingeordnet und „aus einseitiger Individualempfindung das Anathem" zu deren Position gesprochen[347]. Sich selbst sah Lang eher unter den „Verehrern und Freunden des *Tellerischen Namens*"[348]. Und deshalb möchte Lang das Wörterbuch von Wilhelm Abraham Teller nicht kritisieren, sondern im Stil von „Glossen" prüfen[349]. „Sanft wollt' ich prüfen. Sollte mir ein unsanftes Wort

---

344 Die beiden Positionen entsprechen dem Trend der Zeit, denn von 1770 an wurde in Deutschland ein intensiver Streit „um das Verhältnis von konfessionellem Kirchenglauben und allgemeiner, humanitär vernünftiger Religion" geführt, welcher „die theologische Gestalt eines grundlegenden politisch-kulturellen Problems [sei]: der Spannung zwischen traditionellen Institutionen und neuen bürgerlichen Autonomieansprüchen" (Graf, Protestantische Theologie und die Formierung der bürgerlichen Gesellschaft, S.16; S.15ff. stellt Graf die diversen theologischen Positionen vor). Nowak, Vernünftiges Christentum?, S.53ff. bietet neuere Literatur zu diesem Themenkomplex.

345 *Zur Beförderung des nützlichen Gebrauches des Wilhelm Abraham Tellerischen Wörterbuchs des neuen Testaments. Von Georg Heinrich Lang, Kirchen-Rath und Hof-Prediger bey der Frau Erbprinzessin von Thurn und Taxis Hochfürstl. Durchlaucht. Erster Theil, A-F. 1778. Zweyte Auflage 1790. Zweyter Theil. G. 1779. Zweyte Auflage 1791. Dritter Theil. H-O. 1781. Zweyte Auflage 1792. Vierter Theil. P-Z. 1785, Anspach, in des Commercien-Commissaire Benedict Friederich Haueisens privilegirten Hof-Buchhandlung.*

346 Lang, Vorbericht zum Ersten Theil, in: ders., Zur Beförderung 1, S.III-XII, hier S.X-XI (zitiert wird im Fortgang bei diesem Werk immer aus den oben angeführten Bänden der zweite Auflage). Zur Einschätzung des Langschen Werkes unter den theologischen Zeitgenossen vgl. z.B. die entsprechende Rezension in: Allgemeine theologische Bibliothek, 12.Bd. (1779), S.215-236.

347 Lang, Vorbericht [zum Ersten Theil], in: ders., Zur Beförderung 1, S.III.

348 AaO., S.VI (Hervorh. i. Orig.).

349 Lang, Vorbericht [zum Zweyten Teil], in: ders., Zur Beförderung 2, S.III-VIII, hier S.III.

entwischt seyn, das ich ietzt nicht mehr ausstreichen kann: so sey es widerrufen"[350], denn die Großen der Geistesgeschichte verdienen allemal mehr Prüfung „als die Kleinmänner; und sie ist desto nothwendiger, ie größer der Einfluß ihres Ansehens ist"[351]. Der Aufbau des Kommentars folgt alphabetisch dem Stichwortbestand des Wörterbuchs von Wilhelm Abraham Teller und bietet zu jedem Stichwort die Lang bekannt gewordene Kritik an Tellers Position, ergänzt um „die neuesten Erklärungen bekannter und gepriesener Schriftausleger"[352] sowie einer eigenen exegetischen Position.

Wilhelm Abraham Teller freilich arbeitete die Langschen Verbesserungsvorschläge nicht in die dritte Auflage des Wörterbuches ein,

> „so groß der eigene Beyfall ist, mit welchem ich viele seiner Erinnerungen und Zurechtweisungen in Ansehung einer richtigern Erklärung oder genauern Uebersetzung annehme und so sehr überhaupt ich selbst die Einsichten des Herrn Verfassers ehre und ihm recht viele Leser wünsche"[353].

Zu den Verehrern von Wilhelm Abraham Teller zählte auch Friedrich Nicolai (1733-1811), herausragender Berliner Buchhändler und verlegerischer Promotor der theologischen Aufklärung[354]. Er bescheinigte dem Wörterbuch, der Benutzer finde

> „gründliche Sprachkunde mit reifer Beurtheilung verschwistert, in diesem Buche, dessen großer Verdienst darinn besteht, daß die fremdartigen und jüdischen lokalen Ausdrücke im Neuen Testamente in jetzt übliche, deutliche, und daher gemeinverständliche Redensarten aufgelöset sind. In diesem mäßigen Oktavbande hat Teller gelehrten und ungelehrten Lesern über viele Begriffe und Sätze der Bibel, welche Jahrhunderte lang für dunkel und geheimnißvoll waren geachtet worden, mit seltener Freymüthigkeit

---

350 Lang, Vorbericht [zum Ersten Theil], in: ders., Zur Beförderung 1, S.VIII.

351 AaO., S.IX.

352 AaO., S.XI.

353 W.A. Teller, Vorerinnerungen zur dritten Auflage, in: ders., Wörterbuch, vierte Auflage, S.30-64, hier S.31f.

354 Wilhelm Abraham Teller war für das Gebiet der Theologie Mitarbeiter und Rezensent bei der von Nicolai verlegten Allgemeinen Deutschen Bibliothek. Beide waren Mitglieder der Berliner „Gesellschaft der Freunde der Aufklärung" (auch „Mittwochsgesellschaft"). Vgl. hierzu (mit weiterführender Literatur) Ute Schneider, Friedrich Nicolais Allgemeine Deutsche Bibliothek als Integrationsmedium der Gelehrtenrepublik (Mainzer Studien zur Buchwissenschaft 1), Wiesbaden 1995, bes. S.66f. Zum Verhältnis von Wilhelm Abraham Teller und Friedrich Nicolai vgl. auch Horst Möller, Aufklärung in Preußen. Der Verleger, Publizist und Geschichtsschreiber Friedrich Nicolai (Einzelveröffentlichungen der Historischen Kommission zu Berlin 15), Berlin 1974, S.175ff. Instruktiv ist ferner der Sammelband: Friedrich Nicolai 1733-1811. Essays zum 250. Geburtstag. Hg. v. Bernhard Fabian, Berlin 1983. Der dort enthaltene Aufsatz von Paul Raabe, Der Verleger Friedrich Nicolai. Ein preußischer Buchhändler der Aufklärung, in: aaO., S.58-86 reflektiert den Zusammenhang zwischen dem aufklärerischen Verlegerbewußtsein Nicolais und der Gestaltung eines theologischen Verlagsprogramms.

bessere Auskunft gegeben, als viele dicke und wortreiche Kommentarien geben konnten"[355].

Nicolai würdigt den benutzerhermeneutischen Ansatz, im Medium des Lexikons zu einer selbstständigen theologischen Bildung gerade auch der theologischen Laien beitragen zu wollen.

Daß die biblischen Nachschlagewerke als theologiepolitische Instrumentarien konzipiert und entsprechend rezipiert wurden, haben die Auseinandersetzungen um Wilhelm Abraham Tellers *Wörterbuch des Neuen Testaments zur Erklärung der christlichen Lehre* deutlich gezeigt. Die literarischen Auseinandersetzungen um das Nachschlagewerk wurden von populärer Literatur wie Rezensionen und Benutzeranleitungen flankiert. Als umstritten erwiesen sich insbesondere der Stellenwert der Dogmatik und die Funktion der lutherischen Lehrtradition für die Exegese.

Hinter den unterschiedlichen theologisch-lexikographischen Intentionen der verschiedenen Bibellexika stand häufig auch eine unterschiedliche Intention hinsichtlich der Benutzerhermeneutik. Dieser Sachverhalt läßt sich am Beispiel eines Werkes darstellen, welches in seiner Radikalität zwar nicht typisch ist für die deutsche Aufklärungstheologie, das jedoch aufgrund seiner ausdrücklichen lexikonpolitischen Abgrenzungsstrategie besonders aufschlußreich ist. Die Rede ist von Carl Friedrich Bahrdt (1741-1792), dem „enfant terrible der deutschen Aufklärungstheologie"[356], welcher ein *Griechisch-Deutsches Lexicon über das Neue Testament*[357]herausgab. Bahrdt, der nach verschiedenen theologischen Dozenturen als Gastwirt endete, erläuterte Funktion und Intention seines Lexikons in bewußter Abgrenzung zu einem von Johann Friedrich Schleusner (1759-1831) in den 1780ern bereits angekündigten, 1792 dann veröffentlichten *Novum Lexicon Graeco – Latinum*[358]. Bahrdt ging davon aus, der theologische Buchmarkt vertrage

355 Friedrich Nicolai, Gedächtnißschrift auf Dr. Wilhelm Abraham Teller, Berlin et al 1807, S.20f.

356 Hoffmann, Art. Bahrdt, Karl Friedrich, in: RGG[2], 1 (1927), Sp.737f., hier Sp.738.

357 *Griechisch-Deutsches Lexicon über das Neue Testament, nebst einem Register über Luthers deutsche Bibel, welches auch Ungelehrte in den Stand sezt, dieß Wörterbuch zu gebrauchen und sich über Dunkelheiten der deutschen Bibel Raths zu erholen, von D. Carl Friedrich Bahrdt, Berlin, bei Friedrich Vieweg 1786.*

358 *Novum Lexicon Graeco - Latinum in Novum Testamentum Congessit et variis observationibus philologicis illustravit Joh. Frieder. Schleusner Philosophiae et Theologiae Doctor hiusque Professor P. Ordinarius Goettingensis, Lipsiae in Officina Weidmaaniana A. C. Zwei Bde., 1792.* Nach Meyer, Art. Schleusner, Johann Friedrich, in: RGG[2], 5 (1931), Sp.193 galt Schleusner „lange als der bedeutendste Lexikograph für NT und Septuaginta" (ebd.). Wichtige Lexika von Schleusner, neben dem oben angeführten, sind das *Lexici in Interpretes Graecos V.T. Maxime Scriptores Apocryphos Spicilegium. Post Bielium. Congessit et edidit Ioh. Frid. Schleusner. AA. LL. Mag. Theol. Baccal. et orat. Matut. ad. aed-*

zwei intentional gegensätzliche Lexika, welche auf den gleichen enzyklopädischen Stoff – das Neue Testament – zugriffen. Er argumentiert hierbei auf zwei Ebenen.

Da ist zum einen die Frage nach den Benutzergruppen. Das Lexikon von Schleusner blicke, so Bahrdt, in Umfang und wissenschaftlichem Anspruch stärker auf die Gelehrten als Zielgruppe. Er selbst dagegen schreibe „fürs Volk"[359]. Dies wird an verschiedenen Aspekten einsichtig: Schleusners lexikalische Werke waren in lateinischer Sprache verfaßt und wurden allein aufgrund dieses Umstandes im Umfeld gelehrter Kultur rezipiert. Bahrdt dagegen verfaßte sein Nachschlagewerk in deutscher Sprache, was er dreifach begründet: Zum ersten benutzerpragmatisch aufgrund des sich ausbreitenden Mangels der Kenntnis der lateinischen Sprache, zum zweiten mit dem absatzpragmatischen Interesse, „auch von solchen gelesen und benuzt zu werden, die gar nicht Gelehrte von Profeßion sind, und von denen man die lateinische Sprache nicht fodert"[360] und zum dritten mit der intellektuell-pragmatischen Einsicht, daß „uns die Ideen doch immer um ein gut Theil anschauender werden, wenn wir sie in der Muttersprache richtig und bestimmt ausgedrukt finden"[361]. Aus diesen Gründen gehören zu den weiteren lexikographischen Grundsätzen die deutsche Umschrift bei griechischen Begriffen und die Numerierung der 4.829 Stichworte zur Optimierung der Brauchbarkeit des Verweissystems und des Registers, welches über die deutschen Stichworte zu dem jeweils unter dem entsprechenden griechischen Begriff zu findenden Artikel führt.

Und da ist zum anderen die Frage nach der theologischen Position der Lexika, mittels derer Bahrdt eine Absetzung vom Werke Schleusners intendierte. Dessen Lexikon müsse sich aufgrund der kirchlichen Stel-

---

academ, Lipsiae sumtibus Siegfried Lebrecht Crusii MDCCLXXIV und der dreibändige *Novus Thesaurus Philologico-Criticus sive Lexicon in LXX et reliquos interpretes graecos ac scriptores apocryphos Veteris Testamenti. Post Bielium et alios viros doctos congessit et edidit Ioh. Frieder. Schleusner Philosophiae et Theologiae Doctor huiusque Prof. P. O. aedi arcis praepositus seminarii eccles. regii viteb. Director, Lipsiae In Libraria Weidmannia 1821*. Das hier vorgestellte neutestamentliche Lexikon von Schleusner galt als „das beste, indem es sich sowohl durch Reichhaltigkeit und Genauigkeit, als auch durch gründliche Sach- und Sprachkenntniß und sorgfältige Benutzung der vorhandenen Quellen und Hülfsmittel auszeichnet" (Christian Friedrich Liebegott Simon, Literatur der Theologie hauptsächlich des neunzehnten Jahrhunderts, Leipzig 1813, S.75). Ähnlich im Urteil Nösselt, Anweisung, S.126.

359 Bahrdt, Vorbericht, in: ders., Griechisch-Deutsches Lexicon, S.III-VIII, hier S.IV.

360 AaO., S.VI.

361 Ebd. Zu Bahrdt als Bibelübersetzer vgl. u.a. Michael Heymel, Die Bibel mit Geschmack und Vergnügen lesen: Bahrdt als Bibelausleger, in: Carl Friedrich Bahrdt (1740-1792). Hg. v. Gerhard Sauder und Christoph Weiß (Saarbrücker Beiträge zur Literaturwissenschaft 34), St. Ingbert 1992, S.227-257.

lung des Verfassers[362] in dogmatischen Fragen zurückhalten. Für Bahrdt aber bestand gerade in der Verknüpfung von Dogmatik und Exegese ein primäres lexikographisches Interesse. Er wollte

> „den dogmatischen Inhalt des N. Testaments sichtbar [...] machen und durch gelehrte Beweise, die in der Natur der Sprache, im herrschenden Gebrauche der Schriftsteller, im Zusammenhange der Rede, in der Lage und dem Karakter der Verfasser des N. Testaments selbst, und in dem Parallelismus desselben liegen, das [...] rechtfertigen, was ich in meinen übrigen fürs Volk bestimten Schriften behauptet und nur mit vernünftigen Räsonnement unterstüzt habe. Ich wollte meine Leser in den Stand sezen, die Erklärung des N. T. nicht mehr auf Treu und Glauben der Lexikographen oder ihrer Lehrer anzunehmen, sondern mit eignen Augen zu sehn, was im N. T. für Begriffe oder Lehrsäze enthalten oder nicht enthalten sind. Kurz, mein Wunsch war eben der, der bei allen meinen Schriften mich belebt, die Aufklärung in der Religion befördern zu helfen"[363].

Theologisch vertrat das Wörterbuch den Standpunkt einer natürlichen Religion, die jede positive Religion ablehnte „und die Vernunft allein auf den Richterstuhl der Wahrheit zu erheben" bemüht war[364].

Neben die deutliche Abgrenzung gegenüber anderen lexikalischen Projekten, denen Bahrdt indirekt vorwarf, einer dogmatisch-kirchlichen Exegese Vorschub zu leisten, trat der konzeptionelle Anspruch, einen lexikalischen Beitrag zu einer selbsttätigen Bildung zu leisten. Freilich zeigen sich die Lexika gleich welcher theologischen Positionalität immer von genau diesem Interesse geleitet. Die Vorwürfe Bahrdts an die „Lexikographen" anderer Provenienz sind also eher theologiepolitischer denn objektivitätstheoretischer Art.

Und so ist Theologiepolitik im Genre des Bibellexikons in erster Linie definiert durch die Entfaltung theologisch-dogmatischer Positionalität, mittels derer der Schriftsinn in hermeneutisch fixierter Voreinstellung entfaltet wird. Solche Lexika erzielen ihre theologiepolitische Wirkung freilich nur in bestimmten, theologisch dem jeweiligen Lexikographen nahestehenden Benutzergruppen. Für das 19. Jahrhundert gilt dies in besonderem Maße. Dabei wird der positionelle[365] Charakter

---

362 Schleusner war von 1795 an Professor und Propst in Wittenberg und neben Carl Immanuel Nitzsch (1787-1868) Mitdirektor des theologischen Seminars und Direktor des homiletischen Instituts.

363 Bahrdt, Vorbericht, in: ders., Griechisch-Deutsches Lexicon, S.IVf.

364 Art. 781 baptizw, Baptizo, in: Bahrdt, Griechisch-Deutsches Lexicon, S.131-135, hier S.132.

365 „Positionell" wird im folgenden in dem von Dietrich Rössler eingeführten Bedeutungsgehalt verwendet, der „diejenige Theologie, die die Bildung von Positionen intendiert", als positionelle Theologie zusammenfaßt. In der neuzeitlichen Epoche der Theologie gebe es zu deren „positionelle[r] Gestalt keine Alternative. Jede theologische Äußerung, die mit dem Anspruch auftritt, nicht nur wörtliche Reproduktion

der Lexika nicht nur in der vom Lexikographen bezogenen theologisch-exegetischen Position evident, sondern auch in der differenten Konnotation des der lexikographischen Arbeit zugrunde gelegten Bildungsbegriffs.

3.3.2. Die Positionalität der Bibellexika im 19. Jahrhundert

Die dargelegte Entwicklung hat sich im 19. Jahrhundert fortgesetzt. Zur Verdeutlichung seien im folgenden exemplarisch vier Bibellexika herangezogen. Zuerst wird ein Bibelwörterbuch vorgestellt, das sich ausdrücklich jenseits dieser theologiepolitischen Frontenbildung etablieren wollte und zwischen einer sich radikalisierenden Bibelkritik einerseits und den proportional dazu wachsenden repristinierenden exegetischen Entwürfen andererseits zu vermitteln suchte. Johann Georg Benedikt Winer (1789-1858) legte im Jahre 1820 ein *Biblisches Realwörterbuch zum Handgebrauch für Studirende, Kandidaten, Gymnasiallehrer und Prediger*[366] vor. Intention und Funktion seines Nachschlagewerkes umriß Winer in seiner Vorrede präzise:

> „Ein den Fortschritten der theologischen Wissenschaften angemessenes Handbuch aller beim exegetischen Studium nothwendigen Realkenntnisse vorzüglich historischer Art, das mit möglichster Präcision in der Darstellung eine gewisse Vollständigkeit vereinte und zugleich vom Verleger um einen mässigen Preis abgelassen werden könnte, stellte sich mir bald nach Beginn meiner akademischen Thätigkeit als dringendes Bedürfniss für Studirende auf Universitäten, für Schullehrer, welche die Bibel fruchtbar erklären sollen und selbst für Prediger, denen keine bedeutende Büchersammlung zur Hand ist, dar"[367].

Damit ist von Winer dreierlei intendiert. Der Wunsch, ein historisches Realwörterbuch zu schaffen, wirkt sich regulierend auf den Stichwortbestand aus. Dieser führt keine Lemmata aus den Bereichen biblischer Einleitungswissenschaften und biblischer Theologie, da diese „dem

---

anderer Äußerungen zu sein, steht zwangsläufig unter den Gesetzmäßigkeiten der Positionalität. Die Situation der Konkurrenz ist unausweichlich, und sie stellt die Bedingungen dafür, daß und wie eine theologische Äußerung allererst sich Gehör zu schaffen vermag. [...] Theologie als Ausdruck der religiösen Subjektivität: das ist der Kern der positionellen Theologie" (Dietrich Rössler, Positionelle und kritische Theologie, in: ZThK 67 [1970], S.215-231, hier S.217.222). Die Pluralität der theologischen Lexika entspricht daher dem pluralen Charakter positioneller Theologie.

366 *Biblisches Realwörterbuch zum Handgebrauch für Studirende, Kandidaten, Gymnasiallehrer und Prediger ausgearbeitet von Dr. Georg Benedikt Winer, Königl. Kirchenrath und ordentlichem Professor der Theologie an der Universität zu Leipzig. Zwei Bde. 1820. Zweite ganz umgearbeitete Auflage. Erster Band 1833, Zweiter Bd. 1838, Dritte sehr verbesserte und vermehrte Auflage 1847. Zweiter Bd. 1848. Leipzig, bei Carl Heinrich Reclam sen.*

367 Winer, Vorrede, in: ders., Biblisches Realwörterbuch 1, zweite Auflage, S.V-XIII, hier S.V.

Vorbereitungsstudium des Exegeten anheim fallen"[368], ferner keine Eigennamen, „für deren Erläuterung weder aus der Bibel selbst [...] noch aus andern Quellen etwas zu entlehnen war"[369] und auch keine zur unmittelbaren Erläuterung des biblischen Textes notwendigen Dinge, denn: „wer wird z. B. eine vollständige Naturgeschichte des Hundes oder die Notiz, dass die *Griechen* eine berühmte Nation der alten Welt gewesen seyen, in einem solchen Buche erwarten?"[370]. Die Lemmatagestaltung selbst spart eine Nacherzählung des biblischen Stoffes aus.

Damit gerät die zweite Intention Winers in den Blick. Sein Werk erhebt den Anspruch lexikographischer Gründlichkeit und sprachlicher Präzision. Die Gründlichkeit zeigt sich in der summarischen Präsentation relevanter exegetischer Forschungsliteratur. Sprachliche Präzision und Kürze des Ausdrucks sollten die Brauchbarkeit des Lexikons fördern, „denn gar zu ausführliche Artikel vernichten den Zweck eines zum Nachschlagen bestimmten Buchs"[371].

Diese primäre Ausrichtung am pragmatischen Nutzen des Werkes war auch im Hinblick auf die dritte Intention Winers leitend. Winers Werk zielte nicht auf das gelehrte Publikum – „forschende Gelehrte hatte ich nicht im Auge"[372] sondern wollte Studenten, Lehrern und Predigern die „zum Verständniss der biblischen Bücher nöthigen historischen, geographischen, archäologischen, physikalischen Sachkenntnisse"[373] vermitteln. Die Funktionalität des Lexikons wurde also durch seine praktische Brauchbarkeit und durch die Interessen eines sachliterarisch, aber nicht fachtheologisch versierten Benutzerkreises bestimmt. Mit der Ausrichtung des Werkes auf die genannten Benutzergruppen war das biblische Nachschlagewerk auf ein klar umgrenztes Bildungsmilieu hin konzipiert. Sogar der finanzielle Spielraum dieser Benutzergruppen wurde bei der Planung berücksichtigt.

Theologiepolitisch wollte Winer sein Realwörterbuch zwischen den Extrempositionen einer radikalisierenden Bibelkritik einerseits und einer repristinierenden Inspirationsgläubigkeit andererseits verorten:

> „So wenig ich nämlich alle Resultate der auflösenden Kritik für Wahrheit nehmen konnte und so sehr ich bedauern musste, dass selbst feinsinnige Forscher das historisch Sichere mit luftigen Hypothesen durchwebten: so war mir doch auf der andern Seite das geflissentliche Repristiniren sich

368 AaO., S.VII.

369 AaO., S.VIII.

370 Ebd. (Hervorh. i. Orig.).

371 Winer, Vorrede, in: ders.: Biblisches Realwörterbuch 1, dritte Auflage, S.III-XI, hier S.VII.

372 AaO., S.III.

373 Ebd.

gläubig nennender Schriftgelehrter höchlich zuwider, und ich musste manche kecke Behauptung von beiden Seiten, war sie auch mit wichtiger Miene verkündigt, als der Einfachheit des Alterthums und wissenschaftlich-hermeneutischen Grundsätzen zuwiderlaufend bestreiten oder zurückstellen"[374].

Daneben entstanden indes auch Bibellexika, die diesen Standpunkt einer lexikalisch-theologischen Hermeneutik jenseits binnenprotestantischer Milieubildungen aufgaben und in Mitarbeiterauswahl und theologisch-lexikalischer Selbstidentifikation eindeutige theologiepolitische Signale setzten und sich hinsichtlich anvisierter Benutzergruppen als auch hinsichtlich des Theologie- und Wissenschaftsverständnis deutlich positionierten. Eines dieser Werke erschien 1869-1875 im Verlag F.A. Brockhaus. Es rekrutierte seine Mitarbeiter vornehmlich aus dem Umfeld des liberalen Protestantismus und wollte lexikographisch die Erkenntnisse der historisch-kritischen Bibelforschung sichern. Die Rede ist von dem von Daniel Schenkel herausgegeben *Bibel-Lexikon*[375].

Daniel Schenkel (1813-1885) wurde im Studium durch Wilhelm Martin Leberecht de Wette (1780-1849) von der Notwendigkeit kritischer Schriftforschung überzeugt. Nach einer pietistisch geprägten Lebensphase als Pfarrer in Schaffhausen, war Schenkel von 1851 an Professor für Systematische Theologie und Direktor des Predigerseminars in Heidelberg. Ein theologischer Richtungswechsel Schenkels „führte eine liberale Aera auch für die evg. Kirche Badens herauf"[376]. Er war Herausgeber der *Allgemeinen kirchlichen Zeitschrift* und zählte als langjähriger Freund Richard Rothes (1799-1867) 1863 zu den Mitinitiatoren des ‚Deutschen Protestantenvereins'[377]. Dogmatisch-theologisch ist er der Vermittlungstheologie zuzuordnen.

Der theologiepolitische Anspruch des von ihm herausgegebenen *Bibel-Lexikons* läßt sich erneut am sichersten aus einer Analyse der anvisierten Benutzergruppen erhellen. Von Schenkel ist das Nachschlagewerk konzipiert „zur Erweckung und Läuterung des christlichen Geistes, zur Erneuerung und Förderung des kirchlichen Lebens unter der

---

374 AaO., S.X.

375 *Bibel-Lexikon. Realwörterbuch zum Handgebrauch für Geistliche und Gemeindeglieder. In Verbindung mit Dr. Bruch, Dr. Diestel, Dr. Dillmann, Dr. Fritzsche, Dr. Gaß, Dr. Graf, Lic. Hansrath, Dr. Hitzig, Dr. Holtzmann, Dr. Keim, Dr. Lipsius, Dr. Mangold, Dr. Merx, Dr. Nöldeke, Dr. Reuß, Dr. Roskoft, Dr. Schrader, Dr. C. Schwarz, Dr. A. Schweizer und andern der namhaftesten Bibelforscher herausgegeben von Kirchenrath Prof. Dr. Daniel Schenkel. Mit Karten und in den Text gedruckte Abbildungen in Holzschnitt. Fünf Bde., F.A. Brockhaus Leipzig 1869-1875.*

376 Schwen, Art. Schenkel, Daniel, in: RGG[1], 5 (1913), Sp.287f.

377 Zu Richard Rothes Beitrag innerhalb der Konzeption des Bibel-Lexikons vgl. Schenkel, Nachwort, in: ders., Bibel-Lexikon 5, S.739f., hier S.739.

Geistlichkeit, und besonders auch in den Kreisen theilnehmender Gemeindeglieder"[378]. Durch gemeinverständliche Präsentation wissenschaftlicher Exegese sollten deren Ergebnisse „der großen christlichen Gemeinschaft selbst in allen ihren Theilen zugute" kommen, weil nur durch die Partizipation aller Interessierten an dem Fortschritt exegetischer Bemühungen die Bibel tatsächlich „zu einem geistigen Gemeingut aller Gebildeten, einem christlichen Volksbuch im edelsten Sinn des Wortes werden" könne[379].

Das bedeutet zweierlei: Zum einen werden die wissenschaftlichen Popularisierungsbemühungen von einer protestantischen Bildungsidee getragen. Zu diesem Zwecke grenzt Schenkel das *Bibel-Lexikon* explizit gegen das oben vorgestellte Realwörterbuch von Winer ab. Schenkel will auf eine gelehrte Darstellung verzichten[380]. Er will nicht nur die biblischen Realia in historischer Perspektivierung enzyklopädisch erfassen, sondern darüber hinaus den heilsgeschichtlichen und religiössittlichen Inhalt der Bibel, „welcher Predigern und gebildeten Gemeindegliedern die meisten Räthsel aufgibt und die umfassendsten Probleme in sich schließt"[381] erörtern, dabei jedoch die wissenschaftliche Grundlage nicht verlassen und die bewährtesten Ergebnisse der „neuern Wissenschaft"[382] integrieren. Indem er zum zweiten zugleich den Bildungsanspruch zum Leitkriterium dessen macht, was unter ‚Gemeinde' und auch unter ‚Volk' zu verstehen ist, stellt Schenkel das Nachschlagewerk in den Kontext des liberal-protestantischen Bildungsbürgertums. Die Wissenschaftlichkeit der Darstellung soll den Selbstanspruch der lexikographisch-hermeneutischen Objektivität einlösen.

> „Keine Parteizwecke irgendeiner Art werden in demselben verfolgt. [...] Männer von verschiedener Richtung haben sich hier unter derselben Fahne eines ernsten wissenschaftlichen Strebens [...] zu einträchtigem Zusammenwirken gesammelt. [...] Die Mannichfaltigkeit des Strebens und Forschens ist der Unterordnung unter eine höhere Einheit keineswegs hinderlich, und die Freiheit der wissenschaftlichen Bewegung ist der mächtige Hebel der Wahrheitserkenntniß"[383].

---

378 Schenkel, Vorwort, in: ders., Bibel-Lexikon 1, S.V-VI, hier S.VI.

379 AaO., S.V.

380 „Ueberdies ist infolge seiner streng gelehrten Darstellungsweise der Gebrauch dieses Werkes [von Winer; R.C.] nur theologisch gebildeten Lesern ermöglicht" (ebd.). Es sei noch einmal darauf hingewiesen, daß Winer selbst sein Werk gerade gemeinverständlich und nicht gelehrt-wissenschaftlich konzipiert sehen wollte.

381 Ebd.

382 Ebd.

383 AaO., S.VI.

Wird bei Schenkel der Bildungsanspruch an die binnenkirchliche Leitvorstellung der gebildeten Gemeinde gekoppelt, so wird der protestantische Bildungsanspruch im *Handwörterbuch des Biblischen Altertums* mit der Idee eines identitätsstiftenden Nationalprotestantismus verbunden[384]. Der Herausgeber Eduard Karl August Riehm (1830-1888) gehört theologisch ebenfalls zu den Vertretern der Vermittlungstheologie. Er beabsichtigte, mit der Herausgabe seines Handwörterbuches „eine nationale Schuld unsrer deutsch-evangelischen Theologie abtragen" zu helfen[385], die darin bestehe, daß Fortschritte der wissenschaftlichen Exegese „ausschließlicher Besitz der theologischen Schule geblieben" seien[386], anstatt daß Theologen sich bemüht hätten, exegetische Erkenntnisse „allgemeiner zugänglich zu machen und so zum geistigen Gemeingut unsrer nationalen Bildung zu erheben"[387]. Beklagt wird der Mangel an effektiven und seriösen Popularisierungsbemühungen theologisch-wissenschaftlicher Erkenntnisse. Entscheidend ist der Konnex, welchen Riehm zwischen exegetisch-theologischer Wissenschaft und religiöser Bildung, die zugleich ein integrativer Bestandteil „unsrer eigenen deutsch-nationalen Bildung"[388] ist, eröffnet. Das Handwörterbuch soll „die religiöse Bildung in lebendiger Wechselbeziehung mit der allgemeinen, besonders mit der vom Geiste des classischen Altertums genährten Bildung" fördern[389]. Damit grenzt Riehm die Interessen des Handwörterbuches ab gegen gemeinverständliche exegetische Entwürfe, die primär auf Erbauung oder Belehrung im Sinne einer „unmittelbare[n] Förderung der religiösen und sittlichen Wahrheitserkenntnis"[390] zielten. Vielmehr sei das Handwörterbuch der Versuch, „jedem gebildeten deutschen Bibelleser ein dem jetzigen Stande unsrer wissenschaftlichen Bibelforschung, wie den Bedürfnissen und Anforderungen unsrer heutigen Bildung entsprechendes Nachschlagebuch in die Hand zu geben"[391].

Das Handwörterbuch ist funktional auf die eigenständige Bibellektüre gerichtet. Sein Stichwortbestand überspringt deshalb sowohl Fra-

384 *Handwörterbuch des Biblischen Altertums für gebildete Bibelleser. Herausgegeben unter Mitwirkung von Dr. G. Baur, Dr. Beyschlag, Dr. Fr. Delitzsch, Dr. Ebers, Dr. Hertzberg, Dr. Kamphausen, Dr. Kautzsch, Dr. Kleinert, Dr. Mühlau, Dr. Schlottmann, Dr. Schrader, Dr. Schürer u. A. von Dr. Eduard C. Aug. Riehm. ord. Prof. der Theol. in Halle a. S. Zwei Bde.. Verlag von Velhagen & Klasing, Bielefeld und Leipzig 1884.*

385 Riehm, Vorwort, in: ders., Handwörterbuch 1, S.I-IV, hier S.I.

386 Ebd.

387 Ebd.

388 Ebd.

389 Riehm, Schlußwort, in: ders., Handwörterbuch 1, S.V-VI, hier S.VI.

390 Riehm, Vorwort, in: ders., Handwörterbuch 1, S.I.

391 Ebd.

gen des dogmatischen Gehaltes der Schrift, Probleme der biblischen Theologie als auch Themen aus dem Bereich der Einleitungswissenschaften und der Literargeschichte, weil

> „diese Stoffe die Form lexikalischer Behandlung am wenigsten vertragen; in wirklich befriedigender Weise können sie nur behandelt werden, wenn der innere Zusammenhang des Einzelnen mit dem Ganzen auch in der äußeren Darstellungsform in vollerem Maße zu seinem Recht kommt, als es ein Wörterbuch zuläßt"[392].

Der Stichwortbestand wird eingeschränkt auf das Gebiet „der biblischen Geschichte, Geographie, Naturgeschichte und Archäologie" und auf den reichen Ertrag „der in unsern Tagen durch günstige Verhältnisse und den Eifer der Gelehrten in bewundernswerthem Fortschritt begriffenen historischen, ethnographischen, sprachwissenschaftlichen, religions- und culturgeschichtlichen Forschungen über das orientalische Altertum, *so weit er über die Bibel ein helleres Licht verbreitet hat*"[393] gewonnen wurde. Durch diese Verankerung der Lemmata in der historisch-kritischen Forschung soll das Handwörterbuch dem Milieu der ‚Parteiwerke', wo „was nur Vermuthung ist für Gewißheit und was erst individuelle Ansicht ist für ein sicheres Ergebnis der wissenschaftlichen Forschung ausgegeben werden darf"[394], entzogen werden und auf hermeneutisch objektiven Grund, nämlich den der „Darlegung der allgemeiner anerkannten Ergebnisse der Forschung"[395] gestellt werden. Auch hier soll die Wissenschaftlichkeit der Darstellung die hermeneutische Objektivität des Lexikons sichern.

Schenkel konzipierte sein Nachschlagewerk für den gemeindeinternen Bildungsanspruch. Riehm stellte die protestantische Bildung in den Gesamtkontext national-kultureller Identitätsfindung der 1880er der sogenannten ‚Wilhelminischen Ära'. Ekklesiologische Leitvorstellungen dominierten in beiden Fällen die Benutzerhermeneutik der Bibellexika und führten zu einer je eigenen theologiepolitischen Gestaltung des Werkes.

Dieser Sachverhalt galt auch für Bibellexika, die den Konnex von Bildung und Protestantismus aufbrachen zugunsten einer stärkeren Fokussierung ihrer Nachschlagewerke auf das Milieu der weniger bildungsbürgerlich orientierten Gemeindeschichten. Solche Lexika zielten stärker auf eine Rezeption innerhalb von Gemeindekreisen als daß sie bemüht waren, biblisch-theologische Themen einem interessierten Benutzerkreis außerhalb von Theologie und Kirche zu erschließen. Ihnen

---

392 AaO., S.II.

393 Ebd. (Hervorh. i. Orig.).

394 Ebd.

395 AaO., S.III.

ging es stärker um Erbauung und Belehrung im Sinne einer „unmittelbaren[n] Förderung der religiösen und sittlichen Wahrheitserkenntnis"[396] – ein Ansinnen, das Riehm, wie dargestellt, explizit abgelehnt hatte. Der Calwer Verlag in Stuttgart und seine Nachschlagewerke stehen beispielhaft für diese lexikographische Richtung. Hier ist vor allem auf das *Calwer Bibellexikon* zu verweisen[397]. Dieses Nachschlagewerk wendet sich an den „nachdenkenden *Bibelleser*"[398], der darin

> „in aller Kürze Aufschluß über eine ihm aufstoßende Frage, Belehrung über einen ihm fremdartigen alten Gebrauch, Winke zur Herbeiziehung und Vergleichung anderer ähnlicher Stellen, Zusammenfassung wichtiger biblischer Gedanken zu einem Lehrbegriff finden und so überhaupt ein eben gelesenes Bibelwort als ein Glied in das ganze Gebäude seiner biblischen Anschauungs- und Gedankenwelt einfügen kann"[399].

Das *Calwer Bibellexikon* stellt die exegetischen Fragen in den Gesamtzusammenhang einer systematischen Exegese und hofft, dem bibellesenden Laien so neue Zusammenhänge eröffnen zu können. Die dahinterstehende Vorstellung von lexikalisch vermittelter Bibelbildung hat eine gänzlich andere Funktion als sie sich bei Schenkel oder Riehm herauskristallisierte. Biblischer Bildung kommt hier eine bekenntnis- und mentalitätsstabilisierende Binnenfunktion zu. Sie ist auf das innere Gemeindemilieu beschränkt.

3.4 . Zwischenüberlegung
Bibellexika zwischen historisch-exegetischer Forschung, pragmatischer Zweckbindung und theologiepolitischer Ambitionalität

Daniel Schenkel resümierte im Jahre 1869:

> „Die Form eines biblischen Lexikons hat sich längst als die geeignetste erwiesen, um das in einer Unzahl von Schriftwerken zerstreute und vergrabene biblische Material in gedrängter Kürze zusammenzufassen, übersicht-

396 AaO., S.I.

397 *Calwer Bibellexikon. Biblisches Handwörterbuch illustriert. Unter Mitwirkung von Friedr. Delitzsch (Prof., Leipzig); J. Frohnmeyer (Oberkons.-Rat, Stuttgart); F. Godet (Prof., Neuchâtel); Th. Hermann (Stadtpf., Göppingen); Th. Oehler (Missions-Insp., Basel); C. v. Orelli (Prof., Basel); H. Roos (Stadtpf., Ludwigsburg); A. Schlatter (Prof., Greifswald) und anderen Theologen redigiert von Dekan Lic. th. Paul Zeller und herausgegeben vom Calwer Verlagsverein. Mit Bild, Karten und vielen Illustrationen, Calw & Stuttgart 1885*. Zum Calwer Verlag vgl. unten Kap.III.2.2.2.

398 „Aus dem Vorwort zur ersten Auflage", in: Calwer Bibellexikon, zweite Auflage, S.3f., hier S.3 (Hervorh. i. Orig.).

399 AaO., S.3f.

lich zu ordnen und zu dem unmittelbar praktischen Zweck des Nachschlagens für Bibelforscher und Bibelleser zu verarbeiten"[400].

Es sind drei Funktionen, die Schenkel den Bibellexika zuweist – das Exzerpieren, das Ordnen sowie die pragmatisch-orientierte Präsentation des biblisch-exegetischen Wissensstoffes. Diese drei Schlagwörter lassen sich aufgrund der vorgelegten historisch-exemplarischen Rekonstruktion der Funktionalität biblisch-theologischer Nachschlagewerke präzisieren.

Am Beginn deutschsprachiger Bibelenzyklopädik – hier präsentiert durch die Werke von Lienhart Brunner und Christian Zeisius – steht die hermeneutische Problemstellung, wie sie von den Reformatoren aufgeworfen wurde. In dem Maße, wie die Frage nach dem sensus literalis (sive historicus) ins Zentrum hermeneutischer Diskussionen rückte, wurde die Frage nach der rechten Zuordnung von Schrifttext (verba) und Schriftsinn (res) relevant und einer begleitenden Deutung durch exegetische Hilfsmittel bedürftig. Da die traditionellen Verbalkonkordanzen (neben den herkömmlichen Kommentaren) diesem gestiegenen exegetischen Anspruch lexikalisch nicht gerecht werden konnten, etablierten sich deutschsprachige Realkonkordanzen auf dem theologischen Buchmark – die Vorläufer der Bibellexika. Hinter diesen lexikalischen Hilfsmitteln zum Schriftstudium steht die hermeneutische Voraussetzung, „daß die Schrift mit den Mitteln der Vernunft verstanden werden" könne[401]. Die darin rezipierte Vorstellung von der Schrift als „ipsa per sese certissima, facillima, apertissima, sui ipsius interpres"[402] wird im Kontext der Frage nach der Benutzerhermeneutik von biblischen Nachschlagewerken relevant. Die Nachschlagewerke stellen Hilfsmittel zu einem *selbständigen* Schriftstudium dar – und zwar für jedermann. Sie zielen auf eine komplementäre Benutzerkompetenz. Dies ist der hermeneutische Punkt, an dem sich die Verwendung der deutschen Sprache innerhalb der Bibelenzyklopädik ihrer Legitimation versichert, denn die Vorstellung des eigenverantwortlich bibellesenden Individuums, des theologischen Laien, hat sich in seiner lexikographischen Relevanz genau von hier aus entfaltet.

Im Verlauf der Ausbreitung der Bibelenzyklopädik differenzierten sich diese Vorstellungen weiter aus. Zum einen wird die Vorstellung einer eigenständigen Bibellektüre, die freilich der Anleitung bedürftig bleibt, von der Mitte des 18. Jahrhunderts an die Idee einer bürgerli-

400 Schenkel, Vorwort, in: ders., Bibel-Lexikon, S.V.

401 Hans Weder, Art. Bibelwissenschaft, II. Neues Testament, in: RGG[4], 1 (1998), Sp.1529-1538, hier Sp.1532.

402 Martin Luther, Assertio omnium articulorum M. Lutheri per Bullam Leonis X. novissimam damnatorum, in: WA 7, 94-151, hier 97, 23.

chen Bildung gekoppelt, so daß die Topoi der Vorreden häufig von einer dezidierten Abgrenzung gegenüber ‚gelehrten' Werken durchzogen waren. Im Fortgang des 19. Jahrhunderts wird dann der protestantische Bildungsgedanke im lexikographischen Kontext in zwei Richtungen transformiert. Zum einen etablieren sich Bibellexika an der Grenze zwischen allgemein-geistesgeschichtlicher Kultur und theologischer Wissenschaft, um so die Diskursfähigkeit letzterer zu sichern und den Beitrag der Theologie zur allgemeinen Geistesgeschichte und Kulturwissenschaft zu wahren. Lexikonpolitik kann von hier aus als ein Beitrag zur Kulturpolitik verstanden werden. Zum anderen verstärkt sich der Anspruch an eine binnenkirchliche und gemeindestabilisierende Bildungsfunktion der Bibellexika. Die Vorstellung eines theologisch nicht vorgebildeten, freilich interessierten und sachliterarisch versierten Lesers gibt der Frage nach der Benutzerhermeneutik einen ekklesiologischen Aspekt, da je nach theologischer Position des Lexikographen beziehungsweise der Herausgeber und der jeweiligen Mitarbeiter Kirche und Gemeinde entweder im Sinne einer kulturprotestantischen Avantgarde interpretiert werden oder aber im Kontext einer erbaulich-lehrhaften Funktion der Lexika als bekenntnis- und mentalitätsstabiles Binnenmilieu. So wollen alle Bibellexika zwar immer der Bildung und den Bedürfnissen der ‚kirchlichen' Laien dienen, „nur dass naturgemäß die Rücksicht auf das Laieninteresse ein nach den verschiedenen Verfassern mannigfach abgestuftes ist"[403]. Lexikonpolitische Fragestellungen partizipieren hier an kirchenpolitischen Fragenkomplexen.

Die Analyse der anvisierten Benutzergruppen zeigt deutlich, daß die von den meisten Bibellexika für sich in Anspruch genommene exegetisch-hermeneutische Objektivität fiktional erzeugt wird, indem Überzeugungen transportiert werden, die mit denen der anvisierten Benutzer konform gehen. Wird der Schriftgehalt in den Anfängen deutschsprachiger Bibelenzyklopädik im Kontext konfessioneller Streitigkeiten innerprotestantisch harmonisiert, so erfolgt diese Harmonisierung im Fortgang der Ausdifferenzierung theologisch-kirchlicher Milieus und Schulen innerhalb des Protestantismus mit dem je eigenen Milieu der Lexikographen. Die Auseinandersetzungen um die beiden lexikalischen Entwürfe von Wilhelm Abraham und Johann Friedrich Teller haben exemplarisch gezeigt, daß die Evidenz einer exegetisch-enzyklopädischen Erschließung des Schrifttextes in Zusammenhang gebracht wird mit der Evidenz einer je eigenen theologisch-kirchlichen

403 Bertholet, Art. Bibellexika, in: RGG[1], 1 (1909), Sp.1153-1155, hier Sp.1153.

Wahrheit. Dies führte in beiden Fällen zu einer individuellen „Textur des Exzerpierten“[404].

Dieser Aspekt verdeutlicht, daß auf bibellexikographischer Ebene zusammengedacht wurde, was sich im Verband der theologischen Disziplinen voneinander emanzipierte. Bereits vom 16. Jahrhundert an verstärkten sich die exegetischen Bemühungen um die historische Kontextualisierung und philologische Erhellung des Schrifttextes[405]. Im Verlauf der Aufklärung setzte sich die Einsicht in die historische Bedingtheit sowohl des Kanons als auch der Texte selbst durch. Realkonkordanzen und Bibelwörterbücher spiegeln die Bemühungen wider, dieser Einsicht durch Integration historisch-philologischer Fragestellungen in den exegetischen Prozeß Rechnung zu tragen[406]. In diesem Verfahren emanzipierte sich die exegetische Forschung von den traditionellen dogmatischen Erkenntnisprämissen. Indem die Bibellexika auf den historisch-philologischen Befund der Exegese vermittels einer je spezifischen theologiepolitischen Hermeneutik zugreifen, sichern sie dogmatischen und dann auch zunehmend religiösen Fragestellungen im Rückkehrverfahren erneut den Rang eines erkenntnisleitenden Exzerpierinteresses.

Bieten die Bibellexika eine historische Erkenntnisperspektive für exegetische Entwicklungen und zeigen sie darüber hinaus den lexikographischen Konnex von ekklesiologischem Paradigma und bildungstheoretischen Konzepten, so erweisen sie sich auch als relevant für praktisch-theologische Fragen. Eindrucksvolles Beispiel hierfür ist das Werk von Gottfried Büchner, der sein Nachschlagewerk mit einem homiletischen Entwurf verbindet. Neben den mit einem Bildungsanspruch und -interesse gewappneten theologischen Laien treten Pfarrer, Lehrer und Studenten der Theologie als potentielle Benutzer. Quer durch alle vorgestellten Bibellexika erwies sich diese Benutzergruppe als die konstant Anvisierte. Daß die verschiedenen Werke aufgrund differenter theologischer Ambitionen mit verschiedenen pastoralen Leitbildern operierten, liegt auf der Hand. Ging Gottfried Büchner von einer erbaulich-lehrhaften Funktion des Predigtamtes aus, so stellte Eduard Karl August Riehm hundert Jahre später den Pfarrer an die national-protestantische Bildungsfront, explizit abseits von Erbauung und Belehrung. Die Produktion der Bibellexika kann ohne Berücksichtigung

404 Eybl, Bibelenzyklopädien, S.133.

405 Vgl. hierzu Hans Joachim Kraus, Geschichte der historisch-kritischen Erforschung des Alten Testaments. Dritte erweiterte Auflage, Neukirchen-Vluyn 1982, bes. S.11.

406 Auch Kraus nennt solche frühen lexikographischen Errungenschaften „eine wesentliche Voraussetzung zur kritischen Forschung im 16. und 17. Jahrhundert“ (aaO., S.44).

der allgemeinen theologiegeschichtlichen Entwicklungen nicht angemessen gewürdigt werden.

Die Frage, wie sich pastoral-theologische Handlungskompetenz lexikalisch vermitteln läßt, wird im folgenden Kapitel (II.4.1.) präzisiert, bevor dann (II.4.2.) die Frage nach der theologiepolitischen Positionalität der Nachschlagewerke unter der Perspektive des historiographischen Anspruches kirchlich-theologischer Nachschlagewerke durchdacht wird. Zum dritten (II.4.3.) wird die Frage nach der erkenntnisleitenden Hermeneutik im Kontext solcher Lexika erörtert, die das Gesamtgebiet der Theologie zu präsentieren versuchen. Hier wird die Frage nach der Hermeneutik des Zugriffs auf den theologischen Stoff von besonderer Evidenz.

4. Theologisch-kirchliche Lexika

4.1. Theologisch-kirchliche Lexika als Medien der Vermittlung pastoral-theologischer Handlungskompetenz

Die Pastoraltheologie habe, so die Einschätzung von Dietrich Rössler, eine Blütezeit

> „in der Aufklärung erlebt. Die Aufklärung setzt fort, was der Pietismus begonnen hat. [...] Ihr Interesse richtet sich ganz darauf, den Pfarrerstand zu heben, den einzelnen Pfarrer sachgemäß zu erziehen und zu unterweisen und seiner Wirksamkeit diejenige Bedeutung und das Ansehen zu verschaffen, das ihr zukommt. Die Pastoraltheologie der Aufklärung ist ein umfassendes Bildungsprogramm“[407].

Hatte der Pietismus „die Person des Pfarrers zum Thema gemacht und darauf hingewiesen, daß subjektive und persönliche Leistungen des Pfarrers für das evangelische Verständnis der Amtsführung eine wesentliche Rolle spielen und spielen müssen“[408], so hatte die Aufklärung die Einsichten von der Relevanz „der Religion für die Sittlichkeit und für das öffentliche Leben im ganzen“, die Idee einer allgemeinen Frömmigkeit und „der Freiheit des Menschen als seiner Würde“ sowie „die Entdeckung des Alltags als des Feldes, auf dem dies alles sich zu bewähren hat“[409] in die Pastoraltheologie integriert. Dabei konstatiert Rössler bei den pastoraltheologischen Entwürfen der Aufklärungsepo-

407 Dietrich Rössler, Grundriß der Praktischen Theologie. Zweite erweiterte Auflage, Berlin et al 1994, S.133.

408 AaO., S.132.

409 AaO., S.134.

che einen Hang zur Trivialisierung und Vereinfachung des Stoffes, da „der allgemeine Bildungs- und Erziehungsprozeß zu simpel aufgefaßt wurde und die im Wesen des Menschen und der Gesellschaft liegenden Probleme nicht gesehen wurden"[410].

Unter der großen Menge an pastoraltheologischen Schriften finden sich auch alphabetisch geordnete Nachschlagewerke[411]. Das theologisch-lexikographische Anliegen solcher Werke soll am Beispiel von Christian Wilhelm Oemler (1728-1802) verdeutlicht werden. Oemler war von 1776 an Superintendent und Oberpfarrer in Jena und ein äußerst produktiver Verfasser pastoraltheologischer Schriften[412]. Seine

---

410 Ebd.

411 Zu den Vorläufern praktisch-theologischer Lexika gehören alphabetisch geordnete Repertorien und Handbücher, die sich in ihrer Themenstellung auf praktisch-theologische Fragen bezogen. Als Beispiel sei hier verwiesen auf: *Allgemeines homiletisches Repertorium oder: möglichst vollständige Sammlung von Dispositionen über die fruchtbarsten Gegenstände aus der Glaubenslehre, Moral und Weltklugheit. In alphabetischer Ordnung, nebst einem dreifachen Register. Erster Bd. Erste Abtheilung 1794 und Erster Bd. Zweite Abtheilung 1795. Berlin, Bei Ernst Felisch. Zweiter Bd. Erste Abtheilung 1795 und Zweiter Bd. Zweite Abtheilung 1795. Jena, gedruckt bei J.M. Maucke. Dritten Bd.es Erster Theil 1796; Dritten Bd.es Zweiter Theil 1797 und Vierten Bd.es Erster Theil. Berlin Bei Ernst Felisch (bis einschließlich Buchstabe „N")*. Dieses Werk will „den auf dem platten Lande und in kleinen Städten lebenden und mit häuslichem Unterricht meistentheils schon genugsam beschäftigten Kandidaten" (Vorrede, in: aaO., 1/1, S.III-VIII, hier S.V) eine „zahlreiche und vollständige Sammlung der vornehmsten Religionswahrheiten" (aaO., S.VI) bieten. Diese werden in systematisch aufgebauten Dispositionen präsentiert. Ergänzend werden weiterführende Literaturhinweise gegeben, denn schließlich wolle das Werk „nicht das Selbstdenken verbannen, sondern nur erleichtern und lenken" (ebd.). Der Verfasser beziehungsweise Herausgeber des Werkes läßt sich nicht mehr ermitteln. Das Werk ist in Berlin bis einschließlich Buchstabe „N" zugänglich. Unklar bleibt, ob der restliche Teil des Repertoriums verschollen ist oder nie erschien. Schon die Vorrede spricht von „verschiedene[n] Hindernisse[n]", die den Fortgang des Werkes ins Stocken gebracht hätten, äußerte sich jedoch gleichzeitig zuversichtlich, daß das Erscheinen „von Messe zu Messe ununterbrochen fortgehen" würde. (aaO., S.VII). Dieses Werk zeigt in seiner Anlage den Übergang von systematischen zu alphabetisch geordneten Nachschlagewerken beziehungsweise die Verbindung beider Konzepte innerhalb eines Werkes.

412 Vgl. z.B. Christian Wilhelm Oemler, Der Prediger im Strafamte, oder Regeln und Muster für angehende Geistliche: zu einer gesegneten Führung ihres Amtes, Jena 1773; ders., Der Prediger bei Delinquenten und Missethätern oder Regeln und Muster für angehende Geistliche: zu einer gesegneten Führung ihres Amtes, Jena 1775; ders., Beyträge zu der Pastoraltheologie für angehende Landgeistliche. Zwei Teile, Jena 1783; ders., Beyspiele der Pastoralklugheit für angehende Geistliche, Jena 1784; ders., Resultate der Amtsführung eines alten Predigers für seine jüngeren Amtsbrüder, Leipzig o.J.; ders., Der Prediger an dem Krankenbette seiner Zuhörer oder Regeln und Muster für angehende Geistliche zu einer gesegneten Führung ihres Amtes. Dritte verbesserte und vermehrte Auflage, Jena 1782. Zur zeitgenössischen Verbreitung und theologie- und mentalitätsgeschichtlichen Wirkung des Oemlerschen Œuvres gibt auch hier Friedrich Nicolai in seinem Roman über Sebaldus Nothanker Auskunft. Sebaldus, als er des Pfarramtes enthoben nach vielen beruflichen und privaten Wirren in Berlin an-

Werke sind ein getreues Spiegelbild der von Rössler angesprochenen Tendenz zur pastoraltheologischen Trivialisierung und zur Umformulierung von pastoraltheologischen Denkmodellen in platte Handlungsanweisungen. In lexikographischer Hinsicht ist besonders das *Repertorium über Pastoraltheologie und Casuistik für angehende Prediger, nach alphabetischer Ordnung*[413] von Interesse. Anlaß dieses Wörterbuchs war die Erfahrung Oemlers, „wie unerfahren mancher junger Prediger sey, wenn er erst ins Amt kommt"[414] und die Beobachtung damit einhergehender Mängel und Unzulänglichkeiten der pastoralen Praxis. Die Vorrede zum ersten Teil des Werkes, wie in allen Lexika zuvorderst der Ort methodologischer Selbstvergewisserung, ist bemüht, das Werk präventiv gegen Vorwürfe seitens der Rezensenten in Schutz zu nehmen, denen Oemler unterstellt, sie würden ihm, analog zu seinen bisher erschienen Schriften, vorhalten, ein solches Werk sei erstens nicht notwendig, gehe zweitens von einer zu negativen anthropologischen Grundeinstellung aus und schränke drittens die angehenden Geistlichen zu stark in der Freiheit ihrer Amtsführung ein. Einer derart argumentierenden Kritik hält Oemler entgegen, seine pastorale Erfahrung lehre, „daß sich unter den angehenden Geistlichen dieser und jener Schwache befindet, dem es an Beurtheilungskraft und Gegenwart des Geistes, auch oft an der nöthigen Geschicklichkeit fehlt"[415]. Neben der Erfahrung und der damit verbundenen Menschenkenntnis mangele es den jungen Theologen häufig an einer guten Erziehung. „Leider! haben sehr viele junge Geistliche keine gute Erziehung gehabt. [...] Die schlechte Erziehung hängt ihnen an. Sie handeln oft plump, unvorsichtig, geradezu, ganz ohne Kopf"[416]. Um den dadurch entstehenden Schaden in möglichst engen Grenzen zu halten, wolle vorgelegtes Nachschlagewerk in alphabetischer Ordnung alle in der pastoralen

kommt, sucht – mittlerweile völlig mittellos – im Haus eines theologischen Kandidaten um Unterkunft nach: „Die Thür öffnete ein ältlicher Mann, der, wie sich hernach auswies, der Vater des Kandidaten war. Er war ein ehrlicher guter Krämer, der in den Abendstunden und Sonntagsnachmittagen gern Erbauungsschriften las, die er nicht ganz verstand. Er war daher in des hochtrabenden Oemlers [...] Schriften sehr belesen, und galt deshalb bey seinen Nachbarn für einen gelehrten Mann" (Nicolai, Sebaldus Nothanker 2, S.33).

413 *Repertorium über Pastoraltheologie und Casuistik für angehende Prediger, nach alphabetischer Ordnung. Christian Wilhelm Oemler, Consistorialrath, Superintendent und Ober-Pfarrer. Erster Theil 1786. Zweyter Theil 1787. Dritter Theil 1788. Vierter und letzter Theil 1789. Supplementbd. zu dem Repertorio über Pastoraltheologie und Casuistik für angehende Prediger, nach alphabetischer Ordnung. Nebst einem Hauptregister über alle vier Theile 1793. Jena, in Verlag der Crökerschen Buchhandlung.*

414 Oemler, Vorrede, in: ders., Repertorium 1, S.III-XVI, hier S.III.

415 AaO., S.VIII.

416 AaO., S.X.

Praxis auftretenden Fälle kasuistisch erfassen und praktische Handlungskompetenz vermitteln.

Oemler erörtert sämtliche im Kontext der pastoralen Praxis auftretenden Fragen, damit sich der Geistliche „auch in der schlüpfrigsten Situation seines Amts, klug und edel" verhalte[417]. Die Ausbildung der Pfarrer falle ganz in das Aufgabengebiet des Staates, da diese verstanden werden als Garanten der absolutistischen Machtordnung und Förderer der öffentlichen Moral. „Denn welches Amt hat mehrern Einfluß in das Glück des Volks, als das Lehr- und Predigtamt?"[418]. Schließlich könne der Schaden,

> „den ein einziger untüchtiger Lehrer sowohl in der Kirche, als in der Schule anrichtet, [...] oft sehr schwer und in langer Zeit mit seinen traurigen Folgen nicht verbessert werden! Eine gute Gemeinde, kann eher verwildern, als eine verwilderte Gemeinde, wieder vom Verderben gerettet werden"[419].

Neben die Fragen des Amtsverständnisses tritt der weit gefaßte Themenkomplex einer ‚Pastoralethik'[420]: Aspekte der charakterlichen Voraussetzungen für das Pfarramt (wie beispielsweise Bescheidenheit im Auftreten des Amtsinhabers)[421], Fragen der formalen Führung des

---

417 Oemler, Vorrede, in: ders., Repertorium 2, S. III-XVI, hier S.VI.

418 Art. Bildung des Predigers, in: Oemler, Repertorium 1, S.1072-1080, hier S.1072.

419 Art. Kandidat, in: Oemler, Repertorium 3, S.4-29, hier S.4

420 „Eine thematische Pastoralethik zehrt von der Erkenntnis, daß es dort, wo Menschen andere Menschen erziehen und führen, nur zum geringsten Teil auf Worte ankommt und nur wenig auf das Selbstverständnis des Pädagogen, Vorgesetzten, väterlichen Freundes oder irgendeiner anderen mit einem Autoritätsanspruch auftretenden Persönlichkeit. Vielmehr geht die eigentliche erzieherische Wirkung von einem vorbildlichen Wandel aus und von einem den erzieherischen Worten entsprechenden Verhalten, das den Worten der Unterweisung erst die nötige Kraft verleiht. Nur die ganzheitliche Identität zwischen Person und Sache beeindruckt den, der erzogen, geführt, geleitet oder gebildet werden soll" (Gerhard Rau, Pastoraltheologie. Untersuchungen zur Geschichte und Struktur einer Gattung praktischer Theologie [SPTh 8], München 1970, S.60f.).

421 Vgl. u.a. Art. Bescheidenheit, in: Oemler, Repertorium 1, S.914-920. Bescheidenheit sei diejenige „Mäßigung des Geistes, die weder durch die guten Eigenschaften, so man besitzt, noch durch die vortheilhaften Umstände, in welche uns die Vorsehung gesetzt hat, sich aufblähen und vereiteln läßt. [...] Diese edle und fürtrefliche Tugend ist leider! seltner unter den Geistlichen, als man es denken solte. [...] Wie viele sind unter uns, meine Brüder! die in den Gesellschaften von sich selbst reden; ihre Vorzüge rühmen; ihr gutes Herz erzählen, sich selbst erheben; andere neben sich verachten und sie verkleinern; und die den Landmann kaum über die Achsel ansehen? [...] Das ist in Wahrheit etwas unerträgliches! [...] [S]o rümpft der Bauer selbst die Nase. Und in der Stille lacht er ihn aus" (aaO., S.915f.). Vgl. auch Art. Charakter eines rechtschaffenen Predigers, in: aaO., S.1156-1171; Art. Charakter eines rechtschaffenen Landpredigers, in: aaO., S.1171-1179 oder auch Art. Eitelkeit, in: Oemler, Repertorium 2, S.313-317 (Zitate i. Orig. teilweise hervorgehoben).

Pfarranwesens (denn „die Erfahrung bestätigt es mehr als zu oft, daß manche Prediger sich durch das Bauen ihrer Wohnungen um die ganze Liebe und Zutrauen bey der Gemeinde gebracht haben und sind oft in die allerverdrüßlichsten Prozesse verwickelt worden")[422] oder die Kleidung des Geistlichen[423]. Daneben treten Themen der materialen Praktischen Theologie wie Fragen der Liturgie (zum Beispiel die Frage nach Sinn und Unsinn neuer Gesangbücher[424] oder Gottesdienste in ‚neuer Gestalt')[425], homiletische Probleme (rhetorische Möglichkeiten des Predigers[426] oder der erbauliche Charakter einer Predigt)[427], dogmatisch-theologische Fragen wie das Abendmahl nebst allen in diesem Zusammenhang auftretenden Problemen[428], Kirchenrechts- und Kirchen-

422 Art. Bauen, in: Oemler, Repertorium 1, S.688-694, hier S.688.

423 So teilt der Art. Kleidung der Prediger, in: Oemler, Repertorium 3, S.258-259, hier S.259, dem Prediger mit, daß er „sich seines schwarzen Rocks nicht schämen" solle und „nicht alle Moden mitmachen" müsse, „denn sein Charakter muß nicht weibisch, sondern gesetzt seyn". Diese pastoraltheologischen ‚Benimmregeln' erinnern in ihrer Intention an das Werk von Adolph Freiherr Knigge (1752-1796), dessen populäres Buch *Ueber den Umgang mit Menschen* 1788 erschien. Zum bildungspädagogischen Ansatz von Adolph Freiherr Knigge vgl. Anke Bethmann/Bernhard Dongowski, Adolph Freiherr Knigge an der Schwelle zur Moderne. Ein Beitrag zur politischen Ideengeschichte der deutschen Spätaufklärung (QDGNS 112), Hannover 1994, S.84: „Das Erziehungsideal Knigges ist von einem ausgeprägten Pflicht- und Nützlichkeitsethos bestimmt. Das Produkt der bestmöglichen Erziehung ist nicht in erster Linie der umfassend gebildete und selbständig denkende Bürger, sondern das seinen spezifischen Platz in der Gesellschaft ausfüllende pflichtbewußte Individuum. Pädagogik steht in diesem Sinne mehr im Dienste der bestehenden Gesellschaft, als im Dienste der persönlichen Entwicklung des einzelnen. [...] In seiner Pädagogik erweist sich Knigge vollständig als Pragmatiker". Ein Vergleich der bildungspädagogischen Ansätze von Knigge und Oemler ergäbe vermutlich lohnende pastoraltheologische, spezieller pastoralethische Erkenntnisperspektiven.

424 „Neue Gesangbücher müssen durchaus nicht mit Gewalt und nicht mit obrigkeitlichem Zwang eingeführet werden", denn „die Erleuchtung, Aufklärung und Besserung der Gemeinde hängt ja nicht von diesem Hilfsmittel ab" (Art. Gesangbuch, in: Oemler, Repertorium 2, S.808-816, hier S.812f.).

425 Vgl. u.a. Art. Gottesdienstliche Gebräuche, in: Oemler, Repertorium 2, S.903-906.

426 Vgl. u.a. Art. Amtsberedsamkeit, in: Oemler, Repertorium 1, S.287-308; Art. Kanzelvortrag, in: Oemler, Repertorium 3, S.67-74; Art. Prediger, in: aaO., S.1006-1047: „Unter einem guten Prediger verstehe ich vielmehr einen Mann von ursprünglich guten innern Gefühl, das durch eine feine Erziehung noch mehr erhöht ist; welcher viel gelesen hat, und von dem Gelesenen deutliche Begriffe und Vorstellungen hat, in seinem Vortrage überredet, ohne der Genauigkeit nachtheilig zu werden" (S.1027) und dann auch Art. Predigen und Predigt, in: aaO., S.1056-1122.

427 Vgl. u.a. Art. Erbauung und Erbaulich, in: Oemler, Repertorium 2, S.338-365.

428 Vgl. Art. Abendmahl, in: Oemler, Repertorium 1, S.13-83. Dieser Artikel reflektiert 51 mögliche Situationen, mit denen ein Geistlicher bei der Austeilung des Abendmahls konfrontiert werden kann.

kundefragen und Stellungnahmen zu religiös-kirchlichen Phänomenen[429].

Theologisch stellt Oemler sein Lexikon auf „die beliebte Mittelstraße zwischen Hyperorthodoxie und Neologie"[430]. So hofft er zwar einerseits, daß „die Sonne der Aufklärung manchen Ort noch bescheinen und es [...] heller Tag werden [wird], der die Nacht verdrängen wird"[431]. Gleichzeitig aber wird der Boden des lutherischen Lehrbegriffes und damit der Ansatz einer positiven Religion nicht verlassen[432]. Theologiepolitisch stellt sich Oemler auf den Standpunkt der Toleranz gegenüber anderen Religionen, aber zugleich der Bekämpfung des theologischen Indifferentismus innerhalb des Christentums selbst.

> „Ich segne den Fürsten, der alle Nationen in seinem Lande tolerirt. [...] Jude, oder Heyde, sey wer du wilst, ich liebe dich als meinen Bruder herzlich. [...] Aber bist du Christ; [...] gut! so beweise du es auch. Lebe den Vorschriften und den weisen Anordnungen gemäß"[433].

Der Aufforderung Oemlers an seine Amtsbrüder, ihn „mit ihren Beyträgen zu unterstützen, damit ich etwas Vollständiges liefern könn-

429 Vgl. z.B. Art. Erbauungsstunden, in: Oemler, Repertorium 2, S.365-375: „Diese Privatübung ziehen manche schädliche Folgen auf Seiten derer zu, die sie besuchen. Theils gerathen viele auf sehr offenbare Abwege, daß sie in solchen Erbauungsstunden eine eigene Gerechtigkeit suchen. [...] Eine heilige Miene, ein hangendes Haupt, eine demüthige Stellung, eine lispelnde Sprache, ein beständiges Seufzen, das, das glauben sie, sey Christenthum. Und was ist es anders, als Schwärmerey und Entehrung desselben. Theils sehen es die mehrsten daß sie solche Erbauungstunden besuchen, als ein untrügliches und gewisses Kennzeichen ihres Gnadenstandes und ihrer Bekehrung an. [...] Ich werfe mich zwar nie gerne zum Richter meiner Brüder auf, aber das muß ich ihnen doch zur Ehre der Wahrheit gerade heraussagen, daß die Besuchung solcher Privatübungen gar kein Kennzeichen der Bekehrung sey" (aaO., S.366f.; i. Orig. teilweise hervorgehoben). Dieser Artikel wurde von verschiedenen Rezensenten kritisiert. Vgl. hierzu Oemler, Vorrede, in: ders., Repertorium 3, S.III-XVI, hier S.Vff. Vgl. auch Art. Freygeister, in: Oemler, Repertorium 2, S.607-627; Art. Herrnhuter, aaO., S.991-1000 und auch Art. Pietismus, in: Oemler, Repertorium 3, S.974-997.

430 Art. Orthodoxie, in: Oemler, Repertorium 3, S.834-843, hier S.835 (i. Orig. teilweise hervorgehoben).

431 Oemler, Vorrede, in: ders., Repertorium 1, S.VI.

432 Vgl. besonders Oemler, Vorrede, in: ders., Supplementband zu dem Repertorio, S.III-XXII, hier S.XV: „Ich liebe die Vernunft und schätze sie als ein theueres Geschenke Gottes sehr hoch. [...] Aber so bald sie sich vom hellen Lichte der göttlichen Offenbarung entfernt, wird sie ein Irrlicht, das verführt" (i. Orig. teilweise hervorgehoben).

433 Oemler, Vorrede, in: ders., Repertorium 1, S.XIII. Zur auf das Prinzip der Toleranz gegründeten Religionspolitik von Friedrich II. (der Große, 1712-1786) vgl. Art. Religionsfreiheit, in: Oemler, Repertorium 4, S.151f.; Art. Religionsduldung, in: aaO., S.127-134.

te"[434], waren diese nicht nachgekommen, so daß Oemler sich genötigt sah, sein pastoraltheologisches Nachschlagewerk von vornherein gegen Kritik seitens des gelehrten Publikums in Schutz zu nehmen. Für eine einzelne Person sei es unmöglich, alle anfallenden pastoraltheologischen Themen auf gleichem Niveau zu verhandeln. Und so wird die dadurch notwendige hermeneutische Subjektivität zum lexikographischen Charakteristikum. „Manche Artikel habe ich ganz alleine ausarbeiten müssen und ich habe in keiner Schrift Anweisung dazu finden können. Ich habe meine Gedanken freymüthig in selbigen hingelegt"[435].

Freilich geriet das Werk zu umfangreich und weitschweifig[436], so daß es für die pastorale Praxis nur von bedingtem Nutzen war. In den Jahren 1805/06 erschien daher in zwei Bänden ein *Zweckmäßiger Auszug aus Ch.W. Oemlers Repertorium über Pastoraltheologie und Casuistik für angehende Prediger*. Die Vorrede verfaßte Johann Philipp Gabler (1753-1826), ein „rationalistischer Theologe von ernster Frömmigkeit"[437]. Die Auswahl besorgte Johann Wilhelm Loy (1752-1805). Die Herausgabe eines praktikablen Auszuges schien notwendig, da „die im Amte gemachten Fehler und die daraus entspringenden unangenehmen Folgen" nach Gabler dreierlei deutlich zeigten: Erstens „die Vernachläßigung der praktischen Anweisungen" innerhalb der theologischen Ausbildung, zweitens den „Mangel an gründlichem und zeitgemäßen Unterrichte in diesem praktischen Fache" und drittens die „zu spekulative Richtung" der zeitgenössischen Theologie, so daß Oemlers Anweisungen für die pastorale Praxis nötiger seien denn je[438]. Für die Neuausgabe sollte das opulente Werk Oemlers behutsam „für unser Zeitalter"[439] überarbeitet werden. Pastoraltheologisches Wissen

---

434 Oemler, Vorrede, in: ders., Repertorium 1, S.III. Vgl. auch Oemler, Vorrede, in: ders., Repertorium 2, S.III-XVI, hier S.VIf.

435 Oemler, Vorrede, in: ders., Repertorium 1, S.VII.

436 Vgl. Vorrede, in: ders., Repertorium 2, S.VII: „Aber wenn ich eine Materie zu bearbeiten anfange, so ergießt sich mein ganzes Herz, daß ich gerne alles, auch das Geringste, sagen möchte. Ich betrachte die Materie von allen Seiten, und da stellen sich meiner Seele so viele Beyspiele vor, die ich theils selbst erlebt, theils gelesen habe, daß ich mich oft unmöglich so einschränken kann, als ich es wünsche und ich mirs vorgesetzt habe". – Vgl. hierzu auch die Einschätzung von Heinrich Doering, daß Oemler sich den Prediger zwar durch zahlreiche Pastoralanweisungen empfehle, „die aber zum theil durch zu große Weitläufigkeit ermüden. Von diesem Fehler kann auch sein, in mehrfacher Hinsicht schätzbares, ‚Repertorium über Pastoraltheologie und Casuistik' nicht freigesprochen werden" (Heinrich Doering, Die deutschen Kanzelredner des achtzehnten und neunzehnten Jahrhunderts. Nach ihrem Leben und Wirken dargestellt, Neustadt a.d. Orla, bei Johann Karl Gottfried Wagner 1830, S.285).

437 H. Hoffmann, Art. Gabler, Johann Philipp, in: RGG[1], 2 (1910), Sp.1115f., hier Sp.1115.

438 Gabler, Vorrede, in: Oemler, Zweckmäßiger Auszug 1, S.III-VIII, hier S.IVf.

439 AaO., S.V.

wird als aktualisierungsbedürftig erlebt. Das Lexikon erscheint als geeignetes Medium, traditionsfähige Substanz mit Handlungsanweisungen, die um der Konkretion willen der Aktualität bedürfen, zu kombinieren. Die rechte Zuordnung von Lehrtradition und pastoraltheologischer Aktualität wird hinsichtlich der lexikographischen Hermeneutik über die theologisch-lebenspragmatische Subjektivität des Lexikographen inszeniert. Welches theologische Wissen einem veränderten Lebenskontext in welcher Form anzugleichen ist und welches Wissen in einen veränderten Kontext unverändert zu integrieren ist – diese Fragen sind theologiepolitische Entscheidungen dessen, der mit Nachschlagewerken pastoraltheologische Kompetenz vermitteln möchte.

Oemlers Werk wendet sich ausdrücklich an den Pfarrstand als Benutzerklientel. Bereits ein Großteil der Bibellexika hatte ebenfalls diese Benutzergruppe anvisiert und daher für eine pragmatische Zweckbindung der Bibelenzyklopädik im Hinblick auf Predigt und Katechese gesorgt[440]. Absatzstrategische Erwägungen werden die Orientierung an den Benutzern pastoraltheologischer Literatur verstärkt haben. Dieses Marktsegment ist klar umgrenzt und gezielt ansprechbar. Freilich wurden nicht nur biblische und pastoraltheologische Themen lexikalisch für die pastorale Praxis aufbereitet, sondern beispielsweise auch Themen der Moraltheologie. Ein Beispiel hierfür bietet die *Christliche Moral für den Kanzelgebrauch in Alphabetischer Ordnung* von Wilhelm David Fuhrmann (1764-1838), zuletzt reformierter Stadtprediger in Hamm[441]. Fuhrmann konzipierte aufgrund eigener pastoraler Tätigkeit sein Werk

> „so wohl für Stadt- als Landprediger u. s. f. jedoch nicht einzig zum Kanzelgebrauch, sondern auch für den catechetischen Unterricht [...], für Er-

---

440 Vgl. oben Kap.I.B.3.1. und I.B.3.4.

441 *Christliche Moral für den Kanzelgebrauch in Alphabetischer Ordnung. Angehenden Predigern und Kandidaten des Predigtamts bestimmt. Fünf Bde., Dortmund und Leipzig, bey Heinrich Blothe und Compagnie 1797-1803.* Graf, Theonomie, S.42 sieht in Fuhrmanns Werk das „wohl erste deutschsprachige alphabetische Handbuch speziell zur Moraltheologie". Ergänzend wäre beispielsweise zu verweisen auf das *Wörterbuch über die Biblische Sittenlehre, das von jedem einzelnen Gegenstande mit allen dahin gehörigen Schriftstellen eine systematische Uebersicht giebt. Von M. Christian Friedrich Schneider, Leipzig 1791 bey Johann Ambrosius Barth.* Zum moralischen Gehalt der Schrift rechnet Schneider alles, „was nur den entferntesten Einfluß auf das Verhalten der Menschen zur Beförderung ihrer zeitlichen und ewigen Glückseeligkeit haben mag" (Schneider, Vorrede, in: ders., Wörterbuch über die Biblische Sittenlehre, Bl.*2[r]-Bl.*4[v], hier Bl.*3[v]). Als potentielle Benutzer seiner alphabetisch geordneten Sittenlehre sieht Schneider den „angehende[n] Religionslehrer, der sein System noch nicht ganz überschauet, de[n] Prediger sowohl als de[n] Jugendlehrer" und „manche[r] Laie[n] (aaO., Bl.*4[r]). Schneiders Wörterbuch bietet interessanterweise keine Stichworterklärungen im herkömmlichen Sinn, sondern unter dem jeweiligen Lemma einen systematischen Aufriß mit entsprechenden Belegstellen der Schrift.

> zieher, Studirende auf Akademien [...]. Mancher Artikel ist bloß für Stadtprediger und höhere kirchliche Versammlungen brauchbar, wie das jeder Leser von einiger Beurtheilungskraft wahrnehmen wird"[442].

Die Intention des Werkes bestand darin, eine eigenständige Auseinandersetzung der Benutzer mit der vorgetragenen Materie zu fördern. „Denn es ist ja kein Machwerk, das alles eigene Nachdenken und Fleiß aufheben, und Faulheit begünstigen soll"[443]. Fuhrmann instruiert daher die Benutzer, wie er sich die auf eigenständige Bildung ausgerichtete Erschließung des in Gestalt eines alphabetisch geordneten Nachschlagewerkes präsentierten Wissens vorstellt: Will man „gegenwärtiges Werk [...] zu Religionsvorträgen, Catechisationen u. s. w. benutzen", so müsse der Benutzer

> „noch verschiedenes thun, z. B. den Eingang, ein Gebet [...] verfertigen, den Text erklären, denselben in Verbindung mit der abzuhandelnden Materie bringen, die Ab- und Eintheilung treffen, einzelne Sätze mehr ausführen, erläutern und mit passenden Beispielen, Bildern und Gleichnissen veranschaulichen, und die Anwendung hinzusetzen"[444].

Das Werk setzte eine komplementäre Benutzerkompetenz voraus und sollte nach den Vorstellungen Fuhrmanns konkret in der Vorbereitung von Predigten „über Moralwahrheiten"[445] seinen Anwendungsort erhalten, denn bisher „fehlte dem Homileten noch eine Moral für die Kanzel"[446]. Aufgrund dieser homiletischen Zweckbindung beschränkt sich der Stichwortbestand auf die im engeren Sinne moraltheologischen Begriffe. „Alle die Weltklugheit, zum Theil auch Menschenkenntniß und die Politik betreffende, und nicht eigentlich theologisch-moralisch seyende Artikel, sind, um das Werk nicht zu stark zu machen, weggelassen worden"[447]. Vom intendierten pragmatischen Gehalt ausgehend verortet sich das Lexikon selbst im literarischen Kontext von „Predigtmagazinen, Predigerunterstützungen, Predigtentwürfen, oder skizzierten Religionsvorträgen u. s. w."[448]. Es zielt auf die Aneignung selbsttätiger pastoraler Kompetenz im Kontext sowohl komplexer werdenden

---

442 Fuhrmann, Vorrede, in: ders., Christliche Moral 1, S.III-XII, hier S.VII. Vgl. auch Fuhrmann, Vorrede, in: ders., Christliche Moral 2, S.III-VIII, bes. S.VII.

443 Ebd.

444 Fuhrmann, Vorrede, in: ders., Christliche Moral 4, S.I-VI, hier S.II.

445 Fuhrmann, Vorrede, in: ders., Christliche Moral 2, S.VIII.

446 Fuhrmann, Vorrede, in: ders., Christliche Moral 3, S.III-XVI, hier S.XV. In dieser konkreten Zweckbindung sah Fuhrmann den charakteristischen Unterschied seines Werkes gegenüber anderen moraltheologischen Werken und Enzyklopädien und ging daher davon aus, eine Marktlücke geschlossen zu haben (vgl. die Argumentation aaO., S.VIff.).

447 Fuhrmann, Vorrede, in: ders., Christliche Moral 1, S.X.

448 Fuhrmann, Vorrede, in: ders., Christliche Moral 4, S.III (i. Orig. hervorgehoben).

pastoralen Praxisanforderungen als auch komplexer werdenden pastoraltheologischer Literatur, die sich einerseits der Bewältigung eben dieser Praxisanforderungen widmete, als auch andererseits zu den sich ausdifferenzierenden theologischen und gesellschaftlichen Problemfeldern Stellung bezog. Ein ausführliches „Verzeichniß der bey diesem Werk gebrauchten Schriften"[449] erhebt das Werk in den Rang eines summarischen Literaturkompendiums und dient der Einführung in die unübersichtlicher werdende Sekundärliteratur. Es soll geradezu „die Stelle vieler Predigtsammlungen und Moralsysteme und Kompendien vertreten"[450]. Ein solches Literaturverzeichnis und der Umgang mit der zitierten Literatur gibt schlüssig Auskunft über die Positionalität des Lexikons. Zugleich stellt ein solches Literaturverzeichnis ein geeignetes Medium zur Fixierung eines moraltheologischen Bildungskanons dar. Das von Fuhrmann herausgegebene moral- und pastoraltheologische Nachschlagewerk ist einem der kantischen Philosophie positiv gegenüberstehenden Standpunkt verpflichtet[451].

Die steigende Problematisierung pastoraler Praxis, auf welche die praktisch-theologischen Lexika in der dargestellten Weise zu reagieren versuchten, ging einher mit der Erfahrung der Pluralität und Historizität kirchlich-religiöser Phänomene. Auf dem Gebiet der theologisch-kirchlichen Lexika führte dies einerseits zu Werken mit stark apologetischem Charakter. Andererseits entstanden Lexika, die den Anspruch vertraten, einen eigenständigen Beitrag zur Theologie- und dann auch Religionsgeschichtsschreibung zu leisten.

449 Fuhrmann, Vorrede, in: ders., Christliche Moral 1, S.XIII.

450 Fuhrmann, Vorrede, in: ders., Christliche Moral 2, S.IV.

451 Vgl. dazu den instruktiven Art. Aufklären, Aufklärung, aufgeklärt werden, in: ders., Christliche Moral 1, S.102-112. Es sei „unvernünftig, wahnsinnig und niederträchtig", sich durch andere „in Knechtschaft bringen" zu lassen „und sich vorschreiben zu lassen, das, was andere für wahr halten, was andere lieben, auch zu glauben, auch zu lieben, oder was man hoffen, und was man fürchten solle" (aaO., S.105). Dagegen kann von dem Aufgeklärten gesagt werden: er „sieht überall richtiger und urtheilet unbefangener, als der, der alle seine Vorstellungen und Urtheile sich von andern vorsagen läßt, und sie nachsagt. Er weiß, was er weiß, aus eigener Erfahrung; Vorurtheile und Beredungen würken bey ihm nicht" (aaO., S.107f.). Der Artikel entfaltet eine Idealcharakteristik der aufgeklärten, weisen Persönlichkeit, die dem Lexikon als benutzerhermeneutisches Leitbild diente. Zur Rezeption Kants beachte auch Fuhrmann, Vorrede, in: ders., Christliche Moral 3, S.X.

4.2. Theologisch-kirchliche Lexika unter apologetischer, historischer und pluralitätstheoretischer Perspektivierung

Untersucht man die von Christian Heinrich Schmid erstellte Bibliographie fachlexikalischer Neuerscheinungen des 18. Jahrhunderts[452] ausschließlich unter quantitativen Gesichtspunkten, so stellt sich für das Gebiet der Theologie der bemerkenswerte Befund ein, daß in den 1750er Jahren vermehrt solche theologisch-kirchlichen Nachschlagewerke erschienen, die den Anspruch erhoben, die aktuelle kirchlich-theologische Situation zu kommentieren und ihre Benutzer zu einer angemessenen Beurteilung derselben zu führen. Sie stellen somit einerseits ein Spiegelbild der jeweiligen kirchen- und theologiegeschichtlichen Epoche dar. Zugleich sind sie eigenständige Beiträge zur Theologiegeschichtsschreibung und geben in dieser Funktion Einblicke in den positionellen Charakter und Anspruch theologisch-kirchlicher Nachschlagewerke frei. Für die Zeit um 1750 spiegeln die Lexika die binnenprotestantische Polarisierung wider. Einerseits gab es „aufgeklärte Modernisierungsoffensiven"[453], welche neben dem biblisch fundierten Offenbarungsglauben die Frage nach einer natürlichen Religion in die Diskussion einbrachten. Darauf antwortete wiederum die theologische Orthodoxie „mit dem Vorwurf der ‚Freigeisterei', wenn nicht gar des Atheismus"[454]. Zeitgleich sah sich die theologische Orthodoxie pietistischen Reformbestrebungen ausgesetzt.

Auch das Medium des Lexikons wurde in die literarischen Auseinandersetzungen involviert. Die lexikonpolitischen Ziele lassen sich bisweilen bereits im Titel ablesen, so beim *Freydenker-Lexicon, oder Einleitung in die Geschichte der neuern Freygeister ihrer Schriften, und deren Widerlegungen* von Johann Anton Trinius (1722-1784)[455]. Trinius konzipierte sein Nachschlagewerk im Hinblick auf eine Lücke am Lexikonmarkt, denn die gelehrte Welt besitze zwar „einen reichen Vorrath an Lexicis. Da es aber derselben noch an einem Freydenker-Lexico fehlet; so nehme ich mir die Freyheit, ihr itzt damit aufzuwarten, in der Hoff-

---

452 Schmid, Verzeichniß.

453 Nowak, Geschichte des Christentums, S.20.

454 Ebd.

455 *Johann Anton Trinius, Predigers zu Bräunerode und Walbeck in der Grafschaft Mannsfeld, und des Jenaischen Instituti Litterarii Academici Ehrenmitgliedes, Freydenker-Lexicon, oder Einleitung in die Geschichte der neuern Freygeister ihrer Schriften, und deren Widerlegungen. Nebst einem Bey- und Nachtrage zu des seligen Herrn Johann Albert Fabricius Syllabo Scriptorum, pro veritate Religionis Christianae. Leipzig und Bernburg, Verlegts Christoph Gottfried Cörner, 1759.*

nung, daß sie es gütig aufnehmen werde"[456]. Er stellt sein Werk in die Tradition der Ketzerhistorien[457] und will seinen Lesern „die verwegenen Feinde unsrer allerheiligsten Religion [...] gleichsam auf einem Haufen" präsentieren[458], wobei er den Stichwortbestand auf die zurückliegenden hundert Jahre beschränkt, auf Sach- und Gruppenartikel verzichtet, sich vielmehr streng auf Personartikel beschränkt. Unter die „Freygeister" beziehungsweise „Freydenker" sind nach Trinius „Atheisten, Naturalisten, Deisten, grobe Indifferentisten, Sceptiker und dergleichen Leute" zu rechnen[459].

Der Reiz dieses Lexikons besteht in den ausführlichen Biographien und einer detaillierten Bibliographie aktueller, theologisch-religiöser Streitliteratur, die sowohl die als häretisch identifizierten Schriften als auch die jeweiligen Widerlegungsschriften aufführt. So ist das Lexikon, dessen Gebrauchswert durch seine formale Unübersichtlichkeit beträchtlich eingeschränkt ist, konzipiert als Orientierungshilfe im Streit der theologisch-religiösen Meinungen. Trinius selbst vertritt einen in der Tendenz antiaufklärerischen Standpunkt[460].

---

456 Trinius, Vorerinnerung des Verfassers, in: ders., Freydenker-Lexicon, S.1-2, hier S.1 (Seitenzählung von R.C.).

457 Für die zweite Hälfte des 18. Jahrhunderts – im Zeitraum des Erscheinens unmittelbar nach Trinius – ist beispielsweise zu verweisen auf *Christian Wilhelm Franz Walch, Entwurf einer vollständigen Historie der Kezereien, Spaltungen und Religionsstreitigkeiten, bis auf die Zeiten der Reformation, Leipzig 1762-1785.* Unmittelbar vor dem historischen Lexikon von Trinius, nämlich im Jahre 1758, erschien folgendes Werk: *M. Johann Michael Mehligs Diaconi zu St. Joh. in Chemnitz Historisches Kirchen- und Ketzer-Lexicon aus den besten Schriftstellern zusammen getragen, Chemnitz In der Stößelischen Buchhandlung.* Mehlig ging in seiner Vorrede davon aus, daß ein derartiges „Buch von solcher Einrichtung und Umfange in unserer Sprache noch nicht vorhanden" sei [Mehlig, Vorrede, in: ders., Historisches Kirchen- und Ketzer-Lexicon, Bl.):(2^r-Bl.5):(5^v, hier Bl.):(2^v]. Denn das entsprechende Werk beispielsweise von Mirus sei „in Absicht auf unsere Zeiten sehr unvollständig" (ebd.) und die übrigen zur Verfügung stehenden historischen Wörterbücher entweder zu knapp oder in lateinischer Sprache verfaßt und damit nur dem Gelehrten zugänglich.

458 Trinius, Vorerinnerung des Verfassers, in: ders., Freydenker-Lexicon, S.1-2, hier S.1

459 AaO., S.2.

460 Hinsichtlich der lexikographischen Fragestellung ist die Ablehnung des *Dictionnaire historique & critique* von Pierre Bayle (vgl. oben Kap.I.A.1.) von besonderem Interesse: „Diesem Baile gehöret unter den Freygeistern ein vornehmer Rang [...], leuchtet doch seine Zweifelsucht, und sein Leichtsinn in der Religion deutlich aus seinen Schriften herfür" (Art. Peter Baile, in: Trinius, Freydenker-Lexicon, S.60-89, hier S.61). Zwar böte dessen Nachschlagewerk „viel Gutes und Nützliches, aber auch viel Aergerliches und Anstößiges". Zum Anstössigen in Bayles Werk gehört nach Trinius u.a. die Tatsache, daß Bayle Vernunft und Offenbarung in Widerstreit zueinander setze, seine Neigung zum Skeptizismus und sein argumentativer Rekurs auf Texte, „welche überhaupt eine schlechte Hochachtung gegen Gott und die Religion anzeigen" (aaO., S.67).

Die theologiepolitische Funktionalität derartiger Kompendien ungleich präziser reflektiert hat Johann Gottfried Hering, Pfarrer zu Grünhagen, der 1744 die dritte Auflage eines *Compendieusen Kirchen- und Ketzer-Lexicons* mit einer Vorrede versah[461]. In dieser ist der Konnex von Ketzerbekämpfung und theologisch-kirchlicher Lexikographie pointiert durchdacht. Der eigentliche Verfasser des Lexikons war Hering unbekannt. Weil aber einerseits die erste Auflage des Werkes dank der hohen Nachfrage schnell vergriffen war und weil andererseits Freunde ihn aufgrund der auf der Titelei erschienenen Initialen „J.G.H." stets für den Autor eben dieses Nachschlagewerkes gehalten hatten – „da ich doch heilig versichern kan, daß ich es nicht eher, als biß es schon gedruckt gewesen, gesehen"[462] –, nahm er sich anläßlich der dritten Auflage einer Überarbeitung des Werkes an, wobei er sowohl Druckfehler als auch „Historisch-Theologische Schnietzer"[463] bereinigen wollte. Daneben beabsichtigte er aber auch, fehlende Artikel zu
ergänzen, sodann die in den Rezensionen geäußerten Mängel zu beheben, ihm überflüssig erscheinende Artikel auszusortieren – in erster Linie Stichworte aus dem Bereich der Mythologie und Islamwissenschaften – und „unterschiedene sehr *indifferentistisch* eingerichtete *Articul* [...] genau durchzusehen"[464].

Worin aber besteht nun die Funktion eines solchen Lexikons? In seiner Vorrede geht Hering, selbst den orthodox-lutherischen Standpunkt vertretend, im Anschluß an 1Kor 11,19 von der Scheidung in Rechtgläubige und Irrlehrer als Signum christlicher Gemeinde aus.

> „So wenig auch der allerbeste Acker ohne alles Unkraut, so wenig und noch weniger wird auch die Kirche Christi ohne Ketzer gefunden werden, ja es müssen Rotten unter uns seyn, auf daß die, so rechtschaffen sind, offenbar unter uns werden"[465].

---

461 *Compendieuses Kirchen- und Ketzer-Lexicon, In welchem Alle Ketzereyen, Ketzer, Secten, Sectirer, geistliche Orden und viele zur Kirchen-Historie dienende Termini auffs deutlichste erkläret, und insonderheit die Urheber und Stiffter jeder Secte angezeiget werden, Denen angehenden Studiosis Theologiae zu Erleichterung der Theologiae Polemicae, Wie auch Ungelehrten zu einiger Bestärckung in der Erkändtniß der Wahrheit zur Gottseeligkeit herausgegeben, von J. G. H. Dritte und verbesserte Auflage. Schneeberg Zu finden bey Carl Wilhelm Fulden, Buchhändl. 1744 (mit Frontispiz). Erste Auflage vermutlich 1731.*

462 Hering, Vorrede, in: Compendieuses Kirchen- und Ketzer-Lexicon, Bl.):(2^{r}-Bl.):(4^{v}, hier Bl.):(4^{v}. Es ist heute nicht mehr zu klären, ob es sich bei dieser Nichtidentifikation Herings mit der Abkürzung J.G.H. nicht um eine literarische Fiktion handelt.

463 AaO., Bl.):(4^{r}.

464 AaO., Bl.):(4^{v}.

465 AaO., Bl.):(3^{r}.

Es sei das besondere Charakteristikum seiner Zeit, daß die Illusion vorherrsche, es gäbe keine Irrlehren mehr und „dahero treue Lehrer, die wieder die Irrthümer zeugen, einer Ketzermacherey beschuldiget [würden]. Es ist aber eben dieses eine recht abscheuliche Tieffe des Satans"[466]. Unterschiedliche Positionen in den Adiaphora des Glaubens machten indes noch keine Ketzerei aus. Vielmehr sei ein Ketzer „eigentlich derjenige, welcher von einem oder dem andern Grund-Articul der Christlichen Religion einen irrigen Begriff hat, und solchen halßstarrig vertheidiget"[467]. Als Inbegriff des wahren Christentums gilt das Luthertum[468]. Auch sich etablierende pietistische Strömungen gelten als Abweichung von der wahren Lehre, denn Pietisten seien „eigentlich alle diejenigen alten und neuen *Fanatici,* welche den Schein haben eines gottseeligen Wesens, dessen Krafft aber verleugnen", kurz solche, die „unter dem Schein der Gottseligkeit allerley Gottlosigk[eit] in Lehr und Leben ausüben"[469]. Der Ursprung der Irrlehren liege einerseits bei den verführerischen satanischen Mächten, andererseits aber auch bei den Menschen selbst – „theils Eigensinn, theils Einfalt, theils Hochmut"[470] bringe sie vom rechten Bekenntnis ab.

Im Anschluß an diese Bestimmung der Ketzerei und der positionellen Fixierung des eigenen Standpunktes führt Hering sieben materiale Gründe für die Produktion eines derartigen *Kirchen- und Ketzer-Lexicons* an. Zum ersten diene die Kenntnis der historischen Ketzereien dem besseren Verständnis der Schriften der Kirchenväter. Zweitens ließe die Kenntnis der Ketzerei den Benutzer die „listigen Räncke des Satans, dadurch er zu allen Zeiten, so viel an ihm gelegen, dem Reiche Christi Abbruch zu thun gesuchet"[471], entdecken. Die Argumentation ist in der Terminologie der historia sacra verpflichtet, überträgt diese jedoch in den Bereich allgemein-historischer Überlegungen. Sie ermöglicht Hering die Kontextualisierung sonst isoliert bleibender religiös-kirchlicher Phänomene. Drittens führe die Kenntnis der Ketzerei zur Einsicht in die Abgründe und die „Verderbniß des menschlichen Hert-

466 AaO., Bl.):(2v.

467 Art. Ketzer, in: Compendieuses Kirchen- und Ketzer-Lexicon, Sp.293-295, hier Sp.294.

468 Art. Lutheraner, in: Compendieuses Kirchen- und Ketzer-Lexicon, Sp.325-327. Die Selbstbezeichnung als „Lutheraner" dient der theologiepolitischen Abgrenzung, „umb uns von den Irrgläubigen, die sich auch Christen nennen, [...] zu unterscheiden" (aaO., Sp.326).

469 Art. Pietistae, in: Compendieuses Kirchen- und Ketzer-Lexicon, Sp.492f. (Hervorh. i. Orig.).

470 Hering, Vorrede, in: Compendieuses Kirchen- und Ketzer-Lexicon, Bl.):(3r.

471 AaO., Bl.):(3v.

zens"[472], gewähre also einen anthropologischen Erkenntnisgewinn und offenbare viertens die Wahrheit der christlichen Religion um so deutlicher. Zum fünften fördere die Kenntnis der Ketzerei die Verherrlichung des Namens Gottes, denn der Blick in die Geschichte mache evident, daß Gott „seine Kirche doch noch allezeit wieder das Wüten und Toben der Ketzer zu erhalten und zu beschützen mächtig gewesen"[473]. Und deshalb habe die Kenntnis der Ketzereien zum sechsten glaubensstabilisierende Funktion – sie ist „eine tröstliche Versicherung des göttlichen Beystandes auch auff die künfftigen Zeiten"[474]. Neben diese sechs pädagogisch motivierten Gründe tritt zum siebten das buchhandelsbranchenübliche Abgrenzungsinteresse, denn auch Irrlehrer produzieren lexikalisch-kirchengeschichtliche Nachschlagewerke[475] – warum dann auch nicht die Vertreter des orthodoxen Standpunktes?

Herings Argumentation will mit „historischer Apologetik" die „Rettung der geoffenbarten christlichen Religion"[476] befördern und beabsichtigt deshalb, Theologiestudenten und den in der theologischen

---

472 Ebd.

473 AaO., Bl.):(4r.

474 Ebd.

475 Auf ein solches Werk, das Carl Friedrich Bahrdt (vgl. Kap.I.B.3.3.1.) verfaßte, sei hier kurz verwiesen: *Kirchen- und Ketzer-Almanach aufs Jahr 1781. Häresiopel, im Verlag der Ekklesia pressa.* Hier heißt es beispielsweise über Georg Heinrich Lang, den Verfasser des Kommentares zu W.A. Tellers *Wörterbuch des Neuen Testaments* (vgl. oben Abschnitt 3.3.1.), daß eben dieses Werk Langs „beste Arbeit" sei, „welche wir seinen orthodoxen Amtsbrüdern, als Muster der Gründlichkeit sowohl, als der Bescheidenheit, empfehlen können. Schade, daß der Mann die Brille des Systems noch so stark braucht, und daher unwichtige und für unsere Zeiten schlechterdings unbedeutende Dinge für Theile der Religion ansieht" (Art. --- Lange, in: aaO., S.93-95, hier S.93f.). Auch die Auseinandersetzungen der Brüder W.A. Teller und J.F. Teller finden hier ihren Kommentator: „Zwei leibliche Brüder, die aber einander so unähnlich sind, wie das Roß und das Heupferd. Jener ein Mann von dem menschenfreundlichste Herzen, dieser ein zänkischer und Katzenartiger Polterer: jener, bey dem seltensten Grade von Gelehrsamkeit bescheiden und sanft, dieser, bey sehr wenigen Kenntnissen, stolz und trotzig; jener, ein aufgeklärter und scharfsichtiger Freund der Wahrheit, dieser, ein bey allen Brillen der crusischen Philosophie, blinder Verfechter des Aberglaubens" (Art. Wilhelm Abraham/Johann Friedrich Teller, in: aaO., S.176-177, hier S.176; Christian August Crusius [1715-1775] war von 1750 an Professor in Leipzig. Seine apokalyptischen Lehrmeinungen spalteten die dortige Fakultät in ‚Crusianer' und Anhänger Johann August Ernestis [1707-1781]). Zur Rezeption W.A. Tellers in dem genannten Werk vgl. auch Hornig, Wilhelm Abraham Teller, S.76. Auch die praktisch-theologischen Werke Christian Wilhelm Oemlers (vgl. Kap.I.B.4.1.) werden eher kritisch beurteilt, denn in ihnen liege „die Vernunft unter dem Gehorsam des Kirchenglaubens gar williglich gefangen" (Art. Christian Wilhelm Oemler, in: aaO., S.131). Bahrdts Werk zeigt deutlich, den theologiepolitischen Anspruch theologischer Lexikographie – die Lexika verstanden sich als Orientierungshilfe in pluralen Gegenwartsphänomenen.

476 Sparn, Vernünftiges Christentum, S.42f.

Wissenschaft nicht Versierten zum Zwecke der Urteilsfindung theologische Kompetenz zu vermitteln:

> „Ich hoffe aber doch, es soll nunmehro dieses Werckgen nicht allein angehenden *Studiosis Theologiae*, sondern auch Ungelehrten gar nützlich seyn, da sonderlich die letztern bißweilen in einer Predigt einen oder andern Ketzer angeführet hören oder lesen, und von demselben gerne einige Nachricht haben möchten, und diese finden sie hier, obgleich nicht weitläuftig, doch zulänglich, daß sie sich von denen angeführten Sachen einen nicht unnützlichen Begriff machen können"[477].

Die Anhebung des Bildungsniveaus unter den theologischen Laien sollte die orthodoxe Position verfestigen helfen. Die Nachschlagewerke haben also dogmatisch-apologetische Funktion[478] und tradieren ein

---

477 Hering, Vorrede, in: Compendieuses Kirchen- und Ketzer-Lexicon, Bl.):(6r [Hervorh. i. Orig.].

478 Die gleiche apologetisch-lehrhafte Funktion verfolgen die explizit biographisch-theologischen Nachschlagewerke dieser Zeit wie beispielsweise *Beytrag zu einem Lexico der jeztlebenden Lutherisch- und Reformirten Theologen in und um Teutschland, welche entweder die Theologie öffentlich lehren, oder sich durch theologische Schriften bekannt gemacht haben. Mit einer Vorrede von demjenigen, was bey einer nüzlichen Lebens-Beschreibung, besonders eines Theologen, zu beobachten nöthig ist, Johann Jacob Moser, Züllichau, in Verlegung des Waysenhauses, bey Benjamin Gottlob Frommann 1740.* Dieses Werk wurde fortgeführt als *Nachricht von den itztlebenden Evangelisch-Lutherischen und Reformirten Theologen in und um Deutschland, Welche entweder die Theologie und heiligen Sprachen öffentlich lehren, oder sich sonst durch Theologische und Philologische Schriften bekannt gemacht haben; Zum Nutzen der Kirchen- und Gelehrten-Historie also eingerichtet, daß man sonderlich daraus den gegenwärtigen Zustand der Protestantischen Kirche erkennen kann: Als eine Fortsetzung, Verbesserung und Ergänzung des Lexici der itztlebenden Evangelisch-Lutherischen und Reformirten Theologen, ausgefertiget von D. Ernst Friedrich Neubauer, SS. Theol. Antiqq. Philologiae Sacrae und Orient. Ling. P.P. wie auch der Hochfürstlichen Stipendiaten Ephoro auf der Universität Gießen, Züllichau, im Verlag des Waisenhauses 1743.* Auch Neubauer gibt ausführlich Auskunft über die Funktion eines solchen Lexikons: Zum ersten diene es dem Benutzer zur privaten Erbauung und als Anlaß zur Dankbarkeit über die Führung und Vorsehung Gottes in der Geschichte, sodann erschlössen die Artikel über lebende Personen den gegenwärtigen Zustand der protestantischen Kirchen, was den Benutzer zum dritten zu Gebet und Fürbitte brächte, aber auch „zum Lobe und Danke Gottes, wegen des vielen Guten, so er theils an seinen Knechten in ihrer Führung gethan hat, da er seine Vorsorge so besonders über sie erwiesen, [...] theils durch seine Knechte der Kirchen erzeiget hat und noch erzeiget" (Neubauer, Vorrede, in: ders., Nachricht, S.6-32, hier S.18 [i. Orig. teilweise hervorgehoben]). Neben diese individuell-religiösen Funktionsaspekte tritt die Bedeutung eines solchen Nachschlagewerkes im Sinne einer Institution theologisch-kulturellen Gedächtnisses. „So wird auch hierdurch manches um die Kirche Christi wohl verdienten Mannes Leben von der Vergessenheit gerettet" (aaO., S.19). Daneben präsentiere es einen selbständigen Beitrag zur Kirchen- und Wissenschaftsgeschichte, biete Nützliches für den Bereich der Moraltheologie und könne, im günstigsten Fall, den Austausch und Kontakt der lebenden Theologen untereinander befördern helfen. Christlieb, Art. Nachschlagewerke, in: RGG[1], 4 (1913), Sp.647-656, hier Sp.653 stellt solche kirchengeschichtlichen Gelehrtenlexika in den Kontext der sich zu dieser Zeit etablierenden biographischen Lexika. Zu diesem

„auf unmittelbare kirchliche Identitätsstiftung hin funktionalisiertes dogmatisches Geschichtsbild"[479].

An Nachschlagewerken mit kirchengeschichtlich dominiertem Stichwortbestand lassen sich freilich neben dieser apologetischen Funktion weitere lexikonpolitische Aspekte erschließen. Hatte sich das Phänomen der Historisierung nicht nur des methodischen Ansatzes, sondern auch des Forschungsgegenstandes selbst, bereits im Horizont der Frage nach den Funktionen der Bibelenzyklopädik als evident erwiesen[480], so wird es im Kontext kirchlich-theologischer Nachschlagewerke deshalb virulent, weil es das Thema der Religion ins Gespräch brachte:

> „Die Zeitgenossen kamen nicht umhin, das Christentum in geographisch-ethnologischer und zivilisationsgeschichtlicher Perspektive als gleichsam provinziell wahrzunehmen: ein Gewächs auf dem Boden des vorderorientalischen und hellenistischen Kulturkreises. Ein wissenschaftlicher Reflex solcher Erfahrungen war das Interesse an einer vergleichenden Analyse der Religionen"[481].

Die Wahrnehmung der Historizität der christlichen Religion sowie der generellen Pluralität von Religion und religiöser Kultur schlug sich in den kirchengeschichtlich orientierten Lexika nieder, indem der traditionelle Stichwortbestand um Begriffe aus dem Gebiet der Religionswissenschaft und Religionsgeschichte ergänzt und fortgeführt wurde. Diese zweifache Entwicklung – Historisierung und Pluralisierung religiöser Erfahrung und deren lexikalische Erfassung – soll im folgenden präzisiert werden. Dass sich *Die Religion in Geschichte und Gegenwart* – zumindest in ihren Anfängen – diesem lexikonpolitischen Programm verpflichtet sah, legt schon der Titel nahe[482].

Im Jahr 1756 erschien *Thomas Brougthons Historisches Lexicon aller Religionen seit der Schöpfung der Welt bis auf gegenwärtige Zeit*[483]. Die Erfahrung der Pluralität religiöser Kulturen und Phänomene ist der hermeneutische Bezugspunkt beim Aufbau des Lexikons. Broughton legt

---

Genre grundsätzlich Hans-Albrecht Koch, Biographische Lexika, in: Welt der Information. Wissen und Wissensvermittlung in Geschichte und Gegenwart. Hg. v. Hans-Albrecht Koch in Verbindung mit Agnes Krup-Ebert, Stuttgart 1990, S.97-108.

479 Friedrich Wilhelm Graf, Konservatives Kulturluthertum. Ein theologiegeschichtlicher Prospekt, in: ZThK 85 (1988), S.31-76, hier S.34.

480 Vgl. oben Kap.I.B.3.2. und I.B.3.4.

481 Nowak, Geschichte des Christentums, S.16.

482 Vgl. Kap.II.3.2.2.

483 *Thomas Brougthons Historisches Lexicon aller Religionen seit der Schöpfung der Welt bis auf gegenwärtige Zeit: worinnen die heydnischen, jüdischen, christlichen und gottesdienstlichen Lehrbegriffe, Cerimonien, Gebräuche, Oerter, Personen und Schriften, nebst ihren Schicksalen beschrieben werden. Aus den besten Schriftstellern zusammengetragen. Mit Königl. Pohln. und Churfürstl. Sächs. allergnädigstem Privilegio, Dresden und Leipzig 1756. In der Waltherischen Buchhandlung.*

seinem Werk einen Religionsbegriff zugrunde, welcher Religion nicht nur auf das bezieht, „was wirklich und wahrhaftig dergleichen ist, sondern auch alles dasjenige, was fälschlich also genennet wird, in sich schließt“[484]. Die Unterscheidung in wahre und falsche Religion ist das lexikographisch-hermeneutische Kriterium beim Aufbau des Stichwortbestandes. „Die wahre Religion muß immer eben dieselbe und unveränderlich seyn, und folglich kann nur eine wahre Religion seyn“[485]. Die Erfahrung der Pluralität religiöser Phänomene wird vom Standpunkt der einen wahren Religion, dem Christentum, aus strukturiert und klassifiziert. Andere Religionen gelten als „Abweichungen der Wahrheit, und falsche Religionen“[486]. Falsche Religionen sind alle diejenigen, die unter das weite Feld der natürlichen Religion fallen. Sie lassen sich nicht auf eine Offenbarung zurückführen, sondern gehen in ihrer Struktur zurück auf die „Verschiedenheit des Verstandes der Menschen“, welche „den Unterschied der Religion in der Welt erzeuget“[487]. Dabei überwiegt innerhalb des Lexikons das religionsphänomenologische und religionswissenschaftliche Interesse gegenüber apologetischen Abgrenzungsbemühungen. Die unglaubliche Menge falscher Religionen und Abweichungen vom Christentum führe in erster Linie dazu, daß der Benutzer des Lexikons „das Vergnügen haben [werde], den Erdkreis zu durchwandern, und die Religion nach ihrem gegenwärtigen Zustande, wie sie jede Nation, von der wir einige Kenntniß haben, ausübet, zu übersehen“[488], und so werde

> „unsere Aussicht erweitert, und wir erblicken Tempel, Kirchen, Moscheen und alle diejenigen öffentlichen Gebäude, welche die Frömmigkeit und der Eifer in allen Weltaltern zur Ehre und zum Dienste der Religion errichtet: wir bemerken die bestimmten Wiederholungen des öffentlichen Gottesdienstes, und die mannichfaltigen Stiftungen der Fasten und Feste; wir treffen unterschiedene Orden des Priesterthums und der gottesdienstlichen Gesellschaften an; und werden mit einer unendlichen Verschiedenheit von Gebräuchen und Cerimonien bey der äußerlichen Verwaltung der Religion unterhalten“[489].

Die Wahrnehmung religiöser Pluralität hat welt- und wirklichkeitserschließende Funktion. Die Religion wird dabei, jenseits ihrer Einteilung in falsch und richtig, als kultureller Bestandteil verschiedenster gesellschaftlicher und sozio-kultureller Formierungen verstanden.

---

484 Brougthon, Vorrede, in: ders., Historisches Lexicon 1, Bl.*4^{r}-Bl.*7^{v}, hier Bl.4*^{r}.

485 Ebd. (i. Orig. teilweise hervorgehoben).

486 AaO., Bl.*4^{r-v}.

487 AaO., Bl.*6^{v}.

488 AaO., Bl.*7^{r}.

489 AaO., Bl.*6^{v} (i. Orig. teilweise hervorgehoben).

Diese – in der Erschließungshermeneutik weltzugewandte – Reflexion religiöser Pluralität wird vermittelt im christentumsfixierten Schema von wahrer und falscher Religion. Daneben tritt bei Broughton das Bemühen, die Erfahrung der Historizität religiöser Kulturen und Phänomene theologisch zu bewältigen. Dies soll vermittels des Schemas von alter und neuer Religion gelingen:

> „Ich begnüge mich anzumerken, daß ich unter der neuen Religion nicht nur die gegenwärtige Beschaffenheit und Ausübung der Religion in der Welt, sondern auch die Veränderungen verstehe, die sie vor einigen Jahrhunderten erlitten, ohne die genaue Anzahl der letztern zu bestimmen; und daß der ganze Zeitraum, der sich von da an bis auf die Schöpfung erstrecket, den Zustand der füglich also genannten alten Religion begreife"[490].

Beide Schemata kombiniert Broughton und gelangt zu einem historischen Stufenmodell der vier großen Religionen. Am Anfang stehen alle Formen heidnischer Religion, die „eine gänzliche Abweichung von der Erkenntniß des wahren Gottes" darstellen und die „den Dienst auf die Creatur [bringen], welcher bloß dem Schöpfer gebühret"[491]. Auf sie folgt das Judentum, welches aufgrund seines göttlichen Ursprungs in der Sinaioffenbarung als ursprünglich wahre Religion gilt. In der Mitte der Zeitrechnung kam das Christentum auf, vermittelt durch die Predigt Jesu Christi. Als letzte der großen Religionen betrat der Islam die religiöse Weltbühne, gestiftet von dem „große[n] Betrüger Mahommed". Diese Religion sei nur „eine verworrene Mischung aus jüdischen und christlichen Lehrsätzen, nebst einem Zusatze seiner eigenen ungereimten und enthusiastischen Einfälle"[492].

Steht im Zentrum des Werkes von Thomas Broughton die lexikographische Erfassung neuentdeckter religiöser Fragestellungen und die Bewältigung derjenigen Pluralitätserfahrung, welche das Christentum zwang, sich als eine Religion neben zahlreichen weiteren wahrzunehmen und entsprechend einzuordnen, so steht im Zentrum der lexikographischen Reflexion des folgenden Werkes die Frage nach der Historisierung kirchlich-religiöser Wirklichkeitswahrnehmung. Von 1826-1829 erschien in Halle, in der Buchhandlung des Waisenhauses das *Handwörterbuch der christlichen Religions- und Kirchengeschichte*[493]. Diese Reflexion der Histori-

490 AaO., Bl.*4^{v} (i. Orig. teilweise hervorgehoben).

491 Ebd.

492 AaO., Bl.*5^{v}-Bl.*6^{r} (i. Orig. teilweise hervorgehoben).

493 *Handwörterbuch der christlichen Religions- und Kirchengeschichte. Zugleich als Hülfsmittel bei dem Gebrauch der Tabellen von Seiler, Rosenmüller und Vater. Herausgegeben von W.D. Fuhrmann, evangelischem Prediger zu Hamm, in der Grafschaft Mark. Nebst einer Abhandlung über die hohe Wichtigkeit und die zweckmäßigste Methode eines fortgesetzten Studiums der Religions- und Kirchengeschichte für praktische Religionslehrer von D. A.H. Niemeyer,*

sierung findet in erster Linie statt in einem instruktiven Einleitungsbeitrag von August Hermann Niemeyer (1754-1828) über Sinn und Methode historischer Fragestellungen im Bereich von Religion, Theologie und verfaßter Kirche. August Hermann Niemeyer, Urenkel August Hermann Franckes, war von 1784 an ordentlicher Professor der Theologie in Halle, von 1785 an Mitdirektor und von 1799 an alleiniger Direktor der Franckeschen Stiftungen. „Seiner Geistesrichtung nach gehört N[iemeyer, R.C.] in die Gruppe der Rationalisten, die eine positive christliche Auffassung im Gewande der humanitären Denkweise der Zeit vertraten"[494].

Für eine Rekonstruktion des historisch-methodischen Ansatzes Niemeyers ist es sinnvoll zu sehen, welche Zielgruppe Wilhelm David Fuhrmann, der Verfasser des Lexikons, anvisierte[495]. „Für den tiefen Forscher, den eigentlichen Kirchenhistoriker ist das Werk nicht zunächst bestimmt"[496]. Es dient also nicht dem binnenwissenschaftlichen Diskurs, sondern wird vielmehr auf eine zu vermittelnde pragmatische Handlungskompetenz universitär Vorgebildeter hin konzipiert.

> „Der oft von mir und Andern vernommene Wunsch vieler praktischen Religionslehrer, sich über einzelne Gegenstände der Geschichte der christlichen Kirche näher zu unterrichten, welchen sie, bei der Entbehrung eigner oder wenigstens ihnen nahestehender Bibliotheken, oft von allem literarischen Verkehr entfernt lebend, so schwer befriedigen können, hat mich zuerst auf die Idee gebracht, ein für diesen Zweck möglichst vollständiges Handwörterbuch über einen so wichtigen Theil des theologischen Studiums auszuarbeiten"[497].

Der universitären Theologie wuchs im Kontext der Historisierung und Pluralisierung religiöser Erfahrungen die Aufgabe zu, diese neuen Perspektiven im Kontext der pastoralen Aus- und Weiterbildung zur Sprache zu bringen. Dies ist der Ort, an welchem Niemeyers Überlegungen einsetzen[498].

> „Zwar weiß ich wohl, daß auch itzt noch die Klagen über eine große Menge von Geistlichen, die, so bald nur ihr Ziel – die Pfarre – erreicht ist, allem eigentlichen Studiren für immer entsagen, und ihre Mußestunden, deren

---

Königl. Oberconsistorialrath, Canzler und Professor der Theologie auf der vereinigten Universität Halle und Wittenberg. Drei Bde., Halle, in der Buchhandlung des Waisenhauses 1826-1829.

494 Drews, P., Art. Niemeyer, 1. August Hermann, in: RGG[1], 4 (1913), Sp.793.

495 Zu W.D. Fuhrmann vgl. oben Kap.I.B.4.1.

496 Fuhrmann, Vorrede, in: ders., Handwörterbuch, S.III-VIII, hier S.Vf.

497 AaO., S.III.

498 August Hermann Niemeyer, Ueber die hohe Wichtigkeit und die zweckmäßigste Methode eines fortgesetzten Studiums der Religions- und Kirchengeschichte für praktische Religionslehrer, in: Fuhrmann, Handwörterbuch 1, S.XI-XLVIII.

> sie so viele haben, zwischen weltlicher Lust oder höchstens leichter, unterhaltender Leserey theilen, nicht ungerecht sind"[499].

Fest steht für Niemeyer jedoch, daß „nicht bloß der *akademische* Theologe, sondern auch der *praktische* Religionslehrer, wenn gleich auf eine andre Weise, *fortstudiren* müsse, wenn er die Würde seines Berufs behaupten wolle, darüber ist man wohl einig"[500]. Dabei wird die Bildung des Pfarrers in Bezug gesetzt zum allgemein steigenden Bildungsniveau.

> „Schon die *unter allen Ständen* zunehmende Bildung, müßte, sollte man meinen, auch für den Prediger ein Antrieb mehr seyn, nicht hinter denen zurückzubleiben, die ungleich weniger äußeren Beruf haben, mit der Zeit fortzuschreiten, und die es nothwendig höchst befremdend finden müssen, wenn der Mann, der oft der einzige Studirte in der Gemeinde ist, von vielen Dingen, die für jeden besonnenen Weltbürger ein allgemeines Interesse haben, namentlich von merkwürdigen Ereignissen der Vorwelt und Mitwelt, weit schlechter als sie unterrichtet ist"[501].

Die Nachschlagewerke gewinnen so einen Praxisbezug, „der sich in der akademischen Vor- und Ausbildungsfunktion nicht länger schöpfen konnte"[502].

Im Rahmen dieses pastoralen Weiterbildungsanspruches, der sich eben gerade auf Themen jenseits der kirchlichen Praxis richtet, weist Niemeyer der Kirchengeschichte eine zentrale Funktion zu, denn er versteht alle anderen geisteswissenschaftlichen Disziplinen als von der Geschichtswissenschaft abgeleitet, da diese allein sich den Realia zuwende. „Alle echte Philosophie, wenn sie sich nicht in leeren Träumen verlieren oder in unerreichbaren Höhen schwindeln will, geht von der Wahrnehmung dessen was ist und gewesen ist aus, und von dem Wirklichen zum Idealen über"[503]. Denn nur „wer aus der *Schule der Geschichte* kommt, der kommt aus der *Schule des Lebens*"[504]. Aufgrund der Historisierung der wissenschaftlichen Methode gewinnt die kirchengeschichtliche Fragestellung in allen übrigen theologischen Disziplinen einen eigenständigen Zuständigkeitsbereich. Innerhalb der Exegese wird ihr das Gebiet der Geschichte des Urchristentums und der frühen Kirche zugeordnet und innerhalb der Dogmatik, „wenn sie sich nicht

---

499 AaO., S.XLV.

500 AaO., S.XII (Hervorh. i. Orig.).

501 AaO., S.XLVI (Hervorh. i. Orig.).

502 Drehsen, Fachzeitschriftentheologie, S.68.

503 August Hermann Niemeyer, Ueber die hohe Wichtigkeit und die zweckmäßigste Methode eines fortgesetzten Studiums der Religions- und Kirchengeschichte für praktische Religionslehrer, in: Fuhrmann, Handwörterbuch 1, S.XI-XLVIII, hier S.XVI.

504 AaO., S.XL (Hervorh. i. Orig.).

auf eine bloße Aufstellung des kirchlichen Systems der Glaubenslehre [...] beschränkt, sondern zugleich die allmählige Bildung dieses Lehrbegriffs entwickelt, und die von ihr abweichenden Vorstellungsarten bis auf ihre ersten Quellen und Veranlassungen nachweisen will"[505], das Gebiet der Dogmengeschichte.

Von besonderem Interesse ist die Funktion, welche Niemeyer dem Studium der Religions- und Kirchengeschichte „für die Bestimmung und die *Amtsführung des praktischen Religionslehrers*"[506] zuweist, also der von ihm unternommene Versuch, die historische Perspektive in die praktisch-theologischen Bemühungen um die Erweiterung pastoraler Handlungskompetenz einzubinden. Niemeyers Argumentation bewegt sich dabei zunächst auf der Linie der oben vorgestellten kirchengeschichtlichen Lexika. Zum ersten gebe die Kirchengeschichte Einblick in die

> „Realisierung der Idee einer über den ganzen Erdboden verbreiteten reinen Gotteserkenntniß und geistigen Gottesverehrung, strenger Sittlichkeit im Wollen und Handeln, und eines auf gegenseitige Achtung der gleichen Menschenrechte und echtes Wohlwollen beruhenden ewigen Friedens"[507].

Zum zweiten sei die Kenntnis der Religions- und Kirchengeschichte aus apologetischen Gründen anzuraten, denn „*Thatsachen*" hätten

> „immer eine siegende Gewalt. Hat der Apologet diese bey der Hand, kann er von dem Zustande der einzelnen Länder und Völker *vor* der Einführung und Annahme des Christenthums Rechenschaft geben, kann er in einem lebendigen Bilde anschaulich machen, wie dasselbe auf alle Arten und Zweige der Cultur des Geistes [...] eingewirkt hat"[508].

Die dritte Funktion sieht Niemeyer in der wachsenden Einsicht in die „*Mittel* und *Wege*, deren sich die göttliche Vorsehung bedient hat, um der Wahrheit Eingang zu verschaffen"[509] – hier ganz der Argumentation der oben vorgestellten Werke verwandt, die von dem Gedanken einer wohlgestalteten und geordneten Geschichte ausgingen, deren Studium sowohl für den individuellen Glauben als auch für die Kirche als Institution stabilisierende Funktion habe. Zum vierten, und hier führt Niemeyer die Argumentationslinie über die älteren Werke hinaus, öffne das Studium der Religions- und Kirchengeschichte die Augen für die seit je her „sehr große[] *Verschiedenheit der Auffassungen*" innerhalb des Christentums, sowohl hinsichtlich der vertretenen Lehren als auch hinsichtlich der gelebten Formen, „in denen es aus den Gemüthern der

505 AaO., S.XVIII.
506 AaO., S.XIX (Hervorh. i. Orig.).
507 AaO., S.XIXf.
508 AaO., S.XXf. (Hervorh. i. Orig.).
509 AaO., S. XXI (Hervorh. i. Orig.).

Menschen, gleichsam sichtbar geworden, in die Außenwelt als eine öffentliche Anstalt hervortrat"[510]. Die durch historische Studien vermittelte Einsicht in die ursprüngliche Pluralität kirchlich-religiöser Phänomene und Kulturen habe „gerade in Zeiten wie die unsrigen etwas ungemein Beruhigendes"[511]. Denn über diese Einsicht läßt sich für Kirche und Theologie die Idee einer religiösen und innerchristlichen Toleranz vermitteln. Zum einen sei nämlich „aller dogmatische Starrsinn oder alle peinliche Aengstlichkeit, in keinem Punct von der Lehre der Väter abzuweichen, eine Folge davon [...], daß man diese Lehre in ihren wechselnden Gestalten zu wenig kannte", und zum anderen müsse „die bloße Lesung der neutestamentlichen Schriften [...] die übertriebenen Ideen von der Reinheit und Heiligkeit der apostolischen Kirche sehr mäßigen"[512]. Die Idee der Toleranz wird bei Niemeyer nach zwei Richtungen hin entfaltet – als „Billigkeit gegen Andre" und als „Strenge gegen sich selbst"[513].

Für die Frage, wie das kirchenhistorische Studium seinen „Einfluß auf *die geistige, moralische* und *pastorale* Fortbildung des Predigers"[514] geltend machen könne, also für eine funktionale Begründung des Religions- und Kirchengeschichtsstudiums im Kontext der sich in der pastoralen Fortbildung etablierenden historischen und pluralitätstheoretischen Fragekomplexe, sichert Niemeyer den kirchen- und religionsgeschichtlichen Lexika mit der skizzierten Argumentation einen eigenständigen Ort – neben geschichtlichen Überblickstabellen, historisch-biographischen Werken und wissenschaftlichen Monographien. Dieser wird von ihm sowohl als wissenschaftlich legitimiert als auch als praxisrelevant ausgewiesen. Er führt dazu – wie sich gezeigt hat – ein vielseitiges Ensemble von Argumenten an. Ergänzend tritt hinzu zum einen das formale Argument der Literaturerschließung, die ein solches Lexikon für alle diejenigen bietet, welche keinen Zugriff auf größere Bibliotheksbestände haben, sowie zum anderen ein bildungstheoretische Argument – die Pfarrerfortbildung wird als sozial-gesellschaftliche Notwendigkeit und kirchlich-theologische Prestigeangelegenheit eingefordert. Schließlich tritt die Frage nach der Religion hinzu, die als „das höchste erscheint, wozu sich der Mensch erheben, und worin er, ermattet von dem unruhigen Treiben in der äußeren Welt, oft genug auch in seiner eignen Gemüthswelt, Ruhe finden kann"[515]. Sie ist

510 Ebd. (Hervorh. i. Orig.).
511 AaO., S.XXII.
512 AaO., S.XXVI.
513 AaO., S.XXVII (i. Orig. hervorgehoben).
514 AaO., S.XXXVII (Hervorh. i. Orig.).
515 AaO., S.XVII.

deshalb für jeden, der berufsmäßig mit ihr beschäftigt ist, in allen Aspekten relevant. Diese Relevanz religiöser Fragen stärkt Niemeyer durch die argumentative Verknüpfung des Religionsthemas mit ekklesiologischen Fragen.

> „Keiner, der sich auch nur als einzelnes Glied der großen Gesellschaft betrachtet, aus welcher die Kirche in allen ihren verschiedenen Formen und Verzweigungen besteht, kann unwissend bleiben wollen, wie der Verein der Geister durch das Zusammentreffen in gewissen Ideen von dem Uebersinnlichen, sich zu einem äußeren sichtbaren Gemeinwesen gestaltet, und durch welche Mittel dasselbe sich als ein solches zu behaupten und zu erweitern von jeher versucht habe"[516].

Pastorale Handlungskompetenz erschließt sich also auf dem Wege ekklesiologischer Selbstidentifikation und religionsgeschichtlicher Kontextualisierung der eigenen Position. Der Historisierung praktisch-theologischer Arbeit wird ein Distanzgewinn zugeschrieben – Gelassenheit durch Distanzgewinn: Denn wer Kirche und Theologie aus historischer Perspektive betrachte, „der w[erde] auch in dem Urtheil über die Erscheinungen *seiner* Zeit weit mäßiger und billiger seyn. Er wird in den noch so verschiedenen Richtungen, welche die innere Religiosität nimmt, weder zu viel Gefahr sehn, noch die Erwartungen davon zu hoch spannen"[517].

Kirchlich-theologischen Lexika, die ihren Stichwortbestand aus dem Gebiet der Kirchen- und später dann auch Religionsgeschichte herleiten, läßt sich also eine dreifache Funktion zuschreiben: Neben das innerchristliche und konfessionell dominierte apologetische Interesse tritt zum zweiten die Verarbeitung der Historizitätserfahrung eigener kirchlich-religiöser Traditionen und zum dritten die Rezeption religiös-kultureller Pluralisierungswahrnehmungen. Dies soll zusammenfassend an dem von Joh. Chr. Gotthold Neudecker (1806-1866) herausgebrachten *Allgemeine[n] Lexicon der Religions- u. christlichen Kirchengeschichte für alle Confessionen* dargestellt werden[518].

Joh. Chr. Gotthold Neudecker war Lehrer und Direktor an der (Knaben-) Bürgerschule in Gotha. Die Funktion seines Lexikons um-

516 Ebd.

517 AaO., S.XXVIII (Hervorh. i. Orig.).

518 *Allgemeines Lexicon der Religions- u. christlichen Kirchengeschichte für alle Confessionen. Enthaltend die Lehren, Sitten, Gebräuche und Einrichtungen der heidnischen, jüdischen, christlichen und muhamedanischen Religion, aus der ältesten, älteren und neueren Zeit, der verschiedenen Parteien in denselben, mit ihren heiligen Personen, Mönchs- und Nonnenorden, Bekenntnißschriften und geweihten Stätten, insbesondere der griechisch- und römisch-catholischen und protestantischen Kirche. Nach den Quellen bearbeitet von Dr. Ch. Gotthold Neudecker. Vier Bde. und ein Suppl., Ilmenau und Weimar 1834. Druck und Verlag von Bernh. Friedr. Voigt.* Bereits der Titel bringt die doppelte Perspektive von Historisierungs- und Pluralisierungswahrnehmung zum Ausdruck.

reißt Neudecker in der Vorrede anhand der zwei Themengebiete, aus denen sich der Stichwortbestand speist: Dieser beziehe sich zum einen „auf die *Hauptreligionen*, auf die Religion der Heiden, Juden, Christen und Muhemedaner", d.h. es geht um die lexikographische Erfassung der Vielfalt der Religionen und religiöser Phänomene. Zum anderen beziehe sich der Stichwortbestand „auf die *christliche Kirchengeschichte*"[519], d.h. es geht um die historische Perspektive auf die eigene religiöse, speziell protestantische Tradition.

Die Kenntnis anderer Religionen sei, so Neudecker, notwendig zur eigenständigen, selbstverantworteten und historisch angemessenen Beurteilung politisch-gesellschaftlicher Phänomene. Als negatives Beispiel verweist er auf das Phänomen der Judenemanzipation, dem – so seine Einschätzung – derjenige skeptisch gegenüberstehen müsse, der „den Geist des Judenthums und die Lehren kennt, welche der Talmud enthält, wer es weiß, wie schädlich jene einem christlichen Staate sind, der muß es auch erkennen, daß, bei unbedingter Emancipation, kein Heil für Kirche und Staat erwachsen kann"[520]. Daneben ging es um eine angemessene Beurteilung religiöser Phänomene, die auf dem Boden des Christentums selbst entstehen, aber mit dem Lehrbegriff der protestantisch-lutherischen Kirche nicht vereinbar sind. Die Aufgabe des Lexikons bestehe an dieser Stelle darin, zu

> „belehren, wie in der Zeit die Verfälschung des reinen Wortes Gottes entstand, wie man sich bemühte, Finsterniß zu erhalten und zu verbreiten, wie diese durch evangelische Männer bekämpft wurde, wie aber auch in unseren Tagen in Sachen der Religion und der Kirche von vielen Seiten her ein Hinzudrängen zum Veralteten, Dunkeln und Mystischen sichtbar ist, wie der Catholicismus durch Wiederherstellung aufgehobener Institute und durch andere Neuerungen, die noch dazu das Gepräge eines Schrittes zum Besseren an sich tragen sollen, Gefahr drohende Schritte thut, wie auch in der protestantischen Kirche Ereignisse geschehen, die, von der einen Seite betrachtet, allerdings lobenswerth erscheinen, die aber auch, wenn man auf die andere Seite sieht, Nachtheile nicht verkennen lassen"[521].

Innerprotestantisch gelten in erster Linie pietistische und neumystische Strömungen als theologisch-kirchliche Gefahr, daneben traten die kon-

519 Neudecker, Vorwort, in: ders., Allgemeines Lexicon 1, S.IX-XIV, hier S.IX (Hervorh. i. Orig.).

520 AaO., S.Xf. Vgl. hierzu Nowak, Geschichte des Christentums, S.34: „Nicht ohne Widerstände, nicht ohne Rückschläge und dennoch nicht ohne Erfolg war die rechtliche, die kulturelle und die religiöse Situation der Juden am Ende des 18. Jahrhunderts zu einem wichtigen Thema der christlichen Gesellschaft geworden". Die Judenfrage wurde insgesamt freilich, anders als hier bei Neudecker, verstärkt auf die „Ebene einer historisch-politischen und soziologischen Betrachtung erhoben".

521 Neudecker, Vorwort, in: ders., Allgemeines Lexicon 1, S.X.

fessionellen Abgrenzungsbemühungen gegenüber einem wiedererstarkenden Katholizismus.

Mit seiner Intention, religiös-kirchliche Beurteilungskompentenz zu vermitteln, will sich das Lexikon einen Benutzerkreis außerhalb theologischer Fachkreise eröffnen – anvisiert wurde neben dem „Theologen" der „Laie" schlechthin[522]. Diesem sollte dadurch historisches Verständnis vermittelt werden, daß ihm die wichtigsten religiösen und kirchengeschichtlichen Quellen erschlossen wurden, er somit nicht nur vermittelt durch Sekundärliteratur an der Diskussion teilnehmen könne, sondern aus eigener Textkenntnis zu urteilen imstande sei. Bisher blieben solche „Raisonnements nur unter den Gelehrten". Dabei sollten „auch in den Volksschulen [...] diese Punkte auf eine verständliche, faßliche Weise berührt werden"[523]. Da sich das Lexikon als „ein Hilfsbuch"[524] zur Erlangung einer selbständigen Beurteilungskompetenz verstand, war zugleich der Kompetenzbereich des Herausgebers fest umrissen:

> „Philosophisches Raisonnement über die Artikel wird von einem Lexicographen nicht erwartet werden; dieser darf nur, wie ich glaube, das geben, was die gesammelten Materialien darbieten; jenes muß ihm fremd bleiben, er muß es dem eignen Nachdenken dessen, der sein Buch gebraucht, überlassen, wenn es ihm nur gelungen ist, die Darstellung so zu geben, daß eine richtige Einsicht in die Artikel gewonnen, ein richtiger Weg, um ein wahres Urtheil zu fällen, angezeigt worden ist"[525].

Die Rekonstruktion der Funktionen kirchen- und religionsgeschichtlicher Nachschlagewerke unter den erkenntnisleitenden Stichworten Apologie, Historisierung und Pluralisierung macht diese Werke als Quellen ersten Ranges zur Erforschung der Kirchen- und Theologiegeschichte evident, da sie selbst in nicht geringem Umfang Kirchen- und Theologiegeschichte schreiben. Dabei wird das dargestellte Geschichtsverständnis weitgehend von einem Vorsehungsglauben beziehungsweise dem Gedanken einer transzendentalen Idee geleitet. Der theologisch-lexikographische Anspruch der biographischen Artikel läßt sich nicht mittels individualitätstheoretischer Denkmodelle fassen, da die

---

522 AaO., S.IX. Zu diesem Zweck soll die „Uebersetzung oder Verarbeitung des Sinnes der Beweisstellen" (ebd.) angegeben werden. Umfang- und Preisgestaltung werden in Relation zu diesem volkspädagogischen Anspruch entwickelt. Zu den Benutzern des Lexikons vgl. die Verzeichnisse der Subskribenten in: Neudecker, Allgemeines Lexicon 1, S.VII-VIII und Neudecker, Allgemeines Lexicon 2, ohne Seiten- bzw. Blattnumerierung. Zur Problematik der Auswertung solcher Listen vgl. oben Abschnitt 2.1.1, Anm.76.

523 Neudecker, Vorwort, in: ders., Allgemeines Lexicon 1, S.XII.

524 AaO., S.X.

525 AaO., S.XIII.

Beurteilung des theologischen Denkens und kirchlichen Handelns der dargestellten Personen stark von orthodoxen Lehrbegriffen und den damit einhergehenden ekklesiologischen Ansprüchen bestimmt ist. Das begründet den apologetisch-pragmatischen Charakter solcher Lexika. Da sie zur Stabilisierung sowohl der privaten Frömmigkeit als auch der kirchlichen Instititutionen konzipiert wurden, popularisieren und pragmatisieren sie kirchengeschichtliche Forschungsergebnisse zum Zwecke der Verbindung von universitärer Theologie und Kirche, von wissenschaftlich-historischer und religiös-erfahrungsbezogener Wirklichkeitswahrnehmung. Der Anspruch einer objektiven Hermeneutik ist damit im Ansatz der Lexika selbst bereits aufgegeben, da sie mit bestimmten, den Zugriff auf den zu präsentierenden Stoff steuernden Voraussetzungen arbeiten.

Neben dem apologetisch-pragmatischen Nutzen spiegeln die Lexika die Entwicklung einer vergleichenden Religionsgeschichte wider und eröffnen durch die Wahrnehmung und lexikographische Erfassung pluraler religiöser Phänomene den Weg zu einer vergleichenden Religionswissenschaft. Von der Mitte des 19. Jahrhunderts an verläuft sich die Tradition der ausschließlich auf Kirchen- und Religionsgeschichte rekurrierenden Lexika. Die entsprechenden Personalartikel werden in den Stichwortbestand der jetzt aufkommenden allgemeinen Kirchen- und Theologielexika integriert[526]. Die im zurückliegenden Kapitel vorgestellten Lexika zeigen einen je individuellen Zugriff auf die Erfahrung von Historizität und Pluralität religiös-kirchlicher Phänomene. Die je eigene theologisch-kirchliche Position des Verfassers reguliert oder dominiert das apologetische Interesse, welches das Lexikon verfolgt. Dieses Phänomen einer positionell bestimmten Hermeneutik des Zugriffs auf den theologischen Wissens- und Bildungskanon ist für die im folgenden zu untersuchenden universaltheologischen Nachschlagewerke von Interesse, da diesen in innerprotestantischen, medienpolitischen Kontroversen in beharrlicher Regelmäßigkeit der Ruf, bloße ‚Parteiwerke' zu sein, anhängig wurde. Theologisch-

526 Es sei an dieser Stelle ausdrücklich darauf hingewiesen, daß es vor den im folgenden vorgestellten universaltheologischen Lexika bereits im 18. Jahrhundert eine Traditionslinie theologischer Wörterbücher gab, welche kirchlich-theologische Fachtermini aus allen Bereichen erklärten. Da es sich dabei jedoch in aller Regel um Wörterbücher im eigentlichen Wortsinn handelt, werden sie hier nicht ausführlicher dargestellt. Zu verweisen ist beispielsweise auf: *Deutsches Kirchenwörterbuch. Herausgegeben von Christian Wilhelm Roch, Halle bey Johann Jacob Gebauer 1784*, welches sich hauptsächlich der Erläuterung von kirchlich-religiösem Brauchtum widmet. Ferner ein weiteres Werk von Trinius: *Theologisches Wörterbuch, worinn die in den theologischen Wissenschaften vorkommende Wörter und Redensarten kürzlich erkläret werden. Von Johann Anton Trinius, Frankfurth und Leipzig, bey George Conrad Gsellius 1770.*

positionelle Bindung erweist sich im lexikographischen Kontext als methodologische Voraussetzung solcher das gesamte Gebiet der Theologie umfassenden Nachschlagewerke.

4.3. Theologisch-kirchliche Lexika und der Vorwurf der Parteilichkeit

Karl Heinrich Meusel (1837-1889), Herausgeber eines *Kirchlichen Handlexikons*, welchem in RGG[1] eben gerade nur „als Parteiwerk Existenzberechtigung" zugebilligt wird[527], hat den Stichwortbestand universaltheologisch konzipierter Nachschlagewerke folgendermaßen zusammengefasst: Diese Werke, so Meusel, bezögen sich neben dem biblischen und kirchengeschichtlichen Stoff auf die Gebiete der Dogmatik und Ethik sowie auf „das Leben der Kirche im weitesten Umfange [...], sodaß sämtliche theologische Disziplinen mit Einschluß der theologischen Hilfswissenschaften und der angrenzenden Wissensfächer, wie kirchliche Kunst, Kirchenrecht, innere und äußere Mission, christliche Sitte u. s. w."[528], vertreten seien.

Diese Nachschlagewerke übernahmen im Kontext einer sich stetig ausdifferenzierenden theologischen Wissenschaft und angesichts der Menge neu erscheinender theologischer Literatur, die für den einzelnen unübersichtlich zu werden drohte, die Funktion der Selektion. Dieser Vorgang der positiven Rezeption bestimmter Traditionen beziehungsweise der Ignorierung anderer theologischer Traditionen und Forschungsrichtungen erweist sich als theologiepolitisch motiviert. Auskunft über Sinn und Gehalt eines solchen lexikographisch vermittelten Literaturkanons gibt Johann Heinrich Friedrich Meineke (*1745) in der Vorrede zu dem von ihm 1821 vorgelegten *Theologisch-encyklopädische[n] Handwörterbuch*[529]. Der Stichwortbestand dieses Nachschlagewerkes rekurriert auf die Bereiche Moraltheologie, Dogmatik, Kirchengeschichte und Kirchenkunde sowie in Auswahl auf biblisch-exegetischen Stoff nebst ausgewählten biographischen Artikeln. Die

527 Christlieb, Art. Nachschlagewerke, kirchliche und theologische, in: RGG[1], 4 (1913), Sp.647-656, hier Sp.648.

528 Meusel, Vorwort, in: ders., Kirchliches Handlexikon 1, S.1-2, hier S.1 (Seitenzählung von R.C.; vollständige Titelangabe s. unten in diesem Kap.).

529 *Theologisch-encyklopädisches Handwörterbuch zur leichten Uebersicht der wichtigsten, in die historische, dogmatische und moralische Theologie einschlagenden und damit zusammenhängenden philosophischen Materien. Für Theologie Studirende, Candidaten und angehende Prediger. Von J.H.F. Meineke, vormals Fürstl. Stiftischem Consistorialrathe, jetzt noch Prediger in Quedlinburg, Mitinspector des Königl. Gymnasiums daselbst, und Ehrenmitgliede der naturforschenden Gesellschaft in Berlin, Halle, in der Gebauerschen Buchhandlung 1821.*

wissenschaftstheoretische Enzyklopädik des Werkes wird durch die theologische Rezeption Kants bestimmt. Die zentrale und hier interessierende lexikographische Motivation Meinekes bestand darin, dem Benutzer einen Überblick über den Forschungsstand der verschiedenen theologischen Teildisziplinen zu ermöglichen, „gemäß dem bedeutend größeren Umfange unserer gegenwärtigen wissenschaftlichen, und so auch theologischen Erkenntniß"[530]. Die stetige qualitative und quantitative Vermehrung des theologischen Wissensstoffes mache es dem Studierenden der Theologie unmöglich, sich selbständig hinreichend über die relevanten neuen Entwicklungen in Kenntnis zu setzen. „Denn eine Anzahl von auch nur 50-60 guten, auch nur theologischen, Büchern erfordert jetzt schon ein Kapital, das der unbemittelte Studirende seinen anderweitigen nothwendigen Bedürfnissen nicht entziehen kann"[531]. So will das Lexikon dem Studierenden „wenigstens im Anfange einen großen Büchervorrath entbehrlich machen"[532]. Es gehört daher in den Kontext theologischer Studien- und Hilfsliteratur – für seine Benutzer konzipiert als

> „ein allgemeines Repertorium, das ihm vorläufig die nöthigste Auskunft, theils über die wichtigsten dogmatischen und moralischen Begriffe selbst, theils über die verschiedenen Ansichten theologischer Vorstellungen, und sich darauf beziehenden Thatsachen" geben soll[533].

Das Auswahlkriterium, nach welchem Meineke bei „den wichtigern Artikeln [...] die vornehmsten dahin gehörigen Schriften" anführt, ist sein eigenes, subjektives Urteil oder die Beurteilungskompetenz sachkundiger Dritter. Angeführt werden diejenigen Schriften, „die ich entweder selbst kannte, oder deren Werth mir durch das Urtheil gültiger Richter hinlänglich bestätigt war"[534]. Dabei wird Subjektivität im Urteil von Meineke als protestantisches Kennzeichen lexikographischer Arbeit vorausgesetzt. Er habe sein Urteil „nach dem Rechte, das ich als

530 Meineke, Vorrede, in: ders., Theologisch-encyklopädisches Handwörterbuch, S.III-VIII, hier S.III.

531 Ebd.

532 AaO., S.IV.

533 Ebd.

534 AaO., S.VII. Meineke nennt S.IVff. ausführlich diejenige Literatur, die er für ein qualifiziertes theologisches Studium unentbehrlich hält (beispielsweise die Werke von Franz Volkmar Reinhard [1753-1812] oder Karl Gottlieb Bretschneider [1776-1848] oder für das Gebiet der Kirchengeschichte die Schriften von Johann Lorenz von Mosheim [1693-1755]). Meineke selbst verfaßte weitere theologische Hilfsmittel für den praktischen Bedarf, so z.B. *Tägliches Handbuch für Prediger und Predigtamts-Candidaten zur leichtern Auffindung der Materialien zu ihren Kanzelvorträgen über die Perikopen, Fastentexte und auserlesene Salomonische Sprüche. Von Johann Heinrich Friedrich Meineke, vormals Fürstlichem Consistorialrath, jetzt noch Prediger zu St. Blasii in Quedlinburg, Quedlinburg, bei Friedrich Joseph Ernst 1817.*

Protestant habe" und „meiner gegenwärtigen Ueberzeugung nach, frey ausgesprochen, welches mir hoffentlich diejenigen, die meine Ansichten nicht mit mir theilen, nicht verübeln werden"[535]. Im Kontext protestantischer Lexikographie wird Subjektivität in der Darstellungsweise zum lexikonpolitischen Programm.

Die bisher vorgestellten theologischen Nachschlagewerke waren in erster Linie die Werke einzelner Lexikographen. Sie spiegelten demnach die theologische Position einzelner Personen wider, die sich jedoch über die jeweils anvisierte Benutzergruppe als charakteristisch für bestimmte kirchlich-theologische Richtungen erwies. Die darin präsentierte Theologie war dennoch umhüllt von der „Aura, fast ausschließlich das Resultat einsamer Einzelanstrengungen zu sein, die gewissermaßen in der Einsamkeit des theologischen Arbeitskabinetts zustandegebracht werden"[536]. Von der Mitte des 19. Jahrhunderts an erschienen vermehrt universaltheologisch konzipierte Nachschlagewerke, die mit dem Anspruch, „Resultat eines zielgerichteten Arbeitsgruppen-Zusammenschlusses"[537] zu sein, auftraten. „Die Theologie selbst nimmt entsprechend den Charakter einer Art Zwischenbescheids in einem pluralistisch differenzierten Diskussionsprozeß an"[538] – dies gilt besonders für diejenigen Nachschlagewerke, die regelmäßig überarbeitete Neuauflagen erleben, wie die mittlerweile in vierter Auflage vorliegende RGG.

Eine der ersten umfassenden theologischen Enzyklopädien, die in diese lexikographische Entwicklung gehört, stammt aus dem bereits vorgestellten Herder Verlag in Freiburg – das *Kirchen-Lexikon oder Encyclopädie der katholischen Theologie und ihrer Hilfswissenschaften* (KL)[539].

535 AaO., S.VI.

536 Drehsen, Fachzeitschriftentheologie, S.69. Die von Drehsen hinsichtlich theologischer Fachzeitschriften vorgetragenen Kategorien lassen sich in einigen Aspekten auf die theologische Fachlexikographie übertragen. Zu dem hier angesprochenen Sachverhalt beachte auch die Klagen Christian Wilhelm Oemlers, bei der Arbeit an seinem Nachschlagewerk von seinen theologischen Kollegen keine hinreichende Unterstützung erfahren zu haben (vgl. oben Kap.I.B.4.1.).

537 Ebd.

538 Ebd.

539 Vgl. oben Kap.I.A.2.2. Ebenfalls 1846-1850 erschien ein *Allgemeines Kirchen-Lexikon oder alphabetisch geordnete Darstellung des Wissenswürdigsten aus der gesammten Theologie und ihren Hülfswissenschaften. Bearbeitet von einer Anzahl katholischer Gelehrten. Herausgegeben von Dr. Joseph Aschbach, ordentl. Professor der Geschichte an der Universität zu Bonn. Vier Bde., Frankfurt a.M., Verlag der Andreäischen Buchhandlung 1846-1850.* Das Werk war konzipiert, „dem größeren gebildeten Publicum, das Interesse am Religiösen nimmt und häufig veranlaßt ist, augenblickliche Belehrung zu suchen" , kompetent und zugleich populär Auskunft zu geben über den „Gesammtstoff der theologischen Wissenschaft dem wesentlichen Inhalte nach" (Aschbach, Vorwort, in: ders., Allgemeines Kirchen-Lexikon 1, S.III-VIII, hier S.III). Um das Werk angesichts dieser

Es ist das bleibende Verdienst Benjamin Herders, neben der breitenwirksamen Umsetzung der Idee eines konfessionell bestimmten Konversationslexikons als erster im 19. Jahrhundert den Versuch unternommen zu haben, „das große Gebiet der Theologie in allen Fachzweigen lexikalisch zu erfassen, und gleichzeitig das erste große Werk, zu dem sich katholische Gelehrte deutscher Sprache zusammenfanden", zu schaffen[540]. Das KL wurde von 1846 bis 1856 in elf Bänden herausgegeben von Josef Wetzer (1801-1853), Orientalist und Oberbibliothekar in Freiburg, und Benedikt Welte (1805-1885), Alttestamentler in Tübingen. Wetzer und Welte wurden redaktionell unterstützt von dem Tübinger Kirchenhistoriker und späteren Bischof von Rottenburg Karl Joseph von Hefele (1809-1893)[541]. 1882-1903 erschien unter der redaktionellen Verantwortung des Bonner Alttestamentlers Franz Kaulen (1827-1907) die zweite Auflage, die als erheblicher lexikographischer Fortschritt gilt.

> „KL^1 war im wesentlichen eine Sammlung von Beiträgen gewesen, nach Schlagwörtern geordnet, ohne stärkere innere Verbindung, mehr Lesebuch als Studierbuch. KL^2 war schon formell ein erfreulicher Fortschritt. Der für ein Lexikon allein richtige Spaltensatz wurde gewählt [...]. Inhaltlich veranschaulicht KL^2 die dem letzten Viertel des 19. Jahrhunderts eigene geistige Bewegung. So ist KL^2 in vielfacher Hinsicht eine wertvolle Urkunde nicht nur für die Geschichte der Theologie, auch für die des gesamten Geisteslebens der Zeit"[542].

Seinen lexikalischen Nachfolger fand das KL im *Lexikon für Theologie und Kirche* (LThK), das in erster Auflage 1930-1938 in zehn Bänden er-

---

Stoffmenge nicht zu voluminös und für den ‚gebildeten Laien' letztendlich unbrauchbar geraten zu lassen, baute der Herausgeber zwei hermeneutisch-lexikographische Filter ein: Zum einen wurde das „Unwesentliche, Unbedeutende, ganz Uninteressante" nicht aufgenommen, sondern nur dasjenige, was „mit dem Christenthum in enger Beziehung" (aaO., S.IV) steht. In der Konsequenz hieß dies beispielsweise, daß auf alttestamentliche Themen nur unter der Perspektive der christologischen Relevanz derselben zugegriffen wurde. Zum anderen wurde der Stoff unter den Bedingungen einer spezifisch katholisch-kirchlichen Hermeneutik präsentiert – im Zentrum stand „die richtige Kenntniß von den katholischen Glaubenslehren, von der Bedeutung der kirchlichen Einrichtungen, von den Ereignissen innerhalb des kirchlichen Lebens", wobei „confessionelle Polemik ausgeschlossen" sein sollte (aaO., S.V). Zur katholisch-theologischen Lexikographie vgl. auch R. Bäumer, Art. Lexika, theologische, in: LThK^2, 6 (1961), Sp.998-1001. Vgl. zu den im folgenden vorgestellten Werken auch Gregor Reinhold, Neuere theol. Enzyklopädien, in: Keiters Katholischer Literatur-Kalender 10 (1910), S.VII-LXIV.

540 Sacher, Die Lexika, S.243. Vgl. auch Scherer, 150 Jahre Geschichte des theologischen Denkens, S.35f.; Weiß/Krebs, Im Dienst am Buch, S.70ff. und Weiß, Benjamin Herder, S.15-34.

541 „Ohne die Tübinger wäre das Kirchenlexikon kaum zustande gekommen" (Weiß/Krebs, Im Dienst am Buch, S.74).

542 Sacher, Die Lexika, S.247.

schien. Herausgeber war Michael Buchberger (1874-1961), damals Domkapitular in München, später dann Bischof von Regensburg. Dieser hatte bereits 1907-1912 ein zweibändiges *Kirchliches Handlexikon* herausgebracht[543]. Buchberger intendierte, im Stichwortbestand dieses Handlexikons (circa 12.000 Artikel und Verweisungen) alles dasjenige zu berücksichtigen, „was zu Kirche und Theologie in Beziehung steht und uns für die verschiedenen wissenschaftlichen, literarischen und praktischen Bedürfnisse dienlich erschien, so z.B. auch Sozialwissenschaft, kirchliche Kunst, Kirchenmusik, kirchliche Geographie und Statistik". Auf diesem Wege wollte er „ein *kirchliches* und *handliches* Nachschlagewerk zum Dienste vieler" schaffen[544]. Buchberger teilte als erster theologischer Lexikograph den zu präsentierenden Wissensstoff in Fachgebiete ein und stellte jedes unter die Verantwortung eines eigenständigen sogenannten Fachleiters. In der ersten Auflage der RGG wurde dieses Organisationsprinzip übernommen, führte dort freilich zu erheblichen Problemen[545]. Der Herder Verlag erwarb 1913 mit Buchbergers Zustimmung die Rechte dieses Werkes, um darauf aufbauend in wesentlicher Erweiterung das LThK zu schaffen. Sacher sieht in der ersten Auflage des LThK „wissenschaftlich und formell ein klassisches Werk der modernen Fach-Lexikographie", konzipiert nach den

> „lexikographischen Grundsätzen des Verlags: keine bloße Sammlung von Wissensstoff, sondern eine lebendige Darstellung; wissenschaftliche und praktische Brauchbarkeit; inhaltliche und stilistische Konzentration; Sachlichkeit auch gegenüber dem andern Standpunkt; ausgewähltes Zitat des Schrifttums"[546].

Innerhalb der protestantischen Lexikographie war das KL Vorbild für die von 1853 an erscheinende erste Auflage der *Realenzyklopädie für protestantische Theologie und Kirche* (RE)[547]. Die einundzwanzigbändige Erst-

---

543 *Kirchliches Handlexikon. Ein Nachschlagewerk über das Gesamtgebiet der Theologie und ihrer Hilfswissenschaften. Unter Mitwirkung zahlreicher Fachgelehrten in Verbindung mit den Professoren Karl Hilgenreiner, Johannes B. Nisius S.J. und Joseph Schlecht hg. v. Michael Buchberger. Zwei Bde., München 1907-1912.*

544 Buchberger, Vorwort, in: ders., Kirchliches Handlexikon 1 (ohne Seitenangabe; Hervorh. i. Orig.).

545 Vgl. Kap.II.3.1.3.2.

546 Sacher, Die Lexika, S.248.

547 Vgl. zur Geschichte der RE Geo. W. Gilmore, Preface, in: The New Schaff-Herzog Encyclopedia of Religious Knowledge Embracing Biblical, Historical, Doctrinal, and Practical Theology and Biblical, Theological, and Ecclesiastical Biography from the earliest Times to the Present Day. Based on the Third Edition of the Realencyklopädie Founded by J.J. Herzog, and Edited by Albert Hauck. Prepared by More than Six Hundred Scholars and Specialists under the Supervision of Samuel Macauley Jackson, D.D., L.L.D. with the Assistance of Charles Colebrook Sherman and George

auflage wurde herausgegeben von Johann Jakob Herzog (1805-1882), der von 1854 an Professor für reformierte Theologie in Erlangen war. Die zweite Auflage dieses Werkes erschien von 1877 bis 1888 und wurde neben Herzog von Gustav Leopold Plitt (1836-1880) herausgegeben, einem der Erlanger Schule verpflichteten Theologen, der von 1875 an Professor für Kirchengeschichte ebenda war. Für die Bände acht und neun zeichnete bereits Albert Hauck (1845-1918) als Mitherausgeber verantwortlich, der dann die Bände zwölf bis siebzehn alleine edierte. Die im Kontext vorliegender Arbeit entscheidende dritten Auflage erschien von 1890-1909 in 22 Bänden unter der alleinigen Herausgeberschaft von Hauck. Hauck war seit 1878 Professor für Kirchengeschichte in Erlangen und von 1889 an in Leipzig. Die Initiatoren und verantwortlichen Mitarbeiter von RGG¹ sahen in der RE³ ursprünglich denjenigen theologisch-lexikographischen Gegenentwurf, von dem es sich abzusetzen galt.

Das KL und das LThK einerseits sowie die RE andererseits sind in ihren diversen Auflagen diejenigen lexikographischen Flaggschiffe, die unter pointiert konfessionellem Zugriff den Gesamtbereich von Theologie und Kirche enzyklopädisch zu erfassen suchten[548]. Für den innerprotestantischen Bereich lassen sich von den 70er Jahren des 19. Jahrhunderts an kleinere theologische Lexika nachweisen, welche ebenfalls versuchten, das Gesamtgebiet der Theologie alphabetisch zu erfassen und die dabei den Stoff einerseits für den in der Praxis tätigen Theologen im Überblick präsentieren wollten und ihn andererseits zugleich in gemeinverständlicher Form dem theologisch interessierten und sachliterarisch versierten Laien zu erschließen beabsichtigten. Für die Frage nach der Hermeneutik des Zugriffs auf den jeweiligen Wissenskanon wird neben dem konfessionellen Aspekt dasjenige innerprotestantische Milieu relevant, dem sich Verlag und Herausgeber verpflichtet fühlten[549].

Diese Positionalität läßt sich exemplarisch an dem *Theologische[n] Universal-Lexikon* zeigen, welches sich theologisch-hermeneutisch in die

---

William Gilmore, M.A. Complete in Twelve Volumes, New York et al 1908-1912, hier Vol.1, S.IX-XXIV.

548 In Kap.II.3.1.1. wird versucht, das Profil der RE³ aus der Perspektive der RGG¹ zu erhellen. Deshalb soll hier zunächst mit obigem bibliographischem Hinweis Vorlieb genommen werden. Die RE³ erschien im Verlag J.C. Hinrichs in Leipzig. Zu diesem Verlag vgl. den einschlägigen Abschnitt in: Der evangelische Buchhandel. Eine Übersicht seiner Entwicklung im 19. und 20. Jahrhundert. Mit 600 Firmengeschichten aus Deutschland, Österreich und der Schweiz. Hg. v. der Vereinigung Evangelischer Buchhändler, Stuttgart 1961, S.187ff. und zur Konkurrenz zwischen dem Verlag Mohr Siebeck und dem Hinrichs Verlag vgl. unten Kap.II.2.4.

549 Zur Fragmentierung des Protestantismus um 1900 vgl. unten Kap.II.2.2.

Tradition Schleiermachers stellte[550]. Schleiermacher wird verstanden als „der bedeutendste Theologe der neueren Zeit, ein epochemachender Geist, auf dessen Schultern fast die gesammte moderne (nichtconfessionelle) Theologie ruht, wie weit auch ihre verschiedenen Richtungen auseinandergehen"[551]. Er sei es gewesen, der den theologischen Rationalismus „geistig überwand und eine neue Entwicklung der Theologie herbeiführte"[552]. Der Stichwortbestand dieses Nachschlagewerkes umfaßt Begriffe der biblischen Exegese, der Kirchengeschichte und des Kirchenrechtes sowie der Dogmatik und Ethik, ferner Termini der kirchlich-religiösen Alltagskultur[553]. Die Begriffserklärungen sind knapp und dienen primär der Information und nicht der Verortung des Stichwortes innerhalb eines theologisch-enzyklopädischen Systems. Der wissenschaftstheoretisch-enzyklopädische Anspruch tritt hinter den lexikalisch-informativen zurück. Das Christentum sei „als Religion und als sittliche Lebensbestimmtheit zur Seele der Menschheit, zur innerlich treibenden Gestaltungskraft der Geschichte geworden". Die christlichen Völker seien deshalb „unstreitig die Träger der Bildung und ziehen die übrigen in ihren Lebensstrom hinein"[554]. Der biblische Stoff wird historisch-kritisch erschlossen[555]. Stichworte, die den An-

---

550 *Theologisches Universal-Lexikon zum Handgebrauche für Geistliche und gebildete Nichttheologen. Zwei Bde., Verlag von R.L. Friderichs Elberfeld 1874.*

551 Art. Schleiermacher, in: Theologisches Universal-Lexikon 2, S.1166-1170, hier S.1167. Der Rückgriff auf Schleiermacher läßt sich beispielsweise auch nachweisen in folgenden Artikeln: Art. Glaube, in: Theologisches Universal-Lexikon 1, S.300-302; Art. Religion, in: Theologisches Universallexikon, 2, S.1031-1032; Art. Orthodoxie, in: aaO., S.815f. Neben Schleiermacher tritt innerhalb des Lexikons rezeptionsgeschichtlich v.a. Richard Rothe in den Vordergrund, vgl. Art. Rothe, Richard, in: aaO., S.1080-1082.

552 Art. Rationalismus, in: aaO., S.1009f., hier S.1010. Hervorzuheben ist in diesem Zusammenhang auch die ausgewogene Beurteilung des Lexikons der französischen Enzyklopädisten: Unbegründet sei „der Vorwurf des Atheismus und Materialismus; die geoffenbarte Religion und das Christenthum werden sogar vertheidigt [...]. Der Sturm, welcher sich gegen das Werk erhob und sein Erscheinen zeitweilig hinderte, war weit mehr verursacht durch die freisinnige und oppositionelle Haltung in der Besprechung der Verfassung und Verwaltung der Kirche, und die unverhüllten Angriffe auf den Jesuitismus, als durch ausgesprochene ungläubige und irreligiöse Ansichten" (Art. Encyklopädisten, in: Theologisches Universal-Lexikon 1, S.221; vgl. oben Kap.I.A.1.).

553 Da das Werk weder Vorrede noch Einleitung hat, wird der theologisch-lexikographische Anspruch in diesem Fall ausnahmsweise aufgrund einschlägiger Artikel erhoben.

554 Art. Jesus Christus und das Christenthum, in: Theologisches Universal-Lexikon 1, S.393-402, hier S.393.

555 Vgl. z.B. Art. Auferstehung, in: aaO., S.55: „Die Auferstehung Jesu hat die eminente Bedeutung eines geschichtlichen Ereignisses, auf dem sich die christliche Kirche fundamentirt; sie bezeichnet das Erwachen des christlichen Gemeinschaftsgeistes, den

schluß an das allgemeine Kultur- und Geistesleben suchen, fehlen völlig. Der Lemmatabestand bleibt auf das binnenkirchliche beziehungsweise binnentheologische Milieu beschränkt und bezieht hierbei eindeutig Position, gerade auch in Gegenwartsfragen[556].

Theologiepolitische Akzente setzten freilich auch Lexika, die sich hermeneutisch dem orthodox-kirchlichen Milieu verpflichtet sahen. Es sind Werke, die den Versuch unternahmen, im Medium des Lexikons den kirchlichen Bekenntnisstand tradierfähig zu präsentieren und zu sichern. Die Rede ist exemplarisch von Meusels *Kirchliche[m] Handlexikon* und dem *Handlexikon für Theologen* von Perthes.

Zum ersten: Karl Heinrich Meusel (1837-1889) übernahm 1885 aufgrund des ausdrücklichen Wunsches des Verlegers die Redaktion des *Kirchliche[n] Handlexikon[s]*[557]. In der zum ersten Band von Meusel selbst verfaßten Vorrede geht er von der wachsenden Bedeutung lexikalischer Nachschlagewerke im Kontext der stetig steigenden „Ansprüche an ein allseitiges Wissen in allen Lebenskreisen" aus, da solche Nachschlagewerke „in knapper übersichtlicher Form die Möglichkeit bieten, sich auf schnellstem Wege auf die verschiedensten Fragen eine zutreffende Antwort zu holen"[558]. Dieses allgemeine Bildungsinteresse verband Meusel mit dem Interesse an der Tradierung des lutherisch-orthodoxen Glaubensgutes. Er wollte ausdrücklich einen „auf dem Boden der ev.-luther. Kirche erwachsenen und in ihrem Sinne und Geiste Rede und Antwort gebenden kurzen lexikalischen Ratgeber" auf den Markt brin-

---

Uebergang der gesammten geistigen Persönlichkeit Jesu in seine Gemeinde. Worin nun aber die geschichtlichen Vorgänge eigentlich bestanden, welche diesen Umschwung hervorriefen, das wird der geschichtlichen Kritik auch fernerhin noch ein Gegenstand der Untersuchung bleiben".

556 So wird beispielsweise der Evangelischen Allianz vorgeworfen, daß sie entgegen ihrer ursprünglichen Intention aufgrund des stark methodistischen Einflusses Gefahr laufe, „statt eine Vereinigung aller lebendigen Christen nur eine Verbindung der Orthodoxen in den verschiedenen evangelischen Denominationen zu werden" (Art. Allianz, evangelische, in: aaO., S.23). Der liberal orientierte Protestantenverein findet dagegen eine positive Würdigung (Art. Protestantenverein, in: Theologisches Universal-Lexikon 2, S.983-984). Christlieb hält das Lexikon knapp 40 Jahre nach dessen Erscheinen für „heute wertlos" (Christlieb, Art. Nachschlagewerke, kirchliche und theologische, in: RGG[1], 4 [1913], Sp.647-656, hier Sp.648).

557 *Kirchliches Handlexikon. In Verbindung mit einer Anzahl ev.-lutherischer Theologen herausgegeben. Begründet von Dr. ph. Carl Meusel († Superintendent in Rochlitz in Sachsen,) fortgeführt von D. Ernst Haack (Ober-Kirchenrat in Schwerin in Mecklenburg), B. Lehmann (Pastor em. in Dresden) und Pastor A. Hofstätter (theol. Lehrer am ev.-luth. Missionshaus in Leipzig). Sieben Bde., Verlag Justus Naumann Leipzig 1887-1902.* Die Titelei ist nach dem siebten Bd. zitiert. Zu Meusel selbst vgl. Art. Meusel, Dr. phil. Karl Heinrich, in: Meusel, Kirchliches Handlexikon 4, S.588f.

558 Meusel, Vorwort, in: ders., Kirchliches Handlexikon 1, S.1f., hier S.1 (Seitenzählung von R.C.).

gen[559]. Die anvisierten Benutzergruppen sind aufgrund dieser hermeneutischen Festlegung ausschließlich im binnentheologischen beziehungsweise kirchlichen Milieu zu suchen. Das Nachschlagewerk will zum einen „als kirchlich korrektes, auf eigenen Studien ruhendes Nachschlagewerk jüngeren und älteren Theologen von Nutzen sein"[560]. Daneben wendet es sich auch an die „*gebildete[n] Laien*", diese sind jedoch eingrenzend zu verstehen als alle diejenigen,

> „welche über kirchliche und theologische Fragen ein nicht blos oberflächliches oder von der Parteileidenschaft des Tages diktiertes Urteil gewinnen wollen, insonderheit für diejenigen unter ihnen, die in kirchlicher Stellung, als weltliche Mitglieder kirchlicher Aufsichtsbehörden, als Kirchenpatrone, als Mitglieder kirchlicher Vertretungen von Gemeinden und Diözesen, oder als Lehrer ein besonderes Interesse für kirchliche Angelegenheiten haben"[561].

Diese Skizzierung der anvisierten Benutzergruppen ist in zweierlei Hinsicht aufschlußreich. Zum einen identifiziert Meusel die eigene theologisch-lexikographische Position mit der von allen Lexikographen gerne vorausgesetzten und in Anspruch genommenen hermeneutischen Objektivität. Dieser Objektivitätsanspruch wird methodisch über eine ekklesiologische Rückkopplung (ein „kirchlich korrektes [...] Nachschlagewerk"[562]) des Wissens- und Bildungskanons abgesichert. Damit kann sich das Lexikon, der eigenen Positionalität zum Trotz, als jenseits des Parteienstreites stehend etablieren, da der eigene theologiepolitische Standpunkt über die Denkfigur der ekklesiologischen Verbindlichkeit von lexikalisch-theologischem Wissen objektiviert werden kann. Dieses Verfahren funktioniert indes nur, indem für die anvisierten Benutzer die identische theologisch-kirchliche Position vorausgesetzt wird. Benutzer aus anderen theologisch-kirchlichen Milieus werden ihrerseits gerade aufgrund dieses methodischen Vorganges im Rückkehrschluß den Vorwurf der Parteilichkeit erheben. Eben deshalb heißt es in RGG[1] – wie bereits erwähnt – einschränkend, das Nachschlagewerk von Meusel habe neben RGG[1] und RE[3] „nur noch als Parteiwerk Existenzberechtigung"[563].

Aufschlußreich ist zum andern, welche sozial-kulturellen Schichten Meusel unter den Begriff des „gebildeten Laien" subsumiert. Es sind die Trägerschichten des kirchlich-positiven Protestantismus, welche

---

559 Ebd.

560 Ebd.

561 Ebd. (Hervorh. i. Orig.).

562 Ebd.

563 Christlieb, Art. Nachschlagewerke, kirchliche und theologische, in: RGG[1], 4 (1913), Sp.647-656, hier Sp.648.

in kirchenleitenden Positionen überdimensioniert vertreten waren. Friedrich Wilhelm Graf ordnet denn auch das *Kirchliche Handlexikon* dem theologischen Milieu des ‚konservativen Kulturluthertums' zu und würdigt es als „eine repräsentative Quelle sowohl für die dogmatischen als auch die sozial-ethischen und politischen Anschauungen der lutherischen Schultheologie des späten 19. Jahrhunderts"[564].

Für eine ähnliche Klientel konzipiert war auch ein Nachschlagewerk, von dem in RGG[1] geurteilt wird, es sei „im wesentlich vom orthodoxen Standpunkt aus"[565] verfasst, nämlich *Perthes' Handlexikon für evangelische Theologen*[566]. Das Handlexikon wollte, entgegen dem Urteil Christliebs, „über den gegenwärtigen Stand des theologischen Wissens und kirchlichen Handels in *rein objektiver, keiner Schule oder Partei dienender Weise* übersichtlich, kurz und korrekt Auskunft zu geben"[567]. Wie bei nahezu allen vorgestellten theologischen Nachschlagewerken wird der eigene theologische Standpunkt mit dem Ideal der hermeneutischen Objektivität und dem Anspruch lexikalisch-theologischer Wahrheit belegt. Das Werk geht ferner davon aus, daß „das *Gesamtgebiet* der evangelischen *Theologie* [...] in diesem Handlexikon zum ers-

---

564 Graf, Konservatives Kulturluthertum, S.48, Anm.67. Graf konstatiert, daß das Werk „in den neueren Kontroversen um die Ethik des deutschen Luthertums [...] überhaupt keine Beachtung gefunden" habe, was u.a. ein Indiz dafür sei, „wie defizitär die theologiehistorische Forschungslage in Hinblick auf das Luthertum ist" (ebd.). Die Rekonstruktion der Funktionen und Intentionen theologischer Lexikographie, wie sie der erste Teil dieser Arbeit leisten soll, führt für zahlreiche theologische Nachschlagewerke zu dem ernüchternden Ergebnis, daß die theologiegeschichtliche Rezeption an ihnen vorüberging beziehungsweise sich auf wenige ausgewählte Werke beschränkte. Als Grund müßte hier in erster Linie der von Graf angeführte „methodologische Aristokratismus" ins Feld geführt werden, d.h. die „Vorstellung, Theologiegeschichte werde allein von wenigen edlen großen Theologen und von ihren gegebenenfalls zu den Bösewichtern zu zählenden Gegenspielern gemacht" (aaO., S.34). Als Grund für die ungleichgewichtige Rezeption muß ergänzend verwiesen werden auf die unterschiedliche Präsenz der verantwortlichen Verlage am theologischen Buchmarkt und die divergierende Vertriebs- und Marketingpotenz derselben.

565 Christlieb, Art. Nachschlagewerke, kirchliche und theologische, RGG[1], 4 (1913), Sp.647-656, hier Sp.648.

566 *Perthes' Handlexikon für evangelische Theologen. Ein Nachschlagebuch für das Gesamtgebiet der wissenschaftlichen und praktischen Theologie. Drei Bde., Gotha. Friedrich Andreas Perthes. 1890-1891. Dazu: Theologisches Hilfslexikon, bearbeitet unter Leitung der Redaktion von Perthes' Handlexikon für evangelische Theologen. Erster Bd.: 1. Chronologische Tafel. -- 2. Kirchlicher Kalender. -- 3. Synchronistische Tabellen. -- 4. Neutestamentliches Wörterbuch. – 5. Alttestamentliches Wörterbuch, Gotha. Friedrich Andreas Perthes. 1894. Zweiter Bd.: 1. Kirchengeschichtliches Ortslexikon.-- 2. Kirchenstatistisches Lexikon.-- 3. Statistische Tafeln. - 4. Vereine und Anstalten der inneren Mission. - 5. Liturgische Tabellen. -- 6. Verwaltungstabellen, Gotha. Friedrich Andreas Perthes. 1894.*

567 Vorwort, in: Perthes, Handlexikon 1, S.III-VI, hier S.III (Hervorh. R.C.).

tenmal zu lexikalischer Darstellung" gelange[568]. Diese Selbsteinschätzung trügt, das zeigen die soeben vorgestellten Lexika.

Ausführlich legt das Vorwort Rechenschaft ab über das Prinzip der Stichwortauswahl, damit implizit über das hermeneutische Zugriffsprinzip auf den transportierten Wissens- und Bildungskanon. Die Stichworte stammen zum ersten „aus der *allgemeinen Religionswissenschaft*" und sollen in „die geschichtliche Entwicklung und die Grundzüge aller bekannteren Religionen" und in „die Hauptprobleme und die Hauptträger der Religionsphilosophie" einführen[569]. Das Religionsthema wird den explizit protestantisch-theologischen Themen vorgeordnet. Daneben stammen die Stichworte zweitens aus dem Gesamtgebiet „der *biblischen Theologie*". Ferner werden „im Zusammenhange mit der biblischen Theologie die religiösen Anschauungen des nachkanonischen Judentums" berücksichtigt[570]. Zum dritten wird der Bereich „der *Kirchen- und Dogmengeschichte*" alphabetisch erfaßt, wobei ein besonderer Schwerpunkt auf den Biographien „von wissenschaftlich oder praktisch irgendwie bekannter gewordenen Theologen, von kirchenregimentlichen Persönlichkeiten, von auf kirchlichem Gebiet thätigen Künstlern [...] der Gegenwart"[571] liegt. Damit versucht das Lexikon den Anspruch von Aktualität einzulösen und zugleich als richtungsweisender Navigator innerhalb eines fragmentierten Protestantismus zu fungieren. Die Beurteilung der aktuellen kirchlich-theologischen Lage und die Bewertung der diversen theologiegeschichtlichen Traditionen wird in erster Linie über die Biographien der agierenden Individuen betrieben. Die Begriffe der systematischen Theologie, des vierten Gebiets, sollen nach dem hermeneutischen Selbstverständnis des Handlexikons „in ausführlicher, übrigens durchaus objektiv-referierender Weise [...] nach ihren allgemein religionsgeschichtlichen und -philosophischen Voraussetzungen, nach ihren biblischen Grundlagen und nach ihrer gesamten dogmengeschichtlichen Entwickelung erörtert"[572] werden. Erneut fällt der Selbstanspruch der Verobjektivierung theologischen Wissens auf. Die Objektivität soll gewährleistet werden durch eine religionsgeschichtlich-philosophische Rückkopplung systematischer Problemstellungen, d.h. durch eine geistesgeschichtliche Kontextualisierung derselben und durch einen historischen Rekurs auf Schrift und dogmengeschichtliche Tradition.

568 Ebd. (Hervorh. i. Orig.).
569 AaO., S.IV (Hervorh. i. Orig.).
570 Ebd. (Hervorh. i. Orig.).
571 Ebd.
572 AaO., S.V.

Besonders akzentuiert werden innerhalb des Stichwortbestandes praktisch-theologische Fragen. Diese sollen „besonders eingehend behandelt"[573] werden und daher auch „sehr viel zum unmittelbar praktischen Gebrauche"[574] bieten. „So enthält das Lexikon für den Prediger [...] eine Sammlung von Bibelsprüchen, außerdem eine große Anzahl von *Predigtdispositionen* bekannter Homileten verschiedener theologischer Richtungen nach der Materie geordnet, ferner eine *Gesangbuchskonkordanz*"[575]. Das Lexikon versteht sich explizit als „ein wirklich *praktisches* Nachschlagebuch für das Gesamtgebiet der wissenschaftlichen und praktischen Theologie"[576]. Damit ist zugleich die Zielgruppe des Werkes bestimmt – Studierende der Theologie, Professoren und in der Gemeindepraxis tätige Geistliche[577]. Das Nachschlagewerk gerät dabei in das Spannungsfeld zwischen lexikalisch-wissenschaftlichem Bildungsanspruch einerseits und intendierter praktischer Nutzanwendung andererseits. Abweichend zu der Konzeption des von Meusel verantworteten Werkes spielt hier hinsichtlich der Benutzerhermeneutik ‚der gebildete Laie' keine Rolle. Das Werk hat seinen Ort in erster Linie innerhalb der Pfarreraus- und -fortbildung.

Zusammenfassend ist ein doppeltes Selbstverständnis für das Werk kennzeichnend: Die Ausrichtung auf die kirchlich-theologische Praxis bestimmt die inhaltliche und formale Disposition der Lemmata und der Selbstanspruch, „ein Ratgeber in allen theologischen Fragen, wissenschaftlichen wie praktischen" zu sein, „der überall die Wege weist, ohne das eigene Urteil der Leser irgendwie zu bevormunden"[578], bestimmt die Hermeneutik des Zugriffs auf den Stoff und dessen Gestaltung. Lexikographisches Ideal ist die wissenschaftlich fundierte Präsentation des Stoffs bei gleichzeitiger kirchlich-theologischer Praxisrelevanz.

Bei den universaltheologisch konzipierten Nachschlagewerken sah sich das *Theologische Universal-Lexikon* dem liberalen Protestantismus verpflichtet, das *Kirchliche Handlexikon* von Karl Heinrich Meusel dagegen dem lutherischen, orthodox-kirchlichen Standpunkt. Damit sind den beiden großen protestantischen Milieus am Ausgang des 19. Jahrhunderts – exemplarisch und mit einer gewissen Pauschalierung – einschlägige Lexika zugeordnet. Zu untersuchen bleibt noch die Frage, wie und in welcher Weise theologische Lexika versucht haben, Theolo-

573 Ebd.
574 Ebd.
575 Ebd. (Hervorh. i. Orig.).
576 AaO., S.VI.
577 AaO., S.V.
578 Ebd.

gie und Kirche mit den wissenschaftlichen Nachbardisziplinen und der allgemeinen Kulturentwicklung zu vernetzen. Diese Frage ist deshalb von besonderem Interesse, da hier der besondere konzeptionelle Anspruch von RGG[1] lag, wie sich im folgenden Kapitel zeigen wird. Daß es solche Bemühungen schon vorher gab, wird ersichtlich, wenn man die spezifisch theologisch-wissenschaftliche Verlagslandschaft verläßt und noch einmal zu den traditionellen lexikographischen Verlagsunternehmen blickt.

In der Reihe ‚Meyers Fach-Lexika' erschien 1882 das *Lexikon für Theologie und Kirchenwesen*[579]. Bei ‚Meyers Fach-Lexika' handelte es sich um eine Reihe einbändiger Fachlexika, die vom Bibliographischen Institut[580] mit folgendem Slogan beworben wurde: ‚Bequemstes Nachschlagen – ausgiebigste Belehrung im engsten Raum – fachmännische Bearbeitung – einheitliche Durchführung aller Fächer – gemeinverständliche Haltung aller Artikel – Druck und Format aller Bücher übereinstimmend – jedes Fach in *einem* Band'. Die Reihe der Fachlexika sollte dem Laien ein ihm unbekanntes Wissenschaftsgebiet erschließen. Die Themenpalette reicht von allgemeiner Geschichte über Reisen und Entdeckungen, Zoologie, Mechanische Technologie bis zu Handelswissenschaft. Das informative Interesse überwog dabei gegenüber dem enzyklopädischen Anspruch[581].

Auch das *Lexikon für Theologie und Kirchenwesen* zielte nicht in erster Linie auf die theologische Zunft als Benutzer, sondern auf den bildungsinteressierten Laien: „Mehr noch als Theologen waren als Leser *Laien* gedacht, welche dem Gegenstand außer dem persönlichen vielleicht auch ein durch anderweitige Studien oder durch berufliche Beziehungen zu dem kirchlichen Thun und Treiben der Gegenwart motiviertes Interesse entgegenbringen"[582]. Das primäre Interesse bestand darin, mit dem Lexikon ein Hilfsmittel zum Verständnis der kirchlich-theologischen Gegenwartslage zu schaffen, weshalb denn auch diejenigen Stichworte besonders zahlreich sind, „die Mitteilungen [...] bezüglich der persönlichen Verhältnisse, der kirchenpolitischen Akte und der geschichtlichen Hergänge" enthalten, „welche zum Verständnis der

579 *Lexikon für Theologie und Kirchenwesen von Dr. H. Holtzmann und Dr. R. Zöpffel, ordentl. Professoren an der Universität Straßburg. Lehre, Geschichte und Kultus, Verfassung, Bräuche, Feste, Sekten und Orden der christlichen Kirche, das Wichtigste aus den übrigen Religionsgemeinschaften, Verlag des Bibliographischen Instituts Leipzig 1882.*

580 Zum Bibliographischen Institut vgl. oben Kap.I.A.2.1.2.

581 Werbeslogan abgedruckt in Holtzmann/Zöpffel, Lexikon (Hervorh. i. Orig.). Die Gesamtreihe wurde aufgrund des schlechten Absatzes relativ bald wieder eingestellt (VA BIFAB, Mündliche Auskunft vom 30.05.2001).

582 Vorwort, in: Holtzmann/Zöpffel, Lexikon, S.1f., hier S.1 (Seitenzählung von R.C.; Hervorh. i. Orig.).

gegenwärtigen Sachlage dienen, was Staat und Kirche, was Theologie und Wissenschaft, was ethische und religiöse Weltanschauung betrifft"[583]. So verfolgte das Lexikon im Gegensatz zu den zuletzt vorgestellten Werken kein theologiepolitisch motiviertes Interesse, sondern wollte von der aktuellen kulturell-gesellschaftlichen Situation aus auf Kirche und Theologie blicken, Zusammenhänge erschließen, Kontextualisierung ermöglichen und hat es deshalb in erster Linie „auf möglichst knapp und übersichtlich gehaltene Darlegung des historischen Sachverhalts abgesehen"[584]. Der Wille zur sachkundigen Information dominierte die Hermeneutik.

Freilich setzte der Verlag über die Wahl der verantwortlichen Herausgeber ein eindeutiges theologiepolitisches Signal – beide gehören in das Umfeld protestantisch-liberaler Universitätstheologie. Heinrich Julius Holtzmann (1832-1910) lehrte von 1858 an Neues Testament in Heidelberg und dann von 1874-1904 in Straßburg. Theologisch war Holtzmann vertrauter Schüler Richard Rothes, dessen Theologische Ethik (dritter bis fünfter Band) er nach Rothes Tod gemäß dessen Anweisungen bearbeitet herausgab[585]. Er war Verfasser zahlreicher neutestamentlicher Arbeiten, in denen er die Ergebnisse historisch-kritischer Exegese – zum Beispiel die sogenannte Markushypothese – in auch für Laien verständlicher Form präsentierte. „Den Nichttheologen galt ausdrücklich ein großer Teil von H[oltzmann]s Lebenswerk"[586]. Er war maßgeblicher Mitarbeiter des bereits vorgestellten Schenkelschen Bibellexikons[587] und unter anderem Herausgeber des *Handkommentars zum Neuen Testament.* Daneben treten praktisch-theologisch motivierte Bibelauslegungen und Predigtsammlungen. Im *Lexikon für Theologie und Kirchenwesen* verantwortete er die „biblischen, dogmatischen, ethischen, kultischen, religionsphilosophischen und praktisch-theologischen Artikel"[588]. Richard Otto Zöpffel (1843-91) war Professor für Kirchengeschichte, ebenfalls in Straßburg, und verantwortete im *Lexikon für Theologie und Kirchenwesen* „alle biographischen, kirchenrechtlichen,

583 Ebd.

584 Ebd.

585 Richard Rothe, Theologische Ethik. Fünf Bde., Wittenberg ^{2}(1867/)1869-1871. Fotomechanischer Nachdruck, Waltrop 1991.

586 Art. Heinrich Julius Holtzmann, in: Holtzmann/Zöpffel, Lexikon, Sp.120.

587 Vgl. oben Kap.I.B.3.3.2.

588 Vorwort, in: Holtzmann/Zöpffel, Lexikon, S.1. Zur Beurteilung des Lexikographen Holtzmann vgl. A.Meyer, Art. Holtzmann, 1. Heinrich Julius, in: RGG^{2}, 2 (1928), Sp.1999f., hier Sp.2000: „Seine lexikalische Arbeit ist von vorbildlicher Exaktheit". Holtzmann gehörte zu den engsten Beratern Paul Siebecks bei dessen Bemühungen um den Aufbau und die Etablierung eines theologischen Verlagsprogramms (vgl. Kap.II.2.2.).

kirchenpolitischen und kirchengeschichtlichen Artikel, letztere wenigstens vom Jahr 300 an"[589].

Das Werk erlebte drei Auflagen ([2]1888 und [3]1895) und noch Christlieb urteilt, es sei „unübertroffen in seinen bei aller Knappheit stets unbedingt zuverlässigen Information"[590]. An anderer Stelle findet sich in RGG[1] gar der Hinweis, das Werk sei ein „Vorläufer unseres Handwörterbuchs, der, bei seiner Knappheit, neben ihm seinen Wert behält[591].

4.4. Zwischenüberlegung
Theologisch-kirchliche Lexika zwischen theologiepolitischer Programmatik und dem Anspruch hermeneutischer Objektivität

Die exemplarische Untersuchung der Lexika hat die Benutzerhermeneutik als herausragenden lexikonpolitischen Parameter erwiesen. Theologisch-kirchliche Lexika entwickeln ihre Konzeption, so hat sich gezeigt, weitgehend im Hinblick auf die von ihnen anvisierten Benutzergruppen. Unter diesen sind zunächst die Pfarrer hervorzuheben. Steht im Werk Oemlers, welches vollständig auf die pastorale Praxis hin konzipiert ist, der Pfarrer als Inhaber des Predigt- und Lehramtes im Vordergrund, so gehen andere Werke von der notwendigen Bildung des Pfarrers als Voraussetzung der Vermittlung christlich-kultureller Werte aus. Die Kenntnis der Pluralität religiöser Phänomene und das Wissen um die Historizität derselben wird in der Tradition der Aufklärungstheologie als ein Grundbestandteil der Pfarrerbildung gesehen. Und dieser wollen einzelne Nachschlagewerke dienen. Die Lexika haben eine pragmatische Zweckbindung, innerhalb derer die jeweilige Bildungskonzeption und ein entsprechendes Wissenschaftsverständnis entscheidende lexikonpolitische Parameter sind. Die Lexika sehen es als ihre Aufgabe, dem Pfarrer diejenige Bildung zu vermitteln, welche ihm die Teilhabe an der bildungsbürgerlichen Kultur ermöglicht[592]. Neben die Bemühungen um Vermittlung pastoraler Kompetenz trat dann auch der benutzerhermeneutische Anspruch der lexikographischen „Vermittlung und Vermittel-

589 Vorwort, in: Holtzmann/Zöpffel, Lexikon, S.1.

590 Christlieb, Art. Nachschlagewerke, kirchliche und theologische, in: RGG[1], 4 (1913), Sp.647-656, hier Sp.648.

591 Simons, Art. Holtzmann, 1. Heinrich Julius, in: RGG[1], 3 (1912), Sp.119-121, hier Sp.120.

592 Vgl. hierzu Christian Homrichhausen, Evangelische Pfarrer in Deutschland, in: Bildungsbürgertum im 19. Jahrhundert. Teil I. Bildungssystem und Professionalisierung in internationalen Vergleichen. Hg. v. Werner Conze und Jürgen Kocka (Industrielle Welt 38), Stuttgart [2]1992, S.248-278, bes. S.257ff.

barkeit von Theologie an Nichttheologen"[593]. Dabei ging es in erster Linie um Orientierung im scheinbar diffusen Milieu eines sich stetig ausdifferenzierenden Protestantismus.

In der Zeit der Spätaufklärung arbeiten die Lexika zunächst unter der „Voraussetzung einer eklektischen Methode", die hinsichtlich der lexikographischen Hermeneutik „eine Erweiterung des Wissens" ermöglichte, „ohne eine allgemeine ‚Verachtung des schon erlangten Guten', ohne also grundstürzende Folgen für das dogmatische System und seine institutionelle Verbindlichkeit hervorzurufen"[594]. Im Verlauf des 19. Jahrhunderts setzte sich der positionelle Charakter der Lexika durch. Die institutionelle Verbindlichkeit des dogmatischen Systems trat innerhalb der Lexika hinter die theologischpolitische Subjektivität der Zugriffshermeneutik zurück. Die je subjektiv gewählte Hermeneutik des Zugriffs wurde an ekklesiologischen Leitbildern orientiert und sollte so den Charakter des Objektiven gewinnen. War der hermeneutische Zugriff auf den Wissensstoff „durch eine spezifische Verbundenheit mit und Orientierung an der Kirche charakterisiert"[595], so galten die lutherischen Bekenntnisse als lexikographisch-hermeneutisches Integral.

Der vertretene Objektivitätsanspruch war konzeptionell aufs engste mit der gewählten Benutzerhermeneutik verknüpft. Die Lexika wurden zusehends ‚Milieuprojekte' und innerhalb des jeweiligen Milieus dann auch Objekte verlegerischen Sozialprestiges. Es wurden Überzeugungen transportiert, die mit denjenigen der anvisierten Benutzergruppen konform gehen. Auf diesem Weg konnte der Eindruck der Objektivität gewahrt werden. Denn jedes Lexikon ist im Prozeß seines Entstehens von zwei theologiepolitischen Vorgängen geprägt: Zum einen von dem hermeneutischen Akt der Stichwortauswahl (ars inventiva) und zum zweiten von der Topik der Anordnung, welche sich bei der alphabetischen Ordnung in der Disposition der Artikel zeigt (ars dispositiva). An beiden Stellen ist es den verantwortlichen Lexikographen möglich, theologiepolitische Signale zu setzen. Dies gilt für Lexika, welche von einem einzelnen Theologen respektive Pfarrer für Amtskollegen erstellt werden ebenso wie für solche Werke, die das Ergebnis einer wissenschaftlichen ‚Teamarbeit' darstellen. Die Benennung zuständiger Herausgeber und die Wahl der Mitarbeiter ist in der Regel theologiepolitisch motiviert und von hoher lexikonpolitischer Signalwirkung.

Der kirchlich-theologische Lexikonmarkt von der zweiten Hälfte des 19. Jahrhunderts an bis ins frühe zwanzigste Jahrhundert hinein

593 Drehsen, Theologia Popularis, S.5.

594 Sparn, Vernünftiges Christentum, S.25f.

595 Ebd.

erweist sich in seiner Fragmentierung in differente, positionell motivierte ‚Parteiwerke' als getreues Abbild der Situation von protestantischer Theologie und Kirche. Dies machte bei der Planung neuer theologisch-kirchlicher Nachschlagewerke wie der RGG[1] eine exakte Analyse des Marktes notwendig, um vermittels einer eindeutigen Abgrenzungsstrategie eine klar umgrenzte Marktnische besetzen zu können und dem Werk so einen entsprechenden Absatz zu sichern. Diese Abgrenzung hatte auf dem Feld der erhobenen lexikonpolitischen Parameter zu erfolgen – die Fragen der zu wählenden Benutzerhermeneutik, die pragmatische Zweckbindung, Bildungsverständnis, wissenschaftstheoretische Verortung sowie darin eingeschlossenen die Frage der Zugriffshermeneutik sind diejenigen Fragen, die ein neues Lexikonprojekt wie RGG im Vorfeld zu klären hatte, um sich auf einem bereits vollen Markt behaupten zu können. Gustav Krüger, einer der Initiatoren der RGG hat dies prägnant zusammengefaßt:

> „An Enzyklopädien und Nachschlagewerken ist in der Theologie kein Mangel. Neben den großen Sammelwerken, der Realenzyklopädie für protestantische Theologie und Kirche und dem Katholischen Kirchenlexikon, besitzen wir Meusels Kirchliches Handlexikon, das (viel zu wenig benutzte) Perthessche Handlexikon für evangelische Theologen, das Calwer Kirchenlexikon, Holtzmann-Zöpffels Lexikon für Theologie und Kirchenwesen, endlich das noch unvollendete Kirchliche Handlexikon von Buchberger. Zu ihnen gesellt sich ein neues Unternehmen. [...] Handelte es sich wieder um ein nur für Theologen bestimmtes Werk, so könnte die Bedürfnisfrage aufgeworfen werden. Aber das neue Handwörterbuch will kein gelehrtes Buch, überhaupt kein Buch für die Zunft sein. Es sucht seinen Leserkreis selbstverständlich auch unter den Theologen, aber darüber hinaus wendet es sich [...] an alle geistigen Führer des modernen Lebens und ihre Gesinnungsgenossen im Volke: die Akademiker aller Fakultäten, die modernen Politiker im weitesten Sinn, die Lehrer aller Schulen, die gebildeten und bildenden Frauen, die Beamten, die Journalisten und Schriftsteller, endlich an all die vielen, die ohne Beruf und Neigung zur Führerschaft doch ein selbständiges Interesse an der religiösen Bewegung der Gegenwart nehmen. Daß ein solches in weitesten Kreisen vorhanden ist, liegt zu Tage für jeden, der offene Augen hat, und Herausgeber und Verleger haben für dieses Interesse das richtige Verständnis gezeigt, indem sie sich entschlossen, dem Bedürfnis nach gemeinverständlicher Verarbeitung des religionsgeschichtlichen Materials in enzyklopädischer Form entgegenzukommen"[596].

In Fragen der Benutzerhermeneutik wird das „selbständige Interesse an der religiösen Bewegung der Gegenwart" leitend sein, die pragmatische Zweckbindung legt eine „gemeinverständliche Verarbeitung" na-

596 Gustav Krüger, Rezension von „Die Religion in Geschichte und Gegenwart", in: Frankfurter Zeitung und Handelsblatt Nr.15 (16.01.1910), S.5.

he und wissenschaftspolitisch schließt sich das Lexikon an den religionsgeschichtlichen Diskurs an. Dies ist nun im Detail zu untersuchen. Darüber hinaus ist die Untersuchungsperspektive dahingehend zu erweitern, daß zu fragen ist, inwiefern ökonomische, herstellerische und vertriebstechnische Bedingung Einfluss auf lexikonpolitische Konzeptionen haben.

Kapitel II

Die erste Auflage von *Die Religion in Geschichte und Gegenwart* – ein „Konversationslexikon für den gesamten Bereich der religiösen und theologischen Interessen der Gegenwart"[1]

Paul Raabe sieht in der geistesgeschichtlich weitgehend erst noch auszuwertenden Geschichte der Lexika nicht nur „ein Kapitel in der Gelehrten- und der Wissenschaftsgeschichte", sondern zugleich auch „ein Stück Buchgeschichte. [...] Ohne das Engagement der Drucker, Buchhändler und Verleger kann man sich auch heute die alphabetischen Nachschlagewerke ebensowenig denken wie ohne den Fleiß vieler Generationen von gelehrten Schreibern"[2]. Lexikon- und Buchmarkt, „in deren historische Entwicklung Wirtschafts-, Sozial-, Technik-, Medien- und Kulturgeschichte verschmelzen"[3], indizieren den Wandel der Bemühungen seitens der Verlage um Vermittlung kultureller Wert- und Bildungssysteme.

Es hat sich im bisherigen Gang der Untersuchung gezeigt, daß theologische Lexika respektive theologischer Buchmarkt darüber hinaus in aufschlußreicher Weise theologiepolitische Ambitionen und theologiegeschichtliche Verwerfungen offenlegen. Buch- und Lexikonpolitik ist Theologiepolitik. Die hohe Bedeutung einzelner Verlegerpersönlichkeiten für das Profil des jeweiligen Nachschlagewerks konnte im ersten Teil der Untersuchung an zentralen Punkten nachgewiesen werden: Johann Friedrich Gleditsch als der Verleger des erfolgreichen Hübnerschen *Reale[n] Staats- Zeitungs- und Conversations-Lexicon[s]*, Friedrich Arnold Brockhaus als der eigentliche Begründer des Genres des Konversationslexikons, Joseph Meyer als dessen kongenialer Konkurrent und Benjamin Herder, der das konfessionelle Konversationslexikon auf dem Buchmarkt etablierte und damit als Verleger im katholi-

1 Rez.: Die Religion in Geschichte und Gegenwart, in: Die Evangelische Missionen 10 (1910), S.240.

2 Raabe, Gelehrte Nachschlagewerke, S.99.

3 Reinhard Wittmann, Teil der Verbandskultur. Das Aufarbeiten der Geschichte fördert den realistischen Blick auf die Zukunft, in: Bbl Jubiläumsausgabe (03.05. 2000), S.97-100, hier S.100.

schen Bereich identitätsstiftende Wirkung entfalten konnte. All dies sind Namen, die jeweils für ein bestimmtes lexikonpolitisches, im letzteren Falle dazuhin konfessionspolitisches Programm stehen. Verlegernamen indizieren theologie- und wissenschaftspolitische Entscheidungen.

Bevor im folgenden die Geschichte und das theologische Profil des Mohr Siebeck Verlages und die Verlegerpersönlichkeit Paul Siebecks ausführlicher vorgestellt werden, um auch das theologisch-lexikographische Projekt der RGG[1] verlags- und buchhandelsgeschichtlich zu kontextualisieren, sind – analog zur bisherigen Methodik – einige einführende Hinweise zur allgemeinen Situation des Buchmarktes und der Verlagsbranche um 1900 hilfreich. Als Voraussetzung der Ausbreitung und Etablierung des deutschsprachigen allgemeinen (später: Konversations-) Lexikons und der fachspezifischen Nachschlagewerke ist die Entstehung des bürgerlichen Lesepublikums im Verlauf des 18. Jahrhunderts anzusehen. Diese Entwicklung brachte, so die beiden relevanten Aspekte, einerseits neue literarische Kommunikationsformen hervor, unter die auch das breite Spektrum lexikalischer Projekte einzuordnen ist. Andererseits erfuhr der traditionelle Buchmarkt in diesem Kontext eine deutliche Säkularisierung. Benutzer und Verlage wirkten also gleichermaßen ein auf die Ausgestaltung des Buchmarktes.

1. Der Buchmarkt um 1900 – zwischen Kultur und Masse

Für Buchmarkt und Leseverhalten um 1900 ist eine zwiespältige Situation kennzeichnend: Einerseits weist der Buchmarkt ein ungeheures Produktionsvolumen auf, andererseits führte die Steigerung der Produktion nicht zu einer deutlich erhöhten Verbreitung gehobener Literatur. Vielmehr ist eine starke Tendenz zur Trivialisierung der Lektüregewohnheiten zu beobachten. „Das anspruchsvolle kulturräsonnierende Lesepublikum hatte sich seit seiner Entstehung im 18. Jahrhundert kaum erweitert" – so die Einschätzung Reinhard Wittmanns[4].

4 Wittmann, Geschichte, S.328. Vgl. zum folgenden auch in chronologischer Folge Friedrich Schulze, Der deutsche Buchhandel und die geistigen Strömungen der letzten hundert Jahre, Leipzig 1925, bes. S.210ff.; Gerhard Menz, Der deutsche Buchhandel, Gotha [2]1942, S.158ff.; Rarisch, Industrialisierung und Literatur; Georg Jäger, Medien, in: Handbuch der deutschen Bildungsgeschichte. Bd.IV. 1870-1918. Von der Reichsgründung bis zum Ende des ersten Weltkriegs. Hg. v. Christa Berg, München 1991, S.472-499; Hans-Ulrich Wehler, Der literarisch-publizistische Markt und der Übergang zur modernen Kommunikationsgesellschaft, in: ders., Deutsche Gesellschaftsgeschichte. Bd.3. Von der „Deutschen Doppelrevolution" bis zum Beginn des

Betrachten wir zum ersten das Produktionsvolumen um 1900: 18.875 erschienene Novitäten (Erst- und Neuauflagen) im Jahr 1890, 24.792 im Jahr 1900 und 1910 dann – weltweites Rekordniveau – 31.281 Neuerscheinungen[5]. Neben dem wirtschaftlichen Aufschwung und den technischen Fortschritten der Papier- und Buchproduktion (Rotationspresse, Linotype-Setzmaschine, Monotype, Falzmaschine), dem enormen Bevölkerungswachstum sowie der zunehmenden Urbanisierung schuf nach Grünert hauptsächlich der Ausbau des Bildungswesens

> „wichtige Rahmenbedingungen für die Erweiterung des buchhändlerischen Absatzmarktes. Vor allem der Volksbildungsbewegung ist es zu verdanken, daß erstmals die unteren und mittleren Schichten in das moderne Gesellschaftssystem integriert wurden, indem man die bürgerlichen Bildungsinhalte in Wissenschaft und Kultur allgemein zugänglich machte"[6].

So ist für den Buchmarkt für die Zeit nach der Jahrhundertwende eine positive Entwicklung sowohl hinsichtlich des Produktions- als auch des Absatzvolumens zu konstatieren. Davon profitierten auch die theologischen Verlage.

Demgegenüber setzte sich freilich – so der zweite Aspekte – im Leseverhalten der „Trend zum Trivialen" durch[7]. Die Lektüregewohnheiten waren durch einen Hang zum Belletristischen geprägt. Romane, die in ihrer Tendenz heimat- und naturverbunden waren, wie die Werke des ehemaligen Pfarrers und „Bestsellerkönig[s] der Jahrhundertwende" Gustav Frenssen (1863-1945)[8], zählten zu den meistverkauften und meistausgeliehenen Werken dieser Zeit.

Ersten Weltkrieges. 1849-1914, München 1995, S.1232-1243; Alexandra-Henri Grünert, Die Professionalisierung des Buchhandels im Kaiserreich, in: AGB 49 (1998), S.267-343, die sich vor allem den Folgen für den Berufsstand des Buchhändlers widmet, welche die hier skizzierten Veränderungen nach sich zogen. Dann unlängst: Geschichte des Deutschen Buchhandels im 19. und 20. Jahrhundert. Das Kaiserreich 1870-1918. Teil 1. Im Auftrag der Historischen Kommission hg. v. Georg Jäger in Verbindung mit Dieter Langewiesche und Wolfram Siemann, Frankfurt/Main 2001.

5 Zahlenangaben nach Friedrich Uhlig, Geschichte des Buches und des Buchhandels. Zweite, verbesserte u. erweiterte Auflage, Stuttgart 1962, S. 69.

6 Grünert, Professionalisierung, S.278. Vgl. hierzu auch Walter Assmus, Buchhandel und Volksbildung (Kultur und Fortschritt 451/452), Gautzsch bei Leipzig 1912.

7 Wittmann, Geschichte, S.294. Grünert, Professionalisierung, S.279 spricht im Blick auf die Ausbreitung populärer Lesestoffe von einer „schichtenübergreifende[n] Tendenz". Vgl. hierzu auch Georg Jäger, Der Kampf gegen Schmutz und Schund. Die Reaktion der Gebildeten auf die Unterhaltungsindustrie, in: AGB 31 (1988), S.163-191.

8 Wittmann, Geschichte, S.326. Zu Gustav Frenssen vgl. die Bibliographie: Gustav Frenssen Bibliographie. Erarbeitet v. Otto Jordan. Bohmstedt – Nordfriesland 1978. Zu den bekanntesten Romanen Frenssens gehören *Jörn Uhl*, erschienen 1901, von

Auf dem Buchmarkt schlug sich der Trend zur belletristischen Lektüre im überproportionalen Anwachsen der sogenannten ‚Schönen Literatur' im Gegensatz zu den übrigen Buchsparten nieder: 1890 entfielen 9,2% der Novitäten auf diesen Bereich, 1908 waren es bereits 14,2%[9]. Theologie und Religion waren mit einem Marktanteil von 9,3% beziehungsweise 7,7% unter den Geisteswissenschaften, die insgesamt rund ein Viertel des Buchmarktes besetzten, führend, wenngleich in ihrer internen Entwicklung rückläufig.

So ist zwar davon auszugehen, daß bis an die Schwelle des Ersten Weltkrieges etwa zwei Drittel der deutschen Bevölkerung des Lesens im Sinne einer „verständigen Rezeption gedruckter Texte"[10] mächtig war, daß jedoch die Einkommensverhältnisse der breiten Bevölkerungsmassen dergestalt waren, daß der Lektürebedarf über Abonnements von Zeitschriften, die ausführliche Fortsetzungsromane boten, oder von Familienblättern wie *Die Gartenlaube* abgedeckt wurde[11]. Diese Medien fanden über Vertriebswege, die am traditionellen Sortimentsbuchhandel vorbeigingen, ihren Weg zu den Lesern – Kolportagevertrieb, Leihbibliotheken, Volksschriftenvereinen und der moderne Antiquariatsbuchhandel sind hier zu nennen[12].

Das eigentliche Lesepublikum des Buchhandels, welches sowohl hinsichtlich Bildung als auch hinsichtlich Finanzkraft die Voraussetzungen für regelmäßigen Bucherwerb und kontinuierliche Lektüre be-

---

dem 1903 bereits 150 000 Exemplare verkauft waren. Bis 1940 stieg die Gesamtauflage auf über 450 000 Exemplare. Ferner ist der Roman *Hilligenlei* (1905) zu nennen, von dem ebenfalls bereits ein Jahr nach Erscheinen über 100 000 abgesetzt waren. Dieser Roman löste innerprotestantisch heftige Kontroversen aus, die sich im Jahrgang 1906 der ChW dokumentiert finden (vgl. hierzu Johannes Rathje, Die Welt des freien Protestantismus. Ein Beitrag zur deutsch-evangelischen Geistesgeschichte. Dargestellt an Leben und Werk von Martin Rade, Stuttgart 1952, S.139ff.). Siehe auch VA 178: Schreiben von Paul Siebeck, Tübingen an Otto Baumgarten, Kiel, 08.06.1904: „Ein Frenssen'scher Roman wird übrigens dermalen genau die gleiche Verbreitung, auch in Laienkreisen, finden, ob er nun in einem theologischen oder in einem belletristischen Verlage erscheint – denn dermalen macht der Name Frenssen alles".

9 Zahlenangaben nach Wittmann, Geschichte, S.296.

10 AaO., S.323.

11 Zur herausragenden Bedeutung der *Gartenlaube* vgl. z.B. Grünert, Professionalisierung, S.281; Jäger, Medien, S.477f. und Thomas Nipperdey, Deutsche Geschichte 1866-1918. Bd.1: Arbeitswelt und Bürgergeist, München 1998 (Sonderausgabe der Ausgabe von 1990), S.575.

12 Vgl. hierzu Grünert, Professionalisierung, S.279: „Insgesamt läßt sich mit einer Erweiterung des Leserkreises eine ‚Demokratisierung des Leseverhaltens' feststellen, die sich allerdings gemeinsam mit einer Kaufunlust und einer zurückgehenden Kaufkraft negativ auf das reguläre Sortiment auswirkte". Grünert rezipiert hier die oben vorgestellte Terminologie Wolfgang Langenbuchers (ders., Die Demokratisierung des Lesens, S.28ff.; vgl. Kap.I.A.1.). Vgl. auch Schenda, Volk ohne Buch, S.40ff. und S.456ff.

saß, war der obere Mittelstand, das bürgerliche Lager, das sich in erster Linie aus den in freien Berufen Tätigen und den Beamten in Verwaltung, Erziehung und Wissenschaft, wozu auch der Pfarrstand zu rechnen ist, rekrutierte.

> „Es war das *Bildungsbürgertum*, Beamte und verwandte Gruppen vor allem, die das literarische Lesepublikum der ‚Kunstliteratur' stellten, und das *Wirtschaftsbürgertum*, für das Literatur eher nur in ihrer dinglichen Form ihre repräsentative Funktion erfüllte"[13].

Freilich ist auch in diesen Kreisen eine veränderte Lesemotivation zu konstatieren. Die Entwicklung ging „von der aktiven Kommunikation über Lektüre innerhalb einer literarisch geprägten Gesellschaftskultur zur passiven, eher eskapistischen Aufnahme der Lektüre ohne soziale Relevanz"[14]. Und so galten einerseits Besitz und Bildung in der Bewußtseinstradition des Bildungsbürgertums als aufs engste aufeinander bezogene Größen (‚Bildung haben'), letztendlich aber führte die „Verdinglichung und Scheinhaftigkeit des Bildungsbegriffs [...] zur Kombination der ‚Prachtschinken' im Salon und der zerlesenen Leihbibliotheksbände im Hinterzimmer"[15]. Je stärker sich dieses sogenannte Bildungsbürgertum in sozial, kulturell und politisch voneinander differente Milieus parzellierte und an Konturen verlor, der „Zerfall kultureller Homogenität unter den Gebildeten"[16] im Kaiserreich voranschritt, desto stärker schwand der Konsens hinsichtlich eines als verbindlich einzustufenden Literaturkanons.

Daneben gab es freilich auch verlegerische Bemühungen, „offensiv in den Massenmarkt einzudringen, um anspruchsvolle Literatur in hohen Auflagen preiswert zu produzieren"[17]. Einzelne herausragende

---

13 Schön, Geschichte des Lesens, S.43 (Hervorh. i. Orig.). Schön spricht geradezu von einer „Bindung der Lesekultur an die höheren Schulen" (ebd.). Vgl. hierzu auch Manfred Rauh, Epoche – sozialgeschichtlicher Abriß, in: Jahrhundertwende: Vom Naturalismus zum Expressionismus 1880-1918. Hg. v. Frank Trommler (Deutsche Literatur. Eine Sozialgeschichte 8), Reinbek 1982, S.14-32, bes.S.29ff.

14 Wittmann, Geschichte, S.290.

15 Schön, Geschichte des Lesens, S.45.

16 Dieter Langewiesche, Liberalismus in Deutschland, Frankfurt/Main 1988, S.132. Vgl. ders., Bildungsbürgertum und Liberalismus im 19. Jahrhundert, in: Bildungsbürgertum im 19. Jahrhundert. Teil IV. Politischer Einfluß und gesellschaftliche Formation. Hg. v. Jürgen Kocka (Industrielle Welt 48), Stuttgart 1989, S.95-121, bes.108ff. und im gleichen Band Konrad H. Jarausch, Die Krise des deutschen Bildungsbürgertums im ersten Drittel des 20. Jahrhunderts, S.180-205. Gangolf Hübinger spricht in diesem Kontext von der „Auflösung des Kanons verbindlicher bildungsbürgerlicher Kulturwerte" (ders., „Journalist" und „Literat". Vom Bildungsbürger zum Intellektuellen, in: Intellektuelle im Deutschen Kaiserreich. Hg. v. Gangolf Hübinger und Wolfgang J. Mommsen, Frankfurt/Main 1993, S.95-110, hier S.97).

17 Grünert, Professionalisierung, S.283. Grünert spricht hier die vertriebstechnisch überaus günstige Reihenproduktionen an, welche in dieser Zeit den Markt beherrsch-

Verlegerpersönlichkeiten, denen es nicht „um eine elitär-exklusive Produktion für gleichgesinnte Adressaten" ging, bemühten sich „um Breiten- , ja Massenwirkung für anspruchsvolle Literatur, um das Kulturbuch zum Massenbuch werden zu lassen"[18]. Es hat sich eingebürgert, in diesem Zusammenhang von Kultur- beziehungsweise Individualverlegern zu sprechen[19].

Zu den bekanntesten Persönlichkeiten auf diesem Gebiet gehören Samuel Fischer (1859-1934)[20], Albert Langen (1869-1909), Verleger des *Simplicissimus*[21], Anton Kippenberg (1874-1950), der den Insel Verlag, dessen alleinige Leitung er von 1906 an innehatte, und die *Insel Bücherei* zu Weltruhm brachte[22] oder Kurt Wolff (1887-1963)[23] und Ernst

---

ten. Zu verweisen ist beispielsweise auf *Reclam's Universalbibliothek*, die seit dem Klassikerjahr 1867 – am 09.11.1867 erloschen die sogenannten ewigen Verlagsrechte und Herstellungsprivilegien auf die Werke aller vor 1837 verstorbenen Autoren – kontinuierlich an Marktpräsenz gewann. Vgl. hierzu den Sammelband: Reclam. 125 Jahre Universal-Bibliothek. 1867-1992. Verlags- und kulturgeschichtliche Aufsätze. Hg. v. Dietrich Bode, Stuttgart 1992.

18 Wittmann, Geschichte, S.304. Die zur Klassifikation des Buchmarktes brauchbare, wenn auch in der Tendenz zu stark pauschalisierende Unterscheidung in ‚Kultur- und Massenbuch' geht in ihrer theoretischen Durchführung zurück auf Helmut von den Steinen, Das moderne Buch, Diss. Heidelberg, 1912. Vgl. zum folgenden auch Eberhard Henze, Kleine Geschichte des deutschen Buchwesens, Düsseldorf 1983, S.71ff. (mit weiterführenden Literaturhinweisen).

19 Vgl. beispielsweise Grünert, Professionalisierung, S.283 und Wittmann, Geschichte, S.304ff.

20 Vgl. noch immer Peter de Mendelssohn, S.Fischer und sein Verlag, Frankfurt/Main 1970. Daneben u.a. Friedrich Pfäfflin/Ingrid Kussmaul, S.Fischer Verlag. Von der Gründung bis zur Rückkehr aus dem Exil (Ausstellungskatalog des Deutschen Literaturarchivs 40), Marbach 1985. Von Samuel Fischer stammt das für diese kulturpolitisch motivierte Verlegergeneration charakteristische Diktum: „Dem Publikum neue Werte aufzudrängen, die es nicht will, ist die wichtigste und schönste Mission des Verlegers" (zit. nach Mendelssohn, Fischer, S.47).

21 Vgl. Helga Abret, Albert Langen. Ein europäischer Verleger, München 1993 (mit weiterführenden Literaturhinweisen). Abret hält die Verbindung von „Unternehmerinteressen mit einem sehr persönlichen gesellschaftlichen Engagement" (aaO., S.13) für das herausragende Kennzeichen des hier vorgestellten Verlegertypus. Daneben sei es, mit Ausnahme eben Langens für die Individualverleger typisch, „in ihren Häusern eine geistige Bewegung oder eine literarische Strömung [zu fördern], was ihrer Produktion ein einheitliches Gepräge verlieh und es ermöglicht, sie unter bestimmten Aspekten zu untersuchen" (aaO., S.14). Es war die Persönlichkeit des Verlegers, „die dem Verlag ein unverwechselbares Profil verlieh"(aaO., S.152).

22 Mit Verlagschronologie und weiterführender Literatur vgl. jetzt den von Juergen Seuss aufwendig gestalteten Band: Vom Ornament zur Linie. Der frühe Insel-Verlag 1899-1924. Ein Beitrag zur Buchästhetik im frühen 20. Jahrhundert. Hg. v. John Dieter Brinks, Assenheim 2000. Ferner Elke Lipp, Zum Lesen, Schauen, Sammeln. Die Insel-Bücherei, in: Bbl Nr.69 (31.08.1999), A 452-471.

23 Kurt Wolff hat die Motivation der Kulturverleger folgendermaßen zusammengefaßt: „Am Anfang war das Wort, nicht die Zahl" (ders., Briefwechsel eines Verlegers. 1911-1963. Hg. v. Bernhard Zeller und Ellen Otten, Frankfurt/Main 1966, S.508. Ü-

Rowohlt (1887-1960)[24], die beiden maßgeblichen Verleger des literarischen Expressionismus. Ferner ist hier Eugen Diederichs (1867-1930) zu nennen, dessen Verlag zum Sprachrohr neuer religiöser Bewegungen wurde und der sein Unternehmen als „Instrument und Medium seiner volkspädagogischen und kulturpolitischen Überzeugungen"[25] verstand. Charakteristisch für diesen Verlegertypus ist, daß er

> „als Partner, Freund und Gleichgesinnter unter seinen Autoren lebt, sie finanziert, anregt, fördert, ihre Bewegung organisiert, ihre Öffentlichkeit steuert, ihre Bücher und die gemeinsame Zielsetzung noch vor Ort vertritt –: ein Akteur im Literaturgeschehen, der als produktives Element an den Äußerungen, Beziehungen und Entwicklungen seiner Autoren teilhat, d.h. ein integraler Faktor ihrer Literaturgeschichte wird"[26].

Die gelungene Verbindung von kulturpraktischer Motivation und ökonomischem Erfolg kann als eigentliches Charakteristikum der Kulturverleger gelten[27].

In genau diesem Sinn verstand sich um 1900 auch Paul Siebeck als Verleger des deutschsprachigen Kulturprotestantismus[28]. Er ist damit ein gutes Beispiel dafür, daß sich das Ideal des Individualverlegers auch auf kulturpolitisch und weltanschaulich ambitionierte Wissenschaftsverleger anwenden läßt. In Zuspitzung auf das RGG-Projekt kann schon einmal thetisch formuliert werden: Lexikonpolitik ist im-

---

beraus aufschlußreich ist das der Briefedition beigefügte Vorwort von Bernhard Zeller [in: aaO., S.VII-LVI]). Zur Verlagsgeschichte vgl. dann auch Wolfram Göbel, Der Kurt Wolff Verlag 1913-1930. Expressionismus als verlegerische Aufgabe. Mit einer Bibliographie des Kurt Wolff Verlags und der ihm angeschlossenen Unternehmen 1910-1930, in: AGB 15 (1976), Sp.521-962 und AGB 16 (1977), Sp.1299-1456.

24 Grundlegend Wolfram Göbel, Der Ernst Rowohlt Verlag 1910-1913. Seine Geschichte und seine Bedeutung für die Literatur seiner Zeit, in: AGB 14 (1974), Sp.465-566.

25 Wittmann, Geschichte, S.308.

26 Manfred Hellge, Der Verleger Wilhelm Friedrich und das ‚Magazin für die Literatur des In- und Auslandes'. Ein Beitrag zur Literatur- und Verlagsgeschichte des frühen Naturalismus in Deutschland, in: AGB 16 (1976), Sp.791-1216, hier Sp.1165. Der Leipziger Hofbuchhändler Wilhelm Friedrich (1851-1925) gilt der buchhandelsgeschichtlichen Forschung als der eigentliche Begründer des kulturpolitisch motivierten Verlegertums, der – seiner Zeit literarisch hoffnungslos voraus – freilich als Unternehmer scheiterte.

27 Vgl. von den Steinen, Das moderne Buch, S.12: Ein Kulturverleger sei derjenige, der „sich für eine positiv kulturschaffende Instanz hält" und der „aus dieser seiner Kulturtat irgendwelchen wirtschaftlichen Vorteil zieht".

28 Zum Begriff vgl. unten Anm. 60.

mer auch Verlegerpolitik, ebenso wie sich wissenschaftspolitische Fragen nicht ohne Rekurs auf die entsprechenden Verlegerpersönlichkeiten erörtern lassen[29]. Im Jahr seines Todes, am 13. Januar 1920, hielt Paul Siebeck in der Tübinger ‚Dienstagsgesellschaft' einen Vortrag, welchen seine Söhne Werner und Oskar Siebeck posthum veröffentlichten. In diesem Vortrag finden sich Passagen, die den oben angeführten Äußerungen führender deutschsprachiger Kulturverleger in frappierender Weise ähneln: „‚Artibus ingenuis', der Wissenschaft allein wollte ich dienen, hohe Honorare bezahlen, nach rein idealistischen Regungen und Motiven wollte ich verlegen. Nicht nach Geschäftsgewinn stand mein Sinn"[30]. Unablässig war Paul Siebeck bemüht, die entsprechenden theologischen Autoren für seinen Verlag zu gewinnen, sie

29 Innerhalb der RGG wird dies deutlich durch die einschlägigen Artikel bzw. das Fehlen derselben. Vgl. Mulert, Art. Verleger, theologische, in: RGG[1], 5 (1913), Sp.1641f. In den späteren Auflagen der RGG ging dieser instruktive Artikel über in: Art. Buchhandel, Deutscher, in: RGG[2], 1 (1927), Sp.1300-1307, unterteilt in: Pustet, Art. Buchhandel, Deutscher: I. Katholischer B., in: aaO., Sp.1300-1304 und Gaede, Art. Buchhandel, Deutscher: II. Evangelischer B., in: aaO., Sp.1305-1307 sowie dann Art. Buchhandel, Christlicher, in: RGG[3], 1 (1957), Sp.1459-1466, darin besonders die Teilartikel W. Matthias, Art. Buchhandel, Christlicher: II. Evangelischer Buchhandel in Deutschland, in: aaO., Sp.1461-1465 und ders., Art. Buchhandel, Christlicher: III. Katholischer Buchhandel in Deutschland, in: aaO., Sp.1465f. Auffällig in der Artikelkonzeption ist die zwischen RGG[2] und RGG[3] veränderte Artikelbezeichnung: aus ‚Deutscher Buchhandel' wird ‚Christlicher Buchhandel', was ebenso wie die veränderte Reihenfolge der konfessionsspezifischen Darstellung und die deutlich veränderte Raumzuweisung eine prägnante lexikographische Umakzentuierung indiziert. Zur Auflösung des Artikels Verleger, theologische bei der Neuauflage von RGG vgl. VA RGG[2] 1931: Schreiben von Oskar Rühle, Tübingen an Leopold Zscharnack, Breslau, 15.08.1931: „Wie denken Sie über einen Artikel ‚Theologische Verleger'? Ich hatte einen solchen für mich selber notiert. Wie ich aber daran gehen wollte, las ich zunächst im Buchhandel nach, und fand dort, sowohl im katholischen wie im evangelischen Teil eine, wenn auch besonders für den letzteren recht dürftige Zusammenstellung der wichtigsten in Frage kommenden Verleger. Wenn Sie das dort aufgeführte für genügend halten, ist es mir nur recht. Andernfalls könnte ich ja Mulerts Artikel ‚Verleger' aus der 1. Auflage unschwer ergänzen und auf den neuesten Stand bringen". Die aktuelle vierte Auflage führt nun wiederum zwei getrennte Artikel: Art. Buchhandel, christlicher, in: RGG[4], 1 (1998), Sp.1819-1823 mit folgenden Teilartikeln: Manfred Baumotte, Art. Buchhandel, christlicher: I. Evangelischer Buchhandel in Deutschland, in: aaO., Sp.1819-1821, ders.: Art. Buchhandel, christlicher: II. Katholischer Buchhandel in Deutschland, in: aaO., 1821f. sowie Charles H. Lippy, Art. Buchhandel, Christlicher: III. Weltweit, in: aaO., Sp.1822f. Daneben findet sich Roger Töpelmann, Art. Verlage, in: RGG[4], 8 (2005), Sp.1028f. Vgl. dort die einschlägige Passage: „Charakteristisch an den Verlagsentwicklungen ist, daß in vielen Fällen eine Verlegerpersönlichkeit Autoren entdeckt und bindet, ihre Theol[ogie] und Themen programmatisch profiliert und mit der Verbreitung der Bücher den Grundstein für die Durchsetzung neuer Theologie legt" (Sp.1028).

30 Oskar Siebeck/Werner Siebeck, Zum Gedächtnis an D. Dr. Paul Siebeck. Gestorben am 20. November 1920, Tübingen 1925, S.5f.

durch persönliche Kontakte langfristig an das Unternehmen zu binden und ihnen in Zeitschriften, Schriftenreihen und dann auch in dem Lexikon *Die Religion in Geschichte und Gegenwart* publizistische Foren zu bieten. Doch auch Paul Siebeck konnte sich nicht von den Zwängen des Marktes dispensieren.

> „Aber, o weh! Das auf Idealismus eingestellte Streben und Wirken stand in bedenklichem Gegensatz zu meinen Mitteln und zum Geschäftsergebnis der ersten Jahre meiner verlegerischen Selbständigkeit. Es ging nicht lange, da wurde der Geldbeutel immer leerer, das Bankguthaben immer kleiner und nur der immer bereitwilligen treuen Hilfe meiner guten Mutter hatte ich es zu danken, daß ich das Geschäft über Wasser halten konnte“[31].

Das Hin- und Hergerissensein zwischen kaufmännischen Zwängen einerseits und theologisch-kulturpolitischen Ambitionen andererseits blieb für Paul Siebeck kennzeichnend.

2. Der Mohr Siebeck Verlag und seine theologiepolitische Stellung im Protestantismus der ‚Wilhelminischen Ära'

Die Geschichte des Mohr Siebeck Verlages läßt sich im Anschluß an die beiden Verlegerpersönlichkeiten, welche dem Verlag seinen Namen gaben, in zwei Phasen unterteilen: in die Heidelberger Zeit unter Jacob Christian Benjamin Mohr, die literar- und buchhandelsgeschichtlich in erster Linie mit der Heidelberger Romantik verbunden ist, und in die Freiburger – später Tübinger – Zeit, in der das Unternehmen unter Paul Siebeck zu einem der führenden deutschsprachigen Wissenschaftsverlage avancierte[32].

---

31 Ebd. Vgl. auch Oskar Rühle, Der theologische Verlag von J.C.B. Mohr (Paul Siebeck). Rückblicke und Ausblicke, Tübingen 1926, S.142f.

32 Vgl. zur Verlagsgeschichte von Mohr Siebeck in chronologischer Folge: Geschäftsjubiläum, in: Bbl 68 (1901), S.6028; Leopold Zscharnack, Ein Jahrhundert des Mohrschen Verlags, in: ChW 22 (1908), Sp.1117-1122; Das Jubiläumsjahr 1801-1926. J.C.B. Mohr (Paul Siebeck). H. Laupp'sche Buchhandlung Tübingen, Tübingen 1926; Einhundertfünfundzwanzig Jahre J.C.B. Mohr (Paul Siebeck) in Tübingen, in: Bbl 93 (1926), S.946f.; Rühle, Der theologische Verlag; Edgar Salin, J.C.B. Mohr (Paul Siebeck) H. Laupp'sche Buchhandlung 1801-1951, in: Bbl Frankfurter Ausgabe Nr.61 (31.07.1951), S.249f. und die Darstellung in: Der evangelische Buchhandel, S.226-230 sowie Silke Knappenberger-Jans, Verlagspolitik und Wissenschaft. Der Verlag J.C.B. Mohr (Paul Siebeck) im frühen 20. Jahrhundert (Mainzer Studien zur Buchgeschichte 13), Wiesbaden 2001. Weiterführende Hinweise zum Mohr Siebeck Verlag finden sich daneben auch in Arbeiten zur Tübinger Verlags- und Buchgeschichte: Hans Widmann, Tübingen als Verlagsstadt (Contubernium. Beiträge zur Geschichte der Eberhard-Karls-Universität Tübingen 1), Tübingen 1971; Wilfried Lagler, Die Cotta-Dynastie und Tübinger Verlagshäuser, in: Eine Stadt des Buches, Tübingen 1498-1998. Mit Beiträgen von Gerd Brinkhus, Wilfried Lagler und Klaus Schreiner (Tübinger Kataloge 50), Tübingen 1998, S.43-52.

2.1. Die Geschichte des Mohr Siebeck Verlags von seiner Gründung bis 1914

Jacob Christian Benjamin Mohr (1778-1854) hatte seine buchhändlerische Ausbildung in Frankfurt in der Varrentrapp & Wennersche[n] Buchhandlung absolviert, bevor er nach Göttingen zu Johann Christian Dieterich (1712-1800) wechselte[33]. Dieterich ist hauptsächlich als Verleger und Freund Georg Christoph Lichtenbergs (1742-1799) bekannt[34]. Nach einer Zwischenstation in Hamburg in der Hoffmann'schen Buchhandlung machte sich Mohr 1804 selbständig und übernahm die 1801 in Frankfurt von August Hermann (1776-1803) gegründete Buchhandlung, dessen Witwe er heiratete. Als der Akademische Senat der restaurierten Heidelberger Universität 1805 eine akademische Buchhandlung zur Eröffnung anzeigte, interessierte sich Mohr neben dem Tübinger Verleger und Buchhändler Johann Friedrich Cotta (1764-1832) und der Firma Schwan & Götz aus Mannheim für das Privileg. Letztgenannte Firma erhielt den Zuschlag des Senats, jedoch wurde es Mohr aufgrund eines von mehreren Professoren der Heidelberger Universität verfaßten Separatvotums gestattet, sich ebenfalls als Buchhändler in Heidelberg niederzulassen. Sein Freund und Geschäftspartner Johann Georg Zimmer (1776-1853) führte zunächst für Mohr die Geschäfte[35], bevor dieser 1811 sein Frankfurter Geschäft definitiv aufgab und nach Heidelberg übersiedelte. Zimmer schied nach einem Theologiestudium 1815 aus der Firma aus und trat in Schriesheim an der Bergstraße eine erste Pfarrstelle an. An seine Stelle trat für einige Jahre Christian Friedrich Winter (1773-1858) aus Heilbronn in die Buchhandlung ein, die jetzt als ‚Mohr und Winter' firmierte. Die Zusammenarbeit zwischen

---

33 Zu J.C.B. Mohr und seiner Heidelberger Firma vgl. Hans Ziegler, Jakob Christian Benjamin Mohr, in: Deutsche Buchhändler-Akademie. Organ für die Gesamt-Interessen des Buchhandels und der ihm verwandten Gewerbe. Bd.3. Hg. v. Hermann Weißbach, Weimar 1886, S.1-20. Ferner: „Die Buchhandlung Mohr & Zimmer in Heidelberg", in: Bbl 11 (1844), Sp.1235-1236; Jos[ef] Gabr[iel] Findel, Dem Andenken Dr. J.C.B. Mohr's, in: Bbl 21 (1854), S.256f.; J[ohann] H[einrich] Eckardt, Noch allerlei vom alten J.C.B. Mohr und dem alten Carl Jügel, in: Bbl 68 (1901), S.10270-10272; ders., Nachträgliches zum hundertjährigen Jubiläum der Firma J.C.B. Mohr, in: Bbl 68 (1901), S.6207; ders., Charakterköpfe aus dem Heidelberger Buchhandel. I. Mohr und Zimmer, in: Bbl 89 (1922), S.1193-1197.1201-1203.1205-1207; Otto Reichel, Der Verlag von Mohr und Zimmer in Heidelberg und die Heidelberger Romantik, Diss. München, Augsburg 1913 sowie Werner Siebeck, Der Heidelberger Verlag von Jacob Christian Benjamin Mohr. Ein Rückblick, Tübingen 1926.

34 Vgl. Elisabeth Willnat, Johann Christian Dieterich. Ein Verlagsbuchhändler und Drucker in der Zeit der Aufklärung, in: ABG 39 (1993), S.1-254.

35 Mohr und Zimmer hatten gemeinsame Gesellenjahre bei Dieterichs in Göttingen hinter sich.

Mohr und Winter gestaltete sich freilich nicht so gedeihlich wie zuvor die Verbindung mit Zimmer, so daß die Geschäftsbeziehungen im Jahr 1822 gelöst wurden und J.C.B. Mohr das Unternehmen in alleiniger Regie fortführte. Winter errichtete eine eigene Firma[36].

Das verlegerische Hauptinteresse von Mohr und Zimmer hatte der Heidelberger Romantik gegolten. Bekannt wurden sie als Verleger der Sammlung *Des Knaben Wunderhorn* von Clemens Brentano (1778-1842) und Achim von Arnim (1781-1831). Dazu traten die Werke von August Wilhelm Schlegel (1767-1845), Friedrich Carl von Savigny (1779-1861) sowie 1807 die *Teutschen Volksbücher* von Joseph von Görres (1776-1848)[37]. Daneben etablierten sich Mohr und Zimmer als Verleger der reorganisierten Heidelberger Universität, wo „der Aufschwung der Wissenschaften begann, zunächst befruchtet von der Romantik selbst, dann von der positivistischen Loslösung von ihrem Einfluß"[38]. Vor allem nach dem Rückzug Zimmers aus der Verlagsbuchhandlung drängte Mohr die absatzschwache romantische Literatur zugunsten eines stärker wissen-

36 Vgl. hierzu Carl Winter, 175 Jahre Universitätsverlag C. Winter in Heidelberg. 1822-1997 – ein Überblick. Mit der Festrede „Spinoza in Heidelberg" von Manfred Walther, Heidelberg 1999.

37 Die verlegerische Tätigkeit Zimmers und dessen enorme Bedeutung für die romantische Literatur wird durch diejenige Korrespondenz, die sich in den Werkausgaben führender Romantiker ediert findet, belegt. Einzelne Hinweise müssen hier genügen. Vgl. z.B. die Korrespondenz mit Achim von Arnim, dargestellt u.a. bei Reinhold Steig, Zeugnisse zur Pflege der deutschen Literatur in den Heidelberger Jahrbüchern, in: NHJ 11 (1902), S.180-284 sowie Hermann F. Weiss, Unveröffentlichte Briefe Achim von Arnims aus den Beständen des Freien Deutschen Hochstifts und der Biblioteka Jagiellonska, in: Jahrbuch des Freien Deutschen Hochstifts 1987, S.260-313; dann der Briefwechsel mit Clemens Brentano, ediert bei: Clemens Brentano, Sämtliche Werke und Briefe. Historisch-kritische Ausgabe veranstaltet vom Freien Deutschen Hochstift Frankfurt. Hg. v. Jürgen Behrens, Wolfgang Frühwald und Detlev Lüders, Stuttgart 1975ff.; Bd.31: Briefe III (1803-1807). Hg. v. Lieselotte Kinskofer, Stuttgart 1991; Bd.32: Briefe IV (1808-1812). Hg. v. Sabine Oehring, Stuttgart 1996 oder auch: August Wilhelm Schlegels Briefwechsel mit seinen Heidelberger Verlegern. FS zur Jahrhundert-Feier des Verlags Carl Winter. Universitätsbuchhandlung in Heidelberg 1822-1922. Hg. v. Erich Jenisch, Heidelberg 1922. Ferner: Johann Georg Zimmer und die Romantiker. Ein Beitrag zur Geschichte der Romantik nebst bisher ungedruckten Briefen von Arnim, Böckh, Brentano, Görres, Marheineke, Fr. Perthes, F.C. Savigny, Brüder Schlegel, L. Tieck, de Wette u.a. Hg. v. Heinrich W.B. Zimmer, Frankfurt/Main 1888; Krisenjahre der Frühromantik. Briefe aus dem Schlegelkreis. Drei Bde. Hg. v. Josef Körner, Brünn et al 1936ff. Die Autorenfluktuation zwischen den Verlagsbuchhändlern Mohr und Zimmer einerseits und dem Berliner Buchhändler und Verleger Georg Andreas Reimer andererseits hat Doris Reimer nachgewiesen. Vgl. dies., Passion & Kalkül. Der Verleger Georg Andreas Reimer (1776-1842). Berlin et al 1999, bes. S.96-99. Georg Andreas Reimer gilt als *der* Verleger der Romantik und ist theologiegeschichtlich v.a. als Verleger Friedrich Daniel Ernst Schleiermachers (1768-1834) von Bedeutung.

38 Salin, J.C.B. Mohr (Paul Siebeck), S.249.

schaftlichen Verlagsprofils zurück. In erster Linie ist hier auf die verlegerische Betreuung der *Heidelberger Jahrbücher* (von 1807 an) zu verweisen. Auf theologischem Gebiet heben sich die Kontakte zu Georg Friedrich Creuzer (1771-1858), Karl Daub (1765-1836), Wilhelm Martin Leberecht de Wette (1780-1849)[39], später dann auch zu Philipp Konrad Marheineke (1780-1846) hervor. Summarisch gilt: „Die Handlung Mohr & Zimmer wurde der Verlag für die jungen Romantiker und für die Gelehrten, welche der neuen Zeitströmung sich anschlossen"[40].

Für seine Verdienste um die Heidelberger Literatur und Wissenschaft wurde Mohr 1851 anläßlich seiner fünfzigjährigen Tätigkeit als Buchhändler und Verleger die Ehrendoktorwürde verliehen. Die Interessen des Buchhandels auf nationaler Ebene vertrat Mohr 1838-1840 als Vorsteher des Börsenvereins des Deutschen Buchhandels, zu dessen Gründungsmitgliedern er 1825 zählte[41].

Nach seinem Tod führten seine Söhne Ernst Christian (1811-1890) und Carl Mohr (1817-1897) die Verlagsbuchhandlung weiter. Im Jahre 1878 ging die Akademische Verlagsbuchhandlung der Erben von J.C.B. Mohr über an Paul Siebeck, den Inhaber der *Laupp'schen Buchhandlung* in Tübingen, der das Geschäft nach Tübingen überführte.

Der Buchhändler Jakob Heinrich Laupp (1780-1836) hatte zunächst als Lehrling, dann als Geselle in der seit dem letzten Drittel des 17. Jahrhunderts in Tübingen ansässigen Cotta'schen Buchhandlung gearbeitet. Im Jahr 1810 übernahm er die Geschäftsführung des Sortimentes, da Johann Friedrich Cotta seinen Verlag „wohl wegen seiner politischen Ambitionen und der ungünstigen Verkehrslage Tübingens" nach Stuttgart verlegte[42]. Von 1816 an führte Heinrich Laupp diese Buchhandlung

39 Zu de Wettes Kontakten zu Mohr und Zimmer vgl. Johann Georg Zimmer und die Romantiker, S.311ff.

40 Eckardt, Charakterköpfe, S.1195.

41 Eine Würdigung dieser Tätigkeit findet sich bei Gerhard Menz, Dr. Jacob Christian Benjamin Mohr. Erster Vorsteher 1838-1840, in: ders., Die ersten Vorsteher des Börsenvereins der Deutschen Buchhändler, Leipzig 1925, S.41-44. Vgl. auch die Einschätzung bei Eckardt, Charakterköpfe, S.1205: „Er war ein Buchhändler der alten Schule, dem sein Stand ein Ehrentitel war und der in demselben, neben der praktischen, auch die ideelle Seite hochgehalten wissen wollte, der seinen Beruf nicht allein als Geschäft ansah, sondern als einen Stand, der berufen war, dem Volke gegenüber veredelnd und erzieherisch zu wirken".

42 Lagler, Die Cotta-Dynastie, S.46. Zu Johann Friedrich Cotta (1764-1832), einem der bedeutensten Verleger der deutschen Klassik, vgl.: Cotta und das 19. Jahrhundert. Aus der literarischen Arbeit eines Verlages. Ständige Ausstellung des Schiller Nationalmuseums und des Deutschen Literaturarchivs Marbach am Neckar. Katalog: Dorothea Kühn unter Mitarbeit von Anneliese Kunz und Margot Pehle, Marbach 1980. Daneben ist u.a. zu verweisen auf Liselotte Lohrer, Cotta. Geschichte eines Verlages. 1659-1959, Ludwigsburg 1959; Karin Hertel, Der Politiker Johann Friedrich Cotta: Publizistische verlegerische Unternehmungen, in: AGB 19 (1978), Sp.365-562

dann auf eigene Rechnung und firmierte als Laupp'sche Buchhandlung – und „damit endete die Tübinger Zeit des Hauses Cotta"[43]. Als 1817 die katholisch-theologische Fakultät von Ellwangen nach Tübingen übersiedelte, gliederte Laupp seiner Buchhandlung einen Verlag an und wurde zum Förderer der älteren katholischen Tübinger Schule. „Die Firma war bis in die 40er Jahre des Jahrhunderts der vorwiegende Verleger der Fakultät und stand besonders durch die Uebernahme der Theologischen Quartalschrift in dauernder Berührung mit den katholischen Theologen"[44]. Von 1835 an war es Laupp möglich, auch eine Buchdruckerei zu betreiben.

Nach dem Tode Heinrich Laupps berief dessen Witwe Luise Friederike Laupp, geborene Löffler (1798-1882), im Jahre 1839 den Leipziger Buchhändler Hermann Adolph Siebeck (1816-1877) als Geschäftsführer der Laupp'schen Buchhandlung nach Tübingen. Hermann Siebeck heiratete Mathilde Laupp, eine Tochter Heinrich Laupps. Im Jahre 1866, nach dem Tod Rudolf Laupps (1818-1866), des Sohnes Heinrich Laupps, wurde Hermann Siebeck alleiniger Inhaber der Firma. Im Jahr 1873 nahm er seinen Schwiegersohn J. Gustav Kötzle (1840-1900) als Teilhaber in die Firma auf. Neben der jüngeren katholischen Tübinger Schule (Karl Josef Hefele [1809-1893], Johannes Kuhn [1806-1887], Franz Xaver Linsenmann [1835-1898]) gewann Hermann Siebeck auch evangelische Theologen für den Verlag, so den Praktischen Theologen Christian David Palmer (1811-1875) oder den Neutestamentler Karl Heinrich Weizsäcker (1822-1899). Neben der Theologie waren im Verlagsprogramm Werke aus den Gebie-

---

sowie Daniel Moran, Toward the Century of Words. Johann Cotta and the Politics of the Public Realm in Germany, 1795-1832, Berkeley et al 1990. Für Tübingen begann die Geschichte der Cotta'schen Dynastie im Jahr 1658, als Johann Georg I. Cotta (1631-1692) die Geschäftsführung der Firma von Philibert Brunn II. d. J. übernahm. „Damit wurde *die* Buchhandlung begründet, die Tübingens Name in die literarische Welt des zu Ende gehenden 18. Jahrhunderts trug" (Werner Siebeck, Der Tübinger Buchhandel um 1800, in: Tübinger Blätter 19 [1927/1928], S.4-15, hier S.5 [Hervorh. i. Orig.; auch als Separatdruck zugänglich]). Zur Verbindung Tübingen – Cotta vgl. neben Lagler, Die Cotta-Dynastie auch (Roth, [Rudolf]), „Zur Geschichte des Bücherdrucks und Buchhandels in Tübingen", in: Bbl 47 (1880), S.1246 und: Cotta in Tübingen. Dokumente, Handschriften, Bücher. Aus der Cotta'schen Handschriften-Sammlung (Leihgabe der Stuttgarter Zeitung) im Schiller-Nationalmuseum, Marbach. Eine Ausstellung im November 1959. Bearbeitet v. Liselotte Lohrer unter Mitwirkung von Tilman Krömer (Tübinger Kataloge 4), Tübingen 1959.

43 Lagler, Die Cotta-Dynastie, S.48. Zur Laupp'schen Buchhandlung Hinweise bei Rudolf Schenda, Tübinger Druckerei- und Buchhandelskonkurrenz zwischen 1817 und 1831, in: Der Sülchgau 12 (1968), S.94-96.

44 Siebeck, Der Tübinger Buchhandel, S.11. Zur verlegerischen Betreuung der älteren Tübinger Schule um Johann Adam Möhler durch den Herder Verlag vgl. oben Kap.I.A.2.2. Die *Theologische Quartalschrift* (ThQ) galt als Organ der Tübinger katholisch-theologischen Fakultät und wurde von Siebeck 1898 an den in Ravensburg ansässigen *Verlag von Hermann Kitz* verkauft.

ten der Medizin, Biologie, Geologie, Geschichte und Literaturgeschichte vertreten.

Nach dem Tode Hermann Siebecks übernahm Paul Siebeck (1855-1920) die Verlagsleitung[45]. Von 1871 an war er im familieneigenen Sortiment der Laupp'schen Buchhandlung ausgebildet worden. Seine buchhändlerischen ‚Wanderjahre' hatten ihn nach Bonn und in die Brockhaussche Firma nach Leipzig geführt. 1878 erwarb er – wie bereits erwähnt – den J.C.B. Mohr Verlag, so daß sich von diesem Zeitpunkt an sowohl die Laupp'sche Buchhandlung als auch der Mohr Verlag im Besitz der Familie Siebeck befanden. Freilich hatte Paul Siebeck „am Sortiment [...] keine Freude, auch schwebte mir von dem Betrieb eines Verlagsgeschäfts ein Ideal vor, das ich nur in absoluter Selbständigkeit verwirklichen zu können glaubte"[46]. Deshalb verließ er 1880 mit dem Verlagsgeschäft Tübingen und siedelte nach Freiburg über,

> „wodurch zur dritten der südwestdeutschen Universitäten eine nahe Verbindung geschaffen wurde, mit engen Beziehungen auch nach Straßburg hinüber, – die Grundlage für den Ausbau des theologischen Verlags und für die successive Übernahme der wichtigsten Werke der südwestdeutschen Philosophenschule"[47].

Die Laupp'sche Buchhandlung verblieb unter der Leitung Kötzles in Tübingen.

Als Kötzle 1897 schwer erkrankte, übernahm Paul Siebeck die alleinige Leitung beider Firmen. 1899 kehrte er nach Tübingen zurück. Die Bestände des Buchhandelssortiments wurden an die Buchhandlungen J.J. Heckenhauer und Franz Pietzcker abgegeben. „Der Verlag konzentrierte sich nunmehr auf die Gebiete der Geisteswissenschaften (Theologie, Philosophie), Rechts- und Wirtschaftswissenschaften"[48] und beherbergte in seinem Verlagsprogramm führende Vertreter deutschsprachiger Geistes- und Wissenschaftsgeschichte wie die südwestdeut-

---

45 Zu Paul Siebeck vgl. neben dem Selbstporträt, das Siebeck/Siebeck, Zum Gedächtnis zugrunde liegt, dann auch den Nachruf von Hugo Goeze, Paul Siebeck † als Mensch und Buchhändler. Persönliche Erinnerungen, in: Bbl 88 (1921), S.165-168. Goeze, in Freiburg zeitweiliger Mitarbeiter Siebecks, gelangt zu dem Resümee, jener sei „ein fruchtbarer und erfolgreicher Verleger, ein Diener hoher Ideale, ein gläubiger Christ, ein treuer Gatte und Familienvater, ein zuverlässiger Freund seiner Freunde, durch und durch deutsch, dabei ein zäh an seiner engeren Heimat hängender kerniger Schwabe, mit einem Wort: *ein ganzer Mann*" gewesen (aaO., S.168; Hervorh. i. Orig.).

46 Siebeck/Siebeck, Zum Gedächtnis, S.5.

47 Salin, J.C.B. Mohr (Paul Siebeck), S.249. Die Straßburger theologische Fakultät wurde v.a. in der Person Heinrich Julius Holtzmanns (vgl. unten Kap.I.A.4.3) ein unverzichtbarer Bezugspunkt der Siebeckschen Programmplanung, denn in Holtzmann fand er „einen väterlichen Freund und treuen Berater" (Rühle, Der theologische Verlag, S.9; ähnlich S.67.109).

48 Lagler, Die Cotta-Dynastie, S.52.

sche Philosophieschule des Neukantianismus um Wilhelm Windelband (1848-1915) und Heinrich Rickert (1863-1936). Mit der Zeitschrift *Logos. Internationale Zeitschrift für Philosophie der Kultur* brachte der Verlag von 1910 bis 1933 eine der international bedeutendsten kulturphilosophischen Zeitschriften auf den Markt[49]. Auf rechts- und staatswissenschaftlichem Gebiet verband sich der Verlag mit den Werken von Paul Laband (1838-1918) und Karl Bücher (1847-1930). Und nicht zuletzt ist hier die verlegerische Betreuung des literarischen Œuvres Max Webers (1864-1920) zu nennen[50]. Mit einem Großteil seiner Autoren verband Paul Siebeck langjährige Freundschaften.

1886 zählte Paul Siebeck zu den Gründern des Deutschen Verlegervereins[51]. Für seine verlegerischen Verdienste um die Geisteswissenschaften wurde ihm 1897 von der Universität Freiburg der Ehrendoktor der Philosophie verliehen und 1909 seitens der Universität Gießen der Ehrendoktor der Theologie[52].

Zwei seiner vier Söhne stiegen im Verlauf der Jahre in das Verlagsgeschäft ein. Oskar Siebeck (1880-1936), der älteste Sohn, studierte zunächst Nationalökonomie, unter anderem in Leipzig bei Karl Bücher, einem langjährigen Hausautor. 1904 wurde er bei eben demselben promoviert[53] und unterstützte Paul Siebeck von 1906 an bei der Verlagsarbeit. 1913 übernahm er eine Dependance des väterlichen Unternehmens in Berlin. Nach einer schweren Verwundung bereits im August 1914 in Metz, die eine jahrelange Beeinträchtigung nach sich zog, arbeitete er von 1915 an in der Auslandsabteilung des Berliner Kriegspresseamtes. Nach dem Krieg kam es zu ernsthaften Auseinandersetzungen mit Paul Siebeck über die Stellung und Kompetenz der Söhne innerhalb der Firma[54], in deren Verlauf beispielsweise Otto Baumgarten

49 Die Geschichte der Zeitschrift rekonstruiert hat Rüdiger Kramme, Philosophische Kultur als Programm. Die Konstituierungsphase des LOGOS, in: Heidelberg im Schnittpunkt intellektueller Kreise. Zur Topographie der „geistigen Geselligkeit" eines „Weltdorfes": 1850-1950. Hg. v. Hugo Treiber und Karol Sauerland, Opladen 1995, S.119-149.

50 Hierzu Wolfgang J. Mommsen, Die Siebecks und Max Weber. Ein Beispiel für Wissenschaftsorganisation in Zusammenarbeit von Wissenschaftlern und Verlegern, in: GuG 22 (1996), S.19-30.

51 Vgl. hierzu Annemarie Meiner, Der Deutsche Verlegerverein 1886-1935. Dargestellt im Auftrag seines Vorstandes und der Fachschaft Verlag, Leipzig 1936.

52 Zur theologischen Fakultät Gießen als einem der universitären Standbeine des RGG[1]-Projektes vgl. unten Kap.II.3.1.3.2.c. und d.

53 Oskar Siebeck, Das Arbeitssystem der Grundherrschaft des deutschen Mittelalters. Seine Entstehung und seine sociale Bedeutung, Tübingen 1904 (Leipzig Diss. phil. 1904).

54 Dieses Problem hatte sich bereits länger angebahnt. So reagierte Paul Siebeck beispielsweise schon in frühen Jahren der familieninternen Zusammenarbeit unwirsch

zugunsten der jüngeren Verlegergeneration votierte[55]. Nach dem Tode Paul Siebecks im Jahre 1920 löste Oskar Siebeck die nach dem Krieg wiedereröffnete Berliner Zweigstelle auf und übernahm gemeinsam mit seinem Bruder Werner (1891-1934) die Geschäftsführung des Verlages. Dieser hatte von 1914 an im väterlichen Betrieb eine Verlagsausbildung absolviert. Zwischen den zu Konflikten neigenden Paul und Oskar Siebeck hatte Werner Siebeck eine ausgleichende Stellung inne. Von 1920 an arbeitete er im Hintergrund seines Bruders, zuständig in erster Linie für den kaufmännischen Bereich und für bestimmte Teile der Verlagskorrespondenz. So führte er einen Großteil der Korrespondenz, welche im Umfeld der geplanten Neuauflage der RGG in den 1920er Jahren anfiel. Aufgrund seines labilen Gesundheitszustandes mußte er sich freilich von 1924 an zunehmend vom laufenden Verlagsgeschäft zurückziehen[56]. Für ihn trat 1925 Oskar Rühle (1901-1980) als theologischer Mitarbeiter in den Verlag ein, der dann in erster Linie für die organisatorische Umsetzung der zweiten Auflage der RGG zuständig war[57].

Würde nun allein die Herausgabe eben dieses Nachschlagewerkes genügen, um – so das Urteil Salins – „für immer den Namen des schwäbischen Verlags in die Reihe der großen deutschen Verlage zu rücken, die mit *Goeschen* und *Cotta* und *Reimer* und *Perthes* anhebt"[58], so erweist es sich zur lexikonpolitischen Profilierung eben dieses Nachschlagewerks als äußerst hilfreich, im Überblick zu betrachten, nach

auf die Art und Weise, in welcher ihm seine Söhne ein Verlagsangebot Karl Holls (1866-1926) für die *Religionsgeschichtlichen Volksbücher* (vgl. hierzu Kap.II.2.4) unterbreiteten: „Ich verwahre mich mit aller Entschiedenheit dagegen, dass ein Verlagsanerbieten, das dem Verlag gemacht wird, ohne dass meine Zustimmung eingeholt ist, den Volksbüchern einverleibt wird. Dieses Recht steht Niemand zu und eine Nebenregierung gestatte ich nicht" (VA 288: Schreiben von Oskar Siebeck, Tübingen an Paul Siebeck, z.Z. Badenweiler, 12.05.1908; handschriftlicher Komm. v. Paul Siebeck, z.Z. Badenweiler, 13.05.1908).

55 Vgl. VA Pk Paul Siebeck 1920/21: Schreiben von Otto Baumgarten, z.Z. Charlottenburg an Paul Siebeck, Tübingen, 10.09.1919: „Ich sehe immer klarer, dass ein wirkliches Zusammenarbeiten mit den Söhnen, wobei diese die wirkliche Leitung des Geschäfts teilen, unmöglich ist. Ihre Natur und Art verträgt sich zu wenig, Ihre Überlegenheit u. Erfahrung und Urteil gestatten den Jüngeren nicht genug Raum, ihre eigene Auffassung zur Geltung zu bringen".

56 Richard Siebeck (1883-1965), zweitältester Sohn Paul Siebecks, war von 1931 an Professor für Medizin in Heidelberg und leitete von 1934 an die Erste Medizinische Klinik der Charité in Berlin. 1941 kehrte er als Leiter der Ludolf-Krehl-Klinik nach Heidelberg zurück. Er vermittelte dem Haus Siebeck später die Bekanntschaft mit Karl Barth (vgl. hierzu Kap.III.1.3.1) Der jüngste Sohn Robert (*1885) fiel 1914 in den Vogesen.

57 Zu Oskar Rühle vgl. unten Kap.III. Anm.186.

58 Salin, J.C.B. Mohr (Paul Siebeck), S.250 (Hervorh. .i. Orig.).

welchen Kriterien Paul Siebeck den Auf- und Ausbau seines theologischen Verlagsprogramms organisierte und welchen theologisch-kulturellen Traditionen er sich verpflichtet fühlte. Es wird sich zeigen, daß die Ansprüche, die Paul Siebeck der Organisation des theologischen Gesamtprogramms zugrunde legte, bei der konzeptionellen Planung von RGG[1] unmittelbar in lexikographische Prinzipien überführt wurden.

Betrachten wir das theologische Verlagsprogramm unter drei Aspekten: Der Verlag ist zum ersten der repräsentative Verlag des deutschsprachigen Kulturprotestantismus. Daneben fungierte Paul Siebeck – das ist der zweite Aspekt – als Verleger der sogenannte Religionsgeschichtlichen Schule. Und zum dritten gewann der Verlag sein prägnantes Profil durch seine wissenschaftspopularisierenden und volksbildnerischen Bemühungen, mit denen Paul Siebeck „im Bildungsbürgertum eine Popularisierung kulturprotestantischer Geschichts- und Gesellschaftsdeutung"[59] anstrebte.

2.2. Der Mohr Siebeck Verlag als Förderer kulturprotestantischer Gesellschaftsdeutung

Paul Siebeck gelang es, den Mohr Siebeck Verlag „zum führenden Verlagsunternehmen des deutschsprachigen Kulturprotestantismus" auszubauen[60]. Denn er hatte früh erkannt, „daß auf dem Gebiet der libera-

---

59 Hübinger, Kulturprotestantismus, S.195.

60 AaO., S.191. Vgl. zum folgenden u.a. Friedrich Wilhelm Graf, Protestantische Theologie in der Gesellschaft des Kaiserreichs, in: Profile des neuzeitlichen Protestantismus. Bd.2: Kaiserreich, Teil 1. Hg. v. Friedrich Wilhelm Graf, Gütersloh 1992, S.12-117 (mit weiterführender Literatur); ders., Rettung der Persönlichkeit. Protestantische Theologie als Kulturwissenschaft des Christentums, in: Kultur und Kulturwissenschaften um 1900. Krise der Moderne und Glaube an die Wissenschaft. Hg. v. Rüdiger vom Bruch, Friedrich Wilhelm Graf und Gangolf Hübinger, Stuttgart 1989, S.103-131. Der Begriff ‚Kulturprotestantismus' bezeichnet in der Theologiegeschichtsschreibung zum ersten in einem weiteren Sinne „den gesamten Traditionsstrom theologischer Vermittlungsprogramme zwischen reformatorischer Frömmigkeit bzw. Theologie und aufklärerischer Kultur von Schleiermacher bis Troeltsch" (Albrecht, Historische Kulturwissenschaft, S.33). Zum zweiten bezeichnet er dasjenige theologische Milieu im Umfeld und Wirkradius von Albrecht Ritschl, neben Ritschl also die *Christliche Welt* und ihr Umfeld. In einem dritten Bedeutungsgehalt wird der Begriff in einer engeren, „auf eine bestimmte theologische Richtung im Kaiserreich" eingeschränkten Bedeutung verwendet (Friedrich Wilhelm Graf, Art. Kulturprotestantismus, in: TRE 20 [1990], S.230-243, hier S.231). Der Begriff dient hierbei als „Kategorie für jene kulturellen Normen und Werte, die für das protestantische Bildungsbürgertum kennzeichnend" sind (ebd.). Im Kontext vorliegender Arbeit überwiegt der dritte Bedeutungsgehalt, wobei gerade im Blick auf die Autorenschaft von RGG[1] auch das Umfeld der *Christlichen Welt* nicht gänzlich

len (bezw. modernen) Theologie verlegerisch noch etwas ‚zu machen' sein könnte"[61]. Daher hatte er den theologischen Teil seines Verlagsprogramms ganz diesem Interesse verpflichtet, denn

> „ich stehe auf dem Standpunkt, dass ich meinen Verlag säuberlich getrennt sehen will von Allem, was orthodox ist. Ich bin tolerant genug, um eine gewisse Berechtigung der Orthodoxie, wenigstens noch für eine Zeitlang, anzuerkennen, bin auch liberal genug, um die Orthodoxen nach ihrer Art leben, rumoren und selig werden zu lassen, aber zu thun haben will ich nichts mit ihnen. Sie mögen zu einem rein orthodoxen Verleger, wie Bertelsmann, oder zu Misch-masch-Verlegern, wie Reuther & Reichard, Hinrichs u.A., gehen, aber von mir, den sie schlecht machen, so gut sie nur können, sollen sie weg bleiben. Ich habe von jeher Farbe bekannt und an meinem Teil für eine durchaus liberale Theologie gekämpft und davon kann ich nicht lassen"[62].

Theologisch ‚Farbe bekennen' hieß für Paul Siebeck: Theologiepolitik betreiben, theologisch-kulturelle Signale setzen, Bestimmtes und nicht Beliebiges verlegen.

---

ausgeschlossen werden kann. Zur Begriffsgeschichte vgl. Friedrich Wilhelm Graf, Kulturprotestantismus. Zur Begriffsgeschichte einer theologiepolitischen Chiffre, in: ABG 28 (1984), S.214-268, jetzt auch in: Kulturprotestantismus. Beiträge zu einer Gestalt des modernen Christentums. Hg. v. Hans Martin Müller, Gütersloh 1992, S.21-77. Graf weist nach, daß der Begriff ursprünglich „eine polemische Fremdbezeichnung" zur Identifizierung „theologische[r] Illegitimität einer kirchenpolitischen Position" darstellt (aaO., S.34). Die Selbstidentifikation ging dagegen von Begrifflichkeiten wie „freier Protestantismus", „liberaler Protestantismus", „moderne Theologie/Protestantismus" oder „kirchlicher Liberalismus" aus. Auch der Begriff ‚liberale Theologie' bezieht sich im Rahmen dieser Arbeit auf die in diesem zeitlichen Milieu beheimateten theologisch-kulturellen Wertmaßstäbe und theologischen Leitgedanken, d.h. auf die Zeit um 1900, von der an, so Wolfes, die liberale Theologie nach einer letzten Blüte zunehmend marginalisiert wurde. Vgl. hierzu Matthias Wolfes, Art. Liberale Theologie, II. Kirchengeschichtlich, in: RGG^4, 5 (2002), Sp.312f., hier 312. Dann auch u.a. Hans-Joachim Birkner, „Liberale Theologie", in: ders., Schleiermacher-Studien. Eingeleitet und hg. v. Hermann Fischer. Mit einer Bibliographie der Schriften Hans-Joachim Birkners von Arnulf von Scheliha (SchlA 16), Berlin et al 1996, S.51-62, zur Einordnung der RGG^1 s. S.53. Birkner betont, daß die Theologen der ChW und der RGG^1 die Bezeichnung ‚liberal' „nicht als Benennung ihrer theologischen Position gebraucht" haben, sondern darauf bedacht waren, diese Bezeichnung wenn, dann zur Beschreibung ihrer kirchenpolitischen Position verwendet zu sehen (aaO., S.60). Dann auch Friedrich Wilhelm Graf, Art. Liberale Theologie, in: EKL^3, 3 (1992), Sp.86-98; Manfred Jacobs, Art. Liberale Theologie, in: TRE 21 (1991), S.47-68 sowie Volker Drehsen, Art. Neuprotestantismus, in: TRE 24 (1994), S.363-383. Zur aktuellen Forschungslage Matthias Wolfes, Protestantische Theologie und moderne Welt. Studien zur Geschichte der liberalen Theologie nach 1918 (TBT 102), Berlin et al 1999, S.11ff.

61 Siebeck/Siebeck, Zum Gedächtnis, S.8.

62 VA 155: Schreiben von Paul Siebeck, Tübingen an Paul Drews, Gießen, 21.05.1902. Vgl. hierzu auch Hübinger, Kulturprotestantismus, S.191ff.

Mit diesem theologiepolitisch ambitionierten Verlegerverständnis stand Paul Siebeck auf dem theologischen Buchmarkt des Kaiserreiches nicht alleine. Um 1900 hatten sich die innerprotestantischen Fronten zwischen orthodoxem, kirchlich fixiertem Luthertum und liberalem Protestantismus verhärtet. Der sich zunehmend verschärfende Ton spiegelte sich auch am theologischen Buchmarkt wider. So gab es „im Kaiserreich keinen theologischen Verlag, der nicht zur Parteinahme gezwungen gewesen wäre und Werke sowohl liberaler als auch konservativer Theologen hätte veröffentlichen können"[63]. Es ist für den Fort-

63 Graf, Protestantische Theologie, S.60. Vgl. auch Gangolf Hübinger/Helen Müller, Politische, konfessionelle und weltanschauliche Verlage im Kaiserreich, in: Geschichte des Deutschen Buchhandels im 19. und 20. Jahrhundert. Das Kaiserreich 1870-1918. Teil 1. Im Auftrag der Historischen Kommission hg. v. Georg Jäger in Verbindung mit Dieter Langewiesche und Wolfram Siemann, Frankfurt/Main 2001, S.347-405, bes. S.376ff. (mit weiterführender Literatur zu den diversen Verlagen). Dieser Verlagspluralismus war für Paul Siebeck ein ausgesprochenes Signum *protestantischer* Verlagslandschaft, denn innerhalb der katholischen Theologie gebe es zur Zeit „keine ‚Richtungen'. Es giebt für die theologische Wissenschaft auf katholischer Seite nur den einen ‚Herder', während wir die Schattierungen von Bertelsmann bis zu Schwetschke & Sohn haben und zwar zähle ich deren 9, nämlich: Bertelsmann, Dörffling & Francke, Beck, Deichert, Reuther & Reichard, Hinrichs, Vandenhoeck & Ruprecht, Mohr, Schwetschke & Sohn. (Ricker hat vorerst noch keine ausgesprochene Farbe, dürfte aber im Allgemeinen mit Mohr zusammenfallen.) Nun denken Sie, was das für den Absatz ausmacht. Aber es kommt noch zweierlei hinzu: Herder hat ein ganz riesiges Sortimentsgeschäft, das nicht bloss in Europa, sondern auch ganz erheblich in Amerika den Herder'schen Verlag verbreitet, wodurch der Verlag Herder an jedem Exemplar, das er direkt durch sein eigenes Sortiment verkauft, 25% gewinnt, weil der Rabatt für den Sortimenter wegfällt. Und zweitens kann der katholische Pfarrer, welcher keine Familie hat, für Bücherkäufe mehr aufwenden, als der protestantische. Sie sehen also, dass Herder mit ganz anderen Auflage- und Einnahmeziffern rechnen kann, als einer der protestantischen Verleger" (VA 147: Paul Siebeck, Tübingen an Gustav Krüger, Gießen, 12.07.1901). Dieser Verlagspluralismus bewirkt auch die ausgesprochene Vielfalt theologischer Nachschlagewerke, wie sie in Kap.I.B.4.3. vorgestellt wurde, denen auf katholischer Seite in der Tat hauptsächlich die Nachschlagewerke aus dem Herder Verlag gegenüberstanden. Zum C. Bertelsmann Verlag vgl. in: Der evangelische Buchhandel, S.67-70; zur Verlagsbuchhandlung Dörffling & Franke aaO., S.137ff.; zur C.H. Beck'schen Verlagsbuchhandlung in München aaO., S.65f.; zu der in Leipzig ansässigen Andreas Deichert'schen Verlagsbuchhandlung Nachfolger aaO., S.131ff; zur Verlagsbuchhandlung Reuther & Reichard mit Sitz in Berlin aaO., S.255 und zum J.C. Hinrichs Verlag, in welchem die RE[3] erschien, aaO., S.187-189. Die theologiepolitischen Auseinandersetzungen, welche den theologisch-religiösen Buchmarkt um 1900 bestimmten, lassen sich entsprechend auch auf dem protestantischen Zeitschriftensektor ausmachen. Vgl. hierzu eindrücklich VA 204: Schreiben von Friedrich Michael Schiele, Marburg an Paul Siebeck, Tübingen, 03.08.1905: „Mit einer ganz unerhörten Energie wird von altgläubiger Seite alles aufgeboten, die grundstürzende Theologie zu bekämpfen, ihre Anhänger von der Kanzel, vom Katheder, von der Vertretung in den Synoden und von dem Lehrberuf in der Schule auszuschliessen. Gleichzeitig wird in der Presse gearbeitet, in den alten kirchenpolitischen Gruppen, in den neuen Bundesgründungen. Die [...] Presse bringt einen Alarmartikel nach dem andern. Die Reformation

gang nicht unwesentlich, festzuhalten, daß die RGG[1] in dieser Phase starker publizistischer Aufladung innerprotestantischer Auseinandersetzungen konzipiert wurde, also auch von einem Abgrenzungsinteresse geprägt war, und daß dieses Nachschlagewerk in einem Verlag beheimatet war, der innerhalb dieser theologisch-literarischen Auseinandersetzungen eine klar umgrenzte Position besetzte.

Das liberal-bürgerliche Milieu, dem sich Siebeck als Verleger verpflichtet sah, stellt gesamtgesellschaftlich in einer idealtypischen soziologischen Strukturierung des Kaiserreichs neben Katholizismus, Sozialdemokratie und konservativem Protestantismus eines der vier sogenannten ‚sozialmoralischen Milieus' dar, die bis in die Mitte der Zwanziger Jahre hinein als relativ stabil anzusehen sind und die Gesellschaft und Kultur des Kaiserreiches prägten[64]. Dabei gilt das liberale

hetzt Nummer für Nummer, die Evangelische Kirchenzeitung desgleichen, die Positive Union (das Monatsblatt der gleichnamigen kirchenpolitischen Gruppe) ist nur noch Kampfblatt. Allen voran der Ev. Kirchliche Anzeiger! Die ausserpreussischen Kirchenzeitungen sekundieren. In der Tagespresse bringt die sonst zurückhaltendere Kreuzzeitung Artikel in schärfster Tonart. Der Reichsbote mit seiner plumpen Grobheit ist in eine täglich erscheinende Kirchenzeitung umgewandelt; und diese Kirchenzeitung überbietet alles andere in ihrem Metier. Angesichts dieser Lage muss die Vereinigung der Freunde der Christlichen Welt ein Pressorgan haben, das sie [...] gegenüber diesem Ansturm vertritt und verteidigt. [...] Positive Union, Konfessionelle Gruppe, landeskirchlicher Ausschuss der Bekenntnisfreunde, Eisenacher Bund und wer weiss, was sonst noch; diese alle stehen zur Phalanx geordnet, und die Parole [...] für diese Phalanx wird durch Kirchenzeitungen überall hingetragen. Auch beim kleinsten Vorpostengefecht (in den Kreissynoden etwa) wissen die Kämpfer auf dieser Seite die Parole von ihren Zeitungen. Unsere Freunde sind in ihrer Vereinzelung diesem Ansturm gegenüber wehrlos". Zur Auswirkung dieser Disparatheit der protestantischen Zeitschriften auf die Rezeption der RGG[1] vgl. unten Kap.II.3.3.

64 Die Terminologie geht zurück auf Rainer M. Lepsius, Parteiensystem und Sozialstruktur: zum Problem der Demokratisierung der deutschen Gesellschaft, in: Deutsche Parteien vor 1918. Hg. v. Gerhard A. Ritter (Neue Wissenschaftliche Bibliothek 61), Köln 1973, S.56-79. Zu den kirchlich-religiösen Milieus im Kaiserreich vgl. u.a. den Sammelband: Religion im Kaiserreich. Milieus – Mentalitäten – Krisen. Hg. v. Olaf Blaschke und Frank-Michael Kuhlemann (Religiöse Kulturen der Moderne 2), Gütersloh 1996, ferner die Darstellung bei Nowak, Geschichte des Christentums, S.149ff. sowie Nipperdey, Deutsche Geschichte 1, S. 428ff. (auch als ausführlichere Separatveröffentlichung unter dem Titel: Religion im Umbruch. Deutschland 1870-1918, München 1988). Nipperdey stellt dem Protestantismus und dem Katholizismus die ‚unkirchliche Religiosität' in einem eigenständigen Kapitel zur Seite. Hübinger dagegen verortet eben dieses Phänomen innerhalb des fraktionierten Protestantismus und benennt daher neben bürgerlich-liberalem Protestantismus und konservativem Luthertum zwei weitere „protestantische Fraktionen", die um das Monopol auf die protestantische Gesellschafts- und Kulturdeutung konkurrierten: den populistischen Nationalprotestantismus und die „antikirchlichen, freireligiösen Strömungen" (ders., Protestantische Kultur, S.175). Zur Gesamtsituation des Protestantismus im Kaiserreich vgl. zusammenfassend den Sammelband: Der deutsche Protestantismus um 1900. Hg. v. Friedrich Wilhelm Graf und Hans Martin Müller

Milieu als intern am stärksten fragmentiert, als „subkulturell unbehaust"[65]. Die hier beheimatete Theologie läßt sich für vorliegende Arbeit am zweckmäßigsten in zwei Richtungen unterteilt vorstellen: Zum einen geht es um die Gruppe der unmittelbaren Schüler Albrecht Ritschls (1822-1889) und die „von Ritschl stark beeinflußte theologisch-kirchenpolitische Bewegung im Umkreis der 1886 gegründeten Zeitschrift *Die Christliche Welt*, die einen erheblichen Einfluß auf Frömmigkeit, Kulturideale und politisches Selbstverständnis des protestantischen Bildungsbürgertums" ausgeübt hat[66]. Daneben stehen die Vertreter der sogenannten Religionsgeschichtlichen Schule[67].

Zunächst soll es hier um die erstere Gruppe gehen: Gangolf Hübinger hat für die Zeit des Kaiserreiches den einleuchtenden Versuch unternommen, das Phänomen des Kulturprotestantismus sowohl unter bildungstheoretischer als auch unter sozio-kultureller Perspektivierung zu definieren:

> „Kulturprotestantismus ist nicht Volksreligion, aber auch nur eingeschränkt kirchlich etablierte Elitenreligion. Als ethisch-personalistische und neuidealistisch durchgeformte Bildungsreligion schlägt er eine Brücke vom Offenbarungsglauben zu wissenschaftlich angeleiteter Kulturreflexion. Mit antiklerikaler Stoßrichtung sammelt er bürgerliche Gegeneliten, die auf eine zivilreligiöse Unterfütterung der politischen Kultur des Reiches ausgerichtet sind und dabei von einer Affinität des freien Christentums und den Normen bürgerlicher Lebensführung ausgehen. [...] Als ein Phänomen der Universitäts- sowie der städtischen Vereins-, Vortrags- und Lesekultur blieb der Kulturprotestantismus unter der Vorherrschaft liberaler Universitätstheologen und Pfarrer eine im Kern bildungsbürgerliche Bewegung"[68].

Das hier angedeutete protestantische Bildungsprogramm, das Paul Siebeck in ein Verlagsprogramm und in Gestalt der RGG[1] dann in ein Lexikonprogramm umsetzte, war geprägt von der Idee der autonomen sittlichen Persönlichkeit als höchstem kulturellen Leitwert. Bildung übernimmt „in dieser idealistischen Maximaldeutung religiöse Integrati-

---

(Veröffentlichungen der Wissenschaftlichen Gesellschaft für Theologie 9), Gütersloh 1996.

65 Langewiesche, Liberalismus, S.134

66 Graf, Art. Kulturprotestantismus, S.231.

67 Die Unterteilung folgt Graf, Protestantische Theologie in der Gesellschaft des Kaiserreichs, S.80ff. Die Aufteilung in zwei getrennte Abschnitte erfolgt der Übersichtlichkeit halber. Es ist unbestritten, daß zwischen beiden Erscheinungen enge sachliche, teils auch personelle Überschneidungen bestehen. Zur Religionsgeschichtliche Schule s. unten Kap.II.2.3.

68 Hübinger, Kulturprotestantismus, S.22f.

onsfunktionen"[69]. Wissenschaftspolitisch ist die Distanz zu einer in erster Linie konfessionell-kirchlichen Theologie evident. Diese Distanz zur kirchlichen Tradition ermöglichte einen stärkeren Zugriff auf das Religionsthema in seinen verschiedensten Facetten, denn – so die Grundüberzeugung – „das Wesen des Protestantismus liege nicht in der Teilnahme am kirchlichen Ritus oder in der Zustimmung zum alten kirchlichen Bekenntnis, sondern in einer fortschrittsorientierten religiös-sittlichen, geistigen Grundhaltung"[70]. Für theologische Wissenschaft und Forschung wurde deshalb Autonomie und Unabhängigkeit einer historisch-kritisch motivierten theologischen Forschung gegenüber Kirchenleitungen eingefordert. Auf diesem Weg wollte man die theologische Wissenschaft an die Diskussionslage der übrigen historischen Kulturwissenschaften anschließen[71].

Gerade auf dem Gebiet der kulturpolitischen Öffnung theologischer Fragestellungen hin zu den kultur- und sozialwissenschaftlichen Nachbardisziplinen und der kritischen Auseinandersetzung mit einer „Ghettomentalität in der Pfarrerschaft"[72] profilierte sich der Mohr Siebeck Verlag. Er agierte „im Spannungsfeld von Theologie, Sozialwissenschaft und einer philosophischen und erkenntnistheoretischen Fragen offenen Kulturwissenschaft"[73] und wurde dadurch „zum wichtigsten organisatorischen Rückhalt für alle diejenigen kirchlichen Strömungen, die die kulturelle Öffnung und Modernisierung des Christentums anstrebten und davon eine kulturliberale Mobilisierung des Bürgertums erhofften"[74].

Der Großteil der Pfarrerschaft blieb freilich der positive-kirchlichen Theologie verpflichtet. So blieb der Kulturprotestantismus gesamtge-

---

69 Gangolf Hübinger, Die liberale Paradoxie. Veralltäglichung liberaler Ideen und Niedergang der liberalen Bewegung, in: Liberale Theologie. Eine Ortsbestimmung. Hg. v. Friedrich Wilhelm Graf (Troeltsch Studien 7), Gütersloh 1993, S.52-64, hier S.56.

70 Graf, Protestantische Theologie, S.16.

71 Zum Kulturdiskurs des Bildungsbürgertums der sogenannten ‚Wilhelminischen Epoche' vgl. (mit zahlreichen Aspekten und weiterführender Lit.) Rüdiger vom Bruch, Kaiser und Bürger. Wilhelminismus als Ausdruck kulturellen Umbruchs um 1900, in: Bürgertum, Adel und Monarchie. Wandel der Lebensformen im Zeitalter des bürgerlichen Nationalismus. Hg. v. Adolf M. Birke und Lothar Kettenacker (Prinz-Albert-Studien 7), München et al 1989, S.119-146. Zu der um 1900 weithin als Leitwissenschaft anerkannten Geschichtswissenschaft vgl. zusammenfassend: Deutsche Geschichtswissenschaft um 1900. Hg. v. Notker Hammerstein (Aus den Arbeitskreisen „Methoden der Geisteswissenschaften" der Fritz Thyssen Stiftung), Wiesbaden et al 1988 und: Historismus in den Kulturwissenschaften. Geschichtskonzepte, historische Einschätzungen, Grundlagenprobleme. Hg. v. Otto Gerhard Oexle und Jörn Rüsen (Beiträge zur Geschichtskultur 12), Köln et al 1996.

72 Graf, Protestantische Theologie in der Gesellschaft des Kaiserreichs, S.76.

73 Mommsen, Die Siebecks, S.20.

74 Hübinger, Kulturprotestantismus, S.191.

sellschaftlich in einer „bildungsbürgerlichen Minderheitenrolle" und sah sich innerprotestantisch verstärkt in eine „kirchliche Randexistenz gedrückt"[75] – entgegen dem eigenen kulturelitären Selbstverständnis, welches sich „angesichts der vielfältigen Krisen des Modernisierungsprozesses zur ethisch-politischen Führung des neuen Nationalstaats berufen" sah[76].

Paul Siebeck organisierte sein am Programm einer liberalen Theologie orientiertes Verlagsprogramm im engen Austausch mit bestimmten theologischen Fakultäten. Er habe, so Paul Siebeck an Oskar Siebeck anläßlich dessen Einstiegs ins Verlagsgeschäft, seinen

> „theolog. Verlag damit aufgebaut, daß ich auf den verschiedenen Universitäten Boden zu fassen suchte: Basel, Straßburg, Heidelberg, Gießen, Marburg, Bonn, Göttingen, Halle u.s.w. Du kannst das historisch ganz leicht verfolgen. Ich glaube, Du tätest gut, für den nationalökonom.-sozialwissensch. Verlag nach dem gleichen Konzept zu verfahren"[77].

Die Universitäten können als die entscheidenden Partner wissenschaftlicher Verlage gelten. Über die Wahl und Pflege von Autoren sind Verleger in wissenschaftspolitische Fragen involviert.

Heinrich Julius Holtzmann organisierte mit Paul Siebeck als dessen enger Berater den frühen Aufbau eines evangelisch-theologischen Verlagsprogramms. Martin Rade (1857-1940) war mit dem Verlag zunächst als Herausgeber der *Christliche[n] Welt* verbunden[78], später als maßgeblicher Initiator und Krisenmanager von RGG[1]. Adolf von Harnack (1851-1930), Wilhelm Herrmann (1846-1922), Otto Baumgarten (1858-1934), Karl Sell (1845-1914) und Adolf Jülicher (1857-1938) veröffentlichten hier ihre bekanntesten Werke. Insgesamt ist die Autorenschaft im Umfeld der *Freunde der Christlichen Welt* (FChW) anzusiedeln und entsprechend wird in der Verlagskorrespondenz die Rede von den *Freunde[n] der Christlichen Welt* zur selbstredenden Bezeichnung desje-

75 Hübinger, Protestantische Kultur, S.178.

76 Graf, Protestantische Theologie in der Gesellschaft des Kaiserreichs, S.57.

77 VA 239: Schreiben von Paul Siebeck, Kiel an Oskar Siebeck, Tübingen, 06.07.1907.

78 Die ChW wurde 1887 in Leipzig von Wilhelm Bornemann (1858-1946), Paul Drews (1858-1912), Friedrich Loofs (1858-1928) und eben Martin Rade initiiert. Vgl. hierzu Rathje, Die Welt des freien Protestantismus sowie: Vierzig Jahre „Christliche Welt". Festgabe für Martin Rade zum 70. Geburtstag 4. April 1927. Hg. v. Hermann Mulert, Gotha 1927; Wilhelm Schneemelcher, Christliche Welt. Das Problem des „Freien Protestantismus", in: EvTh 15 (1955), S.255-281 und Reinhard Schmidt-Rost, Die Christliche Welt. Eine publizistische Gestalt des Kulturprotestantismus, in: Kulturprotestantismus. Beiträge zu einer Gestalt des modernen Christentums. Hg. v. Hans Martin Müller, Gütersloh 1992, S.245-257. Weiterführende Literatur zu Rade findet sich bei Anne Christine Nagel, Martin Rade – Theologe und Politiker des Sozialen Liberalismus. Eine politische Biographie (Religiöse Kulturen der Moderne 4), Gütersloh 1996.

nigen theologiepolitischen Milieus, dem sich der Verlag in erster Linie verpflichtet sah[79].

Den Verzicht auf den Verlag der *Christliche[n] Welt* im Jahr 1899 sah Paul Siebeck – nachdem er die *Christliche Welt* erst 1897 in sein Programm übernommen hatte – als eine seinem Verlegerverständnis eigentlich zuwider laufende Entscheidung, verzichtete er doch damit „nicht bloss auf eine rentierende Zeitschrift meines Verlages, sondern auch auf denjenigen festeren Kitt mit den Freunden der Christlichen Welt [...], der mir einen gewissen Vorsprung vor den Konkurrenten eingeräumt hätte". Hinsichtlich der anvisierten Stabilisierung seines theologie- und kulturpolitisch ambitionierten Verlagsprogramms äußerte er sich enttäuscht über die mangelnde Bindung, die einige seiner Autoren gegenüber seinem Verlag empfanden:

> „Wenn ich bedenke, wie fest z.B. ein grosser medizinischer Autorenkreis zu Fischer-Jena hält, muss ich mich doch manchmal fragen, was habe denn ich unterlassen, dass mir dies mit meinem theologischen Autorenkreis nicht auch geglückt ist. Früher ist mir wohl hin und wieder Hast und Nervosität vorgeworfen worden, jetzt wo ich ruhiger geworden bin, scheint es auch wieder nicht recht zu sein. [...] Wie dem auch sei: das wird mir wohl niemand absprechen, dass ich der erste Verleger war, der sich voll und ganz in den Dienst der modernen Theologie gestellt hat. Aber gerade daraus, dass ich der erste war, ergeben sich nur für mich zur Zeit Schwierigkeiten. Denn nicht bloss ich bin älter geworden, sondern auch der erste Autorenkreis meines Verlages"[80].

---

79 Auch Graf, Protestantische Theologie in der Gesellschaft des Kaiserreichs, S.87 spricht von der in sich freilich heterogenen „Theologengruppe um ‚Die Christliche Welt'". Vgl. auch: An die Freunde. Vertrauliche d.i. nicht für die Öffentlichkeit bestimmte Mitteilungen (1903-1934). Nachdruck mit einer Einleitung von Christoph Schwöbel, Berlin et al 1993.

80 VA 188: Schreiben von Paul Siebeck, Tübingen an Martin Rade, Marburg, 19.05.1904. Vgl. auch VA 188: Schreiben von Paul Siebeck, Tübingen an Martin Rade, Marburg, 21.05.1904, in welchem Siebeck größten Wert darauf legt, „dass der Name der Christlichen Welt und ihr wenngleich nur vorübergehender Verleger Mohr auch nach aussen hin beisammen bleiben". Dora Rade, geborene Naumann, hatte anläßlich des Verlagswechsels der ChW im Mohr Siebeck Verlag in Freiburg ein Verlagsvolontariat absolviert. Siehe auch Paul Siebecks Einschätzung VA 337: Schreiben von Paul Siebeck, Tübingen an Martin Rade, Marburg, 12.02.1912: „Unsereiner tut doch wahrhaftig auch sein bestes, nicht des Geldbeutels, sondern der Sache wegen", weshalb die FChW „doch ein wenig froh sein [könnten], dass sie ein paar Verleger haben, die sich ihrer Sache mit Charakter annehmen" (VA 337: Schreiben von Paul Siebeck, Tübingen an Martin Rade, Marburg, 20.02.1912). Ähnlich enttäuscht auch VA 348: Schreiben von Paul Siebeck, Tübingen an Wilhelm Heitmüller, Marburg, 03.05.1913. Rade selbst äußerte sich über Siebecks Engagement ausnehmend positiv: „Er nimmt einen Anteil an unsrer theologischen Arbeit u[nd] an den einzelnen Personen u[nd] Sachen, wie kein Verleger sonst" (Schreiben von Martin Rade an Adolf von Harnack vom 23.06.1900, abgedruckt in: Der Briefwechsel zwischen Adolf von Harnack und Martin Rade. Theologie auf dem öffentlichen Markt. Hg. u. kommen-

Siebecks theologiepolitische Ambitionen waren offensichtlich. Doch nicht alle Autoren wollten darin einen Vorteil erkennen. Die Gefahr, durch den Verlag der eigenen Werke selbst theologie- und wissenschaftspolitisch festgelegt und damit eingeschränkt zu sein, schien groß. Erich Klostermann (1870-1963) überliefert in einem Schreiben an Hans Lietzmann (1875-1942), Herausgeber des *Handbuch[s] zum Neuen Testament* (HNT) die Bedenken, welche sein Vater ihm gegenüber dem Mohr Siebeck Verlag mitgegeben hatte und die gegen ein Engagement seinerseits innerhalb des HNT sprächen. Er fürchte, so der Vater Erich Klostermanns, „daß Du damit auf die Siebecksche Theologie festgelegt erscheinen kannst, und dann hast Du in Preußen, soweit ich die Stimmung kenne, kein Ordinariat in absehbarer Zeit zu erwarten". Erich Klostermann selbst kritisiert die Vorliebe Siebecks „für stark parteifarbige Prospekte und Waschzettel"[81].

Neben der publizistischen Betreuung kulturprotestantischer Gesellschaftsdeutung fühlte sich der Verlag unter Paul Siebeck auf exegetischem Gebiet dem Programm der Religionsgeschichtlichen Schule verpflichtet.

2.3. Der Verlag als Förderer religionsgeschichtlicher Forschung

Bekanntlich handelt es sich bei den unter dem nicht unproblematischen Schlagwort Religionsgeschichtliche Schule[82] zusammengefaßten Theo-

tiert v. Johanna Jantsch, Berlin et al 1996, hier Editions-Nr.276). Der von Siebeck erwähnte Wissenschaftsverleger Gustav Fischer (1845-1910) in Jena war derjenige Kollege Siebecks, „von dem ich mich am besten verstanden wusste", der in der Auswahl und Pflege seiner wissenschaftlichen Autoren ähnliche Ziele verfolgte und nach dessen Tod er sich „einsam unter den Collegen" fühlte, denn „ich fühle, dass ich alt werde" (VA 295: Schreiben von Paul Siebeck, Tübingen an Heinrich Weinel, Jena, 25.07.1910).

81 Schreiben von E[rich Klostermann], Kiel an Hans [Lietzmann], Berlin vom 11.01.1905 und vom 08.01.1905, ediert in: Glanz und Niedergang der deutschen Universität. 50 Jahre deutscher Wissenschaftsgeschichte in Briefen an und von Hans Lietzmann (1892-1942). Mit einer einführenden Darstellung hg. v. Kurt Aland, Berlin et al 1979, hier Editions-Nr.109.107.

82 Zur Religionsgeschichtlichen Schule vgl. u.a. den Sammelband von Gerd Lüdemann/ Martin Schröder, Die Religionsgeschichtliche Schule in Göttingen. Eine Dokumentation, Göttingen 1987. Lüdemann/Schröder halten die Bezeichnung ‚Religionsgeschichtliche Schule' für eine Selbstbezeichnung dieser Theologengruppe, die „von ihnen spätestens von 1903 intern gebraucht" wurde (aaO., S.17). Dieser Deutung schließt sich an Karsten Lehmkühler, Kultus und Theologie. Dogmatik und Exegese in der religionsgeschichtlichen Schule (FSÖTh 76), Göttingen 1996, S.25. Lüdemann selbst urteilt freilich an anderer Stelle, der Name stamme „nicht von ihren Mitgliedern, sondern ist eine Fremdbezeichnung, die unmittelbar darauf von ihnen akzeptiert worden ist. [...] M.E. stammt er von Alfred Jeremias, der in seinem Buch ‚Babylonisches im Neuen Testa-

logen im engeren Sinne um die Generation derjenigen, die – ursprünglich als Schüler Albrecht Ritschls – in den 1880ern in Göttingen studiert hatten, sich um 1890 ebenda habilitierten und „unter der Anführung von Albert Eichhorn einen Neubeginn in der evangelischen Theologie"[83] forcierten – in der Tendenz in Abgrenzung gegenüber ihrem e-

ment' mit derben Worten den Relativismus der RGS [= Religionsgeschichtliche Schule; R.C.] kritisiert" (Gerd Lüdemann, Die Religionsgeschichtliche Schule, in: Theologie in Göttingen. Eine Vorlesungsreihe. Hg. v. Bernd Moeller [Göttinger Universitätsschriften: Serie A, Schriften 1], Göttingen 1987, S.325-361, hier S.335f., ebenso S.360). Beide Möglichkeiten gleichberechtigt nebeneinander dann in Gerd Lüdemann/Alf Özen, Art. Religionsgeschichtliche Schule, in: TRE 28 (1997), S.618-624, hier bes. S.618 (S.623f. bietet der Art. eine ausführliche Bibliographie zur Religionsgeschichtlichen Schule). Vgl. ferner den Sammelband: Die „Religionsgeschichtliche Schule". Facetten eines theologischen Umbruchs. Hg. v. Gerd Lüdemann (Studien und Texte zur Religionsgeschichtlichen Schule 1), Frankfurt/Main et al 1996; Hans Rollmann, Art. Religionsgeschichtliche Schule (RGS), in: EKL^3, 3 (1992), Sp.1556-1558 sowie Gunnar Sinn, Christologie und Existenz. Rudolf Bultmanns Interpretation des paulinischen Christuszeugnisses (TANZ 4), Tübingen 1991, bes. S.1-36 und Hans G. Kippenberg, Die Krise der Religion und die Genese der Religionswissenschaft, in: Vom Weltbildwandel zur Weltanschauungsanalyse. Krisenwahrnehmung und Krisenbewältigung um 1900. Hg. v. Volker Drehsen und Walter Sparn, Berlin 1996, S.89-102. Am differenziertesten Friedrich Wilhelm Graf, Der „Systematiker" der „Kleinen Göttinger Fakultät". Ernst Troeltschs Promotionsthesen und ihr Göttinger Kontext, in: Troeltsch Studien. Untersuchungen zur Biographie und Werkgeschichte. Mit den unveröffentlichten Promotionsthesen der ‚Kleinen Göttinger Fakultät' 1888-1893. Hg. v. Horst Renz und Friedrich Wilhelm Graf, Gütersloh 1982, S.235-290. Graf formuliert die entscheidende Einschränkung, welcher sich auch die hier vorgelegte Skizze verpflichtet sieht: „Was den Mitgliederbestand dieser Gruppe, die Art ihres Kommunikationsprozesses, die verschiedenen Einflüsse, welche die Ausbildung eines gruppenspezifischen Selbstverständnisses beförderte, bzw. den Grad theologischer Gemeinsamkeit betrifft, gibt es derzeit ungleich mehr Fragen als historisch vertretbare Antworten" (aaO., S.289).

83 Johann Hinrich Claussen, Die Jesus-Deutung von Ernst Troeltsch im Kontext der liberalen Theologie (BHTh 99), Tübingen 1997, S.29. Vgl. Thesen zur Erlangung der theologischen Lizentiatenwürde an der Georg-August-Universität in Göttingen 1888-1893. Hg. v. Horst Renz, in: Troeltsch Studien. Untersuchungen zur Biographie und Werkgeschichte. Mit den unveröffentlichten Promotionsthesen der ‚Kleinen Göttinger Fakultät' 1888-1893. Hg. v. Horst Renz und Friedrich Wilhelm Graf, Gütersloh 1982, S.293-305. Zur Bedeutung von Albert Eichhorn (1856-1926) für die Religionsgeschichtliche Schule immer noch Hugo Greßmann, Albert Eichhorn und die Religionsgeschichtliche Schule, Göttingen 1914: „Man könnte Eichhorn mit dem platonischen Sokrates unter den Sophisten vergleichen: Wie dieser hat er nicht durch seine Schriften, sondern durch seine Gespräche gewirkt und durch seinen Scharfsinn die Umgebung in seinen Bann gezwungen. [...] Nicht nur vielen Einzelnen, man darf wohl sagen, der religionsgeschichtlichen Bewegung hat er Hebammendienste geleistet, indem er einzelnen ein treuer Berater ward" (aaO., S.20). Schon Greßmann nennt die maßgeblichen Gründe, die gegen eine Etikettierung der Bewegung als ‚Schule' sprechen: „‚Religionsgeschichtliche Schule' ist ein Schlagwort, das wie alle Schlagwörter cum grano salis verstanden werden muß und nur halb richtig ist. Zunächst kann man einwenden, daß eine solche ‚Schule' im strengen Sinn überhaupt nicht existiert, weil der Meister fehlt, der sie gegründet hätte". Deshalb sei, so Greßmann, das Wort ‚Schule' zu verstehen „als Bezeichnung eines Kreises von we-

hemaligen Lehrer Ritschl. In der Hauptsache sind hier zu nennen: Wilhelm Bousset (1865-1920)[84], Wilhelm Bornemann, William Wrede (1859-1906), Alfred Rahlfs (1865-1935), Johannes Weiß (1863-1914)[85], Heinrich Hackmann (1864-1935)[86], Rudolf Otto (1869-1937) sowie „der führende

---

sentlich gleichgestimmten Forschern, die in demselben Geiste schaffen, mit verwandten Fragestellungen arbeiten und im Großen und Ganzen dieselben Grundanschauungen vertreten". Ferner sei das Etikett ‚Schule' „anfechtbar, da es den falschen Schein erweckt, als hätte die religionsgeschichtliche Schule das Monopol für Religionsgeschichte gepachtet. Solche Anmaßung liegt ihr selbst völlig fern" (aaO., S.25). Greßmann spricht gleichbedeutend von Religionsgeschichtlicher und dann auch von Religionswissenschaftlicher Schule (vgl. z.B. aaO., S.27). Ähnlich distanziert steht Gunkel der Bezeichnung ‚Schule' gegenüber (in: Hermann Gunkel, Wilhelm Bousset. Gedächtnisrede gehalten in der Universität Gießen am 9. Mai 1920, Tübingen 1920, S.8). Zur Entstehungsgeschichte der Greßmannschen Denkschrift und zur Einordnung des dort über Eichhorn Gesagten vgl. NL Gunkel, Yi 33 I G 152: Schreiben von Hugo Greßmann, z.Z. Menz i./Mark an Hermann Gunkel, Gießen, 18.06.1913: „Ich weiß nicht, ob Du selbst noch einmal über die religionsgeschichtliche Schule und ihre Gründung schreiben willst, aber auch wenn Du das vorhast, wäre es doch ganz wünschenswert, daß wir uns vorher darüber verständigen, damit wir wenigstens in den Hauptsachen übereinstimmen, und uns nicht gegenseitig desavouieren und korrigieren müssen. [...] Die rel.gesch. Schule entstand in Halle, als Du Dein Werk über ‚Schöpf[ung; R.C.] & Chaos' [...] herausgabst. In Halle hattest Du täglichen Verkehr mit Eichhorn [...]. Aber diese Tatsache kann Deinen Ruhm nicht schmälern, daß Du zuerst an einem großen Stoff die neuen Probleme & Fragestellungen aufzeigtest. Man hat Eichhorn mit Unrecht den ‚Vater der rel.gesch. Schule' genannt; er hat ihr vielmehr Hebammendienste geleistet und ist so zum Sokrates dieser ganzen Bewegung geworden". Gunkels Antwortschreiben an Greßmann vom 21.06.1913 ist ediert: Ein Brief von Hermann Gunkel über Albert Eichhorn an Hugo Greßmann. Hg. v. Werner Klatt, in: ZThK 66 (1969), S.1-6. Die Reaktion Greßmanns findet sich NL Gunkel, Yi 33 I G 154: Schreiben von Hugo Greßmann, Berlin an Hermann Gunkel, Gießen, 20.07.1913. Aus diesem Schreiben Greßmanns geht hervor, daß auch Otto Baumgarten die Entstehung der Greßmannschen Schrift redaktionell begleitet und dabei gegenüber Greßmann die Befürchtung geäußert hatte, „daß Eichhorn bei diesem Nekrolog zu Lebzeiten sich vollends auf sich selbst zurückziehen werde. Ich [d.i. Greßmann; R.C.] habe daraufhin bereits Vieles geändert, namentlich auch den Schluß etwas anders ausklingen lassen. Aber ich fürchte, der von Baumgarten erhobene Einwand, der mir auch selbst schon gekommen war, wird nicht ganz vermieden werden können". Zum engen Kontakt zwischen Eichhorn und Baumgarten in Halle von 1887 an vgl. Hasko von Bassi, Otto Baumgarten. Ein ‚moderner Theologe' im Kaiserreich und in der Weimarer Republik (EHS.T 345), Frankfurt/Main et al 1988, S.31f. Zur Zusammenarbeit von Eichhorn und Baumgarten im Rahmen der Abfassung einzelner Artikel für RGG[1] vgl. Greßmann, Eichhorn, S.22f.

84 Grundlegend hier Anthonie F. Verheule, Wilhelm Bousset. Leben und Werk. Ein theologiegeschichtlicher Versuch, Amsterdam 1973.

85 Mit ausführlicher Bibliographie Berthold Lannert, Die Wiederentdeckung der neutestamentlichen Eschatologie durch Johannes Weiß (TANZ 2), Tübingen 1989.

86 Vgl. Fritz-Günter Strachotta, Religiöses Ahnen, Sehnen und Suchen. Von der Theologie zur Religionsgeschichte. Heinrich Friedrich Hackmann 1864-1935. Für den Druck überarbeitet v. Christine Wackenroder (Studien und Texte zur Religionsgeschichtlichen Schule 2), Göttingen 1997.

Alttestamentler unter den Religionsgeschichtlern der ersten Generation"[87] Hermann Gunkel (1862-1932)[88]. Auf systematischem Gebiet ist Ernst Troeltsch (1865-1923) zu nennen[89]. Methodisch verwandt waren die Arbeiten der Neutestamentler Wilhelm Heitmüller (1869-1926), Heinrich Weinel (1874-1936) und Paul Wernle (1872-1939) sowie des Gießener Kirchenhistorikers[90] Gustav Krüger (1862-1940) und des Praktischen Theologen Otto Baumgarten[91]. Ferner ist zu verweisen auf Otto Pfleiderer (1839-1908), welcher sowohl neutestamentlich als auch systematisch und praktisch-theologisch wirkte. Als renommierte Schüler der nächsten Generation sind Martin Dibelius (1883-1947) und Rudolf Bultmann (1884-1976) zu nennen.

Als theologische Ahnherren der Bewegung gelten gemeinhin die Vertreter der Historischen Theologie, insbesondere Julius Wellhausen (1844-1918) und Adolf von Harnack[92]. Beide waren zwar stets um Distanz zur Religionsgeschichtlichen Schule bemüht – „aber sie können die Vaterschaft nicht leugnen"[93].

Im Blick auf die wissenschaftstheoretische Methodik der Religionsgeschichtlichen Schule sind drei Aspekte von besonderer Relevanz[94].

---

87 Lehmkühler, Kultus, S.19.

88 Hier v.a. Werner Klatt, Hermann Gunkel. Zu seiner Theologie der Religionsgeschichte und zur Entstehung der formgeschichtlichen Methode (FRLANT 100), Göttingen 1969.

89 Vgl. hierzu v.a. den bereits erwähnten Aufsatz von Graf, Der „Systematiker" der „Kleinen Göttinger Fakultät" und auch Claussen, Jesus-Deutung, S.27ff.

90 Zur Rezeption religionsgeschichtlicher Fragestellungen auf dem Gebiet der Kirchengeschichte vgl. Ulrich Köpf, Kirchengeschichte oder Religionsgeschichte des Christentums? Gedanken über Gegenstand und Aufgabe der Kirchengeschichte um 1900. Siegfried Raeder zum 16. November 1994, in: Der deutsche Protestantismus um 1900. Hg. v. Friedrich Wilhelm Graf und Hans Martin Müller (Veröffentlichungen der Wissenschaftlichen Gesellschaft für Theologie 9), Gütersloh 1996, S.42-66.

91 Zu Otto Baumgarten vgl. grundlegend Bassi, Otto Baumgarten.

92 Zu Harnacks herausragender Stellung vgl. (jeweils mit weiterführender Literatur) Kurt Nowak, Bürgerliche Bildungsreligion? Zur Stellung Adolf von Harnacks in der protestantischen Frömmigkeitsgeschichte der Moderne, in: ZKG 99 (1988), S.326-353 sowie jetzt: Adolf von Harnack. Theologe, Historiker, Wissenschaftspolitiker. Hg. v. Kurt Nowak und Otto G. Oexle (VMPIG), Göttingen 2001 und Christian Nottmeier, Adolf von Harnack und die deutsche Politik 1890-1930. Eine biographische Studie zum Verhältnis von Protestantismus, Wissenschaft und Politik (BHTh 124), Tübingen 2004.

93 Greßmann, Eichhorn, S.26. Wellhausen und Harnack betrachten, so Greßmann, „die Religionsgeschichtler [...] als ihre ungeratenen Söhne" (ebd.). Vgl. auch Lehmkühler, Kultus, S.23f. und Claussen, Jesus-Deutung, bes. S.27ff., welcher die Religionsgeschichtliche Schule „nicht als epochale[n] Einschnitt, sondern als Fortsetzung der älteren Historischen Theologie" versteht (aaO., S.36).

94 Vgl. zum folgenden v.a. Gerd Lüdemann, Das Wissenschaftsverständnis der Religionsgeschichtlichen Schule im Rahmen des Kulturprotestantismus, in: Kulturprotestantismus. Beiträge zu einer Gestalt des modernen Christentums. Hg. v. Hans Martin Müller, Gütersloh 1992, S.78-107. Dann auch Gerhard Wolfgang Ittel, Die

Die konsequente Historisierung der Methodik[95] führte auf exegetischem Gebiet zur Rückführung der literarkritischen Methode zugunsten einer stärker traditionsgeschichtlichen Perspektivierung – ins Zentrum des Interesses rückte die Vorgeschichte der Überlieferung[96]. Dabei richtete sich das historische Interesse primär auf die biblisch-religiösen Traditionen und erst sekundär auf fremde Religionen, denn „Religionsgeschichte treiben heißt für den Theologen in erster Linie die Geschichte der eigenen Religion verfolgen"[97]. Zum besseren Verständnis der biblischen Tradition wurde – das ist der zweite Aspekt – die Untersuchung des Einflusses fremder Religionen auf Judentum und Christentum methodisch institutionalisiert. Die Entstehung des Christentums wurde „nicht als eine originale Weiterentwicklung der alttestamentlichen Anschauungen"[98] erklärt. Die Fixierung der Kanongrenzen wurde daher als dogmatisch motiviert und methodisch unhistorisch zurückgewiesen. So wuchs der Untersuchung des zwischentestamentarischen Judentums und des Hellenismus eigenständige Relevanz zu. Es sei, so Gunkel,

> „einer der Grundgedanken der religionsgeschichtlichen Schule [...], daß das Urchristentum, zumal das Evangelium, auf dem Boden des Spätjudentums entstanden sei und nur im Zusammenhang mit diesem begriffen werden könne. Zugleich hatte man gesehen, daß dieses Zeitalter sich vom Alten Testament in bedeutsamen Zügen unterschied, und daß das Urchristentum vielfach nicht zum Alten Testament, sondern zum Judentum in enger Beziehung steht"[99].

Zum dritten wandte sich die religionsgeschichtliche Methodik in ihrer Untersuchungsperspektive ab von kirchlich-dogmatischen Themen-

---

Hauptgedanken der „Religionsgeschichtlichen Schule", in: ZRGG 10 (1958), S.61-78 sowie Lehmkühler, Kultus, S.26ff. und Claussen, Jesus-Deutung, S.30, Anm.53.

95 Vgl. Greßmann, Eichhorn, S.28 und Lüdemann, Die Religionsgeschichtliche Schule, S.360, der die wissenschaftsgeschichtliche Anknüpfung an die protestantische Tübinger Schule um Ferdinand Christian Baur (1792-1860) hervorhebt.

96 Laut Friedrich Michael Schiele segele „unter der Flagge der Litteraturgeschichte die ödeste Kleinigkeiten-Krämerei" (NL Gunkel, Yi 33 I S 71: Schreiben von Friedrich Michael Schiele, Marburg an Hermann Gunkel, Berlin, 04.10.1905). Zur Auseinandersetzung der ‚Religionsgeschichtlichen Schule' mit den herkömmlichen exegetischen Methoden und deren Prämissen vgl. u.a. Gunkel, Bousset sowie: Zwei Briefe Hermann Gunkels an Adolf Jülicher zur religionsgeschichtlichen und formgeschichtlichen Methode. Hg. v. Hans Rollmann, in: ZThK 78 (1981), S.276-288 und Henning Paulsen, Traditionsgeschichtliche Methode und religionsgeschichtliche Schule, in: ZThK 75 (1978), S.20-55.

97 Greßmann, Eichhorn, S.30.

98 Ittel, Hauptgedanken, S.78.

99 Gunkel, Bousset, S.13. Vgl. aaO. auch S.19: „Das Ziel der Religionsgeschichte war von Anfang an gewesen, die Schranken niederzuwerfen, die das Dogma um das Neue Testament gelegt hatte".

komplexen hin zu Fragen der gelebten Religion. „Es kommt hier ein kräftiger realistischer Zug zur Geltung, der für alle Religionsgeschichtler charakteristisch ist"[100]. Fragen der Religionspsychologie[101] und der Religionssoziologie wurden in den theologischen Wissenschaftskanon integriert[102].

Neben dem Mohr Siebeck Verlag[103] war es in erster Linie der Göttinger Verlag Vandenhoeck & Ruprecht[104], der sich der verlegerischen Betreuung dieser neuen Forschungsrichtung annahm. Paul Siebeck initiierte unter anderem einen „auf der Basis religionsgeschichtlicher Betrachtung ruhende[n] Kommentar"[105]: Von 1897 an erschien unter der herausgeberischen Verantwortung des Berner Alttestamentlers Karl Marti (1855-1925) der *Kurze Hand-Commentar zum Alten Testament* (KHC). Daneben ist auf diverse Zeitschriftengründungen zu verweisen, so auf die *Theologische Rundschau* (ThR, von 1897 an herausgegeben von Wilhelm Bousset[106]) und von 1898 an das *Archiv für Religionswissenschaft* (ARW), herausgegeben von Thomas Achelis (1850-1909; von 1904 an von Albrecht Dieterich [1866-1908]). Mit der konzeptionellen Idee und der verlegerischen Realisierung eines nach religionsgeschichtlichen Grundsätzen konzipierten Lexikons hat der Verlag der Religionsgeschichtlichen Schule schließlich ein Denkmal gesetzt, welchem die Kritik einen geradezu epochencharakteristischen Wert zubilligte: „Wenn

100 Lüdemann, Wissenschaftsverständnis, S.87. Vgl. auch Greßmann, Eichhorn, S.29: „Man hat den Nachdruck auf Religion gelegt und dies Wort im Unterschied von Dogma und Kirche auf die persönliche Frömmigkeit des Einzelnen und vor allem der großen Männer bezogen". Oder auch Gunkel, Bousset, S.7: „Lebendige Religion gilt es zu erkennen und nacherlebend im tiefsten zu erfassen, nicht in erster Linie Lehrsätze". Auch Lehmkühler, Kultus, S.28ff. betont, das eigentliche Anliegen der Schule sei „die Erfassung des religiösen Lebens selbst" gewesen (aaO., S.30).

101 Die religionspsychologische Fragestellung wurde v.a. von Georg Wobbermin (1869-1943) entwickelt. Zu Wobbermin vgl. Wolfes, Protestantische Theologie, bes. S.251ff.

102 Lüdemann, Wissenschaftsverständnis, S.98ff. hebt die religionsgeschichtliche Methode als gegenüber der Religionspsychologie eigenständigen Bereich hervor und kommt dann folgerichtig auf vier methodisch relevante Ansätze der Religionsgeschichtlichen Schule. Vgl. auch Lüdemann/Özen, Art. Religionsgeschichtliche Schule, S.622f. Die hier vorgetragene dreifache Perspektivierung ist orientiert an Greßmann, Eichhorn, S.25ff.

103 Vgl. hierzu Rühle, Der theologische Verlag, S.51ff.

104 Im Verlag Vandenhoeck & Ruprecht erschienen z.B. die Werke Gunkels. So u.a. ders., Schöpfung und Chaos in Urzeit und Endzeit, Göttingen 1895 und die von diesem in Zusammenarbeit mit Bousset herausgegebene Reihe *Forschungen zur Religion und Literatur des Alten und Neuen Testaments* (FRLANT). Diese Reihe wurde eröffnet mit Gunkels programmatischer Schrift ders., Zum religionsgeschichtlichen Verständnis des Neuen Testaments (FRLANT 1), Göttingen 1903. Siehe auch Wilhelm Ruprecht, Väter und Söhne. Zwei Jahrhunderte Buchhändler in einer deutschen Universitätsstadt, Göttingen 1935, bes. S.222f.

105 AaO., S.56.

106 Vgl. Verheule, Bousset, S.32f.

einmal die Geschichte über die Religionswissenschaft unserer Tage und ihren Einfluß auf das allgemeine Geistesleben urteilen wird, dann wird sie dieses Handwörterbuchs als eines hervorragenden Mittels solchen Einflusses gedenken müssen"[107].

Daß die Religionsgeschichtliche Schule „nicht ohne weiteres mit dem Kulturprotestantismus identisch"[108] ist, wird schon evident durch die distanzierte Haltung Harnacks gegenüber der Bewegung. Dennoch kann sie „in ihrer Entstehung nur im Zusammenhang mit ihm verstanden werden"[109]. Gemeinsam ist beiden Ansätzen nicht nur die konsequent historische Perspektive, wobei sich im einzelnen „Differenzen in der Methodik und der historiographischen Einschätzung"[110] ausmachen lassen, sondern auch ihre Kooperation mit benachbarten geisteswissenschaftlichen Disziplinen, die Rade hinsichtlich der religionsgeschichtlichen Methodik zu der Warnung veranlaßte, „wegen der fatalen Abhängigkeit von Mitarbeitern fremden Faches, die man nicht kontrollieren, und deren man doch bei der Unübersehbarkeit des Arbeitsfeldes nicht entraten kann", sei daher „ein ungemeiner Takt" nötig[111]. Gemeinsam ist ihnen ferner die distanzierte Haltung gegenüber dem zeitgenössischen Katholizismus[112]. Friedrich Wilhelm Graf hat zur Differenzierung zwischen beiden Richtungen darauf verwiesen, daß die Vertreter der Religionsgeschichtlichen Schule „obgleich sie die innerhalb des protestantischen Positionenspektrums der Zeit modernste, gegenwartsoffenste Position zu vertreten beanspruchen, [...] von einer generellen Akzeptanz des modernen gesellschaftlichen bzw. kulturellen Pluralismus"[113] weit entfernt waren, wohingegen die Schüler Ritschls von einem in der Tendenz ungebrochenen Kulturvertrauen geleitet waren. Daneben ist für einige Vertreter der Religionsgeschichtlichen Schule eine größere Distanz zur Kirche charakteristisch[114].

Der große Einfluß, den die Religionsgeschichtliche Schule ausüben konnte, hängt ursächlich damit zusammen, daß deren namhafte Vertre-

107 Rez.: Die Religion in Geschichte und Gegenwart, in: Sonntags-Blatt für innere Mission in Rheinland und Westfalen 3 (1913), S.35.

108 Lüdemann, Wissenschaftsverständnis, S.78.

109 Ebd.

110 Claussen, Jesus-Deutung, S.35.

111 Rade, Art. Religionsgeschichte und Religionsgeschichtliche Schule, in: RGG[1], 4 (1913), Sp.2183-2200, hier Sp.2198.

112 „Die meisten Mitglieder der Religionsgeschichtlichen Schule, auch Ernst Troeltsch, sind um 1900 Mitglieder des primär der Bekämpfung des politischen Katholizismus dienenden ‚Evangelischen Bundes'" (Graf, Rettung der Persönlichkeit, S.115f.).

113 AaO., S.115.

114 So auch Nipperdey, Deutsche Geschichte 1, S.472f. Vgl. hierzu auch unten Abschnitt 3.2.2. sowie den Exkurs zum Artikel Religionsgeschichtliche Schule.

ter wie Gunkel und Bousset die Notwendigkeit popularwissenschaftlicher Veröffentlichungen sahen. Das wiederum verband sie mit namhaften Vertretern des Kulturprotestantismus, denn diesem ist ein praktisches Vermittlungsinteresse moderner, liberaler Gesellschaftsdeutung eigen. „Es ist ein besonderes Merkmal des theologischen Liberalismus, [...] daß er sich nicht auf wissenschaftliche Forschung beschränkte, sondern in starkem Maße praktisch zu wirken suchte"[115]. Der Verlag Mohr Siebeck hat dieses Anliegen ebenso wie der Verlag Vandenhoeck & Ruprecht aufgegriffen und in diversen populartheologischen Reihenproduktionen verlegerisch unterstützt.

2.4. Der Verlag als Förderer von Popularisierungsbestrebungen kulturprotestantischer Geschichts- und Gesellschaftsdeutung

In seiner Gedächtnisrede auf Wilhelm Bousset kommentierte Hermann Gunkel ironisch den Erkenntnisgewinn, welche die gelehrten Kommentarwerke seiner eigenen theologischen Studienzeit ihm geboten hätten. Der „junge Student, der mit einem derartigen Kommentar zusammen etwa Paulus durcharbeiten sollte", wäre einzig zu der Einsicht gelangt: „Den Text würde er vielleicht mit viel Mühe und Fleiß einmal verstehen lernen, den Kommentar aber niemals"[116]. Aufgrund dieser Erfahrung war Gunkel nach Kräften daran interessiert, sich an derjenigen Arbeit zu beteiligen, „deren Notwendigkeit das Zeitalter damals gerade eingesehen hatte, nämlich an der Aufgabe, die Ergebnisse der theologischen Forschung einem größeren Leserkreise in allgemeinverständlicher Form darzustellen"[117].

---

115 Rühle, Der theologische Verlag, S.48.

116 Gunkel, Bousset, S.4. Gunkel verweist beispielsweise auf *Meyers Kritisch-exegetischer Kommentar über das Neue Testament* erschienen in Göttingen bei Vandenhoeck & Ruprecht. Der Begründer dieser Kommentarreihe, Heinrich August Wilhelm Meyer (1800-1873), ist der jüngere Bruder von Joseph Meyer, auf welchen das gleichnamige Konversationslexikon zurückgeht. Zu Boussets popularwissenschaftlichen Ambitionen, in deren Würdigung die zitierte Äußerung Gunkels zu kontextualisieren ist, vgl. auch Lüdemann, Die Religionsgeschichtliche Schule, S.338f. Zum folgenden allgemein Graf, Rettung der Persönlichkeit, S.108ff.; Köpf, Kirchengeschichte, S.43ff. sowie Nittert Janssen, Popularisierung der theologischen Forschung. Breitenwirkung durch Vorträge und „gemeinverständliche" Veröffentlichungen, in: Die Religionsgeschichtliche Schule in Göttingen. Eine Dokumentation. Hg. v. Gerd Lüdemann und Martin Schröder, Göttingen 1987, S.109-136 sowie Nittert Janssen, Theologie fürs Volk. Der Einfluß der Religionsgeschichtlichen Schule auf die Popularisierung der theologischen Forschung vor dem Ersten Weltkrieg (Studien und Texte zur Religionsgeschichtlichen Schule 4), Frankfurt/Main et al 1999. Zu Gunkels popularwissenschaftlichen Ambitionen vgl. Klatt, Gunkel, S.81ff.

117 Gunkel, Bousset, S.15.

Bekannt wurde vor allem Gunkels „Notschrei nach volkstümlicher Literatur", erhoben in einer Rezension in der *Christliche[n] Welt*[118]. Unter Rezeption der geschichtlich gewachsenen Unterscheidung von gelehrt versus gebildet heißt es dort:

> „Wollte Gott, ich hätte eine Stimme, die an die Herzen und Gewissen der theologischen Forscher dringt, so wollte ich Tag und Nacht nichts Anderes rufen, als dies: Vergeßt nicht eure heilige Pflicht an eurem Volk! Schreibt für die Gebildeten! Redet nicht so viel über Litterarkritik, Textkritik, Archäologie und alle andern gelehrten Dinge, sondern redet über *Religion*! Denkt an die *Hauptsache*! Unser Volk dürstet nach euren Worten über die *Religion* und ihre *Geschichte*! Seid ja nicht zu ängstlich und glaubt ja nicht, das, was ihr erkannt habt, dem Laien verschweigen zu müssen! Wie wollt ihr *Vertrauen* haben, wenn ihr bei den letzten Fragen ausweicht? Jetzt ist es noch Zeit. Bald ist es zu spät. Wenn ihr aber schweigt, dann reden die Schwätzer".

Für die fehlende Akzeptanz und Resonanz ihrer Forschungsergebnisse in weiten Kreisen der Gebildeten seien, so die Einschätzung Gunkels, die Theologen in erster Linie selbst verantwortlich, und zwar

> „zu allererst durch die unter den Theologen weit verbreitete Stimmung, man dürfe den Laien nicht die theologische Wahrheit sagen, und die Theologie ginge die Laien eigentlich auch gar nichts an! Bei dieser Haltung so vieler Theologen kann man sich denn nicht wundern, daß die allermeisten Laien – ich meine *gebildete* Laien – gar keine oder eine höchst blasse Vorstellung davon haben, was denn eigentlich Theologie ist, daß sie keine Achtung für unsre Wissenschaft, kein Vertrauen zu uns Theologen haben, daß sie unsre Werke nicht lesen und sich um unsre Forschungen nicht kümmern. Dazu kommt, daß unsere biblische Wissenschaft sich vielfach zu sehr in uninteressante, d.h. unwichtige Einzelheiten vergraben hat"[119].

Gegenstand der Theologie sei die Religion, denn sie allein sei anschlußfähig an die theologisch-kulturelle Interessenslage gebildeter Kreise und bewahre die Theologie vor der Isolation in rein binnendisziplinäre Diskurse. Dabei wurde ein grundsätzlich historisches Interesse in den

---

118 Die ChW selbst war programmatisch geprägt von der Idee der praktischen, populartheologischen Vermittlung christlicher Grundanschauungen innerhalb des Milieus des gebildeten, liberal orientierten Protestantismus. Vgl. Rathje, Die Welt des freien Protestantismus, S.39ff.

119 Hermann Gunkel, Ein Notschrei aus Anlaß des Buches Himmelsbild und Weltanschauung im Wandel der Zeiten. Von Troels-Lund, Leipzig, Teubner 1899, in: ChW 14 (1900), Sp.58-61, hier Sp.60f. (Hervorh. i. Orig.). Wegen ihrer im Hinblick auf Intention und Funktion von RGG[1] herausragenden Exemplarität wurde die einschlägige Textpassage hier ausführlich zitiert. Vgl. hierzu auch Paul Jaeger, Popularisierende theologische Literatur, in: ThR 7 (1904), S.93-103 und ThR 7 (1904), S.139-148, der die Funktion dieser theologischen Literaturgattung dahingehend bestimmt, „nicht Theologie im Volk [zu] verbreiten, sondern Steine weg[zu]schaffen, Verständnis [zu] schaffen für das religiöse Gut" (aaO., S.93).

gebildeten Kreisen vorausgesetzt. Von der wissenschaftlichen Theologie wurde im Gegenzug vorausgesetzt, von eigener Detailforschung abstrahieren und zentrale Forschungsergebnisse im Überblick und auf ein praktisches Bildungsbedürfnis hin gebündelt präsentieren zu können.

Zielgruppe der publizistischen Aktivitäten waren die ‚gebildeten Laien'. Das bedeutet, die Schriftenreihen und dann auch RGG[1] sind hinsichtlich der von ihnen anvisierten Benutzer im Kontext der allgemeinen Bildungsgeschichte und -soziologie zu sehen[120]. Diese Werke wurden in erster Linie rezipiert von Lehrern, Pfarrern und weiteren Beamten. Wobei bereits im Hinblick auf die Pfarrerschaft Einschränkungen vorzunehmen sind, denn die literarische Produktion, die sich dem Programm einer liberalen Theologie verpflichtet sah, erreichte, so Friedrich Wilhelm Graf,

> „in erster Linie Lehrer aller Schularten, insbesondere Volksschullehrer [...] sowie die Kreise des Bildungsbürgertums, die in den kulturprotestantischen Vereinen und Verbänden organisiert waren; in der Pfarrerschaft wurde mit Ausnahme einzelner Großstädte und der von liberalen Pfarrermehrheiten geprägten Landeskirchen Badens, Thüringens, Elsaß-Lothringens und Hessen-Nassaus – nur eine Minderheit von ca. 20-25% der Pfarrer erreicht. Demgegenüber lassen (sic!) die populäre Publizistik der positiven Theologen vorrangig Pfarrer, Funktionäre diakonischer Einrichtungen, konservative Journalisten und die an religiösen Kontroversen interessierten konservativen Gebildeten in den ‚Kerngemeinden"[121].

Es waren „die beiden theologischen Schrittmacher" der populartheologischen Vortragsbewegung[122] – Heinrich Weinel und Wilhelm Bousset –

120 Alle großen wissenschaftlichen Verlage vertrieben zwischen 1900 und dem Ersten Weltkrieg popularwissenschaftliche Reihen, Einführungen und Volksausgaben. Für die Philosophie ist beispielsweise zu verweisen auf die im Leipziger Verlag Felix Meiner erscheinende Reihe *Wissen und Forschen – Schriften zur Einführung in die Philosophie* (von 1913 an). Für den Bereich der naturwissenschaftlichen Forschung vgl. zu diesem Themenkomplex die materialreiche Studie von Andreas W. Daum, Wissenschaftspopularisierung im 19. Jahrhundert. Bürgerliche Kultur, naturwissenschaftliche Bildung und die deutsche Öffentlichkeit, 1848-1914, München 1998 (dort S.237ff. zum Verhältnis von Popularisierung und literarischem Markt). Die Arbeit bietet eine ausführliche Bibliographie zu Fragen der Wissenschaftspopularisierung und Volksbildung (S.535ff., bes.569ff.).

121 Graf, Protestantische Theologie in der Gesellschaft des Kaiserreichs, S.59.

122 Rühle, Der theologische Verlag, S.116. Zur theologischen Vortragsbewegung vgl. z.B. Nittert Janssen, Der „Wissenschaftliche Predigerverein zu Hannover" und die „Religionsgeschichtliche Schule", in: Die „Religionsgeschichtliche Schule". Facetten eines theologischen Umbruchs. Hg. v. Gerd Lüdemann (Studien und Texte zur Religionsgeschichtlichen Schule 1), Frankfurt/Main et al 1996, S.65-105; Nittert Janssen, Vermittlung theologischer Forschungsergebnisse durch Ferienkurse und das Engagement der „Religionsgeschichtlichen Schule" (1892-1914), in: Historische Wahrheit und theologische Wissenschaft. Gerd Lüdemann zum 50. Geburtstag. Hg. v. Alf Ö-

welche die herausragenden popularen Schriftenreihen kulturprotestantischer Prägung initiierten. Weinel, der für die konzeptionelle und organisatorische Ausgestaltung der als Fortbildungsveranstaltung für Lehrer und Lehrerinnen konzipierten ‚Ferienkurse für Damen und Herren' in Jena verantwortlich zeichnete, gab von 1904 an im Mohr Siebeck Verlag die Reihe *Lebensfragen* heraus[123]. Auf die Vortragstätigkeit von Wilhelm Bousset gehen die *Religionsgeschichtliche[n] Volksbücher für die deutsche christliche Gegenwart* (RV) zurück, die von 1904 an zunächst in Halle/Saale im Verlag Gebauer-Schwetschke erschienen, dessen Geschäftsführer Hermann Bousset, der Bruder von Wilhelm Bousset, war[124]. Herausgeber der in sechs thematischen Reihen erscheinenden *Religionsgeschichtlichen Volksbücher[n]* war Friedrich Michael Schiele, der diese Verantwortung auch beibehielt, als 1906 ein Verlagswechsel die Reihe in

---

zen, Frankfurt/Main et al 1996, S.105-111. Janssen stellt u.a. die theologiepolitischen Auseinandersetzungen im Umfeld der Ferienkurse dar, welche häufig zur Initiierung apologetisch-konservativer ‚Gegenkurse' führten. Die Ferienkurse griffen die aus dem angelsächsischen Raum stammende Idee des sogenannten ‚University Extension Movement' auf.

123 Hierzu Rühle, Der theologische Verlag, S.116ff.; Janssen, Popularisierung, S.120ff.; Hübinger, Kulturprotestantismus, S.204 und S.212f. Hübinger bietet eine vollständige Titelbibliographie mit Auflage- und Absatzzahlen. Im Schnitt wurden 1 800 Exemplare eines Bandes der *Lebensfragen* abgesetzt. Zur Würdigung der Jenaer Ferienkurse unter Weinel vgl. auch folgenden Sammelband: FS zum 25jährigen Bestehen der Ferienkurse in Jena, Jena 1913 und Karl Heussi, Geschichte der theologischen Fakultät zu Jena (Darstellungen zur Geschichte der Universität Jena 1), Weimar 1954, S.387f.

124 Wilhelm Bousset, Das Wesen der Religion dargestellt an ihrer Geschichte, Halle/Saale 1903 bildete den ersten, noch ‚inoffiziellen' Band der Reihe. Zu den RV, ihrer Konzeption und Entstehungsgeschichte vgl. Schiele, Art. Volksbücher, religionsgeschichtliche, in: RGG[1], 5 (1913), Sp.1721-1725; Verheule, Bousset, S.34f.; Rühle, Der theologische Verlag, S.118ff.; Hübinger, Kulturprotestantismus, S.204 und S.214ff. und dann v.a. Janssen, Theologie, S.149ff. Vgl. auch VA 189: Schreiben von Friedrich Michael Schiele, Marburg an Paul Siebeck, Tübingen, 04.02.1904. Nach Schiele zielte die neue Reihe darauf, „die Ergebnisse der theologischen Forschung in einer volkstümlichen, knappen und deutlichen Weise in weitere Kreise" zu tragen. „Namentlich denken wir an die Kreise der Volksschullehrer und ähnliche bildungsbedürftige Schichten unseres Volkes". Zu einer möglichen Konkurrenz mit der von Weinel betreuten Reihe der *Lebensfragen* vgl. VA 189: Schreiben von Friedrich Michael Schiele, Marburg an Paul Siebeck, Tübingen, 13.02.1904. Paul Siebeck beurteilte die Entstehung der RV und die sich zunächst ergebende „Kollision mit einem Autorenkreis, der seit langer Zeit mit meinem Verlage verbunden war" (VA 189: Schreiben von Paul Siebeck, Tübingen an Friedrich Michael Schiele, Marburg, 07.04.1904), kritisch: „Ich müsste doch schon zur Mumie geworden sein, wenn mich dies nicht sehr hart treffen sollte (VA 189: Schreiben von Paul Siebeck, Tübingen an Friedrich Michael Schiele, Marburg, 15.04.1904). Vor allem die Tatsache, daß mit Schiele ein Autor und Berater seines Verlagshauses in hervorgehobener Position bei der Konkurrenz aktiv wurde, verstimmte Siebeck. Vgl. auch VA 192: Schreiben von Paul Siebeck, Tübingen an Heinrich Weinel, z.Z. Büdingen, 07.04.1904.

die verlegerische Obhut Paul Siebecks brachte[125]. Als dritte Reihe ist zu verweisen auf die *Sammlung gemeinverständlicher Schriften aus dem Gebiet der Theologie und der Religionsgeschichte* (SGV), die von 1896 an erschien[126].

Neben Gunkel, Bousset und Weinel ist Friedrich Michael Schiele der große Förderer populärer Theologie um 1900. Die Verbindung von Schiele mit dem Verlag Mohr Siebeck stellt für die populartheologische Publizistik des liberalen Protestantismus der ‚Wilhelminischen Ära' einen ausgesprochenen Glücksfall dar, dem auch die RGG[1] einen nicht unerheblichen Teil sowohl ihres organisatorischen als auch ihres konzeptionellen Erfolges verdankt.

Exkurs
Friedrich Michael Schiele – „Organisator der literarischen Arbeit des freien Protestantismus in Deutschland"

Friedrich Michael Schiele (11.11.1867-12.08.1913) kann als einer der bedeutendsten Theologen auf dem Gebiet der kulturprotestantischen Publizistik angesehen werden. „Dieser verdiente Theologe, Pädagog und Kirchenpolitiker hat seine stärkste Bedeutung gehabt als Organisator der literarischen Arbeit des freien Protestantismus in Deutschland"[127].

---

125 Vgl. NL Gunkel, Yi 33 I S 99: Schreiben von Friedrich Michael Schiele, Marburg an Hermann Gunkel, Berlin, 28.06.1906 (Vertrauliches Rundschreiben an die Autoren der *Religionsgeschichtlichen Volksbücher*).

126 Hierzu Rühle, Der theologische Verlag, S.70ff. und Hübinger, Kulturprotestantismus, S.203f.

127 Rez.: Ein religionswissenschaftliches Nachschlagewerk, von: Hermann Mulert, in: Die Hilfe 20 (1914), S.35f., hier S.35. Von Mulert stammt auch der Hinweis auf einen Nachlaß Schieles (vgl. Friedrich Schleiermacher, Monologen nebst den Vorarbeiten. Dritte Auflage. Kritische Ausgabe. Hg. v. Friedrich Michael Schiele. Erweitert u. durchgesehen v. Hermann Mulert. Unveränderter Nachdruck mit ergänzter Bibliographie, Hamburg 1978, darin: Vorwort zur zweiten Auflage [1914] von Hermann Mulert, S.X-XIII, hier S.XII; Schiele war wissenschaftlicher Berater der *Philosophischen Bibliothek* im Verlag Dürr, später Meiner). Leider blieben Recherchen nach einem möglichen Nachlaß Schieles bislang erfolglos. So finden sich weder im NL Rade in Marburg, dessen Mitarbeiter Schiele lange Zeit war, nennenswerte Stücke, noch ließen sich bislang in Berliner Kirchen-, Diakonie und Universitätsarchiven Spuren Schieles oder seiner früh verwitweten Frau nachweisen. Zu Schiele vgl. Hermann Mulert, Schiele, Friedrich Michael Martin, in: Biographisches Jahrbuch und Deutscher Nekrolog 18 (1913), S.122-126.; Th[eodor] Kappstein, † Friedrich Michael Schiele, in: Neuigkeiten aus dem Verlag von J.C.B. Mohr (Paul Siebeck) und der H. Laupp'schen Buchhandlung 5 (1913), S.57-59; R[ade], Friedrich Michael Schiele †, in: ChW 27 (1913), Sp.812; Otto Baumgarten, Pfarrer D.F.M. Schiele, in: EvFr 13 (1913), S.355f. Daneben finden sich vereinzelte Hinweise auf Schiele in diversen Korrespondenzeditionen, so bspw. in: Der Briefwechsel zwischen Adolf von Harnack und Martin Rade. Eine vollständige Bibliographie der Schriften und weitverteilten Zeitungs- und Zeitschriftenartikel Schieles ist derzeit noch ein Forschungsdesiderat.

Schiele stammte aus einem Pfarrhaus in Zeitz und war nach dem Theologiestudium in Tübingen und Halle (1886-1890) und dem Militärjahr in Naumburg zunächst als Seminarlehrer im Schulkloster Schlüchtern, von 1894 an in derselben Funktion in Ottweiler (Saargebiet) tätig[128]. Durch permanente Überarbeitung kam es früh zu einem gesundheitlichen Zusammenbruch, der ein lebenslanges Lungenleiden nach sich zog. Nach erfolglosen Bewerbungen um Pfarrämter war er 1896/97 als Kurprediger in Pegli bei Genua tätig. Bereits 1900 jedoch mußte er, seiner labilen Gesundheit halber, aus dem Pfarrdienst ausscheiden. Als Redaktionshelfer Rades (1902-1906) und Mitherausgeber (1903-1910) der *Christliche[n] Welt* zog Schiele mit seiner Frau Katharina (Kathinka), geborene Heck, nach Marburg, wo er in erster Linie für die *Chronik der Christlichen Welt* (CCW) verantwortlich zeichnete[129]. Nachdem er sich hier durch seine redaktionellen Fähigkeiten empfohlen hatte, engagierte Paul Siebeck ihn als verantwortlichen Redakteur und Herausgeber für das Lexikon RGG[1]. Um die Zusammenarbeit zwischen Verlag und Herausgeber zu optimieren, übersiedelte Schiele mit seiner Familie 1906 nach Tübingen. Neben seiner Verlagstätigkeit hielt Schiele von 1908 an in Tübingen Vorlesungen als Privatdozent für Historische Theologie, nachdem er bereits 1898 in Jena „summa cum laude" promoviert worden war[130].

Wenige weiterführende Hinweise finden sich bei Klaus-Gunther Wesseling, Art. Schiele, Friedrich Michael, in: BBKL IX (1995), Sp.199-201.

128 Vgl. Friedrich Michael Schiele, Die Reformation des Klosters Schlüchtern, Tübingen 1907.

129 Vgl. VA 174: Schreiben von Paul Siebeck, Tübingen an Friedrich Michael Schiele, Marburg, 13.01.1903; VA 174: Schreiben von Friedrich Michael Schiele, Marburg an Paul Siebeck, Tübingen, 18.01.1903; VA 174: Redaktionsvertrag zwischen Friedrich Michael Schiele, Marburg und der Verlagsbuchhandlung J.C.B. Mohr (Paul Siebeck), Tübingen und Leipzig, 19.01.1903; VA 174: Schreiben von Paul Siebeck, Tübingen an Friedrich Michael Schiele, Marburg, 19.01.1903; VA 174: Schreiben von Friedrich Michael Schiele, Marburg an Paul Siebeck, Tübingen, 21.01.1903; VA 174: Schreiben von Paul Siebeck, Tübingen an Friedrich Michael Schiele, Marburg, 23.01.1903. Schieles Vorgänger bei Rade war Erich Foerster (1865-1945). Vgl. deshalb auch VA 168: Schreiben von Erich Foerster, Frankfurt an Paul Siebeck, Tübingen, 10.01.1903, in welchem Foerster seinerseits Schiele bescheinigt, für redaktionelle Arbeiten „vortrefflich geeignet" zu sein. Vgl. VA 168: Schreiben von Paul Siebeck, Tübingen an Erich Foerster, Frankfurt, 13.01.1903. In ChW 40 (1926), Sp.940 findet sich eine Auflistung der Hilfs- und Mitredakteure der ChW für die rückliegenden 40 Jahre.

130 „Seine ungedruckte Jenaer Dissertation handelt von dem zweiten Adam bei Paulus" (Mulert, Schiele, S.124). Seine Antrittsvorlesung in Tübingen als Privatdozent der Historischen Theologie wurde veröffentlicht unter dem Titel: Die Kirchliche Einigung des Evangelischen Deutschlands im 19. Jahrhundert (SGV 50), Tübingen 1908. Vgl. auch das Anerbieten des Manuskriptes zur Veröffentlichung in den *Preußischen Jahrbüchern* (PrJ) in: Staatsbibliothek Berlin PK, NL Hans Delbrück, 138 (Bl.18^{r}-Bl. 19^{r}): Schreiben von Friedrich Michael Schiele, Tübingen an Hans Delbrück, Berlin,

Sein Hauptinteresse lag indes auf dem Gebiet der Pädagogik, denn „theologische und pädagogische Schriften zu verbinden, veranlaßten ihn Neigung und Beruf. Sein besonderes Interesse galt dem Religionsunterricht"[131].

Daneben ist er als theologischer Journalist von Bedeutung, denn „wer ihm einmal zugeschaut hat, wie seine gewandte und spitze Feder die eben aufgefaßten Anregungen zu festen Gestalten zu verdichten verstand, der sah in ihm den geborenen Journalisten"[132]. Schiele arbeitete also nicht nur innerhalb der wissenschaftlichen Universitätstheologie und organisierte deren literarisch-verlegerische Popularisierung, sondern war selbst aktiv als wissenschaftlicher beziehungsweise populärwissenschaftlicher Autor, Kommentator kirchen- und theologiepolitischer Entwicklungen, Rezensent ethischer und philosophischer Schriften und engagierte sich in Fragen der Kultur- und Schulreform. Seine in der CCW veröffentlichte Statistik über die Beförderungsverhältnisse der theologischen Privatdozenten an preußischen Universitäten und seine darin implizierte Kritik am ‚System Althoff' löste den sogenannten Privatdozentenstreit aus[133]. Sein Bericht vom Düsseldorfer Katholi-

---

12.02.1908. Zu den theologisch-wissenschaftlichen Veröffentlichungen Schieles sind zu rechnen: ders., Jesu äußere und innere Stellung zum AT, in: ChW 10 (1896), Sp.30-34; ders., Das Grundproblem des geschichtlichen Christentums, in: ChW 10 (1896), Sp.76-80; ders., Vom Arbeitsfelde alttestamentlicher Forschung, in: ChW 10 (1896), Sp.507-512; ders., Der Entwicklungsgedanke in der evangelischen Theologie bis Schleiermacher, in: ZThK 7 (1897), S.140-170.

131 Mulert, Schiele, S.123. Ähnlich auch Kappstein, Schiele, S.57: „Er war ein ausgeprägter Pädagog". Vgl. hierzu folgende Veröffentlichungen Schieles: ders., Religion und Schule. Aufsätze und Reden, Tübingen 1906. Schieles Texte nehmen u.a. Stellung zu Fragen der Rolle der Bibel im Schulunterricht (ders., Die Bibel und ihre Surrogate in der Volksschule, in: aaO., S.1-47) oder auch zu Fragen der Lehrerbildung (ders., Inwieweit sind die Zöglinge der evangelischen Schullehrerseminare mit den gesicherten Ergebnissen der wissenschaftlichen Forschungen über die Entstehung des Alten Testamentes bekannt zu machen?, in: aaO., S.159-184). Ferner ders., Geschichte der Erziehung. Vier Vorlesungen, gehalten im ersten Stuttgarter Hochschulkursus für Lehrer und Lehrerinnen 1909, Leipzig 1909; ders., Luther und das Luthertum in ihrer Bedeutung für die Geschichte der Schule und der Erziehung, in: PrJ 6 (1908), S.381-395. Zur Kritik an Schieles pädagogischem Ansatz u.a. Adolf Sellschopp, Was der Herausgeber der Religionsgeschichtlichen Volksbücher über die Bedeutung Luthers und des Luthertums für Schule und Erziehung weiß, und was er nicht weiß, in: AELKZ 43 (1910), Sp.988-993, Sp.1014-1018 und Sp.1042-1046.

132 Baumgarten, Schiele. S.355. Schiele schrieb, wie ein Großteil der kulturprotestantischen Theologen, auch regelmäßig in den führenden liberalen Tageszeitungen. Vgl. so z.B. die Rezension Friedrich Michael Schiele, Die Kultur der Gegenwart, in: Frankfurter Zeitung und Handelsblatt Nr.126 (07.05.1907, Erstes Morgenblatt), S.1f.

133 Friedrich Althoff (1839-1908), Leiter der Hochschulabteilung im preußischen Kultusministerium, ließ sich in seiner Berufungspolitik von 1900 an zunehmend von Positiven Theologen beraten. Auch wurde der Nachwuchs der Positiven Theologen durch spezielle Stipendien gezielt gefördert. Mit einer Statistik über die Beförde-

kentag 1908[134] bot einen aufschlußreichen Beitrag zum „neuen ‚literarischen Kulturkampf'"[135] und hob prononciert ab auf „den unüberwindlichen Gegensatz zwischen unserer und zwischen der katholischen Stellung zur Kultur", denn „uns ist es ausgemacht, daß die ‚Welt' ihre Ordnung unabhängig vom Christentum hat; der Katholik will durch das Christentum Ordnung in die Welt bringen. [...] Wir wissen, daß die Offenbarung nur eine innere Mission hat für die einzelne Seele; der Katholik glaubt an ihre öffentliche Mission für die allgemeine Kultur"[136]. Freilich sei auch

> „in unserer Mitte [...] die Schar derer groß, die halbkatholisch sind, die am alten rationalen katholischen Dogma hängen, die eine Vernunft-Apologetik des Christentums treiben, nach christlicher Metaphysik sich sehnen, der Kirche eine öffentliche Mission der Kultur gegenüber zuschreiben, christlichen Staat, christliche Politik, christliche Schule, christliche Kunst erstreben und alle diese Ziele christiana veritate duce et magistra verfolgen"[137].

Im Jahr 1910 gehörte er neben Otto Baumgarten, Martin Rade, Friedrich Naumann (1860-1919), Wilhelm Schneemelcher (1872-1928) und Gottfried Traub (1869-1956) dem Organisationskomitee des *Fünften Weltkongresses für freies Christentum und religiösen Fortschritt* an, dessen Protokolle er mit herausgab[138].

---

rungsverhältnisse theologischer Privatdozenten an den preußischen Fakultäten versuchte Schiele den Nachweis für eine Bevorzugung Positiver Theologen durch die Greifswalder Fakultät zu erbringen und löste damit den oben genannten Streit aus. Der Jahrgang 1906 der CCW dokumentiert diese Diskussion. Zum ‚System Althoff' und Schieles Stellungnahme vgl. NL Rade, MS 839: Schreiben von Hermann Gunkel, Berlin an Martin Rade, Marburg, Ostern 1906 und NL Rade, MS 839: Schreiben von Hermann Gunkel, Berlin an Martin Rade, Marburg, 25.04.1906 und darüber hinaus Bernhard vom Brocke, Hochschul- und Wissenschaftspolitik in Preußen und im Deutschen Kaiserreich 1882-1907: das „System Althoff", in: Bildungspolitik in Preußen zur Zeit des Kaiserreichs. Hg. v. Peter Baumgart, Stuttgart 1980, S.9-118 sowie den Sammelband: Wissenschaftsgeschichte und Wissenschaftspolitik im Industriezeitalter. Das „System Althoff" in historischer Perspektive. Hg. v. Bernhard vom Brocke, Hildesheim 1991 und auch Graf, Protestantische Theologie in der Gesellschaft des Kaiserreichs, S.74f.

134 Schiele, Vom Düsseldorfer Katholikentag, in: ChW 22 (1908), Sp.903-908.

135 Graf, Protestantische Theologie in der Gesellschaft des Kaiserreichs, S.44.

136 Schiele, Vom Düsseldorfer Katholikentag, Sp.905.

137 AaO., Sp.906. Vgl. die sich daran anschließende Diskussion zwischen Paul Wernle und Schiele: dies., Katholisch oder christlich?, in: ChW 22 (1908), Sp.949-953, in welcher Schiele seine Aussagen dahingehend präzisierte, daß er die Wirkung des Protestantismus im Sinne einer indirekten, „soziale[n] Kulturwirkung" deutet (aaO., Sp.953). Zu Schieles Einschätzung des zeitgenössischen Katholizismus dann auch ders., Rez.: Die katholische Kirche unserer Zeit und ihre Diener. Hg. v. der Leo-Gesellschaft, Wien. Bd.I-II, München 1905.1908, in: ChW 23 (1909), Sp.899-902.

138 Fünfter Weltkongreß für freies Christentum und religiösen Fortschritt, Berlin 5.-10. August 1910. Protokoll der Verhandlungen. Hg. v. Friedrich Michael Schiele und

Neben den journalistischen Fähigkeiten Schieles sind hier seine diversen redaktionellen und herausgeberischen Tätigkeiten zu benennen. Wichtig ist vor allem seine Verbindung mit dem Verlag Dürr[139], denn diese führte später zum Bruch mit dem Mohr Siebeck Verlag. Für letzteren agierte er, wie bereits erwähnt, nicht allein als Herausgeber der *Religionsgeschichtlichen Volksbücher*, sondern organisierte auch die nicht unerheblichen Vorarbeiten für RGG[1] und leitete das Projekt bis zum Buchstaben ‚G'. „Die redaktionelle Tätigkeit Schiele's für die Gliederung und Verteilung der Arbeit, für die Durchführung des Planes des Handwörterbuches war geradezu meisterhaft", resümierte Paul Siebeck[140]. Infolge von Streitigkeiten mit Paul Siebeck schied Schiele vorzeitig aus dem Lexikonunternehmen aus und ging nach Berlin[141].

In Berlin war Schiele zunächst an diversen Irrenanstalten als Seelsorger tätig, bevor er 1912 zum Ersten Pfarrer der Dorotheenstadtgemeinde berufen wurde. Auch in dieser Zeit engagierte er sich kirchenpolitisch und bezog beispielsweise Position im ‚Fall Jatho – Traub'[142].

Max Fischer. Zwei Bde., Berlin 1911. Vgl. auch Hübinger, Kulturprotestantismus, S.251ff.

139 Schiele hatte neben seiner Mitarbeit an der *Philosophischen Bibliothek* (später Verlag Felix Meiner) auch Bände der *Deutschen Bibliothek* im Verlag der Dürr'schen Buchhandlung in Leipzig herausgegeben. So z.B. den Band: Deutscher Glaube. Ein Lesebuch religiöser Prosa zum Schulgebrauch im deutschen Unterricht. Hg. v. Friedrich Michael Schiele (Dürrs deutsche Bibliothek 12), Leipzig 1905. Dieser Band wollte „klassische Darstellungen der religiösen Ueberzeugung unter Berücksichtigung der verschiedenen Formen, unter welchen die Frömmigkeit sich in der Sprache äussert, sowie Lesestücke aus dem Bereiche der geschichtlichen Religionsforschung und der philosophischen Erörterung religiöser und sittlicher Grundfragen" sammeln (Schleswig-Holsteinische Landesbibliothek, Kiel. NL Gustav Frenssen, Signatur Cb 21.56:1110,21: Schreiben von Friedrich Michael Schiele, Leipzig/Marburg an Gustav Frenssen, ohne Ortsangabe, 15.10.1904). Ferner verantwortete er den Band: Sang und Spruch der Deutschen. Eine Auswahl aus der lyrischen und epigrammatischen deutschen Dichtung zum Schulgebrauch in Lehrer- und Lehrerinnen-Seminaren. Hg. v. Friedrich Michael Schiele (Dürrs deutsche Bibliothek 3), Leipzig 1904.

140 Siebeck/Siebeck, Zum Gedächtnis, S.11.

141 Vgl. Kap.II.3.1.3.3.

142 Friedrich Michael Schiele, Was geht uns Pfarrer die Verurteilung des Pfarrers Traub an? Ein Wort zum Frieden, Berlin-Schöneberg 1912. Gegenüber Rade, dem er trotz seines Zerwürfnisses mit Siebeck freundschaftlich verbunden blieb, erläuterte Schiele seine Haltung zu diesem Konflikt: „Wie gern hätte ich wieder einmal etwas für Euch geschrieben [gemeint ist offensichtlich die ChW; R.C.]. Aber ich kann nur bei einer gewissen Musse etwas leidlich Verständiges fertig bringen; und die Musse fehlt mir jetzt gänzlich. [...] Aber jetzt, wo die Verurteilung Traubs uns wie ein Blitzschlag getroffen hat, habe ich doch reden müssen. [...] Ich hatte mich, gemäss dem Kreise, in dem ich sprach, ganz auf das Verhältnis von Pfarramt und Kirchenregiment beschränkt. [...] Es liegt mir viel daran zu wissen, wie Du meine grundsätzliche Stellung zu den Anmassungen des Kirchenregiments beurteilst, und ob Du den

Im Winter 1912/13 war Schiele krankheitsbedingt über längere Zeiträume hinweg arbeitsunfähig und auf Erholungsreisen[143]. Auf einem dieser Erholungsaufenthalte im westfälischen Bad Lippspringe verstarb er. Seine Frau blieb mit den vier Söhnen in Berlin[144].

Weg, den ich eingeschlagen habe, die Würde des Pfarramtes gegen die Ueberheblichkeit der kirchlichen Verwaltungsämter zu forcieren, [...] für richtig hälst" (NL Rade, MS 839: Schreiben von Friedrich Michael Schiele, Berlin an Martin Rade, Marburg, 18.09.1912). Der Kölner Pfarrer Carl Jatho (1851-1913) war als „Prediger der neuen pantheistischen, antikirchlichen und neumystischen Religiosität" (Hübinger, Kulturprotestantismus, S.188) vom preußischen Spruchkollegium der Irrlehre bezichtigt und des Amtes enthoben worden. Er wurde neben Otto Baumgarten von Gottfried Traub verteidigt. Letzterer provozierte in diesem Zusammenhang ein Disziplinarverfahren, welches mit dessen eigener Amtsenthebung endete (zu diesem Konflikt ausführlicher u.a. Rathje, Die Welt des freien Protestantismus, S.179ff.; Glaue, Art. Traub, 2. Gottfried, in: RGG[1], 5 [1913], Sp.1318-1320).

143 Aus dieser Zeit stammt folgende Veröffentlichung: Friedrich Michael Schiele, Briefe an Konfirmanden, Tübingen 1915. Der Band enthält sechs Briefe Schieles, die dieser in der Zeit seiner krankheitsbedingten Abwesenheit an seinen letzten Konfirmandenjahrgang aus Arosa verschickt hatte und die aufgrund ihres persönlich-religiösen Tonfalls als ‚Vermächtnis' Schieles gelten.

144 Am Beginn des Jahres 1913 hatte sich Schiele gegenüber Rade aus einem Erholungsaufenthalt in Graubünden noch zuversichtlich geäußert: „Mir geht es hier schon etwas besser. Aber ich bin recht krank gewesen. Und recht matt bin ich immer noch. Hoffentlich erhole ich mich so, daß ich bald wieder für's Amt zuhause tauge. [...] Falls es anders kommt und ich nicht wieder ‚werde', zieht meine Frau mit den Kindern nach Marburg" (NL Rade, MS 839: Schreiben von Friedrich Michael Schiele, Graubünden/Arosa an Martin Rade, Marburg, 23.01.1913). Dieses Schreiben Schieles an Rade zeigt deutlich, welche herausragende Stellung Rade innerhalb der theologischen Zunft um 1900 zukam, nicht nur als Förderer und Herausgeber markanter Printmedien, sondern auch als persönlicher Ratgeber und Gönner. – Schieles Frau verarmte, so lassen ihre Bittbriefe um finanzielle Beteiligung an RGG[2] vermuten, in den 1920er Jahren in Berlin vollkommen und verlor in kürzester Zeit zwei ihrer Söhne aufgrund eines ähnlichen Lungenleidens. Fritz Schiele verstarb im Mai 1925 im Alter von 23 Jahren, Joachim Schiele im April 1926 im Alter von 22 Jahren. Vgl. hierzu Raack, Freundesnot, in: An die Freunde 78 (1924), jetzt wieder in: An die Freunde. Vertrauliche d.i. nicht für die Öffentlichkeit bestimmte Mitteilungen (1903-1934). Nachdruck mit einer Einleitung von Christoph Schwöbel, Berlin et al 1993. Sp.854f. Schieles Frau habe, so der Bericht „kein Vermögen. Ihre ganze Einnahme ist ihre Witwenpension (September 128 Mk., früher weniger). [...] Es muß uns doch mit vereinten Kräften gelingen, das Schlimmste abzuwehren. Und wie ich die Sache auch betrachten mag, für den Freundeskreis der CW liegt hier eine Ehrenpflicht vor". Aufgrund ihrer verheerenden finanziellen Situation wandte sich Schieles Witwe, wie erwähnt, auch hilfesuchend an den Verlag Mohr Siebeck: Sie verschweige ihm gegenüber nicht, so in einem Schreiben an Oskar Siebeck, „dass ich oft mit großer Bitterkeit an das Handwörterbuch gedacht habe. Es war die Lebensarbeit meines Mannes an die er seine letzte und beste Kraft verbraucht hat. Niemand weiß besser wie ich, wie er bei dieser Arbeit seelisch und körperlich gelitten hat. [...] Kummer, Not und Sorge haben meine Gesundheit völlig zerrüttet und die Zeit in der wir jetzt leben, sorgt mit ihrem täglichen Kampf dafür, dass auf eine Besserung nicht mehr zu hoffen ist" (VA RGG[2] 1926: Schreiben von Kathinka Schiele, Berlin an Oskar Siebeck, Tübingen, 19.10.1925). An RGG[2] wurde sie mit einem Gesamthonorar von 5 000

In Schiele hatte Paul Siebeck den für seine verlegerischen Popularisierungsbestrebungen idealen Partner gefunden, da Schiele pädagogische und theologische Interessen verband und über ein nahezu legendäres redaktionelles Organisationstalent verfügte. Der Erfolg der Siebeckschen Popularisierungsbemühungen kann freilich nur in engem Bezug auf das liberalprotestantische Bildungsbürgertum, dem sich der Verlag verpflichtet sah, angemessen gewürdigt werden[145]. Entgegen den selbstgesetzten Ansprüchen gelang es nämlich nicht, literarisch in die breiten Volksschichten vorzudringen. Schon Schiele resümierte resigniert, daß die *Religionsgeschichtlichen Volksbücher* Popularität „nur zum kleinen Teil [erreichen] und [sie] dringen, trotzdem bald eine halbe Million Hefte verbreitet sein werden, doch nur in kleine Kreise desjenigen ‚Volkes', an das man beim Namen ‚Volksbücher' zunächst denkt"[146]. Bürgerliche Bildung fungierte als hermeneutische Voraussetzung der Popularisierungsbemühungen. Arbeiter und untere Bildungsschichten schieden daher als Benutzer dieser einstmals von Gunkel eingeklagten populartheologischen Literatur schon innerhalb der konzeptionellen Planung und nicht erst im Rahmen der Produktion und des Vertriebs aus[147]. Die Tatsache, daß

Mark beteiligt (vgl. VA Alte Korrespondenz RGG²: Protokoll der „Konferenz der Hauptredaktion der zweiten Auflage des Handwörterbuches ‚Die Religion in Geschichte und Gegenwart' in Tübingen vom 24.-26. September 1924"; VA RGG² 1926: Schreiben von Oskar Siebeck, Tübingen an Kathinka Schiele, Berlin, 22.10.1925 und VA Korrespondenz RGG² 1924-1926: Schreiben von Oskar Siebeck, Tübingen an Hermann Gunkel, Halle, 22.10.1925). Diese Auszahlung knüpfte an § 5 des mit Schiele geschlossenen Redaktionsvertrags an, welcher den Erben „für alle während der darauffolgenden 30 Jahre erscheinenden Auflagen die Hälfte des bei der 1. Auflage ihm bewilligten Redaktionshonorars" zusichert (VA 204: Redaktions-Vertrag. Zwischen Herrn Lic. Fr. Mich. Schiele in Marburg i.H. und der Verlagsbuchhandlung J.C.B. Mohr (Paul Siebeck) in Tübingen [undatierter Entwurf]).

145 Vgl. hierzu auch unten in diesem Kap. Abschnitt 3.2.1.

146 VA 339: Rundschreiben „Bitte um Mitarbeit an den Religionsgeschichtlichen Volksbüchern" von Friedrich Michael Schiele, als Anlage zum Schreiben von Friedrich Michael Schiele, Berlin an Paul Siebeck, Tübingen, 13.06.1912. Vgl. auch Rühle, Der theologische Verlag, S.120. Zum gleichen Ergebnis kommt Janssen, Theologie fürs Volk, S.187: „Der Erfolg der Popularisierung außerhalb der direkt als Theologiestudenten, Pfarrer oder Religionslehrer und -lehrerinnen mit den angesprochenen Themen konfrontierten Personenkreise blieb vergleichsweise gering". Von diesem Resümee her bleibt es irritierend, warum Janssen seiner Arbeit den mißverständlichen Titel „Theologie fürs *Volk*" (Hervorh. R.C.) gab.

147 Von Hermann Mulert stammt, wenn auch an etwas entlegener Stelle, ein Hinweis darauf, warum der begrenzte Erfolg der Popularisierungsbestrebungen möglicherweise in deren hermeneutischem Ansatz selbst begründet lag. Mulert schrieb über Otto Baumgartens kulturvermittelnde Arbeiten, sie seien in ihrer Motivation „nicht demokratisch" gewesen, denn „bei aller Freude an Förderung der Volksbildung war er überzeugt, daß die höhere Bildung der dazu Befähigten nicht dem Verlangen geopfert werden dürfe, die Massen zu heben. Die Überzeugung, daß hier Differenzierung nötig bleibt, also ein gewisser aristokratischer Zug" sei Baumgartens Ansichten

es genuinen Wissenschaftsverlagen wie Mohr Siebeck denn auch schlicht an der Möglichkeit zu Massenproduktion und -vertrieb mangelt, erhärtet diese These[148]. Gunkel selbst freilich äußerte sich etliche

eigen gewesen (ders., Otto Baumgarten, in: Abwehr-Blätter 1/2 [1933], S.1-4). Zu Mulert vgl.: Hermann Mulert (1879-1950). Lebensbild eines Kieler liberalen Theologen. Mit einem aus dem Nachlaß herausgegebenen Text „Wie wir wieder ein Volk werden sollen" von 1945 sowie ausgewählten Texten aus den Jahren 1930 bis 1936. Zusammengestellt u. bearbeitet v. Matthias Wolfes. Hg. v. Verein für Schleswig-Holsteinische Kirchengeschichte (SVSHKG 2/50), Kiel 2000 und Klaus Michael Führer, Hermann Mulert. Kirchlicher Liberalismus als politischer Protestantismus in der Weimarer Republik und im „Dritten Reich". Studien zur Biographie. Diss. theol., Leipzig 1988.

148 Dies war laut Schiele auch der Grund, warum die RV ursprünglich nicht im Mohr Siebeck Verlag angesiedelt wurden, denn „das, was die Volksbücher wollen, den Massenabsatz durch Massenvertrieb zu billigstem Preise, wird von den älteren theologischen Verlegern keiner unternehmen" (VA 189: Schreiben von Friedrich Michael Schiele, Marburg an Paul Siebeck, Tübingen, 08.04.1904). Später mußte Schiele freilich zugestehen, daß „kein Massenvertrieb" der SGV stattfände (VA 204: Schreiben von Friedrich Michael Schiele, Marburg an Paul Siebeck, Tübingen, 22.08.1905). Ebenso VA 176: Schreiben von Paul Siebeck, Tübingen an Heinrich Weinel, Bonn, 20.02.1903, in welchem Siebeck seine Absatzzahlen mit denen des Diederichs Verlages vergleicht: „Was die Ladenpreise der Diederichs'schen Verlagswerke anbelangt, so dürfen Sie nicht übersehen, dass diese Bücher, abgesehen von den qua Erfolg verunglückten kultur-historischen Werken, im allgemeinen auf ein weit grösseres Publikum berechnet sind, als – wiederum im allgemeinen – meine Verlagswerke. Der Erfolg von Harnack's Wesen des Christentums und Delitzsch's Babel und Bibel gehört zu den Ausnahmen". Harnacks Vorlesungen aus dem Wintersemester 1899/1900 *Das Wesen des Christentums* erschienen im Mai 1900 bei J.C. Hinrichs in Leipzig und erzielten in den ersten drei Jahren nach Erscheinen einen Absatz von 60 000 Exemplaren. Zur Genese der zahlreichen, von Harnack selbst überarbeiteten Ausgaben vgl. ausführlich Thomas Hübner, Adolf von Harnacks Vorlesungen über das Wesen des Christentums unter besonderer Berücksichtigung der Methodenfragen als sachgemäßer Zugang zu ihrer Christologie und Wirkungsgeschichte (EHS.T 493), Frankfurt/Main et al 1994. Paul Siebeck zeigte sich irritiert, daß Harnack sich gerade für diesen Verlag entschieden hatte: „Ich verstehe seine Gründe sehr wohl, empfinde aber die Thatsache, dass mir gerade dieses Buch entgangen ist, als einen recht harten Schlag, der zunächst eine stark entmutigende Wirkung hat", denn viel hätte ihm daran gelegen, „ein populäres Buch diesen Ranges unter die Mohr'sche Flagge zu bekommen" (VA 138: Schreiben von Paul Siebeck, Tübingen an Martin Rade, Marburg, 10.05.1900). Er habe wenig Verständnis dafür, „dass Harnack seine persönlichen Rücksichten auf Hinrichs, der sich gerade um die Popularisierung der modernen Theologie wenig gekümmert und zudem mit seiner Encyklopädie das glänzendste Geschäft auf theologischem Gebiete gemacht hat, soviel höher achtet, als die für das Ganze ins Gewicht fallende Thatsache, dass der Mohr'sche Verlag sich doch mitten in die Popularisations-Bewegung gestellt" habe (VA 138: Schreiben von Paul Siebeck, Tübingen an Martin Rade, Gießen, 27.06.1900; dann auch VA 138: Schreiben von Martin Rade, Marburg an Paul Siebeck, Tübingen, 29.06.1900. Ähnlich später z.B. VA 198: Schreiben von Paul Siebeck, Tübingen an Wilhelm Herrmann, 21.06.1906). Harnack selbst war laut dem Zeugnis Otto Baumgartens „nicht der Meinung, dass man die Popularisierung der Wissenschaft so weit treiben dürfe, daß sie eine Entleerung von scharf geprägten begrifflichen und geschichtlichen Daten wäre.

Jahre nach seinem „Notschrei" zufrieden über den Produktions- und Vertriebsstand populartheologischer Literatur, war er doch von vornherein von den Gebildeten, nicht von den ‚breiten Volksmassen' als der anzuvisierenden Benutzergruppe ausgegangen[149].

Doch nicht nur der Wirkradius populartheologischer Vermittlungsbemühungen blieb begrenzt. Gustav Krüger hat ergänzend darauf hingewiesen, daß auch die Motivation seitens der theologischen Wissenschaftler, in den populartheologischen Literaturbetrieb einzusteigen, eine durchaus zwiespältige war. Zeigen die Äußerungen Gunkels die hehre Motivation der Volksbildung, so betont schon dessen Biograph Werner Klatt, daß Gunkel auch der Finanzen halber auf popularwissenschaftliche Veröffentlichungen nicht verzichten konnte[150]. Noch nüchterner äußerte sich eben Krüger. Man müsse deutlich sehen, „daß in der wachsenden Möglichkeit, wissenschaftliche Dinge zu popularisieren, auch die wachsende Möglichkeit des Geldverdienens sich ergab. [...] Tatsache ist, daß Popularisierung und Gelderwerb zusammen laufen"[151]. Dieser Hinweis Krügers ist deshalb aufschlußreich, weil sich darin ein Grundkonflikt zwischen theologischen Verlagen und deren Autorenschaft andeutet, wie er bei der Organisation des RGG[1]-Projektes exemplarisch deutlich werden wird: Die Frage nach dem

---

Er war der Meinung, dass die Schichtung des Volkes nach geschichtlicher Bildung durchaus erhalten bleiben müsse. Aber das war sein innerstes Empfinden, dass er sich durch Vornehmheit verpflichtet fühlte – noblesse oblige, auch Eigentum verpflichtet, zum Eigentum gewordenen Bildung verpflichtet –, dem Volk, gerade seinen armen Brüdern den Ertrag seiner Lebensarbeit zu schenken" (Baumgarten zu Beginn der 2. Hauptversammlung, in: Adolf v. Harnack und der Evangelisch-Soziale Kongreß. Hg. v. Generalsekretär D. Johannes Herz, Göttingen 1930, S.3-5, hier S.4). – Hinsichtlich der Möglichkeiten des Massenabsatzes äußerte sich Oskar Siebeck rückblickend eher skeptisch. Vgl. hierzu VA 416: Schreiben von Oskar Siebeck, Tübingen an Otto Baumgarten, Kiel, 30.09.1925: „Ich habe Ihnen ja neulich dargelegt, dass ich die Uebernahme der Religionsgeschichtlichen Volksbücher und ähnlicher Dinge, bei denen die Erwartung eines raschen Massenerfolges ausschlaggebend war, retrospektiv für einen Fehler halte. Ein Verlag, dessen Apparat wie der unsrige mit einem gewissen Raffinement ausgebaut ist, ist mehr als ein anderer darauf angewiesen, Werke mit einem gewissen Dauerwert zu bevorzugen".

149 Hermann Gunkel, Über die Popularisierung theologischer Forschung, in: FS zum 25jährigen Bestehen der Ferienkurse in Jena, Jena 1913, S.70-80. Nowak, Geschichte des Christentums, S.164f. weist darauf hin, daß das Interesse an popularer theologischer Literatur in den theologischen Verlagen von 1890 an einen wirtschaftlichen Boom auslöste, wobei hinsichtlich der Auflagen- und Absatzstärke die Schriftenreihen aus dem Bereich der wieder erstarkenden Erweckungsbewegung die popularen Schriften aus dem Bereich liberalprotestantisch-wissenschaftlicher Theologie „mühelos aus dem Feld" schlugen, jedoch in ihrer Rezeption „auf die entsprechenden Glaubens- und Gesinnungsgruppen beschränkt" blieben (aaO., S.165).

150 Klatt, Gunkel, S.83f.

151 VA 250: Schreiben von Gustav Krüger, Gießen an Paul Siebeck, Tübingen, 30.11.1908.

Verhältnis von ‚Geld und Geist', von theologischen Ansprüchen und verlagsökonomischen Realitäten.

Alle diese dargestellten Bemühungen seitens der theologischen Wissenschaften um Popularisierung ihrer Forschungsergebnisse sind im engen Kontext zu sehen mit anderen Volksbildungsbestrebungen um 1900, wie sie sich im Gefolge reformpädagogischer Ansätze etablierten: volkstümliche Universitätskurse, Volksbüchereien und die sogenannten Volksunterhaltungsabende sind hier ebenso von Bedeutung wie die Gründung der *Gesellschaft für Verbreitung von Volksbildung* (1871; von 1915 an *Gesellschaft für Volksbildung*), aber auch die zum Teil zu den bürgerlichen Volksbildungsbestrebungen auf Distanz gehenden Arbeiterbildungsvereine. Dabei indizieren die Hoffnungen, welche sich mit der Volksbildungsbewegung verbanden, die „Zukunftssicherheit einer Gesellschaft, die nichts für unerreichbar hielt" und die „den Glauben an die Kraft der Bildung" als einen kulturellen Leitwert pflegte. Die Volksbildungsbemühungen zerfielen organisatorisch in „konkurrierende Richtungen, die sich entlang der Grenzlinien der großen sozialmoralischen Milieus voneinander abgrenzten. Die Volksbildung in Deutschland war also ein getreues Abbild der fragmentierten deutschen Gesellschaft mit ihren moralisch überhöhten Schranken zwischen den Milieus"[152]. Geht man mit Dietrich Langewiesche davon aus, daß auch die Popularisierungsbestrebungen an den Grenzen des jeweils eigenen ‚sozialmoralischen Milieus' ihr Ende fanden, so gilt dies im Rückschluß auch für die von Siebeck verlegten Werke: Sie besetzten ein klar umrissenes Marktsegment und wurden für ein ebenso klar umrissenes Publikum konzipiert – für das liberal-protestantische Bildungsbürgertum und darin speziell für die theologisch nicht fachgebildeten, aber religiös interessierten Laien. Auf diesen Sachverhalt kann nicht nachdrücklich genug verwiesen werden, da nur so gewährleistet bleibt, daß das Projekt der Wissenschaftspopularisierung in Lexikonform, wie es der Mohr Siebeck Verlag in Angriff nahm, in seiner Marktpräsenz nicht überbewertet wird und ihm ein publizistisch-theologischer Wirk-

152 Dieter Langewiesche, ‚Volksbildung' und ‚Leserlenkung' in Deutschland von der wilhelminischen Ära bis zur nationalsozialistischen Diktatur, in: IASL 14/1 (1989), S.108-125, hier S.108.110. Vgl. ders., Liberalismus, S.160f. Zur Volksbildungsbewegung der ‚Wilhelminischen Ära' ferner Paul Röhrig, Erwachsenenbildung, in: Handbuch der deutschen Bildungsgeschichte. Bd.IV. 1870-1918. Von der Reichsgründung bis zum Ende des Ersten Weltkriegs. Hg. v. Christa Berg, München 1991, S.441-471. Röhrig arbeitet ebenso die Aufsplitterung volkspädagogischer Bemühungen in sozialdemokratische, liberal-bürgerliche oder konfessionelle Milieus heraus wie die Kritik konservativer Kreise an den Volksbildungsbestrebungen (z.B. aaO., S.451). Zum Bildungswesen allgemein neben dem genannten Handbuch dann auch Nipperdey, Deutsche Geschichte 1, S.531-601. Sämtliche hier genannten Arbeiten bieten weiterführende Bibliographien.

radius zugewiesen wird, den es von seiner Konzeption her gar nicht haben konnte.

2.5. Der Eugen Diederichs Verlag und der Verlag Vandenhoeck & Ruprecht als theologiepolitische Antipoden des Mohr Siebeck Verlages

> „Streit der Meinungen muss sein, sonst kämen wir nicht vorwärts und Allen können wir es in Gottes Namen nicht recht machen. Ergo schreiben Sie weiter, wie bisher, und lassen Sie sich durch Niemanden davon abbringen. Wir wollen nicht besänftigen, sondern vorwärts, und dazu ist ein frischer, bisweilen ein scharfer Wind nöthig. So stehen wir und können nicht anders. Man wird es uns schon noch danken"[153].

Paul Siebeck hatte sein Verlagsprogramm, wie dargestellt, theologie- und milieupolitisch eindeutig positioniert: Seine primär anvisierte Benutzergruppe war die Klientel des bildungsbürgerlich formierten Kulturprotestantismus. Theologisch sah er sich in der Tradition einer liberal orientierten Theologie. Damit besetzte der Verlag mit seiner Produktion sowohl gesamtgesellschaftlich als auch innerhalb des fragmentierten Protestantismus der ‚Wilhelminischen Epoche' eine klar umgrenzte Nische.

Mit dieser kultur- und theologiepraktischen Motivation mußte sich Siebeck hauptsächlich von zwei Verlagsunternehmen hinsichtlich des Verlagsprofils und hinsichtlich der programmpolitischen Imagepflege abzugrenzen suchen: dem Verlag Eugen Diederichs in Jena und dem Göttinger Verlag Vandenhoeck & Ruprecht.

Von Eugen Diederichs stammt die charakteristische Äußerung, daß er seinen Beruf „nicht allein als Geschäftsmann auffasse, sondern dass ich Kulturpolitik treibe und eine Reihe auf ein neues geistiges Leben hinzielende Bücher in meinem Verlag zu vereinigen suche"[154]. Der Je-

---

153 VA 142: Schreiben von Paul Siebeck, Vietznau an Otto Baumgarten, Kiel, 10.09.1901.

154 Schreiben Eugen Diederichs „An einen Naturwissenschaftler, 24.11.1903, abgedruckt in: Eugen Diederichs. Leben und Werk. Ausgewählte Briefe und Aufzeichnungen. Hg. v. Lulu von Strauß und Torney-Diederichs, Jena 1936, S.94. Gangolf Hübinger hat das kulturpraktische Verlegerinteresse Eugen Diederichs in zahlreichen Untersuchungen ausführlich dokumentiert, weshalb sich vorliegende Arbeit an dieser Stelle beschränken kann. Vgl. Gangolf Hübinger, Kulturkritik und Kulturpolitik des Eugen-Diederichs-Verlages im Wilhelminismus. Auswege aus der Krise der Moderne?, in: Umstrittene Moderne. Die Zukunft der Neuzeit im Urteil der Epoche Ernst Troeltschs. Hg. v. Horst Renz und Friedrich Wilhelm Graf (Troeltsch Studien 4), Gütersloh 1987, S.92-114; Versammlungsort moderner Geister. Der Eugen Diederichs Verlag – Aufbruch ins Jahrhundert der Extreme. Hg. v. Gangolf Hübinger, München 1996; ders., Der Verlag Eugen Diederichs in Jena. Wissenschaftskritik, Lebensreform

naer Verleger hatte das Programm seines 1896 in Florenz gegründeten, seit 1904 in Jena residierenden Verlages neumystischen, neuidealistischen, freireligiösen und lebensreformerischen Strömungen verpflichtet, die in ihrer Vergesellschaftung antikirchlich agierten.

> „Ich möchte nicht wie die Romantiker mit meinem Verlag als Stürmer und Dränger beginnen und dann mit der Kirche enden. Bei dem Wort Christus werde ich eigentlich immer etwas nervös, genau im Gegensatz zu der Verehrung, die ich für seine menschliche Persönlichkeit empfinde. Ich möchte nur den Namen nicht hören, weil sich für mich soviel Vorstellungen damit verknüpfen, die die Menschheit überwinden muß" [155].

Diederichs verstand sich als Förderer eines antirationalistischen, lebensphilosophischen Kulturprogramms. Er erschloß die Werke Leo Tolstois (1828-1910), Søren Kierkegaards (1813-1855) und Henri Bergsons (1859-1941) in aufwendigen Werkausgaben dem deutschsprachigen Publikum und wurde „zum Sprachrohr des kulturpessimistischen Zweigs des deutschen Bildungsbürgertums"[156]. Daneben unterstützte er die diversen bürgerlichen Reformbewegungen: Körperkulturbewegung, Reformpädagogik, Volkshochschulbewegung oder die Gartenstadtbewegung.

Zur verlegerischen Förderung dieser neuen Religiosität integrierte Diederichs in sein Verlagsprogramm die Schriften einzelner Theologen, die am Rande oder schon außerhalb universitärer Theologie agierten und den von Martin Rade und dem Verleger Siebeck vertretenen Kulturprotestantismus zu überwinden suchten: Arthur Bonus (1864-1941), Arthur Drews (1865-1935), Carl Jatho, Max Maurenbrecher (1874-1930), Gottfried Traub, später dann auch Friedrich Gogarten (1887-1967) und

---

und völkische Bewegung, in: GuG 22 (1996), S.31-45. Zu Diederichs' Verhältnis zu den oben genannten Kulturverlegern (vgl. Kap.II.1.) vgl. Andreas Meyer, Der Verlagsgründer und seine Rolle als „Kulturverleger", in: Versammlungsort moderner Geister. Der Eugen Diederichs Verlag – Aufbruch ins Jahrhundert der Extreme. Hg. v. Gangolf Hübinger, München 1996, S.26-89. Dann auch der Ausstellungskatalog: Versammlungsort moderner Geister. Der Kulturverleger Eugen Diederichs und seine Anfänge in Jena 1904-1914. Katalogbuch zur Ausstellung im Romantikerhaus Jena 15. September bis 8. Dezember 1996, München 1996. Aus der Fülle der Literatur zum Eugen Diederichs Verlag sei zusammenfassend verwiesen auf: Erich Viehöfer, Der Verleger als Organisator. Eugen Diederichs und die bürgerlichen Reformbewegungen der Jahrhundertwende, in: AGB 30 (1988), S.1-174; die detailreiche verlagsgeschichtliche Untersuchung von Irmgard Heidler, Der Verleger Eugen Diederichs und seine Welt [1896-1930] (Mainzer Studien zur Buchwissenschaft 8), Wiesbaden 1998 sowie: Romantik, Revolution und Reform. Der Eugen Diederichs Verlag im Epochenkontext 1900-1949. Hg. v. Justus H. Ulbricht und Meike G. Werner, Göttingen 1999. Dort jeweils weiterführende Literatur. Die dem zuletzt genannten Sammelband von Ulbricht und Werner vorangestellte Einleitung (aaO., S.7-18) bietet ein Referat der einschlägigen Literatur zur Verlagsgeschichte und zum Verlagsprofil.

155 Schreiben von Eugen Diederichs „An einen Theologen", 12.02.1903, abgedruckt in: Eugen Diederichs. Leben und Werk, S.73f., hier S.73).

156 Hübinger, Kulturkritik, S.92.

teilweise Hermann Kutter (1869-1931)[157]. Der liberale Protestantismus, wie ihn Paul Siebeck verlegerisch unterstützte, also die Förderung des historisch-kritischen Wissenschaftsdiskurses und die Bemühungen um eine „Reform kirchlicher Institutionen im Sinne liberal-bürgerlicher Vergesellschaftung"[158], blieb Eugen Diederichs fremd, obgleich er seit 1903 zu Rade in brieflichem Kontakt stand. „Ich kenne die Persönlichkeiten des liberalen Protestantismus und der freireligiösen Bewegung wohl samt und sonders persönlich näher und ich muß Ihnen sagen, daß ich kaum sechs Menschen ernst nehmen kann"[159]. In der Tatsache, daß Verlagspolitik immer auch Wissenschaftspolitik ist, liegt der entscheidende Differenzpunkt zwischen dem Tübinger und dem Jenaer Verlag. „Die Gegensätze waren kaum größer zu denken als die zwischen den Verlagen Siebeck und Diederichs, und dies [...] hing sehr stark mit ihrer Einschätzung und Förderung der Wissenschaft in der modernen Gesellschaft zusammen"[160].

Doch nicht nur entgegengesetzte theologiepolitische Motivationen führten zu Konkurrenzsituationen. Der Göttinger Verlag Vandenhoeck & Ruprecht verfolgte zwar zum Teil ähnliche theologiepolitische Ziele wie der Mohr Siebeck Verlag, dennoch gerieten die beiden Verlage in Konkurrenz zueinander, später insbesondere auf dem Gebiet der Lexikonproduktion[161]. Als Gründungsdatum des Göttinger Verlages gilt gemeinhin der 13.02.1735, der Tag, an dem Abraham Vandenhoeck (1684-1751) das Privileg als Universitätsbuchdrucker, -händler und -verleger erhielt – ein Jahr nach Gründung der Georg-August-Universität[162]. Anna Vandenhoeck – die Frau von Abraham Vandenhoeck –

157 Vgl. hierzu v.a. Friedrich Wilhelm Graf, Das Laboratorium der religiösen Moderne. Zur ‚Verlagsreligion' des Eugen Diederichs Verlags, in: Versammlungsort moderner Geister. Der Eugen Diederichs Verlag – Aufbruch ins Jahrhundert der Extreme. Hg. v. Gangolf Hübinger, München 1996, S.243-298. Zur Akquisition theologischer Autoren siehe Hübinger, Kulturkritik, S.102ff.

158 Hübinger, Kulturprotestantismus, S.194.

159 Schreiben von Eugen Diederichs an Hermann Hefele, 31.08.1910, abgedruckt in: Eugen Diederichs. Leben und Werk, S.181. Die ChW beschuldigte er eines „schwächliche[n] Kompromißtum[s]" (Schreiben von Eugen Diederichs „An einen Theologen", 30.10.1906, abgedruckt in: aaO., S.141).

160 Hübinger, Der Verlag Eugen Diederichs, S.33.

161 Vgl. Kap.III.2.2.2.

162 Literatur zur Verlagsgeschichte existiert nur spärlich. Die wissenschaftliche Verlagstradition würdigt der Jubiläumsband: Wissenschaften im Zeitalter der Aufklärung. Aus Anlaß des 250jährigen Bestehens des Verlages Vandenhoeck & Ruprecht. Hg. v. Rudolf Vierhaus, Göttingen 1985. Ferner: Zweihundertfünfzig Jahre Vandenhoeck & Ruprecht in Göttingen. Jubiläumsfeier am 15. Februar 1985 (darin v.a. der Beitrag von Rudolf Smend, Über einige ältere Autoren des Verlages Vandenhoeck & Ruprecht, S.15-40). Sehr knapp dann noch: Vandenhoeck & Ruprecht in Göttingen. 1735-1985, Göttingen 1985. Vgl. auch den entsprechenden Abschnitt in: Der evangelische

führte nach dessen Tod 1750 die Verlagsgeschäfte[163]. Und genau wie sich der Mohr Siebeck Verlag an seinen verschiedenen Verlagsorten mit der jeweils ortsansässigen Universität verband, so wurde Vandenhoeck & Ruprecht im Lauf der Jahre zum Hausverlag der juristischen, theologischen, medizinischen, philosophischen und altphilologischen Fakultäten in Göttingen. Im Untersuchungszeitraum vorliegender Arbeit leiteten Wilhelm (1858-1943) und Gustav (1860-1950) Ruprecht den Verlag. In das theologische Verlagsprogramm integrierten sie neben religionsgeschichtlichen Arbeiten vor allem sozialpolitisch-protestantische Schriften. Friedrich Naumann avancierte zum Hausautor des Verlages. Auch dessen Zeitschrift *Die Hilfe* erschien hier. Im Unterschied zum Mohr Siebeck Verlag legte sich das Göttinger Unternehmen „nicht auf einen liberal-protestantischen Kurs fest, sondern war um eine offene Haltung sowohl zur christlich-sozialen Bewegung als auch zu den Modern-Positiven bemüht"[164]. Paul Siebeck reagierte auf ‚Seitensprünge' seiner Autoren trotzdem ausgesprochen verstimmt[165].

In Auseinandersetzung mit diesen beiden Verlagen profilierte der Mohr Siebeck Verlag an der Wende vom 19. zum 20. Jahrhundert sein spezifisches theologisches Programm. Es hat sich gezeigt, daß der Verlegerberuf wie ihn Paul Siebeck verstand, ein theologie- und kulturpolitischer Beruf ist. Durch die Verbindung mit bestimmten Universitäten und der Profilierung eines spezifischen theologischen Programms sowie der gezielten Autorenakquisition wurde Wissenschaftspolitik betrieben. Die Popularisierungsbestrebungen und die Orientierung am Ideal des ‚gebildeten Laien' berührten bildungspolitische Themenkomplexe. Dies alles nie losgelösten von unternehmenspolitischen Fragen und Zwängen. Hier liegen nun auch die entscheidenden lexikonpolitischen Parameter. Denn von 1900 an diskutierte der Verlag mit einigen seiner Autoren, ob und wie dieses theologie- und wissenschaftspolitische Programm neben der Produktion von wissenschaftlichen Mono-

Buchhandel, S.295-300 und Hans Ellissen, Die Firma Vandenhoeck & Ruprecht in Göttingen 1735-1885, in: Bbl 52 (1885), S.734-736.

163 Vgl. Barbara Lösel, Die Frau als Persönlichkeit im Buchwesen. Dargestellt am Beispiel der Göttinger Verlegerin Anna Vandenhoeck (1709-1787). Mit einem Geleitwort von Alfred G. Swierk (Buchwissenschaftliche Beiträge aus dem Deutschen Bucharchiv München 33), Wiesbaden 1991 (mit ausführlichen Literaturhinweisen zur universitären und verlagsgeschichtlichen Bedeutung Göttingens).

164 Hübinger, Kulturprotestantismus, S.194.

165 Vgl. z.B. VA 355: Schreiben von Paul Siebeck, Tübingen an Otto Baumgarten, Kiel, 15.07.1914: „Ausserdem haben Sie, was Sie schreiben, bei J.C.B. zu verlegen – das wissen Sie doch. Es ist genug, dass Sie schon zwei Seitensprünge zu Vandenhoeck & Ruprecht gemacht haben".

graphien und populären Reihen zusätzlich in eine schlüssige lexikographische Konzeption umzusetzen möglich wäre.

3. Die konzeptionelle Idee eines theologischen Konversationslexikons und deren lexikographisch-organisatorische Umsetzung – die RGG[1] zwischen theologiepolitischen Ambitionen und verlagspolitischen Realitäten

Die folgende Darstellung des lexikographischen Konzeptes von RGG[1] gliedert sich nach drei Aspekten: In einem ersten Abschnitt (Kap.II.3.1.) wird anhand des Archivbefundes eine zeitliche und sachliche Chronologie des Planungs- und Erscheinungsverlaufs rekonstruiert. In diesem Teil soll es in erster Linie darum gehen, zu zeigen, ob und wie zwischen theologisch-lexikographischen Ansprüchen einerseits und redaktionell-organisatorischen Erfordernissen andererseits vermittelt werden konnte. Sowohl Fragen der Mitarbeiterauswahl und -betreuung, des Verhältnisses zwischen Verlag, Herausgebern, Abteilungsredakteuren und Autoren sowie Probleme der Organisation des Stichwortbestandes kommen zur Sprache. Daneben ist hier der Ort, den Fragen nach der finanziellen Seite des Projektes nachzugehen. Es geht also im wesentlichen um die unternehmerische Umsetzung einer theologiepolitischen Motivation.

Nach der Rekonstruktion der organisatorischen Seite eines lexikalischen Profils soll in einem zweiten Schritt (II.3.2.) das theologisch-hermeneutische Profil der RGG[1] genauer fixiert werden. Dazu werden die oben vorgestellten Organisationsprinzipien des theologischen Verlagsprogrammes (Kap.II.2.2.-4.) in lexikographische Prinzipien überführt. Das Lexikon verstand sich erstens als „kein gelehrtes, sondern ein gemeinverständliches Werk" – hier geht es um Fragen der Benutzerhermeneutik und die intendierte Zweckbindung des Werkes. Hier wird die Frage der zugrunde gelegten Bildungskonzeption relevant (II.3.2.1.; vgl. Kap.II.2.4.). Die erste Auflage der RGG war der religionsgeschichtlichen Fragestellung verpflichtet – hier wird die wissenschaftspolitische Programmatik verhandelt (II.3.2.2.; vgl. Kap.II.2.3.). Das Lexikon stellt eine Summe kulturprotestantischer Gesellschaftsdeutung vor, die sich dem Diskurs mit den angrenzenden Sozial- und Kulturwissenschaften verpflichtet sah – die Hermeneutik des Zugriffs ist hier von Interesse (III.3.2.3.; vgl. Kap.III.2.2.)[166]. Die beiden eingefügten Exkurse wollen das anhand der Archivalia rekonstruierte lexikonpolitische Profil mittels der Analyse und des Vergleichs von zwei zentralen Stichworten vertiefen. Daher werden die Stichworte Bildung und Religionsgeschichtliche Schule verhandelt. Der Artikel Religionsgeschichtliche Schule legte sich nicht nur deshalb nahe, weil er ein entscheidender selbstdeutender Schlüsselbegriff ist, sondern auch, da dieser Artikel der nach derzeitigem Kenntnisstand einzige der ersten Auflage ist, von welchem das Manuskript erhalten blieb. Der Artikel Bildung legte sich indes nahe, weil an ihm in besonderer Weise die Hierarchisierung innerhalb eines Lemma und die theologiepolitisch motivierte Verschiebung derselben nachgewiesen werden kann.

In einem dritten Schritt soll dann die Rezeption des Lexikons in den einschlägigen allgemeinen und theologisch-kirchlichen Presseorganen vorgestellt werden (Kap.II.3.3.). Es wird sich zeigen, daß auch hier die drei Aspekte des theologisch-hermeneutischen Profils zur Geltung gebracht werden, entweder in abwertender Geringschätzung oder in enthusiastischem Lob.

---

166 Diese dreiteilige Analyse des theologischen Profils ist dem Selbstverständnis der verantwortlichen Konzeptoren des Werkes verpflichtet. So ist das Selbstporträt von RGG[1] im Lexikon selbst genau diesen Topoi und den damit verbundenen inhaltlichen Präzisierungen verpflichtet. Dort heißt es, die RGG[1] wolle nicht ein „für die Theologen allein, sondern für alle geistig und religiös Interessierten bestimmtes, daher allgemein-verständliches und doch wissenschaftliches Handwörterbuch sein. Unter weiter Begrenzung des zu behandelnden Stoffes und unter allseitiger Berücksichtigung der Methoden der modernen Religionswissenschaft, Historik und Philologie behandelt sie das ganze Gebiet der Theologie und des religiösen und kirchlichen Lebens, ebenso die Grenzgebiete bis zu den religiösen Anschauungen unserer großen Denker hin, die nichtchristliche Religionsgeschichte, sowie die einschlägigen Fragen der Philosophie, der Volkswirtschaft, der Kunst, der Politik, der Volkserziehung, unter bewußter Vermeidung oder nur ganz kurzer Berücksichtigung des Antiquarischen und im steten Blick auf die Interessen der modernen Zeit" (Christlieb, Art. Nachschlagewerke, theologische, in: RGG[1], 4 [1913], Sp.647-656, hier Sp.649). Mit denselben Topoi argumentiert auch der Werbeprospekt, welchen Schiele im Vorwort des ersten Bandes zitiert: „Es mangelt an einem Lexikon, welches, 1. über die Lage der Kirche und des Christentums in der *Gegenwart* orientiert, 2. der Erweiterung der theologischen Arbeit durch die Methoden der modernen Religionswissenschaft, Historik und Philologie nach *allen* Seiten hin Rechnung trägt, 3. für alle seine Benützer verständlich, handlich und erschwinglich ist. Diese drei Bedürfnisse erheischen ein neues Nachschlagewerk" (Friedrich Michael Schiele, Vorwort des Herausgebers, in: RGG[1], 1 [1909], S.V-IX, darin: Abdruck des Prospektes, S.VIIIf., hier S.VIII [Hervorh. i. Orig.]). – Auch die Frage der Milieubindung und der publizistischen und sozialen Vernetzung von RGG[1] werden auf dem Hintergrund dieser drei Parameter verhandelt. Dies erklärt, warum beispielsweise die personellen Bezüge zum Evangelisch-sozialen Kongreß nicht eingehender verhandelt werden.

3.1. Die lexikographische Konzeption eines allgemeinverständlichen, religionsgeschichtlichen Nachschlagewerkes und deren organisatorische Umsetzung

In den Jahren 1900 und 1901 und dann wieder von 1903 an fand zwischen Martin Rade, Paul Siebeck, dem von Rade hinzugezogenen Walther Köhler (1870-1946) und Gustav Krüger eine theologisch-lexikographische Diskussion statt über das Profil eines neuen theologischen Nachschlagewerkes, das sich in erster Linie von RE³ abgrenzen sollte. In diesen frühen Diskussionen, welche zum größeren Teil mündlich stattfanden[167], präfigurieren sich alle Themen und Konfliktpunkte, welche das Projekt im Erscheinungsverlauf belasteten. Es ist deshalb hilfreich, den im Vergleich eher schmalen Archivbefund dieser Zeit eigenständig zu berücksichtigen, denn nur so wird deutlich, was Paul Siebeck als die Diskrepanz zwischen ursprünglichem Plan und letztendlich realisiertem Projekt bemängeln wird. Es läßt sich nur unter Berücksichtigung dieser frühen Diskussion nachweisen, daß in der Tat zwischen lexikographisch-theologiepolitischen Ambitionen und deren redaktionell-organisatorischer Umsetzung ein problematisches Gefälle bestand, daß also mithin die Arbeits- und Finanzbedingungen der Buchproduktion, von denen sich auch der *theologische* Buchmarkt nicht dispensieren kann, die literarisch-verlegerische Vermittlung und Präsentation theologisch-kirchlicher Gesellschafts- und Geschichtsdeutung maßgeblich beeinflußt[168].

---

167 VA 135: Schreiben von Paul Siebeck, Tübingen an G. Köhler [eigentlich Walther Köhler; R.C.], Gießen, 25.10.1900: „Was den Plan des grösseren Unternehmens anbelangt, so freut es mich sehr, dass er Ihnen im Allgemeinen gefällt und dass Sie Lust haben, ihm beizutreten. Alles Weitere müssen wir allerdings *mündlich* besprechen" (Hervorh. R.C.). Vgl. ebenso VA 146: Schreiben von Paul Siebeck, Tübingen an Walther Köhler, Gießen, 02.03.1901; VA 170: Schreiben von Walther Köhler, z.Z. Holstenhausen b/Werden an Paul Siebeck, Tübingen, 28.03.1903 [Bericht über ein Gespräch mit Martin Rade]; NL Rade, MS 839: Schreiben von Walther Köhler, z.Z. Elberfeld an Martin Rade, Marburg, 08.04.1901; NL Rade, MS 839: Schreiben von Walther Köhler, Gießen an Martin Rade, Marburg, 27.04.1901 und NL Rade, MS 839: Schreiben von Gustav Krüger, Gießen an Martin Rade, Marburg, 25.10.1900 („Ihre Enzyklopädie liegt mir im Kopf"). – Hartmut Ruddies datiert die Anregung Rades für die Herausgabe „dieses bedeutsamsten Dokuments der Religionsgeschichtlichen Schule" auf das Jahr 1904/05. Der Archivbefund widerspricht dieser Datierung. Vgl. Hartmut Ruddies, Liberales Kulturluthertum. Martin Rade (1857-1940), in: Profile des neuzeitlichen Protestantismus. Bd.2: Kaiserreich, Teil 2. Hg. v. Friedrich Wilhelm Graf, Gütersloh 1993, S.398-422, hier S.406.

168 Hübinger, Kulturprotestantismus, S.198 geht davon aus, daß die eigentlich „konzeptionelle Phase" des Projektes erst mit dem Eintritt Schieles in die Hauptredaktion begann. Dieser Annahme ist m.E. aufgrund des Archivbefundes nicht zuzustimmen.

3.1.1. Die erste diskursive Projektierung eines lexikalischen Nachschlagewerkes in Abgrenzung zu RE[3]

„Das Handwörterbuch verdankt seine Entstehung nicht der Spekulation eines Verlegers, sondern einzig und allein einer Anregung des Herrn Professor D. Rade. Wie ich es seit nahezu 30 Jahren getan, so habe ich mich auch bei der Verlagsübernahme des Handwörterbuchs in den Dienst der Sache gestellt, der Herr D. Rade seinerseits mit seiner Anregung dienen wollte"[169].

Martin Rade brachte, so das einhellige Zeugnis aller an diesem Projekt maßgeblich Beteiligten, die Idee eines allgemeinverständlichen, liberalprotestantischen Nachschlagewerkes auf. Im schwierigen Prozeß der organisatorischen Umsetzung dieser Idee erwies er sich als deren Ausgleich schaffender spiritus rector. Es stehe für ihn unumstößlich fest, so Paul Siebeck im September 1909 an Martin Rade,

„dass in dem Vorwort zum ersten Band des Lexikons Ihr Anteil an der ersten Idee des Werkes nicht unerwähnt gelassen werden kann. Einmal ist es historisch genau und dann hat diese historische Tatsache sr. Zt. bei den Auseinandersetzungen mit Gießen eine Rolle gespielt. Von mir, Köhler, Gunkel oder Schiele ging der Gedanke nicht aus, es kann also auch keiner von uns substituiert werden. Dass die Ausführung oder die Durchführung dem ursprünglichen Plane nicht genau entspricht, ändert an der Tatsache nichts und ausserdem haben fast alle Sammelwerke genau das gleiche Schicksal: die meisten entsprechen in der Ausführung nicht dem ursprünglichen Plane. Ich bitte Sie also, den Satz nicht weiter zu beanstanden"[170].

---

169 VA 246: Erstes Schreiben von Paul Siebeck, Tübingen an Hermann Gunkel, Gießen, 20.11.1908.

170 VA 269: Schreiben von Paul Siebeck, Tübingen an Martin Rade, Marburg, 06.09.1909. Vgl. ferner VA 271: Schreiben von Oskar Siebeck, Tübingen an Friedrich Michael Schiele, Berlin, 07.09.1909. Der erste Satz des von Schiele verfaßten Vorwortes lautet denn auch: „Das vorliegende Handwörterbuch geht auf eine Anregung zurück, die Prof. Martin Rade dem Verleger Paul Siebeck gegeben hat" (Friedrich Michael Schiele, Vorwort des Herausgebers, in: RGG[1], 1 [1909], S.V-IX, hier S.V). In welcher Form Rade 1900 das Lexikon anregte, läßt sich anhand des Archivbefundes derzeit nicht nachweisen. Angesichts der Tatsache, daß Rade als Herausgeber der ChW einem Printmedium vorstand, welches sich ähnlichen theologisch-hermeneutischen Zielsetzungen verpflichtet sah, ist die Rückführung der Idee auf ihn plausibel, auch wenn sie sich derzeit nicht in schriftlichen Äußerungen von Rade selbst nachweisen läßt. Zur Parallelität der benutzerhermeneutischen Leitidee zwischen RGG[1] und ChW vgl. Rade, Art. Christliche Welt und Freunde der Christlichen Welt, in: RGG[1], 1 (1909), Sp.1703-1708, hier 1704: „Die ChW wolle „nicht den Amtsträgern und Theologen, sondern der Gemeinde dienen und in erster Linie ihren gebildeten Gliedern. Ihnen will sie zur Erbauung und zu einem festen, klaren christlichen Urteil helfen". – Auch Rühle, dessen Darstellung an vielen Punkten sekundärer Quellencharakter zukommt, führt die Idee zu einem theologischen Lexikon aus dem Verlag Mohr Siebeck auf Rade zurück (Rühle, Der theologische Verlag, S.105). Vgl. auch den rückblickenden Bericht VA RGG[2] 1926: Schreiben von Oskar Siebeck, Tübingen an Martin Rade, 21.02.1925. Paul Siebeck selbst machte Rade gegenüber nachweislich

Nimmt man noch einmal den allgemeinen und fachtheologischen Lexikonmarkt in Blick, wie er sich um 1900 präsentierte, dann wird evident, daß der Zeitpunkt für eine solche Idee eines ein genau umgrenztes Marktsegment anvisierendes Nachschlagewerks mehr als günstig war. Zum einen hatte sich die Idee des Konversationslexikons im Bildungsbürgertum der ,Wilhelminischen Epoche' breit etabliert. Das Bibliographische Institut hatte vor dem Jahrhundertwechsel die fünfte völlig neu bearbeitete Auflage von *Meyers Konversations-Lexikon. Ein Nachschlagewerk des allgemeinen Wissens* herausgebracht. Bereits von 1902 bis 1908 erfolgte die sechste Auflage *Meyer's Großes Konversations-Lexikon. Ein Nachschlagewerk des allgemeinen Wissens*. Der F.A. Brockhaus Verlag vertrieb die 14. vollständig neubearbeitete Auflage von *Brockhaus' Konversations-Lexikon*, die in den folgenden Jahren in mehrfachen Überarbeitungen angeboten wurde[171]. Im Freiburger Herder Verlag erschien von 1902 bis 1907 die dritte Auflage von *Herders Konversations-Lexikon*[172].

Aber auch die einzelnen Wissenschaftsdisziplinen präsentierten sich in lexikalisch-enzyklopädischer Gestalt[173]. Der theologisch-kirchli-

keinen Hehl daraus, wie sehr er als Verleger dessen Rat, insbesondere im Hinblick auf das Lexikon, schätzte: „Alles in Allem: vielen Dank für Alles, was Sie am Lexikon thun (VA 188: Schreiben von Paul Siebeck, Tübingen an Martin Rade, Marburg, 22.03.1904) und auch VA 188: Schreiben von Paul Siebeck, Tübingen an Martin Rade, Marburg, 07.04.1904: „Daß ich jederzeit über Ihren Rat verfügen darf, ist mir eine große Stütze".

171 Zu den Konversationslexika siehe oben Kap.I.A.2.1.1. Zur Verlagsgeschichte der Firma F.A. Brockhaus um 1900, d.h. unter der Leitung von Albert Brockhaus und Rudolf Brockhaus jun. vgl. u.a. H.E. Brockhaus, Die Firma F.A. Brockhaus, S.345ff., zur 14. Auflage des Konversationslexikons aaO., S.363ff.

172 Friedrich Michael Schiele würdigte dieses Werk in Rezensionen für die ChW: ders., Rez. Herders katholisches Konversations-Lexikon, in: ChW 16 (1902), Sp.379f.; ders., Rez. Herders Konversationslexikon, in: ChW 17 (1903), Sp.380 und ders., Rez. Herders Konversationslexikon, in: ChW 22 (1908), Sp.306f. Schiele sah den lexikographischen Wert des Werkes explizit darin, „ein ausgesprochen katholisches Tendenzwerk" (ChW 22 [1908], Sp.306) zu sein, das „gerade in protestantischen Bibliotheken [...] so wie es ist, nicht fehlen" sollte (aaO., Sp.307), da es – insbesondere im Vergleich mit dem sogenannten *Brockhaus* und *Meyer* ein nützliches Hilfsmittel zum Studium katholischer Kultur- und Gesellschaftsdeutung sei.

173 Für den Zeitraum um 1900 seien einige dieser Werke exemplarisch angeführt: Im Mohr Siebeck Verlag war erschienen das *Wörterbuch des deutschen Staats- und Verwaltungsrechts.In Verbindung mit vielen Gelehrten und höheren Beamten hg. v. Karl von Stengel. Drei Bde., Freiburg i. Br. 1890-1897*. Die zweite Auflege erschien in Tübingen von 1911-1914. Aus dem Herder Verlag errang das sogenannte *Staatslexikon der Görres-Gesellschaft*, erstmals erschienen von 1887-1897, in mehreren Auflagen enorme Bedeutung: *Staatslexikon. Zweite, neubearbeitete Auflage. Unter Mitwirkung von Fachmännern hg. im Auftrage der Görres-Gesellschaft zur Pflege der Wissenschaft im katholischen Deutschland v. Julius Bachem. Fünf Bde., Freiburg et al 1901-1904; Staatslexikon. Dritte, neubearbeitete (und vierte Auflage). Unter Mitwirkung von Fachmännern hg. im Auftrag der Görres-Gesellschaft zur Pflege der Wissenschaft im katholischen Deutschland v. Julius Bachem und Hermann Sacher.*

che Lexikonmarkt hatte sich in der zweiten Hälfte des 19. Jahrhunderts bis hin zur Jahrhundertwende sowohl innerkonfessionell als auch innerprotestantisch zunehmend fragmentiert[174]. Zeitgenossen sprachen angesichts dieser „Bemühungen um Ordnung innerhalb einer weltanschaulich fragmentierten Gesellschaft" gar von einem „‚Zeitalter der Sammelwerke'"[175].

Fünf Bde., Freiburg et al 1908-1912. Aus dem Bereich der Geschichtswissenschaft ist exemplarisch zu verweisen auf das bei Teubner verlegte *Ausführliche[] Lexikon der griechischen und römischen Mythologie. Hg. v. W.H. Roscher. Sechs Bde. und div. Supplementbde., Leipzig et al 1886-1921* und v.a. auf die im Verlag der J. B. Metzler'schen Buchhandlung erschienene *Real-Encyclopädie der classischen Alterthumswissenschaft in alphabetischer Ordnung. Hg. v. August Pauly. Fortgesetzt und beendigt von Chr. Walz und W.S. Teuffel. Sechs Bde., Stuttgart 1837-1852,* sodann: Paulys *Real-Encyclopädie der classischen Althertumswissenschaft. Neue Bearbeitung, unter Mitwirkung zahlreicher Fachgenossen, Stuttgart 1894ff.* Oder auch *Encyklopädisches Handbuch der Pädagogik. Hg. v. W. Rein. Zehn Bde., zweite Auflage Langensalza 1903-1911.* „Dieses Handbuch ist ein imposantes Dokument für die Entwicklung der Pädagogik vor dem Ersten Weltkrieg, vor allem auch für die pädagogische Kraft des deutschen Kulturprotestantismus" (Ulrich Herrmann, Pädagogisches Denken und Anfänge der Reformpädagogik, in: Handbuch der deutschen Bildungsgeschichte. Bd.IV. 1870-1918. Von der Reichsgründung bis zum Ende des Ersten Weltkriegs. Hg. v. Christa Berg, München 1991, S.147-178, hier S.160).

174 Vgl. hierzu Kap.I.B., bes. 3.3.2. und 4.3-4.4.

175 Helen Müller, Im Zeitalter der Sammelwerke. Friedrich Naumanns Projekt eines „Deutschen Staatslexikons" (1914), in: Friedrich Naumann in seiner Zeit. Hg. v. Rüdiger vom Bruch, Berlin et al 2000, S.189-207, hier S.191. Der Ausdruck „Zeitalter der Sammelwerke" geht zurück auf Arthur Buchenau (1879-1946), literarischer Beirat des de Gruyter Verlages in Berlin (vgl. ebd., Anm.7). Vgl. jetzt auch dies., Wissenschaft und Markt um 1900. Das Verlagsunternehmen Walter de Gruyters im literarischen Feld der Jahrhundertwende (Studien und Texte zur Sozialgeschichte der Literatur 104), Tübingen 2004, S.137ff.201ff. – Das von Müller vorgestellte Projekt des *Deutschen Staatslexikon[s]*, welches auf eine Anregung Friedrich Naumanns zurückging, wurde neben dem Verlag Walter de Gruyter (Georg Reimer) verlegerisch von Paul Siebeck begleitet: „Es liegt mir vor allem daran, den Gedanken eines Staatslexikons auf liberaler Grundlage mit Ihnen zu besprechen, da Sie und Ihr Verlag auf dem Gebiet des Fachlexikons viele Erfahrungen gesammelt haben. Aus politischen Gründen halte ich ein derartiges Lexikon für wünschenswert" (VA 335: Schreiben von Friedrich Naumann, Berlin an Paul Siebeck, Tübingen 05.02.1912). Der Plan zu diesem Lexikon wurde jedoch nie realisiert. „Allen denjenigen Herren, mit denen ich den Plan eines liberalen Staatslexikons besprochen habe, teile ich mit, dass dieser Plan aus geschäftlichen Gründen vorläufig aufgeschoben werden muss. Ich halte an dem Gedanken selbst fest und möchte nicht, dass die Idee ohne mich von andrer Seite verwirklicht wird, bin aber gegenwärtig nicht in der Lage, die dazu nötigen Mittel herbeizuschaffen", hieß es bereits Ende 1912 (VA 335: Schreiben von Friedrich Naumann, Berlin an Paul Siebeck, Tübingen, 21.03.1912). Im Verlauf der Jahre 1913/14 wurde die Idee noch einmal reaktiviert und eine mögliche Organisation des Projektes näher konkretisiert: „Was sodann das Staatslexikon anlangt, so hat Herr Dr. Naumann im Anschluss an seinen letzten Besuch in Tübingen mit Max Weber, Tröltsch, Liszt, Preuss, Walter Götz, Alfred Weber und Fräulein Bäumer gesprochen. Diese hätten den Plan sehr begrüsst und sich prinzipiell ohne Ausnahme zur Mitwirkung bereit erklärt. Die Organisation des Ganzen denkt sich Dr. Naumann nach

Angesichts dieses Befundes – daß nämlich einerseits die Lexikonproduktion in allen wissenschaftlichen Disziplinen beständig anwuchs und daß zugleich der speziell protestantisch-theologische Lexikonmarkt schon dicht besiedelt war und daß zum dritten mit dem Genre des Konversationslexikons ein den bildungsbürgerlichen Benutzerkreisen verpflichtetes Medium bereits auf dem Markt präsent war – war allen an den anfänglichen Planungen Beteiligten klar (Paul Siebeck, Martin Rade, Gustav Krüger und Walther Köhler), daß dem neuen Projekt nur dann Erfolg beschieden sein könne, wenn die Nische, die sie zu besetzen gedachten, möglichst präzise abgegrenzt würde[176].

Primär sei es, so der allgemeine Konsens, unerläßlich, sich in grundlegenden lexikographisch-theologischen Fragen vom großen Projekt der RE[3] abzugrenzen. „Die eigentliche Schwierigkeit", so Walther Köhler an Paul Siebeck „sehe ich darin, wie man dem neuen Unternehmen das nötige Unterscheidende von der Hauck'schen R.E. giebt. Die Einheitlichkeit der Mitarbeiter kann's doch nicht allein thun!? Diese Frage wird jedenfalls genau erwogen werden müssen"[177]. Köhler war von Martin Rade am Tag vor diesem Schreiben, also am 24.10.1900, über das geplante Projekt informiert worden und betonte, daß zu die-

dem Muster von R. G. G. und zwar schlug er bei seiner Besprechung am Freitag Abend vor, das Ganze in 25 Abteilungen zu zerlegen. Nach unsern Erfahrungen bei R. G. G. halte ich eine so grosse Zahl von Abteilungsredakteuren für sehr unpraktisch" (VA 352: Schreiben von Oskar Siebeck, Berlin an Paul Siebeck, Tübingen, 17.12.1913; zum organisatorischen Problem der Institution der ‚Abteilungsredakteure' innerhalb des RGG-Projektes vgl. unten in diesem Kapitel Abschnitt 3.1.3.2.). Siebeck versagte seine verlegerischen Dienste in diesem konkreten Fall in erster Linie aus finanziellen Gründen – er sei derzeit „nicht liquid genug" für ein derartiges Projekt (VA 351: Schreiben von Paul Siebeck, Tübingen an Friedrich Naumann, Berlin, 29.12.1913). Zu Naumanns Lexikonidee vgl. neben dem genannten Aufsatz von Helen Müller auch Hübinger, Kulturprotestantismus, S.303ff.; zu Naumanns liberalprotestantischer Position vgl. Frank-Michael Kuhlemann, Friedrich Naumann und der Kirchliche Liberalismus, in: Friedrich Naumann in seiner Zeit. Hg. v. Rüdiger vom Bruch, Berlin et al 2000, S.91-113. Neben Naumann entwickelte zum gleichen Zeitpunkt auch Robert Piloty (1863-1926) in Würzburg die Idee eines ‚allgemeinen' Staatslexikons, „worin alles auf den Staat bezügliche, insbesondere auch die positive Staatenbeschreibung, Politik, Kirche usw. zu finden wäre" (VA 335 [sub Naumann]: Auszugsabschrift eines Schreibens von Robert Piloty, Würzburg an Paul Siebeck, Tübingen, 13.05.1912). Piloty wollte sein Lexikon in erster Linie gegen das *Staatslexikon der Görres-Gesellschaft* abgrenzen, welchem er aufgrund der lexikographischer Konzeption – einheitlich katholische Mitarbeiterschaft und hoher Verbreitungsgrad aufgrund des geringen Umfangs – eine zu marktdominante Stellung zuwachsen sah. Er fand, „dass dem Werk eigentlich ein Widerpart geleistet werden sollte" (ebd.).

176 Zur Analyse des vorfindlichen Lexikonmarktes als unbedingte Voraussetzung eigener Planungen vgl. NL Rade, MS 839: Schreiben von Walther Köhler, Gießen an Martin Rade, Marburg, 16.01.1902.

177 VA 135: Schreiben von Walther Köhler, Gießen an Paul Siebeck, Tübingen, 24.10.1900.

sem Zeitpunkt außer ihm selbst, Rade und Gustav Krüger niemand davon wisse. Köhler entwickelte in diesem Schreiben zwei mögliche Abgrenzungsstrategien gegenüber der RE[3]. Zum einen sei es eine Erwägung wert, den enzyklopädisch darzustellenden Stoff „nach Disciplinen [zu] gruppieren, innerhalb der Disciplinen dann alphabetisch in Sonderartikeln, das wäre eine wesentliche Abweichung von Hauck"[178]. Eine zweite Abgrenzungsmöglichkeit bestehe in der Wahl der Mitarbeiter, die sich auf „die ‚Freunde der Chr.Welt' im weitesten Umfang" beziehen solle[179]. Köhler fügte dem Schreiben eine Liste potentieller Mitarbeiter bei. Es ist aufschlußreich zu sehen, welche Namen er zu diesem frühen Zeitpunkt präsentiert, da die wenigsten von ihnen schlußendlich in dem realen Lexikon vertreten sind und da zu diesem Zeitpunkt von Köhler noch zu einem hohen Anteil Theologen der in der Mitte des 19. Jahrhunderts gebürtigen Generation genannt werden, während er später die Idee eines ‚Lexikons der Jungen' verfocht[180]. Außerdem macht diese Liste deutlich, daß ein derart theologiepolitisch ambitioniertes Projekt wie die RGG[1] sich in hohem Maße über die programmatische Wahl der Mitarbeiter profiliert.

Für das Alte Testament schlug Köhler vor: Hermann Gunkel, den späteren Mitherausgeber, ferner Bernhard Duhm (1847-1928), Bernhard Stade (1848-1906), Alfred Bertholet (1868-1951), Karl Marti, Richard Kraetzschmar (1867-1902), Carl Steuernagel (1869-1958), Karl Siegfried (1830-1903), Friedrich Michael Schiele, Karl Budde (1850-1935) und Thomas Kelly Cheyne (1841-1915). Im Neuen Testament Paul Wernle, Heinrich Weinel, Eduard Grafe (1855-1922), Karl Clemen (1865-1940), Wilhelm Baldensperger (1856-1936), Wilhelm Bousset, Heinrich Holtzmann, Adolf Deissmann (1866-1937) und Paul Wilhelm Schmiedel (1851-1935). Für Kirchengeschichte Gerhard Ficker (1865-1934) und Johannes Ficker (1861-1944), ferner Hans Lietzmann (1875-1942), Karl Albrecht Bernoulli (1868-1937), Gustav Bossert (1841-1925), Gustav Krüger, Hans von Schubert (1859-1931), Alfred Hegler (1863-1902),

178 Ebd. Als mögliche Titel dachte Köhler an „Theol.Reallexikon, Encyklopädisches Handlexikon der Theologie" oder eben „Handbuch der theol.Wissenschaften". Siebeck selbst gab der alphabethisch-lexikalischen Form gegenüber der systematischen den Vorzug (vgl. VA 170: Schreiben von Paul Siebeck, Tübingen an Walther Köhler, Gießen, 14.01.1903). Auch Köhler selbst rückte später von dieser Idee ab: „Für ein systematisches Handbuch wäre ich nicht, das ist nicht praktisch genug, Einzelartikel ist praktischer, weil man schneller findet, was man sucht (VA 203 [sub Rade]: Schreiben von Walther Köhler, Gießen an Paul Siebeck, Tübingen, 27.01.1905.

179 VA 135: Schreiben von Walther Köhler, Gießen an Paul Siebeck, Tübingen, 24.10.1900.

180 Zu den Auseinandersetzungen um Köhlers Vorstellungen hinsichtlich der Mitarbeiterauswahl vgl. unten Kap.II.3.2.3.

Georg Loesche (1855-1932), Karl Holl, Carl Schmidt (1868-1938), Georg Grützmacher (1866-1939), Karl Sell und Adolf von Harnack. Für die Praktische Theologie dachte Köhler unter anderem an Eduard Simons (1855-1922), Wilhelm Diehl (1871-1944), Martin Rade, Heinrich Bassermann (1849-1909), Wilhelm Bornemann (1858-1946; „auch für K.G."[181]), Friedrich Wilhem Thümmel (1856-1928), Rudolph Sohm (1841-1917), ferner Emil Sulze (1832-1914), Otto Baumgarten, Rudolph Ehlers (1834-1908) und Paul Drews. Für den Bereich Dogmatik respektive Ethik neben Ernst Troeltsch dann Friedrich Reinhard Lipsius (1873-1934), Max Scheibe (1870-1902), Theodor Elsenhans (1862-1918), Theodor Häring (1848-1928), Johannes Gottschick (1847-1907), Friedrich Niebergall (1866-1932), Otto Pfleiderer und Julius Kaftan (1848-1926)[182].

Paul Siebeck selbst hielt es zu diesem Zeitpunkt für möglich, ein Lexikon mit eigenständigem Profil auf den Markt zu bringen, an welchem prinzipiell *auch* Autoren der RE³ mitarbeiten könnten, ein Ansinnen, das er später vollständig ablehnte[183]. Allerdings drängte er darauf, „dass der Plan eine Weile ruhen und reifen muss; dies ist in der Grösse des Unternehmens bedingt. Von Wichtigkeit ist dabei jedoch, dass von dem Plane ja nichts durchsickert, sonst entstehen uns vielleicht unüberwindliche Hindernisse"[184].

Nachdem der Plan für längere Zeit geruht hatte, ging im Januar 1903 die Diskussion um die theologisch-lexikographische Abgrenzung des Projektes von der RE³ weiter. Erstmals tauchen jetzt theologiepolitische Argumentationsstrukturen auf. Zum einen vertrete die RE³ auf exegetischem Gebiet einen „verschwommenen und verwaschenen Standpunkt. [...] Deshalb muss und wird früher oder später eine Concurrenz kommen, mag sie nun das ganze Gebiet der alten RE. umfassen oder nur die in ihr misshandelten Disciplinen"[185]. Hier wird das theologische Modernitätskriterium in die Diskussion eingebracht und eine Veränderung der exegetisch-wissenschaftlichen Hermeneutik in Blick genom-

181 VA 135: Schreiben von Walther Köhler, Gießen an Paul Siebeck, Tübingen, 24.10.1900.

182 Dies alles seien „natürlich nur im Augenblick hingeworfene Namen, bei manchen wäre ein Fragezeichen zu machen" (ebd.).

183 Vgl. unten Kap.II.3.1.3.2.a.

184 VA 149: Schreiben von Paul Siebeck, Tübingen an Martin Rade, Marburg, 08.06.1901.

185 VA 170: Schreiben von Paul Siebeck, Tübingen an Walther Köhler, Gießen, 14.01.1903. Diese Einschätzung der exegetischen Artikel in RE³ findet sich bereits bei VA 136: Schreiben von Gustav Krüger, Gießen an Paul Siebeck, Tübingen, 14.02.1900 sowie VA 136: Schreiben von Paul Siebeck, Tübingen an Gustav Krüger, Gießen, 15.02.1900. Es ist ausdrücklich darauf hinzuweisen, daß die Lexikonplanungen von allen Beteiligten um 1903 unter der Voraussetzung, ein „Concurrenzunternehmen" zur RE³ auf den Markt bringen zu wollen, betrieben wurden. Vgl. z.B. VA 170: Schreiben von Walther Köhler, Gießen an Paul Siebeck, Tübingen, 11.01.1903.

men. Daher sollte zum zweiten der Stichwortbestand programmatisch um „religionsgeschichtliche und soziale Artikel" erweitert werden[186]. Auf formaler Ebene trat daneben das Argument, mit einem geringeren Umfang ließe sich das neue Projekt ebenfalls von der RE³ abgrenzen[187].

Neben den bisher skizzierten vier Kriterien zur Abgrenzung von der RE³, welche die Diskussion der frühen Planungsphase bestimmten – nämlich die grundsätzliche Möglichkeit einer systematischen Enzyklopädie, die theologiepolitisch motivierte Mitarbeiterauswahl aus dem Umfeld der *Christliche[n] Welt*, die lexikographische Korrektur der als mangelhaft wahrgenommenen exegetischen Position der RE³ und eine damit verbundene Änderung des Stichwortbestands – wird im Fortgang der Diskussion zusätzlich der Blick darauf gelenkt, daß eine Abgrenzung und gezielte Nischenbesetzung zum fünften auch hinsichtlich des anvisierten Benutzerkreises und die Abstimmung auf die lexikalischen Bedürfnisse eben dieses Benutzerkreises möglich sei.

> „D. Rade und ich stimmten darin beide überein, dass in den Theologenkreisen, zum mindesten bei den Akademikern, augenblicklich keine Stimmung für das Lexikon vorhanden ist [...]. Damit ist natürlich die Bedürfnisfrage keineswegs überhaupt erledigt; im Gegenteil, je mehr die Haucksche Encyklopädie gelehrtes Werk nur für den Fachmann wird, um so notwendiger erscheint ein für den Pfarrer und den gebildeten Laien berechnetes Lexikon"[188].

Es wird also auf die gleiche Argumentationsstruktur zurückgegriffen, die auch für die benutzerhermeneutische Konzeption der Konversationslexika leitet war, nämlich die typologische Unterscheidung zwischen ‚gelehrt' und ‚gebildet'[189].

Paul Siebeck begann von 1903 an, auf zügige Konkretion der Planungen zu drängen, „da gerade jetzt die Bewegung im Flusse und das

---

186 VA 170: Schreiben von Walther Köhler, Gießen an Paul Siebeck, Tübingen, 11.01.1903.

187 „Des weiteren ist die Raumfrage kein unwichtiger Factor. Ein zwei- bis dreibändiges Lexikon kann man zur Not immer noch neben der Concordanz auf den Schreibtisch stellen, während für ein zweites Werk im Umfang der Realencyklopädie in der ‚Studierstube' vielfach gar kein Raum vorhanden sein dürfte" (VA 173: Schreiben von Paul Siebeck, Tübingen an Martin Rade, Marburg, 18.11.1903; vgl. auch VA 170: Schreiben von Walther Köhler, Gießen an Paul Siebeck, Tübingen, 11.01.1903 und VA 170: Schreiben von Paul Siebeck, Tübingen an Walther Köhler, Gießen, 14.01.1903).

188 VA 170: Schreiben von Walther Köhler, Gießen an Paul Siebeck, Tübingen, 24.05.1903. Diesem Schreiben Köhlers an Siebeck ging ein Gespräch zwischen Köhler und Rade am 18.05.1903 voraus. Vgl. auch VA 188: Schreiben von Paul Siebeck, Tübingen an Martin Rade, Marburg, 01.03.1904.

189 Vgl. oben Kap.I.A.1. und 2.

Interesse für die Sache gross ist"[190]. Es wurde vereinbart, daß Martin Rade die Lexikonidee auf einer der nächsten Tagungen der *Freunde der Christlichen Welt* zur Diskussion stellen solle[191].

3.1.2. Der Versuch einer redaktionell-organisatorischen Umsetzung der theologisch-lexikographischen Konzeption durch Walther Köhler

Es läßt sich also festhalten, daß alle späteren Parameter, die das Profil der RGG[1] nachhaltig bestimmten, bereits in den ersten Diskussionen präsent waren: man wollte das Werk theologisch und hinsichtlich der Mitarbeiter im Umfeld der *Christliche[n] Welt* verankern, wollte auf exegetischem Gebiet ‚moderner' als die RE[3] sein, was zu der religionsgeschichtlichen Hermeneutik des Lexikons führte und zielte auf die ‚gebildeten Laien' als Benutzergruppe. Auf formaler Ebene wollte man einen bestimmten Umfang aus absatztechnischen Gründen nicht überschreiten und auf inhaltlicher Ebene wollte man in Artikelgestaltung und Sprachduktus einen zu gelehrten Charakter vermeiden.

Die ersten redaktionellen Arbeiten übernahm Walther Köhler. Dieser bemühte sich einerseits, einen Stichwortbestand zu erarbeiten[192], andererseits begab er sich auf die Suche nach geeigneten Mitarbeitern. Paul Siebeck und Rade freilich beobachteten Köhlers redaktionelle Ambitionen – dessen Arbeitsstil halber – von Anfang an mit einiger Skepsis[193]. Siebeck machte von Anfang an deutlich, daß er in seiner Funktion als Verleger sowohl in programmatischen als auch in redaktionell-organisatorischen Fragen mitzureden gewillt war. So delegierte er zwar einerseits die Mitarbeiterauswahl an Köhler, zugleich aber entwickelte und verfolgte er in dieser hinsichtlich der lexikographischen

---

190 VA 170: Schreiben von Paul Siebeck, Tübingen an Walther Köhler, Gießen, 30.03.1903.

191 Vgl. VA 170: Schreiben von Walther Köhler, Gießen an Paul Siebeck, Tübingen, 24.05.1903; VA 170: Schreiben von Paul Siebeck, Tübingen an Walther Köhler, Gießen, 26.05.1903.

192 Vgl. VA 188: Schreiben von Paul Siebeck, Tübingen an Martin Rade, Marburg, 07.04.1904.

193 Vgl. VA 173: Schreiben von Paul Siebeck, Tübingen an Martin Rade, Marburg, 18.11.1903; VA 188: Schreiben von Martin Rade, Marburg an Paul Siebeck, z.Z. Hornegg, 02.03.1904. Siebeck bedrängte Rade, „beim Lexikon so eine Art Ober- oder Chef-Redaction" zu übernehmen, um gegenüber Köhlers Einfluß und Arbeitsstil einen Ausgleich zu schaffen (VA 188: Schreiben von Paul Siebeck, Tübingen an Martin Rade, Marburg, 22.03.1904). Vgl. auch VA 188: Paul Siebeck, Tübingen an Martin Rade, Marburg, 08.04.1904; VA 188: Paul Siebeck, Tübingen, an Martin Rade, Marburg, 11.04.1904; VA 188: Schreiben von Paul Siebeck, Tübingen, an Martin Rade, Marburg, 21.05.1904 („Das Geschraubte und Komische an dem Auftreten Köhler's [...] ist auch mir nicht entgangen").

Programmatik entscheidenden Frage eigene Interessen. Ihm schwebten folgende Theologen als Abteilungsredakteure vor:

„Gunkel für A.T. (falls er ablehnt, denke ich an Marti)

Weinel für N.T. (ohne Zweifel sehr gut, nur fürchte ich, es wird zuviel für ihn)

Otto für Dogmatik, Troeltsch für Ethik, Baumgarten für Praktische Theologie, auch Herder, Dickens, Reuter

Schiele für Pädagogik

Hackmann für asiatische Religionen,

Christlieb[194] für Goethe und schöne Litteratur (Hier wäre wohl auch an Eck[195] oder Sell zu denken)

Fuchs[196] für Philosophie des 19. Jahrhunderts,

Schian[197] (an Stelle Foersters) für Kirchenrecht und Kirchenpolitik,

Dieterich-Heidelberg für klassisches Altertum[198], Bezold [* Heidelberg][199] für den Orient?"[200].

Gemeinsam mit Siebeck und Rade entwickelte Köhler im Frühsommer 1904 ein programmatisches Konzept des neuen Lexikons, das als vertrauliches Rundschreiben in einer Auflage von 100 Exemplaren an potentielle Mitarbeiter verschickt wurde[201]. Dieses Schreiben bündelt und

194 Max Christlieb (1862-1914).

195 Samuel Eck (1857-1919).

196 Emil Fuchs (1874-1971).

197 Martin Schian (1869-1944).

198 Albrecht Dieterich (1866-1908).

199 Karl Bezold (1859-1922).

200 VA 188: Schreiben von Paul Siebeck, Tübingen, an Martin Rade, Marburg, 26.04.1904. Vgl. auch VA 188: Schreiben von Martin Rade, Marburg an Paul Siebeck, Tübingen, 21.03.1904 und VA 188: Schreiben von Martin Rade, Marburg an Paul Siebeck, Tübingen, 25.04.1904. Auffällig ist, daß zu diesem Zeitpunkt nicht nur die Mitarbeiterfrage relativ offen ist, sondern auch die lexikographische Abgrenzung der theologischen Disziplinen sich noch im Diskurs befindet.

201 Zu den Planungen vgl. VA 184: Schreiben von Walther Köhler, Gießen an Paul Siebeck, Tübingen, 24.05.1904; VA 184: Schreiben von Paul Siebeck, Tübingen an Walther Köhler, Gießen, 30.05.1904; VA 184: Schreiben von Walther Köhler, Gießen an Paul Siebeck, Tübingen, 19.06.1904; VA 184: Schreiben von Paul Siebeck, Tübingen an Walther Köhler, Gießen, 20.06.1904 sowie VA 184: Schreiben von Walther Köhler, Gießen an Paul Siebeck, Tübingen, 21.06.1904. Per 27.06.1904 sandte Siebeck 100 gedruckte Exemplare des als „vertraulich" eingestuften Planes „Die Religion in Vergangenheit und Gegenwart. Ein wissenschaftliches Nachschlagewerk für Jedermann" an Köhler (VA 184: Schreiben von Paul Siebeck, Tübingen an Walther Köhler, Gießen, 27.06.1904). Dieser Plan liegt im VA in verschiedenen, geringfügig voneinander abweichenden Versionen vor. So in VA 184 unter Korrespondenz Köhler (datiert auf Juli 1904) sowie in VA RGG Diverses in zwei Versionen: eine unbearbeitete Druckversion und eine mit verschiedenen nachträglichen handschriftlichen Kommentaren versehene Version. Im Anhang findet sich die unkommentierte Version,

entfaltet die oben ausgeführten lexikographischen Aspekte der frühen Diskussion um das Nachschlagewerk. Das Projekt wurde zu diesem Zeitpunkt unter dem Titel *Die Religion in Vergangenheit und Gegenwart. Ein wissenschaftliches Nachschlagewerk für Jedermann* gehandelt. Die Möglichkeit einer systematischen Enzyklopädie wurde nicht länger diskutiert. Entscheidend war jedoch noch immer, eine profilierte Abgrenzung zur RE^3 hin zu gewährleisten. Freilich sah man mittlerweile in dem eigenen Unternehmen „kein Conkurrenzunternehmen zur Hauckschen Realenzyklopädie"[202]. Die Tatsache, daß mit dieser Äußerung frühere Marktanalysen und Einschätzungen geändert wurden, spiegelt das Ergebnis des Diskussionsprozesses – man war sich der eigenen theologisch-lexikographischen Position und des damit zu besetzenden Marktsegmentes jetzt so gewiß, daß man sich von einer rein negativen Abgrenzungsstrategie verabschieden konnte. Man plante ein Werk nicht „für die Männer der theologischen Wissenschaft"[203], verortete sich damit ausdrücklich nicht in der Tradition der gelehrten Enzyklopädie, sondern wollte „in erster Linie religiösangeregte Laien" ansprechen[204]. Indem man diese Benutzergruppe anvisierte, hatte man das Projekt zum einen absatzpolitisch von der RE^3 abgegrenzt. Zugleich wählte man gegenüber der RE^3 einen veränderten hermeneutischen Zugriff auf den enzyklopädischen Stoff: die „religiösen Probleme der Gegenwart (im weitesten Sinne)"[205] wollte man darstellen. Man plante, in Fragen religiöser Gegenwartsproblematik „den Dienst eines Sammlers und Wegführers"[206] zu übernehmen – ein lexikographischer Topos zur Selbstidentifikation, welcher deutlich werden läßt, wie auf lexikographischem Gebiet theologischer Wahrheitsanspruch und angestrebte Objektivität bereits innerhalb der Konzeption kollidieren. Das geplante Lexikon sollte die Beschränkung auf Theologie und Kirche programmatisch aufheben, denn die „Religion, nicht die Theologie und ‚die Kirche' ist unser leitendes Interesse"[207]. Deshalb sollte der Artikelbestand um Lemmata aus außerchristlichen Religionen, allgemeiner Kultur- und Geistesgeschichte und politisch-gesellschaftlichen Themenkom-

---

da sie bereits gegenüber der unter der Köhlerschen Korrespondenz abgelegten Version eine Überarbeitung darstellt. Das handschriftliche Original dieses Textes („Vertraulich. Handlexikon für Theologie und Religionswissenschaft"), verfaßt von Köhler, findet sich im NL Gunkel, Y 33 I R 11.

202 VA Diverses RGG^1: „Vertraulich. Die Religion in Vergangenheit und Gegenwart. Ein wissenschaftliches Nachschlagewerk für Jedermann".

203 Ebd.

204 Ebd.

205 Ebd.

206 Ebd.

207 Ebd.

plexen erweitert werden. An dieser Stelle wird der enge Zusammenhang, der in der Planungsphase von RGG[1] zwischen anvisiertem Benutzerkreis und lexikographischer Konzeption bestand, besonders deutlich.

Daneben wurde die Abgrenzung gegenüber der RE[3] auf exegetischem Gebiet festgeschrieben. Das neue Lexikon sollte der neueren historischen Kritik verpflichtet sein. Dabei sollte dieser „sogen. religionsgeschichtliche Standpunkt"[208] allen enzyklopädisch zu präsentierenden Wissenschaftsdisziplinen als erkenntnisleitende Prämisse vorangestellt werden, um das Lexikon so einer „im Wesentlichen einheitlichen Religions- und Christentumsanschauung"[209] zu verpflichten.

Die formale Gestaltung des Nachschlagewerkes orientierte sich ebenfalls am anvisierten Benutzerkreis. Geplant waren drei Bände mit jeweils etwa 960 Seiten. Verschiedene Maßnahmen sollten die Benutzung erleichtern. Langen Übersichtsartikeln sollte eine Inhaltsübersicht vorangestellt werden. Die jedem Artikel beizufügenden Literaturhinweise sollten in zwei Gruppen unterteilt werden: in wissenschaftliche Literatur einerseits, bei der ein zusammenfassender Hinweis auf eine geeignete Bibliographie genügen sollte, und in gemeinverständliche Literatur andererseits, welche „hingegen [...] sorgfältig zu verzeichnen" sei[210]. Das Entscheidende aber war: „Da das Lexikon für Jedermann bestimmt sein soll, ist der fachwissenschaftliche Ton durch edle Popularität zu ersetzen"[211].

Organisatorisch einigte man sich auf ein Redaktionsprinzip, welches – neben einer Hauptredaktion – den einzelnen Abteilungsredakteuren größtmögliche Freiheit bei der konzeptionellen Gestaltung ihrer Abteilung gestatten sollte, so daß die einzelnen Abteilungen theologisch-lexikographisch das Profil des verantwortlichen Redakteurs widerspiegeln würden. Auch für die Mitarbeiterauswahl sollten die Abteilungsredakteure selbständig verantwortlich zeichnen[212]. Freilich hatte man mit diesem Organisationsprinzip das Lexikon mit einer arbeitsorganisatorischen Hypothek belastet, die im Fortgang beinahe zum Scheitern des Werkes geführt hätte.

Für das AT plante man fest die Mitarbeit Gunkels ein, um so den gegenüber der RE[3] erhobenen religionsgeschichtlich orientierten Mo-

208 Ebd.
209 Ebd.
210 Ebd.
211 Ebd.
212 Vgl. VA 184: Schreiben von Walther Köhler, Gießen an Paul Siebeck, Tübingen, 19.06.1904.

dernitätsanspruch auf exegetischem Gebiet einzulösen[213]. Aus dem gleichen Grund plante man für das NT mit Bousset, nach dessen Absage[214] dann mit Heitmüller, der seit 1900 gemeinsam mit Bousset die Herausgabe der *Theologischen Rundschau* verantwortete[215]. Für Kirchen- und Dogmengeschichte rechnete man zu diesem Zeitpunkt mit Köhler und für Dogmatik und Ethik mit Troeltsch[216]. Apologetik sollte von

---

213 Die Zusage Gunkels findet sich VA Alte Korrespondenz RGG², Mappe Duplikate RGG²/Erste Hauptredaktion/Köhler: Schreiben von Hermann Gunkel, Berlin an Walther Köhler, Gießen, 31.08.1904 (Abschrift). Zur zentralen Stellung Gunkels innerhalb der Planungen des Verlages vgl. VA 188: Schreiben von Paul Siebeck, Tübingen an Martin Rade, Marburg, 20.05.1904. Laut Köhler ging Paul Siebeck davon aus, daß das Lexikon ohne Gunkel „nicht gemacht werden kann" (VA 199: Schreiben von Walther Köhler, Gießen an Paul Siebeck, Tübingen, 05.03.1905). Hierzu auch Klatt, Hermann Gunkel, S.87ff.

214 Vgl. VA Alte Korrespondenz RGG², Mappe Duplikate RGG²/Erste Hauptredaktion/Köhler: Schreiben von Wilhelm Bousset, Göttingen an Walther Köhler, Gießen, 17.07.1904 (Abschrift).

215 Vgl. VA 184: Schreiben von Walther Köhler, Gießen an Paul Siebeck, Tübingen, 24.07.1904 (Abschrift) und VA 184: Schreiben von Paul Siebeck, Tübingen an Walther Köhler, Gießen, 29.07.1904. Die Besetzung der neutestamentlichen Abteilungsredaktion war nach der Absage Boussets zunächst kurze Zeit strittig. Siebeck und Rade votierten für Paul Wernle, Köhler brachte den Namen von Georg Hollmann (1873-nach 1941) in die Diskussion ein (vgl. VA 184: Schreiben von Walther Köhler, Gießen an Paul Siebeck, Tübingen, 25.08.1904).

216 VA 184: Schreiben von Walther Köhler, Gießen an Paul Siebeck, Tübingen, 19.04.1904: „In Sachen Lexicon hat Tröltsch mir in Heidelberg die Zusicherung der Mitarbeit schon gegeben". Vgl. VA 184: Paul Siebeck, Tübingen an Walther Köhler, Gießen, 26.04.1904 und VA 184: Walther Köhler, Gießen an Paul Siebeck, Tübingen, 27.04.1904 sowie NL Rade, MS 839: Schreiben von Walther Köhler, Gießen an Martin Rade, Marburg, 25.04.1904 und NL Rade, MS 839: Schreiben von Walther Köhler, Gießen an Martin Rade, Marburg, 21.08.1904. Troeltsch selbst äußerte sich freilich nicht allzu begeistert: „Sie versetzen mir [...] einen gelinden Schrecken, dass ich als Abteilungsredakteur eintreten soll. Ich bin in dogmatischen Dingen eigentlich gar nicht so sehr mobil – habe nicht sehr viele Beziehungen" (VA Alte Korrespondenz RGG², Mappe Duplikate RGG²/Erste Hauptredaktion/Köhler: Schreiben von Ernst Troeltsch, Heidelberg an Walther Köhler, Gießen, 15.08.1904 [Abschrift]). Zur Dogmatik als lexikographische Subdisziplin vgl. VA 259: Schreiben von Oskar Siebeck, Tübingen an Otto Baumgarten, Kiel, 29.10.1909, darin: Abschrift eines Briefes von Ernst Troeltsch, Heidelberg an Oskar Siebeck, Tübingen, 29.10.1909: „Bei der Dogmatik sind bei einem Lexikon nur einige Richtung weisende Hauptartikel möglich. Das übrige wird mit Worterklärungen erledigt. Die Hauptartikel müssen dann allerdings bei lexikalischer Kürze von solcher Präzision und Schärfe werden, dass sie wie blosse Gedankenskelette ohne alles Fleisch aussehen müssen". Überhaupt sei „eine Dogmatik in Lexikonform etwas fatal" (VA 204: Schreiben von Ernst Troeltsch, Heidelberg an Friedrich Michael Schiele, Marburg, 28.05.1905 [Abschrift]). Zur Bewertung von Troeltschs ‚Dogmatik in Lexikonform' vgl. Hans-Georg Drescher, Ernst Troeltsch. Leben und Werk, Göttingen 1991, S.336, Anm.210. Vor allem Karl Barth (1886-1968), von 1908 an Hilfsredakteur der ChW in Marburg, nahm zu Troeltschs „RGG-Artikeln eine ausgesprochen *feindselige* Stellung" ein. „Ich konnte nicht anders. Er führt uns bestimmt mit allen seinen vielversprechenden Programmen nur

Wobbermin betreut werden. Es war vor allem Gunkel, der eine stärkere redaktionelle Einbindung Wobbermins, möglichst gar in den engeren Kreis der Hauptredaktion, vorgeschlagen hatte[217]. Dies rief einerseits den Widerstand Troeltschs hervor[218] und lief andererseits Köhlers Kon-

---

tiefer in den Sumpf hinein" (Schreiben von Karl Barth, z.Z. Genf an Martin Rade, Marburg, 31.12.1910; ediert in: Karl Barth – Martin Rade. Ein Briefwechsel. Mit einer Einleitung hg. v. Christoph Schwöbel, Gütersloh 1981, S.76-78, hier S.78; Hervorh. i. Orig.). Barth selbst wurde offensichtlich im Fortgang der Arbeiten durch Hermann Mulert zur Mitarbeit an dem RGG-Projekt aufgefordert (vgl. den entsprechenden Hinweis bei Wolfes, Protestantische Theologie, S.112, Anm.42). Es gehört zu den eigentümlichen Ironien der Auflagengeschichte von RGG, daß Barth innerhalb der ersten Auflage als Autor zu verzeichnen ist, in der zweiten jedoch nicht. Vgl. K. Barth, Art. Spittler, 1. Christian Friedrich, in: RGG[1], 5 (1913), Sp.848 sowie ders., Art. Stockmeyer, Immanuel, in: aaO., Sp.928. Zu Barths Gründen, sich innerhalb der zweiten Auflage nicht zu engagieren, vgl. unten Kap. III.1.3.2.1. Im Fortgang der Arbeiten an RGG[1] entsprach es dem ausdrücklichen Wunsch von Troeltsch, daß die Abteilung Ethik in den Planungen von 1905 an als eine neben der Dogmatik selbstständige Abteilung geführt und personell eigenständig besetzt wurde: „Ich kann zu meiner bereits übernommenen Arbeit unmöglich allzuviel anderes hinzu übernehmen, und ich habe so wenig Verbindungen mit anderen, dass ich zum Redakteur sehr schlecht geeignet bin. Ich sitze hier in Heidelberg etwas ausser der Welt u. habe auch Verbindungen nicht gesucht, da ich mit mir selbst genug zu thun habe. Da ist mir nun die von Ihnen gewünschte Erweiterung meines Anteils wirklich ein grosser Schrecken. Ich kann die Ethik thatsächlich nicht wohl übernehmen; ich weiss keine Helfer u. Mitarbeiter, die in meinem Sinne arbeiten würden, u. weiss ausserdem über alle Spezialfragen selbst noch so wenig, dass ich auch selbst gar nicht dazu im Stande wäre" (VA 204: Schreiben von Ernst Troeltsch, Heidelberg an Friedrich Michael Schiele, Marburg, 28.05.1905 [Abschrift]).

217 Vgl. VA 184: Schreiben von Walther Köhler, Gießen an Paul Siebeck, Tübingen, 16.10.1904 und VA 184: Schreiben von Walther Köhler, Gießen an Martin Rade, Marburg, 20.11.1904 (von Rade an Paul Siebeck weitergeleitet; R.C.); VA 188: Schreiben von Martin Rade, Marburg an Paul Siebeck, Tübingen, 05.10.1904; VA 188: Schreiben von Paul Siebeck, Tübingen an Martin Rade, Marburg, 11.10.1904; VA 188: Schreiben von Paul Siebeck, Tübingen an Martin Rade, Marburg 13.10.1907; VA 197: Schreiben von Hermann Gunkel, Berlin an Paul Siebeck, Tübingen, 25.01.1905; VA 199: Schreiben von Walther Köhler, Gießen an Paul Siebeck, Tübingen, 27.01.1905.

218 Zur theologischen Abgrenzung zwischen Troeltsch und Wobbermin siehe z.B. VA 199: Schreiben von Paul Siebeck, Tübingen an Walther Köhler, Gießen, 04.02.1905: „Ist W. nicht so genial und radical, wie Troeltsch, so hat er vielleicht andere Eigenschaften, die ihn für das Lexikon besonders geeignet machen". Schiele beschreibt Wobbermin als einen „energischen, mannhaften und klugen Denker", der „nicht mehr so stark wie früher unter dem Einfluss Kaftans" stehe. „Von Troeltsch unterscheidet er sich, soviel ich sehe, wesentlich dadurch, dass er bei Behandlung der religiösen Probleme die Prinzipien der Religionsvergleichung nicht für ganz ebenso wichtig hält wie die Prinzipien der Religionspsychologie". Vgl. auch VA 199: Schreiben von Paul Siebeck, Tübingen an Walther Köhler, Gießen, 19.04.1905; VA 199: Schreiben von Walther Köhler, Gießen an Paul Siebeck, Tübingen, 25.04.1905; VA 203: Schreiben von Martin Rade, Marburg an Paul Siebeck, Tübingen, 28.01.1905 und VA 222: Schreiben von Friedrich Michael Schiele, Marburg an Paul Siebeck, Tübingen, 12.01.1906.

zeption eines radikalen, kirchenkritischen Lexikon entgegen[219]. Die Abteilung der Praktischen Theologie sollte nach den Plänen vom Frühsommer 1904 Baumgarten verantworten[220]. Für die Pädagogik war Schiele vorgesehen, für Kunst und Musik Johannes Bauer (1860-1933), Religionsgeschichte sollte von Hackmann betreut werden[221], Sozialwissenschaft von Max Weber, Kirchenrecht und Kirchenpolitik von Erich Foerster (Förster)[222] und die unter lexikographischen Gesichtspunkten programmatische Abteilung Christentum der Gegenwart von Weinel, nach dessen Absage[223] übernahm Baumgarten die Abteilung.

Um die von Köhler durch diesen Plan auf den Weg gebrachte konzeptionelle und organisatorische Diskussion fortzuführen, fand am 26.09.1904 in Eisenach eine Konferenz statt. Auf Anregung Siebecks wurden Gunkel, Heitmüller, Weinel, Johannes Bauer, Förster, Baumgarten, Schiele, Hackmann und Rade eingeladen[224]. Die Konferenzteilnehmer beauftragten Köhler definitiv mit der Hauptredaktion, und die anwesenden Abteilungsredakteure sagten zu, einen konzeptionellen Aufriß der jeweiligen Abteilung unter theologisch-lexikographischen Gesichtspunkten zu erarbeiten.

Nach der Konferenz in Eisenach kam es jedoch zwischen Köhler und dem Verlag zu Auseinandersetzungen um die inhaltliche, perso-

219 Vgl. ausführlich unten Kap.II.3.3.3.

220 Die Zusage Baumgartens findet sich VA 178: Schreiben von Otto Baumgarten, Kiel an Paul Siebeck, Tübingen, 20.07.1904: „Zu dem Lexikon gratuliere ich herzlichst, der Plan ist fast zu schön. Ich mache natürlich mit" und VA 178: Schreiben von Paul Siebeck, Tübingen an Otto Baumgarten, Kiel, 23.07.1904: „Dass ihnen der Plan zum Lexikon gefällt und dass Sie mitmachen ist mir eine grosse Freude. Hoffentlich bleibt die Ausführung nicht hinter der Schönheit des Planes zurück". Dann auch die Mitteilung an Köhler als zu diesem Zeitpunkt verantwortlichem Hauptredakteur vgl. VA 184: Schreiben von Paul Siebeck, Tübingen an Walther Köhler, Gießen 10.09.1904. Später wurde die Abteilung Praktische Theologie um die Religiöse Volkskunde erweitert, womit das Lexikon die um 1900 in dieser Disziplin nachweisbare Rezeption von Fragen der soziokulturellen Lebenswirklichkeit konzeptionell aufgriff.

221 Zum Problem, ob der Bereich der Religionsgeschichte innerhalb des Lexikons als selbständige Disziplin mit einem selbstverantwortlichen Hauptredakteur oder besser als hermeneutisches Leitprinzip allen Disziplinen zugrunde zu legen sei, vgl. unten Kap.II.3.3.2.

222 Nach Försters Absage wurde die Abteilung von Schian betreut.

223 Vgl. VA 184: Schreiben von Walther Köhler, Gießen an Paul Siebeck, Tübingen, 21.09.1904.

224 Vgl. VA 184: Schreiben von Paul Siebeck, Tübingen an Walther Köhler, Gießen, 10.09.1904; VA 184: Schreiben von Paul Siebeck, Tübingen an Walther Köhler, Gießen, 23.09.1904 und NL Rade, MS 839: Schreiben von Walther Köhler, Gießen an Martin Rade, Marburg, 18.09.1904. Zur Einschätzung der Konferenz in Eisenach durch Siebeck vgl. VA 184: Schreiben von Paul Siebeck, Tübingen an Walther Köhler, Gießen, 10.11.1904.

nelle und organisatorische Konzeption des Werkes, so daß Köhler sich im April 1905 mit dem Argument des Zeitmangels aus der Hauptredaktion zurückzog[225]. Nach Rücksprache mit Gunkel, Baumgarten und Rade bestimmte Paul Siebeck daraufhin Friedrich Michael Schiele als verantwortlichen Hauptredakteur[226]. Es waren in erster Linie dessen

225 Am Beginn des Jahres 1905 hatte Paul Siebeck gegenüber Köhler die Befürchtung geäußert, „dass wir nicht rechtzeitig zu einem Ziele gelangen, wenn die Vorarbeiten im bisherigen Tempo weiterschreiten" (VA 199: Schreiben von Paul Siebeck, Tübingen an Walther Köhler, Gießen, 26.01.1905). Gegenüber Gunkel äußerte Siebeck einigermaßen entsetzt, daß Köhler seit der Konferenz in Eisenach im September 1904 „so gut wie nichts für das Lexikon tun konnte und durch verschiedene Verpflichtungen derart gebunden ist, dass er der Arbeit am Lexikon künftig höchstens 1-2 Stunden pro Tag widmen könnte. [...] Herr Professor Koehler hatte sich gedacht, dass er die Redaction des Lexikons etwa so führen könnte, wie diejenige des ‚Jahresberichts', also mehr oder weniger passiv" (VA 197: Schreiben von Paul Siebeck, Tübingen an Hermann Gunkel, Berlin, 08.04.1905). Der durch eine starke Hörbehinderung beeinträchtigte Köhler war am 14.11.1904 als a.o. Professor für Kirchengeschichte nach Gießen berufen worden, „aber ohne einen Pfennig vom hess[ischen] Staat zu bekommen, u[nd] ohne Aussicht darauf". Diese beruflich angespannte Situation könnte ursächlich mitverantwortlich sein für die nur schleppend vorangehenden Arbeiten Köhlers am RGG-Projekt (vgl. Schreiben von Martin Rade an Adolf von Harnack vom 29.04.1900, abgedruckt in: Der Briefwechsel zwischen Adolf von Harnack und Martin Rade. Theologie auf dem öffentlichen Markt. Hg. u. kommentiert v. Johanna Jantsch, Berlin et al 1996, hier Editions-Nr.389). Dabei hatte Köhler zuvor selbst zugegeben, daß „das Lexikon, um schnell fortzuschreiten, eine ganze Kraft für sich erfordert" (VA 199: Schreiben von Walther Köhler, Gießen an Paul Siebeck, Tübingen, 27.01.1904). Am 06./07.04.1905 hielt sich Köhler zu Gesprächen mit Paul Siebeck in Tübingen auf (vgl. VA 199: Schreiben von Walther Köhler, Gießen an Paul Siebeck, Tübingen, 13.03.1905 und VA 199: Nachricht von Paul Siebeck, Tübingen an Walther Köhler, z.Z. Tübingen, 06.04.1905). An diesen Gesprächen nahm auch Otto Baumgarten teil. Zum endgültigen Rückzug Köhlers von der Mitarbeit am Lexikon vgl. Abschnitt 3.1.3.2.d. – Zu Köhler vgl. auch Karl-Heinz Fix, Universitätstheologie und Politik. Die Heidelberger Theologische Fakultät in der Weimarer Republik (Heidelberger Abhandlungen zur mittleren und neueren Geschichte; N.F., Bd.7), Heidelberg 1994, S.155ff.

226 VA 204: Telegramm von Paul Siebeck, Tübingen an Friedrich Michael Schiele, Marburg, 07.04.1905: „Köhler kann Hauptredaktion des Lexikons nicht übernehmen. Kann ich Sie Gunkel als Hauptredakteur in Vorschlag bringen? Sie könnten mit weniger Zeit auskommen als Köhler. Aber es müsste endlich angefangen werden". Vgl. ebenso VA 204: Schreiben von Paul Siebeck, Tübingen an Friedrich Michael Schiele, Marburg, 07.04.1905, welches einen ausführlichen Bericht über den Stand der Planungen enthält und dann auch VA 204: Schreiben von Friedrich Michael Schiele, Marburg an Paul Siebeck, Tübingen, 08.04.1905: „Zunächst erleichtert es mir die Zustimmung ausserordentlich, dass Köhler so freundlich in meine Succession gewilligt hat. Baumgartens und Gunkels Einverständnis beruhigt mich weiterhin, und die Besorgnisse, die ich selber natürlich habe, ob ich auch der schweren Aufgabe einigermassen gewachsen sei, kann ich zum Schweigen bringen, wenn so kompetente Beurteiler mich für qualificiert halten. Die Arbeit selbst ist mir sehr willkommen [...], denn neben dem theologischen Trieb habe ich doch auch sehr starke encyklopädische Interessen; und wo sollte ich diese besser befriedigen können, als in der Arbeit an einer Encyklopädie?". Köhler zeigte sich erfreut über den Eintritt Schieles in die

bisherige redaktionelle Erfahrungen, die ihn für diese Stellung qualifizierten, weniger seine theologisch-wissenschaftlichen Qualifikationen, von denen in diesem Kontext an keiner Stelle die Rede ist[227].

Die skizzierten Auseinandersetzungen und der Rückzug Köhlers aus der Hauptredaktion zeigen zweierlei, was unter lexikonpolitischen Gesichtspunkten von Interesse ist. Zum einen zeigt sich, daß die theologiepolitischen Ambitionen von Verleger als auch von führenden Mitarbeitern derart kollidieren können, daß es im Ernstfall zur Trennung kommt. Die Machtposition, die ein Verleger innehat beziehungsweise innehaben kann, wird deutlich. Denn zum anderen spiegelt das Verhalten Köhlers eine gewisse ‚Ahnungslosigkeit des Theologen' gegenüber verlegerischen und redaktionellen Erfordernissen wider, an denen vorbei ein derartiges Projekt schlechterdings nicht realisierbar ist. Daß ein Verleger bei seinen Entscheidungen immer auch die unternehmenspo-

---

Hauptredaktion, denn „ich merke immer mehr, ich hätte es nicht gekonnt". Freilich sah er seine Schaffenskraft neben einer grundsätzlichen Arbeitsüberlastung auch dadurch gehemmt, daß er „überhaupt nicht wußte, ob das Lexikon zustande kommen würde" (VA 199: Schreiben von Walther Köhler, Gießen an Paul Siebeck, Tübingen, 16.04.1905; dann auch VA 199: Schreiben von Paul Siebeck, Tübingen an Walther Köhler, Gießen, 08.08.1905). Gunkel hatte zu diesem Zeitpunkt innerhalb der verlagsinternen Konzeption des Lexikons bereits eine herausragende Stellung inne. Deshalb leuchtet es in diesem Kontext auch unmittelbar ein, daß Siebeck eine personelle Verlegerentscheidung mit einem eng mit der inhaltlichen Konzeption des Werkes verbundenen Mitarbeiter besprach. VA 197: Telegramm von Paul Siebeck, Tübingen an Hermann Gunkel, Berlin, 07.04.1905: „Köhler hat nicht genug Zeit für die Hauptredaktion des Lexikon. Sind Sie einverstanden, dass ich Schiele dazu auffordere? Halte ihn für praktisch hervorragend geeignet". VA 197: Telegramm von Hermann Gunkel, Berlin an Paul Siebeck, Tübingen, 07.04.1905: „Durchaus einverstanden". Daraufhin NL Gunkel, YI 33 I S 62: Schreiben von Friedrich Michael Schiele, Marburg an Hermann Gunkel, Berlin, 16.04.1905: „Ich freue mich sehr, dass Sie mich für das Wörterbuch als Köhlers Nachfolger willkommen geheissen haben. Ich will mir Mühe geben, dass Ihr Vertrauen, welches Sie in meine redaktionelle Energie setzen, nicht getäuscht wird". Dann auch VA 197: Schreiben von Hermann Gunkel, Berlin an Paul Siebeck, Tübingen, 18.07.1905: „In Herrn M. Schiele haben wir, wie es scheint, eine ganz ausgezeichnete Akquisition gemacht". Die Zustimmung Baumgartens zu Schieles Eintritt in die Hauptredaktion erfolgte offensichtlich mündlich im Umfeld der Gespräche zwischen Köhler und Siebeck am 06. und 07.04.1905, an denen Baumgarten teilnahm (vgl. VA 197: Schreiben von Paul Siebeck, Tübingen, an Hermann Gunkel, Berlin, 08.04.1905).

227 Das Berufsbild des ‚Redakteurs' und auch des ‚Lektors' begann sich erst um 1900 zu entwickeln und ist bislang kaum erforscht, obwohl die Bedeutung dieser Berufsgruppe für die konzeptionelle Seite der Buchproduktion, wie das Beispiel Schieles zeigen wird, nicht hoch genug veranschlagt werden kann. Zur Problemanzeige vgl. Wittmann, Geschichte, S.307 und: Das Lektorat – eine Bestandsaufnahme. Beiträge zum Lektorat im literarischen Verlag. Hg. v. Ute Schneider (Mainzer Studien zur Buchwissenschaft 6), Wiesbaden 1997; dort v.a. den Beitrag von Ute Schneider, Hundert Jahre Lektoratsarbeit. Vorschläge zu einer Analyse, in: aaO., S.99-116 (mit Literaturhinweisen).

litische Aspekte zu berücksichtigen hat, wurde hier offensichtlich ignoriert.

Paul Siebeck war daher an einem aktiven und in verlagstechnischen Angelegenheiten versierten Hauptredakteur interessiert. Es mußte ihm als enormer Fortschritt erscheinen, daß Schiele seine neue Aufgabe mit dem gewünschten redaktionsorganisatorischen Pragmatismus anging – dieser drang unmittelbar nach seiner Zusage auf ein etwa vierwöchiges Volontariat in der Redaktion eines der führenden Konversationslexika:

> „Mir scheint es unumgänglich nötig, dass die technische Redaktion eines Unternehmens wie des unsrigen mit voller Kenntnis und ausgiebiger Benutzung aller der technischen Erfahrungen und Hilfsmittel geführt wird, die von anderen bereits gesammelt sind. Ich will es noch geringer anschlagen, dass wir uns viele Arbeit ersparen können, wenn wir die Vorteile ausnutzen, die ein gut funktionierender technischer Apparat hier gewährt. Höher schon veranschlage ich die finanziellen Ersparnisse, die Sie zweifellos machen können, wenn wir die Erfahrungen eines Brockhaus oder Meyer benutzen. Am wichtigsten aber wird die Erwägung sein, dass eine gut klappende technische Organisation auch ermöglichen wird, schnell zu arbeiten und die Artikel unserer Encyklopädie herauszubringen, ehe sie veraltet sind"[228].

Es kann als bleibendes Verdienst Schieles schon an dieser Stelle gewürdigt werden, dem Lexikon eine organisatorische Gestalt gegeben und die Interessen des Verlegers nachhaltig unterstützt zu haben[229]. Dazu gehört auch sein Verständnis für die ökonomischen Bedingungen eines solchen Projektes. Er sah deutlich, daß eine zügige und im Ablauf weitgehend reibungslose Organisation unumgänglich war. Er war es auch, der – ausgehend von seiner Einsicht in bestimmte organisatorische Notwendigkeiten eines Lexikonprojektes – erstmals einen zügigen Erscheinungsverlauf als Abgrenzungsmöglichkeit gegenüber der RE[3] formulierte. Der erste Band müsse noch aktuell sein, „wenn der dritte und letzte Band erscheint. Darin müssen wir uns eben auch von der

---

228 VA 204: Schreiben von Friedrich Michael Schiele, Marburg, an Paul Siebeck, Tübingen, 08.04.1905. Vgl. VA 204: Schreiben von Paul Siebeck, Tübingen an Friedrich Michael Schiele, Marburg, 12.05.1905. In diesem Schreiben zeigt sich Siebeck aufs äußerste erfreut über den Elan Schieles. Das angestrebte Volontariat im Verlag von F.A. Brockhaus ließ sich allerdings nicht realisieren. Vgl. auch VA 204: Schreiben von Friedrich Michael Schiele, Marburg an Paul Siebeck, Tübingen, 14.04.1905; VA 204: Schreiben von Paul Siebeck, Tübingen an Friedrich Michael Schiele, Marburg, 19.04.1905.

229 Vgl. Rez.: Ein religionswissenschaftliches Nachschlagewerk, von: Mulert, in: Die Hilfe 20 (1914), S.35f., hier S.35: Trotz aller bedeutenden Namen, die mit dem Projekt am Ende verbunden waren, bliebe als Resümee: „Die ‚Religion' bleibt Schieles Werk".

Hauckschen Realencyklopädie unterscheiden, bei der die ersten 10 Bände antiquiert sind, wenn die letzten 10 herauskommen"[230].

3.1.3. Die Hauptredaktion unter Friedrich Michael Schiele

Schieles Eintritt in die Hauptredaktion gab dem Projekt vordergründig neuen Elan. Er lud im Namen des Verlages die zuständigen Abteilungsredakteure mit Schreiben vom 13.05.1905 für Juni 1905 zu einer zweiten Redaktionskonferenz nach Goslar ein[231]. Dort wurde nach einer Vorlage Schieles in erster Linie der Stoffverteilungsplan und die entsprechend zur Verfügung stehenden Umfänge festgelegt. Ferner forderte Schiele von den Abteilungsredakteuren die Stichwortlisten ihrer Fachgebiete ein, um mit der manuellen Verzettelung des Stichwortbestandes beginnen zu können[232]. Dies diente als Vorlage zur Erstellung

---

230 VA 204: Schreiben von Friedrich Michael Schiele, Marburg, an Paul Siebeck, Tübingen, 08.04.1905.

231 Der exakte Termin dieser Redaktionskonferenz, von der nach derzeitigem Kenntnisstand kein Protokoll vorliegt, läßt sich anhand der eingesehenen Korrespondenz nicht ermitteln. Er ist zwischen dem 10.06. und dem 19.06.1905 anzusetzen. Gunkel, Wobbermin und Schian nahmen nicht an der Konferenz teil (vgl. VA 204: Schreiben von Friedrich Michael Schiele, Marburg an Paul Siebeck, Tübingen, 19.06.1905; VA 208: Schreiben von Georg Wobbermin, Berlin an Paul Siebeck, Tübingen, 04.07.1905 und VA 204: Schreiben von Friedrich Michael Schiele, Marburg an Paul Siebeck, Tübingen, 05.06.1905).

232 Vgl. z.B. VA 204: Schreiben von Friedrich Michael Schiele, Marburg an Paul Siebeck, Tübingen, 28.06.1905; VA 204: Schreiben von Friedrich Michael Schiele, Marburg an Paul Siebeck, Tübingen, 22.09.1905; VA 204: Schreiben von Friedrich Michael Schiele, Marburg an Paul Siebeck, Tübingen, 05.10.1905; VA 204: Schreiben von Friedrich Michael Schiele, Marburg an Paul Siebeck, Tübingen, 30.10.1905 u.ö. Die entsprechenden Zettelkästen sind leider nicht erhalten. Der Stichwortbestand sollte von den Abteilungsredakteuren nach Anweisung Schieles unter Hinzuziehung folgender Lexika erarbeitet werden: RE[2-3]; *Lexikon für Theologie und Kirchenwesen* von Holtzmann und Zöpffel; die aktuellen Auflagen der Konversationslexika von Meyer und Brockhaus; Wagener, *Neues Conversations-Lexicon* sowie Stengel, *Wörterbuch des deutschen Staats- und Verwaltungsrechts* (vgl. VA 204: Schreiben von Friedrich Michael Schiele, Marburg an Paul Siebeck, Tübingen, 19.09.1905). Die Abteilungsredakteure sollten darüber hinaus „nach Massgabe der Fachlexika für die einzelnen Abteilungen" Schieles Vorschlagsliste ergänzen: „Ich bitte also die Redakteure der biblischen Abteilungen die Bibelwörterbücher, die der kirchengeschichtlichen, dogmatischen und ethischen Abteilung die Sachregister der entsprechenden Handbücher usw., kurz ich bitte jeden Abteilungsredakteur die entsprechenden lexikalischen Hilfsmittel seines Gebiets mit unserm Nomenklator zu vergleichen (VA 238: Schreiben von Friedrich Michael Schiele, Tübingen „An alle Herren Abteilungsredakteure", 24.08.1907). Da es auch Schiele, wie sich im Fortgang der Darstellung zeigen wird, nicht gelang, die Abteilungsredakteure und Mitarbeiter zu einer zügigen und verlässlichen Arbeitsweise zu motivieren, konnte der Nomenklator erst im Sommer 1908 bis zum Buchstaben ‚Z' geführt werden (vgl. VA 257: Schreiben von Friedrich Michael Schiele, Tübingen an Ernst Troeltsch, Heidelberg, 07.07.1908; ähnliche Schreiben gingen an sämtliche Abteilungsredakteure).

eines alphabetischen Nomenklators. Im Anschluß an die Konferenz erarbeitete Schiele eine „Streng vertraulich[e]" Handreichung für die Abteilungsredakteure bezüglich „Die Religion in Vergangenheit und Gegenwart"[233]. Hinsichtlich der anvisierten Benutzergruppen wird auch hier betont, daß das Werk ausdrücklich nicht für Gelehrte konzipiert werde. Da es sich aber an diejenigen religiös interessierten Laien wenden wolle, die über eine „höhere Bildung"[234] verfügen, könne es im Umkehrschluß auch für den gelehrten Benutzer hinsichtlich ihm fremder Fachgebiete hilfreich sein. Die Einschränkung der Benutzer auf diejenigen, welche über eine „höhere Bildung" verfügen, macht noch einmal deutlich, daß die theologischen Popularisierungsbestrebungen sich an die gebildete Öffentlichkeit wendeten und gerade nicht unter der Flagge der allgemeinen ‚Volksaufklärung' segelten. „Statt für Leute mit Studentenbildung zu schreiben, stelle man sich Leser etwa mit Lehrerbildung vor"[235].

Wissenschaftlichkeit wurde als lexikographische Untersuchungshermeneutik obligat vorausgesetzt, nicht aber als Methodik der Darstellung. Diese habe sich „der grössten Deutlichkeit und Allgemeinverständlichkeit zu befleissigen"[236]. Die Artikel sollten in einem „lesbaren und fesselnden Stil" verfaßt sein[237]. Der Zugriff auf den enzyklopädischen Stoff unter einer wissenschaftlich-objektivierenden Erschließungsperspektive wird dabei in ausdrücklichen Gegensatz zu einer dogmatischen Lexikographie gesetzt. Letztere präsentiere nämlich nur „fertige Ergebnisse". Die eigene lexikographische Hermeneutik ziele hingegen darauf, dem Leser zu verdeutlichen, „wie die Ergebnisse sich ergeben, wie die Resultate resultieren, und in welchem Masse etwa von ihrer Sicherheit geredet werden kann"[238]. Das Lexikon zielt konzeptio-

---

233 VA Diverses RGG[1]: „Streng vertraulich! Die Religion in Vergangenheit und Gegenwart" und hierzu auch VA 204: Schreiben von Friedrich Michael Schiele, Marburg an Paul Siebeck, Tübingen, 07.07.1905. Schiele hatte die Druckvorlage dieser Handreichung neben Siebeck auch Gunkel, Wobbermin, Köhler und Baumgarten zur Korrektur zukommen lassen. Vgl. hierzu NL Gunkel, Yi 33 I S 64: Schreiben von Friedrich Michael Schiele, Marburg an Hermann Gunkel, Berlin, 21.06.1905 mit der Bitte, das Manuskript „einer gründlichen Durchsicht zu unterziehen und Ihre Aenderungswünsche mir mitzuteilen". Daraufhin Gunkels Stellungnahme: VA 204: Schreiben von Hermann Gunkel, Berlin an Friedrich Michael Schiele, Marburg, [vermutlich] 11.07.1905 (Abschrift).

234 VA Diverses RGG[1]: „Streng vertraulich! Die Religion in Vergangenheit und Gegenwart".

235 Ebd. – Zu Schieles Bildungskonzeption vgl. unten den Exkurs zum Stichwort Bildung innerhalb der ersten drei Auflagen der RGG.

236 Ebd.

237 Ebd.

238 Ebd.

nell nicht auf lexikographisch-hermeneutische Verbindlichkeiten, sondern will sich als Teil eines theologischen Diskussionsprozesses verstanden wissen, der auf die intellektuelle Selbständigkeit der Benutzer zielt. Das Werk setzte eine komplementäre Benutzerkompetenz voraus.

Der Verlag unterstützte Schieles engagiertes Vorgehen, ließ Satz- und Druckproben erstellen[239], holte aufgrund der in Goslar erfolgten Umfangsplanungen und -berechnungen Angebote der herstellenden Betriebe ein und begann, das Projekt finanziell durchzukalkulieren[240].

3.1.3.1. „Bei dem Unternehmen stand im Ganzen eine Viertelmillion auf dem Spiele"[241] – die Verlagskalkulation

Aufgrund der getroffenen Umfangsvereinbarungen – geplant waren zu diesem Zeitpunkt annähernd 187 1/2 Druckbogen, also zwischen 2.700 und 3.000 Lexikonseiten in drei Bänden[242] – rechnete Siebeck ursprünglich mit einer Gesamtsumme von 12.000,- Mk an Redaktionshonorar.

---

239 Als Probeartikel gesetzt und gedruckt wurden: Rade, Art. Unkirchliche Theologie, jetzt: Glaue, Art. Unkirchliche Theologie, in: RGG[1], 5 (1913), Sp.1499 und Köhler, Art. Jesuiten, jetzt in: RGG[1], 3 (1912), Sp.333-343. Vgl. VA 197: Schreiben von Paul Siebeck, Tübingen an Hermann Gunkel, Berlin, 23.05.1905; VA 199: Schreiben von Paul Siebeck, Tübingen an Walther Köhler, Gießen, 24.05.1905; VA 204: Schreiben von Paul Siebeck, Tübingen an Friedrich Michael Schiele, Marburg, 20.05.1905; VA 204: Schreiben von Friedrich Michael Schiele, Marburg an Paul Siebeck, Tübingen, 29.05.1905. Per 02.09.1905 erhielten alle verantwortlichen Abteilungsredakteure zehn gedruckte Exemplare der Satz- und Textproben durch den Verlag zugestellt.

240 Paul Siebeck hatte es bis dato abgelehnt, konkrete Angaben über Honorar und Preis des Projektes zu machen: „Das Honorar jetzt schon zu nennen, dürfte schwierig sein, da ja auch die Auflagehöhe noch nicht feststeht und im Zusammensein mit dem Honorar auch die Preisfrage zu erörtern wäre. Ich [...] möchte wenn irgend möglich anstreben, dass der Preis für das ganze Lexikon 20.- 24.-Mk. nicht übersteigt. Allein die Honorar- und Preisfrage lässt sich jetzt noch zu wenig übersehen und ich glaube, dass sie für diesen ersten Aufruf bei Seite gelassen werden könnte" (VA 188: Schreiben von Paul Siebeck, Tübingen an Martin Rade, Marburg, 02.06.1904; gemeint ist der Versand des Planes von Köhler im Juni 1904 [„Vertraulich. Die Religion in Geschichte und Gegenwart. Ein wissenschaftliches Nachschlagewerk für Jedermann"], R.C.).

241 VA 348: Schreiben von Paul Siebeck, Tübingen an Hermann Gunkel, Gießen, 03.04.1913. Zur Funktion des Buchpreises innerhalb des literarischen Kommunikationsprozesses vgl. Herbert G. Göpfert, Bücherpreise: Kalkulationen und Relationen, in: ders., Vom Autor zum Leser. Beiträge zur Geschichte des Buchwesens, München et al 1977, S.119-142 sowie Walter Krieg, Materialien zu einer Entwicklungsgeschichte der Bücherpreise und des Autorenhonorars vom 15. bis zum 20. Jahrhundert. Nebst einem Anhange: Kleine Notizen zur Auflagengeschichte der Bücher im 15. und 16. Jahrhundert, Wien et al 1953.

242 Geplant war, „dass der erste Band die Artikel von Aaron bis Gott, der zweite Band die Artikel von Gott bis Matthäus und der dritte Band die Artikel von Matthäus bis Zwingli" umfasse (VA Diverses RGG[1]: „Streng vertraulich! Die Religion in Vergangenheit und Gegenwart").

Davon sollten 6.000 Mark (2.000 Mark/Band) an Schiele als Hauptredakteur gehen[243], die andere Hälfte an die Abteilungsredakteure, entsprechend dem seitenmäßigen Anteil der Abteilung am Gesamtumfang des Lexikons. Dabei sei vorausgesetzt, „dass die beiden Instanzen gleich viel Arbeit zu bewältigen haben würden"[244]. Schiele wollte in vierteljährlichen Raten, fällig zum Quartalsersten, ausbezahlt werden.

> „Da dem Beginn des Druckes (bezw. der druckfertigen Ablieferung des Ms) 8 solche Ratenzahlungen vorausgehen, so bitte ich Sie, die erste Ratenzahlung genau 2 Jahre vor dem Termin des Druckbeginns anzusetzen. Ich habe für den Druckbeginn zunächst den 1. April 1907 angesetzt, erwarte aber eigentlich, dass Sie der Sicherheit halber einen etwas späteren Termin nehmen"[245].

Für die Honorarverhandlungen mit den Abteilungsredakteuren zeichnete Schiele anstelle des Verlages verantwortlich[246].

---

243 Zum folgenden vgl. in erster Linie VA Diverses RGG¹: „Streng vertraulich! Die Religion in Vergangenheit und Gegenwart"; VA 204: Redaktions-Vertrag. Zwischen Herrn Lic. Fr. Mich. Schiele in Marburg i.H. und der Verlagsbuchhandlung J.C.B. Mohr (Paul Siebeck) in Tübingen [undatierter Entwurf] sowie VA 204: Schreiben von Paul Siebeck, Tübingen an Friedrich Michael Schiele, Marburg, 12.05.1905; VA 204: Schreiben von Friedrich Michael Schiele, Marburg an Paul Siebeck, Tübingen, 28.06.1905; VA 204: Schreiben von Paul Siebeck, Tübingen an Friedrich Michael Schiele, Marburg, 26.06.1905; VA 204: Schreiben von Paul Siebeck, Tübingen an Friedrich Michael Schiele, Marburg, 08.07.1905. Um Schieles Honorar adäquat einordnen zu können, sei folgender Vergleich herangezogen: Der bereits erwähnte ‚literarische Beirat' des de Gruyter Verlages Artur Buchenau – wie Schiele ebenfalls Pädagoge und Autor popularwissenschaftlicher Texte – erhielt für seine nebenberufliche Beratertätigkeit ein Jahreshonorar von 3 000 Mark, welches von Helen Müller als „recht großzügig" eingestuft wird (dies., Idealismus und Markt, S.156). Vor diesem Hintergrund wird einsichtig, warum die jahrelangen Erscheinungsverzögerungen für Schiele zum privaten finanziellen Risiko wurden, da die doch verhältnismäßig knapp bemessene Honorierung sich für Schiele nur im Falle eines zügigen Arbeitsablaufes gerechnet hätte.

244 VA 204: Schreiben von Friedrich Michael Schiele, Marburg an Paul Siebeck, Tübingen, 28.06.1905.

245 VA 204: Schreiben von Friedrich Michael Schiele, Marburg an Paul Siebeck, Tübingen, 08.08.1905. Vgl. hierzu auch VA 204: Schreiben von Friedrich Michael Schiele, Marburg an Paul Siebeck, Tübingen, 07.07.1905. Eine erstmalige Vorauszahlung von 500,- Mark Redaktionshonorar wurde vom Verlag per 02.10.1905 an Schiele überwiesen (vgl. VA 204: Schreiben von Mohr Siebeck, Tübingen an Friedrich Michael Schiele, 03.10.1905; VA 204: Eingangsbestätigung von Friedrich Michael Schiele, Marburg an Verlag Mohr Siebeck, Tübingen, 06.10.1905).

246 VA 204: Schreiben von Paul Siebeck, Tübingen an Friedrich Michael Schiele, Marburg, 08.07.1905: „Sie sind nun einmal der Redakteur des Ganzen und in dessen Ressort fallen auch diese finanziellen Verhandlungen. Aber davon abgesehen: für die Abteilungs-Redakteure und für die Mitarbeiter ist es viel angenehmer, wenn sie sich über diese Finanzfrage mit Ihnen aussprechen können; der ganze leidige Geldhase läuft viel besser, wenn Sie ihn in Bewegung setzen". Schiele holte im Verlauf des Sommers 1905 die Zustimmung der Abteilungsredakteure zu der hier vorgestellten

Ausgehend von der für die Teilredaktionen zur Verfügung stehenden Honorarsumme von 6.000 Mark ergaben die Berechnungen von Verlag und Schiele folgende Einzelsätze[247]:

Honorarplanung ein (vgl. z.B. VA 204: Schreiben von Friedrich Michael Schiele, Marburg an alle Abteilungsredakteure, 02.08.1905). Beachte dann auch die diversen Rückantworten VA 204: Schreiben von Paul Siebeck, Tübingen an Friedrich Michael Schiele, Marburg, 01.08.1905 (Einverständnis Köhlers); VA 204: Schreiben von Gottfried Traub, Dortmund an Friedrich Michael Schiele, Marburg, 05.08.1905 (Abschrift); VA 204: Schreiben von Wilhelm Heitmüller, Marburg an Friedrich Michael Schiele, Marburg, 06.08.1905 (Abschrift); NL Gunkel, Yi 33 I S 69: Schreiben von Friedrich Michael Schiele, Marburg an Hermann Gunkel, Berlin, nachgesandt nach Langeoog, 28.08.1905 [Erinnerungsschreiben]; VA 204: Schreiben von Paul Siebeck, Tübingen an Friedrich Michael Schiele, Marburg, 09.09.1905 [Einverständnis Gunkels]; VA 204: Schreiben von Otto Baumgarten, Kiel an Friedrich Michael Schiele, Marburg, 04.08.1905 („Wer könnte nicht hocherfreut sein über die hohen Redaktionssätze, die Sie ausgeworfen haben? Ich finde sie höchstens zu hoch"). Mit anderem Akzent reagierte Troeltsch: „Gegen die Honoraransetzung habe ich nichts einzuwenden; ich kann ja die Arbeit noch gar nicht berechnen, die es mir machen wird, und muss daher jeden Vorschlag acceptieren" (VA 204: Schreiben von Friedrich Michael Schiele, Marburg an Paul Siebeck, Tübingen, 04.08.1905). Sehr verhalten antwortete Schian: „Ich kann natürlich nur mein Einverständnis erklären. Mehr wird Mohr kaum geben können" (VA 204: Schreiben von Martin Schian, Görlitz an Friedrich Michael Schiele, Marburg 04.08.1905 [Abschrift]). Matthias Wolfes betont, daß die redaktionelle Mitarbeit an einem theologisch-literarischen Großprojekt wie der RGG für un- beziehungsweise schlechtbesoldete Universitätsangesellte neben dem Aspekt des theologischen Renommees auch in finanzieller Hinsicht von Interesse war (vgl. in: Hermann Mulert, S.18). Damit eröffnet sich eine weitere Perspektive auf die Frage nach dem Zusammenhang von Theologiepolitik und Finanzfragen. Nicht nur der Verlag argumentierte mit den Finanzen, auch die Mitarbeit selbst konnte zumindest teilweise finanziell motiviert sein beziehungsweise konnte sich – wie sich zeigen wird – aufgrund vermeintlich ungenügender Honorierung das Interesse an einer intensiver Mitarbeit rückläufig entwickeln.

247 Vgl. VA 204: Schreiben von Friedrich Michael Schiele, Marburg an Paul Siebeck, Tübingen, 28.06.1905; VA 204: Schreiben von Friedrich Michael Schiele, Marburg an Paul Siebeck, Tübingen, 10.07.1905 und VA 246: Schreiben von Paul Siebeck, Tübingen an Hermann Gunkel, 30.11.1908.

Redaktionsabteilung	**Umfang**	**Honorar**
Altes Testament	340 Seiten	750 Mark[248]
Neues Testament	340 Seiten	750 Mark
Kirchengeschichte/Dogmengeschichte/Symbolik	340 Seiten	750 Mark
Dogmatik/Ethik/Apologetik	500 Seiten	1110 Mark[249]
Praktische Theologie/Religiöse Volkskunde/ Mission/Vereine	340 Seiten	750 Mark
Religion der Gegenwart	170 Seiten	375 Mark

248 Das gegenüber den andern Abteilungen höhere Redaktionshonorar für die beiden exegetischen Abteilungen wurde mit einem zu erwartenden erhöhten redaktionellen Arbeitsaufwand dieser Disziplinen begründet, da sie das religionsgeschichtliche Profil des Werkes sichern sollten. Darüber hinaus sei es bei Gunkel „an sich rätlich, etwas Besonderes zu tun, und Heitmüller legt aus speziellen Gründen Wert auf einen ‚Haufen Geld'" (VA 204: Schreiben von Paul Siebeck, Tübingen an Friedrich Michael Schiele, Marburg, 08.07.1905; vgl. auch VA 204: Schreiben von Friedrich Michael Schiele, Marburg an Paul Siebeck, Tübingen, 15.07.1905). Den Honorarvereinbarungen mit Gunkel und Heitmüller wurden daher separate Klauseln beigefügt, die deren theologiepolitisch-lexikographische Verantwortung anzeigen sollten. An Gunkel schrieben Verlag und Hauptredaktion: „Dafür, dass Sie jeweilig die Mitarbeiterliste [...] prüfen, und dass Sie bei allen wichtigen und *für die Haltung des Wörterbuches Ausschlag gebenden Fragen Ihren Einfluss geltend machen* müssen, bietet Herr Dr. Siebeck Ihnen eine Redaktionszulage von 250 Mark an. Damit Sie in der von Ihnen erwünschten Weise Ihren Einfluss zur Geltung bringen können, werden Ihnen von allen Artikeln Fahnen zugehen. Natürlich sind Sie nicht verpflichtet, sie alle zu lesen, geschweige denn sie zu korrigieren" (VA 204: undatierte Anlage zum Schreiben von Friedrich Michael Schiele, Marburg an Paul Siebeck, Tübingen, 20.07.1905; Hervorh. R.C.). Lexikonpolitik ist also auch Geldpolitik. Denn entsprechend schrieb Schiele an Heitmüller: „Bei der besonders schwierigen Aufgabe, welche Ihnen durch den dermaligen Zustand der neutestamentlichen Wissenschaft gestellt ist, erscheint Herrn Dr. Siebeck und mir eine Zulage zu Ihrem Redaktionshonorar von M 250.- erforderlich. [...] Sie brauchen sich nicht zu scheuen, sie anzunehmen, da Sie uns zugeben müssen: kein Abteilungsredakteur hat eine so schwierige Aufgabe zu bewältigen als Sie" (VA 204: undatierte Anlage zum Schreiben von Friedrich Michael Schiele, Marburg an Paul Siebeck, Tübingen, 20.07.1905). Auch Wobbermin wäre, wenn er dem Wunsch Gunkels gemäß in die Hauptredaktion eingetreten wäre, in den Genus dieser Sonderzulage gekommen, um auch seine ideelle Verantwortung für das Lexikon anzuzeigen und zu honorieren (VA 204: undatierte Anlage zum Schreiben von Friedrich Michael Schiele, Marburg an Paul Siebeck, Tübingen, 20.07.1905; vgl. zu Wobbermins Sonderzulage auch VA 204: Schreiben von Paul Siebeck, Tübingen an Friedrich Michael Schiele, Marburg, 19.07.1905).

249 In VA Diverses RGG[1]: „Streng vertraulich! Die Religion in Vergangenheit und Gegenwart" werden die Abteilungen Dogmatik, Ethik und Apologetik als separate Abteilungen unter der Redaktion von Troeltsch, Scheel und Wobbermin geführt und mit jeweils 175 Druckseiten eingerechnet.

Redaktionsabteilung	Umfang	Honorar
Erziehung	130 Seiten	280 Mark
Ausserchristliche Religionsgeschichte	270 Seiten	600 Mark
Kunst (Musik)	100 Seiten	265 Mark[250]
Sozialwissenschaft	100 Seiten	220 Mark
Kirchenrecht/Kirchenpolitik	70 Seiten	150 Mark[251]

Für die Autoren wurde separat mit einem Honorar von 100 Mark je Druckbogen von 16 Seiten kalkuliert. Siebeck benötigte bei dieser Kalkulation 5.000 Subskribenten und einen Ladenpreis von 40 Mark. Sollte sich die Anzahl der Subskribenten erhöhen, war eine entsprechende Steigerung der Mitarbeiterhonorare eingeplant (bei 6.000 Subskribenten 120 Mark, bei 7.000 Subskribenten 140 Mark und bei 8.000 Subskribenten entsprechend 160 Mark[252]). Ein höheres Honorar könne, so Siebeck, „bei einem Lexicon, das billig werden solle, nicht gewährt werden. Die Konversationslexica zahlen freilich 300 M pro Druckbogen, aber für endlose und unbeschränkte Auflagen"[253]. Daher stellte er im Vorfeld ultimativ klar: „Meine Honorarberechnungen sind so genau, dass ich jetzt noch vom Verlage des HL (Handlexikon; R.C.) zurücktreten würde, wenn Sie mit meinen Vorschlägen nicht durchdringen sollten"[254]. Der Verlag kalkulierte, daß das Honorar der Abteilungsredakteure indirekt dadurch steigen würden, daß diese die in konzeptioneller Hin-

250 Vgl. ebd. Dort werden die beiden Abteilungen Kunst und Musik separat geführt und mit einem Umfang von 80 beziehungsweise 40 Druckseiten einkalkuliert.

251 Vgl. ebd. Dort werden zusätzlich drei mögliche Erweiterungen angeführt: 100 Seiten für Biographien, 40 Seiten für Ausland und – im Sinne einer Vorsichtsmassnahme – 115 Seiten für unvorhergesehene Fälle.

252 Vgl. VA 204: Schreiben von Friedrich Michael Schiele, Marburg an Paul Siebeck, Tübingen, 28.06.1905. Die Subskribentenentwicklung verlief jedoch nicht erwartungsgemäß. Zum Jahresende 1910 zählte das Lexikon gerade einmal 2 050 Subskribenten (vgl. VA 289: Schreiben von Paul Siebeck, Tübingen an Martin Rade, Marburg, 21.12.1910).

253 VA 193: Schreiben von Paul Siebeck, Tübingen an Otto Baumgarten, Kiel, 02.12.1905. Heitmüller seinerseits monierte freilich, dieser Betrag sei zu niedrig, um die gewünschten Mitarbeiter gewinnen zu können (vgl. VA 204: Schreiben von Wilhelm Heitmüller, Marburg an Friedrich Michael Schiele, Marburg, 06.08.1905 [Abschrift]). Schiele dagegen bescheinigte dem Verlag, bei der Mitarbeiterhonorierung zugunsten der Autoren und gegen kaufmännischen Sachverstand entschieden zu haben (vgl. VA 204: Friedrich Michael Schiele, Marburg an Wilhelm Heitmüller, Marburg, 09.08.1905).

254 VA 204: Schreiben von Paul Siebeck, Tübingen an Friedrich Michael Schiele, Marburg, 13.07.1905.

sicht programmatischen Artikel selbst verfassen würden und dadurch entsprechend Mitarbeiterhonorar abrechnen könnten. Für die Abbildungen kalkulierte Siebeck 1.800 Mark ein.

Im Rahmen dieser Erstkalkulation erwogen Verlag und Hauptredaktion zur eigenen Risikoabsicherung restriktive finanzielle Maßnahmen gegenüber denjenigen Abteilungsredakteuren, die künftig nicht gemäß getroffenen Vereinbarungen arbeiten würden. Unter ein derart zu sanktionierendes Verhalten rechnete der Verlag beispielsweise die Weiterleitung von Artikeln mit deutlicher Überlänge an die Redaktion, um so eigene redaktionelle Pflichten auf die Hauptredaktion abzuwälzen. Da der Verlag jedoch von solchen restriktiven Maßnahmen gegenüber säumigen oder unzuverlässig arbeitenden Mitarbeitern absah, weigerte er sich im Fortgang im Gegenzug, den Autoren und Abteilungsredakteuren, in Analogie zum Honorarsystem der Konversationslexika, zusätzlich die Verweisungen zu honorieren. „Ich stehe auf dem Standpunkt, dass die Verweisungen, soweit sie von den Herren Abteilungsredakteuren aufgestellt und kontrolliert werden, durch das für die Redaktion der Abteilungen ausgeworfene Honorar als honoriert anzusehen sind"[255].

Im Herbst 1909 mußte seitens des Verlages infolge des verzögerten Erscheinungsverlaufs nachkalkuliert werden[256]. Aufgrund der mittlerweile abzusehenden höheren Bandzahl des Lexikons wurde eine Erhöhung der Redaktionshonorare um ein Drittel beschlossen. Die Höhe der ersten Auflage wurde auf 7.500 Exemplare festgesetzt, so daß das Mitarbeiterhonorar pro Druckbogen 150 Mark betrug. Für die Abteilung Kirchengeschichte wurde infolge der personellen Umstrukturierungen in diesem Bereich ein ebenfalls erhöhter Honorarsatz von 1.000 Mark

255 NL Gunkel, Yi 33 II B 158: Schreiben von Paul Siebeck, Tübingen an Hermann Gunkel, Gießen, 29.11.1910. Dann auch NL Gunkel, Yi 33 II B 161: Schreiben von Oskar Siebeck, Tübingen an Hermann Gunkel, Gießen, 06.12.1910: „Wenn Sie sich die Entstehungsgeschichte unseres Handwörterbuchs vor Augen halten, so werden Sie zugeben, dass der Verlag oft genug gezeigt hat, dass er in Konzessionen an die Mitarbeiter an die Redakteure nicht kleinlich ist. Ich glaube daher, darauf rechnen zu dürfen, dass Sie mir vertrauen, dass ich auch in diesem Falle nach bestem Gewissen und nach reiflicher Ueberlegung gehandelt habe, als ich die Honorierung der Verweisung endgültig ablehnte". Der Vorschlag zur Honorierung der Verweise ging zurück auf Schiele und Gunkel (vgl. u.a. NL Gunkel, Yi 33 II B 157: Schreiben von Oskar Siebeck, Tübingen an Hermann Gunkel, Gießen, 26.11.1910 und VA 285: Schreiben von Oskar Siebeck, Tübingen an Gustav Krüger, Gießen, 10.12.1910). Die Richtlinien für ein internes Verweissystem hatte Schiele erarbeitet (vgl. u.a. VA 204: Schreiben von Friedrich Michael Schiele, Marburg an Paul Siebeck, Tübingen, 28.07.1905). VA 285: Schreiben von Oskar Siebeck, Tübingen an Gustav Krüger, Gießen, 10.12.1910).

256 Vgl. VA 246: Schreiben von Paul Siebeck, Tübingen an Hermann Gunkel, Gießen, 30.11.1908.

eingerechnet, entsprechend der Heraufsetzung des Honorarsatzes für die programmatischen exegetischen Fächer auf eben diesen Betrag[257]. Im Jahre 1910 rechnete Paul Siebeck mit einem Gesamtredaktionshonorar von 24.000 Mark[258] und sah sich daher veranlaßt, den Subskriptionspreis auf vorläufig 100 Mark heraufzusetzen[259]. Der schlußendliche Subskriptionspreis lag bei 120 Mark für das komplette broschierte Exemplar und bei 135 Mark für das in fünf Halbfranzbände gebundene Exemplar. Damit kostete ein Band in der Subskription durchschnittlich 20 Mark. Die Einzellieferungen waren in drei Bogen zu insgesamt 82 Lieferungen erfolgt. Zum 31.12.1913 erloschen die Subskriptionsbedingungen und der Preis betrug fortan 130 beziehungsweise 150 Mark.

Zum Vergleich seien die Preise der Konversationslexika herangezogen: Die von 1901 an erschienene Jubiläumsausgabe der 14. Auflage von Brockhaus' Konversationslexikon kostete 1904 – bei 17 Bänden – je Halblederband zwölf Mark und konnte zu einem monatlichen Abonnement-Preis von fünf Mark bezogen werden. Die von 1908 an erschienene *Neue Revidierte Jubiläumsausgabe* von *Brockhaus' Konversations-Lexikon* kostete pro Band in mehrfarbigem Ganzleinen zwölf Mark und in Halbleder mit Goldschnitt (sogenannte Luxusausgabe) 15 Mark[260]. Die fünfte Auflage von *Meyers Konversationslexikon*, welche bis 1902 vertrieben wurde, konnte – bei 17 Bänden plus vier Supplementbänden – pro Halblederband zu je zehn Mark erworben werden[261].

Verlagsintern war ursprünglich der 01.10.1907 als Druckbeginn anvisiert worden. Doch so professionell der Verlag und Schiele an die organisatorische Umsetzung der Idee gingen, genauso dilettierend gingen die verantwortlichen Mitarbeiter mit dem Projekt um. Die Ansicht Schieles, „wenn auf unserer Seite flott vorwärts gestrebt wird, so werden wir schon die säumigen Mitarbeiter mit in unsern Eifer hineinziehen"[262], erwies sich langfristig als irrig. Als genauso irrig erwies sich die Arbeitsvoraussetzung des Verlages, seine verlegerisch-lexikogra-

---

257 Vgl. VA 275 [sub Zscharnack]: Nachtrag zu vorstehendem Redaktionsvertrag, undatiert und VA 264: Schreiben von Oskar Siebeck, Tübingen an Wilhelm Heitmüller, Marburg, 30.10.1909.

258 Vgl. VA 276: Schreiben von Paul Siebeck, Tübingen an Otto Baumgarten, Kiel, 11.01.1910.

259 Vgl. VA 246: Schreiben von Paul Siebeck, Tübingen an Hermann Gunkel, Gießen, 30.11.1908.

260 Angaben nach diversen Werbeprospekten in VA BIFAB: Sammlung diverser Prospekte und Anzeigen, F.A. Brockhaus (ohne Signaturnummern).

261 Angaben nach diversen Werbeprospekten in VA BIFAB: Sammlung diverser Prospekte und Anzeigen, Bibliographisches Institut (ohne Signaturnummern).

262 VA 204: Schreiben von Friedrich Michael Schiele, Marburg an Paul Siebeck, Tübingen, 02.12.1905.

phischen Erfahrungen und Kompetenzen aufgrund vergleichbarer Projekte aus anderen Verlagssparten kämen dem theologischen Lexikon zugute: „Ich bin [...] kein Neuling in der Sache", resümierte Siebeck, aber bei keinem der anderen Projekte „habe ich solche Schwierigkeiten erlebt, wie bei unserem Handwörterbuch, alles verlief von A – Z glatt, auf diese Erfahrungen bauend hoffte ich ein gleiches für den Verlauf der Arbeiten an unserem Handwörterbuch"[263]. Vergebens, wie die folgenden Auseinandersetzungen zeigen. Die Konfliktpunkte lassen sich exemplarisch um die Frage der Auswahl geeigneter Mitarbeiter, deren Terminplanung und um die Frage des explodierenden Umfanges des Werkes gruppieren.

3.1.3.2. „Der Mitarbeiter ist bekanntlich nur ein Mensch und kein Gott"[264] – Unprofessionalitäten seitens der Mitarbeiter als unkalkulierbares Finanzrisiko

a. Die hohe Fluktuation unter den Abteilungsredakteuren

Nach dem Eintritt Schieles in die Hauptredaktion und dessen energischem Vorgehen kam es zunächst zu einer erheblichen Fluktuation unter den führenden Mitarbeitern. Die Korrespondenz dieser Phase läßt den Eindruck aufkommen, als hätten die Beteiligten nun den ‚Ernst der Lage' begriffen und hätten eine Ahnung von der zu erwartenden Arbeitsbelastung bekommen.

Wobbermin sagte in der ersten Jahreshälfte 1906 definitiv für eine Mitarbeit innerhalb der Hauptredaktion ab. Diese wurde nun von Schiele und Gunkel wahrgenommen[265]. Max Weber trat von seiner Funktion als Abteilungsredakteur für den Bereich der Sozialwissenschaften zurück, für ihn kam Gottfried Traub[266]. Ebenso sagte Johannes Bauer für

263 VA 246: Zweites Schreiben von Paul Siebeck, Tübingen an Hermann Gunkel, Gießen, 20.11.1908.

264 VA 249: Schreiben von Friedrich Michael Schiele, Tübingen an Walther Köhler, Gießen, 22.09.1908.

265 Bereits Ende Februar 1906 war unklar, ob Wobbermin auf dem Werbeprospekt überhaupt noch neben Schiele und Gunkel als Mitherausgeber zu nennen sei (NL Gunkel, Yi 33 I S 84: Schreiben von Friedrich Michael Schiele, Marburg an Hermann Gunkel, Berlin, 28.02.1906). Anfang März war dann entschieden, daß Wobbermin dort nicht unter den Herausgebern genannt werden würde (NL Gunkel, Yi 33 I S 85: Schreiben von Friedrich Michael Schiele, Marburg an Hermann Gunkel, Gießen, 06.03.1906). Schiele und Gunkel regelten daraufhin die interne Aufgabenabgrenzung der Hauptredaktion dergestalt, daß Gunkel die Hauptredaktion des biblischen Stoffes übernahm, bei Schiele dagegen die alleinige Endredaktion lag (vgl. VA 204: Schreiben von Friedrich Michael Schiele, Marburg an Paul Siebeck, Tübingen, 07.05.1905 und VA 204: Schreiben von Paul Siebeck, Tübingen an Friedrich Michael Schiele, Marburg, 10.05.1905).

266 Vor allem Paul Siebeck zeigte sich sehr an einer Mitarbeit Max Webers an dem Lexikon interessiert. Vgl. VA 184: Schreiben von Paul Siebeck, Tübingen an Walther

Köhler, Gießen, 10.09.1904. Max Weber reagierte zunächst aufgrund eines geplanten Amerikaaufenthaltes (August-November 1904) sehr distanziert (vgl. VA Diverses RGG^{1}: Schreiben von Max Weber, Heidelberg an Walther Koehler, Gießen, 24.07.1904 [Abschrift]; VA 184: Schreiben von Walther Köhler, Gießen an Paul Siebeck, Tübingen, 24.07.1904; VA 184: Schreiben von Paul Siebeck, Tübingen an Walther Köhler, Gießen, 29.07.1904). Im Sommer 1904 sagte Max Weber kurzfristig zu (vgl. VA Alte Korrespondenz RGG^{2}, Mappe Duplikate RGG^{2}/Erste Hauptredaktion/Köhler: Schreiben von Max Weber an Walther Köhler, 17.08.1904 [Abschrift]), bevor er im Frühjahr 1905, nach Schieles Eintritt in die Redaktion, definitiv absagte: „Aus Ihrer gefl. Zuschrift ersehe ich mit Schrecken, dass mein Vetter O. Baumgarten sein Versprechen, mich von der Verpflichtung, als Teilredakteur an dem Sammelwerk mitzuarbeiten, freizumachen, nicht erfüllt hat. Ich hatte ihn gebeten, Herrn Dr. Siebeck, dem er ohnehin Mitteilungen zu machen hatte, gleichzeitig zu schreiben, dass ich nach genauer Ueberlegung mich dieser Aufgabe gesundheitlich nicht gewachsen fühle, da das Korrespondieren für mich die grösste Anstrengung ist, die es giebt" (NL Gunkel, Yi 33 I S 63: Schreiben von Max Weber, Heidelberg an Friedrich Michael Schiele, Marburg, 16.05.1905 [Abschrift]; vgl. auch VA 204: Schreiben von Friedrich Michael Schiele, Marburg an Paul Siebeck, Tübingen, 18.05.1905). Die Abteilung übernahm Gottfried Traub „mit dem Auftrag, möglichst viele wichtige Artikel in Webers Hände zu legen" (VA 204: Schreiben von Paul Siebeck, Tübingen an Friedrich Michael Schiele, Marburg, 20.05.1905) und alle übrigen Mitarbeiter ausdrücklich zu instruieren, daß es sich bei den zu verfassenden Artikeln „nicht um Beiträge für ein soziologisches Lexikon handelt, sondern um soziologische Beiträge zu einem Wörterbuch über die Religion. Die Mitarbeiter müssen von vornherein darüber klar sein, welche Seiten der soziologischen Probleme für uns Interesse haben" (VA 222: Schreiben von Friedrich Michael Schiele, Marburg an Paul Siebeck, Tübingen, 06.02.1906). Der von Traub „detailliert" und „musterhaft" erarbeitete systematische Stoffverteilungsplan wurde von Max Weber und Friedrich Naumann überarbeitet (VA 204: Schreiben von Friedrich Michael Schiele, Marburg an Paul Siebeck, Tübingen, 05.12.1905). Vorschläge Webers für geeignete Mitarbeiter am Projekt finden sich beispielsweise in: Schreiben von Max Weber, Heidelberg an Oskar Siebeck, Tübingen, 17.05.1907 (abgedruckt in: Max Weber. Briefe 1906-1908. Hg. v. M. Rainer Lepsius und Wolfgang J. Mommsen in Zusammenarbeit mit Birgit Rudhard und Manfred Schön [MWG II/5], Tübingen 1990, hier S.306f.). Weber lehnt in diesem Schreiben die Autorenschaft für den Artikel Evangelisch-sozial ab, „weil ich nur schließen könnte: die Sache habe ausgelebt (thatsächlich wird sie ja *nur* gehalten, weil nun einmal die Orthodoxie so etwas hat). [...] Ob denn nicht *Harnack* Jemand bezeichnen könnte? Oder *Rade*? Eigentlich sollte dieser *selbst* den Artikel schreiben" (ebd.; Hervorh. i. Orig.). Max Weber verfaßte nur einen einzigen Artikel für RGG^{1} (ders., Art. Agrargeschichte, I. Altertum, in: RGG^{1}, 1 (1909), Sp.233-237 (vgl. hierzu Schreiben von Max Weber, Heidelberg an Oskar Siebeck, Tübingen, 26.12.1907, abgedruckt in: Weber, Briefe, S.426 und Schreiben von Max Weber, Heidelberg an Oskar Siebeck, Tübingen, 10.02.1908, abgedruckt in: aaO., S.435). Zu Webers Kontakten zur Theologie seiner Zeit, besonders zu seinem Vetter Otto Baumgarten, vgl. Friedrich Wilhelm Graf, Max Weber und die protestantische Theologie seiner Zeit, in: ZRGG 39 (1987), S.122-147. Auch im bereits erwähnten Naumannschen Projekt eines *Deutsche[n] Staatslexikon[s]* wurde auf die Mitarbeit Max Webers als einer intellektuellen Integrationsgröße größter Wert gelegt (vgl. Müller, Im Zeitalter der Sammelwerke, S.198; Hübinger, Kulturprotestantismus, S.304 und VA 335: Schreiben von Friedrich Naumann, Berlin an Paul Siebeck, Tübingen, 17.02.1912). Auch auf die Autorenschaft Naumanns in RGG^{1} mußte der Verlag letztendlich verzichten, obwohl Schiele Naumann zunächst eine Zusage abgerungen hatte (vgl. VA 204:

die Betreuung der Abteilung Kunst ab. „Ihn beschäftige zur Zeit nur hauptsächlich praktische Theologie und für ein populäres Wörterbuch schiene ihm kein Bedürfnis vorzuliegen"[267]. Statt Bauer wurde Johannes Ficker (1861-1944) angefragt, der allerdings ebenfalls absagte[268]. Die Abteilung wurde letztendlich von Carl Neumann (1860-1934) betreut. Auch die Musikredaktion zu besetzen erwies sich als mühsam – erst durch die Vermittlungen Troeltschs gelang es, die Zusage von Wilhelm Weber (1859-1918), Troeltschs Schwager, zu gewinnen[269]. Innerhalb der Planungen zu einer eigenständigen Abteilung Religionsgeschichte plante man neben Hackmann zeitweilig auch mit Rade, dem Initiator des Projektes. Dieser lehnte allerdings eine Einbindung in den Kreis der Abteilungsredakteure ab. Er stand nur als Verfasser für einzelne Artikel zur Verfügung[270]. Eine langwierige Erkrankung Heitmüllers verzögerte dazuhin die Erstellung und Bearbeitung der neutestamentlichen Stichwortliste[271].

Weitere personelle Änderungen fanden im Herbst 1909 statt: Köhler zog sich vollständig von der Mitarbeit zurück. Scheel übernahm daraufhin die Betreuung der kirchengeschichtlichen Abteilung[272]. Wobbermin

---

Schreiben von Friedrich Michael Schiele, z.Z. in Berlin an Paul Siebeck, Tübingen, undatiert [vermutlich 15.09.1905]; VA 204: Schreiben von Paul Siebeck, Tübingen an Friedrich Michael Schiele, Tübingen, 21.09.1905). Von Jahresbeginn 1909 an, nach der Krise des Projektes im Herbst 1908, betreute Oskar Siebeck als Nachfolger Traubs die Abteilung Sozialwissenschaften. Traub erklärte sich freilich bereit, auch nach seinem Rückzug aus der Abteilungsredaktion einzelne Artikel zu verfassen (VA 257: Schreiben von Gottfried Traub, Dortmund an [vermutlich] Oskar Siebeck, Tübingen, 15.07.1908). Schlußendlich verfaßte aber auch er nur einen einzigen Artikel (ders., Art. Kapitalismus, in: RGG[1], 3 [1912], Sp.917-921).

267 VA 204: Schreiben von Friedrich Michael Schiele, Marburg an Paul Siebeck, Tübingen, 23.05.1905. Dann auch VA 204: Schreiben von Paul Siebeck, Tübingen an Friedrich Michael Schiele, Marburg, 25.05.1905.

268 Vgl. VA 204: Schreiben von Johannes Ficker, Straßburg an Friedrich Michael Schiele, Marburg, 27.05.1905.

269 Vgl. u.a.: VA 204: Schreiben von Paul Siebeck, Tübingen an Friedrich Michael Schiele, Marburg, 21.07.1905; VA 204: Schreiben von Friedrich Michael Schiele, Marburg an Paul Siebeck, Tübingen, 11.11.1905; VA 204: Schreiben von Ernst Troeltsch, Heidelberg an Paul Siebeck, Tübingen, 15.11.1905 (Abschrift); VA 204: Schreiben von Paul Siebeck, Tübingen an Friedrich Michael Schiele, Marburg, 17.11.1905; VA 204: Schreiben von Friedrich Michael Schiele, Marburg an Paul Siebeck, Tübingen, 13.12.1905; VA 204: Schreiben von Paul Siebeck, Tübingen an Friedrich Michael Schiele, Marburg, 15.12.1905; VA 204: Schreiben von Friedrich Michael Schiele, Marburg an Paul Siebeck, Tübingen, 19.12.1905.

270 Vgl. VA 204: Schreiben von Paul Siebeck, Tübingen an Friedrich Michael Schiele, Marburg, 15.05.1905. Zu diesem Themenkomplex vgl. unten Kap.II.3.3.2.2.

271 Vgl. VA 204: Schreiben von Paul Siebeck, Tübingen an Friedrich Michael Schiele, Marburg, 10.11.1905; VA 204: Schreiben von Paul Siebeck, Tübingen an Friedrich Michael Schiele, Marburg, 28.11.1905.

272 Siehe in diesem Kapitel Abschnitt 3.1.3.3.c.

legte die redaktionelle Betreuung der Abteilung Apologetik nieder[273]. An seine Stelle trat im Verlauf des Herbstes 1909 Johannes Wendland (1871-1947)[274]. Weitere personelle Veränderungen betrafen die bisherige Abteilung Praktische Theologie und Religiöse Volkskunde, Vereine, Mission, welche von Otto Baumgarten redigiert wurde und die von 1909 an als Praktische Theologie und Religion der Gegenwart geführt wurde, bei gleichzeitiger Verselbständigung der Abteilung Biographien des 19. Jahrhunderts und der Gegenwart unter der redaktionellen Verantwortung von Hermann Mulert[275].

Bei der ursprünglichen Konzeption hatte man an eine möglichst dezentrale Organisation der Redaktionsarbeiten gedacht. Die Abtei-

273 Wobbermin hatte durch seine zögerliche Arbeitsweise schon länger den Unmut der Hauptredaktion auf sich gezogen und Schiele zu der Äußerung veranlaßt, daß ihm angesichts des Arbeitsstiles und -einsatzes Wobbermins zuweilen der Verdacht käme, „dass der Selbstruhm der modernen kritischen Theologie zu ihrer Leistungsfähigkeit im umgekehrten Verhältnis steht. Hätte ich vor drei Jahren gewusst, welche Mühe es Potenzen unseres Kreises macht, gewisse Artikel zu schreiben, ja überhaupt nur sich mit geistiger Gestaltungskraft in die Aufgabe einer Enzyklopädie hineinzudenken, ich würde die Pflicht eine solche Enzyklopädie zu organisieren und herauszugeben nicht übernommen haben" (VA 258: Schreiben von Friedrich Michael Schiele, Tübingen an Georg Wobbermin, Breslau, 08.07.1908).

274 Vgl. VA 274: Schreiben von Johannes Wendland, Basel an Oskar Siebeck, Tübingen, 17.10.1909; VA 274: Schreiben von Oskar Siebeck, Tübingen an Johannes Wendland, Basel, 20.10.1909. Wendland verknüpfte seine definitive Zusage mit einer Honorarforderung von 300 Mark (vgl. VA 274: Schreiben von Johannes Wendland, Basel an Oskar Siebeck, Tübingen, 01.11.1909). Dieser erhöhten Forderung gab der Verlag statt, da Oskar Siebeck vermutete, „dass Sie in der ersten Zeit infolge der Neuheit der Arbeit manchmal mehr Mühe haben, als Sie es hätten, wenn Sie die Redaktion der Abteilung von Anfang an geführt hätten" (VA 274: Schreiben von Oskar Siebeck, Tübingen an Johannes Wendland, Basel, 04.11.1909). Ausschlaggebend für diese Entscheidung mag zu diesem Zeitpunkt auch gewesen sein, daß der Verlag die Arbeit an dem Lexikon, den zahlreichen Konflikten zum Trotz, unbedingt in Gang halten wollte. Die gleiche Summe wurde an Georg Wobbermin, der selbst Johannes Wendland als seinen Nachfolger vorgeschlagen hatte, ausgezahlt. Vgl. u.a. VA 275: Schreiben von Georg Wobbermin, z.Z. Charlottenburg an Oskar Siebeck, Tübingen, 03.09.1909; VA 275: Schreiben von Oskar Siebeck, Tübingen an Georg Wobbermin, Breslau, 20.10.1909; VA 275: Schreiben von Georg Wobbermin, Breslau an Oskar Siebeck, Tübingen, 28.10.1909; VA 275: Schreiben von Oskar Siebeck, Tübingen an Georg Wobbermin, Breslau, 30.10.1909.

275 Mulert hatte die biographischen Artikel bereits bisher als Mitarbeiter Baumgartens betreut. Vgl. NL Gunkel, Yi 33 I M 124: Schreiben von Hermann Mulert, Kiel an Hermann Gunkel, Gießen, 10.12.1907. Zur Umstrukturierung der Abteilungen vgl. VA 263: Schreiben von Hermann Gunkel, Gießen an Friedrich Michael Schiele, Tübingen, 16.02.1909 (Datum des Poststempels). Mulert sollte bei der Einrichtung dieser Abteilung jedoch peinlichst darauf achten, daß das Lexikon nicht „in nuce einen ‚theologischen Kürschner' geben" solle. Er solle nur diejenigen Theologen aufnehmen, „deren Tätigkeit in irgend einer Beziehung von fortdauernder Wirkung war" (VA 268: Schreiben von Oskar Siebeck, Tübingen an Hermann Mulert, Niederbobritzsch, 24.03.1909).

lungsredakteure sollten innerhalb ihres Bereichs nicht nur die theologisch-lexikographische Hermeneutik konzipieren, sondern sollten diese Konzeption durch die von ihnen zu verantwortende Mitarbeiterauswahl und die Redaktion der von diesen Mitarbeitern verfaßten Artikel stärken[276]. Im Dezember 1906 wurden die Abteilungsredakteure aufgefordert, aufgrund der mittlerweile vorliegenden Lexikonschemata, der offiziellen Rundschreiben und der Probedrucke die ihnen jeweils geeignet erscheinenden Autoren zu werben[277].

276 Freilich waren auch die verlagsinternen Vorstellungen von dem Arbeits- und Kompetenzbereich der Abteilungsredakteure eher undeutlich. In seiner offiziellen Anfrage an Leopold Zscharnack (1877-1955), ob er an einer Übernahme der Abteilungsredaktion Kirchengeschichte Interesse zeigen würde, umriß Schiele die Aufgaben der Abteilungsredaktionen folgendermaßen: „Sie weisen Ungeeignetes ab, geben Halbgelungenes zur Umarbeitung zurück, Dreiviertelgelungenes korrigieren Sie selbst, Ganzgelungenes lassen Sie glatt passieren" (VA 275: Schreiben von Friedrich Michael Schiele, Tübingen an Leopold Zscharnack, Berlin, 11.01.1909). Es legt sich die Vermutung nahe, daß es genau diese in der Pointe extrem unpräzise Zuweisung seitens des Verlags und der Herausgeber war, welche die Arbeit einzelner Abteilungsredakteure ins Konfuse und Unorganisierte abgleiten ließ und die rückblickend zur negativen Bewertung des gewählten Organisationsprinzips führte: „Das Wörterbuch war zuerst so gedacht, dass die Initiative bei den Abteilungsredakteuren liegen sollte. Unter Köhlers Hauptredaktion hat aber keiner von ihnen auf sein Rundschreiben vom Juli 1904 irgend etwas für das Wörterbuch unternommen. Als darauf Du und dann ich die Hauptredaktion übernahm und wir mit generellen Rundschreiben [...] die Initiative zur Bestätigung aufriefen, wurde es nicht anders. Kein Abteilungsredakteur hat irgend etwas für das Wörterbuch von selbst getan" (VA 246: Schreiben von Friedrich Michael Schiele, Tübingen an Hermann Gunkel, Gießen, 28.11.1908). Im gleichen Tonfall äußerte sich Paul Siebeck: „Warum macht denn von allen Lexika, die ich schon verlegt habe und zr.Zt. neben der ‚Religion' verlege, nur unser Handwörterbuch diese Arbeit für das Beitreiben der Manuscripte nötig? Sie sagen: weil wir nicht individualisieren können, ich sage, weil das Individualisieren nichts nützt. Wie soll übrigens bei rund 200 Mitarbeitern, die wir zum Teil auf Ihre Eigenart hin gar nicht kennen, noch kennen können, in praxi individualisiert werden? Grau, teuerer Freund, ist auch diese Theorie. Dass wir bei Baumgarten, Heitmüller, Werner und vielen anderen individualisieren, wissen Sie, leider auch mit welchem Erfolg. Ueber die uns bekannten Herrn hinaus zu individualisieren, wäre doch wohl nur den Abteilungsredakteuren möglich, aber ach, wo bleiben sie so oft? – nicht alle, aber ihrer manche. Entwerfen Sie mir doch einmal eine Postkarte mit einem Bild: ‚Wo steckt der Abteilungsredakteur?' Vielleicht hilft das." (VA 271: Schreiben von Paul Siebeck, Tübingen an Friedrich Michael Schiele, Berlin, 24.12.1909). Ähnlich auch VA 250: Schreiben von Paul Siebeck, Tübingen an Gustav Krüger, Gießen, 27.11.1908: Man dürfe, so Paul Siebeck, „vor der Tatsache die Augen nicht weiter verschliessen, dass die Institution der Abteilungsredakteure beim Handwörterbuch versagt" habe.

277 Vgl. VA 217 [sub Köhler]: Rundschreiben von Friedrich Michael Schiele, Tübingen an alle Mitarbeiter, 18.12.1906. Siehe auch VA 217: Schreiben von Friedrich Michael Schiele, Tübingen an Walther Köhler, Gießen, 17.12.1906: „In der Wahl der Mitarbeiter sind Sie ganz frei".

Walther Köhler beschwor in diesem Kontext einen Konflikt herauf, der in lexikonpolitischer Hinsicht von Bedeutung ist. Bei seiner Suche nach geeigneten Mitarbeitern unterlief er die konzeptionelle und in langen Diskussionen erarbeitete Abgrenzungsstrategie von RE[3], indem er Autoren der RE[3] zur Mitarbeit an RGG[1] aufforderte[278]. Um einen

278 Köhler hatte versucht, Georg Grützmacher, einen Heidelberger Kollegen Troeltschs, für den Artikel Mönchtum zu gewinnen, den dieser bereits für RE[3] bearbeitet hatte (Grützmacher, Art. Mönchtum, in: RE[3], 13 [1903], S.214-235). „Seien Sie übrigens vorsichtig mit dem hiesigen Grützmacher, der verbreitet, Sie hätten ihm die Artikel für Herzog für das Lexikon noch einmal abverlangt, und der diese Immoralität mit Entrüstung abgewiesen haben will. Steht das so, dann fände auch ich die Sache bedenklich" (Schreiben von Ernst Troeltsch, Heidelberg an Friedrich Michael Schiele, Tübingen, zit. in VA 231: Schreiben von Friedrich Michael Schiele, Tübingen an Hermann Gunkel, Gießen, 24.04.1907). Schiele nahm daraufhin mit Grützmacher Kontakt auf und verurteilte „eine solche Zumutung [...] auf das Schärfste (VA 231: Friedrich Michael Schiele, Tübingen an Georg Grützmacher Heidelberg, 24.04.1907) und betonte: „Die Verschiedenheit der Form, der Abgrenzung und der Zweckbestimmung zwischen meinem Wörterbuche und dem Hauck'schen, die ausgesprochene Absicht, keine kirchenhistorischen Monographien aufzunehmen, und dazu die Verschiedenheit der menschlichen Begabung solch verschiedener Aufgabe gegenüber, macht es mir vielmehr geradezu unwahrscheinlich, dass die Mitarbeiter, die <u>ich</u> am besten brauchen kann, auch für <u>Hauck</u> die tauglichsten sind, und umgekehrt" (VA 231: Schreiben von Friedrich Michael Schiele, Tübingen an Georg Grützmacher, Heidelberg, 26.04.1907). Zur Argumentation Grützmachers vgl. auch VA 231: Schreiben von Georg Grützmacher, Heidelberg an Friedrich Michael Schiele, Tübingen, 25.04.1907 (Abschrift). Gegen den von Grützmacher vorgebrachten Vorwurf der Immoralität nahm Schiele Köhler ausdrücklich in Schutz, so deutlich er dessen Vorgehen unter lexikonpolitischen Gesichtspunkten mißbilligte (vgl. VA 231: Schreiben von Friedrich Michael Schiele, Tübingen an Georg Grützmacher, Heidelberg, 02.05.1907 und VA 231: Schreiben von Friedrich Michael Schiele, Tübingen an Hermann Gunkel, Gießen, 24.04.1907). Gunkel versuchte, Köhlers Vorgehen im Hinblick auf die gänzlich unterschiedliche Konzeption der beiden Nachschlagewerke in Schutz zu nehmen (vgl. VA 231: Schreiben von Hermann Gunkel, Gießen an Friedrich Michael Schiele, Tübingen, 25.04.1907; VA 231: Schreiben von Hermann Gunkel, Gießen an Friedrich Michael Schiele, Tübingen, 30.04.1907). Auch Köhler selbst vertrat diese Ansicht: <u>„RE und Lexikon sind toto coelo verschieden"</u> (VA 233: Schreiben von Walther Köhler, Gießen an Friedrich Michael Schiele, Tübingen, 22.04.1907). Schiele dagegen vermutete, daß dem neuen Lexikonprojekt durch ein derartiges Vorgehen der Verdacht, ein Konkurrenzunternehmen zur RE[3] sein zu wollen, anhängig würde. Und gerade diesen Eindruck zu vermeiden, war einer der Ausgangspunkte der lexikographischen Planungen gewesen (vgl. VA 231: Schreiben von Friedrich Michael Schiele, Tübingen an Hermann Gunkel, Gießen, 27.04.1907). Freilich war es ausgerechnet Köhler, der noch einmal eine ähnlich gelagerte Auseinandersetzung heraufbeschwor, als er in seiner Funktion als Abteilungsredakteur übersah, daß Hanns Zwicker einen Artikel Antonianer einreichte, der sich als weitgehender, „teilweise wörtlicher Auszug aus dem Artikel der RE" herausstellte (VA 249: Schreiben von Otto Scheel, Tübingen an Walther Köhler, Gießen, 01.08.1908;) und den der Verlag gegen Köhlers Votum aus urheberrechtlichen Gründen ablehnte, denn es könne „für das Handwörterbuch und seinen Verleger nichts Schlimmeres geben, als wenn der Vorwurf unerlaubter Benützung der RE uns gemacht werden könnte" (VA 249: Schreiben von Paul Siebeck, Tübingen an Walther Köhler, Gießen,

derartigen Fauxpas in Zukunft auszuschließen, erläuterten Verlag und Herausgeber (Schiele/Gunkel) in einem streng vertraulichen Schreiben an die Abteilungsredakteure noch einmal ihre Abgrenzungsstrategien gegenüber RE[3] und die damit einhergehende Unmöglichkeit einer Doppelautorenschaft:

> „Es hat sich in einzelnen, wenigen Fällen ergeben, dass Teilredakteure Artikel auch solchen Herren angeboten haben, die bereits über dieselben Gegenstände in anderen lexikalisch geordneten Enzyklopädien, speziell in der Herzog'schen RE gehandelt haben. Nun sind ja die Grundgedanken unseres populär gemeinten Lexikons von der für Gelehrte berechneten Herzog'schen RE sehr stark verschieden; was ja schon in dem verschiedenen Umfang beider Werke deutlich in die Augen springt [...]. Trotzdem fürchten wir, es könne vielleicht der oder jener Mitarbeiter in Verkennung unserer Prinzipien oder gar aus Lässigkeit, uns nur eine kürzere Wiederholung seines bereits in der RE erschienenen Artikels liefern. Demnach bitten wir die Teilredakteure, im allgemeinen solchen Herren, die bereits für die RE oder ein ähnliches Werk einen Artikel geschrieben haben, für unser Unternehmen dasselbe Thema nicht zu stellen. Liesse sich das dennoch in seltenen Ausnahmefällen nicht vermeiden, so bitten wir dringend, nur solche Gelehrte zu wählen, die ihren früheren Artikel sicherlich nicht gekürzt wiederholen, sondern uns eine neue Arbeit liefern werden. Sollten aber die Herren Teilredakteure schon vor Empfang dieses Rundschreibens frühere Mitarbeiter der RE oder ähnlicher Werke für die von ihnen schon behandelten Stichworte aufgefordert haben, so bitten wir sie, die Mitarbeiter ausdrücklich und mit Entschiedenheit, nötigenfalls durch Mitteilung dieses Schreibens, darauf aufmerksam zu machen, dass wir Exzerpte aus der RE oder anderen Enzyklopädien in keiner Weise wünschen und also auch nicht annehmen können. [...] Wir benutzen diese Gelegenheit, um noch einmal darauf hinzuweisen, dass unser Lexikon religionsgeschichtlichen Geist atmen soll. Sofern unsere Mitarbeiter religionsgeschichtliche Gesichtspunkte vermissen lassen, würde es die Aufgabe der Abteilungsredakteure sein, sie ihnen darzustellen, oder eventuell in die gelieferten Artikel darauf Bezügliches einzuarbeiten"[279].

Das Prinzip der Gemeinverständlichkeit und der religionsgeschichtlichen Zugriffshermeneutik auf den enzyklopädischen Stoff sind die beiden von Verlag und Herausgebern in diesem Kontext zum wiederholten Male zur Sprache gebrachten Abgrenzungskriterien.

08.08.1908; gemeint ist folgender Art.: Karapet/Notizen von Ormanian, Art. Antonianer I, armenische Kongregation römisch-katholischen Bekenntnisses, in: RE[3], 1 [1896], S.600f.). Der Artikel wurde daraufhin kurzfristig von Schiele selbst verfaßt (Sch., Art. Antonianer, in: RGG[1], 1 [1909], Sp.516).

279 VA 231 [sub Gunkel]: Streng vertrauliches Rundschreiben von Herausgeber und Verleger an „die Herren Abteilungsredakteure", Tübingen und Gießen, 10.05.1907. Vgl. auch VA 231: Schreiben von Hermann Gunkel, Gießen an Friedrich Michael Schiele, Tübingen, 10.05.1907; VA 233: Schreiben von Friedrich Michael Schiele, Tübingen an Walther Köhler, Gießen, 03.05.1907.

Es war jedoch nicht nur die Fluktuation unter den Mitarbeitern, die dem Projekt schadete und die Geduld des verantwortlichen, auch finanziell haftenden Verlegers zu strapazieren begann, sondern auch diejenigen Mitarbeiter, mit denen mittlerweile fest geplant wurde, insbesondere die Abteilungsredakteure, arbeiteten – wie schon verschiedentlich angedeutet – unzuverlässig und vor allem zu langsam.

b. Die Verzögerung des Erscheinungsverlaufes

Feste Termine gehörten, so Schiele gegenüber Gunkel, nun einmal zu den „Unabänderlichkeiten" eines Lexikons[280]. Verzögerungen im Erscheinungsverlauf sind bekanntlich der „Todfeind" eines jeden Lexikons[281]. Die Einforderung der Stichwortlisten von den Abteilungsredakteuren und deren Bearbeitung durch Schiele hatte sich bis ins Frühjahr 1906 hingezogen[282]. Im Falle Köhlers, der den kirchenge-

280 VA 263: Schreiben von Friedrich Michael Schiele, Tübingen an Hermann Gunkel, Gießen, 13.03.1909.

281 Georg Jäger, Der Lexikonverlag, in: Geschichte des Deutschen Buchhandels im 19. und 20. Jahrhundert. Das Kaiserreich 1870-1918. Teil 1. Im Auftrag der Historischen Kommission hg. v. Georg Jäger in Verbindung mit Dieter Langewiesche und Wolfram Siemann, Frankfurt/Main 2001, S. 541-574, hier S.545.

282 So z.B. VA 204: Schreiben von Friedrich Michael Schiele, Marburg an Paul Siebeck, Tübingen, 05.11.1905: Heitmüller und Köhler seien krank, Schian auf der schlesischen Provinzialsynode, Baumgarten antworte überhaupt nicht – summa summarum: „Unsere Mitarbeiterschaft ist eine schwer in Bewegung zu setzende Masse. Ich sehe, dass ich sehr viel Geduld haben muss und sie immer wieder unermüdlich in Trab bringen muss, wenn anders wir vorwärts kommen wollen". Auch Siebeck hatte den Eindruck, dass man bei einem Teil der Mitarbeiter „‚das Hundle arg zum Jagen tragen müsse'. Wenn das nicht besser wird, befürchte ich, dass das ganze Unternehmen noch einmal in Frage gestellt wird" (VA 204: Schreiben von Paul Siebeck, Tübingen an Friedrich Michael Schiele, Marburg, 08.11.1905). Ein andermal monierte er energisch: „Ich <u>muss</u> einmal constatieren, dass – wer am Lexikon ernstlich mitarbeiten will, nicht meinen darf, er könne diese Arbeit hinter andere zurückstellen" (VA 204: Schreiben von Paul Siebeck, Tübingen an Friedrich Michael Schiele, Marburg, 28.11.1905 sowie VA 204: Schreiben von Friedrich Michael Schiele, Marburg an Paul Siebeck, Tübingen, 10.11.1905 und VA 193: Schreiben von Paul Siebeck, Tübingen an Otto Baumgarten, Kiel, 10.11.1905). Das Problem der verzögerten Arbeitsweise von Abteilungsredakteuren und Autoren spiegelt sich in der Korrespondenz des Verlages in den verschiedensten Nuancen der schriftlich geäußerten Frustration. Zum einen offensichtlich entnervt: „Ich habe gerne, so lange es ging, auf die verschiedenen Autoren alle Rücksicht genommen, nun muss aber auch Rücksicht auf mich genommen werden – ich kann nicht mehr anders" (VA 346: Schreiben von Paul Siebeck, Tübingen an Otto Baumgarten, Kiel, 05.02.1913). Dann aber auch resigniert-ironisch: „Seien Sie brav und schreiben Sie die Artikel" (VA 346: Schreiben von Paul Siebeck, Tübingen an Otto Baumgarten, Kiel, 20.05.1913). Dann wiederum argumentiert Siebeck, wie bereits dargestellt, mit den Verlagsfinanzen: „Es muss eben einmal endlich so weit kommen, dass wir kein einziges Manuscript mehr ausstehen haben [...]. Ich muss doch das Kapital, das in RGG steckt, auch einmal wieder freibekommen können, um es für andere Unternehmungen zu verwenden" (VA 346: Schreiben

schichtlichen Stoff erfassen sollte, sahen sich Verlag und Endredakteur mit einer desaströsen Stichwortliste konfrontiert – „überall sehe ich Lücken, Inkonzinnitäten, Ungleichmässigkeiten, mangelhafte Abgrenzungen“[283].

Schiele brachte die Idee auf, jeden Abteilungsredakteur „eine systematisch angelegte Uebersichtstabelle für sein Fach“[284] erstellen zu lassen, um so den einzelnen Artikeln einen eindeutigen Ort im systema-

---

von Paul Siebeck, Tübingen an Otto Baumgarten, Kiel, 28.05.1913). Otto Baumgarten seinerseits versuchte, dem Verleger die mentale Disposition der wissenschaftlichen Autoren insbesonders im Hinblick auf die aus finanziellen Gründen vom Verlag knapp bemessene Terminplanung zu erläutern (vgl. VA 276: Schreiben von Otto Baumgarten, Kiel an Paul Siebeck, Tübingen, 27.11.1911). Der Verlag drohe, so Baumgartens Argumentation, zu übersehen, daß die wissenschaftlichen Autoren eben nicht ausschließlich ihrer Autorentätigkeit nachgehen konnten: „Schiele und Rade haben doch gar keine Vorstellung von meinen sonstigen Pflichten“ (VA 209: Schreiben von Otto Baumgarten, Kiel an Paul Siebeck, Tübingen, 29.05.1906). Die Korrespondenz im VA zeigt indes an vielen Stellen, daß Schiele die von den Abteilungsredakteuren verfaßten oder redigierten Artikel oft nur durch penetrantestes, monatelanges Mahnen ‚eintreiben‘ konnte. Dieser Sachverhalt ist vor allem im Horizont der folgenden Auseinandersetzungen zwischen Schiele und Paul Siebeck relevant, da er einen Großteil der Verlegerfrustration und der Unlust Schieles, sich selbst weiterhin durch endloses Mahnen zu zermürben und beruflich zu binden, erklärt. Auch reagierten die Mitarbeiter auf Schieles Mahnbriefe nicht gerade begeistert. So gab Greßmann an Gunkel den Hinweis weiter, „da Schiele Ihr Freund ist, so warnen Sie ihn gelegentlich, wenn Sie ihm eine Grobheit ersparen wollen, daß er so plump schmeichelt. Ich werde nächstens boshaft, wenn er in dieser Weise fortfährt, mich zu behandeln, und ich weiß auch von Anderen, daß sie über seine faustdicken Schmeicheleien empört sind. Er verscherzt sich Vieler Sympathien“ (NL Gunkel, Yi 33 I G 130: Schreiben von Hugo Greßmann, Berlin an Hermann Gunkel, Gießen, undatiert [vor dem 06.09.1911 anzusetzen, da Greßmann Gunkel noch per ‚Sie‘ anredet]). Auch dem Verlag wurde zuweilen unterstellt, „mit den Terminerinnerungen quasi ein[en] Sport“ zu betreiben (NL Gunkel, Yi 33 II B 121: Schreiben von Paul Siebeck, Tübingen an Hermann Gunkel, Gießen, 12.04.1910). „Der Mohr'sche Verlag hat sich [...] unter den Theologen durch seine fortgesetzten Mahnbriefe, die im Interesse des Handwörterbuchs geschrieben werden mussten, nicht viele Freunde gemacht“ (VA 279: Schreiben von Paul Siebeck, Tübingen an Paul Drews, Halle, 10.05.1910).

283 VA 249: Schreiben von Friedrich Michael Schiele, Tübingen an Walther Köhler, Gießen, 26.05.1908. Vgl. VA 222: Schreiben von Friedrich Michael Schiele, Marburg an Paul Siebeck, Tübingen, 12.01.1906. Ähnlich über Köhlers Stichwortliste dann beispielsweise auch VA 242: Schreiben von Friedrich Michael Schiele, Tübingen an Otto Baumgarten, Kiel, 12.05.1908. Köhler fehle trotz seiner Gelehrtheit letztendlich „doch die Geschicklichkeit zu praktischer Abgrenzung der lexikalischen Einheiten“ (VA 275: Schreiben von Friedrich Michael Schiele, Tübingen an Leopold Zscharnack, Berlin, 11.01.1909. Ähnlich VA 275: Schreiben von Friedrich Michael Schiele, Tübingen an Leopold Zscharnack, Berlin, 15.03.1909). Bekanntlich aber ist „schlampige Thesauruspflege [...] eine lexikographische Todsünde“ (Hans-Albrecht Koch, Rez.: Beschleunigte Altertumswissenschaft. Der „Neue Pauly“ lässt zu wünschen übrig, in: NZZ 115 [2001], S.52).

284 VA 222: Schreiben von Friedrich Michael Schiele, Marburg an Paul Siebeck, Tübingen, 23.02.1906.

tisch-enzyklopädischen Gesamtaufriß zuzuweisen. Diese Vorgehensweise, so die Überzeugung Schieles, sei sowohl für Benutzer als auch Artikelautoren hilfreich, da sie die Stellung einzelner Artikel beziehungsweise Artikelgruppen im enzyklopädischen Gesamtplan anzeige. Freilich verzögerte sich auch der Eingang dieser systematischen Aufrisse. Um den mittlerweile stark verzögerten Ablauf der Arbeiten zu optimieren, entschloß sich Schiele, zum Oktober 1906 nach Tübingen überzusiedeln[285]. Es ließ sich dennoch nicht verhindern, daß der Verlag den auf 01.10.1907 festgesetzten Drucktermin verschieben mußte. Daraufhin wurde der 01.04.1908 als Erscheinungstermin der ersten Lieferung des Wörterbuches festgesetzt, was bedeutete, daß die Manuskripte zum 01.01.1908 im Verlag einzugehen hatten. Die redigierten Manuskripte hätten demnach bis zum 15.02.1908 an die Hauptredaktion weitergeleitet werden sollen[286]. Doch die von Paul Siebeck als „missvergnügt"[287] charakterisierte Arbeitsweise der Mitarbeiter führte dazu, daß auch diese Terminplanung nicht eingehalten werden konnte und sich die Auslieferung einer ersten Probelieferung so massiv verzögerte, daß die Werbemaßnahmen des Verlags konterkariert wurden[288]. Nach den Auseinandersetzungen im Herbst 1908[289] organisierte der Verlag die Kontrolle des Manuskripteingangs zentral von Tübingen aus. Die Federführung übernahm Oskar Siebeck[290]. Als man in der ers-

285 Siebeck begrüßte diesen Entschluß Schieles: „Was sie bei mir finden werden, ist eine absolute Vertrauensstellung und wem ich Vertrauen schenke, dem gebe ich mich auch ganz. Das Gleiche weiss ich von Ihnen" (VA 222: Schreiben von Paul Siebeck, Tübingen an Friedrich Michael Schiele, Marburg, 15.06.1906). Vgl. VA 221: Schreiben von Paul Siebeck, Tübingen an Martin Rade, Marburg, 19.07.1906: „Wie schmerzlich Ihnen der Verlust Schiele's sein muss, kann ich Ihnen nachfühlen. Für mich wird es eine grosse Erleichterung sein, wann Schiele einmal hier ist".

286 Zu dieser Terminplanung vgl. NL Gunkel, Yi 33 I S 131: Schreiben von Friedrich Michael Schiele, Tübingen an Hermann Gunkel, Gießen, 17.07.1907. Bereits im August wurde der Termin für die Erscheinung der ersten Lieferung vorsorglich auf 01.05.1908 verschoben (NL Gunkel, Yi 33 I S 137: Schreiben von Friedrich Michael Schiele, Tübingen an die Abteilungsredakteure: „Der Termin zur Ablieferung der Manuscripte", 05.08.1907).

287 VA 250: Schreiben von Paul Siebeck, Tübingen an Gustav Krüger, Gießen, 15.12.1908. Vgl. zu dem verschleppten Arbeitsablauf insgesamt den rückblickenden Bericht VA 246: Schreiben von Friedrich Michael Schiele, Tübingen an Hermann Gunkel, Gießen, 30.11.1908.

288 Vgl. z.B. VA 246: Schreiben von Friedrich Michael Schiele, Tübingen an Hermann Gunkel, Gießen, 11.01.1908.

289 Siehe in diesem Kap. Abschnitt 3.1.3.3.c.

290 Vgl. VA 242: Schreiben von Friedrich Michael Schiele, Tübingen an Otto Baumgarten, Kiel, 16.12.1908; VA 259: Schreiben von Friedrich Michael Schiele, Tübingen an Otto Baumgarten, Kiel, 20.03.1909; VA 271: Schreiben von Paul Siebeck, Tübingen an Friedrich Michael Schiele, Berlin, 24.12.1909; VA 271: Schreiben von Otto Baumgarten an Friedrich Michael Schiele (Abschrift: Tübingen, 30.12.1909) und VA 275 [sub Wob-

ten Hälfte des Jahres 1910 in Tübingen von allein 100 Wochenarbeitstunden des Verlages für das Lexikonprojekt ausging, entfiel ein Großteil dieser Arbeitszeit auf das Einfordern überfälliger Manuskripte[291].

Besonders die im Verlagsjargon sogenannten ‚großen Artikel' beziehungsweise ‚Hauptartikel', die sich entweder aus den Teilartikeln mehrerer Mitarbeiter zusammensetzten oder die im Gesamtaufriß des Lexikons programmatischen Charakter hatten, da sie die Fragestellungen mehrerer Stichworte unter religionsgeschichtlicher Perspektivierung zusammenfassen sollten, gingen nur schleppend ein und stellten deshalb ein besonderes Problem dar[292].

Unklar war auch der Ablauf der diversen Korrekturen. Das dadurch entstandene Chaos führte zu zahlreichen kostenintensiven Korrekturen am fertigen Satz[293]. „Für das Gelingen des Handwörterbuchs ist Stetigkeit und Regelmässigkeit im Korrekturenlauf eine sehr wichtige Frage"[294], weshalb im Kontext der Auseinandersetzungen des Herbstes 1908 eine straffere Organisation des Korrekturenumlaufs geplant wurde, denn auf die Dauer gehe es nicht an, „Verhandlungen über In-

---

bermin]: Rundschreiben von Friedrich Michael Schiele, Berlin an alle Abteilungsredakteure, 19.03.1909. Der Verlag kalkulierte nach dieser organisatorischen Umstrukturierung einen Zeitraum „von mindestens 7 Monaten" zwischen „der Ablieferung der Manuscripte an den Verlag und dem Erscheinen der Lieferung" ein (VA 259: Schreiben von Oskar Siebeck, Tübingen an Otto Baumgarten, Kiel, 04.10.1909). Vgl. auch NL Gunkel, Yi 33 II B 112: Schreiben von Oskar Siebeck, Tübingen an Hermann Gunkel, Gießen, 08.03.1910.

291 Vgl. NL Gunkel, Yi 33 II B 107: Schreiben von Oskar Siebeck, Tübingen an Hermann Gunkel, Gießen, 25.02.1910. Auch Paul Siebeck sah, daß es zu lange gedauert habe, „bis es uns gelungen ist, die Arbeiten der Hauptredaktion und des Verlags in ein festes System einzuordnen" (VA 263: Schreiben von Oskar Siebeck, Tübingen an Hermann Gunkel, Gießen, 13.03.1909).

292 Vgl. z.B. VA 246: Schreiben von Hermann Gunkel, Gießen an Friedrich Michael Schiele, Tübingen, 22.01.1908; VA 246: Schreiben von Friedrich Michael Schiele, Tübingen an Hermann Gunkel, Gießen, 25.01.1908; VA 246: Schreiben von Hermann Gunkel, Gießen an Friedrich Michael Schiele, Tübingen, 27.01.1908. Gunkel beklagte insbesonders den hohen Zeitaufwand, den die Erstellung solcher Artikel in Anspruch nehme und den er von Schiele nicht angemessen gewürdigt sah. Zur Funktion der ‚großen Artikel' auch VA 246: Schreiben von Friedrich Michael Schiele, Tübingen an Hermann Gunkel, Gießen, 13.07.1908.

293 Vgl. z.B. VA 246: Schreiben von Hermann Gunkel, Gießen an Paul Siebeck, Tübingen, 26.05.1908; VA 246: Schreiben von Paul Siebeck, Tübingen an Hermann Gunkel, Gießen, 27.05.1908; VA 246: Schreiben von Paul Siebeck, Tübingen an Hermann Gunkel, Gießen, 30.11.1908: Die Satzkosten hätten sich, so Siebeck, bei der ersten Lieferung durch die zahlreichen nachträglichen Korrekturen verdoppelt. Für die beiden ersten Bände betrugen die Korrekturkosten jeweils ca. 2 000 Mark, für den dritten Band sogar 3 200 Mark (vgl. NL Gunkel, Yi 33 II B 207: Rundschreiben von Leopold Zscharnack, Berlin an „die Herren Abteilungsredakteure", März 1912).

294 VA 246: Schreiben von Hauptredaktion und Verlag, Tübingen an Hermann Gunkel, Gießen, 17.10.1908 (Rundschreiben an alle Abteilungsredakteure).

halt und Form der Artikel erst einzuleiten, nachdem der Satz des Handwörterbuchs schon umbrochen ist"[295]. Die Abteilungsredakteure sollten künftig nur noch bereits vom Verfasser korrigierte Fahnenabzüge erhalten, die vom Verfasser mit gleicher Sendung auch an den Verlag gingen. Damit blieb die Kontrolle über die Verfasserkorrekturen im Verlag, also in der Tübinger Hauptredaktion zentralisiert[296]. Die Abteilungsredakteure bekamen vom Verlag eine knappe Frist von vier Tagen nach Erhalt der vom Verfasser korrigierten Fahnen, um eigene Verbesserungen einzutragen. Nach dieser Frist sollte der Verlag den Fahnenumbruch veranlassen. Später eingehende Korrekturen der Abteilungsredakteure sollten nur dann noch möglich sein, wenn sie den bereits erfolgten Umbruch nicht tangierten.

Neben den beiden skizzierten Problemen der hohen Fluktuation unter den Mitarbeitern und der unzuverlässigen Arbeitsweise seitens der Abteilungsredakteure und Autoren, welche den Erscheinungsverlauf massiv beeinträchtigten, zeichnete sich früh ab, daß der geplante Umfang von drei Bänden nicht einzuhalten war. Dabei ist der Umfang neben der pünktlichen Erscheinungsweise und der ordentlichen Stichwortverwaltung „eine Lebensfrage des Lexikons"[297].

---

295 VA 263: Schreiben von Oskar Siebeck, Tübingen an Hermann Gunkel, Gießen, 03.04.1909. Es ist auffällig, daß zahlreiche Artikel ihren endgültigen Verfasser sowie ihren konzeptionellen Gehalt und ihre definitive Gestalt erst nach mehrmaliger Korrespondenz fanden, so daß das gesamte Lexikonprojekt auf organisatorischer Ebene zuweilen den Charakter eines ‚Werkstattgespräches' annahm, sehr zum Ärger des Verlegers, der an einer zügigen Abwicklung interessiert war. Vgl. hierzu die rückblickende Schilderung in VA 268: Schreiben von Oskar Siebeck, Tübingen an Hermann Mulert, Halle, 03.04.1909.

296 Die Entwicklung, die Stellung des Verlages gegenüber den Abteilungsredakteuren innerhalb des Organisationsablaufes zu stärken, welche der ursprünglichen Organisations- und Konzeptionsintention zuwider lief, stieß nicht bei allen Abteilungsredakteuren auf Begeisterung. Heitmüller beispielsweise monierte, die Abteilungsredakteure würden zu „Strohmännern" degradiert, „zumal in den Augen der Mitarbeiter. [...] Daß meine Kollegen sich darauf eingelassen haben, kann ich in ihrem Interesse nur bedauern" (VA 264: Schreiben von Wilhelm Heitmüller, Marburg an Friedrich Michael Schiele, Tübingen, 11.01.1909).

297 VA 268: Schreiben von Paul Siebeck, Tübingen an Hermann Mulert, Halle, 22.06.1909.

c. Die Umfangsexplosion des Werkes

Gingen denn einmal Manuskripte ein, so lösten diese regelmäßig neue Konflikte aus, da die meisten Abteilungsredakteure nach Ansicht des Verlages und Schieles nicht rigoros genug auf die Einhaltung der Sollumfänge achteten[298], so daß sich zum einen die anfallenden redaktionellen Arbeiten umfänglicher gestalteten als ursprünglich kalkuliert und somit die Personalkosten anstiegen. Zum andern war die verlagsinterne Kalkulation des Projektes durch die Umfangserweiterungen stark gefährdet[299].

Ursprünglich war man davon ausgegangen, „dass nach Aufstellung des Stichwörterverzeichnisses bei jedem einzelnen Stichwort die

298 Vgl. VA 253: Schreiben von Paul Siebeck, Tübingen an Martin Rade, Marburg, 27.11.1908 sowie VA 253: Schreiben von Paul Siebeck, Tübingen an Martin Rade, Marburg, 28.11.1908. Als Beispiele für hinsichtlich des Umfanges völlig aus dem Maß geratene Artikel führt Paul Siebeck an: Gothein, Art. Agrargeschichte: II. Mittelalter und Neuzeit, in: RGG[1], 1 (1909), Sp.237-286; Heitmüller, Art. Abendmahl. I. im Neuen Testament, in: aaO., Sp.20-52 und Gunkel, Art. Abraham, in: aaO., Sp.110-120. Freilich gab es auch Autoren, die den jeweils zuständigen Abteilungsredakteuren das Recht zur Kürzung grundsätzlich bestritten und auf Kürzungen entsprechend verärgert reagierten. So offensichtlich Carl-Friedrich Lehmann (1861-1938), Verfasser des Art. Völkertafel, in: RGG[1], 5 (1913), Sp.1694-1698. Siehe hierzu NL Gunkel, Yi 33 II B 185: Schreiben von Oskar Siebeck, Tübingen an Carl-Friedrich Lehmann, Berlin, 20.05.1911: „Mir ist kein Lexikon, möge es nun Konversations- oder Fachlexikon sein, bekannt, bei dem der Hauptredakteur nicht die Pflicht und das Recht hätte, Streichungen zu beantragen und eventuell mit Energie durchzusetzen. Ich weiss auch, dass in diesem Punkte viele Lexika, ganz besonders aber die Konversationslexika, geradezu rigoros vorgehen. Das will ich nun keineswegs befürworten. Mit aller Entschiedenheit aber muss ich als Verleger den Standpunkt einnehmen, dass es nun und nimmermehr angeht, Kürzungsanträge des Redakteurs damit zu beantworten, dass die Kabinettsfrage gestellt wird. Recht muss doch Recht bleiben. Noch bei keinem anderen Werk habe ich dieses Spiel mit der Kabinettsfrage in dem Grade erlebt, wie bei dem Religionslexikon, und ich bin daher fest entschlossen, auch Ihre Demission nicht anzunehmen".

299 Vom Sommer 1908 an rechnete man mit vier, maximal fünf Bänden. Gustav Krüger hatte Verwirrung gestiftet, als er die Befürchtung geäußert hatte, daß aufgrund der Entwicklung, wie sie der Buchstabe ‚A' präfiguriere, das Lexikon auf acht bis zehn Bände anzuwachsen drohe, eine Befürchtung, die Paul Siebeck heftigst dementierte (vgl. VA 250: Schreiben von Gustav Krüger, Gießen an Paul Siebeck, Tübingen 26.11.1908; VA 250: Schreiben von Paul Siebeck, Tübingen an Gustav Krüger, Gießen, 27.11.1908; VA 250: Schreiben von Gustav Krüger, Gießen an Paul Siebeck, Tübingen, 20.12.1908; VA 250: Schreiben von Paul Siebeck, Tübingen an Gustav Krüger, Gießen, 22.12.1908 und u.a. auch VA 246: Schreiben von Paul Siebeck, Tübingen an Hermann Gunkel, Gießen, 15.12.1908). Es unterliege, so Oskar Siebeck, „keinem Zweifel, dass die ersten vier Buchstaben des Alphabets im Verhältnis zum Ganzen sehr umfangreich ausgefallen sind" (VA 273: Schreiben von Oskar Siebeck, Tübingen an Ernst Troeltsch, Heidelberg, 19.03.1909; in gleichem Wortlaut an weitere Abteilungsredakteure). Oder auch die rückblickende Einschätzung, es sei „die schlimmste Kinderkrankheit der Lexika, bei denen regelmäßig die A-Artikel viel zu breit zu geraten pflegen" (VA Korrespondenz RGG[2] 1924-1926: Schreiben von Oskar Siebeck, Tübingen an Leopold Zscharnack, Königsberg, 16.07.1926).

Ueberlegung angestellt werden muss, wie lang höchstens der ihm gewidmete Artikel sein darf"[300]. Anhand des so ermittelten Gesamtumfanges des Werkes war man anfänglich gewillt, „in unzähligen Fällen gegen die Neigung unserer Mitarbeiter zur Breite kräftig" anzugehen. „Das können wir aber wiederum nur, wenn wir sie von vornherein an einen Maximal-Umfang gebunden haben. [...] Der Umfang muss jedem Mitarbeiter als eine ganz konkrete Grösse vor Augen stehen, die ihn schon bei der ersten Konzeption der Form des Artikels bestimmt"[301]. Der Verlag hatte die Verantwortung für die Einhaltung der geplanten Umfänge zur alleinigen „Redaktionssache" erklärt. Redaktion und Autoren sollten sich „untereinander über die Mittel und Wege einigen, eventuelle Umfangsüberschreitungen zu verhüten"[302]. In der Diskussion waren sogar Prämien für Umfangsunterschreitungen: „Sollten nicht die Konversationslexika noch irgend ein Verfahren ausgeklügelt haben, durch das Sie die Reduktion des Umfanges prämiieren? Ich glaube, es wäre gut, wenn wir auch so etwas einführen könnten. Aber ich sehe noch nicht recht, wie das gemacht werden könnte"[303]. Freilich signalisierte der Verlag F.A. Brockhaus, daß ihm ein solches Verfahren unbekannt sei und ein entsprechender Erfolg nicht zu erwarten sei, denn man kenne

> „kein anderes Mittel, Umfangsüberschreitungen zu verhindern [...], als die Reduktion durch einen sachverständigen Redakteur. Er habe für sein Konversations-Lexikon Redakteure aller 4 Fakultäten dauernd angestellt, wisse aber, dass andere Verleger diese Reduktionen nur durch allgemein gebildete Akademiker, welche nicht Fachleute zu sein brauchen, vornehmen lassen"[304].

Im Verlagsarchiv ist aus dem Umfeld der Planungen zu einer Neuauflage von RGG[1] eine tabellarische Auflistung der Soll- und Istumfänge der einzelnen Disziplinen erhalten[305]. Sie läßt das Problem deutlich werden:

---

300 VA 204: Schreiben von Friedrich Michael Schiele, Marburg an Hermann Gunkel, Berlin, 25.09.1905.

301 Ebd.

302 NL Gunkel, Yi 33 I S 71: Schreiben von Friedrich Michael Schiele, Marburg an Hermann Gunkel, Berlin, 04.10.1905.

303 VA 204: Schreiben von Friedrich Michael Schiele, Marburg an Paul Siebeck, Tübingen, 28.06.1905; dann auch VA 204: Schreiben von Paul Siebeck, Tübingen an Friedrich Michael Schiele, Marburg, 08.07.1905.

304 VA 204: Schreiben von Paul Siebeck, Tübingen an Friedrich Michael Schiele, Marburg, 14.07.1905.

305 VA Korrespondenz RGG[2] 1924-1926: RGG – Umfänge der einzelnen Abteilungen.

	1. Auflage vorgesehener Umfang	1. Auflage tatsächlicher Umfang	2. Auflage Giessener Punktation[306]
AT	23 Bg. 14Sp.	37 Bg. 6 Sp. 62 Z.	mit NT 40 Bg.[307]
NT	23 Bg. 14Sp.	22 Bg. 26 Sp. 70 Z.	
KG DG	23 Bg. 14Sp.	133 Bg. 24 Sp. 42 Z. 9 Bg. 24. Sp. 60 Z.	70 Bg. insgesamt
Ausserchristliche Religionen	18 Bg. 24 Sp.	14 Bg. 20. Sp. 1 Z.	30 Bg.
Dogmatik	11 Bg. 28 Sp.	8 Bg. 15 Sp. 24 Z.	30 Bg. mit Ethik und Apologetik
Ethik	11 Bg. 28 Sp.	10 Bg. 7 Sp. 3 Z.	
Apologetik	11 Bg. 28 Sp.	13 Bg. 2 Sp. 17 Z.	
Praktische Theologie	23 Bg. 14 Sp.	24 Bg. 2 Sp. 60 Z.	mit Religion der Gegenwart 30 Bg.
Religion der Gegenwart	11 Bg. 18 Sp.	17 Bg. 1 Sp. 44 Z.	
Biographien	Verteilt	22 Bg. 4 Sp. 56 Z.	20 Bg.
Kirchenrecht	4 Bg. 22 Sp.	12 Bg. 5 Sp. 55 Z.	alle folgenden Abteilungen insgesamt 30 Bg.
Kunst	5 Bg.	9 Bg. 23 Sp. 44 Z.	
Musik	2 Bg. 16 Sp.	2 Bg. 21 Sp. 37 Z.	
Pädagogik	8 Bg. 24 Sp.	10 Bg. 7 Sp. 60 Z.	
Sozialwissenschaft	6 Bg. 28 Sp.	7 Bg. 2 Sp. 69 Z	
Unbekannte Abteilungen	verteilt	8 Sp. 67 Z	
	187 Bg. 16 Sp.	355 Bg. 15. Sp. 61 Z.	250 Bg.

Besonders die von Köhler verantwortete kirchengeschichtliche Abteilung beanspruchte – wie oben deutlich zu erkennen – weitaus mehr Raum als ursprünglich geplant. Die Umfangsüberschreitungen dieser Abteilung begannen – hauptsächlich infolge zahlreicher kleiner Artikel, welche Köhler oft kurzfristig und nachträglich in das Stichwortkonzept eintrug – ins Unübersichtliche zu wuchern. Zwischen Verlag und Hauptredaktion einerseits und Köhler andererseits kam es zu heftigen Auseinandersetzungen, da vor allem Schiele gezwungen war, neben seiner Tätigkeit als Hauptredakteur „in der Abteilung Kirchengeschich-

306 Siehe unten Kap.III.1.2.1.

307 Bg. = Bogen; Sp. = Spalte(n) und Z = Zeile(n).

te geradezu noch die Abteilungsredaction" durchzuführen und daher auch „fast kein Tag [vergehe], ohne daß an Herrn Professor Koehler geschrieben werden müßte"[308]. Zunächst versuchten Verlag und Hauptredaktion, durch die Einbindung des Tübinger Kirchengeschichtlers Otto Scheel (1876-1954) in die Hauptredaktion den redaktionellen Arbeitsablauf zu optimieren[309]. Scheel sollte innerhalb der Hauptredaktion in erster Linie für die Betreuung des kirchengeschichtlichen Gebietes zuständig sein.

Durch die Einbindung Scheels sollte darüber hinaus Tübingen als Sitz der verantwortlichen Schlußredaktion gestärkt werden. Diese Maßnahme schien Siebeck nötig gegenüber einer sogenannten ‚Gießener Koalition', bestehend aus Gunkel, Eck, Krüger und Schian, die sich häufig gegen den Verlag und Schiele stellte und die, so Siebecks Überzeugung, zu fehlerhaften Einschätzungen der organisatorischen Lage des Lexikons neigte[310]. Die Auseinandersetzungen zwischen Gießen

308 VA 246: Zweites Schreiben von Paul Siebeck, Tübingen an Hermann Gunkel, Gießen, 20.11.1908. Siehe auch VA 250: Schreiben von Paul Siebeck, Tübingen an Gustav Krüger, Gießen, 22.12.1908: „Soviel Arbeit, wie die Kirchengeschichte hat Schiele keine einzige Abteilung gemacht. Diese Arbeit Schieles kann ich substantiieren". Der Archivbefund bestätigt diese Aussage Siebecks – im Jahr 1908 schrieben Paul Siebeck, Schiele und dann auch Scheel abwechselnd nahezu täglich an Köhler, freilich ohne daß vor allem die Unsumme kleiner kirchengeschichtlicher Personartikel, die Köhler in sein Schema aufgenommen hatte, auch nur annähernd im geforderten und notwendigen Tempo einging. Häufig reagierte Köhler auf die Mahnungen auch überhaupt nicht, so daß Siebeck resignierend feststellte: „So kann ich nicht weiterarbeiten" und eine mögliche, von ihm selbst aktiv herbeizuführende Trennung von einem Mitarbeiter der ersten Planungsphase in Erwägung zog (VA 249: Telegramm von Paul Siebeck, Tübingen an Walther Köhler, Gießen, 30.09.1908). Auffällig ist auch die Neigung Köhlers, jeden noch so kleinen Vorgang und Artikel einer ausführlichen Korrespondenz auf allen involvierten Ebenen zu unterziehen – ein arbeitstechnisch extrem unökonomisches Verfahren, das sich in diesem Maße bei den übrigen Abteilungsredakteuren nicht nachweisen läßt.

309 Vgl. u.a. NL Gunkel, Yi 33 I S 13: Schreiben von Otto Scheel, Tübingen an Hermann Gunkel, Gießen, 09.04.1909 und NL Gunkel, Yi 33 I S 14: Schreiben von Otto Scheel, Tübingen an Hermann Gunkel, Gießen, 18.06.1909. Um die Finanzierung des Projektes nicht noch stärker zu gefährden und aufgrund der unsicheren Subskribentenentwicklung, wurde die Honorierung der hauptredaktionellen Aufgaben Scheels zunächst nicht in die Gesamtkalkulation des Projektes eingerechnet (vgl. VA 246: Zweites Schreiben von Paul Siebeck, Tübingen an Hermann Gunkel, Gießen, 20.11.1908).

310 Vgl. VA 246: Schreiben von Paul Siebeck, Tübingen an Hermann Gunkel, Gießen, 30.11.1908: Es bestehe, so Siebeck, „in einem sehr wesentlichen Punkt eine grosse Meinungsverschiedenheit zwischen Gießen und hier. In Gießen werden die Nöte zurückgeführt auf einen Programmwechsel, während sie in Tübingen ihre Erklärung finden in dem Sprichwort: ‚Viele Köche versalzen den Brei'. Das Malheur fing damit an, dass die Köche zu ganz verschiedenen Zeiten zu kochen anfingen, und es pflanzte sich dadurch fort, dass sie, zum Teil, die Recepte der Hauptredaktion mehr kritisiert, als befolgt haben. Dass daraus Schwierigkeiten entstehen mussten, ist klar. [...]

und Tübingen wurden zusätzlich durch den Umstand verstärkt, daß Köhler in vielen Fragen den Rat der ‚Gießener Koalition' konsultierte und sowohl Briefe Siebecks als auch Scheels an Köhler in Gießen unter den Kollegen ausgetauscht und entsprechend kommentiert wurden. Besonders im November 1908 erwies sich dies als konfliktfördernd, da zeitgleich auch Gunkel von Gießen aus mit dem Verlag in Streitigkeiten verwickelt war[311].

Freilich blieb auch nach der Einbindung Scheels der Arbeitsaufwand, der allein für die Abteilung Kirchengeschichte anfiel, im Vergleich mit den übrigen Abteilungen exorbitant. Verlag und Hauptredaktion beschlossen daher schließlich, auch die Korrekturen der kirchengeschichtlichen Artikel von Scheel besorgen zu lassen. „Dadurch werden Sie", so die offizielle Begründung gegenüber Köhler,

> „der regelmässigen Durchsicht der Correcturen der Mitarbeiter enthoben, andererseits erhalten Sie auch einen Fahnenabzug sämtlicher kirchengeschichtlicher Artikel, sodass Sie auf dem ganzen Gebiete Ihrer Abteilung stets auf dem Laufenden sind, Sie brauchen aber die Correkturen nicht zurückzuschicken, wenn Sie nicht irgend welche besonderen Ausstellungen an den Artikeln zu machen haben"[312].

Darüber hinaus mußte Köhler hinnehmen, daß die Tübinger Hauptredaktion in Fragen der Mitarbeitergewinnung und der konzeptionell-organisatorischen Gestaltung der Abteilung selbst die Initiative ergriff, denn ohne „diese Stärkung der zentralen Vollmachten ist bei den m.E. diffusen Grenzen Ihrer Abteilung und dem m.E. unproportionierten Charakter Ihrer Stoffverteilung das Wörterbuch als Ganzes nicht in

---

Führen wir die Differenz auf eine ganz einfache Formel zurück, so erblickt Gießen den Fehler in der Hauptredaktion, während Tübingen die Schwierigkeiten in dem Versagen einzelner Abteilungsredakteure nicht blos erblickt, sondern sie durchkosten musste und noch muss". Oskar Siebeck sprach rückblickend gar von einer „‚Revolte' unter den Gießener Redakteuren" (VA 393: Bericht von Oskar Siebeck, Berlin an Paul Siebeck: „Krüger über RGG. 2. Auflage", 20.12.1919). Zur ‚Gießener Koalition' auch VA 246: Schreiben von Hermann Gunkel, Gießen an Paul Siebeck, Tübingen, 28.11.1908 („Wir haben gestern Abend eine Besprechung über das Lexikon gehalten. Aufgefordert waren dazu von mir Köhler, Schian; Krüger und Eck, um mir zu raten; Rade als Ihr Vertrauensmann"). Exemplarisch kann in diesem Zusammenhang auf die unterschiedliche Einschätzung der Arbeit Köhlers verwiesen werden. Gunkel vertrat gegenüber dem Verlag und Schiele die Position, daß „Köhler nicht so schuldig [sei], wie Sie angenommen hatten" (NL Gunkel, Yi 33 I G 337: Schreiben von Hermann Gunkel, Gießen an Friedrich Michael Schiele, Tübingen, 28.05.1908).

311 So zirkulierte in Gießen beispielsweise: VA 249: Schreiben von Paul Siebeck, Tübingen an Walther Köhler, Gießen, 05.12.1908 und VA 249: Schreiben von Otto Scheel, Tübingen an Walther Köhler, Gießen, 05.12.1908. Vgl. auch VA 250: Schreiben von Paul Siebeck, Tübingen an Gustav Krüger, Gießen, 12.12.1908 und NL Rade, MS 839: Schreiben von Hermann Gunkel, Gießen an Martin Rade, Marburg, 01.12.1908.

312 VA 249: Schreiben von Friedrich Michael Schiele, Tübingen an Walther Köhler, Gießen, 17.10.1908.

Grenze und Proportion zu halten; es ist so überhaupt nicht zu machen"[313]. Köhler reagierte verstimmt auf die durch die Hauptredaktion ausgeübte Kontrolle seiner Abteilung[314].

d. Die Krise des Projektes im Jahr 1908

Am 31.05.1908 kam es aufgrund der Konflikte des Verlags mit Köhler in Gießen zu einem ersten Krisengespräch zwischen dem Verlag einerseits und Gunkel, Heitmüller, Köhler, Schian und Scheel andererseits. Die bei diesem Gespräch erarbeitete „Gießener Punktation"[315] sollte die künftige organisatorische Vorgehensweise verbindlich regeln. Man vereinbarte, daß diejenigen Artikel, die in die Zuständigkeit mehrerer Abteilungsredakteure fielen, erst „nach erfolgter Verständigung"[316] unter den Abteilungsredakteuren dem Hauptredakteur zuzustellen sind. Noch einmal wurde auf die Notwendigkeit der Einhaltung der vorgesehenen Umfänge hingewiesen. Der Verlag beabsichtigte, mit dem Druck zu beginnen, obwohl eine Großzahl der „großen Artikel" noch ausstand. Ein von Schiele vorgelegter Zeitplan sollte das Projekt in ruhigere Fahrwasser bringen[317].

Schlußendlich konnte im September 1908 erstmals eine Teillieferung erscheinen[318]. Da an der Redaktionskonferenz, die im September 1908 in Eisenach im Anschluß an die Tagung der *Freunde der Christlichen Welt* stattfand, sowohl Gunkel, Köhler, Scheel, Baumgarten als

---

313 VA 249: Schreiben von Friedrich Michael Schiele, Tübingen an Walther Köhler, Gießen, 26.05.1908.

314 Z.B. VA 249: Schreiben von Walther Köhler, Gießen an Paul Siebeck, Tübingen, 28.05.1908 und VA 249: Schreiben von Walther Köhler, Gießen an Paul Siebeck, Tübingen, 13.09.1908. Paul Siebeck beurteilte die Reduzierung des Kompetenzbereiches von Köhler pragmatisch: „Das Recht der Hauptredaktion, untaugliche Artikel ohne weiteres zu kassieren, verbesserungsbedürftige Artikel zu verbessern, steht m.E. ausser Zweifel. [...] Sache der Abteilungsredakteure wäre es m.E., Artikel [...] schon von sich aus zurückzuweisen und dies ihrerseits zu motivieren. Ist die Sache einmal bis zur Hauptredaktion gelangt, so bleibt keine Zeit mehr zu langen Verhandlungen mit den Mitarbeitern, vielmehr muss dann rasch gehandelt werden" (VA 249: Schreiben von Paul Siebeck, Tübingen an Walther Köhler, Gießen, 19.09.1908).

315 NL Gunkel, Yi 33 I S 178: Giessener Punktation vom 31.05.1908; unterzeichnet von Friedrich Michael Schiele, Tübingen, 01.06.1908.

316 Ebd.

317 Vgl. VA 246: Schreiben von Friedrich Michael Schiele, Tübingen an Hermann Gunkel, Gießen, 07.07.1908 [Rundschreiben an alle Abteilungsredakteure]. Schiele plante zu diesem Zeitpunkt mit folgenden Artikeleingangsterminen: ‚F-G'-Artikel bis 01.10.1908 bei den Abteilungsredakteuren, entsprechend per 01.11.1908 bei ihm, ‚H und J'-Artikel entsprechend einen Monat später, ‚K-L'-Artikel bis 01.12.1908 bei den Abteilungsredakteuren und zum 01.01.1909 bei ihm. Sämtliche Artikel bis zum Buchstaben ‚Z' seien von den Abteilungsredakteuren zum 01.01.1909 einzufordern.

318 Vgl. NL Gunkel, Yi 33 II B 62: Schreiben von Paul Siebeck, Tübingen an Hermann Gunkel, Gießen, 15.12.1908.

auch Troeltsch nicht teilnehmen konnten, luden Verlag und Schiele für den 09.10.1908 abermals nach Gießen zu einem Krisengespräch ein[319]. Thema war erneut der schleppende Erscheinungsverlauf und die Frage, wie eine zuverlässigere Arbeitsweise der Mitarbeiter erreicht werden könne. Am 25.11.1908 sagte Köhler seine Mitarbeit am Lexikonprojekt definitiv ab[320].

Notwendig wurde dadurch eine Neuorganisation des Bereichs Kirchen- und Dogmengeschichte. Leopold Zscharnack übernahm, nachdem Karl Heussi (1877-1961) abgelehnt hatte[321], im neuen Jahr die Abteilung Kirchengeschichte[322]. Die Bereiche Dogmengeschichte, Symbolik und Ethik wurden fortan von Scheel betreut[323].

---

319 Vgl. VA 242: Schreiben von Friedrich Michael Schiele, Tübingen an Otto Baumgarten, Kiel, 03.10.1908 [Einladungsrundschreiben an alle Abteilungsredakteure]. Die einzelnen Teilnehmer lassen sich nicht mehr ermitteln. Eine verbindliche Zusage existiert von Gunkel (VA 246: Schreiben von Hermann Gunkel, Gießen an Paul Siebeck, Tübingen, 05.10.1908), bedingte Zusagen von Köhler, Schian und Heitmüller (VA 246: Schreiben von Paul Siebeck, Tübingen an Hermann Gunkel, Gießen, 07.10.1908; VA 249: Schreiben von Walther Köhler, Gießen an den Verlag, Tübingen, 07.10.1908). Paul Siebeck konnte persönlich nicht teilnehmen und schickte an seiner Stelle Oskar Siebeck und Scheel.

320 Es sei, so Paul Siebeck, „keine Aussicht mehr vorhanden, dass speziell zwischen Ihnen und mir eine Verständigung auf gütlichem Wege zu erzielen ist. Denn für mich steht es fest, dass Sie Ihren Pflichten als Abteilungsredakteur nicht ordnungsgemäss nachgekommen sind" (VA 249: Schreiben von Paul Siebeck, Tübingen an Walther Köhler, Gießen, 26.11.1908 [Einschreiben]; dann auch NL Gunkel, Yi 33 II B 57: Schreiben von Paul Siebeck, Tübingen an Walther Köhler, Gießen, 27.11.1908). Die Auseinandersetzungen zwischen Verlag und Herausgeber einerseits und Köhler andererseits waren auch durch einen Vermittlungsversuch Gustav Krügers nicht beizulegen gewesen. Krüger hatte versucht, die Position Köhlers stark zu machen. Köhler war 1900 bei Krüger in Gießen habilitiert worden. Zu Krügers Vermittlungsversuchen vgl. z.B. VA 250: Schreiben von Paul Siebeck, Tübingen an Gustav Krüger, Gießen, 12.12.1908; VA 250 Schreiben von Paul Siebeck, Tübingen an Gustav Krüger, Gießen, 15.12.1908 und VA 250: Schreiben von Gustav Krüger, Gießen an Paul Siebeck, Tübingen, 15.12.1908 und 22.12.1908. Köhler erhielt für die von ihm geleisteten Redaktionsarbeiten an den Buchstaben ‚A-E' und die Aufstellung des Schemas sowie die Gewinnung von Mitarbeitern für die Buchstaben ‚F-Z' ein anteiliges Honorar von 400 Mark ausbezahlt (vgl. VA 249: Schreiben von Paul Siebeck, Tübingen an Walther Köhler, Gießen, 12.12.1908 und VA 246: Schreiben von Paul Siebeck, Tübingen an Hermann Gunkel, Gießen, 27.11.1908). Zum endgültigen Rückzug Köhlers von dem Lexikonprojekt vgl. auch NL Rade, MS 839: Schreiben von Walther Köhler, Gießen an Martin Rade, Marburg, 06.12.1908.

321 VA 247: Schreiben von Friedrich Michael Schiele, Tübingen an Karl Heussi, Leipzig, 29.12.1908. Schiele hatte Heussi vorgeschlagen, in Leipzig einen kirchengeschichtlichen Redaktionsstab einzurichten, bestehend aus Hans Windisch (1881-1935), Heinrich Hermelink (1877-1958), Heinrich Hoffmann (1874-1951) und Johannes Werner (1864-1937).

322 Vgl. zur redaktionellen Einbindung Zscharnacks VA 275: Schreiben von Friedrich Michael Schiele, Tübingen an Leopold Zscharnack, Berlin, 11.01.1909; VA 275: Schreiben Leopold Zscharnack, Berlin an Friedrich Michael Schiele, Tübingen, 12.01.1909

Die eigentliche Krise des Jahres 1908 wurde jedoch durch Rückzugsspekulationen Hermann Gunkels ausgelöst, denn damit stand eine der in lexikonpolitischer Hinsicht bedeutendsten personellen Entscheidungen des Verlages zur Disposition. Im Verlauf des Sommers deutete Gunkel einen möglichen Rückzug erstmals an, lenkte aber auf Intervention Siebecks ein: „Wenn Sie glauben, daß mein Rücktritt im Interesse des Lexikons schädlich ist, so will ich gerne dabei bleiben und gerne tun, was in meinen Kräften steht"[324]. Im Kontext der Auseinandersetzungen mit Köhler im Herbst dachte Gunkel dann ernsthaft daran, seinen Namen aus der unmittelbaren redaktionellen Verantwortung herauszunehmen und „damit zugleich aber die Verantwortung für die Gesamthaltung des Lexikons"[325] aufzugeben. Paul Siebeck stellte sich diesem Ansinnen Gunkels mit Vehemenz entgegen. Im Interesse des Lexikons sei es

> „ganz ausgeschlossen, dass Ihr Name aus dem Dreigestirn der Hauptredaktion ausscheidet, nachdem er in tausenden, nachgerade über die ganze Welt verbreiteten Prospekten, ferner in zahlreichen Aeusserungen der

---

[Zusage Zscharnacks]; NL Gunkel, Yi 33 I Z 57: Schreiben von Leopold Zscharnack, Berlin an Hermann Gunkel, Gießen, 04.03.1909. Zur organisatorischen Straffung der Abteilungsredaktion durch Zscharnack vgl. NL Gunkel, Yi 33 I Z 58: Schreiben von Leopold Zscharnack, Berlin an Hermann Gunkel, Gießen, 06.06.1909. Zscharnack erhielt für die Fortführung der kirchengeschichtlichen Abteilungsredaktion ein Honorar von 500 Mark (vgl. VA 275: Schreiben von Friedrich Michael Schiele, Tübingen an Leopold Zscharnack, 16.01.1909). Besorgt äußerte sich Schian angesichts des Wechsels, da er fürchtete, Zscharnack griffe bei der notwendigen Umorganisation der kirchengeschichtlichen Abteilung in den Kompetenzbereich der von ihm verantworteten kirchenrechtlichen Abteilung über (vgl. VA 255: Schreiben von Friedrich Michael Schiele, Tübingen an Martin Schian, Gießen, 05.12.1908; vorausgehend: VA 255: Schreiben von Martin Schian, Gießen an Friedrich Michael Schiele, Tübingen, 24.11.1908).

323 Vgl. VA 263 [sub Gunkel]: Mitteilung von Verlag und Hauptredaktion an die Abteilungsredakteure als Anlage zu dem Schreiben von Paul Siebeck, Tübingen an Hermann Gunkel, Gießen, 20.02.1909. Zur lexikographischen Abgrenzung der drei Subdisziplinen Kirchen- und Dogmengeschichte und Symbolik vgl. VA 233: Schreiben von Walther Köhler, Gießen an Paul Siebeck, Tübingen, 08.02.1907.

324 VA 246: Schreiben von Hermann Gunkel, Gießen an Friedrich Michael Schiele, Tübingen, 11.07.1908. Zum folgenden vgl. v.a. VA 246: Schreiben von Hermann Gunkel, Gießen an Friedrich Michael Schiele, Tübingen, 27.10.1908; VA 246: Zwei Schreiben von Paul Siebeck, Tübingen an Hermann Gunkel, Gießen, 20.11.1908; VA 246: Schreiben von Hermann Gunkel, Gießen an Paul Siebeck, Tübingen, 28.11.1908; VA 246: Schreiben von Hermann Gunkel, Gießen an Paul Siebeck, Tübingen, 09.12.1908; VA 246: Schreiben von Friedrich Michael Schiele, Tübingen an Hermann Gunkel, Gießen, 24.12.1908. Von einigen Mitarbeitern wurde Gunkels Verhalten kritisch beurteilt, vgl. z.B. VA 252: Schreiben von Hermann Mulert, Kiel an Paul Siebeck, Tübingen, 23.11.1908.

325 VA 246: Schreiben von Hermann Gunkel, Gießen an den Herrn Verleger und die Herren Hauptredakteure des „Lexikons", 14.11.1908 (Abschrift).

Presse und auf den Umschlägen zu 3 Lieferungen des Handwörterbuchs selbst nun einmal mit diesem verbunden ist"[326].

Bei Gunkel schlug indes nicht nur die Enttäuschung über den Verlauf des Projektes durch[327], sondern auch generelle Arbeitsüberlastung[328] sowie das Hin- und Hergerissensein zwischen diversen literarischen Projekten. Auch kollidierten seine Zuständigkeiten und Aufgaben als Hauptredakteur, Abteilungsredakteur und Autor einzelner Artikel und stellten eine erhebliche Mehrfachbelastung dar[329]. Daneben sah er den programmatischen religionsgeschichtlichen Gesamtaufriß des Lexikons durch die von Schiele zur besseren Organisation des Projektes entwickelten Artikellisten als verloren an[330]. Zuletzt stufte er sein Honorar im Vergleich zur Fülle der Aufgaben und der Verantwortung, die er für die konzeptionelle Ausrichtung des Werkes übernommen hatte, als zu niedrig ein[331]. Siebeck dagegen insistierte darauf, daß die Honorarvorschläge des Verlages unter der Voraussetzung eines reibungsloses Erscheinungsverlaufes unterbreitet worden waren und daß eine nachträgliche Honorarerhöhung „eine Aenderung der Subscriptionsbedingungen zur Folge" hätte, die er aus marketingstrategischen Gründen ablehnen mußte[332].

Paul Siebeck war durch die Rückzugsspekulationen Gunkels derart verstimmt, daß er dessen Verbleib in der Hauptredaktion zur conditio sine qua non für die Fortführung des Projektes erhob[333]. Im Fall einer ausbleibenden schiedlichen Konfliktlösung sei für ihn daher

326 VA 246: Erstes Schreiben von Paul Siebeck, Tübingen an Hermann Gunkel, Gießen, 20.11.1908.

327 „Ich finde, daß die redaktionelle Lage des Lexikons nach wie vor trotz allen Hin- und Her-Schreibens in Dunkel gehüllt ist [...]. Wie denken Sie Sich meine Beteiligung an der Gesamtredaktion?" (VA 246: Schreiben von Hermann Gunkel, Gießen an „den Herrn Verleger u. die Herren Mitherausgeber des Lexikons", Tübingen, 16.12.1908).

328 Vgl. z.B. VA 263: Schreiben von Hermann Gunkel, Gießen an Verlag und Hauptredaktion, Tübingen, 12.03.1909: „Diese Arbeit übersteigt meine Manneskraft bei weitem. [...] Ich kann diese Eile nicht mehr mitmachen".

329 Vgl. v.a. VA 246: Schreiben von Hermann Gunkel, Gießen an Paul Siebeck, Tübingen, 28.11.1908.

330 Vgl. NL Rade, MS 839: Schreiben von Hermann Gunkel, Gießen an Martin Rade, Marburg, 24.12.1908 [handschriftliche Marginalie von Martin Rade: „Streng vertraulich"].

331 Vgl. VA 246: Schreiben von Paul Siebeck, Tübingen an Hermann Gunkel, Gießen, 30.11.1908.

332 VA 246: Zweites Schreiben von Paul Siebeck, Tübingen an Hermann Gunkel, Gießen, 20.11.1908.

333 VA 246: Erstes Schreiben von Paul Siebeck, Tübingen an Hermann Gunkel, Gießen, 20.11.1908: „Bei einem Unternehmen von der Bedeutung und Tragweite, von dem Umfang und Risiko des Handwörterbuchs ist es schlechterdings ausgeschlossen,

> „die ultima ratio der Verkauf meines theologischen Verlags. Was ich brauche, wenn ich den Verlag des Lexikons weiterführen soll, das ist die Schaffung fester Garantieen dafür, dass die Abteilungsredakteure die nun einmal ihnen obliegenden Pflichten von jetzt an erfüllen, namentlich auch zeitlich exakt erfüllen, und dass solche Beunruhigungen, wie sie immer wieder vorgekommen sind und sich schliesslich in dem Wunsch Gunkels, seinen Namen dem Lexikon zu entziehen, zuspitzten, mir endgültig erspart bleiben“[334].

Würde es über den Rückzug Gunkels aus der Redaktion zum Rücktritt Siebecks vom Verlag des Projektes kommen, so bedeute dies den definitiven

> „Bruch zwischen den Freunden der christlichen Welt und mir [...]. Die Verantwortung dafür trifft diejenigen Herren, die es nicht über sich vermocht haben, Herrn D. Schiele und mir das Vertrauen entgegenzubringen, dass wir das Werk nach besten Kräften und unter loyaler Wahrung der Interessen der Mitarbeiter so fördern und zu Ende führen werden, wie es einer grossen gemeinsamen Sache dienlich ist“[335].

Es ist das Verdienst Martin Rades, im Konflikt um einen möglichen Rückzug Gunkels vermittelnd eingegriffen und die Wogen geglättet zu haben[336]. Freilich – bei dem im folgenden dargestellten Konflikt versag-

---

dass der Verleger fortgesetzt durch Rücktrittswünsche oder Rücktrittserklärungen einzelner Redakteure und Mitarbeiter beunruhigt wird. Wenn ich nicht endlich aus dieser fortwährenden Beunruhigung befreit werde, kann ich meine Kraft dem Handwörterbuch nicht länger mehr widmen und bin ich gezwungen, meinerseits von dem Verlag desselben zurückzutreten“. Um den Ernst dieser Drohung zu unterstreichen, stoppte Paul Siebeck per 20.11.1908 bis zum Einlenken Gunkels die Weiterleitung der Manuskripte in die Druckerei (vgl. auch VA 246: Zweites Schreiben von Paul Siebeck, Tübingen an Hermann Gunkel, Gießen, 08.12.1908).

334 VA 253: Schreiben von Paul Siebeck, Tübingen an Martin Rade, Marburg, 27.11.1908. Vgl. auch VA 246: Zweites Schreiben von Paul Siebeck, Tübingen an Hermann Gunkel, Gießen, 20.11.1908: „Es handelt sich nicht blos um mein finanzielles Risiko, es handelt sich um eine exceptionelle Unsicherheit der Situation. [...] Ich kann so nicht weiter mittun“. Zu Siebecks ultima ratio, im äußersten Konfliktfall den „Verlag des Lexikons abzugeben“ vgl. auch VA 250: Schreiben von Paul Siebeck, Tübingen an Gustav Krüger, Gießen, 15.12.1908. Wobei für Siebeck gar „im Falle meines Rücktritts vom Verlag des Lexikons der Verkauf meines ganzen theologischen Verlags in Frage“ stand (VA 250: Schreiben von Paul Siebeck, Tübingen an Gustav Krüger, Gießen, 27.11.1908).

335 VA 246: Zweites Schreiben von Paul Siebeck, Tübingen an Hermann Gunkel, Gießen, 20.11.1908.

336 Rade besuchte Gunkel am 25.11.1908 zu einem Krisengespräch (vgl. NL Rade, MS 839: Schreiben von Hermann Gunkel, Gießen an Martin Rade, Marburg, 23.11.1908; NL Rade, MS 839: Schreiben von Hermann Gunkel, Gießen an Martin Rade, Marburg 24.11.1908 und VA 246: Schreiben von Hermann Gunkel, Gießen an Friedrich Michael Schiele, Tübingen, 25.11.1908). Dann auch NL Rade, MS 839: Schreiben von Hermann Gunkel, z.Z. Wiesbaden an Martin Rade, 30.12.1908. In letzterem Schreiben insistierte Gunkel auch gegenüber Rade darauf, er habe „wirklich Selbstaufopferung für das Lexikon bewiesen: ich habe maßlos [...] korrespondiert, redigiert, korrigiert; ich habe

ten auch Rades Vermittlungskünste. Denn Schiele und der Verlag trennten sich nach heftigen Auseinandersetzungen.

3.1.3.3. „Er scheint mir gegenüber den Massstab dafür, was anständig ist, verloren"[337] – die Auseinandersetzung zwischen dem Verlag und Friedrich Michael Schiele

Bereits 1906 hatte Schiele signalisiert, daß ihm das Projekt zu langsam voranschreite: „Ich hatte bei Uebernahme der Arbeit darauf gerechnet, und ich rechne noch jetzt darauf, dass ich die Sache binnen 3 Jahren bewältigen kann. Es wäre sehr hart für mich, wenn ich für die Vorbereitung und Ausarbeitung der 1. Auflage länger, als diese Frist, gebunden wäre"[338]. Durch seine Übersiedlung nach Tübingen hatte er gehofft, Tempo in das Unternehmen bringen zu können, da er „zwar die Hauptschuld für dies langsame Fortschreiten unserer Arbeit bei den Mitarbeitern sehe, [....] aber mit dem Reformieren bei [sich] selber anfangen" wolle[339]. Zum 01.04.1909 kündigte Schiele seine Verlagsanstellung und ging nach Berlin, zunächst in dem Glauben, „ohne Schaden für die Vollendung des Werkes seine Uebersiedlung nach Berlin bewerkstelligen zu können, wo ihm ja auch reichlichere Hilfsmittel und Hilfe für die Zwecke des Lexikons zu Gebote standen"[340].

---

meinen Namen dem Lexikon belassen, obwohl ich noch nicht weiß, was ich eigtl. in der Gesamtredaktion soll". Siebeck rechnete Rade die geglückte Vermittlung zwischen Verlag und Gunkel hoch an und zeigte sich über dessen positive Rezension der Probelieferungen just in dieser schwierigen Phase des Projektes in ChW 22 (1908), Sp.812 hoch erfreut: „Wenn man sie liest, kommt das erhebende Gefühl über einen, dass man denn doch nicht umsonst gearbeitet, seine Sache denn doch nicht so sehr schlecht gemacht hat" (VA 253: Schreiben von Paul Siebeck, Tübingen an Martin Rade, Marburg, 22.12.1908).

337 VA 276: Schreiben von Paul Siebeck, Tübingen an Otto Baumgarten, Kiel, 24.01.1910.

338 VA 222: Schreiben von Friedrich Michael Schiele, Marburg an Paul Siebeck, Tübingen, 23.02.1906.

339 VA 222: Schreiben von Friedrich Michael Schiele, Marburg an Paul Siebeck, Tübingen, 23.02.1906.

340 VA 271: Schreiben von Otto Baumgarten an Friedrich Michael Schiele (Abschrift Tübingen, 21.09.1909). Vgl. auch VA 263: Oskar Siebeck, Tübingen an Hermann Gunkel, Gießen, 13.03.1909. Im Verlag übernahm nach Schieles Weggang hauptsächlich Oskar Siebeck die anfallende Lexikonkorrespondenz. Die Anstellung eines examinierten Theologen als Redaktionsgehilfe war am Widerstand des Personaldezernates der Württembergischen Kirchenleitung gescheitert, die aufgrund des Personalmangels mit einer raschen Übernahme in den Pfarrdienst warb und keine Beurlaubungen gewährte. Vgl. VA 276: Schreiben von Paul Siebeck, Tübingen an Otto Baumgarten, Kiel, 21.01.1910. Auch an Hans Delbrück in Berlin meldete Schiele, er habe seine „Anstellung bei Siebeck auf den 1. April 1909 gekündigt" (Staatsbibliothek Berlin PK, NL Hans Delbrück, 138 [Bl.20r-Bl.22v]: Schreiben von Friedrich Michael Schiele, Tübingen an Hans Delbrück, Berlin, 01.09.1908).

Im Verlauf des Jahres 1909 beabsichtigte Schiele jedoch, auf das Angebot des Verlegers Johannes Dürr einzugehen, für dessen Verlag erneut redaktionelle und herausgeberische Aufgaben zu übernehmen. Aufgrund der Konkurrenzklausel in seinem Vertrag als Herausgeber der RGG[1] war dies jedoch nicht möglich[341]. So kam es zwischen dem Mohr Siebeck Verlag und Schiele zu rechtlichen Konflikten. Schiele forderte finanzielle Nachbesserungen[342], da er dem Verlag die Erscheinungsverzögerungen anlastete, die sich besonders im Verlauf des Sommers 1909 ergeben hatten und die er als ungebührliche vertragliche Bindung seiner Arbeitskraft ansah[343]. Für die Zukunft forderte er Ga-

341 Vgl. u.a. VA 271: Schreiben von Paul Siebeck, Tübingen an Friedrich Michael Schiele, Berlin, 10.11.1909; VA 271: Schreiben von Friedrich Michael Schiele, Berlin an Paul Siebeck, Tübingen, 13.11.1909; VA 271: Schreiben von Paul Siebeck, Tübingen an Friedrich Michael Schiele, Berlin, 17.11.1909. Die Konkurrenzklausel war für Schiele offensichtlich von Anfang an eine ungebührliche Einschränkung seines Wirkradius. Vgl. hierzu Staatsbibliothek zu Berlin PK, NL Hans Delbrück, 138 [Bl.13[r]-Bl.17[v]]: Schreiben von Friedrich Michael Schiele, Tübingen an Hans Delbrück, Berlin, 06.11.1907. In diesem Schreiben an den Herausgeber der PrJ berichtet Schiele bereits von den Problemen, welche die von ihm favorisierte Mitarbeit an der *Dürrschen Deutschen Bibliothek* im vertraglichen Verhältnis mit dem Verlag Mohr Siebeck aufwarf.

342 Der Fall liege, so Schieles Rechtsbeistand, „in Wirklichkeit so, dass Sie gekündigt haben, da Sie mit dem Einkommen, welches Ihnen aus dem Vertrag zufloss, finanziell schlechterdings nicht bestehen konnten" (VA 271: Schreiben von Rechtsanwalt Ernst Kielmeyer, Stuttgart an Friedrich Michael Schiele, Berlin, 16.12.1909 [Abschrift]). Zum finanziellen Aspekt der Auseinandersetzung VA 250: Schreiben von Paul Siebeck, Tübingen an Gustav Krüger, Gießen, 27.11.1908: „Die teilweise nicht ausreichende Unterstützung der Hauptredaktion durch einzelne Abteilungsredakteure hatte die, nach der finanziellen Seite hin sehr wichtige Folge, dass Herr D. Schiele eine wider Erwarten grosse Arbeit zu leisten hat, die er auch nicht annähernd in der Zeit bewältigen kann, die für sein Arbeitspensum vorgesehen war. Daher reicht das im Redaktionsvertrag vorgesehene Redaktionshonorar nicht aus". Dann auch z.B. VA 291: Schreiben von Friedrich Michael Schiele, Berlin an Paul Siebeck, Tübingen, 10.01.1910; VA 291: Schreiben von Paul Siebeck, Tübingen an Friedrich Michael Schiele, Berlin, 11.01.1910; VA 291: Schreiben von Friedrich Michael Schiele, Berlin an Paul Siebeck, Tübingen, 12.01.1910 (Abschrift); VA 291: Schreiben von Paul Siebeck, Tübingen an Friedrich Michael Schiele, Berlin, 14.01.1910.

343 Unter anderem mußte Oskar Siebeck im April 1908 zu einer militärischen Übung, was die Redaktionsarbeiten im Verlagshaus – zusätzlich zum Weggang Schieles – erheblich belastete (vgl. NL Gunkel, Yi 33 II B 65: Schreiben von Paul Siebeck, Tübingen an Hermann Gunkel, Gießen, 21.01.1909). Paul Siebeck kommentierte Schieles Verlangen nach einem zügigeren Arbeitstempo zunächst eher lakonisch: „Während wir früher fast von allen Redakteuren mit Vorwürfen überhäuft wurden, wir verlangten für das Lexikon ein zu lebhaftes Tempo, beklagt sich Herr D. Schiele jetzt darüber, es geschehe von unserer Seite nicht genug, um einen hinreichend raschen Fortgang der Lexikonarbeiten zu garantieren. Sie sehen: Allen Leuten recht getan / Ist eine Kunst, die Niemand kann" (VA 259: Schreiben von Oskar Siebeck,

rantien für eine termingerechte Abwicklung der Manuskriptverwaltung. Im anderen Falle wollte er sich von seiner Verpflichtung als Herausgeber entbunden sehen[344].

Der Verlag, insbesondere Paul Siebeck, lehnte es jedoch ab, persönlich die Verantwortung für die Säumigkeit der Autoren und Abteilungsredakteure zu übernehmen und für den künftigen Fortgang der Arbeit Garantien zu geben. Siebeck nahm stattdessen Schiele in die Verantwortung:

> „Wenn ein Verleger einen Redakteur vertragsmässig anstellt, der ein Lexikon oder anderes Sammelwerk herausgeben soll, so tut er es, um eben diese Arbeit dem Redakteur zu übergeben und sich (den Verleger) davon zu entlasten. Der Chef eines Verlagsgeschäfts hat persönlich andere Aufgaben zu erfüllen, als an der Redaktion eines einzelnen Sammelwerkes sich zu beteiligen, wenigstens dann, wenn sein Geschäft nach und nach einen Umfang annimmt, wie es das meinige getan hat. [...] Ein Redakteur, der für ein spezielles Sammelwerk angestellt ist, würde sich kein ganz günstiges Zeugnis ausstellen, wenn er sich darauf berufen wollte, dass seine Redaktion notgelitten habe, weil ihm die Mitarbeit des Verlegers nicht zu Gebote stand"[345].

Daß das Werk bislang so schleppend vorangegangen war, wurde vom Verlag im Gegenzug der laxen Redaktionsführung Schieles in den ersten Jahren angelastet[346].

Als Schiele, auch weil er seinen geistigen Anteil am Lexikonprojekt verkannt sah[347], den Rechtsweg einschlug und ein Schiedsgericht einschaltete, freilich ein Obergutachten desselben ablehnte, stattdessen auf einem formalen Prozeß bestand und sich darüber hinaus nach Siebecks

Tübingen an Otto Baumgarten, Kiel, 16.12.1909; vgl. auch VA 271: Schreiben von Friedrich Michael Schiele, Berlin an Oskar Siebeck, Tübingen, 05.10.1909).

344 Vgl. VA 271: Schreiben von Friedrich Michael Schiele, Berlin an Paul Siebeck, Tübingen, 24.11.1909 (Abschrift).

345 VA 271: Schreiben von Paul Siebeck, Tübingen an Friedrich Michael Schiele, Berlin, 21.12.1909. Vgl. auch VA 271: Schreiben von Paul Siebeck, Tübingen an Friedrich Michael Schiele, Berlin, 10.11.1909; VA 271: Schreiben von Paul Siebeck, Tübingen an Friedrich Michael Schiele, Berlin, 24.12.1909; VA 271: Schreiben von Friedrich Michael Schiele, Berlin an Paul Siebeck, Tübingen, 29.12.1909; VA 271: Schreiben von Paul Siebeck, Tübingen an Friedrich Michael Schiele, Berlin, 31.12.1909; VA 271: Otto Baumgarten an Friedrich Michael Schiele (Abschrift: Tübingen, 30.12.1909).

346 Vgl. VA 297: Schreiben von Paul Siebeck, Tübingen an Otto Baumgarten, Kiel, 08.12.1911.

347 Baumgarten dagegen bestätigte Siebeck, daß er als Verleger entgegen Schieles Vorwürfen nicht nur die finanzielle Seite des Projektes im Blick habe: „Wenn Sie tatsächlich so niedrig über den Wert geistiger Arbeit dächten, [...] dann würden Sie ja dies ganze riskante Unternehmen nicht auf sich genommen haben" (VA 276: Schreiben von Otto Baumgarten, Kiel an Paul Siebeck, Tübingen, 18.01.1910 [Abschrift]).

Einschätzung in seinen Briefen zusehends im Ton vergriff[348], zeigte sich dieser über die geschäftlichen Streitfragen hinaus auch persönlich irritiert[349] und erwog abermals einen verlegerischen Rückzug von dem Lexikonprojekt, denn „ich sage mir, dass solche Auseinandersetzungen, wie jetzt wieder mit Herrn D. Schiele, das intensive Zusammenarbeiten von Redaktion und Verlag, ohne das das Lexikon nun einmal nicht zu machen ist, auf die Dauer unmöglich machen können"[350]. Auch Oskar Siebeck dachte daran, seine Mitarbeit an dem Projekt zu stornieren[351]. Führende Mitarbeiter lehnten diese Ansinnen jedoch aufs heftigste ab: „Das Unternehmen ist zu groß und zu weitgediehen, als daß eine solche Entscheidung überhaupt noch möglich wäre. Vielmehr kann die Aufgabe nur sein, eine Vermittlung zu suchen"[352].

348 Vgl. VA 289: Schreiben von Paul Siebeck, Tübingen an Martin Rade, Marburg, 07.03.1910. Schiele schrieb im Verlauf der Auseinandersetzungen einige im persönlichen Tonfall scharfe Briefe (vgl. z.B. VA 271: Schreiben von Friedrich Michael Schiele, Berlin an Paul Siebeck, Tübingen, 24.11.1909 und 20.12.1909). Der zunehmend polemische Ton Schieles hat im Verlag auch Oskar Siebeck befremdet, schon allein deshalb, da dieser bislang stets das „diplomatische Geschick" Schieles in den diversen Konflikten mit den Mitarbeitern gerühmt hatte – „zumal seit ich an mir selbst erfahren habe, dass dieses Geschick eine Kunst ist, die gelernt sein will" (VA 266: Schreiben von Oskar Siebeck, Tübingen an Walther Köhler, Gießen, 24.03.1909).

349 VA 276: Schreiben von Paul Siebeck, Tübingen an Otto Baumgarten, Kiel, 24.01.1910: „Er [d.i. Schiele, R.C.] scheint mir gegenüber den Massstab dafür, was anständig ist, verloren, auch ganz vergessen zu haben, dass nicht bloss unsere Verträge, sondern unsere ganze Stellung zu ihm auf gegenseitigem Vertrauen aufgebaut waren, und dass er während seines hiesigen Aufenthalts in meiner Familie wie ein Freund aufgenommen war". Siehe auch VA 269: Schreiben von Paul Siebeck, Tübingen an Martin Rade, Marburg, 04.09.1909: „Was Schiele anbelangt, so hatte ich ja wohl manchmal das unbestimmte Gefühl, dass er das, was ich immerhin für ihn zu tun vermochte und getan habe, vielleicht etwas niederer einschätzte, als ich erwartet hatte". Siebeck verbuchte es beispielsweise auf sein Konto, daß er Schiele durch eine zeitweilige, für den Verlag im Grunde nachteilige, Halbtagsstellung die Tätigkeit als Privatdozent ermöglicht hatte (vgl. VA 289: Schreiben von Paul Siebeck, Tübingen an Martin Rade, Marburg, 02.03.1910).

350 VA 263: Schreiben von Paul Siebeck, Tübingen an Hermann Gunkel, Gießen, 07.12.1909 und VA 263: Schreiben von Paul Siebeck, Tübingen an Hermann Gunkel, Gießen, 26.11.1909.

351 Vgl. VA 263: Schreiben von Oskar Siebeck, Tübingen an Hermann Gunkel, Gießen, 18.12.1909.

352 VA 263: Schreiben von Hermann Gunkel, Gießen an Paul Siebeck, Tübingen, 03.12.1909. Gunkel lehnte einen Abbruch des Unternehmens vor allem aus Verantwortungsgefühl gegenüber den bereits tätigen Mitarbeitern und gegenüber den Benutzern ab (vgl. VA 263: Schreiben von Hermann Gunkel, Gießen an Paul Siebeck, Tübingen, 11.12.1909). Es läßt sich vermuten, daß in Gunkels Argumentation unausgesprochen auch die Tatsache eine Rolle spielt, daß er selbst ein Jahr zuvor zur weiteren Mitarbeit gedrängt worden war und ein Abbruch des Projektes zum jetzigen Zeitpunkt sein Einlenken und seine Arbeit nachträglich ad absurdum geführt hätte.

Einig war man sich, daß das Lexikon „Schieles Arbeit unter keiner Bedingung entbehren" könne[353]. Ein daher motivierter Vermittlungsversuch Otto Baumgartens in Kooperation mit Martin Rade in den ersten Monaten des Jahres 1910 scheiterte freilich[354]. Per Schreiben vom

353 VA 263: Schreiben von Hermann Gunkel, Gießen an Paul Siebeck, Tübingen, 20.12.1909.

354 Vgl. VA 276: Schreiben von Otto Baumgarten, Kiel an Paul Siebeck, Tübingen, 10.01.1910. Baumgarten beabsichtigte, gemeinsam mit Rade, in einem Gespräch mit Schiele in Berlin einen „definitiven Friedensschluss" herbeizuführen. „Wir Beide zweifeln aber schliesslich nicht, dass wir Schiele in mündlicher Verhandlung zur Erkenntnis seiner verkehrten Schreiberei bringen werden. [...] Des Rätsels Lösung liegt offenbar in einer fortgesetzten Autosuggestion, die auf die Zeiten zurückgeht, wo Oskar die Einforderung der Manuskripte nicht betreiben konnte. Mit Pfister zu sprechen, handelt es sich bei dieser Eruption um verdrängte Komplexe, wenn auch nicht sexueller Natur". Siebeck setzte große Hoffnungen auf dieses für den 23./24.01.1910 vorgesehene Schlichtungsgespräch (vgl. VA 276: Mehrere Schreiben von Paul Siebeck, Tübingen an Otto Baumgarten, Kiel, 11.01.1910, 12.01.1910, 14.01.1910 sowie VA 276: Schreiben von Oskar Siebeck, Tübingen an Otto Baumgarten, Kiel, 15.01.1910. Zu Rades Beitrag vgl. VA 289: Schreiben von Martin Rade, Marburg an Paul Siebeck, Tübingen, 16.01.1901, 21.01.1910, 20.02.1910; vgl. auch NL Gunkel, Yi 33 II B 100: Schreiben von Oskar Siebeck, Tübingen an Hermann Gunkel, Gießen, 12.01.1910). Aufgrund von Terminschwierigkeiten und der Überzeugung Baumgartens, daß es „angesichts des tatsächlich pathologischen Querulantentums" Schieles angemessener sei, „den Ablauf des Krankheitsprozesses ruhig abzuwarten", fand das geplante Gespräch jedoch nicht statt, denn Schiele selbst schilderte „seine innere Lage so, dass er die Sache für zu stark hält, als dass sie noch ihre gute Form fände, und beschliesst diese Erörterung über die Selbstbehandlung mit den Worten: ‚Tut mir die Freundschaft und lasst mich allein bis ich von selber komme. Ich werde schon kommen'. Das klingt ja nicht so hoffnungslos, setzt aber in der Tatsache das Aufgeben der stärkeren Beeinflussung voraus" (VA 276: Schreiben von Otto Baumgarten, Kiel an Paul Siebeck, Tübingen, 18.01.1910 [Abschrift]). Für das von Schiele geforderte Schiedsgericht verfaßte Siebeck neben einem Korrespondenzverzeichnis eine „Promemoria" (VA 276: Promemoria von Paul Siebeck, Tübingen, 25.01.1910) und „Punctationen" (VA 276: Punctationen von Paul Siebeck, Tübingen, 25.01.1910) sowie einen detaillierten Terminplan. Diese Materialien machte Paul Siebeck auch Baumgarten, der zu privaten Gesprächen mit Schiele nach Berlin fuhr, zugänglich (vgl. VA 276: Schreiben von Otto Baumgarten, Kiel an Paul Siebeck, Tübingen, 22.01.1910; VA 276: Schreiben mit den genannten Anlagen von Paul Siebeck, Tübingen an Otto Baumgarten, z.Z. Berlin, 25.01.1910; VA 276: Schreiben mit Terminplan von Oskar Siebeck, Tübingen an Otto Baumgarten, z.Z. Berlin, 25.01.1910). Baumgarten konstatierte bei Schiele anläßlich dieser Gespräche eine derartige nervliche Überreiztheit, daß er Siebeck nichts anderes zu raten vermochte, als auf Schieles baldige Genesung zu hoffen und vorschlug, „dass die Verlagsbuchhandlung im rechtzeitigen Einfordern und Reklamieren es ihrerseits an nichts fehlen lässt" (VA 276: Schreiben von Otto Baumgarten, Kiel an Paul Siebeck, Tübingen, 28.01.1910 [Abschrift]). Die Beziehungen zwischen Verlag und Schiele seien, so der Rat Baumgartens, auf „eine möglichst sachliche, geschäftliche Erledigung der gemeinsamen Aufgaben" zurückzuführen (ebd.). Baumgartens Bemühungen mussten sich im folgenden daher darauf beschränken, „eine Schädigung unserer großen Unternehmung durch die persönliche Entfremdung zu verhüten" (VA 276: Schreiben von Otto Baumgarten, Kiel an Paul Siebeck, Tübingen, 14.02.1910). Es wurde allgemeiner Deutungskonsens, dem aus Verlagsperspektive

15.04.1910 legte Schiele, nach einem Erholungsaufenthalt in Italien, sein Amt als Hauptredakteur definitiv nieder[355]. Es wurde vertraglich vereinbart, daß sich die Kontakte zwischen Schiele und Verlag nunmehr ausschließlich auf die geschäftlichen Belange beziehen sollten: „Aus der Korrespondenz scheiden die persönlichen Beziehungen aus"[356],

---

starrsinnigen Verhalten Schieles pathologische Züge zuzuweisen („Ich halte Schiele vorerst für unheilbar und setze mich über alle seine Ungezogenheiten deshalb leicht hinweg", so VA 276: Schreiben von Paul Siebeck, Tübingen an Otto Baumgarten, Kiel, 25.02.1910 oder auch VA 276: Schreiben von Otto Baumgarten, Kiel an Paul Siebeck, Tübingen, 25.01.1910).

355 Vgl. VA 291: Schreiben von Friedrich Michael Schiele, Berlin an den Verlag J.C.B. Mohr, Tübingen, 15.04.1910 (Abschrift). Die Befürchtung Baumgartens, das Projekt sei allein durch den Rückzug Schieles und dem damit verbundenen Verlust von dessen hoher redaktioneller Kompetenz grundsätzlich gefährdet, teilte Siebeck nicht (vgl. VA 276: Telegramm von Otto Baumgarten, Kiel an Paul Siebeck, Tübingen, 16.04.1910; VA 276: Telegramm von Paul Siebeck, Tübingen an Otto Baumgarten, Kiel, 17.04.1910). Siehe auch NL Rade, MS 839: Schreiben von Hermann Gunkel, Gießen an Martin Rade, Marburg, 19.04.1910: „Die Amtsniederlegung Schieles hat mich sehr betrübt" und NL Gunkel, Yi 33 II B 122: Schreiben von Paul Siebeck, Tübingen an Hermann Gunkel, Gießen, 18.04.1910: „Dass das Werk fortgeführt werden muss und wird, steht auch für mich bombenfest. Ich bedarf dazu einer geschlossenen Unterstützung der Teilredakteure und hoffe bestimmt, dass mir diese von jetzt ab ununterbrochen zu Teil wird". Schiele erklärte sich bereit, die Redaktionsgeschäfte interimistisch weiterzuführen, bis die Nachfolgefrage geklärt sei (vgl. VA 276: Schreiben von Paul Siebeck, Tübingen an Otto Baumgarten, Kiel, 16.04.1910 und NL Gunkel: Yi 33 II B 127: Schreiben von Paul Siebeck, Tübingen an Hermann Gunkel, Gießen, 30.04.1910). – Schiele schied in Folge der Auseinandersetzungen auch als Autor nahezu aus. Zum zahlenmäßigen Rückgang der Artikel von Schiele innerhalb der RGG^1 vgl. Register zum Handwörterbuch „Die Religion in Geschichte und Gegenwart" 1. Auflage 1908-1914. Hg. v. Alf Özen und Matthias Wolfes, erstellt unter Mitwirkung von Ruth Conrad, Thomas Stahlberg und Christian Weise (Studien und Texte zur Religionsgeschichtlichen Schule 6), Frankfurt/Main et al 2001, S.76.

356 VA 289 [sub Rade]: Schreiben von Friedrich Michael Schiele, Berlin an Paul Siebeck, Tübingen, 28.02.1910 (Abschrift). Paul Siebeck hatte am 02.03.1910 ultimativ festgelegt, dies sei nun sein „letzter persönlicher Brief an Sie" (VA 291: Schreiben von Paul Siebeck, Tübingen an Friedrich Michael Schiele, Berlin, 02.03.1910) und lehnte fortan eine mögliche „Wiederherstellung der persönlichen und familiären Beziehungen" definitiv ab (VA 276: Schreiben von Paul Siebeck, Tübingen an die Hauptredaktion des Handwörterbuchs „Die Religion in Geschichte und Gegenwart" und die Redaktion der „Religionsgeschichtlichen Volksbücher". Durch gefl. Vermittlung des Herrn Professor D. O. Baumgarten in Kiel, 12.02.1910; vgl. auch VA 276: Schreiben von Paul Siebeck, Tübingen an Otto Baumgarten, Kiel, 12.02.1910 und VA 291: Schreiben von Paul Siebeck, Tübingen an Friedrich Michael Schiele, Berlin, 19.02.1910). Die entsprechende vertragliche Vereinbarung findet sich VA 291: Paul Siebeck an „Die Hauptredaktion des Handwörterbuchs ‚Die Religion in Geschichte und Gegenwart' und die Redaktion der ‚Religionsgeschichtlichen Volksbücher'. Durch gefl. Vermittlung des Herrn Professor D. O. Baumgarten in Kiel", 19.02.1910. Vgl. auch VA 289: Schreiben von Paul Siebeck, Tübingen an Martin Rade, Marburg, 02.03.1910. Die Verlagskorrespondenz der folgenden Jahre ist auffälligerweise häufig an die „Redaktion der Religionsgeschichtlichen Volksbücher" und nicht an Schiele persönlich adressiert.

denn, so Paul Siebeck bereits im Vorfeld der vertraglichen Vereinbarungen, er müsse „eine Gewähr dafür haben, dass mir derartige Korrespondenzen mit Herrn D. Schiele in Zukunft erspart bleiben. [...] Das ist, zumal für einen Mann in meinem Alter, zu viel"[357]. Trotz des Ausstieges aus der herausgeberischen Hauptverantwortung für das Lexikon verblieb die Redaktion der *Religionsgeschichtlichen Volksbücher* bei Schiele in Berlin. Zum 01.01.1910 legte er seine Mitarbeit an der *Chronik der Christlichen Welt* nieder[358].

Der Verlag betraute nun neben Scheel und Gunkel Leopold Zscharnack mit der Hauptredaktion[359]. Nach dieser letzten und ultimativen Auseinandersetzung mit Schiele geriet das Projekt in personellen Fragen zwar in ruhige Fahrwasser, schritt freilich deshalb nicht zügiger voran. Der Verlag hatte bereits vor Schieles Rückzug einen überarbeiteten Zeitplan erstellt und den Mitarbeitern die Einhaltung der gesetzten Termine als oberste Priorität nahegelegt[360]. Als die Mitarbeiter auch nach dem Weggang Schieles nicht zuverlässiger arbeiteten, machte der Verlag vom Rechtsbefund des Verzuges Gebrauch und stellte im Herbst 1911 Satz und Druck ein, um den Eingang sämtlicher Manuskripte ‚M-Z' abzuwarten[361]. Durch den Rücktritt vom Verlag des Lexi-

357 VA 263: Schreiben von Paul Siebeck, Tübingen an Hermann Gunkel, Gießen, 13.12.1909.

358 Vgl. Friedrich Michael Schiele, An die Leser und Mitarbeiter der CCW, in CCW 23 (1909), S.645f.

359 Erleichtert meldete Paul Siebeck an Rade: „Die Krisis, die durch Schiele's Rücktritt von der Leitung des Handwörterbuchs entstanden ist, ist in der Hauptsache überwunden. Herr Lic. Zscharnack hat an seiner Stelle die Hauptredaktion übernommen" (VA 289: Schreiben von Paul Siebeck, Tübingen an Martin Rade, Marburg, 10.05.1910). Offensichtlich hatte Schiele selbst Zscharnack als seinen Nachfolger vorgeschlagen (vgl. NL Rade, MS 839: Schreiben von Hermann Gunkel, Gießen an Martin Rade, Marburg, 19.04.1910 und NL Gunkel, Yi 33 II B 127: Schreiben von Paul Siebeck, Tübingen an Hermann Gunkel, Gießen, 30.04.1910). Ein Nachlaß von Leopold Zscharnack ist derzeit nicht nachgewiesen. Teile der Habilitationsunterlagen, u.a. der von Zscharnack handgeschriebene Lebenslauf (Berlin, 28.04.1906) finden sich in GStA PK, I. HA Rep.92 NL C.H. Becker Nr.2536, Bl.323-324.

360 Vgl. VA 291 [sub Schiele]: Schreiben von Herausgeber/Hauptredakteuren und Abteilungsredakteuren an „Alle Mitarbeiter des Handwörterbuchs", Tübingen, 28.02.1910. Vgl. hierzu auch VA 291: Schreiben von Oskar Siebeck, Tübingen an Friedrich Michael Schiele, Berlin, 25.02.1910 (im gleichen Wortlaut an alle Abteilungsredakteure) und VA 291: Schreiben von Friedrich Michael Schiele, Berlin an Paul Siebeck, Tübingen, 28.02.1910.

361 Vgl. NL Gunkel: Yi 33 II B 191: Rundschreiben „An alle Mitarbeiter des Handwörterbuchs", unterzeichnet von Leopold Zscharnack, Berlin, September 1911 und NL Gunkel, Yi 33 II B 192: Schreiben von Oskar Siebeck, Tübingen an Hermann Gunkel, z.Z. Berchtesgaden, 16.09.1911. Vgl. dann auch NL Gunkel, Yi 33 I G 138: Schreiben von Hugo Greßmann, Berlin an Hermann Gunkel, Gießen, 19.06.1912: „Ich finde es <u>un</u>verantwortlich von Mohr, daß er nicht weiter druckt; wie lange soll unser totes

kons und den damit verbundenen Druckstopp war es Siebeck zumindest möglich, die Explosion der Herstellungskosten unter Kontrolle zu halten. Als zur Jahresmitte die Manuskripte der Buchstaben ‚M-R' vorlagen und somit der vierte Band komplett war, entschloß sich der Verlag, den Druck wieder aufzunehmen, ohne daß die Bedingung der alphabetisch vollständigen Manuskriptpräsenz erfüllt war. Am 09.01.1914 wurde glücklich die letzte Lieferung an die Subskribenten verschickt und am 17.01.1914 der gebundene fünfte Band, der im Impressum auf das Jahr 1913 datiert wurde[362]. Der zusätzlich geplante Registerband sollte einen Abdruck der systematischen Übersicht, ein Stichwortregister und Ergänzungen nebst Corrigenda bieten. Dieser Band ist jedoch aufgrund des Ersten Weltkriegs nicht erschienen[363].

In langen organisatorischen und theologisch-konzeptionellen Wirren hatten Verlag, Herausgeber und Mitarbeiter es geschafft, die verlegerische Umsetzung einer lexikographischen Idee zu organisieren. Das Lexikonprojekt wäre im Erscheinungszeitraum der ersten Buchstaben des Alphabetes an den klassischen Klippen der Lexikographie – Raum- und Zeitüberschreitungen – beinahe gescheitert. Die Überdimensioniertheit des Anfangs des Alphabetes ist im Blick auf die Beurteilung der Gesamtanlage des Werkes wichtig. Sie zeigt deutlich, daß theologische Lexika nicht nur durch eine theologisch-enzyklopädische Konzeption bestimmt sind, sondern auch auf deren schlüssige organisatorische Umsetzung angewiesen sind. Und sie zeigt, daß das Konzept der Gemeinverständlichkeit, das in Analogie zu den Konversationslexika entwickelt wurde, hinsichtlich der damit notwendigen Beschränkung des Umfangs, in den ersten Buchstaben des Alphabetes nicht konsequent umgesetzt werden konnte.

Kapital noch tot liegen? Wer von den Mitarbeitern nicht liefert, müßte erbarmungslos auf die Straße geworfen werden".

362 Vgl. VA 355: Schreiben von Paul Siebeck, Tübingen an Otto Baumgarten, Kiel, 17.01.1914.

363 Zwischenzeitlich ist der Registerband nachträglich erschienen: Register zum Handwörterbuch „Die Religion in Geschichte und Gegenwart" 1. Auflage 1908-1914. Hg. v. Alf Özen und Matthias Wolfes, erstellt unter Mitwirkung von Ruth Conrad, Thomas Stahlberg und Christian Weise (Studien und Texte zur Religionsgeschichtlichen Schule 6), Frankfurt/Main et al 2001.

3.2. Das theologisch- lexikographische Programm des Werkes

3.2.1. „Für alle seine Benützer verständlich, handlich und erschwinglich"[364] – die Anvisierung des liberalen Bildungsbürgertums als Benutzer des Lexikons

Das neue Lexikon sei – so der Text des Werbeprospekts – bestimmt für

> „die *Akademiker aller Fakultäten,* die modernen *Politiker* im weitesten Sinne, die *Pfarrer* aller Kirchen, die *Lehrer* aller Schulen, die gebildeten und bildenden *Frauen,* die *Beamten,* die *Journalisten* und *Schriftsteller;* und außer diesen, die an der Führung des Volkes teil haben, sind es alle die vielen, welche ohne Beruf oder Neigung zur Führerschaft doch ein *selbständiges Interesse an der religiösen Bewegung der Gegenwart* nehmen"[365].

Das Werk zielte auf das Bildungsbürgertum der ‚Wilhelminischen Epoche'[366]. Deshalb orientierte man sich in Fragen der Benutzerhermeneutik am Genre des Konversationslexikons, welches sich, wie oben dargestellt, um die Jahrhundertwende als integrativer Bestandteil bildungsbürgerlicher Kultur etabliert hatte[367].

Es war die Idee des ‚gebildeten Laien', die bei der konzeptionellen Gestaltung der Konversationslexika leitend war und die von den führenden Mitarbeitern der RGG[1] rezipiert wurde. Dabei schloß die Gruppe der ‚gebildeten Laien' auch die jeweils fachfremden Gelehrten beziehungsweise Wissenschaftler ein. Hans Meyer hat diesen Sachverhalt

---

364 Schiele, Vorwort des Herausgebers, in: RGG[1], 1 (1909), S.V-IX, darin: Abdruck des Prospektes, S.VIIIf., hier S.VIII.

365 AaO., S.IX (Hervorh. i. Orig.).

366 Klaus Vondung, Zur Lage der Gebildeten in der wilhelminischen Zeit, in: Das wilhelminische Bildungsbürgertum. Zur Sozialgeschichte seiner Ideen. Hg. v. Klaus Vondung, Göttingen 1976, S.20-33, hier S.23. Vondung rechnet exakt die in zitiertem Werbetext angeführten Berufsgruppen dem Bildungsbürgertum zu. Vgl. hierzu auch oben in diesem Kapitel den Abschnitt 2.4.

367 Aufgrund der schlechten Archivlage im VA BIFAB und aufgrund der fehlenden Mitarbeiterlisten der Konversationslexika lassen sich personelle Überschneidungen und Doppelautorenschaften für den Untersuchungszeitraum kaum nachweisen. Von Gustav Krüger ist eine führende Stellung bei Meyers Konversationslexikon belegt und für Martin Schian läßt sie sich ebenfalls nachweisen: Martin Schian, Art. Die religiöse Bewegung im Weltkrieg, in: Meyers Kleines Konversations-Lexikon. Siebente, gänzlich neubearbeitete und vermehrte Auflage. Durch Ergänzungen erneuerte Ausgabe. Kriegsnachtrag. Erster Teil, Leipzig et al 1916, S.322-326 und ders., Art. Die christlichen Kirchen im Weltkrieg, in: aaO., S.326-331. In diesem ersten Kriegsnachtragsband sind ausnahmsweise die aufgenommenen Artikel namentlich gekennzeichnet. Nachweisen läßt sich auch der Name Paul Siebecks auf der Liste der Gratulanten zum hundertjährigen Jubiläum des Verlages F.A. Brockhaus (Das Hundertjährige Jubiläum der Firma F.A. Brockhaus am 15. Oktober 1905. Als Handschrift gedruckt, Leipzig 1906, S.112).

im Kontext der Entstehung der fünfte Auflage des *Meyerschen Konversationslexikons* prägnant zusammengefaßt, wenn er davon ausgeht,

> „daß das Konversationslexikon nicht nur vom Laien, sondern auch vom Fachmann zur schnellen Orientierung über irgendeinen dem Gedächtnis nicht gegenwärtigen Gegenstand seines Faches gebraucht wird. [...] Unverhältnismäßig aber viel öfter benutzt es der Fachmann zu Erkundigungen in ihm ferner liegenden oder ganz fremden Gebieten, dann also genau wie jeder Laie. Danach hat sich diese Fassung des ganzen Werkes von vornherein zu richten: es muß für den Laien und nur für diesen geschrieben sein, und zwar so geschrieben sein, daß aus der umfangreichen Materie eines Faches das Wesentlichste hervorgehoben und in prägnantester, jedem Laien verständlicher Form dargestellt wird. Damit aber ein Artikel dem fachkundigen Urteil standhalte, muß er eine lesbare wissenschaftliche Darstellung des Gegenstandes sein, keinesfalls eine bloß populäre Skizze. Zur Erfüllung dieser ersten Forderung gehört natürlich nicht nur eine gründliche allseitige Beherrschung des betreffenden Stoffes, wie sie nur dem durchgebildeten Fachmann eigen ist, sondern auch eine Kunst prägnanter und doch klarer Darstellung, wie sie unter den Fachleuten nur bei einer kleinen Elite zu finden ist“[368].

Genau diesen Anspruch, Wissenschaftlichkeit und populäre Darstellung innerhalb der lexikalischen Wissenspräsentation zu verbinden, übernahmen die Verantwortlichen des RGG[1]-Projektes als benutzerhermeneutische Leitidee. So gingen auch sie davon aus, daß sowohl Laien als auch Fachleute das Werk benutzen würden.

> „Vielmehr scheinen mir die Benutzer in zwei Klassen zu zerfallen: 1. in solche, die die Belehrung ausschliesslich aus dem Wörterbuche selbst entnehmen wollen. Für diese muss der Text des Wörterbuches so gestaltet werden, dass sie ihn ohne Anstoss und Beschwerde lesen können. 2. in solche, die auf Grund der Informationen des Wörterbuches weiterarbeiten wollen. Diese haben schon mehr wissenschaftliche Interessen“[369]

und deshalb sei streng wissenschaftliche Arbeit

> „die Grundlage aller unserer Artikel. Die ganze Grundlage braucht dem Laien, der das Werk benutzt, nicht ausdrücklich bemerkbar gemacht werden. Aber vorhanden sein muss sie stets; und wer sich arbeitend in unsere Artikel vertieft, muss auch auf sie stossen. [..] Die Darstellung hat sich der grössten Deutlichkeit und Allgemeinverständlichkeit zu befleissigen. Ueberall muss von dem dargestellten Gegenstand ein klares und anschauliches Bild gegeben werden“[370].

368 Zit. nach Menz, Hundert Jahre, S.64f. Zu den sprachlichen Anforderungen, die der Verlag Brockhaus an seine wissenschaftlichen Mitarbeiter richtete, vgl. Johannes Jahn, Die Bedeutung des „Großen Brockhaus“, bes. S.63ff.

369 NL Gunkel, Yi 33 I S 93: Schreiben von Friedrich Michael Schiele, Tübingen an Hermann Gunkel, Berlin, 14.05.1906.

370 VA Diverses RGG[1]: „Vertraulich. Die Religion in Vergangenheit und Gegenwart. Ein wissenschaftliches Nachschlagewerk für Jedermann“.

Um dieser Zielsetzung möglichst gerecht zu werden, bezog man sich zunächst in formalen Fragen unmittelbar auf die Konversationslexika. Diese galten im Hinblick auf die Artikelgestaltung und des darin eingeschlossenen Konzepts der Präsentation des Stoffs als vorbildlich. Man könne sich daher zwar in der Ausstattung und Anlage am *Wörterbuch des deutschen Staats- und Verwaltungsrechts* von Stengel aus dem Hause Mohr Siebeck orientieren, aber der „durchgreifende Unterschied wird darin bestehen, dass wir, abgesehen von einzelnen grossen programmatischen Artikeln auf eine Fülle schnell orientierender kleinerer Artikel unser Augenmerk richten müssen", so die programmatische Vorgabe Schieles[371]. Denn „der ungeheure Einfluss, den im vergangenen Jahrhundert die Konversationslexika auf die Gesinnung unseres Bürgertums ausgeübt haben", beruhe nahezu ausschließlich darauf,

> „dass in kleineren Dosen dem Benutzer des Wörterbuches die wissenschaftliche Ueberzeugung von Männern entgegentrat, die Vertrauen verdienten. Mit grossen Artikeln hätte das Konversationslexikon nicht den Erfolg gehabt und nicht in der Weise, wie es geschehen ist, die Bildung unseres Bürgertums im günstigen Sinne beeinflusst"[372].

371 VA 204: Schreiben von Friedrich Michael Schiele, Marburg an Paul Siebeck, Tübingen, 14.04.1905. Das räumliche Verteilungsverhältnis zwischen den „‚prinzipiellen zusammenfassenden grossen Artikeln'" einerseits und den „kleinen Artikeln, welche die Regel bilden und so eingerichtet werden sollen, dass der Benutzer unter dem Stichwort auch gleich die gesuchte Auskunft findet" (sogenannte „Orientierungsartikel"), wurde daher in der Planung ursprünglich auf 1/3 zu 2/3 festgelegt (VA 246: Schreiben von Paul Siebeck/Otto Scheel/Friedrich Michael Schiele, Tübingen an Hermann Gunkel, Gießen, 19.12.1908; vgl. auch VA 250: Schreiben von Paul Siebeck, Tübingen an Gustav Krüger, Gießen, 22.12.1908)

372 VA 204: Schreiben von Friedrich Michael Schiele, Marburg an Paul Siebeck, Tübingen, 19.04.1905. Ähnlich auch VA 204: Schreiben von Friedrich Michael Schiele, Marburg an Hermann Gunkel, Berlin, 25.09.1905. Schiele argumentiert hier, daß es „ja viel schwerer ist, einen kurzen Artikel gut zu schreiben als einen langen. Wir werden also in unzähligen Fällen gegen die Neigung unserer Mitarbeiter zur Breite kräftig angehen müssen". Im gleichen Stil auch VA 204: Schreiben von Friedrich Michael Schiele, Marburg an Paul Siebeck, Tübingen, 25.09.1905; VA 193: Otto Baumgarten, Kiel an Paul Siebeck, Tübingen, 21.04.1905; VA 242: Schreiben von Friedrich Michael Schiele, Tübingen an Otto Baumgarten, Kiel, 27.07.1908 („Kürze ist immer deutlicher als Breite"). Bedenken gegen die Adaption des Stiles der Konversationslexika innerhalb einer theologischen Enzyklopädie hatte Baumgarten geäußert (vgl. VA 204: Schreiben von Friedrich Michael Schiele, Marburg an Paul Siebeck, Tübingen, 19.04.1905). Daß sich bei Baumgarten diese Bedenken freilich nicht prinzipiell gegen das Genre des Konversationslexikons richteten, zeigt seine rückblickende Charakterisierung der RGG[1]: „Es ist ein entsagungsreiches Arbeiten, das für ein solches Nachschlagewerk, aber es ist um so verdienstlicher, wirkt unmeßbar zur Erweiterung des Horizontes. Wie es von mangelnder Bildung zeugt, wenn Gelehrte das Arbeiten mit Brockhaus' oder Meyers Konversationslexikon als unwissenschaftlich verpönen, da diese Lexika ja von erstklassigen Fachmännern gespeist sind, so ist auch dies charaktervoll geschlossene, die Probleme bis in die lebendige Gegenwart

Dreierlei Aspekte, die sich nahtlos in die bisher verfolgte Argumentation einfügen, sind an diesem Briefauszug bemerkenswert: Zum einen die Tatsache, daß sich die RGG[1] als ein theologisch-religiös, damit fachwissenschaftlich motiviertes Nachschlagewerk ausdrücklich die marktbeherrschenden allgemeinen Konversationslexika zum Vorbild nahm, da – dies ist der zweite Aspekt – die maßgeblichen Mitarbeiter fest von der medienpolitischen Relevanz eben dieser Konversationslexika überzeugt waren. Wenn Lexika konzipiert werden als mediale Instrumentarien zur Beeinflussung von Gesinnung, dann ist damit in der Pointe der Anspruch auf Objektivität schon aufgegeben. Und zum dritten ist sich Schiele relativ klar über die Benutzer der Konversationslexika – nicht die breiten Volksmassen werden erreicht, sondern das Bildungsbürgertum. Dessen Interessen sollten die formale Konzeption des Werkes leiten und die Abgrenzung zum lexikographischen Gegenprojekt RE[3] gewährleisten:

> „Unsere Artikel sind ja keine Monographien, wie die in Hauk's Realenzyklopädie, sondern sie sind kurze Referate, die den betreffenden Mitarbeitern, die den Stoff beherrschen, nur wenig Arbeit machen können. Ich meine wenigstens, dass es für einen Sachkenner leichter sein muss in 4 Spalten kurz das Wichtigste über ein Thema zusammenzustellen, als etwa über dasselbe Thema einen 4 Spalten langen interessanten Artikel z.B. in der Christlichen Welt zu schreiben. Und dafür braucht niemand ein halbes Jahr Zeit. Die Leute sollen sich nur den Zweck des Wörterbuchs klar machen,

fortführende Denkmal, das die moderne historisch-kritische Schule ihrer halbjahrhundertlangen Arbeit gesetzt hat, außerordentlich wirksam geworden auf die Heranbildung einer einheitlichen liberalen Weltauffassung" (ders., Meine Lebensgeschichte, Tübingen 1929, S.108f.). Auch Heitmüller äußerte sich im Kontext einer brieflichen Auseinandersetzung um den Reihenartikel Christologie kritisch gegenüber zu starken stilistischen und formalen Anleihen bei den Konversationslexika (Johannes Weiß, Art. I. Christologie des Urchristentums, in: RGG[1], 1 [1909], Sp.1712-1740; Scheel, II. Christologie geschichtlich, in: aaO., Sp.1740-1772 und Rittelmeyer, I-II. Christologie dogmatisch, in: aaO., Sp.1772-1781). Heitmüller ging davon aus, „daß aus dem Wörterb. auch sogenannte Fachgenossen etwas lernen sollten, wenn es geht". Dies bedeute hinsichtlich der Artikelgestaltung, vor allem hinsichtlich deren Länge, daß er „von anderen Voraussetzungen aus[gehe] als die Leute, die allzu sehr an Lexikon-Artikel u. ihr Niveau denken, wobei dann schließlich das Konversations-Lexikon herauskommt (Gießen)" (VA 264: Schreiben von Wilhelm Heitmüller, Marburg an Friedrich Michael Schiele, Tübingen, 23.01.1909). Das Programm kurzer Artikel im Stil der Konversationslexika und in bewußter Abgrenzung zur RE[3] führte auch zu Absagen eingeladener Mitarbeiter. So lehnte Johannes Ficker die angebotene Abteilungsredaktion für das Fach Kunst mit folgender Begründung ab: „Nichts widerstrebt meiner Anlage mehr, als derartige enzyklopädische Arbeiten. Ich muss mich in etwas hineinbohren können und muss mit der ganzen Persönlichkeit drin leben können – nichts anderes kann ich arbeiten" (VA 204: Schreiben von Johannes Ficker, Straßburg an Friedrich Michael Schiele, Marburg, 27.05.1905 [Abschrift]). Zum Vorbild der Konversationslexika für die Artikelgestaltung vgl. auch VA 250: Schreiben von Gustav Krüger, Gießen an Paul Siebeck, Tübingen, 20.12.1908.

dann werden sie sich nicht vor der Arbeit fürchten, sondern sich gleich daransetzen und sie schnell erledigen"[373].

Siebeck war mit dieser Position Schieles „ganz einverstanden"[374].

Es war in erster Linie Hermann Gunkel, der sich, wie dargestellt, als Förderer populärer Theologie engagierte und der daher innerhalb des Lexikons für die Profilierung und Umsetzung des Gemeinverständlichkeitsanspruches verantwortlich zeichnete[375]. Es waren vier Kriterien, die Gunkel als unabdingbare Voraussetzung für „das Reüssieren des Planes" einstufte und die mit den Vorstellungen Paul Siebecks und Schieles konform gingen:

„1) Möglichst billiger Preis und gute Ausstattung.

2) Klare und entschlossene Stellungnahme zu den Problemen. Keine Verschleierung.

3) Andrerseits Vermeiden des Radikalismus und besonders pietätsloser, burschikoser Wendungen.

4) SEHR WICHTIG IST EINE KLARE, PRÄZISE, FLIESSENDE, NICHT ‚MODERN'-FLATTRIGE, SONDERN SOLIDE und doch anziehende Diktion.

In dieser Beziehung traue ich – unter uns gesagt – unsern Freunden nicht allzuviel zu. Die schlimmsten sind die Philosophen und Dogmatiker"[376].

---

373 VA 233: Schreiben von Friedrich Michael Schiele, Tübingen an Walther Köhler, Gießen, 27.07.1907. Vgl. VA 246: Schreiben von Hermann Gunkel, Gießen an „Den Herrn Verleger u. die Herren Mitherausgeber des Lexikons", Tübingen, 16.12.1908.

374 VA 204: Schreiben von Paul Siebeck, Tübingen an Friedrich Michael Schiele, Marburg, 19.04.1905.

375 Vgl. VA 204: Schreiben von Friedrich Michael Schiele, Marburg an Paul Siebeck, Tübingen, 07.05.1905. Der Vorschlag Gunkels, das Werk mit dem Untertitel „Gemeinverständliche theologische Encyclopädie" zu versehen, um dadurch einerseits die eigenen populärwissenschaftlichen Ambitionen anzuzeigen als auch innerhalb des Buchmarktes ein gegenüber der RE³ eindeutig abgegrenztes Marktsegment offensiv zu besetzen, wurde von Siebeck freilich abgelehnt (vgl. VA 222: Schreiben von Hermann Gunkel, Berlin an Friedrich Michael Schiele, Marburg, 02.03.1906 sowie VA 222: Schreiben von Paul Siebeck, Tübingen an Friedrich Michael Schiele, Marburg, 05.03.1906). Gunkel hielt den gewählten Zeitpunkt für die Konzeption und Produktion eines gemeinverständlichen, theologischen Lexikons für optimal, denn „wenn man den Plan dieses Werkes vor zwanzig Jahren vorgelegt hätte, so wäre man für das Irrenhaus reif erklärt worden; jetzt aber ist ein solches Riesenwerk möglich und wird – was in Deutschland viel sagen will – sogar gekauft" (Gunkel, Über die Popularisierung, S.73f.).

376 VA 203 [sub Rade 1905]: Abschrift eines Schreibens von Hermann Gunkel, Berlin an Walther Köhler, Gießen, undatiert. Ein im Wortlaut ähnliches Schreiben findet sich VA 197: Schreiben von Hermann Gunkel, Berlin an Paul Siebeck, Tübingen, 25.01.1905. Die „KLARE, PRÄZISE, FLIESSENDE, NICHT ‚MODERN'-FLATTRIGE, SONDERN SOLIDE und doch anziehende Diktion" (ebd.) war für Gunkel einer der entscheidenden Unterschiede zwischen RE³ und RGG¹ (vgl. VA 231: Schreiben von Hermann Gunkel, Gießen an Friedrich Michael Schiele, Tübingen, 25.04.1907). Kritik

Gunkel fühlte sich sowohl in der ersten als auch in der zweiten Auflage dafür verantwortlich, „die stilistische Glättung recht vieler Artikel" zu übernehmen, so daß „ein gut Teil der Allgemeinverständlichkeit" ihm zu verdanken ist[377]. Er war somit sowohl für die Profilierung der Benutzerhermeneutik des Lexikons unentbehrlich als darüber hinaus auch für dessen religionsgeschichtliche Programmatik, wie der nächste Abschnitt verdeutlichen wird.

Trotz der starken Fokussierung der Benutzerhermeneutik auf die theologisch nicht vorgebildeten, jedoch religiös interessierten Laien konnte und wollte man aber auch die Theologen als potentielle Benutzer nicht außer acht lassen:

> „Wenn wir in unserem roten Rundschreiben sagen, unsere Enzyklopädie sei ‚neben ja vor den Pfarrern' für ‚die geistigen Führer des modernen Lebens überhaupt' bestimmt, so schliesst das nicht aus, sondern ein, dass die Enzyklopädie auch den Pfarrern und erst recht den Theologen überhaupt dienen soll. Es wird die Laien nicht stören, wenn die Enzyklopädie einzel-

aufgrund ihres für Laien unverständlichen Sprachstils riefen vor allem die Artikel von Troeltsch hervor, der „absolut nicht ‚gemeinverständlich'" schreibe, sondern „so abstrakt wie nur möglich, ich habe manchmal zwei oder gar drei Mal lachen müssen" (VA 199: Schreiben von Walther Köhler, Gießen an Paul Siebeck, Tübingen, 25.04.1905). Siebeck bestätigte diesen Eindruck: „Was Sie über Troeltschs Schreibweise sagen, habe ich auch schon oft bedauert; er bringt sich damit tatsächlich um einen Teil seines Erfolges, namentlich seines Erfolges in weiteren Kreisen" (VA 199: Schreiben von Paul Siebeck, Tübingen an Walther Köhler, Gießen, 26.05.1905). Vgl. hierzu die Einschätzung bei Daum, Wissenschaftspopularisierung, S.243: „Den sprachlichen Stil deutscher Professoren als wenig leserfreundlich, zu akademisch, ja als ungenießbar zu brandmarken, gehört zu den Standards der Wissenschaftskritik. Mit solchen Urteilen wurden schon im 19. Jahrhundert die Eigentraditionen gelehrten Selbstverständnisses karikiert".

377 Leopold Zscharnack, Vorwort des Herausgebers, in: RGG[1], 5 (1913), S.V-VII, hier S.VI. Gunkels stilistische Eingriffe in Artikelmanuskripte lösten bei einigen Mitarbeitern Unmut aus. So monierte beispielsweise Otto Baumgarten angesichts von Gunkels Redigierfreudigkeit: „Ich unterscheide bei Ihren Bemängelungen solche, die ich als berechtigte Bezweiflungen der allgemeinen Verständlichkeit anerkennen muss, und solche, die lediglich einem puristischen Drang entspringen. Was die letzteren angeht, so stehe ich prinzipiell auf anderem Standpunkt. Ausdrücke wie identifizieren, subjektiv u. objektiv, protestieren usw. sind nicht zu vermeiden, fallen auch keineswegs auf. Wenn man auf eine Häufung solcher vermeidbaren Fremdwörter stösst, so ist das ja gewiss zu tadeln; aber ihre gelegentliche Verwertung widerstreitet nicht dem guten Stil. Ich meinerseits gehöre also durchaus nicht zu den Puristen u. habe auch nicht die geringste Lust, mich von solchen tyrannisieren zu lassen". Darüber hinaus wollte Baumgarten unterschieden wissen „zwischen Artikeln, die wesentlich von Akademikern nachgeschlagen werden u. zwischen solchen, die von vornherein den Anspruch erheben, von dem weitesten Leserkreis berücksichtigt zu werden" (NL Gunkel, YI 33 I B 109: Schreiben von Otto Baumgarten, Kiel an Hermann Gunkel, Gießen, 28.04.1909). Vgl. unten Kap.III.2.1.

ne Artikel enthält, die sie nicht nachschlagen. Aber gelehrten Ballast wollen wir freilich nicht mitschleppen, auch für die Theologen nicht"[378].

Blickt man im ganzen auf die anvisierten Benutzergruppen, insbesondere auf die Kreise der Lehrer und Pfarrer, so treten neben der formalen Artikelgestaltung und dem zu wählenden Sprach- und Schreibstil zusätzlich Preis- und Vertriebspolitik als Kriterien zur Abgrenzung von anderen lexikalischen Projekten und zur Durchsetzung eigener theologiepolitischer Ziele[379]. Das Werk durfte nicht zu teuer geraten, um sich seine Absatzchancen in den anvisierten Benutzergruppen zu sichern. „Gerade die Kreise der Theologen sind es ja leider, deren Kaufkraft den steigenden Bücherpreisen nicht gewachsen zu sein scheint. Auch Religionslehrer kaufen keine Bücher, die hoch im Preis sind, wenn sie sie nicht unbedingt für ihren Lehrbetrieb brauchen"[380]. Der Preis des Werkes hing aber aufs engste mit dem Umfang des Projektes zusammen. Daher achtete der Verlag – wie oben in den Abschnitten 3.1.3.1. und 3.1.3.2. dargestellt – rigoros darauf, den verantwortlichen Mitarbeitern den Zusammenhang zwischen Arbeitsorganisation, Herstellungskosten und Preisgestaltung deutlich werden zu lassen. Auch wenn im Ernstfall galt, „dass nicht der Preis, sondern der Inhalt des Werkes den Markt machen sollte: entweder das Handwörterbuch wird so, dass man es nicht entbehren kann, oder es wird – auch beim billigsten Preise! – ein Versager"[381].

Um die anvisierten Benutzergruppen tatsächlich flächendeckend zu erreichen, war für Siebeck in absatztechnischer Hinsicht nicht nur die Preispolitik relevant, sondern er erwog innerhalb der Korrespondenz mit Gottfried Traub auch die Option neuer Vertriebswege und -formen.

„Je näher nämlich die Zeit heranrückt, in welcher der Deutsche sich als Bücherkäufer entpuppt (gemeint ist das sogenannte ‚Weihnachtsgeschäft', R.C.), um so mehr beschäftigt mich die Frage, wie ich das Lexikon auch in jene Kreise bringe, welche weniger nach wissenschaftlichen Kritiken, als nach persönlicher Empfehlung gehen und gerade darum nur bei ganz in-

378 VA 233: Schreiben von Friedrich Michael Schiele, Tübingen an Walther Köhler, Gießen, 28.09.1907.

379 Vgl. VA 203 [sub Rade 1905]: Abschrift eines Schreibens von Hermann Gunkel, Berlin an Walther Köhler, Gießen, undatiert, dort die im Rahmen des Allgemeinverständlichkeitsanspruches erhobene Forderung: „1) Möglichst billiger Preis und gute Ausstattung".

380 VA 242: Schreiben von Paul Siebeck, Tübingen an Heinrich Bassermann, Heidelberg, 02.01.1908. Zum gesellschaftlichen Status der Lehrer im Kaiserreich und der in diesen Kreisen fortschreitenden Entkirchlichung, die sie als Benutzergruppe für das Lexikon besonders interessant machte, vgl. Nipperdey, Deutsche Geschichte 1, S.531ff., bes. S.541ff.

381 VA 247: Schreiben von Paul Siebeck, Tübingen an Wilhelm Heitmüller, Marburg, 25.07.1908.

dividueller Behandlung zu erreichen sind. Ich hätte nun Lust, an einer Stadt wie Dortmund einmal die Probe aufs Exempel zu machen und zwar auf die folgende Art: Sie sind so gütig, mir zu den Adressen von Leuten zu verhelfen, die religiös gesinnt, dann aber auch wohlhabend genug sind, um ein Werk wie das Handwörterbuch als Geschenk oder für die Hausbibliothek anzuschaffen, alsdann richte ich an die betr. Leute einen Brief, in welchem ich auf das Handwörterbuch verweise und gleichzeitig mitteile, dass ein Vertreter meiner Firma gerade in Dortmund weile und bereit sei, behufs näherer Auskünfte und eventueller Vorlage des I. Bandes auf Wunsch bei ihnen vorzusprechen. Dieser Vertreter würde kein Reisender im üblichen Sinne des Wortes sein, sondern einer meiner Bureauangestellten, der dank seiner Tätigkeit in der Vertriebsabteilung meines Verlages in der Lage wäre, sich dieser Aufgabe mit der notwendigen Reserve und Rücksichtnahme zu unterziehen"[382].

Diese Idee des Direktvertriebes, die insbesondere den Lexika aus dem Bibliographischen Institut einen breiten Absatzmarkt sicherte, wurde von Paul Siebeck indes nicht realisiert.

Exkurs
Der Artikel „Bildung" als Indikator des Wandels stichwortinterner Hierarchisierungstendenzen in RGG[1-3]

Ein auflagenübergreifender Vergleich des Artikels Bildung ist geeignet, auf formaler Ebene den Nachweis für die „interne Hierarchisierungen (Fächer-, Lemmata- und Autorenauswahl, Artikellänge)"[383] der Auflagen 1-3 der RGG zu erbringen. Denn der Wandel dieser internen Hierarchisierungen ist gerade bei diesem Artikel beträchtlich, vor allem wenn man zusätzlich den Wandel der internen Lemmatagestaltung berücksichtigt sowie die Veränderung auf der Ebene der Verweisstichworte.

Für die erste Auflage verfasste Friedrich Michael Schiele selbst den Artikel Bildung[384]. Er ist in vier Teilstichworte gegliedert: „1. Gebildet und ungebildet; – 2. Der philosophische Begriff der B[ildung]; – Religiöse B[ildung]; – Tradition und B[ildung]"[385]. Die „Scheidung zwischen Gebildeten und Ungebildeten" ist, so Schiele, ein geschichtliches Phänomen, das immer dort begegnet, wo die „Zucht der Jugend", also die

---

382 VA 273: Schreiben von Paul Siebeck, Tübingen an Gottfried Traub, Dortmund, 19.10.1909.

383 Friedrich Wilhelm Graf, Art. Lexikographie, theologische, in: RGG[4], 5 (2002), Sp.299-301, hier Sp.301.

384 Schiele, Art. Bildung, in: RGG[1], 1 (1909), Sp.1243-1248.

385 AaO., Sp.1243.

pädagogische Aufgabe, Gegenstand der Reflexion werden[386]. Im historischen Durchgang durch die Sippenzeit, die Zeit der ständischen Verfassung, die Zeit der Stadtverfassung hin zum Klassenstaat bis zum absoluten Staat zeichnet Schiele den Wandel der Bildungsinhalte und der Bildungsgrenzen nach. Für die gegenwärtige Zeit ist Bildung gekennzeichnet als dasjenige Wissen, das zur Macht verhilft. „In unserem Beamtenstaat ist es das Maß von Wissen (gleichgültig welcher Art) dessen Besitz der Staat zur Bedingung einer Beamtenstelle oder eines beamtenähnlichen Berufs festgelegt hat"[387]. Der ‚Besitz' dieser Bildung sei an den Besitz entsprechender Prüfungsnachweise gekoppelt. Der Nachweis entsprechender Prüfungen sei die Grenze zwischen Gebildeten und Ungebildeteten. Es ergibt sich ein System „wohlabgemessene[r] Bildungsstufen", denn „je höher die Prüfungen – um so gebildeter"[388]. An oberster Stelle steht die akademische Bildung, darunter stehen die Lehrerseminare und Landwirtsschulen, deren erfolgreicher Abschluß die Kenntnisse nur einer Sprache voraussetzt. Ihre Absolventen seien die „Halbgebildete. Die besitzlosen Klassen, die die Volksschulen besucht und also keine Berechtigung erworben haben, sind die Ungebildeten"[389]. Dieses Bildungssystem erweist sich in der Praxis als wenig durchlässig, gelten doch die Prüfungen eher als „Gradmesser" der Bildung denn als pragmatische „Notbehelfe"[390]. Dieses Prüfungswesen höhlt das gegenwärtige Bildungssystem von innen aus, darin nach Schiele vergleichbar der zerstörerische Wirkung, die die Rhetorik auf die antike Bildung hatte, galt doch die Rhetorik „als die Kunst, alle zu allem zu überreden; sie hat schließlich die antike B[ildung] zu Grunde gerichtet"[391].

Neben der historisch-komparativistischen Betrachtungsweise – gegenwärtige Phänomene des Bildungssystem werden aufgrund ihrer historischen Bedingungen und im historischen Vergleich eingeordnet – ist das Auffälligste an Schieles interner Lemmatagestaltung, die vorgängige Behandlung des empirischen Befundes der gesellschaftlichen Scheidung in Gebildete und Ungebildete gegenüber der begrifflichen Behandlung des Begriffes Bildung. Diese interne Hierarchisierung könnte dem lexikonpolitischen Motiv der Gegenwartsorientierung zu verdanken sein und entspricht der gewählten Benutzerhermeneutik des Werkes, welches in dieser Hinsicht sich ausdrücklich von der RE[3]

386 Ebd.

387 AaO., Sp.1244.

388 Ebd.

389 Ebd.

390 AaO., Sp.1245.

391 AaO., Sp.1244.

abgrenzen wollte, denn diese sei – so die Formulierung im Rahmen der ersten Projektierungen –

> „im Wesentlichen ein Werk von ausgesprochen gelehrtem Charakter, bestimmt für die Männer der theologischen Wissenschaft[392]. Unser Nachschlagewerk will wissenschaftlich, aber nicht gelehrt sein, seine Leser sollen neben den Theologen in erster Linie religiösangeregte Laien, Frauen, Lehrer, Politiker, Beamte, Journalisten etc. sein"[393].

Und auch Schiele selbst klassifizierte in Fragen des Benutzerhermeneutik die potentiellen Leser des Lexikons mit Kategorien, wie sie sich in seinem Artikel finden: „Statt für Leute mit Studentenbildung zu schreiben, stelle man sich Leser etwa mit Lehrerbildung vor"[394].

Die beiden nächsten Auflagen haben diesen lexikonpolitischen Parameter verändert und damit hat sich auch der Aufbau des Artikels Bildung verändert. War die erste Auflage am empirischen Phänomen der Bildung interessiert, und zwar innerhalb des Artikels selbst und führte sie daneben einen selbständigen Artikel Volksbildungsbestrebungen[395], so behielt die zweite Auflage einen selbständigen Artikel Volksbildungsbestrebungen bei[396], isolierte freilich das soziologische Phänomen der Unterscheidung in Gebildete und Ungebildete aus dem Gesamtkonnex der Bildungsfrage und spitzt es in einem selbständigen Artikel im Hinblick auf die gegenwärtige Lage der Kirche zu[397]. Die dritte Auflage betont im Hinblick auf die Frage der Volksbildung deren institutionellen Aspekte[398] und auch hier wird die Frage der Bildungsunterschiede im Hinblick auf das sich problematisierende Verhältnis der Gebildeten zur Kirche erörtert[399]. Da die erste Auflage einen selb-

392 Einen Artikel Wissenschaft führt die erste Auflage der RGG bezeichnenderweise nicht. An entsprechender Stelle (RGG¹, 5 [1913], Sp.2103) befindet sich lediglich ein weiterführender Verweis. Die zweite und dritte Auflage führen jeweils einen entsprechenden Artikel (Tillich, Art. Wissenschaft, in: RGG², 5 [1931], Sp.1985-1987 und I.T. Ramsey, Art. Wissenschaft, in: RGG³, 6 [1962], Sp.1776-1780). Allein dieser Sachverhalt verdeutlicht, daß die RGG im Fortschreiten ihrer Auflagen an der Tendenz der Konversationslexika zur zunehmenden Verwissenschaftlichung partizipierte und die selbstverständliche hermeneutische Voraussetzung der ersten Auflage später zum eigenständigen Lemma wurde.

393 VA Diverses RGG¹: „Vertraulich. Die Religion in Vergangenheit und Gegenwart. Ein wissenschaftliches Nachschlagewerk für Jedermann".

394 VA Diverses: RGG¹: „Streng vertraulich! Die Religion in Vergangenheit und Gegenwart".

395 E. Fuchs, Art. Volksbildungsbestrebungen, in: RGG¹, 5 (1913), Sp.1712-1721. Innerhalb des Artikels Bildung unterbleibt freilich ein Verweis auf diesen ergänzenden Artikel.

396 Flitner, Art. Volksbildungsbestrebungen, in: RGG², 5 (1931), Sp.1634-1646.

397 Paul Fischer, Art. Gebildete und Kirche, in: RGG², 2 (1928), Sp.907-910.

398 C. Hagener, Art. Volksbildungswesen, in: RGG³, 6 (1962), Sp.1441-1447.

399 G. Harbsmeier, Art. Gebildete und Kirche, in: RGG³, 2 (1958), Sp.1236-1238.

ständigen Artikel Gebildete und Kirche nicht führt, legt sich die Annahme nahe, daß Religion und Bildung als zwei nicht in Konkurrenz stehende Phänomene betrachtet wurden, vielmehr als Phänomene, die auf einen vergleichbaren anthropologischen Sachverhalt Bezug nehmen, nämlich, so Schiele, auf die Gestaltungsmöglichkeit und -fähigkeit des Individuums im Hinblick auf seine je eigene Welt. „Wer an seinem Ort aus seinen Realverhältnissen seine Welt machen lernt, wird gebildet, wer es vermag, ist gebildet", so Schiele im zweiten Teilartikel über den philosophischen Begriff der Bildung[400]. Im Anschluß an Johann Heinrich Pestalozzi (1746-1827)[401] betont Schiele die Bedeutung des individuellen Selbst im Hinblick auf die Bildung des Wissens, der Tugend und des Ästhetischen. „Der Gesetzgeber des Kosmos ist das transzendentale Ich; und mit dessen Gesetzen fallen die Bildungsgesetze des empirischen Ich zusammen"[402]. Diese Bildung sei, so im Rekurs auf Pestalozzi, am besten auf dem Weg der Berufsbildung zu erreichen, den die „Realverhältnisse sind das allbeherrschende Mittel der B[ildung]"[403]. Freilich – was für die Gebiete des Wissens, der Tugend und des Ästhetischen gilt, nämlich die relative[404] schöpferische Freiheit des Ichs, die Wissenschaft, Sittlichkeit und Kunst allerst hervorbringt, gilt für den Bereich des Religiösen so nicht, denn diese relative Freiheit „entschwindet dem Blick, wenn das Ich nicht mehr die Methode der Aufgabenlösung in jenen drei Gebieten, sondern wenn es die Unendlichkeit des Ziels ins Auge faßt, auf das alle diese Aufgaben hinweisen. Dann bemächtigt sich seiner das Gefühl absoluter Abhängigkeit"[405]. In Fragen der Religion ist daher nicht schöpferische Freiheit das Kennzeichen wahrer Bildung, sondern Demut. Religiös gebildet ist daher, „wer es gelernt hat, alles in Demut unmittelbar aus der Hand Gottes zu empfangen. Die Demut ist schlechtweg das Kennzeichen der religiösen B[ildung]"[406]. Bei der näheren Beschreibung dieses Sachverhaltes gleicht Schiele den eigenen Sprachduktus an den sprachliche Vorstel-

400 Schiele, Art. Bildung, in: RGG[1], 1 (1909), Sp.1243-1248, hier Sp.1246.

401 Leider unterbleibt auch hier ein Verweis auf einen weiterführenden Artikel, nämlich Leser, Art. Pestalozzi, Johann Heinrich (1746 bis 1827), in: RGG[1], 4 (1913), Sp.1394-1401.

402 Schiele, Art. Bildung, in: RGG[1], 1 (1909), Sp.1243-1248, hier Sp.1246.

403 Ebd.

404 Relativ, „weil immer durch den Gegenstand bestimmt[], an den Realverhältnissen gemessen[]" (ebd.).

405 Ebd. Ein Verweis auf Schleiermacher Theorie des religiösen Selbstbewusstseins unterbleibt, doch ist die Nähe zum dritten und vierten Paragraphen der ‚Glaubenslehre' unverkennbar (vgl. Friedrich Schleiermacher, Der christliche Glaube nach den Grundsätzen der Evangelischen Kirche im Zusammenhange dargestellt [1830/31]. Hg. v. Martin Redeker, Nachdruck der 7. Auflage 1960, Berlin et al 1999, S.14ff.).

406 Schiele, Art. Bildung, in: RGG[1], 1 (1909), Sp.1243-1248, hier Sp.1247.

lungsgehalt von 1Kor 13 an[407]. Religiöse Bildung ist also nicht zu verstehen als die Beherrschung des Katechismusstoffes, sondern als ein unmittelbares religiöses Widerfahrnis. Religiöse Bildung ist nicht Religionspädagogik, denn im „Christentum ist die religiöse Bildung grundsätzlich von der Kenntnis der eigenen Religions*lehre* unabhängig"[408]. Freilich ist die religiöse Tradition nicht überflüssig, wie Schiele im vierten Teilartikel Tradition und B[ildung] ausführt. Der Einzelne ist im Prozeß sowohl seiner wissenschaftlichen, sittlichen, ästhetischen als auch religiösen Bildung von Tradition und Überlieferung abhängig[409]. Freilich hat die Tradition im Blick auf die Bildung den Charakter des Subsidiären.

In der zweiten Auflage ist der Aufbau des Artikels programmatisch verändert. Er besteht aus zwei Teilartikeln, doch diese Teilartikel sind nicht wie bei Schieles Artikel durch eine interne Argumentationsstruktur miteinander verbunden und voneinander abhängig, sondern behandeln das Bildungsthema unter zwei verschiedenen Gesichtspunkten und weisen daher zwei Autoren aus[410]. Die erste Teilartikel, verfasst von Erich Stern (1889-1959) befasst sich mit dem Bildungsbegriff aus pädagogischer Sicht und verweist in den Literaturangaben ausdrücklich auf Schieles Artikel. In einem ersten Teil wird der Begriff erklärt und einer dreifachen Bedeutung zugeführt – er sei zu unterscheiden in den „*Zustand* des Seins oder Habens", in ein „*Geschehen*", also der Bildungsprozeß und sodann in den „*Wert* [...], den es zu erstreben, zu verwirklichen gilt"[411]. Dieser dreifache Bedeutungsgehalt des Begriffes Bildung gibt dem ersten Teilartikel seine Gliederung vor, denn er ist unterteilt in: „1. Mehrdeutigkeit des Begriffes B[ildung]; – 2. Allgemeine Analyse des B[ildungs]begriffes; – 3. Der B[ildungs]prozeß; – 4. B[ildung] als Wert; – 5. Stufen der B[ildung]"[412]. Im Hinblick auf eine

407 In diesem Zusammenhang verweist Schiele auf einen Artikel Evangelische Ratschläge. Dieser Artikel existiert freilich nicht, ein Beispiel dafür, daß auch Schiele im Hinblick auf das Verweissystem nicht vor Fehler gefeit war. Einen solchen Verweis auf einen nicht existierenden Artikel hatte Schiele selbst als „Briefe, die ihn nicht erreichten" bzw. als „ein[en] Schuss ins Blaue" bezeichnet (NL Gunkel, Yi 33 I S 109: Schreiben von Friedrich Michael Schiele, Tübingen „An alle Abteilungsredakteure", 16.07.1908).

408 Schiele, Art. Bildung, in: RGG[1], 1 (1909), Sp.1243-1248, hier Sp.1247 (Hervorh. i. Orig.).

409 Hier verweist Schiele auf Troeltsch, Art. Offenbarung, III. dogmatisch, in: RGG[1], 4 (1913), Sp.918-922.

410 Erich Stern, Art. Bildung: I. Pädagogisch, in: RGG[2], 1 (1927), Sp.1108-1113 sowie R. Paulus, Art. Bildung: II. Bildung und Religion, in: aaO., Sp.1113-1117.

411 Erich Stern, Art. Bildung: I. Pädagogisch, in: RGG[2], 1 (1927), Sp.1108-1113, hier Sp.1108. (Hervorh. i. Orig.).

412 Ebd.

allgemeine Analyse des Bildungsbegriffes, unterscheidet Stern drei Vorgehensweisen. Die beiden ersten sind voneinander abhängig, sie unterscheiden sich hinsichtlich ihres Verständnisses vom Wesen des Menschen. Wird dies als überall gleich vorausgesetzt, so bedeutet Bildung „den Zustand, in dem sich die immer und überall gleiche menschliche Natur offenbart"[413]. Bildung wird mit Wissen identifiziert. Wird dagegen das Wesen des Menschen als grundsätzlich verschieden angenommen, dann bedeutet Bildung „die *individuelle* Prägung des Menschen"[414], also die Entfaltung seiner natürlichen Anlagen. Von diesem naturalistischen Bildungsbegriff grenzt sich Stern ab, indem er im Anschluß an Wilhelm Dilthey (1833-1911), Eduard Spranger (1882-1963) und Georg Simmel (1858-1918) im Sinne einer geisteswissenschaftlichen Pädagogik den Bildungsbegriff in eine Theorie der Persönlichkeit einordnet und sie versteht als „das Entfaltetsein der individuellen Seelenstruktur zu maximaler Werterlebnis- und Wertgestaltungsfähigkeit"[415]. Bildung sei „die Verwirklichung eines in der Seele selbst vorgezeichneten Planes", ist also „Erlebnis- und Gestaltungsfähigkeit"[416]. Bildung in diesem Sinne kommt also, gleichwohl sie einen Besitz darstellt, nie zum Abschluß. Sie ist dynamisch, ein Prozeß, der sich dem ständigen Austausch mit bereits vorhandenen Kulturgütern verdankt. „Die Strukturanlage ist nur Grundlage und Möglichkeit; niemals, so betont Simmel, komme die Seele zu sich selbst, wenn sie nur durch eigenes, subjektiv seelisches Gebiet läuft, sie bedarf des objektiv Geistigen zu ihrer Entfaltung"[417]. Dies ist die *„Bildsamkeit"* des Menschen[418]. Der Bildungsprozeß knüpft also wesensnotwendig an das im Menschen bereits angelegte an. Die objektiven Bildungsgüter bleiben ohne die subjektive Anlage wirkungslos. Die Erziehung hat daher die Aufgabe einer „Auswahl und einer bewussten Zuführung der für das Individuum geeigneten B[ildung]sgüter"[419]. Der Mensch also „allein ist der Schöpfer aller Kultur- und Wertgebilde"[420]. Bildung ist daher der Wert, den es zu erstreben gilt. Sie ist das Ziel, das anzustre-

413 AaO., Sp.1109.

414 Ebd. (Hervorh. i. Orig.).

415 AaO., Sp.1110. Vgl. hierzu Christian Albrecht, Bildung in der praktischen Theologie, Tübingen 2003, S.28: „Bildung als subjektive Seinsweise der Kultur wird hier zur Einheit von Wissen und Haltung und damit zum Zentralbegriff einer Pädagogik als hermeneutischer Geisteswissenschaft [...]".

416 Erich Stern, Art. Bildung: I. Pädagogisch, in: RGG[2], 1 (1927), Sp.1108-1113, hier Sp.1110.

417 AaO., Sp.1111.

418 Ebd. (Hervorh. i. Orig.).

419 Ebd.

420 AaO., Sp.1112.

ben ist. Freilich ist der Weg zu diesem Ziel ein gestufter. Von einer grundlegenden Bildung, die in den Kulturfähigkeiten des Lesens und Schreibens besteht, führt der Weg über die Berufsbildung zur Allgemeinbildung. Erst letztere läßt den Einzelnen „Teil gewinnen an dem Reich der Werte" und „vertieft zugleich die Einstellung zur Arbeit und zum Beruf, indem sie diese in höhere Zusammenhänge hineinstellt und ein Bewusstsein der Verantwortung für das Ganze der Kultur erzeugt"[421].

Der zweite Teilartikel von Rudolf Paulus (1881-1960) traktiert das Verhältnis von Bildung und Religion unter einer dreifachen Perspektivierung: „1. Urwerte und Bildungswerte; – 2. Religion und religiöse Bildung; – 3. Religion und Weltbildung"[422]. Auch dieser Teilartikel knüpft einleitend an Dilthey an und zwar an dessen Unterscheidung in Urerlebnisse und Bildungserlebnisse und versteht jegliche Bildung als „Verarbeitung eigener oder fremder Urerlebnisse"[423]. In diesem Bildungsprogramm stecke, so Paulus, der Versuch, Leben und Bildung wieder zu einer Einheit zusammenführen zu können. Doch dieser Versuch leide an der derzeitigen, nachkriegsbedingten und daher in der Gesamttendenz bildungs- und kulturpessimistischen Gesamtsituation.

> „Die Kriegs- und Nachkriegserlebnisse – aber nicht nur sie, sondern schon die Macht- und Wirtschaftskämpfe der ganzen kapitalistischen Periode, haben die Kluft zwischen unmittelbarem Wirklichkeitsleben und der bei uns vielfach wirklichkeitsfremden B[ildung]swelt tief aufgerissen"[424].

Die kulturpraktische Aufgabe, die unmittelbar ansteht, sei eine „neu zu bildende Synthese zwischen Unmittelbarkeits- und B[ildung]swerten"[425]. Da die Religion in Gänze auf das Gebiet der Urerlebnisse gehört, ist sie von dieser zeitbedingten Kultur- und Bildungsmisere in besonderem Maße betroffen, denn Religion ist „ein Eingehen des Ueberweltlichen in den Wandel irdisch-menschlichen Lebens"[426]. Religion ist daher das Zentrum allen Bildungs- und Kulturlebens, Anfang und Ende desselben zugleich. Das Christentum hat seine Wurzeln in der Unmittelbarkeit der Reich-Gottes-Erwartung von Jesus, auch und gerade weil es sich in seinem geschichtlichen Fortgang zu einer denkenden Religion entwickelt hat. Die Frömmigkeit des Protestantismus ist also immer „theologisch gefärbt"[427]. Protestantismus ist Bildungs-

421 Ebd.
422 AaO., Sp.1113.
423 Ebd.
424 AaO., Sp.1114.
425 Ebd.
426 Ebd.
427 AaO., Sp.1115.

religion, auch wenn sich in der Gegenwart diese religiös-christliche Bildungswelt aufgrund gesellschaftlich-sozialer Transformierungsprozesse in der Defensive befindet. Auch die kulturprotestantischen Bemühungen, Teile des gebildeten und religiös interessierten Bürgertums, also die anvisierte Zielgruppe der ersten Auflage, für „eine Reform der Kirche und für positive kirchliche und soziale Arbeit"[428] zu gewinnen, sei nur teilweise gelungen. Daher sei gegenwärtig eine starke Ablehnung bildungsreligiöser Konzepte zu beobachten und ein neues Suchen nach „religiöser Wahrhaftigkeit und Unmittelbarkeit" zu konstatieren. Der Artikel informiert an dieser Stelle ausführlich über die aktuellen theologischen und kirchlichen Erneuerungsbemühungen und verweist unter anderem auf Arthur Bonus, die religiösen Sozialisten sowie Karl Barth, Friedrich Gogarten, aber auch die liturgischen Bewegungen. Der Artikel spiegelt den Selbstanspruch der RGG[2], ein – stärker als die erste Auflage – an Gegenwartsfragen orientiertes Nachschlagewerk zu sein. Paulus selbst sieht eine „Genesung von der heute in religiös erregten Kreisen üblichen Verachtung jedes klaren Gedankens" sowie eine Klärung der Verwirrungen um die Frage des Verhältnisses von Religion und Bildung in einer „Rückkehr zur vollen Einfalt und Wahrhaftigkeit vor Gott"[429]. Diese in der Tendenz kritische Haltung gegenüber einer zu starken Verflechtung von Religion und allgemeiner Bildungskultur setzt sich im dritten Abschnitt, welcher das Verhältnis von Religion und Weltbildung zum Thema hat, fort. Der „positiv-religiöse Radikalismus, der zur gesamten Kultur- und B[ildung]swelt mit Berufung auf Jesus, auf Urchristentums und Reformation sich kritisch stellt"[430], sei weitgehend im Recht, wobei allerdings auf eine zu starke Trennung von Kultur und Religion zu verzichten sei, damit am Ende – so im Anschluß an Schleiermachers Diktum – nicht das Christentum und die Barbarei zusammenzugehen hätten. Nur

> „aus geistgewirktem und persönlich ergriffenem Neuwerden aus Gott heraus kann der Mensch des 20. wie jedes Jhd.s. Echtheit, Einheit und Freiheit seines eigenen Wesens gewinnen, und damit auch zu wirklichem Weltverstehen und Lebensgestalten, zu wahrer Bildung durchdringen nach dem Bilde dessen, der lebensschaffender Geist ist"[431].

Die Verschiebung im Gegensatz zur ersten Auflage ist gerade an dieser Stelle auffällig.

Und damit ist auch der Punkt markiert, an dem die interne Lemmagestaltung bei der dritten Auflage die gravierendste Veränderung durch-

---

428 Ebd.

429 AaO., Sp.1116.

430 AaO., Sp.1117.

431 Ebd.

läuft. Der Artikel Bildung in der dritten Auflage orientiert sich an der Klärung historischer Bedeutungsgehalte des Begriffes sowie der „Bestimmung aus der gegenwärtigen Pädagogik"[432]. Die Frage nach einer Verhältnisbestimmung von Religion und Bildung wird erstmals in der Auflagengeschichte nicht innerhalb des Lemmas selbst verhandelt. An dieser Stelle erfolgt vielmehr ein Verweis auf den Artikel Kultur. II[433]. Flitner grenzt – nachdem er die verlorengegangenen Konturen des Begriffes beklagt hat[434] – den Begriff der Bildung in dreifacher Weise ab. Bildung ist zum ersten nicht als eine planmäßige Bildung der Persönlichkeit zu verstehen, des weiteren weist Flitner den transitiven Wortgebrauch in seiner positivistischen Bedeutung zurück und zum dritten kann recht verstandene Bildung nicht aufgehen in einem noch so enzyklopädischen „‚Konversations'-Wissen"[435]. Bildung sei vielmehr die „seelisch-geistig-sittliche Form des Menschen, seine Art des Verstehens, Wissens, Könnens, Benehmens, der sittlichen und sozialen Verhaltens"[436]. Bildung ist ein Prozeß. Sie beinhaltet die Bereitschaft zur steten Weiterbildung bei gleichzeitigem Bezug auf die Tradition. Bildung ist kritischer Umgang mit Traditionellem und dessen kritische Aneignung. Freilich – „eigentlich religiöse Erfahrung und menschliche Bewährung gehen immer über die Grenzen dessen, was B[ildung] sein und leisten kann, hinaus. Aber sie schafft die Voraussetzungen dafür"[437]. Der Verweisartikel Kultur und Religion konstatiert in Fortführung dieses Gedankens denn auch ein wesensnotwendiges „dialektisches Spannungsverhältnis zwischen K[ultur] und R[eligion]"[438].

Der Wandel der hierarchischen Struktur des Artikels Bildung innerhalb der drei ersten Auflagen der RGG indiziert also in als nahezu paradigmatisch zu nennender Art und Weise den Wandel der dem Lexikon zugrunde gelegten Bildungskonzeption.

---

432 A. Flitner, Art. Bildung, in: RGG^3, 1 (1957), Sp.1277-1281, hier Sp.1277.

433 L. Richter, Art. Kultur, II. Kultur und Religion, in: RGG^3, 4 (1960), Sp.95-99, Sp.95.

434 A. Flitner, Art. Bildung, in: RGG^3, 1 (1957), Sp.1277-1281, hier Sp.1277.

435 AaO., Sp.1280.

436 Ebd.

437 AaO., Sp.1281.

438 L. Richter, Art. Kultur, II. Kultur und Religion, in: RGG^3, 4 (1960), Sp.95-99, Sp.99.

3.2.2. Die „Erweiterung der theologischen Arbeit durch die Methoden der modernen Religionswissenschaft, Historik und Philologie"[439] – die religionsgeschichtliche Hermeneutik

Die Initiatoren des RGG[1]-Projektes gingen am Beginn der Planungen davon aus, daß ein Lexikon, welches die Frage nach der gelebten Religion zur hermeneutischen Leitidee enzyklopädisch präsentierten Wissens erhebe, einem Bedürfnis der Zeit entspreche: „Wir müssen [...] sehen, dass die derzeitige Welle der religiösen Bewegung auch dem Lexicon noch zugute kommt"[440]. Schiele glaubte gar, daß das Nach-

---

439 Schiele, Vorwort des Herausgebers, in: RGG[1], 1 (1909), S.V-IX, darin: Abdruck des Prospektes, S.VIIIf, hier S.VIII.

440 VA 204: Schreiben von Paul Siebeck, Tübingen an Friedrich Michael Schiele, 03.11.1905. Bestätigt fühlten sie sich in dieser Einschätzung des Marktes durch das zeitgleiche Erscheinen von: *Encyclopaedia of Religion and Ethics. Ed. by James Hastings with the Assistance of John A. Selbie and Louis H. Gray. Zwölf Bde. und ein Indexband, Edinburg et al 1908-1926*. Vgl. VA 204: Schreiben von Friedrich Michael Schiele, Marburg an Paul Siebeck, Tübingen, 12.05.1905. Für diese englische Enzyklopädie schriebenb u.a. Troeltsch sowie der bereits erwähnte Georg Grützmacher, aber auch Gustav Krüger sowie Friedrich Loofs. Troeltsch stufte die Absatzchancen eines Religionslexikons im deutschsprachigen Raum eher gering ein. Troeltsch glaube, so der Bericht Schieles, für „ein Religionslexikon im allgemeinen sei die Zeit noch nicht reif genug und fehle die Uebereinstimmung der etwa zu gewinnenden Forscher über die eigene religiöse Position. Mindestens müsse in einem Untertitel und in der Vorrede gesagt werden, dass es sich nicht um Religion überhaupt, handele, sondern wesentlich um *unsere* Religion in religionsgeschichtlicher Beleuchtung". Statt *Die Religion in Vergangenheit und Gegenwart* schlug Troeltsch daher als Titel *Unsere Religion in Vergangenheit und Gegenwart* vor (VA 204: Schreiben von Friedrich Michael Schiele, Marburg an Paul Siebeck, Tübingen, 22.12.1905). Siebeck erwog darauf hin, sowohl Artikel als auch Possesivpronomen wegzulassen und das Nachschlagewerk unter dem Titel *Religion in Geschichte und Gegenwart* anzubieten (vgl. VA 204: Schreiben von Paul Siebeck, Tübingen an Friedrich Michael Schiele, Marburg, 29.12.1905). Seit der ersten Jahreshälfte des Jahres 1908 firmierte das Werk unter dem Titel *Die Religion in Geschichte und Gegenwart*. Dieser Titel war nach Einstellung des gleichnamigen Monatsblattes der RV, von welchem freilich nur ein Jahrgang erschien, zu Beginn des Jahres 1908 freigeworden (vgl. Schlußanzeige in ChW 22 [1908], Sp.119). Die derzeit erscheinende vierte Auflage verzichtet auf den „mißverständlichen Artikel" (Hans Dieter Betz/Don Browning/Bernd Janowski/Eberhard Jüngel, Vorwort zur vierten Auflage, in: RGG[4], 1 [1998], S.Vf., hier S.V). Vgl. zu dieser Veränderung Rez.: Das Alte, Schöne behaltet! Über die Neuauflage des Lexikons „Religion in Geschichte und Gegenwart", von: Robert Leicht, in: Die Zeit Nr.31 (1999), S.42 und Rez.: Kontinuität und Neuorientierung der Theologie. Im Spiegel von RGG-Artikeln, von: Martin Schuck, in: DtPfrbl 101 (2001), S.125-127. Schuck versteht die Artikelauslassung dahingehend, es gehe „nicht mehr *exklusiv*, sondern allenfalls *spezifisch* um die christliche Religion; diese soll aber nach wie vor aus der Perspektvie evangelischer Theologie in den Blick genommen werden" (aaO., S.125; Hervorh. i. Orig.). Deutlicher urteilt Ulrich H.J. Körtner: „Bei der Tilgung des bestimmten Artikels handelt es sich jedenfalls um weit mehr als nur um die beiläufige Korrektur eines ‚mißverständlichen' Titels, wie die Herausgeber der 4. Auflage [...] suggerieren [...]. Mit

schlagewerk „durch die Geltendmachung und wirkliche Durchführung des religionsgeschichtlichen Gesichts epochemachend wirken" könne[441].

Die religionsgeschichtliche Hermeneutik des Lexikons sollte zunächst hinsichtlich der Disposition des enzyklopädischen Stoffes profiliert werden, um sowohl den Abgrenzungswillen anderen Nachschlagewerken gegenüber als auch den eigenen Modernitätsanspruch deutlich werden zu lassen: „Den Stoff neu disponieren! ihn systematisch gliedern! Das ist meine unablässige Forderung [...] gewesen"[442], denn das Lexikon solle „religionsgeschichtlichen Geist atmen [...]. Sofern unsere Mitarbeiter religionsgeschichtliche Gesichtspunkte vermissen lassen, würde es die Aufgabe der Abteilungsredakteure sein, sie ihnen darzustellen, oder eventuell in die gelieferten Artikel darauf Bezügliches einzuarbeiten"[443].

Keinen Fachbereich wollte Schiele von dieser lexikographischen Hermeneutik dispensieren. Besonders im Hinblick auf die von im selbst betreute Abteilung Erziehung läßt sich präzisieren, wie er sich die Umsetzung dieses Anspruches konkret dachte:

> „Da es sich nicht um ein pädagogisches Wörterbuch handelt, auch unsere Absicht nicht ist, in unser religionsgeschichtliches Wörterbuch ein kleines pädagogisches einzuarbeiten, so ist bei jedem Artikel zu bedenken, dass er nicht Selbstzweck ist, dass sein Stichwort nicht dazu verführen darf, das Ganze, was sachlich daruntergehören würde, bis in die Einzelheiten hinein vollständig zur Darstellung zu bringen, sondern dass es sich überall um den besonderen Zweck handelt, die grossen historischen Zusammenhänge, die starken gegenwärtigen Verbindungen, die bleibenden inneren Beziehungen zwischen Erziehung und Religion aufzuzeigen. Sie wissen, dass

---

dem bestimmten Artikel wird vielmehr der letzte verbliebene Rest des ursprünglich kulturprotestantischen Programms dieses Lexikons beseitigt. Keineswegs ‚missverständlich', sondern programmatisch hatte nämlich der Prospekt der 1. Auflage von *der* Religion gesprochen. [...] Sowohl religionswissenschaftlich-deskriptiv als auch religionstheologisch-normativ war der bestimmte Artikel im Titel Programm" (Rez.: „Religion in Geschichte und Gegenwart". Zur vierten, völlig neu bearbeiteten Auflage, von: Ulrich H.J. Körtner, in: ThLZ 126 [2001], Sp.852-860, hier Sp.853).

441 VA 204: Schreiben von Friedrich Michael Schiele, Marburg an Hermann Gunkel, Berlin, 25.09.1905. Ähnlich auch NL Gunkel, Yi 33 I S 73: Schreiben von Friedrich Michael Schiele, Marburg an Hermann Gunkel, Berlin, 02.11.1905: „Ich sehe die spezifische Art unseres Wörterbuches darin, dass die religionsgeschichtliche Betrachtungsweise mit Kühnheit, aber zugleich mit Besonnenheit allenthalben, wo es angängig ist, durchgeführt wird. In dieser Hinsicht kann und muss das Wörterbuch Epoche machen".

442 VA 231: Schreiben von Friedrich Michael Schiele, Tübingen an Hermann Gunkel, Gießen, 27.04.1907.

443 VA 231 [sub Gunkel]: Streng vertrauliches Rundschreiben von Herausgeber und Verleger an die Herren Abteilungsredakteure, Tübingen und Gießen, 10.05.1907. Vgl. hierzu auch Hübinger, Die liberale Paradoxie, S.61.

ich heftig dagegen kämpfe, dass noch immer viele Leute die Schule als Annex der Kirche betrachten. Ich bin also auch weit davon entfernt, in meinem Wörterbuch die Abteilung Erziehung als ein Annex der Religionswissenschaft darstellen zu lassen. Sie ist vielmehr (ebenso wie die 12. Abteilung Socialwissenschaft) aufgenommen, weil der Religionswissenschaftler, der Theologe und auch der kirchliche Praktiker von keinen Nachbargebieten seiner Wissenschaft soviel zu lernen hat, als aus diesen beiden"[444].

Damit wird deutlich, dass Schiele zwischen Methodik und Thema unterschied. Hinsichtlich des Themas war der Bezug auf das Christentum in Geschichte und Gegenwart ausschlaggebend, hinsichtlich der methodischen Verfahrens galt die strikte Umsetzung einer religionsgeschichtlichen Hermeneutik.

„Wir beschränken uns nicht auf ‚Theologie und Kirche', sondern treten hinaus in die Weite der Religionswissenschaft und wollen auch die außerkirchlichen religiösen Strömungen im weitesten Umfange berücksichtigen. Die Religion, nicht die Theologie und ‚die Kirche' ist unser leitendes Interesse"[445].

Notfalls ließ Schiele es auch auf einen Konflikt mit solchen Mitarbeitern ankommen, welche diese – der Präsentation des enzyklopädischen Stoffes vorgegebene lexikographische – Prämisse der religionsgeschichtlichen Hermeneutik nicht umzusetzen bereit waren. Schian beispielsweise versuchte das von ihm betreute Gebiet des Kirchenrechtes von diesem lexikographisch-hermeneutischen Prinzip freizuhalten und führte deshalb eine langwierige Auseinandersetzung mit Schiele[446].

---

444 VA 238: Schreiben von Friedrich Michael Schiele, Tübingen an Cand. theol. Röthig, Dresden, 08.05.1907.

445 VA Diverses RGG[1]: „Vertraulich. Die Religion in Vergangenheit und Gegenwart. Ein wissenschaftliches Nachschlagewerk für Jedermann".

446 Schian hatte schon früh die Frage nach Stellung und Konzeption der Abteilung Kirchenrecht aufgeworfen und geklärt sehen wollen, ob an eine im engeren Sinne praktisch-theologische oder an eine juristische Ausrichtung der Disziplin gedacht sei. Köhler hatte auf eine enzyklopädische Verortung innerhalb praktisch-theologischer Themen bestanden, da diese der religionsgeschichtlichen Fragestellung näher stünden als die allgemein juristische Perspektive und deshalb auch auf eine Bearbeitung des Stoffes durch einen Theologen und nicht durch einen Juristen gedrängt (VA Diverses RGG[1]: Schreiben von Martin Schian, Görlitz an Walther Köhler, Gießen, 25.10.1904 [Abschrift]; mit einem Nachtrag von Walther Köhler an Paul Siebeck). Schian betonte aber ausdrücklich: „Zu den [...] Religionsgeschichtlern gehöre ich nicht – das müssen Sie wissen (VA 238: Schreiben von Martin Schian, Breslau an Friedrich Michael Schiele, Marburg, 28.05.1907) und erwog um dieses Streitpunktes willen gar einen Rückzug von dem Lexikonprojekt (vgl. VA 238: Schreiben von Martin Schian, Breslau an Friedrich Michael Schiele, Tübingen, 02.06.1907 sowie VA 238: Schreiben von Martin Schian, Breslau an Friedrich Michael Schiele, Tübingen, 03.07.1907). Schiele versuchte zunächst, auf rein formaler Ebene zu einem Ausgleich mit Schian zu gelangen, also „dort wo Sie die religionsgeschichtliche Partie des kirchenrechtlichen Artikels nicht schreiben oder schreiben lassen wollen, lassen wir ei-

Die religionsgeschichtliche Hermeneutik des Lexikons sollte auf exegetischem Gebiet den Modernitätsanspruch gegenüber RE³ sichern, und deshalb insistierte Paul Siebeck auf einer Mitarbeit Gunkels in hervorgehobener Stellung. Dieser profilierte das exegetisch-lexikographische Programm des neuen Nachschlagewerkes neben der Abgrenzung zur RE³ auch in Abgrenzung gegenüber einem aufgrund eines extrem langen Planungs- und Erscheinungsverlaufes mißglückten Projektes aus dem Hause Mohr Siebeck selbst: Hermann Guthes *Kurzes Bibelwörterbuch*[447]. Gunkel monierte an diesem Werk – und Paul Siebeck

---

nen Absatz oder auch einen besonderen kleinen Artikel von einem Religionsgeschichtler schreiben. [...] Aber damit das sich ungezwungen so einrichten lässt, ist trotzdem wohl nötig, dass Sie bei Anlage Ihrer kirchenrechtlichen Artikel an die entsprechenden religionsgeschichtlichen Analogien denken" und zeigte sich ansonsten von der Rücktrittsdrohung sichtlich genervt – „sagen Sie nicht immer gleich ‚ich spiele nicht mehr mit'" (VA 238: Schreiben von Friedrich Michael Schiele, Tübingen an Martin Schian, Breslau, 04.06.1907; ebenso VA 238: Schreiben von Friedrich Michael Schiele, Tübingen an Martin Schian, Breslau, 31.05.1907). Im Verlauf der Diskussion verhärteten sich die Fronten, bis Schiele den zu klärenden Sachverhalt ultimativ zuspitzt: „Ist es eine Tatsache, oder ist es keine, dass sich auf kirchenrechtlichem Gebiete (und überhaupt auf dem Gebiete der kirchlichen Institution) viel mehr und viel stärkere religionsgeschichtliche Analogien finden, als auf dogmatischem und ethischem? Ich verlange ja doch nicht, dass Sie sich durch eine Parallele zwischen Mikado und Summepiskopus oder zwischen Oberbonzen und Generalsuperintendenten lächerlich machen. Aber jene Tatsache prinzipiell ignorieren – geht das an?" (VA 238: Schreiben von Friedrich Michael Schiele, Tübingen an Martin Schian, Breslau, 07.06.1907; vgl. VA 238: Schreiben von Friedrich Michael Schiele, Tübingen an Paul Siebeck, z.Z. Kiel, 10.06.1907). Aufgrund der Tatsache, daß jeder Teilartikel mit dem Namen des jeweiligen Bearbeiters unterzeichnet wurde, erklärte sich Schian dann dennoch zur Mitarbeit bereit, da er dadurch innerhalb eines Stichwortes seine kirchenrechtliche Perspektive von der religionsgeschichtlichen Betrachtungsweise zumindest formal zu trennen vermochte (vgl. VA 238: Schreiben von Friedrich Michael Schiele, Tübingen an Martin Schian, Breslau, 06.07.1907). Vgl. auch NL Gunkel, Yi 33 I S 126: Schreiben von Friedrich Michael Schiele, Tübingen an Hermann Gunkel, Gießen, 08.06.1907.

447 Zum problematischen und langwierigen Erscheinungsverlauf dieses von Hermann Guthe (1849-1936) redaktionell verantworteten Werkes, welches Siebeck 1897 von der Laupp'schen Buchhandlung übernommen hatte, vgl. u.a. VA 135: Schreiben von Paul Siebeck, Tübingen an Heinrich Julius Holtzmann, Straßburg, 08.09.1900 und VA 135: Schreiben von Heinrich Julius Holtzmann, Straßburg an Paul Siebeck, Tübingen, 14.09.1900. Siebeck äußerte gegenüber Holtzmann seine Überzeugung, „dass die Chancen für das Wörterbuch immer ungünstiger werden, je länger sein Erscheinen sich hinzieht" (ebd.). Vgl. ferner VA 146: Schreiben von Paul Siebeck, Tübingen an Walther Köhler, Gießen, 27.02.1901. Paul Siebeck hatte in unzähligen Mahnschreiben versucht, das steckengebliebene Projekt vorwärts zu treiben (vgl. z.B. VA 145 Schreiben von Paul Siebeck, Tübingen an Hermann Guthe, Leipzig, 03.08.1901; VA 145: Schreiben von Hermann Guthe, Leipzig an Paul Siebeck, Tübingen, 06.08.1901 und daraufhin VA 145: Schreiben von Paul Siebeck, Tübingen an Hermann Guthe, Leipzig, 08.08.1901). Der Vertrag zwischen der Laupp'schen Buchhandlung und Guthe über die Herausgabe des *Kurze[n] Bibelwörterbuch[s]* war von

stimmte mit ihm weitgehend überein – das Fehlen biblisch-theologischer Artikel, eine uneindeutige Benutzerhermeneutik und die theologische Rückständigkeit einzelner Artikel[448]. Da also „ein gutes Handwörterbuch zur Bibel" nicht vorliege, wolle er in dem neuen Werk „gerne die Redaktion des alttest. Teiles übernehmen"[449]. Auch Paul Siebeck sah die exegetische Rückständigkeit des von ihm verlegten Bibelwörterbuches: „Wie sollte das auch anders sein? hat doch gerade in den Jahren, da die Manuscripte im Redaktionstisch lagen und der Arbeit des Redakteurs harrten, die alttestamentliche Wissenschaft einige recht bedeutende Schritte vorwärts gethan"[450]. Und gerade deshalb sollte die RGG auf exegetischem Gebiet als ein modernes, also religionsgeschichtliches Nachschlagewerk profiliert werden.

Die Dominanz Gunkels in lexikographisch-exegetischen Fragen führte allerdings zu Konflikten. In erster Linie ist hier der permanente Unmut Heitmüllers über Gunkels Stellung innerhalb der personellen und theologischen Konzeption des Werkes zu nennen. Die interne Aufteilung der Redaktion, daß nämlich von Gunkel „die Hauptredaktion über den biblischen Stoff in unserem Wörterbuche ausgeübt und geleitet werden sollte, hatte ihn für seine *Selbständigkeit* als Abteilungsredakteur besorgt gemacht"[451], denn Gunkel fühle „sich auch im N.T. zu sehr als Fachmann. Und so sehe ich voraus, daß hier eine Quelle steten Ärgers u. großer Verdrießlichkeiten liegen wird"[452]. Heitmüller bestritt zwar nicht, daß Gunkel für die Tätigkeit als herausgeberisch verantwortlicher Redakteur „sehr geschickt u. brauchbar" sei, war aber selbst nur unter der Voraussetzung zur Mitarbeit bereit, „daß ich in keiner Weise durch die Teilhaberschaft G.s an der Hauptredakt. inkommodiert werden solle"[453]. Der Verlag und Schiele signalisierten Verständnis für Heitmüllers Anliegen. „Im Grunde hat Heitmüller ganz recht, denn bei Gunkels Neigung, allem seine specifische Eigenart aufzudrücken und seine specifische Anschauungen durchzusetzen, könnte es

Guthe bereits am 15.12.1887 unterzeichnet worden (VA Separate Mappe „Bibelwörterbuch").

448 VA 168: Schreiben von Hermann Gunkel, Berlin an Paul Siebeck, Tübingen, 28.03.1903.

449 NL Rade, MS 839: Schreiben von Hermann Gunkel, Berlin an Martin Rade, Marburg, 10.06.1904.

450 VA 168: Schreiben von Paul Siebeck, Tübingen an Hermann Gunkel, Berlin, 31.03.1903.

451 VA 204: Schreiben von Friedrich Michael Schiele, Marburg an Hermann Gunkel, Berlin, 03.07.1905 (Abschrift, Hervorh. R.C.).

452 VA 264: Schreiben von Wilhelm Heitmüller, Marburg an Friedrich Michael Schiele, Tübingen, 25.03.1909.

453 Ebd.

selbst einem ihm so nahe stehenden Theologen wie Heitmüller gegenüber zu Kompetenzkonflikten kommen"[454]. Gunkel habe, so Schiele,

> „den starken Ehrgeiz, Schule zu machen, und zwar sieht er es dabei nicht sowohl darauf ab, dass seine Person in den Vordergrund geschoben wird, sondern darauf, dass die von ihm vertretene Sache sich durchsetzt. Es liegt ihm nicht am Schein der Macht, sondern an der Macht selber. So wird er sich also auch nicht die Gelegenheit entgehen lassen, im Stillen einen nachhaltigen Einfluss auf die wichtigen Artikel unseres Wörterbuches auszuüben"[455].

Auch gegenüber Gunkel selbst warb der Verlag um Verständnis für Heitmüller, denn jener hatte nicht nur die Sorge um die Selbständigkeit seiner Redaktion geäußert, sondern befürchtete auch, daß das Lexikon auf exegetischem Gebiet von einer zu einseitigen Hermeneutik bestimmt werde:

> „Was Ihre prinzipielle Auseinandersetzung mit Heitmüller anlangt, so hat Heitmüller natürlich ganz recht, vor allzu grosem religionsgeschichtlichen Eifer zu warnen. Aber ob es nicht zweckmässiger ist, zunächst erst einmal den Eifer wachzurufen, ehe man ihn übermässig dämpft? Das, wovor wir uns hüten müssen, ist nicht die Herbeiziehung des religionsgeschichtlichen Materials an sich, sondern ein Dilettantismus, der zwischen Wichtigem und Unwichtigem bei dieser Herbeiziehung nicht zu unterscheiden weiss"[456].

Die Kompetenzabgrenzung zwischen Heitmüller und Gunkel blieb problematisch und wurde dadurch nicht einfacher, daß Gunkel in Einzelfällen seine Kompetenzen dadurch überschritt, daß er Mitarbeiter für Artikel aus dem Zuständigkeitsbereich Heitmüllers warb[457].

---

454 VA 204: Schreiben von Friedrich Michael Schiele, Marburg an Paul Siebeck, Tübigen, 18.05.1905. Auf der Goslarer Konferenz im Juni 1905 war die Kompetenzabgrenzung zwischen Heitmüller und Gunkel ebenfalls erörtert worden. Auch dort hatte Schiele gegenüber Siebeck Verständnis für Heitmüller geäußert (vgl. VA 204: Schreiben von Friedrich Michael Schiele, Marburg an Paul Siebeck, Tübingen, 19.06.1905). Auch Siebeck hatte geahnt, daß eine hervorgehobene Stellung Gunkels zu Konflikten führen könnte aufgrund Gunkels Neigung „allein Herr sein" zu wollen (VA 188: Schreiben von Paul Siebeck, Tübingen an Martin Rade, Marburg, 11.10.1904).

455 VA 222: Schreiben von Friedrich Michael Schiele, Marburg an Paul Siebeck, Tübingen, 12.01.1906.

456 NL Gunkel, Yi 33 I S 72: Schreiben von Friedrich Michael Schiele, Marburg an Hermann Gunkel, Berlin, 14.10.1905.

457 So fühlte sich Heitmüller besonders brüskiert, als Gunkel Rudolf Bultmann, seinerzeit Repetent in Marburg, für einen neutestamentlichen Artikel ‚Dichtung im N.T.' anwarb – Gunkel mache „einen jungen Mann auf eine vermeintliche Lücke meiner Arbeit aufmerksam; weiter: bindet [...] mir die Hände, indem er einfach einen Mitarbeiter wirbt, und bringt mich damit in eine event. fatale Lage" (VA 264: Schreiben von Wilhelm Heitmüller, Marburg an Friedrich Michael Schiele, Tübingen, 12.02.1909). Vgl. NL Gunkel, Yi 33 I B 350: Schreiben von Rudolf Bultmann, Marburg

Gunkel bestand neben der Verantwortung für den exegetischen Bereich zusätzlich darauf, auch „in solchen Dingen, die für die Grundgedanken und die Gesamthaltung des ganzen Werkes entscheidend sind"[458], gemeinsam mit Schiele aktiv in den Planungsprozeß einbezogen und konsultiert zu werden. Darüber hinaus nahm er sich auch das Recht heraus, Artikel, die ihm gegen die theologische Konzeption des Lexikons zu sprechen schienen, inhaltlich zu redigieren[459].

Rückblickend war er freilich mit dem Resultat seiner Bemühungen um die Formierung eines religionsgeschichtlichen Lexikonprofils nicht zufrieden: „Besonders aber fällt mir auf, daß das Religionsgeschichtliche im Lexikon *sehr stark* zurücktritt. Darin zeigt sich eben, daß wir keinen eigtl. Sachkundigen für Relgesch. unter uns haben"[460]. Ganz anders sah dagegen die Einschätzung Baumgartens aus, der befand, daß das Lexikon „einer Pyramide gleiche mit der breiten alttestamentlichen Basis und der dünnen Spitze gegenwärtiger Praxis"[461].

---

an Hermann Gunkel, Gießen, 18.01.1909 und NL Gunkel, Yi 33 I B 351: Schreiben von Rudolf Bultmann, Marburg an Hermann Gunkel, Gießen, 30.01.1909.

458 VA 204: Schreiben von Hermann Gunkel, Berlin an Friedrich Michael Schiele, Marburg, vermutlich 11.07.1905 (Abschrift). Ähnlich VA 231: Schreiben von Hermann Gunkel, Gießen an Friedrich Michael Schiele, Tübingen, 25.04.1907; VA 246: Schreiben von Hermann Gunkel, Gießen an die Herrn Verleger und die Herren Hauptredakteure des „Lexikons", 14.10.1908: „Ich habe bisher laut mündlicher Verabredung neben meiner at. Abt. auch die Hauptredaktion des N.T. und der Religionsgeschichte besorgt, ferner sämt. Artikel soweit angesehen, dass ich mich über ihre allgemeine Haltung orientierte und ev. Besserungsvorschläge machte; bei der grossen Verantwortung, die das Lexikon tragen wird, und da mein Name auf dem Titelblatt steht, habe ich das für meine Pflicht gehalten".

459 Vgl. z.B. VA 246: Schreiben von Hermann Gunkel, Gießen an Friedrich Michael Schiele, Tübingen, 31.10.1908 (betrifft: Benzinger, Art. Astarte, in: RGG[1], 1 [1909], Sp.742f.; Gunkel hatte an dem Artikelmanuskript Benzingers inhaltliche Kürzungen vorgenommen).

460 VA 263: Schreiben von Hermann Gunkel, Gießen an Paul Siebeck, Tübingen, 11.06.1909. Gunkel spielt hier auf den bereits erwähnten Streitpunkt um die Einrichtung einer selbstständigen Abteilung Religionsgeschichte an. Vgl. hierzu den folgenden Exkurs.

461 NL Gunkel, Yi 33 I B 111: Schreiben von Otto Baumgarten, Kiel an Hermann Gunkel, Gießen, 17.01.1912.

Exkurs
Der Artikel „Religionsgeschichte und Religionsgeschichtliche Schule" als Indikator theologiepolitischer Profiländerungen in RGG$^{1-3}$

Die erste Auflage von RGG war konzeptionell auf exegetischem Gebiet der religionsgeschichtlichen Methode verpflichtet. Diese programmatische Entscheidung gehörte von Beginn an zu den hermeneutischen Leitideen, welche die Personalplanungen und die Gestaltung sowohl des systematischen Fächeraufrisses als auch des Stichwortbestands bestimmten. Unentschieden war man jedoch hinsichtlich der Frage, ob diese religionsgeschichtliche Perspektive ausschließlich als hermeneutische Leitidee des Lexikons fungieren solle, oder ob ihr nicht – so seinerzeit die Anregung Schieles – der Status einer eigenständigen Abteilung zustünde[462]. Zunächst war kurzfristig Rade als Abteilungsredakteur für eine selbständige Abteilung Allgemeine Religionsgeschichte im Gespräch gewesen[463]. Allerdings konnte auf der Goslarer Redaktionstagung im Juni 1905 hinsichtlich dieser Frage keine Einigung erzielt werden. Schieles Votum stieß auf Widerstand seitens der Abteilungsredakteure[464] und daher sollte der entsprechende Stoff „auf die einzelnen Abteilungsredaktionen verteilt werden"[465]. Dies sollte un-

462 Zu dieser Anregung Schieles vgl. NL Gunkel, Yi 33 I S 100: Schreiben von Friedrich Michael Schiele, Tübingen an Hermann Gunkel, Berlin, 02.07.1906: „Eine Frage über die Abteilung: RELIGIONSGESCHICHTE in unserm Wörterbuch. Ich hatte die Sache mir so gedacht, dass wir zwei grosse Gruppen von Artikeln unterscheiden: 1.) Artikel der PHAENOMENOLOGIE DER RELIGION, [...] 2.) Darstellung der wichtigsten Religionen". In diesem Kontext entwickelte Schiele auch die Idee, neben einzelnen religionsphänomenologischen Stichworten auch „eine generelle Zusammenfassung aller dieser verstreuten Einzelheiten in einen grossen Artikel" anzuvisieren (ebd.). Als mögliche Autoren für diesen Artikel schlug er, nach der Absage von Pierre Daniel Chantepie de la Saussaye (1848-1920) und auf dessen Anregung hin, Nathan Söderblom (1866-1931) und Edvard Lehmann (1862-1930) vor (ebd.). Letzterer verfaßte schließlich den einschlägigen Artikel: Edvard Lehmann, Art. Erscheinungswelt der Religion, in: RGG^{1}, 2 (1910), Sp.498-537.

463 Vgl. VA 204: Schreiben von Friedrich Michael Schiele, Marburg an Paul Siebeck, Tübingen, 13.05.1905. Die Abteilungsredaktion für Außerchristliche Religionsgeschichte hätte man gerne an Hackmann vergeben, freilich war es „unmöglich [,] von Hackmann die Zusage dafür zu erlangen" (NL Gunkel, Yi 33 I S 64: Schreiben von Friedrich Michael Schiele, Marburg an Hermann Gunkel, Berlin, 21.06.1905).

464 Vgl. VA 204: Schreiben von Friedrich Michael Schiele, Marburg an Paul Siebeck, Tübingen, 04.09.1905.

465 NL Gunkel, Yi 33 I S 73: Schreiben von Friedrich Michael Schiele, Marburg an Hermann Gunkel, Berlin, 02.11.1905. Albrecht, S.84 interpretiert diesen Sachverhalt, nämlich dass man es unterließ, die Kulturabteilung den übrigen Abteilungen gleichzustellen, als deutlichen Hinweis auf die Tatsache, daß die „Frage nach der Kulturbedeutung des Christentums [...] nicht mehr eine Fragestellung neben anderen, vermeintlich genuinen theologischen Fragestellungen [ist], sondern sie ist die

ter zwei Gesichtspunkten geschehen: Zum ersten solle „das wissenschaftliche Verfahren der Religionsgeschichte als unser methodisches Prinzip die gesamte Arbeit an unserm Wörterbuch beherrschen und durchdringen" und zum zweiten dürfe

> „von den Tatsachen der Religionsgeschichte – ausser der Schilderung der Hauptreligionen nach den Grundzügen ihres Wesens und ihrer Geschichte – nur dasjenige Material Behandlung in besonderen Artikeln finden, das für das Christentum in Vergangenheit und Gegenwart unmittelbare Bedeutung besitzt"[466].

Um im Fortgang der Arbeiten das religionsgeschichtliche Profil auch ohne eine eigenständige Redaktion zu stärken, bat man auf Anregung Schieles 1908 Alfred Bertholet um dessen Mitarbeit in alttestamentlich-religionswissenschaftlichen Fragen[467]. Im Jahre 1910 wurde Hugo Greßmann (1877-1927) zum Zwecke einer „eingehendere[n] Berücksichtigung der allgemeinen *Religionsgeschichte*" in die Redaktionsarbeit integriert und bekam eine Unterabteilung Phänomenologie der Religion zur redaktionellen Verantwortung[468].

---

angemessene Fragestellung *in* den theologischen Fragestellungen" (Hervorh. i. Orig.). Vielmehr werden eben die Hauptartikel wie der in diesem Exkurs exemplarisch besprochene „konsequent als Rekonstruktion des Kulturverhältnisses ihrer sujets entfaltet" (ebd.).

466 NL Gunkel, Yi 33 I S 73: Schreiben von Friedrich Michael Schiele, Marburg an Hermann Gunkel, Berlin, 02.11.1905.

467 NL Gunkel, Yi 33 I B 248: Schreiben von Alfred Bertholet, Arlesheim bei Basel an Hermann Gunkel, Gießen, 23.07.1908: „Besten Dank für Ihre freundliche Aufforderung zur Mitarbeit an Ihrer Enzyklopädie. Ich nehme ein lebhaftes Interesse am Gelingen Ihres Werkes und bin gerne bereit zu seinem Zustandekommen mein bescheiden Teil beizutragen". Bertholet brachte in einem Gespräch mit Oskar Siebeck die Idee eines im Stichwortbestand ausschließlich religionsgeschichtlichen Wörterbuches auf, mußte aber selbst eingestehen, daß der wissenschaftliche Forschungsstand für ein derartiges Lexikon noch nicht weit genug vorangeschritten sei und es deshalb sinnvoller sei, ein Nachschlagewerk in der Konzeption der RGG[1] auf den Markt zu bringen, in welchem „das Unfertige der religionsgeschichtlichen Wissenschaft durch die grössere Abgeschlossenheit der Christentumswissenschaft kompensiert wird" (VA 231: Schreiben von Friedrich Michael Schiele, Tübingen an Hermann Gunkel, Gießen, 29.04.1907). Bertholet verlor seinen Plan jedoch nicht aus den Augen und so erschien nach langen Unterbrechungen – erste Planungen gehen laut Vorwort in die dreißiger Jahre zurück – im Jahr 1952 folgendes Werk: *Wörterbuch der Religionen. In Verbindung mit Hans Freiherr von Campenhausen verfaßt von Alfred Bertholet (Kröner Taschenausgabe Bd.125)*, Stuttgart 1952. Redaktionell wurde dieses Werk von Rühle betreut.

468 Leopold Zscharnack, Vorwort des Herausgebers, in: RGG[1], 3 (1912), S.V. Greßmann meldete an Gunkel: „Zsch. und ich sind handelseinig, und ich bin Abteilungschef". Er hoffe „nicht nur für die erste, sondern auch & erst recht für die Zweite Auflage auf Ihre tatkräftige Unterstützung und Ihren freundlichen Rat" (NL Gunkel, Yi 33 I G 117: Schreiben von Hugo Greßmann, Berlin an Hermann Gunkel, Gießen, 07.10.1910). Vgl. auch NL Gunkel, Yi 33 II B 149: Schreiben von Oskar Siebeck,

Den einschlägigen und programmatischen Artikel Religionsgeschichte und Religionsgeschichtliche Schule verfaßte Martin Rade[469]. Rade war von den Anfängen der Religionsgeschichtlichen Schule an um eine Vermittlung zwischen derselben und der älteren, von Albrecht Ritschl geprägten Theologengeneration bemüht[470]. Ursprünglich war für diesen Artikel ein Umfang von neun Spalten vorgesehen. Da Rade sich aber bereit erklärte, bei dem Artikel Ritschl'sche Schule[471] zu kürzen, wurde das Manuskript, welches einen Umfang von 17 Spalten und 64 Zeilen hatte, nicht im erforderlichen Umfang gekürzt. Aufgrund dieser deutlichen Überlänge ging das Manuskript zur Begutachtung an Gunkel[472] und an Zscharnack[473]. Im Nachlaß Gunkels hat sich dieses von Gunkel und Zscharnack redigierte Manuskript Rades erhalten[474]. Zu den in programmatischer Hinsicht aufschlußreichen redaktionellen

---

Tübingen an Hermann Gunkel, Gießen, 08.10.1910. Zunächst hatte man erneut versucht, Wilhelm Bousset zur Mitarbeit zu bewegen. Erst nach dessen Absage war man an Greßmann herangetreten (vgl. NL Gunkel, Yi 33 II B 146: Schreiben von Oskar Siebeck, Tübingen an Hermann Gunkel, Gießen, 23.09.1910). Zu den Auseinandersetzungen zwischen Greßmann und Gunkel bei der Konzeption der Neuauflage vgl. unten Kap.III.1.2.2.

469 Rade, Art. Religionsgeschichte und Religionsgeschichtliche Schule, in: RGG¹, 4 (1913), Sp.2183-2200.

470 Vgl. hierzu Ruddies, Liberales Kulturluthertum, S.406 sowie Einleitung, in: Ernst Troeltsch, Die Absolutheit des Christentums und die Religionsgeschichte (1902/1912) mit den Thesen von 1901 und den handschriftlichen Zusätzen. Hg. v. Trutz Rendtorff in Zusammenarbeit mit Stefan Pautler (KGA 5), Berlin et al 1998, S.1-50, hier v.a. S.4ff. Zum Zeitpunkt des Erscheinens der ersten Auflage der RGG hielt Rade das Konfliktpotential zwischen den ‚älteren' Freunden der ChW und den ‚jüngeren Vertretern der Religionsgeschichtlichen Schule für ausgereizt. Vgl. Rade, Art. Christliche Welt und Freunde der Christlichen Welt, in: RGG¹, 1 (1909), Sp. 1703-1708, hier Sp. 1705f.: „Die innere Krisis, die das Aufkommen der sog. Religionsgeschichtlichen Schule und einer plötzlich anbrechenden Periode des Popularisierens auch der theologischen Wissenschaft mit sich brachten, kann für den Kreis der Freunde als völlig überwunden bezeichnet werden". Die generationenspezifische Etikettierung ist Teil der Selbstidentifikation. Vgl. auch An die Freunde, darin: Schwöbel, Einleitung, S.V-XXXIV, hier S.VII sowie zu Rades theologischen Programm insgesamt Christoph Schwöbel, Martin Rade. Das Verhältnis von Geschichte, Religion und Moral als Grundproblem seiner Theologie, Gütersloh 1980. – Zu dem hier skizzierten ‚Generationenkonflikt', der innerhalb der Lexikonplanungen v.a. mit dem Namen von Köhler verbunden ist, siehe unten Abschnitt 3.2.3.

471 Jetzt: Rade, Art. Ritschlianer, in: RGG¹, 4 (1913), Sp.2334-2338.

472 NL Gunkel, Yi 33 II B 208: Schreiben von Oskar Siebeck, Tübingen an Hermann Gunkel, Gießen, 09.05.1912 und NL Gunkel, Yi 33 II B 209: Schreiben von Oskar Siebeck, Tübingen an Hermann Gunkel, Gießen, 14.05.1912.

473 NL Gunkel, Yi 33 I Z 82: Schreiben von Leopold Zscharnack, Berlin an Hermann Gunkel, Gießen, 31.05.1912.

474 NL Gunkel, Yi 33 IX 9: Manuskript Rade, Religionsgeschichte und Religionsgeschichtliche Schule, Bl.1-39 (zitiert wird, sofern nicht ausdrücklich erwähnt, der unredigierte Manuskripttext).

Eingriffen in Rades Manuskript gehört die Herausnahme des folgenden Abschnittes, in welchem Rade die Grenzen der religionsgeschichtlichen Forschung problematisiert, welche dieser durch ihren Gegenstand selbst gegeben sind:

> „Aber die Schwierigkeiten (z.B. Absolutheit des Christentums) liegen an der Grenze des eigentlichen Gebietes der RG, an der Grenze ihres historischen Auftrages. Grenzfragen sind immer die schwierigsten; sie sind ihrer Natur nach niemals einseitig zu beantworten, nicht einmal nur von der Wissenschaft. Denn es gibt eben ausser der Wissenschaft andres, das lebt und mitspricht und entscheidet. So lebendige Religion, die doch eben noch etwas andres ist als – Gegenstand der Wissenschaft, und wäre es der R. Diese Grenz- und Lebensfragen haften sich der R. legitimer Weise an, sobald sie den Boden der Theologie betritt"[475].

Darüber hinaus wurde eine Passage gestrichen, in welcher das Religionsverständnis Paul de Lagardes (1827-1891) ausführlich dargestellt wurde[476]. Diese Streichung, deren Urheber nicht auszumachen ist, zielt möglicherweise darauf, den Artikel Rades mit dem Urteil Greßmanns über Lagarde konform zu machen. Greßmann hatte in dem entsprechenden Artikel die Vermutung geäußert, daß die Religionsgeschichtliche Schule Lagarde „im einzelnen nicht so viel [verdanke], wie oft angenommen wird"[477]. Ebenso entfiel eine ursprünglich ausführlich konzipierte Darstellung des Ansatzes von Friedrich Max Müller (1823-1900), dem Begründer der Vergleichenden Religionswissenschaft auf der Grundlage der vergleichenden Sprachforschung. Zum einen existiert zu Müller ein ausführlicher biographischer Artikel[478], zum anderen kommt Rade in seiner (im Druck entfallenen) Darstellung zu dem negativen Ergebnis, schon im Jahre 1900, als Müller starb, habe „sich sein System bereits überlebt," gehabt[479].

Rade geht in seinem Artikel grundsätzlich davon aus, daß die religionsgeschichtliche Fragestellung in die Theologie zu integrieren sei, denn „[f]ür die Bedürfnisfrage genügt als Zeuge die Tatsache dieses

---

475 AaO., Bl.3.

476 „Die Philologie war ihm das Hilfs- und Heilmittel für die Theologie (These von 1851: nemo theologus nisi philosophus, [sic!]); durch Beobachtung aller Religionen hat der Theologe die Gesetze aufzuweisen, nach denen die Religion sich darlebt. Religion ist überall, wo übermenschliche Mächte auf den Menschen einwirken, ihn zu Gedanken und Handlungen veranlassen, die er ohne diese Einwirkung nicht gedacht und nicht getan hätte. Indem Theologie diese Religion überall aufsucht und belauscht, ist sie überall zu Hause, findet überall Gott" (aaO., Bl.15f.).

477 Greßmann, Art. de Lagarde, Paul Anton, in: RGG[1], 3 (1912), Sp.1919-1922, hier Sp.1921.

478 Israel, Art. Müller, 18. Max, in: RGG[1], 4 (1913), Sp.552-554.

479 NL Gunkel, Yi 33 IX 9: Manuskript Rade, Religionsgeschichte und Religionsgeschichtliche Schule, Bl.1-39, hier Bl.27.

Lexikons"[480]. Neben der Monographienreihe FRLANT, der Zeitschrift ThR und den *Religionsgeschichtlichen Volksbüchern*[481] zählt er das Lexikon selbst zu den medialen Großprojekten der Religionsgeschichtlichen Schule[482]. Bekanntlich hatte sich Harnack am 03.08.1901 in einer Rektoratsrede anläßlich einer Gedächtnisfeier für Friedrich Wilhelm III. (1770-1840) polemisch gegen die Errichtung religionswissenschaftlicher Lehrstühle innerhalb der theologischen Fakultät gewandt[483]. Daß diese Position nicht von allen Vertretern des Programms einer liberalen Theologie geteilt wurde, zeigt die Replik Rades an Harnack in dem hier besprochenen Artikel[484]. Rade war von der Notwendigkeit der institutionellen Integration religionsgeschichtlicher Fragestellungen in den

480 Rade, Art. Religionsgeschichte und Religionsgeschichtliche Schule, in: RGG^1, 4 (1913), Sp.2183-2200, hier Sp.2186.

481 Vgl. oben Kap.II.2.2.

482 Rade, Art. Religionsgeschichte und Religionsgeschichtliche Schule, in: RGG^1, 4 (1913), Sp.2183-2200, hier Sp.2189.

483 Wiederabgedruckt als: Adolf Harnack, Die Aufgabe der theologischen Fakultäten und die allgemeine Religionsgeschichte, nebst einem Nachwort (1901), jetzt in: Adolf von Harnack als Zeitgenosse. Reden und Schriften aus den Jahren des Kaiserreichs und der Weimarer Republik. Teil 1. Der Theologe und Historiker. Hg. u. eingeleitet v. Kurt Nowak. Mit einem bibliographischen Anhang von Hanns-Christoph Picker, Berlin et al 1996, S.797-824.

484 Rade, Art. Religionsgeschichte und Religionsgeschichtliche Schule, in: RGG^1, 4 (1913), Sp.2183-2200, hier Sp.2185f. und auch ders., Religionsgeschichte, in: ChW 15 (1901), S.920-922. Harnacks Rede ist in RGG^1 fälschlich auf 1907 datiert. Vermutlich handelt es sich hierbei schlicht um einen Druckfehler. Im Originalmanuskript Rades heißt es: „Und ob ‚allgemeine' R. in der theologischen Fakultät gelesen werden müsse oder nur in der philosophischen, darüber mag man entscheiden wie man will" (NL Gunkel, Yi 33 IX 9: Manuskript Rade, Religionsgeschichte und Religionsgeschichtliche Schule, Bl.1-39, hier Bl.35f.). Dieser Satz wurde gestrichen. Der Urheber der Streichung ist nicht auszumachen. Der Kürzungsgrund könnte darin liegen, daß es galt, den Artikel Rades eindeutig gegen Harnacks Position zu profilieren und die Position Rades nicht in der Schwebe zu lassen. – Troeltsch benütze das Vorwort zur Veröffentlichung seiner Absolutheitsschrift, um seine Haltung in dieser universitäts- und wissenschaftspolitischen Streitfrage darzulegen: „Seiner Hauptthese stimme ich vollkommen zu. Daß ich im einzelnen die Sache etwas anders auffasse und begründe, zeigt die folgende Untersuchung". Die Unterschiede liegen im Begründungsverfahren. Troeltsch sieht die Theologie zu einem weiteren Eingehen auf die Religionsgeschichte genötigt als Harnack (vgl. Ernst Troeltsch, Die Absolutheit des Christentums und die Religionsgeschichte, S.90; vgl. auch S.33ff. der Einleitung). Zum Sachverhalt s. auch Hans Rollmann, Theologie und Religionsgeschichte. Zeitgenössische Stimmen zur Diskussion um die religionsgeschichtliche Methode und die Einführung religionsgeschichtlicher Lehrstühle in den theologischen Fakultäten um die Jahrhundertwende, in: ZThK 80 (1983), S.69-84 und Carsten Colpe, Bemerkungen zu Adolf von Harnacks Einschätzung der Disziplin ‚Allgemeine Religionsgeschichte', in: ders., Theologie, Ideologie, Religionswissenschaft. Demonstrationen ihrer Unterscheidung, München 1980, S.18-39.

theologischen Ausbildungsbereich fest überzeugt, auch wenn er deren Grenzen deutlich sah:

> „Indem wir – bei Theologen wie bei Profangelehrten – die RG schlicht als historische Disziplin verstehen, unterstreichen wir noch einmal, dass ihre Methode an beiden Orten grundlegend dieselbe sein muss: die kritisch-vergleichende. Dabei hat sich zur Genüge herausgestellt, dass sie sich hüten muss vor zu frühen Verallgemeinerungen und Fixierungen"[485].

Rades Artikel ist im Duktus eines Zeitzeugenberichtes verfaßt. Dies wird besonders bei einem Blick auf die Fortschreibung dieses Artikels in den folgenden Auflagen des Lexikons einsichtig. In RGG[2] wird das von Rade behandelte Stichwort in zwei selbständige Lemmata aufgeteilt – Zeichen sowohl fortschreitender wissenschaftstheoretischer Spezialisierung als auch der Selbstdistanzierung des Lexikons von der religionsgeschichtlichen Methode als einem lexikographischen Grundsatz[486]. Gehört nach Rade die Religionsgeschichte „als besondere Dis-

---

485 NL Gunkel, Yi 33 IX 9: Manuskript Rade, Religionsgeschichte und Religionsgeschichtliche Schule, Bl.1-39, hier Bl.33. Dieser Passus von Rade wurde nicht gedruckt. Die stattdessen veröffentlichte Textpassage geht auf einen Vorschlag Zscharnacks zurück: „Indem wir auf die von Theologen und Profangelehrten bisher geleistete Arbeit zurückblicken, werden wir uns noch einmal der Größe und Schwierigkeiten der rg.lichen Arbeit bewußt, zugleich mancher *Schäden und Irrungen,* die sich in der Praxis ergeben haben, und der mit der kritisch-vergleichenden R.swissenschaft verbundenen Gefahren. Man wird sich vor allem hüten müssen vor zu frühen Verallgemeinerungen und Fixierungen [...]" (Rade, Art. Religionsgeschichte und Religionsgeschichtliche Schule, in: RGG[1], 4 [1913], Sp.2183-2200, hier Sp.2198; handschriftliche Marginalie von Zscharnack in NL Gunkel, Yi 33 IX 9: Manuskript Rade, Religionsgeschichte und Religionsgeschichtliche Schule, Bl.1-39, hier Bl.32). Zscharnacks Formulierungen heben stärker auf die problematische Seite religionsgeschichtlicher Forschung ab. Rade dagegen betont den explizit historischen Charakter der Disziplin, denn solle „sie das Ihre leisten, muss sie sich doch die methodische Freiheit wahren und bescheiden ihres kritisch-historischen Berufs eingedenk bleiben" (ebenfalls entfallener Text des Radeschen Manuskriptes aaO., Bl.35).

486 Van der Leeuw, Art. Religionsgeschichte, in: RGG[2], 4 (1930), Sp.1892-1898 und Eißfeldt, Art. Religionsgeschichtliche Schule, in: RGG[2], 4 (1930), Sp.1898-1905. Gunkel hatte es abgelehnt, für die zweite Auflage den Artikel Religionsgeschichtliche Schule zu verfassen, was seitens des Verlages sehr bedauert wurde: „Ihren Einwand, dass Sie gerade deshalb, weil Sie selbst im Mittelpunkt dieser Bewegung stehen, den Artikel nicht schreiben können, verstehe ich wohl. Er scheint mir aber doch nicht so durchschlagend, dass ich die Abfassung des Artikels durch Sie für ausgeschlossen halten würde. Wie wir an anderen Stellen der ‚RGG' einzelnen theologischen Bewegungen die Möglichkeit der Selbstdarstellung gegeben haben (Dialektische Theologie!), könnte ich mir in der Tat ganz gut denken, dass Sie in dem vorliegenden Fall eine Schilderung der ‚Religionsgeschichtlichen Schule' gewissermassen von Innen her geben könnten" (NL Gunkel, Yi 33 II B 476: Schreiben von Oskar Rühle, Tübingen an Hermann Gunkel, z.Z. Tegernsee, 12.08.1930). Gunkel schrieb nicht, redigierte aber das Manuskript des Artikels von Eißfeldt (vgl. NL Gunkel, Yi 33 II B 483: Schreiben von Oskar Rühle, Tübingen an Hermann Gunkel, Halle, 07.11.1930).

ziplin in die Theologie"[487], ist also Theologie unter religionsgeschichtlichen Erkenntnisprämissen zu betreiben, so stellt Gerardus van der Leeuw (1890-1950) in RGG² Theologie und Religionsgeschichte als methodisch voneinander unabhängige Disziplinen vor. Widmet sich die Theologie dem Religionsthema unter dem Gesichtspunkt der Offenbarung, „deren es naturgemäß nur eine geben kann"[488], flankiert von der Kirche als normativer Instanz, so untersucht die Religionsgeschichte, ausgehend „von einem allgemeinen Begriffe"[489] der Religion, die religiösen Phänomene ausschließlich unter dem Kriterium der „historische[n] Mannigfaltigkeit"[490]. Diese streng historische Perspektive unterscheidet die Religionsgeschichte dann auch von den systematischen Disziplinen Religionswissenschaft, -phänomenologie, -philosophie und -psychologie. Bei Rade dagegen war die historische Perspektive integrativer Bestandteil theologischer Methodik.

Rades Artikel hat eine apologetische Intention. Die Unmittelbarkeit der Zeitgenossenschaft zum beschriebenen Phänomen wird erkennbar. Der Artikel spiegelt den Orientierungsanspruch gegenüber zeitgenössischen religiösen Phänomenen wider, welcher zum hermeneutischen Selbstverständnis des Lexikons gehört. Der entsprechende Artikel von Otto Eißfeldt (1887-1973) dagegen informiert aus der Distanz der nachfolgenden Generation: „Ueberblickt man die Reihe der in der R. Sch. [...] mit Vorliebe erörterten Fragen, so erkennt man, daß es sich besonders um solche Erscheinungen und Vorstellungen handelt, die uns Heutige fremd anmuten"[491]. Zwar zählt auch Eißfeldt die erste Auflage von RGG zu den Hauptwerken religionsgeschichtlicher Publizistik, muß aber als Kontext der zweite Auflage eine veränderte Diskussionslage konstatieren, denn in der Dialektischen Theologie sei der Religionsgeschichtlichen Schule

> „eine entschlossene Gegnerschaft erwachsen und diese droht auch der von der R. Sch. vertretenen geschichtlichen Forschung gefährlich zu werden, indem sie sie entweder als nebensächlich und untheologisch beiseite schiebt oder durch ihre dogmatisch gebundene Betrachtungsweise ersetzt"[492].

---

487 Rade, Art. Religionsgeschichte und Religionsgeschichtliche Schule, in: RGG¹, 4 (1913), Sp.2183-2200, hier Sp.2184.

488 Van der Leeuw, Art. Religionsgeschichte, in: RGG², 4 (1930), Sp.1892-1898, hier Sp.1892.

489 Ebd.

490 AaO., Sp.1893.

491 Eißfeldt, Art. Religionsgeschichtliche Schule, in: RGG², 4 (1930), Sp.1898-1905, hier Sp.1903.

492 AaO., Sp.1904.

Die für die zweite Auflage verfaßten Artikel spiegeln also die dieser Auflage programmatisch vorgegebene Abwendung von der Lexikonhermeneutik der ersten Auflage[493].

Freilich würdigte Eißfeldt ebenso den bleibenden Wert dieser Forschungsrichtung wie auch die einschlägigen Artikel der dritten Auflage[494]. Der Artikel von Johannes Hempel (1891-1964) problematisiert dabei die Kritik Karl Barths am Religionsbegriff der Religionsgeschichtlichen Schule, denn „keine Dogmatik kann die von der R.Sch. aufgezeigten Gegebenheiten aus der Welt schaffen"[495]. Die Auseinandersetzung mit der von Barth aufgeworfenen Kritik war eines der zentralen systematisch-theologischen Probleme, mit dem sich die verantwortlichen Herausgeber der dritte Auflage konfrontiert sahen, war diese Kritik Barths doch zugleich eine Kritik an der eigenen lexikographischen Tradition. Wie verhielt man sich zu dieser Tradition in einer Neuauflage, die ihre Mitarbeiter mehrheitlich aus einem Milieu rekrutierte, welches der Barthschen Theologie verpflichtet war[496]? Besonders Gerhard Gloege (1901-1970), verantwortlich für den Bereich Dogmatik, vertrat das Anliegen,

> „die in den letzten 30 Jahren durch Barth, Brunner, Althaus u.a. in Gang gekommene syst.-theol. Besinnung ausreichend zu berücksichtigen. Hier sind besonders auch gegenüber den kühnen und radikalen Versuchen Karl Barths kritische Bemerkungen notwendig".

Denn gerade „der unsere Encyclopädie tragende Grundbegriff ‚Religion' bedürfte ja einer besonders sorgfältigen Durcharbeitung"[497].

Im Jahre 1891 hatte William Wrede innerhalb seiner Promotionsthesen an neunter Stelle den Standpunkt vertreten: „Ein Lexikon zum N.T. genügt dem wissenschaftlichen Bedürfnis nur dann, wenn es nach rückwärts die spätjüdische Literatur, nach vorwärts die apostol. Väter mitumfasst"[498]. In der ersten Auflage der RGG war diese hier ange-

---

493 Vgl. hierzu unten Kap.III.1.3.2.

494 J. Hempel, Art. Religionsgeschichtliche Schule, in: RGG[3], 5 (1961), Sp.991-994 und W. Holsten, Art. Religionsgeschichte, in: RGG[3], 5 (1961), Sp.986-991.

495 J. Hempel, Art. Religionsgeschichtliche Schule, in: RGG[3], 5 (1961), Sp.991-994, hier Sp.993.

496 Zur theologischen und personellen Konzeption von RGG[3] vgl. unten Kap.III.2.2.1.

497 Schreiben von Gerhard Gloege, zit. in: VA Korrespondenz RGG[3] 1953-1958: Schreiben von Hans Georg Siebeck, Tübingen an „die Herren Herausgeber der RGG[3]", 17.10.1956.

498 Thesen zur Erlangung, S.301.

mahnte religionsgeschichtliche Lexikonhermeneutik programmatisch profiliert worden. Das Lexikon wollte *„alle Hauptreligionen* nach den Grundzügen ihres Wesens und ihrer Geschichte" darstellen. „Das wissenschaftliche Verfahren der Religionsgeschichte durchdringt seine gesamte Arbeit"[499]. Die folgenden Auflagen haben sich von diesem lexikographischen Programm im Anschluß an die theologiegeschichtlichen Entwicklungen verabschiedet. Die Auflagengeschichte zeigt hier im Spiegel einzelner Artikel eine Veränderung der lexikon- und theologiepolitischen Motivation seitens Herausgeber und Verlag. Die erste Auflage kann daher aufgrund ihrer eindeutig religionsgeschichtlichen Imprägnierung als Zusammenfassung und Synthese dieser theologiegeschichtlich relevanten Gruppierung gelten.

Diesen epochenzusammenfassenden Charakter hat die ersten Auflage jedoch nicht nur hinsichtlich der Religionsgeschichtlichen Schule, vielmehr markiert sie „über die rein fachtheologische Bedeutung weit hinaus als letztes universales Kompendium eines religiös imprägnierten Kulturliberalismus den Schlußpunkt einer spezifisch deutschen liberal-bürgerlichen Bildungstradition"[500].

3.2.3. Orientierung „über die Lage der Kirche und des Christentums in der Gegenwart"[501] – die kulturprotestantische Gesellschaftsdeutung

> „Die Herausgeber, wie die Abteilungsredakteure, wissen sich eins in der Ueberzeugung, dass ihre wissenschaftliche Arbeit im letzten Grunde der evangelischen Kirche dienen wird, und in dem Bestreben, nicht nur die theologische Wissenschaft, sondern auch die Sache der Religion und der Kirche zu fördern, sie setzen diesen Geist bei den Mitarbeitern als Vorbedingung gemeinsamer Arbeit voraus"[502].

Verlag und Herausgeber sahen das von ihnen konzipierte Lexikon als integrativen Bestandteil einer auf *kirchliche* Modernisierung gerichteten Bewegung und wollten daher antikirchliche Tendenzen innerhalb des Lexikons vermeiden. Allzu radikale Töne, die den verantwortlichen Verlag und die führenden Mitarbeiter in eine apologetische Position

---

499 VA Diverses RGG[1]: Rundschreiben Nr.8, 10.06.1908.

500 Hübinger/Müller, Politische, konfessionelle und weltanschauliche Verlage, S.380

501 Schiele, Vorwort des Herausgebers, in: RGG[1], 1 (1909), S.V-IX, darin: Abdruck des Prospektes, S.VIIIf, hier S.VIII. Die Orientierung am Programmbegriff des ‚Gegenwartschristentums' läßt sich vermutlich auf Martin Rade selbst zurückführen. Vgl. Ruddies, Liberales Kulturluthertum, S.399.

502 VA Diverses RGG[1]: „Streng vertraulich! Die Religion in Vergangenheit und Gegenwart". Dieser Passus geht nachweislich auf Gunkel zurück (VA 204: Schreiben von Hermann Gunkel, Berlin an Friedrich Michael Schiele, wohl 11.07.1905 [Abschrift]). Vgl. auch VA 197: Schreiben von Hermann Gunkel, Berlin an Paul Siebeck, Tübingen, 25.01.1905.

gebracht hätten, sollten vermieden werden. Es war vor allem Walther Köhler, der – sich selbst als Sprachrohr der theologisch-radikalen und antikirchlichen ‚Jugend' verstehend – für einen stärkeren publizistischen Konfrontationskurs votierte.

Die diesbezügliche Auseinandersetzung zwischen Köhler einerseits und Verlag, Gunkel und später auch Schiele andererseits entzündete sich an der Frage um die von Gunkel forcierte Hinzuziehung Wobbermins in den engeren Kreis der Hauptredaktion[503]. Köhler monierte:

> „Sehr starke Bedenken [...] habe ich meinerseits an dem Heranziehen Wobbermins in die Gesamtredaktion, wie G. sie will. [...] Sie wissen, dass in dem ersten Programmentwurf stand: das Lexikon soll ein Lexikon der Jungen werden; wir haben den Passus gestrichen, aber ich möchte doch meinerseits daran festhalten, dass das Lexikon ein solches werden soll, in dem die Jungen – und zwar auch die Radikalen – zum Worte kommen sollen, ein Lexikon, das mit vollem Bewußtsein den Standpunkt der jungliberalen, religionsgeschichtlichen Schule zum Ausdruck bringt. [...] Das beständige Schielen auf die Kirche ist mir in der Seele zuwider. Es ist das ein Punkt, wo ich mich ganz auf den Boden des Protestantenvereins stelle. Ganz gewiss möchte ich das Lexikon nicht mit Bewusstsein ein durch und durch provozierendes und verletzendes sein lassen, aber es soll doch ein Ton darin herrschen, der merken lässt: hier reden die Jungen, die sich nicht scheuen, auch einmal grob und unkirchlich zu werden – natürlich niemals auf Kosten der Wissenschaft! Sowie aber von vornherein aufgestellt wird: kein Radikalismus! und damit dann die Kirchlichkeit hereinkommt und das Lexikon damit zahm wird, halte ich es für verfehlt. [...] Nun ist Wobbermin ein Schüler Kaftans[504], der den Jungen ausdrücklich seine Absage erklärt hat, war von Kattenbusch[505], der das Gleiche getan hat, hier in Gießen an dritter Stelle vorgeschlagen und ist, so gewiss er, soweit ich mir ein Urteil erlauben darf, sehr tüchtig ist, eben doch zu gemässigt, zu kirchlich, um nun gerade in die Gesamtredaktion des Lexikons, wie ich es mir denke, aufgenommen werden zu sollen"[506].

Vielmehr solle, so das Anliegen Köhlers, ein „frischer, offener Ton in dem Lexikon herrschen, speziell auch in kirchenpolitischen Fragen, nicht die Versöhnungstaktik wie sie [...] leider die Chr. Welt immer be-

503 Vgl. oben Kap.II.3.1.2.

504 Julius Kaftan (1848-1926). Wobbermin hatte vom Sommersemester 1890 an in Berlin, dort unter anderem bei Kaftan studiert. Vgl. Wolfes, Protestantische Theologie, S.259f.

505 Ferdinand Kattenbusch (1851-1935).

506 VA 203 [sub Rade]: Schreiben von Walther Köhler, Gießen an Paul Siebeck, Tübingen, 27.01.1905. Vgl. zum folgenden auch: VA 199: Schreiben von Paul Siebeck, Tübingen an Walther Köhler, Gießen, 10.03.1905 und VA 203: Schreiben von Paul Siebeck, Tübingen an Martin Rade, Marburg, 31.01.1905.

folgt"[507]. Köhler knüpfte zunächst seine Bereitschaft zur Übernahme hauptredaktioneller Verantwortung an die Einlösung dieser theologisch-lexikographischen Prämisse und drängte auf die Integration von Theologen wie Pfleiderer, Lipsius jun., Fischer, Kalthoff, Steudel und Wendland[508]. Vor allem an der Mitarbeit Kalthoffs „liegt mir aber sehr viel, und Ihnen doch wohl auch"[509]. Eine Auseinandersetzung um die lexikographische Konkretion dieser Forderung Köhlers wurde jedoch aufgrund von dessen frühzeitigem Rückzug aus der Hauptredaktion hinfällig.

Paul Siebeck lehnte die Vorschläge Köhlers insbesondere aus absatztechnischen Gründen ab:

> „Trotzdem ich persönlich durchaus fortschrittlich gestimmt bin und alles, was über die absolut fortschrittliche Richtung meines Verlages, zum Teil in den wenigst schmeichelhaften Ausdrücken, geschrieben wird, mit Freuden auf mich nehme, bin ich der Meinung, dass ein auf einen grossen Abnehmerkreis berechnetes Lexikon, das Ihren Standpunkt der Kirche und Kirchlichkeit gegenüber jetzt einnähme, ein Missgriff wäre. Ich halte die Zeit für ein derartig radikal antikirchliches Lexikon nicht für gekommen und glaube deshalb nicht, dass dafür 1) die erforderliche Anzahl wirklich qualifizierter Mitarbeiter, 2) der durch billige Preisstellung bedingte sehr grosse Abnehmerkreis zu finden wäre. [...] Die wissenschaftliche Arbeit und die

---

507 VA 199: Schreiben von Walther Köhler, Gießen an Paul Siebeck, Tübingen, 05.03.1905.

508 Gemeint sind Otto Pfleiderer, ferner Friedrich Reinhard Lipsius, Kalthoffs Nachfolger an der Martinikirche in Bremen war. Lipsius schied 1908 aus dem Pfarrdienst aus. Dessen monistische Theologie war stark gegen die neuprotestantischen Entwürfe Ritschls und Troeltschs gerichtet. Dann Max Fischer (1847-1915), der Herausgeber des *Protestantenblattes* (PrBl). Gegen diesen wurde aufgrund umstrittener Äußerungen zur Anbetungswürdigkeit Jesu 1904/05 in Berlin ein Lehrzuchtverfahren eingeleitet. Vgl. dazu Hübinger, Kulturprotestantismus, S.184ff. Besonders umstritten war Albert Kalthoff (1850-1906), der seiner freisinnigen Theologie wegen 1879 von der preußischen Landeskirche amtsenthoben wurde. Von 1888 an war er Prediger der Martinikirche in Bremen, der einzigen deutschen „Landeskirche, die für Individualisten wie ihn Raum bot" (Hübinger, Kulturprotestantismus, S.67). Kalthoff sprengte mit seinen Ansichten den Kreis des Protestantenvereins, betätigte sich überaus erfolgreich als Wanderprediger und wurde von Eugen Diederichs, seiner monistischen Anschauungen halber, an dessen Verlag gebunden. Der *Deutsche Monistenbund* wählte ihn 1906 zu seinem Vorsitzenden. Auch Friedrich Steudel (1866-1939) trat nach seiner Amtsenthebung in Württemberg als Prediger an St. Remberti (Bremen) in den Dienst der Bremer Landeskirche. Sein Engagement im *Deutschen Monistenbund* mußte er auf Druck der Bremer Kirchenleitung jedoch beenden. Die Bremer Kreise um Steudel werden innerhalb der RGG[1] als ‚Radikale' geführt (vgl. M[ulert], Art. Radikalismus, in: RGG[1], 4 [1913], Sp.2017 und Glaue, Art. Steudel, 1. Friedrich, in: RGG[1], 5 [1913], Sp.918). Kalthoff hingegen widerfährt im Lexikon eine wohlwollende und ausführliche Würdigung (vgl. Windisch, Art. Kalthoff, Albert, in: RGG[1], 3 [1912], Sp.891-893). Johannes Wendland zählte später zu den Mitarbeitern an RGG[1].

509 VA 233: Schreiben von Walther Köhler, Gießen an Friedrich Michael Schiele, Tübingen, 04.10.1907.

geistigen Kämpfe der Gegenwart erfolgen auf dem Boden der Kirche: was sich daneben stellt, hat für die nächste Zukunft keine Bedeutung. Wo soll dann in ihr der Abnehmerkreis herkommen?".

Siebeck argumentierte, im Sinne des von ihm vertretenen praktischen Theologieverständnisses habe

> „das verlegerische Wagnis eines Unternehmens in der Art des Lexikons nur dann seine innere Berechtigung [...], wenn das Produkt den praktischen Bedürfnissen entspricht. Gustav Werner hat einmal gesagt: ‚Was nicht zur Tat wird, hat keinen Wert'. Ein für weite Kreise bestimmtes Lexikon, das den praktischen Bedürfnissen vorauseilt, kann vorerst nicht zur Tat werden. Es ist ein ander Ding um Programmschriften: die müssen vorauseilen, müssen den Weg zu neuen Zielen bahnen, die können radikale und radikalste Töne anschlagen, aber ein Lexikon für Laien kann ihre Rolle nicht übernehmen. Ich meine, wenn das Lexikon, kurz gesagt, auf den Boden der ‚Christlichen Welt' sich stellt, dann bedeutet es schon einen ganz gewaltigen Fortschritt der R.E. gegenüber, die heute noch trotz der anerkannten Rückständigkeit gewisser Artikel zahllose Käufer findet. Will das neue Lexikon gegen die R.E. angehen, so darf es nicht so radikal gehalten sein, wie Sie es halten wollen. Ich könnte Ihnen daher für Ihre Intentionen die freie Hand nicht gewähren, die Sie sich gewahrt zu sehen wünschen. Meine geschäftliche Erfahrung spricht dagegen und die muss ich bei Unternehmungen mit grossem Risiko in die Wagschale werfen. Mag meine persönliche Stellung zu Kirche und Kirchlichkeit sein, wie sie wolle, als Verleger des Lexikons muss ich mit den Verhältnissen rechnen, wie sie jetzt liegen"[510].

Wieder einmal zeigt sich die für den Verleger typische Verknüpfung absatz- und theologiepolitischer Argumentationsmuster.

Doch nicht nur Paul Siebeck, sondern auch Gunkel wandte sich gegen den von Köhler geforderten Radikalismus. Unter Radikalismus verstehe er, so Gunkel,

> „eine Gesinnung, die nicht eine allmählige Fortbildung des Bestehenden, sondern einen Bruch anstrebt, die in der Entwicklung der Kirche und des

510 VA 199: Schreiben von Paul Siebeck, Tübingen an Walther Köhler, Gießen, 04.02.1905. Vgl. hierzu auch die überlieferte Äußerung Siebecks: „Auf die wissenschaftliche Theologie allein wollte ich mich jedoch nicht beschränken. Es schwebte mir schon immer der Gedanke vor, ein Wort Gustav Werners in die Tat umsetzen zu helfen, der ja zu sagen pflegte: ‚Was nicht zur Tat wird, hat keinen Wert'" (Siebeck/Siebeck, Zum Gedächtnis, S.8). In genau diesem Sinne äußerte Paul Siebeck dann beispielsweise gegenüber Paul Drews Kritik an dem „bisherigen Betrieb der praktischen Theologie", den er, „soviel ich von der Sache verstehe, etwa für das Unpraktischste, das wir im ganzen Bereich der theologischen Wissenschaft haben" hielt. Er wolle daher „verlegerisch gern das meinige tun [...,] um einem praktischeren Betrieb der praktischen Theologie auf die Beine zu helfen. Nun stösst ja aber alles Neue, das in die Welt und speziell in die Theologie eintritt, auf grossen Widerstand und wer das Neue durchführen will, muss sich mit Geduld wappnen" (VA 195: Schreiben von Paul Siebeck, Tübingen an Paul Drews, Gießen, 21.11.1905).

> Dogma die religiösen Kräfte nicht anerkennt, sondern darin wesentlich nur eine Verirrung sieht. Dem gegenüber möchte ich eine Position vertreten, der alles an der positiven Mitarbeit an den Aufgaben der evangelischen Kirche gelegen ist. Ich möchte, dass diese positive Haltung besonders in Form des theologischen Lexikons hervorträte, die alles Verletzende, Kränkende pietätvoll vermeiden sollte"[511].

Der Verlag und auch Gunkel lehnten daher die von Köhler favorisierte Mitarbeit derjenigen Autoren, welche dem ‚radikalen' Kreis des Protestantenvereins zuzuordnen waren, ab. Er habe, so Paul Siebeck an Schiele am Tag nach dessen Eintritt in die Hauptredaktion, in seinen bisherigen Berichten zum aktuellen Stand der Planungen vergessen, ihn darauf hinzuweisen,

> „dass Herr Professor Koehler bei der Wahl von Mitarbeitern aus den Kreisen des Protestantenvereins auch Kalthoff und Steudel beiziehen wollte. Ich sagte ihm, dass ich zwar gegen die Leute vom Protestantenverein im allgemeinen nichts einzuwenden hätte (Pfleiderer, Kirmss[512] u.s.w.), Kalthoff und Steudel aber ablehnen müsste, da ich nicht glaube, dass ihre Zuziehung im Interesse des Lexikons wäre. Der Vollständigkeit halber möchte ich Sie auch hiervon in Kenntnis setzen"[513].

Innerhalb des Protestantismus sollte das Lexikon seine theologische Beheimatung im Milieu des Kulturprotestantismus finden. Dabei wollten der Verlag und die führenden Mitarbeiter aus absatztechnischen Gründen auf eine allzu radikale Position verzichten. Verlag und Mitarbeiter waren zugleich getragen von dem Bewußtsein, Teil derjenigen Werteelite der ‚Wilhelminischen Ära' zu sein, die in der Gemengelage flottierender Weltanschauungen „normative Orientierung"[514] zu vermitteln imstande sei. Der Orientierungsanspruch in Gegenwartsfragen schließt den Anspruch der Aktualität ein. Der Aktualitätsanspruch be-

---

511 VA 199 [sub Köhler]: Abschrift eines Schreibens [Auszug] von Hermann Gunkel, Berlin an Paul Siebeck, Tübingen, undatiert [wohl 1905]; von Paul Siebeck an Walther Köhler weitergeleitet. Im Anschluß an VA 197: Schreiben von Paul Siebeck, Tübingen an Hermann Gunkel, Berlin, 14.02.1905 sind die zitierten Ausführungen Gunkels in die erste Hälfte des Februars 1905 zu datieren. Innerhalb der alttestamentlichen Wissenschaft rechnete sich Gunkel ausdrücklich zu den ‚Jungen', also zu den Modernisierern: „Wenn Sie also mich mit der Oberaufsicht des alttest. Teiles beaufsichtigen, so müssen Sie wissen, daß Sie damit auch diesen Teil den ‚Jungen' u. nicht den Altwellhausianern überliessen. Damit ist nicht gesagt, daß nicht auch Herren wie Duhm, Marti, Volz, Bertholet, Baentsch, Meinhold mitarbeiten können, aber in denjenigen Artikeln, auf die es mir ankommt, muß ich oder eine Vertrauensperson von mir das Wort bekommen" (NL Rade, MS 839: Schreiben von Hermann Gunkel, Berlin an Martin Rade, Marburg, 10.06.1904).

512 Paul Kirmß (1857-?).

513 VA 204: Schreiben von Paul Siebeck, Tübingen an Friedrich Michael Schiele, Marburg, 08.04.1905.

514 Graf, Rettung der Persönlichkeit, S.106.

zieht sich einerseits auf die inhaltliche Seite der Lemmatagestaltung, aber auch auf den formalen Bereich der Lexikonorganisation. Das Lexikon müsse, so die Einschätzung Schieles, nicht nur durch die Kürze und Prägnanz seiner Artikel bestechen, sondern habe auch in einem überschaubaren Zeitraum zu erscheinen, um ‚aktuell' sein. Denn – so die absatzstrategische Erwägung Schieles – wolle man unter der anvisierten Benutzergruppe tatsächlich auch Journalisten, Redaktionen oder auch Politiker erreichen, müsse das Lexikon eben eine Orientierungsfunktion übernehmen. Aktuelle Stichworte wie „Unkirchliche Theologie", „Sind wir noch Christen?" galten daher „in einem Laienlexikon für sehr wichtig"[515]. In solchen Artikeln gelte es, theologiepolitische Position zu beziehen[516]. Und diese Artikel verlangen, um ihres tagespolitischen Anspruchs willen, einen zügigen Erscheinungsverlauf des Gesamtwerkes.

Im Hinblick auf den normativen Orientierungsanspruch des Lexikons kommt dem von Baumgarten konzipierten und verantworteten Fachbereich Religion der Gegenwart exemplarische Bedeutung zu[517].

---

515 VA 204: Schreiben von Paul Siebeck, Tübingen an Friedrich Michael Schiele, Marburg, 18.12.1905. Exemplarisch sei hier auf folgende Artikel verwiesen (ergänzend zu den ‚Schlagwort-Artikeln' werden hier auch Artikel genannt, die hohen zeitgeschichtlichen Quellenwert besitzen): Fr. Küchler, Art. Bibel und Babel, in: RGG[1], 1 (1909), Sp.1138-1144; Titius, Art. Biogenetisches Grundgesetz, in: aaO., Sp.1254-1256; Rade, Art. Christliche Welt und Freunde der Christlichen Welt, in: aaO., Sp.1703-1708; Oeser, Dichter und Denker des Auslands in ihrem Verhältnis zur Religion, in: RGG[1], 2 (1910), Sp.28-47; Schneemelcher, Art. Evangelisch-sozial, in: aaO., Sp.759-766; Helene von Dungern, Art. Frauenverbände, kirchliche, in Deutschland, in: aaO., Sp.1026-1029; Bernhard, Genossenschaften im Wirtschaftsleben der Gegenwart, in: aaO., Sp.1293-1298; Mulert, Art. Liberalismus. II. Liberalismus und Kirche, in: RGG[1], 3 (1912), Sp.2107-2108; Mulert, Art. Positive Union, in: RGG[1], 4 (1913), Sp. 1686-1691; Mulert, Parteien: II. Kirchliche Parteien, in: aaO., Sp.1229-1232; Mulert, Art. Pfarrermangel und Beteiligung am theologischen Studium, in: aaO., Sp.1437-1439; E. Petersen, Art. Protestantenverein, in: aaO., Sp.1894-1899; E. Troeltsch, Art. Protestantismus. II. Protestantismus im Verhältnis zur Kultur, in: aaO., Sp.1912-1920; G. Naumann, Art. Religion und Christentum, in: aaO., Sp.2282-2287; Hermes, Art. Sozialdemokratie und Kirche, in: RGG[1], 5 (1913), Sp.742-749; E. Fehrle, Art. Volksaberglaube der Gegenwart, in: aaO., Sp. 1702-1712; O. Lempp, Art. Weimarer Kartell, in: aaO., Sp.1863-1866. Ein Großteil dieser stark auf die Gegenwartssituation Bezug nehmenden Stichworte tauchten entsprechend in den nachfolgenden Auflagen nicht mehr auf. Darauf hatte bereits Schiele verwiesen. „Alle diese Schlagwörter [haben] doch mehr eine zufällige Entstehung" und „durch systematische Arbeit [läßt] sich also nichts für die Vollständigkeit dieser Begriffe und Schlagwörter tun" (VA 204: Schreiben von Friedrich Michael Schiele, Marburg an Paul Siebeck, Tübingen, 22.12.1905).

516 Vgl. VA 204: Schreiben von Friedrich Michael Schiele, Marburg an Hermann Gunkel, Berlin 25.09.1905 und VA 204: Schreiben von Friedrich Michael Schiele, Marburg an Paul Siebeck, Tübingen, 02.10.1905.

517 Siehe hierzu VA Diverses RGG[1]: Fächersystematik von „Die Religion in Vergangenheit und Gegenwart".

Diese Abteilung wurde von Baumgarten in sechs Rubriken systematisiert und spiegelt die Grundzüge seines praktisch-theologischen Religionsverständnisses wieder[518]: Zum ersten „Religiöse Parteien und Richtungen innerhalb der Kirchen der Gegenwart". Dort sollten neben den Quellen gegenwartsbezogener Kirchenkunde (Pressewesen) die diversen theologisch-kirchlichen Strömungen in Katholizismus und Protestantismus vorgestellt werden. Innerhalb des Protestantismus wird differenziert in „Konservative Strömungen in den evangelischen Kirchen" und in „Fortschrittliche Strömungen in den evangelischen Kirchen". Zu den „Konservativen Strömungen" zählen „Hochkirchliche", „Kleinkirchliche" und „Volkskirchliche", zu den „Fortschrittlichen Strömungen" dann „Vermittelnde Richtungen" und „Radikale Richtungen". Als dritte Themengruppe bündelt Baumgarten Strömungen, welche die „Weiterbildung der christlichen Religion" zum Ziel haben, so beispielsweise die „Monistische Weiterbildung" oder die „Germanisierung des Christentums". Zum vierten thematisiert Baumgarten „Moderne Ersatzreligionen" und im fünften Komplex das „Verhältnis allgemeiner Kulturkreise zur Religion". Der sechste Themenbereich ist biographisch orientiert und soll „Religiöse Charaktere der Gegenwart" und „Bekenntnisse"[519] lexikographisch präsentieren. Die Artikel dieser Abteilung sollten den theologischen Laien in Fragen gegenwärtiger Religionspraxis „Orientierung" vermitteln. Diese „Orientierung" gehöre, so das Resümee Paul Siebecks, „zu den wesentlichsten Vorteilen des Werkes"[520].

Verlag und Herausgeber des Lexikons waren von der gesamtkulturellen Relevanz protestantischer Theologie überzeugt. Theologie verstanden sie als eine interdisziplinär zu betreibende historische Kulturwissenschaft des Christentums. In diesem Sinne versuchten die führenden Mitarbeiter, für die programmatische Ausrichtung des Lexikons nicht nur den Anschluß an die kirchliche Diskurslage zu garantieren, sondern wollten zugleich den binnenkirchlichen und -theologischen Diskurs an Debatten benachbarter kulturwissenschaftlicher Disziplinen anschließen[521]. Ziel war die Überwindung einer binnentheologischen

518 Vgl. hierzu Volker Drehsen, Protestantische Religion und praktische Rationalität. Zur Konvergenz eines ethischen Themas in der Praktischen Theologie Otto Baumgarten und Soziologie Max Webers, in: Wolfgang Steck (Hg.), Otto Baumgarten. Studien zu Leben und Werk. Hg. v. Verein für Schleswig-Holsteinische Kirchengeschichte (SVSHKG.B 41), Neumünster 1986, S.197-235, bes. S.199ff.

519 Dieser sechste Themenkomplex wurde 1909 nachträglich zu der Abteilung Biographien des 19. Jahrhunderts und der Gegenwart verselbständigt, welche Mulert betreute. Vgl. oben Kap. II.3.1.3.2.a.

520 VA 259: Schreiben von Paul Siebeck, Tübingen an Otto Baumgarten, Kiel, 16.11.1909.

521 Vgl. hierzu den programmatischen Artikel von Eck, Art. Kulturwissenschaft und Religion (Geschichtserkennen und Naturerkennen), in: RGG[1], 3 (1912), Sp.1815-1835. In

Engführung. Denn der theologische Charakter des Werkes „wird nicht in seiner thematischen Beschränkung auf das Christentum realisiert, sondern in der Anwendung der historischen Methode auf das Christentum, die sich dabei umgehend in die Frage nach der geschichtlichen Bedeutung des Christentums in der Kultur wandelt.[522]" Das Lexikon sollte sich zwar zunächst beziehen auf „die herkömmlichen theologischen Hauptfächer: Altes Testament, Kirchen- und Dogmengeschichte, Dogmatik und Apologetik, Ethik und praktische Theologie". Doch ergänzend wurde „die Eigenart des Wörterbuchs dadurch festgelegt, daß [...] zu jenen traditionellen Disziplinen noch folgende Interessengebiete [hinzuzufügen seien]: Außerchristliche Religionsgeschichte, Kunst und Musik, Pädagogik, Sozialwissenschaft, Kirchenrecht und Kirchenpolitik, Christentum der Gegenwart"[523]. In einem ersten Prospektentwurf vom Mai 1908 war daher ursprünglich folgender Untertitel vorgesehen: „Handwörterbuch der gesamten Theologie und ihrer Hilfswissenschaften in gemeinverständlicher Darstellung". Paul Siebeck jedoch sah die benachbarten Disziplinen weder als theologische Disziplinen an noch als Hilfswissenschaften derselben und lehnte daher diesen Untertitel ab[524].

Den Anschluß an die zeitgenössischen kultur- und sozialwissenschaftlichen Diskurse dachte sich der Verlag eher in der Art und Weise, wie er von Oskar Siebeck in dem Einladungsschreiben an Gertrud Bäumer (1873-1954) formuliert wurde:

> „[M]eine Bitte um Ihre Mitarbeit an dem Wörterbuch ‚Die Religion in Vergangenheit und Gegenwart' bedarf Ihnen als Nichttheologin gegenüber einer näheren Motivierung. Der Kreis, aus dem der Gedanke zu diesem enzyklopädischen Werke hervorgegangen ist, recrutiert sich vorwiegend aus Vertretern der modernen, kritischen Theologie. Die Begründer unserer Enzyklopädie wissen sich einig in der Ueberzeugung, dass die Voraussetzungslosigkeit Ihrer Forschung nicht allein den Resultaten ihrer wissenschaftlichen Arbeit selbst zugute gekommen ist, sondern dass dadurch der

der zweiten Auflage änderte sich die Lemmabezeichnung: Bornhausen, Art. Kulturwissenschaft und Kulturphilosophie, in: RGG², 3 (1929), Sp.1359-1365. In der dritten Auflage war der entsprechende Artikel H. Schmidt, Art. Kulturphilosophie und Kulturwissenschaft, in: RGG³, 4 (1960), Sp.116-120. Auffällig ist die starke Umfangskürzung, welche dem Artikel widerfuhr. Zur Rezeption der zeitgenössischen Kulturdebatten in RGG vgl. Graf, Rettung der Persönlichkeit, bes. S.120ff. und Hans Martin Müller, Frömmigkeit im Kulturprotestantismus, in: Liberale Theologie. Eine Ortsbestimmung. Hg. v. Friedrich Wilhelm Graf (Troeltsch Studien 7), Gütersloh 1993, S.165-182, bes. S.169ff.

522 Albrecht, Bildung, S.82

523 Schiele, Vorwort des Herausgebers, in: RGG¹, 1 (1909), S.V-IX, hier S.V.

524 VA Diverses RGG¹: Rundschreiben Nr.8 (05/1908; Exemplar mit handschriftlichen Marginalien von Paul Siebeck).

> Religionswissenschaft eine neue und grosse Bedeutung für die moderne Kultur überhaupt zugefallen ist – eine Bedeutung die ihr auch neue Aufgaben stellt. Eine der wichtigsten dieser Aufgaben scheint uns zu sein, dass die Religionswissenschaft mit der Sozialwissenschaft engere Fühlung gewinnt, dass der Theolog von dem Nationalökonomen lernt. Insofern hat eine Enzyklopädie ‚Die Religion in Vergangenheit und Gegenwart' das Recht und die Pflicht, zu den Fragen des sozialen Lebens der Gegenwart Stellung zu nehmen. Aus dem Gesagten geht aber auch hervor, wie die sozialwissenschaftlichen Themata zu behandeln sind, damit sie in unserem Wörterbuch ihre Aufgabe erfüllen. Die sozialwissenschaftlichen Artikel sind nicht Selbstzweck. Es wird sich darum handeln, bei jedem Thema vor allem die sozialethischen Gesichtspunkte herauszuarbeiten. Die Mitteilung von Tatsachen, die Darstellung geschichtlicher Entwickelung werden nur insoweit Raum finden dürfen, als sie für ein sachlich begründetes Urteil unentbehrlich sind und dazu dienen, die Komplikationen zwischen dem materiell-sozialen und dem religiös- oder ethisch-sozialen Leben zu verdeutlichen"[525].

Die RGG[1] in ihrer abgeschlossenen Gestalt bietet ein Kompendium kulturprotestantischer Geschichts- und Gesellschaftsdeutung. Nahezu alle führenden Vertreter des Kulturprotestantismus um 1900 haben daran mitgearbeitet. Daß Adolf von Harnack, einer der prominentesten Vertreter, nur spärlich mitarbeitete, haben Verlag und Herausgeber nachhaltig bedauert: „Harnack ist für uns überhaupt nicht mehr zu zählen. Seine Kraft wird so völlig durch Berliner Zustände aufgebraucht, dass er für so geringfügige Unternehmungen, wie dieses Wörterbuch von uns Provinzialen keine Zeit hat"[526]. Doch trotz des Fehlens Harnacks gelang das Lexikon rasch zu erheblichem Ansehen. Das hohe Renommee, welches die deutsche protestantische Theologie um 1900 in weiten Kreisen des Bildungsbürgertums genoß, wurde auf das Lexikon übertragen und führte zu einer breiten Rezeption des Werkes in der kirchlich-theologischen und der allgemeinen Presse.

3.3. Die Rezeption des Werkes – religionsgeschichtliche, liberalprotestantische Einheitlichkeit des Werkes versus theologiepolitische Einseitigkeit

Gemeinverständlich, religionsgeschichtlich und kulturprotestantisch – mit diesen drei Schlagworten läßt sich das lexikonpolitische Profil der

---

525 VA 227: Schreiben von Oskar Siebeck, Tübingen an Gertrud Bäumer, Berlin, 07.05.1907.

526 VA 233: Schreiben von Friedrich Michael Schiele, Tübingen an Walther Köhler, Gießen, 07.05.1907. Harnack verfaßte ausschließlich den Art. Origenes, in: RGG[1], 4 (1913), Sp.1028-1035.

ersten Auflage von *Die Religion in Geschichte und Gegenwart* beschreiben. Dabei ließen sich diese theologiepolitischen Schlagworte durch die Korrespondenz zwischen Verlag, Hauptredaktion und Abteilungsredakteuren hinsichtlich der Frage nach der verlagspolitisch-organisatorischen Umsetzung eines solchen programmatischen Anspruches präzisieren. Das Lexikon wurde das einheitliche Werk eines relativ klar umrissenen theologischen Milieus der ‚Wilhelminischen Ära'. Es ist „immer als ein Zeichen dafür zu betrachten, daß eine geistige Strömung [...] in die Zeit der Reife eingetreten ist, wenn sie den Ertrag ihrer Arbeit in enzyklopädischer Zusammenfassung in der Form eines Lexikons der Allgemeinheit vorlegt und näher bringt"[527]. Weil der verlegerischen und redaktionellen Arbeit die Vorstellungen eben dieser ‚geistigen Strömung' zugrunde gelegt wurde und auf deren Umsetzung konsequent geachtet wurde, gelang es, dem Lexikon – einem schwierigsten Entstehungsprozeß zum Trotz – ein einheitliches Profil zu geben. Diese einheitliche Lexikonhermeneutik wurde in einer Zeit starker publizistischer Aufladung innerprotestantischer Auseinandersetzungen konzipiert. Es ist deshalb aufschlußreich, die Rezeption des Wörterbuches im Spiegel einschlägiger Rezensionen zu untersuchen. Denn ebenso wie die lexikonpolitische Profilierung des Werkes mittels eines klaren Programms erfolgte, – gemeinverständlich, religionsgeschichtlich und kulturprotestantisch – so griffen die Rezensionen auf eben diese Begriffe zurück, um das Programm und Profil des neuen Nachschlagewerkes entweder kritisch ins Visier zu nehmen oder positiv zu würdigen.

Die Vertreter des Programms einer liberalen Theologie galten gemeinhin als literarisch-publizistisch ambitioniert[528]. Als durch eine Indiskretion Walther Köhlers bekannt wurde, daß eben diese Kreise ein

527 Rez.: Die Religion in Geschichte und Gegenwart, in: Schwäbische Kronik. Des Schwäbischen Merkurs zweite Abtheilung 508 (30.10.1908, Abendblatt), o.S.

528 Der Blick für die literarischen Bedürfnisse der kirchlich-religiös Gebildeten galt geradezu als unterscheidendes Moment gegenüber konfessioneller Publizistik: „Bisher ist es immer so gewesen, daß der offenere Blick und die Rührigkeit der freier gerichteten Theologie die Bedürfnisse der Gegenwart zuerst erkannt und ihnen entsprochen hat; zeigten sich dann die überraschenden Erfolge, die das vorhandene Verlangen bestätigten, dann pflegte ein konservatives Gegenstück auf dem Plan zu erscheinen" (Rez.: Religion in Geschichte und Gegenwart, in: Neues Sächsisches Kirchenblatt 3 [1911], Sp.37-40, hier Sp.40). – In diesem Zusammenhang ist auf die Beobachtung Birkners zu verweisen, daß der Begriff der „liberalen Theologie" – „vor allem in der simplifizierenden Unterscheidung einer liberalen und einer positiven Richtung – auf der Ebene akademischer Theologie und wissenschaftlich-theologischer Debatte nur eine geringe Rolle gespielt [hat]. Ihren eigentlichen Ort, ihren ‚Sitz im Leben', habe dieser Begriff und dieses Schema in der kirchlichen Zeitschriften- und Broschürenliteratur gehabt" (ders., „Liberale Theologie", S.61).

Nachschlagewerk planten, dessen theologisches Programm der religionsgeschichtlichen Fragestellung und dessen Benutzerhermeneutik dem liberalen Bildungsbürgertum verpflichtet sein sollte, wurden bereits vorab kritische Stimmen seitens konservativ-konfessioneller Rezensionsorgane laut[529]. In der Regel gingen die kritischen Stimmen zunächst positiv davon aus, daß das Werk aufgrund seines einheitlich religionsgeschichtlichen Programms hervorragend geeignet sei, in die religiöse Stimmungslage und die theologischen Denkfigurationen dieser Gruppe einzuführen. So sei „das ganze Werk" zwar „von demselben Geiste und von den Grundprinzipien der religionsgeschichtlichen Schule durchzogen", sei aber „von diesem einseitig liberalen Standpunkte" aus dazu prädestiniert, auch für einen „Mann anderer theologischer Grundrichtung" von „großem Gewinn und Nutzen" zu sein[530]. Das Lexikon sei aufgrund seiner religionsgeschichtlichen Hermeneutik ein in religiösen Fragen qualifiziert informierendes Nachschlagekompendium und geradezu ein kulturgeschichtliches Denkmal der Religionsgeschichtlichen Schule[531].

Zugleich jedoch sahen sich die Vertreter orthodoxer Kirchlichkeit durch das religionsgeschichtliche Programm zur literarischen Frontenbildung herausgefordert, denn

529 Vgl. hierzu VA 231: Schreiben von Friedrich Michael Schiele, Tübingen an Hermann Gunkel, Gießen, 15.04.1907; VA 227: Schreiben von Friedrich Michael Schiele, Tübingen an Otto Baumgarten, Kiel, 23.04.1907; VA 234: Schreiben von Paul Siebeck, Tübingen an Gustav Krüger, z.Z. Berchtesgaden, 26.08.1907. Siebeck kommentiert Köhlers Vorgehen lakonisch: „Wie heisst doch das schwäbische bon mot: ‚Dummheit ist au' e' Sünd''. Köhler's Harmlosigkeit geht mir aber über die Sünde hinaus" (ebd.). Köhler selbst wies den Vorwurf der Indiskretion weit von sich: „Mir liegt aber sehr daran, ausdrücklich festgestellt zu wissen, daß es bei diesem Fall um keine Indiskretion meinerseits sich ganz und gar nicht handelt". Er versicherte, seinerzeit Schiele um Rat gefragt und einen positiven Bescheid erhalten zu haben (VA 249: Schreiben von Walther Köhler, Gießen, an Paul Siebeck, Tübingen, 23.02.1908). Vgl. dann Rez.: Die Realencyklopädie für protestantische Theologie und Kirche, in: AELKZ 40 (1907), Sp.345f. Die Rezension beklagt die „Forderung einer neuen und besseren Realencyklopädie [...]. Die Forderung geht aus den Kreisen der modernsten, um nicht zu sagen radikalen Theologie hervor. Ihr ist Hauck zu konservativ; sie sind unzufrieden, bei manchen Artikeln positive Autoren zu finden, wo sie lieber freier gerichtete gesehen hätten; sie reden von Zurückgebliebensein in der Wissenschaft, und daß die Encyklopädie nicht auf der Höhe der neuesten Forschungen stehe" (aaO., Sp.346).

530 Rez.: Die Religion in Geschichte und Gegenwart, in: Die Evangelische Missionen 16 (1910), S.240: „Auch ein Mann anderer theologischer Grundrichtung wird es mit grossem Gewinn und Genuss lesen und reiche Belehrung aus der klaren und besonnenen, unnötige Schärfe meist vermeidenden Darstellung schöpfen".

531 Vgl. z.B. Rez.: Die neue theologische Enzyklopädie, von: Matthes, in: EKZ 88 (1914), Sp.233-235.

„wogegen wir protestieren, das ist, daß im vorliegenden Werk diese Darstellung der Religion so gegeben ist, daß sie nur zu leicht den Schein erweckt, als werde hier eine Darstellung des Christentums geboten. Die ganze Anlage ist der Art, daß hier prinzipiell Buddhismus und Islam mit dem Christentum gleichgestellt werden; nur die weitere Ausführung der mit den letzteren zusammenhängenden Gedanken und Vorstellungen zeigt, daß das Werk vor allem auf einen christlichen Leserkreis angelegt ist. Von einem solchen abstrakten Begriff der Religion aus läßt sich die Eigenart der christlichen Frömmigkeit ebensowenig genügend darstellen wie man vom Begriff der Lebewelt überhaupt aus die Eigenart des deutschen Volkes darstellen kann. In dem kritiklosen Benutzer des Werkes muß die Meinung entstehen, mit Religion sei bereits das Christentum gegeben. Das Werk gehört in die philosophische, nicht in die theologische Fakultät. [...] Das Werk mit seiner eifrigen, zielbewußten, aber einseitigen Arbeit soll uns mahnen: Lutheraner, vor die Front!"[532].

Die Kritik am religionsgeschichtlichen Profil des Werkes wurde verbunden mit dem Vorwurf, durch dieses einheitliche und daher aus der Perspektive der Gegner einseitige Programm die Benutzer, insbesondere die anvisierten theologisch-kirchlichen Laien in die Irre zu führen[533]. Und so wird einerseits die Einheitlichkeit der religionsgeschichtlichen Hermeneutik des Werkes als grandiose theologieorganisatorische Leistung seitens des Verlags und der Hauptredaktion gewürdigt[534], zugleich wird dies aber als theologiepolitische Einseitigkeit moniert.

Aber nicht nur seitens der konservativ-lutherischen Presse wurde der religionsgeschichtliche und liberaltheologische Modernitätsanspruch der RGG[1] kritisiert. Auch im katholischen Milieu wurden kritische Stimmen laut.

„Grundsätzliche Ablehnung der Offenbarung als mit modernem Denken unvereinbar; völlige Rationalisierung sowohl der Person Jesu als des Christentums; Darbietung von Hypothesen liberaler Theologen als allein berechtigt oder als ‚Ergebnisse', wogegen die Forschungen katholischer Gelehrter selten nach Gebühr gewürdigt werden",

532 Rez.: Die Religion in Geschichte und Gegenwart, von: Matthes, in: EKZ 85 (1911), Sp.340-345, hier Sp.345 (i.O. teilweise hervorgehoben). Die Vertreter anderer Religionsgemeinschaften sahen sich freilich in dem Lexikon, entgegen der lutherischen Polemik, nicht als eine dem Christentum gleichwertige Religion gewürdigt. Vgl. Rez.: Die Religion in Geschichte und Gegenwart, in: Israelitisches Gemeindeblatt 23 (1912), S.253f., hier S.254: „Von unserem jüdischen Standpunkt müssen wir allerdings sagen, daß [...] dem Judentum keine Gerechtigkeit widerfährt".

533 Rez.: Die Religion in Geschichte und Gegenwart, von: Matthes, in: EKZ 85 (1911), Sp.340-345, hier Sp.345

534 AaO., Sp.341.

ließ eine der kritischsten Stimmen der katholischen Presse vernehmen[535].

Die Frage nach der Relevanz und der lexikographischen Präsentation des Religionsthemas wurde aber nicht nur als hermeneutische Einseitigkeit und Verfälschung der christlichen Werteskalen kritisiert, sondern auch gerade als grundsätzliche Aufgeschlossenheit gegenüber zeitgenössischen Debatten gewürdigt – und zwar sowohl seitens der allgemeinen Tagespresse als auch seitens kirchlich-theologischer Zeitschriften, welche sich einer liberalen Theologietradition verpflichtet sahen. „Wer sich klar werden will über das verwickelte Innenleben unserer Zeit, durch welches ja wieder jeder einzelne Zeitgenosse aufs Tiefste beeinflußt ist, wer die gegenwärtige Religiosität in ihrem Vorwärtsdrängen wie in ihrer rückschauenden Romantik verstehen will", wer dazuhin einen Eindruck gewinnen wolle „von den mächtigen Wirkungen des Christentums auf das öffentliche Leben und von seiner Bedeutung für die Entwicklung des Einzelnen"[536] und davon, wie „unser heutiges Leben verankert ist in der christlichen Religion"[537], komme

535 Rez.: Die Religion in Geschichte und Gegenwart, von: Alfons Pirngruber S.J., in: Stimmen der Zeit 55.Jg, H.1 (1914/1915), S.59-66, hier S.60 (zit. nach VA Sammlung Rez. RGG[1]). Gregor Reinhold, ebenfalls dem Katholizismus verpflichtet, monierte in seiner Rezension die wissenschaftliche Nachlässigkeit bei der Darstellung der katholischen Stichworte. Für das „Grundübel dieses neuen protestantischen Handlexikons" hielt er freilich „die verfehlte Anlage des Nomenklators", welche sich hauptsächlich in der Unübersichtlichkeit des Verweissystems und in der zu stark an Gegenwartsfragen orientierten Stichwortauswahl äußere (Gregor Reinhold, Neuere theol. Enzyklopädien, in: Keiters Katholischer Literatur-Kalender 10 [1910], S.VII-LXIV, hier S.LVI). Vgl. hierzu VA 291: Schreiben von Gregor Reinhold, Freiburg an den Mohr Siebeck Verlag, Tübingen, 03.01.1910: „Leider habe ich, wie Sie sehen, erhebliche Ausstellungen besonders über die Anlage des Nomenklators machen müssen, so dass das Referat trotz seines grossen Umfangs wohl nicht in alleweg Ihren Wünschen entsprechen wird. Da ich indes alle meine Beanstandungen ausführlich begründet habe, so hoffe ich, dass Sie mir wenigstens nicht das Zeugnis versagen werden, dass ich mich bemüht habe, sachlich und gerecht zu bleiben".

536 Rez.: Die Religion in Geschichte und Gegenwart, in: Neckar-Zeitung Nr.49 (28.02.1914, Viertes Blatt), o.S.

537 Rez.: Die Religion in Geschichte und Gegenwart, in: Neckar-Zeitung Nr.204 (01.09.1913, o.S.). Zur Orientierungsfunktion des Lexikons vgl. auch Rez.: Die Religion in Geschichte und Gegenwart, in: Heidelberger Zeitung 65 (18.03.1914), o.S.: „Ja, auf dieses Werk kann die deutsche Theologie stolz sein! Und, wie es geboren worden aus dem Glauben an ein Bedürfnis der Zeit, nach einer solch genauen Orientierung in der religiösen Frage, so sollten nun alle einschlägigen Kreise auf das nachdrücklichste auf die Existenz dieses vortrefflichen Hilfsmittels hingewiesen sein: Unsere Redaktoren und unsere Lesehallen, unsere Politiker und unsere Lehrerkollegien und der ganze Kreis derer, die wissenschaftlich arbeiten und nach tiefer Bildung streben. Sie werden die Ausgabe nicht bereuen. Denn weit entfernt, daß man heutzutage in kirchlichen und religiösen Fragen ununterrichtet sein dürfte, rächen sich gerade hier die Unkenntnis und Fehler, vielleicht langsam, aber unerbittlich. In

schlechterdings um dieses Wörterbuch nicht herum . Das Werk sei „eine Orientierungsstätte [...] mitten in der verwirrenden Flut, die über das religiöse Leben der protestantischen Kulturvölker hereingebrochen ist"[538], daher aufgrund seiner Fixierung auf Fragen der Religion „nichts geringeres als eine Enzyklopädie der Religionswissenschaft, ein Standardwerk, das bleiben wird als Denkmal unserer gerade auf diesem Gebiet so grossen Zeit"[539]. Es sei ein

> „Hausschatz der Religionswissenschaft für ein Geschlecht, das auf neuen Wegen seines Glaubens froh und Gottes gewiß werden muß, und dazu der Forschung und Belehrung nicht nur über die Bibel und die Geschichte des Christentums, sondern auch über die anderen großen Religionen in Geschichte und Gegenwart bedarf"[540].

Es sind denn auch die exegetischen Abteilungen, die hinsichtlich Konzeption und Artikelgestaltung als besonders gelungen galten[541].

Im Vergleich der Rezensionen zeigt sich, daß hinter der Frage nach der Stellung des Religionsthemas innerhalb eines theologischen Lexikons beziehungsweise hinter der Frage, ob sich ein Lexikon mit religionsgeschichtlicher Hermeneutik überhaupt noch auf dem Terrain kirchlich-theologischer Publizistik bewege, in der Pointe eine ekklesiologisch motivierte Differenz des Bildungsbegriffes steht. Es geht um die Frage, wie das Verhältnis von theologischer Wissenschaft einerseits und theologischer Bildung gemeinde-kirchlicher Kreise andererseits angemessen zu bestimmen ist. Die RGG zielte auf die grundsätzliche Öffnung des theologischen Diskurses hinein in den Bereich kultur- und

---

diesem Nachschlagebuch hat man dagegen alles zu einer zuverlässigen Beurteilung all dieser Fragen vereinigt". Aus kirchlich-theologischer Perspektive kommt folgende Rezension zu gleichem Ergebnis: Rez.: Die Religion in Geschichte und Gegenwart, in: KZATV 8 (Juni 1914), Sp.210: „Wer immer im öffentlichen Leben stehend, sich schnell und sicher über religiös-kirchliche Fragen orientieren will, der ist an ein Werk gewiesen, das unsere besten Theologen zu einem *standard work* erhoben haben, das seinesgleichen sucht" (Hervorh. i. Orig.). Ähnlich auch Rez.: Die Religion in Geschichte und Gegenwart, in: Beilage der Münchner Neuesten Nachrichten Nr.32 (09.02.1909), S.270 und Rez.: Religion in Geschichte und Gegenwart, in: Neues Sächsisches Kirchenblatt Nr.3 (1911), Sp.37-40.

538 Rez.: Der erste Band einer neuen Religionsenzyklopädie, von: P. Jaeger, in: ThR 13 (1910), S.400-408, hier S.401.

539 Rez.: Die Religion in Geschichte und Gegenwart, in: Sonntagsblatt der Königsberger Hartungschen Zeitung Nr.171 (12.04.1914, drittes Blatt), o.S. Die Würdigung der RGG[1] als eines theologiegeschichtlichen Dokuments des ungeheuren Einflusses der Religionswissenschaft findet sich beispielsweise auch bei Rez.: Die Religion in Geschichte und Gegenwart, in: Sonntags-Blatt für innere Mission in Rheinland und Westfalen 64 (1913), S.35.

540 Rez.: Die Religion in Geschichte und Gegenwart. Ein Hausschatz der Religionswissenschaft, in: Evangelische Wacht Nr.50 (1913), S.396f.

541 Vgl. z.B. Rez.: Die Religion in Geschichte und Gegenwart, in: NZZ Nr.37 (06.02.1911, zweites Morgenblatt), o.S.

sozialwissenschaftlicher Debatten und wollte diese Debatten zugleich in das Milieu bürgerlicher Bildungskultur kontextualisieren. Diese Ausrichtung der lexikographischen Konzeption am religiösen Bildungsbedürfnis der kirchlich nicht Gebundenen, freilich religiös Interessierten, wird so zu einem weiteren Streitpunkt innerhalb der Rezensionen.

Die dem Werk aufgeschlossen gegenüber stehenden Rezensionen stimmten mit den konzeptionell verantwortlichen Mitarbeitern darin überein, daß kirchlich-theologische Bildungsarbeit ihrem Wesen nach nicht ausschließlich Tradierung des Schrift- und Bekenntnisstandes sein könne, sondern auf eine kulturelle Horizonterweiterung zu zielen habe. Während die Kritiker des Werkes argumentierten, theologische Lexika hätten eben durch die enzyklopädische Tradierung von Schrift- und Bekenntnisgut einerseits der binnenkirchlichen Milieustabilisierung zu dienen, zugleich aber auch literarisch die Abgrenzung gegen religiös-kulturelle Zeitströmungen zu betreiben, sahen die Förderer des Werkes religiös-theologisches Wissen als Bestandteil allgemeiner Bildung und begrüßten daher ein Lexikon, das seinen enzyklopädischen Stoff in formaler und inhaltlicher Hinsicht auf einen bildungsbürgerlichen Kontext hin aufbereitete, denn „wer heute als Gebildeter sich mit religiösen Dingen beschäftigen, über religiöse Probleme klar werden will, muß mehr kennen lernen, als seinen Katechismus"[542].

Diese in den Rezensionen zutage tretende Differenz des Bildungsbegriffs läßt sich im Hinblick auf die Einschätzung der enzyklopädischen Gesamtdisposition, welche der Artikelauswahl zugrunde gelegt wurde, konkretisieren. Kritiker monierten die Disposition als eines theologisch-kirchlichen Nachschlagewerkes unangemessen. Besonders der Stoffverteilungsplan wird als programmatisch mißglückt kritisiert:

542 Rez.: Die Religion in Geschichte und Gegenwart, in: Hamburgisches Gemeindeblatt 5 (1913), S.230f. Vgl. auch Rez.: Die Religion in Geschichte und Gegenwart, von: Paul Rohrbach, in: PrJ 147 (1914), S.532-534, hier S.533: „Unser Zeitalter erlebt ganz offensichtlich eine Erneuerung des religiösen Interesses innerhalb der gebildeten Schicht, die heute sowohl absolut als auch im Verhältnis zur Gesamtheit der Nation soviel breiter ist als früher. Was uns aber nur zu sehr fehlt, wenn wir uns mit den Alten vergleichen, von denen gerade noch die letzten hochbetagten Persönlichkeiten in unser modernes Zeitalter als Zeugen einer verdunkelten besseren Welt hineinragen, das ist das bewußte Streben nach einem universal gestalteten Bildungsideal. In der Vollkommenheit ist seine Verwirklichung nicht möglich, aber es kommt darauf an, daß wir das Bewußtsein haben, wie das wirkliche Hochziel menschlicher Bildung geartet sein sollte. Wir können weder Alle Theologen, noch Historiker, Geographen, Sprachforscher oder Naturwissenschaftler sein, aber wir können und sollen uns eine allgemeine Bildungsgrundlage schaffen, von der aus wir imstande sind, andere wissenschaftliche Gebiete, die außerhalb unseres Fachwissens liegen, an der Hand sicherer Führer mit Verständnis zu betreten. Für diesen Zweck möchte ich das Religionslexikon [...] empfehlen".

„Während speziell theologische Fragen wie ‚Bekehrung' auf 2 Spalten, ‚Dreieinigkeit' auf 4 1/2 Spalten [...], biblische Gestalten wie David auf 4 Spalten abgemacht werden, werden ‚Babylonien und Assyrien' 24 Spalten, der ‚Buchillustration in religiösen Druckwerken' 24 Spalten und modernen Problemen wie Deszendenztheorie (13 Spalten) und Entwicklungslehre (34 Spalten) gewidmet"[543].

Aber auch die Aufnahme bestimmter Artikel, wie beispielsweise der von Schiele verfaßte Artikel Volksbücher, religionsgeschichtliche, in: RGG[1], 5 (1913), Sp.1721-1725 stieß auf Kritik und den Vorwurf parteipolitischer Einseitigkeit, da ein entsprechender Artikel zum Konkurrenzwerk *Biblische Zeit- und Streitfragen zur Aufklärung der Gebildeten* (BZSF) fehle[544]. Hatten der Verlag und die verantwortlichen Redakteure auf der Integration aktueller, kirchen- und tagespolitisch motivierter Stichworte bestanden, um das Lexikon zu einem Navigator in kirchlich-religiösen Gegenwartsfragen zu gestalten und um dem Werk auf diese Weise eine Rezeption auch außerhalb binnenkirchlicher Benutzergruppen zu ermöglichen, so wurde genau dieses Vorgehen innerhalb der traditionellen kirchlichen Milieus kritisiert. Auffallend sei, „wie häufig mit Schlagworten gearbeitet wird. Es kommt das ja freilich dem Zuge der Zeit entgegen, aber solche moderne Journalistik bricht auch den Problemen die Spitze ab und erledigt sie mit glänzenden Analogien und Vergleichen"[545].

Hermann Mulert dagegen, Mitarbeiter des Projektes, würdigte genau diesen Sachverhalt an entsprechender Stelle als den eigentlichen Vorteil des Werkes gegenüber der von konservativer Seite hochgelobten RE[3], denn warum sollte sich „eine Redaktion ein theologisches Nachschlagewerk kaufen, in dem sie keinen Artikel über A. Harnack und keinen über den jetzigen Papst findet?". So möge es zwar auf den ersten Blick nicht recht einleuchten, warum „z.B. Ernst Haeckel zwanzigmal so ausführlich behandelt werden müsse, wie Theodor von Mopsuestia" und warum meist „die nichttheologischen und nichtkirchlichen Vertreter neuer religiöser Gedanken eingehender gewürdigt [würden], als die berufsmäßigen Kirchenmänner und Theologen". Aber es sei „nun einmal Tatsache, daß weite Kreise den Aeußerungen von

543 Rez.: Die Religion in Geschichte und Gegenwart, von: Matthes, in: EKZ 84 (1910), Sp.398-400, hier Sp.399. Von den Befürwortern des Werkes werden exakt die hier als zu lang und damit zu sehr hervorgehobenen Artikel positiv gewürdigt. Vgl. z.B. Rez.: Die Religion in Geschichte und Gegenwart, in: Evangelisch protestantischer Kirchenbote für Elsass-Lothringen 40 (1911), S.55f.

544 Rez.: Die neue theologische Enzyklopädie, von: Matthes, in: EKZ 88 (1914), Sp.233-235, hier Sp.234.

545 Rez.: Die Religion in Geschichte und Gegenwart, von: Matthes, in: EKZ 85 (1911), Sp.340-345, hier Sp.343.

Nichtfachleuten wie etwa Arthur Drews über theologische Dinge mehr Beachtung zu schenken geneigt sind, als den Büchern der Fachleute"[546].

---

546 Rez.: Ein religionswissenschaftliches Nachschlagewerk, von: Mulert, in: Die Hilfe 20 (1914), S.35f., hier S.35. Daß das Lexikon gerade durch die Aufnahme von aktuellen Schlagworten das „Gegenwartsbedürfnis" der Benutzer bedienen möchte und „in den aktuellen Fragen [...] eine Beurteilung, Richtungslinien zur Lösung oder eine Lösung geben" will, heben die wohlwollenden Rezensionen als einen großen Vorteil des Werkes und als entscheidenden Unterschied zu RE[3] hervor. Vgl. Rez.: Die Religion in Geschichte und Gegenwart, in: Evangelisch protestantischer Kirchenbote für Elsass-Lothringen 40 (1911), S.55f., hier S.56; ähnlich auch Rez.: Die Religion in Geschichte und Gegenwart, von: [Emil] Schürer, in: ThLZ 35 (1910), Sp.65-68, bes. Sp.66 ebenso wie Rez.: Die Religion in Geschichte und Gegenwart, von: [Hermann] Schuster, in: ThLZ 37 (1912), Sp.673-675, bes. Sp.675. Johannes Leipoldt, der im Unterschied zu Mulert zwar „mit der Richtung vieler Aufsätze nicht einverstanden" war (Rez.: Die Religion in Geschichte und Gegenwart, von: Leipoldt, in: LZD 65 [1914], Sp.577-579, hier Sp.577), würdigte ebenfalls die Orientierung des Stichwortbestandes an Fragen „der neuesten Zeit", denn es handele „sich hier um Dinge, die im allgemeinen noch nicht als wörterbuchreif gelten", wodurch die RGG[1] eine Lücke am Markt besetze (Rez.: Die Religion in Geschichte und Gegenwart, von: Leipoldt, in: LZD 63 [1912], Sp.1505f., hier Sp.1505). Dieser lexikographische Bezug auf diejenigen „Fragen, die gerade heute lebhafter erörtert werden", sei geradezu „ein unterscheidendes Merkmal dieses Werkes" (Rez.: Die Religion in Geschichte und Gegenwart, von: Leipoldt, in: LZD 64 [1913], Sp.1353f., hier Sp.1353). Wie im Falle Mulert stammen wohlwollende Rezensionen häufig von Mitarbeitern des Werkes oder wurden von diesen angeregt (vgl. hierzu VA 259: Schreiben von Oskar Siebeck, Tübingen an Otto Baumgarten, Kiel, 08.11.1909). Hier sind vor allem die Rezensionen in der ChW zu nennen: Rez.: Die Religion in Geschichte und Gegenwart, von: R[ade], in: ChW 22 (1908), Sp.812f.; Rez.: Die Religion in Geschichte und Gegenwart, von: Christian Balzer, in: ChW 22 (1908), Sp.1249-1252; Rez: Die Religion in Geschichte und Gegenwart, von: Christian Balzer, in: ChW 25 (1911), Sp.185ff.; Rez.: Die Religion in Geschichte und Gegenwart, von: Christian Balzer, in: ChW 25 (1911), Sp.210f.; Rez.: Die Religion in Geschichte und Gegenwart, von: Christian Balzer, in: ChW 25 (1911), Sp.1177; Rez.: Die Religion in Geschichte und Gegenwart, von: Christian Balzer, in: ChW 26 (1912), Sp.980-986. Daneben treten die Rezensionen Otto Baumgartens: Rez.: Die Religion in Geschichte und Gegenwart, von: O[tto] B[aumgarten], in: EvFr NF 8 (1908), S.307; Rez.: Die Religion in Geschichte und Gegenwart, von: O[tto] B[aumgarten], in: EvFr NF 9 (1909), S.443-446; Rez.: Die Religion in Geschichte und Gegenwart, von: Baumgarten/Lempp, in: EvFr NF 10 (1910), S.470-475; Rez.: Die Religion in Geschichte und Gegenwart, von: O[tto] B[aumgarten], in: EvFr NF 13 (1913), S.443-446. Von solchen Mitarbeiterrezensionen erwartete Paul Siebeck äußerste Solidarität mit dem Projekt. So teilte er Baumgarten erfreut mit: „Die Charakteristik der RGG macht mir nicht nur einige, sondern viel Freude" (VA 276: Schreiben von Paul Siebeck, Tübingen an Otto Baumgarten, Kiel, 26.11.1910). Bei allzu kritischen Stimmen, die in hauseigenen Zeitschriften veröffentlicht wurden, ergriff Siebeck notfalls Maßnahmen: „Es ist wohl die schwerste Aufgabe, die ich je zu erfüllen hatte, das Einschlagen des Lexikons durchzubringen. Ich denke dabei gar nicht an die geschäftlichen oder finanziellen Momente, sondern an den zu erzielenden Effekt des Werkes in all' den Kreisen, für die es bestimmt ist. Wenn nun eine an und für sich sehr schöne Besprechung aus dem eigenen Lager in der Schlußnote von Unzulänglichkeiten spricht, so ist das für meine Einführungsarbeit sehr misslich. Wenn die Gegner so etwas sagen, so hat das nichts auf sich, wenn die Gegner aber

Kritiker von RGG[1] erhoben den theologisch-lexikographischen Anspruch, ein kirchlich-theologisches Nachschlagewerk habe den protestantischen Bekenntnisstand zu präsentieren und solle so innerhalb eines religiös-gesellschaftlich fragmentierten Kontextes orientierend und im Hinblick auf das kirchliche Milieu stabilisierend wirken. Die RGG[1] in ihrer religionsgeschichtlichen Konzeption und ihrem kulturvermittelnden Anspruch sei daher im eigentlichen Sinne kein theologisches Nachschlagewerk mehr, sondern habe den „Charakter eines religiösen Universallexikons und g[ebe] gewiß manche Anregung zur Erweiterung des Blicks auf soziale, religionsgeschichtliche, kulturelle, künstlerische Fragen"[547], orientiere freilich in religiösen Fragen schlecht. In Fragen, welche hingegen die vermeintliche theologisch-kirchliche ‚Substanz' betreffen, wird der RGG[1] aufgrund ihrer kulturprotestantischen Hermeneutik und der damit verbundenen Öffnung hin zu den kulturwissenschaftlichen Nachbardisziplinen lexikalische Kompetenz abgesprochen. Hierin bestehe denn auch der explizite Unterschied zwischen RE[3] und der RGG[1], denn erstere „sei durchweg evangelisch bestimmt und von dem protestantischen Gesichtspunkt her [wird] die Aufnahme und Ausdehnung der Einzelbeiträge geleitet [...]; hier hingegen geht ein religionsgeschichtlich humanistischer Zug bestimmend durch alle Ausführungen hindurch"[548]. Die ekklesiologisch motivierte Ablehnung des neuen Lexikons mündete in einer grundsätzlichen Ausgrenzung des Werkes aus dem Gebiet protestantischer Publizistik. Protestantisch wird geradezu im Gegensatz zu religionsgeschichtlich und humanistisch definiert.

Förderer des Werkes hingegen sahen in der RGG[1] die Ergänzung und Überwindung herkömmlicher „fachtheologische[r] Encyklopädien" und deren „Atomistik"[549] und stellten sie in die Tradition der

---

darauf sich berufen können, dass selbst im eigenen Lager diese Note gegeben wird, dann ist es eine ganz andere Sache. Ich möchte Ihnen daher anheimgeben, ob Sie nicht kraft Ihrer redaktionellen Befugnisse den Ausdruck etwas mildern könnten. Mängel sagt z.B. schon viel weniger, als Unzulänglichkeiten" (VA 281: Schreiben von Paul Siebeck, Tübingen an Wilhelm Heitmüller, Marburg, 16.09.1910). Heitmüller macht gegen Siebecks Einwände seinen eigenen redaktionellen Grundsatz, „die Werke Ihres Verlages nicht anders zu behandeln als die anderen", geltend (VA 281: Schreiben von Wilhelm Heitmüller, Marburg an Paul Siebeck, Tübingen, 16.09.1910; vgl. Rez.: Der erste Band einer neuen Religionsenzyklopädie, von: P. Jaeger, in: ThR 13 [1910], S.400-408, hier angesprochen S.408).

547 Rez.: Die Religion in Geschichte und Gegenwart, von: Matthes, in: EKZ 84 (1910), Sp.398-400, hier Sp.399.

548 Rez.: Die neue theologische Enzyklopädie, von: Matthes, in: EKZ 88 (1914), Sp.233-235, hier Sp.233.

549 Rez.: Das Schiele'sche Handwörterbuch, von: Sch. [vermutlich: Schowalter], in: Pfälzisches Pfarrerblatt Nr.1 (1909), S.16-88, hier S.17 (zit. nach VA Sammlung Rez.

marktführenden Konversationslexika[550]. Das Werk sei ein bildungsbürgerliches Diskussionsforum, das eben gerade durch seine Öffnung hin zur religiös-kulturellen Lebenswelt orientierend wirke und dadurch hinsichtlich der individuellen Bildung stabilisierende Funktion entfalte. So war das Lexikon den einen ein „Denkmal, das auch einem überzeugten Gegner Achtung" einflöße[551]. Eben diesen Kritikern jedoch galt es aufgrund der religionsgeschichtlichen Lexikonhermeneutik als ein

---

RGG[1]. Der entsprechende Jahrgang ließ sich bislang in Deutschland nicht nachweisen und fehlt auch im Archiv der Evangelischen Kirche der Pfalz in Speyer).

550 Vgl. Rez.: Die Religion in Geschichte und Gegenwart, von: H. Holtzmann, in: DLZ 31 (1910), Sp.1236-1238, hier Sp.1237; Rez.: Ein großes Unternehmen, in: Christliche Freiheit 39 (1909), Sp.618f., hier Sp.619; Rez.: Die Religion in Geschichte und Gegenwart, in: Hannoverscher Courier Nr.28996 (02.12.1910, Morgenausgabe), S.2. Sehr präzise die Rez.: Die Religion in Geschichte und Gegenwart, in: Neckar-Zeitung Nr.60 (14.03.1910), S.2f.: „Was diesem Unternehmen seine Bedeutung gibt *neben andern Konversationslexika*, ist das, daß es sein Hauptaugenmerk richtet auf die Schilderung der Religion und Religionsgeschichte. Die religiöse, insbesondere die christliche Entwicklung wird zum gesamten Kulturleben in Beziehung gesetzt" (Hervorh. R.C.). Die *Jenaische Zeitung* sprach von einem „religiös-kirchlichen Konversationslexikon" (Rez.: Die Religion in Geschichte und Gegenwart, in: Jenaische Zeitung [24.05.1912, drittes Blatt], S.2; Rez.: Die Religion in Geschichte und Gegenwart, in: Jenaische Zeitung [30.05.1913, drittes Blatt], S.2; Rez.: Die Religion in Geschichte und Gegenwart, in: Jenaische Zeitung [27.02.1914, erstes Blatt], S.3). Ähnlich auch die Rez.: Die Religion in Geschichte und Gegenwart, in: Christentum und Gegenwart 4 (1913), S.105. Anders dagegen Rez.: Die Religion in Geschichte und Gegenwart, in: Badische Landes-Zeitung, Beilage Badisches Museum Nr.140 (26.03.1910), S.95f., hier S.95: „Man darf es unter keinen Umständen mit einem Konversationslexikon verwechseln, denn es ist eine Spezialisierung auf das im Titel angedeutete Gebiet. Und doch mehr als ein neues theologisches Handwörterbuch, wie es davon so und so viel ältere gibt". Die *Badische Landes-Zeitung* gehört nicht nur wegen der mitarbeitertechnischen Verbundenheit des Lexikons mit namhaften Heidelberger Wissenschaftlern (ebd.), sondern auch aufgrund der eigenen liberalen Tradition zu den euphorischen Bewunderern des Lexikons: „In dieser Form und in dieser wissenschaftlichen Gründlichkeit hat die Theologie aller Zeiten nichts an die Seite zu stellen. Wohl gibt es andere Wörterbücher und Lexica und Encyklopädien, mitunter noch weit umfangreichere, aber sie alle geben keine so einheitliche und doch vielseitige Anschauung über das, was man eben zusammenfaßt in dem Gesamttitel: ‚Die Religion in Geschichte und Gegenwart'" (Rez.: Die Religion in Geschichte und Gegenwart, von: B. Goldschmit, in: Badische Landes-Zeitung, Beilage Badisches Museum Nr.116 [11.03.1914], S.38f., hier S.38). Die Vermutung, daß das Lexikon gerade in solchen kirchlichen Territorien, welche über eine formierte liberale Tradition verfügten, wohlwollend aufgenommen wurde, läßt sich im Hinblick auf Baden zusätzlich durch die Rezensionen der *Heidelberger Zeitung* und der *Karlsruher Zeitung* erhärten. Vgl. Rez.: Die Religion in Geschichte und Gegenwart, in: Heidelberger Zeitung Nr.6 (07.01.1911), o.S. und Rez.: Die Religion in Geschichte und Gegenwart, in: Heidelberger Zeitung Nr.65 (18.03.1914), o.S. sowie Rez.: Die Religion in Geschichte und Gegenwart, in: Karlsruher Zeitung Nr.321 (22.11.1910), o.S.

551 Rez.: Die Religion in Geschichte und Gegenwart, von: Christian Balzer, in: ChW 25 (1911), Sp.210f., hier Sp.211.

theologisches „Parteiwerk“[552], dessen Herausgebern man eigentlich „einen besseren geschichtlichen Sinn zugetraut“ [hätte] und ein größeres Verständnis dafür, daß theologische Schulen immer nur ihre Zeit haben und daß es daher kaum im Interesse eines solchen großen Nachschlagewerkes liege, dasselbe auf die Anschauungen einer solchen festzulegen[553]. Die RGG sei ein Werk, welches in keinerlei Hinsicht dem Anspruch lexikalischer Objektivität genüge[554]. Schon ein Vergleich der Mitarbeiter in RE[3] und RGG[1] mache dies deutlich[555].

---

552 Rez.: Die Religion in Geschichte und Gegenwart, von: Matthes, in: EKZ 84 (1910), Sp.398-400, hier Sp.399. Vgl. auch Rez.: Die neue theologische Enzyklopädie, von: Matthes, in: EKZ 88 (1914), Sp.233-235, hier Sp.233f. Mit dem Begriff des ‚Parteiwerkes‘ wird derjenige Vorgang negativ chiffriert, der in positiver Perspektivierung die von Verlag und Herausgebern betriebene gezielte Besetzung einer Nische am theologischen Lexikonmarkt bezeichnet. So auch Rez.: Das Schiele'sche Handwörterbuch, von: Sch. [evtl.: Schowalter], in: Pfälzisches Pfarrerblatt Nr.1 (1909), S.16-88, hier S.16 (zit. nach VA Sammlung Rez. RGG[1]). Differenziert zum Vorwurf der Parteilichkeit des Lexikons äußerte sich Rez.: Die Religion in Geschichte und Gegenwart, von: Büchsel, in: TLB 37 (1914), S.209-214, hier S.213f.: „Wenn ich das Werk ein Parteiunternehmen nenne, so handelt es sich mir zunächst einfach um eine Konstatierung von Tatsachen, nicht um eine moralische Beurteilung. Die Tatsachen sind die: Die Freunde der Christlichen Welt haben das Werk veranstaltet. Ihre Auffassung und Beurteilung ist es, die an den entscheidenden Stellen zur Geltung kommt. Die ausschlaggebenden Artikel sind in ihren Händen, die Verteilung der Arbeit und die Redaktion des Ganzen nicht minder. Die Artikel, die nicht von Freunden der Christlichen Welt sind, geben dem Werk nicht sein Gesicht. [...] Direkte Entgleisungen in Parteipolemik finden sich nur vereinzelt. Aber davon, die Tendenzen, die der Christlichen Welt entgegengesetzt sind, als gleichberechtigt zu behandeln, sie selbst ohne Einschränkung in ihren entschlossenen Vertretern zu Worte kommen zu lassen, [...] ist die RGG weit entfernt. In aktuellen Fragen wird vielfach ganz deutlich Partei genommen. Parteilos ist das Werk nicht. Man versteht es freilich, wenn den Freunden der Christlichen Welt die Bezeichnung ihres Werkes als Parteiunternehmen unangenehm ist. Sie wollen in besonderem Maße als unparteilich gelten. [...] Aber die Freunde der Christlichen Welt sind weder unparteilich noch können sie es sein. Ich bitte auch mir zu gestatten, daß ich sage: noch sollten sie es sein wollen. Das Parteinehmen ist letztlich in sachlichen Notwendigkeiten begründet“. Ähnlich auch Rez.: RGG, in: Neues Sächsisches Kirchenblatt 21 (1914), Sp.149-152, hier Sp.152: „Was die Gediegenheit des Werkes anlangt, so ist ihm längst von allen Seiten volle Anerkennung gezollt worden; auch von denen, die zunächst eine gewisse Zurückhaltung zeigten. Und wenn anfangs das Verdikt zu hören war, dass es sich um eine liberale Parteisache handle, so ist an die Stelle dieses Vorwurfs achtungsvolle Würdigung getreten“.

553 Rez.: Die Religion in Geschichte und Gegenwart, in: ThG 8 (1914), S.137-139, hier S.138. Das Werk sei, so dieses Rezensionsorgan an anderer Stelle, „ein Parteiunternehmen sans phrase [... –] ein Werk voller methodischer Einseitigkeit, voller Überschätzung der eigenen Forschung und ihrer Zukunft, voller Unterschätzung der Macht des alten Glaubens und der ihm dienenden auch ‚modernen‘ Theologie“ (Rez.: Die Religion in Geschichte und Gegenwart, in: ThG 4 [1910], S.133-138, hier S.137).

554 Dieser Vorwurf wird von der NZZ positiv aufgegriffen. Vgl. Rez.: Die Religion in Geschichte und Gegenwart, in: NZZ Nr.233 (13.08.1913, drittes Morgenblatt), o.S.:

Die Rezensionen zeigen, daß das von Verlag und herausragenden Mitarbeitern dem Werk zugrunde gelegte lexikonpolitische Programm am Markt präzise wahrgenommen wurde. Dabei entspricht der Fragmentierung des Protestantismus die Disparatheit der Rezeption in den kirchlich-theologischen Presseorganen. Auch im Hinblick auf die allgemeine Tagespresse stellt sich dieser Befund ein. Beispielhaft konnte dies am Beispiel der liberalen Presse auf dem Gebiet Badens nachgewiesen werden. Aber auch hinsichtlich der allgemeinen Tagespresse auf Reichsebene läßt sich dieser Befund verifizieren. „Ein Parteiwerk des theologischen Radikalismus" titulierte *Das Reich*. Das Erscheinen des Lexikons ließe es wünschenswert erscheinen, „wenn in gleicher Weise auch die kirchliche Rechte sich zu einem großzügigen Gesamtwerke entschließen könnte"[556]. Das *Berliner Tageblatt* dagegen, neben der *Frankfurter Zeitung* und der *Vossischen Zeitung* Inbegriff liberaler Zeitungstradition, feierte das neue Lexikon euphorisch. „Modern im besten Sinne, wird dies Handwörterbuch der Religion die kirchliche Konkurrenz auf der ganzen Linie schlagen"[557], denn „die lendenlahmen Gegenunternehmungen, welche diesem liberalen Vorstoß kläglich nachhinken, [seien] das rühmlichste Zeugnis für die furchteinflößende Gediegenheit der freigesinnten Theologen"[558]. Auch die *Vossische Zeitung* stimmte hohe Töne an: „Die liberale Theologie und Religionswissenschaft ehrt sich selbst in diesem Meisterstücke [...], dem die hochkirchliche Richtung für unser Volk und die Ansprüche der Gegenwart

---

„Großes Interesse dürften dann alle die Artikel finden, in denen ethische Probleme des modernen Lebens vom Standpunkt des gebildeten theologischen Liberalismus aus besprochen werden. Alle diese Abschnitte haben dadurch besonderen Wert, daß ihre Verfasser nicht, wie es sonst in Lexiken üblich ist, ihre Ansichten sachlich-objektiv zu formulieren suchen, vielmehr zum essayistischen Stile hinneigen".

555 Vgl. Rez.: Die Religion in Geschichte und Gegenwart, von: Matthes, in: EKZ 85 (1911), Sp.340-345, hier Sp.341; Rez.: Die Religion in Geschichte und Gegenwart, von: Matthes, in: EKZ 84 (1910), Sp.398-400. Betonen die Kritiker der RGG[1] die theologische Vielfalt der Mitarbeiter an RE[3] im Gegensatz zum einheitlichen Mitarbeiterprofil von RGG[1], so wird dieser Tatbestand von den Förderern des RGG[1]-Projektes gerade entgegengesetzt beurteilt. Die geistige Einheitlichkeit der Mitarbeiter gewähre geradezu erst das Profil des Werkes, so: Rez.: Die Religion in Geschichte und Gegenwart, von: Paul Rohrbach, in: Die Hilfe 15 (1909), S.815.

556 Rez.: Die Religion in Geschichte und Gegenwart, in: Das Reich (24.03.1909; zit. nach: VA Sammlung Rez. RGG[1]).

557 Rez.: Die Bücher des Jahres. Auswahl für den Weihnachtstisch. Religiöse und theologische Schriften, in: Berliner Tageblatt und Handels-Zeitung Nr.600 (26.11.1910, viertes Beiblatt), o.S. Vgl. auch Rez.: Die Bücher des Jahres. Auswahl für den Weihnachtstisch, in: Berliner Tageblatt und Handels-Zeitung Nr.613 (02.12.1911, viertes Beiblatt), o.S.

558 Rez.: Die Religion in Geschichte und Gegenwart, in: Berliner Tageblatt und Handels-Zeitung Nr.589 (19.11.1913, viertes Beiblatt), o.S.

nichts Ähnliches an die Seite zu stellen vermag"[559]. Für die *Frankfurter Zeitung* verfaßte einer der führenden Mitarbeiter des Lexikons, Gustav Krüger, die einführende Rezension[560]. Die Rezeption des Lexikons in den Feuilletons und Literaturbeilagen der regionalen und überregionalen Tagespresse zeigt deutlich, welche Bedeutung der freien protestantischen Theologie im gesellschaftlich-kulturellen Diskurs dieser Zeit beigemessen wurde.

Die Kritik griff das religionsgeschichtliche und am Programm einer liberalen Theologie orientierte Profil des Werkes unter Rekurs auf ekklesiologische und bildungstheoretische Argumentationsstrukturen an. Freilich galt die Kritik darüber hinaus auch der benutzerhermeneutischen Leitidee des Werkes. Der Ansatz der Gemeinverständlichkeit und der damit verbundenen Wissenschaftspopularisierung war nicht unumstritten. Die Kritik bezog sich zum einen auf den sprachlichen und inhaltlichen Duktus der Artikel, die sich teilweise läsen, „als wären sie aus populären Vorträgen entstanden oder mit Haut und Haar für solche bestimmt. Stimmungsbilder suchte man sonst in derartigen Nachschlagewerken nicht"[561]. Mitarbeiter, die an dem Lexikon beteiligt waren, verleugneten denn auch nicht die konzeptionelle Verankerung der Idee eines gemeinverständlichen religiösen Nachschlagewerkes im Kontext populartheologischer Literaturproduktion[562], verteidigten dieses Vorgehen jedoch ebenso wie die wohlwollend gesonnene Presse: „Der Ballast bloßer historischer Gelehrsamkeit und dogmatischer Spitzfindigkeit ist zugunsten eines wirklich populären, allgemeinverständlichen Gebrauchs energisch abgeworfen"[563]. Der Ton der Darstellung sei freilich „stets wissenschaftlich ruhig und doch persönlich lebendig; er sticht in angenehmer Weise ab von dem üblichen farblosen Lexikastil,

559 Rez.: Ein Handwörterbuch der Religion, von: Th. Kappstein, in: Vossische Zeitung Nr.524 (20.10.1911, Morgenausgabe, vierte Beilage), o.S.

560 Rez.: Die Religion in Geschichte und Gegenwart, von: Gustav Krüger, in: Frankfurter Zeitung und Handelsblatt Nr.15 (16.01.1910, erstes Morgenblatt), S.5.

561 Rez.: Die Religion in Geschichte und Gegenwart, von Matthes, in: EKZ 85 (1911), Sp.340-345, hier Sp.342.

562 Vgl. Rez.: Ein religionswissenschaftliches Nachschlagewerk, von: Mulert, in: Die Hilfe 20 (1914), S.35f., hier S.35.

563 Rez.: Die Religion in Geschichte und Gegenwart, in: Königsberger Hartungsche Zeitung, 02.06.1912 (zit. nach VA Sammlung Rez. RGG[1]. Der entsprechende Jahrgang läßt sich derzeit in Deutschland nicht nachweisen). Ähnlich auch Rez.: Die Religion in Geschichte und Gegenwart, in: Königsberger Hartungsche Zeitung Nr.271 (13.06.1909, Morgenausgabe, zweites Blatt), o.S.: „Inhaltlich wird das Werk vor den vorhandenen Realenzyklopädien [...] sehr große Vorzüge haben: die Zurückdrängung zünftiger Gelehrsamkeit, die Beschränkung auf das, was für den praktischen Theologen und den gebildeten Laien" von Interesse ist.

ohne in phrasenhafte Geschwätzigkeit zu fallen"[564]. Durch sprachliche Verständlichkeit[565], durch das ausgeklügelte Verweissystem[566], durch die adäquate Mixtur ausführlicher Programmartikel und knapper Übersichtsartikel[567] erweise sich das Lexikon als ausgesprochen benutzerfreundlich und erlange auch in außerkirchlichen Benutzerkreisen eine hohe Reputation. Es sei gelungen, die „gesamte protestantisch gebildete Welt" und nicht nur „die Kreise der theologischen Fachwissenschaft" zu erreichen[568].

---

564 Rez.: Die Religion in Geschichte und Gegenwart, in: NZZ Nr.308 (06.11.1909, drittes Morgenblatt), o.S.

565 Vgl. z.B. Rez.: Die Religion in Geschichte und Gegenwart, in: Casseler Allgemeine Zeitung Nr.66 (07.03.1912), S.10: „Die außerordentlich sorgfältige Redaktion hat Wert auf Knappheit im Ausdruck, aber zugleich auch auf gutes Deutsch gelegt". Oder gar: Das Werk werde zu einem „theologischen Sprachdenkmal. Es bedeutet eine grundsätzliche Reinigung der theologischen Sprache von überflüssigen Fachausdrücken und unzugänglichen Begriffen" (Rez.: Der erste Band einer neuen Religionsenzyklopädie, von: P. Jaeger, in: ThR 13 [1910], S.400-408, hier S.407).

566 „Eine besondere Eigentümlichkeit liegt in dem planmäßigen Verweissystem, durch das eigentliche Wiederholungen vermieden werden und es ermöglicht ist, auf verhältnismäßig begrenztem Raum eine Überfülle von Stoff zu vereinigen" (Rez.: Die Religion in Geschichte und Gegenwart, in: Kirchlicher Anzeiger für Württemberg 23 [26.03.1914], S.97f., hier S.98). Auch die Rez.: Die Religion in Geschichte und Gegenwart, in: Casseler Allgemeine Zeitung Nr.66 (07.03.1912), S.10 lobt die „übersichtliche Anlage".

567 „Die große Kunst eines wirklich praktischen Wörterbuchs liegt darin, den Stoff zwischen großen und kleinen Artikeln in der rechten Weise zu verteilen. Wir suchen schnellen Bescheid: was hilft uns da ein Artikel von 50 oder mehr Seiten, den wir durchstudieren müssen, ehe wir Auskunft finden? Wir suchen gründliche Belehrung: was hilft uns da ein kurzer, notizartiger Artikel, in dem nur wenig mehr steht, als wir ohnehin schon wußten? Ein rechtes Wörterbuch vereinigt beides. Es hat viele kleine Artikel, welche sich darauf beschränken, die allererste Auskunft zu geben. Es hat zweitens große Artikel, die als Längsschnitte oder Querschnitte durch einheitliche weite Stoffgebiete laufen und so die Geschichte wie die gegenwärtige Bedeutung der Dinge gründlich erkennen lehren" (Rez.: Ein religionsgeschichtliches Handwörterbuch, in: Nordhäuser Allgemeine Zeitung Nr.280 [28.11.1908, zweite Beilage]. Zusammenfassend vgl. auch Rez.: Die Religion in Geschichte und Gegenwart, in: Jenaische Zeitung (24.05.1912, drittes Blatt), S.2: „Was die technische Anlage betrifft, so ist die Uebersichtlichkeit in der Bearbeitung des Stoffes zu rühmen, die neben den Hauptartikeln durch Nebenartikel, durch Verweisstichwörter die Zersplitterung vermeidet und die Benutzung des Buches wesentlich erleichtert". Ähnlich auch Rez.: Die Religion in Geschichte und Gegenwart, von: Leipoldt, in: LZD 65 (1914), Sp.577-579, bes. Sp.579. Man sprach in diesem Zusammenhang gar von einem „buchhändlerische[n] Meisterstück" (Rez.: Die Religion in Geschichte und Gegenwart, in: Magdeburgische Zeitung Nr.622 [08.12.1909, dritte Beilage], S.13). Das Wörterbuch stehe „lexikalisch [...] auf der Höhe. Die Artikel sind mit einer Exaktheit bearbeitet, die bewundernswert ist" (Rez.: Die Religion in Geschichte und Gegenwart, in: Volksbildung 43 [1913] S.518).

568 Rez.: Die Religion in Geschichte und Gegenwart, von: Paul Rohrbach, in: PrJ 144 (1911), S.317-320, hier S.317.

Vor allem pädagogische Zeitschriften begrüßten das Werk und empfahlen es zur Anschaffung für die Lehrerbibliotheken.

> „Der Inhalt des Werkes ist so sehr geeignet, die Fortbildung des Volksschullehrerstandes nach der religiösen Seite hin zu fördern, daß es sich Lehrerbibliotheken und Büchereien der Lehrerbildungsanstalten sollten in bälde beschaffen. [...] Es ist nämlich irrig, zu glauben, das Werk sei ein theologisches, nur für Gelehrte bestimmt. Es wendet sich mehr an Laien als an Fachgelehrte, obgleich es auch den letzteren dienen kann. Aber es nimmt auch die Religion nicht enge im Sinn einer Kirche, sondern Religion zugleich als kulturschaffende Potenz, und darum zieht es die ganze menschliche Kultur in den Kreis der Betrachtung, soweit sie religiös unterbaut ist"

und gehöre daher in jede Lehrerbibliothek[569]. Neben den Lehrerbibliotheken wurde auch den Volksbüchereien die Anschaffung des Lexikons empfohlen[570].

Wollte die lexikographische Konzeption einer grundsätzlichen kulturwissenschaftlichen Öffnung der theologisch-enzyklopädischen Disposition eine Benutzung des Werkes außerhalb des traditionell kirchlich-theologischen Milieus erreichen, so wurde es schließlich gerade aufgrund dieser Öffnung als auch für den Wissenschaftsbetrieb unentbehrlich eingestuft: „Auch der Gelehrte wird, gerade als Nichtfachmann, diese Bände dankbar und häufig benutzen und sich schneller als sonst Rat holen über Grenzgebiete seiner Wissenschaft"[571]. Diese Einschätzung korreliert mit der zunehmenden Verbreitung und positiven Rezeption, welche die Konversationslexika um 1900 in Wissenschafts-

569 Rez.: Die Religion in Geschichte und Gegenwart, in: Freie Bayerische Schulzeitung 12 (1911), S.118. Vgl. auch Rez.: Die Religion in Geschichte und Gegenwart, in: Freie Bayerische Schulzeitung 13 (1912), S.97; Rez.: Die Religion in Geschichte und Gegenwart. Ein Werk zur Anregung, Orientierung und Vertiefung in theologische und religiöse Dinge, von: Alfred Pottag, in: Blätter für die Fortbildung des Lehrers und der Lehrerin 4 (1911), S.875-878 (hier S.878: „Wir Lehrer dürfen solchem Werk nicht untätig gegenüberstehen. Es muß hinein in die Bibliotheken. Wer sich's nicht selbst kauft, so weit er Religion zu seinem Spezialfach gemacht hat, der arbeite mit den anderen Kollegen seiner Schule zusammen darauf hin, daß es in die Lehrerbibliotheken, in die Kreis- und Volksbibliotheken, in die Bibliotheken der Lehrerseminare kommt"); Rez.: Die Religion in Geschichte und Gegenwart, in: Schulblatt für die Herzogtümer Braunschweig und Anhalt. Literarische Beilage 22 (1909), S.6; Rez.: Die Religion in Geschichte und Gegenwart, in: MERU 2 (1909), S.390f.; Rez.: Die Religion in Geschichte und Gegenwart, in: MERU 3 (1910), S.287f.

570 Vgl. Rez.: Die Religion in Geschichte und Gegenwart, in: Volksbildung 44 (1914), S.179.

571 Rez.: Die Religion in Geschichte und Gegenwart, von: Bergsträßer, in: Akademische Blätter 29 (1914), S.321; vgl. auch Rez.: Die Religion in Geschichte und Gegenwart, von: Bergsträßer, in: Akademische Blätter 28 (1913), S.160f., hier S.160: „Da überall die Literaturangaben auf den gegenwärtigen Stand gebracht sind, wird es nicht nur dem Laien, sondern auch dem Wissenschaftler recht gute Dienste leisten".

kreisen fanden[572]. Wurde die RGG[1] als religiöses Konversationslexikon wahrgenommen, so partizipierte sie am grundsätzlichen Wohlwollen, welches bildungsbürgerliche Kreise und zunehmend auch Fachgelehrte der Idee des Konversationslexikons entgegenbrachten.

> „Es ist noch nicht gar lange her, daß sich der Gelehrte scheute Konversationslexika zu benützen und sich daraus Belehrung zu holen. Je mehr aber die Wissenschaften sich einerseits spezialisieren, andererseits die Grenzen zwischen den Einzelwissenschaften fliessend werden und jede einzelne auch die Dienste anderer Wissenschaften in Anspruch nehmen muß, desto mehr entsteht das Bedürfnis nach Nachschlagewerken, die rasch und zuverlässig über auftauchende Fragen Auskunft geben. [...] So werden diese Werke, die alle Wissenszweige umfassen, immer mehr zu unentbehrlichen Hilfsmitteln auch des Lehrers und Gelehrten"[573].

Die RGG sei geradezu „ein Standwerk lexikalischer Gelehrtenarbeit"[574]. Als ein solches komme ihr eine „unvergleichliche Vermittleraufgabe" zwischen dem „Esoterismus", in welchem die Theologen verharrten und dem daraus resultierenden „unorientierten Geschwätz und Geschreibe mancher Laien" zu – „und zwar in beiden Richtungen" wie ausdrücklich zu betonen sei"[575].

So läßt sich im Hinblick auf die Rezeption des Werkes bilanzieren, daß die Intention, unter der es konzipiert war, wahrgenommen wurde – ein allgemeinverständliches Nachschlagewerk, welches sich hinsichtlich des enzyklopädischen Stoffes einer religionsgeschichtlichen Hermeneutik und einer kulturprotestantischen Perspektivierung verpflichtet sah. Dabei sind die Rezensionen jeweils auch einem theologiepolitischen Milieu und Selbstanspruch verbunden. Auch Rezensionspolitik ist Lexikonpolitik.

---

572 Vgl. zu diesem Sachverhalt beispielsweise Rez.: Zwei Nachschlagewerke, von: Otto Stählin, in: Blätter für das Gymnasial-Schulwesen 45 (1909), S.707-711, hier S.707: „Es ist noch nicht gar lange her, daß sich der Gelehrte scheute Konversationslexika zu benützen und sich daraus Belehrung zu holen. Je mehr aber die Wissenschaften sich einerseits spezialisieren, andererseits die Grenzen zwischen den Einzelwissenschaften fließend werden und jede einzelne auch die Dienste anderer Wissenschaften in Anspruch nehmen muß, desto mehr entsteht das Bedürfnis nach Nachschlagewerken, die rasch und zuverlässig über auftauchende Fragen Auskunft geben. Wer sich einmal daran gewöhnt hat ein gutes Konversationslexikon neben seinem Arbeitstisch zur Hand zu haben, wird nicht mehr leicht auf diesen stets hilfsbereiten Ratgeber verzichten".

573 Rez.: Zwei Nachschlagewerke, von: Stählin, in: Blätter für das Gymnasial-Schulwesen 45 (1909), S.707-711, bes. S.707f.

574 Rez.: Die Religion in Geschichte und Gegenwart, in: Karlsruher Zeitung Nr.321 (22.11.1910), o.S.

575 Rez.: Jesus Christus, von: E. Günther, in: Kirchlicher Anzeiger für Württemberg 20 (1911), S.149.

3.4. Zwischenüberlegung Die Selektions-, Integrations- und Generalisierungsleistungen eines Lexikons

Jedes Lexikon vollzieht eine Selektions-, Integrations- und Generalisierungsleistung. In diesen Selektions-, Integrations- und Generalisierungsentscheidungen liegen die lexikonpolitischen Weichenstellungen eines Nachschlagewerkes. Dies gilt auch für die erste Auflage der RGG. Sie hat sich programmatisch beschränkt. Darin liegt ihre Selektionsleistung. Die erste Auflage visierte mit einem einheitlichen Programm – liberalprotestantisch, religionsgeschichtlich und allgemeinverständlich – ein klar umgrenztes Marktsegment an. Diese programmatische Vorentscheidung hinsichtlich der lexikographischen Hermeneutik wirkte selektiv sowohl im Blick auf die Gestaltung der internen Fächeraufteilung und des Stichwortbestandes als auch in der Frage der Autorenakquisition. Ihren Erfolg und ihre nachhaltige Wirkungsgeschichte verdankt die erste Auflage der Geschlossenheit des Programms und dessen konsequenter Umsetzung. Das Programm wirkte integrativ und darin generalisierend. Dabei geht die Selektions-, Integrations- und Generalisierungsleistung des Lexikons über das Buchprodukt selbst hinaus. Gleichgesinnte Autoren werden zu einem theologiepolitischen Netzwerk verbunden. Wissenschaftler schließen sich mit einem Verlag zusammen, um am Buch- und Lexikonmarkt wissenschaftspolitisch agieren zu können. Die erste Auflage der RGG ist in ein weit verzweigtes Netzwerk theologischer Wissenschafts- und Verlagspolitik eingebettet. Lexikonpolitische Entscheidungen erweisen sich so als der exemplarische Anwendungsfall theologie- und wissenschaftspolitischer Entscheidungen. Sie spiegeln auf verdichtetem Raum die Selektions-, Integrations- und Generalisierungsvorgänge wieder, die grundsätzlich auf dem Feld der Theologie-, Wissenschafts- und dann auch Kirchenpolitik auszumachen sind.

Die wechselvolle Geschichte des Erscheinungsverlaufes zeigt jedoch, daß sich theologie- und lexikonpolitische Entscheidungen auf dem Gebiet der Buch- und Lexikonproduktion nicht von den ökonomischen Bedingungen des Buchmarktes dispensieren können. Die Selektions-, Integrations- und Generalisierungsleistungen eines Lexikons agieren unter den Bedingungen des Buchmarktes und werden von diesen auch mitbestimmt. Und zumindest der finanziell haftende Verlag kann diese Perspektive nicht ignorieren. Alle vorgestellten Konfliktfelder des Projektes ließen deutlich erkennen: Paul Siebeck argumentierte und kalkulierte weit eindringlicher mit den ökonomischen Fragen eines solchen Projektes, als dies seinen theologischen Mitarbeitern bewußt und vermutlich auch lieb war, und dies, obwohl er von der lexikonpolitischen Motivation geleitet war, daß sich „die moderne Theologie ein monumentum aere perennius setzen" würde mit diesem Lexikon[576]. Ein Verleger ist immer beides zugleich: theologie- und kulturpolitisch agierend und zugleich unternehmerisch tätig. Seitens der Verleger haben theologiepolitisch motivierte Verlagsprojekte eine finanzielle Dimension, welche bei der zu Recht starken Betonung kultur- und theologiepraktischer Motivation des Siebeckschen Verlagsprogramms nicht übersprungen werden kann[577]. Erkennbar wird hier der

> „Grundkonflikt zwischen bildungsbürgerlicher Selbstwahrnehmung und Traditionsdenken einerseits, in dem Profil- und Konkurrenzüberlegungen noch verpönt waren, und der zunehmenden Ökonomisierung des literarischen Marktes andererseits, in deren Folge Autorenhonorare und Verkaufszahlen zu festen Größen für alle literarischen Berufe geworden waren"[578].

Dieser Konflikt machte sich um 1900 verstärkt bemerkbar. Für diese verlagspolitischen Bedingungen eines theologisch-literarischen Projektes klagte Siebeck von seinen Mitarbeitern ein grundsätzliches Verständnis ein. Er wollte in seiner Bedeutung als Verleger und Förderer liberalprotestantischer – wissenschaftlicher und auch populärer – Literatur anerkannt und respektiert werden und erwartete besondere Unterstützung gerade im Hinblick auf das Lexikon, denn wie könne sonst erwartet werden,

> „dass der Verlag einen ausreichenden Subscribenten- und Leserkreis zu Stande bringt, wenn im Kreise der Mitarbeiter das Unternehmen so

---

576 VA 249: Schreiben von Paul Siebeck, Tübingen an Walther Köhler, Gießen, 30.05.1908. Besonders deutlich wird die ökonomische Argumentationsstruktur Siebecks in VA 246: Zweites Schreiben von Paul Siebeck, Tübingen an Hermann Gunkel, Gießen, 20.11.1908.

577 Wenn Hübinger/Müller, Politische, konfessionelle und weltanschauliche Verlage, S.348f. betonen, daß das „große Interesse der Geistes- und Sozialwissenschaften [...] sich bereits um 1900 auf Verlage und Verlegerberuf in ihrer spezifischen Bedeutung als Kulturfaktoren der sich auch im Deutschen Reich voll entfaltenden Massenkommunikationsgesellschaft" richtete und die Verlage deshalb nicht allein als „ökonomische Objekte" galten, so ist dies aus der Perspektive der wissenschaftlichen Autoren richtig und trifft im Kern auch die verlegerische Motivation Paul Siebecks. Es kann dennoch nicht unterlassen werden, die ökonomisch-verlagsorganisatorischen Fragen in ihrer Relevanz für die Ausgestaltung des Verlagsprogramms auch zu erörtern.

578 Müller, Idealismus und Markt, S.160. Vgl. hierzu auch die Klage Paul Siebecks gegenüber Baumgarten, es sei „unglaublich, wie wenig Verständnis für Verlegernöten gerade die Theologen und unter ihnen die Seelsorger haben! Als ob so ein geplagter Verleger nicht auch eine Seele hätte, die versorgt sein will." (VA 242: Schreiben von Paul Siebeck, Tübingen an Otto Baumgarten, Kiel, 27.06.1908).

schlecht gemacht wird? Da sind ja die Orthodoxen noch bessere Menschen, die von dem Lexikon wenigstens mit Achtung sprechen"[579].

Das Verhältnis zwischen Verlegern und wissenschaftlichen Autoren erweist sich daher in finanziellen Fragen als fragil. Denn Mitarbeiter, die die ökonomischen Sachzwänge ignorieren, indem sie beispielsweise den Erscheinungsverlauf durch verzögerte Manuskriptabgabe in die Länge ziehen, können ein Projekt wie ein mehrbändiges Lexikon massiv gefährden. Für ein Familienunternehmen von der Größe des Tübinger Mohr Siebeck Verlages bedeutet ein Projekt wie die RGG ein erhebliches finanzielles Risiko. Er ist daher auf die Zuverlässigkeit der Mitarbeiter auch aus finanziellen Gründen angewiesen. Das Beispiel Friedrich Michael Schieles zeigt jedoch, daß nicht nur für den Verlag die finanzielle Seite von hoher Bedeutung ist, sondern auch für leitende Mitarbeiter – dann nämlich, wenn die eingeplante Lebens- und Arbeitszeit durch die Unzuverlässigkeit anderer über Gebühr verlängert wird und dadurch finanzielle Verluste zu befürchten sind.

Darüber hinaus erwiesen sich zur Umsetzung lexikonpolitischer Entscheidungen zuverlässige Mitarbeiter nicht nur in arbeitsorganisatorischen Fragen als für das Gelingen des Lexikons unabdingbar. Ein Lexikon wie die RGG[1] ist stark von intellektuellen Leitfiguren abhängig sind. In Falle der RGG[1] war die Person Hermann Gunkels für das religionsgeschichtliche Profil des Lexikons unersetzlich[580]. In Krisenzeiten sind solche Großprojekte der uneitlen Gelassenheit ausgleichender Förderer bedürftig. Dies unterstreicht die Bedeutung, die Martin Rade nicht nur für die Idee des Werkes, sondern auch für dessen Umsetzung, zukommt. Die Abhängigkeit zwischen Verlag und Autoren ist also eine wechselseitige. Weder kann der Verlag auf die theologische Vielfalt der Autoren verzichten noch können die Autoren das arbeitsorganisatorischen Wissen des Verlages ignorieren.

Die langfristige Bedeutung eines Lexikons hängt indes nicht nur davon ab, daß ein schlüssiges Programm und ein einheitliches Profil von den Mitarbeitern in verantwortlicher Arbeitsmanier umgesetzt wird, sondern auch davon, daß dieses Werk durch ständige Marktpräsenz besticht und regelmäßig überarbeitet wird. In den Nachauflagen eines Lexikons zeigt sich, daß die Auswahl des Stoffes nicht auf einem einmal abgeschlossenen Wissenskanon beruht, sondern auch dem Fortschritt der Wissenschaften und der Entwicklung auf allen Lebensgebie-

579 VA 250: Schreiben von Paul Siebeck, Tübingen an Gustav Krüger, Gießen, 02.12.1908.

580 So äußerte Paul Siebeck, er habe „wesentlich deshalb Mut zu dem Unternehmen gewonnen, weil ich darauf rechnen zu können glaubte, dass Sie als Hauptredakteur auf dem Titel genannt werden dürfen" (VA 214: Schreiben von Paul Siebeck, Tübingen an Hermann Gunkel, Berlin, 05.03.1906).

ten korrespondiert. Bestach die RGG[1] durch die Einheitlichkeit des theologisch-lexikographischen Programmes und ging daher als ein ‚theologisches Konversationslexikon' in die Geschichte der theologischen Lexikographie ein, so haben sich die beiden nächsten Auflagen von dieser Programmatik sukzessive verabschiedet. Dies soll im dritten Kapitel unter lexikonpolitischer Perspektivierung exemplarisch nachgezeichnet werden.

Die Veränderungen betrafen beide buchgeschichtlichen Wurzeln der ersten Auflage, also sowohl Spezifika, die sich der Herleitung aus dem Bereich der theologischen Fachlexika verdanken, als auch solche, die sich aus der Tradition der Konversationslexika erklären ließen. Am Beispiel der zweiten Auflage soll die Veränderung des theologischen Profils dargestellt werden, am Beispiel der dritten Auflage die Verschiebung des von den Konversationslexika übernommenen Gemeinverständlichkeitsanspruches. Zusätzlich soll das oft problematische Verhältnis zwischen Verlag und theologischer Autorenschaft aus einer weiteren Perspektive untersucht werden – nämlich unter der Fragestellung, inwieweit dieses Verhältnis über die persönliche Beziehung hinaus nicht nur durch finanzielle Aspekte, sondern auch durch juristische Gesichtspunkte bestimmt wird. Dem dritten Kapitel liegt also die These zu Grunde, daß auch die Auflagengeschichte eines Lexikons ein nicht zu unterschätzender lexikonpolitischer Parameter ist. Lexikonpolitik ist immer auch Auflagenpolitik.

Kapitel III
Die zweite und dritte Auflage der RGG – lexikonpolitische Parameter im Spiegel der Auflagengeschichte

1. Die Transformierung der religionsgeschichtlichen und am Programm einer liberalen Theologie orientierten Lexikonhermeneutik anläßlich der zweiten Auflage

1.1. Der Buchmarkt um 1920 zwischen Krise und Neubeginn – die buchhandelsgeschichtlichen Voraussetzungen von RGG[2]

Mit Ende des Ersten Weltkriegs und einsetzender inflationärer Wirtschaftssituation geriet der deutschsprachige Buchhandel in eine Krise, welche auch den Tübinger Verlag Mohr Siebeck nicht unberührt ließ und die die Planung einer Neuauflage von RGG maßgeblich mitbestimmte[1]. War der Buchmarkt zu Kriegszeiten durch Papierkontingentierung[2] und Zensur beeinträchtigt gewesen, so erwiesen sich mit Kriegsende die explosionsartig ansteigenden Produktions- und Ver-

---

1 Vgl. zum folgenden ausführlich Knappenberger-Jans, Verlagspolitik und Wissenschaft. Aufgrund der dort gründlich, auch anhand von Statistiken und zeitgenössischer Literatur rekonstruierten Situation des deutschen Buchhandels um 1920 im allgemeinen und des Tübinger Verlagshauses im besonderen kann sich vorliegendes Kapitel auf diejenigen Sachverhalte beschränken, welche zur Kontextualisierung konzeptioneller Entscheidungen bei der Erarbeitung von RGG[2] notwendig sind. Zur Situation des deutschsprachigen Buchmarktes während den Jahren der Weimarer Republik vgl. auch Wittmann, Geschichte, S.329ff.; Thorsten Grieser, Buchhandel und Verlag in der Inflation. Studien zu wirtschaftlichen Entwicklungstendenzen des deutschen Buchhandels in der Inflation nach dem Ersten Weltkrieg, in: AGB 51 (1999), S.1-187 und Berthold Brohm, Das Buch in der Krise. Studien zur Buchhandelsgeschichte der Weimarer Republik, in: AGB 51 (1999), S.189-331 sowie den Sammelband: Das Buch in den zwanziger Jahren. Vorträge des zweiten Jahrestreffens des Wolfenbütteler Arbeitskreises für Geschichte des Buchwesens 16. bis 18. Mai 1977. Hg. v. Paul Raabe (Wolfenbütteler Schriften für Geschichte des Buchwesen 2), Hamburg 1978.

2 Bis zum 01.10.1920 unterlag die Buchproduktion der Zwangswirtschaft. Vgl. z.B. VA 385: Schreiben von Paul Siebeck, Tübingen an Otto Baumgarten, Kiel, 20.12.1919 mit dem Hinweis, die Papiervorräte des Verlages seien „auf ein Minimum zusammengeschmolzen".

triebskosten[3], die aus absatztechnischen Gründen nicht gleichermaßen auf den Verkaufspreis angerechnet werden konnten, als größtes Hemmnis[4]. Per Notstandsordnung führte der Börsenverein des Deutschen Buchhandels 1918 zugunsten der Sortimenter einen Teuerungszuschlag in Höhe von 10% auf den Verkaufspreis aller Bücher ein, welcher 1920 auf 20% erhöht wurde, auf Druck vor allem der wissenschaftlichen Verleger jedoch bereits im Oktober des gleichen Jahres wieder auf 10% zurückgeführt wurde. Da mit steigender Inflation der feste Ladenpreis zur Fiktion wurde, führte der Börsenverein auf 13.09.1922 die sogenannte ‚Schlüsselzahl' ein, welche dem jeweils Vielfachen der Geldentwertung entsprach und mit dem jeweiligen Grundpreis des Buches zu multiplizieren war. Mit fortschreitender Inflation blieb jedoch auch die ‚Schlüsselzahl' hinter der jeweiligen Tagesrealität zurück[5]. Im Herbst des Jahres 1923 erreichte die Inflation ihren Höhepunkt. Die ‚Schlüsselzahl' betrug im November dieses Jahres 100 Milliarden. Die Konsolidierung der allgemeinen wirtschaftlichen Lage setzte erst ein, als am 15.11.1923 die Rentenmark als neue Währung eingeführt wurde. Damit verloren auch die ‚Schlüsselzahlen' an Bedeutung. Am Buchmarkt begann sich eine leichte Stabilisierung abzuzeichnen.

Es war in besonderem Maße die wissenschaftliche Verlagsbranche, welche von der wirtschaftlichen Krise betroffen war, da sie von der öffentlichen Hand abhängig war[6]. Im Jahre 1920 entstand daher die ‚Ar-

---

3 Vgl. z.B. VA 394: Schreiben von Paul Siebeck, Tübingen an Martin Rade, Marburg, 03.07.1920: „Satz, Druck, Papier und Buchbinder sind ja so teuer geworden, dass die Zukunft der Bücher und Zeitschriften-Produktion ganz trüb vor einem steht".

4 „Am 1.1.1923 kosteten die Bücher das 600-fache des Vorkriegspreises, die Herstellung dagegen das 2000-fache" (Heidler, Der Verleger Eugen Diederichs, S.188).

5 Werner Siebeck schilderte die verlegerische Tätigkeit dieser Monate lapidar, es bliebe „unser einem gar nichts anderes übrig, als von morgens bis abends zu rechnen und einzuteilen und dabei riskiert man noch häufig, dass eine Disposition, die man am Vormittag getroffen hat, schon wenige Stunden nachher über den Haufen geworfen wird" (VA 409: Schreiben von Werner Siebeck, Tübingen an Gustav Krüger, Gießen, 09.11.1923).

6 Dies ist besonders im Hinblick auf das Bibliothekswesen evident, litten die Wissenschaftsverlage doch erheblich unter den Stornierungen von Zeitschriftenabonnements und Fortsetzungen, mittels derer die öffentliche Hand Ausgaben zu senken suchte. Vgl. hierzu die über Oskar Siebeck vermittelte Einschätzung Adolf v. Harnacks: „Die theologischen Zeitschriften stehen auf dem Aussterbeetat. Die Verleger [...] können die Zeitschriften einfach nicht mehr fortsetzen. [...] Der Druck von Monographien ist schon jetzt nahezu unmöglich" (VA 389: Oskar Siebeck, Berlin an Mohr Siebeck Verlag, Tübingen: Bericht von einer „Vorbesprechung behufs Gründung einer Gesellschaft zur Förderung evangelischer Wissenschaft", 18.12.1919). Paul Siebeck hatte bereits 1915 an Otto Baumgarten geschrieben, es gebe „wohl keinen Zweig des ganzen Buchhandels, der infolge des Krieges so darnieder liegt, wie eben der wissenschaftliche Verlag" (VA 363: Schreiben von Paul Siebeck, Tübingen an Otto Baumgarten, Kiel, 01.05.1915).

beitsgemeinschaft wissenschaftlicher Verleger'. Aufgrund der schwierigen ökonomischen Rahmenbedingungen setzte auch im wissenschaftlichen Verlagssektor der für die Buchbranche dieser Jahre typische Konzentrationsprozeß ein: Die Traditionsverlage Göschen, Guttentag, Georg Reimer, Trübner, Veit & Comp. schlossen sich 1919 aus Kosten- und Vertriebsgründen zur ,Vereinigung wissenschaftlicher Verleger Walter de Gruyter und Co.' zusammen[7]. Der Verlag Mohr Siebeck lehnte einen Beitritt zu dieser Verlagsgruppe ab[8]. Stattdessen bemühten sich Oskar und Werner Siebeck von 1923 an um eine Konsolidierung des Verlagsprogramms und beschlossen die Konzentration auf den geisteswissenschaftlichen Programmsektor, bestehend aus Theologie und Religionswissenschaft[9], Philosophie sowie Rechts- und Staatswissenschaften, um so am Buchmarkt als unabhängiger Familienbetrieb durch präzise Nischenbesetzung überlebensfähig zu bleiben. Das medizinische Verlagsprogramm wurde an Urban & Schwarzenberg, ansässig in Wien und Berlin, verkauft[10]. Die Reste des forstwissenschaftliches Programms gingen an den Verlag Paul Parey in Berlin.

Der Verlust an Kaufkraft traf Verleger mit einem kulturpraktischen Interesse wie Paul Siebeck und deren bisherige Autorenschaft über die ökonomische Seite hinaus auch in ideeller Hinsicht, wurde doch eine Neubestimmung der bisher gültigen kulturellen Leitwerte der Buchproduktion unumgänglich. Otto Baumgarten fragte im Januar 1920 einigermaßen entsetzt bei Paul Siebeck an, wie eigentlich „unsere geistige Kultur auf ihrer alten Höhe erhalten werden [solle], wenn unsere ausgepoverte Gesellschaft die teuren Bücher nicht mehr bezahlen kann?"[11]. Es war nämlich die bisherige Benutzergruppe der Buchpro-

---

7 Vgl. Müller, Wissenschaft und Markt, 1ff.

8 Vgl. hierzu beispielsweise VA 385: Schreiben von Paul Siebeck, Tübingen an Otto Baumgarten, Kiel, 22.02.1919; VA 389: Schreiben von Paul Siebeck, Tübingen an Oskar Siebeck, Berlin, 03.04.1919.

9 Vgl. hierzu Oskar Siebeck, Zukunftssorgen der deutschen Theologie, in: ChW 34 (1920), Sp.293-295.

10 Vgl. hierzu Oskar Siebeck/Werner Siebeck, Vorbemerkung, in: Verlags-Bericht J.C.B. Mohr (Paul Siebeck). H. Laupp'sche Buchhandlung Tübingen. 1. Januar bis 31. Dezember 1924, Tübingen 1924 und dann z.B. auch VA 411: Schreiben von Oskar Siebeck, Tübingen an Otto Baumgarten, Kiel, 20.10.1924.

11 VA 391: Schreiben von Otto Baumgarten, Kiel an Paul Siebeck, Tübingen, 10.01.1920. Dann VA 391: Schreiben von Paul Siebeck, Tübingen an Otto Baumgarten, Kiel, 15.01.1920. Vgl. hierzu Otto Baumgarten, Die Not der akademischen Berufe nach dem Friedensschluß, Tübingen 1919. Wittmann, Geschichte, S.356 urteilt: „Die Absatzprobleme des Buchhandels waren Symptome allgemeiner Desorientierung, einer umfassenden Hilflosigkeit gegenüber der rapide beschleunigten Modernisierung, Rationalisierung und Technisierung auf der einen, zugleich aber Ideologisierung und Irrationalisierung auf der anderen Seite". Es waren vor allem die in dieser Zeit entstehenden Buchgemeinschaften, die von dieser Situation profitierten. Sie traten in

duktion des Mohr Siebeck Verlages – Bildungsbürgertum und Studentenschaft –, welche als Käuferklientel weitestgehend wegbrach, da sie von dem Währungsverfall in besonderem Maße betroffen war[12]. Als sich dieser Sachverhalt massiv in den Absatzstatistiken der theologischen Buchproduktion bemerkbar zu machen begann, setzten Oskar und Werner Siebeck von 1924 an – parallel zur gesamtwirtschaftlichen Stabilisierung – einen Umbau des theologischen Programmsegmentes in Gang, welcher auch für die dann realisierte Neuauflage der RGG folgenreich sein sollte.

Es sind im folgenden zwei Aspekte, die im Blick auf die zweite Auflage hinsichtlich der Profilierung lexikonpolitischer Fragestellungen detaillierter zu untersuchen sind. Wie gestalteten sich die – nicht umgesetzten – Planungen zu einer Neuauflage in den Anfangsjahren der Weimarer Republik? Es wird sich zeigen, daß sie in erster Linie

---

der Regel mit einem weltanschaulich oder konfessionell motivierten Orientierungsanspruch auf (z.B. die katholische *Bonner Buchgemeinde*, der protestantische *Deutsch-Evangelische Bücherbund*, die gewerkschaftlich orientierte *Büchergilde*, aber auch die völkisch-nationale *Deutsche Hausbücherei*) und produzierten preiswerte Massenauflagen, die sich durch eine gute Ausstattung hervortaten. Vgl. hierzu ausführlich und mit weiterführender Literatur u.a. Brohm, Das Buch in der Krise, S.231ff. und Bernadette Scholl, Buchgemeinschaften in Deutschland 1918-1933 (Deutsche Hochschulschriften 873), Egelsbach et al 1994 (zugleich Diss. Göttingen 1990; microfiche).

12 Vgl. hierzu Brohm, Das Buch in der Krise, S.258: „Sehr viele Angehörige des Bildungsbürgertums waren als höhere Beamte tätig. Deshalb war diese Schicht in besonderem Maße vom Zusammenbruch des Staates, der Revolution und der nachfolgenden allgemeinen politischen und finanziellen Krise der Weimarer Republik betroffen. Im Vergleich mit Angestellten und Arbeitern des öffentlichen Dienstes sank das Einkommen der mittleren und höheren Beamten beträchtlich". Vgl. auch die Einschätzung bei Sebastian Müller-Rolli: Lehrer, in: Handbuch der deutschen Bildungsgeschichte. Bd.V. 1918-1945. Die Weimarer Republik und die nationalsozialistische Diktatur. Hg. v. Dieter Langewiesche und Heinz-Elmar Tenorth, München 1989, S.240-258. Müller-Rolli weist am Beispiel der Lehrerschaft nach, „daß von der ersten großen Wirtschaftskrise in der Republik und den mit ihr verbundenen schwankenden Einkommensverhältnissen eine sozial relativ homogene Schicht des Bildungsbürgertums in einer ganz besonderen Weise in ihrer Selbstrekrutierungsstrategie getroffen und verunsichert wurde" (aaO., S.247). Ergänzend zur Inflationsproblematik ist hier zu verweisen auf den rigorosen Personalabbau im Angestellten- und Beamtenbereich des öffentlichen Dienstes und die Reduzierung der Löhne in diesem Sektor auf bis zu 60% der Vorkriegssätze, was die Kaufkraft dieser für den Umsatz des Buchhandels relevanten Kreise nachhaltig schwächte (vgl. hierzu Heinrich August Winkler, Weimar 1918-1933. Die Geschichte der ersten deutschen Demokratie, München 1993, bes. S.237f.). Zusätzlich ist zu verweisen auf die „Tendenz zur fortschreitenden Aushöhlung der bürgerlichen Lebensformen und zur Auflösung des bildungsbürgerlichen Selbstverständnisses", welche den Buchmarkt durch seine starke Affinität zum Bildungsbürgertum unmittelbar betraf (Hans Mommsen, Die Auflösung des Bürgertums seit dem späten 19. Jahrhundert, in: Bürger und Bürgerlichkeit im 19. Jahrhundert. Hg. v. Jürgen Kocka, Göttingen 1987, S.288-315).

durch eine personelle Auseinandersetzung bestimmt waren. Und: wie gestalteten sich die Planungen und Konkretionen zu einer Neuauflage in den Jahren des theologischen Umbaues des Verlagsprogramms von 1924 an? In wie weit spielen in diesem Kontext generationenspezifische Konstellationen eine Rolle? An Otto Baumgarten, einem klassischen Vertreter der Autorengeneration unter Paul Siebeck und an Emil Brunner (1889-1966), einem der bevorzugten Gesprächspartner Oskar Siebecks aus der ‚jüngeren' Theologengeneration und an der Stellung dieser beiden zu der Neuauflage von RGG kann dieser Sachverhalt aufgrund der zur Verfügung stehenden Archivalia präzise rekonstruiert werden.

1.2. Die Auseinandersetzungen um die Neuorganisation der herausgeberischen und redaktionellen Verantwortlichkeiten bei RGG²

Bereits im Juli 1919 regte Otto Baumgarten eine Neuauflage des Lexikons an, denn er „habe in letzter Zeit sehr viel Anerkennung gehört, dass ich recht Mut dazu bekam"[13]. Paul Siebeck ging jedoch zu diesem Zeitpunkt davon aus, daß sich die erste Auflage noch etwa sechs bis acht Jahre abverkaufen ließe, da der Absatz nach Kriegsende sich noch einmal verbessert habe[14]. Deshalb habe er an „die Vorarbeiten zu der neuen Auflage der RGG [...] bisher noch wenig gedacht"[15]. Im engeren

13 VA 385: Schreiben von Otto Baumgarten, Kiel an [vermutlich] Paul Siebeck, Tübingen, 17.07.1919. Baumgarten hatte bereits einen theologischen Redakteur für die Neuauflage im Visier. Leider läßt sich der Name der betreffenden Person aus der eingesehenen Korrespondenz nicht ermitteln. Als Oskar Siebeck von diesbezüglichen Plänen Baumgartens erfuhr, wies dieser bereits zu diesem Zeitpunkt nachdrücklich darauf hin, daß Baumgarten selbst immer wieder betont habe, man müsse bei den personellen Planungen zu einer eventuellen Neuauflage „auf Zscharnack Rücksicht nehmen" (VA 389: Wochenbericht von Oskar Siebeck, Berlin an Paul Siebeck, Tübingen, 26.07.1919).

14 Vgl. hierzu auch die Äußerung von Werner Siebeck: „Der Absatz der RGG im Kriege war immerhin besser, als ich gefürchtet hatte. Es sind im Jahre 1916 bis Ende Oktober doch ungefähr 50 Stück abgesetzt worden" (NL Gunkel, Yi 33 II B 241: Schreiben von Werner Siebeck, Tübingen an Hermann Gunkel, Gießen, 01.11.1916).

15 VA 385: Schreiben von Paul Siebeck, Tübingen an Otto Baumgarten, Kiel. 23.07.1919. Auch zu Beginn des Jahres 1921 war der Absatz der ersten Auflage noch „sehr lebhaft" (VA 398: Vertrauliches Schreiben von Oskar Siebeck, Berlin an Gustav Krüger, Gießen, 05.02.1921). Erst als im Juni 1921 eine von Oskar Siebeck schon länger forcierte Preiserhöhung in Kraft trat, ging die Nachfrage zurück: „Nachdem wir in diesem Jahre den Preis für RGG abermals erhöhen mussten, hat der Absatz merklich nachgelassen. Mein Bruder und ich bedauern dies nicht so sehr, weil wir dann mit der neuen Auflage vielleicht in eine Zeit consolidierterer Verhältnisse kommen. Zudem kann dann die neue Auflage in aller Ruhe vorbereitet werden" (NL Gunkel, Yi 33 II B 257: Schreiben von Werner Siebeck, Tübingen an Hermann Gunkel, Halle,

Kreis der Verlagsfreunde wurden in der Frühphase der Weimarer Republik verschiedene Optionen einer Neuauflage diskutiert. Dabei wurden einige folgenreiche Entscheidungen gefällt, wie beispielsweise die Abschaffung der Institution des Abteilungsredakteurs. Zu den an den Planungsdiskussionen Beteiligten gehörten neben Otto Baumgarten die Verleger Paul, Oskar und Werner Siebeck, Martin Rade als spiritus rector der ersten Auflage[16] sowie die Gießener Ordinarien Gustav Krüger und Hermann Gunkel und – unter Vorbehalt – Leopold Zscharnack. Denn die Form der Beteiligung des zuletzt Genannten war der casus belli der Neuauflage.

1.2.1. Die Auseinandersetzung zwischen dem Mohr Siebeck Verlag und Leopold Zscharnack bezüglich des Verantwortungsbereichs des Herausgebers

Die zentrale Frage bestand darin, wie man Zscharnack dergestalt in die Planung und Organisation einer Neuauflage einbinden könnte, daß dies seinen rechtlichen Ansprüchen als Herausgeber der ersten Auflage gerecht würde[17], er aber zugleich nicht die redaktionell-konzeptionelle

08.07.1921). Zum Absatz von RGG[1] in den Kriegs- und Inflationsjahren vgl. VA Diverses RGG[1]: Die Religion in Geschichte und Gegenwart. Topographische Absatzübersicht 1915-1924. Gesamtübersicht. Auffällig ist „vor allem die starke Aufblähung des Absatzes in den Inflationsjahren [...]. Es ist darnach kaum zu bezweifeln, dass die erste Auflage nicht annähernd so rasch ausverkauft worden wäre, wenn nicht die Inflationsjahre gekommen wären" (VA Korrespondenz RGG[2] 1924-1926: Erster Wochenbericht von Oskar Siebeck, Tübingen an die Herren Hermann Gunkel/Halle, Leopold Zscharnack/Breslau, Horst Stephan/Halle, Hermann Faber/Tübingen, 11.10.1924).

16 Zu Rades beratender Tätigkeit vgl. z.B. VA 399: Schreiben von Oskar Siebeck, Berlin an Martin Rade, Marburg, 03.01.1921.

17 In erster Linie war die Anwendung des § 47 des *Gesetzes über das Verlagsrecht vom 19.06.1901* strittig, welcher das Urheberrecht bei Sammelwerken regelt. Dort heißt es: [Absatz I:] „Übernimmt jemand die Herstellung eines Werkes nach einem Plane, in welchem ihm der Besteller den Inhalt des Werkes sowie die Art und Weise der Behandlung genau vorschreibt, so ist der Besteller im Zweifel zur Vervielfältigung und Verbreitung nicht verpflichtet. [Absatz II:] Das gleiche gilt, wenn sich die Tätigkeit auf die Mitarbeit an enzyklopädischen Unternehmungen oder auf Hilfs- oder Nebenarbeiten für das Werk eines anderen oder für ein Sammelwerk beschränkt" (Philipp Allfeld, Das Verlagsrecht. Kommentar zu dem Gesetze vom 19. Juni 1901 über das Verlagsrecht, München [2]1929, S.213). § 47 des Verlagsrechtsgesetzes behandelt ausdrücklich die „nicht nur in gewerblicher, sondern auch in literarischer Hinsicht [...] von dem Verleger ausgehende[n]" Verlagsunternehmungen und bezieht sich auch auf den Fall, „in dem ein Autor nur zur Mitarbeit an enzyklopädischen Unternehmungen oder zu Hilfs- oder Nebenarbeiten" herangezogen wird (ebd.; i.O. teilweise hervorgehoben). In diesem Falle gälten die Bestimmungen des Herausgeber- beziehungsweise Werkvertrages, nicht diejenigen des Verlagsvertrages. Das Urheberrecht liege dann bei dem verantwortlichen Verlag als dem „Besteller" des Werkes (vgl. aaO., S.214f. und Hans Otto de Boor, Urheberrecht und Verlagsrecht.

Letztverantwortung zu tragen bekäme, denn: „Er ist eben Zscharnack und nicht Schiele"[18]. Zscharnacks redaktionelle Kompetenzen hatten

Ein Beitrag zur Theorie der ausschließlichen Rechte, Stuttgart 1917, welcher den Text des § 47 ebenfalls in dem Sinne auslegt, daß sich hier „ein Interesse des Bestellers am Inhalt des Werkes folgern [ließe], das über das gewöhnliche Verlegerinteresse, durch Vertrieb der Vervielfältigungsexemplare zu verdienen, erheblich hinausgeht und also eine freiere Herrschaft über das Werk erwünscht macht"). Dieser Rechtsstandpunkt galt beispielsweise bei den Konversationslexika aus dem Verlag F.A. Brockhaus und dem Bibliographischen Institut (vgl. VA Alte Korrespondenz RGG²: Schreiben von Leopold Zscharnack, Breslau an den „verehrlichen Verlag", 04.07.1922). Zscharnack dagegen argumentierte im Sinne von § 4 des *Gesetzes betr. Urheberrecht an Werken der Literatur und der Tonkunst vom 19.06.1901*, wonach gilt: „Besteht ein Werk aus den getrennten Beiträgen Mehrerer (Sammelwerk), so wird für das Werk als Ganzes der Herausgeber als Urheber angesehen. Ist ein solcher nicht genannt, so gilt der Verleger als Herausgeber" (Philipp Allfeld, Kommentar zu den Gesetzen vom 19. Juni 1901 betreffend das Urheberrecht an Werken der Literatur und der Tonkunst und über das Verlagsrecht sowie zu den internationalen Verträgen zum Schutze des Urheberrechts, München 1902, S.68; ausdrücklich fallen auch Enzyklopädien unter diesen Paragraphen, s. aaO., S.69). Er vertrat daher den Standpunkt, als Rechtsnachfolger Schieles stünden ihm zumindest Miturheberrechte zu. Denn als „Herausgeber" sei im Sinne des *Urheberrechts* derjenige zu verstehen, „welcher durch Auswahl und Prüfung der Beiträge und durch die Anordnung des Ganzen eine gewisse formgebende Thätigkeit entfaltet" (ebd.). Gemäß seinem Verlagsvertrag vom 05.08.1910 hatte Zscharnack als zuletzt alleiniger Herausgeber der ersten Auflage Vetorecht gegen eine Neuauflage (Verlagsvertrag § 15; vgl. VA Alte Korrespondenz RGG²: Schreiben von Oskar Siebeck, Tübingen an Leopold Zscharnack, Breslau [Entwurf], 29.07.1922). Strittig war also in der Pointe die Frage, ob enzyklopädische Werke, deren „Aufriß ein System von Abteilungen und Unterabteilungen" enthalte und die damit „den Gedanken des wissenschaftlichen Zusammenhanges zum Ausdruck bringen" (Josef Kohler, Urheberrecht an Schriftwerken und Verlagsrecht, Stuttgart 1907, S.257; i.O. teilweise hervorgehoben) die kreative Urheberleistung des Verlages oder des Herausgebers sind, beziehungsweise wie weit die Vorgaben des Verlages zur Gestaltung einer Enzyklopädie gehen können, um noch ein eigenständiges Urheberrecht des Herausgebers zuzulassen. Hat also der Verlag die Idee zu einem Nachschlagewerk ins Leben gerufen und den Herausgeber bestellt oder geht die Idee maßgeblich auf den Herausgeber zurück? Die Herausgeberrechte und -pflichten waren in den oben genannten Gesetzen tatsächlich eher unpräzise geregelt, so daß es „mitunter [...] in der Praxis nicht leicht [sei], festzustellen, wer der Herr des Unternehmens (Eigentümer) ist, ob der Herausgeber oder der Verleger" (Walter Bappert/Egon Wagner, Rechtsfragen des Buchhandels. Abhandlungen, Gutachten und Vertragsmuster aus dem Verlags-, Buchhandels- und Pressewesen sowie Urheber- und Wettbewerbsrecht, Frankfurt/Main ²1958, S.50; i.O. teilweise hervorgehoben). Vgl. zum Urheber- und Verlagsrecht auch (mit weiterführender Literatur): Martin Vogel, Recht im Buchwesen, in: Geschichte des Deutschen Buchhandels im 19. und 20. Jahrhundert. Das Kaiserreich 1870-1918.Teil 1. Im Auftrag der Historischen Kommission hg. v. Georg Jäger in Verbindung mit Dieter Langewiesche und Wolfram Siemann, Frankfurt/Main 2001, S.122-169, bes. S.156.

18 VA 387: Schreiben von Paul Siebeck, Tübingen an Gustav Krüger, Gießen, 15.11.1919. Vgl. auch VA 398: Schreiben von Oskar Siebeck, Tübingen an Gustav Krüger, Gießen, 17.05.1921: „In den langen Jahren, in denen die Drucklegung der 1. Auflage einen sehr erheblichen Teil meiner Kraft in Anspruch genommen hat, habe

den Verlag zu wenig überzeugt, um ihm die Herausgeberfunktion in alleiniger Verantwortung zu übergeben. Erschwerend trat der Umstand hinzu, daß Zscharnack hatte durchblicken lassen, eine Neuauflage ausschließlich als aktualisierte Version der ersten Auflage herausbringen zu wollen, da er eine materiale Neubearbeitung für überflüssig halte[19].

Bei der Suche nach einem Redakteur, der Zscharnack zur Seite treten sollte, wandte man sich zuerst an Gustav Krüger, welcher, wenn er die Arbeit zwar – wie man erwartete – nicht selbst übernehmen wolle, doch „uns am ehesten jemanden vorschlagen [könne], der für diese Arbeit passt. Denn Schiele hat sich in solchen Dingen mit niemand so gut verstanden, wie eben mit Krüger"[20]. Krüger jedoch zeigte sich nicht ab-

ich mit Zscharnack so intensiv zusammengearbeitet, dass ich mir über seine Qualifikation ein Urteil erlauben darf, wie ich es mit ähnlicher Bestimmtheit in einem andern Falle niemals auszusprechen wagen dürfte. Danach darf ich [...] keinen Zweifel darüber aufkommen lassen, dass ich es nicht verantworten könnte, unserem Verlag das Risiko einer zweiten Auflage aufzubürden, wenn die Herausgabe Zscharnack allein anvertraut werden sollte. Gelingt es nicht, den Ausfall von Schiele durch Hinzutritt einer Persönlichkeit von ähnlicher Prägung zu ersetzen, so kann die 2. Auflage eben nicht gewagt werden". Erste mündliche Verhandlungen Oskar Siebecks mit Zscharnack lassen sich für den Herbst 1919 in Berlin nachweisen. Vgl. VA 390: Maschinenschriftliche Gesprächsnotiz von Oskar Siebeck, Berlin an Mohr Siebeck Verlag, Tübingen, 18.12.1919 [mit handschriftlichen Marginalien von Paul Siebeck]. Oskar Siebecks Bemühungen zielten darauf, Zscharnack einen freiwilligen Rücktritt von der Herausgeberfunktion aufgrund von Überarbeitung nahezulegen (vgl. VA 389: Wochenbericht von Oskar Siebeck, Berlin an Mohr Siebeck Verlag, Tübingen 18.12.1919). Eine weitere Unterredung fand am 09.01.1920 statt (vgl. VA 396: Bericht „Besprechung Zscharnack vom 09.01.1920" von Oskar Siebeck, Berlin an Mohr Siebeck Verlag, Tübingen, 10.01.1920 [mit handschriftlichen Marginalien von Paul Siebeck]). Zscharnack selbst befand sich beruflich zu dieser Zeit offensichtlich in einer nicht unproblematischen Situation, denn im Oktober 1920 baten Mulert und Rade ehemalige Studenten und Kollegen Zscharnacks vertraulich um „ein kurzes Votum ueber seine Gaben als Lehrer und Gelehrten, in einer Form dass wir jederzeit davon zu seinem Gunsten Gebrauch machen koennen", denn Zscharnack stehe in Gefahr „seinem akademischen Beruf durch die andauernde Nichtberuecksichtigung bei Vakanzen entfremdet zu werden. Aber der bewusst-unbewusste Widerstand, der ihn umgibt, ist nur mit vereinten Kraeften zu brechen" (NL Rade, MS 839: Vertrauliches Schreiben von Martin Rade und Hermann Mulert, Berlin und Kiel, 20.10.1920). Überliefert sind u.a. Voten von Kurt Galling (s.u. zu RGG^3), von Harnack, Loofs und Kattenbusch u.a. (NL Rade, MS 839).

19 Vgl. VA 398: Schreiben von Oskar Siebeck, Tübingen an Hermann Gunkel, Halle, 06.08.1921 und VA 396: Bericht „Besprechung Zscharnack vom 09.01.1920" von Oskar Siebeck, Berlin an Verlag, Tübingen, 10.01.1920 (mit handschriftlichen Marginalien von Paul Siebeck).

20 VA 389: Wochenbericht von Oskar Siebeck, Berlin an Mohr Siebeck Verlag, Tübingen, 08.11.1919. Die offizielle Anfrage seitens des Verlages an Gustav Krüger findet sich VA 387: Schreiben von Paul Siebeck, Tübingen an Gustav Krüger, Gießen, 15.11.1919. Krüger schien dem Verlag nicht nur aufgrund seiner ehemals engen Kontakte zu Schiele geeignet, sondern auch aufgrund seiner Erfahrungen in lexikogra-

geneigt, selbst die herausgeberische Verantwortung einer Neuauflage zu übernehmen:

> „Ich kann redigieren und habe wohl auch die nötige Autorität. Vielleicht nicht mehr ganz die Jugend, um neueren Strömungen überall folgen zu können, aber auch keinerlei Alterstrotz, so daß ich in dieser Beziehung der Belehrung durch jüngere Helfer stets zugänglich sein würde. Grundsätzlich kann ich nicht wohl ‚Nein' sagen, zumal ich das Unternehmen für sehr bedeutsam und ernsthaftester Förderung wert erachte"[21].

Die Antwort Krügers präfiguriert einen der Grundkonflikte, welcher die konzeptionellen Diskussionen der zweite Auflage bestimmte – wie nämlich das Verhältnis zwischen die lexikonpolitischen Tradition der ersten Auflage und der notwendigen Rezeption neuerer theologischer Strömungen zum einen angemessen zu bestimmen und sodann in eine schlüssige lexikographische Hermeneutik zu überführen sei.

Der Sympathie und Unterstützung Zscharnacks wollte der Verlag sich versichern, indem er plante, ihn *unterhalb* des Herausgebers Krüger, auf dessen redaktionelle Erfahrung man bei einer Neuauflage nicht zu verzichten können glaubte, und *neben* Gunkel als Mitherausgeber zu nennen. Doch war allen an diesen informellen Vorgesprächen Beteiligten klar, daß Zscharnack eine derartige Zurücksetzung nicht unwidersprochen hinnehmen würde. Mit Gunkels Einwilligung und Unterstützung rechnete man indes fest, da dieser selbst in mündlichen Verhandlungen Krüger als den am besten geeigneten Herausgeber benannt hatte[22].

Doch wollte man personell nicht nur auf der Ebene der Herausgeber umstrukturieren. Auch zu einer Änderung des Organisationsprinzips der redaktionellen Arbeiten sah man sich genötigt, hatte sich doch die Idee der in konzeptionellen und arbeitsorganisatorischen Fragen weitestgehend selbständigen Abteilungsredaktionen innerhalb der Arbeiten zu RGG[1] als zu große Hypothek hinsichtlich eines zügigen und reibungslosen Erscheinungsverlaufes erwiesen. Dieses Problem wollte man umgehen, indem man die Anzahl der Abteilungsredakteure von vornherein begrenzte:

---

phisch-redaktionellen Fragen durch seine Mitarbeit bei *Meyers Konversationslexikon*. Kurzzeitig brachte Oskar Siebeck auch den Namen von Karl Heussi ins Gespräch – „ein ausgezeichneter geschäftsführender Redakteur für RGG" (VA 389: Wochenbericht von Oskar Siebeck, Berlin an den Mohr Siebeck Verlag, Tübingen, 08.11.1919).

21 VA 387: Schreiben von Gustav Krüger, Gießen an Paul Siebeck, Tübingen, 04.12.1919. Paul Siebeck zeigte sich sehr erfreut, „dass Sie prinzipiell geneigt sind, an der Redaktion einer eventuellen neuen Auflage der RGG teilzunehmen" (VA 387: Schreiben von Paul Siebeck, Tübingen an Gustav Krüger, Gießen, 11.12.1919).

22 Vgl. z.B. VA 394: Schreiben von Oskar Siebeck, Berlin an Martin Rade, Marburg, 21.12.1920; VA 393: Schreiben von Oskar Siebeck, Berlin an Gustav Krüger, Gießen, 28.12.1920.

„Gunkel, Heitmüller und Zscharnack müssen natürlich bleiben. Scheel und Troeltsch werden nur froh sein, wenn wir sie in Ruhe lassen. Die Ressorts von Wendland (?), Baumgarten, O. Siebeck und Glaue würden vielleicht am besten in den Händen von Schian vereinigt. Was David Koch und W. Weber für die Redaktion ‚geleistet' haben, macht niemand besser als Krüger selbst. Dagegen wäre Gressmann als Religionshistoriker wohl nicht zu entbehren. [...] Als Abteilungsredakteure kämen also nach diesem Vorschlag nur noch in Betracht in Giessen Gunkel, Schian und Krüger, in Marburg Heitmüller und in Berlin Zscharnack und Gressmann. Die Stellung der übrigbleibenden Abteilungsredakteure würde durch diese Neueinteilung etwas ‚gehoben'"[23].

Auf die Hinzuziehung Greßmanns wollte man auf gar keinen Fall verzichten, um so die „eigentliche Religionsgeschichte" im Gegensatz zur ersten Auflage noch deutlicher zu profilieren[24].

Auch als Paul Siebeck im November 1920 in Heilbronn starb und Oskar Siebeck daher im März 1921 von Berlin nach Tübingen zurückkehrte[25], planten die Söhne weiter in diese Richtung. Dabei geriet zunächst die Auseinandersetzung um die herausgeberische Kompetenzverteilung zwischen Krüger und Zscharnack vollkommen außer Kontrolle. Oskar und Werner Siebeck waren sehr an der herausgeberischen Mitarbeit Krügers interessiert und zeigten sich entsprechend erfreut, als dieser im Dezember 1921 seine Mitarbeit verbindlich zusicherte: „Ich erinnere mich, seitdem ich im Geschäft meines Vaters arbeite, tatsächlich keines Falles, wo ich um einen Autor mit soviel Liebe geworben habe, wie diesesmal um Sie als Herausgeber der neuen RGG"[26]. Denn dem Verlag sei kein Theologe bekannt, „der nur annä-

---

23 VA 393: Bericht von Oskar Siebeck, Berlin: „Krüger über RGG. 2. Auflage", 20.12.1919. Ähnlich VA 396: Werner Siebeck, Berlin: RGG. 2. Auflage, 24.01.1920. Neben der Suche nach einem geeigneten Gesamtredakteur, einem ‚neuen Schiele', galt – dies wird in der zitierten Passage nur andeutungsweise deutlich – die vordringliche personelle Frage der Suche nach einem geeigneten Systematiker; vgl. z.B. VA 396: Bericht „Besprechung Zscharnack vom 09.01.1920" von Oskar Siebeck, Berlin an Verlag, Tübingen, 10.01.1920 (mit handschriftlichen Marginalien von Paul Siebeck).

24 VA 393: Bericht von Oskar Siebeck, Berlin: „Krüger über RGG. Zweite Auflage", 20.12.1919. Paul Siebeck vermerkte an dieser Stelle handschriftlich: „Gressmann ist aber sehr bummelig". Vgl. auch VA 403: Schreiben von Werner Siebeck, Tübingen an Hugo Greßmann, Berlin, 11.05.1922.

25 Vgl. VA 398: Schreiben von Oskar Siebeck, Tübingen an Gustav Krüger, Gießen, 19.03.1921.

26 VA 398: Vertrauliches Schreiben von Oskar Siebeck, Berlin an Gustav Krüger, Gießen, 05.02.1921. Vgl. auch VA 393: Schreiben von Werner Siebeck, Tübingen an Gustav Krüger, Gießen, 02.12.1920. Krüger hatte per 22.12.1920 zugesagt (VA 398: Schreiben von Gustav Krüger, Gießen an Werner Siebeck, Tübingen, 22.12.1920). Darauf VA 393: Schreiben von Werner Siebeck, Tübingen an Gustav Krüger, Gießen, 24.12.1920: „Sie können sich wohl denken, dass sowohl meinem Bruder als auch mir

hernd das organisatorische Geschick und die Aufgeschlossenheit für die verschiedensten Geistesrichtungen besitzt wie Sie"[27]. Um auch Zscharnack in die Planungen zu integrieren, hatte sich Oskar Siebeck vor seiner Rückkehr nach Tübingen am 04.02.1921 in Berlin zu einem Gespräch mit diesem getroffen, freilich ohne diesen in den Stand der Verhandlungen mit Krüger einzuweihen[28]. Diesem allerdings berichtete Oskar Siebeck ausführlich von seinem Gespräch mit Zscharnack[29]. Zum ersten habe Zscharnack, so Oskar Siebeck, geklärt sehen wollen, „ob das Handwörterbuch auch in der 2. Auflage vor allem das Rüstzeug für die gelehrte Arbeit des Theologen geben soll, oder ob diese mehr als die erste eine Art Encyclopädie für religiös interessierte Gebildete werden solle". Oskar Siebeck stimmte mit Zscharnack darin überein, „dass die zweite Zwecksetzung bei der neuen Auflage eher etwas mehr unterstrichen werden müsse als bei der ersten". Auffälligerweise weicht diese retrospektive Einschätzung der ersten Auflage seitens des Verlags und führender Mitarbeiter erheblich ab von der benutzerhermeneutischen Leitidee, welche für die Konzeption der ersten Auflage bestimmend gewesen war und welche von nahezu allen Rezensenten auch als solche wahrgenommen worden war – die RGG[1] als ein Konversationslexikon für die gebildeten, religiös interessierten Kreise der ‚Wilhelminischen Ära'. Eine der ersten Abgrenzungsstrategien der Neuauflage geht nun dahin, der vorhergehenden Auflage einen – im Widerspruch zu deren eigener Intention stehenden – zu stark gelehrten Charakter zu attestieren. Hauptargument dabei ist der außer Kontrolle geratene Umfang der ersten Auflage. War man bei der Planung zur ersten Auflage ursprünglich von zwei oder drei Bänden ausgegangen, so hatte sich diese Absicht, mit dem man den bildungsbürgerlichen Benutzergruppen und deren finanziellen Möglichkeiten entgegen kommen wollte, organisatorisch nicht umsetzen lassen. Bei der zweiten Auflage sollte nun konsequent auf die Einhaltung eines Höchstumfanges geachtet werden.

Die zweite entscheidende Frage, welche sich bei der Konzeption der Neuauflage stellte, war die Auswahl geeigneter Mitarbeiter. Zscharnack unterstützte die von Oskar Siebeck forcierte Kompetenzbe-

---

Ihre gütige Zusage, nach welcher Sie die Leitung der neuen Auflage von RGG übernehmen wollen, eine grosse Weihnachtsfreude ist" und VA 393: Schreiben von Oskar Siebeck, Berlin an Gustav Krüger, Gießen, 28.12.1920.

27 VA 398: Schreiben von Oskar Siebeck, Tübingen an Gustav Krüger, Gießen, 17.05.1921.

28 Vgl. VA 401: Schreiben von Oskar Siebeck, Berlin an Leopold Zscharnack, Berlin, 26.01.1921.

29 Die folgenden Zitate stammen: VA 398: Vertrauliches Schreiben von Oskar Siebeck, Berlin an Gustav Krüger, Gießen, 05.02.1921.

grenzung der Abteilungsredakteure und stimmte der Reduktion der Anzahl der Abteilungen zu. Änderungen gegenüber den von Oskar Siebeck vorgeschlagenen Abteilungsredakteuren schlug er hinsichtlich der exegetischen Fächer vor – Gunkel sollte den Gesamtbereich von Altem und Neuem Testament verantworten. Die „dafür erforderlichen Verhandlungen mit Heitmüller" sollte freilich am ehesten Krüger, dessen Kompetenzen Zscharnack eigentlich gerne begrenzt sehen wollte, führen. Darüber hinaus wies Zscharnack Oskar Siebeck darauf hin, „dass Baumgarten es möglicherweise sehr bitter empfinden würde, wenn man ihn aus dem Kreise der Abteilungsredakteure ausscheiden liesse. Auf der andern Seite ist nicht zu bestreiten, dass ihm diejenige redaktionelle Arbeit, die zunächst zu leisten ist, nicht recht liegt". Für die Abteilung Dogmatik schlug Zscharnack Horst Stephan (1873-1954) vor[30]. Unklar war noch die Stellung des ehemaligen Herausgebers Otto Scheel in der neu zu konstituierenden Hauptredaktion.

30 Stephan gab für den Mohr Siebeck Verlag von 1920-1938 die *ZThK.NF* heraus. Er signalisierte zunächst, für eine Mitarbeit bei RGG² nicht sicher zur Verfügung zu stehen (vgl. VA 401: Schreiben von Horst Stephan, Marburg an Oskar Siebeck, Tübingen, 16.12.1921 und VA 401: Schreiben von Oskar Siebeck, Tübingen an Horst Stephan, Marburg, 26.11.1921 und 20.12.1921; zu den diversen Bemühungen, Stephan für die Mitarbeit am Lexikon zu gewinnen vgl. auch VA 398: Schreiben von Gustav Krüger, Gießen an Oskar Siebeck, Tübingen, 03.11.1921 und 18.11.1921 [Mitteilung der Absage Stephans] und VA 398: Schreiben von Oskar Siebeck, Tübingen an Gustav Krüger, Gießen, 21.11.1921; VA Korrespondenz RGG² 1924-1926: Schreiben von Oskar Siebeck, Tübingen an Alfred Bertholet, 26.11.1921 und VA 401: Schreiben von Oskar Siebeck, Tübingen an Leopold Zscharnack, Berlin, 28.11.1921). Nach dieser – freilich vorläufigen – Absage Stephans wurden verschiedene Ersatzoptionen erörtert. Dem Vorschlag Krügers, Wobbermin anzufragen, stand der Verlag aufgrund seiner Erfahrungen mit Wobbermin bei der ersten Auflage skeptisch gegenüber – dieser habe eine „recht geringe praktische Veranlagung für derartige Geschäfte" (VA 398: Schreiben von Werner Siebeck, Tübingen an Gustav Krüger, Gießen, 07.12.1921). Den Vorschlag des Verlages, welcher auch durch Otto Scheel unterstützt wurde, den Tübinger Indologen und Religionswissenschaftler Jakob Wilhelm Hauer (1881-1962) hinzuzuziehen, lehnte Krüger ab – „ nicht wegen absoluter, sondern seiner relativer Jugend", denn es sei nicht gewährleistet, daß Hauer auch „alten, bewährten Mitarbeitern gegenüber mit der nötigen Autorität" werde auftreten können. Dabei bezog sich die ablehnende Haltung Krügers gegenüber Hauer ausschließlich auf die Option, diesen zum verantwortlichen Redakteur des Gesamtgebietes der Systematik zu bestellen und ihn unter Umständen in den Kreis der Mitherausgeber einzubinden. Eine mögliche, inhaltlich noch nicht näher qualifizierte „‚moderne' Abteilung" würde er diesem, gerade im Hinblick auf dessen relativ junges Alter anvertrauen (VA 398: Schreiben von Gustav Krüger, Gießen an Oskar Siebeck, Tübingen, 08.12.1921 und dann auch VA 398: Schreiben von Gustav Krüger an Verlag, Tübingen, 18.12.1921). Zum Vergleich: Hauer war Jahrgang 1881, Oskar Siebeck Jahrgang 1880, Werner Siebeck Jahrgang 1891, Krüger dagegen Jahrgang 1862. Der Verlag teilte diese generationsspezifischen Bedenken Krügers nicht, da Hauer immerhin 40 Jahre alt sei und doch zugleich „mitten drin in der Jugendbewegung" stehe (VA 398: Schreiben von Werner Siebeck, Tübingen an Gustav Krüger, Gießen, 10.12.1921). Der

Die personellen Vorstellungen Krügers wichen von denen Zscharnacks kaum ab. Zwar war er sich selbst trotz der gegebenen Zusage noch nicht endgültig sicher, ob ihm aufgrund seiner gesundheitlichen Konstitution und seiner wachsenden Arbeitsbelastung überhaupt der Spielraum zu einer derart umfangreichen herausgeberischen Tätigkeit bleiben würde[31]. Eine mögliche Aufteilung der Herausgebertätigkeit mit Zscharnack lehnte er freilich definitiv ab, denn „zwei Herausgeber an der Spitze sind von Übel". Deshalb habe sein Eintritt an die Spitze nur dann Sinn, wenn „die letzte Leitung auch wirklich bei mir liegt". Er plädierte daher für folgende Leitungskonstellation: „Unter Mitwirkung von Hermann Gunkel und Leopold Zscharnack herausgegeben von Gustav Krüger"[32]. Krüger war der Überzeugung, Zscharnack mangle es noch an „‚Autorität' und ‚Initiation'" für eine derart verantwortliche

---

Verlag war an Hauers Mitarbeit schon deshalb interessiert, da so „wenigstens einer der Redakteure hier am Ort wäre" (VA 398: Schreiben von Werner Siebeck, Tübingen an Gustav Krüger, Gießen, 10.12.1921). Zur Generationenproblematik innerhalb der Planungen zu RGG² vgl. ausführlich Kap.III.1.3. Die Heranziehung Weinels wird in der zitierten Korrespondenz nur am Rande erörtert (vgl. VA 398: Schreiben von Oskar Siebeck, Tübingen an Hermann Gunkel, Halle, 06.08.1921). Im Dezember 1921 ließ wiederum Stephan verlauten, daß „ihn der Eintritt in die Redaktion der RGG doch reize". Da er aber unmittelbar vor dem Übergang von Marburg nach Halle stehe, wolle er mit einer verbindlichen Zusage warten, „bis er seine persönlichen Verhältnisse in Halle zu beurteilen in der Lage sei" (VA 398: Schreiben von Werner Siebeck, Tübingen an Gustav Krüger, Gießen, 20.12.1921; vgl. VA 398: Schreiben von Oskar Siebeck, Tübingen an Hermann Gunkel, Halle, 20.12.1921). Als Stephan für die Betreuung der systematischen Fächer zusagte, schlug er sogleich „eine gewisse sachliche Wandlung gegenüber der 1.Aufl." vor. Neben die dort „ganz religionsphilosophisch" gehaltene Darstellung der systematischen Theologie müsse „als korrespondierende Ergänzung die Glaubenslehre" treten (VA 406: Schreiben von Horst Stephan, Halle an Oskar Siebeck, Tübingen, 18.01.1922). Zu Horst Stephan ausführlich Wolfes, Protestantische Theologie, S.95ff; zu Stephans Mitarbeit an RGG² aaO., S.134ff.

31 Vgl. VA 398: Schreiben von Gustav Krüger, Gießen an Oskar Siebeck, wohl Berlin, 16.02.1921 und auch VA 398: Schreiben von Gustav Krüger, Gießen an Oskar Siebeck, wohl Berlin, 17.02.1921; VA 398: Schreiben von Gustav Krüger, Gießen an Oskar Siebeck, Tübingen, 14.05.1921; VA 398: Schreiben von Oskar Siebeck, Tübingen an Gustav Krüger, Gießen, 17.05.1921; VA 398: Schreiben von Gustav Krüger, Gießen an Werner Siebeck, Tübingen, 23.06.1921 und VA 398: Schreiben von Oskar Siebeck, Tübingen an Hermann Gunkel, Halle, 06.08.1921.

32 VA 398: Schreiben von Gustav Krüger, Gießen an Oskar Siebeck, wohl Berlin, 16.02.1921. Am Ende des Jahres 1921 schlug Krüger abweichend folgende Herausgeberbezeichnung vor: „In Verbindung mit Hermann Gunkel und Horst Stephan herausgegeben von Gustav Krüger und Leopold Zscharnack" (NL Gunkel: Yi 33 I K 119: Schreiben von Gustav Krüger, Gießen an Hermann Gunkel, Halle, 27.11.1921). Diese Änderung könnte darauf zurückzuführen sein, daß sich im Verlauf des Jahres 1921 gezeigt hatte, daß Zscharnack hinsichtlich einer Zusammenarbeit mit Krüger wenig Kompromißbereitschaft signalisierte.

Aufgabe[33]. In personellen Fragen stimmte Krüger mit Zscharnack darin überein, daß es notwendig sei, Heitmüller zu einem Rücktritt von der neutestamentlichen Abteilungsredaktion zu bewegen, denn „er ist kein gründlicher Arbeiter und dabei ein Hartkopf"[34]. Im Falle des anzuvisierenden Ausscheidens von Scheel wollte Krüger Dogmengeschichte und Symbolik selbst betreuen. Die Abteilungen Ethik, Dogmatik und Apologetik wollte er zusammengelegt sehen und – den Vorstellungen Zscharnacks entsprechend – der redaktionellen Betreuung durch Stephan anvertrauen. Daneben hoffte er, Baumgarten zu einem freiwilligen Rücktritt von der Abteilungsredaktion bewegen zu können[35]. An dessen Stelle plante er mit Mulert, was indes zeigt, daß es Krüger im Rahmen der personellen Umorganisation in erster Linie um eine Optimierung des Arbeitsablaufes ging und nicht um eine theologische Wende, denn Mulert stand als Schüler und enger Freund Baumgartens sowie als Mitarbeiter der ersten Auflage ebenfalls für ein Lexikonprofil in der Tradition eben dieser Auflage. Auf die Mitarbeit Schians wollte Krüger dagegen nicht verzichten, denn dieser sei „ein viel zu guter Redakteur"[36].

Neben personellen Änderungen dachte Krüger aber auch an eine Umakzentuierung der theologisch-lexikographischen Hermeneutik. „Wollen wir wirklich auf 2 - 3 Bände zurück, so muß eine völlige Umgestaltung eintreten. [...] Vor allem muß die ‚Geschichte' stark zurückgeschnitten werden. Es ist schlechterdings notwendig, die ‚Gegenwart' stärker zu unterstreichen"[37]. Was die diskutierte Reduzierung der Bandzahl anging, war Oskar Siebeck mittlerweile anderer Meinung:

---

33 NL Gunkel, Yi 33 I K 109: Schreiben von Gustav Krüger, Gießen an Hermann Gunkel, Halle, 18.01.1921.

34 Ebd. Zum ‚Problem Heitmüller' auch VA 398: Schreiben von Oskar Siebeck, Tübingen an Gustav Krüger, Gießen 22.12.1921 und VA Korrespondenz RGG² 1924-1926: Schreiben von Werner Siebeck, Tübingen an Gustav Krüger, Gießen, 11.04.1922. Letzteres Schreiben zeigt deutlich, daß vor allem Gunkel gegen eine erneute Mitarbeit Heitmüllers opponierte, da dieser nicht termingerecht zu arbeiten vermöge. Nach dem Tod Heitmüllers im Jahr 1926 übernahm Karl Ludwig Schmidt (1891-1956) die Position des Fachberaters im Bereich des Neuen Testamentes (vgl. NL Gunkel, Yi 33 II B 349: Schreiben von Oskar Siebeck, Tübingen an Herren Leopold Zscharnack/Königsberg, Hermann Gunkel/Halle, Alfred Bertholet/Göttingen, Horst Stephan/Halle, Hermann Faber/Tübingen, 06.06.1926).

35 Von diesem Ansinnen wurde im Fortgang zunächst Abstand genommen und Baumgarten die redaktionelle Betreuung der Praktischen Theologie zugesichert (vgl. VA 402: Schreiben von Werner Siebeck, Tübingen an Otto Baumgarten, Kiel. 11.03.1922 und VA 402: Schreiben von Otto Baumgarten, Kiel an Werner Siebeck, Tübingen, 25.03.1922).

36 VA 398: Schreiben von Gustav Krüger, Gießen an Oskar Siebeck, wohl Berlin, 16.02.1921.

37 Ebd.

> „Von Leuten, die den theologischen Büchermarkt sehr gut kennen, bin ich immer wieder darauf hingewiesen worden, dass das Handwörterbuch in seinem jetzigen Umfang Bedürfnissen zu entsprechen geeignet ist, die durch ein Werk von 2 oder 3 Bänden nicht mehr in dem Masse befriedigt werden könnten"[38].

Einig war man sich bei der Frage hinsichtlich einer stärkeren Ausrichtung des Werkes an den Fragen der Gegenwart. Für unerläßlich halte auch er, so Oskar Siebeck, „eine stärkere Berücksichtigung all der Ansätze von neuen religiösen Bewegungen, die seit dem Abschluss der 1. Auflage sichtbar geworden sind. Schon in der Auswahl der Mitarbeiter wird diese Wendung, dieser in die Zukunft weisende Frontwechsel, zum Ausdruck kommen müssen"[39]. Diesen „Frontwechsel" wollte der Verlag unter der Autorität älterer, verlagsintern bewährter Autoren durchführen und setzte deshalb auf Krüger und Gunkel als theologische Integrations- und Leitfiguren[40]. Krüger selbst wollte mit diesem stärkeren Gegenwartsbezug einem zu gelehrten Habitus des Werkes entgegensteuern. Was die RGG[1] konzeptionell anvisiert hatte, woran sie aber in der organisatorischen Umsetzung nach Meinung der an der Planung der Neuauflage Beteiligten gescheitert war, nämlich ein nach Umfang und inhaltlichem Aufriß für den gebildeten Laien konzipiertes Lexikon auf den Markt zu bringen – dies sollte nun bei der Neuauflage gelingen, wobei Krüger hinsichtlich der anvisierten Benutzergruppen klar definierte, er verstehe „unter den Gebildeten nicht nur, ja kaum in erster Linie den Laien, sondern auch den Pfarrer"[41].

Um einerseits alle diese Fragen zu klären als auch die diversen Einzelgespräche zu bündeln und um die Kompetenzen zwischen Zscharnack und Krüger abzugrenzen, wurde für 05./06.01.1922 eine er-

---

38 VA 398: Schreiben von Oskar Siebeck, Tübingen an Hermann Gunkel, Halle, 19.09.1921.

39 Ebd.

40 Hier liegt auch der Grund, warum der Verlag nachhaltig um Stephan als Redakteur für die systematische Fächergruppe warb. Vgl. VA 401: Schreiben von Oskar Siebeck, Tübingen an Horst Stephan, Marburg, 26.11.1921: „Gerade wenn in Zukunft der Hauptnachdruck auf das Wort ‚Gegenwart' gelegt werden soll, so wüssten wir tatsächlich niemand, der dafür in gleicher Weise in Frage käme, wie Sie. Durch Ihre unermüdliche Redaktionstätigkeit ist es möglich gewesen, der ‚Zeitschrift für Theologie und Kirche" eine einzigartige Stellung zu gewinnen. Sie haben es ja so wundervoll verstanden, die Leser der Zeitschrift über die neuesten Strömungen in den Weltanschauungsfragen zu unterrichten, und gerade davon ausgehend wäre es wirklich jammerschade, wenn Ihr Entschluss bezüglich der ‚Religion' ein endgültiger wäre".

41 VA 398: Schreiben von Gustav Krüger, Gießen an Oskar Siebeck, wohl Berlin, 16.02.1921.

ste Redaktionskonferenz nach Gießen einberufen[42]. Neben Gunkel[43] und Zscharnack nahm aus dem Kreis potentieller Redakteure nur noch Scheel teil[44], da Krüger, von dessen Person die Neuauflage zu diesem Zeitpunkt abhängig gemacht wurde, krankheitsbedingt kurzfristig absagen mußte[45]. Stephan war eingeladen, kam aber nicht[46]. Entgegen der ursprünglichen Absicht wurde die Gießener Redaktionskonferenz der Auftakt einer langwierigen Auseinandersetzung seitens des Verlags und Krügers mit Zscharnack, die ergebnislos verlief und zu einer längeren Unterbrechung der Planungen führte.

Zscharnack opponierte bereits im Vorfeld heftig gegen die Art und Weise der Einberufung dieser Konferenz[47]. Da er gerade dabei war, von Berlin nach Breslau überzusiedeln, hatte er zum einen die notwendigen Vorarbeiten wie die Erstellung einer Stichwortliste noch nicht durchführen können, „sodass die Besprechung einen etwas unvorbereiteten Charakter tragen würde“[48]. Zum anderen sei ihm ein Tagungsort in Mitteldeutschland zugesagt worden, was reisetechnisch sowohl ihm als

---

42 Vgl. z.B. VA 398: Schreiben von Werner Siebeck, Tübingen an Gustav Krüger, Gießen, 07.12.1921; VA 398: Schreiben von Werner Siebeck, Tübingen an Gustav Krüger, Gießen, 20.12.1921; VA 400: Bericht (Einschreiben) von Werner Siebeck, Tübingen an Oskar Siebeck, Berlin, 31.10.1921, dort: undatierte handschriftliche Marginalien von Oskar Siebeck: „Mit Zscharnack habe ich eben besprochen, daß am besten in der 1. Januarwoche das neue Herausgeberkollegium von RGG in Halle (oder Weimar?) mit uns Beiden zusammen kommen müsste“. Die Einladung an Zscharnack findet sich VA 401: Schreiben von Oskar Siebeck, Tübingen an Leopold Zscharnack, Berlin, 20.12.1921 (Abschrift).

43 Vgl. NL Gunkel, Yi 33 II B 269: Schreiben von Oskar Siebeck, Tübingen an Hermann Gunkel, Halle, 02.01.1922.

44 Scheel schied im Verlauf des Frühjahrs 1922 aus dem engeren Kreis der Redakteure aus. Vgl. VA Korrespondenz RGG² 1924-1926: Schreiben von Werner Siebeck, Tübingen an Gustav Krüger, Gießen, 11.04.1922.

45 „Es war für alle Teilnehmer an der Giessener Konferenz überaus schmerzlich, dass gerade Sie fehlen mussten“ (VA 404: Schreiben von Werner Siebeck, Tübingen an Gustav Krüger, Gießen, 24.01.1922; vgl. auch VA 402: Schreiben von Werner Siebeck, Tübingen an Otto Baumgarten, Kiel, 12.01.1922).

46 Vgl. VA 401: Schreiben von Oskar Siebeck, Tübingen an Horst Stephan, Marburg, 20.12.1921.

47 Vgl. zum folgenden VA 401: Schreiben von Leopold Zscharnack, Berlin und Breslau an Oskar Siebeck, Tübingen, 22.12.1921. Eine Abschrift dieses konfliktträchtigen Schreibens findet sich VA Korrespondenz RGG² 1924-1926. Dann VA Korrespondenz RGG² 1924-1926 und VA 401: Schreiben von Oskar Siebeck, Tübingen an Leopold Zscharnack, Berlin, 24.12.1921; VA 398: Schreiben von Oskar Siebeck, Tübingen an Gustav Krüger, Gießen, 29.12.1921; VA Korrespondenz RGG² 1924-1926: Schreiben von Leopold Zscharnack, Berlin an Oskar Siebeck, Tübingen, 01.01.1922 (Abschrift).

48 VA 401: Schreiben von Leopold Zscharnack, Berlin und Breslau an Oskar Siebeck, Tübingen, 22.12.1921.

auch Gunkel und Stephan entgegengekommen wäre, aber „Giessen ist nicht Mitteldeutschland“[49].

Neben der Wahl von Ort und Zeit störte sich Zscharnack hauptsächlich an der herausgehobenen Stellung, die Krüger bei der Vorbereitung und Ausrichtung der Konferenz zugedacht war, denn

> „wenn ich dem Verlag zuliebe der Heranziehung von H. GR. (Herrn Geheimrat, R.C.) Krüger zugestimmt habe, obwohl ich mir dadurch gleichsam einen Konkurrenten schaffe, so habe ich doch nie darüber einen Zweifel obwalten lassen, dass ich meinerseits auf die mir inmitten der Entwicklung der RGG. zugefallene leitende Stellung nicht zu verzichten gedenke und mich nicht etwa durch einen andern Herrn absetzen lassen will“.

Er lasse sich nicht widerstandslos entmachten, denn

> „die RGG. gehört zu meiner Lebensarbeit, was von keinem der andern Herren gelten dürfte. Daraus begreifen Sie auch, bitte, sehr verehrter Herr Doktor, meine Empfindlichkeit und bauen Sie vor, dass sich Herr GR. (Geheimrat, R.C.) Krüger die richtige Vorstellung macht von der ihm zufallenden Stellung“[50].

Er sehe es deshalb weder ein, seine eigene Stellung anläßlich einer Redaktionskonferenz „zum Gegenstand von Majoritätsabstimmungen zu machen, um so weniger als die Hälfte der Teilnehmer nicht in der Lage sind, etwa von der ersten Auflage her irgendwelche Rechte und Ansprüche geltend zu machen“[51], noch sehe er ein, weshalb die „Autori-

---

49 Ebd. – Zur verständnislosen Reaktion des Verlages auf diese Vorwürfe vgl. VA Korrespondenz RGG² 1924-1926: Schreiben von Oskar Siebeck, Tübingen an Leopold Zscharnack, Berlin und Breslau 24.12.1921.

50 VA 401: Schreiben von Leopold Zscharnack, Berlin und Breslau an Oskar Siebeck, Tübingen, 22.12.1921. Zscharnack argumentierte – auch in späteren Schreiben – in erster Linie mit dem Kompetenzbereich, welcher ihm vom Verlag bei der ersten Auflage zugestanden worden sei und hinter den er bei der Neuauflage nicht zurückstecken wolle: Der „Verlag muss mir gegenüber das Vertrauen haben, das er mir gegenüber gezeigt hat, als er mich vom Buchstaben D ab berief, die bis dahin jämmerliche KG-Abteilung aufzubauen, und als er mir dann bei Ausbruch des Konfliktes mit Schiele die Vollendung des Gesamtwerkes vom Buchstaben G ab anvertraute. Dieses Vertrauen, das durch die Art der Vollendung der RGG durchaus bewährt war, muss ich auch jetzt voraussetzen. Die Stellung, die ich damals als noch relativ junger Privatdozent innegehabt habe, und die Verantwortlichkeiten, die ich damals getragen habe, wünsche ich selbstverständlich auch heute, wo ich als ein älter gewordener Mann und als ein in gefestigter akademischer Stellung befindlicher ord. Professor der etwa auftauchenden Schwierigkeiten werde Herr werden können, auch ohne das mir ein Schutzpatron für die RGG übergeordnet wird“ (NL Gunkel, Yi 33 I Z 91: Schreiben von Leopold Zscharnack, Breslau an Hermann Gunkel, Halle, 02.04.1924).

51 VA Korrespondenz RGG² 1924-1926: Schreiben von Leopold Zscharnack, Berlin an Oskar Siebeck, Tübingen, 01.01.1922 (Abschrift).

tät" Krügers für das Gelingen der zweiten Auflage notwendig sei, denn „wir haben die erste Auflage doch auch ohne ihn fertig gebracht"[52].

Da Krüger für die Gießener Konferenz, wie erwähnt, kurzfristig absagen mußte, Zscharnack auf seinen Rechtsansprüchen beharrte[53], der Verlag zugleich darauf insistierte, daß Krüger„die geistige Führung [...] bei der neuen Auflage" haben solle, erwies sich die Frage der Neuordnung der Herausgeberverantwortung als casus belli der Tagung[54]. Während man einstimmig beschloß, die Institution der Abteilungsredakteure abzuschaffen und die betroffenen Personen gegebenenfalls im Sinne von Fachberatern zur Unterstützung des Projektes heranzuziehen[55], konnte man sich in der Aufteilung der herausgeberischen Kompetenzen zwischen Zscharnack und Krüger nicht einigen. Gunkel schlug eine doppelte Herausgeberschaft vor, in welcher Krüger als „Aufsichts- und Vermittlungsstelle" fungieren solle, während Zscharnack „die Druckfertigerklärung der abgelieferten Manuscripte und insbesondere der umbrochenen Druckbogen" vornehmen solle[56]. Scheel und Gunkel sollten gemäß diesem Vorschlag als Mitherausgeber zeichnen. Dieser Vorschlag

---

52 Ebd.

53 Vgl. hierzu die Einschätzung von Zscharnack selbst:„Diese rechtlichen Fragen werden für mich zu entscheidenden Fragen erst da, wo ich etwa auf Seiten des Verlages den Versuch befürchten muss, die von der ersten Auflage her bestehenden urheberrechtlichen Verhältnisse zu seinen Gunsten und zu ungunsten der Wissenschaftler zu verschieben (NL Gunkel, Yi 33 I Z 91: Schreiben von Leopold Zscharnack, Breslau an Hermann Gunkel, Gießen, 01.04.1924).

54 VA Korrespondenz RGG² 1924-1926: Schreiben von Werner Siebeck, Tübingen an Gustav Krüger, Gießen, 05.04.1922. Zum folgenden vgl. dann auch VA Korrespondenz RGG² 1924-1926: Schreiben von Werner Siebeck, Tübingen an Gustav Krüger, Gießen, 11.04.1922; VA Korrespondenz RGG² 1924-1926: Schreiben von Oskar Siebeck, Tübingen an Leopold Zscharnack, Breslau, 06.06.1922; VA 404: Schreiben von Werner Siebeck, Tübingen an Gustav Krüger, Gießen, 11.03.1922; VA Alte Korrespondenz RGG²: Protokoll Giessener Besprechung über die zweite Auflage von „Die Religion in Geschichte und Gegenwart" 5. Januar 1922 und VA Alte Korrespondenz RGG²: Giessener Punktation vom 5./6.Januar 1922.

55 Vgl. Kap. III.1.2.2.

56 VA Alte Korrespondenz RGG²: Giessener Besprechung über die zweite Auflage von „Die Religion in Geschichte und Gegenwart" am 5. Januar 1922. Zur Vermittlung Gunkels in Gießen äußerte Oskar Siebeck später seinen und seines Bruders „aufrichtigen Dank [...] für die freundschaftliche Hilfe, die Sie uns bei den Giessener Vorbesprechungen geleistet haben. Wir sind beide der Meinung, dass die Verhandlungen keineswegs zu einem positiven Ergebnis geführt hätten, wenn diese nicht unter Ihrer Führung gestanden hätten" (NL Gunkel, Yi 33 II B 271: Schreiben von Oskar Siebeck, Tübingen an Hermann Gunkel, Halle, 19.01.1922). Auch Krüger äußerte sich zufrieden über das von Gunkel herbeigeführte Ergebnis (vgl. NL Gunkel, Yi 33 I K 124: Schreiben von Gustav Krüger, Gießen an Hermann Gunkel, Halle, 03.03.1922).

Gunkels wurde in der „Giessener Punktation" protokolliert[57], obwohl er einerseits dem Vorschlag und Wunsch Krügers nach alleiniger Herausgeberschaft zuwider lief und andererseits auch Zscharnack sich in Gießen entgegen diesem Beschluß ultimativ auf den Rechtsstandpunkt zurückgezogen hatte,

> „dass ihm im Redaktionsvertrag sämtliche Rechte und Pflichten des Herrn Pastor Schiele übertragen worden seien. Er sei deshalb der Erbe Schiele's in der Redaktion des Handwörterbuchs. Bei dieser Sachlage erscheine es ihm völlig klar, dass er die Hauptredaktion der 2. Auflage allein in Händen habe. [...] Er könne sich nicht damit einverstanden erklären, dass die Hauptredaktion an zwei Personen verteilt werde"[58].

In lexikographischen Formalfragen dagegen konnte man in Gießen weitgehende Einigkeit erzielen. Die zweite Auflage sollte eine gänzliche Neubearbeitung darstellen, weshalb auch ein neuer Nomenklator erarbeitet werden sollte. Die Stichwortlisten der diversen Disziplinen sollten jeweils von sogenannten „Unterredakteure[n]"[59] erstellt werden: Zscharnack die Kirchen- und Dogmengeschichte, Gunkel die biblischen Fächer, Stephan die systematischen Fächer, Greßmann oder Gunkel die Religionsgeschichte, Baumgarten die Praktische Theologie, Mulert sollte den Bereich Religion der Gegenwart und 19./20. Jahrhundert bearbeiten und Schian die Abteilung Kirchenrecht. Unklar war die Stellung der sozial- und kulturwissenschaftlichen Disziplinen[60]. Die in der ersten Auflage von Schiele betreute Pädagogik wollte der Verlag am ehesten der Obhut Krügers anvertrauen[61], der auch die „Leitung der Neu-

---

57 Zscharnack bestritt den Protokollcharakter der „Giessener Punktation", vgl. VA Alte Korrespondenz RGG²: Schreiben von Leopold Zscharnack, Breslau an den „verehrlichen Verlag", 04.07.1922.

58 VA Alte Korrespondenz RGG²: Giessener Besprechung über die zweite Auflage von „Die Religion in Geschichte und Gegenwart" am 5. Januar 1922.

59 VA Korrespondenz RGG² 1924-1926: Schreiben von Werner Siebeck, Tübingen an Gustav Krüger, Gießen, 05.04.1922.

60 Zscharnack schlug die Errichtung einer „Kulturabteilung" vor, welche die Teilbereiche Literatur, Philosophie, Musik, Kunst, Pädagogik, Sozialwissenschaften und Politik zusammenfassen sollte und die er zunächst gerne der Betreuung durch Krüger unter Hinzuziehung einzelner Unterredakteure anvertraut hätte, später dann wahlweise Faber oder Stephan. Vgl. hierzu VA Korrespondenz RGG² 1924-1926: Schreiben von Werner Siebeck, Tübingen an Gustav Krüger, Gießen, 05.04.1922 und 11.04.1922 sowie VA Alte Korrespondenz RGG²: Schreiben von Leopold Zscharnack, Breslau an Gustav Krüger, Gießen, 19.05.1922 (Abschrift) und VA Alte Korrespondenz RGG²: Schreiben von Leopold Zscharnack, Breslau an den „verehrlichen Verlag", 04.07.1922. Nach dem Rückzug Krügers vom Lexikonprojekt dann VA Korrespondenz RGG² 1924-1926: Schreiben von Leopold Zscharnack, Breslau an die Verlagsbuchhandlung Mohr (Siebeck), Tübingen, 03.06.1924.

61 Vgl. VA Korrespondenz RGG² 1924-1926: Schreiben von Werner Siebeck, Tübingen an Gustav Krüger, Gießen, 11.04.1922.

aufstellung der Stichworte" übernehmen sollte – „unter Beirat von Herrn Professor Zscharnack"[62]. Einig war man sich, dies geht aus der Darstellung bereits implizit hervor, daß man die Fächer anders gruppieren und zusammenfassen müsse, um somit die anvisierte Umfangsbegrenzung auf 250 Druckbogen umsetzen zu können. Besonders innerhalb der ersten Buchstaben des Alphabetes wollte man auf eine strikte Einhaltung der Sollumfänge achten. Gerechnet wurde mit folgenden Umfängen:

Kirchen- und Dogmengeschichte	70 Bogen
Biblische Fächer	40 Bogen
Systematische Fächer	30 Bogen
Religionsgeschichte	30 Bogen
Praktische Theologie und Religion der Gegenwart	30 Bogen
Biographien (lebender) Persönlichkeiten	20 Bogen
Sonstige Nebengebiete (Sozialwissenschaft, Kunst, Musik)	20 Bogen[63].

Einig war man sich auch hinsichtlich der vom Verlag und von Krüger schon länger in die Diskussion gebrachte stärkere Betonung der Gegenwartsfragen innerhalb der lexikographischen Disposition. Gunkel hob seinerseits in Anlehnung an seine Bestrebungen bei der ersten Auflage die Wichtigkeit einer gemeinverständlichen Darstellung und eines guten Sprachstils hervor. Um die Übersichtlichkeit des Werkes zu verbessern und damit seine Benutzbarkeit zu erleichtern, sollte die Menge der Verweisungen reduziert werden[64]. Gunkel wandte sich daneben auch gegen jegliche „Polemik" in der Darstellung[65]. Diese Überführung

62 VA Alte Korrespondenz RGG²: Giessener Punktation vom 5./6. Januar 1922.

63 Vgl. ebd.

64 Vgl. hierzu dann die Einschätzung Oskar Siebecks nach Abschluß des ersten Bandes von RGG²: „Ganz besonders freue ich mich, dass wir bezüglich der so viel umstrittenen Verweisungen nun auch den berühmten goldenen Mittelweg gefunden haben" (VA Korrespondenz RGG² 1927 „A-Ge": Schreiben von Oskar Siebeck, Tübingen an Leopold Zscharnack, Königsberg, 15.12.1927). Das relativ ausführliche, zum Teil freilich sinnlose Verweissystem der ersten Auflage war in vielen Rezensionen beklagt und auch schon von Schiele ironisch kritisiert worden (NL Gunkel, Yi 33 I S 199: Schreiben von Friedrich Michael Schiele, Tübingen „An alle Abteilungsredakteure", 16.07.1908). Dieses Schreiben karikiert das Verweissystem von RGG¹ und zeigt Schieles „Humor und Witz, mit denen er Briefe auch über geschäftliche Angelegenheiten würzte" (Mulert, Schiele, S.125).

65 VA Alte Korrespondenz RGG²: Giessener Besprechung über die zweite Auflage von „Die Religion in Geschichte und Gegenwart" am 5. Januar 1922. Diese Verwissenschaftlichung der Darstellung zeigt sich beispielsweise in dem Bestreben Hermann Mulerts, bei der Abfassung biographischer Artikel darauf zu drängen, die „Frage nach der theologischen Richtung" unberücksichtigt zu lassen. „Die Abstempelung

der Darstellungsweise von einer engagierten Stellungnahme hin zu einer versachlichten Information entspricht in der Tendenz demjenigen Wandel, welche die Präsentation des enzyklopädischen Wissens in den Konversationslexika innerhalb der ersten Auflagen durchlaufen hatte.

Um die bleibende Bedeutung Schieles für das konzeptionelle und organisatorische Zustandekommen der ersten Auflage zu würdigen, wurde für dessen Witwe einstimmig ein Pauschalhonorar vereinbart[66]. Für die Mitarbeiter plante der Verlag mit dem an die Teuerungsrate angeglichenen Honorarsatz der erste Auflage[67].

Konnte man in Formalfragen in Gießen Einigkeit erzielen, so führte die ungeklärt gebliebene Frage der Neuordnung der Herausgeberarbeiten in den folgenden Monaten zu erheblichen Konflikten[68]. Der Verlag freilich verkannte die Situation zunächst und ging davon aus, daß im Verlauf des Sommers 1922 die Stichwortlisten erstellt werden könnten und nahm daher für September 1922 die nächste Redaktionskonferenz in Planung[69]. Im Mai 1922 mußte Krüger jedoch einräumen: „Mit Zscharnack geht's vorläufig noch nicht so, wie ich gewünscht hätte. Die Frage nach der Aufteilung der Redaktionsgeschäfte rückt nicht von der Stelle"[70].

---

gilt gemeinhin mit Recht als Sache rechtsstehender Kirchen-Zeitungs-Redaktionen, aber nicht als Sache der Redaktion eines wissenschaftlichen Nachschlagewerks" (VA RGG² 1926: Schreiben von Hermann Mulert, Kiel an Oskar Siebeck, Tübingen, 26.07.1926).

66 Vgl. oben Exkurs „Friedrich Michael Schiele – „Organisator der literarischen Arbeit des freien Protestantismus in Deutschland".

67 Vgl. VA 402: Schreiben von Werner Siebeck, Tübingen an Otto Baumgarten, Kiel, 29.03.1922.

68 Vgl. zum folgenden u.a. VA 404: Schreiben von Werner Siebeck, Tübingen an Gustav Krüger, Gießen, 11.03.1922; VA Alte Korrespondenz RGG²: Schreiben von Oskar Siebeck, Tübingen an Leopold Zscharnack, Breslau (Entwurf), 03.06.1922; VA Alte Korrespondenz RGG²: Schreiben von Leopold Zscharnack, Breslau an den „verehrlichen Verlag", 04.07.1922; VA Alte Korrespondenz RGG²: Schreiben von Oskar Siebeck, Tübingen an Leopold Zscharnack, Breslau (Entwurf), 29.07.1922; VA 404: Schreiben von Gustav Krüger, z.Z. Jena an Oskar Siebeck, Tübingen, 11.08.1922; VA 404: Schreiben von Werner Siebeck, Tübingen an Gustav Krüger, z.Z. Jena, 16.08.1922.

69 Vgl. VA 404: Schreiben von Werner Siebeck, Tübingen an Gustav Krüger, Gießen, 11.03.1922: Zum 01.06.1922 sollte Zscharnack die Listen einsehen können, zum 01.07. Krüger und per 01.08. sollten sie im Verlag sein – in Anbetracht der Erfahrungen mit Terminarbeiten, die man bei der ersten Auflage hatte sammeln können und angesichts der Kontinuität der Beteiligten, mit denen zu arbeiten man gewillt war, eine optimistische Planung.

70 NL Gunkel, Yi 33 I K 128: Schreiben von Gustav Krüger, Gießen an Hermann Gunkel, Halle, 22.05.1922. Oder auch: „Zsch. und Siebeck können nicht zu einander kommen. Ich dagegen halte mich ganz zurück" (NL Gunkel, Yi 33 I K 130: Schreiben von Gustav Krüger, z.Z. Jena, an Hermann Gunkel, Halle, 08.08.1922).

Denn Zscharnack wollte sich mit dem Vorgehen des Verlages, welches aus seiner Perspektive auf eine „Degradierung"[71] seiner Stellung innerhalb der personellen Konzeption des Lexikons hinauslief, nicht abfinden. Für den Fall einer herausgeberischen Doppelspitze – darüber „sind wir uns ja [...] seit Giessen vollkommen einig"[72] – müsse daher garantiert werden, daß die Arbeit in einer „einigermassen paritätische[n] Abgrenzung" zwischen ihm und Krüger aufgeteilt würde[73], wobei er offensichtlich daran dachte, die redaktionellen Aufgaben von Krüger erledigen zu lassen und sich selbst die herausgeberisch-inhaltliche Gestaltung vorbehalten sah. Krüger freilich war nicht willens und sah sich auch nicht „in der Lage, dasjenige Mass an ausführender Redaktionsarbeit zu übernehmen, das ihm nach Ihren Vorschlägen zufallen würde"[74]. Zscharnack wiederum sah darin den Versuch, ihm den Mehraufwand an redaktionell-organisatorischer Arbeit aufzubürden, während man Krüger „eine gewisse repräsentative und Oberaufsichtsstellung" einräume und hoffe, mit der „blosse[n] Nennung" von dessen Namen reüssieren zu können[75]. Er übte freilich nicht nur Kritik an der Stellung Krügers, sondern auch an der Einflußnahme des Verlages in lexikonpolitischen und lexikonhermeneutischen Fragen. Er wollte die Funktion und den Verantwortungsbereich des Verlages auf den finanziell-organisatorischen Sektor beschränkt sehen, denn „in allen Fragen wissenschaftlicher Art dazu rechne ich auch die der wissenschaftlichen Organisation der RGG – [ist] die Entscheidung zunächst unsere [gemeint sind Zscharnack – und Krüger als Herausgeber, R.C.] Sache"[76]. Hier zeigt sich, wie bereits an verschiedenen Stellen im Pla-

71 VA Korrespondenz RGG² 1924-1926: Schreiben von Leopold Zscharnack, Berlin an Oskar Siebeck, Tübingen, 01.01.1922 (Abschrift).

72 VA Alte Korrespondenz RGG²: Schreiben von Leopold Zscharnack, Breslau an den „verehrlichen Verlag", 04.07.1922. Zscharnack betont hier, daß er zu dem „von mir gewünschten Akt der Selbstentäusserung und Ergänzung bereit sei" und daß ihn längst mehr „die Art des Vorgehens" als die Sache selbst brüskiere.

73 VA Alte Korrespondenz RGG²: Schreiben von Leopold Zscharnack, Breslau an Gustav Krüger, Gießen, 19.05.1922.

74 VA Alte Korrespondenz RGG²: Schreiben von Oskar Siebeck, Tübingen an Leopold Zscharnack, Breslau (Entwurf), 03.06.1922.

75 VA Alte Korrespondenz RGG²: Schreiben von Leopold Zscharnack, Breslau an den „verehrlichen Verlag", 04.07.1922.

76 VA Alte Korrespondenz RGG²: Schreiben von Leopold Zscharnack, Breslau an Gustav Krüger, Gießen, 19.05.1922. Vgl. hierzu besonders eindrücklich VA Alte Korrespondenz RGG²: Schreiben von Leopold Zscharnack, Breslau an den „verehrlichen Verlag", 04.07.1922: Der Verlag, so der Vorwurf von Zscharnack, erliege der Gefahr, „das Gerüst mit dem Bau zu verwechseln und die technische Arbeitsleistung des Verlages fast höher zu stellen, als die wissenschaftliche Durcharbeitung des Ganzen, die dem Herausgeber im Verein mit den Abteilungsleitern zufiel, und an der der Verlag garnicht beteiligt sein konnte". Er selbst habe „die technische Leistung des

nungsverlauf der ersten Auflage, daß führende theologische Mitarbeiter den Einfluß, den der Verlag als ein ökonomisches Unternehmen auf die Präsentation theologischer Wissenschaft zu nehmen im Stande ist, unterschätzten oder nicht wahrnehmen wollten. Die theologiepolitischen Motive des beziehungsweise der Verleger werden verkannt und ebenso wird ignoriert, daß Theologiepolitik immer auch Verlegerpolitik und Unternehmenspolitik ist.

Die Streitigkeiten zwischen dem Verlag und Zscharnack waren auch durch Vermittlungsbemühungen Einzelner nicht zu beheben[77], so daß die Vorarbeiten bis ins Frühjahr 1924 hinein zum Stillstand kamen. Denjenigen Mitarbeitern, auf deren Engagement der Verlag fest zählte, gab der Verlag seinerseits die Zusicherung, die Neuauflage käme „doch zustande, und Sie können sich darauf verlassen, dass mein Bruder und ich auch alles daran setzen werden, dass sie gut wird"[78]. Diese Gewißheit nahm Oskar Siebeck in erster Linie aus der Einsicht, letztendlich am längeren Hebel zu sitzen:

> „Was hilft ihm (Zscharnack, R.C.) denn die weitgehendste Auslegung seiner ‚Vertraglichen Rechte', wenn ich erkläre, unter diesen Bedingungen mache ich die neue Auflage nicht? Es gibt schlechterdings keine Möglichkeit, mich zu zwingen, die neue Auflage zu unternehmen, wenn ich nicht will. Ob Zscharnack theoretisch die Möglichkeit hat, die neue Auflage in einem anderen Verlag zu unternehmen, brauchen wir kaum zu erörtern,

---

Verlags stets und gern anerkannt und in meinen Vorreden gebührend gewürdigt [...]; denn ich habe noch nie jemandem den ihm zukommenden Ruhm verkürzt". An dieser Stelle vermerkte Oskar Siebeck handschriftlich: „Wie gnädig". Der Verlag betonte demgegenüber, in redaktionellen Fragen selbstverständlich ein Mitspracherecht zu besitzen, ein Standpunkt, welchen auch Krüger unterstützte (Vgl. VA Korrespondenz RGG² 1924-1926: Schreiben von Oskar Siebeck, Tübingen an Leopold Zscharnack, Breslau, 06.06.1922).

77 Vgl. VA 402: Schreiben von Otto Baumgarten, Kiel an Werner Siebeck, Tübingen, 02.10.1922 mit dem Hinweis Baumgartens, er würde „gleich einmal an Zscharnack schreiben und ihm energisch sagen, daß die Arbeit am Lexikon beginnen muß". Der Verlag reagierte sehr erfreut: „Es ist sehr dankenswert, dass Sie von sich aus an Zscharnack herantreten wollen. Sie wissen ja, dass wir [...] keinen Weg und keine Möglichkeit sehen, mit den Vorarbeiten der neuen Auflage von RGG vom Fleck zu kommen" (VA 402: Schreiben von Werner Siebeck, Tübingen an Otto Baumgarten, Kiel, 12.10.1922). Baumgarten stimmte freilich mit dem Verlag darin überein, „dass, so wie die Beziehungen zu Herrn Professor Zscharnack augenblicklich sind, uns nichts anderes übrig bleibt, als eine abwartende Haltung einzunehmen" (VA 403: Schreiben von Oskar Siebeck, Tübingen an Hermann Gunkel, Halle, 02.10.1922). Vgl. auch VA 406: Schreiben von Oskar Siebeck, Tübingen an Horst Stephan, Halle, 24.05.1922 und VA 406: Schreiben von Oskar Siebeck, Tübingen an Horst Stephan, Halle, 30.06./01.07.1922. Auch Krüger selbst bemühte sich weiter um Vermittlung (vgl. VA Korrespondenz RGG² 1924-1926: Schreiben von Werner Siebeck, Tübingen an Gustav Krüger, z.Z. Jena, 03.08.1922).

78 VA 403: Schreiben von Werner Siebeck, Tübingen an Hermann Gunkel, Halle, 21.12.1922.

denn die praktischen Aussichten dafür sind sehr nieder zu veranschlagen"[79].

Freilich brachen die Gespräche und auch der Briefwechsel in dieser Frage erst einmal ab.

Doch im Frühjahr 1924 nahm der Vorrat an RGG[1]-Exemplaren deutlich ab. Der Verlag stand vor der Notwendigkeit, die Planungen einer Neuauflage nun ernsthaft zu konkretisieren. Da der Verlag freilich nicht wußte, wie er die Verhandlungen mit Zscharnack noch einmal in Gang bringen könnte, wandte er sich hilfesuchend an Gunkel. Er wisse, so Oskar Siebeck, nicht,

> „wie die Verhandlungen mit Professor Zscharnack wieder in Fluss gebracht werden sollen, ohne dass daraus wieder dieselben fruchtlosen Streitereien wie vor 2 Jahren entstehen. Jedes Mal, wenn ich mir diese mir so sehr am Herzen liegende Frage durch den Kopf gehen lasse, gedenke ich mit erneuter Dankbarkeit der grossen Dienste, die Sie uns auf der letzten Giessener Konferenz und seither erwiesen haben. Ich habe immer noch die Hoffnung, dass Sie am besten im Stand wären, bei Zscharnack eine Sinnesänderung durchzusetzen"[80].

Es gilt als das Verdienst Gunkels, das abgebrochene Gespräch zwischen dem Verlag und Zscharnack wieder in Gang gebracht zu haben und somit die Neuauflage letztlich ermöglicht zu haben[81]. Am 09.03.1924 schrieb er an Zscharnack:

---

79 VA 413: Schreiben von Oskar Siebeck, Tübingen an Gustav Krüger, z.Z. San Mamette, 17.04.1924. Vgl. auch VA Alte Korrespondenz RGG[2]: Persönliches Schreiben von Oskar Siebeck, z.Z. München an Werner Siebeck, Tübingen, 27.08.1924.

80 VA Korrespondenz RGG[2] 1924-1926: Schreiben von Oskar Siebeck, Tübingen an Hermann Gunkel, Halle, 21.02.1924 (Abschrift).

81 „Ich kann nicht oft genug wiederholen, wie dankbar ich Ihnen dafür bin, dass Sie in dieser schwierigen Verhandlung, die ich noch vor Kurzem für ziemlich aussichtslos gehalten habe, die Zügel ergriffen haben, und ich habe jetzt alle Hoffnung, dass es Ihrer weichen Hand gelingen wird, das so widerspenstige Gespann schließlich doch noch in die richtigen Bahnen zu lenken" (NL Gunkel, Yi 33 I B 290: Schreiben von Oskar Siebeck, Tübingen an Hermann Gunkel, Halle, 15.04.1924; ähnlich auch NL Gunkel, Yi 33 II B 304: Schreiben von Oskar Siebeck, Tübingen an Hermann Gunkel, Halle, 27.10.1924). Oskar Siebeck war Gunkel deshalb so außerordentlich dankbar, weil er befürchtet hatte, durch sein eigenes Temperament die Neuauflage unmöglich gemacht zu haben: „Ich bin mir über meine Fehler klar genug um zu wissen, dass ich mehr als einmal in Gefahr war, mit meinem Temperament alles zu verderben, und wären Sie nicht mit Ihrem mässigenden und weise vermittelnden Einfluss dazwischen gestanden und jedesmal eingesprungen, wenn die Wogen zu hoch gehen drohten, ich weiss nicht, ob wir je dazu gekommen wären, Sie Alle zu so gründlicher Arbeit bei uns zu versammeln" (NL Gunkel, Yi 33 II B 333: Schreiben von Oskar Siebeck, Tübingen an Hermann Gunkel, Halle, 22.10.1925). Auch Zscharnack äußerte sich dankbar über die Vermittlung Gunkels: „Ich gebe meiner Freude darüber Ausdruck, dass die Vermittlung von Herrn Professor Gunkel die Wiederaufnahme unseres Briefwechsels über die Vorbereitung einer neuen Auflage unserer RGG. erreicht

„Die Verhandlungen über RGG sind vor 2 Jahren ohne Ergebnis versandet und ich hatte schon die Hoffnung aufgegeben, die Wiederaufnahmen des grossen und stolzen Werkes überhaupt zu erleben. Nun höre ich vor kurzen durch Herrn Dr. Siebeck, dass sich RGG trotz der schweren Verhältnisse inzwischen verkauft hat und in einiger Zeit vergriffen sein wird, so dass der Verlag den Plan einer neuen Auflage ernstlich zu erwägen beginnt. Nun hat es zwar bei unseren letzten Verhandlungen an allerlei Missverständnissen und Missstimmungen zwischen den verschiedenen Parteien nicht gefehlt. Aber die grosse und gemeinsame Sache bindet uns nun eben doch unauflöslich aneinander; auch habe ich den deutlichen Eindruck, dass der Verlag bereit ist, unter alles Vorgefallene einen Strich zu machen. Ich hoffe, Sie werden ebenso denken und mit uns den redlichen Versuch machen, das schöne Werk trotz aller Schwierigkeiten noch einmal zu bringen. Am Entgegenkommen des Verlags wird es gewiss nicht fehlen“[82].

Im Blick auf die lexikonpolitischen Hermeneutik wollte Gunkel den Vorschlag des Verlags aufgenommen sehen, die veränderte theologische Situation vermittels eines neuen Nomenklators zu berücksichtigen. Dazu sollte zunächst ein vorläufiger Nomenklator erarbeitet werden, der die „‚Stimme der Jugend mit ihren Wünschen'“ vorstellen sollte[83].

Zscharnack wollte freilich dieses Angebot des Verlages zur Wiederaufnahme der Zusammenarbeit dergestalt ausgedeutet sehen, daß der Verlag „nicht nur das Vorgefallene, soweit es ihm unangenehm war, vergessen will und den befremdlichen Abbruch des Briefwechsels wiedergutzumachen willens ist, sondern dass sich Pläne, die auf mich peinlich wirken mussten, nicht wiederholen sollen“[84]. Als der Verlag jedoch erneut mit Krüger[85] verhandelte, kam es wiederum zu Unstimmigkeiten.

„Es geht doch wirklich nicht an, dass der Verlag, ohne mit mir auch nur die notwendigsten neuen Direktiven verabredet zu haben, und ohne mich ständig auf dem Laufenden zu halten, Teilverhandlungen führt, - erst mit

---

hat“ (NL Gunkel, Anlage zu Yi 33 II B 290: Schreiben von Leopold Zscharnack, Breslau an Oskar Siebeck, Tübingen, 23.04.1924 [Abschrift]).

82 NL Gunkel, Yi 33 II B 288: Schreiben von Hermann Gunkel, Halle an Leopold Zscharnack, Breslau, 09.03.1924 (Abschrift).

83 Ebd. Zur Veränderung des theologischen Profils des Werkes im Zeichen des theologischen Generationenumbruchs vgl. Kap.III.1.3.

84 NL Gunkel, Yi 33 I Z 91: Schreiben von Leopold Zscharnack, Breslau an Hermann Gunkel, Halle, 02.04.1924.

85 „Nachdem jedoch in den Jahren 1921 und 22 des längeren mit Herrn Geheimrat Krüger über die Möglichkeit seines Eintritts in die Redaktion verhandelt wurde, halte ich mich für verpflichtet, zunächst ihn zu befragen, ob für die Zukunft noch auf seine Mitwirkung gerechnet werden kann. Diese Frage lässt sich am ehesten durch mündliche Aussprache klarstellen“ (VA Korrespondenz RGG[2] 1924-1926: Schreiben von Oskar Siebeck, Tübingen an Leopold Zscharnack, Breslau, 15.04.1924 [Abschrift]).

Herrn GR. (Geheimrat, R.C.) Krüger, nun mit Ihnen und Stephan, und dass er dann erst wieder einmal an mich als den verantwortlichen Herausgeber herantritt"[86].

Erst als Krüger seine Mitarbeit absagte, war das Problem auf eine für alle Beteiligten gütliche Art gelöst[87]. Zscharnack und Gunkel sollten als Herausgeber verantwortlich zeichnen. Freilich versäumte man, die Kompetenzabgrenzungen zwischen Gunkel und Zscharnack einerseits und den im Laufe der Zeit hinzukommenden Mitherausgebern Alfred Bertholet, Hermann Faber (1888-1979) und Horst Stephan definitiv zu regeln, so daß es auch im Fortgang auf der Herausgeberebene immer wieder zu Streitigkeiten und Ungereimtheiten kam[88].

---

86 NL Gunkel, Yi 33 I Z 92: Schreiben von Leopold Zscharnack, Breslau an Hermann Gunkel, Halle 14.05.1924.

87 „Dr. Siebeck teilte uns jetzt endgültig mit, daß Prof. Krüger, mit dem er persönlich in Tübingen gesprochen hat, sich an der Hauptredaktion nicht beteiligen wird" (VA Korrespondenz RGG² 1924-1926: Schreiben von Hermann Gunkel, Halle an Leopold Zscharnack, Breslau, 16.05.1924). Bereits von März 1924 an war es zu Unstimmigkeiten gekommen, als Gunkel gerüchtehalber kolportiert hatte, Krüger trete von einer Mitarbeit zurück, ohne darüber jedoch mit Krüger selbst gesprochen zu haben. Er höre, „dass Professor Krüger sich wohl nicht mehr beteiligen wird. Demnach würden Sie wohl der einzige verantwortliche Herausgeber werden" (NL Gunkel, Yi 33 II B 288: Schreiben von Hermann Gunkel, Halle an Leopold Zscharnack, Breslau, 09.03.1924 [Abschrift]). Dann auch VA 413: Schreiben von Gustav Krüger, z.Z. San Memmete an Oskar Siebeck, Tübingen, 12.04.1924 und 14.04.1924 und VA Korrespondenz RGG² 1924-1926: Schreiben von Hermann Gunkel, Halle an Oskar Siebeck, Tübingen, 09.05.1924.

88 Ein beredtes Beispiel hierfür sind die Auseinandersetzungen um Zscharnacks stark autoritären Redigierstil. Als in dieser Frage im Verlag massive Beschwerden eingingen, gelangte Oskar Siebeck zu der Einsicht: „Auch über die Zuständigkeiten von ‚verantwortlichen Herausgebern' und Fachredakteuren müssen wir auf diesen Anlass hin volle Klarheit herbeiführen" (NL Gunkel, Yi 33 II B 376: Schreiben von Oskar Siebeck, Tübingen an Hermann Gunkel, Halle, 23.10.1926). Beispielsweise kürzte Zscharnack das Manuskript des Artikels Astralreligion von Rühle (vgl. ders., Art. Astralreligion, in: RGG², 1 [1927], Sp.588-592) so stark, daß dieser sich weigerte, die gekürzte Version mit seinem Namen zu zeichnen. Auch Bertholet als verantwortlicher Fachredakteur äußerte sich empört über eine derart weit in den redaktionellen Aufgabenbereich eindringende Herausgebertätigkeit (vgl. VA RGG² 1927 „A-Ge": Schreiben von Alfred Bertholet, Marburg an Oskar Siebeck, Tübingen, 09.01.1927 und VA RGG² 1927 „A-Ge": Schreiben von Oskar Siebeck, Tübingen an Leopold Zscharnack, Königsberg, 15.01.1927). Hermann Faber monierte, daß diverse Artikel die ‚Station Zscharnack' nur in „verstümmelter Weise" überstünden (vgl. VA RGG² 1927 „A-Ge": Schreiben von Hermann Faber, Tübingen an Leopold Zscharnack, Königsberg, 04.02.1927). Oskar Siebeck konstatierte ob Zscharnacks rigider Kürzungspraxis gar eine „‚Massenflucht' der Mitarbeiter" (VA RGG² 1927 „A-Ge": Schreiben von Oskar Siebeck, Tübingen an Hermann Gunkel, Halle, 19.01.1927). Beispielsweise sagte Ernst Lohmeyer nach starken redaktionellen Eingriffen in den von ihm verfaßten Artikel Apokalyptik II. Jüdische und III. Altchristliche (in: RGG², 1 [1927], Sp.402-404 und Sp.404-406) seine Mitarbeit für weitere Artikel ab (vgl. VA RGG² 1927 „Gi-Z": Schreiben von Ernst Lohmeyer, Breslau an Oskar

Freilich betraf die Umorganisation des Lexikonprojektes nicht nur die Herausgeberebene, sondern auch die Ebene der Abteilungsredaktionen. Mit dem Beschluß, die Institution des eigenverantwortlichen Abteilungsredakteurs abzuschaffen und durch sogenannten Fachberater zu ersetzen, hatte man ein erhebliches Konfliktpotential geschaffen. Auch die ehemaligen Abteilungsredakteure wollten – ähnlich wie Zscharnack – eine derartige Reduzierung ihres Verantwortungsbereiches nicht unwidersprochen hinnehmen, denn dem Fachberater

> „war von allem Anfang an lediglich beratende Stimme zugedacht. Er sollte keine selbständige Verantwortung für ein Gebiet haben. Diese fällt vielmehr einzig dem zuständigen Herausgeber zu, der sich der Hilfe des Fachberaters nur in solchen Fällen bedient, wo er ihrer zu bedürfen glaubt"[89].

Deshalb sei bei der Hinzuziehung der Fachberater alles zu vermeiden, „was die Herausgeber und den Verlag so festlegen würde, dass aus dieser Beratungstätigkeit ein Anspruch auf irgendwelche Redaktionsbefugnis abgeleitet werden könnte"[90]. Dieses Vorgehen trug dem Verlag seitens der Abteilungsredakteure der ersten Auflage das „Odium einer gewissen Rücksichtslosigkeit"[91] ein. Exemplarisch läßt sich dies an der Auseinandersetzung zwischen Gunkel als dem für biblische Fächer und Religionsgeschichte verantwortlichen Herausgeber und Hugo Greßmann als dem für religionsgeschichtliche Fragen zuständigen Fachberater nachzeichnen.

Siebeck, Tübingen, 01.01.1927) und ließ sich auch durch diverse Vermittlungsbemühungen nicht mehr von seinem Entschluß abbringen (vgl. VA RGG² 1927 „Gi-Z": Schreiben von Oskar Siebeck, Tübingen an Ernst Lohmeyer, Breslau, 15.01.1927; VA RGG² 1928 „A-Kn": Schreiben von Oskar Siebeck, Tübingen an Hermann Gunkel, Halle, 21.03.1928). Zscharnack selbst wollte seine Eingriffe in die Manuskripte als „Vorschläge" verstanden wissen, die sich ausschließlich im enzyklopädisch-organisatorischen Rahmen bewegten und sich nicht auf die „Wissenschaftlichkeit der Fachartikel" bezögen (NL Gunkel, Yi 33 II B 396: Schreiben von Leopold Zscharnack, Königsberg „An die Herren der RGG-Redaktion", 17.02.1927; grundsätzlich zu Zscharnacks Vorgehen u.a. VA RGG² 1927 „A-Ge": Schreiben von Leopold Zscharnack, Königsberg an Oskar Siebeck, Tübingen, 31.01.1927; VA RGG² 1927 „A-Ge": Schreiben von Oskar Siebeck, Tübingen an Leopold Zscharnack, Königsberg, 19.03.1927).

89 VA RGG² Korrespondenz 1929: Schreiben von Oskar Rühle, Tübingen an Karl Ludwig Schmidt, Jena, 08.02.1929.

90 VA Alte Korrespondenz RGG²: Schreiben von Oskar Siebeck, Tübingen an Leopold Zscharnack, Breslau, 13.06.1924.

91 VA 416: Schreiben von Oskar Siebeck, Tübingen an Otto Baumgarten, Kiel, 09.10.1925.

1.2.2. Die Auseinandersetzung zwischen Hermann Gunkel und Hugo Greßmann um den Verantwortungsbereich des Fachberaters

Bereits auf der Gießener Konferenz im Januar 1922 war Gunkel beauftragt worden, Greßmann die Stichwortliste für die Abteilung Religionsgeschichte bearbeiten zu lassen[92]. Dabei kam es auf Seiten Greßmanns zu ersten Irritationen, als sich herausstellte, daß Greßmann von Gunkel nicht in den Stand der Planungen und seine eigene Rolle innerhalb derselben eingeführt worden war.

> „Prof. Gunkel hat mir erzählt, dass Sie eine Neuauflage von RGG planten. Mehr weiss ich nicht. Ich weiss nur, dass ich einen Vertrag mit Ihnen wegen der 2. Auflage habe. Danach habe ich ein Recht, mit über den Umfang zu bestimmen, den die allgemeine Relgesch. in RGG einnehmen soll. Ich erwarte also Ihre Vorschläge darüber. Ich nehme auch an, dass ich als Redakteur in gleicher Weise beteiligt werde wie Gunkel für das AT, also an Ehren und Honorar gleichgestellt. Bis diese Vorfragen erledigt sind, lehne ich es ab, die Stichwörterliste zu bearbeiten"[93].

Dieses erste Mißverständnis zwischen Gunkel und Greßmann ließ sich indes durch eine Intervention von Scheel beheben[94]. Als die Planungen 1924 unter der Option wieder aufgenommen wurden, daß man einen neuen Nomenklator erstellen wolle, kam es zu einem erheblichen Konflikt um die Beteiligung Greßmanns an dieser Neufassung des Nomenklators und bezüglich seines Verhältnisses zu Gunkel. Greßmann war skeptisch bezüglich der Zuverlässigkeit des Verlages und Gunkels hinsichtlich der Einhaltung derjenigen Rechte, die ihm aufgrund der ersten Auflage zustünden und bestand darauf, daß ihm vertraglich die redaktionelle Betreuung der Abteilung Religionsgeschichte zustehe. Eine Tätigkeit als Fachberater sei ein „glatter Vertragsbruch Mohrs. Ich hatte mit ihm ausgemacht, daß ich für die Neuauflage die Relgesch neu be-

92 Vgl. NL Gunkel, Yi 33 B 273: Schreiben von Werner Siebeck, Tübingen an Hermann Gunkel, Halle, 06.03.1922 und NL Gunkel, Yi 33 II B 274: Schreiben von Werner Siebeck, Tübingen an Hermann Gunkel, Halle, 17.03.1922. Greßmann und Gunkel waren langjährige Freunde. Gunkel hatte sich 1920 stark engagiert, um Greßmann ein Ordinariat in Gießen zu ermöglichen. Greßmann hatte den Ruf freilich abgelehnt, da er unmittelbar davor in Berlin zum Ordinarius vorgeschlagen worden war, „und zwar, wie mir Harnack sagte, einstimmig und ohne jeden Widerspruch oder auch nur Debatte" und zudem die Arbeits- und Forschungsbedingungen in Berlin besser seien (NL Gunkel, Yi 33 I G 237: Schreiben von Hugo Greßmann, Berlin an Hermann Gunkel, Gießen, 24.07.1920).

93 Zit. in: NL Gunkel, Yi 33 II B 276: Schreiben von Werner Siebeck, Tübingen an Hermann Gunkel, Halle, 22.03.1924.

94 Vgl. NL Gunkel, Yi 33 B 279: Schreiben von Werner Siebeck, Tübingen an Hermann Gunkel, Halle, 04.05.1922.

arbeiten sollte nach meinen Prinzipien"[95]. Dies bedeute: „Wenn Du mich „Fachberater" nennst, so magst Du das tun. Ich bin es aber nicht als Angestellter von Siebeck"[96]. Im übrigen könne er eine derartige Beschneidung seines Kompetenzbereichs nur solange akzeptieren, solange seine Tätigkeit ausdrücklich an Gunkel gebunden sei – aber „wenn Deine Leitung aus irgend einem Grunde aufhört, wenn irgend ein anderer [...] an Deine Stelle treten sollte, muß ich mir die Entscheidung vorbehalten, ob ich noch weiter mittun will oder nicht"[97]. Für die Erstellung des Nomenklators forderte Greßmann daher ein „entscheidendes Mitbestimmungsrecht" sowohl hinsichtlich der Stichwortauswahl als auch der Umfangsfestlegung für einzelne Artikel und der Autorenauswahl und war nicht willens, unter seiner Leistung den Namen Gunkels zu dulden – „die geistige Arbeit soll unter meinem Namen gehen, soweit sie von mir stammt, und der neue Nomenklator soll meine Arbeit sein"[98]. Und deshalb sei er auch entsprechend zu honorieren: „Ich habe etwa 100 Stunden gearbeitet, fordere also 5 Mark die Stunde. (Später will ich mehr haben). Ich glaube, daß jedes Gericht diese Forderung als berechtigt anerkennen wird"[99]. Darüber hinaus zeigte sich Greßmann irritiert, daß die Neuauflage an den Autoren der ersten Auflage vorbei geplant und organisiert wurde.

---

95 NL Gunkel, Yi 33 I G 280: Schreiben von Hugo Greßmann, Berlin an Hermann Gunkel, Halle, 28.10. 1924. Vgl. auch NL Gunkel, Yi 33 I G 279: Schreiben von Hugo Greßmann, Berlin an Hermann Gunkel, z.Z. Boltenhagen bei Grevesmühle, 25.08.1924 (Datum des Poststempels).

96 NL Gunkel, Yi 33 I G 291: Schreiben von Hugo Greßmann, Berlin an Hermann Gunkel, Halle, 09.11.1925.

97 NL Gunkel, Yi 33 I G 281: Schreiben von Hugo Greßmann, Berlin an Hermann Gunkel, Halle, 13.11.1924.

98 VA Alte Korrespondenz RGG^2: Schreiben von Hugo Greßmann, Berlin an Oskar Siebeck, Tübingen, 09.08.1924 (Abschrift). Vgl. dann auch VA Alte Korrespondenz RGG^2: Schreiben von Hermann Gunkel, z.Z. Boltenhagen bei Grevesmühle an Oskar Siebeck, Tübingen, 13.08.1924 (Abschrift).

99 NL Gunkel, Yi 33 I G 291: Schreiben von Hugo Greßmann, Berlin an Hermann Gunkel, Halle, 09.11.1925. Greßmann erhielt die geforderten 500 Mark Honorar. „Nun, meine 500 Mark für den ‚Nomenklator' sind redlich verdient" (NL Gunkel, Yi 33 I G 299: Schreiben von Hugo Greßmann, Berlin an Hermann Gunkel, Halle, 19.03.1926). Im Grunde jedoch sei dieses Honorar, ebenso wie das Autorenhonorar des Mohr Siebeck Verlages, viel zu niedrig: „Die Bezahlung der Artikel für RGG ist nicht ‚nobel', sondern ‚schlecht'. [...] Siebeck erweckt nur dadurch den ‚Schein' der Noblesse, daß er in Kleinigkeiten (Postkarten!) kein Pfennigfuchser ist, um so ‚geschäftstüchtiger' ist er in großen Dingen" (ebd.). Oskar Siebeck seinerseits zahlte das von Greßmann eingeforderte Honorar nur „um des Friedens willen" und nur unter der Bedingung, daß Greßmann auf alle Rechte, die über die herkömmlichen Autorenrechte hinausgingen, schriftlich verzichte (NL Gunkel, Yi 33 II B 341: Schreiben von Oskar Siebeck, Tübingen an Leopold Zscharnack, Königsberg, 05.12.1925).

„Das Prinzip, für RGG[2] andere Autoren zu suchen, setzt die Erkenntnis voraus, daß die Autoren von RGG[1] sich im allgemeinen als unfähig erwiesen haben. Das trifft in dieser Allgemeinheit gewiß nicht zu - und selbst wenn es zuträfe, muß man sich klar machen, was das für einen Eindruck hervorrufen wird. Glaubst Du wirklich, daß sich die Autoren das stillschweigend gefallen lassen? Der deutsche Professor ist sehr gutmütig, aber - hier geht es ihm an den Geldbeutel, und da wird auch er empfindlich"[100].

Auch schriftliche und mündliche Interventionen Zscharnacks[101] konnten, nach einem erstmaligen kurzfristigen Rückzug Greßmanns[102], dessen definitives Ausscheiden nicht verhindern. Auch eine persönliche Aussprache zwischen Gunkel und Greßmann scheiterte[103]. Gunkel war durch die Auseinandersetzungen, vor allem im November und Dezember 1925, gesundheitlich stark angegriffen und ging deshalb auf das Angebot des Verlages ein, zu seiner Entlastung Bertholet in das Herausgebergremium einzubinden[104].

---

100 NL Gunkel, Yi 33 I G 291: Schreiben von Hugo Greßmann, Berlin an Hermann Gunkel, Halle, 09.11.1925.

101 Vgl. NL Gunkel, Yi 33 I Z 94: Schreiben von Leopold Zscharnack, Breslau an Hugo Greßmann, Berlin, 04.11.1924; VA Korrespondenz RGG[2] 1924-1926: Schreiben von Leopold Zscharnack, Breslau an Hugo Greßmann, Berlin, 07.11.1924; VA Korrespondenz RGG[2] 1924-1926: Sechster Wochenbericht über RGG, zweite Auflage von Oskar Rühle, Tübingen an die Herren Hermann Gunkel/Halle, Leopold Zscharnack/Breslau, Horst Stephan/Halle, Hermann Faber/Tübingen, 15.11.1924; VA Korrespondenz RGG[2] 1924-1926: Schreiben von Leopold Zscharnack, Breslau an Oskar Siebeck, Tübingen, 29.11.1924; VA Korrespondenz RGG[2] 1924-1926: Schreiben von Leopold Zscharnack, Breslau an Hugo Greßmann, Berlin, 29.11.1924 (Abschrift); VA Korrespondenz RGG[2] 1924-1926: Schreiben von Leopold Zscharnack, Breslau an Hermann Gunkel, Halle, 29.11.1924 (Abschrift).

102 Vgl. VA Korrespondenz RGG[2] 1924-1926: Fünfter Wochenbericht von RGG, zweite Auflage von Oskar Rühle, Tübingen an die Herren Hermann Gunkel/Halle, Leopold Zscharnack/Breslau, Horst Stephan/Halle, Hermann Faber/Tübingen, 08.11.1924.

103 Vgl. VA Korrespondenz RGG[2] 1924-1926: Neunter Wochenbericht über RGG, zweite Auflage von Oskar Rühle, Tübingen an die Herren Hermann Gunkel/Halle, Leopold Zscharnack/Breslau, Horst Stephan/Halle, Hermann Faber, Tübingen, 06.12.1924. Vgl. auch NL Gunkel, Yi 33 I G 293: Schreiben von Hugo Greßmann, Berlin an Hermann Gunkel, Halle, 02.12.1925: „Es tut mir leid, daß es so gekommen ist, sofern unsere Freundschaft darunter leiden sollte".

104 Vgl. VA Korrespondenz RGG[2] 1924-1926: Schreiben von Oskar Siebeck, z.Z. Halle an Leopold Zscharnack, Königsberg, 05.12.1925. Es müsse, so Oskar Siebeck an Bertholet, bei der Suche nach einer Person, die den gesundheitlich angeschlagenen Gunkel in redaktionellen Fragen unterstützen könne, alles vermieden werden, was ihm, Oskar Siebeck, „so ausgelegt werden könnte, als wollte ich ihn (Gunkel, R.C.) ‚absägen'. Bei dieser Cunctator-Politik bestand natürlich immer die Gefahr, dass die Aufforderung an einen zu gewinnenden Nachfolger einen Beigeschmack bekommt, der diesem die Annahme zum mindesten nicht erleichtert. Bei Ihnen bin ich aber sicher, dass ich keinerlei Missdeutung zu befürchten habe, wenn ich Sie jetzt noch ebenso herzlich als dringend bitte, *an Stelle von Gunkel, nach aussen hin natürlich neben Gunkel, in die Redaktion einzutreten*" (VA Korrespondenz RGG[2] 1924-1926: Schreiben von Oskar

Auch nach der Hinzuziehung Bertholets blieb die Abteilung Religionsgeschichte Gegenstand von Auseinandersetzungen. So monierte Friedrich Heiler (1892-1967), daß innerhalb der theologisch-lexikographischen Konzeption der „der Religionsgeschichte zugewiesene Raum absolut ungenügend" sei, so daß eine den einzelnen Themen angemessene Darstellung nicht mehr möglich sei. Hinzu komme, „dass die Trennung von Religionsgeschichte als ausserchristlicher Religionsgeschichte von der christlichen Kirchen- und Frömmigkeitsgeschichte [...] meiner ganzen Arbeitsweise und Auffassung zuwiderläuft"[105]. Er halte daher die Hermeneutik des Lexikons für „verfehlt"[106].

Und so zeigt die bisherige Untersuchung, daß die erste Planungsphase hauptsächlich durch Personaldiskussionen und den Versuch einer Neuordnung der herausgeberischen und redaktionellen Kompetenzen bestimmt war. Lexikonpolitik ist Personalpolitik. Darin eingeschlossen – jedoch nicht als selbständiger Diskussionskomplex – war die Frage, inwiefern eine an die theologische Gegenwartslage angepaßte Lexikonhermeneutik zum Zuge kommen solle und wie zwischen der internen lexikonpolitischen Tradition und externen neuen theologischen Bewegungen, die zu rezipieren man sich genötigt sah, bei der Gestaltung der Enzyklopädie zu vermitteln sei. Neben diese beiden strittige Punkten trat aber auch die unklare ökonomische Entwicklung

---

Siebeck, Tübingen an Alfred Bertholet, Göttingen, 28.11.1925, Hervorh. R.C.). Vgl. auch VA Korrespondenz RGG² 1924-1926: Schreiben von Oskar Siebeck, Tübingen an Leopold Zscharnack, Königsberg, 28.11.1925: „Er (Bertholet, R.C.) ist in allen Redaktionsarbeiten so erfahren und beherrscht das Gesamtgebiet der Religionsgeschichte nunmehr so ausgezeichnet, dass er wie keiner imstand sein wird, sich nachträglich in unsere Organisation einzufügen. Seine grosse persönliche Liebenswürdigkeit scheint mir jede Gewähr für ein harmonisches Zusammenarbeiten zu geben". Die Zusage Bertholets findet sich VA Korrespondenz RGG² 1924-1926: Schreiben von Alfred Bertholet, Göttingen an Oskar Siebeck, 30.11.1925. Dann auch VA Korrespondenz RGG² 1924-1926: Schreiben von Oskar Siebeck, z.Z. Jena an Leopold Zscharnack, Königsberg, 02.12.1925; VA Korrespondenz RGG² 1924-1926: Schreiben von Leopold Zscharnack, Königsberg an Oskar Siebeck, wohl Tübingen, 30.11.1925; VA 423: Schreiben von Oskar Siebeck, Tübingen an Gustav Krüger, Gießen, 09.02.1926; VA RGG² 1927 „A-Ge": Schreiben von Oskar Rühle, Tübingen an Leopold Zscharnack, Königsberg, 13.08.1927. Zu den ausgesprochenen Gegnern Bertholets gehörte Greßmann. Bertholet sei „blutlos, farblos; wenn man schon einen Liberalen nennen (beileibe nicht haben) muß, dann einen recht verwaschenen, ausdruckslosen. Er ist in der Schweiz eben deshalb nicht vorwärtsgekommen, um so reicher blüht sein Weizen im (neuen ?) Deutschland" (NL Gunkel, Yi 33 I G 226: Schreiben von Hugo Greßmann, Berlin an Hermann Gunkel, Gießen, 24.02.1920).

105 VA RGG² 1926: Schreiben von Friedrich Heiler, Marburg an Alfred Bertholet, Göttingen, 08.01.1926 (Abschrift).

106 VA RGG² 1926: Schreiben von Friedrich Heiler, Marburg an Alfred Bertholet, Göttingen, 21.01.1926 (Abschrift).

in den frühen zwanziger Jahren, die ein rasches Erscheinen der Neuauflage hemmte[107].

1.3. Die Neuauflage als „Querschnitt durch die lebende Theologie"[108] – die programmatische Umgestaltung der lexikonpolitischen Hermeneutik

„Der Erste Weltkrieg markiert eine auch für die Theologie folgenreiche Zäsur" – ihm komme gleichsam „die Funktion einer Epochenwende" zu, so das Urteil von Hermann Fischer[109]. Neue theologische Richtun-

---

107 Nicht nur der Mohr Siebeck Verlag hatte in den frühen Krisenjahren der Weimarer Republik Planungen zu einer Neuauflage eines Lexikons erst einmal ruhen lassen. Auch das Bibliographische Institut verschob 1922 eine geplante Neuauflage seines Konversationslexikons. Vgl. hierzu Sarkowski, Das Bibliographische Institut, S.138 und Hohlfeld, Das Bibliographische Institut, S.278 und auch VA 404: Schreiben von Werner Siebeck, Tübingen an Gustav Krüger, Gießen, 11.11.1922. Die Lexikonproduktion erfolgte in den 20er Jahren des letzten Jahrhunderts offensichtlich im Rhythmus der politisch-ökonomischen Entwicklungen. Zur Untergliederung dieser Entwicklungen vgl. z.B. Eberhard Kolb, Die Weimarer Republik (Oldenburg-Grundriss der Geschichte 16), München et al [3]1993, welcher wie folgt unterteilt: „Die Republik in den Krisenjahren 1919-1923", „Die Republik in der Phase der relativen Stabilisierung 1924-1929", „Auflösung und Zerstörung der Republik 1930-1933". So auch Horst Möller, Weimar. Die unvollendete Demokratie (Deutsche Geschichte der neuesten Zeit vom 19. Jahrhundert bis zur Gegenwart), München 1985, welcher von „Krisenjahre der Republik 1920-1923/24" und von „Das beste Jahrfünft 1924-1929" spricht, jedoch einschränkend bemerkt, es habe kein Jahr gegeben, „in dem die demokratische Republik nicht schwere Anfechtungen zu bestehen gehabt hätte, auch das vergleichsweise ruhige Jahrfünft zwischen 1924 und 1929 war davon nicht frei" (aaO., S.138). Dann auch Detlev J.K. Peukert, Die Weimarer Republik. Krisenjahre der klassischen Moderne, Frankfurt/Main 1987, welcher untergliedert in „Weichenstellungen 1918-1923", „Trügerische Stabilisierung 1924-1929" und „Die totale Krise 1930-1933". Für den Bereich der Kirchengeschichtsschreibung vgl. Kurt Nowak, Evangelische Kirche und Weimarer Republik. Zum politischen Weg des deutschen Protestantismus zwischen 1918 und 1932, Göttingen [2]1988, welcher unterteilt in: „Im Umbruch von 1918/19", „Politische Orientierungen und Leitideen in den Anfangsjahren der Weimarer Republik (1919-1923)", „In der Phase der relativen Stabilisierung (1924-1929)" und „Auf dem Weg ins ‚Dritte Reich'".

108 VA 416: Schreiben von Oskar Siebeck, Tübingen an Emil Brunner, Zürich, 20.11.1925.

109 Hermann Fischer, Systematische Theologie. Konzeptionen und Probleme im 20. Jahrhundert (GKT 6), Stuttgart et al 1992, S.13. Fischer weist freilich zu Recht auf die Problematik einer allzu schematischen Epochenstrukturierung hin, welche die Einsicht in vorhandene Kontinuitäten verhindere. Für die Darstellung der Verschiebung des lexikographisch-theologiepolitischen Profiles zwischen RGG[1] und RGG[2] erweist sich eine schematische Strukturierung dennoch als hilfreich, spricht doch Oskar Siebeck selbst gar von der „Schicksalwende der Jahre 1913/20", welche die programmatische Umgestaltung des Lexikons notwendig mache und Zscharnacks Vorschlag einer Überarbeitung der erste Auflage in Form von durchschossenen Exemplaren als grundsätzlich obsolet erscheinen ließ (VA Alte Korrespondenz RGG[2]:

gen setzten sich durch: Karl Holl (1866-1926) und die mit seinem Namen verbundene Relecture der Schriften Luthers (sogenannte Luther-Renaissance)[110], sodann die sogenannten Religiösen Sozialisten um Leonhard Ragaz (1868-1945), Hermann Kutter (1869-1931) und dann auch Paul Tillich (1886-1965) und Eduard Heimann (1889-1967) und vor allem die Vertreter der Dialektischen Theologie, also Karl Barth (1886-1968), dann Eduard Thurneysen (1888-1974), Emil Brunner (1889-1966) und Friedrich Gogarten (1887-1967)[111]. Sie galten als die theologische ‚Jugend', deren frühe theologische Arbeiten sich in erster Linie durch die polemischen Absage an die theologischen Entwürfe der liberalen Theologen, ihrer akademischer ‚Väter' profilierten[112]. Deren „geistigen und praktisch-politischen Anstrengungen, in den Kategorien des Ausgleichs, der Vermittlung und der historischen Kontinuität inmitten des Umbruchs zu denken" galten den Vertretern der Theologie der Krisis, den Dialektischen Theologen, als „großväterliche Betulich-

---

Schreiben von Oskar Siebeck, Tübingen an Leopold Zscharnack, Breslau, 29.07.1922 [Entwurf]). Zur Situation von protestantischer Theologie und Kirche in der Weimarer Republik vgl. ausführlich u.a. (jeweils mit weiterführender Literatur) Wolfes, Protestantische Theologie, v.a. S.18ff.; Nowak, Geschichte des Christentums, S.205ff.; mit besonderer Betonung der kirchenpolitischen Aspekte ders.: Evangelische Kirche und Weimarer Republik und ders.: Protestantismus und Weimarer Republik. Politische Wegmarken in der evangelischen Kirche 1918-1932, in: Die Weimarer Republik 1918-1933. Politik, Wirtschaft, Gesellschaft. Hg. v. Karl Dietrich Bracher, Manfred Funke und Hans-Adolf Jacobsen (Bonner Schriften zur Politik und Zeitgeschichte 22), Düsseldorf 1987, S.218-237; als knapper Überblick: Alexander Schwan, Zeitgenössische Philosophie und Theologie in ihrem Verhältnis zur Weimarer Republik, in: Weimar. Selbstpreisgabe einer Demokratie. Eine Bilanz heute. Kölner Kolloquium der Fritz Thyssen Stiftung Juni 1979. Hg. v. Karl Dietrich Erdmann und Hagen Schulze, Düsseldorf 1980, S.259-304. Zur Rezeption dieser theologischen Umbrüche auf dem Gebiet der theologisch-kirchlichen Publizistik vgl. Karl-Werner Bühler, Presse und Protestantismus in der Weimarer Republik. Kräfte und Krisen evangelischer Publizistik (EPF 1), Witten 1970.

110 Vgl. hierzu Heinrich Assel, Der andere Aufbruch. Die Lutherrenaissance – Ursprünge, Aporien und Wege: Karl Holl, Emanuel Hirsch, Rudolf Hermann (1910-1935) (FSÖTH 72), Göttingen 1994.

111 Vgl. hierzu Jürgen Moltmann, Anfänge der dialektischen Theologie. Teil 1: Karl Barth – Heinrich Barth – Emil Brunner (TB 17/1), Gütersloh [6]1995. Teil 2: Rudolf Bultmann – Friedrich Gogarten – Eduard Thurneysen (TB 17/2), Gütersloh [4]1987.

112 „Vor allem die Wortführer der frühen dialektischen Theologie haben in der Auseinandersetzung mit den eigenen theologischen Vätern die ‚liberale' [Theologie; R.C.] als Paradigma verkehrter Theologie dargestellt [...] Im Stile einer Theologie für Nichttheologen und für Erstsemester haben sie die eigenen theologischen Väter und Vettern mit einer Benennung bedacht, die von diesen [als theologische Selbstbezeichnung; R.C.] ausdrücklich abgelehnt worden war" (Birkner, „Liberale Theologie", S.52.62). Zur ablehnenden Haltung der Theologen der RGG[1] gegenüber dem Liberalismusbegriff als selbstreferentiellem Begriff vgl. z.B. Mulert, Art. Liberalismus, II. Liberalismus und Kirche, in: RGG[1], 3 (1912), Sp.2107-2109.

keit abseits vom Puls der Zeit"[113]. Dies geschah indes nicht ohne Protest dieser ‚Vätergeneration'. In politisch-gesellschaftlicher Hinsicht freilich erwiesen sich namhafte Vertreter der als veraltet und abgewirtschaftet desavouierten liberalen Theologietradition – Troeltsch, Rade, Baumgarten, für die nächste Generation dann Mulert oder Martin Dibelius – als weitaus aufgeschlossener als ihre theologische Defensivsituation auf den ersten Blick vermuten läßt, bekannten sie sich doch aktiv zum neuen demokratischen Staat und waren in der konsolidierenden Frühphase der Weimarer Republik und zum Teil auch darüber hinaus innerhalb der *Deutschen Demokratischen Partei* (DDP) an deren strukturell-politischer Verwirklichung aktiv beteiligt[114]. Diesen politischen Kreisen war auch Oskar Siebeck verbunden.

---

113 Nowak, Geschichte des Christentums, S.214. Zum Verhältnis der FChW zur aufkommenden Dialektischen Theologie vgl. u.a. Schwöbel, Einleitung, in: „An die Freunde", S.XXXIIff.; Johanna Jantsch, Einleitung, in: Der Briefwechsel zwischen Adolf von Harnack und Martin Rade, S.5-129, bes. S.96ff. (mit zahlreichen Hinweisen auf Originaltexte); dann beispielsweise auch Hans-Georg Geyer, Die dialektische Theologie und die Krise des Liberalismus, in: Die Krise des Liberalismus zwischen den Weltkriegen. Hg. v. Rudolf von Thadden, Göttingen 1978, S.155-170 oder Gunther Wenz, Zwischen den Zeiten. Einige Bemerkungen zum geschichtlichen Verständnis der theologischen Anfänge Karl Barths, in: NZSTh 28 (1986), S.284-295.

114 „Es mutet paradox an, ist aber als Tatsache festzuhalten, daß die Sechzig- bis Achtzigjährigen, deren politisches Bewußtsein noch im Kaiserreich geprägt worden war, stärker als ihre jüngeren Kollegen zur Anerkennung der Weimarer Neuordnung bereit waren" (Herbert Döring, Der Weimarer Kreis. Studien zum politischen Bewußtsein verfassungstreuer Hochschullehrer in der Weimarer Republik [Mannheimer Sozialwissenschaftliche Studien 10], Meisenheim am Glan 1975, S.139). Nowak freilich beurteilt die Einflußmöglichkeiten des liberal gesonnenen Protestantismus hinsichtlich der Öffnung von Theologie und Kirche gegenüber dem neuen Staat als eher marginal: „In der Fähigkeit und dem Willen, sich mit moderner Kultur und demokratischer Gesellschaft zu verbinden, war zwar der liberale Protestantismus einer orthodoxen Kirchlichkeit turmhoch überlegen. Aber die Scharfäugigkeit der protestantischen Liberalen in den Städten stand nach den bald verbrauchten Anfangserfolgen der DDP im umgekehrten Verhältnis zu ihren politischen Möglichkeiten. [...] Die wenigen liberal-protestantischen Stimmen gingen rettungslos unter" (ders., Protestantismus und Weimarer Republik, S.224). Vgl. hierzu auch Matthias Wolfes, Die Demokratiefähigkeit liberaler Theologen. Ein Beitrag zum Verhältnis des Protestantismus zur Weimarer Republik, in: Friedrich Naumann in seiner Zeit. Hg. v. Rüdiger vom Bruch, Berlin et al, 200, S.287-314, speziell zur Position Martin Rades s. Schwöbel, Martin Rade, bes. S.206ff. – Zur strukturellen Krise des Liberalismus nach dem Ersten Weltkrieg im allgemeinen Langewiesche, Liberalismus, S.233ff.; im Hinblick auf den kirchlich-theologischen Liberalismus Hübinger, Die liberale Paradoxie, bes. S.62ff.; Kurt Meier, Krisenbewältigung im freien Protestantismus. Kontinuitäts- und Umbruchsbewußtsein im kirchlichen Liberalismus nach 1918, in: Umstrittene Moderne. Die Zukunft der Neuzeit im Urteil der Epoche Ernst Troeltschs. Hg. v. Horst Renz und Friedrich Wilhelm Graf (Troeltsch Studien 4), Gütersloh 1987, S.285-304 und den Sammelband: Die Krise des Liberalismus zwischen den Weltkriegen. Hg. v. Rudolf von Thadden, Göttingen 1978.

Der Verlag Mohr Siebeck hatte sich um die Jahrhundertwende am theologischen Buchmarkt als Verlag eben dieser nun massiv in die Defensive geratenden liberal orientierten Theologengeneration etabliert. Da ein Verlag als ein ökonomisches Unternehmen jedoch Veränderungen am Markt nicht schlicht ignorieren kann, mußte er auf diesen theologischen Umbruch reagieren, insbesondere als sich von 1924 an die Dialektische Theologie etablierte und der Absatz liberalprotestantischer Buchproduktion ins Stocken geriet. Der Verlag schloß bei seinen Überlegungen in diesen Jahren an eine Diskussionslage an, die sich in ihren Grundzügen bereits *vor* dem Ersten Weltkrieg präfiguriert hatte und an der noch Paul Siebeck beteiligt gewesen war.

1.3.1. Anzeichen der Problematisierung eines ausschließlich kulturprotestantischen Verlagsprogramms unter Paul Siebeck

Paul Siebeck selbst hatte bereits vor dem Ersten Weltkrieg Skepsis gegenüber den künftigen Absatzchancen derjenigen theologische Buch- und Zeitschriftenproduktion, die sich ausschließlich einem liberalen Program verpflichtet sah, angemeldet, denn wer wisse schon,

> „wie es in ein paar Jahren um den Nachwuchs unter den liberalen Theologen aussehen wird!? Wenn die preussischen theologischen Fakultäten infolge der brutalen Herrschaft der Konservativen und des Zentrums in Preussen immer mehr mit orthodoxen Dozenten besetzt werden, wer soll dann in 5 Jahren noch unsere liberalen Zeitschriften lesen?".

Die preußische Universitätspolitik ließe liberaltheologisch orientierte Nachwuchswissenschaftler resignieren und „wenn selbst die Jungen, wie Scheel und mein Sohn anfangen pessimistisch zu urteilen, wo soll dann unsereiner noch seinen Optimismus hernehmen?"[115].

---

115 VA 351: Schreiben von Paul Siebeck, Tübingen an Martin Rade, Marburg, 17.01.1913. Paul Siebeck nimmt hier Bezug auf die negative Entwicklung der Abonnentenzahl der ZThK. Rade antwortete seinerzeit lapidar: „Wenn die Jungen zu Pessimisten werden, so müssen die Alten umso zähere Optimisten sein" (VA 351: Schreiben von Martin Rade, Marburg an Paul Siebeck, Tübingen, 18.01.1913). Bereits vor dem Krieg wurde in den Chiffren eines Generationenkonfliktes argumentiert. Bei der Ausgestaltung der Neuauflage war dies eines der entscheidenden Argumentationstheoreme. Zur pessimistischen Einschätzung der theologischen Lage durch Oskar Siebeck, besonders im Hinblick auf die Fakultäten, vgl. beispielsweise VA 332: Schreiben von Oskar Siebeck, Tübingen an Walther Köhler, z.Z. Zermatt, 02.08.1912, woraufhin Köhler sich als Vertreter der optimistischen, älteren Generation zu profilieren suchte: „Ihre Gesamtauffassung von der Lage der sogen. liberalen Theologen scheint mir zu pessimistisch zu sein" (VA 332: Schreiben von Walther Köhler, z.Z. Zermatt an Oskar Siebeck, Tübingen, 05.08.1912). Köhlers optimistische Einschätzung der fakultätspolitischen Entwicklungen v.a. hinsichtlich der ‚Hochburg' liberal orientierter Universitätstheologie – Marburg – waren Oskar Siebeck freilich nur „eine gewisse Beruhigung" (VA 332: Schreiben von Oskar Siebeck, Tübingen an Walther Köhler,

Doch nicht nur der Absatzmarkt der an einem liberaltheologischen Programm orientierten Buchproduktion schwächelte bereits vor dem Ersten Weltkrieg. Offensichtlich bereitete zu diesem Zeitpunkt auch die Autorenakquisition in eben diesem Milieu Probleme. So klagte beispielsweise Friedrich Michael Schiele, er sehe sich bei der konzeptionellen Weiterentwicklung der *Religionsgeschichtlichen Volksbücher*

> „von Jahr zu Jahr grösseren redaktionellen Schwierigkeiten [gegenüber]. Trotzdem ich mich aufs Angelegentlichste bemüht habe, neue Gebiete in den Bereich der Darstellungen zu ziehen, will es mir nicht gelingen, tüchtige Mitarbeiter zu gewinnen oder doch von den gewonnenen Mitarbeitern rechtzeitig geeignete Beiträge zu erlangen. [...] Wir haben in den akademischen Kreisen mit einem (durchaus begreiflichen) Abflauen der Neigung zum Popularisieren zu tun und in den Kreisen der im Amt stehenden Theologen mit Ueberarbeitung, Nervosität und Unlust zu dem stillen und nachhaltigen Studium, aus dem allein Beiträge, wie wir sie brauchen, hervorgehen könnten"[116].

Auf diese Weise, so die Befürchtung Schieles, könne der theologische Liberalismus im Kampf gegen orthodoxe Theologie und Kirchlichkeit langfristig nur unterliegen. Es sei denn, er raffe sich dazu auf,

> „den brutalen Mächten der Unterdrückung mit einer freimütigen Verteidigung seiner religiösen Position entgegenzutreten und gegen die Gewalt den Geist zu setzen. Aber wo sind die geistesmächtigen Theologen, die in diesem Kampf für die Wahrheit eintreten sollen? Es gibt viele liebe gute Leute in unseren Reihen, aber der allgemeine Tiefstand der theologischen Bildung in der Gegenwart herrscht doch nicht nur auf der rechten Seite"[117].

Waren die Absatzchancen für einer liberalen Theologietradition verpflichteten Buchprodukte schon vor dem Ersten Weltkrieg rückläufig, so wurde das entsprechende theologische Programm von Paul Siebeck zu diesem Zeitpunkt indes noch keinerlei distanzierender Kritik unterzogen: „Ich meine, das, was die liberale Theologie in den letzten 30 Jahren an literarischer Produktion erarbeitet hat, das bleibt, das kann ihr niemand nehmen, das ist gute und kräftige Saat". Daher halte er, trotzt einigem Pessimismus an seinem „Glauben an den Sieg der liberalen Theologie unerschütterlich" fest[118].

---

z.Z. Zermatt, 07.08.1912). Vgl. dann z.B. auch VA 352: Wochenbericht von Oskar Siebeck, Berlin an Paul Siebeck, Tübingen, 11.12.1913.

116 VA 339: Schreiben von Friedrich Michael Schiele, Berlin an Paul Siebeck, Tübingen, 22.10.1912. Vgl. dazu VA 339: Schreiben von Paul Siebeck, Tübingen an Friedrich Michael Schiele, Berlin, 24.10.1912.

117 VA 339: Schreiben von Friedrich Michael Schiele, Berlin an Paul Siebeck, Tübingen, 26.10.1912.

118 VA 339: Schreiben von Paul Siebeck, Tübingen an „die Redaktion der ‚Religionsgeschichtlichen Volksbücher' z.H. des Herrn Pfarrer D. Fr. M. Schiele", Berlin, 28.10.1912.

Nach dem Ersten Weltkrieg hatte sich die ökonomische Situation drastisch verschärft. Die Krise der Buchbranche betraf auch den Tübinger Verlag. Zusätzlich zu den allgemeinen ökonomischen Turbulenzen schlug sich der einsetzende theologische Umschwung auf die Absatzstatistik nieder und stellte den Verlag, vor allem von 1924 an, vor die Aufgabe eines Umbaus des Verlagsprogrammes[119].

Es war Richard Siebeck, der noch dem Vater die Bekanntschaft mit Person und Werk Karl Barths vermittelte[120]. Richard Siebeck hatte Barth im März 1920 im Haus des Philosophen Hans Ehrenberg (1883-1958) in Heidelberg kennengelernt[121], war daraufhin eine Woche nach Safenwil gereist und hatte anschließend geäußert, daß ihn anläßlich dieser Begegnung und des theologischen Austausches „wirklich ein Sturm erfasst und durchrüttelt hat, ein Sturm vom Höchsten und Heiligsten, – nicht das ich nun etwas gewonnen hätte, wirklich hätte, – es ist ja gera-

119 Zu den Absatzschwierigkeiten der Werke liberal orientierter ‚Hausautoren' des Mohr Siebeck Verlages vgl. z.B. VA 385: Laufzettel zu Baumgarten, betr. Verlagsanerbieten: ‚Aufbau der Volkskirche', Eintrag von Paul Siebeck, 20.12.1919, Eintrag von Oskar Siebeck, 24.12.1919, Eintrag von Werner Siebeck, 20.12.1919. Für die Zeit um 1924, als die Absatzschwierigkeiten zur Umgestaltung des Verlagsprogrammes führten, ist z.B. zu verweisen auf VA Korrespondenz RGG[2] 1924-1926: Schreiben von Oskar Siebeck, Tübingen an Hermann Gunkel, Halle, 21.02.1924 (Abschrift): „Die religionsgeschichtlichen Volksbücher leiden eben, wie wir auch sonst zu beobachten reichlich Gelegenheit haben, mit am meisten unter der unverkennbaren Abwendung von liberaler Theologie und religionsgeschichtlicher Schule".

120 Vgl. zum folgenden Hartmut Baier, Richard Siebeck und Karl Barth – Medizin und Theologie im Gespräch. Die Bedeutung der theologischen Anthropologie in der Medizin Richard Siebecks (FSÖTh 56), Göttingen 1988; Hartmut Baier/Wolfgang Jacob, Richard Siebeck und Karl Barth. Ein Gespräch zwischen Medizin und Theologie, in: HdJb XXIX (1985), S.115-132 und auch Eberhard Busch, Karl Barths Lebenslauf. Nach seinen Briefen und autobiographischen Texten, München [5]1993, u.a. S. 125f. und S.172 (Bildnachweis). Richard Siebecks Affinität zur Dialektischen Theologie zeigt sich auch darin, daß er in deren publizistischen ‚Hausorgan' veröffentlichte, vgl. u.a. ders., Die Grenzen der ärztlichen Sachlichkeit, in: ZZ 7 (1929), S.70-90. Auch privat waren Richard Siebeck und Barth verbunden – Richard Siebeck wurde 1921 Pate von Barths viertem Kind Robert Matthias (Busch, Barths Lebenslauf, S.131).

121 Vgl. hierzu den Bericht von Richard Siebeck, Kleine Erinnerung, in: Kraft und Innigkeit. Hans Ehrenberg als Gabe der Freundschaft im 70. Lebensjahr überreicht, Heidelberg 1953, S.129f. Günter Brakelmann datiert diese Begegnung auf den 9.-11. Februar 1920. Vgl. ders., Hans Ehrenberg. Ein judenchristliches Schicksal in Deutschland. Bd.1: Leben, Denken und Wirken 1883-1932 (Schriften der Hans Ehrenberg Gesellschaft, hg. v. Traugott Jähnichen und Matthias Schreiber, Bd.3.), Waltrop 1997, S.301. – Zu dem akademischen Kreis um den Anfang der 20er Jahre vom Judentum konvertierten Philosophen Ehrenberg, welchem u.a. auch Viktor von Weizäcker verbunden war, vgl. Christian Jansen, Professoren und Politik. Politisches Denken und Handeln der Heidelberger Hochschullehrer 1914-1935 (KSGW 99), Göttingen 1992, S.41f. und S.320, Anm.100.

de das, dass wir alle fern vom Reiche Gottes sind"[122]. Zwischen Richard Siebeck und Barth entwickelte sich eine lebenslange Freundschaft. Richard Siebeck empfahl seinem Vater, Barth als Autor in das Verlagsprogramm aufzunehmen, ein Anliegen, welches Paul Siebeck, wenn auch mit einiger Skepsis, aufgriff: „An Karl Barth schreiben wir [–] fürchten aber, dass er, als Bertelsmann'scher Autor, vor dem Mohr'schen Verlag das Kreuz macht"[123]. Daß Richard Siebeck äußerte, der Liberalismus sei nun „eben vorbei, auch in der Wissenschaft, in der Theologie"[124], verwundert angesichts der starken Wirkung, welche die Begegnung mit Karl Barth auf ihn gehabt hatte, nicht. Erstaunlich ist dagegen, daß auch Paul Siebeck Verständnis und Interesse für die neuen theologischen Ansätze signalisierte:

> „Den neueren Bestrebungen (Barth, Gogarten usw.) verschliesse ich mich absolut nicht, es musste m.E. einmal etwas Neues kommen. Was die liberale Theologie für die theologische Wissenschaft geleistet hat, wird dadurch nicht verdrängt, der Ertrag dieser Arbeit wird bleiben, auch wenn es mit dem Liberalismus an sich vorbei ist oder vorbei sein dürfte"[125].

1.3.2. „Auch die jüngeren Generationen werden ein Wort mitreden müssen"[126] – die Neuauflage im Zeichen eines theologischen Generationenkonfliktes

Von 1924 an, als die Weimarer Republik in eine Phase relativer Stabilisierung eintrat und sich auch auf dem Buchmarkt eine gewisse ökonomische Entspannung bemerkbar machte, forcierten Oskar und Werner Siebeck den Umbau des theologischen Verlagsprogramms und damit auch eine Veränderung der theologisch-lexikographischen Hermeneu-

---

122 Schreiben von Richard Siebeck an Karl Barth, 13.03.1920; zit. nach Baier, Richard Siebeck, S.81.

123 VA 395: Schreiben von Paul Siebeck, Tübingen an Richard Siebeck, Heidelberg, 23.03.1920 (Abschrift). Emil Brunner hingegen wollte seine Habilitationsschrift „in einem erstklassigen theologischen Verlag und am liebsten in dem Ihren" erscheinen lassen, was belegt, daß der Mohr Siebeck Verlag generell ein hohes Renommee als akademischer Fachverlag hatte (VA 397: Schreiben von Emil Brunner, Obstalden an Oskar Siebeck, Tübingen, 20.06.1921; gemeint ist Emil Brunner, Erlebnis, Erkenntnis und Glaube in der Religion. Eine religionsphilosophische Studie, Tübingen 1921).

124 VA 395: Schreiben von Richard Siebeck, Heidelberg an Paul Siebeck, Tübingen, 28.10.1920.

125 VA 395: Schreiben von Paul Siebeck, Tübingen an Richard Siebeck, Heidelberg, 05.11.1920.

126 VA Alte Korrespondenz RGG^2: Schreiben von Oskar Siebeck, Tübingen an Hermann Faber, Tübingen, 28.04.1924. Vgl. zum folgenden auch VA Korrespondenz RGG^2 1924-1926: Leopold Zscharnack, Hermann Gunkel, Horst Stephan, Hermann Faber (Unterzeichner): Die Religion in Geschichte und Gegenwart. Zweite, völlig neubearbeitete Auflage. Erstes Rundschreiben an die Mitarbeiter. Oktober 1924.

tik der Neuauflage von RGG. Die Neuauflage sollte einen Querschnitt sämtlicher Facetten des religiösen Lebens der Gegenwart bieten und dementsprechend wollte man Mitarbeiter aus allen theologischen Lagern gewinnen. Vom Ideal einer einheitlichen theologisch-lexikographischen Hermeneutik wollte man sich zugunsten einer stärkeren Berücksichtigung der pluralen Gegenwartslage verabschieden. Aktualität stand gegen Einheitlichkeit. Dahinter steht eine Veränderung des lexikonpolitischen Selbstverständnisses. Wollte die erste Auflage innerhalb disparater religiöser Phänomene orientieren und fixierte zu diesem Zwecke die Benutzerhermeneutik auch hinsichtlich des theologischen Profils – religionsgeschichtlich und einer kulturprotestantischen Geschichts- und Gesellschaftsdeutung verpflichtet – so stand in der zweiten Auflage der Aspekt der vollständigen und objektivierenden Präsentation im Vordergrund. Information statt Orientierung – und dies hänge eben stark

> „mit dem Programm der Neuauflage zusammen, das in der Tat an einem Punkt eine starke Aenderung aufweist. Wenn auch das Ziel der Neuauflage dasselbe geblieben ist, wie das der alten, nämlich allseitig über den Stand der Forschung in Theologie, Religionswissenschaft und anschließenden Grenzgebieten zu orientieren, so muss die Ausführung heute doch andere Wege gehen. Vor 20 Jahren beherrschte die sogenannte liberale Theologie das Feld der Wissenschaft vollkommen, daher war es berechtigt, von ihrem Standpunkt aus ein derartiges Lexikon aufzubauen. Heute ist das anders geworden und wenn die Neuauflage Ihrer Aufgabe, einen Querschnitt durch die vielgestaltige religiöse und theologischen Lage der Gegenwart zu geben, gerecht werden sollte, so musste sie ihre Mitarbeiter aus allen Lagern holen. Wenn das Werk dadurch eine einheitliche Linie und Geschlossenheit vermissen lässt, so ist das ein treues Spiegelbild unserer derzeitigen theologischen Situation“[127].

Die Auswahl entsprechender Mitarbeiter wurde aufgrund dieser veränderten Hermeneutik zu einem weiteren Konfliktpunkt der Neuauflage. Der Verlag drang auf die Integration aller theologischer Richtungen und wollte dementsprechend auch die theologisch jüngere Generation berücksichtigt sehen. „Wenn die neue Auflage eine Zukunft haben soll, so werden aber bei der Festlegung ihres Programmes vor allem auch die jüngeren Generationen ein Wort mitreden müssen“[128]. Der Gedanke „der jungen Generation, der Generationenfolge und des Konfliktes zwischen verschiedenen Generationen“, der in der Weimarer Republik den politisch-kulturellen Diskurs bestimmte, sollte – so das

127 VA RGG² Korrespondenz 1929: Schreiben von Oskar Rühle, Tübingen an Erich Förster, Frankfurt, 11.09.1929.

128 VA RGG² Korrespondenz 1924-1926: Schreiben von Oskar Siebeck, Tübingen an Jakob Wilhelm Hauer, Denzenberg, 28.04.1924.

Anliegen Oskar Siebecks – auch für die Ausgestaltung der lexikographischen Hermeneutik fruchtbar gemacht werden[129]. Man müsse bei der „Erweiterung des Mitarbeiterstammes auf Heranziehung Jüngerer" besonders achten. „Dabei sollen rein sachliche Gründe massgebend sein. Nicht ‚Richtung' oder persönliche Einstellung, sondern wissenschaftliche Tätigkeit sollen ausschlaggebend sein"[130], denn „wir wollen ja nicht ein Wörterbuch der liberalen Theologie schaffen, sondern Wesen und Bedeutung der Religion in Geschichte und Gegenwart darstellen und zu diesem Zweck die sachlich-wissenschaftlich geeignetsten Mitarbeiter heranziehen"[131]. Diese Öffnung des Lexikons für Vertreter sämtlicher theologischer Richtungen sollte nun aber gerade nicht bedeuten, „dass von mehreren in Frage kommenden Mitarbeitern einer deshalb gewählt werde, weil er einer in der 1. Auflage wenig vertrete-

129 Barbara Stambolis, Der Mythos der jungen Generation. Ein Beitrag zur politischen Kultur der Weimarer Republik, Diss. phil., Bochum 1984, S.198. Stambolis analysiert die geistige Atmosphäre der Weimarer Republik, „in der die Jugend zu einem Wert an sich hochstilisiert und in der Generationengegensätze zu einem Erklärungsmodell für vielschichtige Probleme wurden" (S.26), im Hinblick auf den Entstehungsprozeß dieser Vorstellungen und deren Manifestationen in den politischen Parteien und in der Literatur. Die Rezeption dieser Generationendiskussion im Bereich von Theologie und Kirche unterbleibt in dieser Studie ausdrücklich (S.2, Anm.1). Vgl. zu dieser Frage auch Peukert, Die Weimarer Republik, S.94: „Der Mythos der Jugend durchzieht die Öffentlichkeit der Weimarer Republik in stärkerem Maße als die anderer zeitgenössischer Gesellschaften und stärker als andere Epochen deutscher Geschichte", sowie Langewiesche, Liberalismus, S.227ff. Zur ‚Jugendlichkeit' als kirchen- und theologiepolitischer Wertekategorie vgl. z.B. Georg Pfleiderer, Karl Barths praktische Theologie. Zu Genese und Kontext eines paradigmatischen Entwurfs systematischer Theologie im 20. Jahrhundert (BHTh 115),Tübingen 2000, S.30. Pfleiderer spricht für die Weimarer Republik von einem „bruchartige[n] Generationswechsel", in welchem sich – stark vereinfacht – die 1880er Generation von der Generation der 1840-1860 Geborenen abzusetzen suchte (zu den Jahrgängen vgl. oben Anm.30). Dann auch Wolfes, Demokratiefähigkeit, S.288 und ders., Protestantische Theologie, S.23. Vgl. auch die Äußerung von Oskar Siebeck: Er werde sich „immer mehr darüber klar, dass die ‚Modernisierung' unseres theologischen Verlags gar nicht so sehr eine Frage der ‚Richtung', sondern zu vörderst eine Frage der Generationen ist" (VA Korrespondenz RGG² 1924-1926: Schreiben von Oskar Siebeck, Tübingen an Hermann Faber, Tübingen, 20.08.1925).

130 VA Alte Korrespondenz RGG²: Konferenz der Hauptredaktion der zweiten Auflage des Handwörterbuches „Die Religion in Geschichte und Gegenwart" in Tübingen vom 24.-26. September 1924.

131 VA Alte Korrespondenz RGG²: Entwurf Wochenbericht vom 10.01.1925, RGG von Oskar Siebeck, Tübingen. Vgl. VA Korrespondenz RGG² 1924-1926: Zwölfter Wochenbericht über RGG, zweite Auflage von Oskar Siebeck, Tübingen an Hermann Gunkel/Halle, Leopold Zscharnack/Breslau, Horst Stephan/Halle, Hermann Faber/Tübingen, 10.01.1925.

nen Richtung angehöre"[132]. Neben das Kriterium der ‚Jugendlichkeit' trat bei der Frage nach den Prinzipien der Mitarbeiterauswahl also der Aspekt der wissenschaftlichen Qualifikation. Die Frage, welcher theologischen ‚Richtung' der jeweilige Mitarbeiter zuzurechnen sei, trat indes völlig zurück. Es sollte

> „auf einen einheitlichen Standpunkt verzichtet werden in dem Sinn, dass eine bestimmte theologische Richtung dem Werk einen einseitigen Charakter gibt. Vielmehr soll die Mannigfaltigkeit des religiösen Lebens der Gegenwart dadurch dokumentiert werden, dass Vertreter der verschiedensten Richtungen unter besonders charakteristischen Stichwörtern zu Wort kommen"[133].

---

132 VA Alte Korrespondenz RGG²: Entwurf Wochenbericht vom 10.01.1925, RGG von Oskar Siebeck, Tübingen.

133 VA 411: Schreiben von Oskar Siebeck, Tübingen an Karl Barth, Göttingen, 12.11.1924. Als Erich Förster für die ThR die ersten Bände rezensieren wollte, stellte er Rückfragen an den Verlag, welche genau diese Bedeutung des erweiterten Mitarbeiterstabes für das theologiepolitische Profil der Neuauflage reflektierten: „Wer von der kirchlichen Rechten ausser Ihmels hat mitgearbeitet und in welchen Artikeln? Wer von den Barthianern ausser Karl Ludwig Schmidt hat mitgearbeitet? So viel ich sehe, niemand. Haben sie das abgelehnt? Wer von den wichtigeren Mitarbeitern der ersten Auflage ist ausgeschieden und weshalb? Ist das Programm der ersten Auflage in der zweiten nach irgend einer Richtung bewusst verändert?" (VA RGG² Korrespondenz 1929: Schreiben von Erich Förster, Frankfurt/Main an Oskar Rühle, 20.08.1929). Oskar Rühle gab in seinem Antwortschreiben unumwunden zu, daß die „Zahl der Mitarbeiter aus den Reihen der kirchlichen Rechten [...] ziemlich beträchtlich" sei – ein Umstand, der für die RGG¹ vollkommen undenkbar gewesen wäre. Namentlich führt Rühle u.a. folgende Theologen an: Paul Althaus (1888-1966), Friedrich Baumgärtel (1888-1981), Otto Bauernfeind (1889-1972), Johannes Behm (1883-1948), Karl Beth (1872-1959), Friedrich Brunstäd (1883-1944), Friedrich Büchsel (1883-1945), Ernst Ferdinand Kurt Deißner (1888-1942), Werner Elert (1885-1954), Walther Eichrodt (1890-1978), Paul Feine (1859-1933), Karl Fezer (1891-1960), Karl Heim (1874-1958), eben Ludwig Ihmels (1858-1933), Wilhelm Lütgert (1867-1938), Hans Preuß (1876-1951), Franz Rendtorff (1860-1937), Reinhold Seeberg (1859-1935), Ernst Sellin (1867-1946), Hermann Strathmann (1882-1966) und Friedrich Wiegand (1860-1934), dazu „die meisten unserer Mitarbeiter zu ‚Mission' mit Ausnahme vielleicht von Julius Richter" (1862-1940). Namentlich genannt werden u.a. Martin Schlunk (1874-1958), Siegfried Knak (1875-1955) oder auch Samuel Baudert (1879-1956). Zu den Mitarbeitern, die zu den „Barthianern" zu rechnen seien, seien neben Karl Ludwig Schmidt noch Bultmann, Brunner und Peter Barth (1888-1940) zu nennen. „Auch darf wohl der Münsterer Pfarrer Paul Fricke, der über ‚dialektische Theologie' geschrieben hat, den Dialektikern zugerechnet werden. Was die Mitarbeiter der Dialektischen Theologie betrifft, so liegt die Sache nicht etwa so, als ob die Redaktion sie nicht in stärkerem Mass hätte beiziehen wollen; gerade den einen oder anderen Systematiker hätten wir gerne dabei gehabt, aber so wohl Barth selbst als auch Gogarten haben die Mitarbeit, die ihnen angetragen war, abgelehnt". Die lebenden Mitarbeiter der ersten Auflage seien allesamt wieder integriert worden, hätten jedoch hinnehmen müssen, daß sie nicht in jedem Falle genau die selben Artikel wie in der ersten Auflage zur Bearbeitung übertragen bekamen – und dies hänge eben stark mit dem veränderten Programmanspruch zusammen (alle Zitate aus VA

Denn Oskar Siebeck war

> „ganz klar [...]: geben wir auch nur von ferne Anlass zu der Vermutung, für die Auswahl der Stichworte oder der Mitarbeiter seien kirchenpolitische Gesichtspunkte massgebend gewesen, so ist das Handwörterbuch schon heute als verlegerisches Unternehmen glatt unmöglich"[134].

Diese lexikonpolitische Wende im Programm schloß für Oskar Siebeck konkret vier Momente ein: Zum ersten drängte er auf die Rezeption der von Rudolf Bultmann vorgelegten theologiegeschichtlichen Erwägungen[135], denen zufolge das Recht der Dialektischen Theologie darin bestehe, innerhalb der Theologie die „Arbeit der Selbstbesinnung" angestoßen zu haben. Die Dialektische Theologie habe darauf verwiesen, daß die Theologie wieder von Gott als „der radikale[n] Verneinung und Aufhebung des Menschen" als ihrem eigentlichen Thema zu reden habe[136]. Diese „Arbeit der Selbstbesinnung"[137] müsse nach Bultmann zu einer Zurückdrängung der ausschließlich historischen Perspektive führen und wieder zu Bewußtsein bringen, „daß die Welt, die der Glaube erfassen will, mit der Hilfe der wissenschaftlichen Erkenntnis überhaupt nicht erfaßbar wird"[138], daß vielmehr „Gottes Anderssein, Gottes Jenseitigkeit die Durchstreichung des ganzen Menschen, seiner ganzen

---

RGG² Korrespondenz 1929: Schreiben von Oskar Rühle, Tübingen an Erich Förster, Frankfurt, 11.09.1929). Vgl. dazu das Porträt in Rez.: Die zweite Auflage von RGG, von: Erich Foerster, in: ThR. NF 1 (1929), S.361-375. Zscharnack als verantwortlicher Herausgeber akzentuierte anders: Es sei „die Hauptklippe" der Neuauflage von RGG, „all zuviele unserer alten Kräfte auszuschalten zugunsten neuer, die vielleicht im Augenblick lebendiger sind, aber vielfach auch weniger von strengster Wissenschaft erfüllt, unseren Grundsätzen für wissenschaftliches Denken und Arbeiten fremd, ja sogar zuweilen in Kampfesstellung gegen uns und unseresgleichen [...]. Es gibt doch gewisse Grenzen auch für die Befrachtung der RGG. Wir dürfen nicht zu viele hineinnehmen, die wir letztlich nicht in der Hand haben! Und jedenfalls niemanden nur deshalb, weil er ‚positiv' ist" (VA Korrespondenz RGG² 1924-1926: Schreiben von Leopold Zscharnack, Breslau an Hermann Gunkel, Halle, 29.11.1924 [Abschrift]).

134 NL Gunkel, Yi 33 II B 315: Schreiben von Oskar Siebeck, Tübingen an Herren Hermann Gunkel/Halle, Leopold Zscharnack/Breslau, Horst Stephan/Halle, Hermann Faber/Tübingen, 14.02.1925.

135 Rudolf Bultmann, Die liberale Theologie und die jüngste theologische Bewegung, in: ThBl 3 (1924), S.73-86, jetzt in: ders., Glauben und Verstehen Bd.1, Tübingen ⁹1993, S.1-25. Bultmann spricht ausdrücklich davon, daß er „die Kritik der *Jugend*" (S.14, Hervorh. R.C.) vorstelle. Vgl. zu der von Bultmann in diesem Aufsatz vorgetragenen Kritik auch Birkner, „Liberale Theologie", S.52; Sinn, Christologie und Existenz, S.128ff. und S.165ff., sowie Bernd Jaspert, Rudolf Bultmanns Wende von der liberalen zur dialektischen Theologie, in: Rudolf Bultmanns Werk und Wirkung. Hg. v. Bernd Jaspert, Darmstadt 1984, S.25-43; Fischer, Systematische Theologie, S.43f.

136 Bultmann, Die liberale Theologie, S.2.

137 Ebd.

138 AaO., S.4.

Geschichte bedeutet"[139]. Die Kritik am Historismus[140], welchem sich das Programm einer liberalen Theologie methodisch und ideell verpflichtet war, führte bei Bultmann zur Kritik an der praktischen Stellung des Menschen in der Welt, präziser: zur Kritik der Ansicht, aus dem Glauben seien „bestimmte Ideale zu einem innerweltlichen Handeln abzuleiten"[141]. Gegen die Vorstellung einer innerweltlichen Realisierung der Idee des Reiches Gottes gelte: „Es gibt kein Tun, das sich direkt auf Gott und sein Reich beziehen könnte"[142], denn diese Vorstellung gehe im Kern von einer „Gemeinschaft der Glaubenden" als einer „Gemeinschaft ohne Sünde" aus – einer „Unmöglichkeit auf Erden"[143].

Zum zweiten drängte Oskar Siebeck auf die lexikographische Rezeption der von Otto Piper (1891-1982) vorgelegten religionssoziologischen Untersuchung. Darin ging es um die Daseinsberechtigung und Notwendigkeit einer außerkirchlichen Frömmigkeit[144]. Piper konstatierte, daß „das traditionelle Christentum und seine kirchlichen Veranstaltungen das moderne *Lebensgefühl* nicht mehr zu befriedigen vermögen"[145]. Denn das kirchliche Christentum sei zu stark durch das Milieu „des Handwerkers und Landpfarrers aus der zweiten Hälfte des 17. Jahrhunderts" bedingt[146] und dem Lebensgefühl des modernen Zeitgenossen nicht mehr zugänglich. Dazu komme die „intellektuelle Unzulänglichkeit" der von der Kirche vertretenen Glaubenssätze sowie die „Überflüssigkeit" mancher kirchlicher Lehren[147]. Das dem Menschen innewohnende Bedürfnis, Religion auszubilden, verwirklicht sich deshalb zunehmend außerhalb der Kirche. Zeitgenössische außerkirchliche Frömmigkeitsphänomene seien so disparate Erscheinungen wie der naturwissenschaftliche Monismus, die religiösen Sozialisten oder auch die von den Dialektischen Theologen forcierte Abwendung vom Historismus[148] und die von denselben erneut zur Sprache gebrachte Diastase

139 AaO., S.13.

140 Zur antihistoristischen Stoßrichtung der Dialektischen Theologie vgl. unten Abschnitt 1.3.2.2.

141 Bultmann, Die liberale Theologie, S.15.

142 Ebd.

143 AaO., S.17.

144 Otto Piper, Weltliches Christentum. Eine Untersuchung über Wesen und Bedeutung der außerkirchlichen Frömmigkeit der Gegenwart, Tübingen 1924.

145 AaO., S.6 (Hervorh. i. Orig.).

146 Ebd.

147 AaO., S.7.

148 AaO., S.81ff. Piper sympathisierte mit der Dialektischen Theologie und vertrat daher die Ansicht, daß „der Vorwurf des ungeschichtlichen Denkens [...] überhaupt nicht so ernst genommen werden" dürfe (aaO., S.82). Profilierte Vertreter einer liberal orientierten Theologie wie Baumgarten und Mulert standen Pipers Arbeiten kritisch gegenüber und lehnten 1930 dann den u.a. von Rade vorgeschlagenen Einstieg

von Göttlichem und Weltlichem[149]. Diese Phänomene, die Ausdruck der Suche nach Neuem sind, faßt Piper unter den Begriff des ‚Weltlichen Christentums', denn tatsächlich sei

> „die gesamte Kultur Europas und Amerikas so völlig christianisiert (mag es auch vielfach noch ein sehr oberflächliches Christentum sein), daß selbst scheinbar unchristliche Neubildungen wie der europäische Neubuddhismus, die ‚indische' Theosophie und die Anthroposophie nur Sekten des Christentums sind"[150].

Nach dem Willen Oskar Siebecks sollte zum dritten der Artikel „Erscheinungswelt der Religion" in Einzelartikel aufgelöst werden[151]. Zum vierten drang er auf eine Neueinteilung des kirchengeschichtlichen Stoffes, dessen Präsentation in der ersten Auflage durch Köhler in einer nur als verheerend zu bezeichnenden Manier vorgenommen worden sei[152].

Als im Frühjahr 1924 aufgrund der vermittelnden Tätigkeit Gunkels die Planungen wieder aufgenommen werden konnten und man beschloß, die theologischen Anliegen der jüngeren Generation in einem vorläufigen Nomenklator als einer „‚Stimme der Jugend mit ih-

---

Pipers in die Redaktion der ChW ab. Vgl. Führer, Hermann Mulert, dort: Anhang, bes. S.24ff.

149 Piper, Weltliches Christentum, S.91ff.

150 AaO., S.120.

151 Edvard Lehmann, Art. Erscheinungswelt der Religion, in: RGG[1], 2 (1910), Sp.497-577. Vgl. hierzu VA 404: Schreiben von Werner Siebeck, Tübingen an Gustav Krüger, Gießen, 11.03.1922 und VA RGG[2] 1926: Schreiben von Oskar Siebeck, Tübingen an Friedrich Mahling, Berlin, 17.07.1926: „Die ganze Aufbauarbeit am Handwörterbuch hatte die Redaktion von Anfang an auf den Grundsatz eingestellt, grosse Artikel die sehr viel Einzelstoff enthalten, möglichst zu vermeiden. Aus dieser Erwägung heraus wurde beispielsweise der an sich sehr gute Artikel ‚Erscheinungswelt der Religion' in seine Bestandteile aufgelöst. Massgebend war dabei der Gedanke, dass so grosse Artikel sehr viel weniger gelesen werden, als kleinere Artikel, die ein ganz spezielles Teilgebiet behandeln. Auch ist die Gefahr gross, dass die Fülle des in einem Lexikon Gebotenen nicht recht zur Geltung kommt, wenn zu viel in einzelnen grossen Artikeln beieinander steht". Vgl. auch VA Korrespondenz RGG[2] 1924-1926: Die Religion in Geschichte und Gegenwart. Zweite, völlig neubearbeitete Auflage. Erstes Rundschreiben an die Mitarbeiter, Bl.1-Bl.6, hier Bl.1f.: „Was die im Handwörterbuch behandelten einzelnen Fächer betrifft, so erfolgt der tiefgreifendste Umbau auf dem Gebiet der Allgemeinen Religionsgeschichte. Vor anderthalb Jahrzehnten hat die RGG dies Fach, das bis dahin von den Theologen oft kaum beachtet war, unter die übrigen Fächer der Theologie eingeführt, und die Weiterentwicklung unserer Wissenschaft zeigt, daß wir uns damals in der Wertschätzung dieses Faches nicht geirrt haben. Jetzt wollen wir einen Schritt weiter gehen und die damaligen, jetzt uns dürftig erscheinenden Anfänge zu einem großen Ganzen ausbauen. Der frühere, wertvolle, aber allzu ausgedehnte Artikel ‚Erscheinungswelt der Religion' soll zu einer Fülle großer und kleiner Artikel zerschlagen werden".

152 Vgl. VA Alte Korrespondenz RGG[2]: Schreiben von Oskar Siebeck, Tübingen an Hermann Gunkel, Halle, 05.05.1924.

ren Wünschen'" zusammenzufassen[153], traf sich Oskar Siebeck zur näheren Fühlung mit Vertretern eben dieser ‚jüngeren Generation'. Er kontaktierte in Tübingen Jakob Wilhelm Hauer[154], Hermann Faber, Heinrich Seeger (1888-1945)[155] und Hermann Dörries (1895-1977)[156]. Im April und Mai 1924 fanden Gespräche dieses Viererkollegiums mit den Verlegern, teilweise unter Hinzuziehung Gustav Krügers[157], statt[158]. Als

---

153 NL Gunkel, Yi 33 II B 288: Schreiben von Hermann Gunkel, Halle an Leopold Zscharnack, Breslau, 09.03.1924 (Abschrift). Dort heißt es weiter: „Die Zeit hat sich in den verflossenen Jahren stark weiter entwickelt: die Stimmung hat sich von dem Historischen weiter abgewandt und den Gegenwarts- und Weltanschauungsfragen zugedreht. Wenn wir nun auch sicherlich den soliden historischen Boden nicht verlassen dürfen, werden wir doch den geschehenen Wandelungen Rechnung tragen und einen neuen Bau einrichten müssen. So wird auch ein neuer Nomenklator notwendig werden". Der Nomenklator galt gar als ein „Wunschzettel" der jüngeren Generation (VA Korrespondenz RGG² 1924-1926: Schreiben von Hermann Gunkel, Halle an Leopold Zscharnack, Breslau, 06.04.1924 [Abschrift]. Nach Fabers Eintritt in die Hauptredaktion nahm man von dieser Idee eines ‚Nomenklators der Jugend' Abstand. Zum programmatischen Gehalt des neu bearbeiteten Nomenklators vgl. auch VA 413: Schreiben von Oskar Siebeck, Tübingen an Gustav Krüger, z.Z. San Mamette, 09.04.1924 und VA Korrespondenz RGG² 1924-1926: Schreiben von Leopold Zscharnack, Breslau an die Herren Herman Gunkel/Halle, Horst Stephan/Marburg, Hermann Faber/Tübingen, 10.08.1925 (Abschrift). Der neue Nomenklator wurde unter Hinzuziehung des handschriftlichen Registerkataloges von RGG¹ erstellt (vgl. VA Korrespondenz RGG² 1924-1926: Richtlinien für die Ausnutzung des Registerkatalogs von RGG¹ für RGG²). Dabei war man vor allem bemüht, zwischen alt- und neutestamentlichen Stichworten eine exaktere Abstimmung als in der ersten Auflage zu erreichen (vgl. VA Korrespondenz RGG² 1924-1926: Siebter Wochenbericht über RGG, zweite Auflage von Oskar Rühle, Tübingen an die Herren Hermann Gunkel/Halle, Leopold Zscharnack/Breslau, Horst Stephan/Halle, Hermann Faber/Tübingen, 22.11.1924 und VA Korrespondenz RGG² 1924-1926: Achter Wochenbericht über RGG, zweite Auflage von Oskar Rühle, Tübingen an die Herren Hermann Gunkel/Halle, Leopold Zscharnack/Breslau, Horst Stephan/Halle, Hermann Faber/Tübingen, 29.11.1924: „Dass AT und NT parallel und konform aufgebaut werden müssen, ist selbstverständlich").

154 Vgl. VA Korrespondenz RGG² 1924-1926: Schreiben von Oskar Siebeck, Tübingen an Jakob Wilhelm Hauer, Denzenberg, 28.04.1924, 02.05.1924, 03.05.1924, 05.05.1924 und 07.10.1924.

155 Vgl. VA Korrespondenz RGG² 1924-1926: Schreiben von Oskar Siebeck, Tübingen an Heinrich Seeger, Tübingen, 28.04.1924, 02.05.1924, 05.05.1924.

156 Vgl. VA Korrespondenz RGG² 1924-1926: Schreiben von Oskar Siebeck, Tübingen an Hermann Dörries, Tübingen, 28.04.1924, 02.05.1924, 05.05.1924.

157 Vgl. VA Korrespondenz RGG² 1924-1926: Schreiben von Oskar Siebeck, Tübingen an Gustav Krüger, z.Z. San Mamette/Italien, 09.04.1924.

158 Vgl. VA Korrespondenz RGG² 1924-1926: Schreiben von Oskar Siebeck, Tübingen an Gustav Krüger, z.Z. San Mamette/Italien, 09.04.1924; VA Korrespondenz RGG² 1924-1926: Schreiben von Hermann Gunkel, Halle an Leopold Zscharnack, Breslau, 06.04.1924; VA Alte Korrespondenz RGG²: Schreiben von Oskar Siebeck, Tübingen an Hermann Faber, Tübingen, 28.04.1924; VA Alte Korrespondenz RGG²: Schreiben von Oskar Siebeck, Tübingen an Hermann Dörries, Tübingen, 05.05.1924. Das erste dieser Gespräch fand am 30.04.1924 statt.

Faber im Juni das Angebot seitens des Verlags und seitens Gunkels, Stephans und Zscharnacks, in die Hauptredaktion einzutreten[159], annahm, wurde die beratende Tätigkeit der drei übrigen Tübinger Theologen beendet, denn eine Fortführung der Gespräche hätte von Zscharnack, Gunkel und Stephan als „eine Art Nebenregierung" ausgelegt werden können[160]. Hermann Faber sollte innerhalb des erweiterten Planungsgremiums ‚die Jugend' präsentieren und für eine Fortschreibung der lexikographisch-programmatischen Hermeneutik des Lexikons verantwortlich zeichnen[161]. Die „Einstellung gegenüber der Barth-Brunnerschen Theologie" gehöre hierbei zu „den schwierigsten", wenn auch notwendigsten Fragen überhaupt[162]. In der von Faber zu betreuenden Fächergruppe sollten alle diejenigen Stichworte vorkommen, die an die religiösen Fragen der Gegenwart anschließen. Faber hatte seine Mitarbeit ausdrücklich davon abhängig gemacht, „dass das Wörterbuch unabhängig von einer bestimmten theologischen Richtung einen Ueberblick gibt, über das, was heute auf dem weiten Gebiet der Kirche und Theologie geleistet wird"[163].

Vom 24.09. bis 26.09.1924 fand in Tübingen eine achttägige Redaktionskonferenz mit Zscharnack, Gunkel, Stephan und Faber statt, in welcher die bisherigen Planungen der Neuauflage auf organisatorische Füße gestellt wurden[164]. Als verantwortlicher Herausgeber wurde end-

---

159 Vgl. VA Alte Korrespondenz RGG²: Schreiben von Oskar Siebeck, Tübingen an Hermann Faber, Tübingen, 23.06.1924. Auch Zscharnack als verantwortlicher Herausgeber begrüßte Fabers Eintritt in die Hauptredaktion, denn „es erscheint mir durchaus klarer, einen der Jüngeren, deren Wünsche der Verlag bei Aufstellung des Nomenklators hören und zu Gehör bringen wollte, in die Hauptredaktion hineinzuholen und damit offiziell mit der Mitarbeit zu betrauen, als dass der Verlag sich von anderen Fachleuten ohne Zusammenhang mit der Hauptredaktion beraten liesse" (VA Korrespondenz RGG² 1924-1926: Schreiben von Leopold Zscharnack, Breslau an Verlagsbuchhandlung Mohr [Siebeck], Tübingen, 03.06.1924).

160 VA Korrespondenz RGG² 1924-1926: Rundschreiben von Oskar Siebeck, Tübingen an Hermann Dörries, J.W. Hauer, Heinrich Seeger, alle Tübingen, 16.07.1924.

161 Vgl. hierzu beispielsweise VA 421: Schreiben von Oskar Siebeck, Tübingen an Emil Brunner, Zürich, 22.01.1926 (nicht abgesandter Entwurf): „Die von Faber redigierten Abteilungen werden geradezu dem neuen Handwörterbuch sein spezifisch modernes Gepräge geben". Ähnlich im Wortlaut VA 421: Schreiben von Oskar Siebeck, Tübingen an Emil Brunner, Zürich, 10.02.1926.

162 VA 413: Schreiben von Oskar Siebeck, Tübingen an Gustav Krüger, Gießen, 05.05.1924.

163 VA RGG² 1926: Schreiben von Hermann Faber, Tübingen an Stadtpfarrer Kneile, Stuttgart, 11.03.1926.

164 Vgl. VA Alte Korrespondenz RGG²: Konferenz der Hauptredaktion der zweiten Auflage des Handwörterbuches „Die Religion in Geschichte und Gegenwart" in Tübingen vom 24. – 26. September 1924. Vgl. hierzu die Einschätzung Oskar Siebecks: „In diesen Konferenzen haben wir die neue Auflage von RGG so glücklich gefördert, dass der Fortgang der Arbeit schon ziemlich scharf umrissen vor mir steht" (VA 414:

gültig Leopold Zscharnack festgeschrieben, der nicht nur sämtliche Artikel in Manuskript- und Fahnengestalt zur Korrektur vorgelegt bekommen sollte, sondern auch als Hauptredakteur die Abteilungen Kirchen- und Dogmengeschichte einschließlich Symbolik und Biographie des 19. Jahrhunderts verantworten sollte. Gunkel sollte die Abteilung Religionsgeschichte und biblische Fächer betreuen, Stephan den systematischen Bereich einschließlich Philosophie und Faber die Praktische Theologie (einschließlich Kirchenrecht, Kirchenpolitik, Pädagogik), dazuhin die Bereiche Religion der Gegenwart, Sozialwissenschaft, Literatur, Musik und Kunst. Die vier Herausgeber galten im Verlagsjargon als sogenannte „Tetrarchen"[165]. Vom 01. bis 05.10.1925 wurde eine solche mehrtägige Konferenz wiederholt[166]. Die dritte Redaktionskonferenz fand am 12. und 13.12.1925 in Halle statt. Am 20.03.1926 erfolgte

---

Schreiben von Oskar Siebeck, Tübingen an Martin Rade, Marburg, 02.10.1924). Vgl. auch VA Korrespondenz RGG^2 1931: Arbeitsbericht „Die Religion in Geschichte und Gegenwart. Handwörterbuch für Theologie und Religionswissenschaft" von Oskar Siebeck, Tübingen (undatiert).

165 So z.B. VA 416: Schreiben von Oskar Siebeck, Tübingen an Otto Baumgarten, Kiel, 09.10.1925; VA Korrespondenz RGG^2 1924-1926: Zehnter Wochenbericht über RGG, zweite Auflage von Oskar Siebeck, Tübingen an Hermann Gunkel/Halle, Leopold Zscharnack/Breslau, Horst Stephan/Halle, Hermann Faber, Tübingen, 13.12.1924.

166 Vgl. VA Korrespondenz RGG^2 1924-1926: Schreiben von Leopold Zscharnack, Breslau an Oskar Siebeck, Tübingen 15.09.1925 (mit Entwurf einer Tagesordnung) und auch z.B. VA Korrespondenz RGG^2 1924-1926: Schreiben von Hermann Faber, Tübingen an Oskar Siebeck, Tübingen, 17.08.1925. In diesem Schreiben hatte Hermann Faber aufgrund von Arbeitsüberlastung und da er sich wissenschaftlich-akademisch erst noch etablieren müsse, kurzfristig für die Herausgebertätigkeit beim RGG^2-Projekt abgesagt, denn um neben seinen akademischen Verpflichtungen zusätzlich in die Redaktion einzusteigen, dazu sei er „noch zu jung" und müsse „auf dem Gebiet der praktischen Theologie zu viel Neues anbauen und Ausbauen. [...] Ich kann es einfach nicht mehr schaffen, wenn ich nicht meiner ganzen Arbeit den Stempel der Unsolidität und Flüchtigkeit aufdrücken will". Seine Teilnahme an der Konferenz hatte Faber jedoch zugesichert. Nach dieser Konferenz läßt sich die Möglichkeit eines Ausscheidens Fabers aus dem Herausgebergremium nicht mehr belegen. Zur Konferenz auch VA 416: Schreiben von Oskar Siebeck, Tübingen an Otto Baumgarten, Kiel, 30.09.1925. Martin Rade beklagte die Terminkollision dieser Planungstagung für RGG^2 mit der Ordentlichen Hauptversammlung der *Freunde der Christlichen Welt* am fünften und sechsten Oktober in Coburg: „J.C.B. Mohr hat auf die Coburger Tage eine Beratung der Redakteure der neu aufzulegenden RGG nach Tübingen geladen, lauter Freunde unseres Kreises. Mag schon sein, daß sich schwer eine andre Zeit finden ließ; indessen – ! hat die RGG kein Interesse daran, dass unser Kreis lebendig bleibt? Wenn unsre Art ausstirbt, wird für ein Unternehmen, wie die RGG auf glücklichen Erfolg wenig Aussicht sein. Und wie gesund wäre es den Königsbergern gewesen, wenn Kollege Zscharnack auf dem Wege von Tübingen in Coburg eingekehrt wäre! Müssen die Fäden mit den entfernten Gesinnungsgenossen nicht besonders sorgfältig gepflegt werden?" (An die Freunde 81 [1925], Sp. 907).

der Versand des Probeheftes und per 23.09.1926 ging die erste Lieferung heraus[167].

Die anvisierte programmatische Änderung des lexikonpolitischen Programms und die darin mit beschlossene Veränderung der Prinzipien der Mitarbeiterakquisition barg ein erhebliches Konfliktpotential in sich: zum einen mit den prominenten Mitarbeitern der ersten Auflage, die sich in die Defensive gedrängt sahen. Am Beispiel Otto Baumgartens kann dieser Konflikt fallstudienartig nachvollzogen werden. Konflikte gab es aber zum anderen auch hinsichtlich der vom Verlag angestrebten Einbindung der Dialektischen Theologen. Diese ließ sich nämlich nicht im angestrebten Umfang realisieren, wie sich am Beispiel Emil Brunners exemplarisch zeigen läßt. Es geht also auch um die lexikonpolitisch aufschlußreiche Darstellung eines theologiegeschichtlichen und theologiepolitischen Generationenkonfliktes.

1.3.2.1. Die Absage von Emil Brunner als Beispiel für den fehlgeschlagenen Versuch der Integration der jüngeren Generation in den Mitarbeiterkreis von RGG^2

Oskar Siebeck zeigte große Bemühungen, die Dialektischen Theologen in die konzeptionellen Planungen der Neuauflage miteinzubeziehen und warb nachhaltig um deren Autorenschaft. Karl Barth wurde aufgefordert, die von ihm in RGG^1 vermißten Stichworte aufzulisten und dem Verlag diejenigen Artikel mitzuteilen, „an denen Ihnen und dem einen oder anderen Ihrer Freunde besonders gelegen wäre"[168]. Barth freilich lehnte grundsätzlich ab, selbst Artikel für die Neuauflage zu verfassen, denn er sah die theologische Gegenwartslage als noch zu stark in einem Veränderungsprozeß begriffen und wollte sich daher ungern „jetzt schon in der Halbewigkeitsform von Lexikonartikeln" festlegen[169].

Die gleichen ablehnenden Argumentationsmuster entfaltete Emil Brunner, in Fragen der neueren theologischen Entwicklung einer der regelmäßigsten Gesprächspartner Oskar Siebecks. Schon früh hatte

---

167 Die Produktion bis zur ersten Lieferung verlief nicht so glatt und konfliktfrei, wie die reinen Datumsangaben vermuten ließen. Durch die Taktik Oskar Siebecks, die Arbeiten in Konfliktfällen zu unterbrechen, entstand bei führenden Mitarbeitern der Verdacht, der Verlag verzögere absichtlich das Erscheinen und sei an deren Realisierung letztendlich nicht interessiert. Vgl. z.B. VA Korrespondenz RGG^2 1924-1926: Schreiben von Horst Stephan, Halle an Oskar Siebeck, Tübingen, 04.03.1925 und 18.03.1925.

168 VA 411: Schreiben von Oskar Siebeck, Tübingen an Karl Barth, Göttingen, 12.11.1924.

169 VA RGG^2 1926: Schreiben von Karl Barth, Göttingen an Oskar Siebeck, Tübingen, 03.03.1925.

Oskar Siebeck Brunner in die konzeptionellen Planungen einer Neuauflage einbezogen[170]. Brunner begründete seine Absage an eine Mitarbeit größeren Umfanges in einem ausführlichen, ausdrücklich streng vertraulichen Schreiben, welches hier aufgrund seines exemplarischen Charakters ausführlich zitiert wird[171]:

„Ich habe die gedruckten Richtlinien für RGG nach hinten und vorn durchstöbert um etwas von der neuen theologischen Gesinnung zu finden: aber ohne irgend welchen Erfolg. Sie werden – ich wills Ihnen grad sagen wie ich denke, es hat ja keinen Sinn dass ich aus Höflichkeit Ihnen meine Meinung verschleiere – wirklich eine zweite Auflage derselben RGG herausbekommen, in manchem etwas verbessert, aber im ganzen getragen vom genau gleichen Geist wie die erste. Dafür bürgen schon die Redaktoren: Gunkel und Stephan / Faber kommt ja für die Hauptsache nicht in Betracht / die beide wenn auch nicht derselben so doch durchaus einer der Theologischen Richtungen des letzten Jahrhunderts angehören, und für die neue Lage nicht das geringste Verständnis haben[172]. Von Gunkel werden Sie mir das leicht zuegeben. Stephan aber hats mit der Besprechung meines Schlmbuches [Schleiermacherbuches, R.C.[173]] deutlich genug gezeigt. Er

---

170 VA 421: Schreiben von Oskar Siebeck, Tübingen an Karl Barth, Münster, 13.02.1926: „Seitdem wir an der neuen Auflage unseres Handwörterbuchs arbeiten, habe ich mich auch mit Brunner immer wieder darüber ausgesprochen, wie bei deren Gestaltung am besten den grundlegenden Wandlungen Rechnung zu tragen sei, die die theologische Lage seit dem Erscheinen der 1. Auflage erfahren hat". Und an Brunner direkt schrieb Oskar Siebeck, seine lexikographische Hauptsorge sei, „ob es gelingen wird, in der neuen Auflage den unbestreitbaren Historismus der ersten auf das bei einem wissenschaftlichen Unternehmen dieser Art unerlässliche Mass zurückzuschneiden. Wenn ich auch für diese nicht ganz leichte Aufgabe von Ihnen keine praktischen Rezepte erwarte, so glaube ich doch, dass eine Aussprache mit Ihnen, für die wir uns etwas Zeit lassen könnten, mich dabei wesentlich fördern könnte" (VA 411: Schreiben von Oskar Siebeck, Tübingen an Emil Brunner, Obstalden-Filzbach [Kanton Glarus], 24.04.1924). Brunner repräsentierte im Verlagsprogramm von Mohr Siebeck die Dialektische Theologie. Seine Werke erschienen dort von 1914 bis zum Zweiten Weltkrieg (vgl. Karl Barth – Emil Brunner. Briefwechsel 1916-1966. Hg. v. der Karl Barth-Forschungsstelle an der Universität Göttingen [Leitung Eberhard Busch]. Karl Barth Gesamtausgabe V. Briefe, Zürich 2000, S.107, Anm.9). Oskar Siebeck freilich war der Ansicht, daß in „Wirklichkeit ein Mann wie Emil Brunner viel mehr auf den wissenschaftlichen Leistungen der Autoren unseres Vaters [fußt], als es bisher in die Erscheinung trat" (VA Korrespondenz RGG² 1924-1926: Schreiben von Oskar Siebeck, Tübingen an Horst Stephan, Halle, 28.01.1925 [nicht abgesandter Entwurf]).

171 VA 421: Schreiben von Emil Brunner, Zürich an Oskar Siebeck, Tübingen, 10.12.1925 (Datum des Poststempels). Wegen der Länge des Zitates erfolgt der Nachweis ausnahmsweise vorab. Das Schreiben wird im zum Teil recht eigenwilligen orthographischen Stil Brunners zitiert.

172 Zu Stephans distanzierter Haltung gegenüber den theologischen Arbeiten von Barth und Brunner vgl. VA Korrespondenz RGG² 1924-1926: Schreiben von Oskar Siebeck, Tübingen an Horst Stephan, Halle, 18.03.1925.

173 Vgl. Stephan, Der neue Kampf um Schleiermacher, in: ZThK NF 6 (1925), S.159-215; darauf Brunner, Geschichte oder Offenbarung? Ein Wort der Entgegnung an Horst

meint allen Ernstes die ‚Barthsche Theologie' sei eine Modifikation der Ritschlschen! Zweitens zeigt sich dasselbe darin, dass Sie glauben, unsere Opposition habe bereits an Schärfe verloren [...] während sie tatsächlich noch kaum begonnen hat. Denn die volle Wucht dieser Neuorientierung wird sich erst geltend machen, wenn einmal die neue Dogmatik da ist, an der Barth Gogarten und ich gemeinsam - obschon jeder für sich - arbeiten[174]. Sie wird allerdings das tun, was Stephan für eine Unmöglichkeit hält: unter Umgehung der Theologie des ganzen letzten Jahrhunderts wieder beim Protestantismus des 16 Jahrhunderts anzuknüpfen. Man kann das meinetwegen toll nennen, aber man soll wenigstens zunächst einmal merken, dass es wirklich darum geht. Der Stephansche Plan aber will uns mit Otto, Wobbermin, Girgensohn[175] und ich weiss nicht wem unter einen Hut bringen. Das kann natürlich Stephan nicht verargt werden, ist aber von uns aus einfach absurd. Meine Mitarbeit ist unter diesen Umständen ein für allemal ausgeschlossen. In 4 oder 5 Spalten etwas referieren über die Barthsche oder die dialektische Theologie das kann jeder Kirchenhistoriker der von der Sache hat läuten hören. Aber wir /oder jedenfalls ich / machen dabei nicht mit. Es ist ein Jammer, dass Sie nicht bei Ihrer Einsicht vom letzten Januar blieben / Sie wissen noch was Sie mir im Tübinger Nebelmeer über die Notwendigkeit des Zuwartens so wirklich klug dozierten! / Noch zwei drei Jährchen, und es sind die theologischen Wichtigkeiten, die Ihnen jetzt die neue RGG sozusagen verewigen will, verschwunden[176]. Die vielen Nuancierungen, die sich Stephan am Begriff der modernen Theolo-

---

Stephan, in: aaO., S.266-278 sowie Stephan, Antwort auf Brunners Entgegnung, in: aaO., S.278-285.

174 Brunner spricht hier vermutlich von folgenden Werken: Emil Brunner, Der Mittler. Zur Besinnung über den Christusglauben, Tübingen 1927; Friedrich Gogarten, Ich glaube an den dreieinigen Gott. Eine Untersuchung über Glauben und Geschichte, Jena 1926 und Karl Barth, Die christliche Dogmatik im Entwurf. Erster Bd.: Die Lehre vom Wort Gottes. Prolegomena zur christlichen Dogmatik, München 1927. Vgl. zu dieser Rekonstruktion VA 427: Schreiben von Emil Brunner, Zürich an Oskar Siebeck, Tübingen, 12.05.1927.

175 Karl Girgensohn (1875-1920).

176 Im Mai 1924 war erwogen worden, die Neuauflage aufgrund der verworrenen religiös-theologischen Situation noch länger aufzuschieben (vgl. VA Alte Korrespondenz RGG²: Schreiben von Oskar Siebeck, Tübingen an Hermann Gunkel, Halle, 05.05.1924). Und auch zu Beginn des Jahres 1925 stoppte der Verlag die Planungen aufgrund der Unübersichtlichkeit der theologischen Lage kurzfristig noch einmal (vgl. VA RGG² 1926: Schreiben von Martin Rade, Marburg an Oskar und Werner Siebeck, Tübingen, 19.02.1925 [Abschrift]; VA Korrespondenz RGG² 1924-1926: Schreiben von Oskar Siebeck, Tübingen an Horst Stephan, Halle, 28.01.1925 [nicht abgesandter Entwurf]). Ähnlich wie Brunner äußerte sich im Frühjahr 1924 auch Stephan: „Für mein Gebiet ist es mir überhaupt fraglich, ob die Zeit jetzt günstig ist. Wir sind seit 2 Jahren so sehr in die Wirrnis hineingeraten, dass niemand sich auskennt. Durchführung eines syst. Geistes scheint mir z.Zt. unmöglich. Verewigung des chaot. Eindrucks der Gegenwart durch ein solches Lexikon aber ist schmerzlich. So stecke ich tief in schweren Bedenken" (VA Korrespondenz RGG² 1924-1926: Schreiben von Horst Stephan, Marburg an [den] Verlag, Tübingen, 15.03.1924 [Auszugsabschrift]).

gie anzubringen bemüht durch Heranziehung möglichst vieler Mitarbeiter, werden uninteressante Nuancen der einen erledigten Grösse Theologie des 19 Jahrhunderts sein, die uns so wenig mehr Interesse bieten als die Naunce zwischen dem supranaturalistischen Rationalismus und dem rationalistischen Spranaturalismus des ausgehenden 18. Jahrh. Insofern wird das neue RGG viel schlimmer dastehen: die erste Auflage hatte Rasse, die zweite wird keine haben. Tröltsch hatte Rasse, Stephan ist der Typus des rasselosen Theologen, der auf seiner Palette alle Farben ineinander mischt und damit ein höchst langweiliges Weissnichtwas erzielt. Glauben Sie im Ernst es werde sich in 5 Jahren noch jemand um die grossen Bücher der Herren Wobbermin Stephan Girgensohn Wendland etc kümmern? Die sollen aber nun, in höchst akademisch gerechter Verteilung zur Sprache kommen, neben dem was jetzt wirklich geschehen ist und geschieht. Ich werde einen bewundern müssen: den Appetit dessen der diesen Salat vertragen kann. Doch, was rede ich da Ihnen drein? Ich bitte Sie, in diesem Brief einen Ausdruck meines persönlichen Vertrauens zu Ihnen und das Gegenteil eines Geschäftsdokumentes zu sehen, Ihn deshalb auch streng konfidentiell zu behandeln. Aber es tut mir wirklich leid, dass eine so wundervolle Gelegenheit wie Ihr Hdwb (Handwörterbuch, R.C.) / hätte es noch vielleicht nur ein Jährlein gewartet, oder wären Sie etwas kühner gewesen und hättens wirklich mit neuen Leuten gewagt, wie Sie ursprünglich im Sinn hatten / nun verpasst ist. Fast möchte ich wünschen dass nun die Katastrophe der modernen Theologie etwas innehielte damit die zweite Auflage der RGG rasch verkauft würde um dann einer wirklich neuen Platz zu machen. Aber ich fürchte es wird lange gehen bis Sie an eine neue zu denken brauchen"[177].

Brunners Vorwürfe laufen in der Pointe darauf hinaus, Oskar Siebeck vernachlässige das „theologische Interesse" eines solchen Projektes zugunsten eines ausschließlich „buchhändlerische[n] Interesse[s]"[178]. Oskar Siebeck hatte in den zurückliegenden Jahren oft und beharrlich

177 Zu Brunners ablehnender Haltung vgl. auch VA 416: Schreiben von Emil Brunner, Zürich an Oskar Siebeck, Tübingen, 04.11.1925 und dann auch VA 413: Schreiben von Oskar Siebeck, Tübingen an Gustav Krüger, Gießen, 13.05.1924: „In Zürich hatte ich eine sehr interessante, mindestens zweistündige Unterhaltung mit Brunner, der für seine nächsten Freunde eine Mitwirkung an der zweiten Auflage ablehnt, für diese aber die Zuziehung von Leuten wie Heim und Tillich empfiehlt". Emil Brunner verfaßte einzig den Art. Gnade Gottes: V. Dogmatisch, in: RGG², 2 (1928), Sp.1261-1268. In der ersten Auflage war dieser Artikel aufschlußreicherweise von Troeltsch verfaßt worden. Vgl. Art. Gnade Gottes: III. Dogmatisch, in: RGG¹, 2 (1910), Sp.1469-1474. Tillich verfaßte die Art. Mythus und Mythologie: I. Mythus, begrifflich und religionspsychologisch, in: RGG², 4 (1930), Sp.363-370; Art. Offenbarung: V. A. Religionsphilosophisch, in: aaO., Sp.664-669; Art. Philosophie: I. Begriff und Wesen und III. Philosophie und Religion grundsätzlich, in: aaO., Sp.1198-1204 und Sp.1227-1233; Art. Sozialismus: II. Religiöser Sozialismus, in: RGG², 5 (1931), Sp.637-648; Art. Theonomie, in: aaO., Sp.1128-1129; Art. Wissenschaft, in: aaO., Sp. 1985-1987. Heim verfaßte einzig den Artikel Gewißheit, in: RGG², 2 (1928), Sp.1169-1175.

178 VA 427: Schreiben von Emil Brunner, Zürich an Oskar Siebeck, Tübingen, 24.05.1927.

um die Mitarbeit Brunners geworben. Nach diesem Schreiben jedoch nahm er Abschied von der Idee, sämtliche neueren theologischen Strömungen gleichberechtigt nebeneinander präsentieren zu können und erwog aus eigenen Stücken, auf die Mitarbeit Brunners verzichten:

> „Bei dieser Einstellung kann ich es nicht bedauern, dass Sie die Mitarbeit an der neuen Auflage unseres Handwörterbuchs ablehnen. [...] Die Mitarbeit an einer Enzyklopädie, die wirklich eine solche sein will, verlangt nun einmal eine gewisse Unterordnung unter einen Gesamtplan, der der Natur der Sache nach straffer organisiert sein muss als ein Sammelband mit einem oder zwei Dutzend Beiträgen [...]. Ihr Brief hat mich auch in meiner Auffassung von der für die nächste Zeit zu erwartenden theologischen Entwicklung nicht irremachen können. In Deutschland glaube ich jedenfalls immer wieder neue Symptome dafür zu beobachten, dass die beiden Lager, zwischen denen sich nach Ihrer Ansicht die Kluft immer noch mehr vertieft, anfangen von einander zu lernen. [...] Wer von uns Beiden Recht behalten wird, kann natürlich niemand wissen. Wenn ich allerdings an diejenige Generation denke, die dem Lebensalter nach nach Ihnen kommt, so kann ich jedenfalls für die deutsche Theologie zu keinem andern Urteil kommen, als zu dem, das mich dahin führte, die Neubearbeitung des Handwörterbuchs in diejenigen Bahnen zu lenken, die es, nach den jetzt ziemlich vollständig vorliegenden Aufforderungen und deren Widerhall zu schliessen, gehen wird"[179].

Der Inhalt des zitierten Schreibens von Brunner hat Oskar Siebeck derart irritiert, daß er ihn schriftlich mit Karl Barth diskutierte, spreche doch aus Brunners Schreiben ein offensichtliches „Verkennen dessen, was ein solches enzyklopädisches Unternehmen leisten soll und kann"[180]. Eine Enzyklopädie, „die nun einmal eines der wichtigsten Hilfsmittel für das theologische Studium ist und sein wird", könne nun gerade nicht „einige 100 Mitarbeiter unter einen Hut" bringen, indem

179 VA 421: Schreiben von Oskar Siebeck, Tübingen an Emil Brunner, Zürich, 22.01.1926 (nicht abgesandter Entwurf). Ähnlich im Sinngehalt, jedoch milder in der Formulierung VA 421: Schreiben von Oskar Siebeck, Tübingen an Emil Brunner, Zürich, 10.02.1926.

180 VA 421: Schreiben von Oskar Siebeck, Tübingen an Karl Barth, Münster, 09.02.1926. Oskar Siebeck konstatierte bei Brunner dazuhin eine „Abneigung gegen encyclopädische Arbeit", die diesen zu seiner Absage bewogen habe. „Wir wollen nicht Religion in einem Lexicon auf Flaschen ziehen" – so hatte Brunner abfällig gegenüber Oskar Siebeck geäußert (VA 421: Schreiben von Oskar Siebeck, Tübingen an Karl Barth, Münster, 20.03.1926). Vgl. dann auch VA 421: Schreiben von Karl Barth, Münster an Oskar Siebeck, Tübingen, 11.02.1926 und VA 421: Schreiben von Karl Barth, Münster an Oskar Siebeck, Tübingen, 15.02.1926. In letzterem Schreiben äußerte Barth sein Verständnis für Brunners ablehnende Haltung gegenüber dem theologisch-hermeneutischen Lexikonprogramm des Verlages und versuchte, diese Position Oskar Siebeck zu erläutern.

sie diese „alle auf die gleiche theologische Ueberzeugung" einschwöre[181].

Aus diesen Äußerungen Oskar Siebecks spricht ein gegenüber der RGG[1] grundsätzlich gewandeltes lexikographisches Selbstverständnis. Wollte die RGG[1] ein einheitliches theologisches Programm in enzyklopädischer Gestalt präsentieren, so ging es in der Neuauflage primär um den theologischen Informationscharakter des Werkes. Die theologischen Strömungen der Gegenwart sollten möglichst vollständig erfaßt und präsentiert werden, und dazu wurde auf Mitarbeiter jeder theologischen Richtung zurückgegriffen. Brunner dagegen argumentiert auf der Ebene des lexikographischen Programmes von RGG[1]: Das Nachschlagewerk solle durch eine einheitliche Mitarbeiterschaft ein theologisch einheitliches Programm profilieren. Dazu sollte denn auch gänzlich mit der theologisch-lexikographischen Hermeneutik der ersten Auflage gebrochen werden. Oskar Siebeck aber ging es um ein Nebeneinander von bisheriger Tradition und neueren Ansätzen. Einen radikalen Bruch mußte er schon aus Pietätsgründen gegenüber noch lebenden Mitarbeitern der ersten Auflage, die dem Verlag zum Teil auch persönlich verbunden waren, vermeiden. Brunner, so Oskar Siebeck an Barth, sei überzeugt,

> „dass die Theologie des 19. Jahrhunderts ein für allemal erledigt ist und dass alles, was von ihrer Arbeit noch bestehen geblieben ist, heute keinerlei Interesse mehr bietet. Da kann ich eben nicht mehr mitmachen. Ich bin vielmehr überzeugt, dass Ihre, Brunners und Gogartens theologische Arbeit schlechterdings nicht möglich wäre, wenn diejenige der kritischen Theologie nicht vorhergegangen wäre. Eine wirkliche Repristination gibt es in der Entwicklung einer Wissenschaft nach meiner Ueberzeugung nicht. Jeder hat, auch wenn er es selbst nicht wahrhaben will, so und so vieles von der vorhergehenden Generation übernommen, was nicht da war, ehe diese ihre Arbeit angefangen hat"[182].

Die Suche nach einem geeigneten „Bearbeiter für die ‚dialektischen' Artikel in RGG" erwies sich aufgrund der Absage der führenden Vertreter dieser theologischen Gruppe als schwierig[183]. Denn nicht nur Brunner versagte seine Mitarbeit. Man mußte darüber hinaus auch auf Friedrich Gogarten als Autor verzichten. Vergeblich hatte Bultmann versucht, diesen zur Mitarbeit zu bewegen[184]. Daraufhin wollte man sich an ihn

181 VA 421: Schreiben von Oskar Siebeck, Tübingen an Karl Barth, Münster, 13.02.1926.

182 Ebd.

183 Vgl. VA RGG[2] Korrespondenz 1924-1926: Schreiben von Oskar Rühle, Tübingen an Karl Ludwig Schmidt, Jena, 07.09.1926.

184 NL Gunkel, Yi 33 I B 374: Schreiben von Rudolf Bultmann; Marburg an Hermann Gunkel, Halle, 24.08.1925: „Er lehnt jegliche Beteiligung auf das Bestimmteste ab". Bultmann fährt fort, daß er selbst auch der Ansicht sei, daß ihm Gogartens und „sei-

verlagsoffiziell schon gar nicht wenden. Auch in einem vermittelnden Gespräch mit Karl Ludwig Schmidt lehnte es Gogarten ab, speziell den Artikel Dialektische Theologie zu verfassen und damit „sich selbst in einem Lexikonartikel zu behandeln. Es kommt hinzu, daß gerade er auf die Etikette des Dialektikers nicht Gewicht legt"[185]. Nach der Absage Gogartens sah es kurzfristig danach aus, als würde ausgerechnet Karl Barth diesen entscheidenden Artikel Dialektische Theologie verfassen, was sich jedoch zerschlug[186]. Die einschlägigen biographischen Artikel übernahm Paul Frick[187], welcher auch schlußendlich den Artikel Dialektische Theologie verfaßte[188].

1.3.2.2. Die Auseinandersetzung mit Otto Baumgarten als Beispiel für den vergeblichen Widerstand der älteren Autorengeneration gegen die Änderung des Lexikonprofils

Anläßlich des 125jährigen Verlagsjubiläums im Jahr 1926 verfaßte Oskar Rühle[189] aufgrund der archivalischen Bestände des Verlages ein ausführliches und in seiner theologiegeschichtlichen Relevanz bedeutsames Porträt des Verlages, in welchem er im letzten Kapitel – in enger Zusammenarbeit mit Oskar Siebeck – den Umbau des theologischen

---

ner Genossen theologische Arbeit nicht – zum mindesten jetzt nicht – so geartet zu sein scheint, daß sie in Lexikon-Artikeln dargeboten werden könnte".

185 VA RGG² 1927 „Gi-Z": Schreiben von Karl Ludwig Schmidt, Jena an Oskar Rühle, Tübingen, 27.09.1926; vgl. auch VA Korrespondenz RGG² 1924-1926: Schreiben von Oskar Rühle, Tübingen an Horst Stephan, z.Z. Wernigerode a.H., 02.10.1926. Die Scheu des Mohr Siebeck Verlages, Gogarten offiziell als Mitarbeiter für RGG² anzuwerben, könnte darauf zurückzuführen sein, daß Gogarten als Autor über viele Jahre hinweg im Diederichs Verlag beheimatet war – einem Verlagsunternehmen, von dem Paul Siebeck sich bei der Profilierung seines theologischen Verlagsprogrammes ausdrücklich abzugrenzen suchte . Vgl. hierzu Matthias Kroeger, Friedrich Gogarten. Leben und Werk in zeitgeschichtlicher Perspektive – mit zahlreichen Dokumenten und Materialien. Bd.1, Stuttgart et al 1997, S.98ff.

186 Vgl. VA RGG² 1927 „A-Ge": Schreiben von Oskar Rühle, Tübingen an Horst Stephan, Leipzig, 11.12.1926.

187 Vgl. VA RGG² Korrespondenz 1924-1926: Schreiben von Oskar Rühle, Tübingen an Karl Ludwig Schmidt, Jena, 17.11.1926.

188 Frick, Art. Dialektische Theologie, in: RGG², 1 (1927), Sp.1909-1914; vgl. auch VA Korrespondenz RGG² 1924-1926: Schreiben von Oskar Rühle, Tübingen an Horst Stephan, z.Z. Wernigerode a.H., 02.10.1926.

189 Oskar Rühle war im Juli 1924 als Mitarbeiter in den Verlag eingetreten und zuständig für „Korrespondenz und Herstellung für die neue Auflage von RGG" (VA 414: Schreiben von Oskar Siebeck, Tübingen an Oskar Rühle, Marburg, 14.07.1924; vgl. Rühles Bewerbungsschreiben VA 414: Schreiben von Oskar Rühle, Marburg an Oskar Siebeck, Tübingen, 18.06.1924). Rühles Vertrag war zunächst für den anvisierten Erscheinungszeitraum der zweiten Auflage auf fünf Jahren befristet. Von 1932 an war Rühle Verlags- und Schriftleiter im Kohlhammer Verlag in Stuttgart.

Verlagsprogrammes, wie er sich von 1924 an vollzogen hatte, ausführlich begründet und rechtfertigt.

Zum Zeitpunkt des Erscheinens von Rühles Jubiläumsschrift war die erste Auflage von Karl Barths Römerbrief bereits sieben Jahre auf dem Markt, die überarbeitete zweite Auflage war 1922 erschienen. In dem gleichen Jahr hatte Barth mit Friedrich Gogarten, Eduard Thurneysen und Georg Merz (1892-1959) die Zeitschrift *Zwischen den Zeiten* begründet. In dem Münchener Christian Kaiser Verlag hatten die Dialektischen Theologen ihren kongenialen verlegerischen Partner und Förderer gefunden. Die Abwendung vom historisierenden Zugriff auf Theologie und Kulturpraxis hatte sich als „ein höchst reflektierter, programmatischer Prozeß" und als „Versuch einer bewußt gewollten Zerstörung von zentralen Partien des Gedächtnisses der herrschenden Wissenschaften" etabliert[190]. So disparat die Bewegung auch in sich war, so stimmten ihre Vertreter, die sich als „Repräsentanten einer religiösen Avantgarde"[191] verstanden, doch „in einem entschlossenen Willen zur Gegenwart" überein[192]. Dem sozio-kulturellen Leben der Gegenwart wurde „die Diagnose einer globalen Krisis"[193] ausgestellt. Diese Erfahrung der Krise gewann für die Neufassung der Theologie konstitutiven Charakter.

Rühle hat diese antihistoristischen und kulturkritischen Denkfiguren zur Begründung der Umgestaltung des theologischen Ver-

---

190 Friedrich Wilhelm Graf, Die „antihistoristische Revolution" in der protestantischen Theologie der zwanziger Jahre, in: Vernunft des Glaubens. Wissenschaftliche Theologie und kirchliche Lehre. FS zum 60. Geburtstag von Wolfhart Pannenberg. Hg. v. Jan Rohls und Gunther Wenz, Göttingen 1988, S.377-405, hier S.382. Vgl. zur antihistorischen Stoßrichtung der ‚dialektischen Theologie' auch Kurt Nowak, Die „antihistoristische Revolution". Symptome und Folgen der Krise historischer Weltorientierung nach dem Ersten Weltkrieg in Deutschland, in: Umstrittene Moderne. Die Zukunft der Neuzeit im Urteil der Epoche Ernst Troeltschs. Hg. v. Horst Renz und Friedrich Wilhelm Graf (Troeltsch Studien 4), Gütersloh 1987, S.133-171 und (mit weiterführender Literatur) Pfleiderer, Karl Barths praktische Theologie, S.29ff. Aus zeitgenössischer Perspektive Karl Heussi, Die Krisis des Historismus, Tübingen 1932. Zum Historismus innerhalb der Theologie Michael Murrmann-Kahl, Die entzauberte Heilsgeschichte. Der Historismus erobert die Theologie 1880-1920, Gütersloh 1992, S.75ff. und zur interdisziplinären Einordnung des Phänomens Otto Gerhard Oexle, „Historismus". Überlegungen zur Geschichte des Phänomens und des Begriffs, in: ders., Geschichtswissenschaft im Zeichen des Historismus. Studien zur Problemgeschichte der Moderne (KSGW 116), Göttingen 1996, S.41-72 (Erstveröffentlichung in: Braunschweigische Wissenschaftliche Gesellschaft. Jahrbuch 1986, S.119-155) sowie auch die Beiträge in: Die Historismusdebatte in der Weimarer Republik (Schriften zur politischen Kultur der Weimarer Republik 2). Hg. v. Wolfgang Bialas und Gérard Raulet, Frankfurt/Main et al 1996.

191 Graf, Die „antihistoristische Revolution", S.387.

192 AaO., S.383.

193 Ebd.

lagsprogrammes herangezogen. Da sich in den einschlägigen Passagen indirekt der Verleger Oskar Siebeck zu Wort meldet, seien sie ausführlich zitiert, denn hier wird deutlich, daß der Umbau des theologischen Verlagsprogrammes nicht nur aus ökonomischen Gründen stattfand, sondern auch theologiepolitisch motiviert war:

> „Das erschütternde Erleben des Krieges hat die ganze Hohlheit und innere Haltlosigkeit unsrer modernen Kultur, die Tieferblickende längst erschaut hatten, in furchtbarer Weise offenkundig gemacht. Und mit dieser Kultur, die mehr auf intellektualistische als auf seelische Werte ausgegangen war, hatten Theologie und Christentum des 20. Jahrhunderts, soweit sie mit dem Schlagwort ‚Liberalismus' gekennzeichnet sind, eine Synthese eingehen wollen. Kein Wunder, daß mit dem Zusammenbruch der Kultur der religiöse und theologische Liberalismus stark diskreditiert wurde. Der religiöse Subjektivismus mit seinem ästhetisierenden Einschlag hat sich in den Stürmen des Krieges nicht bewährt. Dies Urteil ist hart, doppelt hart in diesem Zusammenhang, wo es scheinbar die Lebensarbeit eines Mannes, dessen Ziel die wissenschaftliche Durchsetzung des theologischen Liberalismus gewesen war, negiert. Wie die Kultur den Menschen in den Mittelpunkt der Welt gerückt hat, so hat der Liberalismus den Menschen und sein religiöses Bewußtsein zum Hauptproblem der Religion gemacht. Liberale Theologie hatte das Christentum modernisiert, um es den Bedürfnissen des Menschen von heute anzupassen. Die Theologie hatte weithin vergessen, daß es ihre höchste Aufgabe ist, von Gott zu reden; sie war in Gefahr, allzusehr das Menschliche zu betonen. Das Mysterium, das wesentlich zu jeder Religion gehört, drohte zu schwinden hinter der psychologischen Klarstellung des religiösen Erlebens. Die den Krieg in seiner ganzen Tiefe durchlebten, hatten Gott nicht als den bloß gütigen, menschenfreundlichen erlebt, sondern als den furchtbar Heiligen, als den deus absconditus, dessen majestas vom Liberalismus vielfach übersehen worden war. Wie wenig die Gedankenwelt des Liberalismus seit dem Krieg religiös und theologisch befriedigt, zeigt die Absatzstatistik des Verlags, deren Ziffern seit dem Abebben der Inflationskonjunktur, die mit ihren gänzlich abnormen wirtschaftlichen Verhältnissen für einen Vergleich von vornherein ausscheidet, gerade für die wichtigsten der hier in Betracht kommenden Werke, an den Zahlen der Vorkriegszeit und an den Erfahrungen auf anderen Wissenszweigen gemessen, einen erschreckenden Rückgang aufweisen"[194].

Das Aufkommen der Dialektischen Theologie sieht Rühle durch die Erfahrung „einer krisenhaften Labilität der gegebenen Kultur provoziert"[195], denn „die dialektische Theologie ist in ihrer eschatologisch-dualistischen Radikalität am inneren Niedergang unsrer christlichen Kultur erwachsen. Hatte der Liberalismus Kultur und Welt freudig bejaht, so verneinen die Dialektiker die Welt in ihrer ganzen Totalität,

194 Rühle, Der theologische Verlag, S.144f.

195 Graf, Die „antihistoristische Revolution", S.383.

weil sie, so wie sie ist, Abfall von Gott ist"[196]. So deutlich Rühle den Niedergang des Programmes einer liberalen Theologie konstatiert, so loyal versucht er dessen Engagement bei der zu leistenden „Aufbauarbeit" zu bewerten. „Er sucht sich wesentlich in der alten Form auch in der neugeschaffenen Situation zu behaupten. Diese erscheint ihm zunächst als Kriegspsychose. Mit Recht, sofern die Katastrophe durch den Krieg beschleunigt worden war; völlig zu Unrecht, soweit man darin nichts weiter sieht als eine vorübergehende Erregung der Geister. Die liberalen Lösungsversuche sind vorwiegend praktischer Art"[197]. Für eine theologische Bewältigung der neuen Situation scheint dem Liberalismus nach Rühles Einschätzung die Kompetenz zu fehlen. Gescheitert sei das Programm einer liberaler Theologie dabei letztendlich „an ihrem Historismus [...], d.h. aber nicht daran, daß sie Geschichte trieb, sondern daran, daß sie die Ergebnisse ihrer geschichtlichen Arbeit, die immer bloß relativ sein können, absolut setzte"[198].

Diese Einschätzung der theologischen Gesamtlage durch Rühle löste in den Kreisen der entsprechenden Theologen, welche den Band dediziert bekamen, heftige Kritik, teilweise sogar Empörung aus. Adolf von Harnack beispielsweise würdigte Rühles Verlagsporträt zwar als eine Theologiegeschichte ersten Ranges, schloß sich aber dessen Einschätzung der neueren Entwicklung nicht an:

> „Daß die ‚liberale' Theologie ‚gescheitert' ist, kann ich ebensowenig zugeben, wie den angeblichen Grund dieses Scheiterns [...]. Allerdings nennt man es in der Publizistik ‚scheitern', wenn der Moment eintritt, wo die alten und die jungen Athener es müde werden, Aristides ‚den Gerechten' zu nennen oder nennen zu hören. Nun besinnt man sich auch auf die wirklichen Manko's dieser Gerechten, die ja nimmer fehlen. Daß sie aber in diesem Falle darin bestehen, daß die Grenzen zwischen ‚relativen' und ‚absoluten' Ergebnissen verwischt wurden, kann ich nicht finden. Ich suche sie an anderen Stellen"[199].

Auch Eberhard Vischer (1865-1946), Verfasser neutestamentlicher Studien und Theologe in der Tradition Ritschls, äußerte sich irritiert über Rühles Prognosen, werde man doch am Ende der Lektüre als

> „Leser mit dem Eindruck entlassen, einem babylonischen Turmbau und seinem fatalen Ende beigewohnt zu haben. Eine bestimmte Periode ist gewiss zu Ende gegangen. Aber es fragt sich doch, ob das, was nun augenblicklich laut im Vordergrunde steht, das von der vorhergehenden Genera-

196 Rühle, Der theologische Verlag, S.153.

197 AaO., S.146.

198 AaO., S.157.

199 VA Alte Korrespondenz RGG²: Schreiben von Adolf von Harnack, Berlin an Oskar Siebeck, Tübingen, 12.11.1926 (Abschrift).

tion Errungene und Erarbeitete bleibend auf die Seite zu schieben vermag"[200].

Von besonderem Interesse gerade im Hinblick auf die Neufassung der lexikonpolitischen Hermeneutik von RGG² ist die Reaktion von Otto Baumgarten. Mit ihm war der Verlag schon seit geraumer Zeit in eine Diskussion über die Berechtigung der neueren theologischen Strömungen und deren angemessene verlegerische Rezeption verwickelt. Bereits im April 1924, als die Planungen für RGG² mit Gunkels Vermittlung wieder aufgenommen wurden, hatte Baumgarten Werner Siebeck seine Empörung darüber mitgeteilt, daß Oskar Siebeck beabsichtige,

> „der Richtung Barth - Brunner in der wieder ins Auge gefassten Neuausgabe von RGG Raum zu schaffen. Das würde dem Unternehmen die bisherige Einheitlichkeit nehmen. Ausserdem halte ich mehr und mehr die ganze Bewegung für einen Zweig der Kriegspsychose, worin ich gewiss einseitig sein kann".

Hier seien keine Geringeren am Werk als „die Totengräber der Lebensarbeit, die uns beglückt hat"[201].

Oskar Siebeck nahm die von Baumgarten in regelmäßigen Abständen vorgetragenen Einwände gegen den Umbau des theologischen Verlagsprogrammes ernst und hat sich ausführlich mit ihnen auseinandergesetzt. Er bemühte sich, die Perspektive und Motivation des Verlages transparent zu machen:

> „Nicht am wenigsten zugesetzt hat mir die durch den Abschluss über das erste Geschäftsjahr nach der Stabilisierung erhärtete Erkenntnis, dass der von unserem Vater aufgebaute theologische Verlag, um nicht mehr zu sagen, seine beste Zeit hinter sich hat. Hätte ich nicht gleichzeitig beobachten können, dass die Schriften derjenigen theologischen Autoren, deren Einstellung mir im Einklang mit den uns heute bewegenden Geistesströmungen zu stehen scheint, gleich bei ihrem ersten Erscheinen weiteste Beachtung finden, so hätte ich manchmal Grund gehabt, den Mut etwas zu verlieren. Das ist aber gerade das, was mich auf der anderen Seite so beglückt. Je mehr ich, vor allem durch persönlichen Gedankenaustausch, Verständnis dafür zu gewinnen glaube, dass das, was die Jüngsten unter unseren theologischen <u>und philosophischen</u> Autoren anstreben, auf weite

200 VA Alte Korrespondenz RGG²: Schreiben von Eberhard Vischer, Basel, an Oskar Siebeck, Tübingen, 07.12.1926. Vischer gehörte nach Einschätzung Oskar Siebecks „zu denjenigen Leuten aus der Generation meines Vaters [...], auf deren gute Meinung ich angewiesen bin" (VA RGG² 1927 „A-Ge": Schreiben von Oskar Siebeck, Tübingen an Hermann Gunkel, Halle, 10.12.1927). Dennoch gehörte er zu denjenigen Autoren, die – im Vergleich mit dem Anteil der von ihnen für die erste Auflage verfaßten Artikel – in der zweiten Auflage nur noch geringere Berücksichtigung fanden, was denn auch dessen Verwunderung hervorrief (vgl. VA RGG² 1927 „Gi-Z": Schreiben von Eberhard Vischer, Basel an Oskar Siebeck, Tübingen, 14.11.1927).

201 VA RGG² 1926: Schreiben von Otto Baumgarten, Heidelberg an Werner Siebeck, Tübingen, 22.04.1924 (Auszugsabschrift).

Strecken parallel geht mit dem, was ich auf anderen Gebieten geistigen Lebens als Fortschritt zu erkennen glaube, um so mehr freue ich mich über jeden neuen Autor, den ich als Weggenossen ,entdecke'. [...] Ich weiss nicht, ob Sie die moderne Kunst, vor allem die neueste Musik, so miterleben wie Werner und ich. Sonst würden Sie verstehen, dass wir auf allen diesen Gebieten dieselbe Abwendung von einer gewissen Ueberspannung des Intellektualismus empfinden, die für das ausgehende 19. und das beginnende 20. Jahrhundert charakteristisch war. Und die Besinnung auf das, was Richard [...] das ,Unmittelbare' genannt hat, ist doch schliesslich das Einzige, was uns aus Spenglerscher Skepsis heraushelfen kann[202]. Deshalb denke ich immer mit schmerzlichem Bedauern an die letzte Unterredung auf unserem Büro zurück, wo Sie alles, was man gegenwärtig unter dem Begriff ,Dialektische Theologie' zusammenfasst, mit dem einen Wort glauben abtun zu können, das alles sei nur Kriegspsychose. Ich bin überzeugt, wenn Sie nur den einen, Emil Brunner, etwas näher kennen würden, würden Sie anerkennen, dass das diesen Männern gegenüber eine grosse Ungerechtigkeit ist. Und ich für mein Teil kann nur sagen, dass es mir in den letzten Jahren genau so gegangen ist, wie schon vor 5 Jahren oder länger unserem Bruder Richard und schon unserer unvergesslichen Mutter, der der religiöse Gehalt der liberalen Theologie im Grunde nie genügt hat. Unwillkürlich muss ich in diesem Zusammenhang an einen kleinen Streit denken, den meine Mutter und ich schon vor Jahren mit unserem Vater gehabt haben. Wir sprachen von irgend einem Jesuswort, dessen Eindruck Papa durch den Hinweis abschwächen wollte, man wisse doch gar nicht, ob diese Stelle echt sei. Ich hatte damals zum ersten Mal den Oldenbergschen Buddha gelesen[203] und verfocht mit meiner Mutter die These, wenn eine Persönlichkeit einmal auf die Menschheit einen solchen Eindruck gemacht habe wie die grossen Religionsstifter, so komme es auf solche philologische Details gar nicht an. Ich sehe die Dinge jetzt so an, dass dieses unbedeutende Gespräch ein getreues Abbild der Reaktion gewesen ist, die auf den Intellektualismus der liberalen Theologie einmal kommen musste. Und deshalb werden Sie auch verstehen, dass ich die Vorarbeiten für die neue Auflage des Handwörterbuchs nur mit grösster Behutsamkeit in Gang bringe. Denn ich würde gegen meine Ueberzeugung handeln, wenn ich es dazu kommen liesse, dass das Handwörterbuch wiederum mit der vor 15 Jahren durchaus berechtigten Einseitigkeit auf Methode und Arbeit der ,religionsgeschichtlichen Schule' abgestellt würde. Damals hat diese Richtung die Theologie beherrscht. Und bei der damaligen Verfassung unseres geistigen Lebens konnte das nicht anders sein. Heute haben sich diese Dinge grundlegend geändert und ich glaube, über diese Wandlung kann man sich nur freuen, wenn man den Glauben an eine Mission des ,europäischen Geistes' nicht aufgeben will. Es ist sehr schade, dass wir uns über diese Dinge nicht häufiger unterhalten können und - dass unsere Mutter das nicht mehr erlebt. Denn ich bin überzeugt, dass sie mit ihrem leiden-

202 Oswald Spengler, Der Untergang des Abendlandes. Umrisse einer Morphologie der Weltgeschichte. Zwei Bde., München 1918/922.

203 Hermann Oldenberg, Buddha. Sein Leben, seine Lehre, seine Gemeinde, Berlin 1881.

schaftlich regen Geiste das Neue, das jetzt wird, mit kaum geringerem Anteil ergriffen hätte als ihre Söhne. Um so schmerzlicher ist es mir, zu sehen, dass Sie, ihr treuester Freund[204], hier so viel weniger mitgehen können als auf politischem Gebiet"[205].

Als sich diese Auffassung des Verlages nicht nur in der Veränderung der lexikographischen Hermeneutik bemerkbar machte, sondern dazuhin Rühles Verlagsporträt in gedruckter Form vorlag, reagierte Baumgarten empört. So komme zwar in Rühles Schrift seine eigene Leistung erstaunlich gut weg, was ihn sehr erfreut habe, und diese Freude werde „nicht getrübt durch meine abweichende Beurteilung der Entwickelung der Theologie in der Rolle, die der theologische Liberalismus in Rühles Darstellung spielt". Aber er glaube nicht,

> „dass die ‚Umstellung des Verlags und der RGG² ganz im Geiste des verstorbenen Gründers'[206] ist. Denn er würde gewiss weder zugeben, dass ‚alles', was die von ihm betreute Richtung erarbeitet hat, wieder ‚im Fluss ist',

---

204 Zur engen freundschaftlichen Verbindung zwischen Baumgarten und Paul und Thekla Siebeck (1857-1919) vgl. Baumgarten, Meine Lebensgeschichte, S.271.255. Baumgarten hielt die Traueransprache auf Thekla Siebeck (abgedruckt in: Frau Thekla Siebeck zum Gedächtnis, 16. Juni 1919 [Fischer, Materialien zur Württembergischen Biographie 248], Tübingen 1919). Ihr widmete er auch seine Schrift ders., Über Kindererziehung. Erlebtes und Gedachtes. Frau Thekla Siebeck gewidmet. Tübingen 1905 (vgl. ders., Meine Lebensgeschichte, S.108).

205 VA 416: Schreiben von Oskar Siebeck, Tübingen an Otto Baumgarten, Kiel, 08.06.1925.

206 Vgl. Rühle, Der theologische Verlag, S.160 und dann VA 421: Schreiben von Oskar Siebeck, Tübingen an Otto Baumgarten, Kiel, 08.12.1926: „Den Satz von der Umstellung unseres theologischen Verlags auf der letzten Seite habe ich, wie so manchen anderen, mit Dr. Rühle mehr als einmal eingehend durchgesprochen. Ich habe ihn von jeher als richtig empfunden: und was mir Rühle aus seinem quellenmässigen Studium zu dieser Frage erzählte, war für mich nur eine Bestätigung des Bildes, das ich mir aus der guten Zeit meines Vaters allen Anfechtungen der letzten Jahre zum Trotz herübergerettet habe. Es ist mir unvergesslich, wie er mir zu einer Zeit, da Rickert in der öffentlichen Diskussion noch durchaus im Vordergrund des philosophischen Interesses stand, eines Tages ganz spontan sagte: ‚Du wirst sehen, dieser Mann hat seine beste Zeit hinter sich'. Natürlich schloss sich daran auch eine Unterhaltung über die verlegerischen Massnahmen, die sich aus dieser Erkenntnis ergaben. Genau so hat Rühle jetzt aus unserem Archiv mit aufrichtiger Bewunderung herausgefühlt, wie mein Vater nach der Seite der ‚religionsgeschichtlichen Schule' hin neue Verbindungen anknüpfte, lange ehe von dieser irgendwo die Rede war. Hätte er die Krisis der Theologie am Ende des ersten Dezenniums unseres Jahrhunderts noch in alter Frische erlebt, so besteht für mich gar kein Zweifel, dass er genau so gehandelt hätte wie ich". Aufgrund dieser Äußerung und den oben skizzierter Stellungnahme von Paul Siebeck (vgl. Kap.III.1.3.1.) kann die begründete Annahme gemacht werden, daß die theologische Wendung, die der Verlag unter Oskar und Werner Siebeck nahm und wie sie im Verlagsporträt von Rühle exemplarisch begründet wird, in ähnlicher, möglicherweise durch Altersmilde in leicht gemäßigterer Vorgehensweise auch unter dem Verlagsbegründer stattgefunden hätte, daß also die Kritik, wie sie Baumgarten hier vorträgt, im Kern vermutlich nicht zutrifft.

noch dass sich die von Herrn Dr. Rühle selbst wegen ‚bedenklicher und schwer berechtigter Ueberspannung' der Vorwürfe an den Liberalismus gerügte ‚Theologie der Krisis' mit dem Erwerb der bisherigen theologischen Forschung, dessen innersten Trieb sie verleugnet, ‚organisch zu verbinden' ist. Weshalb das von uns, also von Harnack, Karl Müller, Tröltsch, Rade, mir, auch Otto vertretene Alte vergangen sein soll, wieso unser Eins vergessen haben soll, von Gott zu reden, wieso wir als Lebende verlernt haben sollen, von dem deus absconditus zu reden und kulturselig und wiederum mystisch Gott in der Welt verloren haben sollen, kann ich nicht verstehen. Der erschreckende zahlenmässige Rückgang im Absatz unserer Werke beweist doch nur, dass die Kriegspsychose, die alles Vertrauen zur Geschichte und Vernunft erschüttert und alle mühsame Arbeit daran entwertet hat, sich an uns auswirkt. Sie überschätzen kolossal die Bedeutung dieser neuen Schule, die noch nicht einmal zur Mitarbeit an RGG Mut und Kraft besitzt, weil sie statt konkreter Detailarbeit nur grosse, himmelweite Sprüche bietet[207]. [...] Ich sehe diese Leute bereits jetzt ‚rettungslos der Hybris verfallen'[208] und zweifle nicht, dass die Anzeichen, die auch er beobachtet hat, bald sich verdichten werden und ‚die dialektische Theologie in dieser schroffen Ausprägung' bald abgewirtschaftet haben wird. Schade, dass die zweite Auflage der RGG so wenig die Spuren dieser vorübergehenden Phase aufbewahren wird"[209].

---

207 In der Einschätzung der theologisch-lexikographischen Kompetenz der neueren theologischen Bewegungen ähnlich skeptisch wie Baumgarten, im Tonfall freilich etwas verhaltener, äußerte sich auch Hermann Gunkel: „Wir sind auch entschlossen, die heutige Jugend, so unausgegohren sie sein mag, irgendwie zu berücksichtigen; wie das geschehen soll, muß im einzelnen Fall entschieden werden. Im übrigen glaube ich nicht, daß diese Jugend gegenwärtig schon im Stande ist, ein so großes Unternehmen, wie die RGG ist, selbständig zu tragen" (VA Korrespondenz RGG² 1924-1926: Schreiben von Hermann Gunkel, Halle an Oskar Siebeck, Tübingen, 09.05.1924). Vgl. auch VA Korrespondenz RGG² 1924-1926: Schreiben von Hermann Gunkel, Halle an Leopold Zscharnack, Breslau, 16.05.1924.

208 Vgl. Rühle, Der theologische Verlag, S.153.

209 VA Alte Korrespondenz RGG²: Schreiben von Otto Baumgarten, Kiel an Oskar Siebeck, Tübingen, 03.12.1926 (Abschrift). Ähnlich auch VA RGG² 1927 „A-Ge": Schreiben von Otto Baumgarten, Kiel an Oskar Siebeck, Tübingen, 29.12.1926. Oskar Siebeck bat Baumgarten hinsichtlich der Einschätzung der Neuauflage von RGG mit seinem „endgültigen Urteil so lange zurückzuhalten, bis mehr davon vorliegt, als ein paar Lieferungen. Woher wissen Sie denn z.B., dass die Dialektiker noch nicht einmal zur Mitarbeit Mut und Kraft besitzen?" (VA 421: Schreiben von Oskar Siebeck, Tübingen an Otto Baumgarten, Kiel, 08.12.1926). Zu Baumgartens Verhältnis zur Dialektischen Theologie siehe vor allem Bassi, Otto Baumgarten, S.338ff. Dort finden sich einschlägige Hinweise auf weitere Texte Baumgartens, die sich der Auseinandersetzung mit der Dialektischen Theologie widmen. Das Bedauern Baumgartens, die Neuauflage der RGG spiegle zu wenig „die Spuren dieser vorübergehenden Phase", zeigt das, was Bassi das Interesse Baumgartens „an der Dialektischen Theologie als einer geistigen Bewegung und einem kulturellen Zeitphänomen" nennt (aaO., S.342). Vgl. auch NL Gunkel, Yi 33 I B 119: Schreiben von Otto Baumgarten, Kiel an Hermann Gunkel, Halle, 26.07.1926. Auch andere Autoren des Verlages, die sich der theologischen Tradition der ersten Auflage von RGG ver-

Bei Oskar Siebeck spielten indes nicht nur theologische Argumentationsmuster eine Rolle, sondern auch die ökonomischen Möglichkeiten des Verlages und die Bedingungen des Buchmarktes:

> „Ich will nicht davon sprechen, dass ich rein privatwirtschaftlich unter viel schwierigeren Bedingungen arbeite als mein Vater; leben doch jetzt von dem Ertrage unseres Verlages zwei Familien, und ein 3. Teilhaber hat an jedem Gewinn seinen vertraglich festgelegten Anteil. Ich fand neulich im Geschäftsbericht einer grossen Lokomotivenfabrik, dass die Erträgnisse des letzten Geschäftsjahres dadurch sehr beeinträchtigt wurden, dass die Regierungen, – die Hauptabnehmer dieser Industrie, – mit Bestellungen viel mehr als früher zurückhalten, weil bald jeder Tag technische Neuerungen bringt, und dadurch Maschinen jeder Art viel schneller veralten lässt, als das früher je der Fall war. In unserem Beruf liegen die Dinge genau so. Ich glaube nicht, dass es je eine Zeit gegeben hat, wo wissenschaftliche Werke jeder Art so sehr der Gefahr raschen Veraltens ausgesetzt waren wie heutzutage. Daraus folgt, dass wir bei grossen Unternehmungen viel mehr als früher auf rasche Erfolge angewiesen sind. Hätte ich z.B. die ‚RGG' noch einmal so gemacht, wie sie Ihnen von der 1. Auflage her ans Herz gewachsen ist, so hätte ich in dem nach meiner Ueberzeugung allerdings sehr unwahrscheinlichen besten Falle, dass ich das überhaupt ausgehalten hätte, der Theologie Ihrer Generation ein imposantes Denkmal gesetzt; an grösse-

---

pflichtet fühlten, sahen in der Dialektischen Theologie nur ein vorübergehendes, kurzlebiges zeitgeschichtliches Phänomen. Vgl. z.B. die Einschätzung von Karl Bornhausen (1882-1940), welcher grundsätzliche Bedenken äußerte, neueren theologischen Entwicklungen und noch im Fluß befindlichen Diskussionsprozessen in einem Nachschlagewerk wie RGG² zu viel Raum zu gewähren: „Leuten, die sich so arg ‚entwickeln', gebe ich in einem Lexikon keinen Platz. Da preist man einen als Idealist, und nach 10 Jahren betaetigt er sich in schnoedesten Reden gegen den Idealismus. Vorsicht!!" (VA RGG² Korrespondenz 1930: Schreiben von Karl Bornhausen, Breslau an Oskar Rühle, Tübingen, 01.01.1930). Bornhausen äußerte sich auch anderweitig eher abfällig über die Dialektischen Theologen. Barth und Brunner seien nicht mehr als eine „feindliche Predigersippe", deren Programm völlig ungerechtfertigterweise als „‚Theologie'" gehandelt werde, Hans-Joachim Iwand (1899-1960) sei ein „borniertes Geschöpf" und Gogarten vertrete eine Ethik, die schlechterdings nur als „Dadaismus" gelten könne und bestenfalls für „kindliche Gemüter" erträglich sei, „von denen es ja leider in der Massen Theologenschaft jetziger Zeit viele gibt" (NL Mulert [ohne Bestands-Nr.]: Vertrauliches Schreiben von Karl Bornhausen, Breslau an Hermann Mulert, Kiel, 02.04.1931). Bornhausens Beurteilung der neueren theologischen Bewegungen fand auch in die Neuauflage selbst Eingang. Vgl. Bornhausen, Art. Geschichte: II. Geschichtsphilosophie, geschichtlich, in: RGG², 2 (1928), Sp. 1098-1104, dort v.a. Sp.1103. Dieser Artikel arbeitet mit den Kategorien eines Generationenkonfliktes, spricht er doch auf der einen Seite von einer „akademischen Jugend", bei der eine Geschichtsphilosophie „wie sie Troeltsch als einziger systematisch trieb und infolge seines frühen Todes nicht zum Abschluß brachte", diskreditiert sei und auf der anderen Seite diejenigen Kirchengeschichtler „der älteren Generation [...], die durch ihre durchgeistigten Darstellungen der christlichen Persönlichkeiten und Ideen einer auch an den Universitäten wissenschaftlich zu vertretenden" Philosophie der Kirchengeschichte den Weg wiesen, namentlich Walter Köhler und Hans von Schubert (ebd.).

ren Absatz wäre weder in den Jahren des Erscheinens noch viel weniger auf längere Dauer zu rechnen gewesen. Die Verantwortung, die ich mit der Leitung des väterlichen Verlages übernommen habe, ist aus inneren und äusseren Gründen viel zu gross, als dass ich ein solches Experiment hätte riskieren können. Wenn Sie sich diese Beobachtungen, die Sie in jedem Bericht über die wirtschaftliche Lage, besonders des Buchhandels, bestätigt finden, vor Augen halten, so muss Ihr Kummer über die Verlagspolitik, zu der ich durch die Verhältnisse gezwungen bin, mindestens an Bitterkeit verlieren"[210].

Dabei sei – so dann doch auch das Zugeständnis Oskar Siebecks – die rückläufige Absatzentwicklung im Bereich einem liberalen theologischen Programm verpflichteten Buchproduktion nicht allein auf die veränderte theologische Lage zurückzuführen, sondern auch auf die

210 VA 433: Schreiben von Oskar Siebeck, Tübingen an Otto Baumgarten, Kiel, 02.01.1928. Vgl. auch VA 418: Schreiben von Oskar Siebeck, Tübingen an Gustav Krüger, Gießen, 10.02.1925: „Wenn ich sehe wie leicht sich theologische Werke verkaufen, die der heutigen Geistesverfassung mehr entgegenkommen, so kann ich den Absatzrückgang der im Verlag unseres Vaters erschienenen repräsentativen Werke der liberalen Theologie nur als ein Symptom für die völlig veränderte theologische Lage erkennen. Wenn die von meinem Vater aufgebaute Organisation lebensfähig bleiben soll, so muss ich daraus notwendig gewisse Konsequenzen ziehen". Otto Scheel gegenüber äußerte Oskar Siebeck Bedauern darüber, daß „die einst so einflussreiche liberale Theologie aus einer Position um die andere verdrängt wird. Und was mich am schwersten ankommt, ist dass ich als Verleger nicht davor zurückschrecken darf, die praktischen Schlußfolgerungen aus dieser Erkenntnis zu ziehen. Ein verlegerisches Unternehmen, das die Richtung der liberalen Theologie repräsentiert, ist eben in Gottesnamen als solches nahezu aussichtslos" (VA 419: Schreiben von Oskar Siebeck, Tübingen an Otto Scheel, Kiel, 02.01.1925). Vgl. auch VA Alte Korrespondenz RGG²: Entwurf zum Wochenbericht 10.01.1925, RGG von Oskar Siebeck, Tübingen; VA Korrespondenz RGG² 1924-1926: Zwölfter Wochenbericht über RGG, zweite Auflage von Oskar Siebeck, Tübingen an Hermann Gunkel/Halle, Leopold Zscharnack/Breslau, Horst Stephan/Halle, Hermann Faber/Tübingen, 10.01.1925. Auch Horst Stephan sah, „dass die Kaufkraft der theologisch Interessierten stark gelitten hat, u. dass heute das Interesse fast antihistorisch, ganz auf ‚absolute' Bewegungen à la Barth gerichtet ist", zog daraus aber eine gänzlich andere Folgerung: „Immerhin brauchen auch diese ein Werk wie RGG; sie brauchen es doppelt, weil sie selbst über das corpus der Theologie nicht arbeiten, sondern von denen leben, die sie beständig schelten" (VA Alte Korrespondenz RGG²: Antwort von Horst Stephan, Marburg zum zwölften Wochenbericht vom 10.01.1925 von Oskar Siebeck, Tübingen [Abschrift]). Die Auseinandersetzung mit Baumgarten hat Oskar Siebeck offensichtlich deshalb auch verbittert, da er diesem unterstellte, er würde die notwendigen ökonomischen Erwägungen des Verlages als kapitalfixierte Methoden eines bloß „gewieften Geschäftsmannes" auslegen (VA 423: Schreiben von Oskar Siebeck, Tübingen an Gustav Krüger, Gießen, 04.12.1926). Interessanterweise sah sich Oskar Siebeck von Seiten Emil Brunners genau dem gleichen Vorwurf ausgesetzt: „Zu schaffen gemacht hat mir nur, dass Sie für meine ‚Verlagspolitik' auf theologischem Gebiete immer nur geschäftliche Gründe zur Erklärung haben" (VA 427: Schreiben von Oskar Siebeck, z.Z. Leipzig an Emil Brunner, Zürich, 17.05.1927 [Abschrift]).

Tatsache, „dass die Kaufkraft derjenigen Kreise, die als Interessenten für unseren theologischen Verlag hauptsächlich in Betracht kommen, gegen früher am meisten geschwächt ist"[211]. Neben dem generellen Absatzrückgang beklagt Oskar Siebeck auch die völlige „Verschiebung der Verbreitungsmöglichkeiten dieser [...] theologischen Verlagswerke"[212] und die Mühen bei der „Akquisition neuer Werke"[213]. Auch bei Oskar Siebeck war das verlegerische Selbstverständnis durch die Verbindung ökonomischer und theologischer Perspektiven bestimmt. Daher verwahrte er sich gegen das Ansinnen, die verlegerische Kompetenz bei der Gestaltung der Neuauflage auf technische Fragen zu beschränken.

> „Das Handwörterbuch und mein theologischer Verlag werden von der Öffentlichkeit in so weitgehendem Masse identifiziert, dass der letztere einfach erledigt ist, wenn eine neue Auflage des ersteren der veränderten Lage nicht genügend Rechnung trägt. Sie Alle kennen meinen Vater und mich lange genug, um zu wissen, dass uns die Anknüpfung verlegerischer Beziehungen mehr war und ist als ein geschäftlicher Abschluss. [...] Mit dieser ‚Verlagspolitik' ist es aber schlechterdings unvereinbar, dass das am weitesten verbreitete Unternehmen unseres theologischen Verlags ohne meine ständige Mitwirkung wiederaufgebaut wird"[214].

Otto Baumgarten freilich monierte im Hinblick auf das Lexikon nicht nur den theologiepolitischen Richtungswechsel des Verlages, der sich in der Konzeption der Neuauflage exemplarisch manifestierte, sondern auch die damit verbundenen personellen Entscheidungen – fühlte er doch „eine gewisse Enttäuschung" über diese Art der Zurücksetzung seiner eigenen Person[215]. Vor allem die Tatsache, daß Hermann Faber

---

211 VA 421: Schreiben von Oskar Siebeck, Tübingen an Otto Baumgarten, Kiel, 21.07.1926. Vgl. oben Kap.III.1.1.

212 VA 418: Schreiben von Oskar Siebeck, Tübingen an Gustav Krüger, Gießen, 24.06.1925.

213 VA 418: Schreiben von Oskar Siebeck, Tübingen an Gustav Krüger, Gießen, 10.02.1925.

214 VA Korrespondenz RGG² 1924-1926: Schreiben von Oskar Siebeck, Tübingen an Horst Stephan, Halle, 09.03.1925. Ähnlich auch z.B. VA Korrespondenz RGG² 1924-1926: Schreiben von Oskar Siebeck, Tübingen an Martin Rade, Marburg, 24.02.1925.

215 VA 416: Schreiben von Otto Baumgarten, Kiel an Oskar Siebeck, Tübingen, 24.09.1925. Otto Baumgarten besuchte am 27.08.1925 Oskar und Werner Siebeck zu einem ausführlichen Gespräch über die Neukonzeption des Lexikons. Vgl. VA 416: Schreiben von Otto Baumgarten, z.Z. Stuttgart an Oskar Siebeck, Tübingen, 25.08.1925 und VA 416: Gesprächsprotokoll des Besuchs von Otto Baumgarten, Kiel bei Werner Siebeck, Tübingen, 27.08.1925: „Einen Kompromiss zwischen liberaler Theologie und der Richtung Barth-Brunner hält Baumgarten für unmöglich. Auch das Wort ‚Kriegspsychose' ist wieder gefallen. Wenn Barth und Brunner mitarbeiten, würden sie nach Baumgartens Meinung die Hauptartikel haben wollen. ‚Dann ziehe ich meine Mitarbeit zurück'". Baumgartens eigener Gesprächseindruck divergiert erheblich von dieser Einschätzung: „Mein Interesse an dem grossen Unternehmen ist nach wie vor dasselbe, soll auch nicht darunter leiden, wenn in der besprochenen Weise die neuen Geister zu Wort kommen. In dieser Hinsicht bin ich beruhigt" (zit.

die herausgeberische Betreuung der Praktischen Theologie übernahm, ging ihn hart an[216]. Doch hat er trotz seiner Kritik an der Lexikonpolitik seine Mitarbeit nicht storniert.

Weit weniger kritisch und in der Tendenz gelassener beurteilte Martin Rade, spiritus rector der ersten Auflage, die Entwicklung. Denn so richtig es sei,

> „dass die alte ‚liberale Theologie' sich in einer akuten Krisis befindet, so wenig stirbt sie darüber des Todes. Sie verändert nur ihre Struktur, besinnt sich auf bessere Fundamente. Wenn heute die Barthsche Richtung junge Geister fasziniert – sie kann niemals eine RGG schaffen oder ersetzen. Und die Rechte? Sie hat bisher schon von der historisch-kritischen Arbeit der Linken gelebt, wissenschaftlich, und wird das ferner tun. Auf ihrer Seite waren die besten Käufer von RGG¹, und es wird mit RGG² nicht anders sein. – Ich glaube wohl, dass die alten Lehrbücher nicht mehr so gehen. Der allgemein-wissenschaftliche Sinn hat sehr abgenommen. Aber ein Lexikon braucht man noch immer. Lassen Sie Ihr Lexikon die neuesten Richtungen (Barth etc) kräftig mit berücksichtigen, alles recht auf die Gegenwart abstellen, und Sie werden dieselbe gute Erfahrung machen wie bei RGG¹"[217].

---

bei VA RGG² 1926: Schreiben von Oskar Siebeck, Tübingen an Wilhelm Heitmüller, Tübingen, 15.09.1925). Auch Oskar Siebeck tradierte die Ergebnisse des Gespräches mit Baumgarten, in der Pointe allerdings positiver und mit anderem Akzent: „Baumgarten sieht vollständig ein, dass die neue Auflage von RGG nicht wieder mit einer so schwerfälligen Organisation belastet werden darf wie die erste" (VA RGG² 1926: Schreiben von Oskar Siebeck, Tübingen an Hermann Mulert, z.Z. Turn-Severin/Rumänien, 14.09.1925). Vgl. auch VA 416: Schreiben von Oskar Siebeck, Tübingen an Otto Baumgarten, Kiel, 30.09.1925. Freilich war der Konflikt um die Mitarbeiterfrage damit noch nicht beigelegt. Vgl. nämlich auch VA 421: Schreiben von Otto Baumgarten, Kiel an Oskar Siebeck, Tübingen, 27.07.1926. Otto Baumgarten monierte hier die „durch kaufmänn. Gesichtspunkte [...] motivierte Mischung der Mitarbeiter" – eine Äußerung, durch welche Oskar Siebeck sich „tief verletzt" fühlte (VA 423: Schreiben von Oskar Siebeck, Tübingen an Otto Baumgarten, Kiel, 08.12.1926). Zur Zurücksetzung Baumgartens gegenüber der ersten Auflage und dessen dadurch möglicherweise entstehende „Animosität" gegenüber der zweiten Auflage vgl. VA Korrespondenz RGG² 1924-1926: Schreiben von Oskar Siebeck, Tübingen an Leopold Zscharnack, Königsberg, 17.07.1926; VA Korrespondenz RGG² 1924-1926: Schreiben von Oskar Siebeck, Tübingen an Leopold Zscharnack, Königsberg, 31.10.1925.

216 Eine Fachberatertätigkeit Baumgartens innerhalb der Praktischen Theologie läßt sich nicht nachweisen. Zu Fabers Ratgebern gehörte dagegen z.B. Friedrich Niebergall (1866-1932): „Ich hätte so gerne den ganzen Aufbau der praktischen Abteilung von RGG, mit ihnen durchgesprochen und Sie um Ihren Rat gebeten. Aber das darf ich nun wohl auch noch in der nächsten Zeit und überhaupt während der ganzen Zeit des Erscheinens der II.Auflage nachholen" (VA RGG² 1926: Schreiben von Hermann Faber, Tübingen an Friedrich Niebergall, Marburg, 04.03.1926).

217 VA RGG² 1926: Schreiben von Martin Rade, Marburg an Oskar und Werner Siebeck, Tübingen, 19.02.1925 (Abschrift). Vgl. auch VA Korrespondenz RGG² 1924-1926: Schreiben von Martin Rade, Marburg an Oskar Siebeck, Tübingen, 23.02.1925: „Die Barthsche Bewegung ist vorübergehend. Gewisse Anstösse gehn von ihr aus, die

1.4. Die Rezeption des Werkes als eines „Abbild[s] der ungeheuren Mannigfaltigkeit des theologischen und kirchlichen Lebens, der Religionswissenschaft und des Weltanschauungskampfes unserer Zeit"[218]

„Die Versäulung der akademischen Institutionen" und „die verhältnismäßig große Impermeabilität der gesellschaftlichen und politischen Verhältnisse des Kaiserreichs"[219] hatten die Erstellung eines in Programm und Profil einheitlichen theologischen Nachschlagewerkes ermöglicht. Für die Generation der 1880er Jahrgänge erwies sich diese Lexikonpolitik nach der Erfahrung des Krieges, welcher bei vielen Vertretern dieser Generation zu einer „Totalisierung des Krisenbewußtseins"[220] geführt hatte, als so nicht mehr möglich. Die daraus resultierende Umgestaltung von Programm und Profil des Lexikons *Die Religion in Geschichte und Gegenwart* löste ein zwiespältiges Echo bei den Rezensenten aus.

Von Otto Baumgarten, welcher bereits im Vorfeld gegen die geplanten Änderungen protestiert hatte, kam nach den ersten Lieferungen vernichtende Kritik[221]. Gustav Krüger dagegen, theologisch der gleichen Tradition wie Baumgarten verbunden, äußerte zufriedene Zustimmung[222], so daß Oskar Siebeck ihm gegenüber erfreut konstatierte, es freue ihn,

> „dass die Notwendigkeit der Umstellung in allen Besprechungen, die den Dingen etwas auf den Grund gehen, vorbehaltlose Anerkennung findet, und dass, was mich am meisten interessiert, bis heute weder ein Liberaler

sich auswirken. Leider auch mit dem Effekt, dass der wissenschaftliche Sinn, das Interesse an der Historie noch mehr zurückgeht, als es ohnedies der Fall ist. Für den Buchhandel ist von dieser Richtung wenig zu hoffen. Das Teil Produktion, das von da her zu erwarten ist, mag den Chr. Kaiserschen Verlag flott erhalten, weiter wird es kaum reichen. [...] Wenn man von einer Krisis der liberalen Theologie redet, wenn ihre Produktion auf Schwierigkeiten stösst, so liegt das doch nicht daran, dass ihre Leistung versagt, sondern dass sie gesiegt hat. Ihre Methoden und Erkenntnisse haben sich durchgesetzt – auf dem Gebiet, auf dem ihre Stärke beruht, auf dem historischen".

218 Rez.: Die Religion in Geschichte und Gegenwart, Jenaische Zeitung Nr.304 (30.12.1931), S.5.

219 Pfleiderer, Barths praktische Theologie, S.30.

220 AaO., S.31.

221 Vgl. VA 427: Schreiben von Otto Baumgarten, Kiel an Oskar Siebeck, Tübingen, 24.09.1927 und VA 433: Schreiben von Otto Baumgarten, Kiel an Oskar Siebeck, Tübingen, 29.12.1927.

222 VA 423: Schreiben von Gustav Krüger, Gießen an Oskar Siebeck, Tübingen, 19.10.1926. Daraufhin sehr erfreut VA 423: Schreiben von Oskar Siebeck, Tübingen an Gustav Krüger, Gießen, 26.10.1926.

> noch ein Dialektiker es gewagt hat, sich von dieser Anerkennung auszuschließen".

Und mit deutlicher Spitze gegen Kritiker vom Schlage Baumgartens fährt er fort:

> „Sie sind wohl der einzige von meines Vaters Freunden, der beweglich genug ist, ‚Vergangenes' auch als ‚Vergangenes' zu erkennen, und deshalb ist von den Aelteren noch nie jemand meinem ernsten Streben, auch in einer ganz neuen Situation die rechten Wege zu finden, so gerecht geworden, wie Sie"[223].

Auch die Reaktionen, welche sich in den diversen Presseorganen finden, sind in diese beiden durch Baumgarten und Krüger prototypisch skizzierte Lager gespalten: in diejenigen, welche die Veränderung der theologisch-lexikographischen Hermeneutik als im Ansatz verfehltes beziehungsweise in der konkreten Durchführung mißratenes Konzept ablehnten und demgegenüber diejenigen, welche die vom Verlag als unabdingbare Notwendigkeit deklarierten Veränderungen akzeptierten, begrüßten und unterstützten.

Anerkennendes Lob äußerte, ähnlich wie bei der ersten Auflage das liberale *Berliner Tageblatt*: Nichts fehle in der Neuauflage: Weder „die jüngsten theologischen Fragestellungen der sogenannten dialektischen Methode" noch „der Römerbrief von Karl Barth, die Fehdegänge von Gogarten wider die Kultur, Friedr. Rittelmeyers[224] anthroposophische Menschenweihehandlung und Kutters und Ragaz' religiöser Sozialismus". Und alle diese Themen seien „fast durchweg lesbar, hieb- und stichfest" bearbeitet. „[E]in Teil nicht nur inhaltlich Neubuch, sondern auch stilistisch auf der Höhe der Feinkunst"[225]. Und die Hinzuziehung von Mitarbeitern aller theologischer Richtungen sowie die Öffnung des Mitarbeiterkreises hin zum Katholizismus und Judentum[226], die eine „Diskussion in der Enzyklopädie" ermögliche und „die Einheitlichkeit des Ganzen" nicht gefährde, „weil die tragende Schicht der Enzyklo-

---

223 VA RGG² 1927 „A-Ge": Schreiben von Oskar Siebeck, Tübingen an Gustav Krüger, Gießen, 28.07.1927.

224 Friedrich Rittelmeyer (1872-1938).

225 Rez.: RGG, von: Theodor Kappstein, in: Berliner Tageblatt und Handelszeitung Nr.264 (05.06.1932, sechstes Beiblatt), o.S. Vgl. auch Rez.: RGG² oder Das Weltbild des modernen Protestantismus, von: Ernst Simon, in: Berliner Tageblatt und Handelszeitung Nr.208 (04.05.1930, fünftes Beiblatt), o.S. und Rez.: Diskussion in der Enzyklopädie, von: Ernst Simon, in: Berliner Tageblatt und Handelszeitung Nr.69 (10.02.1931), o.S. – Von den liberalen Tageszeitungen äußerte sich auch die *Vossische Zeitung* wohlwollend. Vgl. Rez.: Die Religion in Geschichte und Gegenwart, von: Georg Ellinger, in: Vossische Zeitung, 01.01.1927 (VA Sammlung Rez. RGG²).

226 Positiv gewürdigt z.B. in: Rez.: Die Religion in Geschichte und Gegenwart (RGG), in: Jüdische Rundschau Nr.99 (1930), S.671.

pädie ihre eigene Meinung in Form kurzer Repliken" ausdrücke[227], sei „ein Element des inneren Friedens der Geister, das Deutschland in seiner heutigen Lage nicht gut genug brauchen kann"[228]. Diese Öffnung des Mitarbeiterkreises garantiere dazuhin, daß es bei der Auswahl der Autoren nicht um die Manifestation von „Richtungsunterschiede[n]" gehe, sondern daß allein „sachliche und wissenschaftliche Erwägungen" ausschlaggebend gewesen seien[229]. Damit trage das Werk in einem durchaus positiven Sinne „den Charakter des Übergangs [...] wie alles kulturelle Leben unserer Zeit"[230]. Auch die *Neue Zürcher Zeitung* hebt hervor, daß durch die Ausweitung des Mitarbeiterkreises kein „wüstes Durcheinander" entstanden sei. Vielmehr fügen sich „die verschiedenen Stimmen [...] zu einem Chor"[231]. Von der allgemeinen Tagespresse schlug beispielsweise auch der *Schwäbische Merkur* diesen lobenden Ton an[232]. Auch die ChW versagte ihre Anerkennung nicht[233].

Die Vertreter der innerhalb der Neuauflage zum Zuge gekommenen positiven Theologen äußern sowohl Zufriedenheit[234] als auch Kritik

---

227 Rez.: RGG² oder Das Weltbild des modernen Protestantismus, von: Ernst Simon, in: Berliner Tageblatt Nr.208 und Handelszeitung (04.05.1930, fünftes Beiblatt), o.S.

228 Rez.: Diskussion in der Enzyklopädie, von: Ernst Simon, in: Berliner Tageblatt und Handelszeitung Nr.69 (10.02.1931), o.S.

229 Rez.: Die Religion in Geschichte und Gegenwart – Handwörterbuch für Theologie und Religionswissenschaft, in: Hessisches Evangelisches Sonntagsblatt 45 (1932), S.14 und Rez.: Die Religion in Geschichte und Gegenwart, in: Hessisches Evangelisches Sonntagsblatt 43 (1930), S.206. Die durch die Ausweitung des Mitarbeiterkreises anvisierte Objektivität des Nachschlagewerkes, die nur in wenigen Artikeln nicht zum Zuge käme, hebt auch hervor Rez.: Zwei Standardwerke evangelischer und katholischer Theologie. Die Religion in Geschichte und Gegenwart. Lexikon für Theologie und Kirche, von: Friedrich Heiler, in: KHi 12 (1930), S.339-342 und Rez.: Religion in Geschichte und Gegenwart, Handwörterbuch für Theologie und Religionswissenschaft, von: Friedrich Heiler, in: HKi 14 (1932), S.171f.

230 Rez.: Die Religion in Geschichte und Gegenwart, von: Gustav Pfannmüller, in: Geisteskultur 36 (1927), S.44f., hier S.45. Vom „Geist der Übergangszeit", welcher das Lexikon bestimme, spricht auch Rez.: Die Religion in Geschichte und Gegenwart, von: Wilhelm Koch, in: LitHw 63 (1926/27), Sp.659f.

231 Rez.: Ein theologischer Ratgeber, von: Omega, in: NZZ Nr.175 (29.01.1929, zweites Blatt), o.S.

232 Rez.: Die Religion in Geschichte und Gegenwart, in: Schwäbischer Merkur Nr.388 (20.08.1929), Abendblatt. Vgl. auch Rez.: Die Religion in Geschichte und Gegenwart, in: Schwäbischer Merkur Nr.80 (17.02.1928), Abendblatt und Rez.: Die Religion in Geschichte und Gegenwart, in: Schwäbischer Merkur Nr.415 (05.09.1928), Morgenblatt und Rez.: Die Religion in Geschichte und Gegenwart, in: Schwäbischer Merkur Nr.177 (17.04.1929), Morgenblatt.

233 Vgl. Rez.: RGG, von: R[ade], in: ChW 40 (1926), Sp.981f.; Rez.: RGG², von: R[ade], in: ChW 44 (1930), Sp.46 und Rez.: Die neue Gestalt der RGG, von: Kurt Kranzler, in: ChW 45 (1931), Sp.25-29.

234 Vgl. z.B. Rez.: Protestantisches Rüstzeug, von: Carl Fey, in: Die Wartburg 29 (1930), S.203 f., hier S.204: „Vor allem muß man immer wieder im Lärm der Parteien und in

an der zu starken Ausrichtung an der theologischen Lage der Gegenwart, „so daß auch Eintagsfliegen der Gegenwart ihren Platz finden", das Lexikon also „vielleicht schon in einigen Jahrzehnten überholt" sei[235]. Der Kirchengeschichtler Erich Seeberg (1888-1945) wertete die „merkwürdige Unentschlossenheit in der Behandlung der dogmatischen und allgemein-systematischen Fragen", die aus der Rekrutierung der Mitarbeiter „aus allen theologischen Lagern" folge, ebenso als „Schwäche" des Werkes[236] wie ein Rezensent der *Zeitschrift für Kirchengeschichte*, der kritisch anfragte, ob die „Theologie unserer Tage wirklich die Arbeitsgemeinschaft" sei, „welche die Einzelentfaltung ins Kleine und Kleinste hinein aus einer einheitlichen Zusammenschau üben kann, die dann wirklich ein verantwortlich gesehenes Bild der Religion in Geschichte und Gegenwart gibt?"[237].

Unentschieden blieb dagegen die katholische Einschätzung. So gehen einerseits einige Rezensionen auf Distanz zu dem Lexikon, trotz der Hinzuziehung katholischer Autoren: „Soll die theologische Richtung charakterisiert werden, die in dem Werk sich ausspricht, so ist es nicht leicht, darüber ein einheitliches Urteil abzugeben, weil Theologen konservativer, aber auch ganz liberaler Prägung zu Wort kommen". Freilich: „Das Liberal-Fortschrittliche tritt stark in den Vordergrund", so daß ein katholischer Rezensent beispielsweise „weil auf ganz anderem Standpunkt stehend, vielen Aufstellungen seine Zustimmung verweigern" muß[238]. Andere dagegen sehen in dem Werk „in seiner Aufgeschlossenheit und seinem Willen zu sachlicher Würdigung gegenüber katholischen Belangen einen erfreulichen Fortschritt über ver-

---

der Hitze der Tagesstreitigkeiten die Ruhe und Besonnenheit des gerecht abwägenden Urteils anerkennen". Vgl. auch die Einschätzung in Rez.: Die Religion in Geschichte und Gegenwart, in: Hessisches Evangelisches Sonntagsblatt 43 (1930): „Die erste Auflage war das Werk der *liberalen* Theologie. Der Gegensatz zwischen liberal und orthodox ist auf dem Gebiet der Theologie fast verschwunden und spukt nur noch in der Kirchenpolitik. An der 2. Auflage haben Leute mitgearbeitet, welche man früher als orthodox bezeichnete" (Hervorh. i. Orig.).

235 Rez.: Die Religion in Geschichte und Gegenwart, in: AELKZ 63 (1930), Sp.1242f., hier Sp.1242. Vgl. auch: Rez.: Die Religion in Geschichte und Gegenwart, in: AELKZ 61 (1928), Sp.1132f.

236 Rez.: Die Religion in Geschichte und Gegenwart, von: Erich Seeberg/Berlin, in: DLZ NF 4 (1927), Sp.1746f., hier Sp.1746.

237 Rez.: Die Religion in Geschichte und Gegenwart, von: Hermann Wolfgang Beyer, in: ZKG 1 (1930), S.83-86, hier S.83.

238 Rez.: Die Religion in Geschichte und Gegenwart. Eine Kritik, von: P. Stephan Schmutz/Beuron in: Benediktinische Monatsschrift H.3/4 (1931), S.166-170, hier S.167f. (VA Sammlung Rez. RGG[2]). Ähnlich in der Einschätzung auch Rez.: Die Religion in Geschichte und Gegenwart, von: Schilling, in: ThQ 112 (1931), S.431-435 und Rez.: Die Religion in Geschichte und Gegenwart, von: Florian Schlangenhaufen S.J., in: ZKTh 54 (1930), S.488-490.

gangene Zeiten hinaus" und gehen davon aus, daß „kein Katholik es dem Werk übelnehmen [werde], wenn es seine konfessionelle Grundlage offen zum Ausdruck bringt"[239].

Mit leichter Ironie im Hinblick auf die Absage der Vertreter der Dialektischen Theologie distanzierte sich Hermann Mulert von dem theologischen Umschwung des Lexikonprofils:

> „Trug die erste Auflage das Gepräge einer bestimmten theologischen Schule, der sog. religionsgeschichtlichen, so ist die zweite nicht so einheitlich. Zwar die Vertreter der in gewissem Sinne modernsten, der sog. dialektischen Theologie haben nicht nennenswert mitgearbeitet; die für sie charakteristische einseitige Konzentration auf einige religiöse Grundfragen macht wenig willig zu der Kleinarbeit lexikalischer Berichterstattung".

Dafür hätten „die Theologen der konservativeren Gruppen in den evangelischen Kirchen" jetzt mitgearbeitet[240]. Auch das *Protestantenblatt* äußerte Bedauern: Das Lexikon sei „früher eine Unternehmung der (mehr oder weniger) freigerichteten Theologie, es soll jetzt einen Überblick über die gesamte Theologie geben. Uns scheint das kein Fortschritt, der Wert des Werkes bestand in der wesentlich einheitlichen Stellungnahme"[241].

Stellvertretend für die Dialektischen Theologen bedauerte Friedrich Gogarten den zu geringen *theologischen* Charakter des Werkes und den Sachverhalt, daß in den Artikeln immer noch zu stark die subjektive Einschätzung des jeweiligen Gegenwartsphänomens durch den jeweiligen Verfasser hervortrete[242].

Läßt sich einerseits im Übergang von der ersten zur zweiten Auflage der RGG eine Transformierung der theologiepolitischen Hermeneutik feststellen, die auf eine konsequente liberaltheologische Positionierung zugunsten einer größeren Toleranzspanne verzichtete und die historischen Perspektiven zugunsten einer stärkeren Gegenwartsorien-

---

239 Rez.: Die Religion in Geschichte und Gegenwart, von: Anton Koch S.J., in: Stimmen der Zeit 63 (1933), S.420f., hier S.421.

240 Rez.: Die Religion in Geschichte und Gegenwart, von: H. Mulert, in: Die Hilfe 38 (1932), S.336. Vgl. auch Rez.: Die Religion in Geschichte und Gegenwart, von Mulert: in: Die Hilfe 34 (1928), S.215f.

241 Rez.: Die Religion in Geschichte und Gegenwart, in: Prbl 59 (1926), Sp.738f., hier Sp.738f.

242 Vgl. insgesamt folgende Rezensionen von Gogarten: Rez.: Die Religion in Geschichte und Gegenwart, von: Friedrich Gogarten, in: ThBl 6 (1927), Sp.76 und Rez.: Die Religion in Geschichte und Gegenwart, von: Friedrich Gogarten, in: ThBl 7 (1928), Sp.130-132; Rez.: Die Religion in Geschichte und Gegenwart, von: Friedrich Gogarten, in: ThBl 8 (1929), Sp.256; Rez.: Die Religion in Geschichte und Gegenwart, von: Friedrich Gogarten, in: ThBl 9 (1930), Sp.304 und Rez.: Die Religion in Geschichte und Gegenwart, von: Friedrich Gogarten, in: ThBl 11 (1932), Sp.149f. Vgl. auch Rez.: Die Religion in Geschichte und Gegenwart, von: M[erz], in: ZZ 5 (1927), S.84f.

tierung zurückdrängten, so beginnt zugleich im Übergang von der ersten zur zweiten Auflage die Transformierung der am Allgemeinverständlichkeitsanspruch orientierten Benutzerhermeneutik zugunsten einer stärkeren Orientierung am Ideal der Wissenschaftlichkeit. Doch so wie die zweite Auflage die Signatur einer theologiegeschichtlichen Übergangszeit widerspiegelt, so markiert sie hinsichtlich der Transformierung der Benutzerhermeneutik von einem ,theologischen Konversationslexikon' hin zu einem theologischen Fachlexikon einen Übergang, der sich in von der dritten Auflage an endgültig durchsetzt.

2. Die Transformierung der bildungsbürgerlich-allgemeinverständlichen Benutzerhermeneutik in RGG² und RGG³

Bei den Planungen zur zweiten Auflage drang Oskar Siebeck nicht nur auf eine Veränderung des theologischen Profils des Lexikons, sondern wollte auch das „,gemeinverständliche' Mäntelchen" des Nachschlagewerkes[243] abstreifen. Zu diesem Zwecke diskutierte man eine Reihe formaler und stilistischer Änderungen hinsichtlich der Benutzerhermeneutik. Darüber kam es jedoch zu Auseinandersetzungen mit Hermann Gunkel, war er es doch gewesen, der – als einer der Initiatoren theologischer Popularisierungsbemühungen um 1900 – in der ersten Auflage nachdrücklich auf die Einlösung des Gemeinverständlichkeitsanspruches sowohl hinsichtlich der sprachlichen als auch formalen Ausgestaltung der Artikel gedrängt hatte. Allerdings hatte es für die Verantwortlichen der ersten Auflage zum programmatischen Selbstverständnis gehört, sich benutzerhermeneutisch an den theologischen und kirchlichen Laien zu wenden und daher einen allgemeinverständlichen Darstellungsmodus zu wählen. Oskar Siebeck hielt diesen Anspruch für eine bloße „Fiktion"[244], da theologisch-lexikalische Werke letzten Endes doch primär von Theologen und theologisch Gebildeten rezipiert würden. Diese frühe Einschätzung Oskar Siebecks trifft sich in der Pointe mit der Meinung Heinz Brunottes (1896-1984), dem Herausgeber des mit der späteren RGG³ konkurrierenden *Evangelischen Kirchenlexikon* (EKL¹). Denn auch Brunotte vertrat die Meinung, daß lexikalische Literatur, die für Laien konzipiert werde, „doch meist bei den Theologen"

243 VA Korrespondenz RGG² 1924-1926: Schreiben von Oskar Siebeck an Leopold Zscharnack/Königsberg, Hermann Gunkel/Halle, Alfred Bertholet/Göttingen, Horst Stephan/Leipzig, Hermann Faber/Tübingen, 22.12.1926.

244 VA Korrespondenz RGG² 1924-1926: Schreiben von Oskar Siebeck, Tübingen an Leopold Zscharnack, Königsberg, 12.06.1926.

lande, daher oft „buchhändlerisch kein Erfolg" sei[245] und deshalb in der Konzeption fehl ginge. Wie aber vollzog sich die Veränderung der ursprünglich gemeinverständlichen und am Ideal des Bildungsbürgertums orientierten Benutzerhermeneutik von RGG in der zweiten und dritten Auflage im Detail? Welche lexikonpolitischen Motive sind hier erkennbar?

2.1. „Das der RGG vorschwebende Bildungsziel"[246] – die Veränderung der Benutzerhermeneutik als Streitpunkt bei der Konzeption von RGG²

Die Verantwortlichen der zweiten Auflage änderten nicht nur, wie oben dargestellt, die theologische Hermeneutik des Zugriffes auf den lexikalisch zu präsentierenden Stoff, sondern setzten auch eine Veränderung der Benutzerhermeneutik in Gang. Programmatischen Charakter hatte die Änderung der Benutzerhermeneutik deshalb, weil man das Nachschlagewerk nun als „in der Hauptsache für Theologen bestimmt"[247] ansah und damit einen gegenüber RGG¹ eingegrenzten Benutzerkreis anvisierte. Diese absatzstrategische Änderung des Lexikonprofils versuchte man in zweierlei Hinsicht zu konkretisieren. Zum einen drang der Verlag auf einen moderateren Kurs in Fragen der sprachlichen Gestaltung der Artikel – Wissenschaftlichkeit der Darstellungsweise sollte nicht a priori ausgeschlossen sein. Zum anderen wollte man in Fragen der Mitarbeiterauswahl verstärkt das Kriterium der wissenschaftlichen Reputation berücksichtigen und nicht allein die theologische Einheitlichkeit als Kriterium gelten lassen.

Zum ersten: Der Verlag und die führenden Mitarbeiter drängten auf eine Änderung des sachlichen und sprachlichen Duktus der Artikel – „als Grundlage aller Artikel und als Methode ihrer Darstellung" wurde „streng wissenschaftliche Arbeit" vorausgesetzt. „Jeder Artikel, insonderheit jeder zusammenfassende Hauptartikel soll möglichst auch den Forschungsweg und den Denkprozeß erkennen lassen, der in der wissenschaftlichen Arbeit zu den im Artikel niedergelegten Erkenntnissen und Ergebnissen geführt hat"[248]. Die Artikel sollten wissenschaftlich

245 VA V&R Brunotte: Schreiben von Heinz Brunotte, Hannover an Günther Ruprecht, Göttingen, 05.04.1966.

246 Leopold Zscharnack, Vorwort des Herausgebers, in: RGG², 1 (1927), S.Vf., hier VI.

247 VA RGG² 1927 „A-Ge": Schreiben von Oskar Siebeck, Tübingen an Architekt H. Küsthardt, Hildesheim, 10.05.1927.

248 VA Korrespondenz RGG² 1924-1926: Leopold Zscharnack, Hermann Gunkel, Horst Stephan, Hermann Faber (Unterzeichner): Die Religion in Geschichte und Gegen-

und möglichst objektiv abgefaßt sein, so die Vorstellung der Herausgeber.

Wie aber sollte dieser Anspruch in concreto umgesetzt werden? Oskar Siebeck ging davon aus, daß nachdem

> „auf der Tübinger Konferenz von 1925 alle programmatischen Punkte eingehend durchberaten waren und im Verfolg dieser Beratung ausdrücklich beschlossen wurde, den Untertitel: ‚Handwörterbuch in gemeinverständlicher Darstellung' zu ändern in ‚Handwörterbuch für Theologie und Religionswissenschaft' [...] der literarische Charakter der 2. Auflage [...] eindeutig festgelegt"

sei[249], nämlich dahingehend, daß das Lexikon eine wissenschaftlich fundierte Darstellung aller religiösen Strömungen der Gegenwart bieten solle. Durch die Änderung der Titelformulierung wollte man anzeigen, daß man das „Aushängeschild der ‚gemeinverständlichen Darstellung'" fallen zu lassen gewillt war[250] und den Anschluß an die wissenschaftlich-akademischen Diskussionen der Gegenwart suchte.

In formaler Hinsicht schrieb man einige konkrete Änderungen fest, welche die Tendenz zur Verwissenschaftlichung anzeigen sollten und mittels derer man den Anspruch hermeneutischer Objektivität und Wissenschaftlichkeit einzulösen beabsichtigte. So wollte man bei-

---

wart. Zweite, völlig neubearbeitete Auflage. Erstes Rundschreiben an die Mitarbeiter, im Oktober 1924. Entgegen dem Votum Oskar Siebecks heißt es dort: „Unser Nachschlagewerk ist nicht in erster Linie für Gelehrte und auch nicht nur für Theologen, Pfarrer und akademisch-theologisch gebildete Religionslehrer bestimmt, sondern setzt den weiteren Leserkreis aller, die an dem Prozeß der religiösen Entwicklung und an den religiösen Bewegungen der Gegenwart ein selbständiges Interesse nehmen, voraus". Diese stark an die benutzerhermeneutische Konzeption von RGG¹ angelehnte Formulierung zeigt, daß die RGG² in der Ausgestaltung einer eindeutigen Benutzerhermeneutik letztendlich genauso unentschieden blieb wie bei der konsequenten Umsetzung der Veränderung der theologisch-lexikographischen Hermeneutik.

249 VA Korrespondenz RGG² 1924-1926: Oskar Siebeck – Bericht über meine Besprechungen mit den Herren Professor Faber am 08.11.1926 in Tübingen, Professor Gunkel am 13.11.1926 in Halle, Professor Stephan am 15.11.1926 in Leipzig, Geheimrat Bertholet am 17.11.1926 in Göttingen, Professor Zscharnack am 19. und 20.11.1926 in Königsberg, verfaßt in Tübingen, 27.11.1926. Die Redaktionskonferenz im Jahr 1924 hatte noch an dem Untertitel der ersten Auflage festgehalten (vgl. VA Korrespondenz RGG² 1924-1926: Protokoll der Redaktionskonferenz für die zweite Auflage des Handwörterbuchs „Die Religion in Geschichte und Gegenwart" in Tübingen vom 24.-26. September 1924). Auf der Redaktionskonferenz 1925 hatte man „Handwörterbuch für Religionswissenschaft und Theologie" beschlossen, auf Anraten Gunkels dann aber an dem Untertitel „Handwörterbuch für Theologie und Kirche" festgehalten (vgl. VA Korrespondenz RGG² 1924-1926: Schreiben von Oskar Siebeck, Tübingen an Leopold Zscharnack/Breslau, Hermann Gunkel/Halle, Horst Stephan/Halle, Hermann Faber/Tübingen, 24.10.1925).

250 VA Korrespondenz RGG² 1924-1926: Schreiben von Oskar Siebeck, Tübingen an Hermann Gunkel, Halle, 06.03.1926.

spielsweise auf die Transkription griechischer Begriffe verzichten[251], während man hebräische Schriftzeichen weiterhin zu transkribieren beabsichtigte[252]. Auch wollte man den Autoren einen gemäßigten Gebrauch von Fachtermini gestatten. Hatten die Popularisierungsbestrebungen um 1900 ein starkes Interesse daran gezeigt, im (Volksschul-) Lehrermilieu Einfluß zu erlangen, so stufte Oskar Siebeck gegenüber Gunkel im Jahr 1926 den Bedarf dieser Kreise an einem gemeinverständlichen Nachschlagewerk als äußerst gering ein, denn diese Klientel sei entweder „ausgesprochen unkirchlich" und falle dann als Käufer sowieso aus oder sie sei eben doch „theologisch interessiert – dann lassen sie sich auch durch den bei RGG² unter einem gewissen pädagogischen Gesichtspunkt nur erwünschten Zwang, bei der Lektüre gründlich nachzudenken, keinesfalls abschrecken". Der „gute Wille, Fremdwörter zu verstehen", sei doch weiter verbreitet, „als man nach empörten Beschwerden einzelner Verehrer von Eduard Engels ‚Deutscher Stilkunst'[253] manchmal geneigt sein könnte anzunehmen"[254].

Es lag nahe, daß Gunkel diese Änderung der Darstellungsweise erheblich kritisieren würde, hatte er doch bereits in der ersten Auflage den Gebrauch von Fremdwörtern heftig bekämpft. Seinerzeit war es ihm gelungen, entsprechende Vorgaben in die Richtlinien für die Autoren einzutragen. Auch im Erscheinungsverlauf der zweiten Auflage griff er in seiner Funktion als Herausgeber redaktionell stark in Text-

---

251 VA Korrespondenz RGG² 1924-1926: Schreiben von Oskar Siebeck, Tübingen an Leopold Zscharnack, Königsberg, 12.06.1926. Vgl. VA Korrespondenz RGG² 1924-1926: Oskar Siebeck – Bericht über meine Besprechungen mit den Herren Professor Faber am 08.11.1926 in Tübingen, Professor Gunkel am 13.11.1926 in Halle, Professor Stephan am 15.11.1926 in Leipzig, Geheimrat Bertholet am 17.11.1926 in Göttingen, Professor Zscharnack am 19. und 20.11.1926 in Königsberg, verfaßt in Tübingen, 27.11.1926.

252 Vgl. auch VA Korrespondenz RGG² 1924-1926: Schreiben von Oskar Siebeck, Tübingen an Leopold Zscharnack/Königsberg, Hermann Gunkel/Halle, Alfred Bertholet/Göttingen, Horst Stephan/Leipzig, Hermann Faber/Tübingen, 22.12.1926.

253 Eduard Engel, Deutsche Stilkunst, Wien et al 1911. Vgl. dort z.B. S.161: „Es nützt nichts, sich die Augen zuzuhalten gegen die Tatsache, daß die Fremdwörterseuche in der Wissenschaft, aber auch auf manchen andern Gebieten unsers innern und öffentlichen Lebens immer verderblicher anschwillt. [...] Behörden und Sprachverein mögen noch so viele schmutzige Zuläufe reinigen oder verstopfen, aus immer neuen Schlammgruben und Sielen sickert ununterbrochen neue üble Jauche in den stolzen Strom unserer Sprache".

254 VA Korrespondenz RGG² 1924-1926: Oskar Siebeck – Bericht über meine Besprechungen mit den Herren Professor Faber am 08.11.1926 in Tübingen, Professor Gunkel am 13.11.1926 in Halle, Professor Stephan am 15.11.1926 in Leipzig, Geheimrat Bertholet am 17.11.1926 in Göttingen, Professor Zscharnack am 19. und 20.11.1926 in Königsberg, verfaßt in Tübingen, 27.11.1926.

manuskripte ein[255] und scheute auch nicht die direkte Konfrontation mit dem Verleger:

> „Mein Kampf richtet sich nicht so wohl gegen Fremdwörter, sondern gegen die Gefahr, dass unsere Mitarbeiter, jeder in seiner Fachsprache schreibt und dadurch dem nicht fachmässig Unterrichteten schwer oder gar ganz unverständlich wird. Wenn aber der Jurist, der Kunsthistoriker, der Dogmatiker usw. so handelt, geht unser ganzes Unternehmen in die Brüche: wir erhalten dann nicht mehr ein in einer gleichmässigen Sprache geschriebenes Werk, sondern verschiedene Reihen, die nur dem Fachgelehrten verständlich sind. Ich glaube, dass diese Gefahr sehr gross ist, da ich aus RGG, 1 die Gelehrten und ihren Stil zu kennen glaube"[256].

Man laufe, so Gunkel, Gefahr, ein „Lexikon nur für Gelehrte" zu produzieren[257]. Oskar Siebeck freilich hielt Gunkel entgegen, daß man diesen Kampf gegen den Gebrauch von Fremdwörtern in der zweiten Auflage nun gerade „nicht mehr mit demselben Rechte werde in den Vordergrund rücken dürfen wie bei der 1. Auflage"[258]. Die Fremdwörterfrage trug in sich „die Keime zu einem häuslichen Kriege"[259], standen sich doch einerseits der per Konferenzbeschluß[260] besiegelte Änderungswille und andererseits das Renommee und die langjährige literarisch-redaktionelle Erfahrung Gunkels gegenüber. Gunkel fügte

255 Vgl. z.B. die Beschwerde von Martin Dibelius über die rigide Redigierpraxis Gunkels in VA RGG[2] 1928 „A-Kn": Schreiben von Martin Dibelius, Heidelberg an Oskar Siebeck, Tübingen, 05.11.1928. Darauf bat Oskar Siebeck Gunkel doch „auch in Fällen, wo Ihnen der Altersunterschied eine gewisse Strenge in der redaktionellen Behandlung von Manuskripten zu rechtfertigen scheint, zu bedenken, dass die Mitarbeiter Inhalt und Fassung ihrer Beiträge mit ihrem eigenen Namen zu decken haben, dass man von ihnen also, zumal in stilistischen Einzelheiten, zu weitgehende Aufgabe dessen, was sie selbst für richtig halten, nicht verlangen kann" (VA RGG[2] 1928 „A-Kn": Schreiben von Oskar Siebeck, Tübingen an Hermann Gunkel, Halle, 29.11.1928; vgl. auch VA RGG[2] 1928 „A-Kn": Schreiben von Oskar Siebeck, Tübingen an Leopold Zscharnack, Breslau, 17.11.1928). Auch Ernst Lohmeyer beschwerte sich über Gunkels redaktionelle Eingriffe in seine Textmanuskripte – „eine Fülle roter Bemerkungen bedeckte die Seiten. Worte waren gestrichen, umgestellt, zu Sätzen Fragezeichen an den Rand gemacht, Bemerkungen wie ‚unverständlich' begegneten häufig" (VA RGG[2] 1928 „Ko-Z": Schreiben von Ernst Lohmeyer, z.Z. Glasegrund, Post Kieslingswalde, Kreis Habelschwerdt an Oskar Siebeck, Tübingen, 03.03.1928).

256 VA Korrespondenz RGG[2] 1924-1926: Schreiben von Hermann Gunkel, Halle an Oskar Siebeck, Tübingen, 03.03.1926.

257 VA Korrespondenz RGG[2] 1924-1926: Schreiben von Leopold Zscharnack, Königsberg an die Herren der RGG-Redaktion, 06.11.1926 (darin Zitat aus einem Schreiben von Gunkel an Zscharnack).

258 VA Korrespondenz RGG[2] 1924-1926: Schreiben von Oskar Siebeck, Tübingen an Hermann Gunkel, Halle, 06.03.1926.

259 VA Korrespondenz RGG[2] 1924-1926: Schreiben von Oskar Siebeck, Tübingen an Leopold Zscharnack/Königsberg, Hermann Gunkel/Halle, Alfred Bertholet/Göttingen, Horst Stephan/Leipzig, Hermann Faber/Tübingen, 22.12.1926.

260 Ebd.

sich schlußendlich dem Mehrheitsbeschluß[261]. Dem distanzierten Betrachter des Konfliktes bleibt indes die Vermutung, daß auch diesem Streit um stilistischen Frage ein latenter Generationenkonflikt zugrunde liegt.

Einer der renommiertesten Theologen der Epoche versagte dem Werk seine Mitarbeit – weil er nicht gemeinverständlich zu schreiben vermöge: Emanuel Hirsch (1888-1972). Er könne „gemeinverständl. Artikel nicht ohne einen dem Zwecke gegenüber irrsinnigen Zeitaufwand zustande bekomme[n]". Es gebe eben Leute, „bei denen Zeitaufwand und Ergebnis da in besserer Proportion stehen als bei mir. An diesem Standpunkt muss ich festhalten. Hinschmeissen will und kann ich die Artikel nicht; Forschungsarbeit an sie wenden heisst die Zeit wirklich verschwenden, denn zum Ausdruck kommt sie nicht; also lass ich es besser bleiben"[262].

Die Frage nach den Kriterien der Mitarbeiterakquisition ist die zweite programmatische Änderung, von der im Kontext der Benutzerhermeneutik der zweiten Auflage zu reden ist. Daß die Mitarbeiter nicht nach ihrer Zugehörigkeit zu einer bestimmten theologischen Richtung gewählt wurden, sondern aufgrund ihrer wissenschaftlichen Reputation ist nicht nur evident im Hinblick auf die beabsichtigte Er-

---

261 „Mein Beil, das ich gegen die Fremdwörter schwinge, lege ich für RGG² hiermit feierlichst nieder, der Uebermacht weichend, wenn ich auch dringend bitte, besonders auffällige, selbstgeschmiedete Fremdwörter, an denen sich jeder Deutsche entsetzt, leise zu ändern" (NL Gunkel, Yi 33 II B 386: Schreiben von Hermann Gunkel, Halle an Oskar Siebeck, Tübingen, 19.12.1926 [Abschrift]).

262 VA RGG² 1927 „Gi-Z": Schreiben von Emanuel Hirsch, Göttingen an Oskar Siebeck, Tübingen, 04.10.1927 (Abschrift). Vgl. dazu VA RGG² 1927 „A-Ge": Schreiben von Oskar Siebeck, Tübingen an Emanuel Hirsch, Göttingen, 01.10.1927. Hirsch gegenüber führte Oskar Siebeck die erste Anregung einer Rückführung des allgemeinverständlichen Anspruches auf seine Gespräche mit Karl Holl zurück, habe er doch zu Zeiten der Berliner Verlagsdependance zu keiner „für unseren theologischen Verlag wichtigen Frage Stellung genommen, ohne mich zu vor mit Holl darüber ausgesprochen zu haben". Dieser habe „zu einer Zurückdrängung jeder popularisierenden Tendenz" geraten (ebd.). Vgl. dann auch VA RGG² 1927 „A-Ge" Schreiben von Oskar Siebeck, Tübingen an Leopold Zscharnack, z.Z. Eisenach, 06.10.1927. Hirsch hatte kurzfristig den Artikel Christlicher Gottesglaube zurückgegeben, denn er sei „zur Abfassung solcher populärer Artikel nicht der Mann [...]. Sie kosten mich mehr Zeit, als die Sache wert ist" (VA RGG² 1927 „A-Ge": Schreiben von Emanuel Hirsch, Göttingen an Leopold Zscharnack, wohl Königsberg, undatiert). Hirsch schlug als mögliche Schüler Holls, die statt seiner gegebenenfalls zur Mitarbeit bereit wären, Heinrich Bornkamm (1901-1977) und Hermann Wolfgang Beyer (1898-1943) vor. Vgl. auch VA RGG² 1928 „A-Kn": Schreiben von Oskar Rühle, Tübingen an Horst Stephan, Halle, 21.06.1928. Ähnlich distanziert wie Hirsch äußerte sich beispielsweise auch Gustav Hölscher (1877-1955): „An und für sich ist ja das Arbeiten von Artikeln für ein Conversationslexicon nicht gerade das Höchste der Gefühle" (VA RGG² 1927 „Gi-Z": Schreiben von Gustav Hölscher, Marburg an Oskar Rühle, Tübingen, 15.07.1927).

weiterung der theologisch-lexikographischen Hermeneutik, die nicht auf ein theologisch einheitliches Nachschlagewerk abzielte, sondern einen Querschnitt bieten wollte. Hinter dem Ansinnen die „in wissenschaftlicher Hinsicht am besten qualifizierte[n] Bearbeiter"[263] gewinnen zu wollen, steht darüber hinaus die benutzerhermeneutische Idee, mittels Wissenschaftlichkeit Objektivität sichern zu wollen und das Lexikon als über den theologischen Richtungen stehend zu etablieren. Das Lexikon sollte theologiepolitisch gewissermaßen ‚neutralisiert' werden. Die Neutralität der Darstellung sollte deren Objektivitätsanspruch unterstreichen.

Deshalb öffnete man das Lexikon programmatisch für Mitarbeiter aus dem nicht-protestantischen Bereich[264]. Verschiedene Konfessionen und Religionen sollten selbst zu Wort kommen. Für den Bereich des Nachchristlichen Judentums gewann man etwa Ismar Elbogen (1874-1943), Professor an der Jüdischen Hochschule in Berlin, als Fachberater[265]. An entsprechenden Stellen zog man auch katholische Theologen zur Mitarbeit heran[266], um so die Neuauflage „in einem allen

263 VA RGG^2 1927 „A-Ge": Schreiben von Oskar Siebeck, Tübingen an Emanuel Hirsch, Göttingen, 01.10.1927.

264 Vgl. VA Korrespondenz RGG^2 1924-1926: Protokoll der Redaktionskonferenz für die zweite Auflage des Handwörterbuchs „Die Religion in Geschichte und Gegenwart" in Tübingen vom 24. - 26. September 1924.

265 VA Korrespondenz RGG^2 1924-1926: Fünfter Wochenbericht über RGG, zweite Auflage von Oskar Rühle, Tübingen an Hermann Gunkel/Halle, Leopold Zscharnack/Breslau, Horst Stephan/Halle, Hermann Faber/Tübingen, 08.11.1924. Zur Heranziehung jüdischer Mitarbeiter im Kontext des politisch-gesellschaftlichen Klimas der Weimarer Republik vgl. die Äußerung Oskar Siebecks, man wolle „bei der 2. Auflage Juden doch ausdrücklich zur Mitarbeit heranziehen [...]. Da aber diese Namen nur im Vorwort Erwähnung finden werden, kann ich mir nicht vorstellen, dass diese Zuziehung wirklich antisemitische Reaktionen auslösen sollte" (VA Korrespondenz RGG^2 1924-1926: Schreiben von Oskar Siebeck, Tübingen an Horst Stephan, Halle, 21.04.1925).

266 Vgl. VA RGG^2 1928 „Ko-Z": Schreiben von Oskar Siebeck, Tübingen an Josef Schmidlin, Münster, 06.10.1928 mit der Bitte, die Artikel (jetzt:) Mission: II.B. Katholische Mission; III.B. Statistik der katholischen Mission, in: RGG^2,4 (1930), Sp.47-50; Sp.51f. und Art. Missionsgesellschaften: III. Katholische, in: aaO., Sp.73f. auszuarbeiten. Vgl. in diesem Kontext auch die Korrespondenz zwischen Fritz Pustet, Leiter des katholischen Verlages Josef Kösel & Friedrich Pustet, Regensburg und dem Verlag Mohr Siebeck. Fritz Pustet war um die Ausarbeitung des Artikels (jetzt:) Buchhandel: I. Katholischer B., in: RGG^2, 1 (1927), Sp.1300-1304 gebeten worden (vgl. VA RGG^2 1927 „Gi-Z": Schreiben von Oskar Siebeck, Tübingen an Fritz Pustet, München, 30.03.1927, 19.04.1927, 26.04.1927 sowie VA RGG^2 1927 „Gi-Z": Schreiben von Fritz Pustet, München an Oskar Siebeck, Tübingen, 25.04.1927, 11.05.1927, 27.05.1927, 03.06.1927 und VA RGG^2 1927 „Gi-Z": Schreiben von Fritz Pustet, München an Hermann Faber, Tübingen, 25.04.1927.

'Richtungen' gegenüber möglichst objektiven Geist durchzuführen"[267]. Hinsichtlich der Benutzerhermeneutik bedeutete dies „eine fundamentale Veränderung des Charakters der RGG"[268], welcher sich in der dritten Auflage fortsetzte.

2.2. Die Veränderung der Benutzerhermeneutik in RGG³ im Kontext der fortgesetzten Verwissenschaftlichung des Lexikonprofils – ein Vergleich mit dem EKL¹

2.2.1. Die Frage der Mitarbeiterauswahl im Kontext der Neufassung des Protestantismusbegriffs innerhalb der Benutzerhermeneutik von RGG³

Hans Georg Siebeck (1911-1990), ältester Sohn Oskar Siebecks, war zum 01.10.1935 in den Verlag eingetreten, dessen Leitung er 1936 nach dem Tode seines Vaters übernahm[269]. Von 1939 an war Hans Georg Siebeck zum Militärdienst eingezogen, am 11.06.1945 wurde er aus amerikanischer Kriegsgefangenschaft entlassen. Umgehend ging er an die Wiederaufnahme der Verlagsarbeit, zu deren Kernbestand die Planung einer Neuauflage von RGG gehörte, die er unter der herausgeberischen Verantwortung der beiden Tübinger Ordinarien Helmut Thielicke (1908-1986) und Adolf Köberle (1898-1990) auf den Markt bringen wollte.

Bereits von 1937 an hatte der Verlag mit Thielicke und seinerzeit Erich Dinkler (1909-1981) einen einbändigen Nachtragsband zu RGG² in Erwägung gezogen, da schon „vor dem Krieg [...] das Bedürfnis nach einem Nachschlagewerk, das die neuentstandenen Fragen theologisch behandelte", aufgekommen war[270]. Von 1939 an waren diese Planungen

---

267 VA RGG² 1927 „Gi-Z": Schreiben von Oskar Rühle, Tübingen an Hermann Mulert, Kiel, 23.07.1927.

268 VA RGG² 1927 „Gi-Z": Schreiben von Hermann Mulert, Kiel an Oskar Rühle, Tübingen, 30.07.1927.

269 Vgl. zum folgenden: VA J 3 Unterlagen Oskar Siebeck 1903-1912: Lebenslauf, undatiert, handschriftlich unterschrieben von Hans Siebeck (Anlage zum Antrag auf Wiedereröffnung des Verlages). Oskar Siebeck schied am 24. Februar 1936 freiwillig aus dem Leben.

270 VA J 3 Unterlagen Oskar Siebeck 1903-1912: Anlage zu MG / IC / D von Hans Siebeck (Anlage zum Antrag auf Wiedereröffnung des Verlages), 22.08.1945. Helmut Thielicke erwähnt in seiner Autobiographie (ders., Zu Gast auf einem schönen Stern. Erinnerungen, Hamburg ²1984) seine engen, auch privaten Kontakte zu dem Tübinger Verlagshaus nicht. Der Mohr Siebeck Verlag hatte von Thielicke u.a. folgende Werke im Programm: ders., Tod und Leben. Studien zur christlichen Anthropologie, Tübingen ²1946; ders., Fragen des Christentums an die moderne Welt. Untersuchungen zur geistigen und religiösen Krise des Abendlandes, Tübingen 1947; ders., Theo-

zum Stillstand gekommen, wurden jedoch unmittelbar nach Kriegsende wiederaufgenommen, jetzt freilich unter der Voraussetzung, eine vollständige Neubearbeitung zu schaffen[271]. Der Verlag war nach dem Krieg in der komfortablen Situation, noch nahezu zehn Jahre, bis einschließlich zum Jahresbeginn 1955, die Reste der zweiten Auflage von RGG abverkaufen zu können, so daß die konzeptionellen Planungen ohne unmittelbaren Handlungsdruck durchgeführt werden konnten. Freilich habe der Verlag dadurch, so die Einschätzung des späteren Konkurrenten Günther Ruprecht, den „Markt für theologische Nachschlagewerke schlechthin ziemlich stark verstopft"[272].

Die Planungen mit Thielicke[273] und Köberle ließen sich jedoch nicht realisieren, und als im November 1957 der erste Band der dritten Auflage erschien, hieß der verantwortliche Herausgeber Kurt Galling (1900-1987). Die dreijährigen Vorarbeiten von 1954 bis 1957 hatte Ernst Kutsch (*1921) als verantwortlicher Redakteur organisiert. Von 1958 an hatte Wilfried Werbeck (*1929) diese Position inne[274]. Neben Galling als

---

logie der Anfechtung, Tübingen 1949 und dann vor allem ders., Theologische Ethik. Drei Bde., Tübingen 1951ff.

271 VA J 3 Unterlagen Oskar Siebeck 1903-1912: Anlage zu MG / IC / D von Hans Siebeck (Anlage zum Antrag auf Wiedereröffnung des Verlages), 22.08.1945. Da Erich Dinkler von 1943 an als vermißt galt, plante der Verlag unmittelbar nach Kriegsende mit Köberle. Dinkler kehrte Ende Februar 1948 aus der Gefangenschaft zurück (vgl. VA 508: Schreiben von Erich Dinkler, Marburg an Hans Georg Siebeck, Tübingen, 01.03.1948).

272 VA V&R Brunotte: Vertrauliches Schreiben von Günther Ruprecht, Göttingen an Heinz Brunotte, Hannover, 29.08.1955.

273 Mit Thielicke wurde bis 1954 geplant. Vgl. VA 528: Schreiben von Hans Georg Siebeck, Tübingen an Erich Dinkler, New Haven, 16.10.1953: „Thielicke hat sich bereit erklärt, als Mitherausgeber bei der RGG mitzuwirken; aber es ist vielleicht ganz gut, wenn Sie ihn ebenfalls noch festlegen". Falls man ihn nicht als Herausgeber gewinnen könne, wollte man ihn wenigstens als Fachberater für den Bereich Ethik gewinnen (vgl. VA Korrespondenz RGG³ 1953-1958: Schreiben von Erich Dinkler, New Haven an die Herren Kurt Galling und Hans Georg Siebeck, 24.11.1953). Nach seinem Übergang von Tübingen nach Hamburg eben im Jahre 1954 stand Thielicke für eine weitere Mitarbeit bei RGG³ nicht mehr zur Verfügung. Seine Zusage zur Mitarbeit war von Anfang an eine bedingte gewesen, da die Abfassung der *Theologischen Ethik* „,immer die erste Geige spielen'" müsse (VA Korrespondenz RGG³ 1953-1958: Schreiben von Hans Georg Siebeck, Tübingen an Erich Dinkler, New Haven, 29.07.1953). Er stornierte seine Mitarbeit anläßlich der Herausgeber- und Redaktionskonferenz am 16./17.07.1954 in Heidelberg, nachdem er einen möglichen Rückzug bereits am 22.04.1954 in einem Gespräch mit Hans Georg Siebeck angedeutet hatte (VA Korrespondenz RGG³ 1953-1958: Schreiben von Hans Georg Siebeck, Tübingen an Kurt Galling, Mainz, 23.04.1954).

274 Vgl. hierzu VA Mappe: Rundschreiben RGG³. Hier finden sich acht Rundschreiben von Kurt Galling an die Fachberater aus den Jahren 1954 bis 1957, in welchen allgemeine lexikographisch-organisatorische Fragen erörtert werden. Der erste Rundbrief seitens des Verlages an die Herausgeber ist auf 07.10.1954 datiert (vgl. VA Korres-

verantwortlichem Herausgeber fungierten als Mitherausgeber Hans Freiherr von Campenhausen (1903-1989), Erich Dinkler, Gerhard Gloege und Knud E. Løgstrup (1905-1981). Mit der Einbindung des dänischen Religionsphilosophen Løgstrup wollte man in bewußter Erweiterung gegenüber der zweiten Auflage eine Öffnung des Lexikons über die Grenzen Deutschlands hinaus erreichen.

> „War die 2. Auflage noch überwiegend aus deutscher Sicht gestaltet, so haben sich für die Neuauflage weiterreichende *Aufgaben* abgezeichnet. Der gesamte Bereich der orthodoxen Kirche ist einbezogen; ebenso wurde auch der Ökumene, der Mission und den ‚jungen Kirchen' ein ihrer Bedeutung entsprechender Raum gegeben"[275].

Die programmatische Erweiterung sowohl des Stichwortbestandes als auch der Bearbeitungsperspektive um die Fragen der Ökumene stellt eine deutliche Verschiebung der lexikonpolitischen Motive dar. Kirch-

---

pondenz RGG³ 1953-1958: Erster Bericht 1954). Von 1953 an fanden regelmäßig beratende Tagungen hinsichtlich der Neuauflage der RGG statt, nachdem man bereits auf der Herausgebertagung der ZThK im Jahr 1952 die Möglichkeiten einer Neuauflage diskutiert hatte – unter Anwesenheit Leopold Zscharnacks (vgl. VA Korrespondenz RGG³ 1953-1958: Schreiben von Hans Georg Siebeck, Tübingen an Leopold Zscharnack, Kassel, 27.07.1953). Ein erstes protokollarisch dokumentiertes Gespräch fand am 05.07.1953 in Tübingen, wiederum anläßlich der ZThK-Herausgebertagung statt (VA Korrespondenz RGG³ 1953-1958: Protokoll: Beratung der Herausgeber der Zeitschrift für Theologie und Kirche über RGG 3. Auflage, Tübingen, 05.07.1953). Anwesend waren Hans Georg Siebeck, Gerhard Ebeling (1912-2001), Erich Dinkler, Ernst Käsemann (1906-1998), Martin Noth (1902-1968), Gerhard Rosenkranz (1896-1983), Hanns Rückert (1901-1974) und Ernst Steinbach (1906-1984). Die für RGG³ konstituierende Konferenz fand am 25./26.07.1953 in Heidelberg statt (VA Korrespondenz RGG³ 1953-1958: Protokoll 1953), bei der neben Hans Georg Siebeck die Herren v. Campenhausen, Dinkler, Ebeling, Galling, Steinbach und Thielicke anwesend waren. Abgesagt hatten Walter Freytag (1899-1959), Gloege und Walter Trillhaas (1903-1995). Weitere Herausgebertagungen fanden statt vom 16.-18.07.1954 in Heidelberg (VA Korrespondenz RGG³ 1953-1958: Rundschreiben Nr.1 von Kurt Galling, Mainz an die Fachberater von RGG dritte Auflage, Juli/August 1954); vom 26.-28.06.1959 in Heidelberg (VA Mappe: Protokolle, Notizen usw. zu Besprechungen: Protokoll über die Herausgebertagung in Heidelberg vom 26. Juni nachmittags bis 27. Juni abends); vom 26.-27.04.1961 auf Schloß Sindlingen; vom 29.04.-01.05.1962 auf Schloß Sindlingen; vom 29.-30.04.1963 auf Schloß Sindlingen (vgl. VA Korrespondenz RGG³ 1959-1963: Protokoll über die Herausgebertagung in Sindlingen, 29./30. April 1963). Die Protokolle legen den Schluß nahe, daß es mit Ausnahme der beiden ersten Tagungen in der Regel ausschließlich um organisatorische Fragen und um einzelne Artikel ging. Programmatische Konflikte fanden – der schriftlichen Korrespondenz nach zu urteilen – nicht statt. Vgl. zu den Tagungen insgesamt Hans Frhr. v. Campenhausen, Erich Dinkler, Gerhard Gloege, Knud E. Løgstrup, Kurt Galling, Vorwort, in: RGG³, 6 (1962), S.V-VII., hier S.V.

275 Hans Frhr. v. Campenhausen, Erich Dinkler, Gerhard Gloege, Knud E. Løgstrup, Kurt Galling, Vorwort, in: RGG³, 1 (1957), S.Vf., hier S.V (Hervorh. i. Orig.). Vgl. auch VA Korrespondenz RGG³ 1959-1963: Schreiben von Erich Dinkler, Bonn an Gerhard Gloege, Jena, 13.06.1959.

liche Fragen rücken verstärkt ins Blickfeld. Der Anspruch einer protestantischen Geschichts- und Gesellschaftsdeutung tritt demgegenüber in Hintergrund.

Ursprünglich hatte man bei der Planung der Arbeitsorganisation des Lexikons auf das Hilfskonstrukt des Mitherausgebers, wie es bei RGG2 aufgrund der Auseinandersetzungen mit Zscharnack notwendig geworden war, verzichten wollen und hatte zwei voneinander abweichende Organisationsprinzipien diskutiert. Entweder man organisiere die Arbeit am Lexikon ‚demokratisch', was bedeuten würde, einem „Generalsekretär" die „technische Durchführung" zur Betreuung anzuvertrauen[276], welcher ein ausschließlich „ausführendes Organ" sei[277]. Die theologische Ausgestaltung des Werkes wäre in diesem Falle Aufgabe der Fachberater und eines „Dreiergremium[s]", denn „keinem derzeitigen Ordinarius – vor allem in Interesse der theolog. wissenschaftl. Situation" – dürfe zugemutet werden, „dass er seine ganze Kraft und Zeit diesem Nachschlagewerk opfert. Verteilung der Arbeit muss deshalb angestrebt werden"[278]. Das „Dreiergremium" sollte – so die ursprüngliche Idee – bestehen aus Gerhard Ebeling, Thielicke und Dinkler. Nach diesem Plan hätte die arbeitsorganisatorische Hauptlast bei den Fachberatern und dem Redakteur des Verlages gelegen, der jedoch in theologischen Richtungsfragen im Gegensatz zu Schieles Stellung innerhalb der Organisation der ersten Auflage gänzlich bedeutungslos gewesen wäre. Die Alternative sah eine organisatorische Arbeitseinteilung nach dem „Führerprinzip" vor, was bedeuten würde, daß ein bis zwei Herausgeber die Koordination des Projektes übernehmen sollten und die Fachberater als „Umschlagstelle zu den Hauptdisciplinen" zu fungieren hätten[279]. „Die Diskussion ergab eine eindeutige Übereinstimmung, dass die Lösung II. die einzig richtige ist"[280]. Genauso einstimmig einigte man sich anläßlich der für RGG3 konstituierenden Sitzung im Jahre 1953 auf Galling als schriftführenden Herausgeber[281] und griff im Fortgang den Vorschlag von Ebeling

276 VA Korrespondenz RGG3 1953-1958: Protokoll ZThK.

277 VA Korrespondenz RGG3 1953-1958: Protokoll 1953.

278 VA Korrespondenz RGG3 1953-1958: Protokoll ZThK.

279 VA Korrespondenz RGG3 1953-1958: Protokoll 1953.

280 Ebd.

281 Erich Dinkler hatte bis November 1953 die Schriftführung von RGG3 inne, danach übernahm Galling die schriftführende Herausgebertätigkeit (VA Korrespondenz RGG3 1953-1958: Protokoll 1953 und Dinklers Abschlußbericht VA Korrespondenz RGG3 1953-1958: Schreiben von Erich Dinkler, New Haven an die Herren Kurt Galling und Hans Georg Siebeck, 24.11.1953). Im Verlag wurde ergänzend die Stelle eines Redakteurs eingerichtet, die – wie bereits erwähnt – von Kutsch und später von Werbeck besetzt wurde. Vgl. auch VA Mappe: Rundschreiben RGG3: An die

auf, neben einem „Hauptherausgeber" die Fachreferenten der theologischen Hauptdisziplinen als Mitherausgeber zu benennen, um so „die wissenschaftlich-theologische Linienführung des Gesamtwerkes zu garantieren"[282].

Den zu präsentierenden Wissensstoff gliederte man in 19 Disziplinen und wies jeder theologischen Subdisziplin einen Fachberater zu. Die Aufgabe der Fachberater legte man dahingehend fest, daß die

> „lexikographisch sinnvolle und möglichst lückenlose Gestaltung der größeren Einzelgebiete durch Auswahl der Stichworte und durch Abgrenzung von Inhalt und Umfang der einzelnen Artikel [...] in den Händen der Fachberater [lag], denen damit ein besonderes Maß der Mitverantwortung zukam; ebenso durch die Werbung der Mitarbeiter und die gelegentliche Nö-

---

Fachberater von RGG³ – Rundschreiben Nr.6, von Kurt Galling, 04.05.1956. Dort werden zu den genuinen Aufgaben des Redakteurs folgende Tätigkeiten gezählt: Umfangsüberprüfungen, ggf. Vorschlagerarbeitung für Kürzungsmöglichkeiten und unter Umständen auch für stilistische Verbesserungen sowie Eintragung von Abkürzungen und Verweiszeichen, sodann Weiterleitung der in diesem Sinn vorredigierten Manuskripte an die jeweiligen Fachberater.

282 VA Korrespondenz RGG³ 1953-1958: Protokoll 1953. In der Titelformulierung der RGG³ heißt es in diesem Sinne dann „in Gemeinschaft mit [...] herausgegeben von [...]". Daß die Praktische Theologie in den Kanon derjenigen theologischen Hauptdisziplinen, die in den engeren Kreis der Herausgeberschaft einrückten, nicht aufgenommen wurde, hat deren Fachberater Wilhelm Jannasch (1888-1966) oft und regelmäßig moniert (vgl. VA Korrespondenz RGG³ 1953-1958: Schreiben von Wilhelm Jannasch, Mainz an Hans Georg Siebeck, Tübingen, 17.12.1957; VA Korrespondenz RGG³ 1959-1963: Schreiben von Gerhard Gloege, Jena an Kurt Galling, Göttingen, 01.06.1959; VA RGG³/42: Schreiben von Wilhelm Jannasch, Mainz an Wilfrid Werbeck, Tübingen, 11.07.1959). Erich Dinkler votierte gegen das vor allem von Gloege unterstützte Ansinnen Jannaschs – hauptsächlich aus dem Grund, da Jannasch in der Zusammenarbeit dadurch schwierig sei, „dass er alles alleine machen und auch entscheiden will. Dies hat m.E. dazu geführt, dass das von ihm betreute Fachgebiet als eines der schwachen Gebiete in der derzeitigen Auflage anzusehen ist" (VA Korrespondenz RGG³ 1959-1963: Schreiben von Erich Dinkler, Bonn an Gerhard Gloege, Jena, 13.06.1959). Ähnlich verhalten reagierte Hans Georg Siebeck und wies darauf hin, daß in der zweiten Auflage die neutestamentliche Abteilung auch nicht in den Herausgeberkreis aufgenommen worden war, was freilich auf die Zuständigkeit Gunkels für den Gesamtbereich der Exegese zurückzuführen ist (vgl. VA Karton RGG³ Listen/Mappe: Redaktionsberichte an die Herausgeber: Schreiben von Hans Georg Siebeck, Tübingen an die Herren Herausgeber der RGG³, 18.12.1956 und VA RGG³/38 Herausgeberkorrespondenz: Schreiben von Hans Georg Siebeck, Tübingen an Wilhelm Jannasch, Mainz, 20.12.1956). Dementsprechend wurde ein entsprechender Antrag Jannaschs abgelehnt (VA Mappe: Protokolle, Notizen usw. zu Besprechungen: Protokoll über die Herausgebertagung in Heidelberg vom 26. Juni nachmittags bis 27. Juni abends 1959). Um Jannasch nicht zu stark zu kompromittieren, lud man ihn zur Teilnahme an der Herausgeberkonferenz vom 24.-26.10.1957 in Heidelberg ein (vgl. VA Korrespondenz RGG³ 1953-1958: Schreiben von Gerhard Gloege, Jena an Hans Georg Siebeck, Tübingen, 27.06.1957).

tigung, bei Absagen oder Ausfällen kurzfristig umzudisponieren oder selbst einzuspringen"[283].

Im Endergebnis wurden die einzelnen Disziplinen von folgenden Fachberatern verantwortet:

Religionswissenschaft	Carl-Martin Edsman (*1911)
Altes Testament	Kurt Galling
Neues Testament	Erich Dinkler
Biblische Archäologie	Kurt Galling
Kirchengeschichte	Hans Frhr. v. Campenhausen[284]
Alte Kirche	Kurt Aland (1915-1994)
Mittelalter	Ludwig Petry (1908-1991)
Reformationszeit	Wilhelm Maurer (1900-1982)
Neuzeit	Ernst Wolf (1902-1971)
Konfessionskunde, Kirchenkunde, Ökumene und religiöse Lage der Gegenwart	Heinz-Horst Schrey[285] (*1911)
Dogmatik	Gerhard Gloege[286]
Religionsphilosophie	Knud E. Løgstrup[287]
Philosophie	Joseph Klein[288] (1896-1976)
Ethik	Knud E. Løgstrup

283 VA Mappe: Protokolle, Notizen usw. zu Besprechungen: Entwurf des Vorwortes zu Bd.VI der RGG³. Die aufschlußreiche Formulierung „lexikographisch sinnvoll" fehlt in der veröffentlichten Version bedauerlicherweise (vgl. Hans Frhr. v. Campenhausen, Erich Dinkler, Gerhard Gloege, Knud E. Løgstrup, Kurt Galling, Vorwort, in: RGG³, 6 [1962], S.Vff., hier S.V).

284 Die Aufteilung der Kirchen- und Dogmengeschichte in vier Fachreferate mit eigenständiger redaktioneller Betreuung war die Bedingung von v. Campenhausen, innerhalb von RGG³ als Mitherausgeber zu fungieren (VA Korrespondenz RGG³ 1953-1958: Protokoll 1953).

285 Gerhard Ebeling hatte als Fachberater für Konfessionskunde abgesagt, woraufhin die obige Fächerkombination entstand (vgl. VA Korrespondenz RGG³ 1953-1958: Erster Bericht 1954).

286 Die Probleme, welche die Mitarbeit Gloeges, der eine Professur in Jena innehatte und erst im September 1961 nach Bonn übersiedeln konnte, aufgrund der kritischen Bewachung des RGG³-Projektes seitens des Staatssekretariats für das Hoch- und Fachholschulwesen/Berlin, aufwarf, ausführlich darzustellen, wäre Thema einer eigenständigen Untersuchung (vgl. hierzu z.B. VA Korrespondenz RGG³ 1953-1958: Schreiben von Gerhard Gloege, Jena an Hans Georg Siebeck, Tübingen, 17.12.1958).

287 Paul Tillich (1886-1965) für die Fachredaktion Religionsphilosophie zu gewinnen, war nicht gelungen (vgl. VA Korrespondenz RGG³ 1953-1958: Schreiben von Erich Dinkler, New Haven an die Herren Kurt Galling und Hans Georg Siebeck, 24.11.1953).

288 Hans-Georg Gadamer (1900-2002) hatte die Fachberaterposition für den Bereich Philosophie aufgrund gesundheitlicher Probleme infolge eines Verkehrsunfalls abgetreten (vgl. VA Karton RGG³ – Listen/Mappe: Redaktionsberichte: Schreiben von Hans-Georg Siebeck an die Herren Herausgeber der RGG³, 06.10.1955).

Sozialwissenschaft	Friedrich Fürstenberg (*1930)
Praktische Theologie	Wilhelm Jannasch[289]
Missionswissenschaft	Walter Freytag[290]
Kirchenrecht	Konrad Hesse (*1919)
Kirchenmusik	Thrasybulos Georgiades (1907-1977)
Pädagogik	Wilhelm Flitner[291] (1889-1990)
Christliche Archäologie	Erich Dinkler
Christliche Kunst	Erika Dinkler- v. Schubert (1904-2002)
Literaturgeschichte	Paul Requadt (1902-1983).

Jedem der Mitherausgeber wurde eine bestimmte Fächergruppe samt den jeweiligen Fachberatern zur Betreuung zugewiesen, um so die Einheitlichkeit des Lexikons zu garantieren: Galling war zuständig für Allgemeine Religionsgeschichte, Altes Testament und Judentum, Missionswissenschaft und Biblische Archäologie; v. Campenhausen für den Fächerblock Kirchengeschichte und Konfessionskunde, Dinkler für Neues Testament, Literaturgeschichte, Christliche Archäologie, Kunstgeschichte und Ökumene, religiöse Lage der Gegenwart und Kirchenkunde, Gloege für Dogmatik, Praktische Theologie, Kirchenrecht, Kirchenmusik, Pädagogik und Løgstrup für Ethik, Sozialwissenschaft, Philosophie und Religionsphilosophie[292].

289 Für die Besetzung der praktisch-theologischen Fachberaterposition hatte man etliche Absagen hinnehmen müssen: Wolfgang Trillhaas sagte ab (VA Korrespondenz RGG³ 1953-1958: Schreiben von Erich Dinkler, Serfaus an Hans Georg Siebeck, Tübingen, 13.07.1953; VA Korrespondenz RGG³ 1953-1958: Schreiben von Erich Dinkler, New Haven an die Herren Kurt Galling und Hans Georg Siebeck, 24.11.1953). Ebenso lehnte Eduard Steinwand ab (1890-1960; VA Korrespondenz RGG³ 1953-1958: Schreiben von Erich Dinkler, New Haven an die Herren Kurt Galling und Hans Georg Siebeck, 24.11.1953) sowie der spätere Kultusminister von Baden-Württemberg Wilhelm Hahn (1909-1996), dann auch Walter Kreck (1908-2002), Wilhelm Loew (1887-?) und der allerdings nur mit einiger Skepsis angefragte Köberle (VA Korrespondenz RGG³ 1953-1958: Schreiben von Kurt Galling, Mainz an Hans Georg Siebeck, Tübingen, 27.02.1954; VA Korrespondenz RGG³ 1953-1958: Schreiben von Hans Georg Siebeck, Tübingen an Kurt Galling, Mainz, 05.03.1954; VA Korrespondenz RGG³ 1953-1958: Schreiben von Kurt Galling, Mainz an Hans Georg Siebeck, Tübingen, 06.03.1954 und VA Korrespondenz RGG³ 1953-1958: Schreiben von Hans Georg Siebeck, Tübingen an Kurt Galling, Mainz, 09.03.1954.

290 Nach dem Tode Freytags übernahm Hans Jochen Margull (1925-1982) die Betreuung des Faches.

291 Vom zweiten Band an wurde das Fach Pädagogik von Hans Scheuerl (1919-2004) betreut.

292 VA Korrespondenz RGG³ 1953-1958: Erstes Rundschreiben 1955. Zur lexikographischen Umorganisation der Fächer vgl. auch VA Mappe Protokolle, Notizen usw. zu Besprechungen: Zum Aufbau der RGG.

Die Herausgeber planten hinsichtlich der theologisch-lexikographischen Hermeneutik eine „neue *Zielsetzung* der RGG"[293]. Das Lexikon sollte nicht mehr einen Querschnitt durch die Theologie der Zeit bieten. Vielmehr sollte der enzyklopädische Stoff unter einer dezidiert protestantischen Zugriffshermeneutik präsentiert werden. „Der christliche Glaube im evangelischen Verständnis"[294] sollte Programm und Profil der Neuauflage bestimmen[295]. Im Unterschied zur ersten Auflage ging es also nicht um Orientierung in der je religiösen Gegenwartslage unter religionsgeschichtlicher und kulturprotestantischer Perspektivierung und in Differenz zur zweiten Auflage ging es nicht primär um die vollständige, wissenschaftlich-objektive Präsentation theologischer Strömungen. Die konfessionelle Positionierung war vielmehr die hermeneutische Leitidee. Von dieser Veränderung des theologischen Programmes her wird auch die Modifikation der Benutzerhermeneutik einsichtig, denn wollte man den Stoff aus explizit protestantischer Perspektive lexikalisch aufbereiten, so ging man von einem grundsätzlich anderen Profil der anvisierten Benutzergruppen aus als die vorhergehenden Auflagen. Bereits am Beginn der Planungen stand die Frage, ob „gegenüber der Situation der theol. Wissenschaft in Deutschland ein Unternehmen wie die RGG vertretbar und auch gegenüber der Kirche erforderlich [sei]? An welchen Leserkreis richtet sich primär die RGG?"[296]. Erich Dinkler erarbeitete eine Marktanalyse des gegenwärtigen theologischen Lexikonmarktes, denn Lexikonpolitik ist Marktpolitik. Er konstatierte ein grundsätzliches „Bedürfnis einer modernen theologischen Encyclopädie"[297], da eine vierte Auflage der RE vorläufig wohl nicht konkretisiert werden würde und auch vom *Calwer Kirchenlexikon* (CKL) vorerst keine konkurrenzfähige Neuauflage zu erwarten

---

293 Hans Frhr. v. Campenhausen, Erich Dinkler, Gerhard Gloege, Knud E. Løgstrup, Kurt Galling, Vorwort, in: RGG^3, 1 (1957), S.Vf., hier S.V (Hervorh. i. Orig.).

294 Ebd.

295 Die beiden ersten Auflagen hatten ihr lexikographisches Programm in einem systematischen Aufriß dargelegt. Für die dritte Auflage wurde eine solche Übersicht ebenfalls erstellt, kam aber aufgrund eines Beschlusses der Herausgebertagung im Jahr 1961 nicht zur Veröffentlichung (vgl. VA Korrespondenz RGG^3 1959-1963: Protokoll über die Herausgebertagung in Sindlingen, 29./30. April 1963) und ist im VA noch für einzelne Fächer erhalten (VA Karton RGG^3 Listen/Mappe: RGG-Abzüge; darin systematische Übersicht u.a. für Missionswissenschaft, Dogmatik und Religionsphilosophie, Ethik [noch erstellt von Helmut Thielicke] und Konfessionskunde [noch erstellt von Gerhard Ebeling]).

296 VA Korrespondenz RGG^3 1953-1958: Protokoll: Beratung der Herausgeber der Zeitschrift für Theologie und Kirche über RGG 3. Auflage, Tübingen, 05.07.1953 (anwesend: Hans Georg Siebeck, Ebeling, Dinkler, Käsemann, Noth, Rosenkranz, Rückert, Steinbach).

297 Ebd.

sei[298]. Einig war man sich auch, daß man sich von den beiden vorhergehenden Auflagen von RGG würde abgrenzen müssen.

> „Es wurde darauf hingewiesen, dass die theologisch-geschichtliche Situation der 1. Auflage, wo die religionsgeschichtliche kritische Schule alles beherrschte, kaum wieder zu erwarten sei, dass die heterogenen Tendenzen der gegenwärtigen Situation sogar als Positivum zu bewerten seien, weil sie der Lebendigkeit der Kritik dienen. Andererseits sollte vermieden werden, wenn schon eine Einheitlichkeit wie bei der 1. Auflage nicht erreichbar sei, ein theolog. Januskopf wie er weithin die 2. Auflage charakterisiert"[299].

Man beabsichtigte vielmehr, „grundsätzlich auf eine programm. Ausrichtung des Werkes" zu verzichten und wollte „nicht einer Richtung allein das Recht zuerteilen, repräsentativ für die derzeitige Situation sprechen zu wollen"[300]. Für die Ausgestaltung der Artikel bedeute dies,

> „dass also auch das Vorhandensein anderer Auffassungen als der des Autors mitgeteilt werden muss und damit der Leser vor die Tatsache der Unabgeschlossenheit theologischer Fragen gestellt wird. Es soll also die vorhandene Spannung nicht nivelliert und die Gegensätzlichkeit der Lösungen nicht harmonisiert werden, sondern dem Leser soll etwas zugemutet werden, nämlich die Einsicht unserer Gegenwart, dass wir alle ‚unterwegs' sind und dass es auch in einem Nachschlagewerk keine objektiv endgültigen Lösungen zu finden gibt"[301].

Es ging also nicht, wie bei der ersten Auflage, um die Aufarbeitung und Präsentation religiöser Phänomene unter einer einheitlichen theologischen Zugriffshermeneutik, noch war das Anliegen, wie in der zweiten Auflage, die Bandbreite der aktuellen religiösen und theologischen Bewegungen gleichberechtigt nebeneinander präsentieren. Vielmehr wollte man von einem klar definierten Konfessions- und Bekenntnisstandpunkt aus „kritisch zu allen Erscheinungsformen des Religiösen" Stellung nehmen[302]. Hier schlägt sich in der Ausgestaltung des lexikographischen Programmes die im Anschluß an Barth entstandene negative Beurteilung religiöser Phänomene nieder. Man beabsichtigte, ein „protestantisch-theologisches Nachschlagewerk" auf den Markt zu bringen, „dessen Herausgeber an ihre Aufgabe selbstver-

---

298 Das CKL war erstmals 1891-1893 in zwei Bänden erschienen. Im Jahr 1905 erschien eine neue Ausgabe, von 1936-1941 dann die im vorliegenden Kontext wichtige dritte Auflage.

299 VA Korrespondenz RGG³ 1953-1958: Protokoll: Beratung der Herausgeber der Zeitschrift für Theologie und Kirche über RGG 3. Auflage, Tübingen, 05.07.1953 (anwesend: Siebeck, Ebeling, Dinkler, Käsemann, Noth, Rosenkranz, Rückert, Steinbach).

300 Ebd.

301 Ebd.

302 Hans Frhr. v. Campenhausen, Erich Dinkler, Gerhard Gloege, Knud E. Løgstrup, Kurt Galling, Vorwort, in: RGG³, 1 (1957), S.Vf., hier S.V.

ständlich nur als Christen herangehen können, d. h. in dem Bewusstsein, dass für sie das Christentum die gültige und massgebliche Religion ist"[303]. Präsentieren wollte man eine „wissenschaftlich und kirchlich verantwortliche Bestandsaufnahme evangelischer theologischer Arbeit i[m] allgemein-geschichtlichen und geistesgeschichtlichen Rahmen"[304]. Es ist gerade die theologisch-lexikographische Vorstellung von der „kirchlich verantwortliche[n] Bestandsaufnahme", durch welche sich die Neuauflage von den ersten beiden Auflagen von RGG abgrenzt. Das Lexikon sollte ausdrücklich der protestantischen „Orientierung" in theologischen Forschungsfragen und hinsichtlich der religiösen Gegenwartslage dienen[305]. Diese „Orientierung" wollte man nun gerade nicht als „Theologie in Ergebnissen", sondern „als Diskussionsstand" präsentieren, das Lexikon sollte „das theologische Gesicht von 1955" haben[306].

Der Wille, eine explizit protestantische Lexikonhermeneutik umzusetzen, hatte natürlich Folgen für die Frage nach der Wahl geeigneter Mitarbeiter. Es galt, die Wünsche der verschiedenen protestantischen Gruppen zu berücksichtigen[307]:

> „1. Die kirchlichen Kreise der BK-Tradition erbitten Beruecksichtigung unserer ‚kairos Situation'. 2. Die Objektivitaet fordernden Schueler Harnacks-

303 VA Korrespondenz RGG³ 1953-1958: Schreiben von Hans Georg Siebeck, Tübingen an Studienrat E. Wilhelmi, Heidelberg, 13.01.1956. Wilhelmi hatte in einem Schreiben an den Verlag diese lexikographisch-hermeneutische Absolutsetzung des Protestantismus moniert (VA Korrespondenz RGG³ 1953-1958: Schreiben von E. Wilhelmi, Heidelberg an den J.C.B. Mohr Verlag, Tübingen, 10.01.1956).

304 Hans Frhr. v. Campenhausen, Erich Dinkler, Gerhard Gloege, Knud E. Løgstrup, Kurt Galling, Vorwort, in: RGG³, 1 (1957), S.Vf., hier S.Vf.

305 Hans Frhr. v. Campenhausen, Erich Dinkler, Gerhard Gloege, Knud E. Løgstrup, Kurt Galling, Vorwort, in: RGG³, 6 (1962), S.Vff., hier S.V. Vgl. auch die katholische Einschätzung in Rez.: Die Religion in Geschichte und Gegenwart, in: ThGl 50 (1960), S.470: „Die Darstellung der reformatorischen Glaubenslehre bricht im Prinzip mit dem theologischen Liberalismus der früheren Ausgaben".

306 VA Korrespondenz RGG³ 1953-1958: Maschinenschriftliches Protokoll einer „Besprechung mit Herrn Professor Dinkler am 30.09.1954", Tübingen, 04.10.1954, ohne Unterschrift. Vgl. auch VA Korrespondenz RGG³ 1953-1958: Erstes Rundschreiben 1955: „Jeder Artikel soll die Meinung des Bearbeiters wiedergeben. Darüber hinaus will aber die RGG dem Leser Unterlagen und Gesichtspunkte zu eigener Meinungsbildung an die Hand geben. Dementsprechend ist die Diskussion zu dem behandelten Thema zu entfalten und sind auch andere Meinungen anzuführen".

307 Diese konfessionelle Engführung in Fragen der Mitarbeiterakquisition blieb nicht ohne Konsequenzen. „Eine Absage nach der anderen kommt unter Hinweis auf diesen Satz. Denn die für die Alte Kirchengeschichte zuständigen Fachleute sind nun einmal weithin katholisch und evangelische Patristiker kann man sich an den Fingern seiner Hände abzählen" (VA RGG³/37 Herausgeberkorrespondenz 1954-1957 A-Fürstenberg: Schreiben von Kurt Aland, Berlin an Ernst Kutsch, Tübingen, 18.04.1956).

> Holls – man verzeihe mir diesen Bindestrich – fordern eine Bestandsaufnahme der Wende unserer Jahrhunderthaelfte. Also beide Lager fordern eine subjektive Erhabenheit ueber die Schulgegensaetze und beide sind gegen jede kirchen - oder theologiepolitische Einseitigkeit, gegen jede Schulausrichtung (sei es Barth oder Bultmann oder gar E. Seeberg und Hirsch; freilich wurde bei Betonung unserer Weitherzigkeit die Forderung laut, nicht auch bis hin zu Stauffer[308] die Arme zu oeffnen!)"[309].

Harm Klueting hat in seiner Rezension der vierten Auflage der RGG darauf hingewiesen, daß rückblickend die Mehrzahl der Mitarbeiter der dritten Auflage in die theologische Tradition der Bekennenden Kirche einzuordnen sei[310]. Diese Besetzung maßgeblicher Artikel mit Theologen aus der Tradition Barths blieb jedoch nicht unwidersprochen. So monierte beispielsweise Ernst Barnikol (1892-1968), Schüler Heitmüllers, daß es „bei aller Achtung vor den Kollegen [...], mit Archäologie, Dialektik und geistvollem Stil allein nicht getan'" sei und äußerte die Befürchtung, „daß einseitig nur die BK-Theologie zu Worte komme. Es müßten auch die Vertreter anderer Richtungen zu Worte kommen"[311]. Aber auch die Darstellung der Geschichte der Bekennenden Kirche, die innerhalb von RGG³ einen breiten Raum einnahm, stieß an verschiedenen Stellen auf Kritik. Theodor Heckel (1894-1967) fühlte sich ebenso mißverstanden dargestellt[312] wie Campenhausen die Darstellung Hirschs bemängelte: „So sehr ich es begrüsse, dass der Artikel über Hirsch in einem so anständigen Ton gehalten ist, finde ich es doch nicht richtig, sein ‚Handeln im Kirchenkampf', das ausgesprochen gegen die BK und für die DC strengster Observanz sich einsetzte, als jenseits die-

---

308 Ethelbert Stauffer (1902-1979).

309 VA Korrespondenz RGG³ 1953-1958: Schreiben von Erich Dinkler, New Haven an Herren Kurt Galling und Hans Georg Siebeck, 24.11.1953.

310 Rez.: Aufklärung, nicht nur theologisch. Die „Religion in Geschichte und Gegenwart" in vierter Auflage, von: Harm Klueting, in: NZZ Nr.6 (08./09.01.2000), S.51.

311 VA Korrespondenz RGG³ 1953-1958: Aktennotiz – Besuch von Herrn Prof. Barnikol – Halle, am 10.08.1956, unterzeichnet von Ernst Kutsch, Tübingen, 12.08.1956.

312 Theodor Heckel, von 1934 bis 1945 Bischof im Kirchlichen Außenamt der DEK, fühlte sich durch die Darstellung seiner Tätigkeit ins Unrecht gesetzt und drohte mit rechtlichen Konsequenzen. Kutsch reagierte gelassen: „Daß das Außenamt unter Niemöller die Dinge der dreißiger Jahre anders sieht als die Vertreter dieses Amtes aus jener Zeit, liegt nahe" (VA Mappe: Protokolle, Notizen usw. zu Besprechungen: Schreiben von Ernst Kutsch, Tübingen an Kurt Galling, Göttingen, 10.07.1957). Vgl. G. Stratenwerth, Art. Auslandsgemeinden, deutsche, I. Evangelische Auslandsgemeinden, in: RGG³, 1 (1957), Sp.765-769, bes. Sp.766. Gerhard Stratenwerth (1898-1988) war von 1948 an Vizepräsident des Kirchlichen Außenamtes der EKD in Frankfurt/Main. Martin Niemöller (1892-1984) wurde 1945 Nachfolger Heckels in der Leitung des Kirchlichen Außenamtes. Zu Heckel und seiner umstrittenen Rolle während des Dritten Reiches vgl. ausführlich Rolf-Ulrich Kunze, Theodor Heckel. 1894-1967. Eine Biographie (KoGe 13). Stuttgart et al 1997 (zugleich Würzburg, Univ. Diss. 1995), bes. S.119ff.

ser Problematik stehend zu bezeichnen"[313]. Erich Dinkler wiederum hatte die Sorge, daß die RGG³ eine „allzu starke lutherisch-konfessionalistische Ausrichtung" erfahre. „Wir haben [...] in Herrn Gloege einen wackeren Lutheraner fuer systematische Theologie. Ausserdem jetzt noch in Herrn Maurer einen ebenso strammen Lutheraner wie Berneuchner, was in dieser Zusammenstellung verdoppelnd wirkt!"[314].

Das Lexikon schloß in seiner theologisch-hermeneutischen Ausgestaltung an die Diskussionslage und die theologischen Fronten in der Mitte der 1950er an und wollte sowohl Theologen über den derzeitigen Stand der Forschung Auskunft geben als auch Nichttheologen in kirchlich-theologischen Fragen protestantische Orientierung gewähren[315]. Bei der Frage, mit welchen Mitarbeitern das Programm eines in seiner Hermeneutik dezidiert protestantischen Lexikons in eine adäquate Benutzerhermeneutik überführt werden könnte, geriet der Tübinger Verlag Mohr Siebeck in Kollision mit dem Göttinger Verlag Vandenhoeck & Ruprecht, welcher die Rechte des CKL erworben hatte und zeitgleich zur RGG³ die Herausgabe eines *Evangelische[n] Kirchenlexikon[s]* (EKL) auf der Grundlage des CKL plante. Die einsetzenden Diskussionen lassen sich in erster Linie darauf zurückführen, daß sich beide Nachschlagewerke ausdrücklich auf den Raum der evangelischen Kirche als Benutzermilieu bezogen, somit einen nahezu identischen Abnehmerkreis anvisierten und daher zum Teil auch auf gleiche Autoren zurückgriffen.

---

313 VA RGG³/41 Herausgeberkorrespondenz 1959-1960 Mappe „Galling - v. Campenhausen - Aland - Dinkler - Edsman": Schreiben von Hans Frhr. v. Campenhausen, Heidelberg an Kurt Galling, Göttingen, 20.02.1959. Vgl. C.H. Ratschow, Art. Hirsch, I. Emanuel, in: RGG³, 3 (1959), Sp.363f.

314 VA Korrespondenz RGG³ 1953-1958: Schreiben von Erich Dinkler, New Haven an Hans Georg Siebeck, Tübingen, 19.03.1955. Vor allem der Art. Bekenntnis, V. Dogmatisch, in: RGG³, 1 (1957), Sp.994-1000 von Gloege galt als dessen „recht lutherisch" ausgefallene „Visitenkarte" (VA RGG³/38: Schreiben von Ernst Kutsch, Tübingen an Kurt Galling, Mainz, 06.02.1957).

315 VA Korrespondenz RGG³ 1953-1958: Protokoll: Beratung der Herausgeber der Zeitschrift für Theologie und Kirche über RGG 3. Auflage, Tübingen, 05.07.1953 (anwesend: Siebeck, Ebeling, Dinkler, Käsemann, Noth, Rosenkranz, Rückert, Steinbach).

2.2.2. Benutzerhermeneutische Abgrenzungsschwierigkeiten zwischen RGG[3] und EKL[1]

Auf der Buchmesse in Frankfurt/Main im Herbst 1953[316] hatte Günther Ruprecht Hans Georg Siebeck von den Überlegungen des Verlages Vandenhoeck & Ruprecht berichtet, das CKL in Neuauflage herauszubringen, wobei man die für das CKL charakteristische „Beschränkung auf die württembergischen Verhältnisse" aufzuheben gedachte[317]. Gleichbleibend sei jedoch die benutzerhermeneutische Leitidee der Neuausgabe – das Lexikon sollte in erster Linie von Pfarrern bearbeitet werden und sei für die Praxis der Gemeindepflegerinnen und -pfleger bestimmt. Diese Intention pastoralpraktischer Nutzbarkeit und die benutzerhermeneutische Leitidee der pragmatischen Anwendbarkeit der vermittelten Information führten dazu, daß man anfangs davon ausging, in das Herausgebergremium keine Professoren aufzunehmen.

---

316 Im April 1953 hatte Günther Ruprecht dem späteren Herausgeber Heinz Brunotte noch die Bitte angetragen, anläßlich einer Sitzung mit Hans Georg Siebeck diesem gegenüber nichts von dem Plan einer Neubearbeitung des CKL mitzuteilen (VA V&R Brunotte: Schreiben von Günther Ruprecht, Göttingen an Heinz Brunotte, Hannover, 27.04.1953). Ende August/Anfang September fand dann ein informelles Gespräch zwischen Günther Ruprecht und Erich Dinkler über die beiden geplanten Nachschlagewerke statt, bei dem beide Seiten sich davon überzeugt zeigten, daß man sich aufgrund der "völlig andere[n] Zielsetzung" keine Konkurrenz machen werde (VA V&R Brunotte: Schreiben von Günther Ruprecht, Göttingen an Heinz Brunotte, Hannover, 03.09.1953).

317 VA Korrespondenz RGG[3] 1953-1958: Schreiben von Hans Georg Siebeck, Tübingen an Hans Frhr. v. Campenhausen, 01.10.1953. Das CKL hatte seinerzeit angestrebt, sich in Fragen der theologisch-lexikographischen Hermeneutik von RGG[2] und RE[3] durch eine „der Darstellung zugrundeliegende, heute hochnotwendige klare biblische Ausrichtung" abzugrenzen (Friedrich Keppler, Vorwort, in: CKL 1 [1937], o.S.) und beschränkte den Stichwortbestand programmatisch auf die „grundsätzlichen und praktischen Fragen" der Kirche (ebd.). Freilich blieb das Lexikon nicht davor bewahrt, daß seine Herausgeber unliebsame und heute irritierend wirkende Zugeständnisse an den Geist des Dritten Reiches in das Lexikon aufnahmen, welche unter Heranziehung des lexikographischen Arguments, es handele sich um eine „Forderung der Gegenwart" (ebd.), begründet wurden. Vgl. z.B. Friedrich Keppler, Art. Judenfrage, in: aaO., S.980-986. Dieser Artikel tradiert einschlägige Klischees, wie beispielsweise das Verschwörungstheorem, daß das Judentum „in den Bewegungen des internationalen Sozialismus, Bolschewismus und Pazifismus wie auch des politischen Liberalismus eine ausschlaggebende Rolle" spiele (aaO., S.981). So wird das Aufkommen antisemitischer und nationalistischer Bewegungen gerechtfertigt. Zu den namhaften Mitarbeitern des zweiten Bandes gehören Karl Heim und der württembergische Landesbischof Theophil Wurm (1868-1953). Zum CKL vgl. auch Martin Brecht, „Die gute Botschaft deutlich und wichtig machen", in: 150 Jahre Calwer Verlag 1836-1986. Die Festvorträge, Stuttgart 1986, S.3-12, hier bes. S.8f. Brecht stuft die skizzierte theologiepolitische Linie des Lexikons als „Tribut an den Ungeist" ein, der freilich nicht „als typisch für die Linie des Verlags" gelten könnte (aaO., S.10).

Das Lexikon sollte „nur ein populäres Nachschlagewerk sein und keine wissenschaftliche[n] Anforderungen stellen". Daher ging Günther Ruprecht davon aus, daß weder hinsichtlich des Absatzmarktes noch hinsichtlich der Mitarbeiter eine „Kollision" mit RGG³ zu befürchten sei[318].

Anläßlich der Frankfurter Buchmesse im Oktober des darauffolgenden Jahres 1954 kam es zwischen den Verlegern Hans Georg Siebeck und Günther Ruprecht zu einem erneuten Gespräch über mögliche Abgrenzungsstrategien zwischen der dritten Auflage der RGG und dem vom Verlag Vandenhoeck & Ruprecht geplanten Nachschlagewerk. Dabei betonte Günther Ruprecht erneut, daß „das EKL [...] etwas völlig anderes als die RGG" sei, denn es sei beabsichtigt, „hauptsächlich Diakone, Gemeindehelfer und dgl. anzusprechen"[319]. Man wolle sich in der theologisch-lexikographischen Tradition des CKL programmatisch auf „die Darstellung der *kirchlichen* Verhältnisse" beziehen[320], wohingegen „die RGG eben ein rein wissenschaftliches Handwörterbuch" sei[321].

In der Praxis ließ sich diese Aufteilung der anvisierten Käuferklientel jedoch nicht wie gewünscht umsetzen. Dies lag in erster Linie daran, daß Günther Ruprecht die von ihm stark gemachte Unterscheidung der Benutzerhermeneutik später modifiziert hat:

> „Der Unterschied in der Zielsetzung des EKL liegt nicht in einer geringeren Wissenschaftlichkeit, sondern darin, dass das, was selbstverständlich wissenschaftlich absolut hieb- und stichfest zu sein hat, in einer Form geboten

318 VA Korrespondenz RGG³ 1953-1958: Schreiben von Hans Georg Siebeck, Tübingen an Hans Frhr. v. Campenhausen, Heidelberg, 01.10.1953.

319 VA Korrespondenz RGG³ 1953-1958: Schreiben von Hans Georg Siebeck, Tübingen an Günther Ruprecht, Göttingen, 28.05.1956.

320 Heinz Brunotte/Otto Weber, Vorwort, in: EKL¹, 1 (1956), o.S. (Hervorh. i. Orig.).

321 VA Korrespondenz RGG³ 1953-1958: Schreiben von Hans Georg Siebeck, Tübingen an Günther Ruprecht, Göttingen, 28.05.1956. Vgl. auch VA V&R Brunotte: Entwurf Herausgeber-Vertrag über das Werk Evangelisches Kirchenlexikon (Arbeitstitel). Dort heißt es, das herauszugebende Nachschlagewerk sei „bevorzugt für den Gebrauch der Fremdsprachen nicht kundiger Gemeindeglieder, insbesondere Religionslehrer, Gemeindehelfer(innen), daneben aber auch für Theologen im Pfarramt bestimmt". Der Titel des bei V&R geplanten Nachschlagewerkes war längere Zeit strittig. Im Gespräch war neben *Evangelisches Kirchenlexikon* als eigentlichem Titelfavoriten *Kirchlich-theologisches Handwörterbuch*. Dabei befürchtet man allerdings eine rechtliche Kollisionen mit dem Calwer Verlag. Ferner stand die Option *Kirchliches Handwörterbuch* zur Debatte, die freilich den Nachteil hatte, „dem theologischen Gehalt des Werkes nicht gerecht" zu werden (VA V&R Brunotte: Schreiben von Heinz Brunotte, Hannover an Günther Ruprecht, Göttingen, 05.06.1954). Man einigte sich dann mit dem Calwer Verlag dahingehend, den Untertitel *Kirchlich-theologisches Handwörterbuch* übernehmen zu dürfen (vgl. VA V&R Brunotte: Schreiben von Günther Ruprecht, Göttingen an Heinz Brunotte, Hannover, 23.07.1959).

werden soll, die es auch dem Diakon und Religionslehrer, wie überhaupt jedem, der in der kirchlichen Praxis steht, möglich macht, das Kirchenlexikon fruchtbar zu benutzen. [...] Das bedeutet aber, dass sich in der Praxis das Stoffgebiet beider Nachschlagewerke weitgehend deckt und zu einem Teil auch die Abnehmerkreise"[322].

Wie kam es zu diesem Veränderung der benutzerhermeneutischen Zielsetzung des EKL?

Das EKL verstand sich in seiner theologisch-lexikographischen Konzeption ursprünglich als bewußte Weiterentwicklung des CKL. Die Verhandlungen mit dem Calwer Verlag[323] hatten auf der Frankfurter Buchmesse 1952 begonnen[324] und waren im März 1953 intensiviert und abgeschlossen worden[325]. Vornehmstes Ziel bei der Überarbeitung des CKL sollte es sein, dessen „einseitige Prägung durch eine Art landeskirchliche Theologie" und die damit einhergehende Einschränkung des Mitarbeiterstabes „auf den Raum der gleichen Landeskirche" aufzuheben[326]. Damit einher ging, daß man die „pietistische Grundlinie des Le-

---

322 VA Korrespondenz RGG³ 1953-1958: Schreiben von Günther Ruprecht, Göttingen an Hans Georg Siebeck, Tübingen, 31.05.1956.

323 Zum Calwer Verlag vgl.: Der Calwer Verlagsverein. Literatur aus Calw für alle Welt. Erschienen anläßlich der Ausstellung: Weltweit ein Begriff: Der Calwer Verlagsverein. Zum 200. Geburtstag des Gründers Christian Gottlob Barth im Palais Vischer, Museum der Stadt Calw vom 25.04.1999 - 24.10.1999. Hg. v. der Großen Kreisstadt Calw, Calw 1999 sowie 150 Jahre Calwer Verlag: 1836-1986. Ein bibliographisches Verzeichnis. Erarbeitet v. Sibylle Fritz-Munz und Katharina Kley, Stuttgart 1986.

324 VA V&R Brunotte: Schreiben von Günther Ruprecht, Göttingen an Heinz Brunotte, Hannover, 04.05.1953.

325 VA V&R Brunotte: Schreiben von Günther Ruprecht, Göttingen an Heinz Brunotte, Hannover, 23.07.1959.

326 VA V&R Brunotte: Schreiben von Günther Ruprecht, Göttingen an Heinz Brunotte, Hannover, 10.04.1953. Es war vor allem Oberkirchenrat Wolfgang Metzger (1899-1992), ehemals theologischer Mitarbeiter des Calwer Verlags und mit der Betreuung des CKL beauftragt, der auf eine Fortführung der bisherigen theologisch-lexikographischen Hermeneutik „im Sinne einer schwäbischen Theologie, die durch die Namen Bengel und Schlatter gekennzeichnet sei", drängte (VA V&R Brunotte: Schreiben von Günther Ruprecht, Göttingen an Heinz Brunotte, Hannover, 04.05.1953). Als Günther Ruprecht deutlich machen konnte, daß für ein in der Hermeneutik des Zugriffs auf den theologischen Stoff derart eingeschränktes Nachschlagewerk nicht die notwendige Quantität an Mitarbeitern zur Verfügung stünde, übergab der Calwer Verlag die Rechte zu einer Neuauflage komplett an V&R und verzichtete auf eine Mitarbeit, „da er von dieser Forderung der theologischen Linie nicht abgehen könne und andererseits nicht die Mittel habe, ein solches Lexikon selber zu machen" (VA V&R Brunotte: Schreiben von Günther Ruprecht, Göttingen an Heinz Brunotte, Hannover, 23.07.1959). Die Verhandlungen mit dem Calwer Verlag und Metzger scheinen einigermaßen nervenaufreibend gewesen zu sein. Sie fanden am 30.04.1953 in Heidelberg statt. Noch Jahre später berichtete Günther Ruprecht entsetzt, er und Brunotte seien „damals mindestens noch eine Stunde lang durch die nächtlichen Straßen Heidelbergs gewandert innerlich stark erregt über die völlig unerwartete Wendung des Gesprächs und im Zweifel, ob wir nun wirklich das Unter-

xikons" aufgeben wollte, um „eine größere Breite in der Grundhaltung" zu gewinnen. Es war Heinz Brunotte, der darauf insistierte, daß das Lexikon, wolle es

> „Aussicht auf Erfolg haben [...], auf der Basis aufgebaut sein [müsse], daß es ohne eine betonte theologische Richtung bei jedem Artikel über den derzeitigen Stand entweder der Forschung oder der Tatsachen unterrichtet, wobei es manchmal nichts schaden würde, wenn gegensätzliche Meinungen nebeneinander referierend dargestellt würden. Darf ich darauf aufmerksam machen, daß die erste Auflage der RGG eben daran gescheitert ist, daß sie eine einseitige theologische Grundhaltung, nämlich die liberale, in einer damals durchaus imponierenden Geschlossenheit zum Ausdruck brachte. Die zweite Auflage der RGG hat diese einseitige Theologie mit Recht aufgehoben und sich auf die Darstellung und Unterrichtung über die Tatbestände beschränkt. Ich würde davor warnen, dem neuen Kirchenlexikon eine allzu ausgeprägte Theologie mitzugeben"[327].

Neben Brunotte gewann man Otto Weber (1902-1966) als verantwortlichen Herausgeber[328].

Damit hatte das EKL schon in der herausgeberischen Doppelspitze von Kirche und universitärer Theologie seine benutzerhermeneutische Zielsetzung verändert, hatte sich der Verlag doch von seiner ursprünglichen Idee, ein ausschließlich von der kirchlichen Praxis auf die kirchliche Praxis hin gerichtetes Nachschlagewerk auf den Markt zu bringen, verabschiedet. Jetzt verfolgte das EKL[1] in seiner konzeptionellen Planung zusehends eine doppelte Abgrenzungsstrategie – „sowohl von dem alten Calwer Kirchenlexikon wie auch von der geplanten Neubearbeitung der RGG"[329] – und strebte zunehmend Wissenschaftlichkeit in der Darstellung an.

> „Das EKL verlangt von seinen Autoren, dass sie mit ihren Beiträgen den Erfordernissen der heutigen wissenschaftlich-theologischen Arbeit entsprechen. [...] Was das EKL nicht verlangt, ist die Mitteilung neuer eigener Forschungsergebnisse; dazu aber ist ein Lexikon ohnehin nicht der geeignete Ort".

---

nehmen wagen sollten" (VA V&R Brunotte: Schreiben von Günther Ruprecht, Göttingen an Heinz Brunotte, Hannover, 23.07.1959). Die letztendlich gütliche Einigung mit dem Calwer Verlag ermöglichte es V&R, einzelne Artikel aus dem CKL unverändert oder in überarbeiteter Version zu übernehmen (vgl. Heinz Brunotte/Otto Weber, Vorwort, in: EKL[1], 1 [1956], o.S. [Hervorh. i. Orig.]).

327 VA V&R Brunotte: Schreiben von Heinz Brunotte, Hannover an Günther Ruprecht, Göttingen, undatiert.

328 VA V&R Brunotte: Schreiben von Günther Ruprecht, Göttingen an Heinz Brunotte, Hannover, 23.07.1953.

329 VA V&R Brunotte: Protokoll der Besprechung über ein „Evangelisches Kirchenlexikon" am 29.10.1953 (anwesend: Heinz Brunotte, Otto Weber, Kurt Dietrich Schmidt, Heinz-Dietrich Wendland, OKR Harms und die Verleger).

Die RGG hingegen gestehe jedem Mitarbeiter bewußt die Freiheit zu, „seine persönliche wissenschaftliche Meinung zu vertreten, so dass viele Artikel einen fast monographischen Charakter erhalten". Deshalb könnte man, so Günther Ruprecht, den entscheidenden Unterschied zwischen beiden Werken so formulieren: „Beide Werke stehen zu der Freiheit der Wissenschaft, aber bei der RGG liegt das Gewicht stärker auf der Freiheit der Wissenschaft, beim EKL auf der Wissenschaft im umfassenderen Sinne". Der dargestellte Stoff umfaßt beim EKL „alle Fragen des heutigen kirchlichen Lebens". Das Werk biete also „mit sehr grosser Vollständigkeit den gesamten Stoff, den der Pfarrer im praktischen Amt für seine Arbeit selbst bei Anlegung eines sehr weit gespannten Rahmens braucht und ebenso der Religionslehrer an höheren Schulen"[330].

Seitens des EKL hoffte man, gegenüber der dritten Auflage von RGG, welche durch ihre wissenschaftliche Reputation einen Vorteil genoß, durch einen zügigeren Erscheinungsverlauf Absatzvorteile zu erlangen[331]. Zusätzlich wollte man durch einen günstigeren Gesamtpreis Abnehmer gewinnen, vor allem unter den Theologiestudenten, denn „der Durchschnittsstudent [ist] in Wirklichkeit mit dem EKL wahrscheinlich besser bedient [...] und nur derjenige, der an eine akademische Laufbahn denkt, das andere Lexikon (gemeint ist RGG³, R.C.) bevorzugen sollte"[332]. Die Ausweitung des Umfanges bei RGG auf 330

330 VA Korrespondenz RGG³ 1953-1958: Schreiben von Günther Ruprecht, Göttingen an Karl Gerhard Steck, Frankfurt/Main, 10.09.1957. Zu der Entwicklung, daß das EKL zunehmend wissenschaftliche Ambitionen verfolgte, beziehungsweise Theologie für die kirchliche Praxis auf dem Niveau des wissenschaftlichen Forschungsstandes präsentieren wollte, paßt die Ablehnung der Idee einer „‚EKL in Taschenbuchformat'" durch Brunotte, denn ihm widerstrebe es, „unseren für das EKL anerkannten Anspruch auf Wissenschaftlichkeit durch Popularisierung zu gefährden".

331 Vgl. VA V&R Brunotte: Vertrauliches Schreiben von Günther Ruprecht, Göttingen an Heinz Brunotte, Hannover, 29.08.1955. Dann auch VA V&R Brunotte: Schreiben von Heinz Brunotte, Hannover an Günther Ruprecht, Göttingen, 30.07.1956: „Wir sind immer im Vorteil, weil wir zwei Jahre eher herauskommen". Vor allem im Hinblick auf die strittige Frage der Mitarbeiterwerbung erhoffte man sich Vorteile gegenüber RGG³: „Durch den zeitlichen Vorsprung ist es uns fast restlos gelungen, die prominentesten Bearbeiter für die einzelnen Stichworte zu gewinnen" (VA V&R Brunotte: Schreiben von Heinz Brunotte, Hannover an Günther Ruprecht, Göttingen, 30.01.1958).

332 VA V&R Weber: Schreiben von Günther Ruprecht, Göttingen an Otto Weber, Göttingen, 30.05.1963. Freilich ließ der Absatz des EKL unter den Studenten zu wünschen übrig. Um dies zu ändern, entschloß sich V&R, das Lexikon bei entsprechenden Nachweisen mit einem Hörerscheinnachlaß von 20% abzugeben (VA V&R Brunotte: Schreiben von Günther Ruprecht, Göttingen an die Herren Brunotte, K.D. Schmidt, Joest, 09.07.1955.

Bogen, was sechs Bänden entspricht[333], ergab für das EKL^1 in der Tat einen erheblichen Preisvorteil. 1963 kosteten die Textbände von RGG^3 DM 684, das EKL^1 dagegen in der Leinenausgabe inklusive Register gerade DM 285. Von diesem Preisunterschied erhoffte sich der Verlag des EKL langfristig eine Absatzverbesserung, denn zunächst hatte der Tübinger Verlag durch hervorragende Subskriptionsbedingungen viele Abnehmer zu binden vermögen[334].

Die konträren Diskussionen zwischen RGG^3 und dem EKL^1 entstanden freilich genau in dem Moment, als das EKL^1 seine Zielsetzung der pragmatischen Anwendbarkeit mit einem wissenschaftlichen Anspruch zu verbinden suchte. Damit griffen beide Lexikonunternehmen auf das theologisch-akademische Milieu sowohl hinsichtlich der Autoren als auch hinsichtlich der Benutzer zurück. Denn auch die dritte Auflage von RGG zeigt gegenüber der zweiten Auflage eine noch stärkere Tendenz zur Verwissenschaftlichung und zur lexikographisch-hermeneutischen Orientierung an der theologisch-akademischen Diskussionslage. Dies zeigen deutlich die Anweisungen für Autoren hinsichtlich der Artikelabfassung. Mahnten Verlag und Herausgeber bei den Autoren der ersten Auflage in erster Linie Allgemeinverständlichkeit an, hatte man dann bei der zweiten Auflage in dieser Frage keine eindeutige Position ausmachen können, so hieß es bei der dritten Auflage, Ziel sei die Abfassung „wissenschaftlich fundierte[r] Artikel"[335]. In diesem Zusammenhang bürgerte sich in entsprechenden Anweisungen an die Mitarbeiter eine charakteristische Veränderung des Sprachgebrauchs ein. Man sprach nicht mehr von der Verständlichkeit der Artikel als einer lexikographischen Grundprämisse, sondern jetzt ging es

---

333 Zunächst hatte man mit fünf Bänden (250 Bogen) geplant (vgl. VA Mappe: Rundschreiben RGG^3: Rundschreiben Nr.1 – An die Fachberater von RGG dritte Auflage, von Kurt Galling, Juli/August 1954), erweiterte dann jedoch auf 330 Bogen, also sechs Bände (vgl. VA Mappe: Rundschreiben RGG^3: An die Fachberater von RGG^3 – Rundschreiben Nr.4 von Kurt Galling, 04.07.1955).

334 Der Absatz von RGG^3 entwickelte sich freilich derart positiv, daß bereits ab der fünften und sechsten Lieferung die ursprüngliche Auflagenhöhe von 5 000 Exemplaren auf 7 500 Exemplare erhöht wurde, was Dinkler zu der Aussage veranlaßte: „Außerdem zeigt sich wohl doch auch, daß die Konkurrenz des Kirchenlexikons nicht allzu groß ist" (VA Korrespondenz RGG^3 1953-1958: Schreiben von Erich Dinkler, Bonn an Hans Georg Siebeck, 27.05.1957). Als indes 1961 die erste Auflage des EKL vergriffen war, interpretierten Verlag und Herausgeber dies im Gegenzug als „ein schönes Zeichen für die Brauchbarkeit des Werkes, das sich in unerwarteter Weise neben der größeren RGG behauptet hat" (VA V&R Brunotte: Schreiben Heinz Brunotte, Hannover an Günther Ruprecht, Göttingen, 24.11.1961).

335 VA Korrespondenz RGG^3 1953-1958: Allgemeine Leitsätze für die Autoren von RGG, verfaßt von Kurt Galling, Mainz, ohne Datum (wohl im Dezember 1953; vgl. VA Korrespondenz RGG^3 1953-1958: Schreiben von Kurt Galling, Mainz an Helmut Thielicke, Tübingen, 06.12.1953).

darum, daß die Verständlichkeit „erhöht" werde „durch einen gut lesbaren Stil [...]. Hierzu gehört Anschaulichkeit in der Darstellung wie auch eine Formulierung in kurzen Sätzen"[336]. Aber im Entscheidungsfalle wolle man „lieber eine Oktave zu hoch als zu tief spielen. Schließlich ist sie (die RGG³, R.C.) ja kein Erbauungsbuch [...]"[337], und deshalb müsse nicht jeder Artikel „jedem Pfarrer bei der ersten Lektüre evident" sein[338]. Deshalb wurde Wissenschaftlichkeit zum obersten Kriterium sowohl der Mitarbeiterauswahl als auch der Artikelgestaltung.

Da freilich auch „das EKL bemüht ist, wirklich die besten Leute zur Mitarbeit zu gewinnen"[339], kam es zu nicht unerheblichen Konflikten. Der Verlag Vandenhoeck & Ruprecht reagiert im Falle der Doppelautorenschaft bei identischen bzw. benachbarten Stichworten empfindlich,

> „da es weder ethisch noch rechtlich vertretbar sei, dass ein Autor dasselbe Stichwort in zwei verschiedenartigen Nachschlagewerken behandelt, die das gleiche Sachgebiet umfassen [und] ich es weder im Interesse der RGG noch des EKL als glücklich ansehen kann, wenn der gleiche Autor den gleichen Artikel in beiden Werken bearbeiten soll"[340].

---

336 VA Korrespondenz RGG³ 1953-1958: Erstes Rundschreiben 1955.

337 VA RGG³/25: Schreiben von Gerhard Gloege, Jena an Gerhard Ebeling, Zürich, 30.09.1958.

338 VA RGG³/25: Schreiben von Wilfrid Werbeck, Tübingen an Gerhard Ebeling, Zürich, 19.09.1958. Werbeck bezieht sich hier auf die beiden Artikel von Klein, Art. Gott, VII. Philosophisch, in: RGG³, 2 (1958), Sp.1741-1745 und Art. Gottesbeweise, in: aaO., Sp.1745-1751.

339 VA RGG³/39: Schreiben von Ernst Kutsch, Tübingen an Ernst Wolf, z.Z. Walchensee/Obb., 13.09.1956.

340 VA Korrespondenz RGG³ 1953-1958: Schreiben von Günther Ruprecht, Göttingen an Hans Georg Siebeck, Tübingen, 24.05.1956; ferner VA Korrespondenz RGG³ 1953-1958: Schreiben von Hans Georg Siebeck, Tübingen an Günther Ruprecht, Göttingen, 17.05.1956; VA Korrespondenz RGG³ 1953-1958: Schreiben von Hans Georg Siebeck, Tübingen an Günther Ruprecht, Göttingen, 28.05.1956; VA Korrespondenz RGG³ 1953-1958: Schreiben von Günther Ruprecht, Göttingen an Hans Georg Siebeck, Tübingen, 31.05.1956; VA Korrespondenz RGG³ 1953-1958: Schreiben von Hans Georg Siebeck, Tübingen an Günther Ruprecht, Göttingen, 23.06.1956; VA Korrespondenz RGG³ 1953-1958: Schreiben von Günther Ruprecht, Göttingen an Hans Georg Siebeck, Tübingen, 25.07.1956 (mit detaillierter Aufstellung derjenigen Artikel und Autoren, welche die Gefahr einer unzulässigen Überschneidung bieten) sowie VA Korrespondenz RGG³ 1953-1958: Schreiben von Günther Ruprecht, Göttingen an Hans Georg Siebeck, Tübingen, 01.10.1956. Ferner VA Korrespondenz RGG³ 1953-1958: Schreiben von Rechtsanwalt Heinz Kleine, Frankfurt/Main an Hans Georg Siebeck, Tübingen, 01.09.1956 (mit beigefügtem Rechtsgutachten zur Frage, „ob und unter welchen Voraussetzungen Mitarbeiter des einen Werkes denselben Gegenstand auch für das andere Werk bearbeiten dürfen"). Dieses Gutachten kommt zu dem für den Mohr Siebeck Verlag nachteiligen Ergebnis, daß „die Verwendung einer abhängigen Bearbeitung des in einem Lexikon erscheinenden Beitrages in einem anderen Lexikon [...] urheber- und verlagsrechtlich unzulässig" sei (ebd.). Letztendlich blieb man ohne definitive Entscheidung, freilich hielt Hans

Diese Auseinandersetzung zwischen den Verlegern führte bei etlichen Autoren zu Unmut. Martin Schmidt (1909-1982) beispielsweise, Experte für englische Kirchengeschichte, hatte zahlreiche Artikel für das EKL zugesagt, in Unkenntnis der Tatsache, daß ihm damit eine Bearbeitung dieser Stichworte für RGG³ unmöglich sei. Als dies zu Konflikten führte, reagierte Schmidt „über das EKL einigermaßen verärgert; denn bei freier Wahl, für welches Lexikon er schreiben wollte, hätte er natürlich die RGG vorgezogen"[341]. Auch Dinkler empörte sich über das Vorgehen des Göttinger Verlages: „Empörter als offenbar alle anderen bin ich über Ruprechts unfeine, ja unfaire Konkurrenz. So etwas führt einerseits zur Zersplitterung unserer wissenschaftl. Kräfte, andererseits zur Einführung von Geschäftsmethoden im [...] Evangel. Verlagswesen, die m.E. ans ‚Amerikanische' sich angleichen"[342]. Auffälligerweise war eine Doppelautorenschaft dann kein Problem, wenn der Autor zuerst bei RGG³ zugesagt hatte und erst dann in vertragliche Verhandlungen mit dem Verlag Vandenhoeck & Ruprecht eintrat[343].

Georg Siebeck seine Herausgeber und Fachberater an, weitere Konflikte mit dem EKL künftig durch bedachte Mitarbeiterauswahl möglichst zu umgehen (vgl. VA Karton RGG³ Listen/Mappe: Redaktionsberichte: Schreiben von Hans Georg Siebeck, Tübingen an die Herren Herausgeber der RGG³, 17.10.1956). Offensichtlich hatte Günther Ruprecht bei seinen Plagiatsvorwürfen nicht die ungeteilte Unterstützung seines Redakteurs Erwin Fahlbusch: „Er war der Meinung, daß sich praktisch jener Verdacht stark lockere, daß fernerhin der Rechtsboden für Herrn Ruprecht recht fragwürdig sei und daß wir eigentlich unter Umgehung dieses Verlegers uns gegenseitig tolerieren sollten" (VA RGG³/39: Schreiben von Ernst Wolf, Göttingen an Ernst Kutsch, Tübingen, 07.09.1957). Vgl. auch VA V&R Weber: Schreiben von Otto Weber, Göttingen an Helmuth Ruprecht, Göttingen, 09.07.1955 und VA V&R Weber: Schreiben von Günther Ruprecht, Göttingen an Otto Weber, Göttingen, 29.05.1956; VA V&R Brunotte: Schreiben von Günther Ruprecht, Göttingen an Heinz Brunotte, Hannover, 27.06.1956. Ruprecht argumentierte sowohl mit dem Urheberrecht, wonach niemand „sich selbst plagieren kann" als auch mit dem Vertragsrecht, gemäß welchem „niemand mit sich selbst in Wettbewerb treten kann" (ebd.). Dann auch VA V&R Brunotte: Schreiben von Heinz Brunotte, Hannover an Günther Ruprecht, Tübingen, 07.07.1956; VA V&R Brunotte: Schreiben von Günther Ruprecht, Göttingen an Heinz Brunotte, Hannover, 23.07.1956.

341 VA RGG³/39: Schreiben von Ernst Kutsch, Tübingen an Ludwig Petry, Mainz, 04.01.1957. Ähnlich auch VA RGG³/39: Schreiben von Ernst Kutsch, Tübingen an Wilhelm Maurer, Erlangen, 15.12.1956.

342 VA Korrespondenz RGG³ 1953-1958: Schreiben von Erich Dinkler, New Haven an Hans Georg Siebeck, Tübingen, 28.06.1955.

343 Vgl. hierzu VA RGG³/40: Schreiben von Wilfrid Werbeck, Tübingen an Wilhelm Jannasch, Mainz, 06.11.1958 und VA RGG³/40: Schreiben von Wilhelm Jannasch, Mainz an Wilfrid Werbeck, Tübingen, 21.10.1958 sowie VA RGG³/26: Schreiben von Wilfrid Werbeck, Tübingen an Alfred Niebergall, Marburg, 27.10.1958; VA RGG³/26: Schreiben von Alfred Niebergall, Marburg an Wilfried Werbeck, Tübingen, 30.10.1958 VA RGG³/26: Schreiben von Wilfrid Werbeck, Tübingen an Alfred Niebergall, Marburg, 05.11.1958.

2.2.3. Die Rezeption der Benutzerhermeneutik von RGG³ und EKL¹

> „Mag auch inzwischen die Evangelische Kirche in Deutschland den Begriff der Kultur für sich neu entdeckt haben, so sind dem Kulturprotestantismus doch längst seine einstmals tragenden gesellschaftlichen Schichten abhanden gekommen. Die ‚Religion in Geschichte und Gegenwart', jenes ehedem kulturprotestantische Standardlexikon, das derzeit in vierter Auflage erscheint, wandte sich einstmals an Akademiker aller Studienrichtungen, an Politiker und Journalisten, an Schriftsteller und ein breites Bildungsbürgertum. Davon ist nicht viel geblieben. Heute ist es ein Nachschlagewerk für theologische Insider".

Zu dieser Einschätzung gelangt Ulrich Körtner im Hinblick auf die derzeit erscheinende vierte Auflage[344]. Aber bereits die dritte Auflage hatte sich von dem Gemeinverständlichkeitsanspruch der ersten Auflage verabschiedet. Wie aber wurde die RGG³ mit dieser unverkennbaren Tendenz zur Verwissenschaftlichung bei ihrem Erscheinen von damaligen Zeitgenossen beurteilt? Und im Vergleich dazu: In welchen Kreisen wurde das EKL¹ rezipiert?

Unverhohlen erkenne man in der neuen Auflage von RGG die „Tendenz zu größerer Sachlichkeit"[345]. Dies zeige sich darin, daß der Weg des Lexikons im Vergleich mit den vorhergehenden Auflagen den Weg „vom Liberalismus zur Bindung an eine ‚ordnende Mitte' des Glaubens" gehe[346]. Es sei „eine stärkere Konzentration auf das eigentlich Theologische" erkennbar[347]. Das Lexikon spiegele „das Wachsen der konfessionellen Bestrebungen wie die Tatsache, daß die Bekennende Kirche in Deutschland gerade in der Zeit zwischen der zweiten und

---

344 Ulrich H.J. Körtner, Neuer Kulturprotestantismus? Stand und Aufgaben evangelischer Systematischer Theologie., in: HerKorr 55 (2001), S.561-565, hier S.562. Ähnlich äußerte Körtner sich auch in Rez.: „Religion in Geschichte und Gegenwart". Zur vierten, völlig neu bearbeiteten Auflage, von: Ulrich H.J. Körtner, in: ThLZ 126 [2001], Sp.852-860, hier Sp.859: Die gegenwärtig erscheinende vierte Auflage von RGG gehöre nicht nur in wissenschaftliche Bibliotheken, „sondern auch in die Arbeitszimmer von Pfarrerinnen und Pfarrern, Religionslehrerinnen und Religionslehrer [...]; dies um so mehr, als die gediegene fachwissenschaftliche Weiterbildung dieser Berufsgruppen ein dringend zu behebendes Desiderat ist. Nachdenklich stimmt es, wenn man an den über die Berufstheologen hinausreichenden Adressatenkreis denkt, den die 1. Auflage der RGG ansprechen wollte: Akademiker aller Studienrichtungen, Politiker, Journalisten und Schriftsteller und ein breites Bildungsbürgertum. Die kulturprotestantische Synthese von Christentum und Kultur gehört unwiederbringlich der Vergangenheit an. Es gibt nicht mehr jene soziale Schichte, die den Kulturprotestantismus getragen hat".

345 Rez.: Die Religion in Geschichte und Gegenwart, in: RKZ 100, Nr.4 (1959), o.S.

346 Rez.: Für Theologie und Kirche. Anmerkungen zu zwei repräsentativen Lexika, von: Uwe Piske, in: DASBL Nr.34 (1958), S.8.

347 Rez.: Die Religion in Geschichte und Gegenwart, von: Josef Gewiess, in: Theologische Revue 55 (1959), Sp.53f., hier Sp.53.

dritten Auflage der RGG in Erscheinung trat". Diese neue „Neigung zum Organisatorischen, Kirchlichen, die im Verhältnis zu den früheren Auflagen neue positive Schätzung gerade der organisierten Frömmigkeit" läge begründet in der Verabschiedung von der religionsgeschichtlichen Hermeneutik[348]. Damit habe die RGG^3 „einen entscheidenden Schritt von der theologischen Wissenschaft zur Kirche und ihrem Wirken" hin vollzogen.

> „Aus der Darstellung der Religion in ihren verschiedenen geschichtlichen Erscheinungen ist ein kirchlich-theologisches Nachschlagewerk geworden, das von der Auseinandersetzung der Kirche mit den verschiedenen Erscheinungen des heutigen Lebens berichtet. [...] Der Gegensatz zwischen einer ‚wissenschaftlichen' und einer ‚kirchlichen' Theologie ist offenbar in unserer Generation weithin überwunden"[349].

Und deshalb sei die RGG^3 „ein hervorragendes Werkzeug nicht nur zur Orientierung der ‚Laien', sondern zur Hilfe für diejenigen, die predigen, unterrichten und evangelische Gemeinden leiten müssen"[350].

Dennoch werde der „Bereich strenger theologischer Wissenschaft" nicht verlassen, sondern „als solcher auch den ‚Randsiedlern' der Theologie zugänglich" gemacht[351]. Gerade so sei die RGG^3 „ein Buch auch für einen weiteren Kreis geblieben"[352]. Strenger war dagegen die Einschätzung von Karl Gerhard Steck. Die RGG sei „ein wirklich universales wissenschaftlich-theologisches Nachschlagewerk [...]. Es soll und will in erster Linie den wissenschaftlich arbeitenden Theologen instand setzen, sich über die Forschungslage der Gegenwart wirklich zu informieren"[353]. Das Lexikon sei, so die Einschätzung der *Frankfurter Allgemeinen Zeitung*, „ein Wolkenkratzer gelehrter Teamarbeit", bei dessen Erstellung – dies sei ein kleiner Wehmutstropfen – „eine gewisse Scheu zu bemerken [sei], die gesicherte Chinesische Mauer der modernen Wissenschaftlichkeit auch an solchen Stellen zu verlassen, wo sich Experimente und Expeditionen einmal gelohnt hätten"[354]. Rudolf Smend sprach gar von einer „wissenschaftliche[n] Enzyklopädie"[355].

348 Rez.: Die Religion in Geschichte und Gegenwart, von: Gustav Wingren, in: ThLZ 82 (1957), Sp.909f., hier Sp.910.

349 Rez.: Zwei Deutsche Theologische Lexika, von: Hans Bolewski, in: LR 7 (1957/1958), S.510-512, hier S.511.

350 Rez.: Die Religion in Geschichte und Gegenwart, von: † Martin Schmidt, in: ThR.NF 30 (1964), S.356f., hier S.357.

351 Rez.: Die Religion in Geschichte und Gegenwart, von: Rudolf Smend, in: ZEvKR, Bd.6 (1957/58), S.194-196, hier S.194.

352 Ebd.

353 Rez.: Die neue RGG, von: K.G. Steck, in: EvTh 17 (1957), S.423-426, hier S.426.

354 Rez.: Der Bau vollendet sich, von: Joachim Günther, in: FAZ Nr.85 (10.04.1962), o.S. Vgl. auch Rez.: Gott im Lexikon, von: Joachim Günther, in: FAZ Nr.133 (12.06.1959), S.11: Das „allgemeine Ethos der Wissenschaftlichkeit" bestimme „die Atmosphäre"

Das EKL hingegen sei, so einschlägige Rezensenten, „für den innerdeutschen kirchlichen Hand- und Hausgebrauch" bestimmt[356]. Sein besonderer Wert liege „in seiner Nähe zum kirchlichen Amt. Das zeigt sich in der Auswahl der Artikel sowohl als auch in ihrer Abfassung. Es ist ein Nachschlagewerk für den praktischen Gebrauch"[357]. Das EKL wolle die „kirchlichen Verhältnisse unter gegenwärtigen und ökumenischen Aspekten in Vordergrund stellen"[358]. Dabei verdiene „das wissenschaftliche Niveau des EKL [...] jede Anerkennung"[359]. Es sei freilich zuvörderst für alle diejenigen konzipiert, „die nicht den Vorzug haben, das Leben eines theologischen Fachgelehrten zu führen"[360]. Während also RGG³ „in viel stärkerem Maß auch die weltlichen oder außerkirchlichen Bereiche" erfaßt, beschränke sich das EKL „auf die Stoffe, die mit dem Dienst des Pfarrers und Religionslehrers und überhaupt mit dem Leben der Kirche in Verbindung stehen". Die beiden Lexika hätten also verschiedene „Mittelpunkte: Kirche und Religion". Diese „lexikalische Zweigleisigkeit [sei] kein bloßer Zufall; der Protestantismus bedarf ihrer zu seiner Selbstäußerung"[361].

---

des Lexikons, in welchem man besonders gut den „literarischen Stil der konzentrierten wissenschaftlichen Information" studieren könne. „Man kann sich in ein solches Buch für Tage, ja Wochen hineinlesen und darin versinken ähnlich wie sonst nur im unmittelbaren Universitätsleben selbst; lesen mit einem sich immer wieder verjüngenden und erneuernden, unendlichen Genuß, wie ihn nun einmal nur die wissenschaftliche Beschäftigung einem für sie geöffneten Menschengeiste bereit hält. Da steht trotz der alphabetischen Zufallsordnung alles mit allem in Beziehung, und es gibt im Grunde keinen einzigen wirklich ‚trockenen' oder unnötigen Text und Gegenstand".

355 Rez.: Die Religion in Geschichte und Gegenwart, von: Rudolf Smend, in: ZEvKR, Bd.12 (1966/67), S.408f., hier S.409.

356 Rez.: Die neue RGG, von: K.G. Steck, in: EvTh 17 (1957), S.423-426, hier S.426. Vgl. dort auch S.425: „Objektiv, ökonomisch, buchhändlerisch ist angesichts der schwachen Finanzkraft der Theologen- und Pfarrerschaft das Zusammentreffen beider Werke natürlich ungünstig".

357 Rez.: Das Jahrhundert der Lexika, von: Hans Bolewski, in: LR 8 (1959/1960), S.395-399, hier S.398.

358 Rez.: Evangelisches Kirchenlexikon, von: W. Schneemelcher, in: ZKG Vierte Folge VI LXVIII Bd. (1957), S.342f, hier S.343.

359 Rez.: Das Evangelische Kirchenlexikon, von: E. Wolf, in: EvTh 18 (1958), S.143f., hier S.144.

360 Rez.: Evangelisches Kirchenlexikon, von: Gottfried Holtz, in: ThLZ 83 (1958), Sp.741-743, hier Sp.742.

361 Rez.: „Warum lexikalische Zweigleisigkeit?", in: DtPfrBl 59 (1959), S.202f., hier S.203. Zu den beiden lexikographischen Themenkomplexen ‚Religion' und ‚Kirche' vgl. auch Rez.: Evangelisches Kirchenlexikon, von: Eugen Giegler, in: Bücherei und Bildung 9 (1957), S.33 und unlängst Rez.: Der Pluralismus evangelischer Universalität. Zur dritten Auflage des „Evangelischen Kirchenlexikons", von: Harm Klueting, in: NZZ Nr.145 (24./25.06.2000), S.86.

Schlußüberlegung

Man sei nun „am Ende des Alphabets angekommen. Ein langer Weg wurde zurückgelegt" – mit diesen Worten eröffnet Gerhard Müller unlängst das Vorwort zum letzten Band der TRE[1]. Was für das Erreichen des Endes des Alphabetes innerhalb einer Realenzyklopädie gilt, das gilt nun auch im Blick auf die lexikonpolitische Erschließung der ersten Auflage der RGG. Am Beispiel der RGG[1] sollten die lexikonpolitischen Wirkungen und Wirkungsabsichten eines Lexikons herausgearbeitet werden und zwar im Horizont des jeweils eigenen Programms der Popularisierung der theologischen Wissenschaft und der religiösen Positionen. Um diese Aufgabe präzise in Griff zu bekommen, war in der Tat ein langer Anmarschweg notwendig.

Ausgehend von der Rezeption der RGG[1] als eines ‚theologischen Konversationslexikons' wurde zunächst die Verankerung der RGG[1] in der Geschichte und den Spezifika der Konversationslexika festgestellt. Seine weite Verbreitung und gesellschaftliche Etablierung verdankt das Konversationslexikon der Entstehung eines bürgerlichen Lesepublikums. In diesem Kontext verlor die gelehrte Universalenzyklopädie an Einfluß. An ihre Stelle traten zunächst die Fachlexika der sich differenzierenden wissenschaftlichen Welt. Doch mit dem allgemeinen Bildungsinteresse verband sich bald die Kultur des Konversationslexikons, als dessen Begründer F.A. Brockhaus gilt. Das konfessionelle Konversationslexikon, im Hinblick auf die RGG[1] von besonderem Interesse, ist eine katholische Gründung, fand aber zügig Nachfolger auch im protestantischen, vornehmlich konservativen Milieu. Im Hinblick auf die RGG[1] läßt sich festhalten, daß diese von den Konversationslexika den Allgemeinverständlichkeitsanspruch übernahm und damit einhergehend die möglichst weitgehende Zurückdrängung Artikel monographischen Charakters. So sollte marktpolitisch die Abgrenzung zur RE[3] gewährleistet bleiben. Noch in den aktuellen Abgrenzungsstrategien zwischen TRE und RGG[3-4] spielt diese Unterscheidung eine gewichtige Rolle, betont die TRE im Vorwort zum ersten Band gerade in dieser Hinsicht ihre enzyklopädische statt lexikalische Tradition:

1 Gerhard Müller, Vorwort, in: TRE, XXXVI (2004), o.S.

„Die *Theologische Realenzyklopädie* versteht sich insofern nicht als Lexikon, als die Stichwortauswahl nicht lexikalischen Automatismen folgt. Sie versteht sich aber auch insofern nicht als Lexikon, als die Artikel nicht eine kurze Zusammenfassung von anderswo Erarbeitetem bieten sollen, sondern die Probleme selbständig aufarbeiten. Die Artikel dieser Enzyklopädie wollen dem Anspruch, Beiträge zur Forschung zu sein, zu genügen suchen. [...] Die gegenwärtige Erforschung der verschiedenen Gegenstände soll in eigenständigen Beiträgen repräsentiert werden, die von den Autoren gezeichnet und inhaltlich verantwortet werden. Wenn die gegenwärtige Forschung in eigenständigen Beiträgen repräsentiert wird, dann wird diese Forschung damit auch weitergetrieben. Jedenfalls wird mit gelingender Repräsentanz der Grund für weitere Forschung gelegt"[2].

Die derzeit erscheinende vierte Auflage der RGG versteht sich demgegenüber „als Fortführung der schon mit der ersten Auflage begonnenen Zielsetzung eines Handwörterbuches für Theologie und Religionswissenschaft, das die wesentlichen Phänomene des religiösen und kirchlichen Lebens und die zu diesem Leben gehörende theologische Reflexion zur Darstellung bringen soll". Die Artikel „sollen eine Bestandsaufnahme des gegenwärtigen Wissensstandes bieten, die jeweilige Methodenproblematik darstellen sowie auf offene Fragen und künftige Forschungsaufgaben aufmerksam machen" sowie die Benutzer „in der gebotenen Kürze optimal informier[en]" und so deren Urteilskompetenz stärken[3]. Die buchgeschichtliche Unterscheidung von Enzyklopädie und Lexikon, die sich im Sprachgebrauch nicht durchhielt, wird hier zum Unterscheidungskriterium im Hinblick auf die Lexikonprogrammatik.

Da sich die RGG[1] freilich als ein *theologisches* Konversationslexikon verstand, gehört auch die Geschichte der theologischen Fachlexikographie zu ihrer eigenen Tradition. Die Anfänge derselben sind naturgemäß in der allgemeinen wissenschaftsgeschichtlichen Lage im 18. Jahrhundert begründet. Auf vielen Gebieten der sich differenzierenden Wissenschaften entstanden Fachlexika, die Wissen und Selbstverständnis ihrer Fächer zusammenfassen. Für die evangelische Theologie ist es charakteristisch, daß sich sofort die Unterscheidung von Bibellexikon und theologisch-kirchlichem Lexikon herausbildet, sich in der Entwicklungsgeschichte durchhält und letztlich sogar Eingang in die RGG[1] selbst findet[4]. Die RGG[1] verdankt beiden theologisch-lexikographischen

---

2 Carl Heinz Ratschow, Vorwort, in: TRE 1 (1977), V-IX, hier S.VIII.

3 Hans Dieter Betz/Don Browning/Bernd Janowski/Eberhard Jüngel, Vorwort, in: RGG[4], 1 (1998), S.Vf. hier S.V.

4 Vgl. die bereits erwähnte Unterscheidung innerhalb der RGG[1] in einen Artikel über theologische Nachschlagewerke und einen selbständigen Artikel zu Bibellexika.

Entwicklungslinien wesentliche Impulse und entscheidende Parameter ihres lexikonpolitischen Profils. Mit Hermann Gunkel fungierte in den ersten beiden Auflagen ein Exeget in hervorgehobener herausgeberischer Funktion. Er sollte innerhalb der ersten Auflage das religionsgeschichtliche Profil verantworten, dessen lexikographische Umsetzung garantieren und somit die Modernität der RGG[1] auf dem Gebiet der Bibelenzyklopädik sichern. Die RGG[1] vertrat daher in logischer Konsequenz auch den Selbstanspruch, ein Handwörterbuch zur Bibel in sich zu integrieren[5]. Aus der Tradition der theologisch-kirchlichen Lexika übernahm die RGG[1] den Orientierungsanspruch über religiös-kirchliche Gegenwartsphänomene.

Die exemplarische Rekonstruktion wesentlicher Entwicklungslinien dieser beiden Typen theologischer Lexika ließen theologisch-lexikographische Grundprobleme deutlich werden, die sich zu allen Zeiten stellen, auch innerhalb der Geschichte der RGG und denen in der Anlage der Lexika auf unterschiedliche Weise begegnet wird. So ist die historische Objektivität, insbesondere auf dem Gebiet der Bibelenzyklopädik, ein Ziel, das sich nicht ohne weiteres mit der überlieferten Bibeltreue verbinden läßt. Ähnlich steht die geforderte hermeneutische Objektivität den theologiepolitischen Programmen für die theologisch-kirchlichen Lexika gegenüber. Hinzu kommt, daß von Anfang an Verlagsinteressen, Rücksichten auf ein bestimmtes Lesepublikum und am Ende auch technische und pragmatische Fragen eine nicht selten kritische Rolle spielten. Die RGG ist zudem in all ihren Auflagen nicht das Resultat von wissenschaftlichen Einzelleistungen, sondern entstand und entsteht im Zusammenschluß einer zielstrebigen Arbeitsgruppe unter bestimmten verlagspolitischen Bedingungen – auch hier steht die RGG in einer lexikongeschichtlichen Tradition, die sich sukzessive etablierte. Sowohl verlags- als auch theologiepolitisch nimmt das Lexikon jeweils einen bestimmten positionell-programmatischen Charakter an. So läßt sich jedem Lexikon ein markanter Ort innerhalb der Gesamtlandschaft theologischer Lexika zuschreiben.. Die exemplarische lexikongeschichtliche Rekonstruktion zeigt daher, daß der verstärkten „Ideenkonkurrenz zw[ischen] positionellen Theologien“[6] ein Ansteigen der Lexikonproduktion korrespondiert. Dieser Sachverhalt sowie das zunehmende Interesse an religionsgeschichtlichen Fragestellungen und an der Popularisierung wissenschaftlicher Arbeiten führten zur Planung und Entstehung der RGG[1].

---

5 Vgl. oben Kap.II.3.2.2.

6 Friedrich Wilhelm Graf, Art. Lexikographie, theologische, in: RGG[4], 5 (2002), Sp.299-301, hier Sp.300.

Die Geschichte der Vorbereitung und Ausarbeitung der konzeptionellen Idee der RGG[1] wurde im Kontext der Epoche nachgezeichnet. Theologie- und buchgeschichtliche Parameter erwiesen sich als gleichermaßen relevant. Sowohl in den Gründungsdebatten als auch innerhalb kritischer Situationen des Projektes trat regelmäßig das spannungsreiche Verhältnis zwischen den theologisch-lexikographischen Ansprüchen einerseits und den redaktionell-organisatorischen Erfordernissen andererseits zutage.

Die Auflagengeschichte hat gezeigt, daß sich lexikonpolitische Parameter dem Wandel theologischer und kirchlicher Paradigmen anschließen. Die zweite Auflage verstand sich als eine querschnittartige Präsentation der gegenwärtig aktuellen theologischen Programme. Die geteilte Zustimmung zu der zweiten Auflage entsprach daher dem Programm: aus jeder Richtung konnte vermerkt werden, daß die eigene Position vertreten war. Zugleich konnten immer Mängel notiert werden. Wurde die erste Auflage dank ihrer Einheitlichkeit ein Meilenstein in der Theologiegeschichte, dann die zweite Auflage aufgrund ihrer Vielgestaltigkeit. Sie ist das Kind einer theologiegeschichtlichen Übergangszeit. Programmatisch verzichtete die zweite Auflage zudem auf den durchgehenden Anspruch der Allgemeinverständlichkeit zugunsten einer Zulassung theologischer Fachsprache im Dienst des wissenschaftlichen Niveaus der Artikel. Alle religiösen und theologischen Bewegungen sollten so qualifiziert präsentiert werden können.

Für die Veränderung lexikonpolitischer Parameter war im Kontext der dritten Auflage der Vergleich mit dem EKL weiterführend, zeigt er doch die entscheidende Rolle, die Marktfragen für die Entwicklung und Durchsetzung eines Lexikonprogramms spielen und gespielt haben.

Die Arbeit und ihre Ergebnisse erschließen so in sowohl historischer als auch systematischer Rekonstruktion die vorbewußte Einsicht in die theologiepolitische Funktionalität von Lexika. Ein theologisches Lexikon ist sowohl Ausdruck des kirchlichen Lebens, akademischer Reflexion als auch eines bestimmten religiösen Milieus. Es ist von einer bestimmten Bildungskonzeption bestimmt und entsteht im Spannungsfeld von Verlags- Wissenschafts- und Öffentlichkeitsinteressen. Die lexikographische Idee einer objektiven Hermeneutik hinsichtlich der Stoffpräsentation erweist sich daher als Fiktion. Insofern bleibt es künftigen Arbeiten vorbehalten, den Selbstanspruch der vierten Auflage der RGG, „keiner bestimmten theologischen Tendenz oder Schule verpflichtet" sein zu wollen, lexikonpolitisch auszuwerten[7]. Gültig bleibt vorerst die Einsicht, daß – in Abwandlung des eingangs der Arbeit zitierten Diktums von Georg Picht – derjenige, der glauben will, was in einem Lexikon steht, lernen muß, es zu lesen.

---

7 Hans Dieter Betz/Don Browning/Bernd Janowski/Eberhard Jüngel, Vorwort, in: RGG^4, 1 (1998), S.Vf. hier S.V.

Quellen- und Literaturverzeichnis

I. Archivalische Quellen

1. Verlagsarchiv J.C.B. Mohr (Paul Siebeck), Tübingen

Verlags-, Herausgeber- und Autorenkorrespondenz:

VA 135-528 (in Teilen)

VA Alte Korrespondenz RGG^2,
Mappe Duplikate RGG^2/Erste Hauptredaktion/Köhler

VA Diverses RGG^1

VA Korrespondenz RGG^2 1924-1926

VA RGG^2 1926

VA RGG^2 1927 „A-Ge"

VA RGG^2 1927 „Gi-Z"

VA RGG^2 1928 „A-Kn"

VA RGG^2 1928 „Ko-Z"

VA RGG^2 Korrespondenz 1929

VA Korrespondenz RGG^2 1930

VA Korrespondenz RGG^2 1931

VA Korrespondenz RGG^{3} 1953-1958; darin u.a.:

Protokoll ZThK:

Protokoll der „Beratung der Herausgeber der Zeitschrift für Theologie und Kirche über RGG dritte Auflage. Tübingen am 05.07.1953, niedergeschrieben am 07.07.1953; für die Akten beim Verlag und bei Erich Dinkler; unterzeichnet von Erich Dinkler.

Protokoll 1953:

Protokoll „Konstituierende Konferenz für die dritte Auflage der RGG in Heidelberg (Hotel Haarlass) am 25./26. Juli 1953.

Erster Bericht 1954:

Erster Bericht an die Herausgeber der RGG^{3}, die Herren Proff. Galling, v. Campenhausen, Dinkler, Gloege, Løgstrup von Hans Georg Siebeck, Tübingen, 07.10.1954.

Erstes Rundschreiben 1955:

Erstes Rundschreiben an die Mitarbeiter, unterzeichnet von Kurt Galling, Hans Frhr. von Campenhausen, Erich Dinkler, Gerhard Gloege, Knut E. Løgstrup, J.C.B. Mohr (Paul Siebeck), im Oktober 1955.

VA RGG^{3}/25:Redaktionskonferenz 1958 „A-Hi"

VA RGG^{3}/26: Redaktionskorrespondenz 1958 „Ho-S"

VA RGG^{3}/37: Herausgeberkorrespondenz 1954-1957 „A-Fürstenberg"

VA RGG^{3}/38: Herausgeberkorrespondenz 1954-1957 „Galling-Jannasch"

VA RGG^{3}/39: Herausgeberkorrespondenz 1954-1957 „Klein-Wolf"

VA RGG^{3}/40: Herausgeberkorrespondenz 1958, Mappe 2 „Jannasch-Wolf"

VA RGG^{3}/41: Herausgeberkorrespondenz 1959-1960 Mappe „Galling-v. Campenhausen-Aland-Dinkler-Edsmann"

VA RGG^{3}/42: Herausgeberkorrespondenz 1959-1960 Fürstenberg-Wolf; Mappe 2 „Fürstenberg-Gloege-Hermelink-Hesse-Jannasch-Klein"

VA Korrespondenz RGG^{3} 1959-1963

VA Mappe: Rundschreiben RGG^{3} (Wilhelmstr.18)

VA Mappe: Protokolle, Notizen usw. zu Besprechungen (Wilhelmstr.18)

Karton RGG^{3} Listen/Mappe: Redaktionsberichte an die Herausgeber (Wilhelmstr.18)

Karton RGG^{3} Listen/Mappe: RGG-Abzüge

Rezensionssammlungen:

VA Sammlung Rez. RGG^{1}

VA Sammlung Rez. RGG^{2}

VA Umschlag RGG V (1962)

Diverses:

VA Pk Paul Siebeck 1920/21: Privatkorrespondenz der Verlegerfamilie Siebeck

VA J 3 Unterlagen Oskar Siebeck 1903-1912

VA Separate Mappe „Bibelwörterbuch"

2. Verlagsarchiv Vandenhoeck & Ruprecht, Göttingen

VA V&R Brunotte: Korrespondenz Heinz Brunotte (27.12.1937-17.12.1969)

VA V&R Weber: Korrespondenz Otto Weber (30.12.1936-11.10.1963)

3. Verlagsarchiv Bibliographisches Instiut

VA BIFAB: Sammlung diverser Prospekte und Anzeigen, Bibliographisches Institut (ohne Signaturnummern)

VA BIFAB: Sammlung diverser Prospekte und Anzeigen, F.A. Brockhaus (ohne Signaturnummern)

4. Universitätsarchiv Leipzig

NL Mulert: Nachlaß Hermann Mulert, diverse Korrespondenz (ohne Signaturnummern)

5. Universitätsbibliothek Marburg

NL Rade: Nachlaß Martin Rade, MS 839, diverse Korrespondenz

6. Universitäts- und Landesbibliothek Sachsen-Anhalt Halle

NL Gunkel: Nachlaß Hermann Gunkel, Yi 33, diverse Korrespondenz

7. Staatsbibliothek zu Berlin Preußischer Kulturbesitz, Handschriftenabteilung

NL Hans Delbrück, 138: Schiele, Friedrich Michael, Bl.13[r]-22[v]

8. Geheimes Preußisches Staatsarchiv Preußischer Kulturbesitz

GStA PK, I. HA Rep. 92 NL C.H. Becker Nr.2536, Nr.323-324

9. Schleswig-Holsteinische Landesbibliothek, Kiel

NL Gustav Frenssen, Signatur: Cb 21.56:1110, 21

II. Gedruckte Quellen

1. Lexika[1]

Allgemeines homiletisches Repertorium

Allgemeines homiletisches Repertorium oder: möglichst vollständige Sammlung von Dispositionen über die fruchtbarsten Gegenstände aus der Glaubenslehre, Moral und Weltklugheit. In alphabetischer Ordnung, nebst einem dreifachen Register. Erster Bd. Erste Abtheilung 1794 und Erster Bd. Zweite Abtheilung 1795. Berlin, Bei Ernst Felisch. Zweiter Bd. Erste Abtheilung 1795 und Zweiter Bd. Zweite Abtheilung 1795. Jena, gedruckt bei J. M. Maucke. Dritten Bd.es Erster Theil 1796; Dritten Bd.es Zweiter Theil 1797 und Vierten Bd.es Erster Theil, Berlin Bei Ernst Felisch (bis einschließlich Buchstabe „N").

Aschbach, Allgemeines Kirchen-Lexikon

Allgemeines Kirchen-Lexikon oder alphabetisch geordnete Darstellung des Wissenswürdigsten aus der gesammten Theologie und ihren Hülfswissenschaften. Bearbeitet von einer Anzahl katholischer Gelehrten. Herausgegeben von Dr. Joseph Aschbach, ordentl. Professor der Geschichte an der Universität zu Bonn. Vier Bde., Frankfurt a.M., Verlag der Andreäischen Buchhandlung 1846-1850.

Bahrdt, Griechisch-Deutsches Lexicon

Griechisch-Deutsches Lexicon über das Neue Testament, nebst einem Register über Luthers deutsche Bibel, welches auch Ungelehrte in den Stand sezt, dieß Wörterbuch zu gebrauchen und sich über Dunkelheiten der deutschen Bibel Raths zu erholen, von D. Carl Friedrich Bahrdt, Berlin, bei Friedrich Vieweg 1786.

---

1 Es wurde im Einzelfall entschieden, ob das Lexikon unter seinem Titel oder unter dem Namen seines Herausgeber größere Bekanntheit genießt. Entsprechend wird hier gesigelt. Die bibliographischen Angaben folgen der jeweiligen Titelei. Die aus den Lexika stammenden Artikel, welche in den Textanmerkungen nachgewiesen sind, werden hier nicht noch einmal aufgeführt. Auch werden nur die jeweils benutzten Auflagen der einzelnen Lexika bibliographisch erfaßt. Außerdem sind hier nur diejenigen Lexika erfaßt, die als Quellentexte herangezogen wurden. Dagegen werden diejenigen Lexika, die zur Rekonstruktion von Sekundärliteratur benutzt wurden, hier nicht geführt.

Bayle, Historisches und Critisches Wörterbuch

Pierre Bayle, Historisches und Critisches Wörterbuch. Nach der neuesten Auflage von 1740 ins Deutsche übersetzt; auch mit einer Vorrede und verschiedenen Anmerkungen sonderlich bei anstößigen Stellen versehen von Johann Christoph Gottsched. Vier Bde., Leipzig 1741-1744 (Reprint Hildesheim et al 1974, Bd.1 mit einem Vorwort von Erich Beyreuther).

Bayle, Historisch-kritsches Wörterbuch für Theologen

Peter Bayles historisch-kritisches Wörterbuch für Theologen. Hg. v. Christian Gottfried Donatus. Zwei Teile, Lübeck 1779.

Bayle, Philosophisches Wörterbuch

Peter Baylens Philosophisches Wörterbuch oder die philosophischen Artikel von Baylens Historisch-kritischem Wörterbuch in Deutscher Sprache. Abgekürzt und Herausgegeben zur Beförderung des Studiums der Geschichte der Philosophie und des menschlichen Geistes. Hg. v. Ludwig Heinrich Jakob. Zwei Bde., Halle 1797.

Bergier, Dictionnaire théologique

Dictionnaire De Théologie Dogmatique, Liturgique, Canonique Et Disciplinaire, Par Bergier. Nouvelle Édition Mise En Rapport Avec Les Progrès Des Sciences Actuelles; Renfermant Tout Ce Qui Se Trouve Dans Les Éditions Précédentes, Tant Anciennes Que Modernes, Notamment Celles De D'Alembert Et De Liége Sans Contred Les Plus Complètes, Mais De Plus Enrichie D'Annotations Considérables Et D'Un Grand Nomre D'Articles Nouveaux Sur Les Doctrines Ou Les Erreurs Qui Se Sont Produites Depuis Quatre-Vingts Ans; Annotations Et Articles Qui Redent La Présente Édition D'Un Tiers Plus Étendue Que Toutes Celles Du Célèbre, Apologiste, Connues Jusqu'a Ce Jour, Sans Aucune Exception; Par M. Pierrot, Ancien Professur De Philosophie Et De Théologie Au Grand Séminaire De Verdun, Aucteur Du Dictionnaire de Théologie morale; Publié Par M. L'Abbé Migne, Éditeur De La Bibliothèque Universelle Du Clergé, Ou Des Cours Complets Sur Chaque Branche De La Science Ecclésiastique. Vier Bde., Paris 1850f.

Bertholet, Wörterbuch

Wörterbuch der Religionen. In Verbindung mit Hans Freiherr von Campenhausen verfaßt von Alfred Bertholet (Kröner Taschenausgabe Bd.125), Stuttgart 1952.

Binder, Allgemeine Realencyclopädie

Allgemeine Realencyclopädie oder Conversationslexikon für das katholische Deutschland. Bearbeitet von einem Vereine katholischer Gelehrten und herausgegeben von Dr. Wilhelm Binder. Zehn Bde, zwei Supplementbde. und ein alphabetisches Universal-Register, Regensburg 1846-1850.

Der Große Brockhaus

Erste Auflage:

Conversations-Lexicon oder kurzgefaßtes Handwörterbuch für die in der gesellschaftlichen Unterhaltung aus den Wissenschaften und Künsten vorkommenden Gegenständen mit beständiger Rücksicht auf die Ereignisse der älteren und neueren Zeit. Sechs Bde., Amsterdam 1809.

Zweite Auflage:

Conversations-Lexicon oder Hand-Wörterbuch für die gebildeten Stände über die in der gesellschaftlichen Unterhaltung und bei der Lectüre vorkommenden Gegenstände, Namen und Begriffe, in Beziehung auf Völker- und Menschengeschichte; Politik und Diplomatik; Mythologie und Archäologie; Erd-, Natur-, Gewerb- und Handlungs-Kunde; die schönen Künste und Wissenschaften: mit Einschluß der in die Umgangssprache übergegangenen ausländischen Wörter und mit besonderer Rücksicht auf die älteren und neuesten merkwürdigen Zeitereignisse. Zehn Bde., Leipzig 1812-1819.

Fünfte Auflage:

Allgemeine deutsche Real-Encyclopädie für die gebildeten Stände. (Conversations-Lexicon). In zehn Bänden, Leipzig 1819-1820.

Sechste Auflage:

Allgemeine deutsche Real-Encyclopädie für die gebildeten Stände. (Conversations-Lexicon). In zehn Bänden. Sechste Original-Auflage, Leipzig 1824.

Siebte Auflage:

Allgemeine deutsche Real-Enzyklopädie für die gebildeten Stände (Conversations-Lexikon). In zwölf Bänden. Siebente Original Auflage, Leipzig 1827.

Achte Auflage:

Allgemeine deutsche Real-Encyklopädie für die gebildeten Stände (Conversations-Lexikon). In zwölf Bänden. Achte Original-Auflage, Leipzig 1833-1837.

Neunte Auflage:

Allgemeine deutsche Real-Encyclopädie für die gebildeten Stände. Conversations-Lexikon. Neunte Original-Auflage. In 15 Bänden, Leipzig 1843-1848.

Zehnte Auflage:

Allgemeine deutsche Real-Enzyklopädie für die gebildeten Stände. Conversationslexikon. Zehnte, verbesserte und vermehrte Ausgabe, Leipzig 1851-1855.

Zwölfte Auflage:

Conversations-Lexikon. Allgemeine deutsche Real-Encyklopädie. Zwölfte, umgearbeitete, verbesserte und vermehrte Auflage. In fünfzehn Bänden, Leipzig 1875-1879.

14. Auflage:

Brockhaus' Konversations-Lexikon. 14. vollständig neubearbeitete Auflage. In sechzehn Bänden, Leipzig et al 1892-1895.

Brockhaus' Konversations-Lexikon. 14. vollständig neubearbeitete Auflage. Revidierte Jubliäums-Ausgabe. In siebzehn Bänden, Leipzig et al 1898.

Brockhaus' Konversations-Lexikon. 14. vollständig neubearbeitete Auflage. Neue Revidierte Jubiläums-Ausgabe. 17 Bde. Leipzig et al 1901-1904.

Brockhaus' Konversations-Lexikon. Vierzehnte vollständig neubearbeitete Auflage. Neue Revidierte Juiläums-Ausgabe. In sechzehn Bänden, Leipzig 1908 (1910: Bd.17 plus 1 Supplementbd.).

15. Auflage:

Der Große Brockhaus. Handbuch des Wissens in zwanzig Bänden. 15. völlig neubearbeitete Auflage von Brockhaus' Konversations-Lexikon, Leipzig 1928-1935.

17. Auflage:

Brockhaus Enzyklopädie. In zwanzig Bänden. Siebzehnte, völlig neubearbeitete Auflage des Großen Brockhaus, Wiesbaden 1967-1974.

Der Kleine Brockhaus

Kleineres Brockhaus'sches Conversations-Lexikon für den Handgebrauch. Vier Bde., Leipzig 1854 [recte: vor Ostern 1853] – [vor Michaelis] 1856.

Brougthon, Historisches Lexicon

Thomas Brougthons Historisches Lexicon aller Religionen seit der Schöpfung der Welt bis auf gegenwärtige Zeit: worinnen die heydnischen, jüdischen, christlichen und gottesdienstlichen Lehrbegriffe, Cerimonien, Gebräuche, Oerter, Personen und Schriften, nebst ihren Schicksalen beschrieben werden. Aus den besten Schriftstellern zusammengetragen. Mit Königl. Pohln. und Churfürstl. Sächs. allergnädigstem Privilegio, Dresden und Leipzig 1756. In der Waltherischen Buchhandlung.

Brunner, Concordantz und zeyger

Concordantz und zeyger der sprüch und historien / aller Biblischen bücher alts un news Testaments teutsch registers weiß verfaßt un zusamen bracht. Leonhart Brunner, Straßburg 1530.

Buchberger, Kirchliches Handlexikon

Kirchliches Handlexikon. Ein Nachschlagewerk über das Gesamtgebiet der Theologie und ihrer Hilfswissenschaften. Unter Mitwirkung zahlreicher Fachgelehrten in Verbindung mit den Professoren Karl Hilgenreiner, Johannes B. Nisius S.J. und Joseph Schlecht hg. v. Michael Buchberger. Zwei Bde., München 1907-1912.

Buddeus, Allgemeines historisches Lexicon

Allgemeines Historisches Lexicon / in welchem das Leben und die Thaten derer Patriarchen / Propheten / Apostel / Väter der ersten Kirchen / Päbste /

Cardinäle / Bischöffe / Prälaten / vornehmer Gottes-Gelahrten / nebst denen Ketzern; wie nicht weniger derer Käyser / Könige / Chur- und Fürsten / grosser Helden und Ministern / ingleichen derer berühmten Gelahrten / Scribenten und Künstler / ferner ausführliche Nachrichten von den ansehnlichsten Gräflichen / Adelichen und andern Familien / von Conciliis / Münchs- und Ritter-Orden / Heydnischen Göttern / etc. und endlich die Beschreibungen derer Käyserthümer / Königreiche / Fürstenthümer / freyer Staaten / Landschafften / Inseln / Städte / Schlösser / Klöster / Gebürge / Flüsse und so fort / in Alphabetischer Ordnung mit bewehrten Zeugnissen vorgestellet werden. Vier Bde., Leipzig / verlegts Thomas Fritsch / 1709.

Büchner, Beyträge

M. Gottfried Büchners, Rektors der Querfurtischen Schule, Beyträge zu der Biblischen Real- und Verbal-Hand-Concordanz welche enthalten: Eine kurze Anweisung zur geistlichen Beredtsamkeit, eine kurze Anweisung zum Catechisiren, Dispositiones über alle Sonn- und Festtags-Evangelien, zum Gebrauch angehender Prediger ehemals aufgesetzet, nun aufs neue durchgängig verbessert und vermehrt, auch mit einem neuen Anhange, enthaltend Dispositionen über die Sonn- und Festtags-Episteln, deßgleichen etliche Casual- und Buß-Predigten, versehen von M. Gottfried Joachim Wichmann Pfarrern in Zwäzen und Löbstädt, Jena 1777. Gedruckt und verlegt von Felix Fickelscherr.

Büchner, Real- und Verbalhandkonkordanz

Biblische Real und Verbal Hand-Concordanz oder Exegetisch-Homiletisches Lexicon Darinne Die verschiedene Bedeutungen derer Wörter und Redensarten angezeigt Die Sprüche der gantzen heiligen Schrift so wohl den nominibus als auch verbis und adjectivis nach, ohne weiter Nachschlagen, gantz gelesen Ingleichen Die eigene Namen, als Länder, Städte, Patriarchen, Richter, Könige, Propheten, Apostel und andere angeführet, Die Artickel der Christlichen Religion abgehandelt, Ein sattsamer Vorrath zur Geistlichen Rede-Kunst dargereichet Und, was zur Erklärung dunckler und schwerer Schriftstellen nützlich und nöthig, erörtert wird, Herausgegeben von M. Gottfried Büchnern von Rüdersdorf im Eisenbergischen, Jena 1740. Gedruckt und verlegt bey Peter Fickelscherrn.

Büchner, Biblische Real- und Verbalkonkordanz, 23. Auflage

M. Gottfried Büchner's Biblische Real- und Verbal- Hand-Concordanz oder Exegetisch-homiletisches Lexikon, worin die verschiedenen Bedeutungen der Worte und Redensarten angezeigt, die Sprüche der ganzen heiligen Schrift, sowohl den Nominibus als auch Verbis und Adjectivis nach, ohne weiteres Nachschlagen, ganz gelesen, ingleichen die eigenen Nahmen der Länder, Städte, Patriarchen, Richter, Könige, Propheten, Apostel und Anderer angeführt, die Artikel der christlichen Religion abgehandelt, ein sattsamer Vorrath zur geistlichen Redekunst dargereicht und das zur Erklärung dunkler und schwerer Schriftstellen nützlich und nöthig, erörtert wird. Durchgesehen und verbessert von Dr. Heinrich Leonhard Heubner, Berlin C. A. Schwetschke und Sohn, 23. Auflage 1899.

Calmet, Biblisches Wörterbuch

Augustin Calmets, Abts von Senones, und Präsidentes der vannischen und hydulphischen Benedictiner zu Nancy, Biblisches Wörterbuch, worinnen, was zur Geschichte, Critik, Chronologie, Geographie, und zum buchstäblichen Verstande der heiligen Schrift gehöret, abgehandelt wird. Aus dem Französischen übersetzt, mit verschiedenen Anmerkungen begleitet, und unter der Aufsicht, auch mit der Vorrede Herrn Christian Gottlieb Jöchers, der H. Schrift Doctoris, und öffentlichen Lehrers der Geschichte auf der Universität zu Leipzig, nebst den nöthigen Kupfern herausgegeben von M. Hieronymus George Glöckner. Vier Bde., Liegnitz, Verlegts David Siegert, 1751-1754.

Calwer Bibellexikon

Calwer Bibellexikon. Biblisches Handwörterbuch illustriert. Unter Mitwirkung von Friedr. Delitzsch (Prof., Leipzig); J. Frohnmeyer (Oberkons.-Rat, Stuttgart); F. Godet (Prof., Neuchâtel); Th. Hermann (Stadtpf., Göppingen); Th. Oehler (Missions-Insp., Basel); C. v. Orelli (Prof., Basel); H. Roos (Stadtpf., Ludwigsburg); A. Schlatter (Prof., Greifswald) und anderen Theologen redigiert von Dekan Lic. th. Paul Zeller und herausgegeben vom Calwer Verlagsverein. Mit Bild, Karten und vielen Illustrationen, Calw und Stuttgart 1885.

Calwer Bibellexikon, zweite Auflage

Calwer Bibellexikon. Biblisches Handwörterbuch illustriert. Unter Mitwirkung von Friedr. Delitzsch (Prof., Leipzig); J. Frohnmeyer (Oberkons.-Rat, Stuttgart); F. Godet (Prof., Neuchâtel); Th. Hermann (Stadtpf., Göppingen); Th. Oehler (Missions-Insp., Basel); C. v. Orelli (Prof., Basel); H. Roos (Stadtpf., Ludwigsburg); A. Schlatter (Prof., Greifswald) und anderen Theologen redigiert von Dekan Lic. th. Paul Zeller und herausgegeben vom Calwer Verlagsverein. Mit Bild, Karten und vielen Illustrationen. Zweite durchgesehene Auflage, Calw und Stuttgart 1893.

Calwer Kirchenlexikon (CLK)

CKL[1]

Calwer Kirchenlexikon. Theologisches Handwörterbuch illustriert. Redigiert von Paul Zeller. Herausgegeben von dem Calwer Verlagsverein. Zwei Bde., Calw und Stuttgart 1891-1893.

CKL[2]

Calwer Kirchenlexikon. Theologisches Handwörterbuch illustriert. Redigiert von Paul Zeller. Neue, mit einem Supplement versehene Ausgabe. Zwei Bde., Calw und Stuttgart 1905.

CKL[3]

Calwer Kirchenlexikon. Kirchlich-theologisches Handwörterbuch. In Verbindung mit sachkundigen Mitarbeitern hg. v. Friedrich Keppler. Zwei Bde., Stuttgart 1937-1941.

Campe, Johann Heinrich: Wörterbuch der Deutschen Sprache. Fünf Bde., Braunschweig 1807-1811.

—: Wörterbuch zur Erklärung und Verdeutschung der unserer Sprache aufgedrungenen fremden Ausdrücke. Ein Ergänzungsband zu Adelungs Wörterbuche. Zwei Bde., Braunschweig 1801. Neue starkvermehrte und durchgängig verbesserte Ausgabe Braunschweig 1813.

Compendieuses Kirchen- und Ketzer-Lexicon

Compendieuses Kirchen- und Ketzer-Lexicon, In welchem Alle Ketzereyen, Ketzer, Secten, Sectirer, geistliche Orden und viele zur Kirchen-Historie dienende Termini auffs deutlichste erkläret, und insonderheit die Urheber und Stiffter jeder Secte angezeiget werden, Denen angehenden Studiosis Theologiae zu Erleichterung der Theologiae Polemicae, Wie auch Ungelehrten zu einiger Bestärckung in der Erkändtniß der Wahrheit zur Gottseeligkeit herausgegeben, von J.G.H. Dritte und verbesserte Auflage. Schneeberg, Zu finden bey Carl Wilhelm Fulden, Buchhändl. 1744 (mit Frontispiz). Erste Auflage vermutlich 1731.

Encyclopédie ou dictionnaire raisonné des sciences, des arts et des métier

Encyclopédie ou dictionnaire raisonné des sciences, des arts et des métier par une société de gens de lettres. Mis en ordre et publié par M. Diderot et quant à la partie mathématique, par M. d'Alembert. 17 Textbde., elf Bildtafeln, Paris 1751-1772.

Ersch/Gruber, Allgemeine Encyklopädie

Allgemeine Encyklopädie der Wissenschaften und Künste in alphabetischer Folge von genannten Schriftstellern bearbeitet und herausgegeben von J[ohann] S[amuel] Ersch und J[ohann] G[ottfried] Gruber. A-G: Sect. 1, 99 Bde., 1818-1892; A-L, Sect. 2, 43 Bde., 1827-1889; O-P, Sect. 3, 25 Bde., 1830-1850, Leipzig.

Evangelisches Kirchenlexikon (EKL¹)

Kirchlich-theologisches Handwörterbuch. Unter Mitarbeit von Robert Frick, Hans Heinrich Harms, Wilfried Joest, Hermann Noack, Kurt-Dietrich Schmidt, Georg F. Videcom, Heinz-Dietrich Wendland, Hans Walter Wolff hg. v. Heinz Brunotte und Otto Weber. Drei Bde., Göttingen 1956ff.

Fuhrmann, Christliche Moral

Christliche Moral für den Kanzelgebrauch in Alphabetischer Ordnung. Angehenden Predigern und Kandidaten des Predigtamts bestimmt. Fünf Bde., Dortmund und Leipzig, bey Heinrich Blothe und Compagnie 1797-1803.

Fuhrmann, Handwörterbuch

Handwörterbuch der christlichen Religions- und Kirchengeschichte. Zugleich als Hülfsmittel bei dem Gebrauch der Tabellen von Seiler, Rosenmüller und Vater. Herausgegeben von W.D. Fuhrmann, evangelischem Prediger zu Hamm, in der Grafschaft Mark. Nebst einer Abhandlung über die hohe Wichtigkeit und die zweckmäßigste Methode eines fortgesetzten Studiums der Religions- und Kirchengeschichte für praktische Religionslehrer von D. A.H. Niemeyer, Königl. Oberconsistorialrath, Canzler und Professor der Theologie auf der vereinigten Universität Halle und Wittenberg. Drei Bde., Halle, in der Buchhandlung des Waisenhauses 1826-1829.

Gottsched, Handlexikon

Handlexikon oder Kurzgefaßtes Wörterbuch der schönen Wissenschaften und freyen Künste. Zum Gebrauche der Liebhaber derselben herausgegeben, von Johann Christoph Gottscheden, der Weltweish. ordentl. Lehrern in Leipzig, der Univ. Decemvir, der königl Stipend. Ephorus, und verschiedener Akademien der Wissensch. Mitgliede, Leipzig, in der Caspár Fritschischen Handlung, Leipzig 1760 (Reprint Hildesheim et al 1970).

Guthe, Kurzes Bibelwörterbuch

Kurzes Bibelwörterbuch. Unter Mitarbeit von Lic. Dr. G. Beer Professor in Strassburg, D. H.J. Holtzmann Professor in Strassburg, D. E. Kautzsch Professor in Halle, D. C. Siegfried Professor in Jena, † Dr. A. Socin Professor in Leipzig, Dr. A. Wiedemann Professor in Bonn, Dr. H. Zimmern Professor in Leipzig hg. v. D. H. Guthe, Professor in Leipzig. Mit vier Beigaben, zwei Karten und 215 Abbildungen im Text, Tübingen und Leipzig 1903.

Hastings, Encyclopaedia

Encyclopaedia of Religion and Ethics. Ed. by James Hastings with the Assistance of John A. Selbie and Louis H. Gray. Zwölf Bde. und ein Indexbd., Edinburg et al 1908-1926.

Herders Conversations-Lexikon

Herders Conversations-Lexikon. Kurze aber deutliche Erklärung von allem Wissenswerthen aus dem Gebiete der Religion, Philosophie, Geschichte, Geographie, Sprache, Literatur, Kunst, Natur- und Gewerbekunde, Handel, der Fremdwörter und ihrer Aussprache. Fünf Bde., Freiburg i.Br. 1854-1857.

Holtzmann/Zöpffel, Lexikon

Lexikon für Theologie und Kirchenwesen von Dr. H. Holtzmann und Dr. R. Zöpffel, ordentl. Professoren an der Universität Straßburg. Lehre, Geschichte und Kultus, Verfassung, Bräuche, Feste, Sekten und Orden der christlichen Kirche, das Wichtigste aus den übrigen Religionsgemeinschaften, Verlag des Bibliographischen Instituts, Leipzig 1882.

Hübner, Reales Staats- Zeitungs- und Conversations-Lexicon

Reales Staats-Zeitungs-Lexicon, Worinnen sowohl Die Religionen und Orden, die Reiche und Staaten, Meere, Seen, Flüsse, Städte, Vestungen, Schlösser, Häfen, Berge, Vorgebürge, Pässe, Wälder und Unterschiede der Meilen, die Linien deutscher hoher Häuser, die in verschiedenen Ländern übliche Ritter-Orden, Reichs-Täge, Gerichte, Civil- und Militair-Chargen zu Wasser und Lande, Müntzen, Maß und Gewichte, die zu der Kriegs- Bau- Kunst, Artillerie, Feld-Lägern, Schlacht-Ordnungen, Schiffarthen, Unterscheid der Schiffe, und deren darzu gehörigen Sachen gebräuchliche Benennungen, als auch Andere in Zeitungen und täglicher Conversation aus allerhand Sprachen bestehende Termini Artis, denen Gelehrten und Ungelehrten zu sonderbarem Nutzen klar und deutlich beschrieben werden. Nebst einem zweyfachen Register und Vorrede Herrn Johan Hübners, Rectoris der Fürstl. Gymnasii zu Merseburg. Verlegts Johan Friedrich Gleditsch, Buchhändl. In Leipzig 1704 (vierte Auflage 1709 als Reales Staats-, Zeitungs- und Conversations-Lexicon).

Iselin, Neu-vermehrtes Historisch- und Geographisches Allgemeines Lexicon

Neu-vermehrtes Historisch- und Geographisches Allgemeines Lexicon, in welchem das Leben / die Thaten / und andere Merckwürdigkeiten deren Patriarchen / Propheten / Apostel / Vätter der ersten Kirchen / Päbsten / Cardinälen / Bischöffen / Prälaten / vornehmer Gelehrten / und anderer sonst in denen Geschichten berühmter Männern und Künstler / nebst denen so genannten Ketzern; wie nicht weniger derer Käyser / Königen / Chur – und Fürsten / Grafen / grosser Herren / berühmter Krieges- Helden und Ministern; Ingleichem ausführliche Nachrichten von denen ansehnlichsten Gräflichen / Adelichen und andern sonderlichen Andenckens-würdigen Familien / von Concilien / Mönchs- und Ritter-Orden / Heydnischen Göttern / auch allerhand wichtigen / und zu vollkommenem Verständnis deren vornehmsten Historien zu wissen nöthigen Antiquitäten / etc. etc. Und endlichen Die Beschreibung derer Käyserthümern / Königreichen / Fürstenthümern / freyer Ständen / Landschafften / Insulen / Städten / Schlösser / Stifften / Clöster / Gebürgen / Meeren / Seen / Flüssen / und so fortan / Aus allen vorhin ausgegebenen und von gleichen Materien handlenden Lexicis, auch andern bewährten Historisch- und Geographischen Schrifften zusammen gezogen / Dißmahlen von neuem mit Fleiß gantz übersehen / von einer grossen Anzahl Fehlern / die noch immer in denen alten Ausgaben geblieben waren / gereiniget / und sonderlich was die Schweitzerische und angräntzender Orten und Ländern Sachen betrifft / gantz umgegossen / und um ein grosses vermehret. Mehr Bericht von allem ist zu finden in der Vorrede / von Jacob Christoff Iselin / S. S. Theol. Doct. und Prof. in Basel / Mitglied der Königlichen Frantzösischen / zu Erläuterung der Historien / alten Müntzen und übriger Antiquitäten / angestellten Academie. Vier Bde. Mit Löbl. Evangel. Eydgnoss. Orten Privilegiss. Basel / Gedruckt und verlegt bey Johann Brandmüller / 1726.

Kirchen-Lexikon (KL)

KL[1]

Kirchen-Lexikon oder Encyklopädie der katholischen Theologie und ihrer Hilfswissenschaften. Hg. unter Mitwirkung der ausgezeichnetsten katholischen Gelehrten Teutschlands von Heinrich Joseph Wetzer, Doctor der Philosophie u. Theologie und ord. Professor der orientalischen Philologie an der Universität zu Freiburg im Breisgau, und Benedikt Welte, Doctor der Theologie und ord. Professor an der katholisch-theologischen Facultät zu Tübingen. Elf Bde., ein Ergänzungsbd. und ein Registerbd., Herder'sche Verlagshandlung Freiburg im Breisgau 1846-1856.

KL[2]

Wetzer und Welte's Kirchenlexikon oder Encyklopädie der katholischen Theologie und ihrer Hülfswissenschaften. Zweite Auflage, in neuer Bearbeitung, unter Mitwirkung vieler katholischen Gelehrten begonnen von Joseph Cardinal Hergenröther, fortgesetzt von Dr. Franz Kaulen, Professor der Theologie zu Bonn. Mit Approbation des Hochw. Herrn Erzbischofs von Freiburg. Zwölf Bde., Herder'sche Verlagshandlung Freiburg im Breisgau 1882-1903.

Lang, Zur Beförderung

Zur Beförderung des nützlichen Gebrauches des Wilhelm Abraham Tellerischen Wörterbuchs des neuen Testaments. Von Georg Heinrich Lang, Kirchen-Rath und Hof-Prediger bey der Frau Erbprinzessin von Thurn und Taxis Hochfürstl. Durchlaucht. Erster Theil, A-F. 1778. Zweyte Auflage 1790. Zweyter Theil. G. 1779. Zweyte Auflage 1791. Dritter Theil. H-O. 1781. Zweyte Auflage 1792. Vierter Theil. P-Z. 1785, Anspach, in des Commercien-Commissaire Benedict Friederich Haueisens privilegirten Hof-Buchhandlung.

Lexikon für Theologie und Kirche (LThK)

LThK[1]

Lexikon für Theologie und Kirche. Zweite, neubearbeitete Auflage des Kirchlichen Handlexikons. In Verbindung mit Fachgelehrten und mit Dr. Konrad Hofmann als Schriftleiter hg. von Dr. Michael Buchberger, Bischof von Regensburg. Zehn Bde., Herder & Co. Verlagsbuchhandlung Freiburg im Breisgau 1930-1938.

LThK[2]

Lexikon für Theologie und Kirche. Begründet von Dr. Michael Buchberger. Zweite, völlig neu bearbeitete Auflage. Unter dem Protektorat von Erzbischof Dr. Michael Buchberger, Regensburg, und Erzbischof Dr. Eugen Seiterich, Freiburg im Breisgau. Hg. v. Josef Höfer, Rom und Karl Rahner, Innsbruck. Zehn Bde., ein Registerbd. und drei Bde. zum Vatikanischen Konzil, Verlag Herder Freiburg 1957-1968.

Löbel, Conversationslexicon

Conversationslexikon mit vorzüglicher Rücksicht auf die gegenwärtigen Zeiten. Sechs Bde., Leipzig 1796-1808.

Mehlig, Historisches Kirchen- und Ketzer-Lexicon

M. Johann Michael Mehligs Diaconi zu St. Joh. in Chemnitz Historisches Kirchen- und Ketzer-Lexicon aus den besten Schriftstellern zusammen getragen, Chemnitz In der Stößelischen Buchhandlung 1758.

Meineke, Theologisch-encyklopädisches Handwörterbuch

Theologisch-encyklopädisches Handwörterbuch zur leichten Uebersicht der wichtigsten, in die historische, dogmatische und moralische Theologie einschlagenden und damit zusammenhängenden philosophischen Materien.

Für Theologie Studirende, Candidaten und angehende Prediger. Von J.H.F. Meineke, vormals Fürstl. Stiftischem Consistorialrathe, jetzt noch Prediger in Quedlinburg, Mitinspector des Königl. Gymnasiums daselbst, und Ehrenmitgliede der naturforschenden Gesellschaft in Berlin, Halle, in der Gebauerschen Buchhandlung 1821.

Meusel, Kirchliches Handlexikon

Kirchliches Handlexikon. In Verbindung mit einer Anzahl ev.-lutherischer Theologen herausgegeben. Begründet von Dr. ph. Carl Meusel († Superintendent in Rochlitz in Sachsen), fortgeführt von D. Ernst Haack (Ober-Kirchenrat in Schwerin in Mecklenburg), B. Lehmann (Pastor em. in Dresden) und Pastor A. Hofstätter (theol. Lehrer am ev.-luth. Missionshaus in Leipzig). Sieben Bde., Verlag von Justus Naumann, Leipzig 1887-1902.

Meyer, Konversationslexikon

‚Auflage null':

Das große Conversations-Lexicon für die gebildeten Stände. In Verbindung mit Staatsmännern, Gelehrten, Künstlern und Technikern herausgegeben von J. Meyer. Dieser Encyklopädie des menschlichen Wissens sind beigegeben: die Bildnisse der bedeutendsten Menschen aller Zeiten, die Ansichten der merkwürdigsten Orte, die Pläne der größten Städte, einhundert für alte und neue Erdbeschreibung, für Statistik, Geschichte und Religion etc., und viele tausend Abbildungen naturgeschichtlicher und gewerblicher Gegenstände. 46 Bde. und sechs Ergänzungsbde., Hildburghausen 1840-1852 und die sechs Ergänzungsbde. 1853-1855.

‚Erste Auflage':

Neues Conversations-Lexikon für alle Stände. In Verbindung mit Staatsmännern, Gelehrten, Künstlern und Technikern und unter der Redaktion der Herren Dr. L. Köhler und Dr. Krause herausgegeben von H.J. Meyer. Diesem Wörterbuch des menschlichen Wissens sind beigegeben: 120 Bildnisse der bedeutendsten Menschen aller Zeiten, 60 Ansichten der merkwürdigsten Orte, die Pläne der größten Städte, 123 Karten für alte und neue, geographische und physikalische Erdbeschreibungen. 15 Bde., Hildburghausen/New York 1857-1861.

‚Fünfte Auflage':

Meyers Konversations-Lexikon. Ein Nachschlagewerk des allgemeinen Wissens. 17 Bde und vier Supplemente, Leipzig et al 1893-1897.

‚Sechste Auflage':

Meyer's Großes Konversations-Lexikon. Ein Nachschlagewerk des allgemeinen Wissens. Sechste, gründlich neubearbeitete und vermehrte Auflage. 20 Bde. sowie vier Jahres- und drei Kriegssupplenete, Leipzig et al 1902-1908 sowie 1914.

Meyers Kleines Konversations-Lexikon

Meyers Kleines Konversations-Lexikon. Siebente, gänzlich neubearbeitete und vermehrte Auflage. Durch Ergänzungen erneuerte Ausgabe. Kriegsnachtrag. Erster Teil, Leipzig et al 1916.

Meyers Neues Lexikon. In zehn Bänden. Mannheim 1994

Mirus, Biblisches Antiquitäten Lexicon

Biblisches Antiquitäten Lexicon, Worinnen Die in der Heil. Schrifft vorkommende Nahmen /Eigenschafften und Verrichtungen derer Personen, die Sachen und ihre Benennungen/ der Gottesdienst, die Opffer, zugleich die Heydnischen Götter, das Jüdische Policey-Wesen / die Oeconomie, allerhand Ceremonien und Gebräuche, Länder / Städte / Dörffer / Gebäude / merckwürdige Oerter / Flüsse / Brunnen / Seen / Berge / Thäler / Bäume / Menschen / Thiere / Mineralien / Gestirne / Wunder-Zeichen am Himmel / allerhand Zeit-Rechnungen / Maaß / Gewicht / Geschlechts-Register / sonderbare Begebenheiten / Wunderwercke / Künste / Handthierungen u. d. m. In Summa Was so wohl vor und unter dem Levitischen Gottesdienste, der Israelitischen Republique und Hauß-Stand aus dem alten und neuen Testament zu verstehen und zu wissen / entweder nothwendig oder nützlich ist / als auch zur Geographie, Chronologie, Genealogie und Historie dienen und zur Erklärung vieler Schrifft-Stellen was beytragen kan / alles gründlich untersuchet und entworffen Von M. ADAM Erdmann MIRO, Gymnas. Zittau Con.-Rect. Mit Königl. Polnischen und Churfürstl. Sächsischen allergnädigsten PRIVILEGIO, Leipzig, verlegts Johann Friedrich Braun 1714.

Mirus, Lexicon Antiquitatum Ecclesiasticarum

Lexicon Antiquitatum Ecclesiasticarum, In welchem Die vorkommende Namen / Antiquitäten / Ceremonien / Kirchen-Gebräuche und Feste: Ingleichen die Concilia, Kirchen-Lehrer, Päbste, geistliche Würden und Orden: Ferner die Ketzer und Ketzereyen / auch Spaltungen: nichts minder die Sitten derer Christen; In Summa: Was nur merckwürdiges in den alten / mittlern und neuen Kirchen-Geschichten, sowohl der Orientalischen als Occidentalischen Kirchen, vorkommt, und die Geographiam, Genealogiam und Historiam Sacram, sonderlich die Theologie einiger maaßen erläutern kan, Gründlich untersuchet, und in einer annehnmlichen Ordnung vorgestellet wird, Budissin verlegts David Richter, Buch-Händler 1717.

Mirus, Onomasticum Biblicum

Onomasticum Biblicum, Oder Lexicon Aller Nominum Propriorum, Derer Menschen / Länder / Städte / Flecken / Dörffer, Flüsse, Seen, Meere, Berge, Thäler und andere Sachen, Welche in der Heiligen Schrifft, sowohl Altes / als Neuen Testamentes vorkommen, Darinnen in einer Alphabetischen Ordnung nicht allein deroselben Ursprung und eigentliche Bedeutung, gründlich untersuchet / sondern auch mit einem Summarischen Entwurff der gantzen Historie erläutert werden, Leipzig Verlegts Johann Friedrich Braun 1721.

Moréri, Le Grand Dictionnaire Historique

Le Grand Dictionnaire Historique, ou le Mélange Curieux De L'Histoire Sacrée Et Profane, Qui Contient en Abregé Les Vies Et Les Actions Remarquables Des Patriarches, des Juges, des Rois des Juifs, des Papes, des saints Peres & anciens Docteurs Orthodoxes; des Evêques, des Cardinaux, & autres Prélats célebres; des Héresiarques & des Schismatiques, avec leurs principaux Dogmes: Des Empereurs, des Rois, des Princes illustres, & des grands Capitaines: Des Auteurs anciens & modernes, des Philosophes, des Inventeurs des Arts, & de ceux qui se sont rendus recommandables, en toutes sortes de Professions, par leur Science, par leurs Ouvrages, ou par quelque action éclatante. L'Etablissement Et Le Progrès Des Ordres Religieux & Militaires, & LA VIE de leurs Fondateurs. Les Genealogies De plusieurs Familles illustres de France & d'autres Pais. L'Histoire Fabuleuse Des Dieux, & des Héros de l'Antiquité Paienne. La Description Des Empires, Royaumes, Républiques, Provinces, Villes, Isles, Montagnes, Fleuves, & autres lieux considerables de l'ancienne & nouvelle Géographie, où l'on remarque la situation, l'étendue & la qualité du Pais, la Religion, le Gouvernement, les mœurs & les coûtumes des Peuples. Où l'on voit les Dignitez: Les Magistratures ou Titres d'Honneur: Les Religions & Sectes des Chrétiens, des Juifs & des Paiens: Les Principaux Noms des Arts & des Sciences: Les Actions publiques & solemnelles: Les Jeux: Les Fêtes, &c. Les Edits & les Loix, dont l'Histoire est curieuse; Et autres Choses, & Actions remarquables. Avec L'Histoire des Conciles Géneraux & Particuliers, sous le nom des lieux où ils ont été tenus. Le tout enrichi de Remarques & de Recherches curieuses, pour l'éclaircissement des difficultez de l'Histoire, de la Chronologie, & de la Géographie. Par M[re]. Louis Moreri, Prêtre, Docteur en Théologie, Lyon 1674.

Moser, Beytrag

Beytrag zu einem Lexico der jeztlebenden Lutherisch- und Reformirten Theologen in und um Teutschland, welche entweder die Theologie öffentlich lehren, oder sich durch theologische Schriften bekannt gemacht haben. Mit einer Vorrede von demjenigen, was bey einer nüzlichen Lebens-Beschreibung, besonders eines Theologen, zu beobachten nöthig ist, Johann Jacob Moser, Züllichau, in Verlegung des Waysenhauses, bey Benjamin Gottlob Frommann 1740.

Neubauer, Nachricht

Nachricht von den itztlebenden Evangelisch-Lutherischen und Reformirten Theologen in und um Deutschland, Welche entweder die Theologie und heiligen Sprachen öffentlich lehren, oder sich sonst durch Theologische und Philologische Schriften bekannt gemacht haben; Zum Nutzen der Kirchen- und Gelehrten-Historie also eingerichtet, daß man sonderlich daraus den gegenwärtigen Zustand der Protestantischen Kirche erkennen kann: Als eine Fortsetzung, Verbesserung und Ergänzung des Lexici der itztlebenden Evangelisch-Lutherischen und Reformirten Theologen, ausgefertiget von D. Ernst Friedrich Neubauer, SS. Theol.Antiqq. Philologiae Sacrae und Orient.

Ling. P.P. wie auch der Hochfürstlichen Stipendiaten Ephoro auf der Universität Gießen, Züllichau, im Verlag des Waisenhauses 1743.

Neudecker, Allgemeines Lexicon

Allgemeines Lexicon der Religions- u. christlichen Kirchengeschichte für alle Confessionen. Enthaltend die Lehren, Sitten, Gebräuche und Einrichtungen der heidnischen, jüdischen, christlichen und muhamedanischen Religion, aus der ältesten, älteren und neueren Zeit, der verschiedenen Parteien in denselben, mit ihren heiligen Personen, Mönchs- und Nonnenorden, Bekenntnißschriften und geweihten Stätten, insbesondere der griechisch- und römisch-catholischen und protestantischen Kirche. Nach den Quellen bearbeitet von Dr. Ch. Gotthold Neudecker. Vier Bde. und ein Suppl., Ilmenau und Weimar 1834. Druck und Verlag von Bernh. Friedr. Voigt.

Oemler, Repertorium

Repertorium über Pastoraltheologie und Casuistik für angehende Prediger, nach alphabetischer Ordnung. Christian Wilhelm Oemler, Consistorialrath, Superintendent und Ober-Pfarrer. Erster Theil 1786. Zweyter Theil 1787. Dritter Theil 1788. Vierter und letzter Theil 1789. Supplementbd. zu dem Repertorio über Pastoraltheologie und Casuistik für angehende Prediger, nach alphabetischer Ordnung. Nebst einem Hauptregister über alle vier Theile 1793, Jena, in Verlag der Crökerschen Buchhandlung.

Oemler, Zweckmäßiger Auszug

Zweckmäßiger Auszug aus Ch. W. Oemlers Repertorium über Pastoraltheologie und Casuistik für angehende Prediger. Mit einer Vorrede von Herrn Dr. Johann Philipp Gabler verfertigt von Joh. Wilhelm Loy. Erster Theil 1805. Zweyter und letzter Theil 1806, Kempten, gedruckt und im Verlag bey Tobias Dannheimer.

Oetinger, Wörterbuch, Neuausgabe

Des Württembergischen Prälaten Friedrich Christoph Oetinger Biblisches Wörterbuch. Neu herausgegeben und mit den nothwendigen Erläuterungen, sowie mit einem Register über die wichtigsten Materien versehen von Dr. Julius Hamberger. Mit einem Vorwort von Dr. Gotthilf Heinrich v. Schubert, Stuttgart 1849.

Pauly, Real-Encyclopädie

Real-Encyclopädie der classischen Alterthumswissenschaft in alphabetischer Ordnung. Hg. v. August Pauly. Fortgesetzt und beendigt v. Chr. Walz und W.S. Teuffel. Sechs Bde., Stuttgart 1837-1852.

Paulys Real-Encyclopädie der classischen Althertumswissenschaft. Neue Bearbeitung, unter Mitwirkung zahlreicher Fachgenossen, Stuttgart 1894ff.

Perthes, Handlexikon

Perthes' Handlexikon für evangelische Theologen. Ein Nachschlagebuch für das Gesamtgebiet der wissenschaftlichen und praktischen Theologie. Drei Bde. Gotha. Friedrich Andreas Perthes. 1890-1891. Dazu: Theologisches Hilfslexikon, bearbeitet unter Leitung der Redaktion von Perthes' Handlexikon für evangelische Theologen. Erster Bd.: 1. Chronologische Tafel. – 2. Kirchlicher Kalender. – 3. Synchronistische Tabellen. – 4. Neutestamentliches Wörterbuch. – 5. Alttestamentliches Wörterbuch, Gotha. Friedrich Andreas Perthes. 1894. Zweiter Bd.: 1. Kirchengeschichtliches Ortslexikon. – 2. Kirchenstatistisches Lexikon. – 3. Statistische Tafeln. – 4. Vereine und Anstalten der inneren Mission. – 5. Liturgische Tabellen. – 6. Verwaltungstabellen, Gotha. Friedrich Andreas Perthes. 1894.

Pierer, Universal-Lexikon

Pierer, Heinrich August: Universal-Lexikon der Gegenwart und Vergangenheit, oder neuestes encyclopädisches Wörterbuch der Wissenschaften, Künste und Gewerbe. 26 Bde. Altenburg 1824-1836 und sechs Supplementa 1851-1854.

Real-Encyklopädie für die protestantische Theologie und Kirche (RE^{1-3}).

RE^1

Real-Encyklopädie für protestantische Theologie und Kirche. In Verbindung mit vielen protestantischen Theologen und Gelehrten hg. v. Herzog. 21 Bde. Verlag v. Rudolf Besser, Gotha 1853-1866.

RE^2

Real-Encyklopädie für protestantische Theologie und Kirche. Unter Mitwirkung vieler protestantischer Theologen und Gelehrten in zweiter durchgängig verbesserter und vermehrter Auflage hg. v. J.J. Herzog und G.L. Plitt. Fortgeführt v. Alb. Hauck. 18 Bde., J.C. Hinrichs'sche Buchhandlung, Leipzig 1877-1888.

RE^3

Realencyklopädie für protestantische Theologie und Kirche. Begründet von J.J. Herzog. In dritter verbesserter und vermehrter Auflage unter Mitwirkung vieler Theologen und anderer Gelehrten hg. v. Albert Hauck. 21 Bde., ein Registerbd., zwei Nachtragsbde., J.C. Hinrichs'sche Buchhandlung Leipzig 1896-1913.
•The New Schaff-Herzog Encyclopedia of Religious Knowledge Embracing Biblical, Historical, Doctrinal, and Practical Theology and Biblical, Theological, and Ecclesiastical Biography from the Earliest Times to the Present Day. Based on the Third Edition of the Realenyklopädie Founded by J.J. Herzog, and Edited by Albert Hauck. Prepared by More than Six Hundred Scholars and Specialists under the Supervision of Samuel Macauley Jackson, D.D., L.L.D. with the Assistance of Charles Colebrook Sherman and George William Gilmore, M.A. Complete in Twelve Volumes, New York et al 1908-1912.

Rechenberg, Hierolexicon

Hierolexicon reale, hoc est biblico-theologicum & historico-ecclesiasticum, e sacris philologorum probatis lexicis et adversariis, nec non antiquorum ac recentiorum theologorum locis communibus, variisque eorum commentariis et observationibus, in usus studiosae juventutis collectum, moderante

D. Adamo Rechenbergio, in Academia Lipsiensi Profess. Primario. Lipsiae et Francofurti, Sumptib. Jo. Herebordi Klosii, Bibliop. Lipsiensis Anno MDCCXIV.

Rein, Handbuch

Encyclopädisches Handbuch der Pädagogik. Hg. v. W. Rein. Zehn Bde., zweite Auflage Langensalza 1903-1911.

Die Religion in Geschichte und Gegenwart (RGG^{1-4})

RGG^1

Die Religion in Geschichte und Gegenwart. Handwörterbuch in gemeinverständlicher Darstellung. Unter Mitwirkung von Hermann Gunkel und Otto Scheel hg. v. Friedrich Michael Schiele. Fünf Bde., Tübingen 1909-1913.

•Register zum Handwörterbuch „Die Religion in Geschichte und Gegenwart" 1. Auflage 1908-1914. Hg. v. Alf Özen und Matthias Wolfes, erstellt unter Mitwirkung von Ruth Conrad, Thomas Stahlberg und Christian Weise (Studien und Texte zur Religionsgeschichtlichen Schule 6), Frankfurt/Main et al 2001.

RGG^2

Die Religion in Geschichte und Gegenwart. Handwörterbuch für Theologie und Religionswissenschaft. Zweite, völlig neu bearbeitete Auflage. In Verbindung mit Alfred Bertholet, Hermann Faber und Horst Stephan hg. v. Hermann Gunkel und Leopold Zscharnack. Fünf Bde. und ein Registerbd., Tübingen 1927-1932.

RGG^3

Die Religion in Geschichte und Gegenwart. Handwörterbuch für Theologie und Religionswissenschaft. Dritte, völlig neu bearbeitete Auflage. In Gemeinschaft mit Hans Frhr. v. Campenhausen, Erich Dinkler, Gerhard Gloege und Knut E. Løgstrup hg. v. Kurt Galling. Sechs Bde. und ein Registerbd., Tübingen 1957-1965.

RGG^4

Religion in Geschichte und Gegenwart. Handwörterbuch für Theologie und Religionswissenschaft. Vierte, völlig neu bearbeitete Auflage. Hg. v. Hans Dieter Betz/Don S. Browning/Bernd Janowski/Eberhard Jüngel. Acht Bde., Tübingen 1998ff.

Riehm, Handwörterbuch

Handwörterbuch des Biblischen Altertums für gebildete Bibelleser. Herausgegeben unter Mitwirkung von Dr. G. Baur, Dr. Beyschlag, Dr. Fr. Delitzsch, Dr. Ebers, Dr. Hertzberg, Dr. Kamphausen, Dr. Kautzsch, Dr. Kleinert, Dr. Mühlau, Dr. Schlottmann, Dr. Schrader, Dr. Schürer u. A. von Dr. Eduard C. Aug. Riehm, ord. Prof. der Theol. in Halle a. S. Zwei Bde., Verlag von Velhagen & Klasing Bielefeld und Leipzig 1884.

Roch, Kirchenwörterbuch

Deutsches Kirchenwörterbuch. Herausgegeben von Christian Wilhelm Roch, Halle bey Johann Jacob Gebauer 1784.

Roscher, Lexikon

Ausführliches Lexikon der griechischen und römischen Mythologie. Hg. v. W.H. Roscher. Sechs Bde. u. div. Supplemtbde., Leipzig et al 1886-1921.

Rotteck, Staats-Lexikon

Rotteck, Karl von und Karl Welcker. Das Staats-Lexikon. Encyklopädie der Staatswissenschaften, in Verbindung mit vielen der angesehensten Publicisten Deutschlands. 15 Bde., ein Registerbd. und vier Supplementbde., Altona 1834-1848.

Scaligius, Encyclopaedia

Scaligius (auch Scalichius oder Scalich), Paulus: Encyclopaedia seu orbis disciplinarum, tam sacrum quam profanum epistemon, Basel 1559.

Schenkel, Bibel-Lexikon

Bibel-Lexikon. Realwörterbuch zum Handgebrauch für Geistliche und Gemeindeglieder. In Verbindung mit Dr. Bruch, Dr. Diestel, Dr. Dillmann, Dr. Fritzsche, Dr. Gaß, Dr. Graf, Lic. Hansrath, Dr. Hitzig, Dr. Holtzmann, Dr. Keim, Dr. Lipsius, Dr. Mangold, Dr. Merx, Dr. Nöldeke, Dr. Reuß, Dr. Roskoft, Dr. Schrader, Dr. C. Schwarz, Dr. A. Schweizer und andern der namhaftesten Bibelforscher herausgegeben von Kirchenrath Prof. Dr. Daniel Schenkel. Mit Karten und in den Text gedruckten Abbildungen in Holzschnitt. Fünf Bde., F.A. Brockhaus Leipzig 1869-1875.

Schleusner, Novum Lexicon

Novum Lexicon Graeco - Latinum in Novum Testamentum Congessit et variis observationibus philologicis illustravit Joh. Frieder. Schleusner Philosophiae et Theologiae Doctor hiusque Professor P. Ordinarius Goettingensis, Lipsiae in Officina Weidmaaniana A. C. Zwei Bde., 1792.

Schleusner, Lexici

Lexici in Interpretes Graecos V.T. Maxime Scriptores Apocryphos Spicilegium. Post Bielium. Congessit et edidit Joh. Frid. Schleusner. AA. LL. Mag. Theol. Baccal. et orat. Matut. ad. aed- academ, Lipsiae sumtibus Siegfried Lebrecht Crusii MDCCLXXIV.

Schleusner, Thesaurus

Novus Thesaurus Philologico-Criticus sive Lexicon in LXX et reliquos interpretes graecos ac scriptores apocryphos Veteris Testamenti. Post Bielium et alios viros doctos congessit et edidit Ioh. Frieder. Schleusner Philosophiae et Theologiae Doctor huiusque Prof. P. O. aedi arcis praepositus seminarii eccles. regii viteb. Director, Lispiae In Libraria Weidmannia 1821.

Schneider, Allgemeines Biblisches Lexicon

Allgemeines Biblisches Lexicon, In welchem nebst denen Namen, das Wesen derer Sachen, das ist, so weit davon in heiliger Schrifft Erwehnung geschiehet, Die Titul und Orden der Engel, das Leben / die Thaten / Zufälle / Umstände der Patriarchen / Richter / Könige, Hohen-Priester, Propheten, Evangelisten, Apostel, Bischöffe, Aeltesten, Kirchen-Diener und Dienerinnen, Lehrer, Künstler, vornehmer Gottseligen Frauens-Personen, falscher Propheten, Verführer und boßhaffter Leute, alles mit Bemerckung eigentlicher Zeit; Wie nicht weniger die dahin gehörige Geschlechts-Register: Desgleichen So gebilligte / als verworffene Geist-und Weltliche Gebräuche / auch Arten / Einrichtungen, Aemter, Würden und Ordnungen des Politischen- und Kirchen-Staats, wie auch Regiments, und des Gottesdiensts, und Hauß-Stands, und allerley Handthierungen oder Kunste, nebst denen Bürgerlichen Spaltungen, und Kirchlichen oder Philosophischen Secten; auch falschen Göttern und mancherley Götzen. Ferner Die Oerter / Länder / Städte / Flecken / Dörffer / Meere / Seen / Flüsse / Brunnen / c. Uber dieses und endlich Die natürlichen Dinge am Himmel / unter dem Himmel / auf der Erden / unter der Erden, im Meer und andern Wässern, an Thieren, Mineralien, Gewächsen, so nach ihrem Buchstäblichen, als Vorbildlichen Gleichnüß-Verstand, In Alphabethischer Ordnung Aus denen berühmtesten Scribenten unserer und alter Zeiten / und aus ihren in mancherley Sprachen gefertigten Büchern beschrieben, und in unserer Teutschen Sprache zu besserem Verstand der Heil. Schrifft, mit Anziehung der Oerter, woraus man jedes genommen, sorgfältig dermassen vorgestellet, und mit schönen hierzu dienlichen Kupffern gezieret. Daß es theils die Stelle einer Zahl-reichen Bibliotheck vertretten / theils als ein Schlüssel zu dergleichen dienen kan. Mit einer Vorrede I0. Georgii Pritii, Der heiligen Schrifft Doctoris, und des Ministerii in Franckfurt am Mayn Senioris, zusammen getragen und ausgefertiget Von Daniel Schneider, Hoch-Gräflich-Erbachischen Kirchen Superintendenten / deßgleichen gemeinschafftlichen Consistoriali und Ober-Pfarrern in Michelstadt. Mit Königl. Polnisch- und Churfürstl. Sächs. Allergnädigstem Privilegio. Franckfurt am Mayn, In Verlag von Friederich Daniel Knoch, Gedruckt bey Christian Friederich Waldow. Drei Bde., 1728-1731.

Schneider, Wörterbuch über die Biblische Sittenlehre

Wörterbuch über die Biblische Sittenlehre, das von jedem einzelnen Gegenstande mit allen dahin gehörigen Schriftstellen eine systematische Uebersicht giebt. Von M. Christian Friedrich Schneider, Leipzig 1791 bey Johann Ambrosius Barth.

Simon, Grand Dictionnaire

Richard Simon, Grand Dictionnaire de la Bible. Zwei Bde., Lyon 1693.

Staatslexikon der Görres-Gesellschaft

Zweite Auflage:

Staatslexikon. Zweite, neubearbeite Auflage. Unter Mitwirkung von Fachmännern hg. im Auftrage der Görres-Gesellschaft zur Pflege der Wissenschaft im katholischen Deutschland v. Julius Bachem. Fünf Bde., Freiburg et al 1901-1904.

Dritte Auflage:

Staatslexikon. Dritte, neubearbeitete (und vierte Auflage). Unter Mitwirkung von Fachmännern hg. im Auftrag der Görres-Gesellschaft zur Pflege der Wissenschaft im katholischen Deutschland v. Julius Bachem und Hermann Sacher. Fünf Bde., Freiburg et al 1908-1912.

Stengel, Wörterbuch des deutschen Staats- und Verwaltungsrechts

Wörterbuch des deutschen Staats- und Verwaltungsrechts. In Verbindung mit vielen Gelehrten und höheren Beamten hg. v. Karl von Stengel. Drei Bde., Freiburg i. Br. 1890-1897.

J.F. Teller, Wörterbuch

D. Johann Friedrich Tellers Wörterbuch des Neuen Testaments. Erster Theil, von A-L. Leipzig 1775. Zweyter Theil, M-Z, Leipzig, Verlegts Gotth. Theop. Georgi 1775.

W.A. Teller, Wörterbuch, zweite Auflage

Wilhelm Abraham Tellers Wörterbuch des Neuen Testaments zur Erklärung der christlichen Lehre. Zweyte Auflage, Berlin, bey August Mylius. 1773.

W.A. Teller, Wörterbuch, vierte Auflage

Wörterbuch des Neuen Testaments zur Erklärung der christlichen Lehre von D. Wilhelm Abraham Teller Königl. Oberconsistorialrath, Probst und Inspector auch Oberprediger zu Cölln an der Spree. Vierte mit Zusätzen und einem Register vermehrte Auflage, Berlin, bey August Mylius 1785.

TRE

Theologische Realenzyklopädie. Hg. v. GERHARD KRAUSE (†) u. GERHARD MÜLLER. 36 Bde., Berlin et al 1977-2004.

Theologisches Universal-Lexikon

Theologisches Universal-Lexikon zum Handgebrauche für Geistliche und gebildete Nichttheologen. Zwei Bde., Verlag von R.L. Friderichs, Elberfeld 1874.

Trinius, Freydenker-Lexicon

Johann Anton Trinius, Predigers zu Bräunerode und Walbeck in der Grafschaft Mannsfeld, und des Jenaischen Instituti Litterarii Academici Ehrenmitgliedes, Freydenker-Lexicon, oder Einleitung in die Geschichte der neuern Freygeister ihrer Schriften, und deren Widerlegungen. Nebst einem Bey- und Nachtrage zu des seligen Herrn Johann Albert Fabricius Syllabo

Scriptorum, pro veritate Religionis Christianae, Leipzig und Bernburg, Verlegts Christoph Gottfried Cörner 1759.

Trinius, Theologisches Wörterbuch

Theologisches Wörterbuch, worinn die in den theologischen Wissenschaften vorkommende Wörter und Redensarten kürzlich erkläret werden. Von Johann Anton Trinius, Frankfurth und Leipzig, bey George Conrad Gsellius 1770.

Wagener, Conversations-Lexicon

Hermann Wagener, Neues Conversations-Lexikon. Staats- und Gesellschafts-Lexikon. 23 Bde., Berlin 1859 [recte: 1858]-1867.

Wichmann, Biblische Hand-Concordanz

Biblische Hand-Concordanz zu Beförderung eines fruchtbaren Vortrags beym öffentlichen Religions-Unterricht ausgefertigt von M. Gottfried Joachim Wichmann Pfarrer in Zwäzen und Löbstädt. Nebst einer Vorrede von Sr. Hochwürden Herrn D. Christian Willhelm Franz Walch ersten Professor der Theologie und Königlichen Grosbritannischen Consistorial-Rath in Göttingen, Dessau und Leipzig, in der Buchhandlung der Gelehrten und Künstler 1782.

Wichmann, Biblische Hand-Concordanz, zweite Auflage

M. G. J. Wichmanns zuletzt Ober-Pfarrer und Superintendenten zu Grimma biblische Hand-Concordanz und Wörterbuch zur Beförderung eines schriftmäßigen und nützlichen Vortrags beym Religions-Unterrichte und zur Erleichterung des zweckmäßigen Bibellesens. Zweyte durchaus verbesserte, vermehrte und ganz umgearbeitete Ausgabe nebst einem sehr vollständigen biblischen Spruchregister, Leipzig bey Friedrich Gotthold Jacobäer 1796.

Wichmann, Neueste biblische Hand-Concordanz

Neueste biblische Hand-Concordanz und Wörterbuch zur Beförderung eines schriftmäßigen und nützlichen Vortrags beym Religions-Unterrichte und zur Erleichterung des zweckmäßigen Bibellesens. Zuerst verfaßt von M. Gottfried Joachim Wichmann, ehemaligem Superintendenten zu Grimma; nachher von einer Gesellschaft Gelehrter ganz umgearbeitet und vermehrt, auch mit einem sehr vollständigen biblischen Spruchregister versehen, und anjetzt mit einer Vorrede begleitet von M. Christian Victor Kindervater, Generalsuperintendenten zu Eisenach. Neue unveränderte Ausgabe, Leipzig, bey Friedrich Gotthold Jacobäer 1806.

Winer, Biblisches Realwörterbuch

Biblisches Realwörterbuch zum Handgebrauch für Studirende, Kandidaten, Gymnasiallehrer und Prediger ausgearbeitet von Dr. Georg Benedikt Winer, Königl. Kirchenrath und ordentlichem Professor der Theologie an der Universität zu Leipzig. Zwei Bde, Leipzig, bei Carl Heinrich Reclam sen. 1820.

Winer, Biblisches Realwörterbuch, zweite Auflage

Biblisches Realwörterbuch zum Handgebrauch für Studirende, Kandidaten, Gymnasiallehrer und Prediger ausgearbeitet von Dr. Georg Benedikt Winer, Königl. Kirchenrath und ordentlichem Professor der Theologie an der Universität zu Leipzig. Zweite ganz umgearbeitete Auflage. Erster Bd. 1833. Zweiter Bd. 1838, Leipzig, bei Carl Heinrich Reclam sen.

Winer, Biblisches Realwörterbuch, dritte Auflage

Biblisches Realwörterbuch zum Handgebrauch für Studirende, Kandidaten, Gymnasiallehrer und Prediger ausgearbeitet von Dr. Georg Benedikt Winer, Königl. Kirchenrath und ordentlichem Professor der Theologie an der Universität zu Leipzig. Dritte sehr verbesserte und vermehrte Auflage. Erster Bd. 1847. Zweiter Bd. 1848, Leipzig, bei Carl Heinrich Reclam sen.

Zedler, Universal Lexicon

Grosses vollständiges Universal Lexicon Aller Wissenschafften und Künste, Welche bißhero durch menschlichen Verstand und Witz erfunden und verbessert worden, Darinnen so wohl die Geographisch-Politische Beschreibung des Erd-Creyses, nach allen Monarchien, Käyserthümern, Königreichen, Fürstenthümern, Republiquen, freyen Herrschafften, Ländern, Städten, See-Häfen, Vestungen, Schlössern, Flecken, Ämtern, Klöstern, Gebürgen, Pässen, Wäldern, Meeren, Seen, Inseln, Flüssen, und Canälen; samt der natürlichen Abhandlung von dem Reich der Natur, nach allen himmlischen, lufftigen, feurigen, wässerigen und irrdischen Cörpern, und allen hierinnen befindlichen Gestirnen, Planeten, Thieren, Pflantzen, Metallen, Mineralien, Saltzen und Steinen etc. Als auch eine ausführliche Historisch-Genealogische Nachricht von den Durchlauchten und berühmtesten Geschlechtern in der Welt, Dem Leben und Thaten der Käyser, Könige, Churfürsten und Fürsten, grosser Helden, Staats-Minister, Kriegs-Obersten zu Wasser und zu Lande, den vornehmsten geist-und weltlichen Ritter-Orden etc. Ingleichen von allen Staats-Kriegs-Rechts-Policey und Haußhaltungs-Geschäfften des Adelichen und bürgerlichen Standes, der Kauffmannschafft, Handthierungen, Künste und Gewerbe, ihren Innungen, Zünfften und Gebräuchen, Schiffahrten, Jagden, Fischereyen, Berg-Wein-Acker-Bau und Viehzucht etc. Wie nicht weniger die völlige Vorstellung aller in den Kirchen-Geschichten berühmten Alt-Väter, Propheten, Apostel, Päbste, Cardinäle, Bischöffe, Prälaten und Gottes-Gelehrten, wie auch Concilien, Synoden, Orden, Wallfahrten, Verfolgungen der Kirchen, Märtyrer, Heiligen, Sectirer und Ketzer aller Zeiten und Länder, Endlich auch ein vollkommener Inbegriff der allergelehrtesten Männer, berühmter Universitäten, Academien, Societäten und der von ihnen gemachten Entdeckungen, ferner der Mythologie, Alterthümer, Müntz-Wissenschafft, Philosophie, Mathematic, Theologie, Jurisprudentz und Medicin, wie auch aller freyen und mechanischen Künste, samt der Erklärung aller darinnen vorkommenden Kunst-Wörter u. s. f. enthalten ist. Nebst einer Vorrede, von der Einrichtung dieses mühsamen und grossen Wercks Joh. Pet. von Ludewig, JCti, Königl. Preußischen geheimden und Magdeburg. Regierungs- und Consistorial

Raths, Cantzlers bey der Universität, und der Juristen-Facultät Præsidis Ordinarii, Erb- und Gerichts-Herrn auf Bendorff, Pretz und Gatterstätt. Mit Hoher Potentaten allergnädigsten Privilegiis, Halle und Leipzig 1732 [recte: 1731]-1750 (zweiter vollständiger photomechanischer Nachdruck, Graz 1993).

Zeisius, Concordantiae Bibliorum

Concordantiae Bibliorum Emendatae ac ferè novae, Das ist: Biblische Concordantz / Oder Verzeichnus der fürnehmsten Wörter / wie auch aller Nahmen / Sprüche und Geschichten / so offt derselben in Heil. Schrifft / Altes und Neues Testaments / gedacht wird / dem Alphabet nach zusammen getragen; Vorhin gestellet und verfasset durch Conradum Agricolam, Typographum zu Nürnberg / mit Hülffe und Beystand fürnehmer / gelehrter / und in Heiliger Schrifft wolerfahrner Männer: Hernach aber Auff Rath und gutachten Fürnehmer Evangelischer Lutherischer Theologen / mit höchstem Fleisse allenthalben durchsehen / wo etwas unrecht allegirt gewesen / corrigiret / die Wörter in weit bessere Ordnung gesetzet / auch noch über das mit Hinzusetzung unzehlich vieler / in vorigen Editionibus und Appendice, so wol außgelassenen Sprüchen / als neuen Wörtern / vermehret: Wie dann solches alles so wol nach der Deutschen als Ebraeischen Bibel (sie beyde nebeneinander zu gebrauchen) dermassen eingerichtet / daß es nunmehro nicht allein weit vollkom[m]ener / sondern auch fast zu einem gantz Neuen Wercke worden: Besonders/ da anjetzo darzu kommen Ein kurtz-verfaßter Wegweiser / Oder Erklärung und Außlegung aller und jeglicher Wörter / was vor Bedeutungen dieselben haben / da sattsame Nachricht gegeben wird / jeglichen Wortes Verstand zu finden / die darzu gehörigen loca herauß zu suchen / auch so denn mit Exempeln zu bewähren / daher er fast nicht unbillich ein kleiner Commentarius aller Biblischen Bücher seyn und heissen kan. An den Tag gegeben durch Christianum Zeisium, Weida-Variscum, Pfarrern bey der Kirchen Gottes zu Oeltzschaw / in der Inspection Leipzig. Was in diesem Wercke allenthalben gethan / und was die bey denen Concordantien befindlichen Signa bedeuten / wird dem Christl. Leser in der neuen Praefation umbständiglich und weitläuffrig vermeldet / welche er vor allen Dingen durchlesen / das Werck gebrauchen / und so denn darvon urtheilen wollte. Franckfurt am Mayn / In Verlegung Johannis Friderici, Gedruckt bey Johann Niclas Humm / und Johann Görlin. Im Jahr Christi MDCLXXIV.

2. Weitere Quellen[2]

Adolf v. Harnack und der Evangelisch-Soziale Kongreß. Hg. v. Generalsekretär D. JOHANNES HERZ, Göttingen 1930.

2 Veröffentlichungen bis 1880. Quellentexte nach 1880 gehören größtenteils in das Umfeld von RGG[1] und werden unter Sekundärliteratur geführt.

Berichte der allgemeinen Buchhandlung der Gelehrten vom Jahre 1782. Erstes Stück, Dessau und Leizig, in der Buchhandlung der Gelehrten.

BRENTANO, CLEMENS: Sämtliche Werke und Briefe. Historisch-kritische Ausgabe verantstaltet vom Freien Deutschen Hochstift Frankfurt. Hg. v. JÜRGEN BEHRENS, WOLFGANG FRÜHWALD und DETLEV LÜDERS. Stuttgart 1975ff.; Bd.31: Briefe III (1803-1807). Hg. v. LIESELOTTE KINSKOFER, Stuttgart 1991. Bd.32: Briefe IV (1808-1812). Hg. v. SABINE OEHRING, Stuttgart 1996.

D. JOHANN FRIEDRICH BURSCHER, des hohen und freyen Stifts Meißen Prälat und Domherr, der Theologie erster öffentlicher ordentlicher Professor auf der Universität Leipzig, der Kurfürstl. Sächs. Stipendiaten erster Ephorus, der theologischen Fakultät und der polnischen Nation Senior, der Universität ältester Decemvir, der Philosophie außerordentlicher Professor, des großen Fürstencollegii Collegiat, der wendischen Predigergesellschaft Präses, verschiedener gelehrten Gesellschaften Mitglied, in einer kurzen Biographie dargestellt, aus Beyers Magazin für Prediger, Leipzig 1794.

FLACIUS, MATTHIAS: Clavis Scripturae Sacrae, seu De sermone sacrarum literarum, in duas partes divisae; quarum prior singularum vocum atque locutionum S. Scripturae usum & rationem explicat; posterior de sermone sacrarum literarum plurimas generales regulas tradit. Zwei Bde., Basel 1567.

Kirchen- und Ketzer-Almanach aufs Jahr 1781. Häresiopel, im Verlag der Ekklesia pressa (Kurztitel: *Bahrdt, Kirchen- und Ketzer-Almanach*).

LEIBNIZ, GOTTFRIED WILHELM: Die philosophischen Schriften. Hg. v. CARL IMMANUEL GERHARD. Bd.4, Berlin 1880 und Bd.6, Berlin 1885.

LUTHER, MARTIN: Assertio omnium articolorum M. Lutheri per Bullam Leonis X. novissimam damnatorum, in: WA 7, 94-151.

—: Sendbrief vom Dolmetschen, in: WA 30.2, 627-646.

Meineke, Tägliches Handbuch

Tägliches Handbuch für Prediger und Predigtamts-Candidaten zur leichtern Auffindung der Materialien zu ihren Kanzelvorträgen über die Perikopen, Fastentexte und auserlesene Salomonische Sprüche. Von Johann Heinrich Friedrich Meineke, vormals Fürstlichem Consistorialrath, jetzt noch Prediger zu St. Blasii in Quedlinburg, Quedlinburg, bei Friedrich Joseph Ernst 1817.

Nachricht und Fundations-Gesetze von der Buchhandlung der Gelehrten, die in der Fürstl. Anhalt. Residenzstadt Dessau errichtet ist, Dessau, in der Buchhandlung der Gelehrten, 1781.

NICOLAI, FRIEDRICH: Gedächtnißschrift auf Dr. Wilhelm Abraham Teller, Berlin et al 1807.

—: Das Leben und die Meinungen des Herrn Magister Sebaldus Nothanker. Drei Bde., Berlin et al ^{2}1774-1776.

OEMLER, CHRISTIAN WILHELM: Der Prediger im Strafamte, oder Regeln und Muster für angehende Geistliche: zu einer gesegneten Führung ihres Amtes, Jena 1773.

—: Der Prediger bei Delinquenten und Missethätern oder Regeln und Muster für angehende Geistliche: zu einer gesegneten Führung ihres Amtes, Jena 1775.

—: Beyträge zu der Pastoraltheologie für angehende Landgeistliche. Zwei Teile, Jena 1783.

—: Beyspiele der Pastoralklugheit für angehende Geistliche, Jena 1784.

—: Resultate der Amtsführung eines alten Predigers für seine jüngeren Amtsbrüder, Leipzig o.J.

—: Der Prediger an dem Krankenbette seiner Zuhörer oder Regeln und Muster für angehende Geistliche zu einer gesegneten Führung ihres Amtes. Dritte verbesserte und vermehrte Auflage, Jena 1782.

RECHENBERG, ADAM: Summarium Historiae Ecclesiasticae in usum Studiosae juventutis adornatum, cum privilegio s. regiae majest. & elector. saxoniae. Lipsiae, apud Johan. Herebord Klosium, Bibliopolam 1709.

ROTHE, RICHARD: Theologische Ethik. Fünf Bde., Wittenberg ²(1867/)1869-1871. Fotomechanischer Nachdruck Waltrop 1991.

Schreiben an den Herrn Probst und Oberconsistorialrath D. Wilh. Abrah. Teller, in Berlin, wegen Seines Wörterbuchs des Neuen Testaments zur Erklärung der christlichen Lehre, von einem öffentlichen Lehrer der heiligen Schrift, Leipzig 1773 (Kurztitel: *Schreiben an W.A. Teller*).

Wilhelm Abraham Tellers Antwort die für den ungenannten Verfasser des nun über Sein Wörterbuch an Ihn abgedruckten Schreibens bestimmt war nebst einer vorläufigen Erzählung, Berlin, geschrieben am 25sten März, 1773 (Kurztitel: *Teller, Antwort*).

WALCH, CHRISTIAN WILHELM FRANZ: Entwurf einer vollständigen Historie der Kezereien, Spaltungen und Religionsstreitigkeiten, bis auf die Zeiten der Reformation, Leipzig 1762-1785.

3. Quellen und Literatur zum Verlag J.C.B. Mohr (Paul Siebeck) inklusive Literatur der Verleger

3.1. Literatur zur Verlagsgeschichte

August Wilhelm Schlegels Briefwechsel mit seinen Heidelberger Verlegern. FS zur Jahrhundert-Feier des Verlags Carl Winter. Universitätsbuchhandlung in Heidelberg 1822-1922. Hg. v. ERICH JENISCH, Heidelberg 1922.

„Die Buchhandlung Mohr & Zimmer in Heidelberg“, in: Bbl 11 (1844), Sp.1235-1236.

ECKARDT, J[OHANN] H[EINRICH]: Charakterköpfe aus dem Heidelberger Buchhandel. I. Mohr und Zimmer, in: Bbl 89 (1922), S.1193-1197.1201-1203. 1205-1207.

—: Nachträgliches zum hundertjährigen Jubiläum der Firma J.C.B. Mohr, in: Bbl 68 (1901), S.6207.

—: Noch allerlei vom alten J.C.B. Mohr und dem alten Carl Jügel, in: Bbl 68 (1901), S.10270-10272.

Einhundertfünfundzwanzig Jahre J.C.B. Mohr (Paul Siebeck) in Tübingen, in: Bbl 93 (1926), S.946f.

FINDEL, JOS[EF] GABR[IEL]: Dem Andenken Dr. J.C.B. Mohr's, in: Bbl 21 (1854), S.256f.

Frau Thekla Siebeck zum Gedächtnis, 16. Juni 1919 (Fischer, Materialien zur Württembergischen Biographie 248). Tübingen 1919.

Geschäftsjubiläum, in: Bbl 68 (1901), S.6028.

GOEZE, HUGO: Paul Siebeck † als Mensch und Buchhändler. Persönliche Erinnerungen, in: Bbl 88 (1921), S.165-168.

Hundert Jahre H. Laupp Jr. Buchdruckerei Tübingen 1848-1948, Tübingen 1948.

Johann Georg Zimmer und die Romantiker. Ein Beitrag zur Geschichte der Romantik nebst bisher ungedruckten Briefen von Arnim, Böckh, Brentano, Görres, Marheineke, Fr. Perthes, F.C. Savigny, Brüder Schlegel, L. Tieck, de Wette u.A. Hg. v. HEINRICH W.B. ZIMMER, Frankfurt/Main 1888.

KNAPPENBERGER, SILKE: Das Archiv des J.C.B. Mohr Verlages (Paul Siebeck) und der H. Laupp'schen Buchhandlung in Tübingen, in: Archiv und Wirtschaft. Zeitschrift für das Archivwesen der Wirtschaft 3 (1992), S.104-109.

KNAPPENBERGER-JANS, SILKE: Verlagspolitik und Wissenschaft. Der Verlag J.C.B. Mohr (Paul Siebeck) im frühen 20. Jahrhundert (Mainzer Studien zur Buchwissenschaft 13), Wiesbaden 2001.

MENZ, GERHARD: Dr. Jacob Christian Benjamin Mohr. Erster Vorsteher 1838-1840, in: DERS., Die ersten Vorsteher des Börsenvereins der Deutschen Buchhändler, Leipzig 1925, S.41-44.

REICHEL, OTTO: Der Verlag von Mohr und Zimmer in Heidelberg und die Heidelberger Romantik, Diss. München, Augsburg 1913.

(ROTH, [RUDOLF]): „Zur Geschichte des Bücherdrucks und Buchhandels in Tübingen", in: Bbl 47 (1880), S.1246.

RÜHLE, OSKAR: Der theologische Verlag von J.C.B. Mohr (Paul Siebeck). Rückblicke und Ausblicke, Tübingen 1926.

SALIN, EDGAR: J.C.B. Mohr (Paul Siebeck) H. Laupp'sche Buchhandlung 1801-1951, in: Bbl Frankfurter Ausgabe Nr.61 (31.07.1951), S.249f.

SCHENDA, RUDOLF: Tübinger Druckerei- und Buchhandelskonkurrenz zwischen 1817 und 1831, in: Der Sülchgau 12 (1968), S.94-96.

SCHOTT, TH.: Zur Geschichte des Buchhandels in Tübingen, in: Archiv für Geschichte des Deutschen Buchhandels 2 (1879), Reprint Nendeln/Liechtenstein 1977, S.241-254.

SIEBECK, HANS GEORG: Hat der wissenschaftliche Privatverlag noch Daseinsberechtigung. Vortrag, gehalten am 1. August 1951 anläßlich des 150jährigen Bestehens des Verlages J.C.B. Mohr (Paul Siebeck), Tübingen 1951.

SIEBECK, OSKAR: Das Arbeitssystem der Grundherrschaft des deutschen Mittelalters. Seine Entstehung und seine sociale Bedeutung, Tübingen 1904 (Leipzig Diss. phil. 1904).

—: Die Aufgabe des wissenschaftlichen Verlages im Deutschland des 20. Jahrhundert, Tübingen 1934.

—: Zukunftssorgen der deutschen Theologie, in: ChW 34 (1920), Sp.293-295.

—: /SIEBECK, WERNER: Vorbemerkung, in: Verlags-Bericht J.C.B. Mohr (Paul Siebeck). H. Laupp'sche Buchhandlung Tübingen. 1. Januar bis 31. Dezember 1924, Tübingen 1924.

—: /—: /Zum Gedächtnis an D. Dr. Paul Siebeck. Gestorben am 20. November 1920, Tübingen 1925.

SIEBECK, WERNER: Der Heidelberger Verlag von Jacob Christian Benjamin Mohr. Ein Rückblick, Tübingen 1926.

—: Der Tübinger Buchhandel um 1800, in: Tübinger Blätter 19 (1927/1928), S.4-15 (auch als Separatdruck zugänglich).

UNSELD, SIEGFRIED: Hans Georg Siebeck wird 70, in: Buchmarkt Nr.10 (1981), S.278f.

WINTER, CARL: 175 Jahre Universitätsverlag C. Winter in Heidelberg. 1822-1997 – ein Überblick. Mit der Festrede „Spinoza in Heidelberg" von Manfred Walther, Heidelberg 1999.

ZIEGLER, HANS: Jakob Christian Benjamin Mohr, in: Deutsche Buchhändler-Akademie. Organ für die Gesamt-Interessen des Buchhandels und der ihm verwandten Gewerbe. Bd.3. Hg. v. HERMANN WEIßBACH, Weimar 1886, S.1-20.

ZSCHARNACK, LEOPOLD: Ein Jahrhundert des Mohrschen Verlags, in: ChW 22 (1908), Sp.1117-1122.

3.2. Verlagskataloge u.ä. (in chronologischer Folge)

DAS JUBILÄUMSJAHR 1801-1926. J.C.B. Mohr (Paul Siebeck). H. Laupp'sche Buchhandlung Tübingen, Tübingen 1926.

JUBILÄUMSKATALOG J.C.B. Mohr (Paul Siebeck) 1801-1951, Tübingen 1951.

NEUIGKEITEN aus dem Verlag von J.C.B. Mohr (Paul Siebeck) und der H. Laupp'schen Buchhandlung, 1880ff.

VERLAGS-BERICHTE von J.C.B. Mohr (Paul Siebeck) und der H.Laupp'schen Buchhandlung (Besitzer: Dr. Paul Siebeck) in Tübingen, 1907 und 1909-1926.

VERLAGS-KATALOG von J.C.B. Mohr (Paul Siebeck) in Tübingen 1801-1906 mit Nachtrag über das Jahr 1907, Leipzig 1907.

4. Rezensionsorgane[3]

AKADEMISCHE BLÄTTER. Zeitschrift des Kyffhäuser-Verbandes der Vereine Deutscher Studenten, Berlin 1915ff.

ALLGEMEINE EVANGELISCH-LUTHERISCHE KIRCHENZEITUNG (AELKZ), Leipzig 1868ff.

AMTLICHES VERKÜNDIGUNGSBLATT FÜR DEN AMTSBEZIRK HEIDELBERG, Heidelberg 1908ff.

BADISCHE LANDES-ZEITUNG. BEILAGE: BADISCHES MUSEUM, Karlsruhe 1850ff.

BENEDIKTINISCHE MONATSSCHRIFT ZUR PFLEGE RELIGIÖSEN UND GEISTIGEN LEBENS, Beuron 1919ff.

BERLINER TAGEBLATT UND HANDELS-ZEITUNG, Berlin 1872ff.

BLÄTTER FÜR DAS GYMNASIAL-SCHULWESEN. Hg. v. Bayerischen Gymnasiallehrerverein, München 1892ff.

BLÄTTER FÜR DIE FORTBILDUNG DES LEHRERS UND DER LEHRERIN. Halbmonatsschrift mit besonderer Berücksichtigung der jüngeren Lehrer und ihrer Vorbildung, Langensalza 1907ff.

BÜCHEREI UND BILDUNG. Verein der Bibliothekare in Deutschland, Reutlingen 1948ff.

CASSELER ALLGEMEINE ZEITUNG. Amtlicher Anzeiger für die Residenzstadt und den Landkreis Cassel, Cassel. 1884ff.

CHRISTENTUM UND GEGENWART. Evangelisches Monatsblatt, Nürnberg 1910ff.

CHRISTLICHE FREIHEIT. Evangelisches Gemeindeblatt für Rheinland und Westfalen. Untertitel z.T. auch: Blätter für die evangelische Volkskirche, Bonn 1908ff.

DIE CHRISTLICHE WELT (ChW). Protestantische Halbmonatsschrift, Gotha, dann Leipzig 1886ff.

DEUTSCHE LITERATURZEITUNG (DLZ), Berlin 1880ff.

DEUTSCHES ALLGEMEINES SONNTAGSBLATT (DASBl). Christliche Wochenzeitung für Politik, Wirtschaft, Kultur, Hamburg 1967ff.

DEUTSCHES PFARRERBLATT (und Pfarrerbote) (DtPfrBl). Centralorgan für die Wohlfahrtseinrichtungen des deutschen Pfarrverein, Stuttgart et al 1897ff.

EVANGELISCHE FREIHEIT (EvFr). Monatsschrift für die kirchliche Praxis in der gegenwärtigen Kultur, Tübingen 1907ff.

EVANGELISCHE KIRCHENZEITUNG (EKZ). Organ der Vereinigung der Evangelisch-Lutherischen innerhalb der preußischen Landeskirche (konfessionelle Gruppe), Berlin 1827ff.

DIE EVANGELISCHE MISSIONEN. Illustriertes Familienblatt, Gütersloh 1895ff.

---

3 Hier werden ausschießlich diejenigen Zeitschriften und Zeitungen aufgeführt, aus denen Rezensionen von RGG$^{1-3}$ stammen.

EVANGELISCHE THEOLOGIE (EvTh), München 1934ff.

EVANGELISCHE WACHT. Sonntagsblatt für Niedersachsen, Hannover 1901ff.

EVANGELISCH-PROTESTANTISCHER KIRCHENBOTE FÜR ELSASS-LOTHRINGEN, Straßburg 1871ff.

FRANKFURTER ALLGEMEINE ZEITUNG (FAZ), Frankfurt 1946ff.

FRANKFURTER ZEITUNG UND HANDELSBLATT, Frankfurt 1886ff.

FREIE BAYERISCHE SCHULZEITUNG, Würzburg 1900ff.

GEISTESKULTUR. Monatshefte der Comeniusgesellschaft für Geisteskultur und Volksbildung, Berlin et al 1924ff.

HAMBURGISCHES GEMEINDEBLATT, Hamburg 1908ff.

HANNOVERSCHER COURIER. Zeitung für Norddeutschland, Hannover 1854ff.

HEIDELBERGER ZEITUNG, Heidelberg 1861ff.

HERDER KORRESPONDENZ (HerKorr). Orbis catholicus, Freiburg i.Br. 1946ff.

HESSISCHES EVANGELISCHES SONNTAGSBLATT, Darmstadt 1888ff.

DIE HILFE. Zeitschrift für Politik, Wirtschaft und geistige Bewegung, Berlin 1894ff.

DIE HOCHKIRCHE (HKi). Monatsschrift der Hochkirchlichen Vereinigung, Charlottenburg 1919ff.

ISRAELITISCHES GEMEINDEBLATT. Organ für alle Interessenten des Judenthums, Köln et al 1888ff.

JENAISCHE ZEITUNG. Amts-, Gemeinde- und Tageblatt, Jena 1872ff.

JÜDISCHE RUNDSCHAU (JüdRd). Allgemeine jüdische Zeitung, Berlin 1902ff.

KARLSRUHER ZEITUNG. [Zeitweilig mit wechselndem Zusatz], Karlsruhe 1758ff.

KARTELL-ZEITUNG (KZATV). Organ des Eisenacher Kartells Akademisch-Theologischer Vereine, Berlin 1890ff.

KIRCHLICHER ANZEIGER FÜR WÜRTTEMBERG. Organ des Evangelischen Pfarrvereins, Stuttgart 1891ff.

KÖNIGSBERGER HARTUNGSCHE ZEITUNG, Königsberg 1850ff.

LITERARISCHER HANDWEISER (LitHw). Kritische Monatsschrift, Freiburg 1862ff.

LITERARISCHES Z[C]ENTRALBLATT FÜR DEUTSCHLAND (LZD), Leipzig 1849ff.

LUTHERISCHE RUNDSCHAU (LR), Stuttgart 1951ff.

MAGDEBURGISCHE ZEITUNG. Anhalter Anzeiger, Magdebrug 1806ff.

MANNHEIMER GENERAL-ANZEIGER. Badische Neueste Nachrichten, Mannheim 1916ff.

MONATSBLÄTTER FÜR DEN EVANGELISCHEN RELIGIONSUNTERRICHT (MERU). Zeitschrift für Ausbau und Vertiefung des Religionsunterrichts und der religiösen Erziehung in Schule, Kirche und Haus, Göttingen 1908ff.

MÜNCHNER NEUESTE NACHRICHTEN, München 1887ff.

NECKAR-ZEITUNG, Heilbronn 1896ff.

NEUES SÄCHSISCHES KIRCHENBLATT, Leipzig 1894ff.

NEUE ZÜRCHER ZEITUNG UND SCHWEIZERISCHES HANDELSBLATT (NZZ), Zürich 1779ff.

NORDHÄUSER ALLGEMEINE ZEITUNG. Nordhäuser Post – Tageblatt – Anzeiger, Nordhausen 1895ff.

PFÄLZISCHES PFARRERBLATT. Organ des Vereins Pfälzischer Pfarrerinnen und Pfarrer, Kaiserslautern 1900ff.

PREUSSISCHE JAHRBÜCHER (PrJ), Berlin 1858ff.

PROTESTANTENBLATT (PrBl). Wochenschrift für den deutschen Protestantismus, Berlin et al 1902ff.

PROTESTANTISCHE MONATSHEFTE (PrM). Neue Folge der Protestantischen Kirchenzeitung, Leipzig 1897ff.

REFORMIERTE KIRCHENZEITUNG (RKZ), Freudenberg et al 1865ff.

RELIGIÖSES VOLKSBLATT. Organ für Kirchlichen Fortschritt, St. Gallen 1870ff.

SÄCHSISCHES KIRCHEN- UND SCHULBLATT. Verein für das Sächsische Kirchenblatt, Dresden 1851ff.

SCHWÄBISCHE KRONIK. Des schwäbischen Merkurs zweite Abtheilung. Begebenheiten aus Schwaben. Aufgegangen in: SCHWÄBISCHER MERKUR, Stuttgart 1785ff.

SCHULBLATT FÜR DIE HERZOGTÜMER BRAUNSCHWEIG UND ANHALT. Vereinsorgan des Braunschweigischen Landes- und Anhaltischen Lehrervereins, Braunschweig 1907ff.

SONNTAGS-BLATT FÜR INNERE MISSION IN RHEINLAND UND WESTFALEN. Hg. im Auftrag der Diakonen-Anstalt in Diusburg, Duisburg et al 1850ff.

STIMMEN DER ZEIT (StZ). Katholische Monatsschrift für das Geistesleben der Gegenwart, Freiburg 1914ff.

STRASSBURGER POST, Straßburg 1882ff.

DIE THEOLOGIE DER GEGENWART (ThG), Leipzig 1907ff.

THEOLOGIE UND GLAUBE (ThGl). Zeitschrift für den Katholischen Klerus, Paderborn 1910ff.

THEOLOGISCHE BLÄTTER (ThBl). Im Auftrage des Eisenacher Kartells Akademisch-Theologischer Vereine, Leipzig 1922ff.

THEOLOGISCHE LITERATURZEITUNG (ThLZ), Leipzig 1875ff.

THEOLOGISCHER LITERATURBERICHT (TLB). Mit dem Beiblatt: Vierteljahrsbericht aus dem Gebiet der schönen Literatur und verwandten Gebieten, Gütersloh 1882ff.

THEOLOGISCHE QUARTALSCHRIFT (ThQ), Donauwörth 1819ff.

THEOLOGISCHE REVUE, Münster 1902ff.

THEOLOGISCHE RUNDSCHAU (ThR), Tübingen 1897ff.

VOLKSBILDUNG. Zeitschrift für öffentliches Vortragswesen, Volksleseanstalten und freies Fortbildungswesen in Deutschland. Organ der Gesellschaft für Verbreitung von Volksbildung und ihrer Verbände und Zweigvereine, Berlin 1879ff.

VOSSISCHE ZEITUNG. Berlinische Zeitung von Staats- und gelehrten Sachen, Berlin 1911ff.

DIE WARTBURG. Deutsch-Evangelische Monatsschrift, Berlin 1902ff.

DIE ZEIT. Wochenzeitung für Politik, Wirtschaft, Wissen und Kultur, Hamburg 1946ff.

ZEITSCHRIFT FÜR KATHOLISCHE THEOLOGIE (ZKTh), Wien 1877ff.

ZEITSCHRIFT FÜR EVANGELISCHES KIRCHENRECHT (ZEvKR), Tübingen 1951/52ff.

ZEITSCHRIFT FÜR KIRCHENGESCHICHTE (ZKG), Stuttgart 1877ff.

ZEITSCHRIFT FÜR THEOLOGIE UND KIRCHE (ZThK), Tübingen 1891-1917. N.F. 1920-1938.1950ff.

ZWISCHEN DEN ZEITEN (ZZ). Eine Zweimonatsschrift, München 1923ff.

5. Bibliographische Hilfsmittel

Bibliotheca Lexicorum. Kommentiertes Verzeichnis der Sammlung Otmar Seemann. Bearbeitet v. MARTIN PECHE. Eine Bibliographie der enzyklopädischen Literatur von den Anfängen bis zur Gegenwart, unter besonderer Berücksichtigung der im deutschen Sprachraum ab dem Jahr 1500 gedruckten Werke. Hg. v. HUGO WETSCHEREK, Wien 2001.

HEINRICH DOERING, Die deutschen Kanzelredner des achtzehnten und neunzehnten Jahrhunderts. Nach ihrem Leben und Wirken dargestellt, Neustadt a.d.Orla, bei Johann Karl Gottfried Wagner 1830.

KISTER, KENNETH F.: Best Encyclopedias: A Guide to General and Specialized Encyclopedias, Phoenix 1986.

LAWÄTZ, HEINRICH WILHELM: Handbuch für Bücherfreunde und Bibliothekare (auch: Handbuch zum Gebrauche derjenigen die sich von der Gelehrsamkeit überhaupt einige Bücherkenntniß zu erwerben wünschen). Des ersten Theiles zweiter Band, von der Gelehrsamtkeit überhaupt, Halle 1788.

Neue Bibliothec oder Nachricht und Urtheile von neuen Büchern Und allerhand zur Gelehrsamkeit dienenden Sachen, 31. St., Franckfurt et al 1714.

NÖSSELT, JOHANN AUGUST: Anweisung zur Kenntniß der besten allgemeinern Bücher in allen Theilen der Theologie. Vierte verbesserte u. sehr vermehrte Auflage, Leipzig 1800.

Notable Encyclopedias of the Late Eighteenth Century: Eleven Successors of the *Encyclopédie*. Ed. by FRANK A. KAFKER (Studies on Voltaire and the Eighteenth Century 315), Oxford 1994.

Notable Encyclopedias of the Seventeenth and Eighteenth Centuries: Nine Predecessors of the *Encyclopédie*. Hg. v. FRANK A. KAFKER (Studies on Voltaire and the Eighteenth Century 194), Oxford 1981.

REINHOLD, GREGOR: Neuere theol. Enzyklopädien, in: Keiters Katholischer Literatur-Kalender 10 (1910), S.VII-LXIV.

SCHMID, CHRISTIAN HEINRICH: Verzeichniß der in deutscher Sprache verfaßten Real=Wörterbücher über Wissenschaften und Künste, in: Journal von und für Deutschland 12. St. (1791), S.1049-1061.

SEEMANN, OTMAR: Index lexicorum ineditorum. Versuch einer ‚Bibliographie' nicht erschienener oder fiktiver Lexika, Enzyklopädien oder Wörterbücher, in: Buchhandelsgeschichte Nr.2 (1994), B 73-84.

SIMON, CHRISTIAN FRIEDRICH LIEBEGOTT: Literatur der Theologie hauptsächlich des neunzehnten Jahrhunderts, Leipzig 1813.

ZISCHKA, GERT A.: Index Lexicorum. Bibliographie der lexikalischen Nachschlagewerke, Wien 1959.

III. Sekundärliteratur

ANONYM: Rez.: „Das Wagner'sche Staats- und Gesellschafts-Lexikon. (Von einem conservativen Katholiken Preußens.), in: Historisch-politische Blätter für das katholische Deutschland. Erster Band (1862), S.572-583.

ABRET, HELGA: Albert Langen. Ein europäischer Verleger, München 1993.

Adolf von Harnack. Theologe, Historiker, Wissenschaftspolitiker. Hg. v. KURT NOWAK und OTTO G. OEXLE (VMPIG 161), Göttingen 2001.

ALBRECHT, CHRISTIAN: Bildung in der Praktischen Theologie, Tübingen 2003.

—: Historische Kulturwissenschaft neuzeitlicher Christentumspraxis. Klassische Protestantismustheorien in ihrer Bedeutung für das Selbstverständnis der Praktischen Theologie (BHT 114), Tübingen 2000.

ALBRECHT, WOLFGANG : Aufklärerische Selbstreflexion in deutschen Enzyklopädien und Lexika zur Zeit der Spätaufklärung, in: Enzyklopädien der Frühen Neuzeit. Beiträge zu ihrer Erforschung. Hg. v. FRANZ M. EYBL, WOLFGANG HARMS, HANS-HENRIK KRUMMACHER und WERNER WELZIG, Tübingen 1995, S.232-254.

ALLFELD, PHILIPP: Kommentar zu den Gesetzen vom 19. Juni 1901 betreffend das Urheberrecht an Werken der Literatur und der Tonkunst und über das Verlagsrecht sowie zu den internationalen Verträgen zum Schutze des Urheberrechts, München 1902.

—: Das Verlagsrecht. Kommentar zu dem Gesetze vom 19. Juni 1901 über das Verlagsrecht, München [2]1929.

An die Freunde. Vertrauliche d.i. nicht für die Öffentlichkeit bestimmte Mitteilungen (1903-1934). Nachdruck mit einer Einleitung v. CHRISTOPH SCHWÖBEL, Berlin et al 1993.

ANER, KARL: Die Theologie der Lessingzeit, Halle 1929.

ANTZ, JOSEPH: 150 Jahre Verlag Herder, in: Bbl Frankfurter Ausgabe Nr.82 (12.10.1951), S.370f.

ASSEL, HEINRICH: Der andere Aufbruch. Die Lutherrenaissance – Ursprünge, Aporien und Wege: Karl Holl, Emanuel Hirsch, Rudolf Hermann [1910-1935] (FSÖTh 72), Göttingen 1994.

ASSMUS, WALTER: Buchhandel und Volksbildung (Kultur und Fortschritt 451/452), Gautzsch bei Leipzig 1912.

Aufklärung, Absolutismus und Bürgertum in Deutschland. Zwölf Aufsätze. Hg. v. FRANKLIN KOPITZSCH, München 1976.

BAIER, ECKART: Gestärkt ins dritte Jahrhundert. Verlagshaus Herder, in: Bbl Nr.65 (17.08.1999), S.13-15.

BAIER, HARTMUT: Richard Siebeck und Karl Barth – Medizin und Theologie im Gespräch. Die Bedeutung der theologischen Anthropologie in der Medizin Richard Siebecks (FSÖTh 56), Göttingen 1988.

BAIER, HARTMUT/JACOB, WOLFGANG: Richard Siebeck und Karl Barth. Ein Gespräch zwischen Medizin und Theologie, in: HdJb XXIX (1985), S.115-132.

BAPPERT, WALTER/WAGNER, EGON: Rechtsfragen des Buchhandels. Abhandlungen, Gutachten und Vertragsmuster aus dem Verlags-, Buchhandels- und Pressewesen sowie Urheber- und Wettbewerbsrecht, Frankfurt/Main [2]1958.

BARR, JAMES: Bibelexegese und moderne Semantik. Theologische und linguistische Methode in der Bibelwissenschaft. Mit einem Geleitwort v. HANS CONZELMANN, München 1965.

BARTH, KARL: Die christliche Dogmatik im Entwurf. Erster Band: Die Lehre vom Wort Gottes. Prolegomena zur christlichen Dogmatik, München 1927.

Bartholomä Herder zum 200. Geburtstag, in: Bbl Frankfurter Ausgabe Nr.66 (20.08.1974), S.1314.

BASSI, HASKO VON: Otto Baumgarten. Ein ‚moderner Theologe' im Kaiserreich und in der Weimarer Republik (EHS.T 345), Frankfurt/Main et al 1988.

BAUMGARTEN, OTTO: Die Not der akademischen Berufe nach dem Friedensschluß, Tübingen 1919.

—: Über Kindererziehung. Erlebtes und Gedachtes. Frau Thekla Siebeck gewidmet, Tübingen 1905.

—: Meine Lebensgeschichte, Tübingen 1929.

—: Pfarrer D.F.M. Schiele, in: EvFr 13 (1913), S.355f.

BECKER, PHILIPP AUGUST: Gottsched, Bayle und die Enzyklopädie, in: Beiträge zur Deutschen Bildungsgeschichte. FS zur Zweihundertjahrfeier der Deutschen Gesellschaft in Leipzig 1727-1927 (Mitteilungen der Deutschen Gesellschaft zur Erforschung Vaterländischer Sprache und Altertümer in Leipzig 12), Leipzig 1927, S.94-108.

Benjamin Herder, in: Bbl 55 (1888), S.6194f.

Benjamin Herder, in: Deutsche Buchhändler Akademie. Organ für die geistigen Interessen des Buchhandels Bd.7. Hg. v. CURT WEIẞBACH, Weimar 1880/92.

Berühmte Autoren des Verlags F.A. Brockhaus, Leipzig 1914.

BETHMANN, ANKE/BERNHARD DONGOWSKI: Adolph Freiherr Knigge an der Schwelle zur Moderne. Ein Beitrag zur politischen Ideengeschichte der deutschen Spätaufklärung (QDGNS 112), Hannover 1994.

Das Bibliographische Institut in Leipzig. Den Besuchern der Kunstgewerbe-Ausstellung zu Leipzig 1879 gewidmet, Leipzig 1879.

Bibliotheken und Aufklärung. Hg. v. WERNER ARNOLD und PETER VODOSEK (Wolfenbütteler Schriften zur Geschichte des Buchwesens 14), Wiesbaden 1988.

BIERBACH, MECHTHILD: Grundzüge humanistischer Lexikographie in Frankreich. Ideengeschichtliche und rhetorische Rezeption der Antike als Didaktik (Kultur und Erkenntnis 18), Tübingen et al 1997.

„Die Bildung des Bürgers". Die Formierung der bürgerlichen Gesellschaft und die Gebildeten im 18. Jahrhundert. Hg. v. ULRICH HERRMANN, Weinheim et al 1982.

Bildungsbürgertum im 19. Jahrhundert. Teil I. Bildungssystem und Professionalisierung im internationalen Vergleich. Hg. v. WERNER CONZE und JÜRGEN KOCKA (Industrielle Welt 38), Stuttgart [2]1992.

Bildungsbürgertum im 19. Jahrhundert. Teil II. Bildungsgüter und Bildungswissen. Hg. v. REINHART KOSELLECK (Industrielle Welt 41), Stuttgart 1990.

Bildungsbürgertum im 19. Jahrhundert. Teil III. Lebensführung und ständische Vergesellschaftung. Hg. v. M. RAINER LEPSIUS (Industrielle Welt 47), Stuttgart 1992.

Bildungsbürgertum im 19. Jahrhundert. Teil IV. Politischer Einfluß und gesellschaftliche Formation (Industrielle Welt 48). Hg. v. JÜRGEN KOCKA, Stuttgart 1989.

BIRKNER, HANS-JOACHIM: „Liberale Theologie", in: DERS., Schleiermacher-Studien. Eingeleitet und hg. v. HERMANN FISCHER. Mit einer Bibliographie der Schriften Hans-Joachim Birkners von ARNULF VON SCHELIHA (SchlA 16), Berlin et al 1996, S.51-62.

BLOTH, PETER C.: Praktische Theologie (GKT 8), Stuttgart et al 1994.

BÖDEKER, HANS ERICH: Zeitschriften und politische Öffentlichkeit. Zur Politisierung der deutschen Aufklärung in der zweiten Hälfte des 18.Jahrhunderts, in: Aufklärung/Lumières und Politik. Zur politischen Kultur der deutschen und französischen Aufklärung. Hg. v. HANS ERICH BÖDEKER und ETIENNE FRANÇOIS (Deutsch-Französische Kulturbibliothek 5), Leipzig 1996, S.209-231.

BOOR, HANS OTTO DE: Urheberrecht und Verlagsrecht. Ein Beitrag zur Theorie der ausschließlichen Rechte, Stuttgart 1917.

BOUSSET, WILHELM: Das Wesen der Religion dargestellt an ihrer Geschichte, Halle/Saale 1903.

BRAKELMANN, GÜNTER: Hans Ehrenberg. Ein judenchristliches Schicksal in Deutschland. Bd.1: Leben, Denken und Wirken 1883-1932 (Schriften der Hans Ehrenberg Gesellschaft, hg. v. Traugott Jähnichen und Matthias Schreiber, Bd.3.), Waltrop 1997.

BRECHT, MARTIN: „Die gute Botschaft deutlich und wichtig machen", in: 150 Jahre Calwer Verlag 1836-1986. Die Festvorträge, Stuttgart 1986, S.3-12.

Ein Brief von Hermann Gunkel über Albert Eichhorn an Hugo Greßmann. Hg. v. WERNER KLATT, in: ZThK 66 (1969), S.1-6.

Der Briefwechsel zwischen Adolf von Harnack und Martin Rade. Theologie auf dem öffentlichen Markt. Hg. u. kommentiert v. JOHANNA JANTSCH, Berlin et al 1996.

BROCKE, BERNHARD VOM: Hochschul- und Wissenschaftspolitik in Preußen und im Deutschen Kaiserreich 1882-1907: das „System Althoff", in: Bildungspolitik in Preußen zur Zeit des Kaiserreichs. Hg. v. PETER BAUMGART. Stuttgart 1980, S.9-118.

BROCKHAUS, HANS: Aus der Werkstatt eines großen Lexikons. Ein Vortrag, Wiesbaden 1953.

BROCKHAUS, HEINRICH EDUARD: Die Firma F.A. Brockhaus von der Begründung bis zum hundertjährigen Jubiläum. 1805-1905, Leipzig 1905.

—: Friedrich Arnold Brockhaus. Sein Leben und Wirken nach Briefen und andern Aufzeichnungen geschildert. Drei Theile, Leipzig 1872-1881.

BROGLIE, C[ARL]: Ein moderner „Orbis pictus". Ein Beitrag zur „Lexikonpädagogik", in: Archiv für Volksschullehrer. Die neuzeitliche pädagogische Monatsschrift für die Lehrer an katholischen Volksschulen 38 (1934), S.225-232.

BROHM, BERTHOLD: Das Buch in der Krise. Studien zur Buchhandelsgeschichte der Weimarer Republik, in: AGB 51 (1999), S.189-331.

BRUCH, RÜDIGER VOM: Kaiser und Bürger. Wilhelminismus als Ausdruck kulturellen Umbruchs um 1900, in: Bürgertum, Adel und Monarchie. Wandel der Lebensformen im Zeitalter des bürgerlichen Nationalismus. Hg. v. ADOLF M. BIRKE und LOTHAR KETTENACKER (Prinz-Albert-Studien 7), München et al 1989, S.119-146.

—: Kulturstaat – Sinndeutung von oben?, in: Kultur und Kulturwissenschaften um 1900. Bd.1: Krise der Moderne und Glaube an die Wissenschaft. Hg. v. RÜDIGER VOM BRUCH, FRIEDRICH WILHELM GRAF und GANGOLF HÜBINGER, Stuttgart 1989, S.63-101.

—: /GRAF, FRIEDRICH WILHELM/HÜBINGER, GANGOLF: Kulturbegriff, Kulturkritik und Kulturwissenschaft um 1900. in: Kultur und Kulturwissenschaft um

1900. Krise der Moderne und Glaube an die Wissenschaft. Hg. v. RÜDIGER VOM BRUCH, FRIEDRICH WILHELM GRAF und GANGOLF HÜBINGER, Stuttgart 1989, S.9-24.

BRUNNER, EMIL: Erlebnis, Erkenntnis und Glaube in der Religion. Eine religionsphilosophische Studie, Tübingen 1921.

—: Geschichte oder Offenbarung? Ein Wort der Entgegnung an Horst Stephan, in: ZThK NF 6 (1925), S.266-278

—: Der Mittler. Zur Besinnung über den Christusglauben, Tübingen 1927.

Das Buch als Wille und Vorstellung. Arthur Schopenhauers Briefwechsel mit Friedrich Arnold Brockhaus. Hg. v. LUDGER LÜTKEHAUS, München 1996.

Das Buch in den zwanziger Jahren. Vorträge des zweiten Jahrestreffens des Wolfenbütteler Arbeitskreises für Geschichte des Buchwesens 16. bis 18. Mai 1977. Hg. v. PAUL RAABE (Wolfenbütteler Schriften für Geschichte des Buchwesens 2), Hamburg 1978.

BÜCKER, HANNS: Bartholomä Herder 1774-1839. Verleger – Drucker – Buchhändler. Neuausgabe durchg. v. MARTINA KATHÖFER und BURKHARD ZIMMERMANN, Freiburg i. Br. 2001.

BÜHLER, KARL-WERNER: Presse und Protestantismus in der Weimarer Republik. Kräfte und Krisen evangelischer Publizistik (EPF 1), Witten 1970.

BULTMANN, RUDOLF: Die liberale Theologie und die jüngste theologische Bewegung, in: ThBl 3 (1924) , S.73-86; jetzt in: DERS., Glauben und Verstehen Bd.1, Tübingen [9]1993, S.1-25.

BURKE, PETER: Papier und Marktgeschrei. Die Geburt der Wissensgesellschaft, Berlin 2001.

BURNETT, STEPHEN G.: From Christian Hebraism to Jewish Studies. Johannes Buxtorf (1564-1629) and Hebrew Learning in the Seventeenth Century (SHCT 68), Leiden et al 1996.

BUSCH, EBERHARD: Karl Barths Lebenslauf. Nach seinen Briefen und autobiographischen Texten, München [5]1993.

BUTTERFIELD, HERBERT: The History of Encyclopedias, in: TLS 73 (1974), p.531-533.

Der Calwer Verlagsverein. Literatur aus Calw für alle Welt. Erschienen anläßlich der Ausstellung: Weltweit ein Begriff: Der Calwer Verlagsverein. Zum 200. Geburtstag des Gründers Christian Gottlob Barth im Palais Vischer, Museum der Stadt Calw vom 25.04.1999 - 24.10.1999. Hg. v. der GROSSEN KREISSTADT CALW, Calw 1999.

CLAUSSEN, JOHANN HINRICH: Die Jesus-Deutung von Ernst Troeltsch im Kontext der liberalen Theologie (BHTh 99), Tübingen 1997.

COLLISON, ROBERT: Encyclopedias: Their History throughout the Ages. A Bibliographical Guide with Extensive Historical Notes to the General Encyclopedias issued throughout the World from 350 b.c. to the Present Day, New York et al 1964.

COLPE, CARSTEN: Bemerkungen zu Adolf von Harnacks Einschätzung der Disziplin ‚Allgemeine Religionsgeschichte', in: DERS., Theologie, Ideologie, Religionswissenschaft. Demonstrationen ihrer Unterscheidung, München 1980, S.18-39.

Cotta in Tübingen. Dokumente, Handschriften, Bücher. Aus der Cotta'schen Handschriften-Sammlung (Leihgabe der Stuttgarter Zeitung) im Schiller-Nationalmuseum, Marbach. Eine Ausstellung im November 1959. Bearbeitet v. LISELOTTE LOHRER unter Mitwirkung v. TILMAN KRÖMER (Tübinger Kataloge 4), Tübingen 1959.

Cotta und das 19. Jahrhundert. Aus der literarischen Arbeit eines Verlages. Ständige Ausstellung des Schiller Nationalmuseums und des Deutschen Literaturarchivs Marbach am Neckar. Katalog: DOROTHEA KÜHN unter Mitarbeit v. ANNELIESE KUNZ und MARGOT PEHLE, Marbach 1980.

DANN, OTTO: Die Lesegesellschaften des 18. Jahrhunderts und der gesellschaftliche Aufbruch des Bürgertums, in: „Die Bildung des Bürgers". Die Formierung der bürgerlichen Gesellschaft und die Gebildeten im 18. Jahrhundert. Hg. v. ULRICH HERRMANN, Weinheim et al 1982, S.100-118.

DARNTON, ROBERT: The Business of Enlightment: A Publishing History of the ‚Encyclopédie' 1775-1800, Cambridge et al 1979.

—: Glänzende Geschäfte. Die Verbreitung von Diderots ‚Encyclopedie' oder: Wie verkauft man Wissen mit Gewinn?, Frankfurt/Main 1998.

DAUM, ANDREAS W.: Wissenschaftspopularisierung im 19. Jahrhundert. Bürgerliche Kultur, naturwissenschaftliche Bildung und die deutsche Öffentlichkeit, 1848-1914, München 1998.

Deutsche Geschichtswissenschaft um 1900. Hg. v. NOTKER HAMMERSTEIN (Aus den Arbeitskreisen „Methoden der Geisteswissenschaften" der Fritz Thyssen Stiftung), Wiesbaden et al 1988.

Der deutsche Protestantismus um 1900. Hg. v. FRIEDRICH WILHELM GRAF und HANS MARTIN MÜLLER (Veröffentlichungen der Wissenschaftlichen Gesellschaft für Theologie 9), Gütersloh 1996.

Deutscher Glaube. Ein Lesebuch religiöser Prosa zum Schulgebrauch im deutschen Unterricht. Hg. v. FRIEDRICH MICHAEL SCHIELE (Dürrs deutsche Bibliothek 12), Leipzig 1905.

DIERSE, ULRICH: Art. Enzyklopädie, in: Enzyklopädie Philosophie. Bd.1. Hg. v. HANS JÖRG SANDKÜHLER, Hamburg 1990, S.339-342.

—: Enzyklopädie. Zur Geschichte eines philosophischen und wissenschaftstheoretischen Begriffs (ABG Supp/H 2), Bonn 1977.

DIESTEL, LUDWIG: Geschichte des Alten Testamentes in der christlichen Kirche, Jena 1869.

DÖRING, HERBERT: Der Weimarer Kreis. Studien zum politischen Bewußtsein verfassungstreuer Hochschullehrer in der Weimarer Republik (Mannheimer Sozialwissenschaftliche Studien 10), Meisenheim am Glan 1975.

DÖRNER, ANDREAS: Politische Lexik in deutschen und englischen Wörterbüchern. Metalexikographische Überlegungen und Analysen in kulturwissenschaftlicher Absicht, in: Worte, Wörter, Wörterbücher. Lexikographische Beiträge zum Essener Linguistischen Kolloquium. Hg. v. GREGOR MEDER und ANDREAS DÖRNER (Lexikographica. Series Maior 42), Tübingen 1992.

DORNEICH, JULIUS: Bartholomä Herder. Zum 190. Geburtstag und 125. Todestag, in: Bbl Frankfurter Ausgabe Nr.42 (26.05.1964), S.1047-1053.

DORNEICH, PHILIPP: Vor fünfzig Jahren. 1879-1885. Rückblicke eines Herderschen Zöglings. Als Manuskript gedruckt, Freiburg 1929.

DOVE, ALFRED: „Brockhaus und Meyer" (1896), in: DERS., Ausgewählte Schriftchen vornehmlich historischen Inhalts, Leipzig 1898, S.548-554.

DREHSEN, VOLKER: Art. Neuprotestantismus, in: TRE 24 (1994), S.363-383.

—: Fachzeitschriftentheologie. Programm und Profil eines Gattungstyps moderner Praktischer Theologie, am Beispiel der „Monatsschrift für die kirchliche Praxis" (1901-1920), in: Der deutsche Protestantismus um 1900. Hg. v. FRIEDRICH WILHELM GRAF und HANS MARTIN MÜLLER (Veröffentlichungen der Wissenschaftlichen Gesellschaft für Theologie 9), Gütersloh 1996, S.67-100.

—: Neuzeitliche Konstitutionsbedingungen der Praktischen Theologie. Aspekte der theologischen Wende zur soziokulturellen Lebenswelt christlicher Religion, Gütersloh 1988.

—: Protestantische Religion und praktische Rationalität. Zur Konvergenz eines ethischen Themas in der Praktischen Theologie Otto Baumgarten und Soziologie Max Webers, in: WOLFGANG STECK (Hg.), Otto Baumgarten. Studien zu Leben und Werk. Hg. v. Verein für Schleswig-Holsteinische Kirchengeschichte (SVSHKG.B 41), Neumünster 1986, S.197-235.

—: Theologia Popularis. Notizen zur Geschichte und Bedeutung einer praktisch-theologischen Gattung, in: PTh 77 (1988), S.2-20.

DRESCHER, HANS-GEORG: Ernst Troeltsch. Leben und Werk, Göttingen 1991.

DÜLMEN, RICHARD VAN: Die Gesellschaft der Aufklärer. Zur bürgerlichen Emanzipation und aufklärerischen Kultur in Deutschland, Frankfurt/Main 1986.

EBELING, GERHARD: Die Bedeutung der historisch-kritischenMethode für die protestantische Theologie und Kirche, in: DERS., Wort und Glaube. Bd.1, Tübingen 1960, S.1-49.

175 [Einhundertfünfundsiebzig] Jahre Herder. Kleines Alphabet einer Verlagsarbeit, Freiburg i. Br. 1976.

150 [Einhundertfünfzig] Jahre Calwer Verlag: 1836-1986. Ein bibliographisches Verzeichnis. Erarbeitet v. SIBYLLE FRITZ-MUNZ und KATHARINA KLEY, Stuttgart 1986.

ELLISSEN, HANS: Die Firma Vandenhoeck & Ruprecht in Göttingen 1735-1885, in: Bbl 52 (1885), S.734-736.

ENGEL, EDUARD: Deutsche Stilkunst, Wien et al 1911.

ENGELHARDT, ULRICH: Bildungsbürgertum. Begriffs- und Dogmengeschichte eines Etikettes (Industrielle Welt 43), Stuttgart 1986.

ENGELSING, ROLF: Analphabetentum und Lektüre. Zur Sozialgeschichte des Lesens in Deutschland zwischen feudaler und industrieller Gesellschaft, Stuttgart 1973.

—: Der Bürger als Leser. Lesergeschichte in Deutschland 1500-1800, Stuttgart 1974.

—: Die Perioden der Lesergeschichte in der Neuzeit, in: DERS., Zur Sozialgeschichte deutscher Mittel- und Unterschichten (KSGW 4), Göttingen 1973, S.112-154.

Enzyklopädien der Frühen Neuzeit. Beiträge zu ihrer Erforschung. Hg. v. FRANZ M. EYBL, WOLFGANG HARMS, HANS-HENRIK KRUMMACHER und WERNER WELZIG, Tübingen 1995.

Die Erforschung der Buch- und Bibliotheksgeschichte in Deutschland. FS für Paul Raabe zum 60. Geburtstag. Hg. v. WERNER ARNOLD, WOLFGANG DIETTRICH und BERNHARD ZELLER, Wiesbaden 1987.

ESTERMANN, MONIKA: Lexika als biblio-kulturelle Indikatoren. Der Markt für Lexika in der ersten Jahrhunderthälfte, in: AGB 31 (1988), S.247-258.

Eugen Diederichs. Leben und Werk. Ausgewählte Briefe und Aufzeichnungen. Hg. v. LULU VON STRAUß und TORNEY-DIEDERICHS, Jena 1936.

Der evangelische Buchhandel. Eine Übersicht seiner Entwicklung im 19. und 20. Jahrhundert. Mit 600 Firmengeschichten aus Deutschland, Österreich und der Schweiz. Hg. v. der VEREINIGUNG EVANGELISCHER BUCHHÄNDLER, Stuttgart 1961.

EYBL, FRANZ M.: Bibelenzyklopädien im Spannungsfeld von Konfession, Topik und Buchwesen, in: Enzyklopädien der Frühen Neuzeit. Beiträge zu ihrer Erforschung. Hg. v. FRANZ M. EYBL, WOLFGANG HARMS, HANS-HENRIK KRUMMACHER und WERNER WELZIG, Tübingen 1995, S.120-140.

FABIAN, BERNHARD: Der Gelehrte als Leser, in: DERS., Der Gelehrte als Leser. Über Bücher und Bibliotheken, Hildesheim et al 1998, S.3-32.

—: ‚Im Mittelpunkt der Bücherwelt'. Über Gelehrsamkeit und gelehrtes Schrifttum um 1750, in: DERS., Der Gelehrte als Leser. Über Bücher und Bibliotheken, Hildesheim et al 1998, S.205-230.

Fachschrifttum, Bibliothek und Naturwissenschaft im 19. und 20. Jahrhundert. Hg. v. CHRISTOPH MEINEL (Wolfenbütteler Schriften zur Geschichte des Buchwesens 27), Wiesbaden 1997.

FS (FESTSCHRIFT) zum 25jährigen Bestehen der Ferienkurse in Jena, Jena 1913.

FIETZ, RUDOLF: Die Darstellung des Bibliothekswesens in deutschen Enzyklopädien und Universallexika vom 18. Jahrhundert bis zur Gegenwart (Kölner Arbeiten zum Bibliotheks- und Dokumentationswesen 14), Köln 1991.

FISCHER, HERMANN: Systematische Theologie. Konzeptionen und Probleme im 20. Jahrhundert (GKT 6), Stuttgart et al 1992.

FIX, KARL-HEINZ: Universitätstheologie und Politik. Die Heidelberger Theologische Fakultät in der Weimarer Republik (Heidelberger Abhandlungen zur mittleren und neueren Geschichte; N.F., Bd.7), Heidelberg 1994.

FLACHMANN, HOLGER: Martin Luther und das Buch. Eine historische Studie zur Bedeutung des Buches im Handeln und Denken des Reformators (SuR N.R. 8), Tübingen 1996.

FRANCKE, HERMANN: Das Conversationslexikon und seine Gründer. Eine literarhistorische Skizze, in: Die Gartenlaube H.11 Nr.43 (1872), S.706-708.

FREVERT, UTE: „Mann und Weib, und Weib und Mann". Geschlechter-Differenzen in der Moderne, München 1995.

FRIEDRICH, GERHARD: Semasiologie und Lexikologie, in: ThLZ 94 (1969), Sp.801-816.

Friedrich Naumann in seiner Zeit. Hg. v. RÜDIGER VOM BRUCH, Berlin et al 2000.

FÜHRER, KLAUS MICHAEL: Hermann Mulert. Kirchlicher Liberalismus als politischer Protestantismus in der Weimarer Republik und im „Dritten Reich". Studien zur Biographie. Diss. theol., Leipzig 1988.

Fünfter Weltkongreß für freies Christentum und religiösen Fortschritt, Berlin 5.-10. August 1910. Protokoll der Verhandlungen. Hg. v. FRIEDRICH MICHAEL SCHIELE und MAX FISCHER. Zwei Bde., Berlin 1911.

FÜSSEL, STEPHAN: Georg Joachim Göschen. Ein Verleger der Spätaufklärung und der deutschen Klassik. Bd.1. Studien zur Verlagsgeschichte und zur Verlegertypologie der Goethe-Zeit, Berlin et al 1999, S.46ff.

GATES, JOHN EDWARD: An Analysis of the Lexicographic Resources used by American Biblical Scholars Today (SBL.DS 8), Missoula, Mont. 1972.

Gelehrter Buchhändler, Feldbuchdrucker und Kartenverleger, in: Bbl 106 (1939), S.203f.

GERTH, HANS H.: Bürgerliche Intelligenz um 1800. Zur Soziologie des deutschen Frühliberalismus. Mit einem Vorwort und einer ergänzenden Bibliographie. Hg. v. ULRICH HERRMANN (KSGW 19), Göttingen 1976 (Erstausgabe: Die sozialgeschichtliche Lage der bürgerlichen Intelligenz um die Wende des 18. Jahrhunderts. Ein Beitrag zur Soziologie des deutschen Frühliberalismus. Phil. Diss., Frankfurt/Main 1935).

Geschichte des Deutschen Buchhandels im 19. und 20. Jahrhunderts. Das Kaiserreich 1870-1918. Teil 1. Im Auftrag der Historischen Kommission hg. v. GEORG JÄGER in Verbindung mit DIETER LANGEWIESCHE und WOLFRAM SIEMANN, Frankfurt/Main 2001.

GEYER, HANS-GEORG: Die dialektische Theologie und die Krise des Liberalismus, in: Die Krise des Liberalismus zwischen den Weltkriegen. Hg. v. RUDOLF VON THADDEN, Göttingen 1978, S.155-170.

GIESECKE, MICHAEL: Der Buchdruck in der frühen Neuzeit. Eine historische Fallstudie über die Durchsetzung neuer Informations- und Kommunikationstechnologien. Mit einem Nachwort zur Taschenbuchausgabe 1998, Frankfurt/Main 1998.

Glanz und Niedergang der deutschen Universität. 50 Jahre deutscher Wissenschaftsgeschichte in Briefen an und von Hans Lietzmann (1892-1942). Mit einer einführenden Darstellung hg. v. KURT ALAND, Berlin et al 1979.

GÖBEL, WOLFRAM: Der Ernst Rowohlt Verlag 1910-1913. Seine Geschichte und seine Bedeutung für die Literatur seiner Zeit, in: AGB 14 (1974), Sp.465-566.

—: Der Kurt Wolff Verlag 1913-1930. Expressionsimus als verlegerische Aufgabe. Mit einer Bibliographie des Kurt Wolff Verlags und der ihm angeschlossenen Unternehmen 1910-1930, in: AGB 15 (1976), Sp.521-962 und AGB 16 (1977), Sp.1299-1456.

GÖPFERT, HERBERT G.: Bücherpreise: Kalkulationen und Relationen, in: DERS., Vom Autor zum Leser. Beiträge zur Geschichte des Buchwesens, München et al 1977, S.119-142.

—: Zedlers „Universal-Lexicon", in: DERS., Vom Autor zum Leser. Beiträge zur Geschichte des Buchwesens, München et al 1977, S.63-75.

GOGARTEN, FRIEDRICH: Ich glaube an den dreieinigen Gott. Eine Untersuchung über Glauben und Geschichte, Jena 1926.

GOLDFRIEDRICH, JOHANN: Geschichte des Deutschen Buchhandels vom Westfälischen Frieden bis zum Beginn der klassischen Litteraturperiode. 1648-1740 (Geschichte des Deutschen Buchhandels Bd.II), Leipzig 1908.

—: Geschichte des Deutschen Buchhandels vom Beginn der klassischen Litteraturperiode bis zum Beginn der Fremdherrschaft. 1740-1804 (Geschichte des Deutschen Buchhandels Bd.III), Leipzig 1909.

GOSCHLER, CONSTANTIN: Wissenschaft und Öffentlichkeit in Berlin (1870-1930). Einleitung, in: Wissenschaft und Öffentlichkeit in Berlin, 1870-1930. Hg. v. CONSTANTIN GOSCHLER, Stuttgart 2000, S.7-29.

GRAF, FRIEDRICH WILHELM: Die „antihistoristische Revolution" in der protestantischen Theologie der zwanziger Jahre, in: Vernunft des Glaubens. Wissenschaftliche Theologie und kirchliche Lehre. FS zum 60. Geburtstag von Wolfhart Pannenberg. Hg. v. JAN ROHLS und GUNTHER WENZ, Göttingen 1988, S.377-405.

—: Art. Kulturprotestantismus, in: TRE 20 (1990), S.230-243.

—: Art. Liberale Theologie, in EKL[3], 3 (1992), Sp.86-98.

—: Konservatives Kulturluthertum. Ein theologiegeschichtlicher Prospekt, in: ZThK 85 (1988), S.31-76.

—: Kulturprotestantismus. Zur Begriffsgeschichte einer theologiepolitischen Chiffre, in: ABG 28 (1984), S.214-286, jetzt auch in: Kulturprotestantismus. Beiträge zu einer Gestalt des modernen Christentums. Hg. v. HANS MARTIN MÜLLER, Gütersloh 1992, S.21-77.

—: Das Laboratorium der religiösen Moderne. Zur ‚Verlagsreligion' des Eugen Diederichs Verlags, in: Versammlungsort moderner Geister. Der Eugen Diederichs Verlag – Aufbruch ins Jahrhundert der Extreme. Hg. v. GANGOLF HÜBINGER, München 1996, S. 243-298.

—: Max Weber und die protestantische Theologie seiner Zeit, in: ZRGG 39 (1987), S.122-147.

—: Protestantische Theologie in der Gesellschaft des Kaiserreichs, in: Profile des neuzeitlichen Protestantismus. Bd.2: Kaiserreich, Teil 1. Hg. v. FRIEDRICH WILHELM GRAF, Gütersloh 1992.

—: Protestantische Theologie und die Formierung der bürgerlichen Gesellschaft, in: Profile des neuzeitlichen Protestantismus. Bd.1. Aufklärung, Idealismus, Vormärz. Hg. v. FRIEDRICH WILHELM GRAF, Gütersloh 1990, S.11-54.

—: Rettung der Persönlichkeit. Protestantische Theologie als Kulturwissenschaft des Christentums, in: Kultur und Kulturwissenschaften um 1900. Krise der Moderne und Glaube an die Wissenschaft. Hg. v. RÜDIGER VOM BRUCH, FRIEDRICH WILHELM GRAF und GANGOLF HÜBINGER, Stuttgart 1989, S.103-131.

—: Der „Systematiker" der „Kleinen Göttinger Fakultät". Ernst Troeltschs Promotionsthesen und ihr Göttinger Kontext, in: Troeltsch Studien. Untersuchungen zur Biographie und Werkgeschichte. Mit den unveröffentlichten Promotionsthesen der ‚Kleinen Göttinger Fakultät' 1888-1893. Hg. v. HORST RENZ und FRIEDRICH-WILHELM GRAF, Gütersloh 1982, S.235-290.

—: Theonomie. Fallstudien zum Integrationsanspruch neuzeitlicher Theologie, Gütersloh 1987.

GREßMANN, HUGO: Albert Eichhorn und die Religionsgeschichtliche Schule, Göttingen 1914.

GRIESER, THORSTEN: Buchhandel und Verlag in der Inflation. Studien zu wirtschaftlichen Entwicklungstendenzen des deutschen Buchhandels in der Inflation nach dem Ersten Weltkrieg, in: AGB 51 (1999), S.1-187.

GRÜNERT, ALEXANDRA-HENRI: Die Professionalisierung des Buchhandels im Kaiserreich, in: AGB 49 (1998), S.267-343.

GUNKEL, HERMANN: Wilhelm Bousset. Gedächtnisrede gehalten in der Universität Gießen am 9. Mai 1920, Tübingen 1920.

—: Ein Notschrei aus Anlaß des Buches Himmelsbild und Weltanschauung im Wandel der Zeiten. Von Troels-Lund, Leipzig, Teubner 1899, in: ChW 14 (1900), Sp.58-61.

—: Über die Popularisierung theologischer Forschung, in: FS zum 25jährigen Bestehen der Ferienkurse in Jena, Jena 1913, S.70-80.

—: Zum religionsgeschichtlichen Verständnis des Neuen Testaments (FRLANT 1), Göttingen 1903.

—: Schöpfung und Chaos in Urzeit und Endzeit, Göttingen 1895.

GURST, GÜNTER: Zur Geschichte des Konversationslexikons in Deutschland, in: Lexika gestern und heute. Hg. v. HANS-JOACHIM DIESNER und GÜNTER GURST, Leipzig 1976, S.137-190.

Gustav Frenssen Bibliographie. Erarbeitet v. OTTO JORDAN, Bohmsted – Nordfriesland 1978.

HABERMAS, JÜRGEN: Strukturwandel der Öffentlichkeit. Untersuchungen zu einer Kategorie der bürgerlichen Gesellschaft. Mit einem Vorwort zur Neuauflage 1990, Frankfurt/Main [5]1996.

HADDING, GÜNTHER: Aus der Praxis moderner Lexikographie, in: Welt der Information. Wissen und Wissensvermittlung in Geschichte und Gegenwart. Hg. v. HANS-ALBRECHT KOCH in Verbindung mit AGNES KRUP-EBERT, Stuttgart 1990, S.109-121.

HAENSCH, GÜNTHER: Lexikographie zwischen Theorie und Praxis – heute, in: Theoretische und praktische Probleme der Lexikographie. (Professor Dr. Günther Haensch zum 60. Geburtstag). 1. Augsburger Kolloquium. Hg. v. DIETER GOETZ und THOMAS HERBST, München 1984, S.118-138.

HALTERN, UTZ: Politische Bildung und bürgerlicher Liberalismus. Zur Rolle der Konversationslexika in Deutschland, in: HZ Bd.223 (1976), S.61-97.

Handbuch der deutschen Bildungsgeschichte. Bd.III. 1800-1870. Von der Neuordnung Deutschlands bis zur Gründung des Deutschen Reiches. Hg. v. KARL-ERNST JEISMANN und PETER LUNDGREEN, München 1987.

Handbuch der deutschen Bildungsgeschichte. Bd.IV. 1870-1918. Von der Reichsgründung bis zum Ende des Ersten Weltkriegs. Hg. v. CHRISTA BERG, München 1991.

Handbuch der deutschen Bildungsgeschichte. Bd.V. 1918-1945. Die Weimarer Republik und die nationalsozialistische Diktatur. Hg. v. DIETER LANGEWIESCHE und HEINZ-ELMAR TENORTH, München 1989.

HARNACK, ADOLF [VON]: Die Aufgabe der theologischen Fakultäten und die allgemeine Religionsgeschichte, nebst einem Nachwort, jetzt in: Adolf von Harnack als Zeitgenosse. Reden und Schriften aus den Jahren des Kaiserreichs und der Weimarer Republik. Teil 1. Der Theologe und Historiker. Hg. u. eingeleitet v. KURT NOWAK. Mit einem bibliographischen Anhang von Hanns-Christoph Picker, Berlin et al 1996, S.797-824.

—: Über das Wesen des Christentums. Sechzehn Vorlesungen vor Studierenden aller Facultäten im Wintersemester 1899/1900 an der Universität Berlin gehalten von Adolf v. Harnack, Leipzig 1900.

Das Haus Herder, Freiburg i. Br. 1958.

HEIDLER, IRMGARD: Der Verleger Eugen Diederichs und seine Welt [1896-1930] (Mainzer Studien zur Buchwissenschaft 8), Wiesbaden 1998.

HELL, LEONHARD: Entstehung und Entfaltung der theologischen Enzyklopädie (Veröffentlichungen des Instituts für Europäische Geschichte Mainz; Bd.176: Abteilung abendländische Religionsgeschichte), Mainz 1999.

HELLGE, MANFRED: Der Verleger Wilhelm Friedrich und das ,Magazin für die Literatur des In- und Auslandes'. Ein Beitrag zur Literatur und Verlagsgeschichte des frühen Naturalismus in Deutschland, in: AGB 16 (1976), Sp.791-1216.

HENNINGSEN, JÜRGEN: ,Enzyklopädie'. Zur Sprach- und Bedeutungsgeschichte eines pädagogischen Begriffs, in: ABG 10 (1966), S.271-362.

—: Das Konversationslexikon – pädagogisch gesehen. I.II., in: Berliner Arbeitsblätter für die Deutsche Volkshochschule XVIII (1962), S.18-71 (I: S.18-45; II: S.45-71), III. in: aaO., XIX (1962), S.57-81.

—: Orbis Doctrinae: Encyclopaedia, in: ABG 11 (1967), S.241-245.

HENZE, EBERHARD: Kleine Geschichte des deutschen Buchwesens, Düsseldorf 1983.

HERDER, GWENDOLIN: Entwicklungslinien volksbildnerischer Verlagsarbeit zwischen Kölner Ereignis und Märzrevolution (1837-1848). Der christliche Buchhandel am Beispiel des Verlages Herder in Freiburg im Breisgau, Diss. Bonn 1989.

Hermann Mulert (1879-1950). Lebensbild eines Kieler liberalen Theologen. Mit einem aus dem Nachlaß herausgegebenen Text „Wie wir wieder ein Volk werden sollen" von 1945 sowie ausgewählten Texten aus den Jahren 1930 bis 1936. Zusammengestellt u. bearbeitet v. MATTHIAS WOLFES. Hg. v. VEREIN FÜR SCHLESWIG-HOLSTEINISCHE KIRCHENGESCHICHTE (SVSHKG 2/50), Kiel 2000.

HERRMANN ULRICH: Pädagogisches Denken und Anfänge der Reformpädagogik, in: Handbuch der deutschen Bildungsgeschichte. Bd.IV. 1870-1918. Von der Reichsgründung bis zum Ende des Ersten Weltkriegs. Hg. v. CHRISTA BERG, München 1991, S.147-178.

HERTEL, KARIN: Der Politiker Johann Friedrich Cotta: Publizistische verlegerische Unternehmungen, in: AGB 19 (1978), Sp.365-562.

HESPE, JÜRGEN: „Müssen also nicht sehr viele Schriftsteller ungekauft und ungelesen bleiben?" Die Dessauer Buchhandlung der Gelehrten und ihr Gesamtverzeichnis von 1784, in: Buchhandelsgeschichte Nr.3 (1998), B 152-160.

HEUSSI, KARL: Geschichte der theologischen Fakultät zu Jena (Darstellungen zur Geschichte der Universität Jena 1), Weimar 1954.

—: Die Krisis des Historismus, Tübingen 1932.

HEYMEL, MICHAEL: Die Bibel mit Geschmack und Vergnügen lesen: Bahrdt als Bibelausleger, in: Carl Friedrich Bahrdt (1740-1792). Hg. v. GERHARD SAUDER und CHRISTOPH WEIß (Saarbrücker Beiträge zur Literaturwissenschaft 34,. St. Ingbert 1992, S.227-257.

HINGST, ANJA ZUM: Die Geschichte des Großen Brockhaus. Vom Conversationslexikon zur Enzyklopädie (Buchwissenschaftliche Beiträge aus dem Deutschen Bucharchiv München 53), Wiesbaden 1995.

Historische Semantik und Begriffsgeschichte. Hg. v. REINHART KOSELLECK (Sprache und Geschichte 1), Stuttgart 1978.

Die Historismusdebatte in der Weimarer Republik (Schriften zur politischen Kultur der Weimarer Republik 2). Hg. v. WOLFGANG BIALAS und GÉRARD RAULET, Frankfurt/Main et al 1996.

Historismus in den Kulturwissenschaften. Geschichtskonzepte, historische Einschätzungen, Grundlagenprobleme. Hg. v. OTTO GERHARD OEXLE und JÖRN RÜSEN (Beiträge zur Geschichtskultur 12), Köln et al 1996.

HJORT, KIRSTEN: Lexikon, Wörterbuch, Enzyklopädie, Konversationslexikon. Versuch einer Begriffserklärung, in: Muttersprache. Zeitschrift zur Pflege und Erforschung der deutschen Sprache. 77. Jg. (1967), S.353-365.

HÖLSCHER, LUCIAN: Öffentlichkeit und Geheimnis. Eine begriffsgeschichtliche Untersuchung zur Entstehung der Öffentlichkeit in der frühen Neuzeit (Sprache und Geschichte 4), Stuttgart 1979.

—: Religion im Wandel. Von Begriffen des religiösen Wandels zum Wandel religiöser Begriffe, in: Religion als Thema der Theologie: Geschichte, Standpunkte und Perspektiven theologischer Religionskritik und Religionsbegründung. Hg. v. WILHELM GRÄB, Gütersloh 1999, S.45-62.

—: Zeit und Diskurs in der Lexikographie, in: Historische Semantik und Begriffsgeschichte. Hg. v. REINHART KOSELLECK, Stuttgart 1978, S.327-342.

HOHLFELD, JOHANNES: Das Bibliographische Institut. FS zu seiner Jahrhundertfeier, Leipzig 1926.

HOMRICHHAUSEN, CHRISTIAN: Evangelische Pfarrer in Deutschland, in: Bildungsbürgertum im 19. Jahrhundert. Teil I. Bildungssystem und Professionalisierung in internationalen Vergleichen. Hg. v. WERNER CONZE und JÜRGEN KOCKA (Industrielle Welt 38), Stuttgart [2]1992, S.248-278.

HORNIG, GOTTFRIED: Wilhelm Abraham Tellers *Wörterbuch des Neuen Testaments* und Friedrich Christoph Oetingers *Emblematik*, in: Das Achtzehnte Jahrhundert. Zeitschrift der Deutschen Gesellschaft für die Erforschung des achtzehnten Jahrhunderts 22 (1998), S.76-86.

HORNUNG, BURKARD: Buchforschung – ein Privileg der Kulturgeschichte? Das Medium Buch als Objekt der Wissenschaften, in: Buchhandelsgeschichte Nr.3 (1982), B 114-118.

HÜBINGER GANGOLF: „Journalist" und „Literat". Vom Bildungsbürgertum zum Intellektuellen, in: Intellektuelle im Deutschen Kaiserreich. Hg. v. GANGOLF HÜBINGER und WOLFGANG J. MOMMSEN, Frankfurt/Main 1993, S.95-110.

—: Kulturkritik und Kulturpolitik des Eugen-Diederichs-Verlags im Wilhelminismus. Auswege aus der Krise der Moderne? in: Umstrittene Moderne. Die Zukunft der Neuzeit im Urteil der Epoche Ernst Troeltschs. Hg. v. HORST RENZ und FRIEDRICH WILHELM GRAF (Troeltsch Studien 4), Gütersloh 1987, S.92-114.

—: Kulturprotestantismus und Politik. Zum Verhältnis von Liberalismus und Protestantismus im wilhelminischen Deutschland, Tübingen 1994.

–: Die liberale Paradoxie. Veralltäglichung liberaler Ideen und Niedergang der liberalen Bewegung, in: Liberale Theologie. Eine Ortsbestimmung. Hg. v. FRIEDRICH WILHELM GRAF (Troeltsch Studien 7), Gütersloh 1993, S.52-64.

–: Protestantische Kultur im wilhelminischen Deutschland, in: IASL 16,1 (1991), S.174-199.

–: Der Verlag Eugen Diederichs in Jena. Wissenschaftskritik, Lebensreform und völkische Bewegung, in: GuG 22 (1996), S.31-45.

–: /MÜLLER, HELEN: Politische, konfessionelle und weltanschauliche Verlage im Kaiserreich, in: Geschichte des Deutschen Buchhandels im 19. und 20. Jahrhundert. Das Kaiserreich 1870-1918. Teil 1. Im Auftrag der Historischen Kommission hg. v. GEORG JÄGER in Verbindung mit DIETER LANGEWIESCHE und WOLFRAM SIEMANN, Frankfurt/Main 2001, S.347-405.

HÜBNER, THOMAS: Adolf von Harnacks Vorlesungen über das Wesen des Christentums unter besonderer Berücksichtigung der Methodenfragen als sachgemäßer Zugang zu ihrer Christologie und Wirkungsgeschichte (EHS.T 493), Frankfurt/Main et al 1994.

HÜBSCHER, ARTHUR: Hundertfünfzig Jahre F.A. Brockhaus. 1805-1955, Wiesbaden 1955.

HUMAN, ARMIN: Carl Joseph Meyer und das Bibliographische Institut von Hildburghausen-Leipzig. Eine kulturhistorische Studie (Sonderdruck aus den ‚Schriften des Vereins für Meiningische Geschichte und Landeskunde' 23 [1896]), Hildburghausen 1896.

Das Hundertjährige Jubiläum der Firma F.A. Brockhaus am 15. Oktober 1905. Als Handschrift gedruckt, Leipzig 1906.

ITTEL, GERHARD WOLFGANG: Die Hauptgedanken der „Religionsgeschichtlichen Schule", in: ZRGG 10 (1958), S.61-78.

JACOBS, MANFRED: Art. Liberale Theologie, in: TRE 21 (1991), S.47-68.

JÄGER, GEORG: Historische Lese(r)forschung, in: Die Erforschung der Buch- und Bibliotheksgeschichte in Deutschland. FS für Paul Raabe zum 60. Geburtstag. Hg. v. WERNER ARNOLD, WOLFGANG DITTRICH und BERNHARD ZELLER, Wiesbaden 1987, S.485-507.

–: Der Kampf gegen Schmutz und Schund. Die Reaktion der Gebildeten auf die Unterhaltungsindustrie, in: AGB 31 (1988), S.163-191.

–: Leihbibliotheken, Lesegesellschaften und Buchmarkt im 18. und 19. Jahrhundert, in: Aus dem Antiquariat 6 (1986), A 245-255.

–: Der Lexikonverlag, in: Geschichte des Deutschen Buchhandels im 19. und 20. Jahrhundert. Das Kaiserreich 1870-1918. Teil 1. Im Auftrag der Historischen Kommission hg. v. GEORG JÄGER in Verbindung mit DIETER LANGEWIESCHE und WOLFRAM SIEMANN, Frankfurt/Main 2001, S. 541-574..

–: Medien, in: Handbuch der deutschen Bildungsgeschichte. Bd.IV. 1870-1918. Von der Reichsgründung bis zum Ende des ersten Weltkriegs. Hg. v. CHRISTA BERG, München 1991, S.472-499.

JÄGER, PAUL: Popularisierende theologische Literatur, in: ThR 7 (1904), S.93-103 und ThR 7 (1904), S.139-148.

JAHN, JOHANNES: Die Bedeutung des „Großen Brockhaus" für den Wissenschaftler, in: F.A. Brockhaus 1805-1940. Aus der Arbeit von fünf Generationen. Zum Gutenbergjahr 1940, Leipzig 1940, S.61-66.

JANSEN, CHRISTIAN: Professoren und Politik. Politisches Denken und Handeln der Heidelberger Hochschullehrer 1914-1935 (KSGW 99), Göttingen 1992.

JANSSEN, NITTERT: Popularisierung der theologischen Forschung. Breitenwirkung durch Vorträge und „gemeinverständliche" Veröffentlichungen, in: Die Religionsgeschichtliche Schule in Göttingen. Eine Dokumentation. Hg. v. GERD LÜDEMANN und MARTIN SCHRÖDER, Göttingen 1987, S.109-136.

—: Theologie fürs Volk. Der Einfluß der Religionsgeschichtlichen Schule auf die Popularisierung der theologischen Forschung vor dem Ersten Weltkrieg (Studien und Texte zur Religionsgeschichtlichen Schule 4), Frankfurt/Main et al 1999.

—: Vermittlung theologischer Forschungsergebnisse durch Ferienkurse und das Engagement der „Religionsgeschichtlichen Schule" (1892-1914), in: Historische Wahrheit und theologische Wissenschaft. Gerd Lüdemann zum 50. Geburtstag. Hg. v. ALF ÖZEN, Frankfurt/Main et al 1996, S.105-111.

—: Der „Wissenschaftliche Predigerverein zu Hannover" und die „Religionsgeschichtliche Schule", in: Die „Religionsgeschichtliche Schule". Facetten eines theologischen Umbruchs. Hg. v. GERD LÜDEMANN (Studien und Texte zur Religionsgeschichtlichen Schule 1), Frankfurt/Main et al 1996, S.65-105.

JARAUSCH, KONRAD H.: Die Krise des deutschen Bildungsbürgertums im ersten Drittel des 20. Jahrhunderts, in: Bildungsbürgertum im 19. Jahrhundert. Teil IV. Politischer Einfluß und gesellschaftliche Formation. Hg. v. JÜRGEN KOCKA (Industrielle Welt 48), Stuttgart 1989, S.180-205.

JASPERT, BERND: Rudolf Bultmanns Wende von der liberalen zur dialektischen Theologie, in: Rudolf Bultmanns Werk und Wirkung. Hg. v. BERND JASPERT, Darmstadt 1984, S.25-43.

JENTSCH, IRENE: Zur Geschichte des Zeitungslesens in Deutschland am Ende des 18. Jahrhunderts. Mit besonderer Berücksichtigung der gesellschaftlichen Formen des Zeitungslesens, Phil. Diss., Leipzig 1937.

JENTZSCH, RUDOLF: Der deutsch-lateinische Büchermarkt nach den Leipziger Ostermeßkatalogen von 1740, 1770 und 1800 in seiner Gliederung und Wandlung (Beiträge zur Kultur- und Universalgeschichte 22), Leipzig 1912.

Ein Jubiläum des Wissens. 175 Jahre F.A. Brockhaus. Mit Beiträgen v. WALTHER KILLY, THILO KOCH und RICHARD TOELLNER, Wiesbaden 1980.

KAEMPFERT, MANFRED: Lexikologie der religiösen Sprache, in: HELMUT FISCHER (Hg.), Sprachwissen für Theologen, Hamburg 1974, S.62-81.

KALHÖFER, KARL-HEINZ: 125 Jahre Meyers Lexikon, Leipzig 1964.

KAPPSTEIN, TH[EODOR]: † Friedrich Michael Schiele, in: Neuigkeiten aus dem Verlag J.C.B. Mohr (Paul Siebeck) und der H. Laupp'schen Buchhandlung 5 (1913), S.57-59.

Karl Barth – Emil Brunner. Briefwechsel 1916-1966. Hg. v. der KARL BARTH-FORSCHUNGSSTELLE an der Universität Göttingen (Leitung EBERHARD BUSCH). Karl Barth Gesamtausgabe V. Briefe, Zürich 2000.

Karl Barth – Martin Rade. Ein Briefwechsel. Mit einer Einleitung hg. v. CHRISTOPH SCHWÖBEL, Gütersloh 1981.

Der katholische Buchhandel Deutschlands. Seine Geschichte bis zum Jahr 1967. Hg. v. der VEREINIGUNG DES KATHOLISCHEN BUCHHANDELS E.V., Frankfurt/Main 1967.

Der Katholizismus in Deutschland und der Verlag Herder. 1801-1951, Freiburg i. Br. 1951.

KERLEN, DIETRICH: Protestantismus und Buchverehrung in Deutschland, in: Jahrbuch für Kommunikationsgeschichte 1. Hg. v. HOLGER BÖNING, ARNULF KUTSCH und RUDOLF STÖBER, Leipzig 1999, S.1-22.

KIESEL, HELMUTH/MÜNCH, PAUL: Gesellschaft und Literatur im 18. Jahrhundert. Voraussetzungen und Entstehung des literarischen Markts in Deutschland, München 1977.

KILLY, WALTHER: Der Brockhaus von 1827, in: DERS., Von Berlin bis Wandsbeck. Zwölf Kapitel deutscher Bürgerkultur um 1800, München 1996, S.198-235.

—: Große deutsche Lexika und ihre Lexikographen 1711-1835, München 1993.

—: Von älteren Lexika, in: Ein Jubiläum des Wissens. 175 Jahre F.A. Brockhaus. Mit Beiträgen von WALTHER KILLY, THILO KOCH und RICHARD TOELLNER, Wiesbaden 1980, S.41-51.

Kippenberg, Hans G.: Die Krise der Religion und die Genese der Religionswissenschaft, in: Vom Weltbildwandel zur Weltanschauunganalyse. Krisenwahrnehmung und Krisenbewältigung um 1900. Hg. v. VOLKER DREHSEN und WALTER SPARN, Berlin 1996, S.89-102.

KIRCHNER, JOACHIM: Die Grundlagen des deutschen Zeitschriftenwesens. Mit einer Gesamtbibliographie der deutschen Zeitschriften bis zum Jahr 1790. Zwei Bde., Leipzig 1928-1931.

KIRKNESS, ALAN: Geschichte des deutschen Wörterbuchs. 1838-1863. Dokumente zu den Lexikographen Grimm. Mit einem Beitrag von Ludwig Denecke, Stuttgart 1980.

KLAIBER, LUDWIG: Buchdruck und Buchhandel in Freiburg im Breisgau. Ein geschichtlicher Überblick, Freiburg i. Br. 1949.

KLATT, WERNER: Hermann Gunkel. Zu seiner Theologie der Religionsgeschichte und zur Entstehung der formgeschichtlichen Methode (FRLANT 100), Göttingen 1969.

KLINCKOWSTROEM, CARL GRAF VON: Enzyklopädien. Bibliographie der ersten deutschsprachigen enzyklopädischen Werke, in: Philobiblon 1 (1957), S.323-327.

KOCH, HANS-ALBRECHT: Biographische Lexika, in: Welt der Information. Wissen und Wissensvermittlung in Geschichte und Gegenwart. Hg. v. HANS-ALBRECHT KOCH in Verbindung mit AGNES KRUP-EBERT, Stuttgart 1990, S.97-108.

KOCKA, JÜRGEN: Bürgertum und Bürgerlichkeit als Probleme der deutschen Geschichte vom späten 18. zum frühen 20. Jahrhundert, in: Bürger und Bürgerlichkeit im 19. Jahrhundert. Hg. v. JÜRGEN KOCKA, Göttingen 1987, S.21-63.

KÖHLER, OSKAR: Bücher als Wegmarken des deutschen Katholizismus, in: Der katholische Buchhandel Deutschlands. Seine Geschichte bis zum Jahre 1967. Hg. v. der VEREINIGUNG DES KATHOLISCHEN BUCHHANDELS E.V., Frankfurt/Main 1967, S.9-90.

—: Der katholische Eigenweg seit dem 19. Jahrhundert. Die 150jährige Geschichte des Verlages Herder im Katholizismus, in: Der Katholizismus in Deutschland und der Verlag Herder. 1801-1951, Freiburg i. Br. 1951, S.1-17.

—: Die Wahrheit in der Geschichte, in: Der Katholizismus in Deutschland und der Verlag Herder. 1801-1951, Freiburg i. Br. 1951, S.129-172.

KÖHLER, OTTO: Der Brockhaus und sein Weltbild, in: Frankfurter Hefte 9 (1975), S.39-50.

—: Muß das Lexikon neutral sein? „Das Objektive ist nicht tot zu kriegen" – Vom Konkurrenzkampf der Lexikonmacher, in: Die Welt Nr.265 (12.11.1966), S.III.

Köpf, Ulrich: Kirchengeschichte oder Religionsgeschichte des Christentums? Gedanken über Gegenstand und Aufgabe der Kirchengeschichte um 1900. Siegfried Raeder zum 16. November 1994, in: Der deutsche Protestantismus um 1900. Hg. v. FRIEDRICH WILHELM GRAF und HANS MARTIN MÜLLER (Veröffentlichungen der Wissenschaftlichen Gesellschaft für Theologie 9), Gütersloh 1996, S.42-66.

KÖRTNER, ULRICH H.J.: Neuer Kulturprotestantismus? Stand und Aufgaben evangelischer Systematischer Theologie, in: HerKorr 55 (2001), S.561-565.

KOHLER, JOSEF: Urheberrecht an Schriftwerken und Verlagsrecht, Stuttgart 1907.

KOLB, EBERHARD: Die Weimarer Republik (Oldenburg-Grundriss der Geschichte 16), München et al ^{3}1993.

KOPITZSCH, FRANKLIN: Einleitung: Die Sozialgeschichte der deutschen Aufklärung als Forschungsaufgabe, in: Aufklärung, Absolutismus und Bürgertum in Deutschland. Zwölf Aufsätze. Hg. v. FRANKLIN KOPITZSCH, München 1976, S.11-169.

KOSELLECK, REINHART: Kritik und Krise. Eine Studie zur Pathogenese der bürgerlichen Welt, Frankfurt/Main ^{8}1997.

KOSSMANN, BERNHARD: Deutsche Universallexika des 18. Jahrhunderts. Ihr Wesen und ihr Informationswert, dargestellt am Beispiel der Werke von Jablonski und Zedler, in: AGB 9 (1968), Sp.1553-1596.

KRAMME, RÜDIGER: Philosophische Kultur als Programm. Die Konstituierungsphase des LOGOS, in: Heidelberg im Schnittpunkt intellektueller Kreise. Zur Topographie der „geistigen Geselligkeit" eines „Weltdorfes": 1850-1950. Hg. v. HUGO TREIBER und KAROL SAUERLAND, Opladen 1995, S.119-149.

KRAUS, HANS JOACHIM: Geschichte der historisch-kritischen Erforschung des Alten Testaments. Dritte erweiterte Auflage, Neukirchen-Vluyn 1982.

KRAUSS, WERNER: Über den Anteil der Buchgeschichte an der literarischen Entfaltung der Aufklärung, in: Sinn und Form 12.1 (1960), S.32-88 und 12.2 (1960), S.270-315.

KRIEG, WALTER: Materialien zu einer Entwicklungsgeschichte der Bücherpreise und des Autorenhonorars vom 15. bis zum 20. Jahrhundert. Nebst einem Anhange: Kleine Notizen zur Auflagengeschichte der Bücher im 15. und 16. Jahrhundert, Wien et al 1953.

Die Krise des Liberalismus zwischen den Weltkriegen. Hg. v. RUDOLF VON THADDEN, Göttingen 1978.

Krisenjahre der Frühromantik. Briefe aus dem Schlegelkreis. Drei Bde. Hg. v. JOSEF KÖRNER, Brünn et al 1936ff.

KROEGER, MATTHIAS: Friedrich Gogarten. Leben und Werk in zeitgeschichtlicher Perspektive – mit zahlreichen Dokumenten und Materialien. Bd.1., Stuttgart et al 1997.

KUHLEMANN, FRANK-MICHAEL: Friedrich Naumann und der Kirchliche Liberalismus, in: Friedrich Naumann in seiner Zeit. Hg. v. RÜDIGER VOM BRUCH, Berlin et al 2000, S.91-113.

Kulturprotestantismus. Beiträge zu einer Gestalt des modernen Christentums. Hg. v. HANS MARTIN MÜLLER, Gütersloh 1992.

Kultur und Kulturwissenschaften um 1900. Krise der Moderne und Glaube an die Wissenschaft. Hg. v. RÜDIGER VOM BRUCH, FRIEDRICH WILHELM GRAF und GANGOLF HÜBINGER, Stuttgart 1989.

KUNSEMÜLLER, JOHANNES: Dauer und Wandel. Das Lexikon und seine Stichwörter gestern und heute, in: Die wissenschaftliche Redaktion H.1 (1965), S.53-76.

KUNZE, ROLF-ULRICH: Theodor Heckel. 1894-1967. Eine Biographie (KoGe 13), Stuttgart et al 1997 (zugleich Würzburg, Univ.Diss. 1995).

LAGLER, WILFRIED: Die Cotta-Dynastie und Tübinger Verlagshäuser, in: Eine Stadt des Buches. Tübingen 1498-1998. Mit Beiträgen von GERD BRINKHUS, WILFRIED LAGLER und KLAUS SCHREINER (Tübinger Kataloge 50), Tübingen 1998, S.43-52.

LANGENBUCHER, WOLFGANG R.: Die Demokratisierung des Lesens in der zweiten Leserevolution. Dokumentation und Analyse, in: Lesen und Leben. Eine Publikation des Börsenvereins des Deutschen Buchhandels in Frankfurt am Main zum 150. Jahrestag der Gründung des Börsenvereins der Deutschen Buchhändler am 30. April 1825 in Leipzig. Hg. v. HERBERT G. GÖPFERT, RUTH MEYER, LUDWIG MUTH und WALTER RÜEGG, Frankfurt/Main 1975, S.12-35.

LANGEWIESCHE, DIETER: Bildungsbürgertum und Liberalismus im 19. Jahrhundert, in: Bildungsbürgertum im 19. Jahrhundert. Teil IV. Politischer Einfluß und gesellschaftliche Formation. Hg. v. JÜRGEN KOCKA (Industrielle Welt 48), Stuttgart 1989, S.95-121.

—: Bürgerliche Adelskritik zwischen Aufklärung und Reichsgründung in Enzykloädien und Lexika. in: Adel und Bürgertum in Deutschland 1770-1848. Hg. v. ELISABETH FEHRENBACH unter Mitarbeit v. ELISABETH MÜLLER-LUCKNER (Schriften des Historischen Kollegs: Kolloquien 31), München 1994, S.11-28.

—: Liberalismus in Deutschland, Frankfurt/Main 1988.

—: ‚Volksbildung' und ‚Leserlenkung' in Deutschland von der wilhelminischen Ära bis zur nationalsozialistischen Diktatur, in: IASL 14.1 (1989), S.108-125.

LANNERT, BERTHOLD: Die Wiederentdeckung der neutestamentlichen Eschatologie durch Johannes Weiß (TANZ 2), Tübingen 1989.

LEHMANN, ERNST HERBERT: Geschichte des Konversationslexikons, Leipzig 1934.

LEHMKÜHLER, KARSTEN: Kultus und Theologie. Dogmatik und Exegese in der religionsgeschichtlichen Schule (FSÖTh 76), Göttingen 1996.

Die Leihbibliothek als Institution des literarischen Lebens im 18. und 19. Jahrhundert. Organisationsformen, Bestände und Publikum. Arbeitsgespräch in der Herzog August Bibliothek Wolfenbüttel 30. September bis 1. Oktober 1977. Hg. v. GEORG JÄGER und JÖRG SCHÖN (Wolfenbütteler Schriften zur Geschichte des Buchwesens 3), Hamburg 1980.

Das Lektorat – eine Bestandsnahme. Beiträge zum Lektorat im literarischen Verlag. Hg. v. UTE SCHNEIDER (Mainzer Studien zur Buchwissenschaft 6), Wiesbaden 1997.

LENZ, WERNER: Kleine Geschichte großer Lexika, Gütersloh 1972.

LEPP, CLAUDIA: Protestantisch-liberaler Aufbruch in die Moderne. Der deutsche Protestantenverein in der Zeit der Reichsgründung und des Kulturkampfes (Religiöse Kulturen der Moderne 3), Gütersloh 1996.

LEPSIUS, RAINER M.: Parteiensystem und Sozialstruktur: zum Problem der Demokratisierung der deutschen Gesellschaft, in: Deutsche Parteien vor 1918. Hg. v. GERHARD A. RITTER (Neue Wissenschaftliche Bibliothek 61), Köln 1973, S.56-79.

Lesegesellschaften und bürgerliche Emanzipation. Ein europäischer Vergleich. Hg. v. OTTO DANN, München 1981.

Liberale Theologie. Eine Ortsbestimmung. Hg. v. FRIEDRICH WILHELM GRAF (Troeltsch Studien 7), Gütersloh 1993.

LINDEMANN, MARGOT: Deutsche Presse bis 1815. Geschichte der deutschen Presse. Teil I, Berlin 1969.

LIPP, ELKE: Zum Lesen, Schauen, Sammeln. Die Insel-Bücherei, in: Bbl Nr.69 (31.08.1999), A 452-471.

LÖSEL, BARBARA: Die Frau als Persönlichkeit im Buchwesen. Dargestellt am Beispiel der Göttinger Verlegerin Anna Vandenhoeck (1709-1787). Mit einem Geleitwort von Alfred G. Swierk (Buchwissenschaftliche Beiträge aus dem Deutschen Bucharchiv München 33), Wiesbaden 1991.

LOHRER, LISELOTTE: Cotta. Geschichte eines Verlages. 1659-1959, Ludwigsburg 1959.

LÜDEMANN, GERD: Die Religionsgeschichtliche Schule, in: Theologie in Göttingen. Eine Vorlesungsreihe. Hg. v. BERND MOELLER (Göttinger Universitätsschriften: Serie A, Schriften 1), Göttingen 1987, S.325-361.

—: Das Wissenschaftsverständnis der Religionsgeschichtlichen Schule im Rahmen des Kulturprotestantismus, in: Kulturprotestantismus. Beiträge zu einer Gestalt des modernen Christentums. Hg. v. Hans Martin Müller, Gütersloh 1992, S.78-107.

—: ÖZEN, ALF: Art. Religionsgeschichtliche Schule, in TRE 28 (1997), S.618-624.

—: SCHRÖDER, MARTIN: Die Religionsgeschichtliche Schule in Göttingen. Eine Dokumentation, Göttingen 1987.

LUNDGREEN, PETER: Historische Bildungsforschung, in: Historische Sozialwissenschaft. Beiträge zur Einführung in die Forschungspraxis. Hg. v. REINHARD RÜRUP, Göttingen 1977, S.96-125.

MACKH, GUDRUN: Wandlungen in der gesellschaftlichen Stellung der Frau, abgelesen am Auflagenvergleich der Brockhaus Enzyklopädie und anderer Lexika, Diss. Nürnberg 1970.

MAGERUS, JOHN E.: The Bible as Theme in Four Eighteenth-century French Dictionaries, Univ. of Kansas, Ph. D., 1979.

MANHEIM, ERNST: Aufklärung und öffentliche Meinung. Studien zur Soziologie der Öffentlichkeit im 18. Jahrhundert. Hg. u. eingeleitet v. NORBERT SCHINDLER (Kultur und Gesellschaft 4), Stuttgart 1979 (Erstausgabe: Die Träger der öffentlichen Meinung. Studien zur Soziologie der Öffentlichkeit, Brünn et al 1933).

MARTENS, WOLFGANG: Die Botschaft der Tugend. Die Aufklärung im Spiegel der deutschen Moralischen Wochenschriften, Stuttgart 1968.

Max Weber. Briefe 1906-1908. Hg. v. M. RAINER LEPSIUS und WOLFGANG J. MOMMSEN in Zusammenarbeit mit BIRGIT RUDHARD und MANFRED SCHÖN (MWG II/5), Tübingen 1990.

MEHNERT, GOTTFRIED: Evangelische Presse. Geschichte und Erscheinungsbild von der Reformation bis zur Gegenwart (EPF 4), Bielefeld 1983.

MEIER, KURT: Krisenbewältigung im freien Protestantismus. Kontinuitäts- und Umbruchsbewußtsein im kirchlichen Liberalismus nach 1918, in: Umstrittene Moderne. Die Zukunft der Neuzeit im Urteil der Epoche Ernst Troeltschs. Hg. v. HORST RENZ und FRIEDRICH WILHELM GRAF (Troeltsch Studien 4), Gütersloh 1987, S.285-304.

MEINEL, CHRISTOPH: Die wissenschaftliche Fachzeitschrift: Struktur- und Funktionswandel eines Kommunikationsmediums, in: Fachschrifttum, Bibliothek und Naturwissenschaft im 19. und 20. Jahrhundert. Hg. v. CHRISTOPH MEINEL (Wolfenbütteler Schriften zur Geschichte des Buchwesens 27), Wiesbaden 1997, S.137-155.

MEINER, ANNEMARIE: Der Deutsche Verlegerverein 1886-1935. Dargestellt im Auftrag seines Vorstandes und der Fachschaft Verlag, Leipzig 1936.

MENDELSSOHN, PETER DE: S.Fischer und sein Verlag, Frankfurt/Main 1970.

MENZ, GERHARD: Der deutsche Buchhandel, Gotha [2]1942.

—: Hundert Jahre Meyers Lexikon. FS anläßlich des Hundertjährigen Jubiläums von Meyers Lexikon am 25. August 1939, Leipzig 1939.

MEUSEL, JOHANN GEORG: Leitfaden zur Geschichte der Gelehrsamkeit. Dritte und letzte Abtheilung, Leipzig 1800.

MEYER, ANDREAS: Der Verlagsgründer und seine Rolle als „Kulturverleger", in: Versammlungsort moderner Geister. Der Eugen Diederichs Verlag – Aufbruch ins Jahrhundert der Extreme. Hg. v. GANGOLF HÜBINGER, München 1996, S.26-89.

MEYER, GEORG: Das Konversations-Lexikon, eine Sonderform der Enzyklopädie. Ein Beitrag zur Geschichte der Bildungsverbreitung in Deutschland, Diss. Göttingen 1965.

MITTELSTRAß, JÜRGEN: Art. Enzyklopädie, Enzyklopädisten, in: Enzyklopädie Philosophie und Wissenschaftstheorie. Bd.1. Hg. v. JÜRGEN MITTELSTRASS, Mannheim et al 1980, S.557-562.

—: Bildung und Wissenschaft. Enzyklopädien in historischer und wissenssoziologischer Betrachtung, in: Die wissenschaftliche Redaktion H.4 (1967), S.81-104.

—: Vom Nutzen der Enzyklopädie, in: Die wissenschaftliche Redaktion H.6 (1971), S.102-110.

MÖLLER, HORST: Aufklärung in Preußen. Der Verleger, Publizist und Geschichtsschreiber Friedrich Nicolai (Einzelveröffentlichungen der Historischen Kommission zu Berlin 15), Berlin 1974.

—: Weimar. Die unvollendete Demokratie (Deutsche Geschichte der neuesten Zeit vom 19. Jahrhundert bis zur Gegenwart), München 1985.

MOLTMANN, JÜRGEN: Anfänge der dialektischen Theologie. Teil 1: Karl Barth – Heinrich Barth – Emil Brunner (TB 17/1), Gütersloh [6]1995. Teil 2: Rudolf Bultmann – Friedrich Gogarten – Eduard Thurneysen (TB 17/2), Gütersloh [4]1987.

MOMMSEN, HANS: Die Auflösung des Bürgertums seit dem späten 19. Jahrhundert, in: Bürger und Bürgerlichkeit im 19. Jahrhundert. Hg. v. JÜRGEN KOCKA, Göttingen 1987, S.288-315.

MOMMSEN, WOLFGANG J.: Die Siebecks und Max Weber. Ein Beispiel für Wissenschaftsorganisation in Zusammenarbeit von Wissenschaftlern und Verlegern, in: GuG 22 (1996), S.19-30.

MORAN, DANIEL: Toward the Century of Words. Johann Cotta and the Politics of the Public Realm in Germany, 1795-1832, Berkeley et al 1990.

MÜLLER, HANS MARTIN: Frömmigkeit im Kulturprotestantismus, in: Liberale Theologie. Eine Ortsbestimmung. Hg. v. FRIEDRICH WILHELM GRAF (Troeltsch Studien 7), Gütersloh 1993.

MÜLLER, HELEN: Idealismus und Markt. Der literarische Beirat Artur Buchenau und die Popularisierung idealistischer Weltbilder im frühen 20. Jahrhundert, in: Wissenschaft und Öffentlichkeit in Berlin, 1870-1930. Hg. v. CONSTANTIN GOSCHLER, Stuttgart 2000, S.155-183.

—: Wissenschaft und Markt um 1900. Das Verlagsunternehmen Walter de Gruyters im literarischen Feld der Jahrhundertwende (Studien und Texte zur Sozialgeschichte der Literatur 104), Tübingen 2004.

—: Im Zeitalter der Sammelwerke. Friedrich Naumanns Projekt eines „Deutschen Staatslexikons" (1914), in: Friedrich Naumann in seiner Zeit. Hg. v. RÜDIGER VOM BRUCH, Berlin et al 2000, S.189-207.

MÜLLER-ROLLI, SEBASTIAN: Lehrer, in: Handbuch der deutschen Bildungsgeschichte. Bd.V. 1918-1945. Die Weimarer Republik und die nationalsozialistische Diktatur. Hg. v. DIETER LANGEWIESCHE und HEINZ-ELMAR TENORTH, München 1989, S.240-258.

MULERT, HERMANN: Schiele, Friedrich Michael Martin, in: Biographisches Jahrbuch und Deutscher Nekrolog 18 (1913), S.122-126.

—: Otto Baumgarten, in: Abwehr-Blätter 1/2 (1933), S.1-4.

MURRMANN-KAHL, MICHAEL: Die entzauberte Heilsgeschichte. Der Historismus erobert die Theologie 1880-1920, Gütersloh 1992.

NAGEL, ANNE CHRISTINE: Martin Rade – Theologe und Politiker des Sozialen Liberalismus. Eine politische Biographie (Religiöse Kulturen der Moderne 4), Gütersloh 1996.

NAGL, MANFRED: Wandlungen des Lesens in der Aufklärung. Plädoyer für einige Differenzierungen, in: Bibliotheken und Aufklärung. Hg. v. WERNER ARNOLD und PETER VODOSEK (Wolfenbütteler Schriften zur Geschichte des Buchwesens 14), Wiesbaden 1988, S.21-40.

NEUMEISTER, SEBASTIAN: Pierre Bayle oder die Lust der Aufklärung, in: Welt der Information. Wissen und Wissensvermittlung in Geschichte und Gegenwart. Hg. v. HANS-ALBRECHT KOCH in Verbindung mit AGNES KRUP-EBERT, Stuttgart 1990, S.62-78.

—: Unordnung als Methode: Pierre Bayles Platz in der Geschichte der Enzyklopädie, in: Enzyklopädien der Frühen Neuzeit. Beiträge zu ihrer Erforschung. Hg. v. FRANZ M. EYBL, WOLFGANG HARMS, HANS-HENRIK KRUMMACHER und WERNER WELZIG, Tübingen 1995, S.188-199.

NIPPERDEY, THOMAS: Deutsche Geschichte 1866-1918. Bd.1: Arbeitswelt und Bürgergeist, München 1998 (Sonderausgabe der Ausgabe von 1990).

—: Religion im Umbruch. Deutschland 1870-1918, München 1988.

NOTTMEIER, CHRISTIAN: Adolf von Harnack und die deutsche Politik 1890-1930. Eine biographische Studie zum Verhältnis von Protestantismus, Wissenschaft und Politik (BHT 124), Tübingen 2004.

NOWAK, KURT: Die „antihistorische Revolution". Symptome und Folgen der Krise historischer Weltorientierung nach dem Ersten Weltkrieg in Deutschland, in: Umstrittene Moderne. Die Zukunft der Neuzeit im Urteil der Epoche Ernst Troeltschs. Hg. v. HORST RENZ und FRIEDRICH WILHELM GRAF (Troeltsch Studien 4), Gütersloh 1987, S.133-171.

—: Bürgerliche Bildungsreligion? Zur Stellung Adolf von Harnacks in der protestantischen Frömmigkeitsgeschichte der Moderne, in: ZKG 99 (1988), S.326-353.

—: Evangelische Kirche und Weimarer Republik. Zum politischen Weg des deutschen Protestantismus zwischen 1918 und 1932, Göttingen [2]1988.

—: Geschichte des Christentums in Deutschland. Religion, Politik und Gesellschaft vom Ende der Aufklärung bis zur Mitte des 20. Jahrhunderts, München 1995.

—: Protestantismus und Weimarer Republik. Politische Wegmarken in der evangelischen Kirche 1918-1932, in: Die Weimarer Republik 1918-1933. Politik, Wirtschaft, Gesellschaft. Hg. v. KARL DIETRICH BRACHER, MANFRED FUNKE und HANS-ADOLF JACOBSEN (Bonner Schriften zur Politik und Zeitgeschichte 22), Düsseldorf 1987, S. 218-237.

—: Vernünftiges Christentum? Über die Erforschung der Aufklärung in der evangelischen Theologie Deutschlands seit 1945 (ThLZ.F 2), Leipzig 1999.

OEXLE, OTTO GERHARD: „Historismus". Überlegungen zur Geschichte des Phänomens und des Begriffs, in: DERS., Geschichtswissenschaft im Zeichen des Historismus. Studien zur Problemgeschichte der Moderne (KSGW 116), Göttingen 1996, S.41-72 (Erstveröffentlichung in: Braunschweigische Wissenschaftliche Gesellschaft. Jahrbuch 1986, S.119-155).

ÖZEN, ALF: „Die Religion in Geschichte und Gegenwart" als Beispiel für Hoch-Zeit und Niedergang der „Religionsgeschichtlichen Schule" im Wandel der deutschen protestantischen Theologie des ersten Viertels des 20. Jahrhunderts, in: Die „Religionsgeschichtliche Schule". Facetten eines theologischen Umbruchs. Hg. v. GERD LÜDEMANN (Studien und Texte zur religionsgeschichtlichen Schule 1), Frankfurt et al 1996. I. Teil: RGG^1, S.149-206; II. Teil: RGG^2, S. 242-298.

OLDENBERG, HERMANN: Buddha. Sein Leben, seine Lehre, seine Gemeinde, Berlin 1881.

ORTMANN, ERNST-ALBRECHT: Motive einer kirchlichen Publizistik. Dargestellt an den Gründungsaktionen des Evangelischen Bundes, der „Christlichen Welt" und des evangelisch-sozialen Preßverbandes für die Provinz Sachsen (1886-1891), Diss. Hamburg 1966.

PAUL, INA ULRIKE: Stichwort „Europa". Enzyklopädien und Konversationslexika beschreiben den Kontinent (1700-1850), in: Europa im Umbruch. 1750-1850. Hg. v. DIETER ALBRECHT, KARL OTMAR FREIHERR VON ARETIN und WINFRIED SCHULZE, München 1995, S.29-50.

PAULSEN, HENNING: Traditionsgeschichtliche Methode und religionsgeschichtliche Schule, in: ZThK 75 (1978), S.20-55.

PEUKERT, DETLEV J.K.: Die Weimarer Republik. Krisenjahre der klassischen Moderne, Frankfurt/Main 1987.

PFÄFFLIN, FRIEDRICH/KUSSMAUL, INGRID: S.Fischer Verlag. Von der Gründung bis zur Rückkehr aus dem Exil (Ausstellungskatalog des Deutschen Literaturarchivs 40), Marbach 1985.

PFLEIDERER, GEORG: Karl Barths praktische Theologie. Zu Genese und Kontext eines paradigmatischen Entwurfs systematischer Theologie im 20. Jahrhundert (BHTh 115), Tübingen 2000.

PICHT, GEORG: Enzyklopädie und Bildung, in: Die wissenschaftliche Redaktion H.6 (1971), S.119-125.

PIPER, OTTO: Weltliches Christentum. Eine Untersuchung über Wesen und Bedeutung der außerkirchlichen Frömmigkeit der Gegenwart, Tübingen 1924.

Probleme des Konfessionalismus in Deutschland seit 1800. Hg. v. ANTON RAUSCHER (BKathF: Reihe B. Abhandlungen), Paderborn et al 1984.

Profile des neuzeitlichen Protetstantismus. Bd.2: Kaiserreich. Hg. v. FRIEDRICH WILHELM GRAF, Gütersloh 1993.

PRÜSENER, MARLIES: Lesegesellschaften im 18. Jahrhundert. Ein Beitrag zur Lesergeschichte, in: AGB 13 (1972), Sp.369-594.

PUSCHNER, UWE: ‚Mobil gemachte Feldbibliotheken'. Deutsche Enzyklopädien und Konversationslexika im 18. und 19. Jahrhundert, in: Literatur, Politik und soziale Prozesse. Studien zur deutschen Literatur von der Aufklärung bis zur Weimarer Republik, in: IASL, 8. Sonderheft (1997), S.62-77.

QUEDENBAUM, GERD: Der Verleger und Buchhändler Johann Heinrich Zedler 1706-1751. Ein Buchunternehmer in den Zwängen seiner Zeit. Ein Beitrag zur Geschichte des deutschen Buchhandels im 18. Jahrhundert, Hildesheim et al 1977.

RAABE, PAUL: Bücherlust und Lesefreuden. Beiträge zur Geschichte des Buchwesens im 18. und frühen 19. Jahrhundert, Stuttgart 1984.

—: Formen und Wandlungen der Bibliographie, in: Welt der Information. Wissen und Wissensvermittlung in Geschichte und Gegenwart. Hg. v. HANS-

ALBRECHT KOCH in Verbindung mit AGNES KRUP-EBERT, Stuttgart 1990, S.79-96.

—: Gelehrte Nachschlagewerke im 18. Jahrhundert in Deutschland, in: Gelehrte Bücher vom Humanismus bis zur Gegenwart. Referate des 5. Jahrestreffens des Wolfenbütteler Arbeitskreises für Geschichte des Buchwesens vom 6. bis 9. Mai 1981 in der Herzog August Bibliothek. Hg. v. PAUL RAABE und BERNHARD FABIAN (Wolfenbütteler Schriften zur Geschichte des Buchwesens 9), Wiesbaden 1983, S.97-117.

—: Der Verleger Friedrich Nicolai. Ein preußischer Buchhändler der Aufklärung, in: Friedrich Nicolai 1733-1811. Essays zum 250. Geburtstag. Hg. v. BERNHARD FABIAN, Berlin 1983.

—: Was ist Geschichte des Buchwesens? Überlegungen zu einem Forschungsbereich und einer Bildungsaufgabe, in: Buchhandelsgeschichte Nr.8 (1976), B 319-330.

—: Die Zeitschrift als Medium der Aufklärung, in: DERS., Bücherlust und Lesefreuden. Beiträge zur Geschichte des Buchwesens im 18. und frühen 19. Jahrhundert, Stuttgart 1984, S.106-116.

Raack, Freundesnot, in: An die Freunde 78 (1924), Sp. 854f.; jetzt wieder in: An die Freunde. Vertrauliche d.i. nicht für die Öffentlichkeit bestimmte Mitteilungen 1903-1934. Nachdruck mit einer Einleitung v. CHRISTOPH SCHWÖBEL, Berlin et al 1993.

RADE, MARTIN: Friedrich Michael Schiele †, in: ChW 27 (1913), Sp.812.

—: Religionsgeschichte, in: ChW 15 (1901), Sp.920-922.

RARISCH, ISOLDE: Industrialisierung und Literatur. Buchproduktion, Verlagswesen und Buchhandel in Deutschland im 19. Jahrhundert in ihrem statistischen Zusammenhang (Historische und Pädagogische Studien 6), Berlin 1976.

RATHJE, JOHANNES: Die Welt des freien Protestantismus. Ein Beitrag zur deutsch-evangelischen Geistesgeschichte. Dargestellt an Leben und Werk von Martin Rade, Stuttgart 1952.

RAU, GERHARD: Pastoraltheologie. Untersuchungen zur Geschichte und Struktur einer Gattung praktischer Theologie (SPTH 8), München 1970.

RAUH, MANFRED: Epoche – sozialgeschichtlicher Abriß, in: Jahrhundertwende: Vom Naturalismus zum Expressionismus 1880-1918. Hg. v. FRANK TROMMLER (Deutsche Literatur. Eine Sozialgeschichte 8), Reinbek 1982, S.14-32.

Reclam. 125 Jahre Universal-Bibliothek. 1867-1992. Verlags- und kulturgeschichtliche Aufsätze. Hg. v. DIETRICH BODE, Stuttgart 1992.

REIMER, DORIS: Passion & Kalkül. Der Verleger Georg Andreas Reimer (1776-1842), Berlin et al 1999.

Religion im Kaiserreich. Milieus – Mentalitäten – Krisen. Hg. v. OLAF BLASCHKE und FRANK-MICHAEL KUHLEMANN (Religiöse Kulturen der Moderne 2), Gütersloh 1996.

Die „Religionsgeschichtliche Schule". Facetten eines theologischen Umbruchs. Hg. v. GERD LÜDEMANN (Studien und Texte zur Religionsgeschichtlichen Schule 1), Frankfurt/Main et al 1996.

RENZ, HORST: Thesen zur Erlangung der theologischen Lizentiatenwürde an der Georg-August-Universität zu Göttingen 1888-1893. Mit einer Einleitung, in: Troeltsch Studien. Untersuchungen zur Biographie und Werkgeschichte. Mit den unveröffentlichten Promotionsthesen der ‚Kleinen Göttinger Fakultät' 1888-1893. Hg. v. HORST RENZ und FRIEDRICH-WILHELM GRAF, Gütersloh 1982, S.291-305.

RÖHRIG, PAUL: Erwachsenenbildung, in: Handbuch der deutschen Bildungsgeschichte. Bd.III. 1800-1870. Von der Neuordnung Deutschlands bis zur Gründung des Deutschen Reiches. Hg. v. KARL-ERNST JEISMANN und PETER LUNDGREEN, München 1987, S.333-361.

—: Erwachsenenbildung, in: Handbuch der deutschen Bildungsgeschichte. Bd.IV. 1870-1918. Von der Reichsgründung bis zum Ende des Ersten Weltkriegs. Hg. v. CHRISTA BERG, München 1991, S.441-471.

RÖSSLER, DIETRICH: Grundriß der Praktischen Theologie. Zweite erweiterte Auflage, Berlin et al 1994.

—: Positionelle und kritische Theologie, in: ZThK 67 (1970), S.215-231.

ROLLMANN, HANS: Art. Religionsgeschichtliche Schule (RGS), in: EKL^3, 3(1992), Sp.1556-1558.

—: Theologie und Religionsgeschichte. Zeitgenössische Stimmen zur Diskussion um die religionsgeschichtliche Methode und die Einführung religionsge-schichtlicher Lehrstühle in den theologischen Fakultäten um die Jahrhundertwende, in: ZThK 80 (1983), S.69-84.

Romantik, Revolution und Reform. Der Eugen Diederichs Verlag im Epochenkontext 1900-1949. Hg. v. JUSTUS H. ULBRICHT und MEIKE G. WERNER, Göttingen 1999.

RUDDIES, HARTMUT: Liberales Kulturluthertum. Martin Rade (1857-1940), in: Profile des neuzeitlichen Protestantismus. Bd.2: Kaiserreich, Teil 2. Hg. v. FRIEDRICH WILHELM GRAF, Gütersloh 1993, S.398-422.

RUPRECHT, WILHELM: Väter und Söhne. Zwei Jahrhunderte Buchhändler in einer deutschen Universitätsstadt, Göttingen 1935.

SACHER, HERMANN: Freiburg einst die Wiege, heute ein Mittelpunkt Deutscher Lexikographie, in: Der Verlag Herder und die Universität Freiburg im Breisgau. Anläßlich der 500-Jahrfeier der Universität Freiburg als Manuskript und Beiheft unserer Werkzeitung „Wir unter uns" gedruckt für die Mitarbeiter, Freiburg i. Br. 1957, S.46-51.

—: Die Lexika, in: Der Katholizismus in Deutschland und der Verlag Herder. 1801-1951, Freiburg i. Br. 1951, S.242-273.

Sang und Spruch der Deutschen. Eine Auswahl aus der lyrischen und epigrammatischen deutschen Dichtung zum Schulgebrauch in Lehrer- und Lehrerinnen-Seminaren. Hg. v. FRIEDRICH MICHAEL SCHIELE (Dürrs deutsche Bibliothek 3), Leipzig 1904.

SARKOWSKI, HEINZ: Das Bibliographische Institut. Verlagsgeschichte und Bibliographie. 1826-1976, Mannheim et al 1976.

SCHAEDER, BURKHARD: Lexikographie als Praxis und Theorie (Reihe germanistische Linguistik 34), Tübingen 1981.

—: Probleme einer Darstellung der Geschichte der deutschen Lexikographie. Oder: Ein ordenliche erzellung und erklärung waarhaffter, grundtlicher und geschächner dingen (Maaler), in: Worte, Wörter, Wörterbücher. Lexikographische Beiträge zum Essener Linguistischen Kolloquium. Hg. v. GREGOR MEDER und ANDREAS DÖRNER (Lexicographica, Series Maior 42), Tübingen 1992, S.7-24.

—: Zu einer Theorie der Fachlexikographie, in: Fachlexikographie. Fachwissen und Repräsentation in Wörterbüchern. Hg. v. BURKHARD SCHAEDER und HENNING BERGENHOLTZ (Forum für Fachsprachen-Forschung 23), Tübingen 1994, S.11-42.

SCHÄFER, ROLAND: Die Frühgeschichte des Großen Brockhaus, in: Leipziger Jahrbuch zur Buchgeschichte 3 (1993), S.69-84.

SCHALK, FRITZ: Die Wirkung der Diderot'schen Enzyklopädie in Deutschland, in: DERS., Studien zur französischen Aufklärung (Das Abendland NF 8). Zweite verbesserte u. erweiterte Auflage Frankfurt/Main 1977, S.221-229.

SCHENDA, RUDOLF: Die Lesestoffe der kleinen Leute. Studien zur populären Literatur im 19. und 20. Jahrhundert, München 1976.

—: Volk ohne Buch. Studien zur Sozialgeschichte der populären Lesestoffe 1710-1910 (SPLNJ 5), Frankfurt/Main 1970.

SCHERER, ROBERT: 150 Jahre Geschichte des theologischen Denkens im Verlag Herder, in: Der Katholizismus in Deutschland und der Verlag Herder. 1801-1951, Freiburg i. Br. 1951, S.18-56.

SCHIAN, MARTIN: Art.: Die christlichen Kirchen im Weltkrieg, in: Meyers Kleines Konversations-Lexikon. Siebente, gänzlich neubearbeitet und vermehrte Auflage. Durch Ergänzungen erneuerte Ausgabe. Kriegsnachtrag. Erster Teil, Leipzig/Wien 1916, S.326-331.

—: Orthodoxie und Pietismus im Kampf um die Predigt. Ein Beitrag zur Geschichte des endenden 17. und des beginnenden 18. Jahrhunderts (SGNP 7), Gießen 1912.

—: Die religiöse Bewegung im Weltkrieg, in: Meyers Kleines Konversations-Lexikon. Siebente, gänzlich neubearbeitete und vermehrte Auflage. Durch Ergänzungen erneuerte Ausgabe. Kriegsnachtrag. Erster Teil, Leipzig et al 1916, S.322-326.

SCHIELE, FRIEDRICH MICHAEL: An die Leser und Mitarbeiter der CCW, in CCW 52 (1909), S.645f.

—: Die Bibel und ihre Surrogate in der Volksschule, in: DERS.: Religion und Schule. Aufsätze und Reden, Tübingen 1906, S.1-47.

—: Briefe an Konfirmanden, Tübingen 1915.

—: Der Entwicklungsgedanke in der evangelischen Theologie bis Schleiermacher, in: ZThK 7 (1897), S.140-170.

—: Geschichte der Erziehung. Vier Vorlesungen, gehalten im ersten Stuttgarter Hochschulkursus für Lehrer und Lehrerinnen 1909, Leipzig 1909.

—: Das Grundproblem des geschichtlichen Christentums, in: ChW 10 (1896), Sp.76-80.

—: Rez.: Herders katholisches Konversations-Lexikon, in: ChW 16 (1902), Sp.379f.

—: Rez.: Herders Konversationslexikon, in: ChW 17 (1903), Sp.380.

—: Rez.: Herders Konversationslexikon, in: ChW 22 (1908), Sp.306f.

—: Inwieweit sind die Zöglinge der evangelischen Schullehrerseminare mit den gesicherten Ergebnissen der wissenschaftlichen Forschungen über die Entstehung des Alten Testamentes bekannt zu machen?, in: DERS.: Religion und Schule. Aufsätze und Reden, Tübingen 1906, S.159-184.

—: Jesu äußere und innere Stellung zum AT, in: ChW 10 (1896), Sp.30-34.

—: Rez.: Die katholische Kirche unserer Zeit und ihre Diener. Hg. v. der Leo-Gesellschaft, Wien. Bd.I-II, München 1905.1908, in: ChW 23 (1909), Sp.899-902.

—: Die Kirchliche Einigung des Evangelischen Deutschlands im 19. Jahrhundert (SGV 50), Tübingen 1908.

—: Die Kultur der Gegenwart, in: Frankfurter Zeitung und Handelsblatt Nr.126 (07.05.1907, Erstes Morgenblatt), S.1f.

—: Luther und das Luthertum in ihrer Bedeutung für die Geschichte der Schule und der Erziehung, in: PrJ 6 (1908), S.381-395.

—: Die Reformation des Klosters Schlüchtern, Tübingen 1907.

—: Religion und Schule. Aufsätze und Reden, Tübingen 1906.

—: Vom Arbeitsfelde alttestamentlicher Forschung, in: ChW 10 (1896), Sp.507-512.

—: Vom Düsseldorfer Katholikentag, in: ChW 22 (1908), Sp.903-908.

—: Was geht uns Pfarrer die Verurteilung des Pfarrers Traub an? Ein Wort zum Frieden, Berlin-Schöneberg 1912.

—: WERNLE, PAUL: Katholisch oder christlich?, in: ChW 22 (1908), Sp.949-953.

SCHLEIERMACHER, FRIEDRICH: Der christliche Glaube nach den Grundsätzen der Evangelischen Kirche im Zusammenhange dargestellt (1830/31). Hg. v. MARTIN REDEKER, Nachdruck der 7. Auflage 1960, Berlin et al 1999.

—: Monologen nebst den Vorarbeiten. Dritte Auflage. Kritische Ausgabe. Hg. v. FRIEDRICH MICHAEL SCHIELE. Erweitert u. durchgesehen v. HERMANN

MULERT. Unveränderter Nachdruck mit ergänzter Bibliographie, Hamburg 1978.

SCHMIDT-BIGGEMANN, WILHELM: Topica Universalis. Eine Modellgeschichte humanistischer und barocker Wissenschaft (Paradeigmata 1), Hamburg 1983.

SCHMIDT-ROST, REINHARD: Die Christliche Welt. Eine publizistische Gestalt des Kulturprotestantismus, in: Kulturprotestantismus. Beiträge zu einer Gestalt des modernen Christentums. Hg. v. HANS MARTIN MÜLLER, Gütersloh 1992, S.245-257.

SCHMOLKE, MICHAEL: Katholisches Verlags-, Bücherei- und Zeitschriftenwesen, in: Katholizismus, Bildung und Wissenschaft im 19. und 20. Jahrhundert. Hg. v. ANTON RAUSCHER (BKathF/Reihe B. Abhandlungen), Paderborn 1987, S.93-117.

SCHNEEMELCHER, WILHELM: Christliche Welt. Das Problem des „Freien Protestantismus", in: EvTh 15 (1955), S.255-281.

SCHNEIDER, UTE: Buchwissenschaft und Wissenschaftsgeschichte. Interdisziplinäre Forschungsprobleme in der Buchgeschichte, in: Im Zentrum: das Buch. 50 Jahre Buchwissenschaft in Mainz. Hg. v. STEPHAN FÜSSEL (Kleiner Druck der Gutenberg-Gesellschaft 112), Mainz 1997, S.50-61.

—: Friedrich Nicolais Allgemeine Deutsche Bibliothek als Integrationsmedium der Gelehrtenrepublik (Mainzer Studien zur Buchwissenschaft 1), Wiesbaden 1995.

—: Hundert Jahre Lektoratsarbeit. Vorschläge zu einer Analyse, in: Das Lektorat – eine Bestandsnahme. Beiträge zum Lektorat im literarischen Verlag. Hg v. UTE SCHNEIDER (Mainzer Studien zur Buchwissenschaft 6), Wiesbaden 1997.

SCHÖN, ERICH: Geschichte des Lesens, in: Handbuch Lesen. Im Auftrag der Stiftung Lesen und der Deutschen Literaturkonferenz hg.v. BODO FRANZMANN, KLAUS HASEMANN, DIETRICH LÖFFLER und ERICH SCHÖN unter Mitarbeit v. Georg Jäger, Wolfgang R. Langenbucher und Ferdinand Melichar, München 1999, S.1-85.

—: Der Verlust der Sinnlichkeit oder Die Verwandlungen des Lesers. Mentalitätswandel um 1800 (Sprache und Geschichte 12), Stuttgart 1987.

SCHOEPS, HANS JOACHIM: Was ist und was will die Geistesgeschichte. Über Theorie und Praxis der Zeitgeistforschung. Göttingen et al 1959; jetzt in: DERS., Gesammelte Schriften. Zweite Abteilung. Geistesgeschichte. Bd.6, Hildesheim et al 2000, S.66.

SCHOLDER, KLAUS: Grundzüge der theologischen Aufklärung in Deutschland, in: Aufklärung, Absolutismus und Bürgertum in Deutschland. Zwölf Aufsätze. Hg. v. FRANKLIN KOPITZSCH, München 1976, S.294-318.

—: Ursprünge und Probleme der Bibelkritik im 17. Jahrhundert. Ein Beitrag zur Entstehung der historisch-kritischen Theologie (FGLP Zehnte Reihe XXXIII), München 1966.

SCHOLL, BERNADETTE: Buchgemeinschaften in Deutschland 1918-1933 (Deutsche Hochschulschriften 873), Egelsbach et al 1994 (zugleich Diss. Göttingen 1990; microfiche).

SCHULT, ELISABETH: Lexikon, Enzyklopädie, Wörterbuch in Buchtiteln der Gegenwart, in: Die wissenschaftliche Redaktion H.2 (1966), S.7-12.

SCHULTHEISS, FRIEDRICH: Bibliographische Anmerkungen zu einer Enzyklopädie und vier Lexika des 19. und 20. Jahrhunderts (Ersch-Gruber, Brockhaus, Pierer, Meyer, Herder), in: Die wissenschaftliche Redaktion H.6 (1971), S.33-48.

SCHULZE, FRIEDRICH : Der deutsche Buchhandel und die geistigen Strömungen der letzten hundert Jahre, Leipzig 1925.

SCHWAN, ALEXANDER: Zeitgenössische Philosophie und Theologie in ihrem Verhältnis zur Weimarer Republik. in: Weimar. Selbstpreisgabe einer Demokratie. Eine Bilanz heute. Kölner Kolloquium der Fritz Thyssen Stiftung Juni 1979. Hg. v. KARL DIETRICH ERDMANN und HAGEN SCHULZE, Düsseldorf 1980, S.259-304.

SCHWÖBEL, CHRISTOPH: Martin Rade. Das Verhältnis von Geschichte, Religion und Moral als Grundproblem seiner Theologie, Gütersloh 1980.

SELLSCHOPP, ADOLF: Was der Herausgeber der Religionsgeschichten Volksbücher über die Bedeutung Luthers und des Luthertums für Schule und Erziehung weiß, und was er nicht weiß, in: AELKZ 43 (1910), Sp.988-993; AELKZ 43 (1910), Sp.1014-1018 und AELKZ 43 (1910), Sp.1042-1046.

SIEBECK, RICHARD: Die Grenzen der ärztlichen Sachlichkeit, in: ZZ 7 (1929), S.70-90.

—: Kleine Erinnerung, in: Kraft und Innigkeit. Hans Ehrenberg als Gabe der Freundschaft im 70. Lebensjahr überreicht, Heidelberg 1953, S.129f.

SINN, GUNNAR: Christologie und Existenz. Rudolf Bultmanns Interpretation des paulinischen Christuszeugnisses (TANZ 4), Tübingen 1991.

SMEND, RUDOLF: Über die Epochen der Bibelkritik, in: DERS., Epochen der Bibelkritik. Gesammelte Studien Bd. 3 (BEvTh 109), München 1991, 11-32.

—: Über einige ältere Autoren des Verlages Vandenhoeck & Ruprecht, in: Zweihundertfünzig Jahre Vandenhoeck & Ruprecht in Göttingen. Jubiläumsfeier am 15. Februar 1985, S.15-40.

SPAEL, WILHELM: Das Buch im Geisteskampf. 100 Jahre Borromäusverein, Bonn 1950.

SPARN, WALTER: Vernünftiges Christentum. Über die geschichtliche Aufgabe der theologischen Aufklärung im 18. Jahrhundert in Deutschland, in: Wissenschaften im Zeitalter der Aufklärung. Aus Anlaß des 250jährigen Bestehens des Verlages Vandenhoeck & Ruprecht. Hg. v. RUDOLF VIERHAUS, Göttingen 1985, S.18-57.

SPENGLER, OSWALD: Der Untergang des Abendlandes. Umrisse einer Morphologie der Weltgeschichte. Zwei Bde., München 1918/1922.

SPREE, ULRIKE: Das Streben nach Wissen. Eine vergleichende Gattungsgeschichte der populären Enzyklopädie in Deutschland und Großbritannien im 19. Jahrhundert (Communicatio 24), Tübingen 2000.

STEIG, REINHOLD: Zeugnisse zur Pflege der deutschen Literatur in den Heidelberger Jahrbüchern, in: NHJ 11 (1902), S.180-284.

STEINEN, HELMUT VON DEN: Das moderne Buch, Diss. Heidelberg 1912.

STEPHAN, HORST: Der neue Kampf um Schleiermacher, in: ZThK NF 6 (1925), S.159-215;

—: Antwort auf Brunners Entgegnung, in: ZThK NF 6 (1925), S.278-285.

STAMBOLIS, BARBARA: Der Mythos der jungen Generation. Ein Beitrag zur politischen Kultur der Weimarer Republik, Diss. phil. Bochum 1984.

STRACHOTTA, FRITZ-GÜNTER: Religiöses Ahnen, Sehnen und Suchen. Von der Theologie zur Religionsgeschichte. Heinrich Friedrich Hackmann 1864-1935. Für den Druck überarbeitet von Christine Wackenroder (Studien und Texte zur Religionsgeschichtlichen Schule 2), Göttingen 1997.

STROHBACH, MARGRIT: Johann Christoph Adelung. Ein Beitrag zu seinem germanistischen Schaffen mit einer Bibliographie seines Gesamtwerkes (Studia Linguistica Germanica 21), Berlin et al 1984.

SUCHY, BARBARA: Lexikographie und Juden im 18. Jahrhundert. Die Darstellung von Juden und Judentum in den englischen, französischen und deutschen Lexika und Enzyklopädien im Zeitalter der Aufklärung (Neue Wirtschaftsgeschichte 14), Köln et al 1979.

Thesen zur Erlangung der theologischen Lizentiatenwürde an der Georg-August-Universität in Göttingen 1888-1893. Hg. v. HORST RENZ, in: Troeltsch Studien. Untersuchungen zur Biographie und Werkgeschichte. Mit den unveröffentlichten Promotionsthesen der ‚Kleinen Göttinger Fakultät' 1888-1893. Hg. v. HORST RENZ und FRIEDRICH-WILHELM GRAF, Gütersloh 1982, 293-305.

THIELICKE, HELMUT: Fragen des Christentums an die moderne Welt. Untersuchungen zur geistigen und religiösen Krise des Abendlandes, Tübingen 1947.

—: Theologie der Anfechtung, Tübingen 1949.

—: Theologische Ethik. Drei Bde., Tübingen 1951ff.

—: Tod und Leben. Studien zur christlichen Anthropologie, Tübingen ^{2}1946.

—: Zu Gast auf einem schönen Stern. Erinnerungen, Hamburg ^{2}1984.

TOTOK, WILHELM: Geschichte der älteren Fachbibliographie am Beispiel der Philosophie, in: Die Erforschung der Buch- und Bibliotheksgeschichte in Deutschland. Hg. v. WERNER ARNOLD, WOLFGANG DITTRICH und BERNHARD ZELLER, Wiesbaden 1987, S.3-19.

TREITSCHKE, HEINRICH VON: Deutsche Geschichte im Neunzehnten Jahrhundert. Zweiter Teil. Bis zu den Karlsbader Beschlüssen, Leipzig 1882.

TROELTSCH, ERNST: Die Absolutheit des Christentums und die Religionsgeschichte (1902/1912) mit den Thesen von 1901 und den handschriftlichen Zusätzen. Hg. v. Trutz Rendtorff in Zusammenarbeit mit Stefan Pautler (KGA 5), Berlin et al 1998.

—: Art. Aufklärung, in: RE^3, 2 (1897), S.225-241.

Troeltsch Studien. Untersuchungen zur Biographie und Werkgeschichte. Mit den unveröffentlichten Promotionsthesen der ‚Kleinen Göttinger Fakultät' 1888-1893. Hg. v. HORST RENZ und FRIEDRICH WILHELM GRAF, Gütersloh 1982.

Über den Prozeß der Aufklärung in Deutschland im 18. Jahrhundert. Personen, Institutionen und Medien. Hg. v. HANS ERICH BÖDEKER und ULRICH HERRMANN, Göttingen 1987.

UHLIG, FRIEDRICH: Geschichte des Buches und Buchhandels. Zweite, verbesserte u. erweiterte Auflage, Stuttgart 1962.

ULBRICHT, JUSTUS H.: „Transzendentale Obdachlosigkeit". Ästhetik, Religion und „neue soziale Bewegungen" um 1900, in: Ästhetische und religiöse Erfahrungen der Jahrhundertwenden. II. Um 1900. Hg. v. WOLFGANG BRAUNGART/ GOTTHARD FUCHS und MANFRED KOCH, Paderborn 1998, S.47-67.

Umstrittene Moderne. Die Zukunft der Neuzeit im Urteil der Epoche Ernst Troeltschs. Hg. v. HORST RENZ und FRIEDRICH WILHELM GRAF (Troeltsch Studien 4), Gütersloh 1987.

UNGERN-STERNBERG, WOLFGANG VON: Medien, in: Handbuch der deutschen Bildungsgeschichte. Bd.III. 1800-1870. Von der Neuordnung Deutschlands bis zur Gründung des Deutschen Reiches. Hg. v. KARL-ERNST JEISMANN und PETER LUNDGREEN, München 1987, S.379-416.

Vandenhoeck & Ruprecht in Göttingen. 1735-1985, Göttingen 1985.

VERHEULE, ANTHONIE F.: Wilhelm Bousset. Leben und Werk. Ein theologiegeschichtlicher Versuch, Amsterdam 1973.

Der Verlag Herder. 1801-2001. Chronologischer Abriss seiner Geschichte mit Synchronopse zum Geistes- und Weltgeschehen. Hg. v. VERLAG HERDER zum 200-jährigen Bestehen des Verlages am 27.11.2001, Freiburg i. Br. 2001.

Der Verlag Herder und die Universität Freiburg im Breisgau. Anläßlich der 500-Jahr-Feier der Universität Freiburg als Manuskript und Beiheft unserer Werkzeitung „Wir unter uns" gedruckt für die Mitarbeiter, Freiburg i. Br. 1957.

Versammlungsort moderner Geister. Der Eugen Diederichs Verlag – Aufbruch ins Jahrhundert der Extreme. Hg. v. GANGOLF HÜBINGER, München 1996.

Versammlungsort moderner Geister. Der Kulturverleger Eugen Diederichs und seine Anfänge in Jena 1904-1914. Katalogbuch zur Ausstellung im Romantikerhaus Jena 15. September bis 8. Dezember 1996, München 1996.

VIEHÖFER, ERICH: Der Verleger als Organisator. Eugen Diederichs und die bürgerlichen Reformbewegungen der Jahrhundertwende, in: AGB 30 (1988), S.1-174.

VIERHAUS, RUDOLF: Einleitung, in: Wissenschaften im Zeitalter der Aufklärung. Aus Anlaß des 250jährigen Bestehens des Verlages Vandenhoeck & Ruprecht. Hg. v. RUDOLF VIERHAUS, Göttingen 1985, S.7-17.

—: Kulturelles Leben im Zeitalter des Absolutismus in Deutschland, in: „Die Bildung des Bürgers". Die Formierung der bürgerlichen Gesellschaft und die Gebildeten im 18. Jahrhundert. Hg. v. ULRICH HERRMANN, Weinheim et al 1982, S.11-37.

Vierzig Jahre „Christliche Welt". Festgabe für Martin Rade zum 70. Geburtstag 4. April 1927. Hg. v. HERMANN MULERT, Gotha 1927.

VOGEL, MARTIN: Recht im Buchwesen, in: Geschichte des Deutschen Buchhandels im 19. und 20. Jahrhundert. Das Kaiserreich 1870-1918. Teil 1. Im Auftrag der Historischen Kommission hg. v. GEORG JÄGER in Verbindung mit DIETER LANGEWIESCHE und WOLFRAM SIEMANN, Frankfurt/Main 2001, S.122-169.

VOLKE, WERNER: „Viel gerettet, viel verloren ...". Vom Schicksal deutscher Verlagsarchive, in: Buchhandelsgeschichte Nr.3 (1984), B 81-90.

Vollständiges Verzeichnis der von der Firma F.A. Brockhaus in Leipzig seit ihrer Gründung durch Friedrich Arnold Brockhaus im Jahre 1805 bis zu dessen hundertjährigem Geburtstage im Jahre 1872 verlegten Werke. In chronologischer Folge mit biographischen und literarhistorischen Notizen, Leipzig 1872-1875.

Vom Ornament zur Linie. Der frühe Insel-Verlag 1899 bis 1924. Ein Beitrag zur Buchästhetik im frühen 20. Jahrhundert. Hg. von JOHN DIETER BRINKS, Assenheim 2000.

VONDUNG, KLAUS: Zur Lage der Gebildeten in der wilhelminischen Zeit, in: Das wilhelminische Bildungsbürgertum. Zur Sozialgeschichte seiner Ideen. Hg. v. KLAUS VONDUNG, Göttingen 1976, S.20-33.

VOSS, JÜRGEN: Deutsche und französische Enzyklopädien des 18. Jahrhunderts, in: Aufklärung als Mission. Akzeptanzprobleme und Kommunikationsdefizite. Hg. v. WERNER SCHNEIDERS (Das Achtzehnte Jahrhundert Suppl. 1), Marburg 1993, S.238-247.

—: Verbreitung, Rezeption und Nachwirkung der Encyclopédie in Deutschland, in: Aufklärungen. Frankreich und Deutschland im 18. Jahrhundert. Bd.1 (AUSa 19). Hg. v. GERHARD SAUDER und JOCHEN SCHLOBACH, Heidelberg 1986, S.183-192.

WALLMANN, JOHANNES: Der Pietismus (KiG Lfg. 0, 1: 4), Göttingen 1990.

WEHLER, HANS-ULRICH: Der literarisch-publizistische Markt und der Übergang zur modernen Kommunikationsgesellschaft, in: DERS., Deutsche Gesellschaftsgeschichte. Bd.3. Von der „Deutschen Doppelrevolution" bis zum Beginn des Ersten Weltkrieges. 1849-1914, München 1995, S.1232-1243.

WEINRICH, HARALD: Die Wahrheit der Wörterbücher, in: Probleme der Lexikologie und Lexikograhie. 10. Jahrbuch 1975 des Institus für deutsche Sprache. Hg. v. HUGO MOSER (Sprache der Gegenwart XXXIX), Düsseldorf 1976, S.347-368.

WEISS, HERMANN F.: Unveröffentlichte Briefe Achim von Arnims aus den Beständen des Freien Deutschen Hochstifts und der Bibliotheka Jagiellonska, in: Jahrbuch des Freien Deutschen Hochstifts 1987, S.260-313.

WEIß, ALBERT M. OP: Benjamin Herder. Fünfzig Jahre eines geistigen Befreiungskampfes, Freiburg i. Br. 1889.

—: /KREBS, ENGELBERT: Im Dienst am Buch. Bartholomä Herder. Benjamin Herder. Hermann Herder, Freiburg i. Br. 1951.

WELKE, MARTIN: Zeitung und Öffentlichkeit im 18. Jahrhundert. Betrachtungen zur Reichweite und Funktion der periodischen deutschen Tagespublizistik, in: Presse und Geschichte. Beiträge zur historischen Kommunikationsforschung. Referate einer internationalen Fachkonferenz der Deutschen Forschungsgemeinschaft und der Deutschen Presseforschung/Universität Bremen 5.-8. Oktober 1976 in Bremen (Studien zur Publizistik 23), München 1977, S.71-99.

Welt der Information. Wissen und Wissensvermittlung in Geschichte und Gegenwart. Hg. v. HANS-ALBRECHT KOCH in Verbindung mit AGNES KRUP-EBERT, Stuttgart 1990.

WENDT, BERNHARD: Idee und Entwicklungsgeschichte der enzyklopädischen Literatur. Eine literarisch-bibliographische Studie (Das Buch im Kulturleben der Völker 2), Würzburg 1941.

WENZ, GUNTHER: Zwischen den Zeiten. Einige Bemerkungen zum geschichtlichen Verständnis der theologischen Anfänge Karl Barths, in: NZSTh 28 (1986), S.284-295.

WESSELING, KLAUS-GUNTHER: Art. Schiele, Friedrich Michael, in: BBKL IX (1995), Sp.199-201.

WIDMANN, HANS: Tübingen als Verlagsstadt (Contubernium. Beiträge zur Geschichte der Eberhard-Karls-Universität Tübingen 1), Tübingen 1971.

WIEGAND, HERBERT ERNST: Ansätze zu einer allgemeinen Theorie der Lexikographie, in: Die Lexikographie von heute und das Wörterbuch von morgen. Analysen – Probleme – Vorschläge. Hg. v. JOACHIM SCHILDT und DIETER VIEHWEGER (Linguistische Studien, Reihe A, Arbeitsberichte 109). Akademie der Wissenschaften der DDR, Zentralinstitut für Sprachwissenschaft 1983, S.92-127.

WILLNAT, ELISABETH: Johann Christian Dieterich. Ein Verlagsbuchhändler und Drucker in der Zeit der Aufklärung, in: ABG 39 (1993), S.1-254.

WINDSEIL, H.E.: Ueber die Konkordanzen, in: ThStKr H.4 (1870), S.673-720.

WINKLER, HEINRICH AUGUST: Weimar 1918-1933. Die Geschichte der ersten deutschen Demokratie, München 1993.

Wissenschaften im Zeitalter der Aufklärung. Aus Anlaß des 250jährigen Bestehens des Verlages Vandenhoeck & Ruprecht. Hg. v. RUDOLF VIERHAUS, Göttingen 1985.

Wissenschaft und Öffentlichkeit in Berlin, 1870-1930. Hg. v. CONSTANTIN GOSCHLER, Stuttgart 2000.

Wissenschaftsgeschichte und Wissenschaftspolitik im Industriezeitalter. Das „System Althoff" in historischer Perspektive. Hg. v. BERNHARD VOM BROCKE, Hildesheim 1991.

WITTMANN, REINHARD: Buchmarkt und Lektüre im 18. und 19. Jahrhundert. Beiträge zum literarischen Leben 1750-1880 (Studien und Texte zur Sozialgeschichte der Literatur 6), Tübingen 1982.

—: Geschichte des deutschen Buchhandels. Ein Überblick. Durchgesehene u. erweiterte Auflage, München 1999.

—: Subskribenten- und Pränumerantenverzeichnisse als Quellen zur Lesergeschichte, in: DERS., Buchmarkt und Lektüre im 18. und 19. Jahrhundert. Beiträge zum literarischen Leben 1750-1880 (Studien und Texte zur Sozialgeschichte der Literatur 6), Tübingen 1982, S.46-68.

—: Teil der Verbandskultur. Das Aufarbeiten der Geschichte fördert den realistischen Blick auf die Zukunft, in: Bbl. Jubiläumsausgabe (03.05.2000), S.97-100.

WOLFES, MATTHIAS: Art. Liberale Theologie, II. Kirchengeschichtlich, in: RGG^{4}, 5 (2002), Sp. 312f.

—: Die Demokratiefähigkeit liberaler Theologen. Ein Beitrag zum Verhältnis des Protestantismus zur Weimarer Republik, in: Friedrich Naumann in seiner Zeit. HG. V. RÜDIGER VOM BRUCH, Berlin et al 2000, S.287-314.

—: Protestantische Theologie und moderne Welt. Studien zur Geschichte der liberalen Theologie nach 1918 (TBT 102), Berlin et al 1999.

WOLFF, KURT: Briefwechsel eines Verlegers. 1911-1963. Hg. v. BERNHARD ZELLER und ELLEN OTTEN, Frankfurt/Main 1966.

Worte, Wörter, Wörterbücher. Lexikographische Beiträge zum Essener Linguistischen Kolloquim 1983-1989. Hg. v. GREGOR MEDER, Tübingen 1992.

ZELLE, CARSTEN: Aus der Arbeit der Deutschen Gesellschaft. Zu diesem Heft, in: Enzyklopädien, Lexika und Wörterbücher im 18. Jahrhundert. Zeitschrift der Deutschen Gesellschaft für die Erforschung des achtzehnten Jahrhunderts 22 (1998), S.7f.

Zum hundertjährigen Jubiläum der Herder'schen Verlagshandlung in Freiburg i/B., in: Bbl 68 (1901), S.5827-5830.

ZUNHAMMER, THOMAS: Zwischen Adel und Pöbel. Bürgertum und Mittelstandsideal im Staatslexikon von Karl v. Rotteck und Karl Theodor Welcker. Ein Beitrag zur Theorie des Liberalismus im Vormärz, Baden-Baden 1995.

Zwei Briefe Hermann Gunkels an Adolf Jülicher zur religionsgeschichtlichen und formgeschichtlichen Methode. Hg. v. HANS ROLLMANN, in: ZThK 78 (1981), S.276-288.

Zweihundertfünzig Jahre Vandenhoeck & Ruprecht in Göttingen. Jubiläumsfeier am 15. Februar 1985.

Quellenanhang

A I Vertraulicher Plan: Die Religion in Vergangenheit und Gegenwart. Ein wissenschaftliches Nachschlagewerk für Jedermann (VA Diverses RGG[1])

A II „Streng vertraulich! Die Religion in Vergangenheit und Gegenwart" (VA Diverses RGG[1])

A III Schreiben von Herausgeber/Hauptredakteure und Abteilungsredakteure an „Alle Mitarbeiter des Handwörterbuchs", Tübingen, 28.02.1910 (VA 291 [sub Schiele])

A IV Fächersystematik von „Die Religion in Vergangenheit und Gegenwart" (VA Diverses RGG[1])

A V Die Religion in Geschichte und Gegenwart. Topographische Absatzübersicht 1915-1924 Gesamtübersicht (VA Diverses RGG[1])

A I: Vertraulicher Plan: Die Religion in Vergangenheit und Gegenwart. Ein wissenschaftliches Nachschlagewerk für Jedermann, Juli 1904 (Juli 1904; VA diverses RGG[1])[1]

Unter dem Titel „die Religion in Vergangenheit und Gegenwart" beabsichtigen wir die Herausgabe eines „wissenschaftlichen Nachschlagewerkes für Jedermann", das kurz und knapp, zugleich aber exakt auf wissenschaftlicher Grundlage über die religiösen Probleme der Gegenwart (im weitesten Sinne) orientiert, die Resultate der wissenschaftlichen Forschungen festlegt, die Fragestellungen und Aufgaben eröffnet und so dem religiösen Zuge der Gegenwart den Dienst eines Sammlers und Wegführers leistet. An einem Hilfsmittel dieser Art fehlt es bisher; für seine Notwendigkeit aber zeugen sowohl die eminente wissenschaftliche Regsamkeit auf dem Gebiete der Theologie und Religionswissenschaft, die in ihrer sich fast überstürzenden Fülle nach einer Zusammenfassung verlangen lässt, wie namentlich das Lebendigwerden religiöser Kräfte und Interessen unter den Laien, dem Gebildeten so gut wie dem schlichten

---

1 Alle Hervorhebungen im folgenden i. Orig. Dieser ‚Vertrauliche Plan' ist in großen Teilen, freilich nicht in Gänze, erstmals editiert bei Alf Özen, Die Religion in Geschichte und Gegenwart, 1. Teil, S.156ff. Er wird hier der Übersichtlichkeit und Vollständigkeit der Arbeit halber präsentiert.

Manne des Volkes, die Antwort auf die sie bewegenden Fragen verlangen. Da im weitesten Sinne Handreichung zu tun, soll unsere Aufgabe werden.

Es ist damit schon gesagt, dass unser Nachschlagewerk kein Conkurrenzunternehmen zur Hauckschen Realenzyklopädie für Theologie und Kirche werden soll. Die Realenzyklopädie ist im Wesentlichen ein Werk von ausgesprochen gelehrtem Charakter, bestimmt für die Männer der theologischen Wissenschaft. Unser Nachschlagewerk will wissenschaftlich, aber nicht gelehrt sein, seine Leser sollen neben den Theologen in erster Linie religiösangeregte Laien, Frauen, Lehrer, Politiker, Beamte, Journalisten etc. sein. Auf der anderen Seite aber soll das Programm unseres Nachschlagewerkes weiter und moderner gefasst werden, als das der Realenzyklopädie. Weiter: wir beschränken uns nicht auf „Theologie und Kirche", sondern treten hinaus in die Weite der Religionswissenschaft und wollen auch die ausserkirchlichen religiösen Strömungen im weitesten Umfange berücksichtigen. Die Religion, nicht die Theologie und „die Kirche" ist unser leitendes Interesse. Artikel wie Buddha, Goethe, Laienreligion, Tolstoi, Nietzsche, Ibsen, soziale Frage, Frauenstimmrecht, Schulfrage u. drgl., die man in der Realenzyklopädie vergeblich sucht, sollen gebracht werden. Moderner: an die Stelle der offenkundigen wissenschaftlichen Rückständigkeit der Realenzyklopädie in den alt- und neutestamentlichen Artikeln soll die moderne historische Kritik treten. Und im Uebrigen soll in den Fragen der Dogmatik, Dogmengeschichte, Religionswissenschaft, praktischen Theologie, des Sozialismus etc. einheitlich der sogen. religionsgeschichtliche Standpunkt zum Worte kommen. Bei aller Berücksichtigung der Vergangenheit soll das Lexikon ein Werk aus der Gegenwart für die Gegenwart werden, nicht im Sinne einer kirchenpolitischen Partei, sondern zum Ausdruck einer im Wesentlichen einheitlichen Religions- und Christentumsanschauung.

Jeder einzelne Artikel soll über den Stand der betr. Frage kurz unterrichten, den Charakter des Referates tunlichst durch eigenes Urteil ergänzen und einen Literaturnachweis enthalten. Hierbei soll unterschieden werden zwischen wissenschaftlicher und gemeinverständlicher Literatur; für erstere wird in der Regel ein Hinweis auf die beste vorhandene Literaturzusammenstellung genügen, die gemeinverständliche Literatur hingegen ist sorgfältig zu verzeichnen. Ueber den Umfang der einzelnen Artikel wird später Mitteilung gemacht werden, der Umfang des ganzen Lexikons ist auf 3 Bände berechnet im Format des Wörterbuches des deutschen Verwaltungsrechtes zu je ca 960 Seiten[2]. Es ist beabsichtigt, ausser einigen prinzipiellen zusammenfassenden grossen Artikeln, die Artikel so einzurichten, dass der Benützer unter dem Stichwort auch sogleich die gesuchte Auskunft findet. Den umfangreicheren Artikeln wird eine Inhaltsübersicht vorangestellt. Da das Lexikon für Jedermann bestimmt sein soll, ist der fachwissenschaftliche Ton durch edle Popularität zu ersetzen. Den Verlag übernimmt die Firma J.C.B. Mohr (Paul Siebeck) in Tübingen, die Hauptredaktion Lic. Dr. Köhler in Giessen.

2 Wörterbuch des deutschen Verwaltungsrechts. In Verbindung mit vielen Gelehrten und höheren Beamten hg. v. Karl von Stengel. Drei Bde., Freiburg i. Br. 1890-1897.

Zwecks einheitlicher, planmässiger Verteilung der Arbeit empfiehlt sich die Gliederung in Abteilungen, an deren Spitze ein besonderer Abteilungsredakteur steht. Der Abteilungsredakteur würde im Einvernehmen mit dem Hauptredakteur die Organisation seiner Abteilung übernehmen, d.h. sein Gebiet abgrenzen, die ihm notwendig erscheinenden grösseren Artikel festlegen, die Zuweisung der einzelnen Artikel an die H.H.[3] Mitarbeiter bestimmen u. drgl., wobei ihm aber alle rein redaktionelle Arbeit erspart bleiben soll.

Die Einzelabteilungen würden sich etwa so gestalten:

Altes Testament (einschl. Assyriologie etc.) Abteilungsredakteur: Gunkel, (event. Mitarbeiter: Bertholet, Duhm, Marti, Volz).

Neues Testament: (einschl. vergleich. Religionswissenschaft). Abteilungsredakteur: Bousset[4]. (event. Mitarbeiter: Deissmann, Heitmüller, Hollmann, H. Holtzmann, Knopf[5], Weinel, Johs. Weiss, Wernle).

Kirchen- und Dogmengeschichte: (einschl. Symbolik). Abteilungsredakteur: Köhler. (event. Mitarbeiter: Eichhorn, Gerh. und J. Ficker, Harnack, Holl, Jülicher, Krüger, Lietzmann, Preuschen[6], Sell, Wernle).

Dogmatik und Ethik: (einschl. theol. Prinzipienfragen, Gesch. der Theologie, Beziehungen zwischen Theologie und Philosophie). Abteilungsredakteur: Tröltsch. (event. Mitarbeiter: Eck, Fuchs, Lask[7], Otto, Rade, Rickert, Windelband).

Praktische Theologie: Abteilungsredakteur: Baumgarten. (event. Mitarbeiter; Drews, Jüngst[8], Niebergall).

Pädagogik: Abteilungsredakteur: Schiele.

Kunst und Musik[9]: Abteilungsredakteur: Joh. Bauer

Religionsgeschichte: (d.h. spez. die ausserchristl. Religionen). Abteilungsredakteur: Hackmann (event. Mitarbeiter: Christlieb[10], Alb. Dieterich[11], Edv. Lehmann, Usener[12], vrgl. auch Gunkel und Bousset).

Sozialwissenschaft: Abteilungsredakteur: Max Weber. (event. Mitarbeiter: Göhre[13], Naumann).

Kirchenrecht und Kirchenpolitik: Abteilungsredaktuer: Förster[14]. (event. Mitarbeiter: Schian).

---

3 D.i. Herren.

4 In der Vorlage handschriftlich gestrichen und Heitmüller ergänzt.

5 Rudolf Knopf (1874-1920).

6 Erwin Friedrich Ferdinand Wilhelm Preuschen (1867-1920).

7 Emil Lask (1875-1915).

8 Möglicherweise Johannes Friedrich Jüngst (1846-1932).

9 „Musik" wird in der Vorlage handschriftlich in [] gesetzt und handschriftlich als separate Abteilung neben Kunst, allerdings ohne Nennung eines Abteilungsredakteurs ergänzt.

10 Max Heinrich Christlieb (1862-1914).

11 Albrecht Dieterich (1866-1908).

12 Hermann (Karl) Usener (1834-1905).

13 Paul Göhre (1864-1928).

14 Handschriftlich mit einem Fragezeichen versehen.

Das Christentum der Gegenwart: (Laienreligiosität, theol. Richtungen etc.) Abteilungsredakteur: Weinel.

Für die Bearbeitung der das Ausland betr. Fragen sollen für die einzelnen Länder gesonderte Redakteure gewonnen werden. Natürlich ist die obige Aufstellung der H.H. Mitarbeiter nur eine unmassgebliche, mit der den H.H. Abteilungsredakteuren in keiner Weise vorgegriffen werden soll.
Mit vorliegendem Plane beabsichtigen wir uns der Zusage der in Aussicht genommenen Abteilungsredakteure zu versichern und Vorschläge und Winke, um welche wir dringend bitten, entgegenzunehmen.

Giessen/Tübingen, im Juli 1904
Die Redaktion: Die Verlagsbuchhandlung
Dr. W. Köhler J.C.B. Mohr (Paul Siebeck)

Handschriftlicher Zusatz: Register über das ganze Werk?

A II:
Streng vertraulich!
Die Religion in Vergangenheit und Gegenwart
(VA Diverses RGG[1])[15]

Der Umfang unseres Wörterbuches ist festgelegt auf 3 Bände von je etwa 1.000 Seiten (2.000 Spalten). Die Seite entspricht dem vorgelegten Probedruck. Wir schätzen den Gesamtumfang also auf 3 mal ca. 1.000 = ca. 3.000 Seiten. Der Inhalt ist für die Bearbeitung und Redaktion nach Disziplinen auf 16 Abteilungen verteilt. Jeder Abteilung steht ein Abteilungsredakteur vor. Die Hauptredaktion führt Lic. Schiele gemeinsam mit D. Gunkel. Zentralisiert ist alles Redaktionelle in den Händen von Lic. Schiele.

Legen wir den Umfang von ca. 3.000 Seiten zu Grunde und machen zugleich eine Aufstellung über die Abteilung und ihre Spezialredakteure, so ergibt sich folgende Tabelle:

---

15 Zu datieren auf den Sommer 1905 (vgl. Kap.II, Anm.502)

				mit Verteilung der Abteilungen 15-17 auf die Abteilungen 1-14
1.	Altes Testament	Gunkel	340 Seiten	" 375 Seiten
2.	Neues Testament	Heitmüller	340 "	" 375 Seiten
3.	Kirchen-und Dogmengeschichte (einschliesslich Symbolik)	Köhler	340 "	" 375 Seiten
4.	Dogmatik	Troeltsch	175 "	" 190 Seiten
5.	Ethik	Scheel	175 "	" 190 Seiten
6.	Apologetik	Wobbermin	175 "	" 190 Seiten
7.	Praktische Theologie u[nd] religiöse Volkskunde, Vereine, Mission	Baumgarten	340 "	" 375 Seiten
8.	Erziehung	Schiele	130 "	" 140 Seiten
9.	Kunst	Neumann	80 "	" 80 Seiten
10.	Musik	Jenner[16]	40 "	" 40 Seiten
11.	Ausserchristliche Religionsgeschichte	Verteilung des Stoffes auf die einzelnen Abteilungsredaktionen durch Schiele	270 "	" 300 Seiten
12.	Sozialwissenschaft	Traub	100 "	" 110 Seiten
13.	Kirchenrecht und Kirchenpolitik	Schian	70 "	" 75 Seiten
14.	Religion der Gegenwart	Baumgarten	170 "	" 185 Seiten
			2.745 Seiten	" 3.000 Seiten
15.	Biographien (ergänzungsweise zu den vorhergehenden Abteilungen)	–	100 Seiten	
16.	Ausland (ergänzungsweise)	–	40 "	
17.	Für unvorhergesehene Fälle	–	115 "	
			3.000 Seiten	

16 Gustav Jenner (1865-1920). Jenner läßt sich innerhalb der ersten Auflage nicht als Autor nachweisen, daher zeigt die Tabelle an dieser Stelle nur einen Moment des Arbeitsprozesses.

Bei der **Bearbeitung** sind folgende **Gesichtspunkte** in erster Linie zu berücksichtigen:

1. Unser Nachschlagewerk ist nicht für die Gelehrten bestimmt, sondern für jedermann, der an dem religiösen Leben der Gegenwart Interesse nimmt und über eine höhere Bildung verfügt. Gerade deshalb wird es auch für die Gelehrten vieles bieten, was sie nicht wissen und anderwärts vergebens suchen.
2. Die Herausgeber, wie die Abteilungsredakteure, wissen sich eins in der Ueberzeugung, dass ihre wissenschaftliche Arbeit im letzten Grunde der evangelischen Kirche dienen wird, und in dem Bestreben, nicht nur die theologische Wissenschaft, sondern auch die Sache der Religion und der Kirche zu fördern, sie setzen diesen Geist bei den Mitarbeitern als Vorbedingung gemeinsamer Arbeit voraus.
3. Streng wissenschaftliche Arbeit ist die Grundlage aller unserer Artikel. Die ganze Grundlage braucht dem Laien, der das Werk benutzt, nicht ausdrücklich bemerkbar gemacht zu werden. Aber vorhanden sein muss sie stets; und wer sich arbeitend in unsere Artikel vertieft, muss auch auf sie stossen. Die Methode unserer Mitteilung sei darum *nicht*[17] dogmatisch, sondern wissenschaftlich. Nicht *fertige* Ergebnisse gilt es zu präsentieren; sondern derselbe Denkprozess, derselbe Forschungsweg, der in der Wissenschaft zu den Ergebnissen führt, soll auch in unserer Darstellung zu ihnen führen, so dass dem Leser, soweit es in der Kürze möglich ist, klar gemacht wird, wie die Ergebnisse sich ergeben, wie die Resultate resultieren, und in welchem Masse etwa von ihrer Sicherheit geredet werden kann. Die Gründe müssen angegeben werden und der Grad der Wahrscheinlichkeit für die einzelnen Behauptungen muss möglichst gewissenhaft bemerkt werden. Das schliesst nicht aus, sondern ein, dass überall die elementarste Methode gewählt, dass mit den sparsamsten Voraussetzungen und Mitteln gearbeitet, dass das Komplexe auf die einfachste und schlichteste abgerundete Formel gebracht wird.
4. Die Popularisierung der wissenschaftlichen Theologie, die sich vor jetzt 100 Jahren vollzog, hat Augen nur für die Leistungen der eigenen theologischen Richtung gehabt, aber übersehen, was rechts und links von ihr gearbeitet und geschaffen wurde. Dadurch hat sie den rationalismus vulgaris heraufgeführt und sich selbst auf 100 Jahre ruiniert. Unsere Mitarbeiter müssen diese Engsichtigkeit und Engherzigkeit strenger meiden und ärger fürchten als die Pest.
5. Die Darstellung hat sich der grössten Deutlichkeit und Allgemeinverständlichkeit zu befleissigen. Ueberall muss von dem dargestellten Gegenstand ein klares und anschauliches Bild gegeben werden. Nirgends darf, auch in der besten Absicht nicht, ein Tatbestand verschleiert oder eine Konsequenz verschwiegen oder verdunkelt werden.

17 Alle Kursivsetzungen in A II sind im Original gesperrt.

Verdeutlichende Konsequenzen sollen vielmehr gesucht als gemieden werden.

6. Da bei einer grossen Anzahl von Artikeln gemäss der Abzweckung unseres Nachschlagewerkes eine total erschöpfende Behandlung des Gegenstandes nicht möglich ist, so ist der Benutzer jedesmal auf diejenige Literatur zu verweisen, welche den Gegenstand wirklich erschöpfend oder doch in grösserer Ausführlichkeit und Gründlichkeit behandelt. Bei Auswahl der Literatur sind diejenigen Werke zu bevorzugen, von denen aus der Laie sich weiter in die Probleme einarbeiten kann.
7. Es ist zu unterscheiden zwischen *Hauptartikeln, Nebenartikeln* und *Verweisartikeln* und demgemäss zwischen Verweisstichwörtern, nebengeordneten Stichwörtern und Hauptstichwörtern. Unter den Hauptstichwörtern ist das einheitlich Zusammengehörende eines grösseren Gebietes in zusammenhängender Darstellung zu entwickeln. **Beispiel:** Hauptstichwort *Prophetismus,* Nebenstichwort *Jesajas,* Verweisstichwort *Raubebald und Eilebeute.* –
8. *Räumliche Zersplitterung eines einheitlichen Stoffes auf kleine und unbedeutende Artikel ist prinzipiell in dem ganzen Nachschlagewerk zu vermeiden.* Vielmehr müssen die unter den Hauptstichwörtern gegebenen Darstellungen alles Wissenswerte und alles Notwendige umfassen. Die Nebenartikel entlasten die Hauptartikel von solchen Stoffen, welche eine einheitliche straffe Darstellung der Hauptsache episodenhaft unterbrechen würden. Die Verweisartikel verweisen auf die Behandlung des Gegenstandes unter dem Hauptstichworte und enthalten weiter nichts als diesen Verweis, oder sie bringen, wo es tunlich erscheint, ausser dem Verweise noch, zur schnellen Orientierung, kurz das Allernötigste, speziell den Gegenstand Betreffende in der denkbar knappsten Fassung. Während unter den Verweisstichwörtern alles auf kurze Formulierung ankommt, ist bei den grösseren Artikeln auf einen lesbaren und fesselnden Stil zu achten. Ob bei den in der Mitte zwischen Hauptartikeln und Verweisartikeln stehenden Nebenartikeln Telegrammstil oder elegante Darstellung gewählt wird, hängt von der Bedeutung und dem Interesse ihrer Materie ab. In dem Texte wird durch ein „(s.d.)“ verwiesen; ausserdem werden alle wichtigen Verweisungen am Schluss des Hauptartikels (vor dem Literaturnachweis) noch einmal zusammengestellt.
9. Bei der Abfassung ihrer Artikel tun die Mitarbeiter gut, wenn sie sich die Bildungsstufe der Leser des Artikels nicht zu hoch vorzustellen: statt für Leute mit Studentenbildung zu schreiben, stelle man sich Leser etwa mit Lehrerbildung vor – dann wird sich die rechte Verständlichkeit von selbst einstellen. Die Beschwerung des Stoffes durch allerhand gelehrtes Material wird sich trotz dem guten Willen und trotz dem Widerstreben der Mitarbeiter und der Redakteure nicht ganz vermeiden lassen, denn niemand kann aus seiner Haut; ein notwendiges Gegengewicht dagegen bildet eben der Vorsatz: die Aufsätze, wel-

che für Leute mit dem Durchschnittsmasse akademischer Bildung verständlich sein sollen, so abzufassen, dass sie allen Leuten mit einer guten Schulbildung überhaupt verständlich sind. Wird dieser Vorsatz festgehalten, so wird sich als mittlere Linie zwischen dem populären Zweck und der unausrottbaren Tendenz zu gelehrter Darstellung die Brauchbarkeit für alle höher Gebildeten ergeben.

10. Das unbedingt erforderliche Anschauungsmaterial: Bilder, Karten usw., soll in dem Wörterbuche nicht fehlen.

Einzelheiten

A. Stichwörterverzeichnis

Die Abteilungsredakteure müssen sich zunächst eine systematische Disposition anlegen und, von dieser Disposition ausgehend, den gesamten Stoff auf die Grundbegriffe ihrer Disziplin als auf die Hauptstichwörter verteilen. Es ist wünschenswert, dass sich je Grundbegriff und Hauptstichwort decken. Wo in den geschichtlichen Disziplinen der Ausdruck „Grundbegriffe" versagt, treten an seine Stelle die persönlichen Grundmächte und die grossen Träger der geschichtlichen Bewegung.

Die Nebenstichwörter ergeben sich aus dem Durchdenken, Durchdisponieren und erst zuletzt aus dem Ausarbeiten der Hauptartikel.

Erst nachdem aus der eigenen Ueberlegung des Abteilungsredakteurs heraus dieses System von Stichwörtern selbständig aufgestellt ist, empfiehlt es sich, einen Vergleich mit guten Inhaltsverzeichnissen der bezüglichen Lehrbücher, mit deren Sachregistern, mit enzyklopädischen Wörterbüchern nachträglich anzustellen.

Soll unser Nachschlagewerk die geistige Signatur unseres Kreises tragen, so müssen wir uns vor allem unser Schema selbst schaffen und dürfen es nicht von anderer Seite borgen.

Das System auch der Nebenstichwörter kann nicht früh genug aufgestellt werden, da die Darstellungsform der Hauptartikel ganz wesentlich davon abhängt, welcher Stoff zur Entlastung des Hauptartikels auf Nebenartikel abgestossen werden, welcher Stoff wiederum der Einheitlichkeit wegen in die Zusammenfassung des Hauptartikels einbezogen und dann also durch einen blossen Verweis von dem Verweisstichwort auf den Hauptartikel erledigt werden soll.

Wenn in den Hauptartikeln *Namen von bedeutenden Männern* oder auch *Begriffe von weitreichender Bedeutung* vorkommen, so sind diese gleich von den Mitarbeitern, also von den Verfassern der Artikel, selbst auszuziehen. Dann können diese Namen und Begriffe von vornherein entweder (wenn der Name oder der Begriff schon einen Artikel zugewiesen hat) in dem zuständigen Artikel mit einer Verweisung bedacht werden, oder sie müssen als besondere Verweisstichwörter mit Verweisung auf den Hauptartikel in das Gesamt-Stichwörterverzeichnis aufgenommen werden.

Solche Vermehrung des Wörterbuches um Verweisstichwörter legen wir den Mitarbeitern besonders ans Herz, denn die Auffindbarkeit der Materien wird dem Benutzer dadurch ausserordentlich erleichtert. *Niemals darf der Verfasser das Ausziehen dieser Verweisstichwörter aus seinem Artikel aufschieben, er muss es vielmehr stets sofort während oder doch unmittelbar nach Abfassung des Artikels selbst vornehmen.* Denn diese Verweisstichwörter kommen ja nicht nach dem Alphabet zum Vorschein, die Arbeit an dem Wörterbuche aber schreitet mehr oder weniger nach dem Alphabet vorwärts. Wenn das Ausziehen der Verweisstichwörter aufgeschoben wird, könnte es also vorkommen, dass wichtige Verweisstichwörter, die gegen den Anfang des Wörterbuches hin zu stehen kommen müssten, erst ausgezogen und erst der Hauptredaktion mitgeteilt würden, wenn der Anfang schon gedruckt ist.

B. Verweisungen.

Es sind zu unterscheiden:

1. Verweisungen von einem Hauptartikel auf Ausführungen eines andern Hauptartikels; und
2. Verweisungen von einem Hauptartikel auf seine Nebenartikel. –
3. Vom Hauptartikel auf Verweisstichwörter wird nicht verwiesen.
4. Die Verweisungen von einem Nebenstichwort oder einem Verweisstichwort auf den Hauptartikel sind selbstverständlich.
5. Verweisungen von grösseren Nebenartikeln auf andere Nebenartikel oder Hauptartikel erledigen sich sinngemäss nach No. 1.

Besondere Aufmerksamkeit erfordern also die Verweisungen unter 1. und 2.

Die Verweisungen von Hauptartikeln auf andere Hauptartikel und auf besondere ihnen affiliierte Nebenartikel sind von den Redaktionen streng auf ihre Genauigkeit zu kontrollieren. Dabei müssen die Abteilungsredakteure feststellen, ob es sich um Verweisung handelt auf einen bereits erschienenen Artikel, oder ob auf ein nur erst aufgestelltes, aber noch nicht bearbeitetes Stichwort verwiesen ist, oder ob gar das Stichwort, auf das der Mitarbeiter in seinem Aufsatze verweist, noch gar nicht aufgestellt ist. Niemals darf sich ein Mitarbeiter, wenn er das Kommen eines Artikels nur erwartet oder wünscht, bei der blossen Vermutung beruhigen, dass dieser Artikel ja seinerzeit kommen müsse. Denn zum mindesten ist ja dann der Wortlaut des Stichwortes nicht bekannt, unter welchem die Materie behandelt werden wird, auf die er verweist. In diesem Falle hat der Mitarbeiter die genaue Feststellung des Stichwortes und die Festlegung des bezüglichen Artikels bei der Hauptredaktion zu erwirken.

C. Verzettelung des Stichwortregisters.

Um alle Abteilungsredaktionen über den Wörterbestand des Wörterbuchs stets auf dem Laufenden zu halten, wird folgendes Verfahren eingeschlagen.

Nachdem die Mitarbeiter ihr Stichwortverzeichnis aufgestellt haben, werden diese Verzeichnisse bei Herrn Dr. Siebeck verzettelt. Jedem Stichwort wird ein eigener Zettel gewidmet. Die Zettel werden gleich in einer grösseren Anzahl von Exemplaren hergestellt. Sie werden alphabetisch geordnet. Dieser vorläufige alphabetische Katalog wird von der Hauptredaktion an der Hand der wichtigsten Enzyklopädien ergänzt. Die Ergänzungszettel werden in gleicher Weise vervielfältigt. Von dem so entstandenen Zettelhauptkatalog befindet sich ein Exemplar bei jeder Abteilungsredaktion.

Die Zettel enthalten:

1. Das Stichwort.
2. Die Bezeichnung, ob Hauptartikel (H), ob Nebenartikel (N), ob nur Verweisstichwort (V).
3. Den Namen des zuständigen Abteilungsredakteurs.
4. Den Namen des Verfassers.
5. Eine möglichst genaue Taxe des Umfangs nach Seitenzahl und Zeilenzahl („keinesfalls über ... Zeilen").
6. Den Termin für die Ablieferung des Manuskripts („keinesfalls nach dem ...").

Ist dasselbe Stichwort von verschiedenen Redaktionen aufgestellt, z.B. Jesus Christus geschichtlich (Abt.: Neues Testament), dogmatisch (Abt.: Dogmatik), ethisch (Abt.: Ethik), Jesus Christus in der Gegenwart (Abt.: Religion der Gegenwart), so wird durch die Hauptredaktion die erforderliche Zusammenordnung vorgenommen und Verständigung zwischen den Abteilungen herbeigeführt.

Eine gedruckte Zusammenstellung der Stichwörter wird möglichst bald allen Mitarbeitern vorgelegt. Die Abteilungsredakteure aber müssen sich stets an ihren ausführlichen Zettelkatalog halten. Denn dieser Zettelkatalog wird nun während der Arbeit einer beständigen Ergänzung und Vervollständigung unterzogen werden müssen und können. Alle Stichwörter, sei es von Hauptartikeln, sei es von Nebenartikeln, sei es von Verweisungsartikeln: alle diese Stichwörter, die sich *bei der Arbeit* als notwendig oder wünschenswert ergeben, sind von allen Abteilungsredakteuren an die Hauptredaktion *sofort* zu melden. Um den Abteilungsredakteuren die Mühe zu sparen, werden auch die Verfasser der einzelnen Artikel gebeten, alle Stichwörter, die sich ihnen durch Ausziehen der wichtigen Namen und der bedeutenderen Begriffe aus ihren eigenen Aufsätzen ergeben, sofort an die Hauptredaktion zu schicken, die das weitere veranlassen wird.

In der Hauptredaktion wird zunächst eine Prüfung dieser ihr zugesandten Stichwörter vorgenommen. Die überflüssigen Stichwörter und die blossen Doubletten werden beseitigt, die aufzunehmenden werden genau in der gleichen Weise wie die früheren verzettelt. Von jedem dieser Zettel geht den Abteilungsredaktionen sofort ein Exemplar zu, so dass diese sofort wiederum ihren Zettelkatalog vervollständigen und den eventuell nötigen Bearbeiter gewinnen können. Diese mechanische Arbeit ist stets zu allererst zu erledigen, denn wenn der Zettelkatalog nicht in Ordnung ist, ist dem Abteilungsredakteur keine Uebersicht über den Stand und Lauf der Arbeit möglich.

Ausser dem Hauptkatalog erhält jeder Abteilungsredakteur einen zweiten Zettelkatalog, der nur die seiner speziellen Zuständigkeit unterstellten Zettel enthält.

D. Raumverteilung.

Schon von vornherein muss darauf geachtet werden, dass von unsern drei Bänden der erste das erste Drittel, der zweite das zweite Drittel und der letzte das dritte Drittel des Alphabets umfasst. Legen wir die zweckmässige Einteilung von Holtzmann und Zöpffel zu Grunde[18], so ergibt sich, dass der erste Band die Artikel von Aaron bis Gott, der zweite Band die Artikel von Gott bis Matthäus und der dritte Band die Artikel von Matthäus bis Zwingli umfasst. Diese Raumeinteilung, die von der Hauptredaktion zu Grunde gelegt und festgehalten wird, ist aber auch von den Abteilungsredaktionen durchzuführen. Denn die Hauptbegriffe der einzelnen Disziplinen verteilen sich ziemlich genau ebenso über das Alphabet, wie die der Theologie und Religion überhaupt. *Jeder* von uns muss sich um die gleichmässige Verteilung des Stoffes über den ganzen Raum bemühen. Es müsste also, sobald der Zettelkatalog aufgestellt ist, der Abteilungsredakteur sich seine Stichwörter in drei Drittel einteilen und darauf halten, dass das erste Drittel des für seine Abteilung verfügbaren Raumes von dem letzten ins erste Drittel seines alphabetischen Verzeichnisses entfallenden Artikel nicht überschritten wird. Um Raumüberschreitungen zu verhüten, ist, sobald sich irgend für die Maximallänge der Artikel eine Taxe aufstellen lässt, darüber die schon erwähnte Eintragung auf dem Zettel zu machen. Ueber alle diese Eintragungen ist stets die Hauptredaktion auf dem Laufenden zu halten. Da viele von den Verfassern zweifellos zur Raumüberschreitung neigen werden, so ist in allen Fällen eine vorherige *genaue Verabredung über den Umfang des Artikels* notwendig, damit die Reduktion eines überlang ausgefallenen Aufsatzes auf den verfügbaren Raum sich ohne Verstimmung durchführen lässt.

E. Disposition der Artikel.

Jeder längere Artikel ist übersichtlich zu disponieren. Die Disposition wird nummeriert und bei Aufsätzen, die sich über mehrere Seiten hinziehen, an der Spitze des Artikels abgedruckt. Bei jeder Nummer *Absatz* und *gesperrte Inhaltsangabe.*

F. Literaturangaben.

Die Literatur wird am Schluss jedes Artikels verzeichnet. An ihre Spitze ist stets der Hinweis auf die beste und ausgiebigste Bibliographie des betreffenden Themas zu stellen. Dabei wird in erster Linie, wo nicht besondere Bibliographien vorliegen, auf den Literaturnachweis in Haucks Real-Enzyklopädie, in Gödekes Grundriss der Geschichte der deutschen Dichtung[19], in Ueberwegs

---

18 Vgl. hierzu Kap.I.B.4.3.

19 Karl Goedeke, Grundriß zur Geschichte der deutschen Dichtung aus den Quellen, Hannover 1859ff.

Grundriss der Geschichte der Philosophie[20], in Hurters Nomencaltor[21], in Hübners Bibliographie der Klassischen Altertumswissenschaft[22] usw. zu verweisen sein, oder auf die Literaturzusammenstellungen in den verbreitetsten und besten theologischen, religionsgeschichtlichen, philosophischen, archäologischen usw. Lehrbüchern. Im übrigen sind die neuesten Werke und von den älteren Werken nur die besten und wichtigsten über den betreffenden Gegenstand ausdrücklich anzuführen. Die allgemeinverständliche Literatur ist dabei vor der gelehrten zu bevorzugen (wofern sie irgend wertvoll ist) und ausdrücklich als solche durch einen Kreuzstern ✠ markieren. Jeder Literaturnachweis ist mit der grössten Genauigkeit zu geben. Er muss enthalten:

1. Name und Vorname des Verfassers,
2. Haupttitel und (wenn der Untertitel für die Inhaltsbestimmung des Werkes von Wichtigkeit ist) auch den Untertitel des Werkes,
3. das Jahr des Erscheinens,
4. wenn es mehrere Auflagen gibt, ist zuerst in Klammern das Jahr der ersten Auflage, dann, in kleiner Ziffer, die laufende Nummer der neuesten Auflage und zuletzt deren Jahr anzugeben. – Der Ort des Erscheinens, der Verleger und der Preis werden nicht genannt.

G. Biographien.

Für die Biographien ist in noch strengerer Weise als bei den übrigen Artikeln der Massstab anzuwenden, ob die Sache nur für den Gelehrten oder für den heute lebenden, religiös angeregten und am religiösen Leben schaffenden Menschen von *Interesse* ist. Wo eine Biographie, nach diesem Massstabe gemessen, wenig Interessantes bieten kann, da sei sie so kurz als irgend möglich. Bei den Trägern sehr vieler Namen, die aus diesem Grunde nur ein untergeordnetes Interesse für uns haben, ist es vollkommen genügend, ihre Geburt, ihren Tod, ihre Hauptlebensstellung und eine knappe Angabe über ihre Leistungen anzuführen. Um so ausgiebiger ist dagegen die Biographie derjenigen Männer zu behandeln, durch deren Wirken wir im religiösen Leben der Gegenwart beeinflusst sind. So ist Ernst Haeckel 20 mal so ausführlich zu behandeln, als Theodorus von Mopsuestia und Reimarus 10 mal so ausführlich wie Titus von Bostra. Die Gegenwart und die unmittelbare Vorgeschichte der Gegenwart ist, wie überhaupt, so auch auf dem Gebiet der Biographien ganz besonders zu berücksichtigen. Ueber die Theologen der letzten Jahrhundert (bis zur Gegenwart einschliesslich) werden am praktischsten zusammenfassende Artikel orientie-

---

20 Friedrich Ueberweg, Grudriss der Geschichte der Philosophie, Berlin 1898ff.

21 Hugo Hurter, Nomenclator literarius recentioris theologiae catholicae theologos exhibens qui inde a concilio Tridentino floruerunt aetate, natione, disciplinis distinctos. Zweite Auflage in vier Bden., Innsbruck 1873ff., dritte Auflage in fünf Bden., Innsbruck 1903ff.

22 Emil Hübner, Bibliographie der klassischen Althertumswissenschaft. Grundriss zu Vorlesungen über die Geschichte und Encyklopädie der klassischen Philologie. Zweite vermehrte Auflage, Berlin 1889.

ren, welche die Geschichte der theologischen Richtungen und die Geschichte der einzelnen Fakultäten (der Berliner, der Marburger, der Giessener, der Pariser, der Göttinger, der Jenenser usw.) in grossem Umfange schildern. Dabei ist von den Mitarbeitern der Grundsatz Bratkes zu befolgen: „Tote Gelehrte benutzt man, indem man ihre Bücher liest, – lebende, indem man an sie schreibt."

H. Aeusserlichkeiten.

Die Manuskripte sind sämtlich auf Papier zu schreiben, welches von der Verlagsbuchhandlung geliefert wird. Zugleich stellt die Verlagshandlung allerhand Formulare zur Verfügung für Anfragen der Verfasser und für den Verkehr der Abteilungsredakteure mit der Hauptredaktion.

A III: Rundschreiben von Herausgeber/Hauptredakteure und Abteilungsredakteure (VA 291 [sub Schiele] 28. Februar 1910)

An alle Mitarbeiter des Handwörterbuchs.
Sehr geehrte Herren!

Immer erneute Erfahrungen, die der Verlag beim **Einfordern der Manuskripte** machen muß, veranlassen uns, Ihnen die Notwendigkeit tunlichst **pünktlicher Einhaltung der verabredeten Termine** für die Ablieferung der Manuskripte noch einmal dringend ans Herz zu legen. Dieser Mahnung liegt nicht etwa ein verfrühtes oder überflüssiges Drängen des Verlags zu Grunde, vielmehr sehen wir uns zu ihr veranlaßt durch die Pflicht, für rechtzeitiges Erscheinen und für möglichst gleichmäßigen Fortgang in der Drucklegung der Lieferungen Sorge zu tragen.

Leider begegnen wir mit unseren Erinnerungen an die **rechtzeitige Ablieferung der Manuskripte** auch bei warmen und einsichtigen Freunden des Unternehmens so wenig Verständnis und Entgegenkommen, daß wir uns diese Stockungen, die unsere Arbeit außerordentlich erschweren, nur aus der mangelnden Einsicht in die <u>Notwendigkeit so früher Termine vor dem definitiven Erscheinen der betreffenden Artikel</u> erklären können. Nun ist zwar der Gang der technischen Herstellung im Vorwort des ersten Bandes mit großer Deutlichkeit vorgeführt. Allein wir möchten den Eindruck dieser Darlegung auf unsere verehrlichen Mitarbeiter noch dadurch erhöhen, daß wir ihnen an einem bestimmten Beispiel den langen Weg illustrieren, den die Manuskripte von ihrer Ablieferung bis zum Erscheinen der betr. Lieferung durchlaufen.

Ueber die **Behandlung der Manuskripte und Korrekturen** für den *Buchstaben E*[23] finden sich im Korrespondenzbuch des Verlags folgende Daten:

23 Alle Kursivsetzungen im Original gesperrt.

10.03.09[24] Einlieferung der Manuskripte seitens der Mitarbeiter in der Hauptsache beendet.
22.03.09 Absendung an die Abteilungsredakteure zur Durcharbeitung.
15.04.09 Rücklieferung seitens der Abteilungsredakteure beendet.
01.05.09 Uebersendung der E-Manuskripte an den Herausgeber D. Schiele zur Ausgleichung der Differenzen etc.
07.07.09 Abgabe der ersten Manuskripte an die Druckerei.
14.07.09 Versendung der ersten Fahnen an die Autoren.
17.08.09 Versendung der ersten von den Autoren und Abteilungsredakteuren erledigten Fahnen an den Herausgeber.
26.08.09 Abgabe der letzten Manuskripte an die Druckerei.
08.09.09 Rückempfang der ersten Fahnen vom Herausgeber.
08.09.09 Abgabe der ersten Fahnen an die Druckerei zum Umbruch.
18.09.09 Versendung der letzten Fahnen an die Autoren.
18.09.09 Eintreffen der ersten Revision seitens der Druckerei.
22.09.09 Versendung der ersten Revision an die Hauptredakteure.
06.10.09 Versendung der von den Hauptredakteuren revidierten ersten Revision an die Herausgeber.
22.10.09 Rückempfang der ersten Revision vom Herausgeber.
22.10.09 Abgabe der ersten vom Herausgeber erledigten Revision an die Druckerei.
25.10.09 Eintreffen der ersten Superrevision von der Druckerei.
28.10.09 Versendung der ersten Superrevision an den Herausgeber.
16.11.09 Rückempfang der ersten Superrevision vom Herausgeber.
17.11.09 Abgabe der ersten Superrevision an die Druckerei.
20.11.09 Eintreffen der ersten Preßrevision von der Druckerei.
24.11.09 Versendung der letzten Fahnen an den Herausgeber.
25.11.09 Eintreffen des ersten Aushängebogens von der Druckerei.
20.12.09 Rückempfang der letzten Fahnen vom Herausgeber.
20.12.09 Abgabe der letzten Fahnen an die Druckerei zum Umbruch.
25.12.09 Eintreffen der letzten Revision von der Druckerei.

Am 23. Dezember konnte dann E bis Eliot in Lieferung 25/26 erscheinen!

Nun könnten die Zwischenräume wohl etwas verkürzt werden, wenn alle Manuskripte desselben Buchstabens gleichzeitig einträfen. Dagegen sind die Zeiten, die die Manuskripte, bezw. Fahnen und Revisionen bei den Abteilungs- und Hauptredakteuren und beim Herausgeber zubringen, ohne Schaden für die exakte Ausführung dieser Arbeiten und gegenseitige Ausgleichung nicht zu verkürzen. Auf Grund der Erfahrungen, die nunmehr für alle Vorarbeiten für die Drucklegung des Handwörterbuchs gesammelt werden konnten, wurde daher für den Fortgang der Arbeiten ein **einheitlicher Plan** aufgestellt. Darnach mußten z.B. die Manuskripte für H auf 15. November 1909 eingefordert werden, da die ersten Bogen dieses Buchstabens voraussichtlich im August 1910 zur Ausgabe gelangen.

24 Die Angabe der Daten wurde der Übersichtlichkeit halber im Folgenden vereinheitlicht.

Für jeden Buchstaben des Alphabets sind in diesem Arbeitsplan die Termine festgesetzt, zu denen die verschiedenen Arbeiten erledigt werden müssen. Da aber die Umfänge der verschiedenen Buchstaben im voraus nur annähernd geschätzt werden können, ist es leicht möglich, daß sich diese Termine gegen den Schluß des Alphabets noch verschieben. Den Herren Mitarbeitern können daher zunächst nur die **Termine für die Ablieferung ihrer Beiträge zu L bis O** mitgeteilt werden, die im Laufe des kommenden Semesters fällig sind. Diese Mitteilung geht an sämtliche Mitarbeiter, von denen für die genannten Buchstaben Beiträge notiert sind, gleichzeitig mit diesem Rundschreiben ab.

Jeweils 6 Wochen vor dem Termin für die Ablieferung der Manuskripte wird der Verlag sämtliche Mitarbeiter an die übernommenen Verpflichtungen, soweit sie ihm von der Redaktion gemeldet sind, nochmals erinnern. Auf diese Weise glauben wir, daß es jedem Mitarbeiter möglich sein wird, sich bei Zeiten so einzurichten, daß er die vom Verlag gestellten Termine pünktlich einhalten kann.

Nicht minder wichtig ist, daß auch die **Korrekturen** von den Mitarbeitern **jeweils umgehend erledigt** werden. Wir möchten daher die Herren Mitarbeiter an dieser Stelle nochmals dringend bitten, die Korrekturen möglichst am selben Tage, an dem sie ihnen zugehen, spätestens aber tags darauf in der üblichen Weise zurückzuschicken. Leider ist es nicht überflüssig, viele unserer Herren Mitarbeiter um **äußerste Sorgfalt bei der Korrektur** zu bitten; in letzter Zeit ist die Zahl der Fehler, die übersehen, und die Lücken, die vernachlässigt worden sind, ungewöhnlich gestiegen, sodaß mancher Abteilungsredakteur bisweilen Stunden braucht, um einen Mangel zu beseitigen, dessen Abstellung den sachkundigen Autor überhaupt keine oder doch nur geringe Zeit und Mühe gekostet hätte.

Ihre Antwort auf unser heutiges Rundschreiben bitten wir unter Benützung der beiliegenden Karte an die Verlagsbuchhandlung von J.C.B. Mohr (Paul Siebeck) in Tübingen zu richten.

Der Herausgeber:	Fr. M. Schiele.
Die Hauptredakteure:	H. Gunkel. O. Scheel.
Die Abteilungsredakteure:	O. Baumgarten. W. Heitmüller. H. Mulert. C. Neumann. M. Schian. O. Siebeck. E. Troeltsch. W. Weber. J. Wendland. L. Zscharnack.

A IV: Fächersystematik der ersten Auflage von RGG (VA Diverses RGG[1])

Die Religion in Vergangenheit und Gegenwart.

Vorbemerkung: Wir führen hier die Lebens- und Wissensgebiete, die in unserer Enzyklopädie behandelt sind, in einer systematischen Übersicht vor. Es ist daraus zu erkennen, wie der Gesamtstoff von uns gegliedert und unter welchem Stichwort jede Materie behandelt ist. Die Stichwörter sind kursiv gedruckt. Die schematische Übersicht enthält sämtliche großen Hauptartikel und die wichtigsten Nebenartikel (NA) nebst einigen Verweisstichwörtern (VA) der Enzyklopädie.

1. Abteilung: Altes Testament.

Alttestamentliche Wissenschaften.

Hermeneutik. Kritik. Biblische Theologie. Religionsgeschichtliche Forschung.	} *Bibelwissenschaft*

1. Die Literatur Israels.

a) Das Ganze. Kanon. Textgeschichte. Übersetzungen. Sprache.	} *Bibel (NA Schriftgelehrte im AT).* *Hebräisch (NA Aramäisches im AT; Siloahinschrift; Mesainschrift).*

b) Die Stilgattungen.

α) Die erzählenden Gattungen: *Mythen und Mythologie in Israel; Sagen und Legenden Israels* (NA *Simson*); *Geschichtsschreibung im AT.*

β) Gesetzgebung: *Tora.*

γ) Prophetischer Stil: Vergl. 2c *Propheten.*

δ) Die lyrischen Gattungen: *Poesie und Musik Israels* (NA *Zahlen, heilige*); *Dichtung, profane im AT* (NA *Parabel; Allegorie*); *Psalmen.*

ε) Weisheitsdichtung: *Weisheitsdichtung.*

c) Abfassungsverhältnisse der einzelnen alttestamentlichen Bücher.

α) Historische Bücher. *Mosebücher nach ihrer Entstehung* (NA *Bileam und seine Sprüche; Völkertafel; Jakobssegen; Mosessegen und Moseslied; Lamechlied*); *Josuabuch; Richterbuch; Samuelisbücher; Königsbücher* (NA *Prophetenerzählungen*); *Chronik als Geschichtswerk; Esra und Nehemia als Geschichtsquelle; Ruthbuch; Estherbuch.*

β) Prophetische Bücher. *Jesaiabuch; Jeremiasbuch; Ezechielbuch; Hoseabuch; Joelbuch; Amosbuch; Obadjabuch; Jonasbuch; Michabuch; Nahumbuch; Habakukbuch; Zephanjabuch; Haggaibuch; Sascharjabuch; Maleachibuch.*

γ) Poetische und andere Bücher. *Psalterbuch; Sprüchebuch; Hiobbuch; Klagelieder Jeremiae; Hohes Lied; Predigerbuch; Danielbuch.*

d) Abfassungsverhältnisse der nachkanonischen jüdischen Literatur. *Apokryphen des AT; Pseudepigraphen des AT; Mischna Midrasch und Talmud; Kabbala.*

2. Geschichte der Religion Israels.

a) Volksreligion.

α) Gottesdienst. *Feste und Feiern Israels* (NA *Askese im AT; Prostitution, heilige); Heiligtümer Israels* (NA *Aschera; Amulette in Israel; Lade Jahwes; Naturdienst in Israel); Opfer und Gaben im AT* (NA *Menschen- und Kinderopfer in Israel).*

β) Heilige Handlungen und Worte. *Gebet- und Gebetssitten in Israel und dem Judentum; Levitisches (Religiöse Zeremonien Israels); Zauberei Wahrsagerei und Orakelwesen in Israel.*

γ) Heilige Personen: *Priestertum Israels* (NA *Levi und Leviten; Aaron und Aaroniden); Prophetentum, ältestes bis auf Amos.*

δ) Volk, Staat, Sittlichkeit. *Volk und Staat in Israel* (NA *Bund im AT); der Einzelne und sein Gott im AT* (NA *Sitte und Sittlichkeit im AT; Sünde und Schuld im AT; Zorn Gottes im AT; Leiden im AT; Gnade Gottes im AT; Individualismus im AT).*

ε) Gottheit. *Monotheismus und Polytheismus im AT* (NA *Geister, Engel und Dämonen im AT Judentum und NT, Satan im AT Judentum und NT; „Fleisch und Geist" im AT und Judentum; Offenbarung im AT; Geist und Geistesgaben im AT; Namenglauben im AT; Jahwe* (NA *„Heiligkeit" und „Herrlichkeit" Gottes; „Gerechtigkeit" Gottes; Bund im AT; Versöhnung im AT; Vulkanisches im AT); Gottheit und Menschheit im AT; Wunder im AT.*

ζ) Weltbetrachtung. *Welt-, Natur- und Tierbetrachtung im AT* (NA *Kalb, goldenes; Drache im AT und NT); Weltende* (NA *Messias im AT Judentum und NT; Gericht im AT und Judentum; Auferstehung im AT Judentum und NT); Menschensohn im AT; Mensch im AT (Anthropologie); Tod im AT* (NA *Totenorakel; Totenreich; Totenverehrung und Trauergebräuche).*

b) Geschichte der Volksreligion. *Moses* (NA *Manna; Aaron; Sinai); Volksreligion Israels* (Geschichte von der Einwanderung in Kanaan bis auf Amos); *Elias* (NA *Elisa, Nathan).*

c) Prophetische Religion. *Propheten* (die Religion der schriftstellerischen Propheten, ihre geheimen Erfahrungen; der Stil ihrer Worte; die Geschichte ihrer religiösen und politischen Ideen; die Einzelgestalten und der Sieg ihrer Ideen im Judentum; die Resultate der Bewegung. NA *Nathan; Josias Gesetzgebung; Esras Gesetzgebung; Fremde und Heiden; Universalismus im AT; Weissagung und Erfüllung in der Bibel*).

d) Die Religion des „Judentums" vergl. unter 3c.

3. Politische Geschichte Israels und die Urgeschichte.

a) Die Umwelt. *Kanaanäer; Babylonien und Assyrien* (NA *Babel*); *Bibel und Babel; Ausgrabungen im Orient; Aegypten; Nachbarvölker Israels; Araber; (Islam* s. 11.Abt. 2cδ); *Perser und Parsismus; Hellenismus.*

b) Sagenhafte Urgeschichte. *Paradiesmythus; Urstand; Sintflut; Turmbau; Abraham* (NA *Melchisedek*); *Isaak; Jakob und Esau; Stiftshütte.*

c) Geschichte Israels. *Chronologie der Geschichte Israels; Israel, seine Geschichte bis zur Zerstörung Jerusalems* (NA *Eli; Samuel; Zadok; Tempel von Jerusalem); Judentum, seine Geschichte vom babylonischen Exil bis auf Hadrian und von Hadrian bis auf die Gegenwart* (NA *jüdischer Gottesdienst der Gegenwart*).

4. Kulturgeschichtliches, sofern es nicht schon in den anderen Artikeln behandelt ist. *Masse und Gewichte im AT; Kanaan, Geographie; Jerusalem, Topopgraphie und Geschichte* usw.

2. Abteilung: Neues Testament.

Neutestamentliche Wissenschaften.

Hermeneutik.
Kritik.
Biblische Theologie.
Religionsgeschichtliche Forschung.
} *Bibelwissenschaft*

1. Die Literatur des Neuen Testaments.

a) Das Ganze.
Kanon.
Text.
Übersetzungen.
Sprache.
} *Bibel*

b) Die Stilgattungen.
Sprüche.
Parabeln, Allegorien.
Legenden.
Evangelien.
Briefe.
Episteln.
Apokalypsen.
Hymnen.
} Literaturgeschichte des NT

c) Die einzelnen Schriften.
   α) Evangelien usw. *Synoptiker; Johannesevangelium; Apostelgeschichte.*
   β) Briefe des Paulus. *Paulusbriefe.*
   γ) Pastoralbriefe. *Paulusbriefe; Ebräerbrief.*
   δ) Katholische Briefe. *Petrusbriefe; Jakobusbrief; Judasbrief; Johannesbriefe.*
   ε) Offenbarung. *Offenbarung des Johannes* (NA *Apokalyptik*). Apokryphen des NT. *Apokryphen, neutestamentl.*

2. Die Religion des Urchristentums.

a) Umwelt des Urchristentums. *Judentum* (s. 1.Abt., 3c); *Rom (Religion); Griechenland (Religion); Synkretismus, religiöser (NA Mysterien des Mithras, des Attis; Mantik Magie Astrologie); Philosophie, griechisch-römische.*
b) Leben und Lehre Jesu. *Jesus Christus (*NA *Johannes der Täufer; Bergrede; Vaterunser; VA Parabeln* s. 1b; anderes s. unter g).
c) Ältestes Christentum auf jüdischem Boden. *Urgemeinde* (NA s. unter g).
d) Paulinisches Christentum. *Paulus* (NA s. unter g).
e) Das Christentum auf heidnischem Boden. *Heidenchristentum der apostolischen und nachapostolischen Zeit* (NA s. unter g).
f) Johanneisches Christentum. *Johannesevangelium.*
g) Einzelnes aus der urchristlichen
   α) Frömmigkeit und Theologie: *Gottesbegriff des Urchristentums; Offenbarung im NT; Wunder im NT; Gnade Gottes im NT; Zorn Gottes im NT; (Geister, Engel und Dämonen im NT* s. 1. Abt., 2aε); (*Satan im NT* s. 1.Abt., 2aε). – *Christologie des Urchristentums; Sohn Gottes im NT; Menschensohn im NT; Logos; Herr im NT; Heiland im NT; Mittler im NT; Höllenfahrt im NT. – Geist und Geistesgaben im NT. – Eschatologie des Urchristentums; (Weltende* s. 1 Abt., 2aζ; *Parusie im NT; Tod im NT; (Auferstehung* s. 1.Abt., 2aζ*). – Reich Gottes im NT; Ewiges Leben im NT; Bund im NT; Rechtfertigung im NT; Versöh-*

nung im NT; Erlösung im NT; Prädestination im NT; Verdammnis im NT; Wiederbringung im NT; Sündenvergebung im NT; Wiedergeburt im NT; Glaube im NT; Hoffnung im NT; Kirche im NT. – Schrift und Schriftbeweis im Urchristentum; Apologetik und Polemik im Urchristentum; Häretiker des Urchristentums; – Mensch im NT:

β) Sitte und Sittlichkeit. *Sittlichkeit des Urchristentums; Liebe im NT; Sünde im NT; Fleisch und Geist im NT; Askese im NT; Lohn im NT.*

γ) Gottesdienst und Gemeindebrauch. NA *Gebet im NT; Taufe im Urchristentum; Abendmahl im Urchristentum; Sonntag im Urchristentum; Fasten im Urchristentum; Handauflegung im Urchristentum; Ölsalbung im Urchristentum; Exorzismus im Urchristentum; Schlüsselgewalt im NT; Aberglauben im NT (Zauberei Wahrsagerei* s. 1.Abt., 2aβ).

3. Äußere Entwicklung des Urchristentums.

Mission und Ausbreitung. Jerusalem, Urgemeinde. Christentum und Judentum. " und Heidentum. Juden- und Heidenchristentum. Verfassung. Verfolgung. Staat.	*Apostolisches u. nachapostolisches Zeitalter (NA Pfingsten; Apostel; Petrus; Johannes; Jakobus; Philippus; Matthaeus; Apollos; Timotheus; Titus* usw.

4. Zeitgeschichtliches, Geographisches. *Chronologie des Urchristentums; Herodes und seine Nachfolger* usw.

3. Abteilung: Kirchen- und Dogmengeschichte, Symbolik.

A) Die kirchengeschichtliche Wissenschaft und ihre Hilfswissenschaften.

Kirchengeschichtsschreibung; Chronologie; Bibliothekswesen, kirchliches; Archivwesen, kirchliches; Nachschlagewerke, kirchliche; (Volkskunde, religiöse s. 7.Abt., 5c); (*Tradition* s.4.Abt., 1cβ); *Geschichtslügen.*

B) Längsschnitte je durch die ganze Geschichte.

a) Allgemeine Längsschnitte. *Kirchengeschichte; Dogmengeschichte; Kulturgeschichte, christliche; Wirtschaftsgeschichte, kirchliche; Literaturgeschichte, christliche; Mission, geschichtlich; Konkordate (Kirche und Staat,* s. 13.Abt., 3); *Säkularisationen.*

b) Besondere Längsschnitte.

α) Topologisch (*Geographische Einheiten*). *Australien; Amerika US; Canada; Mexiko; Guatemala; Colombia (usw. alle südamerikanische Staaten); Afrika; Ägypten; Äthiopien; Abessinien, Kapland. Asien; Kleinasien; Syrien; Arabien; Persien; Armenien; Indien; Niederländisch*

Indien; Philippinen; Japan; China; Europa; Spanien; Portugal; Italien (usw. alle europäischen Staaten bis) Deutschland; Preussen; Pommern; Schlesien (usw. alle preussischen Provinzen); Baiern, Sachsen (usw. alle deutschen Bundesstaaten); – NA *Köln; Mainz (usw. alle deutschen Erzbistümer und Bistümer).*

β) Phänomenologisch.

1. Theoretische Einheiten. *Christologie, geschichtlich (Christologie des Urchristentums* s. 2.Abt., 2gα); *Antichrist; Teufel, geschichtlich* (*Satan im AT Judentum und NT* s. 1.Abt., 2aε); *Chiliasmus; Utopisten; Mystik, geschichtlich; Freidenker.*

2. Kultische Einheiten. *Gottesdienst, geschichtlich* (Gottesdienst, gegenwärtig, s. 7.Abt., 2); *Sakramente, geschichtlich; Taufe, geschichtlich; Abendmahl, geschichtlich; Messe, geschichtlich; Kirchenlied, geschichtlich; Gebet, geschichtlich; Askese, geschichtlich* (*Askese, ethisch,* s.5.Abt., 3b; *Asketik* s. 7.Abt., 6aβ); *Maria; Heiligenverehrung; Herz Jesu; Stigmatisierte; Feste, kirchliche (geschichtlich); Krönungen; Wallfahrt und Wallfahrtsorte.*

3. Institutionelle Einheiten. *Konzilien* (*Konzilien, rechtlich* s. 13.Abt., 2c); Papsttum (*Papat, rechtlich,* s. 13.Abt., 2c); *Beamte, kirchliche (geschichtlich); Abgaben, geschichtlich* (*Vermögensrecht, kirchliches,* s. 13.Abt., 6); *Frauenämter, geschichtlich; Kirchenordnungen, geschichtlich (Kirchenordnungen, rechtlich,* s. 13.Abt., 1); *Kirchensprache; Kirchenzucht, geschichtlich (Tyrannenmord); Busswesen, geschichtlich; Cölibat; Eheschliessung, geschichtlich (Eherecht,* s. 13.Abt., 5); *Mönchtum; Kongregationen, geschichtlich; Vereinswesen, geschichtlich (Vereinswesen, praktisch,* s. 7.Abt., 6c); *Bibelgesellschaften* (s. 7.Abt., 6aβ); *Bruderschaften, geschichtlich; Universitäten.*

4. Kirchen und Sekten (alles Rechtliche hierüber in 13.Abt.). *Symbolik; Symbole; Orientalische Kirchen; Anatolische orthodoxe Kirche; Russische Sekten; Abendländische Kirche; Katholizismus; Protestantismus; Luthertum; Reformierte Kirche; Freikirchen; Sekten, geschichtlich; Ketzer; Unionsbestrebungen (Einigungsbestrebungen der Gegenwart* s. 13.Abt., 2dβ); (*Judentum* s. 1.Abt., 3c).

C) Geschichtlich enger begrenzte Einheiten, nach ihrer chronologischen Folge geordnet.

a) Das Christentum im Römerreiche.

α) *Imperium Romanum; Christenverfolgungen; Konstantin der Kaiser; Julianus Apostata; Theodosius der Grosse; Justininan der Kaiser.*

β) (*Apostel, Propheten und Lehrer* s. 2.Abt., 3); *Montanismus; Cyprian von Karthago; Donatismus; Ambrosius; Augustin; Pelagius und der Pelagianische Streit; Hieronymus.*

γ) *Apostolicum; Alexandria; Antiochia; Arianischer Streit; Nicaenum; Constantinopolitanum; Chrysostomus; Nestorius; Monophysiten; Leontius von Byzanz. Melchiten.*

δ) *Judenchristen; Gnostizismus; Neuphythagoräismus; Neuplatonismus;* (*Synkretismus, religiöser,* s. 2.Abt., 2a; *Mysterien des Attis, des Mithras,* s. ebenda); *Dioskuren; Mani und die Manichäer.*

b) Mittelalter.

α) *Chlodwig; Karl der Grosse; Otto I.; Heinrich III.; Friedrich Barbarossa; Friedrich II.*

β) *Gregor der Grosse; Bonifatius; Nicolaus I.; Gregor VII.; Innozenz III.; Bonifaz VIII.; Johann XXII.; Reformkonzile; Adalbert von Prag; Nicolaus Cusanus; Marsilius von Padua.*

γ) *Athanasianum; Bilderstreitigkeiten; Scholastik; Bernhard von Clairvaux; Averrhoes; Thomas von Aquino; Duns Scotus; Occam; Dominicus; Franz von Assisi; Renaissance; Dante.*

δ) *Paulizianer; Adamiten; Albigenser; Beginen und Begarden; Brüder des gemeinsamen Lebens; Peter von Bruys; Flagellanten; Katharer; Tänzer; Waldenser; Inquisition; Wiclif; Huss und die Hussiten.*

ε) *Mohammed; Kreuzzüge; Ritterorden.*

c) Zeitalter des Übergangs.

α) *Franz I. von Frankreich; Karl V.; Elisabeth von England; Gustav Adolf.*

β) *Savonarola; Humanismus; Erasmus; Sozinianer.*

γ) *Luther; Melanchton; Äpinus; Agricola, Joh.; Bugenhagen; Lasko, J. v.; – Augustana; Luthertum; Orthodoxie; – Adiaphoristischer Streit; Antinomistische Streitigkeiten; – Ernst der Fromme; Pietismus; Spener; Zinzendorf.*

δ) *Zwingli; Butzer; Calvin; Hugenotten; Knox; Calvinismus.*

ε) *Karlstadt; Bauernkrieg; Wiedertäufer; Menno und die Mennoniten; Schwenkfeld; Acosta, Uriel; Sozinianer.*

ζ) *Nonkonformisten; Baptisten; Quäker, Puritaner.*

η) *Cartesius; Spinoza; Leibniz; Wolff, Christian; Deismus; Enzyklopädisten; Friedrich der Grosse;* (*Josefinismus* s. 13.Abt., 2c); *Aufklärung; Lessing; Semler; Rationalismus, geschichtlich; Hamann.*

θ) *Alexander; Contarini; Tridentinum; Jesuiten; Mauriner; Jansenismus; Bossuet; Fénelon; Abraham a. S. Clara; Liguori.*

d) Neuzeit.

α) *Rousseau; Voltaire; Revolution, französische; Napoleon I.; Arndt, E.M.; Humboldt, W. von; Friedrich Wilhelm IV.; Bismarck; Gladstone.*

β) *Klassizismus; Romantik; Idealismus, deutscher (geschichtlich); Herder; Wieland; Claudius; Goethe; Schiller; Kant; Fichte; Schelling; Fries; Hegel; Schleiermacher; Jacobi; Kerner.*

γ) *Tübinger Schule; Strauss; Bauer, Bruno; Feuerbach; Renan; Lagarde; Kierkegaard; Biblizismus; Erlanger Schule.* (Religiöse Parteien und Richtungen innerhalb der Kirche der Gegenwart, s. 14.Abt., 1.).

δ) *Methodisten; Albrechtsleute; Tempel, deutscher; Swedenborg; Mormonen; Perfektionisten; Darbysten; Irvingianer; Adventisten; (Gemeinschaftschristentum* s. 14.Abt., 1cβ).

ε) *Romantik, katholische; Schlegel, A.W.; –, Fr.; –, Dorothea; Wessenberg; Görres; Diepenbrock; Deutschkatholizismus; Hermes; Günther; Baader; Kölner Kirchenstreit; Vaticanum; Döllinger; Acton, Lord;* (*Altkatholizismus* s. 14.Abt., 1b); (*Kulturkampf* s. 13.Abt., 3c); *Windthorst; Oxford-Bewegung; Amerikanismus; Los von Rom-Bewegung; Konvertiten;* (*Reformkatholizismus* s. 14.Abt., 1b).

4. Abteilung: Dogmatik.

1. Grundlagen und Voraussetzungen.

a) *Dogmatik, christliche* (VA *Glaubenslehre.*)

b) *Offenbarung als Erkenntnisquelle.*

Die einzelnen Momente der Offenbarung.

α) *Bibel, dogmatisch* (VA *Gottes Wort*).

β) *Tradition* (*Symbole* s. 3.Abt., Bbβ4); (VA *Bekenntnisse; Gemeindebewusstsein*).

γ) *Erfahrung, innere* (VA *Enthusiasmus; Fanatismus; Illuminatismus; Spiritualismus; Erleuchtung; Inneres Licht; Zeugnis des hl. Geistes*).

c) *Glaube als Erkenntnisprinzip.*

d) Abgrenzung gegen die Philosophie, Glaube und Wissen s. 6.Abt.

e) Die durch Offenbarung vorliegende und fortgebildete an der Glaubenslehre darzustellende Grundsubstanz des Glaubens oder der Begriff des religiösen Prinzips. *Prinzips, religiöses* (VA *Idee, religiöse*).

α) Wesen des Christentums s. 6.Abt., 2 und 8aα.

β) Wesen des Protestantismus s. 3.Abt., Bbβ4.

2. Historisch-religiöse Begriffe.

a) *Glaube und Geschichte* (VA *Heilstatsachen; Heilsgeschichte; Weissagung und Erfüllung, dogmatisch*).

b) Die vom Christentum aus entstehende Anschauung von der Geschichte der Offenbarung und Erlösung.

α) *Heidentum.*

β) *Bund, alter.*

γ) *Bund, neuer.*

c) Christi Person und Werk als Höhepunkt der Offenbarung und Erlösung.

α) *Christologie, dogmatisch* (Überblick). (VA *Gottheit Christi; Auferstehung Christi, dogmatisch; Erhöhung Christi; Ämter Christi; Stände Christi; Stellvertretung Christi*).

β) *Erlöser.*

γ) *Werk Christ* (VA *Genugtuung Christi; Verdienst Christi*).

δ) *Person Christ und christliches Prinzip* (VA *Corpus mysticum Christi; Nachfolge Christ; Leben in Christo; Leib Christi.*

3. Gegenwarts-religiöse Begriffe.

a) Gottesbegriff. *Gottesbegriff des Christentums, dogmatisch* (VA *Wesen Gottes; Eigenschaften Gottes; Allmacht; Allwissenheit; Allgegenwart*); *Dreieinigkeit* (VA *Gott-Vater; Gott-Sohn; Gott-hl.Geist*); *Theodicee; Gnade Gottes, dogmatisch* (VA *Monergie der Gnade; Synergie mit der Gnade*); *Heilsratschluss, dogmatisch* (VA *Heilsordnung*).

b) Weltbegriff. *Welt; Schöpfung; Erhaltung; Vorsehung; Wunder, dogmatisch; Weltleid* (VA *Übel*).

c) Begriff vom Menschen. *Mensch* (VA *Dichotomie; Trichotomie; Anthropologie); Seele; Geist des Menschen;* (*Freiheit* s. 5.Abt., 1bγ); *Gottebenbildlichkeit* (NA *Urstand, dogmatisch;* VA *Vollkommenheit, urständliche*); (*Sünde, dogmatisch-ethisch* s. 5.Abt., 2a). (NA *Sündenfall; Erbsünde; Tatsünde*); *Schuld.* (VA *Entwicklung, religiöse, des Menschen*).

d) Erlösungsbegriff.

α) *Erlösung, dogmatisch* (NA *Rechtfertigung, dogmatisch; Sündenvergebung, dogmatisch; Versöhnung, dogmatisch; Heiligung; Wiedergeburt, dogmatisch;* VA *Soteriologie*).

β) *Gotteskindschaft* (NA *Gnade, vorbereitende, allgemeine, besondere;* VA *Gnadenstand*).

γ) *Gebet, dogmatisch; Gottvertrauen.*

δ) *Heilsweg* (VA *Heilsordnung*); *Glaube als Lebensprinzip; Prädestination, dogmatisch.*

e) Begriff der religiösen Gemeinschaft.

α) *Reich Gottes, dogmatisch.*

β) (*Kirche, dogmatisch-ethisch* s. 5.Abt., 4bδ).

γ) *Gnadenmittel* (NA *Taufe; Abendmahl*).

δ) (*Mission* s. 7.Abt., 1aα).

f) Begriff der religiösen Vollendung.
   α) *Eschatologie, dogmatisch* (NA *Gericht; Vergeltung; Verdammnis; Wiederbringung*); *Unsterblichkeit; Universalität des Heils* (VA *Partikularität des Heils*); *Seelenwanderung*.
   β) *Ewiges Leben, dogmatisch* (NA *Auferstehung, allgemeine, dogmatisch; Seligkeit*).

5. Abteilung: Ethik.

1. Prinzipielle ethische Fragen.

a) Begrenzung und Eigenart der christlichen Ethik. *Ethik* (1. Wesen. 2. Geschichte); *Recht; Sitte; Kultur*.
b) Subjekt des sittlichen Handelns.
   α) *Individualethik und Sozialethik* (NA *Doppelte Ethik*).
   β) *Temperament; Charakter*.
   γ) *Freiheit* (NA *Moralstatistik*).
c) Motive des sittlichen Handelns.
   α) *Egoismus*.
   β) *Eudämonismus*.
   γ) *Legalität; Kasuistik; Verdienst*.
   δ) *Altruismus*.
d) Motivation des Sittlichen.
   α) *Empirismus, ethischer*.
   β) *Apriorismus, ethischer*.
   γ) *Gewissen*.
e) Sittliche Grundbegriffe.
   α) *Pflicht*.
   β) *Tugend*.
   γ) *Höchstes Gut*.

2. Bildung der christlich-sittlichen Persönlichkeit.

a) *Sünde, dogmatisch-ethisch*.
b) *Busse; Bekehrung*.
c) (*Heiligung* s. 4.Abt., 3dα).
d) *Vollkommenheit*.

3. Entfaltung der christlich-sittlichen Persönlichkeit.

a) Tugend und Pflicht.

α) *Wahrhaftigkeit; Selbstbeherrschung; Liebe; Gerechtigkeit* (NA *Theologische Tugenden*).

β) *Billigkeit; Demut; Einfalt; Freundlichkeit; Geduld; Gehorsam; Gelassenheit; Grazie; Keuschheit; Mitleid; Sanftmut; Tapferkeit; Weisheit; Versöhnlichkeit.*

γ) *Adiaphora; Spiel; Sport; Luxus.*

δ) *Pflichtenkollision.*

b) *Tugendmittel; Askese, ethisch; Evangelische Räte;* (*Gebet* s. 4.Abt. 3dγ).

4. Das Leben in der Gemeinschaft (*Gesellschaft* s. 12.Abt.3).

a) Generelle Beziehungen zum Gemeinschaftsleben.

α) *Beruf; Arbeit; Eigentum; Ehre.*

β) *Eid; Notlüge.*

γ) *Gemeinsinn.*

b) Besondere Formen des Gemeinschaftslebens.

α) *Ehe.*

β) *Staat* (NA *Patriotismus; Politik und Moral; Krieg*).

γ) *Kunst; Wissenschaft; Weltbejahung; Weltverneinung;* (*Kulturwissenschaft* und *Kulturgesetze* s. 6.Abt., 4aβ und γ).

δ) *Kirche, dogmatisch-ethisch.*

6. Abteilung: Apologetik.

1. Begriff und Geschichte der Apologetik. *Apologetik* (1. Aufgabe und Bedeutung; 2. Geschichte); *Gottesbeweise* (NA *Natürliche Theologie*).

2. Wesen der Religion.

a) Frage nach dem Ursprung der Religion. *Religion* (*Ursprung*).

b) Frage nach dem Wesen der Religion. *Religion* (*Wesen*).

3. Religion und Naturwissenschaft.

a) Allgemeines.

α) *Kosmologie und Religion* (NA *Schöpfungsgeschichte, natürliche*).

β) *Biologie und Religion* (NA *Biogenie,* biogenetisches Grundgesetz).

γ) *Naturgesetze.*

δ) *Naturphilosophie* (NA *Welträtsel*).

b) *Spezielle Theorien. Entwicklungslehre* (NA *Abstammungslehre; Darwinismus; Entwicklungsmechanik*); *Energismus; Vitalismus* (NA *Hypnotismus*).

4. Religion und Kulturwissenschaft.

a) Allgemeines.

α) *Weltzweck.*

β) *Kulturwissenschaft und Religion.*

γ) Unterschied des geschichtlichen Erkennens vom Naturerkennen: *Kulturgesetze;*

δ) *Geschichtsphilosophie.*

b) Spezielle Theorieen. *Schleiermacher als Kulturphilosoph; Hegel; Ranke; Schlosser; Buckle;* (*Marx* s. 12.Abt., 1); *Spencer; Tönnies; Lindner; Rickert.*

5. Religion und Psychologie.

a) Allgemeines. *Religionspsychologie* (Bedeutung und Methode).

b) Spezielles. *Assoziationspsychologie; Psychophysik; Parallelismus-Theorie; Psychologie des höheren Geisteslebens.*

6. Religion und Erkenntniskritik.

a) Allgemeines. *Erkenntniskritik* (Bedeutung für die Religionswissenschaft).

b) Spezielles. *Idealismus; Materialismus; Spiritualismus; Empirismus; Positivismus* (NA *Empiriokritizismus*); *Kritizismus; Dogmatismus.*

7. Religion und Philosophie.

a) Allgemeines. *Religionsphilosophie* (Bedeutung und Aufgabe); *Metaphysik* (Recht und Grenzen); *das Absolute* (NA *Werturteile*).

b) Spezielles. *Optimismus; Pessimismus; Rationalismus, begrifflich* (*Rationalismus, geschichtlich* s. 3.Abt., Ccη); *Voluntarismus; Pluralismus; Dualismus; Atheismus; Teleologie* (Recht und Grenzen); *Spiritismus* (NA *Okkultismus*); *Naturalismus; Supernaturalismus; Unbewusstes* (Philosophie des Unbewußten); *Monismus.*

8. Christentum und allgemeine Religionsgeschichte.

a) Wesen des Christentums im allgemeinen.

α) Methodologisch. *Religionsgeschichte; Wesen des Christentums* (Streit darüber).

β) Inhaltlich. *Stufenfolge der Religionen; Absolutheit des Christentums.*

b) Christlicher Gottesglaube und Gottesbegriff.

Pantheismus; Deismus, begrifflich (*Deismus, geschichtlich* s. 3.Abt., Ccη); *Theismus; Mystik, begrifflich* (*Mystik, geschichtlich* s. 3.Abt., Bbβ1).

7. Abteilung: Praktische Theologie.

Theologie, Praktische.

1. Kirche und Gemeinde. *Gemeinde, die kirchliche.*

- a) Die internationale Kirche.
  - α) Ausbreitung des Christentums. *Propaganda; Heidenmission; Judenmission;* (*Mission, geschichtlich* s. 3.Abt., Ba).
  - β) Pflege des außervölkischen Christentums. *Diasporapflege; Gustav-Adolf-Verein; Gotteskasten, lutherischer.*
  - γ) Pflege der Gemeinschaft unter den Kirchen. *Evangelische Allianz.*
- b) Die nationale Kirche. *Konferenz deutscher evangelischer Kirchenregierungen; Kirchenausschuss, deutsch-evangelischer.*
- c) Die Landeskirche.
  - α) Aufrechterhaltung ihres Bestandes. *Hilfsverein, evangelisch-kirchlicher; Statistik, kirchliche; Kollektenwesen, kirchliches;* (*Archivwesen, kirchliches* s. 3.Abt., A).
  - β) Verhältnis zu unorganisierten Religionsgemeinschaften. *Freireligiöse.*
- d) Die Diener der Gemeinde.
  - α) Ihr Beruf im allgemeinen. *Pfarrer* (*Stand und Standesmoral*); *Priestertum.* (NA Hofprediger).
  - β) Vorbildung. *Pfarrervorbildung und Pfarrerbildung; Prüfungswesen, theologisches; Predigerseminar; Ferienkurse, theologische.*
  - γ) Ihre äußere Existenz. (*Pfarreinkommen* s. 13.Abt., 4c); (*Stolgebühren* s. 13. Abt., 6); *Liebesgaben; Pfarrerverein; Lutherstiftung.*

2. Der Gottesdienst. *Liturgik.*

- a) Das Wesen des Gottesdienstes. *Gottesdienst; Opfer und Opferdienst; Andacht; Anbetung; Tanz, kultischer.*
- b) Die Ordnung des Gottesdienstes.
  - α) Die zeitliche Ordnung. *Feste, kirchliche (liturgisch); Kirchenjahr; Kalender, christlicher; Sabbath und Sonntag.*
  - β) Die inhaltliche Ordnung. *Kirchenagende; Common Prayer Book; Hauptgottesdienst-Ordnung; Liturgie* (*liturgische Formeln*); *Akkomodation des Liturgen.*
  - γ) Der Ort des Kultus. *Altar* (NA *Simultaneum,* s. 13.Abt., 3b).
  - δ) Der Schmuck. *Amtskleider des Geistlichen; Kirchengeräte; Kirchenschmuck.*

c) Die Hauptstücke des Gottesdienstes.

α) Das liturgische Beten. *Gebet, liturgisches* (*Gebet, geschichtlich* s. 3.Abt., Bbβ2).

β) Das liturgische Singen. *Gesangbuch, evangelisches; Kirchenlied in der katholischen Kirche* (*Kirchenlied, geschichtlich* s. 3.Abt., Bbβ2).

γ) Die sinnbildlichen Handlungen. *Handauflegung; Sakramente, liturgisch; Sakramentalien; Messe, liturgisch; Abendmahl* (*liturgische Feier*).

d) Kirchliche Handlungen mit Einzelnen. *Handlungen, kirchliche.*

α) Weihehandlungen. *Taufe; Trauung; Ordination, liturgisch; Begräbnis.*

β) Absolutionshandlungen. *Beichte* (*die kirchliche Handlung*); NA *Schlüsselgewalt; Fasten.*

e) Besondere kultische Begehungen. (*Herz-Jesu* s. 3.Abt., Bbβ2); (*Maria* s. 3.Abt., Bbβ2).

3. Die religiöse Verkündigung.

a) Die Predigt.

α) Theorie der Predigt. *Homiletik.*

β) Geschichte der Predigt. *Predigt* (*Geschichte*).

γ) Aufgabe der Predigt. *Erbauung.*

δ) Gebundenheit der Predigt. *Perikopenzwang; Text und Textgemässheit.*

ε) Besondere Gelegenheiten der Rede. *Kasualien.*

b) Die freie Verkündigung. *Evangelisation; Laienpredigt.*

4. Der religiöse Unterricht.

a) Der kirchliche Unterricht. *Katechetik.*

α) Die Lehrmittel. *Katechismus. Arkandisziplin.*

β) Der Abschluß des kirchlichen Unterrichts. *Konfirmation.*

b) Der religiöse Schulunterricht. (*Religionsunterricht* s. 8.Abt., 6cα).

α) Sein Verhältnis zum kirchlichen Unterricht. (*Kirche und Schule* s. 8.Abt., 6).

β) Sein Hauptstoff. (*Biblische Geschichte* s. 8.Abt.).

c) Die gottesdienstliche Erziehung. *Kindergottesdienst.*

5. Die religiöse Seelenpflege. *Seelsorge.*

a) Ihre äußere Ordnung. *Kirchenbücher.*

b) Ihre Voraussetzung. *Seelsorgegemeinden.*

c) Nötige Vorkenntnisse. *Volkskunde, religiöse.*

d) Unterstützende Mittel. *Sitten, kirchliche;* (*Kirchenzucht* s. 13.Abt., 5).

6. Die Pflege des christlichen Lebens in Haus und Volk. *Innere Mission.*

a) Das christliche Haus.

α) Seine Gottesdienste. *Hausgottesdienst.*

β) Seine religiöse Fortbildung. *Bibelwerke; Bibelgesellschaften; Asketik* (*asketische Literatur der Katholiken und der Evangelischen*).

b) Das christliche Volksleben.

α) Jugendpflege. *Jugendfürsorge.*

β) Armenpflege. *Almosen- und Armenwesen, kirchliches; Wohlfahrtspflege; Wohltätigkeit und Wohltätigkeitsanstalten.*

γ) Christliche Volksbildung. *Volksschriftsteller christliche;* (*Volksbildung* s. 12.Abt., 3b).

δ) *Volksleben, katholisches.*

c) Das christliche Vereinswesen.

α) Katholisches. *Charitas; Bruderschaften, praktisch* (*Bruderschaften, geschichtlich* s. 3.Abt., Bbβ3).

β) Evangelisches. *Evangelischer Bund;* (*Kirchlich-soziale Konferenz, Freie; Evangelisch-sozialer Kongress* s. 12.Abt., 6b).

8. Abteilung: Erziehung.

1. Erziehung. *Erziehung (1. Wesen. 2. Geschichte); Psychologie (pädagogische); Arbeit und Spiel.*

a) Leibliche Erziehung. *Gymnastik* (NA *Schulhygiene*).

b) Geistige Erziehung.

α) Bildung des Willens. *Willensbildung* (NA *Sozialpädagogik; Moralunterricht; Strafe*).

β) Bildung des Verstandes. *Unterricht.*

γ) Ästhetische Bildung. *Kunsterziehung.*

δ) Bildung zur Religion. *Religion* (*pädagogisch*).

c) Bildung überhaupt. *Bildung* (*Volksbildung* s. 12.Abt. 3b).

2. Zögling.

a) Anlagen. *Begabung.*

b) Alter. *Altersstufen* (NA *Jugendliteratur*); *Kind* (NA *Kinderglaube; Kinderfehler*).

c) Geschlecht.
   α) *Coeducation* (NA *Sexualhygiene im Jugendalter*).
   β) *Knabenerziehung*.
   γ) *Mädchenerziehung*.

3. Erzieher.

a) Vater und Mutter. *Eltern*.
b) Lehrer.
   α) *Volksschullehrer*.
   β) *Oberlehrer* (NA *Religionslehrer an höheren Schulen*).
   γ) *Lehrerin*.

4. Schulen und Erziehungsanstalten.

a) Haus. *Einzelunterricht; Schularbeiten* (*häusliche*).
b) Anstalten. *Erziehungsanstalten* (*Übersicht*).
c) Schulen. *Schulwesen* (*geschichtlich und geographisch-statistisch*).
   α) Vorschulen. *Kindergarten; Einheitsschule* (NA *Vorschule*).
   β) Höhere Schulen. *Gymnasium* (NA *Schulreform*); *Realgymnasium; Oberrealschule; Mädchenlyceum*.
   γ) Mittelschulen. *Mittelschule; Töchterschule*.
   δ) Volksschulen. *Volksschule; Fortbildungsschulen; Volkshochschulen* (NA *University-extension; Popularisierung der Wissenschaft*). *Armee, pädagogisch*; (*Volksbildung* s. 12.Abt., 3b).
   ε) Fachschulen. *Fachschulen* (*allgemein*); *Haushaltungsschulen; Lehrerseminar und Präparandenanstalt* (NA *Lehrerbildung*); *Universität*; (*Pfarrervorbildung und Pfarrerbildung* s. 7.Abt., 1aβ).

5. Schule und Staat. *Schulrecht* (NA *Schulzwang*); *Schulaufsicht; Schulsprache* (*Religionsunterricht in der Muttersprache*).

6. Schule und Kirche. *Kirche und Schule*.

a) Prinzipielles. *Konfessionsschule; Trennung von Schule und Kirche*. (*Konfessionelle Kindererziehung* s. 13.Abt., 5).
b) Singuläres. *Kirchendienst des Lehrers*.
c) Religionsunterricht.
   α) *Allgemeines. Religionsunterricht* (vergl. 1bδ); (*Katechetik; Konfirmation* s. 7. Abt., 4a); (NA *Memorierstoff*).

β) Spezielles. *Biblische Geschichte; Märchen; Sage; Historienbuch; Spruchbuch;* (*Katechismus* s. 7.Abt., 4aα); *Bibel, pädagogisch;* (NA *Schulbibel*); *Gesangbuch.*

7. Schule und Lebensnot. *Kinderarbeit; Hilfsschulen für Schwachbegabte; Heilpädagogik; Blindenschulen; Taubstummenerziehung; Fürsorgeerziehung* (NA *Rettungshäuser*).

9. Abteilung: Kunst.

1. **Wesen und Geschichte der christlichen Kunst**. *Kunst, christliche.*
2. *Altchristliche Kunst.*
3. **Christliche Baukunst**. *Baukunst, christliche* (vgl. 9).
4. **Buch- und Wandmalerei nebst religiöser Plastik im Mittelalter**. *Malerei und Plastik im Mittelalter.*
5. **Illustration der gedruckten religiösen Bücher**. *Buchillustration in religiösen Druckwerken.*
6. **Nordische religiöse Malerei und Plastik im XIV. bis XVI. Jahrhundert.** *Malerei und Plastik, nordische, im XIV. bis XVI. Jahrhundert.*
7. **Kirchliche Kunst der italienischen Renaissance**. *Renaissance* (*kirchliche Kunst*).
8. **Religiöse Kunst des XVII. Jahrhunderts in Spanien und Holland:** *Niederländische und spanische religiöse Kunst.*
9. *Kirchenbau des Protestantismus.*
10. **Kirchliches Mobiliar**. *Mobiliar, kirchliches.*

10. Abteilung: Musik.

1. Geschichte.

a) *Musikgeschichte, allgemeine.*
b) *Kirchenmusik, geschichtlich.*

2. Theorie.

Musiktheorie (NA *Kontrapunkt; Kirchentöne*).

3. Praxis.

a) *Liturgie, musikalisch.*
 α) Katholisch (NA *Messe; Hymnen; Gregorianischer Choral*).

β) Protestantisch (NA *Choral; Volksgesang, religiöser; Kirchenlied*).

b) Kirchliche Musik außerhalb der Liturgie.

A) *Vokalmusik, kirchliche* (NA *Mysterien; Passion; Oratorium*).

B) *Instrumentalmusik, kirchliche* (NA *Orgel, Orgelmusik*).

4. Ethik.

a) *Musikerziehung*.

b) *Musik als Religionsersatz*.

11. Abteilung: Außerchristliche Religionsgeschichte.

(*Religionsgeschichte* s.6.Abt., 8a)

1. Vergleichung der Erscheinungsformen der Religion. *Phänomenologie der Religion.*

2. Die einzelnen Religionen (NA *Rasse und Religion*).

a) RELIGION DER NATURVÖLKER[25]: *Heidentum*.

b) DIE ALTEN RELIGIONEN IN DEN GROßEN STROMNIEDERUNGEN:

α) am Euphrat: (*Babylonisch-assyrische Religion* s. *Babylonien und Assyrien* 1.Abt., 3a).

β) am Nil: (*Ägyptische Religion* s. *Ägypten* 1.Abt., 3a).

γ) am Ganges: *Vedische und brahmanische Religion* (NA *Hinduismus*).

δ) am Jangtsekiang: *China, Religion*.

c) DIE RELIGION DER AMERIKANISCHEN KULTURVÖLKER: *Mexiko, Religion; Peru, Religion*.

d) DIE NATIONALEN RELIGIONEN DER JÜNGEREN VÖLKER:

α) (*Israelitisch-jüdische Religion* s. 1.Abt.).

β) (*Parsismus* s. *Perser* 1.Abt., 3a); (*Griechenland, Religion* s. 2.Abt., 2a); (*Rom, Religion* s. 2.Abt., 2a); *Germanische Religion; Keltische Religion*.

e) UNIVERSALRELIGIONEN:

α) *Konfuzianismus; Taoismus*.

β) *Buddhismus* (NA *Jainismus*).

25 Alles hier als Kapitälchen Hervorgehobene ist im Original gesperrt.

γ) (*Synkretismus, religiöser,* der mittelländischen und vorderasiatischen Religionen s. 2.Abt., 2a); (*Christentum* s. 6.Abt., 8; 2.Abt., 2; 3. Abt. Ba usw.).

δ) *Islam* (*Arabische Religion* s. Araber 1.Abt., 3a).

12. Abteilung: Sozialwissenschaft.

1. Die wissenschaftliche Behandlung des wirtschaftlichen und sozialen Lebens.

Physiokraten. Merkantilisten. Utopisten. Sozialismus. Anarchismus.	} *Nationalökonomie (NA Marx; Soziologen)*

2. Die Volkswirtschaft.

a) Geschichtliche Entwicklung. *Wirtschaftsstufen; Kapitalismus* (NA *Technik*).

b) Die moderne Volkswirtschaft.

α) Ihre physikalischen Voraussetzungen.

β) Ihre Subjekte. *Bevölkerung* (VA *Auswanderung; Kolonialpolitik*).

γ) Ihre Grundlagen. (*Eigentum* s. 5.Abt., 4aα).

δ) Ihre Organisation (soweit nicht unter Kapitalismus behandelt). *Geld und Kredit* (VA *Zins; Banken; Börse*). *Wert und Preis; Einkommen; Vermögen.*

ε) Die Unternehmung. *Kartelle und Trusts; Genossenschaften* (NA *Konsumverein; Baugenossenschaften*); *Gemeindebetrieb; Staatsbetrieb.*

ζ) Verlauf des modernen Wirtschaftslebens. *Krisen* (NA *Arbeitslosigkeit*).

3. Die Gesellschaft. *Gesellschaft.*

a) Materielle Grundlagen. *Konsumtion* (VA *Lebenshaltung; Existenzminimum; Luxus; Alkoholismus*).

b) Bildungsstandard. *Volksbildung* (NA *Volksbibliotheken und Lesehallen*); (*Volksschriftsteller, christliche* s. 7.Abt., 6bγ).

c) Gemeinschaften. (*Familie* s. Ehe 5.Abt., 4bα. – NA *Prostitution*); (Das christliche Haus s. 7.Abt., 6a); *Vereinsleben* (NA *Arbeitervereine, evangelische*); (Das christliche Vereinswesen s. 7.Abt., 6c).

d) Berufliche Gliederung und Klassenbildung. *Stände; Klassen und Klassenkampf; Frauenfrage.*

e) Berufliche Organisationen. *Vereinsrecht; Gewerkschaften; Arbeitgeberverbände; Tarif und Tarifgemeinschaft; Streik; Aussperrung.*

f) Kommunalpolitik. *Selbstverwaltung; Dorf; Kleinstadt; Grossstadt.*

4. Der Einzelne und die Volkswirtschaft.

a) Erwerbstätigkeit. Arbeit (NA *Löhne; Lohnsysteme*); *Konkurrenz.*

b) Die Berufe in sozialethischer Beleuchtung.

α) Öffentliche Dienste. *Beamte;* (Lehrer s. 8.Abt., 3b; *Pfarrer* s. 7.Abt., 1d); *Militär; Freie Berufe.*

β) Arbeitgeber. *Bauer* (NA *Industriebauer; Grossgrundbesitzer; Kaufmann* (NA *Spekulation*); *Gastwirt; Fabrikant.*

γ) Arbeitnehmer. *Landarbeiter; Privatangestellte; Kellner; Fabrikarbeiter; Bergarbeiter; Heimarbeiter; Eisenbahner; Städtische Arbeiter; Dienstboten.*

c) Soziale Betätigung. (*Wohlfahrtspflege* s. 6.Abt., bβ).

d) Politische Betätigung. *Wahlrecht; Presse, Parteien; Interessenpolitik* (VA *Mittelstandspolitik*).

5. Der Staat und die Volkswirtschaft. (*Staat* s. 5.Abt., 4bβ).

a) *Staatshaushalt* (VA *Budget; Staatsschulden; Besteuerungspolitik; Zollpolitik*).

b) Eingreifen des Staats.

α) Wohnungspolitik. *Wohnungsfrage;* (VA *Bodenbesitzreform*).

β) *Handelspolitik* (VA *Handelsverträge; Zahlungsbilanz; Unlauterer Wettbewerb; Börsengesetze*).

γ) Sozialpolitik. *Arbeitsmarkt; Arbeitsvertrag; Arbeitszeit* (NA *Sonntagsruhe; Nachtarbeit*); *Kinderarbeit* (*Jugendfürsorge* s. 7.Abt., 6bα); *Frauenarbeit; Gewerbeaufsicht; Volksversicherung;* (*Armenpflege* s. 7.Abt., 6bβ).

6. Die Religion in ihrem sozialen Einfluß.

a) Geschichtliches. *Jesus und die soziale Frage* (*Charitas* s. 7.Abt., 6cα); (*Kulturgeschichte, christliche; Wirtschaftsgeschichte, kirchliche* s. 3.Abt., Ba).

b) Modernes. (*Innere Mission* s. 7.Abt.); *Evangelisch-soziale Bewegung* (VA *Christlich-sozial; Kirchlich-soziale Konferenz; Evangelisch-sozialer Kongress*).

13. Abteilung: Kirchenrecht und Kirchenpolitik.

1. **Wesen und Quellen**. *Kirchenrecht:* NA *Kanonik; Gewohnheitsrecht; Naturrecht; Kirchenordnungen, rechtlich* (*Kirchenordnungen, geschichtlich,* s. 3.Abt., Bbβ3); *Kirchenpolitik.*

2. **Kirche.**

   a) *Kirche, rechtlich.* – NA *Schisma; Union; Konfession; Korporation; Sekte, rechtlich* (*Sekten, geschichtlich* s. 3.Abt., Bbβ4); *Häretiker* (*Ketzer* s. ebenda); *Reichskirche; Volkskirche; Nationalkirche; Austritt; Übertritt.*

   b) *Griechisch-katholische Kirche, rechtlich.*

   c) *Römisch-katholische Kirche, rechtlich.* – NA *Konzilien, rechtlich; Tridentinum; Papat; Primat; Kurialismus; Episkopalismus; Febronianismus; Gallikanismus; Josefinismus; Infallibilität; Bischof.*

   d) *Evangelische Kirche, rechtlich.*

      α) Praktische Gestaltungen: NA *Lutherische Kirche, rechtlich; Reformierte Kirche, rechtlich; Altlutheraner; Union* (s. a. *Kirche, rechtlich*); *Landeskirche; Denomination.*

      β) Theoretische Erwägungen: NA *Territorialismus; Kollegialismus; Einigungsbestrebungen in der Gegenwart* (*Unionsbestrebungen, geschichtlich,* s. 3.Abt., Bbβ4).

3. **Kirche und Staat**. *Kirche und Staat.*

   a) Die Kirche im Verhältnis zum Staat. NA *Hierarchie; Theokratie.*

   b) Der Staat im Verhältnis zur Kirche. NA *Cäsareopapismus; Staatskirche; Freikirche; Glaubensfreiheit; Toleranz; Parität; Simultaneum; Gotteslästerung; Beschimpfung der Kirchen; Zivilstandsgesetzgebung; Dissidenten.*

   c) Der Staat im Verhältnis zu den einzelnen Kirchen. NA *Kirchengesellschaften, privilegierte; Staatsaufwendungen für kirchliche Zwecke; Preussisches Landrecht; Corpus evangelicorum; Summepiskopat; Landesherr als Kirchenoberhaupt; Pseudoisidor; Konkordate; Bayrisches Religionsedikt; Kulturkampf; Placet; Temporaliensperre.*

4. **Kirchliche Verfassung.**

   a) Gesamtkirche. *Kirchenverfassung.* – NA *Kirchenbehörden; Generalsuperintendent; Synodalverfassung.*

   b) Gemeinde. *Gemeindeverfassung.* – NA *Patronat; Parochialrecht.*

   c) Pfarramt. *Pfarramt.* – NA *Priestertum, kirchenpolitisch; Laie;* (*Pfarrervorbildung und Pfarrerbildung* s. 7.Abt., 1aβ); *Vikariat, rechtlich; Ordination, rechtlich; Lehrverpflichtung; Pfarrwahl; Vokation; Amtseid; Pfarreinkommen; Pensionierung; Reliktenversorgung; Disziplinarverfahren.*

5. **Kirchliche Handlungen.** *Handlungen, kirchliche* (rechtlich). – NA *Taufordnung; – Trauungsordnung; Doppeltrauung; – Konfirmationsordnung; – Beichte, rechtlich; – Abendmahl, rechtlich; – Eherecht; Mischehe; Konfessionelle Kindererziehung, rechtlich; – Bestattung, rechtlich; Feuerbestattung unter kirchlicher Mitwirkung; Selbstmörder, kirchliche Bestattung; Kirchhofsrecht; – Kirchenzucht, rechtlich* (*Kirchenzucht, geschichtlich,* s. 3.Abt., Bbβ3); *Exkommunikation; Interdikt; Zensur, kirchliche.*

6. **Kirchliches Vermögensrecht**. *Vermögensrecht, kirchliches.* NA *Zehnte; Messstipendien; Stolgebühren; Offertorien; Baulast; Pfründe; Annaten; Tote Hand; Kirchensteuern.*

7. **Kirchenparteipolitisches.**
   a) Kirche und Schule. (*Kirche und Schule* s. 8.Abt., 6).
   b) Kirche und theologische Wissenschaft. *Fakultäten, theologische, rechtlich.*
   c) Kirchliche Gruppen und Richtungen s. 14.Abt., 1.
   d) Römisch-Katholisches. *Orden, rechtlich; Kongregationen, rechtlich; Propaganda, römische; Zentrum.*

14. Abteilung: Religion der Gegenwart.

1. Religiöse Partein und Richtungen innerhalb der Kirchen der Gegenwart.

a) Quellen. *Presse, kirchliche.*
b) Bewegungen innerhalb des Katholizismus: *Altkatholiken; Reformkatholizismus.*
c) Konservative Strömungen in den evangelischen Kirchen.
   α) Hochkirchliche. *Hofkirchentum; Positive Union; Neuluthertum.*
   β) Kleinkirchliche. *Gemeinschaftschristentum;* (*Evangelisation* s. 7. Abt., 3b); *Pauluschristentum in der Gegenwart.*
   γ) Volkskirchliche. *Gemeindeorthodoxie; Volksaberglaube.*
d) Fortschrittliche Strömungen in den evangelischen Kirchen.
   α) Vermittelnde Richtungen. *Kirchenregiments-Christentum; Evangelische Vereinigung; Ritschlianer; Freunde der christlichen Welt; Modernpositive* (NA *Biblische Zeit- und Streitfragen*).
   β) Radikale Richtungen. *Protestantenverein; Reformer in der Schweiz; Unitarier.*

2. Christliche Sektenfrömmigkeit.

a) Das Urteil der Kirchen über die Sekten. *Gemeindebewusstsein, evangelisches, gegenüber den Sekten.*

b) Besonders wichtige Erscheinungen. *Engländerei im deutschen Christentum* (NA *Gebetsheilung; Heilsarmee*).

3. Weiterbildung der christlichen Religion. *Fortentwicklung der christlichen Religion* (NA *Religionsgeschichtliche Volksbücher*).

a) Reformbedürftigkeit der christlichen Religion

α) in der Lehre: *Heilige Geschichte* (*als Ausschnitt aus Natur- und Geschichtsleben*); *Mirakelglauben; Sakramentsglaube in der Gegenwart; Wunderglaube.*

β) in der Verfassung der religiösen Gemeinschaften nach der religiösen Kritik derselben durch *Kierkegaard; Lagarde; Müller, Joh.; Tolstoi; Schrempf.*

b) Weiterführende Linien.

α) Die Heldenverehrung. *Jesus Christus in der Gegenwart; Carlyle; Sheldon.*

β) Monistische Weiterbildung. *Emerson; Trine.*

γ) Ethisierung des Christentums. *Ruskin; Hilty.*

δ) Germanisierung des Christentums. *Chamberlain; Bonus.*

4. Moderne Ersatzreligionen. *Ersatzreligionen, moderne* (NA *Ethische Kultur; Freimaurertum; Menschenliebe als Religion; Wagner, Richard; Theosophie; Sozialdemokratie als Religion; Impressionisten*).

5. Verhältnis allgemeiner Kulturkreise zur Religion.

a) Die Spannung.

α) Absolute. *Religionsfeindschaft;* (*Agnostizismus* s. *Philosophie der Gegenwart* 5cα) (NA *Nietzsche; Eliot, George; Key, Ellen*).

β) Relative. Naturwissenschaft und Christentum (s. 6.Abt., 3). *Renaissance (zweite) und Christentum.*

b) Die Ausgleichung.

α) Die Perspektive. *Protestantismus als Träger der Kultur.*

β) Die Anbahnung. *Balfour; Drummond; Dickens; Wimmer.*

c) Die Überleitung der Religion in die allgemeine Zeitbildung.

α) Durch die Lebenszeugnisse führender Geister. *Dichter der Gegenwart; Philosophen der Gegenwart.*

β) Durch Tages- und periodische Presse. *Presse und Religion; Zeitschriften, führende, in ihrem Verhältnis zur Religion.*

6. Religiöse Charaktere der Gegenwart, Bekenntnisse.

a) Geistliche. *Monod, Ad.; Robertson, F.W.; Maclaren; Peabody.*

b) Politiker und Staatsmänner. *Bismarck; v. Marschall; Naumann; v. Hoensbroech.*

c) Offiziere. *Moltke; Roon.*

d) Gelehrte und Schulmänner. *Roscher; Riehl; Oeser.*

15. Abteilung: Deutsche protestantische Theologie im 19. Jahrhundert.

Die Grenzen der Abschnitte gelten nicht absolut; es wird bei jedem genannt, was darin seine charakteristische Ausbildung oder seine größte Bedeutung erlangt hat, auch wenn es sich zeitlich weiter erstreckt, wie Vermittlungstheologie und konfessionelle Theologie über Abschnitt II hinaus.

I. 1800-1834. (*Rationalismus und Supranaturalismus* [*geschichtlich*]; *Romantik; Idealismus, deutscher; Schleiermacher* s. sämtl. 3.Abt., Cd; *Restauration; Erweckung; de Wette; Spekulative Theologie im 1. Drittel des 19. Jahrhunderts; Neander.*

II. 1834-1870. *Hegelsche Schule unter den Theologen;* (*Strauss; Baur; Tübinger Schule; Bauer, Bruno; Feuerbach* s. sämtl. 3.Abt. Cd); *Lichtfreunde; Schleiermachersche Schule; Hengstenberg; Vermittlungstheologie; Rothe;* (*Biblizismus* s. 3.Abt. Cd); *Pietismus des 19. Jahrhunderts; Konfessionelle Theologie;* (*Neuluthertum* s. 14.Abt. 1); (*Erlanger Schule* s. 3.Abt. Cd); *Ewald; Hase;* (*Renan und Kierkegaard* s. 3.Abt. Cd); *Biedermann.*

III. Seit 1870. *Wellhausen. Wellhausensche Schule; Pfleiderer; Holtzmann; Weizäcker; Lipsius; Ritschl;* (*Ritschlianer* s. 14.Abt. 1dα); *Harnack; Herrmann; Troeltsch; Kähler;* (*Cremer und Greifswalder Schule* s. 14.Abt. 1: *Pauluschristentum*); (*de Lagarde* s. 14.Abt. 3); *Religionsgeschichtliche Schule;* (*Moderne Theologie des alten Glaubens* s. 14.Abt. 1: *Modern-positiv*).

Bemerkung: Von den hier *nicht*[26] genannten bekannten Theologen werden die biographischen Daten *bei ihrem Namen*[27] gegeben, das Geistesgeschichtliche, wenn möglich, im Zusammenhang eines der soeben aufgeführten Artikel, sonst kurz bei Name und Biographie.

---

26 Im Original gesperrt.

27 Im Original gesperrt.

A V:
Die Religion in Geschichte und Gegenwart
Topographische Absatzübersicht
1915-1924
Gesamtübersicht

Deutschland:

	1915	1916	1917	1918	1919	1920	1921	1922	1923	1924	i.Sa.
Baden	1	1	1	1	19	31	26	33	3	1	137 (sic!)
Bayern	3	1	4	4	13	23	20	18	7	4	97
Hanse-städte	1	-	-	5	6	11	7	3	1	2	36
Hessen	1	1	3	3	31	18	6	5	-	-	68
Mecklen-burg	-	-	-	2	-	2	3	2	-	1	10
Olden-burg	-	-	-	-	1	4	2	1	-	-	8
Preussen											
Branden-burg	4	27	3	20	121	225	92	68	8	7	565 (sic!)
Hanno-ver	-	-	1	1	1	8	9	10	-	1	31
Hessen-Nassau	2	4	2	1	16	38	20	15	1	1	100
Ostpreus-sen	1	-	1	1	2	-	-	1	2	1	9
Pom-mern	1	-	-	-	6	5	3	2	-	-	17
Rhein-provinz	-	-	1	4	8	53	44	34	3	5	152
Sachsen (Provinz)	1	1	1	4	5	8	6	10	-	3	39
Schlesien	1	1	-	2	4	9	9	7	-	1	34
Schles-wig-Holstein	1	2	-	1	4	6	6	1	-	1	22
Westfalen	1	-	-	3	5	13	4	6	3	5	40
Sachsen	29	61	133	118	500	574	362	195	14	107	2.093
Thüring. Staaten	1	1	-	1	6	9	4	10	1	2	35
Württem-berg	3	3	6	2	54	95	35	7	1	1	207

Ausserdeutsche Länder

	1915	1916	1917	1918	1919	1920	1921	1922	1923	1924	i.Sa.
Dänemark	-	-	1	1	8	1	-	-	-	-	11
Danzig	-	-	-	-	2	-	-	-	-	-	2
England	-	-	-	-	-	1	-	-	-	-	1
Estland	-	-	-	-	1	3	1	-	-	-	5
Finnland	1	1	-	1	2	1	2	5	2	1	16
Frankreich	1	-	-	-	1	-	-	-	-	-	2
Holland	3	2	2	-	31	5	1	11	1	5	61
Italien	1	-	-	-	1	-	-	-	-	-	2
Lettland	-	-	-	1	-	-	2	1	-	-	4
Norwegen	-	2	5	13	27	3	1	5	1	-	57
Oester-reich	1	1	5	7	4	4	9	13	1	-	45
Polen	1	-	-	1	1	-	-	-	-	-	3
Rumänien	-	-	-	-	-	-	1	-	-	-	1
Saargebiet	-	-	-	-	-	1	-	1	-	1	3
Schweden	1	3	5	1	40	15	-	13	-	-	78
Schweiz	4	-	6	7	80	23	7	8	-	1	136
Tschecho-slovakei	-	-	-	-	1	1	1	9	-	1	13
Ungarn	-	2	1	2	1	-	-	1	-	1	8
Japan	-	-	-	-	-	-	-	4	2	2	8
Verein. Staaten	-	2	-	-	3	-	-	-	-	-	5
Diverse	2	-	2	2	5	9	5	7	1	1	34
	66	116	183	209	1.010	1.199	688	526	32	156	4.195 (sic!) [28]

Deutschland

Baden

	1915	1916	1917	1918	1919	1920	1921	1922	1923	1924	i.Sa.
Badenwei-ler	-	-	-	-	-	-	1	-	-	-	1
Freiburg i.Br.	1	-	-	-	1	5	4	20	-	-	31
Heidelberg	-	1	-	1	10	19	18	15	3	-	67
Karlsruhe	-	-	-	-	1	1	2	12	-	-	16

28 Diese Zeile addiert die Verkaufsstücke in Deutschland und den außerdeutschen Ländern.

Konstanz	-	-	1	-	6	3	-	6	-	1	17
Mannheim	-	-	-	-	1	1	-	-	-	-	2
Messkirch	-	-	-	-	-	1	-	-	-	-	1
Pforzheim	-	-	-	-	-	-	1	-	-	-	1
Raststatt	-	-	-	-	-	1	-	-	-	-	1
	1	1	1	1	19	31	26	53	3	1	137

Bayern

	1915	1916	1917	1918	1919	1920	1921	1922	1923	1924	i.Sa.
Aschaffen-burg	-	-	-	-	1	-	-	-	-	-	1
Bamberg	-	-	-	-	-	1	-	-	-	-	1
Bergzabern	-	-	-	-	1	-	-	-	-	-	1
Dillingen	-	-	1	-	-	-	-	-	-	-	1
Eichstätt	1	-	-	-	-	-	-	-	-	-	1
Erlangen	-	-	-	-	1	1	5	7	2	1	17
Günzburg	-	-	-	-	-	-	1	-	-	-	- (sic!)
Hof	1	-	-	-	-	-	5	-	-	-	6
Kaiserslau-tern	-	-	1	-	4	-	-	-	-	1	6
Lindau	-	-	-	1	-	-	-	1	-	-	2
München	1	-	2	2	4	12	8	6	5	2	42
Neustadt	-	-	-	-	-	1	-	-	-	-	1
Nördlingen	-	-	-	1	-	-	-	-	-	-	1
Nürnberg	-	-	-	-	2	8	1	2	-	-	13
Regensburg	-	1	-	-	-	-	-	-	-	-	1
Schillings-fürst	-	-	-	-	-	-	-	1	-	-	1
Schweinfurt	-	-	-	-	-	-	-	1	-	-	1
	3	1	4	4	13	23	20	18	7	4	97

Hansestädte

	1915	1916	1917	1918	1919	1920	1921	1922	1923	1924	i.Sa.
Bremen	-	-	-	-	1	-	2	-	-	1	4
Hamburg	1	-	-	5	4	10	3	3	1	1	28
Lübeck	-	-	-	-	1	1	2	-	-	-	4
	1	-	-	5	6	11	7	3	1	2	36

Hessen

	1915	1916	1917	1918	1919	1920	1921	1922	1923	1924	i.Sa.
Darmstadt	-	-	-	-	-	3	-	1	-	-	4
Friedberg	-	-	-	-	-	2	-	-	-	-	2
Giessen	1	1	3	1	30	12	6	2	-	-	56

Gsoss Umstadt	-	-	-	-	1	-	-	-	-	-	1
Heppenheim	-	-	-	-	-	-	-	1	-	-	1
Mainz	-	-	-	-	-	1	-	-	-	-	1[29]
Nauheim, Bad	-	-	-	1	-	-	-	-	-	-	1
Oberursel	-	-	-	-	-	-	-	1	-	-	1
Worms	-	-	-	1	-	-	-	-	-	-	1
	1	1	3	3	31	18	6	5	-	-	68

Mecklenburg

	1915	1916	1917	1918	1919	1920	1921	1922	1923	1924	i.Sa.
Güstrow	-	-	-	-	-	-	1	-	-	-	1
Neubrandenburg	-	-	-	-	-	1	-	-	-	-	1
Rostock	-	-	-	1	-	-	1	2	-	-	4
Schwerin	-	-	-	1	-	1	1	-	-	-	3
Wismar	-	-	-	-	-	-	-	-	-	1	1
	-	-	-	2	-	2	3	2	-	1	10

Oldenburg

	1915	1916	1917	1918	1919	1920	1921	1922	1923	1924	i.Sa.
Delmenhorst	-	-	-	-	-	-	-	1	-	-	1
Oldenburg	-	-	-	-	1	4	2	-	-	-	7
	-	-	-	-	1	4	2	1	-	-	8

Preussen

Brandenburg

	1915	1916	1917	1918	1919	1920	1921	1922	1923	1924	i.Sa.
Berlin	4	27	3	20	121	215	89	68	8	7	562
Friedeberg	-	-	-	-	-	-	1	-	-	-	1
Prenzlau	-	-	-	-	-	-	2	-	-	-	2
	4	27	3	20	121	215	92	68	8	7	565

Hannover

	1915	1916	1917	1918	1919	1920	1921	1922	1923	1924	i.Sa.
Bergen	-	-	1	-	-	-	-	-	-	-	1
Göttingen	-	-	-	1	1	2	3	4	-	-	11
Hannover	-	-	-	-	-	4	4	6	-	1	15
Harburg	-	-	-	-	-	-	1	-	-	-	1
Leer	-	-	-	-	-	1	-	-	-	-	1

29 Der an dieser Stelle gesetzte Übertrag kann hier entfallen.

Osnabrück	-	-	-	-	-	-	1	-	-	-	1
Verden	-	-	-	-	-	1	-	-	-	-	1
	-	-	1	1	1	8	9	10	-	1	31

Hessen-Nassau

	1915	1916	1917	1918	1919	1920	1921	1922	1923	1924	i.Sa.
Allendorf	-	-	-	-	-	1	-	-	-	-	1
Frank-furt/M.	1	1	-	-	6	7	1	-	-	-	16
Herborn	-	-	-	1	7	21	-	-	-	-	29
Hofgeismar	-	-	-	-	-	-	1	-	-	-	1
Kassel	-	-	-	-	1	1	1	-	-	-	3
Marburg	1	3	1	-	2	7	17	14	1	1	47
Wiesbaden	-	-	1	-	-	1	-	1	-	-	3
	2	4	2	1	16	38	20	15	1	1	100

Ostpreussen

	1915	1916	1917	1918	1919	1920	1921	1922	1923	1924	i.Sa.
Königsberg	1	-	1	1	-	-	-	1	2	1	7
Tilsit	-	-	-	-	2	-	-	-	-	-	2
	1	-	1	1	2	-	-	1	2	1	9

Pommern

	1915	1916	1917	1918	1919	1920	1921	1922	1923	1924	i.Sa.
Greifswald	-	-	-	-	2	3	-	2	-	-	7
Köslin	-	-		-	-	-	1	-	-	-	1
Lauenburg	-	-	-	-	1	-	-	-	-	-	1
Pölitz	1	-	-	-	-	-	-	-	-	-	1
Stargard	-	-	-	-	-	1	-	-	-	-	1
Stettin	-	-	-	-	3	1	2	-	-	-	6
	1	-	-	-	6	5	3	2	-	-	17

Rheinprovinz

	1915	1916	1917	1918	1919	1920	1921	1922	1923	1924	i.Sa.
Aachen	-	-	-	-	-	1	16	-	-	-	17
Barmen	-	-	-	-	1	1	-	1	-	-	3
Bergneustadt	-	-	-	-	-	1	-	-	-	-	1
Bonn	-	-	-	3	2	35	23	23	2	-	88
Duisburg-Ruhrort	-	-	-	-	1	1	1	1	-	-	4
Düren	-	-	-	-	-	1	-	-	-	-	1
Düsseldorf	-	-	-	-	2	1	-	-	1	1	5
Elberfeld	-	-	-	1	-	4	1	4	-	-	10
Elten	-	-	-	-	-	1	-	-	-	-	1

Eschweiler	-	-	-	-	-	1	-	-	-	-	1
Essen	-	-	-	-	-	-	-	-	-	2	2
Kleve	-	-	-	-	-	1	-	-	-	-	1
Köln	-	-	1	-	2	2	1	3	-	-	9
Krefeld	-	-	-	-	-	1	-	1	-	-	2
Mettmann	-	-	-	-	-	-	-	1	-	-	1
Mörs	-	-	-	-	-	-	-	-	-	1	1
Mülheim/ Ruhr	-	-	-	-	-	1	-	-	-	-	1
München-Gladbach	-	-	-	-	-	-	-	-	-	1	1
Rheydt	-	-	-	-	-	-	1	-	-	-	1
Saarloius	-	-	-	-	-	1	-	-	-	-	1
Trier	-	-	-	-	-	-	1	-	-	-	1
	-	-	1	4	8	53	44	34	3	5	152

Sachsen (Provinz)

	1915	1916	1917	1918	1919	1920	1921	1922	1923	1924	i.Sa.
Bitterfeld	-	-	-	-	-	-	-	-	-	1	1
Eilenburg	-	-	-	-	1	-	-	-	-	-	1
Elsterwerda	-	-	-	1	-	-	-	-	-	-	1
Erfurt	-	-	-	-	-	1	-	-	-	-	1
Halberstadt	-	-	-	1	-	-	-	-	-	-	1
Halle	-	1	1	1	2	6	5	10	-	-	26
Magdeburg	1	-	-	1	1	1	-	-	-	1	5
Naumburg	-	-	-	-	-	-	1	-	-	-	1
Nordhausen	-	-	-	-	-	-	-	-	-	1	1
Wernigerode	-	-	-	-	1	-	-	-	-	-	1
	1	1	1	4	5	8	6	10	-	3	39

Schlesien

	1915	1916	1917	1918	1919	1920	1921	1922	1923	1924	i.Sa.
Breslau	1	1	-	1	4	5	8	7	-	1	28
Jauer	-	-	-	-	-	1	-	-	-	-	1
Kreuznach	-	-	-	-	-	1	-	-	-	-	1
Liegnitz	-	-	-	-	-	1	-	-	-	-	1
Oberglogau	-	-	-	-	-	1	1	-	-	-	2
Oppeln	-	-	-	1	-	-	-	-	-	-	1
	1	1	-	2	4	9	9	7	-	1	34

Schleswig-Holstein

	1915	1916	1917	1918	1919	1920	1921	1922	1923	1924	i.Sa.
Altona	1	-	-	1	-	1	-	-	-	-	3
Breklum	-	-	-	-	-	-	1	-	-	-	1
Flensburg	-	-	-	-	1	2	2	-	-	-	5
Kiel	-	1	-	-	2	3	3	1	-	1	11
Meldorf	-	1	-	-	-	-	-	-	-	-	1
Oldesloe	-	-	-	-	1	-	-	-	-	-	1
	1	2	-	1	4	6	6	1	-	1	22

Westfalen

	1915	1916	1917	1918	1919	1920	1921	1922	1923	1924	i.Sa.
Altona	-	-	-	-	-	-	-	-	-	1	1
Attendorn	-	-	-	-	-	-	-	1	-	-	1
Bethel	-	-	-	-	-	2	-	2	-	-	4
Bochum	-	-	-	-	-	-	-	-	-	1	1
Bad Driburg	-	-	-	-	-	1	-	-	-	-	1
Gelsenkirchen	-	-	-	-	1	-	1	-	-	-	2
Gütersloh	-	-	-	-	-	1	-	-	-	-	1
Hagen	-	-	-	1	1	-	2	-	-	-	4
Herne	-	-	-	-	-	-	-	1	-	-	1
Hilchenbach	-	-	-	1	-	-	-	-	-	-	1
Münden	-	-	-	1	2	7	1	1	1	1	14
Paderborn	1	-	-	-	-	-	-	-	-	-	1
Siegen	-	-	-	-	-	-	-	1	2	-	3
Witten	-	-	-	-	1	2	-	-	-	2	5
	1	-	-	3	5	13	4	6	3	5	40

Sachsen

	1915	1916	1917	1918	1919	1920	1921	1922	1923	1924	i.Sa.
Annaberg	-	-	-	-	-	-	-	1	-	-	1
Bischofs-werda	-	-	-	-	-	1	-	-	-	-	1
Chemnitz	-	-	-	-	-	1	-	-	-	-	1
Dresden	-	1	2	1	3	2	2	-	-	3	14
Herrnhut	-	-	-	-	-	-	-	6	-	-	6
Leipzig	19	25	61	28	220	141	130	100	8	6	738
Barsortiment	6	10	22	22	19	29	10	39	6	-	163
Lunkenbein	3	9	20	26	159	285	154	38	-	96	790
Rother	1	16	28	41	95	113	62	11	-	2	369
Löben	-	-	-	-	-	-	1	-	-	-	1
Meissen	-	-	-	-	-	1	-	-	-	-	1
Pirna	-	-	-	-	-	1	-	-	-	-	1
Plauen	-	-	-	-	1	-	1	-	-	-	2

Tharandt	-	-	-	-	1	-	-	-	-	-	1
Waldheim	-	-	-	-	-	-	1	-	-	-	1
Zittau	-	-	-	-	2	-	1	-	-	-	3
	29	61	133	118	500	574	362	195	14	107	2.093

Thüringischer Staat

	1915	1916	1917	1918	1919	1920	1921	1922	1923	1924	i.Sa.
Altenburg	-	-	-	-	1	1	-	1	-	-	3
Bernburg	-	-	-	-	-	1	-	-	-	-	1
Braun-schweig	-	-	-	1	2	3	-	-	1	-	7
Dessau	-	-	-	-	1	-	-	-	-	-	1
Detmold	-	-	-	-	-	-	1	-	-	-	1
Gotha	1	1	-	-	1	1	-	-	-	-	4
Jena	-	-	-	-	-	2	1	6	-	1	10
Köthen	-	-	-	-	-	-	2	-	-	-	2
Sonneberg	-	-	-	-	-	-	-	1	-	-	1
Weimar	-	-	-	-	1	-	-	2	-	-	3
Zerbst	-	-	-	-	-	1	-	-	-	1	2
	1	1	-	1	6	9	4	10	1	2	35

Württemberg

	1915	1916	1917	1918	1919	1920	1921	1922	1923	1924	i.Sa.
Backnang	1	-	-	-	-	-	-	-	-	-	1
Biberach	-	-	-	-	-	1	-	-	-	-	1
Ebingen	-	1	-	-	1	-	-	-	-	-	2
Esslingen	-	-	-	-	-	2	-	-	-	-	2
Göppin-gen	-	-	-	-	1	1	-	-	-	-	2
Haal (sic!) (Schwäb.)	-	-	-	-	1	-	-	-	-	-	1
Heilbronn	-	-	-	-	-	1	-	-	-	-	1
Oehringen	-	-	-	-	-	1	-	-	-	-	1
Ravens-burg	-	-	-	-	1	-	-	1	-	-	2
Reutlingen	-	-	-	-	-	-	-	-	-	1	1
Rotten-burg	-	-	-	-	-	1	-	-	-	-	1
Stuttgart	2	2	3	-	20	46	9	6	1	-	89
Tübingen	-	-	1	2	30	42	25	-	-	-	100
Ulm	-	-	1	-	-	-	1	-	-	-	2
Urach	-	-	1	-	-	-	-	-	-	-	1
	3	3	6	2	54	95	35	7	1	1	207

Ausserdeutsche Länder

Dänemark

	1915	1916	1917	1918	1919	1920	1921	1922	1923	1924	i.Sa.
Kopenhagen	-	-	1	1	8	1	-	-	-	-	11
Schensbek	-	-	-	-	1	-	-	-	-	-	1
Sonderburg	-	-	-	-	1	-	-	-	-	-	1
	-	-	1	1	10	1	-	-	-	-	13

Danzig

	1915	1916	1917	1918	1919	1920	1921	1922	1923	1924	i.Sa.
	-	-	-	-	2	-	-	-	-	-	2

England

	1915	1916	1917	1918	1919	1920	1921	1922	1923	1924	i.Sa.
London	-	-	-	-	-	1	-	-	-	-	1

Estland

	1915	1916	1917	1918	1919	1920	1921	1922	1923	1924	i.Sa.
Reval	-	-	-	-	1	3	1	-	-	-	5

Finnland

	1915	1916	1917	1918	1919	1920	1921	1922	1923	1924	i.Sa.
Helsingfors	1	1	-	1	2	1	2	5	2	1	16

Frankreich

	1915	1916	1917	1918	1919	1920	1921	1922	1923	1924	i.Sa.
Strassburg	-	-	-	-	1	-	-	-	-	-	1
Zabern	1	-	-	-	-	-	-	-	-	-	1
	1	-	-	-	1	-	-	-	-	-	2

Holland

	1915	1916	1917	1918	1919	1920	1921	1922	1923	1924	i.Sa.
Amsterdam	1	1	2	-	7	1	-	-	-	-	12
Groningen	1	-	-	-	-	1	1	-	-	-	3
Haag	-	-	-	-	8	-	-	-	-	-	8
Leiden	-	-	-	-	-	-	-	1	1	-	2
Rotterdam	1	-	-	-	1	-	-	-	-	-	2
Utrecht	-	1	-	-	15	3	-	10	-	5	34
	3	2	2	-	31	5	1	11	1	5	61

Italien

	1915	1916	1917	1918	1919	1920	1921	1922	1923	1924	i.Sa.
Bologna	1	-	-	-	-	-	-	-	-	-	1
Mailand	-	-	-	-	1	-	-	-	-	-	1
Riga[30]	-	-	-	1	-	-	2	1	-	-	4
	1	-	-	1	1	-	2	1	-	-	6

Norwegen

	1915	1916	1917	1918	1919	1920	1921	1922	1923	1924	i.Sa.
Kristiania	-	2	5	13	27	3	1	5	1	-	57

Oesterreich

	1915	1916	1917	1918	1919	1920	1921	1922	1923	1924	i.Sa.
Innsbruck	-	-	-	-	-	-	-	1	-	-	1
Lechen	-	-	-	-	1	-	3	-	-	-	4
Wien	1	1	5	7	3	4	6	12	1	-	40
	1	1	5	7	4	4	9	13	1-	-	45

Polen

	1915	1916	1917	1918	1919	1920	1921	1922	1923	1924	i.Sa.
Posen	1	-	1	-	-	-	-	-	-	-	2
Warschau	-	-	-	-	1	-	-	-	-	-	1
	1	-	-	1	1	-	-	-	-	-	3

Rumänien

	1915	1916	1917	1918	1919	1920	1921	1922	1923	1924	i.Sa.
Bukarest	-	-	-	-	-	-	1	-	-	-	1

Saargebiet

	1915	1916	1917	1918	1919	1920	1921	1922	1923	1924	i.Sa.
Saarbrücken	-	-	-	-	-	1	-	1	-	1	3

Schweden

	1915	1916	1917	1918	1919	1920	1921	1922	1923	1924	i.Sa.
Gothenburg	-	-	-	-	-	1	-	-	-	-	1
Lund	-	3	4	1	14	1	-	13	-	-	36
Stockholm	1	-	-	-	-	2	-	-	-	-	3
Upsala	-	-	1	-	26	11	-	-	-	-	38
	1	3	5	1	40	15	-	13	-	-	78

30 Sic! Handschriftlich ergänzt: (Lettland).

Schweiz

	1915	1916	1917	1918	1919	1920	1921	1922	1923	1924	i.Sa.
Aarau	-	-	-	-	3	-	-	-	-	-	3
Basel	-	-	3	3	23	11	2	6	-	1	49
Chur	-	-	-	1	-	-	-	-	-	-	1
Bern	1	-	2	1	16	1	-	-	-	-	21
Davos	1	-	-	-	-	-	-	-	-	-	1
Genf	1	-	-	-	-	-	-	-	-	-	1
Glarus	-	-	-	-	7	11	-	-	-	-	18
Obstalden	-	-	-	-	-	-	-	1	-	-	1
St.Gallen	-	-	1	1	2	-	1	-	-	-	5
Wingen	-	-	-	-	-	-	-	1	-	-	1
Zürich	1	-	-	1	29	-	4	-	-	-	35
	4	-	6	7	80	23	7	8	-	1	136

Tschechoslowakei

	1915	1916	1917	1918	1919	1920	1921	1922	1923	1924	i.Sa.
Prag	-	-	-	-	1	1	1	9	-	1	13

Ungarn

	1915	1916	1917	1918	1919	1920	1921	1922	1923	1924	i.Sa.
Budapest	-	-	1	1	1	-	-	1	-	-	5
Debreczen	-	2	-	1	-	-	-	-	-	-	3
	-	2	1	2	1	-	-	1	-	1	8

Japan

	1915	1916	1917	1918	1919	1920	1921	1922	1923	1924	i.Sa.
Tokyo	-	-	-	-	-	-	-	4	2	2	8

Verein. Staaten

	1915	1916	1917	1918	1919	1920	1921	1922	1923	1924	i.Sa.
New York	-	2	-	-	3	-	-	-	-	-	5

Diverse

	1915	1916	1917	1918	1919	1920	1921	1922	1923	1924	i.Sa.
	2	-	2	2	5	9	5	7	1	1	34

Personenregister

Verleger und Mitarbeiter von Lexika werden nur geführt, wenn sie innerhalb des Haupttextes der Arbeit von Relevanz sind. Generell geführt werden Rezensenten der RGG$^{1-4}$. Das Personenregister schließt das Literaturverzeichnis und den Anhang ein. Auf den Anhang wird indes nur verwiesen, wenn der entsprechende Begriff auch im Haupttext auftritt.

Sachregister

Die Begriffe werden in der heutigen Schreibweise aufgeführt. Nicht angeführt werden Orte sowie Lexika und Wörterbücher, die über das Personenregister (Herausgeber oder Verfasser) erschlossen werden können. Ausgenommen sind die drei großen Konversationslexika Brockhaus, Meyer und Herder. Diese wurden aufgenommen. Von den Verlagen und Zeitschriften werden nur diejenigen geführt, die innerhalb der Textargumentation von Relevanz sind. Rezensionsorgane entfallen gänzlich. Das Sachregister schließt Anhang und Literaturverzeichnis ein. Auf den Anhang wird indes nur verwiesen, wenn der entsprechende Begriff auch im Haupttext auftritt.